**Schwerpunktbereich**  Streinz · Europarecht

## Schwerpunkte

Eine systematische Darstellung der wichtigsten Rechtsgebiete anhand von Fällen
Begründet von Professor Dr. Harry Westermann †

# Europarecht

von

## Dr. Rudolf Streinz

o. Professor an der Ludwig-Maximilians-Universität München

10., völlig neu bearbeitete Auflage

 C.F. Müller

CFM

Bibliografische Information der Deutschen Nationalbibliothek
Die Deutsche Nationalbibliothek verzeichnet diese Publikation in der Deutschen National-
bibliografie; detaillierte bibliografische Daten sind im Internet über <http://dnb.d-nb.de>
abrufbar.

ISBN 978-3-8114-9371-1

E-Mail: kundenservice@cfmueller.de

Telefon: +49 89 2183 7923
Telefax: +49 89 2183 7620

www.cfmueller.de
www.cfmueller-campus.de

Satz: preXtension GbR, Grafrath
Druck: CPI Clausen & Bosse, Leck

Dem Gedenken an meinen Vater
23.8.1920 – 1.9.1998

# Vorwort

Das Europarecht (Recht der Europäischen Union) gehört bereits als Bestandteil der „Staatsrechtlichen Bezüge zum Völkerrecht" („Staatsrecht III") zum Pflichtstoff der Ausbildungs- und Prüfungsordnungen für Juristen. Das „Staatsrecht III" wird in der Schwerpunkte-Reihe speziell von *Michael Schweitzer* und *Hans-Georg Dederer* in dem Lehrbuch „Staatsrecht III. Staatsrecht, Völkerrecht, Europarecht", behandelt. Als eigenes Rechtsgebiet ist das Europarecht darüber hinaus in den Grundzügen ausgewählter Materien (Entwicklung, Kompetenzen, Organe, Rechtsquellen, Rechtsetzungsverfahren, Verhältnis zum nationalen Recht, Grundfreiheiten des Binnenmarktes, Grundrechte, Unionsbürgerschaft, Vollzug des Unionsrechts, Rechtsschutzsystem) in den Pflichtfachbereich aufgenommen und gewinnt dort zusehends an Bedeutung für die Prüfungspraxis in der Ersten Juristischen Staatsprüfung* (als Teil der Ersten Juristischen Prüfung), aber auch in der Zweiten Juristischen Staatsprüfung. Es wirkt sich nicht nur auf das Öffentliche Recht (Europäisierung des Verfassungs-, Verwaltungs- und Verwaltungsverfahrensrechts), sondern auch auf das Zivil- und Zivilprozessrecht sowie das Strafrecht und Strafprozessrecht aus. Es ist selbst, meist zusammen mit dem Völkerrecht, Gegenstand eines besonderen Schwerpunktbereichs und in Kombination mit verschiedenen anderen Fächern auch Gegenstand anderer Schwerpunktbereiche der Juristischen Universitätsprüfung (JUP) und Wahlfach (Berufsfeld) in der Zweiten Juristischen Staatsprüfung.

Das Buch behandelt den Pflichtstoff der Ersten Juristischen Staatsprüfung und darüber hinaus den gesamten Stoff, der im Schwerpunktbereich allgemein (hier können die jeweiligen Fakultäten besondere Schwerpunkte setzen, die entsprechend vertieft werden müssen) von Studenten erwartet werden kann.

Schwerpunkte des Pflichtstoffs sind im institutionellen Bereich die Grundlagen der Europäischen Union, die Grundlinien ihrer Entwicklung von den Gründungsverträgen bis zum Vertrag von Lissabon, ihre Institutionen, Handlungsformen und Rechtsquellen, die durch die Übertragung von Hoheitsrechten ausgeübten Funktionen Rechtsetzung, Verwaltung und Rechtsprechung sowie Grundzüge des Haushaltsrechts (§§ 1–9). Die enge Verzahnung von Unionsrecht und nationalem Recht erforderte die Einbeziehung auch der deutschen Begründungs- und Vollzugsakte, wobei zur Vertiefung auf das Lehrbuch „Staatsrecht III" verwiesen werden kann. Im materiellen Recht sind Schwerpunkte des Pflichtstoffs der Binnenmarkt (freier Waren- und Personenverkehr einschließlich Unionsbürgerschaft, freier Kapital- und Zahlungsverkehr, Verwirklichung durch Rechtsangleichung und gegenseitige Anerkennung) sowie die Unionsgrundrechte, zumal nach Inkrafttreten der Charta der Grundrechte der EU sowie dem durch Art. 6 Abs. 2 EUV vorgeschriebenen, durch das Gutachten 2/13 des EuGH allerdings blockierten Beitritt zur Europäischen Menschenrechtskonventi-

---

* Vgl die Übersicht über die Ausbildungs- und Prüfungsordnungen bzw. Juristenausbildungsgesetze der Länder bei *Musil/Burchard*, Klausurenkurs im Europarecht, 3. Aufl. 2013, Rn 698.

on (§§ 10-12). Justiz und Inneres, durch den Vertrag von Lissabon jetzt zusammengefasst im Titel „Der Raum der Freiheit, der Sicherheit und des Rechts" (RFSR), sind als notwendige Ergänzung der Personenverkehrsfreiheiten, aber auch durch den Einfluss auf das Zivil- und Strafrecht von Bedeutung und sollten in den Grundzügen bekannt sein (§ 13). Gleiches gilt hinsichtlich der spezifisch wirtschaftsrechtlichen Materien (Wettbewerbspolitik, Wirtschafts- und Währungsunion, §§ 14, 15), wenngleich zum Pflichtstoff im engeren Sinne allein das Beihilfenrecht gehört. Von der Sozialpolitik (§ 16) sind die Auswirkungen auf das Arbeitsrecht, vor allem durch die Diskriminierungsverbote, relevant. Die Landwirtschaftspolitik (§ 17) wurde wegen ihrer Bedeutung für die EU knapp behandelt, die Umweltpolitik (§ 18) wegen ihrer Auswirkungen auf das nationale Verwaltungs-, Verwaltungsverfahrens- und Verwaltungsprozessrecht. Das auswärtige Handeln der EU (Völkerrechtliche Verträge der EU, Gemeinsame Handelspolitik – GHP, Gemeinsame Außen- und Sicherheitspolitik – GASP) erfuhr durch den Vertrag von Lissabon erhebliche Änderungen (§ 19).

Die Neuauflage behandelt die Fortentwicklung der Union auf der Basis des Vertrages von Lissabon und der durch ihn in Kraft getretenen Charta der Grundrechte der EU sowie der im Rahmen der Wirtschafts- und Währungsunion getroffenen Begleitmaßnahmen (ESM, Fiskalpakt).

Entsprechend dem bewährten Konzept der Schwerpunktereihe sind 61 Fälle mit Lösungen in die Darstellung eingebaut, die auch grundlegende Urteile des EuGH, dem für die Fortentwicklung des Unionsrechts eine besondere Bedeutung zukommt, vermitteln sollen (neu zB die Urteile zur vom EuGH restriktiv gesehenen Erweiterung der Klagebefugnis von Individuen, Fall 25, und zur Vorratsdatenspeicherung, Fall 33). Weitere Fälle und Lösungen zum Europarecht sind auf S. XXXVII ff nachgewiesen. Die im Lehrbuch berücksichtigten Urteile des EuGH sind in einem gesonderten Register aufgeführt.

Für Anregungen und Kritik bin ich weiterhin dankbar.

Für ihre Unterstützung bei der Vorbereitung der Neubearbeitung danke ich Frau *Judith Schamell*, Frau *Bojana Vitanova* und Herrn *Robin Leick*, für ihre Hilfe bei den umfangreichen technischen Arbeiten und Korrekturlesen meiner Sekretärin *Daniela Sifakis* sowie den studentischen Mitarbeiterinnen und Mitarbeitern meines Lehrstuhls für Öffentliches Recht und Europarecht *Christoph Braun*, *Isabella Ganzenmüller*, *Katharina Grünzinger*, *Laura Heuermann*, *Leonhard Ledl*, *Robin Leick*, *Angelika Lüthje* und *Christian Neumann*.

Das Manuskript wurde im Dezember 2015 abgeschlossen. Einige Nachträge erfolgten bis Anfang Februar.

München, im Februar 2016                                                  *Rudolf Streinz*

# Inhaltsverzeichnis

# Abkürzungsverzeichnis

| | |
|---|---|
| aA | anderer Ansicht |
| ABl | Amtsblatt der Europäischen Gemeinschaften; seit 1.2.2003 Amtsblatt der Europäischen Union |
| AEUV | Vertrag über die Arbeitsweise der Europäischen Union (Vertrag von Lissabon) |
| aF | alte Fassung |
| AG | Aktiengesellschaft |
| AgrarR | Agrarrecht (Zeitschrift) |
| Anm. | Anmerkung |
| AnwBl | Deutsches Anwaltsblatt |
| ArchVR | Archiv des Völkerrechts |
| Art. | Artikel |
| Aufl. | Auflage |
| AuslG | Ausländergesetz |
| AV | Amsterdamer Vertrag |
| | |
| BAG | Bundesarbeitsgericht |
| BALM | Bundesanstalt für landwirtschaftliche Marktordnung |
| BayGVBl. | Bayerisches Gesetz- und Verordnungsblatt |
| BayVBl. | Bayerische Verwaltungsblätter |
| BB | Betriebsberater |
| BFH | Bundesfinanzhof |
| BGBl. | Bundesgesetzblatt |
| BGHSt | Entscheidungen des Bundesgerichtshofs in Strafsachen |
| BGHZ | Entscheidungen des Bundesgerichtshofs in Zivilsachen |
| *Bieber/Knapp* | *Bieber/Knapp* (Hrsg.), Textsammlung (s. Literaturverzeichnis) |
| BImSchG | Bundesimmissionsschutzgesetz |
| BR | Bundesrat |
| BRAO | Bundesrechtsanwaltsordnung |
| BR-Drs. | Bundesrats-Drucksache |
| BReg. | Bundesregierung |
| BSE | Bovine spongiforme Enzephalopathie |
| BT | Bundestag |
| BT-Drs. | Bundestags-Drucksache |
| BullBReg | Bulletin der Bundesregierung |
| BullEG | Bulletin der Europäischen Gemeinschaften |
| BullEU | Bulletin der Europäischen Union |
| BVerfG | Bundesverfassungsgericht |
| BVerfGE | Entscheidungen des Bundesverfassungsgerichts |
| BVerfGG | Gesetz über das Bundesverfassungsgericht |
| BVerwG | Bundesverwaltungsgericht |
| BVerwGE | Entscheidungen des Bundesverwaltungsgerichts |
| B-VG | Österreichisches Bundes-Verfassungsgesetz idF von 1929 |

| COCOM | Coordinating Committee for East-West Trade |
| COMECON | Council for Mutual Economic Assistance, vgl RgW |
| CMLR | Common Market Law Reports |
| CMLRev | Common Market Law Review |

| DDR | Deutsche Demokratische Republik |
| Dok. KOM | Dokumente der Kommission der Europäischen Union |
| DÖV | Die Öffentliche Verwaltung |
| dtv EuR | *s. Literaturverzeichnis* |
| DVBl. | Deutsches Verwaltungsblatt |
| DZWir | Deutsche Zeitschrift für Wirtschaftsrecht |

| EA | Europaarchiv |
| EAG | Europäische Atomgemeinschaft |
| EAGFL | Europäischer Ausrichtungs- und Garantiefonds für die Landwirtschaft |
| EAGV | Vertrag zur Gründung der Europäischen Atomgemeinschaft |
| ebd. | ebenda |
| ECU | European Currency Unit |
| EEA | Einheitliche Europäische Akte |
| EEAG | Zustimmungsgesetz zur Einheitlichen Europäischen Akte |
| EFG | Entscheidungen der Finanzgerichte |
| EFTA | European Free Trade Association |
| EG | Europäische Gemeinschaften; Europäische Gemeinschaft |
| EGBGB | Einführungsgesetz zum Bürgerlichen Gesetzbuch |
| EGKS | Europäische Gemeinschaft für Kohle und Stahl |
| EGKSV | Vertrag zur Gründung der Europäischen Gemeinschaft für Kohle und Stahl |
| EGMR | Europäischer Gerichtshof für Menschenrechte |
| EGV | Vertrag zur Gründung der Europäischen Gemeinschaft |
| EIB | Europäische Investitionsbank |
| EJIL | European Journal of International Law |
| EKMR | Europäische Kommission für Menschenrechte |
| ELR | European Law Review |
| EMRK | Europäische Menschenrechtskonvention |
| endg. | endgültig |
| EnzEuR | Enzyklopädie Europarecht (s. Literaturverzeichnis) |
| EP | Europäisches Parlament |
| EPG | Europäische Politische Gemeinschaft |
| EPU | Europäische Politische Union |
| EPZ | Europäische Politische Zusammenarbeit |
| ESF | Europäischer Sozialfonds |
| ESZB | Europäisches System der Zentralbanken |
| EuAnerkÜ | Übereinkommen über die gegenseitige Anerkennung von Gesellschaften und juristischen Personen |
| EuG | Gericht (früher Europäisches Gericht erster Instanz) |
| EuGH | Gerichtshof (früher Gerichtshof der Europäischen Gemeinschaften); Gerichtshof der Europäischen Union |
| EuGRZ | Europäische Grundrechte-Zeitschrift |
| EuGVÜ | Europäisches Übereinkommen über die gerichtliche Zuständigkeit und die Vollstreckung gerichtlicher Entscheidungen in Zivil- und Handelssachen |
| EuGVVO | Verordnung über die gerichtliche Zuständigkeit und die Anerkennung und Vollstreckung von Entscheidungen in Zivil- und Handelssachen |

| | |
|---|---|
| EuR | Europarecht (Zeitschrift) |
| Euratom | Europäische Atomgemeinschaft |
| EuSchVÜ | Übereinkommen über das auf vertragliche Schuldverhältnisse anzuwendende Recht |
| EUV | Vertrag über die Europäische Union |
| EUZBBG | Gesetz über die Zusammenarbeit von Bundesregierung und Deutschem Bundestag in Angelegenheiten der Europäischen Union |
| EUZBLG | Gesetz über die Zusammenarbeit von Bund und Ländern in Angelegenheiten der Europäischen Union |
| EuZW | Europäische Zeitschrift für Wirtschaftsrecht |
| EVG | Europäische Verteidigungsgemeinschaft |
| EVV | Vertrag über eine Verfassung für Europa |
| EWG | Europäische Wirtschaftsgemeinschaft |
| EWGV | Vertrag zur Gründung der Europäischen Wirtschaftsgemeinschaft |
| EWI | Europäisches Währungsinstitut |
| EWR | Europäischer Wirtschaftsraum |
| EWS | Europäisches Währungssystem |
| EWS | Europäisches Wirtschafts- und Steuerrecht (Zeitschrift) |
| EZB | Europäische Zentralbank |
| | |
| FA | Finanzamt |
| FAO | Food and Agriculture Organization of the United Nations |
| FG | Finanzgericht |
| FKV | Fusionskontrollverordnung |
| Fn | Fußnote |
| FreizügG/EU | Gesetz über die allgemeine Freizügigkeit von Unionsbürgern |
| FS | Festschrift |
| FusAbk | Abkommen über gemeinsame Organe für die Europäischen Gemeinschaften vom 25.3.1957 |
| FusV | Fusionsvertrag |
| | |
| GA | Generalanwalt/-anwältin |
| GAP | Gemeinsame Agrarpolitik |
| GASP | Gemeinsame Außen- und Sicherheitspolitik |
| GATT | General Agreement on Tariffs and Trade |
| GemPatÜ | Übereinkommen über das Europäische Patent für den Gemeinsamen Markt |
| GeschO | Geschäftsordnung |
| GG | Grundgesetz |
| GHP | Gemeinsame Handelspolitik |
| GMBl. | Gemeinsames Ministerialblatt |
| GMO | Gemeinsame Marktordnung |
| GO | *Godzierz/Odendahl (s. Literaturverzeichnis)* |
| GRUR | Gewerblicher Rechtsschutz und Urheberrecht (Zeitschrift) |
| GS | Gedächtnisschrift |
| GWB | Gesetz gegen Wettbewerbsbeschränkungen |
| GZT | Gemeinsamer Zolltarif |
| | |
| HER | Handbuch des Europäischen Rechts |
| HGR | *Merten, D./Papier, H.-J.* (Hrsg.), Handbuch der Grundrechte in Deutschland und Europa, Bd. I-VII, Bd. IX, 2004–2016 |
| HK | Handkommentar (*Hailbronner* ua, *s. Literaturverzeichnis*) |

| | |
|---|---|
| hl | Hektoliter |
| hL | herrschende Lehre |
| hM | herrschende Meinung |
| HRLJ | Human Rights Law Journal |
| Hrsg./hrsg. | Herausgeber/herausgegeben |
| HS | Halbsatz |
| HStR | *Isensee, J./Kirchhof, P.* (Hrsg.), Handbuch des Staatsrechts, 10 Bde., 1987–2000; Bd. I-XIII, 3. Aufl. 2003–2015 |
| *HVL* | *Hummer/Vedder/Lorenzmeier (s. Literaturverzeichnis)* |
| HZA | Hauptzollamt |
| | |
| ILC | International Law Commission |
| ILM | International Legal Materials |
| IPE | *von Bogdandy, Armin/Huber, Peter M.* (Hrsg.), Handbuch Ius Publicum Europaeum, Bd. I-VI, 2007–2016 |
| IntVG | Integrationsverantwortungsgesetz |
| IPRax | Praxis des Internationalen Privat- und Verfahrensrechts |
| | |
| JA | Juristische Arbeitsblätter |
| JBl | Juristische Blätter |
| JEL | Journal of European Law |
| JöR | Jahrbuch des öffentlichen Rechts |
| Jura | Juristische Ausbildung (Zeitschrift) |
| JurJb | Juristisches Jahrbuch |
| JuS | Juristische Schulung (Zeitschrift) |
| JZ | Juristenzeitung |
| | |
| KritV | Kritische Vierteljahresschrift für Gesetzgebung und Rechtswissenschaft |
| KSZE (vgl OSZE) | Konferenz über Sicherheit und Zusammenarbeit in Europa |
| | |
| LG | Landgericht |
| lit. | litera |
| LS | Leitsatz |
| | |
| *MH* | *Mager/Herrmann (s. Literaturverzeichnis)* |
| mN/mwN | mit Nachweisen/mit weiteren Nachweisen |
| MO | Marktordnung |
| MS | Mitgliedstaaten |
| | |
| NATO | North Atlantic Treaty Organization |
| nF | neue Fassung |
| NHI | Neues handelspolitisches Instrument |
| NJ | Neue Justiz |
| NJW | Neue Juristische Wochenschrift |
| Nomos | *s. Text- und Fallsammlungen* |
| NuR | Natur und Recht (Zeitschrift) |
| NVwZ | Neue Zeitschrift für Verwaltungsrecht |
| | |
| OECD | Organization for Economic Cooperation and Development |
| OEEC | Organization for European Economic Cooperation |
| ÖJZ | Österreichische Juristenzeitung |

| | |
|---|---|
| OLG | Oberlandesgericht |
| OSZE (vgl KSZE) | Organisation für Sicherheit und Zusammenarbeit in Europa |
| | |
| PJZS | Polizeiliche und justizielle Zusammenarbeit in Strafsachen |
| *Pechstein* | *(s. Literaturverzeichnis)* |
| *PSK* | *Pieper/Schollmeier/Krimphove (s. Literaturverzeichnis)* |
| | |
| RADG | Rechtsanwaltsdienstleistungsgesetz |
| RdA | Recht der Arbeit (Zeitschrift) |
| RDJ | Reports of Decisions and Judgments of the European Court of Human Rights (Sammlung der Beschlüsse und Urteile des EGMR) |
| RFSR | Raum der Freiheit, der Sicherheit und des Rechts |
| RgW | Rat für gegenseitige Wirtschaftshilfe (vgl COMECON) |
| RIW/AWD | Recht der internationalen Wirtschaft/Außenwirtschaftsdienst |
| RL | Richtlinie |
| Rn | Randnummer |
| Rs | Rechtssache |
| RTDE | Revue trimestrielle de droit européen |
| RUDH | Revue Universelle des Droits de l'Homme |
| | |
| Sart. I | Sartorius I *(s. Literaturverzeichnis)* |
| Sart. II | Sartorius II *(s. Literaturverzeichnis)* |
| SchlA | Schlussanträge |
| SDÜ | Schengener Durchführungsübereinkommen |
| Slg | Rechtsprechungssammlung des EuGH |
| str. | strittig |
| st Rspr | ständige Rechtsprechung |
| StWiss | Staatswissenschaften und Staatspraxis (Zeitschrift) |
| | |
| TA-Luft | Technische Anleitung zur Reinhaltung der Luft |
| TSE | Transmissible spongiforme Enzephalopathie |
| | |
| UAbs. | Unterabsatz |
| UdSSR | Union der Sozialistischen Sowjetrepubliken |
| UIG | Umweltinformationsgesetz |
| UNCLOS III | Third United Nations Conference on the Law of the Sea |
| UNCTAD | United Nations Conference on Trade and Development |
| UNO | United Nations Organization |
| UPR | Umwelt- und Planungsrecht (Zeitschrift) |
| USA | United States of America |
| uU | unter Umständen |
| UVP | Umweltverträglichkeitsprüfung |
| UWG | Gesetz gegen den unlauteren Wettbewerb |
| | |
| VBlBW | Verwaltungsblätter für Baden-Württemberg |
| verb Rs | verbundene Rechtssachen |
| Verf. | Verfasser |
| VK | Vereinigtes Königreich Großbritannien und Nordirland |
| VN | Vereinte Nationen; Vereinte Nationen (Zeitschrift) |
| VO | Verordnung |
| VVDStRL | Veröffentlichungen der Vereinigung der Deutschen Staatsrechtslehrer |

| | |
|---|---|
| VwGO | Verwaltungsgerichtsordnung |
| VwVfG | Verwaltungsverfahrensgesetz |
| | |
| WAB | Währungsausgleichsbeträge |
| WBl. | Wirtschaftsrechtliche Blätter |
| WEU | Westeuropäische Union |
| *Winkel* | *Winkel* (Hrsg.), Textsammlung *(s. Literaturverzeichnis)* |
| WiRO | Wirtschaft und Recht in Osteuropa (Zeitschrift) |
| WTO | World Trade Organization |
| WVRK | Wiener Vertragsrechtskonvention |
| WWU | Wirtschafts- und Währungsunion |
| | |
| ZaöRV | Zeitschrift für ausländisches öffentliches Recht und Völkerrecht |
| ZBJI | Zusammenarbeit in den Bereichen Justiz und Inneres |
| ZESAR | Zeitschrift für europäisches Sozial- und Arbeitsrecht |
| ZEuP | Zeitschrift für Europäisches Privatrecht |
| ZEuS | Zeitschrift für Europarechtliche Studien |
| ZfRV | Zeitschrift für Rechtsvergleichung |
| ZG | Zeitschrift für Gesetzgebung |
| ZHR | Zeitschrift für das gesamte Handelsrecht und Wirtschaftsrecht |
| ZIP | Zeitschrift für Wirtschaftsrecht |
| ZLR | Zeitschrift für das gesamte Lebensmittelrecht |
| ZÖR | Zeitschrift für öffentliches Recht |
| ZPO | Zivilprozessordnung |
| ZRP | Zeitschrift für Rechtspolitik |
| ZUR | Zeitschrift für Umweltrecht |

# Verzeichnis der abgekürzt zitierten Literatur

## 1.   Lehrbücher, Kommentare und Handbücher

| | |
|---|---|
| *Arndt/Fischer/Fetzer* | *Arndt, Hans-Wolfgang/Fischer, Kristian/Fetzer, Thomas*, Europarecht, 11. Aufl., Heidelberg 2015 |
| *Bieber/Epiney/Haag* | *Bieber, Roland/Epiney, Astrid/Haag, Marcel*, Die Europäische Union. Europarecht und Politik, 11. Aufl., Baden-Baden 2015 |
| *Borchardt* | *Borchardt, Klaus-Dieter*, Die rechtlichen Grundlagen der Europäischen Union, 6. Aufl., Wien 2015 |
| *Breitenmoser/Weyeneth* | *Breitenmoser, Stephan/Weyeneth, Robert*, Europarecht unter Einbezug des Verhältnisses Schweiz – EU, 2. Aufl., Zürich/St. Gallen, 2014 |
| *Calliess/Ruffert* | *Calliess, Christian/Ruffert, Matthias* (Hrsg.), Kommentar zu EU-Vertrag und AEU-Vertrag, 4. Aufl., München 2011 (zit. *Bearbeiter*, in: Calliess/Ruffert) |
| *Dauses* | *Dauses, Manfred* (Hrsg.), Handbuch des EU-Wirtschaftsrechts, Loseblatt, München (Stand September 2015) |
| *Doerfert* | *Doerfert, Carsten*, Europarecht: Die Grundlagen der Europäischen Union mit ihren politischen und wirtschaftlichen Bezügen, 5. Aufl., München 2012 |
| *Ehlers* | *Ehlers, Dirk* (Hrsg.), Europäische Grundrechte und Grundfreiheiten, 4. Aufl., Berlin 2015 (zit. *Bearbeiter*, in: Ehlers) |
| EnzEuR | *Hatje, Arnim/Müller-Graff, Peter-Christian* (Hrsg.), Enzyklopädie Europarecht, 10 Bde., Baden-Baden 2013–2015 |
| *Fastenrath/Groh* | *Fastenrath, Ulrich/Groh, Thomas*, Europarecht, 3. Aufl., München 2012 |
| *Fischer* | *Fischer, Klemens*, Der Vertrag von Lissabon. Text und Kommentar zum Europäischen Reformvertrag, 2. Aufl., Baden-Baden 2010 (zit. Fischer, Lissabon) |
| *Frenz* | *Frenz, Walter*, Handbuch Europarecht, Bd. 1: Europäische Grundfreiheiten, Berlin/Heidelberg/New York, 2. Aufl. 2012; Bd. 2: Europäisches Kartellrecht, 2. Aufl. 2015; Bd. 3: Beihilfe- und Vergaberecht, 2007; Bd. 4: Europäische Grundrechte, 2009; Bd. 5: Wirkungen und Rechtsschutz, 2010; Bd. 6: Institutionen und Politiken 2011 |
| *ders.* | *ders.*, Europarecht, Heidelberg/Doordrecht/London/New York, 2011 (zit. *Frenz*, Europarecht) |
| *Frowein/Peukert* | *Frowein, Jochen Abr./Peukert, Wolfgang*, Europäische Menschenrechtskonvention. EMRK-Kommentar, 3. Aufl., Kehl am Rhein 2009 |
| *Geiger/Kahn/Kotzur* | *Geiger, Rudolf/Kahn, Daniel-Erasmus/Kotzur, Markus*, EUV/AEUV. Vertrag über die Europäische Union und Vertrag über die Arbeitsweise der Europäischen Union, 5. Aufl., München 2010 |
| *dies.* | *dies.*, European Union Treaties, A Commentary, München 2015 (zit. *Bearbeiter*, in Geiger/Khan, Kotzur, TEU/TFEU) |

| | |
|---|---|
| *Grabenwarter* | *Grabenwarter, Christoph,* European Convention on Human Rights. Commentary, München 2014 |
| *Grabenwarter/Pabel* | *Grabenwarter, Christoph/Pabel, Katharina,* Europäische Menschenrechtskonvention, 5. Aufl., München 2012 |
| *Grabitz/Hilf/Nettesheim* | *Grabitz, Eberhard/Hilf, Meinhard/Nettesheim, Martin* (Hrsg.), Das Recht der Europäischen Union, 3 Bde., Loseblatt, München (Stand August 2015, zit. *Bearbeiter,* in: Grabitz/Hilf/Nettesheim) |
| *von der Groeben/ Schwarze/Hatje* | *von der Groeben, Hans/Schwarze, Jürgen/Hatje, Armin* (Hrsg.), Kommentar zu den EUV/AEUV/GRC, 4 Bde., 7. Aufl., Baden-Baden 2015 (zit. *Bearbeiter,* in: von der Groeben/Schwarze/Hatje) |
| HGR | *Merten, Detlef/Papier, Hans-Jürgen* (Hrsg.), Handbuch der Grundrechte in Deutschland und Europa, Bd. I–VII, IX, Heidelberg 2007–2016 |
| *Hailbronner/Wilms* | *Hailbronner, Kay/Wilms, Heinrich* (Hrsg.), Recht der Europäischen Union – Kommentar (Stand Januar 2010) |
| *Hakenberg* | *Hakenberg, Waltraud,* Europarecht, 7. Aufl., München 2015 |
| *Haltern* | *Haltern, Ulrich,* Europarecht. Dogmatik im Kontext, 2. Aufl., Tübingen 2007 |
| *Haratsch/Koenig/ Pechstein* | *Haratsch, Andreas/Koenig, Christian/Pechstein, Matthias,* Europarecht, 9. Aufl. 2014 |
| HER | *Ehlermann, Claus-Dieter/Bieber, Roland/Haag, Marcel* (Hrsg.), Handbuch des Europäischen Rechts, 31 Bde., Loseblatt, Baden-Baden (Stand Juni 2011) |
| *Herdegen* | *Herdegen, Matthias,* Europarecht, 17. Aufl., München 2015 |
| *Herrmann* | *Herrmann, Christoph,* Examens-Repetitorium Europarecht. Staatsrecht III, 5. Aufl., Heidelberg 2015 |
| *Hobe* | *Hobe, Stephan,* Europarecht, 8. Aufl., München, 2014 |
| *Holoubek/Lienbacher* | *Holoubek, Michael/Lienbacher, Georg* (Hrsg.), Charta der Grundrechte der Europäischen Union. GRC-Kommentar, Wien 2014 |
| HStR | *Isensee, Josef/Kirchhof, Paul* (Hrsg.), Handbuch des Staatsrechts, 10 Bde., Heidelberg 1987–2000; 3. Aufl., Bd. I–XIII, Heidelberg 2003–2015 |
| IPE | *von Bogdandy, Armin/Huber, Peter M.* (Hrsg.), Handbuch Ius Publicum Europaeum, Bd. I-VI, Heidelberg, 2004–2016 |
| *Ipsen* | *Ipsen, Hans Peter,* Europäisches Gemeinschaftsrecht, Tübingen 1972 |
| *Jaag/Hänni* | *Jaag, Tobias/Hänni, Julia* Europarecht. Die europäischen Institutionen aus schweizerischer Sicht, 4. Aufl., Zürich/Basel/Genf 2015 |
| *Jarass* | *Jarass, Hans D., Charta* der Grundrechte der Europäischen Union. Kommentar, 2. Aufl., München 2013 |
| *Jochum* | *Jochum, Georg,* Europarecht unter Berücksichtigung des Vertrages von Lissabon, 2. Aufl., Stuttgart 2012 |
| *Karpenstein/Meyer* | *Karpenstein, Ulrich/Meyer, Franz C.* (Hrsg.), EMRK. Konvention zum Schutz der Menschenrechte und Grundfreiheiten. Kommentar, 2. Aufl., München 2015 (zit. *Bearbeiter,* in: Karpenstein/Meyer) |
| *Krimphove* | *Krimphove, Dieter,* Europarecht, 2. Aufl., Stuttgart 2013 |
| *Léger* | *Léger, Philippe* (Hrsg.), Commentaire article par article des traités UE et CE, Brüssel 2000 |
| *Lenz/Borchardt* | *Lenz, Carl Otto/Borchardt, Klaus-Dieter* (Hrsg.), EU-Verträge Kommentar, 6. Aufl., Köln 2012 (zit. *Bearbeiter,* in: Lenz/Borchardt) |

| | |
|---|---|
| *Mayer/Stöger* | *Mayer, Heinz/Stöger, Karl* (Hrsg.), Kommentar zu EUV und AEUV, 5 Bde., Loseblatt, Wien 2015 |
| *Meyer* | *Meyer, Jürgen* (Hrsg.), Charta der Grundrechte der Europäischen Union, 4. Aufl. 2014 |
| *Meyer-Ladewig* | *Meyer-Ladwig, Jens*, Europäische Menschenrechtskonvention. Handkommentar, 3. Aufl., Baden-Baden 2011 |
| *Niedobitek, Grundlagen* | *Niedobitek, Matthias* (Hrsg.), Europarecht – Grundlagen der Union, Berlin/Boston 2014 |
| *Niedobitek, Politiken* | *Niedobitek, Matthias* (Hrsg.), Europarecht – Politiken der Union, Berlin/Boston 2014 |
| *Oppermann/Classen/ Nettesheim* | *Oppermann, Thomas/Classen, Claus Dieter/Nettesheim, Martin*, Europarecht, 6. Aufl., München 2014 |
| *Pechstein* | *Pechstein, Matthias*, EU-Prozessrecht, 4. Aufl., Tübingen 2011 |
| *Pechstein/Koenig* | *Pechstein, Matthias/Koenig, Christian*, Die Europäische Union, 3. Aufl., Tübingen 2000 |
| *Pingel* | *Pingel, Isabelle* (Hrsg.) De Rome à Lisbonne, Commentaire article par article des traités UE et CE, 2. Aufl. 2010 |
| *Schroeder* | *Schroeder, Werner*, Grundkurs Europarecht, 4. Aufl., München 2015 |
| *Schulze/Zuleeg/ Kadelbach* | *Schulze, Reiner/Zuleeg, Manfred/Kadelbach, Stefan* (Hrsg.), Europarecht. Handbuch für die deutsche Rechtspraxis, 3. Aufl., Baden-Baden 2015 |
| *Schwarze* | *Schwarze, Jürgen* (Hrsg.), EU-Kommentar, 3. Aufl., Baden-Baden 2012 (zit. *Bearbeiter*, in: Schwarze) |
| *Schweitzer* | *Schweitzer, Michael*, Staatsrecht III. Staatsrecht, Völkerrecht, Europarecht, 10. Aufl., Heidelberg 2010 |
| *Schweitzer/Hummer/ Obwexer* | *Schweitzer, Michael/Hummer, Waldemar/Obwexer, Walter*, Europarecht, Das Recht der Europäischen Union, Wien 2007 |
| *Smit/Herzog* | *Smit, Hans/Herzog, Peter E./Campbell, Dennis/Zagel, Gudrun* (Hrsg.), The Law of the European Economic Community – A Commentary on the EEC Treaty, New York, Loseblatt (Stand 2006) |
| *Streinz* | *Streinz, Rudolf* (Hrsg.), EUV/AEUV-Kommentar, 2. Aufl., München 2012 (zit. *Bearbeiter*, in: Streinz) |
| *Streinz/Ohler/Herrmann* | *Streinz, Rudolf/Ohler, Christoph/Herrmann, Christoph* unter Mitarbeit von *Tobias Kruis*, Der Vertrag von Lissabon zur Reform der EU. Einführung mit Synopse, 3. Aufl., München 2010 (zit. Streinz/Ohler/Herrmann, Lissabon) |
| *Thiele* | *Thiele, Alexander*, Europarecht, 12. Aufl., Altenberge 2015 (zitiert: Thiele EuR) |
| *ders.* | *ders.*, Europäisches Prozessrecht, 2. Aufl., München 2014 (zitiert: Thiele, ProzessR) |
| *Tizzano* | *Tizzano, Antonio* (Hrsg.), Trattati dell' Unione Europea e della Comunità Europea, Mailand 2014 |
| *Vedder/Heintschel von Heinegg* | *Vedder, Christoph/Heintschel von Heinegg, Wolff* (Hrsg.), Europäischer Verfassungsvertrag – Handkommentar, Baden-Baden 2007 (zit. *Bearbeiter*, in: Vedder/Heintschel von Heinegg, EVV) |
| *dies.* | *dies.*, Europäisches Unionsrecht, EUV/AEUV/Grundrechte-Charta, Kommentar, Baden-Baden 2012 (zit. *Bearbeiter*, in: Vedder/ Heintschel von Heinegg, EUV/AEUV) |

| | |
|---|---|
| *Wolffgang* | *Wolffgang, Hans-Michael* (Hrsg.), Öffentliches Recht und Europarecht, 5. Aufl., Herne/Berlin 2010 |

## 2. Fremdsprachige Lehrbücher (Auswahl)

| | |
|---|---|
| *Alonso Garcia* | *Alonso Garcia, Ricardo*, Sistema juridico de la Unión Européa, 3. Aufl. 2014 |
| *Arnull/Chalmers* | *Arnull, Anthony/Chalmers, Damian* (Hrsg,), The Oxford Handbook of European Law, Oxford 2015 |
| *Barnard/Peers* | *Barnard, Catherine/Peers, Steve* (Hrsg.), European Union Law, Oxford 2014 |
| *Cartou* | *Clergerie, Jean-Louis/Gruber, Annie/Rambaud, Patrick* (Bearb.), L'Union Européenne, 10. Aufl., Paris 2014 |
| *Chalmers/Davies/Monti* | *Chalmers, Damian/Davies, Gareth/Monti, Giorgio,* European Union Law, Cases and Materials, 3. Aufl., Cambridge 2014 |
| *Craig/de Búrca* | *Craig, Paul/de Búrca, Grainne*, EU Law – Text, Cases and Materials, 6. Aufl., Oxford 2015 |
| *De Quadros* | *De Quadros, Fausto*, Droit de l'Union europeenne, Brüssel 2008 |
| *ders.* | *De Quadros, Fausto*, Direito da União Europeia, 3. Aufl., Coimbra 2013 |
| *Diez Moreno* | *Diez Moreno, Fernando*, Manual de Derecho de la Unión Européa, 5. Aufl., Madrid 2009 |
| *Hartley* | *Hartley, Trevor C.*, The Foundations of European Community Law, 7. Aufl., Oxford 2010 |
| *Isaac* | *Isaac, Guy*, Droit communautaire général, 10. Aufl., Paris 2012 |
| *Lenaerts/van Nuffel* | *Lenaerts, Koen/van Nuffel, Piet*, European Union Law, London 2011 |
| *Mangas Martin/ Liñan Nogueras* | *Mangas Martin, Araceli/Liñan Nogueras, Diego J.*, Instituciones y derecho de la Unión Europea, 8. Aufl., Madrid 2014 |
| *Molina del Pozo* | *Molina del Pozo, Carlos Francisco*, Derecho de la Unión Europea, 2. Aufl., Madrid 2015 |
| *Shaw* | *Shaw, Josephine*, Economic and Social Law of the European Union, Basingstoke 2007 |
| *Steiner & Woods* | *Steiner, Josephine/Woods, Lorna/Watson, Philippa*, Textbook on EU Law – 12. Aufl., Oxford 2014 |
| *Wyatt/Dashwood* | *Arnull, Anthony/Dashwood, Alan/Ross, Malcolm/Wyatt, Derrick*, Wyatt and Dashwood's European Union Law, 6. Aufl., London 2011 |

## 3. Text- und Fallsammlungen

| | |
|---|---|
| *Benedek* | *Benedek, Wolfgang*, Die Welthandelsorganisation (WTO), München 1998 |
| *Bieber* | *Bieber, Roland*, Das Recht der Europäischen Union, Loseblatt, Baden-Baden (Stand 2011) |
| *Bieber/Knapp* | *Bieber, Roland/Knapp, Wolfgang*, Das Recht der Europäischen Union, 2. Aufl., Baden-Baden 2010 |

| | |
|---|---|
| dtv EuR | *Classen, Claus Dieter* (Hrsg.), Europa-Recht, Europäische Union, (EUV/AEUV), Charta der Grundrechte, Gerichtsbarkeit, Europarat-Satzung, EMRK, Begleitgesetze, 25. Aufl., München 2013 |
| *Fastenrath* | *Fastenrath, Ulrich*, KSZE/OSZE, Dokumente der Konferenz und der Organisation für Sicherheit und Zusammenarbeit in Europa, Loseblatt, Neuwied (Stand Juni 2009) |
| *Fischer* | *Fischer, Hans Georg*, EUV/AEUV Textausgabe der Verträge über die Europäische Union, Neuwied 2010 |
| *HVL* | *Hummer, Waldemar/Vedder, Christoph/Lorenzmeier, Stefan*, Europarecht in Fällen, 6. Aufl., Baden-Baden 2015 |
| *Jarass/Beljin* | *Jarass, Hans D./Beljin, Sasa*, Casebook Grundlagen des EG-Rechts, Baden-Baden 2003 |
| *Kimmel* | *Kimmel, A./Kimmel, C.*, Verfassungen der EU-Mitgliedstaaten, 6. Aufl., München 2005 |
| *Menzel/Pierlings/ Hoffmann* | *Menzel, Jörg/Pierlings, Tobias/Hoffmann, Jeannine*, Völkerrechtsprechung. Ausgewählte Entscheidungen zum Völkerrecht in Retrospektive, Tübingen 2005 |
| *MH* | *Mager, Ute/Herrmann, Danielle*, Höchstrichterliche Rechtsprechung zum Europarecht, München 2004 |
| Nomos | Europarecht. Textausgabe, 23. Aufl., Baden-Baden 2015 |
| *Pechstein* | *Pechstein, Matthias*, Entscheidungen des EuGH. Studienauswahl, 8. Aufl., Tübingen 2014 |
| *PSK* | *Pieper, Stefan Ulrich/Schollmeier, Andres/Krimphove, Dieter*, Europarecht – Ein Casebook, 2. Aufl., Köln/Berlin/Bonn/München 2000 |
| Sart. I | Sartorius, Bd. I, Verfassungs- und Verwaltungsgesetze der Bundesrepublik Deutschland, Loseblatt, München (Stand Oktober 2015) |
| Sart. II | Sartorius, Bd. II, Internationale Verträge – Europarecht, Loseblatt, München (Stand Oktober 2015) |
| *Schäffer* | *Schäffer, Heinz* (Hrsg.), Österreichische Verfassungs- und Verwaltungsgesetze, Loseblatt (Stand Juli 2014) |
| *Schönfelder* | Schönfelder, Deutsche Gesetze. Sammlung des Zivil-, Straf- und Verfahrensrechts, Loseblatt, München (Stand November 2015) |
| *Schütz/Bruha/König* | *Schütz, Hans-Joachim/Bruha,Thomas/König, Doris*, Casebook Europarecht, München 2004 |
| *Schwartmann* | *Schwartmann, Rolf*, Völker- und Europarecht. Mit WTO-Recht und Zusatztexten im Internet, 10. Aufl., Heidelberg 2015 |
| Textbuch | *Schweitzer, Michael/Hummer, Waldemar*, Textbuch zum Europarecht, 6. Aufl., München 1994 |
| *Tietje* | *Tietje, Christian*, Welthandelsorganisation, 5. Aufl. 2013 |
| *Tillotson* | *Tillotson, John/Foster, Nigel*, Text, Cases and Materials on European Law, 5. Aufl., London/Sydney 2007 |
| *Winkel* | *Winkel, Klaus/Haug-Adrion, Eberhard/Klocker, Peter* (Hrsg.), Europäisches Wirtschaftsrecht. Sammlung von Rechtsvorschriften der Europäischen Union, 2 Bde., 55. Aufl., Loseblatt, EL 56 München (Stand April 2015) |

## 4. Übungsbücher

| | |
|---|---|
| *Ahlt, M./Dittert D.* | Examenskurs für Rechtsreferendare, 4. Aufl., München 2011 |
| *Arndt, H.-W./Fischer, K./ Fetzer, T.* | Fälle zum Europarecht. 20 Fälle mit Lösungen, 8. Aufl., Heidelberg 2015 |
| *Epiney, A.* | Europarecht. Fälle und Lösungen, 2. Aufl., Wien/Bern 2013 |
| *Heselhaus, S.* | Examinatorium Europarecht, Baden-Baden 2015 |
| *Knauff, M.* | Fälle zum Europarecht, Stuttgart 2011 |
| *Lecheler, H./Gundel, J.* | Übungen im Europarecht, 2. Aufl., Berlin/New York 2015 |
| *Micklitz, H.-W.* | Europarecht case by case. Vorlageverfahren deutscher Gerichte an den EuGH, Heidelberg 2004 |
| *Musil, A./Burchard, D.* | Klausurenkurs im Europarecht, 3. Aufl., Heidelberg 2013 |
| *Purnhagen, Kai* | Klausurenkurs Europarecht, München 2012 |
| *Thiele, A.* | Standardfälle Europarecht, 5. Aufl., Altenberge 2014 |
| *Will, M.* | Prüfe dein Wissen – Europarecht, München 2013 |

## 5. Basiswissen

| | |
|---|---|
| *Rohde, C./ Lorenzmeier, S.* | Europarecht, schnell erfasst, 4. Aufl., Berlin/Heidelberg/ New York 2011 |

## 6. Regelmäßige Berichte

| | |
|---|---|
| *Epiney, Astrid* | Zur Entwicklung der Rechtsprechung des EuGH im Jahr 2005, NVwZ 2006, S. 1244 ff |
| *dies.* | Zur Entwicklung der Rechtsprechung des EuGH im Jahr 2006, NVwZ 2007, S. 1012 ff |
| *dies.* | Die Entwicklung der Rechtsprechung des EuGH im Jahr 2007, NVwZ 2008, S. 737 ff |
| *dies.* | „Europäisches Verfassungsrecht": Die Rechtsprechung des EuGH im Jahr 2008, NVwZ 2009, S. 949 ff |
| *dies.* | Die Rechtsprechung des EuGH im Jahre 2008: Unionsbürgerschaft, Grundfreiheiten und Gleichstellungsrecht, NVwZ 2009, S. 1139 ff |
| *dies.* | Die Rechtsprechung des EuGH im Jahr 2009 – Grundfreiheiten und Gleichstellungsrecht: NVwZ 2010, S. 1065 ff |
| *dies.* | Die Rechtsprechung des EuGH im Jahr 2009 – Europäisches Verfassungsrecht – Teil 1, NVwZ 2010, S. 1000 ff |
| *dies.* | Die Rechtsprechung des EuGH im Jahr 2010: Grundfreiheiten und Gleichstellungsrecht, NVwZ 2011, S. 1425 ff |
| *dies.* | Die Rechtsprechung des EuGH im Jahr 2011: Unionsbürgerschaft, Diskriminierungsverbot, Grundfreiheiten und Gleichstellungsrecht, NVwZ 2012, S. 930 ff |
| *dies.* | Die Rechtsprechung des EuGH im Jahr 2012: Unionsbürgerschaft, Diskriminierungsverbot, Grundfreiheiten und Gleichstellungsrecht, NVwZ 2013, S. 692 ff |
| *dies.* | Die Rechtsprechung des EuGH im Jahr 2013: Unionsbürgerschaft, Diskriminierungsverbot, Grundfreiheiten und Gleichstellungsrecht, NVwZ 2014, S. 1275 ff |

*dies.*      Die Rechtsprechung des EuGH im Jahr 2014: Europäisches Verfassungsrecht, NVwZ 2015, S. 704 ff

*dies.*      Die Rechtsprechung des EuGH im Jahr 2014: Unionsbürgerschaft, Diskriminierungsverbot, Grundfreiheiten und Gleichstellungsrecht, NVwZ 2015, 777 ff

*Kohler, Andreas/ Knapp, Christian*      Gemeinschaftsrecht und Privatrecht: Zur Rechtsprechung des EuGH im Jahr 2005, ZEuP 2007, S. 484 ff

*Hakenberg, Waltraud/ Seyr Sibylle*      Gemeinschaftsrecht und Privatrecht: Zur Rechtsprechung des EuGH im Jahr 2006, ZEuP 2007, S. 1034 ff

*Kohler, Andreas/ Denkinger, Fleur/ Seyr, Sibylle*      Gemeinschaftsrecht und Privatrecht: Zur Rechtsprechung des EuGH im Jahr 2007, ZEuP 2009, S. 322 ff

*Kohler, Christian/ Knapp, Andreas*      Gemeinschaftsrecht und Privatrecht: Zur Rechtsprechung des EuGH im Jahre 2008, ZEuP 2010, S. 620 ff

*Christian Kohler/ Seyr, Sibylle/ Puffer-Mariette, Jean-Christophe*      Gemeinschaftsrecht und Privatrecht: Zur Rechtsprechung des EuGH im Jahre 2010, ZEuP 2011, S. 874 ff

*dies.*      Unionsrecht und Privatrecht: Zur Rechtsprechung des EuGH im Jahre 2011, ZEuP 2013, S. 323 ff

*dies.*      Unionsrecht und Privatrecht: Zur Rechtsprechung des EuGH im Jahre 2012, ZEuP 2014, S. 116 ff

*dies.*      Unionsrecht und Privatrecht: Zur Rechtsprechung des EuGH im Jahr 2013, ZEuP 2015, S. 335 ff

# Übungsfälle zur Vertiefung

Zu vor 1998 veröffentlichten Übungsfällen s. *Streinz*, Europarecht, 6. Aufl., S. XXXIV ff

| Zeitschrift | Jahrgang | Seite | Autor | Thema |
|---|---|---|---|---|
| **BayVBl.** | 1998 | 544/571 ff | | Rückforderung von Beihilfen; § 48 VwVfG |
| | 1999 | 158/187 ff | | Warenverkehrsfreiheit; Sicherheits- und Polizeirecht |
| | 1999 | 351/380 ff | | Einstweiliger Rechtsschutz gegen VO; Grundrechtsschutz |
| | 2000 | 411/443 ff | | Art. 23 GG; Beteiligung des Bundesrats; Organstreit |
| | 2000 | 541/570 ff | | Kommunales Wahlrecht von EU-Ausländern |
| | 2001 | 415/445 ff | | GG und europäischer Bundesstaat |
| | 2002 | 350/378 ff | | Aufhebung eines Subventionsbescheids, *Art. 87 Abs. 1 EGV*/Art. 107 Abs. 1 AEUV |
| | 2004 | 542/571 ff | | Vertragsverletzungsverfahren; Rückforderung von Beihilfen, § 10 Abs. 1 MOG iVm § 48 Abs. 2 VwVfG |
| | 2005 | 414 f/447 ff | | Dienstleistungsfreiheit (Handwerksrolle) |
| | 2006 | 740 ff/742 ff | | Dienstleistungsfreiheit (Einheimischenmodell); Vollstreckung aus *gemeinschafts-/unionsrechtswidrigen* Verwaltungsakten |
| | 2007 | 158 f/188 ff | | Vorlagepflicht nach *Art. 234 EGV*/Art. 267 AEUV; Niederlassungsfreiheit |
| | 2007 | 672/700 ff | | Dienstleistungsfreiheit (Handwerksrolle); EU-Grundrechte |
| | 2011 | 285 f/317 ff | | Verfahren EuGH/BVerfG; Warenverkehr; Staatshaftung |
| | 2012 | 287/315 ff | | Verfassungsrecht./Europarecht – Überprüfung einer EU-Richtlinie – Rechtsetzungskompetenz der EU – EU-Grundrechte – Überprüfung von durch EU-Richtlinie determiniertem Landesrecht am Maßstab nationaler Grundrechte |
| **JA** | 1998 | 778 ff | Reimann | UIG; einstweiliger Rechtsschutz; *gemeinschafts-*/unionsrechtskonforme Auslegung; Wirkung von RL |
| | 1999 | 302 ff | Trautwein | Dienstleistungsfreiheit; nationales Prozessrecht; Diskriminierungsverbot |
| | 2000 | 683 ff | Trautwein | Verhältnis *Gemeinschafts-*/Unionsrecht zu nationalem Recht; unmittelbare horizontale Wirkung von RL |

| Zeitschrift | Jahrgang | Seite | Autor | Thema |
|---|---|---|---|---|
| | 2002 | 401 ff | Derpa | Staatshaftungsrecht; Staatsorganisationsrecht; Grundfreiheiten |
| | 2002 | 499 ff | Haus/Cole | Beihilfen; Verfahren der Überwachung; Vertragsverletzungsverfahren; Mahnschreiben |
| | 2002 | 683 ff | Trautwein | Rechtssetzungskompetenz der *EG* (EU); Grundfreiheiten |
| | 2003 | 489 ff | Kämmerer/ Andresen | Europäisches Wettbewerbsrecht |
| | 2005 | 435 ff | Trautwein | *Gemeinschafts*konformität von Abgaben; Verstoß gegen *Art. 23, 25 EGV*/Art. 28/30 AEUV; Abgrenzung *Art. 25 EGV*/Art. 30 AEUV und *Art. 90 EGV*/Art. 110 AEUV; Warenverkehrsfreiheit; Äquivalenz- und Effektivitätsprinzip |
| | 2007 | 427 ff | Christensen/ Lerch | Europäisches Staatshaftungsrecht; Richterspruchprivileg |
| | 2008 | 442 ff | Trautwein | EuGH-Prozessrecht; Binnenmarktrecht der EU |
| | 2008 | 715 ff | Schmidt am Busch | Niederlassungsfreiheit; Vorlagepflicht an den EuGH |
| | 2009 | 119 ff | Haas/Hoffmann | Einfluss des Unionsrechts auf das deutsche Verwaltungsrecht; Rückforderung einer Beihilfe |
| | 2009 | 195 ff | Gregor | Europäisches Wettbewerbsrecht |
| | 2009 | 439 ff | Schadtle | Entscheidungsmonopol des EuGH |
| | 2011 | 842 ff | Schlacke/ Domröse | Einstweiliger Rechtsschutz beim Vollzug von EU-Recht; Grundrechtsprüfung |
| | 2012 | 441 ff | Görisch | Verhältnis Warenverkehrs-/Dienstleistungsfreiheit |
| | 2012 | 923 ff | Stumpf | Einstweiliger Rechtsschutz vor dem BVerfG, Europawahlgesetz |
| | 2014 | 922 ff | Tappe/Mehlhaf | Richtlinien, Grundfreiheiten |
| | 2015 | 439 ff | Schmidt am Busch/Kögel | Informationsrechte des Bundestages in EU-Angelegenheiten (ESM) |
| *Jura* | 1998 | 88 ff | Classen | Niederlassungsfreiheit; Sozialdumping |
| | 2000 | 586 ff | Herbst | Vorläufiger Rechtsschutz durch nationale Gerichte |
| | 2001 | 547 ff | Kingreen | *EG*/EU-Recht im Verwaltungsprozess; Feststellungsklage; *gemeinschaft-/*unionsrechtliche Staatshaftung; Arbeitnehmerfreizügigkeit |
| | 2002 | 563 ff | Odendahl | Anfechtungsklage; Feststellungsklage; effektiver Rechtsschutz; Koppelungsverbot; Einwirkung des Europarechts auf das allgemeine Verwaltungsrecht |

| Zeitschrift | Jahrgang | Seite | Autor | Thema |
|---|---|---|---|---|
| | 2006 | 148 ff | Pechstein/ Köngeter | Kapitalverkehrsfreiheit; *EG*/EU als Adressat der Grundfreiheiten; Gemeinschaftsgrundrechte; Individualnichtigkeitsklage gem. *Art. 230 EGV*/Art. 263 AEUV |
| | 2006 | 630 ff | Ettl | Auslegung von Richtlinien; Arbeitnehmerfreizügigkeit; Niederlassungsfreiheit; Dienstleistungsfreiheit; allgemeines Diskriminierungsverbot; *gemeinschafts-*/unionsrechtlicher Staatshaftungsanspruch |
| | 2006 | 304 ff | Groh/Kaplonek | Dienstleistungsfreiheit (Tötungssimulationsspiele) |
| | 2007 | 631 ff | Kahl/Essig | Gesetzgebungskompetenzen; Mitwirkung der Länder in Angelegenheiten der EU; Verhältnis Bundestag/Bundesrat/Bundesregierung (Letztentscheidungsrecht); Nichtigkeitsklage gegen EU-Rahmenbeschluss; Kompetenzen der EU in der sog. „Dritten Säule" |
| | 2008 | 786 ff | Proelß | Rechtsschutz Einzelner gegen Maßnahmen supranationaler Organisationen vor dem BVerfG |
| | 2009 | 458 ff | Lohse | Warenverkehrsfreiheit; Fall Schmidberger; Europäische Grundrechte |
| | 2009 | 704 ff | Neumann | Unionsrechtskonformität des VW-Gesetzes; Vertragsverletzungsverfahren; Abgrenzung von Kapitalverkehrs- und Niederlassungsfreiheit; Beschränkungen iSd *Art. 56 Abs. 1 EGV*/Art. 63 Abs. 1 AEUV) |
| | 2010 | 536 ff | Wendel/Stöbener | Gerichtlicher Dialog; Unmittelbare Anwendbarkeit von Richtlinien; europarechtskonforme Auslegung und Rechtsfortbildung; Vorlagepflicht; Entzug des gesetzlichen Richters |
| | 2011 | 635 ff | Herrmann/ Nastoll | Vorabentscheidungsverfahren; Vorlageberechtigte Gerichte; Formulierung von Vorlagefragen; Unmittelbare Wirkung von Richtlinien; Anerkennung von Studienabschlüssen – Gründe für Verweigerung |
| | 2012 | 883 ff | Staufer/ Steinebach | Vorabentscheidungsverfahren, Unionsbürgerschaft, Freizügigkeit, Hochschulzulassung, §§ 48 f VwVfG |
| | 2014 | 203 ff | Pechstein/ Serafimova | Vorabentscheidungsverfahren, Niederlassungsfreiheit |
| *JuS* | 1998 | 148 ff | Kamann/Selmayr | Rückforderung *gemeinschafts-*/unionsrechtswidrig gewährter nationaler Beihilfen; Kollision von materiellem *Gemeinschafts-*/Unionsrecht und nationalem Verfahrensrecht; verfassungsrechtliche Grenzen der *gemeinschafts-*/unionsrechtskonformen Auslegung des § 48 VwVfG |

| Zeitschrift Jahrgang | Seite | Autor | Thema |
|---|---|---|---|
| 1999 | 54 ff | Ruffert | *Gemeinschafts-*/Unionsrechtlicher Staatshaftungsanspruch |
| 2002 | 262 ff | Huster | Nationales Alkoholwerbeverbot; Warenverkehrsfreiheit; Maßnahme gleicher Wirkung wie mengenmäßige Einfuhrbeschränkung; Rechtfertigung nach *Art. 30 EGV*/Art. 36 AEUV |
| 2002 | 442 ff | Orth | Warenverkehrsfreiheit; Dienstleistungsfreiheit; Rechtsetzungskompetenzen; Konsequenzen eines Fristenverstoßes bei Richtlinien; Vorlagepflicht; Diskriminierungsverbot |
| 2002 | 679 ff | Seiler | Voraussetzungen und Grenzen einer richtlinienkonformen Auslegung nationalen Rechts; unmittelbare Anwendbarkeit einer EG-Richtlinie; Stellung der Länder bei der Umsetzung europäischer Vorgaben |
| 2002 | 1095 ff | Förster/Rastatt/Sander | Ausländerrecht; Verpflichtungsklage; Voraussetzungen des Familiennachzugs und Wirkung von Assoziationsratsbeschlüssen im *Gemeinschafts-*/Unionsrecht; Vorabentscheidungsverfahren gemäß *234 EGV*/Art. 267 AEUV |
| 2002 | 1181 ff | Cole/Haus | Supranationalität und Grundprinzipien der *Gemeinschaft*/Union |
| 2003 | 145 ff | Cole/Haus | Organe der *EG*/EU; Rückwirkung |
| 2003 | 151 ff | Ettl | Diskriminierungsverbot; Vertragsverletzungsverfahren; Untätigkeitsklage gemäß *Art. 232 EGV*/Art. 265 AEUV |
| 2003 | 353 ff | Cole/Haus | *EG-*/EU-Prozessrecht |
| 2003 | 561 ff | Cole/Haus | Grundfreiheiten; Diskriminierungsverbot |
| 2003 | 760 ff | Cole/Haus | Rechtsstaatlichkeitsprinzip |
| 2003 | 978 ff | Cole/Haus | Wettbewerbsrecht der *EG*/EU |
| 2003 | 1173 ff | Cole/Haus | Die *Gemeinschaft*/Union im internationalen Wirtschaftsrecht |
| 2004 | 22 ff | Kenntner | Warenverkehrsfreiheit |
| 2004 | 803 ff | Freigang/Ostendorf/Reinhardt | Vorlagepflicht gemäß *Art. 234 EGV*/Art. 267 AEUV; Diskriminierungsverbot; *Gemeinschafts-*/Unionsrechtskonformität des BAföG |
| 2005 | 147 ff | Korte/Fischer/Jacob | Klagebefugnis einer ausländischen juristischen Person; Öffnung des Art. 19 Abs. 3 GG durch Art. 12 GG; Konfusionsargument auch bei Träger ausländischer Staatsgewalt; Dienstleistungsfreiheit; Handwerksordnung |
| 2005 | 251 ff | Siemen | Warenverkehrsfreiheit; Schutzpflichten gegenüber Privaten; Einfluss des *Gemeinschafts-*/Unionsrechts auf nationales Verwaltungsrecht |

| Zeitschrift Jahrgang | Seite | Autor | Thema |
|---|---|---|---|
| 2006 | 436 ff | Vitzthum/Klink | Einfluss des Europarechts auf das Bestimmtheitsgebot des Art. 80 Abs. 1 S. 2 GG (Pauschale Umsetzungsermächtigung) |
| 2006 | 540 ff | Häde | Untätigkeitsklage nach *Art. 232 III EGV/ Art. 265 III AEUV*; Vertragsverletzungsverfahren; Warenverkehrsfreiheit; Dienstleistungsfreiheit (Werbeverbot) |
| 2006 | 993 ff | Payandeh | Unionskompetenz; Unionsgrundrechte; Bindung der Unionsorgane an die Grundfreiheiten |
| 2007 | 51 ff | Hatje/Terhechte | EU-Sekundärrecht und deutsche Grundrechte Rechtsschutz gegen Teilnahme am EU-Ministerrat |
| 2007 | 153 ff | Detterbeck/Will | Berufung auf EU-Richtlinie vor VG und BVerfG |
| 2007 | 464 ff | Krajewski | Völkerrechtssubjektivität der EU (jetzt Art. 47 EUV) – GASP – EU-Polizeieinsätze in Drittstaaten |
| 2007 | 550 ff | Jansen/Latta | Richtlinienkonforme Auslegung des BGB |
| 2007 | 841 ff | Sagmeister | Richtlinienkonforme Auslegung; Wirkung von Richtlinien |
| 2007 | 932 ff | Ruthig/Lehr | Anwendbarkeit von Deutschengrundrechten auf EU-Bürger – Unionsrecht als Prüfungsmaßstab |
| 2008 | 58 ff | Kanitz/Wendel | Durchbrechung der Bestandskraft von Verwaltungsakten; Grundsatz der Effektivität; Grundsatz der Äquivalenz (Grenzen der nationalen Verfahrensautonomie) |
| 2008 | 723 ff | Groh | Arbeitnehmerfreizügigkeit |
| 2008 | 903 ff | Streinz/Herrmann | Vorabentscheidungsverfahren; unmittelbare Wirkung völkerrechtlicher Verträge der Union; Arbeitnehmerfreizügigkeit |
| 2009 | 440 ff | Knauff | Berufsfreiheit; Eigentumsfreiheit; Binnenmarktkompetenz; Umweltschutzkompetenz; Subsidiarität Nichtigkeitsklage (EuG-/EuGH-Zuständigkeit; Begriff der juristischen Person; Klagegegenstand, Klagebefugnis; Frist) |
| 2010 | 339 ff | Thomale | Niederlassungsfreiheit und mitgliedstaatlicher Rechtsschutz bei Nichtvorlage an den EuGH |
| 2010 | 626 ff | Pollmann | Grundrechtsfähigkeit EU-ausländischer juristischer Personen EU-Grundfreiheiten |
| 2010 | 811 ff | von Detten/Frenzel | Vereinbarkeit des deutschen Glücksspielrechts mit EU-Recht |
| 2010 | 993 ff | Schiedermair | Individualbeschwerde vor dem EGMR – Gewaltanwendung im Verhör |
| 2011 | 540 ff | Koch/Ilgner | Ultra vires Kontrolle durch BVerfG |

| Zeitschrift | Jahrgang | Seite | Autor | Thema |
|---|---|---|---|---|
| | 2011 | 815 ff | Kleider | Europarechtliche Vorgaben für den Rechtsschutz im Bauplanungsrecht |
| | 2011 | 917 ff | Ludwig | Bürgschaften und EU-Beihilfenverbot |
| | 2011 | 1095 ff | Bast | Bestimmtheit strafrechtlicher Sanktionen im Binnenmarkt |
| | 2011 | 1106 ff | Streinz/Herrmann/Kruis | Keine Niederlassungsfreiheit für Kapitalgesellschaften (Apotheken) |
| | 2012 | 716 ff | Flügge | Dublin II-Verordnung – EMRK-Verletzung durch EU-Mitgliedstaat |
| | 2012 | 735 ff | Thiemann | Verhältnis UnionsR-VerfR; Rechtsschutz gegen unionsrechtlich determinierte nationale Akte |
| | 2012 | 821 ff | Stephan/Yamato | Individualbeschwerde nach Art. 34 EMRK |
| | 2012 | 1111 ff | Kühling/Klar | Fall *Schecke,* einstweiliger Rechtsschutz und Unionsrecht, Unionsgrundrechte |
| | 2013 | 428 ff | Krenn | Nichtigkeitsklage, Niederlassungsfreiheit, Unionsbürgerschaft, Anwendungsbereich der GRCh |
| | 2013 | 720 ff | Wiater | Themenklausur: Demokratiedefizit der EU |
| | 2013 | 925 ff | Hindelang/Berner | Zwangsmitgliedschaft in Jagdgenossenschaft, Urteil des EGMR zugunsten des Antragstellers eines Verfahrens im einstweiligen Rechtsschutz |
| | 2014 | 529 ff | Otto/Hein | Unmittelbare Drittwirkung der Grundfreiheiten, Warenverkehrsfreiheit, Prinzip der gegenseitigen Anerkennung, Grundrechtsprüfung nach GRCh |
| | 2014 | 630 ff | Schack | Beamtenrecht, Streikrecht |
| | 2014 | 726 ff | Kube | Anwendungsbereich der GRCh, Grundrechtsprüfung |
| | 2014 | 812 ff | Hindelang/Berner | Einführung einer Maut, Diskriminierungsverbote, Polizeirecht |
| | 2016 | 50 ff | Lange | Europarecht und Verfassungsrecht; Zulässigkeit von Vorabentscheidungsverfahren, Verfassungsbeschwerde wegen Entzug des EuGH als gesetzlichem Richter |

# Internetadressen

| | |
|---|---|
| *Europäische Union* | http://europa.eu |
| *Kommission* | http://ec.europa.eu/index_de.htm |
| *Rat* | http://consilium.europa.eu/ |
| *Europäisches Parlament* | http://www.europarl.europa.eu |
| *Europäischer Gerichtshof* | http://curia.europa.eu/jcms/jcms/j_6/ |
| *Europäischer Konvent* | http://european-convention.europa.eu/ |
| *Europäischer Rechnungshof* | http://eca.europa.eu |
| *Europäischer Verfassungsvertrag* | http://eu2007.de/de/About_the_EU/Constitutional_Treaty/index.html |
| *Wirtschafts- und Sozialausschuss* | http://eesc.europa.eu/ |
| *Ausschuss der Regionen* | http://www.cor.europa.eu/ |
| *Europäische Zentralbank* | http://www.ecb.europa.eu |
| *Europäische Investitionsbank* | http://www.eib.org/ |
| *Eur-Lex Das Recht der Europäischen Union* | http://eur-lex.europa.eu/ |
| *N-Lex Zugang zu den Quellen des nationalen Rechts* | http://eur-lex.europa.eu/n-lex/ |
| *E-Justice Das Europäische Justizportal* | https://e-justice.europa.eu/home.do |
| *Europäischer Investitionsfonds* | http://www.eif.org/ |
| *Vertretung der Kommission in Deutschland* | http://www.eu-kommission.de/ |
| *Europarat* | http://www.coe.int |
| *Europäischer Gerichtshof für Menschenrechte* | http://www.echr.coe.int |

## Dokumentationszentren

| | |
|---|---|
| *European Information Exeter* | https://as.exeter.ac.uk/library/librariesandcollections/lawlibrary/ |
| *European University Institute/New York University School of Law* | http://www.jeanmonnetprogram.org/ |
| *Europäisches Dokumentationszentrum Mannheim* | https://www.bib.uni-mannheim.de/463.html |
| *Deutschland in der EU* | http://www.auswaertiges-amt.de/DE/Europa/Uebersicht_node.html |

# § 1 Begriff und Gegenstand des Europarechts

## I. Begriff „Europarecht"

Unter Europarecht versteht man in der Lehre das Recht der europäischen internationalen Organisationen. Die frühere Differenzierung in west- und osteuropäische Organisationen orientierte sich an deren ideologischer und wirtschaftlicher Ausrichtung und ist durch das Ende der sog. sozialistischen Staaten überholt[1]. Als spezielles Rechtsgebiet hat sich wegen seiner großen praktischen Bedeutung, aber auch wegen seiner Besonderheiten, das Recht der **Europäischen Gemeinschaften** (EG, EAG sowie bis 2002 die EGKS, s. Rn 17) herausgebildet, die die Grundlage der **Europäischen Union** bildeten und nach dem Vertrag von Lissabon bis auf die fortbestehende EAG in der jetzt einheitlichen Europäischen Union aufgegangen sind (Art. 1 Abs. 3 S. 2 EUV). Dieses Europarecht „im engeren Sinne" knüpft allerdings in manchen Bereichen an andere europäische internationale Organisationen[2] an. Hervorzuheben ist hier der **Europarat**[3], mit dem die Union jede zweckdienliche Zusammenarbeit betreibt (Art. 220 AEUV), und insbesondere das bedeutendste Instrument, das in dessen Rahmen entwickelt werden konnte, nämlich die Konvention zum Schutze der Menschenrechte und Grundfreiheiten (EMRK)[4] vom 4.11.1950 nebst 16 (Zusatz-)Protokollen[5]. Die EMRK spielt namentlich in der Entwicklung der Gemeinschafts-, jetzt Unionsgrundrechte durch den EuGH eine besondere Rolle (Art. 6 Abs. 3 EUV), ist bei der Anwendung der EU-Grundrechtecharta zu berücksichtigen (Art. 52 Abs. 3 GRCh; s. Rn 766) und wird nach dem – durch das Gutachten 2/13 des EuGH allerdings blockierten[6] – Beitritt der EU zur EMRK (Art. 6 Abs. 2 EUV) unmittelbar Rechtsquelle des Unionsrechts (s. Rn 763). Enge Beziehungen wurden zu den Mitgliedstaaten der Europäischen Freihandelsassoziation (EFTA) durch den Vertrag über den Europäischen Wirtschaftsraum (EWR) geknüpft (s. Rn 84, 1260), dem allerdings die Schweiz wegen der negativen Volksabstimmung nicht beitreten konnte. Durch ein Geflecht bilateraler Abkommen ist die Schweiz aber eng mit der EU verbunden (s. Rn 84). Die Aufgaben der Westeuropäischen Union (WEU)[7] wurden auf die EU übertragen (vgl Art. 36, Art. 42 Abs. 7, Art. 45 EUV), die Verträge der Mitgliedstaaten mit der WEU wurden zum 30.6.2011 gekündigt[8].

1

---

1  Der 1949 von den sog. Ostblockstaaten gegründete Rat für gegenseitige Wirtschaftshilfe – RgW (COMECON) wurde am 28.6.1991 (EA 1991, Z 159) aufgelöst.
2  Vgl die Übersicht bei *Schweitzer*, Rn 15; einzelne Organisationen sind bei *Oppermann*, Europarecht, 3. Aufl. 2005, § 3, Rn 1 ff behandelt.
3  Satzung in Sart. II Nr 110; dtv EuR Nr 41; Nomos Nr 29; s. Rn 75 ff.
4  Sart. II Nr 130; dtv EuR Nr 42; Nomos Nr 30; *Bieber/Knapp* Nr VII.2.
5  S. dazu Rn 78 ff. Näher dazu *Schweitzer*, Rn 707 ff. Zur Verknüpfung mit der EU s. Rn 256 ff, 756 f.
6  EuGH, Gutachten 2/13 vom 18.12.2014, ECLI:EU:C:2014:2454 = EuGRZ 2015, 56 = JuS 2015, 567-*Streinz*. S. dazu Rn 764.
7  Sart. II Nr 100.
8  Vgl dazu *Kaufmann-Bühler*, in: Grabitz/Hilf/Nettesheim, Art. 42 EUV, Rn 56 ff.

## II. Recht der Europäischen Union

**2**  Das Recht der Europäischen Union unterteilt sich in das sog. primäre und das sog. sekundäre bzw abgeleitete Unionsrecht. Die Unterscheidung zwischen Gemeinschaftsrecht und Unionsrecht ist seit der Rechtsnachfolge der EG in der EU (Art. 1 Abs. 3 S. 3 EUV) überholt, ungeachtet der Besonderheiten der GASP (vgl Art. 40 EUV; s. Rn 1306).

**3**  Zum **primären Unionsrecht** gehören seit dem Vertrag von Lissabon der Vertrag über die Europäische Union (EUV) und der Vertrag über die Arbeitsweise der Europäischen Union (AEUV), die als „Grundlage der Union" rechtlich gleichrangig sind (Art. 1 Abs. 3 S. 1 und 2 EUV), einschließlich Anlagen und Protokollen (vgl Art. 51 EUV) sowie über die Einbeziehung durch Art. 6 Abs. 1 EUV die Charta der Grundrechte der Europäischen Union. Dieses primäre Unionsrecht entstand und entsteht auch künftig durch völkerrechtliche Verträge zwischen den Mitgliedstaaten (s. Rn 90, 146 f). Zum Primärrecht gehören auch die allgemeinen Rechtsgrundsätze, denen diese Qualität zukommt, insbesondere die darauf basierenden Unionsgrundrechte (Art. 6 Abs. 3 EUV; s. Rn 456). Zur Zuordnung der EMRK nach dem erfolgten Beitritt der EU s. Rn 766. Zur Zuordnung von Verträgen der Union mit Drittstaaten s. Rn 536 ff.

**4**  Unter **sekundärem Unionsrecht** versteht man das von den Organen der EU nach Maßgabe der Verträge erlassene Recht. Da sich die Rechtsetzungskompetenz für die EU-Organe aus den Gründungsverträgen, dem Primärrecht, ergibt, nennt man dieses Recht sekundäres oder abgeleitetes Unionsrecht. Art. 288 AEUV unterscheidet Verordnungen, Richtlinien, Beschlüsse, Empfehlungen und Stellungnahmen. Ferner zählen dazu von den Unionsorganen beschlossene allgemeine Programme, schließlich die Verfahrens- und Geschäftsordnungen, die von den Unionsorganen für sich selbst erlassen werden, und interinstitutionelle Vereinbarungen (Art. 295 AEUV), die zwischen den Organen der Union abgeschlossen werden. Von diesen Vereinbarungen sind allerdings Erklärungen, die über das Verhältnis zwischen den Organen hinausgehen, abzugrenzen. So war die (jetzt durch die Grundrechtecharta überholte) gemeinsame Grundrechtserklärung von Rat, Kommission und Europäischem Parlament vom 5.4.1977 (s. Rn 459) dem Primärrecht zuzurechnen. Als **tertiäres Unionsrecht** kann man die abstrakt-generellen Rechtsakte bezeichnen, die – zumeist von der Kommission – auf der Grundlage sekundärrechtlicher Ermächtigung gesetzt werden, so zB im Bereich des Beihilfen-, des Agrarmarkt- und des Außenwirtschaftsrechts[9].

**5**  Auch nach dem Vertrag von Lissabon bleiben für die GASP von den bisherigen Handlungsformen des Unionssekundärrechts die allgemeinen Leitlinien, wobei die Aktionen und Standpunkte durch Beschlüsse festgelegt werden und Durchführungsbeschlüsse hinzukommen (vgl Art. 25 EUV gegenüber *Art. 12 EUV* aF; s. Rn 1292 f). Die besonderen Handlungsformen der früheren PJZS (insbes. EU-Rahmenbeschlüsse) entfallen durch deren Eingliederung in den AEUV und behalten ihre Bedeutung nur insoweit, als sie noch in Kraft sind (s. Rn 1026).

---

9  Vgl zB VO 2454/93 der Kommission mit Durchführungsvorschriften zu der Verordnung (EWG) Nr 2913/92 des Rates zur Festlegung des Zollkodex der Gemeinschaften, ABl 1993 L 253/1; zuletzt geändert durch Art. 1 ÄndDVO (EU) 2015/234 (ABl 2015 L 39/13).

Der Verfassungsvertrag wollte das **System der Rechtsakte** neu ordnen und die Be- **6** griffe Europäisches Gesetz (für Verordnung), Europäisches Rahmengesetz (für Richtlinie) und Europäischer Beschluss (für Entscheidung) einführen (vgl *Art. I-33 EVV*)[10]. Dadurch wäre der gesetzgebende Charakter der europäischen Rechtsetzung deutlicher geworden. Wohl auch deshalb wurde im Vertrag von Lissabon im Rahmen des Verzichts auf alle staatsähnlichen Elemente auch davon ausdrücklich Abstand genommen[11]. Da auch der Vertrag von Lissabon zu einer einheitlichen Europäischen Union führt, sieht Kapitel 2 Abschnitt 1 (Art. 288–292) AEUV einheitliche „Rechtsakte der Union" vor (ungeachtet der Besonderheiten der GASP, s. Rn 5), und zwar Verordnungen, Richtlinien, Beschlüsse (an Stelle der Entscheidungen gemäß *ex-Art. 249 Abs. 4 EGV* sowie der Beschlüsse gemäß dem bisherigen EUV, vgl Rn 512 f), Empfehlungen und Stellungnahmen (Art. 288 Abs. 1 AEUV) (s. dazu Rn 520 f). Die grundlegende Unterscheidung zwischen Primärrecht und abgeleitetem Recht bleibt erhalten. Der Erlass von „Tertiärrecht" wird in Art. 290 und Art. 291 AEUV speziell und präziser geregelt (s. dazu Rn 564 ff).

Daneben gibt es als **ungeschriebenes Unionsrecht** allgemeine Rechtsgrundsätze, die **7** je nach ihrer inhaltlichen Qualität dem Primär- oder dem Sekundärrecht zuzurechnen sind (vgl Rn 455), und (rudimentär) Gewohnheitsrecht.

**Beispiel:** Entgegen dem Wortlaut des Art. 16 Abs. 2 EUV werden auch Staatssekretäre unabhängig von ihrer innerstaatlichen Rechtsstellung als Regierungsmitglieder im Rat angesehen.

In der Lehre wird zwischen institutionellem und materiellem Unionsrecht unterschie- **8** den. Unter **institutionellem Unionsrecht** versteht man die Normen, die die Organstruktur und damit den institutionellen Aufbau der Union regeln. Dies ist ein spezifischer Gegenstand des Gebietes Europarecht, da er die einzelnen Materien übergreift. Dem Regelungsgegenstand nach ähnelt das institutionelle Unionsrecht damit dem Staatsorganisationsrecht, wenngleich die EU keine Staatsqualität aufweist. Unter **materiellem Unionsrecht** versteht man die Normen, die die sachlichen Zielsetzungen der Union betreffen. Das materielle Unionsrecht bestimmt wegen der zunehmenden Durchdringung der nationalen Rechtsordnungen durch unionsrechtliche Vorgaben die Spezialdisziplinen (zB Wettbewerbsrecht, Kartellrecht, Wirtschaftsrecht, Sozialrecht, Arbeitsrecht, Umweltrecht, mittlerweile auch allgemeines Zivilrecht, zunehmend auch das Strafrecht).

**Literatur:** *Mosler, H.*, Begriff und Gegenstand des Europarechts, ZaöRV 1968, 481.

---

10   Vgl dazu *Streinz*, Europarecht, 7. Aufl. 2005, Schaubild 3, Rn 425.
11   Vgl das Mandat des Europäischen Rates vom 21./22.6.2007 für die Regierungskonferenz, EU-Nachrichten, Dokumentation Nr 2/2007, S. 9 (Nr 3).

# § 2 Entwicklung und Stand der Europäischen Integration

## I. Grundlagen der Europaidee

**9** Die Herkunft des Namens „Europa" ist letztlich nicht geklärt[1]. Er bezeichnete etwa seit den Perserkriegen das ganze griechische Festland, wobei der Begriff nicht nur geographisch verstanden, sondern bereits mit ideellen Inhalten verbunden wurde. Durch das Römische Reich erweiterte sich der Begriff auf die mediterrane Welt, später auf die westliche Hälfte des nordalpinen Gebietes, als Ergebnis der sog. Völkerwanderung auch auf Germanien. Durch die Verbindung des fränkischen Königtums mit der römischen Kirche wurde der Grund gelegt für eine Erneuerung des Reiches im Zeichen des Christentums. Das karolingische Reich, das in ständiger Spannung mit dem Papsttum das mittelalterliche Europa begründete, stellte keine politische Einheit, sondern eine in ihren Formen und Inhalten wechselnde Vielheit dar. Die fränkisch-römische Reichsgründung Karls des Großen und ihre Fortsetzung unter den salischen und staufischen Kaisern ist die erste Europa zusammenhaltende Kraft gewesen, ein Reich, das den Kern Europas darstellte, sich aber nie mit ihm (weitgehend aber mit der ursprünglichen Gemeinschaft der sechs Gründungsstaaten) deckte. Sieht man jedoch in der Vielheit die eigentliche Beschaffenheit des Phänomens Europa, muss man nicht in der Begründung des karolingischen Reiches, sondern in seiner Auflösung das entscheidende Moment finden. Denn erst in der nachkarolingischen Zeit trat die Vielfalt Europas als ein Wesensmerkmal der europäischen Gesellschaft hervor, eine Vielfalt, die sich in den zur Souveränität drängenden National- und Dynastiestaaten verkörperte. Diese Vielfalt zeigte sich in den zu großer Literatur aufsteigenden Volkssprachen und in den sich mehr und mehr differenzierenden nationalen Kulturen. In der Neuzeit ging die Idee einer universalstaatlichen Ordnung, einer abendländischen Einheit sowohl im politischen Sinne des Reiches sowie – seit der Kirchenspaltung – der römischen Kirche, zwar nie ganz verloren, büßte aber ihre Effektivität ein und wurde ersetzt durch die Vorstellung von der Einheit einer Völkergemeinschaft, die im ius gentium, dh ius inter gentes, eine naturrechtliche Gesamtverfassung erhielt (Völkerrecht). Diese Vielheit wurde durch die Herausbildung souveräner Nationalstaaten besonders betont.

**10** Wenngleich man Europa zutreffend als Einheit in der Vielfalt (*Jacob Burckhardt*: „Discordia concors") beschreiben konnte[2], hat es doch nie an Versuchen gefehlt, Modelle für eine europäische Integration zu entwickeln. Idealistischen Vorstellungen stehen dabei Projekte gegenüber, die sich als mehr oder weniger gut getarnte Mittel zur

---

1 Assyrisch „ereb" (Dunkel, Abendland) gegenüber „açu" (Sonnenaufgang, Morgenland: Asien); Sage der von Zeus entführten Tochter „Europa" des Königs Agenor. Eingehend zum Ursprung des Europabegriffs *W. Schmale*, Geschichte Europas, 2000, S. 21 ff.

2 Gemäß *Art. I-8 Abs. 2 EVV* sollte der Leitspruch der Europäischen Union lauten: „In Vielfalt geeint". Der Artikel über die Symbole wurde ausdrücklich nicht in den Vertrag von Lissabon übernommen (vgl Rn 62); sie können in der Praxis natürlich weiterhin verwendet werden. Vgl dazu die Erklärung Nr 52 zur Schlussakte zum Vertrag von Lissabon zu den Symbolen der EU (ABl 2007 C 306/267; ABl 2012 C 326/357; Sart. II Nr 152, S. 33; Nomos Nr. 4, S. 288), die allerdings nur 16 der damals 27 Mitgliedstaaten abgegeben haben.

Verfolgung eigener Zwecke erwiesen, eine Kombination, die auch modernen Integrationsformen nicht fremd ist. Dabei lassen sich Zweck- und Zielvorstellungen im Hinblick auf ein integriertes Europa feststellen, die sich zwar in wechselnden Formen und Konstellationen herausbildeten, aber doch auf einen Nenner gebracht werden können und auch heute noch **Grundlagen des Europagedankens** sind: Der Gedanke der **Friedenssicherung**, der von Projekten, hinter denen in erster Linie Eigeninteressen standen (Wiedergewinnung des Heiligen Landes; Abwehr der Türkengefahr, worin allerdings zeitweise ein wenigstens Teile Europas umfassendes Bündnis gesehen werden kann), bis hin zu *Immanuel Kants* „Zum ewigen Frieden" (1795) und *Victor Hugos* Vision von den „Vereinigten Staaten von Europa" (1849) reicht; der Gedanke der **Supranationalität**, auf dem Gewaltverbot und dem Prinzip der kollektiven Sicherheit aufbauend einen europäischen Bund mit eigenen Organen, nämlich einem Gericht mit obligatorischer Zuständigkeit und einer zu Mehrheitsbeschlüssen befugten Versammlung zu schaffen; der Gedanke der **Freiheit von Handel und Verkehr**, die ihrerseits nur in einem Europa des Friedens gedeihen konnten (im 19. Jahrhundert führte der Denkansatz, die europäische Integration weniger durch Souveränitätseinschränkungen der Träger der Staatsgewalt, sondern vielmehr durch die Zusammenarbeit der auf europäischer Ebene zusammengeschlossenen Berufsverbände zu fördern und dadurch die wirtschaftlichen und sozialen Verhältnisse in Europa zu verbessern, zu einer gegenläufigen Entwicklung von wirtschaftlicher und politischer Zusammenarbeit – wirtschaftliche Kooperation als technisch bedingte Notwendigkeit ohne politische Integration); der Gedanke der **Machterhaltung** Europas, dessen Vorrangstellung (wie die Geschichte zeigte, zutreffend) als durch die neuen Großmächte Russland (Sowjetunion) und die Vereinigten Staaten von Amerika bedroht und nur durch einen europäischen Bund haltbar gesehen wurde.

## II. Die Europaidee im 20. Jahrhundert

### 1. Bis zum Zweiten Weltkrieg

Der Europagedanke, wie er vom Mittelalter bis ins 19. Jahrhundert in vielen Schattierungen entwickelt wurde, ist im Ersten Weltkrieg untergegangen. Nach der verfehlten, weil mehr auf die Niederhaltung der Besiegten als auf eine dauerhafte Aussöhnung der Kriegsgegner angelegten Neuordnung durch die Pariser Vorortverträge von 1919/20 entstand eine neue Europabewegung. Von politischer Seite wurde zunächst vor allem eine engere Zusammenarbeit der europäischen Staaten im Rahmen der weltweiten Organisation des Völkerbundes erstrebt. Zwar zunächst nicht praktisch, aber ideengeschichtlich am bedeutsamsten ist der Europaplan des französischen Außenministers *Aristide Briand*, der zwar auch von französischem Eigeninteresse getragen war, aber darüber sicher hinausging. Der von ihm angestrebte europäische Bund sollte elastisch genug sein, um die Unabhängigkeit und die nationale Souveränität jedes Staates zu wahren. Aber gerade dies war der neuralgische Punkt jeder europäischen Neuordnung. Kein Staat war bereit, Souveränitätsrechte abzugeben. Obwohl die Bedrohung und der Verlust nationaler Selbstbestimmung für die meisten europäischen Völker vor der Tür stand, überragte in der Zwischenkriegszeit die Nationalstaatsidee in der Wertordnung weit die Europaidee. Selbst Vorschläge, die die Souve-

**11**

5

ränität der europäischen Staaten unangetastet lassen wollten, wie das Briand-Memorandum, hatten keine Chance. Von privater Seite erstrebten *Graf Richard Coudenhove-Kalergi* und die von ihm gegründete Paneuropäische Bewegung die Schaffung der „Vereinigten Staaten von Europa" nach dem Vorbild der Vereinigten Staaten von Amerika unter Ausschluss Großbritanniens und der Sowjetunion. Die Paneuropa-Bewegung fand erheblichen Anklang. In seiner Zielsetzung der Friedenserhaltung war der europäische Gedanke aber bereits jetzt überholt durch die Idee, für die ganze Welt eine Friedenspolitik zu ermöglichen. Von Europa allein konnte die Steuerung der weltpolitischen Geschicke nicht mehr gewagt werden. Der Erste Weltkrieg, als europäischer Krieg begonnen, ist durch die Vereinigten Staaten von Amerika entschieden worden. Von diesen ging auch der Plan aus, nicht eine neue europäische Ordnung, sondern eine neue Weltordnung zu schaffen, was zur Gründung des Völkerbundes führte. Der universelle Charakter dieses Völkerbundes wurde indessen von Beginn an dadurch eingeschränkt, dass die USA ihm nicht beitraten. Obwohl der Völkerbund seiner Intention nach eine Weltorganisation mit mehrheitlich nichteuropäischen Mitgliedstaaten war und ihm niemals gleichzeitig alle europäischen Großmächte angehörten, hatte seine mangelnde Universalität für die innere Struktur ein Überwiegen der alten europäischen Führungsmächte zur Folge. Im politischen Bewusstsein der Zeit galt der Völkerbund trotz seiner Verwicklung in außereuropäische Konflikte in erster Linie als europäische Organisation. Er hat zweifellos zur Schwächung des Willens beigetragen, zusätzlich eine besondere europäische Staatenvereinigung zu schaffen. Neben der Überbetonung der Souveränität erklärt auch dies das Scheitern des Briand-Memorandums.

## 2. Nach dem Zweiten Weltkrieg

**12** Der Ausgang des Zweiten Weltkrieges hatte eine grundlegende Änderung der Kräfteverhältnisse in Europa zur Folge. Die eigentlichen Sieger waren die USA und die Sowjetunion. Auf Grund ihrer militärischen Überlegenheit beanspruchten sie, über die Teilung Deutschlands und das weitere Schicksal Europas zu entscheiden. Geschwächt durch den Ersten Weltkrieg, die Weltwirtschaftskrise und den Zweiten Weltkrieg büßten die europäischen Großmächte ihre weltpolitische Vormachtstellung ein. Nicht nur Deutschland, ganz Europa war der wirkliche Verlierer des Zweiten Weltkrieges. Den europäischen Staaten stellten sich folglich zwei Aufgaben: kriegerische Auseinandersetzungen zu verhindern und gemeinsam den politischen Einfluss in der Welt wiederzuerlangen.

**13** Auf privater Ebene überdauerte die Paneuropäische Bewegung die durch die Machtergreifung Hitlers und den Zweiten Weltkrieg entstandene Zäsur und mündete in die europäischen Einigungsbewegungen der Nachkriegszeit ein (Europa-Union in den einzelnen Staaten, Europäische Union der Föderalisten, Europäische Parlamentarierunion, Europäische Bewegung – seit 1948 die maßgebliche Dachorganisation für die verschiedenen Europaverbände). Als politischer Anstoß für eine Einigung Europas wird häufig die Zürcher Rede *Winston Churchills* vom 19. September 1946 zu einer „Neugründung der Europäischen Familie" genannt. Churchill erkannte richtig das Erfordernis einer Partnerschaft zwischen Deutschland und Frankreich, sah Großbritannien aber – vielleicht weil er das Ende seiner Weltmachtposition noch nicht klar erkannte – noch in einer besonderen Rolle als „Freund und Förderer" wie die USA. Zu

6

den Gründen Wiederaufbau, Überwindung der totalitären Ideologien Faschismus/Nationalsozialismus und Wiedergewinnung einer eigenständigen Bedeutung kam als neuer Faktor der sich bereits unmittelbar nach dem Zweiten Weltkrieg abzeichnende Ost-West-Konflikt hinzu, der dazu führte, dass die Verwirklichung der Europapläne in West- und Osteuropa getrennt verlief, der aber zugleich die westeuropäische Integration durch ein gemeinsames Abwehrziel förderte.

Von den westeuropäischen Zusammenschlüssen sind im allgemeinpolitischen Bereich der Europarat mit dem Rechtsschutzsystem der EMRK (s. Rn 78 ff), im militärischen Bereich die Westeuropäische Union (WEU)[3], der Nordatlantikpakt (NATO)[4] und die gescheiterte Europäische Verteidigungsgemeinschaft (EVG) sowie im wirtschaftlichen Bereich die Organisation für Europäische Wirtschaftliche Zusammenarbeit (OEEC), seit 1960 Organisation für Wirtschaftliche Zusammenarbeit und Entwicklung (OECD)[5], die Europäische Freihandelsassoziation (EFTA) und schließlich die Europäischen Gemeinschaften zu nennen. **14**

In Osteuropa wurden als Militärbündnis der Warschauer Pakt, als wirtschaftliche Organisationen der Rat für gegenseitige Wirtschaftshilfe (RgW, COMECON) sowie eine Anzahl von speziellen, dem planwirtschaftlichen System entsprechenden Organisationen gegründet. Als einzige systemübergreifende Einrichtung bestand seit 1975 der Mechanismus der Schlussakte der Konferenz für Sicherheit und Zusammenarbeit in Europa (KSZE), die seit 1.1.1995 in „Organisation über Sicherheit und Zusammenarbeit in Europa" (OSZE) umbenannt ist[6]. Die Umwälzungen des Jahres 1990 haben zur Auflösung der osteuropäischen Organisationen geführt, während die OSZE eine gesamteuropäische Perspektive eröffnen sollte (s. Rn 73 f, 81 ff). **15**

**Literatur:** *Böttcher, W.* (Hrsg.), Klassiker des europäischen Denkens. Friedens- und Europavorstellungen aus 700 Jahren europäischer Kulturgeschichte, 2014; *Davies, N.*, Europe. A History, 1996; *Isensee, J.*, Europa – die politische Erfindung eines Erdteils, in: *ders.*, Europa als politische Idee und als rechtliche Form, 2. Aufl. 1994; *Kadelbach* (Hrsg.), Europa als kulturelle Idee, 2010; *Koschaker, P.*, Europa und das römische Recht, 4. Aufl. 1966, S. 1 ff; *Kuschnick, M.*, Integration in Staatenverbindungen. Vom 19. Jahrhundert bis zur EU nach dem Vertrag von Amsterdam, 1999; *Lohse, W.C./Mittelmeier, J.* (Hrsg.), Europas Ursprung. Mythologie und Moderne, 2007; *Oppermann*, Europarecht, 6. Aufl. 2014, §§ 1–3; *Schmale, W.*, Geschichte Europas, 2000; *Schweitzer/Hummer*, Europarecht, 5. Aufl. 1996, Rn 22–35.

## III. Die Europäischen Gemeinschaften und die Europäische Union

### 1. Die Europäische Gemeinschaft für Kohle und Stahl (EGKS)

Der auf dem Haager Kongress des „Internationalen Komitees der Bewegung für die Einheit Europas" 1948 erhobenen Forderung, eine wirtschaftliche und politische Union zu schaffen, die allen Völkern Europas offen stehen solle, die unter einem demo- **16**

---

3  Sart. II Nr 100. S. dazu Rn 1.
4  Sart. II Nr 65.
5  Sart. II Nr 70. Vgl dazu *Oppermann/Classen/Nettesheim*, § 4, Rn 2 ff.
6  Vgl BullBReg 1994, S. 1097. Zur Struktur der OSZE vgl *Fastenrath*, Einführung, S. 23 ff.; Dokumente der OSZE ebd.

kratischen System leben und sich verpflichten, eine Charta der Menschenrechte zu achten, wurde mit der Gründung des Europarats am 5. Mai (daher „Europatag")[7] 1949 nur sehr bedingt entsprochen. Immerhin gelang damit eine institutionalisierte Form der Kooperation und mit der EMRK die Errichtung eines übernational kontrollierten Menschenrechtsschutzsystems. Insoweit bestand eine Homogenität zwischen den bald das ganze Westeuropa umfassenden Mitgliedstaaten, die für ein im wirtschaftlichen, militärischen oder gar politischen Bereich substanziell über herkömmliche Staatenverbindungen hinausgehendes Vereintes Europa noch fehlte (zB Großbritanniens Orientierung am Commonwealth, Neutralität Schwedens, Österreichs und der Schweiz).

**17** Die Erkenntnis, dass die Vereinten Nationen ihrer Aufgabe als Friedensgarant kaum nachkommen können würden, die sich abzeichnende Spaltung der Welt und Europas im Rahmen des Ost-West-Gegensatzes, die Notwendigkeit des Wiederaufbaus Deutschlands und seiner „Einbindung" (in einem doppelten Sinne: einerseits Einbeziehung, dh Wiederaufnahme, andererseits Kontrolle über Deutschland) führten neben speziellen eigenen Wirtschaftsinteressen zum bahnbrechenden, so kurz nach dem Kriege auch gewagten Plan des französischen Außenministers *Robert Schuman* (entwickelt von seinem Mitarbeiter *Jean Monnet*), die Produktion von Kohle und Stahl (damals Schlüsselindustrien) Frankreichs und Deutschlands sowie weiterer beitrittswilliger Staaten zusammenzulegen und einem supranationalen, dh von den Nationalstaaten unabhängigen, Organ zu unterstellen. Damit werde zugleich eine „erste Etappe der Europäischen Föderation" sichergestellt und die Grundlage einer „viel größeren und tieferen Gemeinschaft" geschaffen. Deutschland *(Adenauer)*, Italien *(De Gasperi)* und die Beneluxstaaten nahmen in der Erkenntnis, dass ihre jeweiligen eigenen Interessen in einer Gemeinschaft besser verfolgt werden können, das Angebot an. Am 18.4.1951 wurde der Vertrag zur Gründung der EGKS unterzeichnet, am 23.7.1952 trat er in Kraft. Seine Geltungsdauer war von vornherein auf 50 Jahre festgelegt, sodass die EGKS mit dem 23.7.2002 zu existieren aufgehört hat[8].

**18** Da Art. XXIV Abs. 8 des Allgemeinen Zoll- und Handelsabkommens (GATT)[9] nur Gesamtintegrationen (= grundsätzlich alle Produkte) zulässt, bedurfte die EGKS als Teilintegration (Kohle, Stahl, Eisen und Schrott) einer Ausnahmebewilligung („Waiver") gemäß Art. XXV Abs. 5 GATT[10].

### 2. Die Europäische Wirtschaftsgemeinschaft (EWG) und die Europäische Atomgemeinschaft (EAG)

**19** Dem Ansatz *Schumans* folgend wurden nach der Gründung der EGKS ehrgeizige Versuche zu einer weite Gebiete umfassenden Integration unternommen. Am konkretesten fortgeschritten war bereits das Projekt einer **Europäischen Verteidigungsge-**

---

7  Gemäß *Art. I-8 Abs. 5 EVV* (s. Rn 58) sollte als „Europatag" in der gesamten Union der 9. Mai (1950: Schuman-Erklärung) gefeiert werden. Zur fehlenden Übernahme in den Vertrag von Lissabon vgl Rn 62.

8  Zu den rechtlichen Konsequenzen des Erlöschens s. *Obwexer*, EuZW 2002, 517 ff.

9  *Benedek*, Nr 3; *Tietje*, Nr 3a; *Schwartmann* Nr 102; Sart. II Nr 510.

10  Zu den Voraussetzungen regionaler Integrationsgemeinschaften nach dem GATT s. *Herrmann/Weiß/Ohler*, Welthandelsrecht, 2. Aufl. 2007, Rn 601 ff.

**meinschaft** (EVG), das in der Bundesrepublik Deutschland zu schweren innenpolitischen Auseinandersetzungen („Kampf um den Wehrbeitrag") führte und 1954 in der französischen Nationalversammlung scheiterte. Mit dieser EVG eng verknüpft war der Entwurf der Satzung einer Europäischen Politischen Gemeinschaft (EPG), die die Integration von EGKS und EVG sowie weitere Kompetenzen im Wirtschaftsbereich vorsah, die Außenpolitik dagegen noch ausklammerte. Mit dem Scheitern der EVG war auch ihr Schicksal besiegelt.

Damit war klar, dass eine politische Integration in Europa nur schrittweise zu erreichen war, und man konzentrierte sich auf die wirtschaftliche Integration, in der Hoffnung, dass diese eine politische Integration nach sich ziehen werde (funktionalistischer Ansatz, „Spill-over-Effekt"). Aus Gründen des Weltwirtschaftsrechts, nämlich der Meistbegünstigungsklausel des GATT, wonach Zollzugeständnisse zwischen einzelnen Mitgliedern des GATT automatisch allen anderen zugute kommen, konnte auf europäischer Ebene eine weitgehende Liberalisierung nur über eine Zollunion erreicht werden, da nach Art. XXIV Abs. 8 des GATT Zollunionen als regionale Präferenzzonen unter Befreiung von der Meistbegünstigungsklausel erlaubt sind, soweit sie grundsätzlich alle Produkte umfassen. Dies und die Mitte der 50er-Jahre aufkommende Bestrebung, die Energieprobleme durch Kernenergie zu lösen, was sowohl aus ökonomischen als auch aus sicherheitspolitischen Gründen nur auf europäischer Ebene verantwortbar erschien, führte 1955 zur Konferenz von Messina, die einen Ausschuss einsetzte, der Pläne für einen Gemeinsamen Markt und für eine Atomgemeinschaft ausarbeiten sollte (Leitung: *P.H. Spaak*). Auf deren Grundlage wurden die Vertragstexte von EWG und EAG ausgearbeitet und am 25.3.1957 in Rom unterzeichnet. Die **Römischen Verträge** sind am 1.1.1958 in Kraft getreten.

**20**

### 3. Überblick über die Reformen der Europäischen Gemeinschaften – Die Europäische Union

Die Europäischen Gemeinschaften waren von Anfang an Gegenstand weit reichender Reformpläne, die zum Teil von außen herangetragen, größtenteils aber im Auftrag der Gemeinschaftsorgane selbst entwickelt wurden. Sie reichen von grundlegenden Strukturänderungen über Reformen des bestehenden institutionellen Systems bis hin zu bloßen Verbesserungen der Arbeitsweise der Institutionen. Daneben wurden Kompetenzausweitungen bzw -klarstellungen initiiert. Die Pläne konnten teilweise und nur zögerlich realisiert werden, wobei bei manchen Initiativen zu beobachten ist, dass sie zwar auf andere Weise, letztlich aber doch zumindest mit partiellem Erfolg verwirklicht wurden.

**21**

#### a) Reform des institutionellen Systems der Gemeinschaften

Die EGKS war, wie es auch in dem durch den Fusionsvertrag (FusV, s. Rn 264) gestrichenen *Art. 9 aF EGKSV* expressis verbis zum Ausdruck kam, supranational dahingehend, dass die Hohe Behörde (= gem. *Art. 9 Abs. 1 S. 2 FusV aF*, später Art. 7 EGKSV: Kommission) das Hauptrechtsetzungsorgan war. EAG und EG waren dagegen anders, nämlich *insoweit* ähnlich wie internationale Organisationen im Allgemeinen, strukturiert. Hauptrechtsetzungsorgan war (und ist neben dem Europäischen Parlament bis heute) der Rat (s. Rn 344), der sich aus Vertretern der Regierungen der

**22**

Mitgliedstaaten zusammensetzt, während der Kommission neben Durchführungsbefugnissen die Aufgabe der Initiative, dh des Ingangsetzens der Integration, und der Kontrolle, dh des Inganghaltens der Integration, zukommt (s. Rn 394). Das Europäische Parlament, das in den Gründungsverträgen „Die Versammlung" hieß und erst seit der Einheitlichen Europäischen Akte auf vertraglicher Grundlage so heißt (vgl *Art. 3 EEA*), soll eine demokratische Repräsentation der Völker der Mitgliedstaaten auf Gemeinschaftsebene (vgl *Art. 189 EGV*) bzw jetzt der „Unionsbürgerinnen und Unionsbürger" auf Unionsebene (Art. 14 Abs. 2 EUV) gewährleisten. Zum Ausgleich für eine derartige sog. „Exekutivmacht" ohne (zumindest damals) hinreichende demokratische Kontrolle auf Gemeinschaftsebene bzw jetzt Unionsebene wurde die Einrichtung eines Gerichtshofs für unerlässlich gehalten, dem die weite Befugnis übertragen wurde, über die Wahrung des Rechts bei der Ausführung des Gemeinschaftsrechts bzw jetzt des Unionsrechts zu wachen (vgl *Art. 220 EGV*; Art. 19 Abs. 1 UAbs. 1 S. 2 EUV).

23    Die Pläne zu institutionellen Reformen der Gemeinschaften verfolgten von Anfang an vor allem folgende Ziele:

1. Stärkung der Rolle des Europäischen Parlaments;
2. Verbesserung des Entscheidungsverfahrens im Rat;
3. Steigerung der Effizienz der Arbeitsweise der Kommission.

24    Die Stärkung der Rolle des **Europäischen Parlaments** (EP) wurde vor allem von diesem selbst gefordert. Grundlegend war die Entschließung vom 27.6.1963[11], in der es ein Mitentscheidungsrecht bei der Gesetzgebung und bei der Ernennung der Kommission, ein Recht zur „Ratifizierung" internationaler Abkommen sowie verstärkte Haushaltsbefugnisse verlangte. Die Reformberichte unterstützten dies teilweise: Der Vedel-Bericht (1972)[12] forderte eine parlamentarische Mitentscheidung dahingehend, dass Entscheidungen des Rates nicht ohne Zustimmung des Parlaments in Kraft treten können. Der Marjolin-Bericht zur Wirtschafts- und Währungsunion (1975)[13] forderte ein unmittelbar gewähltes Parlament mit echten gesetzgeberischen Befugnissen. Seit 1972 gehört die Bekräftigung, die Kontrollrechte des Parlaments zu verstärken, zum ständigen Repertoire von Erklärungen des Rates zu institutionellen Fragen. Tragweite und Ernsthaftigkeit solcher Forderungen lassen sich an den tatsächlich ergriffenen Maßnahmen, zu denen die Initiative von den Regierungen ausgehen muss, ablesen. Bis hin zum Maastrichter Unionsvertrag (s. Rn 42) zeigt sich hier eine Diskrepanz. Gleichwohl wurde die Rechtsstellung des EP erheblich ausgebaut. Hervorzuheben sind insbesondere die 1975 eingeführte Beteiligung am Haushaltsverfahren, die Übung, das Parlament auch in nicht zwingend vorgeschriebenen Fällen zu hören (fakultative Anhörung), das Fragerecht gegenüber Rat und Kommission, die durch den Vertrag von Maastricht eingeführte und seither verstärkte, zudem vom EP extensiv genutzte Beteiligung an der Besetzung der Kommission (s. dazu Rn 390), die Beteiligung an bestimmten völkerrechtlichen Verträgen der Gemeinschaften bzw Union sowie schließlich die Beteiligung an der Gesetzgebung durch das Verfahren der Zusam-

---

11    ABl 1963, S. 1916.
12    BullEG, Beilage 4/72.
13    BullEG Nr 4-1975, S. 33 ff.

menarbeit, das die Einheitliche Europäische Akte eingeführt hat, und das durch den Unionsvertrag eingeführte Verfahren der Mitentscheidung, das im Amsterdamer Vertrag noch verstärkt wurde und durch den Vertrag von Lissabon zum „ordentlichen Gesetzgebungsverfahren" (Art. 289 Abs. 1, Art. 294 AEUV) und damit zum Regelverfahren erklärt wurde. Seit 1979 wird das EP direkt gewählt, wobei jedoch bis jetzt trotz gewissen Vereinheitlichungen[14] kein einheitliches Wahlverfahren zustande gekommen ist, obwohl das EP dafür das (einzige) Initiativrecht hat (vgl Art. 223 Abs. 1 AEUV). Eine noch weiter gehende Übertragung echter Legislativbefugnisse auf das EP kann allerdings nicht ohne weiteres bejaht werden (s. Rn 381). Der Beitritt von 13 neuen Mitgliedstaaten zum 1.5.2004 bzw 1.1.2007 und 1.7.2013 erschwert den Erhalt (bzw überhaupt erst die Herstellung) annähernd angemessener (dh proportionaler) Repräsentation zusätzlich. Der Vertrag von Lissabon legt als Höchstzahl 750 Abgeordnete zuzüglich des Präsidenten[15] fest und bekennt sich jetzt ausdrücklich zum Prinzip der degressiven Proportionalität (Art. 14 Abs. 2 S. 2 und 3 EUV), das durch die Einführung eines demographischen Faktors bei der Beschlussfassung im Rat austariert werden soll (s. Rn 357).

Die Zusammensetzung des **Rates** aus Staatenvertretern brachte eine gewisse Schwerfälligkeit des Entscheidungsverfahrens mit sich, weil diese im Gegensatz zur Kommission nicht nur dem Unionsrecht, sondern auch dem nationalen Recht verpflichtet sind und auch nationale Interessen vertreten dürfen, solange sie ihrer Verpflichtung aus Art. 4 Abs. 3 EUV *(Art. 10 EGV)* nachkommen, das Unionsinteresse zu wahren und zu fördern (s. Rn 382). Zwar sah bereits der EWGV von 1957 mit Ablauf der einzelnen Stufen der Übergangszeit Mehrheitsentscheidungen vor (vgl zB *Art. 43 Abs. 2 UAbs. 3 aF EGV*). Dies wurde jedoch durch die sog. Luxemburger Vereinbarung vom 29.1.1966 praktisch außer Kraft gesetzt, wonach gegen den Willen eines Mitgliedstaates keine Mehrheitsentscheidungen mehr zu Stande kamen (s. Rn 363 ff). Die Berichte zur Reform des institutionellen Systems der Gemeinschaften (insbes. Bericht der Drei Weisen, 1979) bemühten sich daher, eine Forderung des Europäischen Rates vom Pariser Gipfel 1974 aufgreifend, um eine Verbesserung des Beschlussverfahrens im Rat. Erst seit Mitte der 80er-Jahre kommt es aber auch in gewichtigen Bereichen zunehmend zu Mehrheitsentscheidungen, wofür Art. 11 der Geschäftsordnung des Rates (vgl Rn 370) institutionelle Vorkehrungen trifft. Durch den Vertrag von Nizza und erweitert durch den Vertrag von Lissabon wurden die Mehrheitsentscheidungen auf fast alle Regelungsgegenstände des EGV ausgedehnt; mit Ausnahme von als (zumindest von einzelnen Mitgliedstaaten) besonders sensibel empfundenen Bereichen (vgl Rn 368). Bei Mehrheitsentscheidungen musste, wenn ein Mitgliedstaat diese Nachprüfung forderte, seit 1.1.2005 die qualifizierte Mehrheit der gewichteten Stimmen zusätzlich 62% der Gesamtbevölkerung umfassen (gilt gem. Art. 16 Abs. 5 EUV iVm Art. 3 Abs. 3 Protokoll Nr 36 bis 31.10.2014). Seit dem 1.11.2014 (mit Übergangsbestimmungen bis 31.3.2017) müssen generell als „demographisches" Quorum 65% der Bevölkerung der EU neben 55% der Mitglieder des Rates, gebildet aus mindestens 15 Mitgliedern (Art. 16 Abs. 4 UAbs. 1, Abs. 5 EUV) erreicht werden.

**25**

---

14  Beschluss 2002/772/EG, Euratom des Rates, ABl 2002 L 283/1 zur Änderung des Beschlusses des Rates über den Akt zur Einführung allgemeiner unmittelbarer Wahlen der Abgeordneten des EP (ABl 1976 L 278/1), Sart. II Nr 262; Nomos Nr 11; dtv EuR Nr 25.

15  Diese eigenartige Regelung erfolgte aufgrund einer zuletzt erhobenen (sachlich nicht ganz unberechtigten) Forderung Italiens nach einem weiteren Sitz, vgl dazu *Fischer*, Lissabon, S. 150.

**26** Interne Reformen der **Kommission** hatte insbesondere der Spierenburg-Bericht (1979) im Auge. Ihre Rolle wurde durch die Einheitliche Europäische Akte vor allem mit der Ausweitung der Übertragung von Durchführungsbefugnissen gestärkt. Den Herausforderungen, die die Erweiterung der Europäischen Union auf bis zu 27 Mitgliedstaaten an die Arbeitsfähigkeit der Kommission stellt, versuchte der Vertrag von Nizza dadurch zu begegnen, dass nach (zum 1.1.2007 erfolgten) Erreichen dieser Mitgliederzahl die Zahl der Kommissionsmitglieder vom Rat einstimmig festgesetzt wird. Sie sollte unter der Zahl der Mitgliedstaaten liegen und die Kommissionsmitglieder sollten auf der Grundlage einer gleichberechtigten Rotation ausgewählt werden. Dies wurde vom Vertrag von Lissabon aufgegriffen (vgl Art. 17 Abs. 4 und 5 EUV: zwei Drittel der Zahl der jetzt 28 Mitgliedstaaten, also derzeit 19 Kommissare), allerdings durch Irland anlässlich des erforderlichen zweiten Referendums zum Vertrag von Lissabon gegebene Zusicherungen dahingehend unterlaufen, dass der Europäische Rat gemäß Art. 17 Abs. 5 UAbs. 1 EUV „einstimmig eine Änderung dieser Anzahl beschließt"[16]. Dies ist auch erfolgt.[17] Dies läuft zwar der Intention der Vorschrift zuwider, lässt sich aber – anders als die Bestimmung des Vertrags von Nizza – mit ihrem Wortlaut vereinbaren. Die Rolle des Kommissionspräsidenten wurde weiter gestärkt (s. Rn 391).

**b) Europäische Politische Union**

**27** Neben der erfolgten Ausdehnung des EGKS-Modells auf die Bereiche der EWG und der EAG dachte man sehr bald daran, die Europäischen Gemeinschaften zu einem Verband neuer Rechtsqualität durch eine völlige Neugestaltung der innerhalb und außerhalb der Gemeinschaften bestehenden Beziehungen zwischen den Mitgliedstaaten zu machen. Diesem Projekt wurde der Name „Europäische Union" oder „Europäische Politische Union" oder „Politische Union" gegeben. Die Projekte zielten zum Teil auf generelle, dh auf die gesamten Gemeinschaften bezogene (zB Fouchet-Plan, 1961), oder partielle, dh auf die zu den bestehenden Gemeinschaften hinzutretenden Bereiche beschränkte (zB Davignon-Bericht, 1970)[18], auf intergouvernementale, zum Teil auch supranationale (zB EPG, 1953) Strukturen. 1984 legte das Europäische Parlament einen Entwurf für einen Vertrag zur Gründung der Europäischen Union vor[19].

**28** Durchgesetzt haben sich diejenigen Konzeptionen, die eine Ergänzung der Integration im Wege der Gründungsverträge durch eine institutionalisierte Zusammenarbeit in den Bereichen außerhalb dieser Verträge (EPZ, s. Rn 30 ff) und eine Verklammerung beider Bereiche vorsahen[20], mit der Einheitlichen Europäischen Akte (EEA) vom 28.2.1986 (s. Rn 35 f). Diese gab in *Art. 1 Abs. 1* die „Europäische Union" als Ziel vor.

---

16 Vgl dazu *Streinz*, Rechtliche Verankerung der Garantien für Irland und der „Fußnote" für Tschechien, in: Eilmansberger/Griller/Obwexer (Hrsg.), Rechtsfragen der Implementierung des Vertrags von Lissabon, 2011, S. 23 (28 ff).
17 Beschluss 2013/272/EU des Europäischen Rates vom 22.5.2013, ABl 2013 L/98.
18 BullBReg 1970, S. 1589.
19 ABl 1984 C 77/33.
20 ZB Tindemans-Bericht 1976, BullEG, Beilage I/76; Genscher-Colombo-Plan, 1981, EA 1982, D 50 ff; Dooge-Bericht 1985; EA 1985, D 96, 240.

Diese „Europäische Union" wurde mit dem sog. Unionsvertrag von Maastricht (s. **29** Rn 37 ff), der am 1.11.1993 in Kraft getreten ist, gegründet. Während dadurch im Bereich der Wirtschafts- und Währungsunion tatsächlich eine (allerdings differenzierte) Integration stattfindet, blieben die Bereiche Außen- und Sicherheitspolitik und innere Sicherheit in der Sache nach wie vor dem Kooperationsmodell verhaftet. Ferner fehlt eine demokratische Repräsentation, die die Gleichheit der Wahl voraussetzen würde (vgl Rn 42, 381).

### c) Europäische Politische Zusammenarbeit (EPZ)

Seit der Haager Gipfelkonferenz der Staats- und Regierungschefs vom Dezember **30** 1969 bemühten sich diese um eine Angleichung der Außenpolitik der Mitgliedstaaten in einem politischen Kooperationsverfahren. Zunächst wurde erkannt, dass der wirtschaftliche Integrationsprozess ein Mindestmaß an Übereinstimmung in der Außenpolitik erfordert, da in der gemeinsamen Handelspolitik (Art. 207 AEUV) gegenüber Drittstaaten einheitlich aufgetreten werden muss. Später wurde in immer mehr Bereichen gesehen, dass Fortschritte im Binnenbereich ein gemeinsames Vorgehen nach außen erfordern.

**Beispiele:** Die Abschaffung der Binnengrenzkontrollen muss mit einer gemeinsamen Haltung **31** gegenüber Drittstaaten (Ausländerpolitik, Asylpolitik) einhergehen; Embargo-Maßnahmen: Politischer Beschluss, dass ein Embargo verhängt wird, sodann Embargo-Maßnahmen gemäß Art. 207 AEUV; vgl Art. 215 AEUV. S. Rn 1291 f, 1299.

Aufbauend auf dem Davignon-Bericht (1970) sollte die Europäische Politische Zu- **32** sammenarbeit (EPZ) als zwischenstaatlicher Kooperationsmechanismus durch Information und regelmäßige Konsultation zu einer Angleichung der Außenpolitik der Mitgliedstaaten beitragen. Die Pariser Gipfelkonferenz 1974 übertrug diese Aufgabe dem Europäischen Rat. Die Struktur der EPZ wurde im Londoner Bericht der Außenminister (1981) zusammengefasst.

Die EEA (Rn 35 f) schuf in ihrem *Titel III* hierfür eine vertragliche Rechtsgrundlage. **33** Danach hatte die EPZ folgende Organe: Präsidentschaft (entsprechend dem Vorsitz im Rat); Politisches Komitee (Beamtenebene, Kontinuität und Vorbereitung der Ministersitzungen); Europäische Korrespondentengruppe (Überwachung der Durchführung der EPZ); Arbeitsgruppen; Sekretariat in Brüssel. Die EEA (vgl *Art. 1 Abs. 1*) verknüpfte die Europäischen Gemeinschaften und die EPZ (daher auch der Name „*Einheitliche* Europäische Akte").

Die Unterscheidung in die Grundtypen Integration („Vergemeinschaftung") und Zu- **34** sammenarbeit blieb auch im Unionsvertrag von Maastricht und seiner Fortentwicklung in Amsterdam und Nizza prinzipiell erhalten. Dies kam bereits in den Bezeichnungen „gemeinsame Politik" und „Zusammenarbeit" (der Mitgliedstaaten) zum Ausdruck. Allerdings wurden die „vergemeinschafteten" und die „intergouvernemental strukturierten" Bereiche durch einen einheitlichen institutionellen Rahmen und das materielle Kohärenzgebot (vgl *Art. 3 EUV aF*) verbunden und die Handlungsformen der früheren EPZ verrechtlicht (vgl Rn 48; freilich blieb die Frage der Rechtsnatur der EU strittig, vgl Rn 139). Teilbereiche wurden „vergemeinschaftet".

## d) Einheitliche Europäische Akte (EEA)

**35** Die EEA[21] geht auf den deutsch-italienischen Entwurf einer „Europäischen Akte"
vom 4.11.1981 *(Genscher-Colombo-Plan)* zurück, der ein enges Zusammenwirken
der Europäischen Gemeinschaften, der EPZ und des Europäischen Parlaments zur Errichtung der Europäischen Union vorsah und der in der feierlichen Deklaration des
Europäischen Rates zur Europäischen Union[22] vom 19.6.1983 teilweise umgesetzt
wurde. Der Vertragstext nahm aber auch Anstöße des vom Europäischen Parlament
vorgelegten Entwurfs eines Vertrages zur Gründung der Europäischen Union vom
14.2.1984 auf. Grundlage für die Mailänder Gipfelkonferenz im Juni 1985 waren
schließlich der Dooge-Bericht und das Weißbuch der Kommission an den Europäischen Rat, das einen detaillierten Maßnahmenkatalog und einen genauen Zeitplan für
eine Vollendung des Binnenmarktes bis 1992 enthielt (s. eingehend zum Binnen-
marktprogramm Rn 968 ff). Gegen die Stimmen Dänemarks, Griechenlands und
Großbritanniens wurde die Einberufung einer Regierungskonferenz gemäß *Art. 236
EWGV* (jetzt Art. 48 Abs. 4 EUV) beschlossen. Am 27./28.2.1986 wurde von den
mittlerweile zwölf Mitgliedstaaten der Gemeinschaft (Beitritt Spaniens und Portugals
zum 1.1.1986) die EEA unterzeichnet. Wegen einer erfolgreichen gerichtlichen Anfechtung des irischen Zustimmungsgesetzes verzögerte sich das Inkrafttreten der
EEA bis zum 1.7.1987. 1993 wurden durch das Inkrafttreten des EUV die *Art. 2,
Art. 3 Abs. 2* und *Titel III EEA* aufgehoben *(Art. 50 Abs. 2 EUV aF)*.

**36** Die EEA stellt zusammen mit dem Unionsvertrag von Maastricht und dem Vertrag
von Lissabon (s. Rn 37 ff, 61) die bisher umfassendste Änderung der Gründungsverträge dar: Sie stärkte im institutionellen System die Kommission durch die Erweiterung der Delegationsbefugnisse auf diese und das Europäische Parlament durch die
Einbeziehung in den Rechtsetzungsprozess im Verfahren der Zusammenarbeit. Außerdem bezog sie weitere Materien des materiellen Rechts in die Gemeinschaftskompetenz ein (Forschung und Technologie, Umwelt), die allerdings teilweise bereits
vorher auf Grund von *Art. 235 EWGV* (jetzt Art. 352 AEUV) Gegenstand der Ge-
meinschaftspolitik waren. Sie stellte die bereits vorher institutionalisierte EPZ in den
Materien, die nicht dem Anwendungsbereich der Gründungsverträge unterfallen, auf
eine völkervertragsrechtliche Grundlage (s. Rn 33) und legte schließlich das **Binnenmarktkonzept** im EWGV (jetzt Art. 26 AEUV) fest (s. dazu Rn 971).

## 4. Die Europäische Union

### a) Der Vertrag von Maastricht

**37** Nachdem zunächst streitig war, ob der Binnenmarkt schnellstmöglich durch eine
Wirtschafts- und Währungsunion mit gemeinsamer Währung ergänzt werden müsste,
setzte sich seit der Tagung des Europäischen Rates vom 27./28.6.1988 in Hannover
diese vor allem von Frankreich und der Kommission (Präsident Delors) verfochtene
Auffassung durch. Auf der Grundlage des Delors-Berichts (vgl Rn 1119) und entsprechender Beschlüsse des Europäischen Rates auf den Gipfelkonferenzen in Straßburg

---

21  ABl 1987 L 169/1.
22  Stuttgarter Erklärung: BullEG Nr 6-1983, S. 26 ff.

am 8./9.12.1989 und in Rom am 14./15.12.1990 wurden die Vertragsverhandlungen zur **Wirtschafts- und Währungsunion** aufgenommen. In der – allerdings nicht einhelligen – Erkenntnis und Forderung, dass eine gemeinsame Währung eine gemeinsame Wirtschaftspolitik, diese aber letztlich eine Politische Union mit einem entsprechenden institutionellen Rahmen bedingen (zur Aktualität dieser Frage s. Rn 1146), wurde der Gegenstand der Vertragsverhandlungen auch auf die Politische Union und dabei sowohl auf neue Entscheidungsverfahren als auch auf neue Entscheidungsmaterien erstreckt. Einbezogen wurde – auch angesichts des unkoordinierten Verhaltens der Mitgliedstaaten und der Gemeinschaft im sog. ersten Golf-Krieg gegen den Irak 1990/91 – die gemeinsame Außen- und Sicherheitspolitik.

Angesichts grundsätzlich unterschiedlicher Vorstellungen der Mitgliedstaaten über **38** Wesen und Inhalt der Europäischen Union gestalteten sich die Vertragsverhandlungen erwartungsgemäß schwierig. Wie so oft in der Geschichte der Gemeinschaften bzw Union gelang letztendlich aber doch eine Einigung auf der Tagung des Europäischen Rates am 9./10.12.1991 in Maastricht, die allerdings nur durch deutliche Abstriche bei der Politischen Union zu Stande kam. Am 7.2.1992 wurde der Vertrag über die Europäische Union (EUV)[23] unterzeichnet. Er trat erst nach dem Urteil des BVerfG[24] über die Verfassungsbeschwerden gegen das deutsche Zustimmungsgesetz am 1.11.1993 in Kraft.

Durch den **Maastrichter Vertrag** sollte der mit der Gründung der Europäischen Ge- **39** meinschaften eingeleitete Prozess der Europäischen Integration „auf eine neue Stufe" gehoben werden. Die deklaratorische Gründung der **„Europäischen Union"** *(Art. 1 Abs. 1 EUV aF)* allein konnte dies aber nicht bewirken. Entscheidend waren die eingeführten substanziellen Veränderungen sowie für die weitere Entwicklung auch diejenigen Veränderungen, die nur als Zielvorgabe erscheinen. Das Strukturproblem einer großen, eng verbundenen und mit weiten Kompetenzen ausgestatteten Gemeinschaft wurde durch das Postulat einer „immer engeren Union der Völker Europas", „in der die Entscheidungen möglichst bürgernah getroffen werden" sollen *(Art. 1 Abs. 2 EUV aF)*, zu lösen versucht. Um dies zu verdeutlichen, wurden das Prinzip der begrenzten Einzelermächtigung (s. dazu Rn 543), das Subsidiaritätsprinzip und der Grundsatz der Verhältnismäßigkeit in der Ausübung der Gemeinschaftskompetenzen (s. dazu Rn 172 f) in *Art. 5 EGV* (jetzt Art. 5 EUV) ausdrücklich verankert. Bemerkenswert ist in diesem Zusammenhang auch *Art. 6 Abs. 3 EUV aF* (jetzt Art. 4 Abs. 2 EUV), wonach die Union die nationale Identität ihrer Mitgliedstaaten achtet. Die Europäische Union als „Union von Völkern und von Staaten" stützt sich auf eine in ihrer strengen Gleichgewichtigkeit neuartige, bundesstaatsbegrifflich nicht erfassbare, doppelte Legitimation über das Europäische Parlament und die nationalen Parlamente, die ihre jeweiligen Regierungen kontrollieren[25] (vgl auch Rn 381 ff).

Der Maastrichter Vertrag behielt die durch die EEA auf eine vertragliche Grundlage **40** gestellte (vgl Rn 36) Aufteilung der Union auf zwei (bzw drei. EG – GASP – ZBJI/ PJZS) Säulen, nämlich die Europäischen Gemeinschaften einerseits und die mit dem

---

23  BGBl. 1992 II 1253.
24  BVerfGE 89, 155 = *HVL*, S. 56 ff.
25  *Tsatsos*, JöR NF 49 (2001), S. 67.

Unionsvertrag eingeführten Politiken und Formen der Zusammenarbeit, und deren Verknüpfung bei (vgl *Art. 1 Abs. 3, Art. 3 EUV aF*); zur Struktur nach dem Vertrag von Lissabon s. Rn 88 f). Die damals drei Gemeinschaften bestanden als Völkerrechtssubjekte fort, während der Union als solcher keine ausdrückliche Völkerrechtsfähigkeit zuerkannt wurde (jetzt durch Art. 47 EUV entschieden, s. Rn 139).

41 Die **institutionellen Änderungen** betrafen zunächst die Verknüpfung von Gemeinschaften sowie den neu eingeführten intergouvernementalen Politiken GASP und ZBJI. Substanziell wurden hinsichtlich der Rolle des Europäischen Rates, des Europäischen Parlaments und der Kommission im Wesentlichen die Bestimmungen der EEA zur EPZ übernommen[26]. Teilweise wurde die bisherige Praxis auf eine vertragliche Grundlage gestellt und damit auch klargestellt bzw geringfügig modifiziert[27]. Dem **Europäischen Rat** wurden Zuständigkeiten im Rahmen der Europäischen Union insgesamt übertragen (s. Rn 286 ff). Er gibt der Union die für ihre Entwicklung erforderlichen Impulse und legt die allgemeinen politischen Zielvorstellungen für diese Entwicklung fest (*Art. 4 Abs. 1 EUV aF*; jetzt Art. 15 Abs. 1 S. 1 EUV).

42 Eine wesentliche Aufwertung erfuhr das **Europäische Parlament**. Die bisherigen Rechtsetzungsverfahren der Anhörung und der Zusammenarbeit wurden inhaltlich übernommen *(Art. 252 EGV)* und durch ein neues Verfahren der Mitentscheidung *(Art. 251 EGV*; jetzt Art. 294 AEUV) ergänzt (s. Rn 564). Dieses Verfahren machte in seinem Anwendungsbereich das Europäische Parlament tatsächlich zum Mitgesetzgeber. Außerdem erhielt das Parlament das Recht, die Kommission zu Initiativen aufzufordern (s. Rn 331). Ferner brachte der Unionsvertrag ein Petitionsverfahren und einen Bürgerbeauftragten des Europäischen Parlaments. Zudem gelang durch eine neue Sitzverteilung eine Reduktion des durch die deutsche Wiedervereinigung weiter erhöhten Ungleichgewichts in der Vertretung, die auch die Interessen der anderen großen Mitgliedstaaten berücksichtigte.

43 Als neues Nebenorgan führte der Unionsvertrag einen Ausschuss der Regionen ein (*Art. 263 ff EGV*, jetzt Art. 305 AEUV, s. Rn 180).

44 Als **redaktionelle Änderung** wurden durch den Maastrichter Vertrag Teile des **FusV** wieder in den EWGV übernommen. Dieser wurde zudem in **Vertrag über die Gründung der Europäischen Gemeinschaft (EGV)** umbenannt, um klarzustellen, dass sich die Gemeinschaft von einer reinen Wirtschaftsgemeinschaft in Richtung auf eine Politische Union hin entwickelt hat.

45 **Materiell-rechtlich** wies der Maastrichter Vertrag der neu benannten **Europäischen Gemeinschaft** neue Kompetenzen in verschiedenen Bereichen zu, in denen die EWG vor 1993 zwar schon umfassend tätig war, allerdings mit zweifelhaften Kompetenzgrundlagen (meist *Art. 235 EWGV*, jetzt Art. 352 AEUV). Darüber hinaus wurden die Titel über die Kompetenzen, in denen die Gemeinschaft nur unterstützend tätig wird, neu gefasst und die Kompetenzen hierdurch teils begrenzt, teils erweitert[28]. Eingefügt

---

26  Vgl *Art. 4 Abs. 2 EUV aF* und *Art. 2 EEA*; *Art. 4 Abs. 3, Art. 21 EUV aF* und *Art. 30 Abs. 4 S. 2 EEA*; *Art. 27 EUV aF* und *Art. 30 Abs. 3 lit. b EEA*.
27  S. hierzu *Streinz*, Europarecht, 6. Aufl. 2003, Rn 43.
28  Vgl hierzu im Einzelnen *Streinz*, Europarecht, 6. Aufl. 2003, Rn 48 f.

wurde zudem ein Titel über die Entwicklungszusammenarbeit mit Drittstaaten, dh Entwicklungsländern (*Art. 177–181 EGV*; jetzt Art. 208–211 AEUV[29]). Die Assoziierung der überseeischen Länder und Hoheitsgebiete gemäß *Art. 182 ff EGV* blieb davon unberührt (vgl *Art. 179 Abs. 3 EGV*)[30].

Kernstück des Vertrags von Maastricht war die Schaffung der **Wirtschafts- und Währungsunion** durch eine eng koordinierte Wirtschaftspolitik, haushaltswirtschaftliche Vorschriften, die unwiderrufliche Festlegung der Wechselkurse im Hinblick auf die Einführung des Euro als einheitlicher Währung, die Festlegung und Durchführung einer einheitlichen Geld- sowie Wechselkurspolitik, die vorrangig am Ziel der Preisstabilität orientiert ist, und die Schaffung eines Europäischen Systems der Zentralbanken und einer Europäischen Zentralbank (s. Rn 1157 ff).   **46**

In *Art. 17 EGV* (jetzt Art. 20 AEUV) führte der Maastrichter Vertrag die **Unionsbürgerschaft** ein, durch die den Staatsangehörigen der Mitgliedstaaten zusätzliche, nicht vom Gebrauch der Grundfreiheiten des EGV (jetzt AEUV) abhängige Rechte gegenüber den anderen Mitgliedstaaten eingeräumt werden (s. Rn 1008 ff).   **47**

Außerhalb der Europäischen Gemeinschaft schaffte der Maastrichter Vertrag durch die Titel V und VI des EUV die Grundlagen für die Gemeinsame Außen- und Sicherheitspolitik (GASP, *Art. 11–28 EUV aF* – hierbei handelte es sich um eine weitgehende Übernahme der vormaligen EPZ; jetzt Art. 23–46 EUV) sowie die Zusammenarbeit der Mitgliedstaaten in den Bereichen Justiz und Inneres (ZBJI, nach dem Vertrag von Amsterdam PJZS, *Art. 29–42 EUV aF*; jetzt integriert in den RFSR, Art. 82–89 AEUV, s. Rn 1037 f). Grundsätzlich herrschten hier Koordination, Kooperation und Konsultation vor. In bestimmten Fällen waren jedoch auch rechtlich verbindliche Maßnahmen des Rates vorgesehen (vgl *Art. 34 Abs. 2 EUV aF*). Diese waren dem vom Gemeinschaftsrecht getrennten Unionssekundärrecht zuzurechnen.   **48**

### b) Der Vertrag von Amsterdam

Die in *Art. N Abs. 2 EUV/Maastricht* vorgesehene Regierungskonferenz zur Überprüfung der Bestimmungen des EUV, für die eine Revision vorgesehen wurde („Maastricht II"), begann im März 1996 in Turin und wurde mit dem **Amsterdamer Vertrag** vom 2.10.1997[31] abgeschlossen. Er trat am 1.5.1999 in Kraft.   **49**

Durch den Amsterdamer Vertrag wurde das Verfahren der Mitentscheidung erheblich ausgeweitet und im Sinne einer im Wesentlichen gleichwertigen Beteiligung von Rat und Europäischem Parlament reformiert. Das Problem der Ungleichheit der Wahl wurde zwar erkannt (*Art. 190 Abs. 2 UAbs. 2 EGV*), aber nicht gelöst, sondern durch die „Begrenzung" der Anzahl der Abgeordneten sogar verschärft (vgl Rn 303). Die Rechte des Europäischen Parlaments wurden sachgerecht verbessert. Eine wirkliche Reform der Institutionen, die vor allem im Hinblick auf die damals bevorstehenden Erweiterungen der EU für erforderlich gehalten wurde, gelang freilich nicht. Es ist   **50**

---

29  Vgl die auf *Art. 179 EGV* gestützte VO 1257/96 des Rates über die humanitäre Hilfe, ABl 1996 L 163/1.
30  Zum Problem der Streichung dieses Absatzes in Art. 209 AEUV vgl *Schmalenbach*, in: Calliess/Ruffert, Art. 209 AEUV Rn 3.
31  ABl 1997 C 340/1.

bemerkenswert, dass einige Mitgliedstaaten dieses Defizit ausdrücklich zu Protokoll gaben[32]. Auch im Hinblick auf die mit einer erheblichen Ausweitung der Mitgliedstaaten einhergehenden Integrationsprobleme schuf der Amsterdamer Vertrag in einem neuen Titel VII *(Art. 43–45 EUV aF)* und in *Art. 11 EGV* die Möglichkeit für eine engere Zusammenarbeit einzelner Mitgliedstaaten (jetzt Art. 20 EUV, Art. 326–334 AEUV). Damit wurde das Konzept eines Europas mehrerer Geschwindigkeiten, das bereits bisher zB in der Sozialpolitik (vgl Rn 1167 ff) und der Währungsunion (vgl Rn 1149 ff) verankert war, allgemein institutionalisiert, allerdings in einer schwer praktikablen und bislang selten praktizierten Form[33]. S. dazu Rn 577 ff.

**51** Der Amsterdamer Vertrag schuf als neue Institution einen „Hohen Vertreter für die Gemeinsame Außen- und Sicherheitspolitik", der personell mit dem Generalsekretär des Rates identisch war und den Rat in Angelegenheiten der GASP unterstützte *(Art. 26 EUV aF*; jetzt mit geänderter Funktion in Art. 27 EUV, s. Rn 300). Zu den erheblichen redaktionellen und technischen Änderungen[34] gehörte die vollständige Umnummerierung der Verträge.

**52** **Materiell-inhaltlich** war vor allem die „Vergemeinschaftung" eines wesentlichen Teils des Bereichs Justiz und Inneres, nämlich Visa, Asyl, Einwanderung und anderer Politiken betreffend den freien Personenverkehr, durch Übertragung in die „Erste Säule" (Titel IV, *Art. 61–69 EGV*; jetzt Art. 67, Art. 77–79 AEUV) bedeutsam. In der „Dritten Säule" verblieb die polizeiliche und justizielle Zusammenarbeit in Strafsachen (PJZS, Titel VI EUV aF). Diese wurde im Rahmen des Ziels, den Bürgern in einem Raum der Freiheit, der Sicherheit und des Rechts ein hohes Maß an Sicherheit zu bieten *(Art. 29 Abs. 1 EUV aF*; jetzt Art. 67 AEUV), ausgebaut (s. dazu Rn 1028 ff).

### c) Der Vertrag von Nizza

**53** Der **Vertrag von Nizza** wurde durch die Regierungskonferenz 2000 ausgehandelt, auf dem Gipfel von Nizza vom 7.–11.12.2000 politisch vereinbart und am 26.2.2001 unterzeichnet[35]. Der Ratifikationsprozess erwies sich einmal mehr als schwierig. Die Iren hatten dem Vertrag in einem ersten Referendum ihre Zustimmung überraschend versagt. Nach einem zweiten, positiven Referendum konnte der Vertrag am 1.2.2003 in Kraft treten[36]. Das Verhandlungsmandat für die Regierungskonferenz beruhte zum einen auf dem „Protokoll (Nr 7) über die Organe im Hinblick auf die Erweiterung der Europäischen Union" zum Amsterdamer Vertrag, zum anderen auf den Schlussfolgerungen des Europäischen Rates bei seinen Treffen in Köln und Helsinki 1999. Daraus

---

32  Erklärung Nr 6 Belgiens, Frankreichs und Italiens zum Protokoll über die Organe im Hinblick auf die Erweiterung der Europäischen Union (ABl 1997 C 340/144; BGBl. 1998 II 453; Sart.II Nr 154, S. 24 f).

33  Vgl dazu und zur aktuellen Entwicklung *Streinz*, Die verstärkte Zusammenarbeit: Eine realistische Form abgestufter Integration?, JuS 2013, 892.

34  Im Einzelnen zu den Änderungen durch den Amsterdamer Vertrag *Streinz*, Europarecht, 6. Aufl. 2003, Rn 54b.

35  BGBl. 2001 II 1667; ABl 2001 C 80/1; Text (mit Kommentar) in *K. Fischer*, Der Vertrag von Nizza, 2. Aufl. 2003, S. 81 ff. Konsolidierte Fassung von EUV und EGV idF von Nizza abgedruckt in ABl 2002 C 325/1.

36  Vgl dazu *Hummer/Obwexer*, Die Deblockade des Vertrages von Nizza, Europablätter 2003, 44 ff.

ergab sich als Kernziel der Regierungskonferenz die Herstellung der Erweiterungsfähigkeit der Europäischen Union durch eine Lösung der institutionellen Probleme (Mehrheitsentscheidung im Rat, Arbeitsfähigkeit von Kommission und Parlament durch Begrenzung der Mitgliederzahl), die nur teilweise gelang. Einige Bestimmungen wurden erst auf der Grundlage des Protokolls über die Erweiterung der EU[37] mit deren Realisierung 2004 bzw 2007 wirksam.

Die **institutionellen Änderungen** betrafen im Wesentlichen die Ausweitung der Abstimmung mit qualifizierter Mehrheit, die Ernennung und die Rolle des Kommissionspräsidenten (*Art. 214 Abs. 2, 217 EGV*; jetzt Art. 17 Abs. 6 und 7 EUV; s. Rn 391), die Zuständigkeitsverteilung zwischen EuGH und EuG und die Größe und Zusammensetzung der Organe sowie die Stimmgewichtung im Rat. Zur Erleichterung einer vertieften Integration zwischen einzelnen Mitgliedstaaten in der wesentlich erweiterten Union wurden die durch den Amsterdamer Vertrag eingeführten – aber niemals gebrauchten – Vorschriften über die verstärkte Zusammenarbeit sowohl systematisch neu gefasst als auch verfahrensrechtlich und materiell geändert. Das Gerichtssystem der Union wurde der steigenden Belastung angepasst, insbesondere durch eine Aufwertung des Gerichts erster Instanz sowie die Möglichkeit der Einführung einer dritten, vorgelagerten Instanz (Kammern). **54**

**Materiell-inhaltlich** brachte der Vertrag von Nizza wenig Neuerungen, nämlich den neuen Titel XXI (*Art. 181a EGV*; jetzt Art. 212 AEUV) über wirtschaftliche, finanzielle und technische Zusammenarbeit mit Drittländern, die Erweiterung der Vertragsschlusskompetenz der EG im Bereich der gemeinsamen Handelspolitik auf die Bereiche des Handels mit Dienstleistungen sowie die handelsrelevanten Aspekte der Rechte des geistigen Eigentums (*Art. 133 Abs. 5–7 EGV*; jetzt erweitert durch Art. 207 Abs. 4–5 AEUV; s. Rn 1268). Ferner wurde im EUV eine Rechtsgrundlage für ein Sanktionsverfahren gegen Mitgliedstaaten, welche die fundamentalen Grundsätze der Union verletzen, geschaffen (*Art. 7 EUV aF*; jetzt Art. 7 EUV; s. Rn 108 f). Die Vorschriften der GASP wurden insbesondere im Hinblick auf den Wegfall des Verweises auf die WEU (s. Rn 1) angepasst. Die von Europäischem Parlament, Rat und Kommission am 7.12.2000 feierlich proklamierte Charta der Grundrechte der Europäischen Union wurde vom Europäischen Rat „begrüßt"[38], ohne dadurch Rechtsverbindlichkeit zu erlangen. **55**

### d) Der gescheiterte Vertrag über eine Verfassung für Europa

Auch die Reformen durch die Verträge von Amsterdam und Nizza haben letzten Endes lediglich die allernotwendigsten Anpassungen einer Struktur, die ursprünglich für sechs Mitglieder geschaffen wurde, an die Erfordernisse einer Union von jetzt 28 Mitgliedern vorgenommen. Die wesentlichen Probleme zu lösen wurde regelmäßig in die Zukunft verschoben (sog. left-overs). Es bestand weitgehend Einigkeit, dass sich das Leitbild einer bürgernahen, transparenten und handlungsfähigen Union in dem bestehenden System von Verträgen und Änderungsverträgen auf Dauer nicht erreichen lasse. Im Rahmen des Vertrags von Nizza wurde durch die Annahme der **Erklä-** **56**

---

37  ABl 2001 C 80/49.
38  Bull EU 12-2000, S. 8, 37.

**rung zur Zukunft der Europäischen Union**[39] der Grundstein für den weiteren Reformprozess gelegt. Darauf aufbauend wurde durch die **Erklärung von Laeken**[40] die Grundlage für einen Konvent geschaffen, dessen Aufgabe die Ausarbeitung eines Abschlussdokuments für die Zukunft der Europäischen Union war (insoweit ist die Bezeichnung „**Verfassungskonvent**" nicht ganz zutreffend). Inhaltlich sollte dieses eine bessere Kompetenzabgrenzung zwischen der EU und ihren Mitgliedstaaten erreichen, den Status der Grundrechtecharta klären, eine Vereinfachung der bestehenden Verträge herbeiführen und die Rolle der nationalen Parlamente in der Europäischen Union regeln. Der vom Konvent unter Vorsitz des ehemaligen französischen Staatspräsidenten *Giscard d'Estaing* ausgearbeitete **Entwurf eines Vertrags über eine Verfassung für Europa** wurde vom Europäischen Rat in Thessaloniki am 20.6.2003 als Grundlage für die Regierungskonferenz angenommen[41].

57   Die gemäß Art. 48 EUV erforderliche **Regierungskonferenz** scheiterte zunächst an wichtigen institutionellen Fragen, insbesondere weil Polen und Spanien die ihnen im Vertrag von Nizza eingeräumten überproportionalen Stimmengewichte für die qualifizierte Mehrheit im Rat nicht aufgeben wollten. Unter irischer Präsidentschaft einigte sich der Europäische Rat am 14.6.2004 auf einen Kompromiss. Am 29.10.2004 unterzeichneten die Staats- und Regierungschefs den „**Vertrag über eine Verfassung für Europa**"[42].

58   Der **Verfassungsvertrag (EVV)**[43] sollte die bisherigen Verträge EUV und EGV ersetzen und deren Inhalte zusammenfassen (vgl *Art. IV-437* und *Art. IV-438 EVV*). Er besteht aus vier Teilen (institutionelle Vorschriften, modifizierte Grundrechtecharta, Querschnittsklauseln und materielle Vorschriften, allgemeine und Schlussbestimmungen)[44].

59   Wie in *Art. 48 Abs. 3 EUV aF* vorgesehen, hätte der Verfassungsvertrag der Ratifikation durch alle damals 25 Mitgliedstaaten bedurft (vgl *Art. IV-447 EVV*). Insgesamt haben 17 Mitgliedstaaten den Vertrag ratifiziert. In Deutschland hatten zwar Bundestag und Bundesrat dem Vertragsgesetz mit überwältigender Mehrheit zugestimmt; der Bundespräsident sah sich aber durch die ausstehende Entscheidung des BVerfG über eine Organklage und Verfassungsbeschwerde an der Ratifikation gehindert[45]. Nach den ablehnenden Volksabstimmungen in Frankreich und den Niederlanden im Juni 2005 beschloss der Europäische Rat am 16./17.6.2005 eine sog. „**Reflexionsphase**" von einem Jahr[46]. 2006 hat der Europäische Rat diese in der Sache verlängert und einen „**zweigleisigen Ansatz**" vereinbart. Zum einen sollten die Möglichkeiten, die die derzeitigen Verträge bilden, bestmöglich ausgeschöpft werden. Derartige Tenden-

---

39   ABl 2001 C 80/85.
40   Schlussfolgerungen des Vorsitzes, Anlage 1, BullEU 12-2001, S. 21 (25 f).
41   Schlussfolgerungen des Vorsitzes, EU-Nachrichten Dokumentation Nr 2/2003, S. 3, Nr 2, 5. Überarbeiteter Entwurf ABl 2003 C 169/1.
42   Vgl zur Entstehungsgeschichte *Streinz*, Europarecht, 7. Aufl. 2005, Rn 57 ff; *Streinz/Ohler/Herrmann*, Verfassung, S. 12 ff mwN.
43   ABl 2004 C 310/1.
44   S. zum Inhalt *Streinz*, Europarecht, 7. Aufl. 2005, Rn 61 ff und *Streinz/Ohler/Herrmann*, Verfassung, S. 12 ff mwN.
45   Vgl dazu *Streinz/Herrmann*, EuZW 2007, 289.
46   EU-Nachrichten, Dokumentation Nr 2/2005, S. 28.

zen sind in der Rechtsprechung des EuGH und auch in Initiativen des Europäischen Parlaments und der dafür prinzipiell zuständigen Kommission (vgl *Art. 42 EUV aF*) unverkennbar. Zum anderen sollte der Vorsitz dem Europäischen Rat in der ersten Jahreshälfte 2007 einen Bericht vorlegen, der sich auf ausführliche Konsultationen mit den Mitgliedstaaten stützt und eine Bewertung des Stands der Beratungen über den Verfassungsvertrag und mögliche künftige Entwicklungen aufzeigen soll[47]. Spätestens im zweiten Halbjahr 2008 sollten danach konkrete Schritte für die Fortsetzung des – jetzt so genannten – **Reformprozesses** unternommen werden. Obwohl einige Mitgliedstaaten den Ratifikationsprozess fortsetzten, wurde bald deutlich, dass der Verfassungsvertrag als solcher gescheitert war. Ein wesentlicher Grund dafür war der Begriff „Verfassung" selbst, der sich entgegen den gehegten Erwartungen als kontraproduktiv erwiesen hat.

Die turnusgemäß zuständige deutsche Präsidentschaft versuchte daher, durch Aufgabe des Verfassungsbegriffs und aller damit in Verbindung gebrachten Elemente den Inhalt des Verfassungsvertrags möglichst weitgehend zu erhalten. Dies ist durch die nach zähen, mit unerfreulichen Begleiterscheinungen verbundenen Verhandlungen mit dem durch Kompromisse, insbesondere Übergangs- und Ausnahmeregelungen, erreichten Mandat des Europäischen Rates vom 21./22.6.2007[48] im Wesentlichen gelungen. Das konkrete Mandat nahm bis auf eher marginale Änderungen bereits das Ergebnis vorweg, zumal es der portugiesischen Präsidentschaft gelang, grundlegende Nachverhandlungswünsche abzuwehren.   **60**

### e) Der Vertrag von Lissabon

Der im Mandat noch als **Reformvertrag**, nach der Unterzeichnung am 13.12.2007 amtlich **Vertrag von Lissabon** genannte Text[49] hat gegenüber dem Verfassungsvertrag folgende **Neuerungen** gebracht: Das **Verfassungskonzept**, das mit der Abschaffung der bestehenden Verträge (EUV und EGV, nicht aber EAGV) und deren Ersetzung durch einen einzigen, „Verfassung" genannten Text verbunden war, wird ausdrücklich aufgegeben (s. Rn 87). Die Bezeichnung „Verfassung" wird durchgehend nicht verwendet. Der Reformvertrag enthält keinen Artikel über die **Symbole** der EU wie Flagge, Hymne und Leitspruch (vgl *Art. I-8 EVV*). Die an sich sinnvollen, da den tatsächlichen Inhalt besser wiedergebenden Bezeichnungen Europäisches Gesetz für Verordnung und Europäisches Rahmengesetz für Richtlinie werden nicht übernommen. Interessant ist, dass in diesem Zusammenhang auch die Nichtübernahme des in *Art. I-6 EVV* erstmals ausdrücklich verankerten Vorrangs des Rechts der Union erwähnt wird[50]. Die dazu auch – dort ergänzend zu *Art. I-6 EVV* – zum Verfassungsvertrag vorgesehene *Erklärung (Nr 1)*, die auf die einschlägige Rechtsprechung des Europäischen Gerichtshofs verweist, wird inhaltlich in der Erklärung (Nr 17) „zum   **61**

---

47 EU-Nachrichten, Dokumentation Nr 2/2006, S. 9 f (Nr 42–49).
48 Entwurf in EU-Nachrichten, Dokumentation Nr 2/2007, S. 9. Vgl dazu *Fischer*, Lissabon, S. 43 ff.
49 Vertrag von Lissabon zur Änderung des Vertrages über die Europäische Union und des Vertrages zur Gründung der Europäischen Gemeinschaft, ABl 2007 C 306/1 (Sart. II Nr 152). Vgl auch Art. 7 Vertrag von Lissabon.
50 Entwurf des Mandats (Fn 48), S. 9, Nr 3.

Vorrang" beibehalten[51]. Dies dürfte so zu erklären sein, dass die Mitgliedstaaten Wert darauf legen, dass auch der Vorrang auf ihrer Ermächtigung basiert, er gleichwohl nicht grundsätzlich in Frage gestellt wird und die Kollisionsfrage in der Praxis keine Rolle spielen soll.

**62** Die Regelungen des Verfassungsvertrags zu den **Institutionen** werden weitgehend beibehalten. Hinsichtlich der (allerdings allein wegen der Haltung Polens) am heftigsten umstrittenen Frage der Mehrheitsabstimmungen im Rat wird die **doppelt qualifizierte Mehrheit** erst ab 1.11.2014 in Kraft treten, mit einer besonderen Übergangsregelung bis zum 31.3.2017 und ergänzt durch die Übernahme des Beschlusses von Ioannina zu Sperrminoritäten (vgl Art. 16 Abs. 4 und 5 EUV; Art. 238 AEUV). Die Bestimmungen über die **Kompetenzverteilung** zwischen der Union und den Mitgliedstaaten werden inhaltlich übernommen (Art. 5 EUV; Art. 2–6 AEUV). Besonders betont wird die fortbestehende Souveränität und Staatlichkeit der Mitgliedstaaten und die Tatsache, dass die Union auf den Mitgliedstaaten beruht und ihre Kompetenzen von diesen nach wie vor herleitet. Dies war einschließlich des an traditionelle völkerrechtliche Formulierungen angelehnten Art. 4 Abs. 2 EUV allerdings teilweise bereits im Verfassungsvertrag enthalten. Anders als dort, wo die „Verfassung" die Europäische Union begründet, „geleitet von dem Willen der Bürgerinnen und Bürger und der Staaten" *(Art. I-1 Abs. 1 EVV)*, gründen gemäß Art. 1 Abs. 1 EUV „die Hohen Vertragsparteien" untereinander eine Europäische Union. Art. 48 Abs. 2 S. 2 EUV sieht bei Vertragsänderungen auch eine Verringerung der der Union übertragenen Zuständigkeiten vor.

**63** Die **materiellen Änderungen** gegenüber den bestehenden Verträgen, die von der Regierungskonferenz 2004 (s. Rn 57) beschlossen wurden und damit tatsächlich die Substanz des Verfassungsvertrags darstellen, werden grundsätzlich übernommen, und zwar in den geänderten, aber nach wie vor so genannten **EU-Vertrag (EUV)** und in den geänderten und in **Vertrag über die Arbeitsweise der Europäischen Union (AEUV)** umbenannten EG-Vertrag. Beide Verträge haben ausdrücklich den gleichen rechtlichen Stellenwert (Art. 1 Abs. 3 S. 2 EUV). Dadurch wird deutlich gemacht, dass der „Arbeitsvertrag" nicht von sekundärer Qualität ist und klargestellt, dass allen Bestrebungen zwischen einem Grundvertrag und einem Arbeitsvertrag, der eventuell einem vereinfachten Vertragsänderungsverfahren unterworfen werden kann, zu unterscheiden, eine Absage erteilt wird. Das (schöne) Wort „Gemeinschaft" wird durchgehend durch das Wort „Union" ersetzt, da die einheitliche Union die Europäische Gemeinschaft ersetzt und ihre Rechtsnachfolgerin ist (Art. 1 Abs. 3 S. 2 EUV). Die Drei-Säulen-Struktur wird wie im Verfassungsvertrag aufgehoben. Allerdings kommt die Sonderstellung der Gemeinsamen Außen- und Sicherheitspolitik durch deren Regelung auch im neuen Unionsvertrag (Art. 21–46 EUV) und nicht – wie die Materien der jetzigen Polizeilichen und Justiziellen Zusammenarbeit in Strafsachen (Art. 82–89 AEUV) – im Vertrag über die Arbeitsweise der EU deutlich zum Ausdruck. Diese Sonderstellung wird in Art. 24 Abs. 1 UAbs. 2 EUV näher ausgeführt und durch eine Erklärung, die ausdrücklich die fortbestehenden Zuständigkeiten der Mitgliedstaaten festhält, insbesondere auch die Mitgliedschaft eines Mitgliedstaates der EU (dies be-

---

51   Erklärung Nr 17 der Schlussakte zum Vertrag von Lissabon zum Vorrang, ABl 2007 C 306/256; ABl 2012 C 326/346 (Sart. II Nr 152, S. 20 f; Nomos Nr 4, S. 277).

trifft Frankreich und das Vereinigte Königreich) im Sicherheitsrat der Vereinten Nationen, unterstrichen[52]. Zumindest symbolisch kommen die Vorbehalte der Mitgliedstaaten in diesem Bereich dadurch zum Ausdruck, dass der „Außenminister der Union" nicht so, sondern „Hoher Vertreter der Union für Außen- und Sicherheitspolitik" genannt wird, der allerdings auch die Aufgaben des bisherigen Kommissars für die Außenbeziehungen der EG übernimmt (Art. 27, Art. 15 Abs. 2 und 3 EUV). Die Union erhält – wie im Verfassungsvertrag *(Art. I-7 EVV)* – Rechtspersönlichkeit (Art. 47 EUV)[53], was angesichts der bisherigen ausdrücklichen Rechtspersönlichkeit der EG *(Art. 281 EGV)* und der Vereinheitlichung zur Union konsequent ist.

Die **Charta der Grundrechte der Europäischen Union** wird zwar nicht in die Verträge aufgenommen, aber durch Art. 6 Abs. 1 EUV diesen rechtlich gleichgestellt. Ein besonderes **Protokoll** regelt, dass die Charta für das Vereinigte Königreich und Polen im Rahmen von dessen Maßgabe nicht verbindlich ist. Die Ratifikation eines entsprechenden Protokolls wurde der Tschechischen Republik zugesichert, worauf diese aber später verzichtet hat (s. Rn 751). **64**

Der Vertrag von Lissabon führt gegenüber dem Verfassungsvertrag auch **neue Elemente** ein, die durch jüngste Entwicklungen in der Umweltpolitik und der Energiepolitik motiviert sind (Art. 191 Abs. 1, Art. 194 Abs. 1 AEUV). **65**

Auf Drängen des französischen Staatspräsidenten Sarkozy wurde der „freie und ungestörte **Wettbewerb**" *(Art. I-3 Abs. 2 EVV)*, der als „redlicher" bzw „unverfälschter Wettbewerb" seit Gründung der Europäischen Wirtschaftsgemeinschaft 1957 zu deren Zielen gehört (vgl *Erwägungsgrund 4 der Präambel, Art. 3 lit. f. EWGV)*, gestrichen. Es ist allerdings fraglich, ob damit eine Änderung der Wettbewerbspolitik verbunden sein wird. Zwar ist Wettbewerb sicher nicht alles und vor allem kein Endziel. Protektionismus für die nationale Wirtschaft steht allerdings einem Binnenmarkt ohne Binnengrenzen diametral entgegen. **66**

Der Vertrag von Lissabon bedurfte der **Ratifikation** durch alle (damals) 27 Mitgliedstaaten, die bis zur Europawahl 2009 geplant war. Während die Regierungen der anderen Mitgliedstaaten Referenden – zum Teil mit fragwürdigen Begründungen – vermieden, war das Referendum in Irland obligatorisch und führte prompt zur Ablehnung des Vertrages am 12.6.2008 mit 53,4% zu 46,6% der Stimmen. Um ein zweites Referendum zu ermöglichen, machte der Europäische Rat am 18./19.6.2009 Irland Zugeständnisse hinsichtlich der Wahrung bestimmter Rechte der irischen Verfassung (Schutz des Rechts auf Leben, Schutz der Familie, Schutz der Rechte auf Bildung) gegenüber der Grundrechtecharta und dem Vertrag von Lissabon, der irischen Neutralität, der Sozialpolitik sowie der Beibehaltung eines Kommissars pro Mitgliedstaat (s. Rn 385). Dies sollte rechtsverbindlich mit primärrechtlicher Qualität in einem Protokoll verankert werden, das zusammen mit dem nächsten Beitrittsvertrag ratifiziert **67**

---

52  Vgl die Erklärungen Nr 13 und 14 der Schlussakte zum Vertrag von Lissabon zur Gemeinsamen Außen- und Sicherheitspolitik, ABl 2007 C 306/255; ABl 2012 C 326/345 (Sart. II Nr 152, S. 19 f; Nomos Nr 4, S. 275 f).

53  Vgl dazu auch die Erklärung Nr 24 der Schlussakte zum Vertrag von Lissabon zur Rechtspersönlichkeit der Europäischen Union, ABl 2007 C 306/258; ABl 2012 C 326/348 (Sart. II Nr 152, S. 23; Nomos Nr 4, S. 279), die betont, dass damit keine Kompetenz-Kompetenz verbunden ist.

werden sollte[54]. Sicher im Hinblick auf diese Zugeständnisse, aber auch unter dem Eindruck der Wirtschafts- und Finanzkrise, stimmten am 2.10.2009 67,1% gegen 32,9% bei immerhin 58% Beteiligung für den Vertrag, den Irland daraufhin ratifizierte. Danach ratifizierten auch Polen und – nach dem Zugeständnis eines Protokolls hinsichtlich der Grundrechtecharta (s. Rn 751) als letzter Staat auch die Tschechische Republik, sodass der Vertrag am 1.12.2009 in Kraft treten konnte.

**68** In Deutschland hatten der Bundestag mit großer Mehrheit, weit über den geforderten zwei Dritteln seiner Mitglieder (Art. 23 Abs. 1 S. 3 iVm Art. 79 Abs. 2 GG), und der Bundesrat ohne Gegenstimme dem Vertrag zugestimmt. Die Ratifikation wurde jedoch durch Organklagen und Verfassungsbeschwerden aufgehalten. Am 30.6.2009 entschied das BVerfG nach eingehender Darlegung des Vertrags und des verfassungsrechtlichen Prüfungsmaßstabs, dass der Vertrag von Lissabon und das Zustimmungsgesetz dazu „nach Maßgabe der Gründe" den aufgezeigten verfassungsrechtlichen Anforderungen genügen und „keine durchgreifenden verfassungsrechtlichen Bedenken" bestehen[55]. Das BVerfG betonte einerseits die „Europarechtsfreundlichkeit" des Grundgesetzes, bestätigte und präzisierte aber andererseits ausdrücklich seine Kontrollkompetenz (Identitätskontrolle einschließlich Grundrechtskontrolle, Ultra-vires-Kontrolle) und postulierte, dass ein „Identitätswechsel zu einem „europäischen Bundesstaat" eine Entscheidung des Verfassungsgesetzgebers (Art. 146 GG) erfordere (s. Rn 137). Da das BVerfG aber das deutsche Begleitgesetz zum Vertrag von Lissabon wegen unzureichender Sicherung der „Integrationsverantwortung" des Bundestages für verfassungswidrig erklärte und dessen Nachbesserung vor der Ratifikation des Vertrages verlangte, konnte der Bundespräsident den Vertrag erst nach der – rasch erfolgten – Verabschiedung des Gesetzes über die Ausweitung und Stärkung der Rechte des Bundestages und des Bundesrates in Angelegenheiten der EU[56], das neben dem neuen Integrationsgesetz (IntVG) Änderungen des EUZBBG und des EUZBLG enthält (s. Rn 379), den Vertrag ratifizieren.

**69** Im Wege des vereinfachten Vertragsänderungsverfahrens wurde Art. 136 Abs. 3 AEUV eingefügt, der die Einrichtung eines Europäischen Stabilitätsmechanismus (ESM) und die an „strenge Auflagen" geknüpfte Gewährung von Finanzhilfen durch und an Mitgliedstaaten, deren Währung der Euro ist, auf eine vertragliche Grundlage stellt. S. dazu Rn 1142.

**Literatur:** *v. Bogdandy, A./Bast, J.* (Hrsg.), Europäisches Verfassungsrecht, 2. Aufl. 2009; *Breuss, F./Fink, G./Griller, S.* (Hrsg.), Vom Schuman-Plan zum Vertrag von Amsterdam. Entstehung und Zukunft der EU, 2000; *Broß, S.*, Überlegungen zum gegenwärtigen Stand des Europäischen Einigungsprozesses – Probleme, Risiken und Chancen, EuGRZ 2002, 574; *Calliess, C.*, Die neue Europäische Union nach dem Vertrag von Lissabon, 2010; *Calliess, C./ Ruffert, M.* (Hrsg.), Verfassung der Europäischen Union – Kommentar der Grundlagenbestimmungen, 2006; *Eilmansberger, T./Griller, S./Obwexer, W.* (Hrsg.), Rechtsfragen der Implementierung des Vertrags von Lissabon, 2011; *Everling, U.*, Von den Europäischen Gemeinschaften zur Europäischen Union. Durch Konvergenz zur Kohärenz, in: FS Oppermann, 2001,

---

54  EU-Nachrichten, Dokumentation Nr 2/2009, S. 2 f. Zur Beibehaltung der bisherigen Zusammensetzung der Kommission s. Rn 388.
55  BVerfGE 123, 267 = EuGRZ 2009, 339 = *HVL*, S. 59 ff – *Lissabon-Urteil*.
56  Gesetz v. 22.9.2009, BGBl. 2009 I 3022.

S. 163; *Fastenrath, U./Nowak, C.* (Hrsg.), Der Lissabonner Reformvertrag, 2009; *Giegerich, T.*, Verschmelzung der drei Säulen der EU durch europäisches Richterrecht?, ZaöRV 2007, 351; *Griller, S./Hummer, W.* (Hrsg.), Die EU nach Nizza – Ergebnisse und Perspektiven, 2002; *Häberle, P.*, Europäische Verfassungslehre, 7. Aufl. 2011; *Hatje, A.*, Die institutionelle Reform der Europäischen Union – der Vertrag von Nizza auf dem Prüfstand –, EuR 2001, 143; *Hellmann, V.*, Der Vertrag von Lissabon, 2009; *Hofmann, A./Wessels, W.*, Der Vertrag von Lissabon – eine tragfähige und abschließende Antwort auf konstitutionelle Grundfragen?, integration 31 (2008), 3; *Hummer, W./Obwexer, W.* (Hrsg.), Der Vertrag über eine Verfassung für Europa, 2007; *dies.* (Hrsg.), Der Vertrag von Lissabon, 2009; *Möstl, M.*, Verfassung für Europa, 2005; *Müller-Graff, P.-C.*, Die Zukunft des europäischen Verfassungstopos und Primärrechts nach dem deutschen Ratspräsidentschaft, integration 20 (2007), 223; *Niedobitek, M./Zemanek, J.* (Hrsg.), Continuing the European Constitutional Debate, 2008; *Nowak, C.*, Europarecht nach Lissabon, 2011; *Pernice, I.*, Der Europäische Verfassungsverbund auf dem Wege der Konsolidierung, JöR NF 48 (2000), 205; *Peters, A.*, European Democracy after the 2003 Convention, CMLRev 41 (2004), 37; *Piris, J.C.*, The Lisbon Treaty. A Legal and Political Analysis, 2010; *Schroeder, W.*, Der Euratom-Vertrag, JA 1995, 728; *Schwarze, J.* Der Europäische Verfassungsvertrag, JZ 2005, 1130; *ders./Hatje*, A. (Hrsg.), Der Reformvertrag von Lissabon, EuR Beiheft 1/2009; *Streinz, R./Ohler, C./Herrmann, C.*, Die neue Verfassung für Europa. Einführung mit Synopse, 2005; *dies.*, Der Vertrag von Lissabon zur Reform der EU. Einführung mit Synopse, 3. Aufl. 2010; *Tsatsos, D.T.*, Die Europäische Unionsgrundordnung im Schatten der Effektivitätsdiskussion, JöR NF 49 (2001), 63; *van Gerven, W.*, The European Union. A Polity of States and Peoples, 2005; *Vedder, C./Heintschel von Heinegg, W.*, Europäischer Verfassungsvertrag. Handkommentar, Synopse, 2007; *Weber, A.*, Vom Verfassungsvertrag zum Vertrag von Lissabon, EuZW 2008, 7; *Weidenfeld, W.* (Hrsg.), Lissabon in der Analyse, 2010; *Wiedmann, T.*, Der Vertrag von Nizza – Genesis einer Reform, EuR 2001, 185.

## IV. Erweiterungen der Europäischen Gemeinschaften und der Europäischen Union

Neben der Integrationstiefe markiert auch ihre geographische Reichweite eine Maß- **70** zahl für den Stand der europäischen Integration. In mittlerweile sechs Erweiterungsrunden[57] haben sich die westlich geprägten Europäischen Gemeinschaften von anfänglich sechs Mitgliedern zu einer (Gesamt-)Europäischen Union von 28 Staaten im Jahr 2015 entwickelt. Zuletzt trat Kroatien am 1.7.2013 der Europäischen Union bei. Die Überwindung der Teilung Europas nach dem Zweiten Weltkrieg ist damit zumindest de jure vollendet. Beitrittsverhandlungen laufen mit der Türkei seit 3.10.2005, wegen der Zypernfrage teilweise suspendiert, ausdrücklich als „ergebnisoffen" deklariert. Island hat seinen am 17.7.2009 eingereichten Beitrittsantrag angesichts der Finanzkrise am 12.3.2015 wieder zurückgezogen. Einen sog. „Kandidatenstatus" haben Mazedonien (seit 17.12.2005), Montenegro (seit 17.12.2010) und Serbien (seit 1.3.2012), mit denen bereits Beitrittsverhandlungen aufgenommen wurden. Potenzielle Beitrittskandidaten sind Albanien, das 2009 einen Beitrittsantrag gestellt hat, so-

---

57 1973 Vereinigtes Königreich, Irland, Dänemark; 1981 Griechenland; 1986 Spanien und Portugal; 1995 Finnland, Österreich und Schweden; 2004 Estland, Lettland, Litauen, Malta, Polen, Slowakei, Slowenien, Tschechische Republik, Ungarn, Zypern; 2007 Bulgarien, Rumänien, 2013 Kroatien. Vgl EU-Nachrichten, Themenheft Nr 8 (2004): EU 25: Die Erweiterung der Europäischen Union um 10 neue Mitgliedstaaten.

wie Bosnien-Herzegowina und der Kosovo, der allerdings von fünf Mitgliedstaaten der EU (Griechenland, Rumänien, Slowakei, Spanien und Zypern) bislang noch nicht einmal als Staat anerkannt wurde. Die Beitrittsanträge Marokkos[58] und der Schweiz[59] dürfen wohl als (zumindest vorerst) erledigt angesehen werden. Weitere Staaten (insb. Georgien und Ukraine) wollen mittel- bis langfristig in die Europäische Union aufgenommen werden. Damit wächst auch die Notwendigkeit, in eine politische Diskussion über die geographischen Grenzen der Europäischen Union einzutreten, um den Integrationsprozess insgesamt nicht zu gefährden. Die in Art. 8 EUV verankerte Nachbarschaftspolitik sieht „besondere Beziehungen" unterhalb der Vollmitgliedschaft vor. Zu Assoziierungen s. Rn 85.

**71** Andererseits zeigt sich die grundsätzliche Offenheit für die Mitgliedschaft weiterer Staaten in Art. 49 EUV, der jedem europäischen Staat das Recht einräumt, einen Antrag auf Aufnahme in die Europäische Union zu stellen. Ein Recht auf Beitritt haben Drittstaaten nach dieser Vorschrift nicht.

**72** Ungeachtet des Auftrags zur Einigung Europas setzt jede Erweiterung stets eine sorgfältige Entscheidung über die Vor- und Nachteile einer Vollmitgliedschaft voraus, und zwar sowohl auf Seiten des Beitrittskandidaten als auch auf Seiten der bisherigen Mitglieder und der Union selbst[60]. Erweiterungen der Union, die diese selbst wirtschafts- und außenpolitisch eher stärkten (Großbritannien, Irland und Dänemark 1973; Finnland, Österreich und Schweden 1995), stehen solche gegenüber, deren Motivation eher in einer politischen Stabilisierung und wirtschaftlichen Heranführung der beitretenden Staaten zu sehen ist (Griechenland 1981; Spanien und Portugal 1986; Osterweiterung 2004/2007/2013). Dies entspricht dem Gedanken der Solidarität zwischen den Völkern Europas. Mit der Aufnahme von Beitrittsverhandlungen mit der Türkei tritt als drittes Motiv die Einbeziehung eines Staates mit islamischer Bevölkerung unter dem Dach von Demokratie, Rechtsstaatlichkeit und Menschenrechten als universellen Prinzipien hinzu. Fraglich ist, ob die Integrationskraft der Union für diesen Kraftakt ausreicht oder ob eine Aufnahme der Türkei zu einer grundsätzlichen qualitativen Veränderung der Union führen würde[61]. Ungeachtet dessen und diverser Probleme ist die Türkei seit langem ein wirtschaftlich wie strategisch wesentlicher und völkervertraglich eng mit der EU und ihren Mitgliedstaaten verbundener Partner[62].

**Literatur:** *Alsen, K.,* Der europäische Integrationsauftrag der EU. Überlegungen zur Erweiterungs-, Assoziierungs- und Nachbarschaftspolitik der EU aus der Warte einer europäischen Prinzipienlehre, 2008; *Böttger, K.,* Im Osten nichts Neues? Ziele, Inhalte und erste Ergebnisse

---

58 Abgelehnt, da kein „Europäischer Staat" iSv Art. 49 EUV. Vgl dazu *Pechstein*, in: Streinz, Art. 49 EUV, Rn 3.
59 Nach Ablehnung einer von der Regierung derzeit selbst abgelehnten Beitrittsinitiative durch das Referendum vom 4.3.2001. Vgl aber die Einbeziehung der Schweiz über die bilateralen Abkommen (s. Rn 84).
60 Ausführlich zu den rechtlichen und tatsächlichen Voraussetzungen eines Beitritts *Meng*, in: von der Groeben/Schwarze/Hatje, Art. 49 EUV, Rn 1 ff. Vgl zum Fortschrittsbericht 2007 zum Stand der Erweiterungen EU-Nachrichten Nr 37/2007, S. 1.
61 Vgl zur kontroversen Diskussion *Oppermann/Classen/Nettesheim*, § 42, Rn 35 f mwN. Vgl auch *P.C. Müller-Graff/H. Kaabalioglu* (Hrsg.), Turkey and the European Union, 2012. Die jüngste politische Entwicklung macht einen Beitritt eher unwahrscheinlich.
62 Eingehend hierzu *Streinz*, Die Türkei als Partner – Formen der Zugehörigkeit zur EU, in: Bitburger Gespräche, Jahrbuch 2005 II, 2006, S. 111 ff.

der Östlichen Partnerschaft, integration 2009, 372; *Cremona, M.*, Enlargement: A Successful Instrument of Foreign Policy?, in: Tridimas, T./Nebbia, P. (Hrsg.), European Union Law for the Twenty-first Century, Bd. 1, 2004, S. 397 ff; *Pehle, H.* (Hrsg.), Die neue Europäische Union: Die Osterweiterung und ihre Folgen, 2006.

## V. Gesamteuropäische Perspektiven und Organisationen

### 1. Neuere Entwicklungen in Europa seit 1989

Das Zusammenbrechen der kommunistischen Diktatur in den Staaten Osteuropas und in dessen Gefolge das Auseinanderbrechen der Wirtschafts- und Militärbündnisse Rat für gegenseitige Wirtschaftshilfe (RgW) und Warschauer Pakt baute nicht nur die Spannungen innerhalb Europas ab, sondern stellte auch die Frage nach dem fortbestehenden Sinn des Militärbündnisses NATO und brachte neue Herausforderungen für die Europäischen Gemeinschaften. Das Wiederaufbrechen der nur in der allgemeinen Unterdrückung verborgenen Nationalitätenkonflikte in Osteuropa und die Gefahr des Entstehens eines Vakuums stellten die Frage, ob nicht gesamteuropäische Sicherheitsstrukturen diesen und anderen Gefahren entgegenwirken könnten. Die Annexion der Krim durch Russland und der Konflikt mit der Ukraine sowie die Reaktion des „Westens" und damit der EU darauf haben bisherige Tendenzen verändert und neue Fragen aufgeworfen. **73**

Herausforderungen an die Europäischen Gemeinschaften bzw die Europäische Union brachte auch das Binnenmarktkonzept mit sich. Die Befürchtung, einer „Festung Europa" gegenüberzustehen und von den prognostizierten Vorteilen dieses einheitlichen Wirtschaftsraums abgekoppelt zu werden, bewog die Staaten der EFTA, aber auch die übrigen Staaten erst West-, nach dem Zusammenbruch des Ostblocks auch Osteuropas, eine Annäherung an die EG bzw EU anzustreben. Die EG bzw EU konnten sich dem nicht entziehen, soll die bereits in den ursprünglichen Gründungsverträgen und jetzt im Unionsvertrag angelegte Öffnung (vgl Rn 71) ernst gemeint sein und das Entstehen einer auf Dauer unerträglichen wirtschaftlichen Mauer zwischen Ost und West verhindert werden. Daneben bestand ein Eigeninteresse an der Aufnahme weiterer leistungsfähiger Mitglieder und der Beseitigung spezieller Probleme (so wurden zB durch den Beitritt Österreichs zwei verschärfte Außenkontrollen auf der Fahrt zwischen München und Verona vermieden). Damit wurden die Europäischen Gemeinschaften und die Europäische Union selbst zum Gegenstand gesamteuropäischer Perspektiven mit nachhaltigen Folgen für deren Binnenstruktur. Die EU steht auch nach der (Ost-)Erweiterung vor der schweren Aufgabe, eine gesamteuropäische Lösung (auch über eventuelle Erweiterungen hinaus) zu finden, ohne die spezifischen Vorteile des gegebenen europäischen Integrationsmodells nachhaltig oder gänzlich zu gefährden. Dies legt differenzierte Lösungsansätze nahe, wie sie die zB die Nachbarschaftspolitik (Art. 8 EUV) versucht. Eine weitere Herausforderung ist die Bewältigung des Zustroms von Flüchtlingen aus Krisenherden in Afrika und Asien. **74**

## 2. Europarat – Europäische Menschenrechtskonvention

### a) Struktur, Ziele, Entwicklung

**75**  Der **Europarat** wurde am 5.5.1949 („Europatag"; s. Rn 16) als internationale Organisation mit Sitz in Straßburg gegründet, um „eine engere Verbindung zwischen seinen Mitgliedern zum Schutze und zur Förderung der Ideale und Grundsätze, die ihr gemeinsames Erbe bilden, herzustellen und ihren wirtschaftlichen und sozialen Fortschritt zu fördern" (Art. 1 lit. a der Satzung des Europarats[63]). Diese Aufgabe soll „durch Beratung von Fragen von gemeinsamem Interesse, durch den Abschluss von Abkommen und durch gemeinschaftliches Vorgehen auf wirtschaftlichem, sozialem, kulturellem und wissenschaftlichem Gebiet und auf den Gebieten des Rechts und der Verwaltung sowie durch den Schutz und die Fortentwicklung der Menschenrechte und Grundfreiheiten" erfüllt werden (Art. 1 lit. b). Dem Europarat wurden – anders als den Europäischen Gemeinschaften und jetzt der EU – **keine Hoheitsrechte** übertragen. Er hat keine Rechtsetzungsbefugnisse. Die in seinem Rahmen ausgearbeiteten Abkommen bedürfen der Unterzeichnung und ggf Ratifikation durch die Mitgliedstaaten. **Organe** des Europarats (Art. 10) sind das aus den Außenministern oder besonders Beauftragten der Mitgliedstaaten bestehende Ministerkomitee (Art. 14), das im Namen des Europarats Exekutivaufgaben wahrnimmt (Art. 13 ff), und die Beratende Versammlung („Parlamentarische Versammlung") von Abgeordneten, die grundsätzlich von den Parlamenten der Mitgliedstaaten aus ihrer Mitte gewählt oder ernannt werden (Art. 25). Diese kann über alle Fragen, die den Aufgaben des Europarats entsprechen und in dessen Zuständigkeit fallen (festgelegt in Art. 1 lit. a-c; ausdrücklich ausgenommen sind gemäß lit. d „Fragen der nationalen Verteidigung"), beraten und Empfehlungen ausarbeiten (Art. 22 ff).

**76**  Die **Mitglieder** des Europarats bekennen sich zum „Grundsatz der Vorherrschaft des Rechts" und zur Anerkennung von Menschenrechten und Grundfreiheiten (Art. 3 S. 1). Jeder europäische Staat, der diese Voraussetzung erfüllt und bereit ist, an den satzungsmäßigen Aufgaben mitzuwirken, kann vom Ministerkomitee eingeladen werden, Mitglied des Europarats zu werden (Art. 4 S. 1). Zu den elf Gründungsmitgliedern Belgien, Dänemark, Frankreich, Griechenland (zwischen 1970 und 1974 suspendiert), Irland, Italien, Luxemburg, Niederlande, Norwegen, Schweden, Vereinigtes Königreich kamen bis 1989 alle westeuropäischen Staaten hinzu (Deutschland 1951, Österreich 1956, Portugal und Spanien nach Überwindung der Diktatur 1976 bzw 1977). Die „Wende" 1989/90 (vgl Rn 72, 81) eröffnete den ehemaligen „Ostblock-Staaten" den Beitritt, wobei der Europarat bei der Prüfung von Demokratie und Rechtsstaatlichkeit nicht immer ganz konsequent verfuhr[64]. Mit mittlerweile 47 Mitgliedstaaten[65] ist der Europarat zu einer wahrhaft paneuropäischen Organisation, zu einem gesamteuropäischen Forum geworden.

---

63  Sart. II Nr 110; Nomos Nr 29; dtv EuR Nr 41; *Schwartmann* Nr 110.

64  So die Aufnahme Russlands gegenüber dem unter Vorbehalt gestellten Aufnahmeangebot an Kroatien. Zu späteren Reaktionen gegenüber Russland wegen der Menschenrechtsverletzungen in Tschetschenien vgl *Herdegen*, § 2, Rn 3 und EuGRZ 2000, 188 f.

65  Vertragsparteien in Fundstellennachweis B zum BGBl. II, 2014, S. 388 ff. Vgl auch Art. 26 der Satzung.

## b) Europaratsabkommen

Die wohl bedeutsamste Tätigkeit des Europarats ist die Ausarbeitung von Abkommen **77** (vgl Art. 15 lit. a). Mittlerweile wurden im Rahmen des Europarats bislang 195 völkerrechtliche Verträge ausgearbeitet[66]. Das wichtigste Abkommen ist sicher die Europäische Menschenrechtskonvention (EMRK, s. Rn 78 ff). Ferner sind zB zu nennen das Europäische Fürsorgeabkommen[67], die Europäische Sozialcharta[68], das Europäische Niederlassungsabkommen[69], das Rahmenübereinkommen zum Schutz nationaler Minderheiten[70], weitere Menschenrechtsverträge[71], Abkommen zur Rechtshilfe in Strafsachen[72], zur Staatsangehörigkeit[73] sowie zur Kultur[74].

## c) Europäische Menschenrechtskonvention

Die Europäische Menschenrechtskonvention (EMRK) vom 4.11.1950[75] eröffnet als **78** erstes Instrument des völkerrechtlichen Menschenrechtsschutzes effektive Durchsetzungsmechanismen auf internationaler Ebene im Rahmen eines justizförmigen Verfahrens. Die seit dem Inkrafttreten des Protokolls Nr 11[76] am 1.11.1998 obligatorische Individualbeschwerde (Art. 34 EMRK) eröffnet Individuen nach Erschöpfung innerstaatlicher Rechtsbehelfe („local remedies rule", Art. 35 Abs. 1 EMRK) direkt den Weg zum (ständigen) Europäischen Gerichtshof für Menschenrechte (EGMR) in Straßburg (vgl Art. 19 EMRK). Daneben gibt es die Staatenbeschwerde (Art. 33 EMRK) und das Gutachtenverfahren (Art. 47 EMRK)[77]. Die frühere Europäische Kommission für Menschenrechte und der EGMR, der seit 1.11.1998 allein zuständig ist, haben durch eine dynamische (EMRK als „a living instrument"[78]), aber gleich-

---

66  Vgl die in Englisch, Französisch und Deutsch vom Europarat herausgegebene Sammlung Europäische Verträge, 2 Bde., 1998. Eine aktualisierte Liste findet sich unter http://conventions.coe.int/treaty/EN/cadreprincipal.htm.
67  Vom 11.12.1953, Sart. II Nr 113.
68  Vom 18.10.1961, Sart. II Nr 115. Die revidierte Europäische Sozialcharta vom 3.5.1996, Europäische Verträge (Fn 66), Nr 163 wurde bislang nur von 16 EU-Mitgliedstaaten (nicht Deutschland) ratifiziert.
69  Vom 13.12.1955, Sart. II Nr 117.
70  Vom 1.2.1995, Sart. II Nr 120.
71  ZB Europäisches Übereinkommen zur Verhütung von Folter und unmenschlicher oder erniedrigender Behandlung oder Strafe vom 26.11.1987, Sart. II Nr 140; Übereinkommen zum Schutz der Menschenrechte und Menschenwürde im Hinblick auf die Anwendung von Biologie und Medizin vom 4.4.1997, sog. „Bioethik-Konvention" von Oviedo, Europäische Verträge (Fn 66), Nr 164, ergänzt durch ein Zusatzprotokoll über das Verbot des Klonens von menschlichen Lebewesen vom 12.1.1998 (ebd., Nr 168).
72  Europäisches Übereinkommen vom 20.4.1959, BGBl. 1964 II 1369 mit Zusatzprotokoll vom 17.3.1978, BGBl. 1990 II 124.
73  Europäische Konvention zur Staatsangehörigkeit vom 6.11.1997, Europäische Verträge (Fn 66), Nr 166.
74  Europäisches Kulturabkommen vom 19.12.1954, BGBl. 1955 II 1128; ferner mehrere Abkommen zum Kulturgüterschutz sowie zu Kino, Radio und Fernsehen, zB Europäisches Übereinkommen über das grenzüberschreitende Fernsehen vom 5.5.1989, BGBl. 1994 II 638.
75  Sart. II Nr 130; Nomos Nr 30; *Bieber/Knapp* Nr VII.2; dtv EuR Nr 38; *Schwartmann* Nr 111. Zusatzprotokoll und Protokolle Nr 4, 6, 7 und 13 Sart. II Nr 131, 133–136; dtv EuR Nr 38a-38e; *Schwartmann* Nr 111a–111f; ZP und Prot. Nr 4, 6 und 13; *Bieber/Knapp* Nr VII. 2a-VII.2d; Nomos Nr 30a – 30d.
76  BGBl. 1995 II 579.
77  Vgl *Schweitzer*, Rn 715 ff.
78  EGMR, Urt. v. 25.4.1978, Tyrer/Vereinigtes Königreich („Prügelstrafe"), Series A 26 = EuGRZ 1979, 162 (164).

wohl behutsame Rechtsprechung, die den Mitgliedstaaten die nötigen Beurteilungs-spielräume („margin of appreciation") gibt[79], ohne die Maßstäblichkeit der EMRK zu vernachlässigen[80], eine Art gemeineuropäischen Grundrechtsstandard geformt. Die Einbeziehung der ehemaligen Ostblockstaaten und damit die Ausweitung auf mittler-weile 47 Vertragsparteien (alle Mitgliedstaaten des Europarats) macht die EMRK zu einem **gesamteuropäischen Grundrechtsschutzsystem**, stellt dieses aber auch vor besondere Herausforderungen: Zusammenführung doch relativ heterogener Rechts-systeme, Einbeziehung von Staaten, die sich noch im Übergang zu einer tatsächlich demokratischen und rechtsstaatlichen Ordnung befinden (vor allem, aber nicht nur Russland), Kohärenz der Rechtsprechung bei 47 Richtern aus 46 Staaten (Art. 20 EMRK; die Stelle des Richters Liechtensteins ist mit einem Schweizer besetzt), wachsender Arbeitsanfall[81], der den EGMR selbst mit dem Problem überlanger Ver-fahrensdauer[82] konfrontiert. Die bisherigen Erfahrungen mit dem ständigen EGMR und Fällen aus den ehemaligen Ostblockstaaten stimmen insoweit eher positiv[83]. Problematisch ist dagegen der in letzter Zeit zumindest teilweise zu beobachtende „judicial activism" des EGMR, der zu Akzeptanzproblemen führen kann[84]. Konflikte können durch gegenseitige Rücksichtnahme von EGMR und BVerfG gelöst bzw ver-mieden werden[85].

**79** Art. 2–12 EMRK sowie das Zusatzprotokoll und die Protokolle Nr 4 und 7 gewähr-leisten die „klassischen" Grundrechte sowie relativ detailliert Verfahrensrechte (zB zweite Strafgerichtsinstanz, Unschuldsvermutung), ferner das Wahlrecht, das Verbot der Ausweisung von Staatsbürgern und der Kollektivausweisung von Ausländern; Protokolle Nr 6 und Nr 13 verbieten die Todesstrafe[86]. Zum Verfahren s. Art. 27 ff

---

79  Vgl insbes. EGMR, Urt. v. 20.9.1994, Otto-Preminger-Institut/Österreich, Series A 295 = HRLJ 1994, 371. Vgl dazu *Mayer*, in: Karpenstein/Mayer, EMRK, Einl, Rn 60-67; *von Ungern-Sternberg*, ebd., Art. 9, Rn 43-46. Zur Betonung des Subsidiaritätsprinzips durch die Erklärung von Brighton (EuGRZ 2012, 264) vgl *Herdegen*, § 3, Rn 48.

80  Vgl EGMR, Urt. v. 26.11.1991, Observer und Guardian/Vereinigtes Königreich, Series A 216 = EuGRZ 1995, 16 (20 ff).

81  1983 betrug die Zahl der neu eingehenden Beschwerden 499, zehn Jahre später 2037 und 2004 schon knapp 41 000. Dem standen 2002 ca. 22 000 Verfahrenserledigungen durch Beschlüsse (21 181) und Sachurteile (718) gegenüber. 2006 gingen 51318 Beschwerden ein; 29796 Verfahren wurden durch Beschlüsse erledigt. Vgl die Jahresberichte ab 2001, abrufbar unter http://www.echr.coe.int.

82  Verstoß gegen Art. 6 Abs. 1 EMRK („faires Verfahren"); vgl EGMR, Urt. v. 27.7.2001, Klein/Deutschland, NJW 2001, 2013 f (hinsichtlich des BVerfG) mwN.

83  Vgl EGMR, Urt. v. 23.1.1999, Janowski/Polen, RJD 1999-I, 187 = EuGRZ 1999, 8 ff; Urt. v. 25.3.1999, Musial/Polen, RJD 1999-II, 155 = EuGRZ 1999, 322; Urt. v. 20.5.1999, Rekvényi/Ungarn, RJD 1999-III, 423 = JuS 2000, 804 f – *Dörr*. Zu den strengen Maßstäben des EGMR auch im Ver-gleich zum GG vgl EGMR, Urt. v. 11.7.2006, Jalloh/Deutschland, JuS 2007, 264 ff – *Dörr*.

84  Kritisch dazu *Papier*, EuGRZ 2010, 268. Problematisch ist zB die Rechtsprechung zur nachträglichen Sicherungsverwahrung im Hinblick auf die Berücksichtigung des Schutzes der Allgemeinheit, unge-achtet tatsächlich bestehender Defizite der nicht nur vom EGMR (Urt. v. 17.12.2009, M./Deutschland, EuGRZ 2010, 25; Urt. v. 13.1.2011, Kallweit/Deutschland, EuGRZ 2011, 255) sondern auch vom BVerfG (BVerfGE 128, 326; zuletzt BVerfGE 133, 40: strikte Verhältnismäßigkeitsprüfung) bean-standeten deutschen Regelung. Bisweilen liegt der Fehler aber darin, dass nationale Gerichte die Situ-ation des Betroffenen nicht hinreichend würdigen, vgl zB EGMR, Urt. v. 21.12.2010, Anayo/Deutsch-land (Umgangsrecht), EuGRZ 2011, 124 (130).

85  Vgl zur Befolgung der Rspr des EGMR nach dessen Caroline-Urteil (EuGRZ 2004, 404) durch das BVerfG (BVerfGE 120, 180/199 ff) und die anschließende Betonung der Zuständigkeit und des Er-messens der nationalen Gerichte durch die Große Kammer des EGMR (EuGRZ 2012, 278, Nr 94 ff, 124 ff) *Streinz*, in: Sachs, GG-Kommentar, 7. Aufl. 2014, Rn 65b.

86  S. dazu *Schweitzer*, Rn 713.

EMRK, die Verfahrensordnung des EGMR[87] sowie *Grabenwarter/Pabel*, § 13 und *Schweitzer*, Rn 730 ff.

Die EMRK hat in den Rechtsordnungen der Vertragsparteien unterschiedlichen **Rang**, in Österreich Verfassungsrang, in Deutschland (formell) den Rang eines einfachen Gesetzes. Allerdings sind nach der Rechtsprechung des BVerfG die Grundrechte des GG als Prüfungsmaßstab für einfache Gesetze nicht nur in Einklang mit der EMRK, sondern auch mit der Rechtsprechung des EGMR auszulegen[88], womit es zu einem – der Völkerrechtsfreundlichkeit des GG entspringenden – faktischen Vorrang der EMRK vor deutschem Recht kommt[89], der seine Grenzen jedoch in den tragenden Grundsätzen der Verfassung findet[90]. Für die Anwendung und Auslegung deutschen Rechts führt dies infolge Art. 20 Abs. 3 GG zu einer weitgehenden Berücksichtigungspflicht auch von Entscheidungen des EGMR durch deutsche Behörden und Gerichte[91]. Die EMRK bindet die Vertragsparteien und damit sämtliche Mitgliedstaaten der Europäischen Union, die sich dem nicht durch die Übertragung von Hoheitsrechten auf die EU entziehen können (s. Rn 256 ff). Zugleich ist die EMRK Rechtserkenntnisquelle für die Anwendung des Art. 6 Abs. 3 EUV, der die Grundrechtsbindung der Organe der Europäischen Union begründet bzw fixiert (s. Rn 460, 748 ff). Gemäß Art. 52 Abs. 3 GRCh ist die EMRK bei der Auslegung der EU-Grundrechtecharta als Mindeststandard zu berücksichtigen (s. Rn 766). Der Vertrag von Lissabon sieht vor, dass die Europäische Union der EMRK beitritt (Art. 6 Abs. 2 EUV), was durch die Einfügung des Art. 59 Abs. 2 EMRK mit dem Inkrafttreten des 14. Zusatzprotokolls zur EMRK[92] ermöglicht wurde, aber durch den EuGH[93] blockiert wird, der das verhandelte Beitrittsabkommen für mit Art. 6 Abs. 2 EUV und das dazu erlassene Protokoll (Nr 8) unvereinbar hält (s. dazu Rn 764).

**80**

## 3. Fortentwicklung des KSZE-Prozesses

Der KSZE-Prozess[94], eingeleitet durch die Schlussakte von Helsinki von 1975 und in zunächst oft wenig ergiebigen Folgekonferenzen fortgesetzt, erhielt durch die Überwindung des Ost-West-Gegensatzes eine völlig neue Aufgabe. Verdeutlicht wurde dies in der sog. **Charta von Paris** für ein neues Europa vom 21.11.1990. Darin bekennen sich sämtliche 34 Teilnehmerstaaten zu einem „neuen Zeitalter der Demokratie, des Friedens und der Einheit". Damit ist das (ideologisch) „westliche" Demokratie- und Menschenrechtsverständnis erstmals auch inhaltlich zum Gegenstand eines gemeinsamen KSZE-Dokuments gemacht worden. Dies ist ein grundlegender Unterschied zu früheren Dokumenten, da dort der terminologische Gleichklang nicht über

**81**

---

87  Vom 1.11.1998, Sart. II Nr 137; *Schwartmann* Nr 112.
88  BVerfGE 74, 358 (370) – *Unschuldsvermutung*; BVerfGE 111, 307 (317) – *Görgülü*; BVerfGE 131, 268 (296 ff) – *Sicherungsverwahrung*.
89  *Schweitzer*, Rn 710.
90  BVerfGE 111, 307 (319).
91  BVerfGE 111, 307 (317, 323 ff). Vgl dazu *Streinz* (Fn 85), Art. 59, Rn 65a mwN.
92  BGBl 2006 II 138; EuGRZ 2005, 278 ff. In Kraft seit 1.6.2010.
93  EuGH, Gutachten 2/13 vom 18.12 2014. EuGRZ 2015, 56 = JuS 2015, 567- *Streinz*.
94  Dokumente des KSZE-Prozesses abgedruckt in *Fastenrath*. Zur Entwicklung der OSZE s. die Jahrbücher des Instituts für Friedensforschung und Sicherheitspolitik an der Universität Hamburg IFSH (Hrsg.), zuletzt OSZE Jahrbuch 2014.

inhaltliche Differenzen hinwegtäuschen durfte. Die Charta enthält ferner ein ausdrückliches Bekenntnis zur Marktwirtschaft.

**82** Neben dieser inhaltlichen Neuorientierung enthält die Charta auch ein Kapitel über „neue Strukturen und Institutionen des KSZE-Prozesses". Zur Intensivierung der Konsultationen auf allen Ebenen wurden KSZE-Folgetreffen der Staats- und Regierungschefs, ein regelmäßiges Zusammentreten der Außenminister mindestens einmal jährlich als Rat, die Einrichtung eines Ausschusses hoher Beamter, eines Sekretariats in Prag, eines Konfliktverhütungszentrums in Wien, eines Büros für freie Wahlen in Warschau und die Fortsetzung der Kontakte auf Parlamentsebene beschlossen. Damit zeigen sich, freilich bescheidene, Ansätze einer institutionellen Struktur der KSZE. Mit Wirkung zum 1.1.1995 wurde die KSZE in Organisation für Sicherheit und Zusammenarbeit in Europa (OSZE) umbenannt. Einzelne Konferenzen befassten sich ua mit Fragen der friedlichen Streitbeilegung, der Menschenrechte, des Minderheitenschutzes und der Bekämpfung des Terrorismus.

**83** Bereits die erste Bewährungsprobe des KSZE-Mechanismus, der sog. „Bürgerkrieg" zwischen Kroatien und Serbien (1991), hat die derzeitig mangelnde Eignung der KSZE für eine Lösung wirklicher Konflikte offenbart. Gleiches gilt für die folgenden Konflikte im ehemaligen Jugoslawien und für den Tschetschenienkonflikt (seit 1995), zuletzt für den Konflikt zwischen Russland und der Ukraine nach der völkerrechtswidrigen Annexion der Krim[95]. Das unter Einbeziehung Deutschlands und Frankreichs vereinbarte Waffenstillstandsabkommen von Minsk hinsichtlich der Kampfhandlungen in der Ostukraine wird nicht eingehalten, die Beobachter der OSZE werden behindert. Die erfolgte bloße Umbenennung in *„Organisation* über Sicherheit und Zusammenarbeit in Europa" (**OSZE**, vgl Rn 15) kann daran nichts ändern. Von einem System echter kollektiver Sicherheit ist Europa nach wie vor weit entfernt. Dieses aufzubauen ist ua deshalb so schwierig, weil es das Vertrauen der Beteiligten, so sie sich darauf überhaupt einlassen wollen, in seine allein an objektiven Kriterien orientierte Anwendung voraussetzt.

### 4. Verbindung von Europäischer Gemeinschaft bzw Union und EFTA-Staaten zu einem Europäischen Wirtschaftsraum (EWR)

**84** Nach langen und zähen Verhandlungen ist es am 14.2.1992 gelungen, eine Übereinkunft zwischen der Europäischen Gemeinschaft (EG) und ihren Mitgliedstaaten und den EFTA-Staaten über einen „Europäischen Wirtschaftsraum" (EWR-Vertrag)[96] zu treffen, die zum 1.1.1993 in Kraft treten sollte. Diese bedurfte aber der Ratifikation durch alle beteiligten Staaten, die wiederum die Zustimmung der nationalen Parlamente, zum Teil zudem Volksabstimmungen voraussetzte. Im Gegensatz zu Liechtenstein ging in der Schweiz das EWR-Referendum negativ aus (50,3% Nein gegen 49,7% Ja bei 78,3% Beteiligung)[97]. Die dadurch erforderlichen Vertragsanpassungen

---

95  Zu den Sanktionen der Parlamentarischen Versammlung des Europarats (ua Aberkennung der Stimmrechte für die russischen Abgeordneten) s. EuGRZ 2015, 265f.
96  Sart. II Nr 310.
97  Danach wurde ein Paket von sieben sektoriellen Verträgen über Freizügigkeit, Forschung und technische Handelshemmnisse, landwirtschaftliche Produkte, Land- und Luftverkehr sowie öffentliches Auftragswesen („Bilaterale I") ausgehandelt und am 21.6.1999 unterzeichnet (BGBl. 2001 II 810;

verzögerten das Inkrafttreten um ein Jahr auf den 1.1.1994. Seither sind grundsätzlich die Grundfreiheiten des EGV (jetzt AEUV) auf den EWR ausgedehnt. Gemeinsame Organe sollen eine Abstimmung zwischen EWR und EG (jetzt EU als Rechtsnachfolgerin) bringen. Dies kann natürlich nicht eine Beteiligung an der EU-Rechtssetzung ersetzen, weshalb Schweden, Österreich und Finnland der Europäischen Union beigetreten sind. Bemerkenswert ist die Beteiligung der EFTA-Staaten an der Finanzierung von EU-Regionalprogrammen. S. zum EWR auch Rn 1260.

## 5. Partnerschaftsabkommen – Assoziierung der Balkanstaaten

Mit dem Beitritt nahezu aller mittel- und osteuropäischen Staaten (MOE-Staaten) hat der insbesondere auf der Grundlage der Assoziationsabkommen (**Europa-Abkommen**) zwischen der EG und diesen Staaten beruhende Annäherungsprozess seinen erfolgreichen Abschluss gefunden[98]. Zu Assoziationsabkommen der EU s. Rn 1210 ff. Mit den osteuropäischen Staaten und vorderasiatischen ehemaligen Sowjetrepubliken, die – ungeachtet ihrer eigenen dahingehenden Wünsche – für einen Beitritt aus verschiedenen Gründen nicht in Betracht kommen, wurden spezielle **Abkommen über Partnerschaft und Zusammenarbeit** geschlossen (mit Armenien, Aserbaidschan, Belarus (Weißrussland), Georgien, Kasachstan, Kirgisistan, der Republik Moldau, der Russischen Föderation, der Ukraine und Usbekistan)[99]. Im Unterschied dazu betrachtet die Europäische Union seit dem Europäischen Rat von Feira im Jahr 2000 die Staaten des westlichen **Balkans** langfristig als potenzielle Kandidaten für einen Beitritt[100] und hat dies auf dem Europäischen Rat von Thessaloniki 2003 bestätigt[101]. Bisheriger Kernbestandteil der Strategie für den westlichen Balkan ist der **Sta-**

**85**

---

ABl 2002 L 114/1; *Bieber/Knapp*, Nr VI.1). Die Abkommen passierten am 21.5.2000 in der Schweiz ein Referendum und traten am 1.6.2002 in Kraft (BGBl. 2002 II 1692). Das Freizügigkeitsabkommen wurde als gemischtes Abkommen (vgl Rn 531 ff) durch ein Erweiterungsprotokoll (ABl 2006 L 89/30), das am 1.4.2006 in Kraft getreten ist (ABl 2006 L 89/45), auf die neuen EU-Mitgliedstaaten ausgedehnt. Am 25.10.2004 wurden acht weitere Abkommen („Bilaterale II“) über den Schengen-Besitzstand (ABl 2004 L 368/26; L 370/78) sowie die Bereiche Asylanträge, Betrugsbekämpfung, Besteuerung von Zinserträgen, landwirtschaftliche Verarbeitungserzeugnisse, Beteiligung an der Europäischen Umweltagentur, Statistiken, Audiovisuelle Medien und Besteuerung von Ruhegehältern abgeschlossen (vgl ABl 2004 L 385/30; ABl 2005 L 23/19; ABl 2006 L 90/2, 23, 37). Vgl dazu *B. Kahil-Wolff/R. Mosters*, Das Abkommen über die Freizügigkeit EG – Schweiz, EuZW 2001, 5 ff und ausführlich zum **Geflecht bilateraler Abkommen EU-Schweiz** *Breitenmoser/Weyeneth*, § 7 (S. 163 ff) mwN und *Jaag/Hänni*, S. 434 ff (§§ 40-41) sowie *Schweizer/Hummer/Obwexer*, Rn 1088 ff. Es ist bemerkenswert, dass auch die Abkommen über die Personenfreizügigkeit bislang die Hürde des notwendigen Referendums passierten. Allerdings fordert jetzt die mit 50,3 % Zustimmung bei 55,8 % Beteiligung am 9.2.2014 knapp erfolgreiche Volksinitiative „Gegen Masseneinwanderung“ den schweizerischen Bundesrat zu Nachverhandlungen auf, wobei die Forderung nach Kontingenten aus Sicht der EU sehr problematisch ist. Über die sog. Guillotine-Klausel könnte das gesamte Projekt hinfällig werden.

98  Vgl ausführlich zum Assoziationsprozess der MOE-Staaten noch *Streinz*, Europarecht, 6. Aufl. 2003, Rn 63 ff.

99  Vgl zur praktischen Bedeutung Rn 816. Wie *Art. I-57 EVV* sieht der Vertrag von Lissabon (Art. 8 EUV) spezielle Übereinkommen mit den Ländern in ihrer Nachbarschaft vor. Zur geplanten „Union für den Mittelmeerraum“ vgl die Schlussfolgerungen des Europäischen Rates vom 13./14.3.2008, EU-Nachrichten, Dokumentation Nr 1/2008, S. 14.

100  Vgl zur Integrationsstrategie der EU gegenüber den Balkanstaaten Mitteilung der Kommission an den Rat und das Europäische Parlament – Der Westbalkan und die europäische Integration v. 21.5.2003, KOM (2003) 285 endgültig.

101  EU-Nachrichten, Dokumentation Nr 2/2003, S. 10. Vgl zur Balkanerweiterung *Oppermann/Classen/Nettesheim*, § 42, Rn 32.

**bilisierungs- und Assoziierungsprozess** (SAP), durch den die Reformbestrebungen in den Balkanstaaten gestärkt, diese politisch stabilisiert und politisch wie wirtschaftlich an die EU herangeführt werden sollen. Dabei folgt die Konzeption des SAP weitgehend der Erweiterungsstrategie der EU im Hinblick auf die MOE-Staaten. Die Grundlage bilden die mit den einzelnen Staaten der Region (Kroatien, jetzt Mitglied der EU; Albanien, Bosnien-Herzegowina, Mazedonien, Montenegro, Serbien; zum jeweiligen Status s. Rn 70) abgeschlossenen Stabilisierungs- und Assoziierungsabkommen sowie das begleitende Programm zur finanziellen Unterstützung des Reformprozesses (CARDS).

**Literatur:** *Beichelt, T.*, Die Politik der Östlichen Nachbarschaft – inkompatible Grundannahmen und antagonistische Herausforderung, integration 2014, 357; *von Bogdandy, A.* (Hrsg.), Die Europäische Option, 1993; *Dauses, M.* (Hrsg.), Osterweiterung der EU, 1998; *Gierig, C.*, Europa zwischen Zweckverband und Superstaat. Die Entwicklung der politikwissenschaftlichen Integrationstheorie im Prozess der europäischen Integration, 1997; *Häberle, P.*, Europäische Rechtskultur. Versuch einer Annäherung in zwölf Schritten, 1994; *Hummer, W.*, Sonderbeziehung EG-EFTA, in: *Dauses*, K.III (EL 6/1999); *Loth, W.*, Europas Einigung. Eine unvollendete Geschichte, 2014; *Schlotter, B.*, Die OSZE – Leistungsfähigkeit einer internationalen Organisation, Die Friedens-Warte 75 (2000), S. 11 ff; *Schweisfurth, T.*, Die juristische Mutation der KSZE – Eine internationale Organisation in statu nascendi, in: FS Bernhardt, 1995, S. 213 ff; *Streinz, R.*, Einführung: 50 Jahre Europarat, in: *ders.* (Hrsg.), 50 Jahre Europarat: Der Beitrag des Europarates zum Regionalismus, 2000, S. 17 ff; *Tretter, H.*, Von der KSZE zur OSZE, EuGRZ 1995, 296; *Verny, A.*, Europa-Abkommen, in: Dauses, K. IV (EL 12/2003). Ferner die Beiträge in EuR Beiheft 1/1994 und 1/2000.

# § 3  Grundlagen der Europäischen Union

## I.  Die Gründungsverträge

### 1.  Von den Europäischen Gemeinschaften zur Europäischen Union

**86**  Die Europäischen Gemeinschaften EGKS, EG (ursprünglich EWG) und EAG beruhten bzw beruhen auf den völkerrechtlichen Verträgen, durch die sie gegründet und fortentwickelt wurden (s. Rn 16 ff). Die EGKS ist mit Wirkung zum 23.7.2002 erloschen. Die EG ging durch den Vertrag von Lissabon in der EU, die ihre Rechtsnachfolgerin ist (Art. 1 Abs. 3 S. 3 EUV), auf (s. Rn 63). Allein die EAG besteht als solche fort.

**87**  Der „Vertrag über eine Verfassung für Europa" sah nicht nur das Aufgehen der EG (nicht der EAG) in einer einheitlichen Union, sondern auch die Regelung des Unionsrechts in einem Vertrag, der „Verfassung" genannt werden sollte, vor. Mit dem Verfassungsbegriff gab der „Vertrag von Lissabon zur Änderung des Vertrages über die Europäische Union und des Vertrages zur Gründung der Europäischen Gemeinschaft"[1] auch dieses Verfassungskonzept auf und betonte die Kontinuität durch Änderung des fortbestehenden Unionsvertrags von Maastricht in der Fassung der Ände-

---

1  ABl 2007 C 306/1. Sart II Nr 152.

rungsverträge von Amsterdam und Nizza sowie der seitherigen Beitrittsverträge und der Übernahme der EG in diese Union. Die Materien des bisherigen EGV sowie der die PJZS betreffende Inhalt des bisherigen EUV aF wurden in den Vertrag über die Arbeitsweise der Europäischen Union (AEUV) übernommen. Während das Konzept des Vertrags von Lissabon wegen der entgegen den Erwartungen bzw Hoffnungen offenbar negativen Assoziation des Begriffs „Verfassung" deutlich vom Verfassungsvertrag abweicht, wurden die materiellen Änderungen des Verfassungsvertrags weitgehend übernommen, was von den Befürwortern dieses Vertrages begrüßt, von den Gegnern als „Etikettenschwindel" kritisiert wurde[2].

## 2.  EUV und AEUV als „Grundlage der Union"

Gemäß Art. 1 Abs. 3 S. 1 EUV sind „Grundlage der Union" der EUV und der AEUV **88** („die Verträge"). Beide Verträge sind rechtlich gleichrangig (Art. 1 Abs. 3 S. 2 EUV). Damit wurde den bereits im Verfassungskonvent abgelehnten Bestrebungen, eine Abstufung mit erleichterten Änderungsmöglichkeiten[3] für den AEUV eine eindeutige Absage erteilt. Allgemeine Bestimmungen wie das Diskriminierungsverbot (Art. 18 AEUV) oder die Regelung über den Binnenmarkt (Art. 26 AEUV) verweisen nunmehr auf die „Verträge". Durch die Einbeziehung in Art. 6 Abs. 1 UAbs. 1 EUV wird die Charta der Grundrechte der EU den Verträgen rechtlich gleichgestellt. S. zu den Rechtsquellen Rn 449 ff.

---

2  Vgl dazu *Streinz/Ohler/Herrmann*, Lissabon, S. 36 mwN.
3  Beide Verträge können grundsätzlich nur im ordentlichen Vertragsänderungsverfahren (Art. 48 Abs. 1–5 EUV) geändert werden. Das vereinfachte Vertragsänderungsverfahren gem. Art. 48 Abs. 6 EUV bezieht sich auf Teile des AEUV und darf nicht zu einer Kompetenzerweiterung der EU führen, das gem. Art. 48 Abs. 7 EUV bezieht sich auf den Übergang von der Einstimmigkeit zur Mehrheitsentscheidung im AEUV sowie Teilen des EUV. S. dazu Rn 240.

**89** **Schaubild 1:** Die Europäische Union nach dem Vertrag von Lissabon

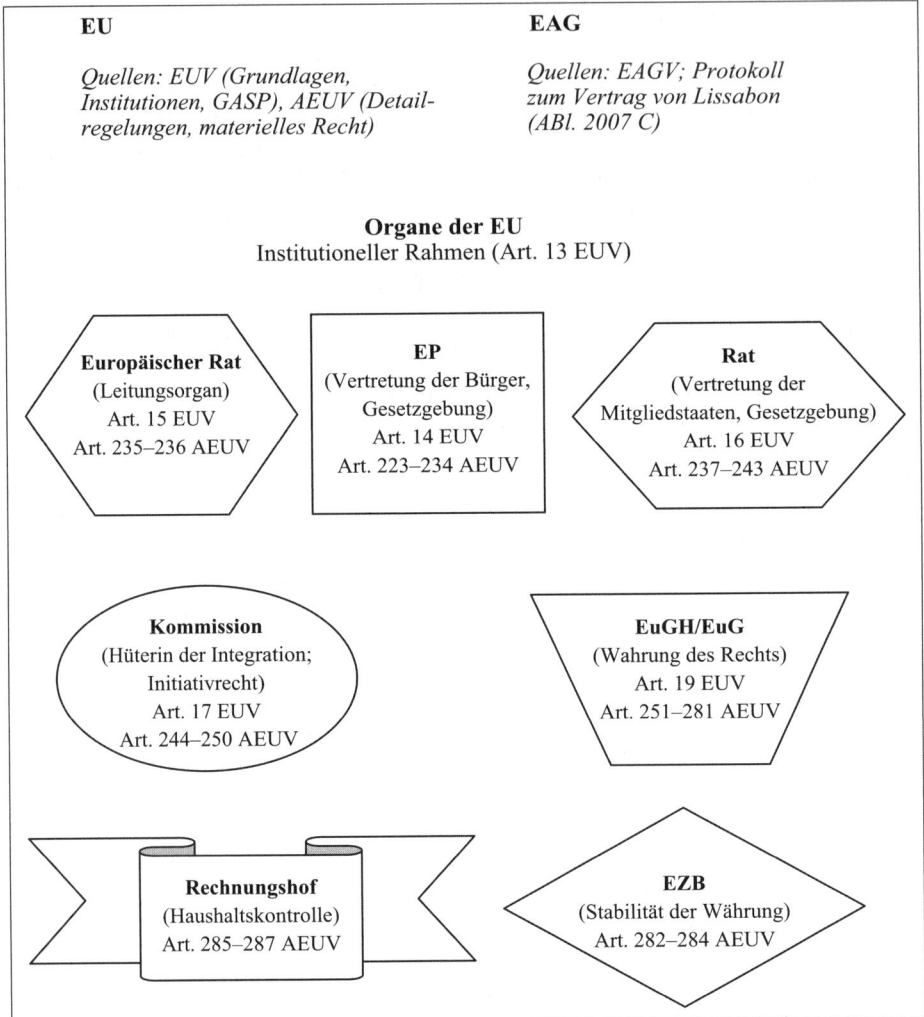

## II. Verfassungsrechtliche Grundlagen der Gründungsverträge

### 1. Allgemein

**90** Die Europäischen Gemeinschaften beruhten und die Europäische Union beruht auf den von den Mitgliedstaaten abgeschlossenen Gründungsverträgen. Sie haben sich nicht von dieser völkerrechtlichen Grundlage gelöst (vgl Rn 126). Der Abschluss völkerrechtlicher Verträge bedarf allgemein einer verfassungsrechtlichen Ermächtigung. Hier kommt hinzu, dass Integrationsverträge, die Hoheitsrechte auf zwischenstaatliche Einrichtungen übertragen, derartige Auswirkungen auf die nationale Rechtsordnung haben, dass dafür eine besondere verfassungsrechtliche Ermächtigung für erforderlich gehalten wird. Zudem bedarf es verfassungsrechtlicher Vorkehrungen, um dem unmittelbar anwendbaren Unionsrecht das Einströmen in den nationalen Rechtsraum und ein auch von späterem nationalem Recht unbehindertes Wirksamwerden in diesem zu verschaffen.

Solche Ermächtigungen finden sich in den Verfassungen aller Mitgliedstaaten (Sonderfall Vereinigtes Königreich), wenn auch in unterschiedlicher Ausgestaltung und unterschiedlichem Ausmaß[4]. Mit Ausnahme der fehlenden Verfassungsbindung des britischen Gesetzgebers bestehen in allen Mitgliedstaaten, wenngleich in sehr unterschiedlicher Form und Intensität, verfassungsrechtliche Bindungen der öffentlichen Gewalt in allen ihren Erscheinungsformen und damit auch für die jeweiligen nationalen Begründungs- und Vollzugsakte von Unionsrecht[5]. Die Frage nach den verfassungsrechtlichen Schranken der Integrationsermächtigung hat sich insbesondere im Zusammenhang mit der Frage nach dem Verhältnis von Gemeinschaftsrecht (jetzt Unionsrecht) und nationalem Recht gestellt (vgl Rn 228)[6]. **91**

Das Problem ist keineswegs von nur theoretischer Bedeutung. **92**

**Beispiele:** Das irische Oberste Gericht hat das Zustimmungsgesetz zur EEA wegen deren Titel III für verfassungswidrig erklärt[7]. Irland konnte der EEA erst nach einer Verfassungsänderung zustimmen. Seither bedurften die Änderungen der Gründungsverträge in Irland einer Verfassungsergänzung mit damit verbundenen Referenden, s. zu den Referenden zum Vertrag von Lissabon Rn 67; vgl auch den irischen Verfassungsvorbehalt im Protokoll Nr 35 über Art. 40.3.3 der Verfassung Irlands[8]. In Dänemark[9], Frankreich[10] und Spanien[11] prüften das Oberste Gericht bzw die Verfassungsgerichte die Vereinbarkeit einer Zustimmung zum Maastricht-Vertrag mit den jeweiligen Verfassungen. Da der Conseil Constitutionnel den durch den Amsterdamer Vertrag eingefügten *Art. 67 Abs. 2 EGV* für unvereinbar mit der französischen Verfassung erklärt hatte[12], bedurfte es in Frankreich für die Ratifikation des Vertrags einer Verfassungsänderung[13]; einer Änderung der französischen Verfassung bedurfte es – insbesondere wegen der Errichtung einer europäischen Staatsanwaltschaft durch *Art. III-274 EVV* sowie der Ausweitung von Mehrheitsentscheidungen – ebenfalls für die Ratifikation des Verfassungsvertrages[14]. Der (gescheiterte, s. Rn 59) Verfassungsvertrag (*Art. I-6 EVV* (Vorrang), *Art. II-111*

---

4  Vgl dazu *P.M. Huber*, Offene Staatlichkeit: Vergleich, in: *von Bogdandy/Cruz Villalón/Huber* (Hrsg.), Handbuch Ius Publicum Europaeum, Bd. II, 2008, Rn 29 ff mwN.

5  Hierzu eingehend *Streinz*, Verfassungsvorbehalte gegenüber Gemeinschaftsrecht – eine deutsche Besonderheit?, in: FS Steinberger, 2002, S. 1445 (1456 ff).

6  Vgl *Huber* (Fn 4), Rn 33 ff mwN. Zur Verfassungslage in den 2004 beitretenden MOE-Staaten s. *Ott/Inglis* (Hrsg.), Handbook on European Enlargement, 2002, S. 214 ff.

7  Crotty/An Taoiseach, CMLR 2/1987, 666 ff mit Anm. *K. Bradley*, ELR 1987, 301 ff.

8  Übernahme des Protokolls zum Vertrag von Maastricht (BGBl. 1992 II 1317; ABl 1992 C 191/94) in der Fassung des Vertrags von Lissabon (ABl 2012 C 326/321). Sart. II Nr 147, S. 50.

9  Vgl EuZW 1998, 589 ff.

10  EuGRZ 1993, 187 ff, 196 ff.

11  EuGRZ 1993, 285 ff.

12  EuGRZ 1998, 27 ff; Anm. *Gundel*, EuR 1998, 371 ff.

13  Loi Constitutionnelle Nr 99-49 vom 25.1.1999, Art. 88 Abs. 2 und 4 Verf, JO vom 26.1.1999, S. 1343.

14  EuGRZ 2005, 45 ff; Verfassungsänderung bewirkt durch Loi Constitutionelle Nr 2005-204 vom 1.3.2005, EuGRZ 2005, 183; dazu *C. Walter*, Der französische Verfassungsrat und das Recht der Europäischen Union, EuGRZ 2005, 77 ff. Zur Ablehnung im Referendum s. Rn 59. Für die Ratifikation des Vertrages von Lissabon ohne Referendum wurde die Verfassung (Art. 88-5) geändert (Verfassungsgesetz Nr 2008-103).

und *II-112 EVV* (Grundrechtsbindung)) wurde zudem auch vom spanischen Tribunal Constitucional auf seine Vereinbarkeit mit der spanischen Verfassung hin überprüft (bejaht)[15]. Das tschechische Verfassungsgericht prüfte den Vertrag von Lissabon[16], ebenso die Verfassungsgerichte Lettlands[17] und Polens[18]. Das tschechische Verfassungsgericht erklärte (soweit ersichtlich bisher als einziges) einen Akt der EU, weil ultra vires erlassen, für nicht anwendbar[19].

## 2.  Bundesrepublik Deutschland

**93**  Für die Gründung von Integrationsgemeinschaften sind völkerrechtliche Verträge erforderlich. Die Befugnis zum Abschluss völkerrechtlicher Verträge weist Art. 59 Abs. 1 GG dem Bundespräsidenten zu[20]. Praktisch bedeutsamer ist die Regelung des Art. 59 Abs. 2 S. 1 GG, wonach Verträge, welche die politischen Beziehungen des Bundes regeln oder sich auf Gegenstände der Bundesgesetzgebung beziehen, der Zustimmung bzw Mitwirkung der für die Bundesgesetzgebung zuständigen Körperschaften in Form eines Bundesgesetzes bedürfen. Unter diese Voraussetzungen fallen auch die Gründungsverträge der Europäischen Gemeinschaften und der Europäischen Union, da sie als „hochpolitische" Verträge die politischen Beziehungen des Bundes regeln und darüber hinaus zu ihrer Verwirklichung Gesetze im formellen Sinn (Parlamentsgesetze) erfordern. Das Vertragsgesetz gibt dem Bundespräsidenten die Erlaubnis zur Ratifikation des völkerrechtlichen Vertrages. Ob zu einem solchen Vertragsgesetz die Zustimmung des Bundesrates erforderlich ist oder seine bloße Mitwirkung genügt, bestimmt sich nach dem Inhalt des völkerrechtlichen Vertrages, zu dem es ergeht, anhand der Kriterien, die das Grundgesetz für die Zustimmungsbedürftigkeit vorsieht[21]. Hinsichtlich des Zustimmungs-(= Vertrags-)Gesetzes zur EEA wurde vom Bund die Zustimmungsbedürftigkeit konzediert, die von den Ländern zur Durchsetzung einer Verbesserung ihrer Position bei der Vorbereitung der Ratsentscheidung genutzt wurde (s. Rn 384). Der Unionsvertrag bedurfte schon wegen des 1992 eingefügten Art. 23 Abs. 1 S. 2 GG der Zustimmung des Bundesrats. Gleiches galt für seine Fortentwicklungen (Amsterdam und Nizza) und für den Vertrag von Lissabon.

**94**  Das Zustimmungsgesetz zum Vertrag von Maastricht bedurfte wegen der dadurch notwendigen Änderungen des GG (Art. 23 Abs. 1, Art. 28 Abs. 1 S. 4 sowie Art. 88 S. 2 GG) einer verfassungsändernden Mehrheit (Art. 79 Abs. 2 GG). Seither richtet sich das Mehrheitserfordernis gemäß Art. 23 Abs. 1 S. 3 GG nach Art. 79 Abs. 2 GG, soweit durch eine Änderung des Primärrechts oder vergleichbare Regelungen das Grundgesetz seinem Inhalt nach geändert oder ergänzt wird. Das ist zu bejahen, soweit durch eine Vertragsänderung Hoheitsrechte übertragen werden[22]. Dies traf auf

---

15  Tribunal Constitucional, DTC 1/2004 vom 13.12.2004; deutsche Übersetzung in EuR 2005, 339 ff.
16  Urt. v. 26.11.2008 und 6.9.2009 (EuGRZ 2010, 209). S. dazu *Pernice*, EuZW 2010, 321; *Ley*, JZ 2010, 165.
17  Urt. v. 7.4.2009. S. dazu *Reich*, EuZW 2009, 713.
18  Urt. v. 24.11.2010, EuGRZ 2012, 172. S. dazu *A. Weber*, EuGRZ 2012, 139 ff.
19  Urt. v. 14.2.2012 RS Pl. ÚS 5/12, Vgl dazu *M. Faix*, Genesis eines mehrpoligen Justizkonflikts: Das Verfassungsgericht der Tschechischen Republik wertet ein EuGH-Urteil als Ultra-vires-Akt, EuGRZ 2012, 597; *A. Vincze*, Das tschechische Verfassungsgericht stoppt den EuGH, EuR 2013, 194.
20  Vgl *Schweitzer*, Rn 135 ff.
21  Vgl *Schweitzer*, Rn 175 ff.
22  *Streinz*, in: Sachs (Hrsg.), GG-Kommentar, 7. Aufl. 2014, Art. 23, Rn 64 ff.

die Zustimmungsgesetze zu den Verträgen von Amsterdam und Nizza[23] und auf das Zustimmungsgesetz zum Vertrag von Lissabon[24] zu.

Für die Gründung von Integrationsgemeinschaften, denen Hoheitsrechte übertragen werden, findet daneben Art. 24 Abs. 1 GG Anwendung. Dieser ermächtigt den Bund zur Übertragung von Hoheitsrechten durch Gesetz. Das Zustimmungsgesetz zu einem solchen Integrationsvertrag ist zugleich Gesetz im Sinn des Art. 59 Abs. 2 S. 1 GG und Gesetz im Sinn des Art. 24 Abs. 1 GG (Doppelfunktion)[25]. Hinsichtlich der Verwirklichung der Europäischen Union wurde in **Art. 23 Abs. 1 GG** eine eigene **Integrationskompetenz** des Bundes geschaffen, die insoweit lex specialis zu Art. 24 Abs. 1 GG und hinsichtlich der gesteigerten Anforderungen auch zu Art. 59 Abs. 2 GG ist. Diese kommt schon wegen Art. 48 EUV auch bei der Fortentwicklung der Europäischen Union zum Tragen[26].  **95**

Die Integrationsermächtigung des Art. 24 Abs. 1 GG ist nicht schrankenlos. Hinsichtlich der Verwirklichung der Europäischen Union sind die Schranken der Integrationsermächtigung in Art. 23 Abs. 1 GG ausdrücklich festgeschrieben. S. dazu Rn 228 ff.  **96**

## III. Räumlicher Geltungsbereich

### 1. Mitgliedstaaten

Gemäß Art. 52 Abs. 1 EUV gilt dieser Vertrag für die dort aufgeführten 27 Mitgliedstaaten. Damit erstreckt sich der räumliche Geltungsbereich des Unionsrechts grundsätzlich, dh abgesehen von den in Art. 52 Abs. 2 iVm Art. 355 AEUV aufgeführten Ausnahmen, auf das Hoheitsgebiet der Mitgliedstaaten. Insoweit kann man auch von „Unionsgebiet" sprechen.  **97**

### 2. Änderung des räumlichen Geltungsbereichs

#### a) Beitritt

Gemäß Art. 49 Abs. 1 S. 1 EUV kann jeder europäische Staat die Mitgliedschaft in der Europäischen Union beantragen. Er wird dadurch zugleich Mitglied der EAG. Durch den Amsterdamer Vertrag wurde klargestellt, dass der Beitrittskandidat die Grundsätze der Freiheit, der Demokratie, der Achtung der Menschenrechte und Grundfreiheiten sowie der Rechtsstaatlichkeit achten muss, was jetzt durch den Verweis auf die in Art. 2 EUV genannten Werte, die er achten und sich für ihre Förderung einsetzen muss, zum Ausdruck kommt. Ob diese rechtlichen Kriterien erfüllt sind, ist im Wesentlichen sicher eine politische Bewertung[27]. Einen Anspruch auf Beitritt gewährt Art. 49 Abs. 1 S. 1 EUV jedenfalls nicht. Soll die Union als Rechts-  **98**

---

23  Vgl *Streinz*, Europarecht, 6. Aufl. 2003, Rn 76.
24  Vgl die Begründung zu Art. 1 des Gesetzentwurfs der BReg, BT-Drs 16/8300. Zu erforderlichen Anpassungen des GG vgl BT-Drs 16/8488.
25  Vgl *Schweitzer*, Rn 56.
26  Zur strittigen Frage, ob Art. 23 GG Art. 59 GG verdrängt, vgl *Streinz* (Fn 22), Art. 23, Rn 61 mwN.
27  Vgl *Nettesheim*, EU-Beitritt und Unrechtsaufarbeitung, EuR 2003, 36 ff.

gemeinschaft glaubwürdig sein, muss diese Bewertung aber ernst genommen werden und nach objektiven Kriterien in gleicher Weise gegenüber allen Beitrittskandidaten erfolgen. Diese müssen ggf ihre Rechtsordnung in Einklang mit dem geforderten europäischen Standard bringen.

**99** Über den Antrag entscheidet der Rat einstimmig nach Anhörung der Kommission und nach Zustimmung der absoluten Mehrheit der Mitglieder des Europäischen Parlaments. Ferner bedarf es des Abschlusses eines Vertrages über die Aufnahmebedingungen und die durch eine Aufnahme erforderlich werdenden Anpassungen der Verträge, auf denen die Europäische Union beruht. Dieser muss von allen Mitgliedstaaten gemäß ihren verfassungsrechtlichen Vorschriften ratifiziert werden. Man kann also einen unionsrechtlichen und einen völkerrechtlichen Teil des Beitrittsverfahrens unterscheiden.

**100** Grundprinzip der Beitrittsbedingungen ist die Übernahme des sog. **„acquis communautaire"**, dh der Gesamtheit des Unionsbestandes (zB an politischen Zielsetzungen) und des Unionsrechts (Primärrecht, Sekundärrecht, ungeschriebenes Recht). Die bestehenden Bestimmungen werden zwar in der jeweiligen sog. Beitrittsakte[28] angepasst; soweit erforderlich werden auch Übergangszeiten eingeräumt. Eine grundsätzliche materielle Veränderung kommt aber ebenso wenig in Frage wie eine dauerhafte Nichtanwendung von Kernelementen des acquis communautaire auf ein Neumitglied („diskriminierende Mitgliedschaft").

### b) Änderung des Hoheitsgebiets eines Mitgliedstaates

**101** Art. 52 Abs. 1 EUV führt die einzelnen Mitgliedstaaten mit ihren offiziellen Bezeichnungen auf und weist damit auf ihre Eigenschaft als Rechtssubjekte des Völkerrechts hin.

**102** Dieses fordert für die Staatsqualität das Bestehen der Staatsgewalt in einem geographisch abgegrenzten Gebiet[29]. Für die Mitgliedstaaten als Subjekte des Völkerrechts sind EUV und AEUV unabhängig von etwaigen Veränderungen im Bestand ihrer Hoheitsgebiete verbindlich, da nach dem Grundsatz der „beweglichen Vertragsgrenzen"[30] ein Staat in seinem jeweiligen territorialen Bestand Vertragspartner ist bzw bleibt. Die völkerrechtliche Identität eines Staates wird durch Änderungen seines Staatsgebietes grundsätzlich nicht berührt. Für das aus einem Staatsverband ausscheidende Gebiet gelten die Bestimmungen über die Staatensukzession und die Nachfolge in völkerrechtliche Verträge. Entsprechendes gilt für das zu einem Staatsverband kommende Gebiet. Von diesem Grundsatz der beweglichen Vertragsgrenzen geht Art. 52 Abs. 1 EUV aus.

**103** Größere Gebietsveränderungen können zu Anpassungsmaßnahmen Anlass geben, die gemäß Art. 48 EUV, aber auch, wie das Beispiel der Eingliederung der DDR zeigt, durch sekundäres Unionsrecht (wie in der Regel bei kleineren Anpassungsmaßnahmen) vorgenommen werden können.

---

28  Vgl *Schäffer*, Nr 1002.
29  Vgl *Schweitzer*, Rn 540 ff.
30  Vgl ebd., Rn 448.

In der Vergangenheit hat es eine Reihe von mitgliedstaatlichen **Gebietsveränderun-** **104**
**gen** gegeben, durch die das Unionsgebiet teilweise erweitert (St. Pierre-et-Miquelon,
DDR)[31], teilweise verkleinert wurde (Algerien, Niederländische Antillen, Grön-
land)[32].

### c) Austritt

Bis zur ausdrücklichen Regelung des einseitigen, rechtlich geordneten Austritts aus **105**
der EU im Vertrag von Lissabon (Art. 50 EUV) war die Frage, ob ein Mitgliedstaat
aus der EU austreten kann, umstritten. Die Gemeinschaftsverträge enthielten dazu
keine Bestimmungen. Daraus und aus der Geltung des Vertrags „auf unbegrenzte
Zeit" (Art. 53 EUV) wurde gefolgert, dass ein Austritt oder die Kündigung durch
einen Mitgliedstaat ausgeschlossen ist (vgl Art. 56 Abs. 1 WVRK). Dies konnte natürlich einen faktischen Austritt oder eine Kündigung nicht verhindern. Das BVerfG
hat im *Maastricht-Urteil* ein Austrittsrecht aus der Gemeinschaft als Ultima Ratio
(beim Scheitern der „Stabilitätsgemeinschaft" Währungsunion) angenommen[33].

Die aus dem allgemeinen Völkerrecht hergeleiteten rechtlichen Möglichkeiten eines **106**
Austritts[34] sind durch Art. 50 EUV als lex specialis mit konkreten Vorgaben verdrängt. Als Regelfall ist der Abschluss eines Abkommens zwischen dem austrittswil-
ligen Staat und der EU vorgesehen (Art. 50 Abs. 2 EUV). Falls ein ausgetretener
Staat der EU wieder beitreten möchte, muss er das Aufnahmeverfahren gemäß
Art. 49 EUV durchlaufen (Art. 50 Abs. 5 EUV). Art. 50 Abs. 1 EUV verweist auf den
Einklang mit den jeweiligen verfassungsrechtlichen Vorschriften. Art. 23 Abs. 1 GG
schließt einen Austritt Deutschlands aus der EU nicht völlig aus[35], setzt einem solchen Schritt aber verfassungsrechtliche Grenzen[36].

**Literatur:** *Bruha, T./Nowak, C.*, Recht auf Austritt aus der Europäischen Union, ArchVR
2004, 1; *Gold, M.-T.*, Voraussetzungen des freiwilligen Austritts aus der Union nach Art. I-60
Verfassungsvertrag, in: Niedobitek/Ruth, Die neue Union, 2007, 55; *Hanschel, D.*, Der Rechts-
rahmen für den Beitritt, Austritt und Ausschluss zu bzw aus der Europäischen Union und der
Währungsunion, NVwZ 2012, 995; *Jaekel, N.A.*, Das Recht des Austritts aus der Europäischen
Union – zugleich zur Neuregelung des Austrittsrechts gem. Art. 50 EUV in der Fassung des
Vertrages von Lissabon, Jura 2010, 87; *Zeh, J.*, Recht auf Austritt, ZEuS 2004, 173.

---

31  Überführung des überseeischen Landes und Hoheitsgebiets St. Pierre-et-Miquelon in ein übersee-
     isches Departement Frankreichs 1976 (Sonderregelung ua dafür in Art. 355 Abs. 2 iVm Anhang II
     AEUV) sowie Einbeziehung der **ehemaligen DDR** durch Beitritt zur Bundesrepublik Deutschland un-
     ter Fortbestehen deren völkerrechtlicher Identität gemäß *Art. 23 GG aF* zum 3.10.1990 (Einigungs-
     vertrag, Sart. II Nr 605).
32  Sezession Algeriens von Frankreich am 1.7.1962; Überführung des früheren Bestandteils der Nieder-
     lande „Niederländische Antillen" in den Status eines überseeischen Landes und Hoheitsgebietes 1962;
     Ausscheiden **Grönlands** aus dem Geltungsbereich des Gemeinschaftsrechts, das allerdings beim
     Staatsgebiet Dänemarks verblieb. Es wurde eine Sonderregelung in *Art. 188 EGV* (jetzt Art. 204
     AEUV) getroffen.
33  BVerfGE 89, 155/190 = *HVL*, S. 56 ff = *MH* Nr 37. S. dazu auch Rn 1156.
34  Vgl dazu *Streinz*, Europarecht, 8. Aufl. 2008, Rn 103.
35  Vgl BVerfGE 123, 267 (350) = *HVL*, S. 59 ff: „Austritt aus einem auf dem Prinzip der umkehrbaren
     Selbstbindung beruhenden Staatenverbund".
36  Vgl ebd., S. 346 f: Es steht nicht im „politischen Belieben" der deutschen Verfassungsorgane, sich an
     der europäischen Integration zu beteiligen oder nicht.

**d) Ausschluss**

**107** Die Verträge enthalten auch keine Bestimmungen über den Ausschluss eines Mitgliedstaates. Ein Ausschlusstatbestand darf auch nicht an den Verträgen vorbei geschaffen werden. Nach allgemeinem Völkerrecht besteht aber eine Ausschlussmöglichkeit gemäß der clausula rebus sic stantibus (Art. 62 WVRK) bei einer *grundlegenden* Änderung der bei Vertragsschluss gegebenen Umstände oder gemäß Art. 60 Abs. 2 WVRK bei *erheblichen* Vertragsverletzungen.

**108** Dabei ist allerdings zu berücksichtigen, dass Art. 7 EUV bei einer schwerwiegenden und anhaltenden Verletzung der in Art. 2 EUV genannten Werte durch einen Mitgliedstaat ein Suspendierungsverfahren hinsichtlich bestimmter Rechte vorsieht[37]. Dies ist als abschließende Regelung gedacht, die natürliche und juristische Personen schonen und den Staat insbesondere durch die Aussetzung der Stimmrechte (vgl Art. 354 AEUV) des Vertreters der Regierung im Rat treffen möchte. Erst wenn sich dieses Verfahren als dauerhaft unzulänglich erweisen sollte und unerträgliche Zustände eintreten, wäre an einen Ausschluss zu denken.

**109** Die Weigerung eines Mitgliedstaates, an einer nicht bereits in den Verträgen selbst angelegten Weiterentwicklung der Union mitzuwirken, kann keinesfalls einen Ausschlussgrund darstellen. Denn Art. 48 EUV bestimmt, dass Änderungen der Verträge des Einvernehmens aller Mitgliedstaaten bedürfen. Schwierigkeiten bei der Ratifikation, die hinsichtlich der Verträge von Maastricht, Nizza und Lissabon auftraten und den Verfassungsvertrag zum Scheitern brachten (s. Rn 59), müssen letztlich politisch bewältigt werden (vgl auch Art. 48 Abs. 5 EUV).

**Literatur:** *Hummer, W./Obwexer, W.*, Die Wahrung der „Verfassungsgrundsätze" der EU, EuZW 2000, 485; *Schmahl, S.*, Die Reaktionen auf den Einzug der Freiheitlichen Partei Österreichs in das österreichische Kabinett – Eine europa- und völkerrechtliche Analyse, EuR 2000, 819; *Schorkopf, F.*, Homogenität in der Europäischen Union – Ausgestaltung und Gewährleistung durch Art. 6 Abs. 1 und Art. 7 EUV, 2000; *Stein, T.*, Die rechtlichen Reaktionsmöglichkeiten der Europäischen Union bei schwerwiegender und anhaltender Verletzung der demokratischen und rechtsstaatlichen Grundsätze in einem Mitgliedstaat, in: FS Jaenicke, 1998, S. 873 ff.

---

37 Die im Falle Österreichs von Ende Januar 2000 bis September 2000 wegen des Eintritts der FPÖ in die Wiener Bundesregierung getroffenen politischen Sanktionen der 14 anderen Mitgliedstaaten stützten sich nicht auf *Art. 7 EUV* aF, sondern stellten vertraglich nicht vorgesehene einseitige (zT unionsrechtswidrige) Retorsionsmaßnahmen dar. Auf Grund der dabei gemachten Erfahrungen wurde *Art. 7 EUV* aF durch den Vertrag von Nizza verfahrenstechnisch modifiziert und die Zuständigkeit des EuGH für die reinen Verfahrensbestimmungen dieses Artikels begründet. In Art. 7 EUV (Aussetzung bestimmter mit der Zugehörigkeit zur Union verbundener Rechte) wurde die durch den Vertrag von Nizza eingeführte Möglichkeit der Einsetzung „unabhängiger Persönlichkeiten" nicht übernommen. Zur Umgehung der hohen Hürden des Art. 7 EUV und zur Vermeidung der dort vorgesehenen Sanktionen (die selbst nach Feststellung des Rates gem. Art. 7 Abs. 1 bzw. der des Europäischen Rates gem. Art. 7 Abs. 2 EUV nicht zwingend sind, sondern allein – dann allerdings mit qualifizierter Mehrheit – gem. Art. 7 Abs. 3 EUV vom Rat beschlossen werden können) hat die Kommission nach Erfahrungen mit Ungarn, Rumänien und Bulgarien im März 2014 zur Konfliktlösung das EU-Verfahren zur Prüfung der Rechtsstaatlichkeit entwickelt, dessen „strukturierter Dialog" zum ersten Mal Anfang 2016 hinsichtlich Polen eingeleitet wurde. Vgl dazu EU-Nachrichten Nr 1/2016, S. 4.

## 3. Spezielle Gebietsteile der Mitgliedstaaten

Art. 52 Abs. 1 EUV verweist hinsichtlich des räumlichen Geltungsbereichs des Unionsrechts lediglich auf die Mitgliedstaaten und ihre Gebiete, nimmt ansonsten aber keine Abgrenzung vor. Aus diesem Grunde muss die Zugehörigkeit spezieller Gebietsteile zum räumlichen Geltungsbereich nach allgemeinen völkerrechtlichen Kriterien[38] vorgenommen werden. **110**

In den Hoheitsgewässern der Mitgliedstaaten gilt das Unionsrecht wie auf dem Festland. Besitzen die Mitgliedstaaten Nutzungsrechte außerhalb ihrer Hoheitsbereiche, sind sie ebenfalls an das Unionsrecht gebunden, insbesondere an die Verpflichtungen aus Art. 4 Abs. 3 EUV (Loyalitätspflicht gegenüber der Union, s. Rn 166 ff) und Art. 18 AEUV (Diskriminierungsverbot im Anwendungsbereich der Verträge). Bedeutsam ist die Geltung der Vorschriften über die Freizügigkeit, die Niederlassungsfreiheit und die Dienstleistungsfreiheit (s. Rn 926 ff) auf dem Festlandsockel. Die übrigen Bestimmungen des primären und sekundären Unionsrechts gelten in dem Umfang, in dem sie sachlich anwendbar sind (vgl dazu zB Art. 3 VO 2913/92 – Zollkodex – betreffend das Zollgebiet der Gemeinschaft, s. Rn 815). **111**

Hinsichtlich der Fischerei wurde von den Mitgliedstaaten auf Grund eines Vorschlages der EG in einer konzertierten Aktion mit Wirkung vom 1.1.1977 für die Nordsee und den Nordatlantik eine 200-Seemeilenzone als ausschließliche Wirtschaftszone in Anspruch genommen (völkergewohnheitsrechtlich zulässig, vgl auch Art. 55–57 des am 16.11.1994 in Kraft getretenen VN-Seerechtsübereinkommens vom 10.12.1982[39], das die EG und alle 28 Mitgliedstaaten ratifiziert haben). Für das Mittelmeer besteht noch keine Fischereizone der Union, in der Ostsee nehmen die Bundesrepublik Deutschland und Dänemark seit dem 1.1.1978, ferner Finnland und Schweden ausschließliche Fischereizonen in Anspruch. Zur Fischereipolitik der EU s. Rn 1208 ff. **112**

Im Luftraum über dem Hoheitsgebiet der Mitgliedstaaten gilt das Unionsrecht in vollem Umfang. **113**

**Literatur:** *Graf Vitzthum, W.*, Europäisches Seerecht, in: FS Badura, 2004, S. 1189 ff.

## 4. Teile von Mitgliedstaaten mit eigener Rechtspersönlichkeit

Vertragspartner der Gründungsverträge ist jeweils der Zentralstaat. Damit werden auch Teile von Mitgliedstaaten mit eigener Rechtspersönlichkeit eingebunden. Der Zentralstaat kann sich nicht durch Verweis auf innerstaatliches Verfassungsrecht seinen unionsrechtlichen Pflichten entziehen. Dies entspricht mangels gegenteiliger Bundesstaatsklausel einer allgemeinen Regel des Völkerrechts[40]. Wegen Art. 4 Abs. 3 EUV, Art. 291 Abs. 1 AEUV sind die Mitgliedstaaten verpflichtet, den Vollzug des Unionsrechts auf allen Ebenen der Staatlichkeit wirksam durchzusetzen. Dies erfordert entsprechende verfassungsrechtliche Vorkehrungen. **114**

Zu den Problemen des Verhältnisses der Europäischen Union zu Teilen von Mitgliedstaaten mit eigener Rechtspersönlichkeit s. Rn 177 ff. **115**

---

38  S. dazu *Schweitzer*, Rn 558 ff.
39  Sart. II Nr 350.
40  Vgl *Verdross/Simma*, Universelles Völkerrecht, 3. Aufl. 1984, § 1275.

### 5.  So genannte extraterritoriale Wirkungen des Unionsrechts

**116**  Echte extraterritoriale Wirkungen entfaltet das Unionsrecht dann, wenn es seinen Geltungsanspruch auf außerhalb des Unionsgebietes ansässige natürliche oder juristische Personen erhebt. Davon können sog. unechte extraterritoriale Wirkungen unterschieden werden. Hier nimmt das Unionsrecht lediglich außerhalb des Unionsgebietes vorgenommene Handlungen zum Anknüpfungspunkt für Regelungen, die innerunional gelten. Der Begriff hat gleichwohl auch hier seine Berechtigung, da diese Regelungen ihrerseits auf Drittstaaten und deren Angehörige Wirkungen entfalten können.

#### a)  Unechte extraterritoriale Wirkungen

**117**  Ein Beispiel für diese Fallgruppe ist die Anwendung der Antidumpingverordnung (VO 1225/2009)[41], der Antisubventionsverordnung (VO 597/2009)[42] und des „Neuen handelspolitischen Instruments" (Handelshemmnisverordnung, VO 3286/94)[43]. Erstere erlauben als Reaktion auf bestimmte Dumping- oder Subventionsmaßnahmen in Drittstaaten die Festsetzung von Ausgleichszöllen. Letzteres gestattet bei sonstigen unerlaubten Handelspraktiken die Ausübung der Rechte, auf die die EU sich im internationalen Handel auf Grund der Regeln des Völkerrechts oder der allgemein anerkannten Regeln berufen kann (Art. 2 Abs. 2 VO 3286/94). Allein die Einleitung des vorgeschalteten förmlichen Untersuchungsverfahrens hat oft schon disziplinierende Wirkung. Die Einleitung beider Verfahren kann von den betroffenen Wirtschaftszweigen bei der Kommission beantragt werden. S. auch Rn 1277 f.

#### b)  Echte extraterritoriale Wirkungen

**118**  Diese betreffen die Anwendung der Wettbewerbsregeln der Art. 101, 102 AEUV auf Unternehmen, die ihren Sitz außerhalb der EU haben, wenn deren Verhaltensweisen auf dem Markt der EU wettbewerbsverzerrende Wirkungen haben. Da auch das Unionsrecht grundsätzlich dem im allgemeinen Völkerrecht anerkannten Territorialitätsprinzip unterliegt, wonach die Vornahme von Hoheitsakten auf der Grundlage einer bestimmten Rechtsordnung regelmäßig auf den räumlichen Geltungsbereich dieser Ordnung begrenzt ist, bedürfen solche Maßnahmen einer besonderen Rechtfertigung. Sie spielen im Wettbewerbsrecht eine große Rolle, da ohne sie jede Wettbewerbspolitik angesichts der gegenwärtigen weltweiten Wirtschaftsverflechtungen weitgehend ineffektiv wäre.

**119**  **Fall 1** (nach EuGH, verb Rs 89, 104, 114, 116, 117, 125–129/85, Ahlström ua/Kommission („Zellstoff"), Slg 1988, 5193 = *HVL*, S. 478 ff = *Pechstein* Nr 253 = *GO* Nr 91):
Hersteller von Zellstoff mit Sitz im Vereinigten Königreich und einigen Drittstaaten hatten ein internationales Kartell gebildet und Absprachen zur einheitlichen Preisgestaltung getroffen, die auch für Verkäufe in der Union gelten sollten. Dadurch wurden über 60 Prozent des Zellstoffabsatzes innerhalb der Union beeinträchtigt. Die Kommission sah darin einen Verstoß gegen Art. 101 AEUV und verhängte Geldbußen gegen alle Teilnehmer des Kartells.

---

41  ABl 2009 L 188/93; *Bieber/Knapp* Nr V.16.5.
42  ABl 2009 L 343/51; ber. ABl 2010 L 7/22; *Bieber/Knapp* Nr V.16.4.
43  ABl 1994 L 349/71; aktuelle Fassung in *Bieber/Knapp* Nr V.16.2.

Die Firmen erhoben Nichtigkeitsklage gemäß Art. 263 Abs. 4 AEUV ua mit der Begründung, die Union könne ihre Jurisdiktion nach allgemeinem Völkerrecht nicht auf Staatsangehörige dritter Staaten und solche Verhaltensweisen ausdehnen, die außerhalb der Union stattgefunden haben.

Zu Recht?

**Lösung Fall 1:**

**I. Zulässigkeit der Klage**

Die Nichtigkeitsklage gemäß Art. 263 Abs. 4 AEUV ist zulässig. Auch eine ausländische juristische Person ist klageberechtigt, wenn sie Adressatin eines Beschlusses der Kommission ist (s. Rn 644, 660 f).

**II. Begründetheit der Klage**

1. Unionsrechtliche Beurteilung der Zugrundelegung des Auswirkungsprinzips

Art. 101 AEUV verbietet Maßnahmen, die eine Einschränkung des Wettbewerbs innerhalb des Binnenmarktes bewirken. Wenn man die Anwendbarkeit der wettbewerbsrechtlichen Verbote von dem Ort der Bildung des Kartells abhängig machen würde, so liefe dies offensichtlich darauf hinaus, dass den Unternehmern ein einfaches Mittel an die Hand gegeben würde, sich diesen Verboten zu entziehen. Entscheidend ist somit der Ort, an dem das Kartell durchgeführt wird. Der EuGH hat jedenfalls bei Tätigwerden innerhalb der Union das Auswirkungsprinzip zugrunde gelegt[44].

2. Völkerrechtliche Zulässigkeit

Der EuGH legitimiert die Bußgeldentscheidungen der Kommission gegenüber den ausländischen Unternehmen mit dem völkerrechtlich anerkannten Territorialitätsprinzip. Diese Begründung, die nur auf den Erfolgsort und nicht auf die die Wettbewerbsstörung hervorrufende Handlung abstellt, genügt aber nicht, da sie das Problem der Setzung von Hoheitsakten gegenüber im Ausland ansässigen Ausländern übergeht. Das an die vorgeworfene Handlung anknüpfende Auswirkungsprinzip, das über das reine Territorialitätsprinzip hinausgeht, lässt sich aber völkerrechtlich durchaus rechtfertigen. Wie das internationale Strafrecht (vgl §§ 4 ff StGB sowie § 1 VStGB[45]) zeigt, ist die Anknüpfung nationaler Jurisdiktionsgewalt an internationale Sachverhalte völkerrechtlich nicht unzulässig. Vielmehr lässt das Völkerrecht den Staaten insoweit einen gewissen Spielraum.

Die dem internationalen Strafrecht zugrunde liegenden Prinzipien tragen allerdings nicht das Auswirkungsprinzip. Damit ist dieses allerdings noch nicht völkerrechtlich unzulässig. Die Grenze des völkerrechtlich Zulässigen ist erst bei dem Verbot erreicht, Hoheitsakte auf fremdem Territorium zu setzen. Da das unionsrechtliche Prinzip der Inlandsauswirkung einen juristisch präzise fassbaren Inlandsbezug hat, auf Einzelentscheidungen begrenzt bleibt und lediglich der Beseitigung der Inlandsauswirkung dient, bemüht es sich um den gebotenen Interessenausgleich der betroffenen Staaten und ist völkerrechtlich akzeptabel. Das Problem möglicher Doppelsanktionen bleibt der nationalen Rechtsordnung des Heimatstaates des betreffenden Ausländers zur Regelung überlassen. Die Vollstreckung einer Entscheidung der Kommission ist nur mithilfe des Heimatstaates möglich, es sei denn, sie kann sich an im Unionsgebiet belegene Gegenstände halten.

---

44   In Klarstellung von EuGH, Rs 48/69, ICI-Teerfarben/Kommission, Slg 1972, 619 = *HVL*, S. 750 ff = *Pechstein* Nr 250.

45   Völkerstrafgesetzbuch v. 26.6.2002, BGBl. I 2254 (Nomos StudjurStrafR Nr 2a).

**Literatur:** *Knebel, H.-W.*, Die Extraterritorialität des Europäischen Kartellrechts, EuZW 1991, 265; *K.M. Meessen* (Hrsg.), Extraterritorial Jurisdiction in Theory and Practice, 1996; *Meng, W.*, Extraterritoriale Anwendung des EU-Rechts, in: von der Groeben/Thiesing/Ehlermann (Hrsg.), Kommentar zum EU-/EG-Vertrag, 5. Aufl., 1997, Bd. 5, S. 1207 ff.

## IV. Zeitlicher Geltungsbereich

**120**  Der EGKSV *(Art. 97)* war für die Dauer von 50 Jahren abgeschlossen worden. Nach dem 23.7.2002 wurde die EGKS abgewickelt und ihr Vermögen auf die EG übertragen[46]. Die Verträge (Art. 53 EUV; Art. 356 AEUV) und der EAGV (Art. 208) sind hingegen ausdrücklich auf unbestimmte Zeit abgeschlossen worden. Ein Austritt aus der Union ist gemäß Art. 50 EUV möglich (s. Rn 105 f). Gemäß Art. 1 Abs. 3 EUV tritt die (Europäische) Union an die Stelle der EG, deren Rechtsnachfolgerin sie ist, mit dem EUV und dem AEUV (s. Rn 88) als Grundlagen (vgl auch Art. 1 Abs. 2 AEUV).

## V. Die Rechtsnatur der Europäischen Union

### 1. Europarecht und Völkerrecht

**121**  Die bereits zu den Europäischen Gemeinschaften diskutierte Frage nach der Rechtsnatur der Europäischen Union und damit auch der Rechtsnatur des Unionsrechts ist streitig. Im Wesentlichen lassen sich zwei Hauptrichtungen unterscheiden. Streitpunkt und Kriterium ist die Frage, ob das Gemeinschaftsrecht (jetzt Unionsrecht) dem Völkerrecht zuzuordnen ist oder nicht.

**122**  Nach der insbesondere von Europarechtlern, die auch Völkerrechtler sind, vertretenen Auffassung (in der Terminologie von *Schweitzer/Hummer/Obwexer*, Rn 234: „Traditionalisten") ist das Gemeinschaftsrecht (jetzt Unionsrecht) **Völkerrecht**. Denn das primäre Gemeinschaftsrecht sei durch völkerrechtliche Verträge entstanden und entstehe (vgl Art. 48 EUV) weiterhin durch völkerrechtliche Verträge zwischen den Mitgliedstaaten als Völkerrechtssubjekten. Auch das sekundäre Unionsrecht sei Völkerrecht, und zwar als aus den Ermächtigungen des primären Unionsrechts abgeleitetes Recht.

**123**  Nach der Auffassung der sog. „Autonomisten" (Terminologie von *Schweitzer/Hummer/Obwexer*, Rn 235) stellt das Unionsrecht kein Völkerrecht dar, sondern eine **„eigenständige" Rechtsordnung sui generis**. Denn aus der vertraglichen Entstehungsgrundlage der Gemeinschaftsordnung sei nicht unbedingt auf den vertraglich-obligatorischen Inhalt der Ordnung selbst zu schließen. Entscheidend sei vielmehr die sich aus dem Gesamtzusammenhang der Verträge ergebende Struktur, die erhebliche Unterschiede zu anderen völkerrechtlichen Verträgen aufweise. Daraus folge, dass es

---

46  Art. 1 Abs. 1 EGKS-Protokoll (Nr 37) idF des Vertrags von Lissabon (ABl 2012 C 326/328), Sart. II Nr 147, S. 56 f; Nomos Nr 3, S. 264. Ausführlich zu den Konsequenzen für das Gemeinschaftsrecht *Obwexer*, Das Ende der Europäischen Gemeinschaft für Kohle und Stahl, EuZW 2002, 517.

sich bei primärem Unionsrecht nicht mehr um Völkerrecht handle, sondern um ein Recht mit Doppelnatur, das gleichzeitig vertragsrechtlichen und verfassungsrechtlichen Charakter habe, oder aber, dass es sich um ein Recht mit Verfassungscharakter handle, dem allerdings nicht Staatscharakter oder staatsartiger Charakter zukomme[47] (zum Unionsrecht als Verfassungsrecht s. Rn 141 ff). Einige Vertreter dieser Richtung *(Grabitz, Ophüls)* sahen die Europäischen Gemeinschaften allerdings als (unvollendeten) Bundesstaat oder bundesstaatsähnliches Gebilde an. Diese zum primären Unionsrecht vertretene Auffassung schlägt zwangsläufig auch auf das sekundäre Unionsrecht durch.

Für die Ansicht der „Autonomisten" spricht, dass das Unionsrecht in der Tat Besonderheiten aufweist, die zwar im Grunde und in einzelnen Elementen durchaus Vorbilder in anderen internationalen Organisationen haben, in dieser Intensität und Kombination aber bisher allein in der Europäischen Union verwirklicht sind. Die Ansicht von der „Eigenständigkeit" des Gemeinschafts- bzw Unionsrechts hat sich auch in der Rechtsprechung des EuGH[48] und in der Rechtsprechung des BVerfG durchgesetzt – in Letzterer allerdings nur terminologisch, letztlich aber nicht in der Sache, da das BVerfG die Normenkontrolle über die Zustimmungsgesetze zu den Gründungsverträgen und damit mittelbar über das Primärrecht nach wie vor in Anspruch nimmt und die völkerrechtlichen Grundlagen des Unionsrechts und die fortbestehende Bedeutung der Zustimmungsgesetze für seine Geltung und Anwendung im innerstaatlichen Bereich ausdrücklich hervorhebt[49]. **124**

Großen Einfluss übte hier die sog. **„Gesamtakttheorie"** *Ipsens* aus, wonach nicht auf die Gründungsverträge und die Zustimmungsgesetze zu diesen abzustellen sei, sondern „auf den deutschen Anteil am Gesamtakt der Gemeinschaftserrichtung, der sich auf Art. 24 Abs. 1 GG stützt, seinerseits an das Grundgesetz im Übrigen nicht gebunden war und deshalb auch mit diesem nicht unvereinbar sein konnte"[50]. Damit wird aber auf eine verfassungsrechtliche Ermächtigung abgestellt, nämlich Art. 24 Abs. 1 GG (jetzt Art. 23 Abs. 1 GG), der als „Integrationshebel" die Anerkennung des Unionsrechts durch die nationale Rechtsordnung bewirke. Das würde voraussetzen, dass sich das Unionsrecht von seiner völkerrechtlichen Grundlage gelöst habe. Dies halten die Vertreter der „Gesamtakttheorie" deshalb für erforderlich, weil die völkerrechtliche Betrachtungsweise der Besonderheit der unionsrechtlichen Rechtsordnung nicht gerecht werden könne und die Anwendung völkerrechtlicher Grundsätze die Funktionsfähigkeit der Union gefährden würde. **125**

Beide Prämissen sind aber unzutreffend. Einer **Loslösung** des Unionsrechts von seiner völkerrechtlichen Grundlage steht zwar die Begründung der Gemeinschaften bzw der Union durch völkerrechtliche Verträge nicht entgegen (Beispiel: Gründung eines Bundes- oder auch Einheitsstaates durch völkerrechtlichen Vertrag zwischen den fu- **126**

---

47   Vgl *Ipsen*, S. 59 ff.
48   Grundlegend EuGH, Rs 6/64, Costa/ENEL, Slg 1964, 1251 (1269) = *HVL*, S. 35 ff = *PSK*, Fall 17 = *Pechstein* Nr 1 = *GO* Nr 115 = *MH* Nr 2.
49   Vgl BVerfGE 52, 187 = *HVL*, S. 49 = *PSK*, Fall 84; BVerfGE 73, 339 (372) = *HVL*, S. 49 f = *PSK*, Fall 85; BVerfGE 75, 223 (241) = *PSK*, Fall 88. Im Grundsatz bestätigt durch BVerfGE 102, 147 (163 f) und zuletzt durch BVerfGE 123, 267 (347 ff) = *HVL*, S. 59 ff – Lissabon und BVerfGE 126, 286 (302) = *HVL*, S. 80 ff – Honeywell.
50   *Ipsen*, S. 290.

sionierenden Staaten, die als Völkerrechtssubjekte in diesem aufgehen oder allenfalls als partielle Völkerrechtssubjekte bestehen bleiben). Eine solche normative Verankerung fehlt aber in den Gründungsverträgen. Auch der Vertrag von Lissabon (vgl Art. 48 EUV) sieht gerade keine solche Loslösung vor. Zwar kann eine Loslösung auch ohne normative Ermächtigung erfolgen. Dies setzt jedoch das Eintreten tatsächlicher Vorgänge voraus, die bei der Europäischen Union jedenfalls derzeit (auch nach dem Vertrag von Lissabon) nicht gegeben und auch auf absehbare Zeit nicht zu erwarten sind. Entscheidende Argumente sind hier die Entwicklung der EG/EU hinsichtlich ihrer Supranationalität (teilweise Rückentwicklung zu intergouvernementalen Strukturen, Bestätigung durch die Institutionalisierung des Europäischen Rates in der EEA, im Unionsvertrag und in Art. 15 EUV; Konsensprinzip gemäß Art. 15 Abs. 4 EUV), der verfassungsrechtliche Kontrollvorbehalt in den Mitgliedstaaten (vgl Rn 224 ff) sowie das Erfordernis völkerrechtlicher Verträge zur Ausweitung der Unionskompetenzen. Dieses Prinzip der begrenzten, da durch Zuweisung der Mitgliedstaaten begründeten Ermächtigung wird im Unionsvertrag ausdrücklich bekräftigt (Art. 4 Abs. 1, Art. 5, Art. 48 Abs. 2 S. 2 EUV).

**127**  Die völkerrechtliche Betrachtungsweise gefährdet auch nicht die **Funktionsfähigkeit** der Union. Die Hauptsorge der Gesamtakttheorie, die mit der Qualifizierung des Unionsrechts als Völkerrecht angeblich zwangsläufig verbundene Transformation in Verbindung mit der Lex posterior-Regel mache den Vorrang des Unionsrechts und damit seine Effektivität zunichte, war zwar angesichts der in Deutschland verbreiteten und lange herrschenden Transformationstheorie[51] verständlich, ist im Ergebnis aber nicht begründet. Denn das staatliche Recht kann sowohl darüber bestimmen, wie es sich dem Völkerrecht öffnet, als auch, welchen Rang es diesem zuweist. Damit ist das deutsche Recht aber nicht gezwungen, dem Unionsrecht als Völkerrecht über eine Transformation Geltung zu verschaffen; es kann auch der Vollzugslehre[52] folgen und es als Unionsrecht in den innerstaatlichen Rechtsraum einführen. Dabei kann es ihm den verfassungsrechtlich höchstmöglichen Rang verschaffen, was in der Bundesrepublik Deutschland auch geschehen ist (s. Rn 224 ff). Die Europäischen Gemeinschaften bis hin zur jetzigen Union sind somit als eine **Entwicklungsstufe des Rechts der internationalen Organisationen** im Sinne des Völkerrechts anzusehen (vgl dazu grundlegend *Meng*), allerdings als eine qualitativ neue. Denn die Besonderheiten wie die Ausstattung mit eigener Rechtsetzungsbefugnis, die Durchgriffswirkung des sekundären und teilweise auch des primären Unionsrechts, die Einsetzung unabhängiger Organe und die Möglichkeit von Mehrheitsentscheidungen, Merkmale, die die „Supranationalität" der Union (s. Rn 129 ff) begründen oder kennzeichnen, fanden sich zwar bereits bei anderen zwischen Staaten begründeten internationalen Organisationen, nicht aber in dieser Kumulation, dieser relativen Breite, der in ihnen angelegten Integrationsdynamik und der dadurch anwachsenden oder zumindest ermöglichten Integrationsdichte. Die Einordnung des Unionsrechts als Völkerrecht wird durch die auch in anderen Bereichen erwiesene Dynamik dieser Rechtsordnung ermöglicht und entspricht auch dem Rechtsverständnis der Mitgliedstaaten, das in den Verfassungsbestimmungen einiger von ihnen über die Rechtsgrundlagen für den Abschluss des primären Unionsrechts deutlich zum Ausdruck kommt (vgl Rn 91).

---

51  Vgl *Schweitzer*, Rn 424 ff.
52  Vgl *Schweitzer*, Rn 423.

Naheliegend ist die Frage, ob diese Einordnung auch von **praktischer Bedeutung** ist. Dies ist insofern zu verneinen, als aus einer Klassifikation allein rechtliche Folgerungen nicht abgeleitet werden können. Jedenfalls dürfen über die konkreten vertraglichen Regelungen hinaus die Grundlage und der Inhalt der Gliedstellung der Mitgliedstaaten nicht unbesehen mit der Stellung von Einzelstaaten im Bundesstaat gleichgesetzt werden[53]. Eine richtige Klassifikation wirkt aber gerade solchen Fehlschlüssen entgegen und bildet eine Argumentationshilfe hinsichtlich Fragen, die substanziell anhand anderer Kriterien und anderer Grundlagen zu entscheiden sind. Insoweit ist die Betonung der völkerrechtlichen Grundlage beachtlich für das Grundverhältnis der Union zu den Mitgliedstaaten („Herren der Verträge", s. Rn 147) und das Gebot, die Regelungen in den EU-Verträgen völkerrechtlich zu interpretieren. Das Völkerrecht hält durchaus geeignete Instrumentarien für eine adäquate Lösung der besonderen Probleme einer Integrationsgemeinschaft bereit. So kann sich ein Mitgliedstaat zur Rechtfertigung einer Vertragsverletzung vor dem EuGH nicht auf den völkerrechtlichen Grundsatz berufen, wonach die Vertragsverletzung einer Partei die andere zur Nichterfüllung ihrer Verpflichtungen berechtigt[54]. Dies entspricht aber durchaus den Regeln des allgemeinen Völkerrechts, wonach die Bestimmungen über die Beendigung oder Aussetzung der Wirksamkeit eines Vertrages infolge Vertragsbruchs (vgl Art. 60 Abs. 1–3 WVRK, insbes. Abs. 2 hinsichtlich multilateraler Verträge) keine Vorschriften des Vertrages berühren, die im Falle eines Vertragsbruchs Anwendung finden (vgl Art. 60 Abs. 4 WVRK). Solche abweichenden Bestimmungen enthält aber gerade der AEUV, indem er bei Vertragsverletzungen einem Mitgliedstaat die Möglichkeit zur Klage gemäß Art. 259 AEUV eröffnet und mit dieser abgeschlossenen Regelung andere Sanktionsmöglichkeiten ausschließt. Dies bekräftigt Art. 344 AEUV, der die Mitgliedstaaten verpflichtet, „Streitigkeiten über die Auslegung oder Anwendung der Verträge nicht anders als hierin vorgesehen zu regeln"[55].

**128**

**Literatur:** *Bernhardt, R.*, Das Recht der Europäischen Gemeinschaften zwischen Völkerrecht und nationalem Recht, in: FS Bindschedler, 1981, S. 229 ff; *Meng, W.*, Das Recht der internationalen Organisationen – eine Entwicklungsstufe des Völkerrechts. Zugleich eine Untersuchung zur Rechtsnatur des Rechtes der Europäischen Gemeinschaften, 1979; *Streinz, R.*, Bundesverfassungsgerichtlicher Grundrechtsschutz und Europäisches Gemeinschaftsrecht, 1989, S. 94 ff.

## 2.  Die Besonderheit des hohen Integrationsgrades der Europäischen Union – ihre Supranationalität

Es gibt keine allgemein anerkannte *juristische* **Definition** des Begriffes der Supranationalität. Für die Europäischen Gemeinschaften bzw jetzt die Europäische Union wird er verbreitet verwendet, um diejenigen Merkmale zusammenzufassen, die in ihrer Intensität und Kumulation ihre Besonderheit gegenüber „herkömmlichen" internationalen Organisationen ausmachen. Soweit damit keine durch das *Unionsrecht* nicht

**129**

---

53  Vgl auch *Nicolaysen*, Europarecht, Bd. I, 2. Aufl. 2002, S. 28.
54  Vgl EuGH, Rs 7/71, Kommission/Frankreich, Slg 1971, 1003, Rn 38/39.
55  Zur Einschränkung der Anrufung anderer internationaler Gerichte oder Streitbeilegungsinstanzen im Anwendungsbereich der Verträge vgl EuGH, Rs C-459/03, Kommission/Irland (Mox Plant), Slg 2006, I-4636, Rn 151 ff = *Pechstein* Nr 111 = *HVL*, S. 148 ff; zur Unzulässigkeit einseitiger Gegenmaßnahmen vgl EuGH, Rs C-5/94, Hedley Lomas, Slg 1996, 2553, Rn 20 f = *HVL*, S. 145 f.

gedeckten Deduktionen verbunden werden (vgl Rn 128), ist nichts dagegen einzuwenden, den Begriff für solche Klassifizierungszwecke zu gebrauchen.

**130** Übereinstimmend gefordertes **Kriterium** der Supranationalität einer Organisation ist deren Möglichkeit, verbindliche Beschlüsse zu fassen, die die Mitgliedstaaten auch gegen deren Willen zu einem bestimmten Verhalten verpflichten können. Dies kann durch die Schaffung von Beschlussorganen geschehen, in denen gar kein oder nicht alle Mitgliedstaaten vertreten sind (unabhängiges Beschlussorgan) oder in denen alle Mitgliedstaaten vertreten sind, die aber mit Stimmenmehrheit entscheiden können (Majoritätsprinzip).

**131** Beide Formen finden sich bei der Europäischen Union. Unabhängige Organe, die die Mitgliedstaaten und sogar unmittelbar deren Bürger (Durchgriff, vgl Rn 473) verpflichten können, sind die Kommission (durch Verordnungen, Richtlinien und Beschlüsse) und der EuGH (durch verbindliche Urteile). Der Rat setzt sich zwar aus echten Staatenvertretern zusammen und ist, obwohl Unionsorgan, in diesem Sinne nicht „unabhängig"; er kann aber, von wenigen, allerdings bedeutsamen Ausnahmen abgesehen, mit (qualifizierter) Mehrheit beschließen.

**132** Letzteres wurde allerdings durch die Abstimmungspraxis nach der Luxemburger Vereinbarung (s. Rn 363 ff) dahingehend ausgesetzt, dass gegen den (qualifiziert geäußerten) Willen eines Mitgliedstaates keine Mehrheitsabstimmung vorgenommen wurde. Dadurch wurde der supranationale Charakter der Gemeinschaften erheblich beeinträchtigt. Seit Inkrafttreten der EEA (1987) kommt es aber auch in bedeutsamen Fällen zu Mehrheitsentscheidungen, wenngleich im Agrarbereich die genannte Abstimmungspraxis noch fortwirkte (vgl Rn 366).

**133** Intergouvernementale Strukturen wurden in die Europäischen Gemeinschaften und jetzt die EU durch die Aufwertung des Europäischen Rates eingebaut, der in *Art. 2 EEA, Art. 4 EUV aF*, jetzt Art. 15 EUV institutionalisiert wurde (s. Rn 286 ff).

**134** Als weitere Kennzeichen der Supranationalität der Union werden angeführt: Eigenständigkeit und Vorrang des Unionsrechts (dieser ist aber von einer verfassungsrechtlichen Ermächtigung abhängig, vgl Rn 224), die unmittelbare Wirksamkeit des autonomen und breite Materien erfassenden Unionsrechts ohne Dazwischentreten eines nationalen Bestätigungsakts (Durchgriffswirkung, vgl Rn 473), die finanzielle Selbstständigkeit der Union durch Eigenmittel (s. Rn 730 ff).

**135** Von einem Staat unterscheidet sich die Europäische Union grundlegend dadurch, dass sie nicht über die **Kompetenz-Kompetenz**, dh die Kompetenz, neue Kompetenzen zu begründen, verfügt. Wenngleich Art. 352 AEUV dieser faktisch nahe kommt und auch Art. 114 und Art. 115 AEUV breite Kompetenzräume eröffnen, ist die Kompetenz-Kompetenz bei den Mitgliedstaaten verblieben. Das Prinzip der begrenzten Ermächtigung (vgl Rn 544) wurde durch den Unionsvertrag in *Art. 5 EUV aF* und Art. 5 Abs. 1 EGV erstmals ausdrücklich verankert und im Vertrag von Lissabon bekräftigt (Art. 5 EUV)[56]. Art. 311 Abs. 1 AEUV (*ex-Art. 6 Abs. 4 EUV* aF), wonach

---

56  Vgl zur „Nichtstaatlichkeit" der EU BVerfGE 123, 267 (349 f) = *HVL*, S. 59 ff – Lissabon; *Oppermann/Classen/Nettesheim*, § 5, Rn 20 ff. Ebenso EuGH, Gutachten 2/13, EuGRZ 2015, 56, Rn 156, der darin die Besonderheit der EU sieht, die „aus völkerrechtlicher Sicht schon ihrer Natur nach nicht als Staat angesehen werden kann".

sich die Europäische Union mit den erforderlichen Mitteln ausstattet, um ihre Ziele erreichen und ihre Politik durchführen zu können, ist entsprechend restriktiv dahingehend zu interpretieren, dass er keine Kompetenzvorschrift darstellt[57]. Das BVerfG hat diesem Prinzip der begrenzten Ermächtigung aus verfassungsrechtlicher Sicht große Bedeutung zugemessen[58].

**Literatur:** *Broß, S.*; Überlegungen zur europäischen Staatswerdung, JZ 2008, 811; *Brinkhorst, L.J.*, Staatliche Souveränität innerhalb der EU? 2010; *Di Fabio, U.*, Der Auftrag zur europäischen Integration und seine Grenzen, in: FS M. Schröder, 2012, 169; *Everling, U.*, Die EU als föderaler Zusammenschluss von Staaten und Bürgern, in: v. Bogdandy/Bast (Hrsg.), Europäisches Verfassungsrecht, 2. Aufl. 2009, 961; *Habermas, J.*, Zur Verfassung Europas, 2012; *Ipsen, H.P.*, Über Supranationalität, in: Europäisches Gemeinschaftsrecht in Einzelstudien, 1984, S. 97 ff; *Lecheler, H.*, „Supranationalität" der Europäischen Gemeinschaften – Rechtliche Beschreibung oder unverbindliche Leerformel?, JuS 1974, 7; *Ress, G.* (Hrsg.), Souveränitätsverständnis in den Europäischen Gemeinschaften, 1980; *Riklin, A.*, Die Europäische Gemeinschaft im System der Staatenverbindungen, 1972; *Schweitzer, M.*, Supranationalität, in: Katholisches Soziallexikon, 2. Aufl., 1980; *Zuleeg, M.*, Wandlungen des Begriffs der Supranationalität, Integration 1988, 103.

## 3.  Rechtsnatur der Europäischen Union

### a)  Konstruktion der Europäischen Union

**aa)  Abschaffung der Säulenstruktur durch eine einheitliche Europäische Union.** Wie bereits im Verfassungsvertrag vorgesehen schafft der Vertrag von Lissabon die Säulenstruktur des Vertrags von Maastricht[59] ab und begründet eine **einheitliche Europäische Union**, die in den Verträgen „Union" genannt wird (Art. 1 Abs. 1 EUV). Diese Union besitzt gemäß Art. 47 EUV ausdrücklich Rechtspersönlichkeit (s. Rn 139). Während die frühere Dritte Säule auch materiell einbezogen wird, bestehen für die GASP nach wie vor Besonderheiten, die insoweit die Abschaffung der Säulenstruktur zumindest relativieren (s. Rn 1302). Dies bestätigt Art. 24 Abs. 1 UAbs. 2 EUV, der die Besonderheiten der GASP aufzählt, sowie Art. 40 EUV, der *Art. 47 EUV aF* insoweit fortführt, als er die Zuständigkeiten der EU im Bereich der GASP von den in Art. 3–6 AEUV aufgeführten Zuständigkeiten trennt. Die Einhaltung dieser Trennung unterliegt der Kontrolle durch den EuGH (Art. 24 Abs. 1 UAbs. 2 S. 6 EUV; Art. 275 Abs. 2 AEUV). **136**

**bb)  Die Europäische Union als „Staatenverbund" und als Union der Bürger.** Das BVerfG hat im *Maastricht-Urteil* für die Charakterisierung der Europäischen Union den Begriff „Staatenverbund" geprägt: **137**

*„Der Vertrag begründet einen europäischen Staatenverbund, der von den Mitgliedstaaten getragen wird und deren nationale Identität achtet; er betrifft die Mitgliedschaft Deutschlands in supranationalen Organisationen, nicht eine Zuständigkeit zu einem europäischen Staat. "*[60]

---

57  Zutreffend BVerfGE 89, 155 (194 ff) = *HVL*, S. 56 ff.
58  BVerfGE 89, 155 (209 f) = *HVL*, S. 56 ff = *PSK*, Fall 86, S. 425 f = *MH* Nr 37 – Maastricht; BVerfGE 123, 267 (349 ff) = *HVL*, S. 59 ff – Lissabon.
59  S. dazu *Streinz*, Europarecht, 8. Aufl. 2008, Rn 133 f.
60  BVerfGE 89, 155 (181).

Das BVerfG knüpft dabei nicht an etablierte Kategorien des Völkerrechts oder der allgemeinen Staatslehre an, sondern unternimmt den „interessanten Versuch, die Eigenheiten des Unionssystems mit dem außergewöhnlichen Grad an vergemeinschafteten Kompetenzbereichen sowie die Breite der unter dem Dach der Union gezogenen Politikfelder als „Mehr" gegenüber dem herkömmlichen Staatenbund begrifflich einzufangen"[61].

Entscheidender Ansatzpunkt ist für das BVerfG, dass die Union ungeachtet der Fülle der auf sie übertragenen Kompetenzen und „Staatsfunktionen", insbesondere der Währungshoheit[62], auf der fortbestehenden Entscheidung der Mitgliedstaaten für diese und damit auf dem Willen der Völker der Mitgliedstaaten, dieser anzugehören basiert, ihr somit die sog. Kompetenz-Kompetenz fehlt. Die demokratische Legitimation wird danach „zuvörderst" über die nationalen Parlamente vermittelt[63]. Daher bedürften die Staaten „hinreichend bedeutsamer eigener Aufgabenfelder, auf denen sich das jeweilige Staatsvolk in einem von ihm legitimierten und gesteuerten Prozess politischer Willensbildung entfalten und artikulieren kann"[64].

Auf den Gesichtspunkt der „Übertragung" stellt ausdrücklich der Vertrag von Lissabon ab (vgl zB Art. 1 Abs. 1, Art. 4 Abs. 1, Art. 5 Abs. 2 EUV), der ungeachtet und wohl gerade wegen der erheblichen und durch diesen Vertrag noch erweiterten Kompetenzfülle der EU die tragende Rolle der Mitgliedstaaten betont. Im *Lissabon-Urteil* bestätigt das BVerfG das *Maastricht-Urteil* und präzisiert und ergänzt es:

*„Das Grundgesetz ermächtigt mit Art. 23 GG zur Beteiligung und Entwicklung einer als Staatenverbund konzipierten Europäischen Union. Der Begriff des Verbundes erfasst eine enge, auf Dauer angelegte Verbindung souverän bleibender Staaten, die auf vertraglicher Grundlage öffentliche Gewalt ausübt, deren Grundordnung jedoch allein der Verfügung der Mitgliedstaaten unterliegt und in der die Völker – das heißt die staatsangehörigen Bürger – der Mitgliedstaaten die Subjekte demokratischer Legitimation bleiben."[65]*

Das BVerfG bekräftigt, dass in den Mitgliedstaaten ein „ausreichender Raum zur Gestaltung der wirtschaftlichen, kulturellen und sozialen Lebensverhältnisse" bleiben muss und nennt dazu „insbesondere" konkrete Sachbereiche[66] (s. dazu Rn 238). Der „Systemwechsel" in einen europäischen Bundesstaat sei von Art. 23 GG nicht gedeckt und bedürfe der Entscheidung des Verfassungsgebers „Volk" (vgl Art. 146 GG), nicht lediglich des Verfassungsgesetzgebers[67].

---

61 *Herdegen*, § 5, Rn 22. Zur Europäischen Union als Kategorie sui generis s. *Streinz*, in: FS Nehlsen, 2008, S. 750 (765 f) mwN.

62 Nicht zufällig war der Vertrag von Maastricht, der die Währungsunion begründet (souverän ist, wer Geld drucken darf) Anlass für ein Grundsatzurteil des BVerfG, und von den im *Lissabon-Urteil* postulierten „eigenständigen Aufgabenfeldern", die dem Bundestag verbleiben müssten (s. dazu Rn 238) wird bei aller (zum Teil berechtigten) Kritik zutreffend die Eigenständigkeit eines Staatshaushalts als „überzeugend" hervorgehoben (so *Classen*, in: von Mangoldt/Klein/Starck, GG-Kommentar, 6. Aufl. 2010, Art. 23, Rn 29), die angesichts der (bislang vergeblichen) Bemühungen, das Schuldenproblem und seine Folgen „europäisch" zu bewältigen (s. dazu Rn 1126 ff) keineswegs „derzeit völlig irrelevant" (so aber – zugegeben vor dem jetzigen Ausmaß der Krise, *Classen*, ebd. im Anschluss an *Ruffert*, DVBl. 2009, 1097/1203), sondern eine der verfassungsrechtlich zentralen Fragen ist, und zwar für die Gläubiger- bzw Garantieländer als auch für die Schuldnerländer (s. dazu auch Rn 1137, 1134).

63 BVerfGE 89, 155 (184).

64 Ebd, S. 186.

65 BVerfGE 123, 267 (LS 1).

66 Ebd., LS 3.

67 Ebd., S. 332, 364.

Am *Maastricht-Urteil* wurde kritisiert, dass das BVerfG die Rolle des Europäischen Par-   **138**
laments zumindest verbal unterschätzt, allerdings mit einer Entwicklungsperspektive[68].
Zutreffend ist allerdings der Ansatz einer zweigleisigen demokratischen Legitimation[69].
Diesem Ansatz entspricht auch der Vertrag von Lissabon, der in Art. 12 EUV den aktiven
Beitrag der nationalen Parlamente „zur guten Arbeitsweise der Union" betont (s. dazu
Rn 334). Das *Lissabon-Urteil* bestätigt diesen Ansatz und verdeutlicht, warum das Europäische Parlament systembedingt, dh solange die EU kein Staat ist, nicht voll dem Parlament eines Staates entsprechen kann[70], weshalb die demokratische Legitimation über die
nationalen Parlamente notwendig bleibt (s. dazu und zu den Folgen Rn 382). Entscheidend ist, dass das parallele Gleis des Europäischen Parlaments als angesichts des Integrati-
onsstands der Union ebenso notwendig erkannt wird. In der Direktwahl zum Europäischen
Parlament kommt wie in der unmittelbaren Berechtigung und Verpflichtung von Individu-
en zum Ausdruck, dass die EU nicht nur eine Union der Staaten, sondern auch der Bürger
ist, ungeachtet dessen, dass die Wahlen zum Europäischen Parlament nach wie vor über
auf die Mitgliedstaaten fest verteilte Sitze erfolgt. Bezieht man diesen Aspekt der Repräsentation der Bürger (vgl Art. 14 Abs. 2 EUV) ein, so gibt der Begriff „Staatenverbund"
den besonderen Charakter der Union zutreffend wieder. Dies bekräftigt jetzt Art. 10
Abs. 2 EUV.

## b) Rechtspersönlichkeit der Europäischen Union

Die bislang strittige Frage der Rechtspersönlichkeit der EU[71] ist durch Art. 47 EUV   **139**
entschieden. Die EG (und die EAG, s. Art. 184 EAGV) besaß bereits bislang ausdrücklich Rechtspersönlichkeit *(Art. 281* und *Art. 282 EGV).* Da die EU Rechtsnachfolgerin der EG ist (Art. 1 Abs. 3 S. 3 EUV) musste ihr bereits deshalb, wollte man
nicht hinter den bisherigen Rechtszustand zurückgehen, die Rechtspersönlichkeit verliehen werden. Darüber hinaus erstreckt sich die Rechtspersönlichkeit der EU jetzt
eindeutig – bislang bestand allerdings eine Tendenz in diese Richtung – auch auf die
Bereiche, die zuvor zu den operativen Feldern der EU gehörten, nämlich GASP und
PJZS. Die völkerrechtliche Rechtspersönlichkeit bedarf der Anerkennung durch die
jeweiligen Vertragspartner, die ausdrücklich aber auch konkludent durch den Abschluss entsprechender Verträge geschehen kann. Die Tragweite bestimmt sich nach
den durch die Verträge übertragenen Kompetenzen (s. dazu Rn 1230 ff).

Wie bislang die EG gemäß *Art. 282 EGV* besitzt gemäß Art. 335 S. 1 AEUV jetzt die   **140**
EU die innerstaatliche Rechts- und Geschäftsfähigkeit in den Mitgliedstaaten. Sie wird
in diesen durch die Kommission vertreten, es sei denn, es handelt sich um Selbstver-
waltungsangelegenheiten anderer Organe der EU (Art. 335 S. 2 bzw 3 AEUV).

**Literatur:** *Blanke, H.-J./Mangianeli, S. (Hrsg.),* The European Union after Lisbon, Constituti-
onal Basis, Economic Order and External Action, 2012; *Breitenmoser, S.,* Die Europäische
Union zwischen Völkerrecht und Staatsrecht, ZaöRV 1995, 951; *Busse, C.,* Die völkerrechtli-
che Einordnung der Europäischen Union, 1999; *Doehring, K.,* Die nationale „Identität" der
Mitgliedstaaten der Europäischen Union, in: FS Everling, Bd. I, 1995, S. 263 ff; *Fassbender,
B.,* Die Völkerrechtssubjektivität der Europäischen Union nach dem Entwurf des Verfassungs-

---

68   Vgl BVerfGE 89, 155 (186 f).
69   Ebd., S. 182. S. dazu Rn 383.
70   Vgl BVerfGE 123, 267 (370 ff).
71   S. dazu *Streinz,* Europarecht, 8. Aufl. 2008, Rn 134 f.

vertrages, AVR 2004, 26; *Kirchhof, P.*, Der europäische Staatenverbund, in: von Bogdandy/ Bast (Hrsg.), Europäisches Verfassungsrecht, 2. Aufl. 2009, S. 1009 ff; *Lecheler, H.*, Der Rechtscharakter der „Europäischen Union", in: FS Heymanns Verlag, 1995, S. 383 ff; *Pernice, I.*, „Europäische Union" – die Sprachenverwirrung von Maastricht, ZEuP 1995, S. 177 ff; *Schönberger, C.*, Die EU als Bund, AöR 2004, 81; *van Gerven, W.*, The EU. A Polity of States and Peoples, 2005; *Wessel, R.*, Revisiting the International Legal Status of the EU, European Foreign Affairs Review 2000, 507.

## 4. Europäisches Unionsrecht als Verfassungsrecht

**141**  Mit dem **Vertrag über eine Verfassung für Europa** (EVV, vgl Rn 56 ff) sollte der Begriff der **Verfassung** Eingang in das Primärrecht der Europäischen Union finden. Der Gedanke einer „Verfassung" für Europa reicht historisch bis zum Ausgang des Mittelalters zurück. Er war mit der Europäischen Integration stets eng verbunden und hat – insbesondere im 20. Jahrhundert – eine Vielzahl von „Verfassungsentwürfen" unterschiedlichster Urheber hervorgebracht[72]. Nach der Gründung der Europäischen Gemeinschaften konzentrierten sich die Verfassungsbestrebungen auf eine Konsolidierung und Vereinfachung der Verträge. Die meisten Initiativen gingen dabei nicht von den Institutionen der Europäischen Gemeinschaften sondern von privater Seite aus. Lediglich das Europäische Parlament spielte mit seinem Verfassungsentwurf von 1984 sowie der Forderung nach einem „Projekt einer Europäischen Verfassung"[73] eine aktive Rolle. Schließlich führte der im Vertrag von Nizza angelegte und vom Europäischen Rat mit der Erklärung von Laeken präzisierte Post-Nizza-Prozess zur Einsetzung des Konvents über die Zukunft der Europäischen Union, der dem von ihm vorgelegten Abschlussdokument den Titel „Entwurf eines Vertrages über eine Verfassung für Europa" gab (vgl Rn 56). Der „Vertrag über eine Verfassung für Europa" wurde am 29.10.2004 in Rom unterzeichnet. Für sein Scheitern wird nicht zuletzt der Begriff „Verfassung" selbst verantwortlich gemacht, der daher auch im Vertrag von Lissabon bewusst aufgegeben wurde (s. Rn 61).

**142**  Die Bezeichnung eines Dokuments als „Verfassung" bedeutete allerdings nicht automatisch, dass auch der sich dahinter verbergende Inhalt eine Verfassung darstellen würde. So ist bereits umstritten, ob die Europäische Union überhaupt „verfassungsfähig" ist. Haupteinwand dagegen ist vorrangig die fehlende Staatsqualität der EU[74]. Die darin zum Ausdruck kommende exklusive Zuordnung des Verfassungsbegriffs zum Staat überzeugt jedoch nicht. Sie erklärt sich daraus, dass der Staat traditionell die Form politischer Herrschaft war, die es durch die Verfassung in die Schranken zu weisen galt. In Zeiten der allenthalben festzustellenden Entmachtung des Staates, seiner schwindenden Souveränität (postnationale Konstellation)[75] ist es jedoch durchaus sinnvoll, den Begriff der Verfassung – unter Berücksichtigung der Besonderheiten der Europäischen Union als supranationaler Integrationsgemeinschaft – weiter zu ver-

---

72  Eingehend hierzu *Streinz/Ohler/Herrmann*, Lissabon, S. 1 ff.
73  ABl 1994 C 61/155.
74  *Grimm*, JZ 1995, 581 (587); *Koenig*, DÖV 1998, 268 (275); *C. Möllers*, Verfassunggebende Gewalt – Verfassung – Konstitutionalisierung, in: von Bogdandy/Bast (Hrsg.), Europäisches Verfassungsrecht – Theoretische und dogmatische Grundzüge, 2. Aufl. 2009, S. 227 (240 ff) mwN.
75  Vgl hierzu *Streinz*, Sinn und Zweck des Nationalstaates in der Zeit der Europäisierung und der Globalisierung, in: FS Ress, 2005, S. 1277 ff.

stehen und auf jede Form der dauerhaften, institutionalisierten politischen Herrschaftsausübung zu beziehen[76].

In diesem Sinn (Rn 142) bilden die Gründungsverträge der Europäischen Gemein- **143** schaften und der Europäischen Union, jetzt der Vertrag von Lissabon deren – nicht nur formale – Verfassung. Sie enthalten wesentliche Elemente von Verfassungen und erfüllen für die europäisierte Herrschaftsgewaltsausübung die zentralen Funktionen der Herrschaftslegitimation, Herrschaftszuweisung und Herrschaftsbegrenzung. Auch der EuGH bezeichnete den EGV – insoweit im Einklang mit dem völkerrechtlichen Verständnis, wonach die Gründungsurkunden internationaler Organisationen deren Verfassung bilden – als „Verfassungsurkunde der Gemeinschaft"[77]. Ohne Zweifel leisten die Verträge zudem einen Beitrag zur Integration der Unionsbürger in einem zusammenwachsenden politischen Gemeinwesen „Europäische Union", welches in zunehmendem Maße zumindest auch Anknüpfungspunkte für eine europäische Identität bietet[78]. Die gerade in jüngerer Zeit vorzufindende europakritische Haltung bei vielen Unionsbürgern ist differenziert zu sehen. Einerseits wird Überreglementierung und das Ausgreifen in alle Bereiche beklagt. Andererseits wünscht eine Mehrheit der Unionsbürger eine verstärkte Integration gerade in Kernbereichen staatlicher Souveränität (zB Außenpolitik). In einem anderen Kernbereich, der Wirtschafts- und Währungsunion, wird die an sich konsequente Verstärkung der Integration im Bereich der Wirtschaftspolitik angesichts der (jedenfalls bislang) offensichtlichen Unfähigkeit der verantwortlichen Entscheidungsträger, die Schuldenkrise zu bewältigen, aber auch wegen der erheblichen institutionellen und tatsächlichen Folgen skeptisch gesehen (s. dazu Rn 1130 ff).

Gegenüber dem EGV wies der Verfassungsvertrag allenfalls geringfügige qualitative **144** Unterschiede im Hinblick auf seinen Verfassungscharakter auf. Entscheidend war, dass der EVV nach wie vor keine verfassungsändernde Gewalt konstituiert hätte, sondern sich im Verfahren der **Vertragsänderung** *(Art. IV-443 EVV)* die fortbestehende verfassungsgebende und -ändernde Gewalt der Mitgliedstaaten betätigte, die durch die Verträge selbst zwar einem geordneten Verfahren unter Einbeziehung von Organen der EU (wobei der Europäische Rat entscheidend ist) unterworfen wird (vgl Art. 48 EUV), letztlich aber nicht gebunden werden kann (insoweit anders als nach Art. 79 Abs. 3 GG). Die mit dem Diktum von den Mitgliedstaaten als „Herren der Verträge"[79] insoweit zutreffend beschriebene Konstellation wurde durch das in *Art. I-60 EVV* vorgesehene und in Art. 50 EUV übernommene Austrittsrecht der Mitgliedstaaten sogar noch betont. Als problematisch erwies sich der Verfassungsbegriff selbst (vgl Rn 61).

Die rechtliche Existenz der Europäischen Union hängt daher auch in Zukunft von der **145** verfassungsrechtlichen Ermächtigung der mitgliedstaatlichen Verfassungsrechtsordnungen und deren Realisierung durch die Gesamtheit der Mitgliedstaaten ab. Die diesbezüglichen Vorschriften der mitgliedstaatlichen Verfassungen (vgl auch

---

76  *Streinz/Ohler/Herrmann*, Lissabon, S. 6; *Möllers* (Fn 74), S. 29 ff. Vgl zur Machtbeschränkungsfunktion *Häberle*, Europäische Verfassungslehre, S. 211 f.
77  EuGH, Rs 294/83, Les Verts/Europäisches Parlament, Slg 1986, 1339, Rn 23 = *HVL*, S. 141.
78  *Streinz/Ohler/Herrmann*, Lissabon, S. 8 ff.
79  BVerfGE 89, 155 (190) – Maastricht; BVerfGE 123, 267/381 – Lissabon.

Rn 90 ff) bilden als „Europaverfassungsrecht" *(Peter Häberle)* damit neben den Gründungsverträgen (EUV, EGV, EAGV) bzw dem Vertrag von Lissabon einen notwendigen Baustein des „europäischen Verfassungsverbundes"[80].

**Literatur:** *von Bogdandy, A./Cruz Villalón, P./Huber, P.M.* (Hrsg.), Handbuch Ius Publicum Europaeum, Bd. II, 2008; *Häberle, P.*, Europäische Verfassungslehre, 7. Aufl. 2011; *Huber, P.M.*, Europäisches und nationales Verfassungsrecht, VVDStRL 60 (2001), S. 194 ff; *Möllers, C.*, Verfassunggebende Gewalt – Verfassung – Konstitutionalisierung, in: von Bogdandy/Bast (Hrsg.), Europäisches Verfassungsrecht, 2. Aufl. 2009, S. 227 ff; *Pernice, I.*, Europäisches und nationales Verfassungsrecht, VVDStRL 60 (2001), S. 148 ff; *Zuleeg, M.*, Die Vorzüge der Europäischen Verfassung, in: von Bogdandy/Bast (Hrsg.), Europäisches Verfassungsrecht, 2. Aufl. 2009, S. 1045 ff.

## VI. Das Verhältnis der Europäischen Union zu den Mitgliedstaaten

### 1. Die Mitgliedstaaten als Träger der Europäischen Union

146 Die Mitgliedstaaten haben die Europäischen Gemeinschaften und die Europäische Union durch völkerrechtliche Verträge errichtet (s. Rn 90). Damit ist aber ihre ausschlaggebende Rolle keineswegs erschöpft. Vielmehr hängen Fortbestand, Fortentwicklung und Funktionieren der EU vom Zusammenwirken der Mitgliedstaaten in dieser und mit dieser ab.

147 Die Entscheidungsbefugnis der Mitgliedstaaten über die Änderung der Verträge ist nur verfahrensmäßig begrenzt (Art. 48 EUV). Damit sind sie, unabhängig von der Streitfrage, ob eine Vertragsänderung völkerrechtlich auch außerhalb dieser Kautelen möglich ist[81], weiterhin als „Herren der Verträge" anzusehen[82].

148 Der Rat, dem wegen seiner Rolle in der Unionsgesetzgebung" (s. Rn 546 ff) besondere Bedeutung zukommt, ist zwar Organ der Union (Art. 13 Abs. 1 EUV). Er besteht jedoch aus weisungsabhängigen Vertretern der Mitgliedstaaten (Art. 16 Abs. 2 EUV), die auf diese Weise maßgeblichen Einfluss auf das Ob und Wie des Zustandekommens von EU-Rechtsnormen haben.

149 Die Union verfügt nur in Ausnahmefällen über eigene Vollzugsorgane, ist also auf den ordnungsgemäßen Vollzug des Unionsrechts durch die Mitgliedstaaten und deren Organe angewiesen (vgl Rn 586, 591).

150 Schließlich verfügt die Union grundsätzlich über keine Sanktionsmöglichkeiten gegenüber den Mitgliedstaaten (vgl zB Art. 299 Abs. 1, 2. HS AEUV). Sie sind also auf die „freiwillige" Befolgung ihrer Anordnungen (Verordnungen, Richtlinien, Beschlüsse, Gerichtsurteile) angewiesen. Ausnahmen bilden das Verfahren nach Art. 260 Abs. 2 UAbs. 2 AEUV, das dem EuGH erlaubt, auf Antrag der Kommission bei Nichtbefolgung von Urteilen des EuGH die Zahlung eines Pauschalbetrags oder eines Zwangsgelds gegen den säumigen Mitgliedstaat zu verhängen (vgl Rn 638), das

---

80  *Pernice*, VVDStRL 60, S. 148 (163 ff) mwN zum Begriff des europäischen Verfassungsverbundes.
81  Vgl *Meng*, in: von der Groeben/Schwarze/Hatje, Art. 48 EUV, Rn 224 ff.
82  Vgl ebd., Rn 21; *Cremer*, in: Calliess/Ruffert, Art. 48 EUV, Rn 19 ff mwN.

Verfahren bei einem übermäßigen Defizit nach Art. 126 AEUV (vgl Rn 1124 ff) sowie die Aussetzung bestimmter Mitgliedschaftsrechte nach Art. 7 EUV.

Die grundsätzliche Freiwilligkeit beim Vollzug des Unionsrechts ändert jedoch nichts daran, dass die Mitgliedstaaten als (Mit-)Glieder der Union dem Unionsrecht untergeordnet sind. Gleichwohl ist für das tatsächliche Verhältnis weniger diese Subordination, sondern sind vielmehr Partizipation und Kooperation prägend (vgl zu dieser „Verzahnung" Rn 200 ff). **151**

## 2. Die in den Verträgen geregelten Beziehungen zwischen Europäischer Union und Mitgliedstaaten

### a) Kompetenzverteilung

Die EG-Gründungsverträge enthielten keinen ausdrücklichen Kompetenzverteilungskatalog, wie ihn etwa das Grundgesetz in Art. 73 ff GG kennt. Allerdings beruht bereits die Definition des Subsidiaritätsprinzips in Art. 5 Abs. 3 EUV *(ex-Art. 5 Abs. 2 EGV)* auf der Unterscheidung von ausschließlichen und anderen Kompetenzen. In der Literatur wurde eine Kategorisierung der Gemeinschaftsmaterien nach ausschließlichen, konkurrierenden und Rahmenkompetenzen der EG entwickelt, die auch der EuGH aufgegriffen hat[83]. Wie bereits in *Art. I-12 ff* des Verfassungsvertrags sieht der **Vertrag von Lissabon** (Art. 2–6 AEUV) erstmalig eine **Kompetenzordnung** für die Europäische Union vor, in der sowohl die unterschiedlichen Kompetenzformen und ihre rechtlichen Folgen definiert als auch die Sachpolitiken diesen zugeordnet werden[84]. Dadurch selbst werden keine Kompetenzen begründet, diese ergeben sich vielmehr aus den Bestimmungen der Verträge zu den einzelnen Bereichen (Art. 2 Abs. 6 AEUV). Zum daraus folgenden Prüfungsschema s. Rn 576. **152**

**aa) Ausschließliche Unionszuständigkeiten.** Zu den jetzt – abgesehen von rein internen EU-Maßnahmen[85] – in Art. 3 AEUV abschließend aufgeführten **ausschließlichen Unionszuständigkeiten** gehören (Art. 3 Abs. 1 AEUV) die Zollunion (Art. 30 ff AEUV), die Festlegung der für den Binnenmarkt erforderlichen Wettbewerbsregeln (Art. 101 ff AEUV), die Währungspolitik für die Mitgliedstaaten, deren Währung der Euro ist (Art. 127 ff AEUV), die Erhaltung der biologischen Meeresschätze im Rahmen der gemeinsamen Fischereipolitik (vgl Art. 38 Abs. 1 AEUV) sowie die gemeinsame Handelspolitik (GHP, Art. 206 f AEUV), ferner der Abschluss internationaler Übereinkünfte, wenn dieser in einem Gesetzgebungsakt der Union vorgesehen oder zur Ausübung der internen Zuständigkeit der EU notwendig ist oder soweit dadurch gemeinsame Regeln beeinträchtigt oder deren Tragweite verändert werden könnte (Art. 3 Abs. 2 AEUV)[86]. **153**

In diesen Bereichen sind die Mitgliedstaaten grundsätzlich unabhängig vom konkreten Tätigwerden der EU nicht mehr handlungsbefugt, sofern sie nicht ausdrücklich **154**

83  Vgl EuGH, Rs 804/79, Kommission/Vereinigtes Königreich (Seefischerei-Erhaltungsmaßnahmen), Slg 1981, 1045, Rn 16 ff = *HVL*, S. 195 f = *Pechstein* Nr 20.
84  Eingehend hierzu *Streinz/Ohler/Herrmann*, Lissabon, S. 103 ff mwN.
85  So zB ausschließliche Kompetenz der EU für die Regelung des Beamtenstatuts der EU-Beamten (Art. 336 AEUV).
86  Zur dadurch erfolgten Kodifizierung der AETR-Rechtsprechung s. Rn 1230.

von den Organen der EU zu einem Tätigwerden ermächtigt werden bzw soweit sie zur Durchführung des Unionsrechts handeln (Art. 2 Abs. 1 AEUV).

**155** Die ausschließliche Unionszuständigkeit kann allerdings in den Fällen problematisch werden, in denen trotz dringenden Regelungsbedarfs der Unionsgesetzgeber sich als handlungsunfähig erweist. In einer derartigen Situation hat der EuGH den Mitgliedstaaten gestattet, als **„Sachwalter des gemeinsamen Interesses"** nationale Maßnahmen nach Konsultation und Zustimmung der Kommission aufrechtzuerhalten oder auch zu ergänzen[87]. Diese Rechtsfigur zur Regelung einer Situation des Gesetzgebungsnotstands kann dogmatisch als Begründung einer außerordentlichen Rechtsetzungsbefugnis der Mitgliedstaaten durch Delegation seitens der Kommission erklärt werden. Vereinzelt agieren die Mitgliedstaaten auf internationaler Ebene auch trotz Kompetenzübertragung auf die EU, wenn eine Partizipation der EU selbst aus völkerrechtlichen Gründen nicht möglich ist (zB im Internationalen Währungsfonds – IWF).

**156** Die Abgrenzung der Bereiche, die in die ausschließliche Zuständigkeit der EU fallen, ist für die Anwendung des Subsidiaritätsprinzips (Art. 5 Abs. 3 AEUV) maßgeblich (s. Rn 172).

**157** **bb) Geteilte Unionszuständigkeiten.** Die konkurrierende (gemäß Art. 2 Abs. 2 AEUV „geteilte") Zuständigkeit der EU wird überwiegend als der Regelfall angesehen. Dies bestätigt Art. 4 Abs. 1 AEUV als Auffangtatbestand gegenüber Art. 3 und Art. 6 AEUV. Die Mitgliedstaaten sind nur insoweit und solange zuständig, als die EU keine Rechtsakte erlassen hat, die die Materie abschließend regeln. Sie sind wieder zuständig, wenn die EU entschieden hat, ihre Zuständigkeit nicht mehr auszuüben. Die wichtigsten, in Art. 4 Abs. 2 AEUV nicht erschöpfend aufgezählten „Hauptbereiche" sind: Binnenmarkt (Art. 26 ff AEUV), Sozialpolitik hinsichtlich der im AEUV genannten Aspekte (Art. 151 ff AEUV), wirtschaftlicher, sozialer und territorialer Zusammenhalt (Art. 174 ff AEUV), Landwirtschaft und Fischerei (Art. 38 ff AEUV), ausgenommen die unter die ausschließliche Kompetenz fallende Erhaltung der biologischen Meeresschätze, Umwelt (Art. 191 ff AEUV), Verbraucherschutz (Art. 169 AEUV), Verkehr (Art. 70 ff AEUV), transeuropäische Netze (Art. 170 ff AEUV), Energie (Art. 194 AEUV), Raum der Freiheit, der Sicherheit und des Rechts (Art. 67 ff AEUV) und gemeinsame Sicherheitsanliegen im Bereich der öffentlichen Gesundheit hinsichtlich der im AEUV genannten Aspekte (bezieht sich auf Art. 168 Abs. 4 AEUV, vgl den Verweis auf die Abweichung von Art. 2 Abs. 5 AEUV), während Schutz und Verbesserung der menschlichen Gesundheit unter die Unterstützungs-, Koordinierungs- und Ergänzungsmaßnahmen fallen (Art. 6 lit. a AEUV). Eine konkurrierende Kompetenz ist auch die gemäß Art. 352 AEUV, da die Mitgliedstaaten bis zum Erlass hierauf gestützter Rechtsakte insoweit zuständig waren.

**158** **cc) Parallele Zuständigkeiten.** Unter den geteilten Zuständigkeiten führt Art. 4 Abs. 3 bzw 4 AEUV die Bereiche Forschung, technologische Entwicklung und Raumfahrt (Art. 179–190 AEUV) bzw Entwicklungszusammenarbeit und humanitäre

---

87 EuGH, Rs 804/79, Kommission/Vereinigtes Königreich, Slg 1981, 1045, Rn 22 ff = *HVL*, S. 195 f = *Pechstein* Nr 20.

Hilfe (Art. 208–214 AEUV) auf. Hier können ausdrücklich sowohl die Union als auch die Mitgliedstaaten rechtsetzend tätig werden. Eine Sperrwirkung für die Mitgliedstaaten tritt hier allein durch kompetenzgemäß erlassenes Sekundärrecht sowie primärrechtliche Vorgaben aufgrund des Vorrangs des Unionsrechts ein[88].

**dd) Unterstützungs-, Koordinierungs- und Ergänzungsmaßnahmen („Beitrags-** **159** **kompetenz").**  In den in Art. 6 AEUV aufgeführten Materien, die bislang unter die Rubriken Rahmen- bzw Beitragskompetenz subsumiert wurden[89], bleibt die Union auf Maßnahmen der Unterstützung, Koordinierung und Ergänzung der Maßnahmen der Mitgliedstaaten „mit europäischer Zielsetzung" beschränkt, ohne dass die Zuständigkeit der EU an die Stelle der Zuständigkeit der Mitgliedstaaten tritt. Wegen der Beitragsfunktion sind die EU-Maßnahmen akzessorisch, dh sie setzen ein Tätigwerden der Mitgliedstaaten voraus. Darauf gestützte Rechtsakte der EU dürfen keine Harmonisierung der Rechtsvorschriften der Mitgliedstaaten beinhalten (Art. 2 Abs. 5 AEUV). Dazu gehören die Bereiche Schutz und Verbesserung der menschlichen Gesundheit (Art. 168 AEUV), Industrie (Art. 173 AEUV), Kultur (Art. 167 AEUV), Tourismus (Art. 195 AEUV), allgemeine und berufliche Bildung, Jugend und Sport (Art. 165 f AEUV), Katastrophenschutz (Art. 196 AEUV) und Verwaltungszusammenarbeit (Art. 197 AEUV). Wegen des sog. Harmonisierungsverbots ist die Abgrenzung zu anderen Kompetenzgrundlagen, insbesondere Art. 114 AEUV, wichtig und hat zu Streitfragen geführt (s. dazu Rn 1007). Sowohl die Limitierung hinsichtlich der Regelungsmaterie als auch die Limitierung hinsichtlich der Handlungsweisen sind Ausprägungen des Prinzips der begrenzten Ermächtigung (vgl Rn 544). In besonders abgegrenzten Teilbereichen geht die Unionskompetenz allerdings ausdrücklich weiter und erfasst auch Harmonisierungsmaßnahmen (vgl Art. 168 Abs. 4 AEUV: Abweichung von Art. 2 Abs. 5 und Art. 6 AEUV).

Die vom Europäischen Rat von Lissabon 2000 eingeführte Methode der sog. **offenen** **160** **Koordinierung (OKM)** sieht politische Vereinbarungen ohne rechtliche Verbindlichkeit vor. Sie wird in den Bereichen Bildung, Umwelt mit Nachhaltigkeit, Gesundheitsschutz und Soziales (Eingliederung, Renten) angewandt[90]. Angesichts der daran geübten Kritik hätte eine Klarstellung in Art. 2 AEUV für Transparenz gesorgt[91]. Strittig ist, ob auch die ausdrücklich in Art. 168 Abs. 2 UAbs. 2 (Gesundheit) und Art. 173 Abs. 2 AEUV (Industrie) beschriebenen Koordinierungsformen unter die OKM zu rechnen sind[92].

**ee) Wirtschafts- und Beschäftigungspolitik.**  Gemäß Art. 2 Abs. 3, Art. 5 AEUV   **161** koordinieren die Mitgliedstaaten ihre Wirtschaftspolitik (Art. 120 ff AEUV), wozu der Rat Maßnahmen erlässt, insbesondere die Grundzüge dieser Politik beschließt (Art. 5 Abs. 1 AEUV). Die Union trifft Maßnahmen (insbesondere die Festlegung

---

88 Näher dazu *Nettesheim*, in: Grabitz/Hilf/Nettesheim, Art. 2 AEUV Rn 33.
89 Vgl *Streinz*, Europarecht, 8. Aufl. 2008, Rn 154 f.
90 *Frenz*, Europarecht, Rn 84; *Lenski*, in: Lenz/Borchardt, Art. 2 AEUV, Rn 27 ff. Näher dazu *Eichen-hofer* (Hrsg), Die Methode der offenen Koordinierung im Sozialrecht, 2005.
91 *Nettesheim*, in: Grabitz/Hilf/Nettesheim, Art. 2 AEUV Rn 39. Das BVerfG hat im *Lissabon-Urteil* darin aber keine durchgreifenden Bedenken gesehen, vgl BVerfGE 123, 267 (382 f).
92 Dafür *Nettesheim*, in: Grabitz/Hilf/Nettesheim, Art. 2 AEUV Rn 39; dagegen *Frenz*, Europarecht, Rn 85 mwN.

von Leitlinien) zur Koordinierung der Beschäftigungspolitik (Art. 5 Abs. 2 AEUV; Art. 145 ff AEUV). Sie kann Initiativen zur Koordinierung der Sozialpolitik ergreifen (Art. 5 Abs. 3 AEUV). Die gesonderte Regelung spricht für eine gesonderte Kompetenzkategorie zwischen geteilter Zuständigkeit und Unterstützungsmaßnahme[93].

**162**   **ff) Gemeinsame Außen- und Sicherheitspolitik (GASP).**   Die gesonderte Erwähnung der GASP in Art. 2 Abs. 4 AEUV mit Verweis auf die Regelungen im EUV entspricht ihrer Sonderrolle (vgl dazu Rn 1302).

**163**   Mitgliedstaatliche Kompetenzen werden auch in erheblicher Weise durch **Sachnormen** des primären Unionsrechts beeinflusst, da die unionsrechtlichen Vorgaben dem Tätigwerden der Mitgliedstaaten Grenzen setzen.

**Beispiele:** Bestimmte lebensmittelrechtliche Vorschriften wie die deutschen „Reinheitsgebote" für Bier und Wurst dürfen wegen Verstoßes gegen Art. 34 AEUV Importprodukten nicht entgegengehalten werden. Vgl Rn 829, 925. Das Diskriminierungsverbot von Frauen und Männern beim Zugang zum Beruf auf Grund Art. 3 RL 76/207 (jetzt RL 2006/54) galt auch für den Bereich der damals nicht vergemeinschafteten Verteidigungspolitik und hat zur Änderung des Art. 12a Abs. 4 GG geführt (vgl Rn 1184). Die Beihilfenaufsicht der Kommission (Art. 107 ff AEUV, s. Rn 1096 ff) beschränkt die Kompetenz der Mitgliedstaaten (einschließlich der deutschen Länder und Kommunen) zur Wirtschaftsförderung.

**b)   Die gegenseitig bestehenden Pflichten**

**164**   **Fall 2** (nach EuGH, Rs 68/88, Kommission/Griechenland, Slg 1989, 2965):
Als die Kommission auf Grund bestimmter Informationen zu der Überzeugung kam, dass griechische Behörden Waren falsch deklariert hatten, wodurch sekundärrechtlich vorgeschriebene Agrarabschöpfungen zur Finanzierung der eigenen Mittel der Gemeinschaft nicht erhoben wurden, forderte sie Griechenland zur Zahlung dieser Agrarabschöpfungen an die Kommission, zur Einziehung der hinterzogenen Beträge und zur Einleitung von Straf- oder Disziplinarverfahren gegen die Täter der Hinterziehung und die Tatteilnehmer sowie zur Durchführung einer Erhebung über bestimmte Einfuhren, Ausfuhren und Durchfuhren in dem betreffenden Zeitraum auf. Ist Griechenland dazu verpflichtet? **(Lösung: Rn 176)**

**165**   Art. 4 Abs. 2 EUV statuiert allgemeine Grundpflichten der Union, Art. 4 Abs. 3 UAbs. 1 EUV wechselseitige Pflichten von EU und Mitgliedstaaten, Art. 4 Abs. 3 UAbs. 2 und 3 EUV Pflichten der Mitgliedstaaten gegenüber der EU. Gemäß Art. 4 Abs. 2 EUV achtet die Union die Gleichheit der Mitgliedstaaten vor den Verträgen und ihre jeweilige nationale Identität, die in ihren grundlegenden politischen und verfassungsmäßigen Strukturen einschließlich der regionalen und lokalen Selbstverwaltung zum Ausdruck kommt. Dadurch und durch die weiteren Achtungsgebote (grundlegende Funktionen des Staates, von denen einige hervorgehoben werden) wird das bislang in *Art. 6 Abs. 3 EUV aF* geregelte Achtungsgebot präzisiert und zugleich die Rolle der Mitgliedstaaten als Basis der Union (s. Rn 146 f) demonstriert.

**166**   **Art. 4 Abs. 3 UAbs. 2 und 3 EUV** erlegt den Mitgliedstaaten Handlungspflichten und eine Unterlassungspflicht auf. Die Existenz einer besonderen Vorschrift spricht

---

93   Kritisch dazu *Nettesheim*, in: Grabitz/Hilf/Nettesheim, Art. 2 AEUV Rn 42 mwN. Kritisch, aber ohne verfassungsrechtlich durchgreifende Bedenken auch BVerfGE 123, 267 (382 f).

dafür, dass die Vertragserfüllungspflicht aus Art. 4 Abs. 3 UAbs. 1 und 2 EUV nicht lediglich deklaratorisch den auch für die Gründungsverträge geltenden völkerrechtlichen Grundsatz „pacta sunt servanda" wiedergibt, sondern darüber hinausgeht **(Loyalitätspflicht)**. Dementsprechend hat der EuGH, der bereits in *ex-Art. 10 EGV* den Grundsatz der Zusammenarbeit der Mitgliedstaaten mit den Gemeinschaftsorganen sah, hieraus eine Reihe von konkreten Einzelpflichten der einzelnen Staatsorgane abgeleitet, was die Bejahung der unmittelbaren Wirkung dieser Vorschrift gegenüber den Mitgliedstaaten voraussetzt.

**Beispiele:** Konkrete Anforderungen an die Umsetzung von Richtlinien[94]; Konsultationspflichten[95]; Pflicht zur Einräumung des Vorrangs von unmittelbar anwendbarem Gemeinschaftsrecht (jetzt Unionsrecht) durch Anpassung oder Aufhebung von nationalem Recht (s. Rn 220, 224); Sicherung der Grundfreiheiten gegen Beeinträchtigungen durch Privatpersonen (s. Rn 880 f); Pflicht zum Handeln als „Sachwalter des gemeinsamen Interesses" bei Untätigkeit des Rates[96].

Die aus Art. 4 Abs. 3 UAbs. 3 EUV folgende Unterlassungspflicht besteht allgemein darin, keine „Maßnahmen zu ergreifen oder aufrechtzuerhalten, welche die praktische Wirksamkeit der Verträge beeinträchtigen könnten"[97]. **167**

**Beispiel:** Beachtung des Vorrangs des Unionsrechts durch Unterlassung unionsrechtswidriger nationaler Rechtsetzung[98]. Zur Klarstellungspflicht vgl Rn 222.

Als Verpflichtung zur loyalen Zusammenarbeit aller Beteiligten[99] begründet Art. 4 Abs. 3 UAbs. 1 EUV auch Verpflichtungen der Unionsorgane gegenüber den Mitgliedstaaten. Sie müssen auf berechtigte Interessen der Mitgliedstaaten, gegebenenfalls verfassungsrechtliche Probleme Rücksicht nehmen, und mit den Mitgliedstaaten redlich zusammenwirken, um Schwierigkeiten zu überwinden[100]. Auch gegenüber den Mitgliedstaaten ist der Grundsatz der Verhältnismäßigkeit zu beachten (Art. 5 Abs. 4 EUV). **168**

Ob darüber hinausgehend ein der Bundestreue entsprechender allgemeiner **Grundsatz der Unionstreue** existiert, ist umstritten. Angesichts der gegenseitigen Tragweite der Verpflichtungen aus Art. 4 Abs. 3 EUV dürfte er keinen zusätzlichen Rechtsgehalt bringen. Der Vertrag von Lissabon sieht in Art. 222 AEUV eine über die allgemeine Unionstreue in Art. 4 Abs. 3 EUV hinausgehende Solidaritätsklausel für Fälle terroristischer Anschläge und Katastrophen (zu „Finanzkatastrophen" s. Rn 1140) so- **169**

---

94  Die Umsetzungspflicht an sich ist bereits in Art. 288 Abs. 3 AEUV enthalten. Konkrete Anforderungen an den Umsetzungsakt stützt der EuGH auf *Art. 10 EGV*, jetzt Art. 4 Abs. 3 AEUV vgl Rs 14/83, von Colson und Kamann, Slg 1984, 1891, Rn 26. Vgl dazu *Kahl*, in: Calliess/Ruffert, Art. 4 EUV, Rn 54; *Streinz*, in: Streinz, Art. 4 EUV, Rn 47.

95  EuGH, Rs 141/78, Frankreich/Vereinigtes Königreich, Slg 1979, 2923, Rn 8 f.

96  EuGH, Rs 804/79, Kommission/Vereinigtes Königreich, Slg 1981, 1045, Rn 28 = *HVL*, S. 195 f = *Pechstein* Nr 20.

97  So ohne ausdrücklichen Bezug auf *Art. 5 EWGV (= Art. 10 EGV*, jetzt Art. 4 Abs. 3 AEUV) EuGH, Rs 14/68, Walt Wilhelm/Bundeskartellamt, Slg 1969, 1, Rn 6.

98  Vgl EuGH, Rs 6/64, Costa/ENEL, Slg 1964, 1251 (1269 f) = *HVL*, S. 358 ff = *PSK*, Fall 17 = *Pechstein* Nr 1 = *GO* Nr 115 = *MH* Nr 2.

99  EuGH, Rs 230/81, Luxemburg/Europäisches Parlament, Slg 1983, 255, Rn 37. Vgl Art. 4 Abs. 3 S. 1 EUV: „Grundsatz der loyalen Zusammenarbeit".

100  Vgl EuGH, Rs 94/87, Kommission/Deutschland, Slg 1989, 175, Rn 9; Rs C-2/88, Imm. Zwartveld, Slg 1990, I-3365, Rn 17 f = *HVL*, S 152 f. Vgl *Kahl*, in: Calliess/Ruffert, Art. 4 EUV, Rn 104 ff mwN.

wie in Art. 42 Abs. 7 EUV eine Beistandspflicht für den Fall eines bewaffneten Angriffs (s. dazu Rn 1317) vor.

**170**  Die Verpflichtungen der Europäischen Union gegenüber den Mitgliedstaaten sind im Unionsvertrag von Maastricht fixiert und im Vertrag von Lissabon bestätigt und präzisiert worden.

Gemäß Art. 4 Abs. 2 EUV *(Art. 6 Abs. 3 EUV aF)* achtet die Union die **nationale Identität** ihrer Mitgliedstaaten. Damit wird zum einen zum Ausdruck gebracht, dass die Europäische Union (wie bereits die Europäischen Gemeinschaften) auf den Mitgliedstaaten basiert (vgl Rn 146 ff), zum anderen, dass die Union nicht zentralistisch sein soll. Dies ist ein Signal an die Unionsorgane, insbesondere an den Gerichtshof, der sein Rollenverständnis als „Motor der Integration"[101] überdenken sollte und ansatzweise auch bereits überdacht hat (vgl Rn 621). Damit werden aber auch unionsrechtlichen Vorgaben für die Ausgestaltung der inneren Verfassungsstruktur Grenzen gesetzt, was Art. 4 Abs. 2 EUV hervorhebt. Dies ist beim Ruf nach einem „Europa der Regionen" zu berücksichtigen.

**171**  Art. 4 Abs. 1, Art. 5 Abs. 1 S. 1, Abs. 2 EUV schreiben das bereits zuvor anerkannte **Prinzip der begrenzten Einzelermächtigung** ausdrücklich fest. Dies hat Auswirkungen auf Art. 311 Abs. 1 AEUV *(Art. 6 Abs. 4 EUV aF)*, der deshalb nicht als Kompetenzvorschrift angesehen werden darf (vgl Rn 135, 544 f).

**172**  Art. 5 Abs. 1 S. 2, Abs. 3 EUV verankert das **Subsidiaritätsprinzip**. Danach wird die Union in den Bereichen, die nicht in ihre ausschließliche Zuständigkeit fallen, nur tätig, sofern und soweit die Ziele der in Betracht gezogenen Maßnahmen von den Mitgliedstaaten weder auf zentraler noch auf lokaler Ebene ausreichend verwirklicht werden können, sondern vielmehr wegen ihres Umfangs oder ihrer Wirkungen auf Unionsebene besser zu verwirklichen sind. Da das Subsidiaritätsprinzip ausdrücklich nicht für die ausschließlichen Unionskompetenzen gilt, ist deren Abgrenzung zu den anderen Zuständigkeitskategorien (vgl Rn 152 ff) von praktischer Bedeutung. Es handelt sich dabei um eine Rechtspflicht, deren Justiziabilität freilich Schwierigkeiten bereitet[102]. Diese Feststellung berechtigt aber nicht dazu, von einem Bemühen um juristische Konkretisierung von vornherein Abstand zu nehmen. Inhaltlich ist das Subsidiaritätsprinzip als **Kompetenzausübungsschranke** zu interpretieren – so auch die interinstitutionelle Vereinbarung zwischen dem Europäischen Parlament, dem Rat und der Kommission über die Verfahren zur Anwendung des Subsidiaritätsprinzips[103] und das Protokoll (Nr 2) über die Anwendung der Grundsätze der Subsidiarität und der Verhältnismäßigkeit[104] –, die den Unionsorganen eine Rechtfertigungslast aufer-

---

101  Vgl zum Begriff *T. Stein*, in: FS Univ. Heidelberg, 1986, S. 619: *Schweitzer/Hummer/Obwexer*, Europarecht, Rn 732; *P.M. Huber*, Das Verhältnis des EuGH zu den nationalen Gerichten, in: Merten/Papier (Hrsg.), Handbuch der Grundrechte in Deutschland und Europa, Bd. VI/2, 2009, § 172, Rn 92 mwN.
102  Vgl EuGH, Rs C-233/94, Deutschland/EP und Rat, Slg 1997, I-2405, Rn 22 ff, 55 ff = *PSK*, Fall 3.
103  EuGRZ 1993, 603 f.
104  Protokoll zum Vertrag von Amsterdam, ABl 1997 C 340/105. Durch die Neufassung im entsprechenden Protokoll zum Vertrag von Lissabon (ABl 2007 C 306/150; ABl C 2012 326/206; Sart. II Nr 147, S. 6 ff; Nomos Nr 3, S. 210) wurde ein prozeduraler Ansatz verfolgt und ein Prüfverfahren mit Beteiligung der nationalen Parlamente und einem Klagerecht zum EuGH auch für den AdR eingeführt, wenn dessen Anhörung für den betreffenden Rechtsakt obligatorisch ist.

legt. Es ist darauf zu achten, dass man sich einerseits seitens des Unionsgesetzgebers dieser Rechtfertigungslast nicht formalistisch entledigt, andererseits es seitens der Mitgliedstaaten unterlässt, das Subsidiaritätsprinzip schematisch und sachfremd geltend zu machen.

Art. 5 Abs. 1 S. 2, Abs. 4 EUV ordnet das im Verhältnis zum betroffenen Bürger seit **173** langem als allgemeiner Rechtsgrundsatz anerkannte **Prinzip der Verhältnismäßigkeit** (Erforderlichkeit) auch im Verhältnis der Union zu den Mitgliedstaaten an. Es setzt sowohl den Unionsorganen bei der Rechtsetzung und Verwaltung (vgl Rn 784) als auch den Mitgliedstaaten beim Vollzug von Unionsrecht und bei der Beschränkung von Grundfreiheiten (vgl Rn 870 f) Schranken. Als **Kompetenzausübungsschranke** ergänzt es das Subsidiaritätsprinzip.

Die früher in *Art. 6 EWGV* bzw *Art. 4 Abs. 1 EGV* verankerte Pflicht zur **Koordinie- 174 rung der mitgliedstaatlichen Wirtschaftspolitiken** findet sich jetzt in Art. 119 Abs. 1 AEUV. Die dort angesprochene *„enge"* Koordinierung weist auf die gegenüber dem bisherigen Zustand viel weitergehenden Bedürfnisse im Hinblick auf die Währungsunion hin. Art. 120 ff AEUV enthalten die entsprechenden Einzelverpflichtungen und Instrumente (s. Rn 1122 ff).

### c) Die Sicherung der einheitlichen Geltung und Anwendung des Unionsrechts in den Mitgliedstaaten

Die Rechtsordnung der EU kann nur dann eine gemeinschaftliche sein, wenn Geltung **175** und Anwendung des Unionsrechts in allen Mitgliedstaaten einheitlich sind und nicht jeweils verschiedenen Bedingungen unterliegen. Die Verträge enthalten insoweit keine Regelungen. Der EuGH hat deshalb frühzeitig den Vorrang des Gemeinschaftsrechts (jetzt des Unionsrechts) vor nationalem Recht behauptet (s. Rn 215 ff). Die verfahrensmäßige Absicherung dieses Vorrangs erfolgt nicht nur durch den EuGH, sondern auch durch die nationalen Gerichte, die insoweit Verantwortung für die Einhaltung des Unionsrechts tragen (s. Rn 715). Zunehmend wird erkannt, dass die Herstellung des Binnenmarktes wirkungslos bleibt oder gar kontraproduktive Wettbewerbsverzerrungen schafft, wenn die einheitliche praktische Durchsetzung des Unionsrechts im gesamten Unionsgebiet nicht gewährleistet ist. Die Kommission wendet dieser Aufgabe daher besonderes Augenmerk zu. Auch die Mitgliedstaaten haben dieses Problem erkannt und in einer Erklärung der Konferenz von Maastricht vom 7.2.1992[105] die Mitgliedstaaten unter Heranziehung der vom EuGH entwickelten Grundsätze der Effektivität und der Äquivalenz (vgl Rn 604 ff) zur Gemeinschaftstreue ermahnt und die Kommission zur Kontrolle ihrer Einhaltung aufgefordert.

**Lösung Fall 2** (Rn 164): Enthält eine unionsrechtliche Regelung keine besondere Vor- **176** schrift, die für den Fall eines Verstoßes gegen sie eine Sanktion vorsieht, oder verweist sie insoweit auf die nationalen Rechts- und Verwaltungsvorschriften, so sind die Mitgliedstaaten durch Art. 4 Abs. 3 EUV, Art. 291 Abs. 1 AEUV verpflichtet, alle geeigneten Maßnahmen zu treffen, um die Geltung und die Wirksamkeit des Unionsrechts zu gewährleisten.

---

105   Sart. II Nr 148, S. 8: Erklärung Nr 19 zur Schlussakte.

Obgleich den Mitgliedstaaten dabei die Wahl der Sanktionen verbleibt, müssen sie darauf achten, dass Verstöße gegen das Unionsrecht nach ähnlichen sachlichen und verfahrensrechtlichen Regeln geahndet werden wie nach Art und Schwere gleichartiger Verstöße gegen nationales Recht, wobei die Sanktion jedenfalls wirksam, verhältnismäßig und abschreckend sein muss („Effektivitätsgebot"). Außerdem müssen die nationalen Stellen gegenüber Verstößen gegen das Unionsrecht mit derselben Sorgfalt vorgehen, die sie bei der Anwendung der entsprechenden nationalen Rechtsvorschriften walten lassen („Äquivalenzgrundsatz").

Wegen des Effektivitätsgebotes genügt ein Untätigbleiben jedenfalls nicht dem Unionsrecht, selbst wenn dies in vergleichbaren nationalen Fällen üblich sein sollte.

**Ergebnis:** Griechenland ist zu den geforderten Maßnahmen dem Grunde nach verpflichtet.

Diese Verpflichtung wurde durch den Maastricht-Vertrag in *Art. 209 EGV* kodifiziert und im Amsterdamer Vertrag in *Art. 280 Abs. 2 EGV* sowie im Vertrag von Lissabon in Art. 325 Abs. 2 AEUV beibehalten. Art. 325 Abs. 1 und 3 AEUV verdeutlicht die Verpflichtung von Union und Mitgliedstaaten zur loyalen Zusammenarbeit bei der Bekämpfung betrügerischer Praktiken. Art. 325 Abs. 4 AEUV ermächtigt das Europäische Parlament und den Rat zum Erlass von Rechtsakten im ordentlichen Gesetzgebungsverfahren Verfahren zur Verhütung und Bekämpfung von Betrügereien, die sich gegen die finanziellen Interessen der Union richten. Der noch in *Art. 280 Abs. 4 EGV* enthaltene Vorbehalt zur Anwendung des Strafrechts der Mitgliedstaaten und der Strafrechtspflege wurde gestrichen. Mit Beschluss 1999/ 352 der Kommission[106] wurde das Europäische Amt für Betrugsbekämpfung (OLAF) errichtet, dessen Befugnisse in der VO 1073/99 des Europäischen Parlaments und des Rates[107] im Einzelnen festgelegt sind[108]. Art. 86 AEUV sieht jetzt die Einrichtung einer Europäischen Staatsanwaltschaft vor.

**Literatur:** *Bungenberg, M.*, Dynamische Integration, Art. 308 und die Forderung nach dem Kompetenzkatalog, EuR 2000, 879 ff; *Craig, P.*, Subsidiarity: a political and legal analysis, JCMSt 50 (2012), 72; *von Danwitz, T.*, Subsidiaritätskontrolle in der Europäischen Union, in: FS Sellner, 2010, S. 37; *ders.*, Vertikale Kompetenzkontrolle in föderalen Systemen: Rechtsvergleichende und rechtsdogmatische Überlegungen zur vertikalen Abgrenzung von Legislativkompetenzen in der Europäischen Union, AöR 131 (2006), 510; *Edward, D.O.*, Subsidiarity as a Legal Concept, in: FS Lindh, 2012, S. 93; *Eilmansberger, T.*, Vertikale Kompetenzverteilung zwischen der Union und den Mitgliedstaaten, in: Hummer/Obwexer (Hrsg.), Der Vertrag von Lissabon, 2009, S. 189 ff; *Götz, V.*, Kompetenzverteilung und Kompetenzkontrolle in der Europäischen Union, in: Schwarze (Hrsg), Der Verfassungsentwurf des Europäischen Konvents, 2004, S. 43 ff; *Hrbek, R.*, Das Subsidiaritätsprinzip in der Europäischen Union, 1995; *Leonardy, U.* (Hrsg.), Europäische Kompetenzabgrenzung als deutsches Verfassungspostulat, 2002; *Mager, U.*, Die Proceduralisierung des Subsidiaritätsprinzips im Verfassungsentwurf des Europäischen Konvents, ZEuS 2003, 471; *Pernice, I.*, Kompetenzabgrenzung im europäischen Verfassungsverbund, JZ 2000, 866; *Rengeling, H.-W.*, Die Kompetenzen der EU, in: FS Badura, 2004, S. 1135; *Schroeder, W.*, Zu eingebildeten und realen Gefahren durch kompetenzüberschreitende Rechtsakte der Europäischen Gemeinschaft, EuR 1999, 452; *Streinz, R.*, Die Interpretationsmethoden des Europäischen Gerichtshofs zum Vorantreiben der Integration, in: Rill, B. (Hrsg.), Die Dynamik der europäischen Institutionen, 2011, S. 27 ff; *Trüe, C.*, Das System

---

106  ABl 1999 L 136/20; *Bieber/Knapp* Nr IV.5.
107  ABl 1999 L 136/1.
108  Vgl *Khan*, in: Geiger/Khan/Kotzur, Art. 325 AEUV, Rn 3; *Satzger*, in: Streinz, Art. 325 AEUV, Rn 29; *Spitzer/Stiegel*, in: Schwarze, Art. 325 AEUV, Rn 27 ff.

der Rechtsetzungskompetenzen der EG und der EU, 2002; *Zuleeg, M.*, Das Subsidiaritätsprinzip im Europarecht, in: FS Schockweiler, 1999, S. 635 ff.

## 3. Europäische Union und Teile von Mitgliedstaaten mit eigener Rechtspersönlichkeit

### a) Unterschiedliche Strukturen der Mitgliedstaaten

Was die Existenz von Gebietskörperschaften mit eigener Rechtspersönlichkeit anbe-  **177**
langt, ist die interne Struktur der Mitgliedstaaten äußerst unterschiedlich. Außer Österreich ist die Bundesrepublik Deutschland der einzige ausgeprägt föderal verfasste Staat in der Europäischen Union, dessen Bundesstaatlichkeit noch dazu verfassungsrechtlich doppelt qualifiziert abgesichert ist (Art. 79 Abs. 3, zusätzlich iVm Art. 20 Abs. 1 GG). Die Diskussion über die Rolle der Länder und Regionen in der EU, über die Verhinderung eines „Brüsseler Zentralismus", hat aber auch zu einer Stärkung entsprechender Tendenzen in anderen Mitgliedstaaten geführt. In Spanien haben die Autonomen Gemeinschaften, in Belgien die Regionen Kompetenzen, die in ihrer Breite und Absicherung teilweise denen der deutschen Länder zumindest nicht nachstehen. Deutlich schwächer ist die Stellung der Regionen in Italien. Auch in „klassischen" zentralistischen Staaten wie Frankreich gibt es Tendenzen zu einer Regionalisierung, die allerdings hinter der in den genannten Staaten qualitativ deutlich zurückbleibt. 1998 wurde im Vereinigten Königreich eine differenzierte Autonomie für Schottland, Wales und Nordirland eingeführt. Derzeit können Frankreich, die Niederlande und Portugal als „dezentralisierte" Staaten bezeichnet werden, während Dänemark, Griechenland, Irland und Luxemburg sowie Finnland und Schweden mehr oder weniger „unitarisch" sind. Von den 2004 und 2007 neu beigetretenen Staaten ist die Mehrzahl zu klein für eine nennenswerte Dezentralisierung wichtiger Verwaltungsaufgaben. Eine Dezentralisierung bzw Reform des Staatsaufbaus fand allerdings beispielsweise in Polen (1999), der Slowakei (2001) sowie in der Tschechischen Republik (2003) statt. Auch Ungarn ist (eingeschränkt) dezentralisiert.

Diese Unterschiede und das Beharrungsvermögen der ihnen zugrunde liegenden Kon-  **178**
zeptionen sowie das Achtungsgebot in Art. 4 Abs. 2 EUV (s. Rn 165) gilt es zu beachten, wenn ein „Europa der Regionen" unter Absinken der Rolle der zentralen Nationalstaaten postuliert oder prognostiziert wird.

### b) Vertretung bei der Europäischen Union

Angesichts dieser Unterschiede ist es nicht verwunderlich, dass die Gründungsverträ-  **179**
ge Länder und Regionen nicht zur Kenntnis nahmen (allein *Art. 68 Abs. 3 EWGV* erwähnte in hier nicht interessierendem Zusammenhang „Gebietskörperschaften"), „landesblind"[109] waren. Im Grunde trifft dies auch für die Änderungen zu, die der Unionsvertrag und seine Fortentwicklungen brachten. Der Vertrag von Lissabon nimmt auf die unterschiedliche Struktur der Mitgliedstaaten „einschließlich der regionalen und lokalen Selbstverwaltung" als Teil ihrer nationalen Identität, die die Union gemäß Art. 4 Abs. 2 S. 1 EUV „achtet", zumindest Bezug. Auch bei der Anwendung

---

109  *Ipsen*, in: FS Hallstein, S. 248, 256.

des Subsidiaritätsprinzips soll eine mögliche Aufgabenwahrnehmung durch die regionale oder lokale Ebene innerhalb der Mitgliedstaaten in Betracht gezogen werden (Art. 5 Abs. 3 UAbs. 1 EUV).

**180**  Bis zum Vertrag von Maastricht bestand eine institutionelle Vertretung auf Gemeinschaftsebene lediglich in zwei eher marginalen Einrichtungen[110]. Durch Art. 305–307 AEUV wurde der **Ausschuss der Regionen** eingeführt. Mangels einer einheitlichen föderalen Struktur in der Union bleibt es weitgehend (vgl aber Rn 433) den Mitgliedstaaten überlassen, wen sie in das Gremium entsenden (vgl Art. 305 Abs. 3 AEUV). Nach relativ heftigem Streit haben in Deutschland die Länder den Kommunen drei der 24 Sitze in diesem Gremium überlassen, dem nur beratende Funktion zukommt (Art. 307 AEUV). Immerhin ist in bestimmten Fällen eine obligatorische Anhörung vorgeschrieben (vgl Art. 307 Abs. 1, 3 AEUV) (s. dazu Rn 435).

**181**  Die deutschen Länder haben eigene „**Büros**" in Brüssel errichtet, um mit der Union in ständigen und unmittelbaren Kontakt zu kommen und zu bleiben. Die Zulässigkeit solcher Vertretungen wird heute nicht mehr bestritten, wenngleich die erwogene *verfassungs*rechtliche Klarstellung in Art. 23 GG unterblieben ist. § 8 des auf Grund von Art. 23 Abs. 7 GG erlassenen Gesetzes über die Zusammenarbeit von Bund und Ländern in Angelegenheiten der Europäischen Union[111] sieht die Einrichtung von Länderbüros vor und regelt deren Rechtsstellung im Verhältnis zum Bund.

**182**  Diese beschränkten Möglichkeiten erklären, warum die deutschen Länder (mit Erfolg, vgl Rn 384) versucht haben, in der deutschen Delegation im Rat vertreten zu sein und in die innerstaatliche Vorbereitung der Ratsentscheidung rechtzeitig und wirksam einbezogen zu werden.

### c) Beeinträchtigung durch die Europäische Union

**183**  Da sich die Verpflichtungen aus dem Unionsrecht an den Gesamtstaat ohne Rücksicht auf dessen innerstaatliche Verfassungsstruktur richten, werden autonome Gemeinschaften dadurch insoweit tangiert, als ihre innerstaatlich begründeten Kompetenzen betroffen werden.

**184**  Unionsrechtliche **Kompetenznormen** schließen in ihrer Reichweite und Intensität auch die Gesetzgebungszuständigkeit von Gebietskörperschaften aus. Bei den deutschen Bundesländern ist dadurch zB die Agrarstrukturpolitik betroffen.

**185**  Unionsrechtliche **Sachnormen** beschränken die Möglichkeit der Gebietskörperschaften zu eigenverantwortlicher Politikgestaltung. So setzen zB Art. 107 ff AEUV der Wirtschaftsförderung Schranken (vgl **Fall 3**, Rn 190). Auch die Bereiche Bildung und Kultur sind davon betroffen (vgl Rn 387). Die unionsrechtliche Kontrolle kann sich ebenfalls auf die Aufgabenerfüllung der Kommunen auswirken (zB Umweltrecht, Vergabe öffentlicher Aufträge[112]).

---

110  S. dazu *Streinz*, Europarecht, 8. Aufl. 2008, Rn 174 f.
111  BGBl. 1993 I 313; Sart. I Nr 97; Nomos Nr 26; *Bieber/Knapp* Nr VIII.3; dtv EuR Nr 24.
112  Vgl dazu *von Ameln*, DVBl. 1992, 477. Näher zum Vergaberecht *Schweitzer/Hummer/Obwexer*, Rn 1890 ff mwN.

**Beispiel** (nach EuGH, Rs 103/88, Fratelli Costanzo/Stadt Mailand, Slg 1989, 1839):    **186**
Die RL 71/305 über die Koordinierung der Verfahren zur Vergabe öffentlicher Bauaufträge[113]
bestimmt, wann Angebote bei öffentlichen Ausschreibungen auszuschließen sind. 1987 erließ
Italien ein Gesetz, das für die Vergabe von Aufträgen zum Bau von Fußballstadien für die
Weltmeisterschaft 1990 Bestimmungen enthielt, die von der Richtlinie abwichen. Als eine Firma von der Stadt Mailand auf Grund dieser Bestimmungen vom Vergabeverfahren ausgeschlossen wurde, erhob sie dagegen Klage.

Das zuständige italienische Gericht legte im Vorabentscheidungsverfahren gemäß Art. 267
Abs. 2 AEUV (vgl Rn 693 ff) dem EuGH eine Reihe von Fragen zur Auslegung dieser Richtli-
nie vor. Der EuGH entschied ua, dass die fraglichen Bestimmungen der Richtlinie unmittelbare
Wirkung entfalteten (vgl dazu Rn 488 ff). Wenn sich die Einzelnen unter den dafür geltenden
Voraussetzungen auf die Bestimmungen einer Richtlinie berufen könnten, so deshalb, weil die
Verpflichtungen, die sich aus diesen Bestimmungen ergeben, für alle Behörden der Mitglied-
staaten gelten. Es wäre widersprüchlich, diese Berufung zuzulassen, die Verpflichtung der Verwaltung aber zu verneinen, die Bestimmungen der Richtlinie dadurch einzuhalten, dass sie die
Vorschriften des nationalen Rechts, die damit nicht im Einklang stehen, unangewendet lässt.
Folglich seien alle Träger der Verwaltung einschließlich der Gemeinden und der sonstigen Gebietskörperschaften verpflichtet, die Bestimmungen von Richtlinien, die unmittelbare Wirkung
entfalten, anzuwenden. Zum Problem der Pflicht nationaler Behörden, unionsrechtswidriges
nationales Recht nicht anzuwenden, s. Rn 261.

Soweit Gebietskörperschaften an der Gesetzgebung des Zentralstaats mitwirken (zB    **187**
die deutschen Bundesländer über den Bundesrat an der Gesetzgebung des Bundes,
Art. 50 GG), werden diese Kompetenzen auch durch dessen Kompetenzverlust berührt.

Soweit Gebietskörperschaften für den Vollzug des Unionsrechts zuständig sind (zB    **188**
die deutschen Bundesländer einschließlich der Kommunen), haftet dafür der Zentralstaat, weshalb sie dazu verfassungsrechtlich verpflichtet werden (in Deutschland
durch den Grundsatz der Bundestreue iVm Art. 23 Abs. 1 GG, vgl dazu Rn 593; für
die neuen Bundesländer vgl Art. 10 Abs. 3 Einigungsvertrag[114]). Dadurch wird Ver-
waltungs- und Finanzkapazität gebunden.

**d)  Möglichkeiten der autonomen Gebietskörperschaften zur Wahrung ihrer
Rechte**

Da die Vertretung autonomer Gebietskörperschaften auf Unionsebene nur in sehr be-    **189**
scheidenem Umfang vorgesehen ist, bemühen sie sich um Kompensationen auf nationaler Ebene. Diese einzuräumen ist Sache des Verfassungsrechts, das dabei allein
unionsrechtliche Schranken beachten muss (Mitwirkung in der nationalen Ratsdele-
gation, nationale Rückbindung der Vertreter im Rat; s. zur Rechtslage in Deutschland
Rn 384 ff). Unmittelbar gegen Unionsakte könnten sich Gebietskörperschaften nur
durch Klagen vor dem EuGH wenden. Ein solches allgemeines Klagerecht ist in den
Gründungsverträgen und trotz entsprechender Forderungen auch im Unionsvertrag
nicht ausdrücklich verankert (zur Subsidiaritätsklage s. Rn 192). Gleichwohl hat der
EuGH die Klage von Regionen zugelassen:

---

113  Ersetzt durch RL 93/37, ABl 1993 L 199/54. Diese RL wurde zum 31.1.2006 aufgehoben und ersetzt
     durch die Vergabe-RL 2004/18 (ABl 2004 L 134/114; ABl 2006 L 363/107).
114  Sart. II Nr 605.

**190**     **Fall 3** (nach EuGH, verb Rs 62 und 72/87, Exécutif régional wallon und SA Glaverbel/
Kommission, Slg 1988, 1573):

Im Mitgliedstaat B, einem Bundesstaat, sieht ein Gesetz vor, dass durch die Gliedstaaten
Beihilfen an Unternehmen gewährt werden können. Als die EU-Kommission davon erfährt,
dass dem Unternehmen U durch den Gliedstaat W eine solche Beihilfe gewährt werden soll,
richtet sie an den Mitgliedstaat B eine Entscheidung, mit der sie diesem die Gewährung der
Beihilfe untersagt. Kann dagegen der Gliedstaat W Klage zum EuGH erheben?

**Lösung Fall 3:** In Betracht käme eine Nichtigkeitsklage gemäß Art. 263 AEUV.

**I. Art. 263 Abs. 2 AEUV:** Privilegiert klagebefugt gemäß Art. 263 Abs. 2 AEUV sind nur
die „Mitgliedstaaten". Mitgliedstaat ist aber allein B, nicht der Gliedstaat W. Man kann
auch nicht annehmen, dass in den Bereichen, die nach der innerstaatlichen Kompetenzverteilung den Gliedstaaten obliegen, B durch W „vertreten" wird. Denn dies sieht das („lan-
desblinde") Unionsrecht nicht vor[115].

**II. Art. 263 Abs. 4 AEUV:**

1. Juristische Person: Der (unionsrechtliche[116]) Begriff der juristischen Person ist weit zu
fassen (Wortlaut: „Jede"; Umkehrschluss aus *Art. 33 EGKSV*, wonach nur „Unternehmen"
und „Verbände von Unternehmen" klagebefugt sind). Daher fallen auch juristische Personen des öffentlichen Rechts darunter, soweit ihnen das nationale Recht Rechtspersönlichkeit
verleiht. Dies ist bei W als autonomer Gebietskörperschaft der Fall.

2. Zulässiger Klagegrund: (Voraussetzungen des Art. 263 Abs. 2 AEUV). W muss die angebliche Verletzung des AEUV rügen.

**III.** Unmittelbare und individuelle Betroffenheit durch den Klagegegenstand: Der nicht privilegierte Klageberechtigte muss eine besondere Klagebefugnis, die sich auf die geltend gemachten Klagegründe bezieht, dartun (s. Rn 658). Der Beschluss ist zwar an den Mitgliedstaat B gerichtet. Durch die Untersagung wird jedoch auch der Gliedstaat W unmittelbar
und individuell betroffen, da ihm der Mitgliedstaat B die Gewährung der Beihilfe untersagen muss.

**Ergebnis:** Die Klage ist zulässig.

**191**     Der EuGH hat die Klage zugelassen, da die Kommission dagegen keine Einwände er-
hoben und er (fehlerhaft) keine Veranlassung gesehen hat, die Klagebefugnis von
Amts wegen zu prüfen. Der Generalanwalt hatte die Klagebefugnis gemäß Art. 263
Abs. 4 AEUV bejaht[117].

**192**     Im Primärrecht festgelegte Kompetenzverluste können autonome Gebietskörperschaften (wie die deutschen Bundesländer) mit der Nichtigkeitsklage, die sich nur gegen sekundäres Unionsrecht richten kann, nicht abwehren. Kompetenzverluste durch
sekundäres Unionsrecht (Verordnungen oder Richtlinien von Rat oder Kommission)
könnten aber mit der Begründung angegriffen werden, dass für den betreffenden

---

115  Vgl auch EuGH, Rs C-95/97, Wallonische Region/Kommission, Slg 1997, I-1789, Rn 4 ff = *HVL*,
S. 145.
116  Str.; wie hier *Gaitanides*, in: von der Groeben/Schwarze/Hatje, Art. 263 AEUV, Rn 45 und *Cremer*,
in: Calliess/Ruffert, Art. 263 AEUV, Rn 27 unter Berufung auf EuGH, Rs 135/81, Agences des Voy-
ages/Kommission, Slg 1982, 3799, Rn 10 f. *Ehricke*, in: Streinz, Art. 263 AEUV, Rn 42 mwN; aA
*Kotzur*, in: Geiger/Khan/Kotzur, Art. 263 AEUV, Rn 19 („maßgebliches nationales Recht").
117  Vgl auch EuGH, Rs 222/83, Gemeinde Differdange ua/Kommission, Slg 1984, 2889, Rn 7 ff.

Rechtsakt die Verbandskompetenz der Union fehle, dieser daher von den Gründungsverträgen nicht gedeckt und somit nicht rechtmäßig iSv Art. 263 AEUV sei. Seit Inkrafttreten des Unionsvertrages ist auch eine Rüge der Verletzung des Subsidiaritätsprinzips (Art. 5 Abs. 3 EUV) oder des Verhältnismäßigkeitsgrundsatzes (Art. 5 Abs. 4 EUV) denkbar. Das Protokoll über die Anwendung der Grundsätze der Subsidiarität und der Verhältnismäßigkeit zum Vertrag von Lissabon[118] sieht darüber hinaus vor, dass in Mitgliedstaaten mit Zwei-Kammer-Parlamenten jede dieser Kammern eine Subsidiaritätsrüge (Art. 6 SubsProt) bzw Subsidiaritätsklage (Art. 8 SubsProt) gegen Rechtsakte der Union erheben kann. Auch wenn der Bundesrat keine echte „zweite Kammer" bildet, sieht § 11 IntVG[119] hinsichtlich der Subsidiaritätsrüge und Art. 23 Abs. 1a GG und § 12 IntVG hinsichtlich der Subsidiaritätsklage vor, dass Bundestag und Bundesrat von dieser Möglichkeit unabhängig voneinander Gebrauch machen können. Unionsrechtlich ist dies wegen der Verfassungsautonomie der Mitgliedstaaten zulässig.

Gemäß Art. 263 Abs. 4 AEUV besteht die Klagebefugnis jetzt gegen „Handlungen". **193** Darunter können auch Richtlinien fallen, die die Gebietskörperschaften unmittelbar und individuell betreffen. Dies ist dann der Fall, wenn eine an den Mitgliedstaat gerichtete Richtlinie innerstaatlich nur von den Gebietskörperschaften (legislativ) vollzogen werden kann.

**Literatur** (s. auch Rn 176 und 388): *Albin, S.*, Das Subsidiaritätsprinzip in der EU – Anspruch und Rechtswirklichkeit, NVwZ 2006, 629; *Blumenwitz, D.*, Das Subsidiaritätsprinzip und die Stellung der Länder und Regionen in der Europäischen Union, in: GS Grabitz, 1995, S. 1 ff; *Häberle, P.*, Das Prinzip der Subsidiarität aus der Sicht der vergleichenden Verfassungslehre, AöR 119 (1994), 133; *Ipsen, H.P.*, Als Bundesstaat in der Gemeinschaft, in: FS Hallstein, 1966, S. 248 ff; *Isensee, J.*, Bundesland in Europa. Schwierigkeiten einer dritten Ebene in der Europäischen Union, NdsVBl. 2015, 1; *Reich, D.O.*, Zum Einfluss des Europäischen Gemeinschaftsrechts auf die Kompetenzen der deutschen Bundesländer, EuGRZ 2001, 1; *Ritzer, C./ Ruttloff, M.*, Die Kontrolle des Subsidiaritätsprinzips: Geltende Rechtslage und Reformperspektiven, EuR 2006, 116; *Schäfer, T.*, Die deutsche kommunale Selbstverwaltung in der Europäischen Union, 1998; *Schelter, K./Wuermeling, J.*, Europa der Regionen, 1995; *Silberhorn, T.*, Die Neugestaltung der Beteiligung des Deutschen Bundestages in Angelegenheiten der Europäischen Union, in: *Busek, E./Hummer, W.* (Hrsg.), Die Konstitutionalisierung der Verbandsgewalt in der (neuen) Europäischen Union, 2006, S. 173 ff; *Streinz, R.*, Die Abgrenzung der Kompetenzen zwischen der EU und den Mitgliedstaaten unter besonderer Berücksichtigung der Regionen, BayVBl. 2001, 481; *Zuleeg, M.*, Die föderativen Grundsätze der Europäischen Union, NJW 2000, 2846.

---

118  Protokoll Nr 2, ABl 2007 C 306/150; ABl 2012 C 326/206; Sart. II Nr 147, S. 6 ff; Nomos Nr 3, S. 210.
119  Sart. I Nr 98; Nomos Nr 28; dtv EuR Nr 22. Davon haben Bundestag und Bundesrat bereits mehrmals Gebrauch gemacht.

## VII.  Das Verhältnis von Unionsrecht und nationalem Recht

**194**     **Fall 4** (Nach EuGH, Rs 6/64, Costa/ENEL, Slg 1964, 1251 = *HVL*, S. 35 f = *Pechstein* Nr 1= *GO* Nr 255 = *PSK*, Fall 17 = *MH* Nr 2):

Italien verstaatlichte 1962 die Erzeugung und Verteilung des elektrischen Stroms und gründete zu diesem Zweck die ENEL, der als juristischer Person die Betriebsanlagen der verstaatlichten Elektrizitätsunternehmen übereignet wurden. Costa war Aktionär der von der Verstaatlichung betroffenen Aktiengesellschaft Edisonvolta. Er weigerte sich, die Stromrechnung der ENEL zu bezahlen und machte in dem daraufhin anhängigen Rechtsstreit geltend, die Verstaatlichung verstoße gegen das Unionsrecht.

Welche Auswirkungen hätte ein solcher Verstoß, wenn er tatsächlich vorliegt, auf das italienische Gesetz? **(Lösung: Rn 220)**

**195**     **Fall 5** (Nach BVerfGE 73, 339 – „Solange II" = *HVL*, S. 49 f = *GO* Nr 145 = *PSK*, Fall 85 = *MH* Nr 17):

Die deutsche Firma W beantragte eine Einfuhrlizenz für Champignonkonserven aus dem Drittstaat Taiwan. Dies wurde von der zuständigen deutschen Behörde, gestützt auf Verordnungen der EU, verweigert. Die dagegen erhobene verwaltungsgerichtliche Klage blieb in allen Instanzen erfolglos. Das BVerwG hatte eine Vorabentscheidung des EuGH gemäß Art. 267 Abs. 3 AEUV eingeholt, der die Rechtmäßigkeit der EU-Verordnungen bestätigte. W hielt diese Auslegung der Verordnungen durch den EuGH für unvereinbar mit deutschem Verfassungsrecht und regte ein erneutes Vorabentscheidungsersuchen sowie eine Normenkontrollvorlage an das BVerfG gemäß Art. 100 Abs. 1 GG an. Da das BVerwG dem nicht gefolgt war, erhob W gegen dessen Urteil Verfassungsbeschwerde zum BVerfG ua mit der Begründung, das BVerwG habe sie durch das Unterlassen einer erneuten Vorlage an den EuGH ihrem gesetzlichen Richter (Art. 101 Abs. 1 S. 2 GG) entzogen.

Hat die Verfassungsbeschwerde Aussicht auf Erfolg? **(Lösung: Rn 262)**

**196**     **Fall 6** (Nach BVerfG, EuGRZ 1989, 339 f):

Die EU-Kommission hat eine Richtlinie über die Etikettierung von Tabakerzeugnissen vorgeschlagen, der zufolge ua für Zigarettenpackungen bestimmte obligatorische und fakultative Warnhinweise vorgeschrieben werden sollen. Mehrere Tabakhersteller sehen sich dadurch in ihren Grundrechten gefährdet und beantragen beim BVerfG den Erlass einer einstweiligen Anordnung gegen die Bundesregierung, mit der dieser aufgegeben werden soll, im Rat der EU gegen den Vorschlag dieser EU-Richtlinie zu stimmen und sich auch gegenüber den anderen Mitgliedstaaten für die Ablehnung dieser Richtlinie einzusetzen.

Hat dieser Antrag Aussicht auf Erfolg? **(Lösung: Rn 263)**

### 1.  Zuordnungsfragen

**197**     Die Zuordnung von Unionsrecht und nationalem Recht wurde seit Gründung der Gemeinschaften so intensiv wie keine andere Frage diskutiert. Mangels einer ausdrücklichen Kollisionsregel im Unionsrecht[120] und in den meisten Verfassungen der Mit-

---

120     *Art. I-6 EVV* sah vor: „Die Verfassung und das von den Organen der Union in Ausübung der der Union übertragenen Zuständigkeiten gesetzte Recht haben Vorrang vor dem Recht der Mitgliedstaaten.". Im **Vertrag von Lissabon** wurde gemäß dem Mandat des Europäischen Rates vom 21./22.6.2007

gliedstaaten (vgl aber zB Art. 94 der niederländischen Verfassung und Art. 29 Abs. 4 UAbs. 3 S. 2 der irischen Verfassung) und angesichts der grundlegenden Bedeutung der Frage ist dies verständlich. Während am Anfang die Rangfrage im Vordergrund stand, setzt sich zunehmend die Erkenntnis durch, dass Unionsrechtsordnung und nationale Rechtsordnung sich gegenseitig durchdringen und voneinander abhängig sind. Für diese Erscheinung wird verbreitet der Begriff der „Verzahnung" von Unionsrecht und nationalem Recht verwendet.

### a) Das Rangverhältnis

Die Rangfrage ist aus unionsrechtlicher Sicht deshalb von so großer Bedeutung, weil eine einheitliche Geltung und Anwendung des Unionsrechts in den Mitgliedstaaten, die für das Funktionieren der Union unerlässlich ist, nur bei einem Vorrang des Unionsrechts vor nationalem Recht gesichert ist. Diese Rangfrage hängt mit zwei weiteren Grundproblemen des Unionsrechts zusammen: seinem Geltungsgrund und seiner Autonomie. **198**

Die Verhältnisfrage kann aber nicht nur aus dieser unionsrechtlichen, sie muss auch aus der verfassungsrechtlichen Perspektive gesehen werden, nämlich auf welchem Wege und mit welchen Folgen das nationale (deutsche) Verfassungsrecht die Geltung und Anwendung des Unionsrechts im nationalen (deutschen) Rechtsraum ermöglicht und welche Auswirkungen dies für den (Grund-)Rechtsschutz durch Gerichte (insbesondere das BVerfG) hat. **199**

### b) Die „Verzahnung" von Unionsrecht und nationalem Recht

Die Frage nach dem Verhältnis zwischen Unionsrecht und nationalem Recht beschränkt sich aber keineswegs auf diese Rangfrage und die Suche nach Kollisionslösungen. Unionsrecht und nationales Recht stehen sich zwar als jeweils eigenständige und getrennte Rechtsordnungen gegenüber, jedoch nicht isoliert voneinander. Dies zeigt sich insbesondere darin, dass einerseits das Unionsrecht des nationalen Vollzugs bedarf (Durchführung von Verordnungen und nationalen Gesetzen, die Richtlinien umsetzen, s. Rn 475 ff; legislative Umsetzung von Richtlinien, s. Rn 482 ff), andererseits auch das Unionsrecht der zulässigen Anwendung nationalen Rechts Grenzen setzt (Kompetenzbeeinträchtigung durch Sachnormen, vgl Rn 185). **200**

Dieser wechselseitigen Beeinflussung und Abhängigkeit wird allein eine Sichtweise gerecht, die die „Verzahnung" des Unionsrechts mit dem nationalen Recht in ihrer Gesamtheit erfasst. Dazu gehören aber neben der Rang- und Kollisionsfrage auch die speziellen Fragen des Zusammenwirkens beider Rechtsordnungen und der durch sie geschaffenen Organe. Hervorzuheben ist hier das Vorabentscheidungsverfahren ge- **201**

---

bewusst auf diesen Artikel verzichtet (vgl Rn 61). Die Erklärung Nr 17 zur Schlussakte zum Vertrag von Lissabon (ABl 2007 C 306/256; ABl 2012 C 326/346; Nomos Nr 4, S. 277) weist darauf hin, „dass die Verträge und das von der Union auf der Grundlage der Verträge gesetzte Recht im Einklang mit der st Rspr des Gerichtshofs der Europäischen Union unter den in dieser Rechtsprechung festgelegten Bedingungen Vorrang vor dem Recht der Mitgliedstaaten haben". Die genannten „Bedingungen" werden weder dort noch in dem der Schlussakte beigefügten Gutachten des Juristischen Dienstes des Rates (Dok. 11197/07) präzisiert. Der Formulierung kann aber immerhin entnommen werden, dass der Vorrang kein „unbedingter" ist.

mäß Art. 267 AEUV mit dem Vorlagerecht und der Vorlagepflicht nationaler Gerichte und deren Pflicht zur Wahrung des Unionsrechts im nationalen Vollzug (vgl Rn 693, 718).

**202** Neben dieser Verzahnung der Rechtsordnungen und der Organe ist auch die Verzahnung durch die gegenseitige Beeinflussung beider Rechtsordnungen zu beachten[121]. Deutlich lässt sich dies am Verwaltungsrecht aufzeigen. Die nationalen Verwaltungsrechte beeinflussen das Europäische Verwaltungsrecht zwangsläufig dadurch, dass sie Erkenntnisgrundlage der im Wege der Rechtsvergleichung gewonnenen allgemeinen Rechtsgrundsätze des Europäischen Verwaltungsrechts sind (s. Rn 803). Umgekehrt hat auch das Europäische Recht Einfluss auf das nationale Verwaltungsrecht[122] und Verwaltungsprozessrecht.

**Beispiel:** Anforderungen für den gerichtlichen Rechtsschutz in Unionsrechtsfällen, die zB über das bisherige System des britischen Rechtsschutzes hinausgehen (Anfechtung von Verwaltungsakten[123]; vorläufiger Rechtsschutz[124]); Einräumung von Klagerechten an den Einzelnen durch das Unionsrecht, die über die in Deutschland herrschende Schutznormtheorie hinausgehen[125].

## 2. Die Lösung des Rangverhältnisses

**203** Vgl dazu auch *Schweitzer*, Rn 68 ff.

### a) Prinzipieller Vorrang des Unionsrechts

**204** Ungeachtet unterschiedlicher dogmatischer Begründungen besteht in der Wissenschaft sowie in der europäischen und nationalen Rechtsprechung aller Mitgliedstaaten über die grundsätzliche Lösung des Verhältnisses von Unionsrecht und nationalem Recht Einigkeit. Dem Unionsrecht kommt vor nationalem Recht Vorrang zu. Die dafür gegebenen Begründungen unterscheiden sich allerdings nicht nur in den einzelnen Argumenten, sondern auch im Grundsätzlichen, und auch die Art des Vorrangs (Geltungs- oder Anwendungsvorrang) wird unterschiedlich gesehen. Aus der verfassungs-

---

121   Vgl dazu *Schoch*, VBlBW 2003, 297 mwN.
122   Vgl *Maurer*, Allgemeines Verwaltungsrecht, 18. Aufl. 2011, § 4, Rn 69 ff; *Erbguth*, Allgemeines Verwaltungsrecht, 4. Aufl. 2011, § 3 (S. 40 ff); *Detterbeck*, Allgemeines Verwaltungsrecht und Verwaltungsprozessrecht, 12. Aufl. 2014, Rn 141 ff, 1305 ff, 1489; *Peine*, Allgemeines Verwaltungsrecht, 11. Aufl. 2014, Rn 167 ff; *Pünder*, in: Ehlers/Pünder (Hrsg.), Allgemeines Verwaltungsrecht, 15. Aufl. 2016, § 13, Rn 21 ff mwN.
123   Vgl EuGH, Rs 222/84, Johnston, Slg 1986, 1651, Rn 13 ff = *Pechstein* Nr 135 = *PSK*, Fall 72 = *GO* Nr 119.
124   Vgl EuGH, Rs C-213/89, Factortame, Slg 1990, I-2433, Rn 17 f = *Pechstein* Nr 139.
125   S. dazu *W.-R. Schenke*, Verwaltungsprozessrecht, 14. Aufl. 2014, Rn 531a ff; *T. Würtenberger*, Verwaltungsprozessrecht, 2. Aufl. 2006, Rn 68 ff; *Hufen*, Verwaltungsprozessrecht, 9. Aufl. 2013, § 3, Rn 16 ff; § 14, Rn 93 (Verbandsklage); *Ehlers*, Die Europäisierung des Verwaltungsprozessrechts, 1999, S. 61 ff mwN; *Schoch*, NVwZ 1999, 457; *Streinz*, VVDStRL 60 (2002), S. 300 (344 ff). Vgl EuGH, Rs C-115/09, BUND, Landesverband NRW/Bezirksregierung Arnsberg, Slg 2011, I-3673 (Verbandsklage) mit Anm. *Schlacke*, NVwZ 2011, 804 = *HVL*, S. 31 ff. S. dazu auch *Meitz*, NuR 2011, 420. Zuletzt EuGH, Rs C-137/14, Kommission/Deutschland, ECLI:EU:C:2015:683: § 113 Abs. 1 VwGO mit Unionsrecht vereinbar, da subjektives Recht aus den Vorgaben des materiellen Unionsrechts bestehen kann, das aber effektiv umgesetzt werden muss (Verstöße durch Praxis des § 46 VwVfG und fehlerhafte Umsetzung von Art. 11 RL 2011/92 und Art. 25 RL 2010/75 durch das Umwelt-Rechtsbehelfegesetz).

rechtlichen Sicht aller Mitgliedstaaten ist der Vorrang kein absoluter, sondern stößt an verfassungsrechtliche Schranken.

## b) Begründung des Vorrangs des Unionsrechts

**aa) In der Literatur vertretene Auffassungen.** **Unhaltbar** und daher aufgegeben **205** wurden folgende Auffassungen: Lösung anhand der **allgemeinen Regeln des Verhältnisses von Völkerrecht und Landesrecht** ohne Berücksichtigung der besonderen Erfordernisse des Unionsrechts. Dies würde zu einem unterschiedlichen Rang des Unionsrechts in den Mitgliedstaaten führen, was mit der notwendigen einheitlichen Geltung und Anwendung des Unionsrechts unvereinbar ist. **Bundesstaatliche** Lösungen, die entweder die Geltung eines Satzes „Gemeinschaftsrecht bricht nationales Recht" (*Grabitz*, 1966) oder eine Kompetenzabgrenzung dahingehend behaupten, dass kompetenzwidrig erlassenes nationales Recht nichtig sei (*Ophüls*[126]). Gegen diese Theorien spricht bereits, dass die Europäische Union kein Bundesstaat ist[127], ferner, dass für einen solchen die Regel „Bundesrecht bricht Landesrecht" (Art. 31 GG) keineswegs zwingend ist. Die Kompetenzabschichtungstheorie geht von einer unzutreffenden „dinglichen" Deutung des Übertragungsaktes aus. Eine **verfahrensrechtliche** Lösung dahingehend, dass der EuGH in Kollisionsfällen auch über die Gültigkeit oder Ungültigkeit nationalen Rechts judizieren kann, scheidet deshalb aus, weil dem EuGH – auch nach seiner eigenen Judikatur[128] – diese Kompetenz nicht zukommt. **Pragmatische** Lösungen wie eine unionskonforme Auslegung nationalen Rechts nach einer Regel „in dubio pro communitate" oder des Erlasses jeweils neuen Unionsrechts, wenn entgegenstehendes nationales Recht dem bisher erlassenen Unionsrecht widerspricht („lex posterior communitatis") können eine normative Lösung schon deshalb nicht ersetzen, weil sie die zuständigen Organe nicht binden.

**Vertreten** wird ein Vorrang des Unionsrechts kraft Eigenständigkeit (rein europa- **206** rechtliche Lösung) und ein Vorrang kraft verfassungsrechtlicher Ermächtigungen (europarechtliche Lösung, die auf fortbestehenden verfassungsrechtlichen Ermächtigungen beruht).

Die **rein europarechtlichen Lösungen** gehen von einem eigenständigen Rechtscha- **207** rakter des Unionsrechts aus, da es sich von seiner völkerrechtlichen Grundlage gelöst habe, lehnen daher die Lösungsversuche über das Verhältnis Völkerrecht/Landesrecht ab und suchen Kollisionsnormen ausschließlich im Unionsrecht. Dabei wird vordringlich auf das teleologisch ermittelte Prinzip der Sicherung der Funktionsfähigkeit der Union abgestellt, dem die maßgebliche Kollisionsregel zu Gunsten eines Vorranges des Unionsrechts entnommen werden könne. Zudem enthielten Art. 4 Abs. 3 EUV *(ex-Art. 10 EGV)* für das primäre, Art. 288 Abs. 2 AEUV *(ex-Art. 249 Abs. 2 EGV)* bzw Art. 161 Abs. 2 EAGV für das sekundäre Unionsrecht nicht nur Sach-, sondern auch Kollisionsnormen und seien als solche exemplarische Belege

---

126  Zwischen Völkerrecht und staatlichem Recht. Grundfragen des Europäischen Rechts, JurJb 4 (1963/64), 137.

127  Vgl dazu BVerfGE 123, 267 (398) = *HVL*, S. 59 ff – Lissabon: „Eine solche rechtsvernichtende, derogierende Wirkung entfaltet das supranational begründete Recht nicht".

128  EuGH, Rs C-292/92, Hünermund, Slg 1993, I-6787, Rn 8 = *Pechstein* Nr 156. Vgl *Borchardt*, in: Lenz/Borchardt, Art. 267, Rn 18.

dieses Prinzips. Die allgemeine Verbindlichkeit der so gefundenen Kollisionsnormen beruhe auf der Tatsache der Zugehörigkeit (Gliedstellung) der Mitgliedstaaten zur Union. Damit habe das Unionsrecht Vorrang vor allem nationalen Recht der Mitgliedstaaten. Diese Lehre ist sowohl für den Anwendungs- wie für den Geltungsvorrang (s. Rn 221) offen.

**208** Letztlich trifft dieser Ansatz auch auf die von *H.P. Ipsen* entwickelte sog. **Gesamtakttheorie** (s. Rn 125) zu. Diese verweist zwar auf Art. 24 Abs. 1 GG (jetzt Art. 23 Abs. 1 GG) als unentbehrlichen „Integrationshebel", sieht dessen Funktion aber mit der Errichtung der Gemeinschaften als erschöpft an.

**209** Basis dieser Theorien ist die behauptete **Loslösung** des Unionsrechts von seiner völkerrechtlichen Grundlage, bei deren Vorliegen es in der Tat auf die verfassungsrechtlichen Ermächtigungen nicht mehr ankäme. Diese Loslösung ist bislang aber nicht erfolgt (vgl Rn 126).

**210** Die **Eigenständigkeit** des Unionsrechts ist kein tragendes Argument, da die Eigenständigkeit einer Rechtsordnung noch nichts über ihr Verhältnis zu anderen Rechtsordnungen besagt.

**211** Auch die Theorien, die einen **Vorrang des Unionsrechts kraft verfassungsrechtlicher Ermächtigung** annehmen, bejahen die genannten (s. Rn 207) Kollisionsregeln im Unionsrecht. Diese bedürften jedoch einer Ergänzung im Verfassungsrecht der Mitgliedstaaten, das zur Einräumung eines solchen Vorrangs in einem völkerrechtlichen Vertrag wie den EU-Gründungsverträgen ermächtigen müsse[129]. Dies steht, wie die Anwendung völkerrechtlicher Kategorien überhaupt, der erforderlichen Funktionsfähigkeit der Union nicht entgegen, wenn die Besonderheiten eines Integrationsvertrages berücksichtigt werden, was auf dieser Basis auch geschehen kann (s. Rn 127). Zur Realisierung im GG s. Rn 224 ff.

**212** Der Unterschied beider Theorien liegt darin, dass ein Vorrang kraft verfassungsrechtlicher Ermächtigung nur so weit reicht wie diese Ermächtigung, deren Schranken bestimmt und beachtet werden müssen. Besteht in einem Mitgliedstaat eine Verfassungsgerichtsbarkeit, kann diese die Einhaltung dieser Schranken kontrollieren. Bei einem Vorrang kraft Eigenständigkeit wäre dies nicht mehr möglich.

**Beispiel:** Deutsche Landesverfassungsgerichte (zB der Bayerische Verfassungsgerichtshof) üben keine Kontrolle über Bundesrecht am Maßstab des Landesverfassungsrechts (zB Bayerische Verfassung) aus[130].

**213** Probleme könnten sich ergeben, wenn die Schranken der Integrationsermächtigung in den Mitgliedstaaten verschieden sind. Damit die Union funktioniert, muss sich das nationale Verfassungsrecht entsprechend öffnen, was in allen Mitgliedstaaten erfolgt ist[131].

---

129  Dies würde auch gegenüber einer ausdrücklichen Anordnung des Vorrangs im Recht der Union gelten, wie sie *Art. I-6 EVV* (s. Rn 197, Fn 120) vorsah. AA *Vedder*, in: Vedder/Heintschel von Heinegg, Art. I-6, Rn 24.
130  Unzutreffend insoweit BVerfGE 37, 271 (282 f) = *HVL*, S. 49 – „Solange-Beschluss".
131  Vgl dazu eingehend die Landesberichte zu „Offene Staatlichkeit" in *von Bogdandy/Cruz Villalón/ Huber* (Hrsg.), Handbuch Ius Publicum Europaeum, Bd. II, 2008.

Die verfassungsrechtlichen Schranken und die Kontrolle ihrer Einhaltung (s. dazu **214** Rn 232, 237) können eine präventive Warnfunktion gegenüber Unionsorganen in der Wahrnehmung ihrer Kompetenzen erfüllen.

**bb)  Die Rechtsprechung des EuGH.**    Der EuGH vertritt einen Vorrang des Unions- **215** rechts kraft Eigenständigkeit. Grundlegend dafür ist das Urteil im *Fall Costa/ENEL* (s. Rn 194). Darin begründet der EuGH zunächst die „Eigenständigkeit" der Gemein- schaften (jetzt Union):

„*Zum Unterschied von gewöhnlichen internationalen Verträgen hat der EWG-Vertrag eine eigene Rechtsordnung geschaffen, die bei seinem Inkrafttreten in die Rechtsordnun- gen der Mitgliedstaaten aufgenommen worden und von ihren Gerichten anzuwenden ist. Denn durch die* Gründung einer Gemeinschaft *für unbegrenzte Zeit, die mit eigenen Orga-* Union ▽ *nen, mit der Rechts- und Geschäftsfähigkeit, mit internationaler Handlungsfähigkeit und insbesondere mit echten, aus der Beschränkung der Zuständigkeit der Mitgliedstaaten oder der Übertragung von Hoheitsrechten der Mitgliedstaaten auf die Gemeinschaft her- rührenden Hoheitsrechten ausgestattet ist, haben die Mitgliedstaaten, wenn auch auf einem begrenzten Gebiet, ihre Souveränitätsrechte beschränkt und so einen Rechtskörper geschaffen, der für ihre Angehörigen und sie selbst verbindlich ist*"[132].

Er verfolgt damit das Ziel, Vorrang und einheitliche Geltung des Unionsrechts zu sichern: **216**

„*Diese Aufnahme der Bestimmungen des Gemeinschaftsrechts in das Recht der einzelnen Mitgliedstaaten und, allgemeiner, Wortlaut und Geist des Vertrages haben zur Folge, dass es den Staaten unmöglich ist, gegen eine von ihnen auf der Grundlage der Gegensei- tigkeit angenommene Rechtsordnung nachträglich einseitige Maßnahmen ins Feld zu füh- ren. Solche Maßnahmen stehen der Anwendbarkeit der Gemeinschaftsrechtsordnung da- her nicht entgegen. Denn es würde eine Gefahr für die Verwirklichung der in Art. 5 Abs. 2 (jetzt Art. 4 Abs. 3 EUV) aufgeführten Ziele des Vertrages bedeuten und dem Verbot des Art. 7 (jetzt Art. 18 AEUV) widersprechende Diskriminierungen zur Folge haben, wenn das Gemeinschaftsrecht je nach der nachträglichen innerstaatlichen Gesetzgebung von einem Staat zum anderen verschiedene Geltung haben könnte*"[133].

Der Vorrang des Unionsrechts werde auch durch Art. 288 AEUV bestätigt. Zusammenfas- **217** send stellt der EuGH fest:

„*Aus alledem folgt, dass dem vom Vertrag geschaffenen, somit aus einer autonomen Rechtsquelle fließenden Recht wegen dieser seiner Eigenständigkeit keine wie immer ge- arteten innerstaatlichen Rechtsvorschriften vorgehen können, wenn ihm nicht sein Cha- rakter als Gemeinschaftsrecht aberkannt und wenn nicht die Rechtsgrundlage der Ge- meinschaft selbst in Frage gestellt werden soll*"[134].

Diese These vom Vorrang des Unionsrechts hat der EuGH in ständiger Rechtsprechung **218** wiederholt, im *Simmenthal II-Urteil* auch gegenüber nationalem Verfassungsrecht[135]. Dort schien er auch zu einem Geltungsvorrang zu tendieren. Demgegenüber hat er sich in

---

132  EuGH, Rs 6/64, Slg 1964, 1251 (1269), Rn 8 = *HVL*, S. 35 ff = *Pechstein* Nr 1 = *MH* Nr 2.
133  Ebd., Rn 9.
134  Ebd., Rn 12.
135  EuGH, Rs 106/77, Slg 1978, 629, Rn 17/18 = *HVL*, S. 39 f = *Pechstein* Nr 2 = *PSK*, Fall 18 = *GO* Nr 136.

der Entscheidung IN.CO.GE. deutlich im Sinne eines Anwendungsvorrangs geäußert[136]. Auf diese Rechtsprechung des EuGH verweist die Erklärung Nr 17 der Schlussakte zum Vertrag von Lissabon (s. Rn 197).

**219** Dabei ist aber zu bedenken, dass der EuGH nicht die Kompetenz hat, die Frage der Normenkollision mit Nichtigkeitsfolge für das nationale Recht verbindlich zu entscheiden[137].

**220** **Lösung Fall 4** (Rn 194): Da das Unionsrecht Anwendungsvorrang vor nationalem Recht hat, dürfen entgegenstehende Normen des italienischen Gesetzes von italienischen Behörden und Gerichten nicht angewendet werden. Das Problem verfassungsrechtlicher Schranken stellt sich im konkreten Fall nicht.

### c) Geltungs- oder Anwendungsvorrang

**221** Während nach der Lehre vom Geltungsvorrang das Unionsrecht entgegenstehendes nationales Recht nichtig macht, verdrängt es dieses nach der Lehre vom Anwendungsvorrang nur hinsichtlich der Anwendung in einem Kollisionsfall. Dem überwiegend vertretenen Anwendungsvorrang ist zu folgen, da dieser dem Bedürfnis nach einheitlicher Geltung und Anwendung des Unionsrechts hinreichend Rechnung trägt, ohne die nationalen Rechtsordnungen unnötig zu beeinträchtigen. Das Fortbestehen bestimmter Regelungen in allen Fällen ohne Unionsbezug kann nämlich durchaus sinnvoll sein.

**Beispiel:** Anwendung des nationalen Lebensmittelrechts auf Waren, die direkt aus Drittstaaten importiert werden, oder für die inländische Produktion (bei Fehlen einer sekundärrechtlichen Regelung).

**222** In bestimmten Fällen ist allerdings eine Klarstellung (für Verwaltung und Bürger) durch eine Sonderregelung für unionsrechtlich beeinflusste Bereiche geboten.

**Beispiel:** EU-Ausländerrecht, vgl Freizügigkeitsgesetz/EU[138] (s. Rn 937). In diesem Fall war dies allerdings bereits zur Umsetzung von EG-Richtlinien geboten. Jedenfalls bei Problemen in der Realisierung des Anwendungsvorrangs des Primärrechts (vgl Rn 261) ist eine differenzierende Klarstellung wie zB in § 54 LFGB[139] geboten[140].

### 3. Die Lösung des Rangverhältnisses im deutschen Recht – Rechtsprechung des BVerfG

**223** **Literatur:** S. dazu eingehend *M. Schweitzer*, Rn 68 ff. S. auch *C. Degenhart*, Staatsrecht I. Staatsorganisationsrecht, 31. Aufl. 2015, Rn 261 ff; *B. Pieroth/B. Schlink/T. Kingreen/R. Poscher*, Grundrechte. Staatsrecht II, 31. Aufl. 2015, Rn 213 ff.

---

136 EuGH, Rs 106/77, Slg 1978, 629, Rn 17/18 = *HVL*, S. 39 f = *Pechstein* Nr 2 = *PSK*, Fall 18 = *GO* Nr 136; unter Zurückweisung der Ansicht der Kommission klargestellt in EuGH, verb Rs C-10/97 bis C-22/97 IN.CO.GE. 90 ua, Slg. 1998, I-6307, Rn 21 = *Pechstein* Nr 3 klargestellt unter Zurückweisung der Ansicht der Kommission.

137 Zutreffend EuGH, Rs 237/82, Jongeneel Kaas/Niederlande, Slg 1984, 483, Rn 6.

138 Sart. I Nr 560.

139 Sart. I Nr (E) 862.

140 Vgl EuGH, Rs C-358/98, Kommission/Italien, Slg 2000, I-1255, Rn 16 f = JuS 2000, 907 (908) – *Streinz*. Bestätigt in EuGH, Rs C-162/99, Kommission/Italien, Slg 2001, I-541, Rn 22 ff.

Die Rechtsprechung des BVerfG zum Verhältnis des Gemeinschaftsrechts bzw Unionsrechts zum nationalen Recht war nicht frei von Schwankungen. Seit dem Solange II-Beschluss[141] und dem Kloppenburg-Beschluss[142] kann sie aber im Grundsatz als gefestigt angesehen werden. Unsicherheiten hinsichtlich der Konkretisierung des Prüfungsmaßstabs und der Aktivierung des Prüfungsvorbehalts, der im Solange II-Beschluss gemacht wurde, die im Maastricht-Urteil[143] nicht beseitigt, sondern eher verstärkt wurden, sind zwar reduziert, aber nicht gänzlich beseitigt worden. Das Lissabon-Urteil[144] bestätigt einerseits den Kontrollvorbehalt und arbeitet neben der Grundrechtskontrolle und der Ultra-vires-Kontrolle die „Identitätskontrolle" heraus, betont aber andererseits, dass der Kontrollvorbehalt „europarechtsfreundlich" ausgeübt werden müsse. Der Bananenmarkt-Beschluss[145] bestätigt den Grundsatz, macht die Aktivierung des Prüfungsvorbehalts der Grundrechtskontrolle aber von so hohen Hürden abhängig, dass er praktisch wohl bedeutungslos sein dürfte (s. Rn 250). Ähnlich verfährt der Honeywell-Beschluss[146] hinsichtlich der Ultra-vires-Kontrolle.

### a) Vorrang des Unionsrechts kraft verfassungsrechtlicher Ermächtigung

Das BVerfG geht von einem Vorrang des Unionsrechts kraft verfassungsrechtlicher **224** Ermächtigung aus. Darüber dürfen die Entscheidungen nicht hinwegtäuschen, in denen das BVerfG aus der *Costa/ENEL-Rechtsprechung* des EuGH (vgl Rn 215 ff) expressis verbis den Schluss gezogen und diesem beigepflichtet hat, dass das Unionsrecht weder Bestandteil der nationalen Rechtsordnung noch Völkerrecht sei[147]. Denn das BVerfG nimmt die Normenkontrolle über die Zustimmungsgesetze zu den EU-Gründungsverträgen und damit mittelbar über das Primärrecht nach wie vor in Anspruch[148]. Unter „Autonomie" und „Eigenständigkeit" des Unionsrechts versteht das BVerfG daher (im Gegensatz zur „Gesamtakttheorie", vgl Rn 125) jedenfalls keine Ablösung des Primärrechts und auch des Sekundärrechts von der völkerrechtlichen Grundlage. Im Solange II-Beschluss bekräftigt das BVerfG eindeutig die völkerrechtliche Grundlage des Unionsrechts und die fortbestehende Bedeutung der Zustimmungsgesetze für seine Geltung und Anwendung im innerstaatlichen Bereich. Es zieht zB die Auslegungsgrundsätze der WVRK heran, um die völkerrechtliche Erheblichkeit der Erklärungen der Unionsorgane zum Grundrechtsschutz (vgl Rn 460) zu belegen[149]. Es betont, dass sich die innerstaatliche Geltung und Anwendbarkeit sowie ein möglicher innerstaatlicher Geltungs- oder Anwendungsvorrang wie allgemein für völkerrechtliche Verträge auch für die EU-Gründungsverträge nicht schon aus dem allgemeinen Völkerrecht, sondern allein aus einem dahingehenden innerstaatlichen

---

141 BVerfGE 73, 339; vgl Rn 195.
142 BVerfGE 75, 223; vgl Rn 226 und 490.
143 BVerfGE 89, 155 (LS 7).
144 BVerfGE 123, 267 = *HVL*, S. 59 ff.
145 BVerfGE 102, 147.
146 BVerfGE 126, 286 = *HVL*, S. 80 ff.
147 BVerfGE 22, 293 (296) = *PSK*, Fall 82; BVerfGE 31, 145 (173) = *HVL*, S. 48 f; BVerfGE 37, 271 (277) = *HVL*, S. 49 = *PSK*, Fall 83 = *GO* Nr 144.
148 BVerfGE 52, 187 = *HVL*, S. 49 = *PSK*, Fall 84; BVerfGE 73, 339/379; 75, 223 (240 f) = *PSK*, Fall 88; BVerfGE 123, 267 (Ls. 4, S. 1).
149 BVerfGE 73, 339 (383 f); kennzeichnend die Kritik von *Ipsen*, EuR 1987, 1 (5 f): „völkerrechtlicher Rückfall".

Rechtsanwendungsbefehl ergibt (ungeachtet dessen, dass die EU-Gründungsverträge ihrem Inhalt zufolge die Parteien dazu verpflichten, den innerstaatlichen Anwendungsvorrang herbeizuführen). Damit macht es deutlich, dass die unmittelbare Geltung des Sekundärrechts in Deutschland und sein Anwendungsvorrang gegenüber innerstaatlichem Recht sich aus dem Rechtsanwendungsbefehl des Zustimmungsgesetzes zu den Verträgen, der sich auf Art. 288 Abs. 2 AEUV erstreckt, ergibt[150]. Es präzisiert damit im Sinne der **Vollzugstheorie** des Völkerrechts seine für den Anwendungsvorrang und seine verfassungsrechtliche Ermächtigung wichtige Aussage aus seiner früheren st Rspr, dass das von Art. 24 Abs. 1 GG (jetzt Art. 23 Abs. 1 S. 2 GG) geforderte Integrationsgesetz diese Verfassungsbestimmung aktualisiere, welche

*„die deutsche Rechtsordnung derart öffnet, dass der ausschließliche Herrschaftsanspruch der Bundesrepublik Deutschland im Geltungsbereich des Grundgesetzes zurückgenommen und der unmittelbaren Geltung und Anwendbarkeit eines Rechts aus anderer Quelle innerhalb des staatlichen Herrschaftsbereichs Raum gelassen wird“*[151].

**225** Die konkreten Folgen, die dadurch im Gegensatz zu einer bloßen Transformation entstehen, hat das BVerfG in seiner Interpretation des Art. 24 Abs. 1 GG (dies gilt ebenso für Art. 23 Abs. 1 S. 1 und 2 GG) dahingehend verdeutlicht, dass dieser bei sachgerechter Auslegung nicht nur besage,

*„dass die Übertragung von Hoheitsrechten auf zwischenstaatliche Einrichtungen überhaupt zulässig ist, sondern auch, dass die Hoheitsakte ihrer Organe vom ursprünglich ausschließlichen Hoheitsträger anzuerkennen sind“*[152].

Damit ist der Vorrang des Unionsrechts auch verfassungsrechtlich im Grundsatz gesichert.

**226** Diese Rechtsprechung und den damit verbundenen Prüfungsvorbehalt hat das BVerfG im Kloppenburg-Beschluss bestätigt, wo es eine eingehende Prüfung dahingehend vornimmt, ob die Rechtsfortentwicklung durch den EuGH (hier die Rechtsprechung zur unmittelbaren Wirkung von Richtlinien über den Wortlaut des Art. 288 Abs. 3 AEUV hinaus, vgl Rn 488 ff) noch von der Integrationsermächtigung des Art. 24 Abs. 1 GG (jetzt Art. 23 Abs. 1 GG) getragen ist[153].

**227** In der Frage Geltungs- oder Anwendungsvorrang war die Terminologie des BVerfG uneinheitlich; in seinen neueren Entscheidungen legt es sich inhaltlich auf den Anwendungsvorrang fest[154].

**b) Schranken der Integrationsermächtigung**

**228** **aa) Ansätze des BVerfG.** Die Schranken der Integrationsermächtigung des Art. 24 Abs. 1 GG hat das BVerfG negativ dahingehend definiert, dass diese Vorschrift die Übertragung von Hoheitsrechten auf zwischenstaatliche Einrichtungen „nicht schrankenlos" zulasse[155]. Einer konkreteren positiven Festlegung über die Formel „Essen-

---

150  BVerfGE 73, 339 (374 f).
151  BVerfGE 37, 271 (280) = *HVL*, S. 49 = *GO* Nr 144 = *PSK*, Fall 83.
152  BVerfGE 31, 145 (174) = *HVL*, S. 48 f.
153  BVerfGE 75, 223 (240 f) = *PSK*, Fall 88.
154  So ausdrücklich BVerfGE 123, 267 (398, 400) = *HVL*, S. 59 ff – Lissabon. Ebenso BVerfGE 126, 286 (302) = *HVL*, S. 80 ff – Honeywell.
155  BVerfGE 58, 1 (40).

tiale, Grundgefüge, Identität der Verfassung" hinaus konnte sich das BVerfG entziehen, Art. 79 Abs. 3 GG wurde wohl als Mindestschranke angesehen, die allein aber nicht genügt. Tendenziell ist zwar eine Verwässerung der Anforderungen vom Solange-Beschluss zum Solange II-Beschluss festzustellen[156]. Von der Hauptsacheentscheidung im Streit um die EG-Fernsehrichtlinie[157] wurden vergeblich[158] schärfere Konturen hinsichtlich der Kompetenzfrage erhofft.

Dem BVerfG bot sich im *Darkazanli-Urteil* vom 18.7.2005[159] über die Verfassungsmäßigkeit des Europäischen Haftbefehlsgesetzes (EuHbG)[160], welches der Umsetzung eines auf *Art. 31 lit. a* und b sowie *Art. 34 Abs. 2 lit. b EUV aF* gestützten Europäischen Rahmenbeschlusses[161] diente, die Gelegenheit, die Schranken der Integrationsermächtigung zu präzisieren. Die dem Verfahren zu Grunde liegende Verfassungsbeschwerde des Deutsch-Syrers *Mamoun Darkazanli* richtete sich gegen einen Beschluss des OLG Hamburg, durch den die Auslieferung *Darkazanlis* an Spanien auf der Grundlage eines Europäischen Haftbefehls für zulässig erachtet wurde. Der Beschwerdeführer machte insbesondere geltend, durch die Auslieferung in seinen Grundrechten aus Art. 16 Abs. 2 GG (Auslieferungsverbot), Art. 19 Abs. 4 (Rechtsweggarantie) und Art. 103 Abs. 2 GG (Rückwirkungsverbot) verletzt zu werden. Im Mittelpunkt steht dabei das Problem, dass das Erfordernis der beiderseitigen Strafbarkeit gemäß dem vom EuHbG eingefügten § 81 Nr 4 IRG[162] bei Vorliegen eines Europäischen Haftbefehls nicht mehr geprüft wird, soweit die Strafverfolgung wegen einer in Art. 2 Abs. 2 des Rahmenbeschlusses genannten Straftat betrieben wird. *Darkazanli* wurde in Spanien die Mitgliedschaft in einer terroristischen Vereinigung (Al Qaida) vorgeworfen. Zum fraglichen Tatzeitpunkt war die Unterstützung einer ausländischen terroristischen Vereinigung in Deutschland jedoch noch nicht mit Strafe bedroht (vgl nunmehr § 129b StGB). Das BVerfG stellte einen Verstoß des EuHbG gegen Art. 16 Abs. 2 und Art. 19 Abs. 4 GG fest und erklärte das EuHbG für nichtig. Der Bundesgesetzgeber habe bei der Umsetzung des Rahmenbeschlusses die ihm dabei zukommenden Umsetzungsspielräume nicht in verfassungsmäßiger – dh möglichst grundrechtsschonender – Weise ausgefüllt. Besondere Bedeutung maß das BVerfG dabei dem Umstand zu, dass der Bundesgesetzgeber die durch Art. 4 Nr 7 des Rahmenbeschlusses eröffnete Möglichkeit, die Auslieferung zu verweigern, wenn sich der Europäische Haftbefehl auf Straftaten erstreckt, die nach deutschem Recht ganz oder zum erheblichen Teil im Inland begangen worden sind, nicht genutzt hat[163]. Die Überstellung in eine andere Rechtsordnung binde den Verfolgten

*„im Ergebnis an ein materielles Strafrecht, das er demokratisch mitzugestalten nicht in der Lage war, das er – anders als das deutsche Strafrecht – nicht kennen muss und das ihm in vielen Fällen wegen mangelnder Vertrautheit der jeweiligen nationalen öffentli-*

**229**

---

156  Vgl *Streinz*, Grundrechtsschutz, S. 67 ff.
157  Vgl BVerfGE 80, 74 = *PSK*, Fall 89.
158  Vgl BVerfGE 92, 203 (237 ff) = *HVL*, S. 141 ff.
159  BVerfGE 113, 273 = JuS 2005, 931 ff *(Sachs)*.
160  BGBl. 2004 I 1748.
161  Rahmenbeschluss 2002/584/71 über den Europäischen Haftbefehl und das Übergabeverfahren zwischen den Mitgliedstaaten, ABl 2002 L 190/1 (Sart. II Nr 163; Nomos Nr 18).
162  Gesetz über die internationale Rechtshilfe in Strafsachen, BGBl. 1982 I 2071, zuletzt geändert durch Art. 1 Gesetz v. 18.10.2010, BGBl. 2010 I 1408.
163  BVerfGE 113, 273 (301 ff).

chen Kontexte auch keine hinreichend sichere Parallelwertung in der Laiensphäre erlaubt"[164].

Des Weiteren befand das BVerfG, die Möglichkeit der Auslieferung eines Deutschen ohne das vollständige Vorliegen der Auslieferungsunterlagen verstoße gegen Art. 19 Abs. 4 GG. Zumindest müsse der Gesetzgeber Kriterien aufstellen, anhand derer die besonderen Umstände festgestellt werden könnten, die ein Abweichen von der Sollbestimmung des § 83a Abs. 1 IRG erlaubten[165]. Der Rahmenbeschluss sieht in Art. 15 Abs. 2 ausdrücklich die Möglichkeit der Anforderung von Informationen durch die vollstreckende Justizbehörde vor.

Die grundsätzlichen Aussagen des BVerfG zum Grundsatz der Subsidiarität (Art. 23 Abs. 1 GG) und zur Wirkung von Rahmenbeschlüssen nach *Art. 34 Abs. 2 lit. b EUV aF*, die bereits damals fraglich waren[166], beruhten auf der Besonderheit der Dritten Säule und sind durch deren „Vergemeinschaftung" (s. Rn 1028) überholt[167]. Die „erhebliche" Erweiterung der Kompetenzen der EU im Bereich der Strafrechtspflege durch den Vertrag von Lissabon, die mit der „Sicherung des Rechtsfriedens" „seit jeher eine zentrale Aufgabe staatlicher Gewalt" sei, müssten zwar „strikt – keinesfalls extensiv" ausgelegt werden, wobei der Vertrag von Lissabon „jedoch hinreichende Anhaltspunkte für eine verfassungskonforme Auslegung" biete, zumal mit Art. 82 Abs. 3, Art, 83 Abs. 3 AEUV bei entsprechender Einschaltung des Bundestages hinreichende demokratische Legitimation vermittelt werden könne, was allerdings verfassungsrechtlich geboten sei[168]. Dem wurde durch das Recht von Bundestag und Bundesrat zur Anweisung des deutschen Vertreters im Rat, den „Notbremsemechanismus" auszulösen, Rechnung getragen (§ 9 IntVG).

**230**  Von der unbegründeten Bedingung des Solange I-Vorbehalts, nämlich einem vom Europäischen Parlament beschlossenen formellen Grundrechtskatalog, hat das BVerfG zu Recht Abstand genommen, wenngleich es dies so dargestellt hat, als sei diese Bedingung „in der Sache" erfüllt[169]. Mittlerweile besteht in der Charta der Grundrechte der EU ein solcher Katalog, der allerdings als Vertragsänderung über Art. 6 Abs. 1 EUV nicht vom Europäischen Parlament beschlossen, von diesem jedoch befürwortet wurde und dieses wie die Union insgesamt bindet.

**231**  Zutreffender **Prüfungsmaßstab** für die deutschen Begründungs- und Vollzugsakte von Unionsrecht sind hinsichtlich der **Grundrechtskontrolle** die durch systemkonforme Einbeziehung des Europäischen Gemeinwohls in die deutsche Grundrechtsdogmatik relativierten Grundrechte des Grundgesetzes[170] sowie dessen grundlegende Strukturprinzipien mit Art. 79 Abs. 3 GG als Mindestschranke (s. dazu Rn 238).

---

164  BVerfGE 113, 273 (302 f).
165  BVerfGE 113, 273 (315).
166  S. dazu *Streinz*, Europarecht, 8. Aufl. 2008, Rn 231.
167  Vgl dazu *Streinz*, ZfP 2009, 467 (477). Probleme bereitet allerdings nach wie vor der Vollzug des Rahmenbeschlusses zum Europäischen Haftbefehl, bei dem generell rechtsstaatliche Grundsätze beachtet werden müssen, was dem grundsätzlich bestehenden gegenseitigen Vertrauen der Mitgliedstaaten Grenzen setzen und bei hinreichenden Anhaltspunkten zu einer entsprechenden Prüfungspflicht der deutschen Gerichte führen kann. S. dazu BVerfG, Beschluss v. 26.1.2016, 2 BvR 2735/14. Zur Rspr. des EuGH zum Europäischen Haftbefehl s. Rn 766.
168  BVerfGE 123, 267 (406 ff).
169  Vgl BVerfGE 73, 339 (377 f).
170  Vgl *Streinz*, Grundrechtsschutz, S. 247 ff, 295.

**bb) Regelung in Art. 23 Abs. 1 GG.** Die Schranken der Integrationsermächtigung **232** sind in **Art. 23 Abs. 1 GG** in Anlehnung an die Rechtsprechung des BVerfG fixiert worden. Danach wirkt die Bundesrepublik Deutschland zur Verwirklichung eines vereinten Europas bei der Entwicklung der Europäischen Union mit, die demokratischen, rechtsstaatlichen, sozialen und föderativen Grundsätzen und dem Grundsatz der Subsidiarität verpflichtet ist und einen dem Grundgesetz im Wesentlichen vergleichbaren Grundrechtsschutz gewährleistet. Der Bund kann hierzu durch Gesetz mit Zustimmung des Bundesrates Hoheitsrechte übertragen. Für die Begründung der Europäischen Union sowie für Änderungen ihrer vertraglichen Grundlagen und vergleichbare Regelungen, durch die das Grundgesetz seinem Inhalt nach geändert oder ergänzt wird oder solche Änderungen oder Ergänzungen ermöglicht werden, gilt Art. 79 Abs. 2 und 3 GG.

Damit werden an die Europäische Union, an der sich Deutschland beteiligen darf, **233** **Strukturanforderungen** gestellt, die Parallelen zu den Strukturprinzipien des Grundgesetzes haben. Bei der Konkretisierung dieser „Grundsätze" muss aber beachtet werden, dass die Strukturen einer Integrationsgemeinschaft in entscheidenden Punkten von der Struktur eines Staates abweichen *müssen.* Daher wäre es verfehlt, eine am Maßstab des Staates orientierte „strukturelle Kongruenz" zu fordern. Es ist vielmehr den Eigenheiten der jeweiligen Integrationsgemeinschaft Rechnung zu tragen; die Postulate sind strukturangepasst zu modifizieren[171].

**cc) Anforderungen des Maastricht-Urteils.** Neben einem adäquaten Grundrechts- **234** schutz verlangt das BVerfG im **Maastricht-Urteil,** dass wegen des Demokratieprinzips (Art. 20 Abs. 1 GG) und des in Art. 38 GG gewährleisteten Rechts, durch die Wahl an der Legitimation von Staatsgewalt teilzunehmen und auf deren Ausübung Einfluss zu gewinnen, dem Deutschen Bundestag auch nach der Übertragung von Hoheitsrechten Aufgaben und Befugnisse von substanziellem Gewicht verbleiben müssen. Daraus werden drei Forderungen gezogen: Die Notwendigkeit der Einbindung des Bundestags in den gemeinschaftlichen (unionalen) Rechtsetzungsprozess, die Einhaltung der im Integrationsprogramm, soweit es durch das Zustimmungsgesetz gedeckt ist, abgesteckten Kompetenzen der Union und das Verbleiben „bedeutsamer eigener Aufgabenfelder" bei den Mitgliedstaaten[172]. Dies wird im **Lissabon-Urteil** bestätigt[173].

Das BVerfG hat im **Maastricht-Urteil** neben der Grundrechtsfrage insbesondere die **235** Kompetenzfrage aufgeworfen. Im Einklang mit seiner früheren Rechtsprechung behält es sich die Prüfung vor, ob Rechtsakte der europäischen Einrichtungen und Organe sich in den Grenzen der ihnen eingeräumten Hoheitsrechte halten oder aus ihnen ausbrechen[174], verbunden mit einer deutlichen Warnung davor, durch die vertragserweiternde Auslegung von Befugnisnormen den durch das deutsche Zustimmungsgesetz gedeckten Kompetenzrahmen zu überschreiten. Daraus hervorgehende Rechtsak-

---

171  Zutreffend BVerfGE 89, 155 (182 ff) = *HVL,* S. 56 ff = *PSK,* Fall 86 = *GO* Nr 146 = *MH* Nr 37.
172  BVerfGE 89, 155 (186).
173  BVerfGE 123, 267 (340 ff) = *HVL,* S. 59 ff zum Prüfungsmaßstab. S. auch Rn 237.
174  BVerfGE 89, 155/188. Dies bleibt vom Bananenmarkt-Beschluss (BVerfGE 102, 147) unberührt, vgl Rn 250.

te europäischer Organe seien ~~nämlich im deutschen Hoheitsbereich nicht verbindlich und dürften von deutschen Organen nicht vollzogen werden~~. Dies setzt zwangsläufig eine entsprechende Prüfungspflicht der deutschen Organe voraus. Dies wurde im **Lissabon-Urteil** bestätigt und präzisiert (s. Rn 237).

### dd) Anforderungen des Lissabon-Urteils – Kategorien des Prüfungsvorbehalts.

236 Über die in Verfassungsbeschwerden gegen den Verfassungsvertrag erhobenen Einwände wurde in Deutschland nicht entschieden, bis sie sich durch Wegfall des Beschwerdegegenstandes erledigten (jeweils verfassungsrechtliche Würdigung in den Urteilen des französischen *Conseil Constitutionel*[175] und des spanischen *Tribunal Constitucional*[176]. Der (bei richtiger Auslegung unbegründet) angegriffene *Art. I-6 EVV* (Vorrang des Rechts der Union) wurde nicht in den Vertrag von Lissabon übernommen (s. Rn 197)[177]; das Austrittsrecht sieht jetzt Art. 50 EUV vor[178].

237 Im *Lissabon-Urteil* hat das BVerfG die von ihm bisher entwickelten Prüfungsmaßstäbe bestätigt, präzisiert und ergänzt. Danach erstreckt sich der Prüfungsvorbehalt auf drei Kategorien: Die **Grundrechtskontrolle** (die als besonderer Aspekt der Identitätskontrolle angesehen werden kann), die **Ultra-vires-Kontrolle** und die ~~**Identitäts-kontrolle**~~:

„*Das BVerfG prüft, ob Rechtsakte der europäischen Organe und Einrichtungen sich unter Wahrung des gemeinschafts- und unionsrechtlichen Subsidiaritätsprinzips … in den Grenzen der ihnen im Wege der begrenzten Einzelermächtigung eingeräumten Hoheitsrechte halten (vgl BVerfGE 58, 1 (30 f); 75, 223 (235, 242); 89, 155 (188): dort zum ausbrechenden Rechtsakt)*“[179].

Der Verweis auf die unionsrechtlichen Vorgaben ist missverständlich, da die Kontrolle von deren Einhaltung allein dem EuGH obliegt. Prüfungsmaßstab für das BVerfG ist insoweit allein die Subsidiaritätsforderung des Art. 23 Abs. 1 GG. Der verfassungsrechtliche Ansatz der Kontrolle des **Übertragenen**, worauf sich die **Ultra-vires-Kontrolle** ja bezieht, wird nicht näher präzisiert, er dürfte angesichts des Arguments mit „der den Mitgliedstaaten zustehenden konzeptionellen Integrationsverantwortung"[180] im aus Art. 23 Abs. 1 iVm Art. 79 Abs. 3 GG hergeleiteten Verbot der Übertragung der Kompetenz-Kompetenz liegen.

238 „*Darüber hinaus prüft das BVerfG, ob der unantastbare Kerngehalt der Verfassungsidentität des Grundgesetzes nach Art. 23 Abs. 1 S. 3 in Verbindung mit Art. 79 Abs. 3 GG gewahrt ist (vgl BVerfGE 113, 273 (296).*“[181]

Als Gegenstände dieser auf das **Übertragbare** bezogenen **„Identitätskontrolle"** lassen sich dem Lissabon-Urteil zum einen die Bewahrung der Eigenstaatlichkeit Deutschlands,

---

175   EuGRZ 2005, 45 (46); dazu *C. Walter*, Der französische Verfassungsrat und das Recht der Europäischen Union, EuGRZ 2005, 77 (81 f).
176   Tribunal Constitucional, DTC 1/2004 vom 13.12.2004 (EuR 2005, 339). S. zu alledem *Streinz*, Europarecht, 7. Aufl. 2005, Rn 238.
177   Vgl dazu BVerfGE 123, 267 (396 f).
178   Vgl dazu ebd., S. 396.
179   Ebd., LS 4 S. 1.
180   BVerfGE 123, 267 (352).
181   BVerfGE 123, 267 (LS 4 S. 2). Beim Hinweis auf das *Darkazanli-Urteil* ist zu beachten, dass dieses zur früheren Dritten Säule erging.

das nach der Rechtsprechung des BVerfG auf der Basis des Grundgesetzes nicht durch einen „Identitätswechsel" in einem europäischen Bundesstaat aufgehen darf[182] sowie die Bereiche entnehmen, in denen den Mitgliedstaaten ein „ausreichender Raum zur politischen Gestaltung der wirtschaftlichen, kulturellen und sozialen Lebensverhältnisse" bleiben muss. Denn ohne Beachtung dieses Postulats darf die „europäische Vereinigung auf der Grundlage einer Vertragsunion souveräner Staaten" nicht verwirklicht werden[183]. Verfassungsrechtlicher Ansatzpunkt ist die Wahrung des Demokratieprinzips, da Demokratie „nicht nur die Wahrung formaler Organisationsprinzipien" bedeute, sondern „von und in einer funktionsfähigen öffentlichen Meinung" lebe, „die sich auf zentrale politische Richtungsbestimmungen" konzentriere[184]. Dies gelte „insbesondere", also beispielhaft und nicht erschöpfend,

„*für Sachbereiche, die die Lebensumstände der Bürger, vor allem ihren von den Grundrechten geschützten privaten Raum der Eigenverantwortung und der persönlichen und sozialen Sicherheit prägen, sowie für solche politischen Entscheidungen, die in besonderer Weise auf kulturelle, historische und sprachliche Vorverständnisse angewiesen sind, und die sich im parteipolitisch und parlamentarisch organisierten Raum einer politischen Öffentlichkeit diskursiv entfalten.*"[185]

Das BVerfG benennt dafür konkrete Materien:

„*Zu wesentlichen Bereichen demokratischer Gestaltung gehören unter anderem die Staatsbürgerschaft, das zivile und militärische Gewaltmonopol, Einnahmen und Ausgaben einschließlich der Kreditaufnahme sowie die für die Grundrechtsverwirklichung maßgeblichen Eingriffstatbestände, vor allem bei intensiven Grundrechtseingriffen wie dem Freiheitsentzug in der Strafrechtspflege oder bei Unterbringungsmaßnahmen. Zu diesen bedeutsamen Sachbereichen gehören auch kulturelle Fragen wie die Verfügung über die Sprache, die Gestaltung der Familien- und Bildungsverhältnisse, die Ordnung der Meinungs-, Presse- und Versammlungsfreiheit oder der Umgang mit dem religiösen oder weltanschaulichen Bekenntnis*".[186]

Das BVerfG liefert für diese Bereiche nähere Begründungen. Aktuell bedeutsam sind die Ausführungen zum Budgetrecht des Bundestages. Das BVerfG hält zwar fest, dass „nicht jede haushaltswirksame europäische oder internationale Verpflichtung die Gestaltungsfähigkeit des Bundestages als Haushaltsgesetzgeber" gefährdet, wohingegen entscheidend sei, „dass die Gesamtverantwortung mit ausreichenden politischen Freiräumen für Einnahmen und Ausgaben noch im Deutschen Bundestag getroffen werden kann"[187].

Die Konkretisierung solcher „essentieller" Staatsaufgaben ist auf Kritik gestoßen[188]. Über **239** den Katalog kann man durchaus geteilter Meinung sein, auch über die Frage, inwieweit dadurch eine verfassungsrechtliche Integrationsschranke begründet werden kann. Schneller als erwartet hat sich das Problem der faktischen Budgethoheit der nationalen Parlamente als ein reales und aktuelles erwiesen. Denn es ist fraglich, inwieweit dies angesichts

---

182  BVerfGE 123, 267 (331 f, 364). Im *Maastricht-Urteil* hat das BVerfG diese Frage noch offen gelassen. Vgl zum Streitstand *Streinz*, in: Sachs (Hrsg.), GG-Kommentar, 7. Aufl. 2014, Art. 23, Rn 93.
183  So BVerfGE 123, 267 (LS 3 S. 1).
184  Ebd., S. 358.
185  Ebd., LS 2b und S. 357 f.
186  Ebd., S. 358.
187  Ebd., S. 361 f.
188  Vgl zB *Classen*, in: von Mangoldt/Klein/Starck, GG-Kommentar, 6. Aufl. 2010, Art. 23, Rn 29 mwN.

der bereits aktuellen und in noch viel größerem Umfang potenziellen Bindung erheblicher Mittel durch den Europäischen Finanzstabilisierungsmechanismus (ESM) noch gegeben ist[189]. Das zu den Identitätsmerkmalen gezählte Budgetrecht des Bundestages birgt dann Konfliktpotential, wenn das BVerfG dieses nicht nur formell, sondern auch materiell begreift und durch erhebliche Bindungen durch Verpflichtungen gegenüber der Union jeglichen Spielraum für eine eigenständige Haushaltspolitik gefährdet sieht. Insoweit hält sich das BVerfG aber deutlich zurück und fordert allein, dass der Bundestag die Entscheidungsbefugnis nicht verliert[190]. Ausdrücklich zum Identitätskern der deutschen Verfassung zählte das BVerfG im Urteil zur Vorratsdatenspeicherung den Schutz des Bürgers vor umfassender Überwachung[191] und erklärte das deutsche Umsetzungsgesetz, das nach Ansicht des BVerfG den nach seiner Ansicht vom EuGH bestätigten[192] Spielraum der EU-Vorratsdatenspeicherungsrichtlinie nicht ausgeschöpft habe[193], für verfassungswidrig. Die EU-Richtlinie hat der EuGH dann selbst für nichtig erklärt, weil sie gegen EU-Grundrechte verstoße[194]. Dadurch ist dieses Konfliktpotential beseitigt. Aktiviert wurde die Identitätskontrolle gegenüber einem Europäischen Haftbefehl, in dessen angesichts des substantiierten Vorbringens des Betroffenen unzureichender Prüfung durch das deutsche Gericht ein Verstoß gegen Art. 1 Abs. 1 GG gesehen wurde (Schuldprinzip, das in der Garantie der Menschenwürde, Art. 1 Abs. 1 GG, und im Rechtsstaatsprinzip, Art. 20 Abs. 3 GG, wurzelt und durch Art. 23 Abs. 1 S. 3 i.V.m. Art. 79 Abs. 3 GG Teil der unaufgebbaren Verfassungsidentität des Grundgesetzes ist)[195].

**240**   ee)   **Konkretisierung des Gesetzesvorbehalts (Art. 23 Abs. 1 S. 2 und S. 3 GG).**   Den besonderen **Gesetzesvorbehalt des Art. 23 Abs. 1 S. 2 GG** für die Übertragung von Hoheitsrechten hat das BVerfG im Lissabon-Urteil „zur Wahrung der Integrationsverantwortung und zum Schutz des Verfassungsgefüges" dahingehend ausgelegt, „dass jede Veränderung der textlichen Grundlagen des europäischen Primärrechts erfasst wird". Das BVerfG erfasst damit auch das vereinfachte Änderungsverfahren (Art. 48 Abs. 6 und 7 EUV), ferner bereits in den Verträgen angelegte, aber der Konkretisierung durch weitere Rechtsakte bedürftige Zuständigkeitsveränderungen und Änderungen der Vorschriften, die Entscheidungsverfahren betreffen[196], schließlich auch Vertragsabrundungen (Art. 352 AEUV) und benennt die Fälle, in denen ein solches Gesetz zur Ermächtigung des deutschen Vertreters im Rat bzw Europäischen Rat erforderlich ist[197]. Soweit spezielle Brückenklauseln sich auf Sachbereiche beschränken, die durch den Vertrag von Lissabon bereits hinreichend bestimmt sind, genügt

---

189   Vgl dazu *R. Streinz*, Was bleibt vom Budgetrecht des Bundestages in der „Fiskalunion"?, in: FS Wendt, 2015, S. 677 ff. S. dazu Rn 1138, 1145.
190   Vgl dazu *Streinz* (Fn 189), S. 689 f.
191   BVerfGE 125, 260 (324) = JuS 2010, 747 *(Sachs)*. „Dass die Freiheitswahrnehmung der Bürger nicht total erfasst und registriert werden darf, gehört zur verfassungsrechtlichen Identität der Bundesrepublik Deutschland".
192   Vgl ebd., S. 308: Hinweis auf EuGH, Rs C-301/06, Irland/Rat und EP, Slg. 2009, I-593, Rn 83.
193   BVerfGE 125, 260 (308 f, 347 ff). AbwM ebd., S. 364 ff. Zur Problematik dieses Vorgehens s. Rn 252.
194   EuGH, verb Rs C-293/12 und C-594/12, Digital Rights/Irland und Seitlinger ua, ECLI:EU:C: = 2014:238 = NVwZ 2014, 709 = JuS 2014, 758 *(Streinz)*.
195   BVerfG, Beschluss v. 26.1.2016, 2 BvR 2735/14, Rn 49 ff. Die richtige Anwendung sah das BVerfG als derart offenkundig, dass es nach der CILFIT-Rspr des EuGH (s. dazu Rn 704) zum „acte clair" keiner Vorlage gem. Art. 267 Abs. 3 AEUV bedurfte (ebd., Rn. 125).
196   BVerfGE 123, 267 (LS 2a und S. 355 f).
197   Ebd., S. 434 ff.

ein Beschluss von Bundestag bzw Bundesrat[198]. Die Vorgaben des BVerfG wurden in **§§ 2–4, 7–8 IntVG** bzw **§ 5–6 IntVG** umgesetzt.

Strittig ist das **Verhältnis von Art. 23 Abs. 1 S. 2 zu S. 3 GG**. Während Art. 23 Abs. 1 S. 2 GG wie bereits zuvor Art. 24 Abs. 1 GG für die Übertragung von Hoheitsrechten ein einfaches (jetzt in jedem Fall zustimmungsbedürftiges) Gesetz genügen lässt, verlangt Satz 3 für die Begründung und jede Änderung des Unionsvertrags, durch die das Grundgesetz seinem Inhalt nach geändert oder ergänzt wird oder durch die dieses ermöglicht wird, ein verfassungsänderndes Gesetz gemäß Art. 79 Abs. 2 GG. Problematisch ist, dass jede Kompetenzübertragung bereits durch sich selbst inhaltlich die Verfassung berührt. Daher wird gefordert, Satz 3 restriktiv so zu interpretieren, dass ein Übertragungsakt nur dann der verfassungsändernden Mehrheit bedürfe, wenn er über die Übertragung hinaus Verfassungsinhalte betrifft; denn andernfalls liefe Satz 2 leer. Dagegen spricht aber, dass einer am materiell-rechtlichen Gehalt der jeweiligen Hoheitsrechtsübertragung orientierten Abgrenzung die hinreichende Bestimmtheit fehlt[199]. Das BVerfG hat sich im Lissabon-Urteil in der entscheidenden Frage des ordentlichen Vertragsänderungsverfahrens (Art. 48 Abs. 2–5 EUV) und des vereinfachten Änderungsverfahrens gemäß Art. 48 Abs. 6 EUV auch nicht präzise festgelegt, wann ein Gesetz im Sinne von Art. 23 Abs. 1 S. 2 oder S. 3 GG erforderlich ist[200]. **241**

### c) Prozessuale Behandlung von Kollisionsfällen[201]

Das BVerfG scheint die prozessuale Behandlung von „Unionsrechtsfällen" (dh Fällen mit unionsrechtlichen Berührungspunkten) durch sich selbst und durch die deutschen Fachgerichte nach einigen Schwankungen in den Griff zu bekommen. **242**

Irritationen haben allerdings die Formulierungen des BVerfG im **Maastricht-Urteil** ausgelöst, deutsche Staatsorgane müssten Rechtsakten der europäischen Organe, die durch die Kompetenzübertragungen des Zustimmungsgesetzes nicht gedeckt seien, die Gefolgschaft verweigern, und eine vertragserweiternde Auslegung von Befugnisnormen würde somit für Deutschland keine Bindungswirkung haben[202]. Andererseits wird in diesem Urteil das „Kooperationsverhältnis" zum EuGH betont, in dem das BVerfG seine Rechtsprechung über die Anwendbarkeit von abgeleitetem Gemeinschaftsrecht in Deutschland ausübe (LS 7). Die Abgrenzung der Aufgaben von BVerfG und EuGH und ihre Zuordnung, um ein möglichst reibungsloses Zusammenwirken zu gewährleisten, bedürfen der Klarstellung, die nicht nur für Grundrechtsfälle, sondern für alle Unionsrechtssachen gelten muss. Das BVerfG hat im Lissabon- **243**

---

198 Ebd., LS 2b. Die Fälle sind ebd., S. 435 aufgeführt.
199 Vgl zum Streitstand *Breuer*, NVwZ 1994, 423 mwN; *Schweitzer*, Rn 63 ff; *Streinz*, in: Sachs (Hrsg.), GG-Kommentar, 7. Aufl. 2014, Art. 23 Rn 71 ff; *Classen*, in: von Mangoldt/Klein/Starck (Hrsg.), GG-Kommentar, 6. Aufl. 2010, Art. 23, Rn 14; *Jarass*, in: *Jarass/Pieroth*, GG-Kommentar, 13. Aufl. 2014, Art. 23, Rn 34; *Wollenschläger*, in: Dreier (Hrsg.), GG-Kommentar, 3. Aufl. 2015, Art. 23, Rn 55 ff; *Scholz*, in: Maunz/Dürig (Hrsg.), Art. 23, Rn 83 ff; *Uerpmann-Wittzack*, in: von Münch/Kunig, GG-Kommentar, 6. Aufl. 2012, Art. 23 Rn 52 f.
200 Vgl BVerfGE 123, 267 (434). Festlegung auf Art. 23 Abs. 1 S. 2 GG im vereinfachten Änderungsverfahren gem. Art. 48 Abs. 7 EUV und vom BVerfG gleichgestellten Fällen.
201 S. dazu auch *W.-R. Schenke*, Verwaltungsprozessrecht, 14. Aufl. 2014, Rn 166a ff.
202 BVerfGE 89, 155 (195, 210).

Urteil zutreffend betont, dass seine verfassungsrechtlich gebotenen Kontrollbefugnisse „europarechtsfreundlich" ausgeübt werden müssen[203] und im **Honeywell-Beschluss** sowohl die auf den vertraglichen Grundlagen beruhende Verbindlichkeit der Rechtsprechung des EuGH[204] als auch seine eigene Vorlagepflicht gemäß Art. 267 Abs. 3 AEUV klargestellt:

*„Solange der Gerichtshof keine Gelegenheit hatte, über die aufgeworfenen unionsrechtlichen Fragen zu entscheiden, darf das Bundesverfassungsgericht keine Unanwendbarkeit des Unionsrechts feststellen"*[205].

Demzufolge hat das BVerfG, weil es der Meinung war, dass der OMT-Beschluss ein das Mandat der EZB übersteigender Akt ultra vires war (s. dazu Rn 1161), zum ersten Mal eine Vorlagefrage an den EuGH gestellt[206].

244  **aa) Verfahren vor dem BVerfG.**  Das BVerfG kann mit „Unionsrechtssachen" sowohl in den Verfahren der abstrakten (Art. 93 Abs. 1 Nr 2 GG) und konkreten Normenkontrolle (Art. 100 Abs. 1 GG[207]) als auch des Organ- (Art. 93 Abs. 1 Nr 1 GG) und Bund-Länder-Streits (Art. 93 Abs. 1 Nr 3 GG[208]) sowie der Verfassungsbeschwerde (Art. 93 Abs. 1 Nr 4a GG[209]) befasst werden. Der vom BVerfG als „denkbar" erwähnte Ansatz eines speziell auf die Ultra-vires- und Identitätskontrolle bezogene Verfahren[210] wurde zu Recht nicht aufgegriffen.

245  **Prüfungsgegenstand** können aber nur Maßnahmen der deutschen öffentlichen Gewalt sein. Solche liegen noch nicht vor, wenn ein deutsches Organ an einem Akt der Unionsorgane (zB Verordnungen oder Richtlinien des Rates) mitwirkt. Daher ist zB die Verfassungsbeschwerde gegen eine Verordnung des Rates unzulässig[211].

246  Angegriffen werden können allein die Begründungs- oder Vollzugsakte eines deutschen Organs, also das Zustimmungsgesetz (= Vertragsgesetz) zu einem Gründungs- oder Änderungsvertrag des primären Unionsrechts[212], Beschlüsse über das deutsche Abstimmungsverhalten im Rat[213] oder der Vollzug von Unionsrecht (Verordnungen) oder deutschem Durchführungsrecht (Gesetze zur Umsetzung von Richtlinien) durch deutsche Behörden oder Gerichte[214].

247  Insbesondere wegen der ausdrücklich hervorgehobenen Abweichung vom **Eurocontrol-Beschluss**[215] konnte der Leitsatz 7 des BVerfG im **Maastricht-Urteil** Verwir-

---

203  BVerfGE 123, 267 (354). Bestätigt in BVerfGE 126, 286 (307): Die Ultra-vires-Kontrolle muss „zurückhaltend ausgeübt werden".
204  BVerfGE 126, 286 (302 ff).
205  Ebd., S. 304.
206  BVerfGE 134, 366. Der EuGH hat einen Verstoß gegen Unionsrecht verneint, wenn einige Bedingungen beachtet werden, was seitens der EZB, der hier weites Ermessen zukomme, geschehen sei, EuGH, Rs C-64/14, Gauweiler, ECLI:EU:C:2015:400.
207  Vgl zB BVerfGE 52, 187 (199 und LS 1) = *HVL*, S. 49 = *PSK*, Fall 84.
208  Vgl zB BVerfGE 80, 74 (79) = *PSK*, Fall 89; BVerfGE 92, 203/226 ff = *HVL*, S. 141 ff.
209  Vgl zB BVerfGE 73, 339 (366 ff) = *HVL*, S. 49 f = *PSK*, Fall 85 = *MH* Nr 17.
210  BVerfGE 123, 267 (355).
211  Vgl bereits BVerfGE 22, 293 (295 ff) = *PSK*, Fall 82.
212  Vgl BVerfGE 73, 339 (372); eine eindeutige Klarstellung gegenüber der insoweit unzutreffenden *„Solange-Formel"* durch das BVerfG steht noch aus.
213  Vgl BVerfGE 80, 74 (79; BVerfGE 92, 203 (227 f).
214  BVerfG, EuGRZ 1989, 339 (340).
215  BVerfGE 58, 1 (27).

rung stiften, auch Akte einer besonderen, von der Staatsgewalt der Mitgliedstaaten geschiedenen öffentlichen Gewalt einer supranationalen Organisation beträfen die Grundrechtsberechtigten in Deutschland und berührten damit die Gewährleistungen des Grundgesetzes und die Aufgaben des BVerfG, die den Grundrechtsschutz in Deutschland und insoweit nicht nur gegenüber deutschen Staatsorganen zum Gegenstand hätten. Dadurch weckte das BVerfG Zweifel, ob es den Prüfungsgegenstand unzulässig erweitern und auf Akte der Unionsorgane selbst erstrecken will. Die Aussage des BVerfG ist an sich zutreffend, da sie die Pflicht des BVerfG zur Wahrung des Grundgesetzes gegenüber *allen* Akten deutscher Staatsgewalt, auch solchen, die Unionsrecht begründen oder vollziehen, festhält. Diese Wahrung kann und muss aber allein anhand zulässiger Prüfungsgegenstände erfolgen.

Von diesen Unionsrechtssachen, in denen das Unionsrecht *mittelbar* in die Prüfung durch das BVerfG einbezogen wird, sind diejenigen zu unterscheiden, in denen es um die *verfassungsrechtliche* Pflicht deutscher Organe geht, das Unionsrecht zu beachten. **248**

**Beispiel:** Verletzung der Vorlagepflicht gemäß Art. 267 AEUV als Entzug des gesetzlichen Richters EuGH[216].

**Prüfungsmaßstab** ist das Grundgesetz, das allerdings über Art. 23 Abs. 1 GG systemimmanente Relativierungen in den Begründungsakten zu Gunsten der Übertragung von Hoheitsrechten auf zwischenstaatliche Einrichtungen zulässt, was konsequenterweise aber auch zu Gunsten der Vollzugsakte gelten muss. Der Prüfungsmaßstab muss also gegenüber Begründungs- und Vollzugsakten einheitlich sein. **249**

**Verfassungsprozessuale Modifizierungen**: Das BVerfG hat im **Solange II-Beschluss**[217] angekündigt, dass es, solange der EuGH einen wirksamen und dem des GG im Wesentlichen gleich zu achtenden Schutz der Grundrechte gegenüber der Hoheitsgewalt der Gemeinschaften generell gewährleiste, „seine Gerichtsbarkeit über die Anwendbarkeit von abgeleitetem Gemeinschaftsrecht, das als Rechtsgrundlage für ein Verhalten deutscher Gerichte oder Behörden im Hoheitsbereich der Bundesrepublik Deutschland in Anspruch genommen wird, nicht mehr ausüben und dieses Recht mithin nicht mehr am Maßstab der Grundrechte des Grundgesetzes überprüfen" werde, sodass entsprechende Vorlagen nach Art. 100 Abs. 1 GG unzulässig seien. Da das BVerfG über seine ihm durch das Grundgesetz übertragene Gerichtsbarkeit nicht disponieren darf, kann dies verfassungskonform nur als Modifizierung des Prozedere dahingehend interpretiert werden, dass das BVerfG bei Andauern eines generell verlässlichen Grundrechtsschutzes durch den EuGH es bei einer **negativen Evidenzkontrolle** bewenden lässt und dies auch in seinen Entscheidungen deutlich macht, was freilich nicht von einer Einzelfallprüfung entbindet (die das BVerfG allerdings ablehnt). Entgegen seinem ursprünglichen Vorhaben[218] ist dies dem BVerfG im Tabak-Be- **250**

---

216 BVerfGE 73, 339 (366 ff) = *HVL*, S. 49 f = **Fall 5**, Rn 195/262; BVerfGE 75, 223 (233 f) = *PSK*, Fall 88 = **Fall 29**, Rn 729. Vgl. auch Rn 726. Ebenso für Österreich VerfGH, EuZW 1996, 529 (532 f) = *HVL*, S. 328 ff: EuGH ist „gesetzlicher Richter" iSd Art. 83 Abs. 2 B-VG; VerfGH, Urt. v. 24.6.2010 = *HVL*, S. 330.

217 BVerfGE 73, 339 (LS 2).

218 Vgl BVerfG, EuR 1987, 269 (270).

schluss offenbar bewusst geworden[219]. Im Sinne dieser Rechtsprechung durchaus konsequent entschied das BVerfG im **Bananenmarkt-Beschluss**, dass Verfassungsbeschwerden und Vorlagen von Gerichten, die eine Verletzung in Grundrechten des Grundgesetzes durch sekundäres Gemeinschaftsrecht geltend machen, ~~von vornherein unzulässig sind,~~ wenn ~~ihre Begründung nicht darlegt,~~ dass die europäische Rechtsentwicklung einschließlich der Rechtsprechung des EuGH nach Ergehen der ~~Solange II-Entscheidung~~ unter den ~~erforderlichen Grundrechtsstandard abgesunken~~ ist[220]. Deshalb muss die Begründung im Einzelnen darlegen, dass der jeweils als unabdingbar gebotene Rechtsschutz *generell* nicht mehr gewährleistet ist[221]. Damit hat das BVerfG eine sehr hohe Hürde für den verfassungsgerichtlichen Grundrechtsschutz in Unionssachen errichtet, die aber zugleich viel Schärfe aus dem latenten Grundrechtskonflikt zwischen BVerfG und EuGH nimmt. Die Zurücknahme der Ausübung der Gerichtsbarkeit des BVerfG führt auch dazu, dass die Vorlage eines Gesetzes, das Rechtsakte der EU umsetzt, nach Art. 100 Abs. 1 GG (konkrete Normenkontrolle) an das BVerfG unzulässig ist, wenn das vorlegende Gericht nicht geklärt hat, ob das von ihm als verfassungswidrig beurteilte Gesetz in Umsetzung eines dem nationalen Gesetzgeber durch das Unionsrecht verbleibenden Gestaltungsspielraum ergangen ist. Dies muss vor der Vorlage an das BVerfG gegebenenfalls durch ein Vorabentscheidungsverfahren zum EuGH nach Art. 267 Abs. 1 AEUV geklärt werden, unabhängig davon, ob das betreffende Gericht ein letztinstanzliches iS von Art. 267 Abs. 3 AEUV ist[222].

**251**  Das im **Maastricht-Urteil** betonte „**Kooperationsverhältnis**" des BVerfG mit dem EuGH (vgl Rn 243) bedarf der Konkretisierung nicht nur in der Grundrechtsfrage. Hinsichtlich der Ultra-vires-Kontrolle hat das BVerfG deren bereits im Lissabon-Urteil geforderte im Interesse der Einheitlichkeit des Unionsrechts „europarechtsfreundliche" Handhabung im **Honeywell-Beschluss** präzisiert:

> „*Eine Ultra-vires-Kontrolle durch das Bundesverfassungsgericht ~~kommt nur in Betracht,~~ wenn ~~ein Kompetenzverstoß~~ der europäischen Organe ~~hinreichend qualifiziert ist.~~ Das setzt voraus, dass das kompetenzwidrige Handeln der Unionsgewalt ~~offensichtlich~~ ist und der ~~angegriffene Akt~~ im Kompetenzgefüge zu einer ~~strukturell bedeutsamen Verschiebung~~ ~~zu Lasten der Mitgliedstaaten führt.~~*"[223]

Gefordert wird somit nicht nur Evidenz, sondern auch „Systemrelevanz" des Verstoßes[224]. Dabei konzediert das BVerfG dem EuGH unionsadäquate spezifische Auslegungsmethoden und einen **Anspruch auf Fehlertoleranz**[225]. Es bleibt abzuwarten, ob das BVerfG angesichts der parallelen Zurückhaltung auch die prozessualen Anforderungen des Bananenmarkt-Beschlusses überträgt. Dann träfe auch für die Ultra-vires-Kontrolle das dazu oben

---

219  Vgl BVerfG, EuGRZ 1989, 339 (340).
220  BVerfGE 102, 147 (LS 1). Vgl dazu die Anm. von *Classen*, JZ 2000, 1157 ff; *Emmerich-Fritsche*, BayVBl. 2000, 755; *Hofmann*, in: FS Steinberger, 2002, S. 1207; *Lindner*, BayVBl. 2000, 758; *F.C. Mayer*, EuZW 2000, 685.
221  BVerfG, ebd., LS 2. Darin wird ein ~~grundsätzlicher Verzicht~~ auf eine ~~Einzelfallkontrolle von Grundrechtsverstößen europäischer Organe~~ gesehen, vgl *F.C. Mayer*, EuZW 2000, 688 mwN. Fraglich bleibt, wie ein generelles Absinken ohne Einzelfallprüfungen festgestellt werden soll.
222  BVerfGE 129, 186 (186 f, 198 ff) – InvestitionszulagenG.
223  BVerfGE 126, 286 (LS 1) = *HVL*, S. 80 ff, S. 327 f.
224  Vgl dazu *Streinz*, in: FS G.H. Roth, 2011, S. 823 (826 ff).
225  BVerfGE 126, 286 (307).

(Rn 250) Gesagte zu. Zutreffend ist die ausdrückliche Feststellung der Vorlagepflicht des BVerfG an den EuGH vor einer Entscheidung, die zur Nichtanwendung von EU-Recht führen würde[226].

Neben der im Honeywell-Beschluss aufgestellten Hürden für die Feststellung eines Ultra-vires-Akts bemüht das BVerfG außerdem eine „kooperationsfreundliche" Auslegung der Akte der Union. Soweit danach eine Auslegung zugänglich ist, in welcher ein Akt der Union nicht als Ultra-vires-Handeln gelten muss, sieht das BVerfG keinen Anlass, seine Kontrollkompetenz auszuüben. So hat das BVerfG im Urteil zur Antiterrordatei eine Auslegung der EuGH-Rechtsprechung in der Rechtssache *Åkerberg-Fransson*[227] vorgenommen, nach welcher eine Bindung der Mitgliedstaaten an die GRCh iSv Art. 51 I 1 GRCh nur in „unionsrechtlich geregelten Fallgestaltungen, aber nicht außerhalb derselben"[228] anzunehmen sei. Jede andere Lesart, nach der für eine Bindung der Mitgliedstaaten an die GRCh jeder sachliche Bezug einer Regelung zum bloß abstrakten Anwendungsbereich des Unionsrechts oder rein tatsächliche Auswirkungen auf dieses ausreiche, stellt jedoch nach Ansicht des BVerfG „offensichtlich" einen Ultra-vires-Akt dar[229].

Durch dieses Vorgehen konkretisiert das BVerfG die Handhabung des „Kooperationsverhältnisses" im Konfliktfall.

Im **Lissabon-Urteil** hat das BVerfG zutreffend festgestellt, dass die Kontrollvorbehalte **252** „im Alltag der Rechtsanwendung eher theoretische", gleichwohl aber grundsätzliche Bedeutung für das Verhältnis der mitgliedstaatlichen und der europäischen Gerichtsbarkeit hat[230], was ebenso für das Verhältnis der Union zu den Mitgliedstaaten und des Unionsrechts zum nationalen Recht gilt. In der Tat sind Konflikte durch gegenseitige Rücksichtnahme (vgl auch Art. 4 Abs. 3 UAbs. 1 EUV) zu vermeiden. Im Urteil zur Vorratsdatenspeicherung (s. Rn 239) hat das BVerfG ohne Vorlage an den EuGH die EU-Richtlinie selbst so ausgelegt, dass keine verfassungsrechtlich durchgreifenden Bedenken bestanden, daher eine Vorlage gemäß Art. 267 AEUV nicht entscheidungserheblich war, da die Verfassungswidrigkeit allein im deutschen Umsetzungsgesetz lag, das vom EuGH bestätigte Spielräume nicht ausgeschöpft habe. Allerdings hat das BVerfG bestimmte Anforderungen als zur „Identität" der deutschen Rechtsordnung gehörend postuliert und insoweit die „verfassungskonforme" Interpretation der Richtlinie vorweggenommen, dadurch auch dem EuGH eine „Vorlage" geliefert. Der EuGH hat die Richtlinie insgesamt wegen Verstößen gegen EU-Grundrechte für nichtig erklärt. Problematisch ist bei einer solchen „verfassungskonformen" Auslegung der EU-Richtlinie durch das BVerfG, dass die verbindliche Auslegung dem EuGH zukommt (Art. 267 Abs. 1 AEUV). Mögliche Verfassungsvorbehalte sollten somit in einer Vorlage an den EuGH deutlich gemacht werden. Jedenfalls insoweit ist das Vorgehen des BVerfG in der OMT-Vorlage zutreffend[231].

Ein anderer Ansatz ist die Reaktion auf als bedenklich empfundene Urteile des EuGH **253** durch obiter dicta wie im Urteil zur Antiterrordatei[232], in dem das BVerfG deutlich mach-

---

226  Ebd., S. 304. Zur Befolgung seitens des BVerfG im OMT-Beschluss s. Rn 243.
227  EuGH, Rs C-617/10, Åkerberg Fransson, ECLI:EU:C:2013, 105 = NJW 2013, 1415, Rn 19.
228  BVerfGE 133, 277 (316), Rn 91 = NJW 2013, 1499 (1501).
229  BVerfGE 133, 277 (316), Rn 91 = NJW 2013, 1499 (1501).
230  BVerfGE 123, 267 (398 f).
231  Zum Vorlagebeschluss s. Rn 243. Vgl dazu und zu Kritikpunkten (Zulässigkeit der Verfassungsbeschwerde; Würdigung der Rechtslage durch das BVerfG) *Ruffert*, JuS 2014, 373 mwN.
232  BVerfGE 133, 277 (Rn 9) = JuS 2013, 952 (*Sachs*). Vgl dazu *R. Käß*, BayVBl 2013, 709.

te, ab wann Auslegungen des Urteils des EuGH im Fall *Åkerberg Fransson*[233] aus seiner Sicht ultra vires wären. Dies und das Urteil des BVerfG zur Filmförderung, in dem es ein Vorabentscheidungsersuchen eines deutschen Gerichts an den EuGH, obwohl dessen Zuständigkeit nicht gegeben sei, als Entzug des gesetzlichen Richters (damit kann wohl nur das BVerfG selbst gemeint sein) mit der Folge des Art. 101 Abs. 1 S. 2 GG ansah[234], stießen auf zum Teil heftige Kritik[235]. Immerhin bemüht sich der EuGH jetzt um einschränkende Konkretisierungen des im Grunde bestätigten Urteils[236].

**254**  **bb)  Verfahren vor deutschen Fachgerichten.**  Eine Kammer des BVerfG hatte kurz nach Erlass des **Solange II-Beschlusses** als Konsequenz aus diesem postuliert:

*„Fachgerichte oder Behörden der Bundesrepublik Deutschland sind nicht befugt oder verpflichtet, Akte der Organe der Europäischen Gemeinschaften auf ihre Vereinbarkeit mit den Grundrechtsverbürgungen des Grundgesetzes zu überprüfen"*[237].

**255**  Dies ist, wie das BVerfG in anderen Beschlüssen[238] auch erkennt, zu undifferenziert. Richtig ist daran nur, dass der Konzentration der Überprüfung von Rechtsakten der Union beim EuGH hinsichtlich des Prüfungsmaßstabs (Primärrecht, insbesondere allgemeine Rechtsgrundsätze, Unionsgrundrechte) und des prozessualen Vorgehens Rechnung getragen werden muss. Kommt also ein deutsches Gericht bei der Überprüfung eines deutschen Vollzugsakts von Unionsrecht zu dem Ergebnis, dass ein Grundrechtsverstoß vorliegt, muss es untersuchen, inwieweit dieser durch unionsrechtliche Vorgaben bedingt ist und inwieweit nicht. Hinsichtlich Letzterem geht es wie in jedem rein nationalen Fall vor (Verwerfungskompetenz bei untergesetzlichen und vorkonstitutionellen Normen, Vorlage gemäß Art. 100 Abs. 1 GG bei formellen nachkonstitutionellen Gesetzen). Hinsichtlich Ersterem ist es unionsrechtlich (vgl Rn 702, 717 f), aber auch verfassungsrechtlich verpflichtet, gemäß Art. 267 Abs. 2 bzw 3 AEUV den EuGH anzurufen, und zwar auch bereits hinsichtlich der Frage der Tragweite der unionalen Vorgabe. Erst wenn auch auf diesem Wege der vom Grundgesetz als unabdingbar gebotene Grundrechtsstandard nicht verwirklicht werden sollte, kann das BVerfG angerufen werden[239], allerdings nur bei Beachtung der qualifizierten Begründungsanforderungen des **Bananenmarktordnungs-Beschlusses** (s. Rn 250). Prüfungsgegenstand ist dann das Zustimmungsgesetz zu dem Gründungsvertrag, der dem konkreten Rechtsakt zu Grunde liegt, Prüfungsmaßstab der relativierte Standard des Grundgesetzes (vgl Rn 249).

**d)  Einbeziehung des Europäischen Gerichtshofs für Menschenrechte**

**256**  **aa)  Bisherige Rechtslage.**  Durch den Abschluss der Gründungsverträge konnten sich die Mitgliedstaaten nicht den Bindungen der von ihnen ratifizierten EMRK einschließlich der Zuständigkeit ihrer Organe entziehen. Zwar unterliegt die Union mangels Beitritt (noch) nicht den Bindungen der EMRK als solcher (zur Heranziehung

---

233  EuGH, Rs C-617/10, Åkerberg Fransson, NJW 2013, 1415 = JuS 2013, 568 (*Streinz*). S. dazu Rn 771.
234  BVerfGE 135, 155 (230 f), Rn 177 – Filmförderungsgesetz unter Hinweis auf BVerfGE 133, 277 (316), Rn 91 – Antiterrordatei.
235  Vgl dazu *C. Latzel*, Kein Vorlageverbot, JZ 2014, 392.
236  Vgl EuGH, Rs C-198/13, Hernández, EuZW 2014, 795 = JuS 2015, 281 (*Streinz*) m Nw auf weitere Urteile.
237  BVerfG, EuR 1987, 269.
238  BVerfG, AgrarR 1987, 111; EuGRZ 1989, 339 f.
239  So ausdrücklich BVerfG, EuGRZ 1989, 339 (340).

der EMRK durch den EuGH s. Rn 757), wohl aber die Organe der Mitgliedstaaten beim Vollzug von Unionsrecht. Die These, sie insoweit als „Unionsorgane" anzusehen, hat sich zu Recht nicht durchgesetzt. Der Europäische Gerichtshof für Menschenrechte (EGMR) hat bestätigt, dass die materielle Identität einer nationalen Norm mit einer EU-Richtlinie nicht dazu führt, dass die nationale Regelung dem Anwendungsbereich der EMRK entzogen wird[240]. Eine „Flucht ins Unionsrecht" ist unzulässig[241].

Damit ergibt sich aber ein mögliches Kollisionsproblem zwischen der Bindung an eine Entscheidung des EuGH und an eine Entscheidung des EGMR, das bei unterschiedlicher Auslegung selbst dann auftreten kann, wenn beide die EMRK ihren Entscheidungen zu Grunde legen (vgl Rn 799). Materiell kann die Regel in Art. 52 Abs. 3 der EU-Grundrechtecharta Konflikten vorbeugen bzw diese entschärfen. **257**

Die frühere Europäische Kommission für Menschenrechte hat das Problem im Fall *Melchers*[242] pragmatisch ähnlich „entschärft" wie das BVerfG im Solange II-Beschluss, indem sie ihre Prüfung „solange" zurückstellte, als der EuGH adäquaten Grundrechtsschutz gewährleistet. Im *Bosphorus*-Urteil hat der EGMR eine „Vermutung der Einhaltung der EMRK" angenommen, da er davon ausging, dass der vom Unionsrecht vorgesehene Grundrechtsschutz als „äquivalent" mit dem Schutzmechanismus der EMRK angesehen werden könne[243]. Dies ist (wie beim BVerfG) mit dem Vorbehalt einer „Reservekompetenz" verbunden[244]. Anders als das BVerfG, das auf den generellen Standard abstellt (s. Rn 250), nimmt der EGMR aber eine Einzelfallprüfung vor. **258**

Wenn damit „einstufiger Grund-/Menschenrechtsschutz in Europa"[245] besteht, darf auch hier nicht übersehen werden, dass diese Einstufigkeit unter Bedingungen steht, die ihrerseits der jeweiligen Nachprüfung bedürfen. Diese kann aber durch prozessuale Modifikationen „schonend" ausgestaltet werden (vgl Rn 250). Der EGMR hat deutlich gemacht, dass die EMRK zwar die Übertragung von Hoheitsbefugnissen auf internationale Organisationen und somit auch auf die EU nicht ausschließe, aber nur unter der Voraussetzung, dass die Rechte der EMRK weiterhin „zugesichert" im Sinne von Art. 1 EMRK seien, wofür die Verantwortlichkeit der Vertragsstaaten auch nach einer solchen Übertragung fortbestehe[246]. Die Rechte der EMRK müssten „practical and effective" sein, weshalb wesentlich auf die Wirkung einer Maßnahme für den Betroffenen abgestellt wird. Obwohl Rechtsakte der EU, solange deren Beitritt zur EMRK noch nicht erfolgt ist, nicht (direkt) vor dem EGMR angegriffen werden können, führt diese Gleichstellung der Auswirkungen von europäischer und nationaler Gesetzgebung (mittelbar) zum vollen Konventionsschutz gegenüber des Vollzugs durch die Mitgliedstaaten bedürftigen EU-Rechtsakten, wobei dem EGMR (zumindest aus der **259**

---

240 EGMR, Urt. v. 15.11.1996, Cantoni/Frankreich, RJD 1996-V, 1614 = EuGRZ 1999, 193, Rn 30.
241 So zutreffend *Winkler*, EuGRZ 2007, 641 (654) zu EGMR (Große Kammer), Urt. v. 30.6.2005, Bosphorus/Irland, EuGRZ 2007, 662/666 (Nr 153) = *HVL*, S. 405 ff.
242 ZaöRV 50 (1990), 865 (867 f) = *HVL*, S. 400 ff.
243 EGMR (Fn 240), EuGRZ 2007, 662/666 f (Nr 155, 159 ff, 165).
244 Zutreffend *Winkler*, EuGRZ 2007, 641 (654).
245 *Giegerich*, ZaöRV 50 (1990), 863 ff.
246 EGMR (Große Kammer), Urt. v. 18.2.1999, Matthews/Vereinigtes Königreich, RJD 1999-I, 251 = EuGRZ 1999, 200 = EuZW 1999, 308 mit Anm. *C. Lenz* = JuS 2000, 1013 ff – *Dörr* = *HVL*, S. 402 ff. Bestätigt im *Bosphorus-Urteil* (Fn 240), EuGRZ 2007, 662/666 (Nr 157).

Sicht der EMRK) die Befugnis zukommt, nicht nur gegenüber den nationalen Gerichten, sondern (wenngleich in „Reservefunktion") sondern auch gegenüber dem EuGH verbindlich zu entscheiden[247] (s. auch Rn 757).

**260**  **bb)  Rechtslage nach dem Beitritt der EU zur EMRK.**  Gemäß Art. 6 Abs. 2 EUV tritt die EU der EMRK bei. Damit wurde nicht nur eine Kompetenz dafür geschaffen, sondern auch eine Verpflichtung begründet (s. dazu Rn 762). Auf Seiten des Europarats wurden durch Einfügung des Art. 59 Abs. 2 EMRK die notwendigen Voraussetzungen geschaffen. Mit erfolgtem Beitritt unterliegt die EU wie jeder Mitgliedstaat unmittelbar den Vorgaben der EMRK und damit auch der EuGH der Nachprüfung seiner Urteile durch den EGMR. Sonderrechte wie die Vermutung der Äquivalenz des Grundrechtsschutzes im Bosphorus-Urteil sind danach im Interesse der Gleichbehandlung der Vertragsparteien nicht mehr haltbar. Die im Vergleich zum Beitritt eines Staates speziellen Probleme des Beitritts der EU als einer Integrationsgemeinschaft (zB Verhältnis der Mitgliedstaaten zur EU in Verfahren vor dem EGMR) und die Erfüllung der Anforderungen des Art. 6 Abs. 2 S. 2 EUV und des dazu ergangenen Protokolls Nr. 8 sollte das Beitrittsabkommen[248] klären. Der EuGH hat mit äußerst zweifelhafter Begründung und wohl um seine eigne Kontrolle durch den EGMR zu verhindern in seinem auf Antrag der EU-Kommission gemäß Art. 218 Abs. 11 AEUV erstellten Gutachten den Beitritt auf unabsehbare Zeit blockiert[249] (s. dazu Rn 764).

## 4.  Folgen des Anwendungsvorrangs

**261**  Der Anwendungsvorrang des Unionsrechts fordert, dass nationales Recht, das gegen Unionsrecht verstößt, ohne weiteres außer Acht gelassen wird. Damit postuliert das Unionsrecht in der verbindlichen Auslegung durch den EuGH ein Prüfungs- und Verwerfungs-, dh Nichtanwendungsrecht für nationale Gerichte und Verwaltungsbehörden[250] und damit eine Kompetenz, die diesen zB in Deutschland nach nationalem Recht nicht zukommt[251]. Dies führt zu durchaus verständlichen Akzeptanzproblemen[252]. Das BVerfG hat dieses Verwerfungsrecht ohne Vorlage gemäß Art. 100 Abs. 1 GG hinsichtlich der deutschen Gerichte ausdrücklich als notwendige Folge der Übertragung von Hoheitsrechten hergeleitet[253]. Die beabsichtigte Wirkung des An-

---

247  Vgl *D. Dörr*, JuS 2000, 1013 (1014); *C. Lenz*, EuZW 1999, 311 (312); *Ehlers*, Jura 2000, 372 (373); *Grabenwarter/Pabel*, Europäische Menschenrechtskonvention, 5. Aufl. 2012, § 4, Rn 5 ff mwN. Bestätigt durch das *Bosphorus-Urteil*, vgl *Winkler*, EuGRZ 2007, 641 (654).

248  Zu den Verhandlungen vgl das Reflexionspapier des EuGH, EuGRZ 2010, 366; Entschließung des Europäischen Parlaments, EuGRZ 2010, 362; Gemeinsame Erklärung der Präsidenten von EGMR und EuGH („Parallele Auslegung" von GRCh und EMRK sowie Beitritt der EU zur EMRK), EuGRZ 2011, 95. Entwurf des Beitrittsabkommens im Abschlussbericht vom 10.6.2013 an den CDDH, Dok. Nr. 447+1(2013)008 rev 2.

249  EuGH, Gutachten 2/13, EuGRZ 2015, 56 = JuS 2015, 567 (*Streinz*). S. dazu Rn 764.

250  Deutlich EuGH, Rs 103/88, Fratelli Costanzo, Slg 1989, 1839, Rn 31, s. Rn 186.

251  Vgl Art. 100 Abs. 1 GG: Monopolisierung der Verwerfungskompetenz gegenüber formellen nachkonstitutionellen Gesetzen beim BVerfG. Zum Verwerfungsrecht von Verwaltungsbehörden gegenüber verfassungswidrigen Gesetzen vgl zB *Maurer*, Allgemeines Verwaltungsrecht, 18. Aufl. 2011, § 4, Rn 63 ff.

252  Fundierte Kritik bei *von Danwitz*, Verwaltungsrechtliches System und Europäische Integration, 1996, S. 209 ff.

253  BVerfGE 31, 145 (174 f) = *HVL*, S. 48 f; vgl Rn 224 ff.

wendungsvorrangs, nämlich dem Unionsrecht ohne Zeitverzögerung zur Geltung zu verhelfen, fordert aber, dieses Verwerfungsrecht auch den nationalen Behörden zuzuerkennen. Dem davon befürchteten Chaos ist dadurch zu begegnen, dass in den Fällen, in denen die Unionsrechtswidrigkeit einer nationalen Norm sich nicht eindeutig aus der Rechtsprechung des EuGH ergibt, im Interesse der Rechtssicherheit vor der Nichtanwendung nationalen Rechts eine besonders sorgfältige Prüfung erfolgen muss[254]. Kriterien dafür sollte eine Vorlagefrage des VG des Saarlandes an den EuGH liefern, die dieser aber nicht beantwortet hat, weil sie im konkreten Fall nicht mehr entscheidungserheblich war, da der EuGH einen Verstoß gegen EU-Recht verneinte, so dass der Anwendungsvorrang nicht einschlägig war[255].

---

**Lösung Fall 5** (Rn 195):                                                                         **262**

**I. Zulässigkeit der Verfassungsbeschwerde (Art. 93 Abs. 1 Nr 4a GG, § 13 Nr 8a, §§ 90 ff BVerfGG)**

Das Unterlassen des BVerwG ist eine Maßnahme deutscher öffentlicher Gewalt.

**II. Begründetheit der Verfassungsbeschwerde**

1. Art. 101 Abs. 1 S. 2 GG iVm Art. 267 Abs. 3 AEUV wäre verletzt, wenn der EuGH als „gesetzlicher Richter" hätte angerufen werden müssen.

a) Der **EuGH ist gesetzlicher Richter** im Sinne des Art. 101 Abs. 1 S. 2 GG. Er ist zwar kein Organ der Bundesrepublik Deutschland, sondern ein Unionsorgan (vgl Art. 13 EUV). Die funktionelle Verschränkung der Gerichtsbarkeit der Europäischen Union mit der Gerichtsbarkeit der Mitgliedstaaten zusammen mit dem Umstand, dass die Unionsverträge kraft der durch die Zustimmungsgesetze gemäß Art. 23 Abs. 1 S. 2, Art. 59 Abs. 2 S. 1 GG erteilten Rechtsanwendungsbefehle und das auf vertraglicher Grundlage erlassene abgeleitete Unionsrecht Teil der innerstaatlich geltenden Rechtsordnung der Bundesrepublik Deutschland und von ihren Gerichten zu beachten, auszulegen und anzuwenden sind, qualifizieren den EuGH als gesetzlichen Richter im Sinne des Art. 101 Abs. 1 S. 2 GG, soweit ihm durch die Zustimmungsgesetze zu den Unionsverträgen darin enthaltene Rechtsprechungsfunktionen aufgetragen sind. Hierzu rechnet insbesondere die Kompetenz des EuGH zu Vorabentscheidungen gemäß Art. 267 AEUV.

b) Das BVerwG hat diese **Vorlagepflicht nicht (willkürlich) verletzt.** Denn die eingeholte Vorabentscheidung des EuGH warf keine Fragen auf, die zu einer erneuten Vorlage Anlass gegeben hätten (eingehend zum Prüfungsmaßstab des BVerfG bei Rüge einer Verletzung des Art. 101 Abs. 1 S. 2 GG Rn 727).

2. Eine Verletzung von Art. 101 Abs. 1 S. 2 GG durch die Nichtanrufung des BVerfG gemäß Art. 100 Abs. 1 GG liegt nicht vor. Eine solche Vorlage wäre nur zulässig und geboten, wenn ernsthafte Zweifel an der Verfassungsmäßigkeit des Zustimmungsgesetzes zum (damaligen) EWGV bestünden, die sich anhand des konkreten Falles[256] ergeben. Dafür liegen hier keine Anhaltspunkte vor.

**Ergebnis:** Die Verfassungsbeschwerde ist unbegründet.

---

254 Vgl *Streinz*, in: HStR, Bd. X, 3. Aufl. 2012, § 218, Rn 74; *ders.*, in: FS Söllner, S. 1151 ff; *Streinz/Herrmann*, BayVBl. 2008, 1 ff mwN; vgl auch *Ehlers*, in: Erichsen (Hrsg.), Allgemeines Verwaltungsrecht, 14. Aufl. 2010, S. 114 ff, Rn 99 ff.

255 EuGH, verb Rs C-171/07 und C-172/07, Apothekerkammer des Saarlandes ua (DocMorris II), Slg 2009, I-4171, Rn 62 = *Pechstein* Nr 212 = *HVL*, S. 680 ff.

256 AA wohl BVerfGE 73, 339 (374) und BVerfGE 102, 147 (vgl Rn 250); wie hier wohl BVerfG, EuGRZ 1989, 339 (340) und BVerfGE 89, 155 (174 f).

**263**   **Lösung Fall 6**  (Rn 196):

Eine einstweilige Anordnung gemäß § 32 BVerfGG ergeht jedenfalls dann nicht, wenn die Verfassungsbeschwerde als Hauptsacheverfahren unzulässig wäre.

Probleme der Zulässigkeit (Art. 93 Abs. 1 Nr 4a GG, § 13 Nr 8a, §§ 90 ff BVerfGG) der Verfassungsbeschwerde:

### I. Prüfungsgegenstand

Die Verfassungsbeschwerde muss sich gegen einen Akt deutscher öffentlicher Gewalt richten. Die Akte von Unionsorganen, hier die Richtlinie des Rates (vgl Art. 13 EUV), unterliegen auch dann nicht der Jurisdiktion des BVerfG, wenn grundgesetzgebundene (Art. 1 Abs. 3, Art. 20 Abs. 3 GG) deutsche Organe daran mitwirken. Daher stellt weder der Standpunkt (vgl Art. 294 Abs. 5 AEUV) noch die Richtlinie des Rates einen zulässigen Prüfungsgegenstand dar. Dagegen unterliegt die deutsche Beteiligung im Rat der Jurisdiktion des BVerfG.

### II. Unmittelbare Betroffenheit

Der Beschwerdeführer muss nach ständiger Rechtsprechung des BVerfG durch die angegriffene Maßnahme selbst, gegenwärtig und unmittelbar betroffen sein. Das BVerfG hat hier eine unmittelbare Betroffenheit verneint, da die Richtlinie des Rates noch der Umsetzung durch die Bundesrepublik Deutschland bedürfe und der Umsetzungs- bzw Vollzugsakt mit der Verfassungsbeschwerde angegriffen werden könne. Es ist aber fraglich, ob das für und anhand nationaler Fälle entwickelte Unmittelbarkeitskriterium undifferenziert auf diesen Unionsrechtsfall angewendet werden kann. Denn es handelt sich bei der Abstimmung im Rat um die letzte (wenngleich bei Abstimmungen mit qualifizierter Mehrheit gemäß Art. 16 Abs. 3 und 4 EUV beschränkte) Einflussmöglichkeit des an das Grundgesetz gebundenen deutschen Vertreters auf die Gestaltung bzw Verhinderung von Unionsrecht. Die Jurisdiktion des BVerfG über die deutschen Akte, die die Richtlinie umsetzen bzw das Umsetzungsgesetz vollziehen, ist aber nur insoweit unproblematisch, als ein Freiraum der Mitgliedstaaten besteht und nicht eine Determinierung durch unionsrechtliche Vorgaben vorliegt. Das BVerfG sieht diesen Unterschied, indem es seine volle Kontrolle nur für Ersteres postuliert, im Übrigen aber die Kontrolle entsprechend dem Solange II-Vorbehalt als ausreichenden Schutz erachtet.

Dies spricht dafür, dass es gegebenenfalls an eine Aktivierung dieses Vorbehalts auch in einem Einzelfall denkt (anders aber („generell") BVerfGE 102, 147; vgl Rn 250).

**Ergebnis:** Das BVerfG wird die einstweilige Anordnung nicht erlassen. In der Hauptsache wurde die Verfassungsbeschwerde zurückgewiesen; das BVerfG verneinte unabhängig von der EU-rechtlichen Vorgabe eine Grundrechtsverletzung (BVerfGE 95, 173 (181)).

**Literatur:** *Bauer, H.*, Europäisierung des Verfassungsrechts, JBl. 2000, 750; *Baumann, J.*, Auf dem Weg zu einem doppelten EMRK-Schutzstandard? Die Fortschreibung der Bosphorus-Rechtsprechung des EGMR im Fall Nederlandse Kokkelvisserij, EuGRZ 2011, 1; *von Bogdandy, A./Schill, S.*, Die Achtung der nationalen Identität unter dem reformierten Unionsvertrag. Zur unionsrechtlichen Rolle nationalen Verfassungsrechts und zur Überwindung des absoluten Vorrangs, ZaöRV 70 (2010), 701; *Dederer, H.-G.*, Die Architektonik des europäischen Grundrechtsraums, ZaöRV 66 (2006), 575; *Emmerich-Fritsche, A.*, Der Grundsatz der Verhältnismäßigkeit als Direktive und Schranke der EG-Rechtsetzung, 2000; *Flint, T.*, Die Übertragung von Hoheitsrechten, 1998; *Funk-Rüffert, P.*, Kooperation von EuGH und BVerfG im Bereich des Grundrechtsschutzes, 1999; *Funke, A.*, Der Anwendungsvorrang des Gemeinschaftsrechts, DÖV 2007, 733; *Gerhardt, M.*, Europa als Rechtsgemeinschaft: Der Beitrag des Bundesverfassungsgerichts, ZRP 2010, 162; *Giegerich, T.* (Hrsg.), Der „offene Verfassungsstaat" des

Grundgesetzes nach 60 Jahren. Anspruch und Wirklichkeit einer großen Errungenschaft, 2010; *Häberle, P.*, Europa als werdende Verfassungsgemeinschaft, DVBl. 2000, 840; *Herdegen, M.*, Grundrechtsschutz bei der Mitwirkung an EG-Rechtsakten, in: FS Ress, 2005, S. 1175; *Huber, P.M.*, Die EU als Herausforderung für das Bundesverfassungsgericht, Forum Constitutionis Europae (FCE) 02/12; *ders.*, Europäisches und nationales Verfassungsrecht, VVDStRL 60 (2001), S. 194; *Kadelbach, S.*, Vorrang und Verfassung: Das Recht der Europäischen Union im innerstaatlichen Bereich, in: FS Zuleeg, 2005, S. 219; *Kaiser, K./Schübel-Pfister, I.*, Der ungeschriebene Verfassungsgrundsatz der Europarechtsfreundlichkeit: Trick or Treat?, in: *Rensen* (Hrsg.), Linien der Rechtsprechung des BVerfG Bd. 2, 2011, S. 545; *Kirchhof, P.*, Die Gewaltenbalance zwischen staatlichen und europäischen Organen, JZ 1998, 965; *König, D.*, Die Übertragung von Hoheitsrechten im Rahmen des europäischen Integrationsprozesses – Anwendungsbereich und Schranken des Art. 23 des Grundgesetzes, 2000; *Kottmann, M./Wohlfahrt, C.*, Der gespaltene Wächter? Demokratie, Verfassungsidentität und Integrationsverantwortung, ZaöRV 69 (2009), 443; *Kruis, T.*, Der Anwendungsvorrang des EU-Rechts in Theorie und Praxis: seine Durchsetzung in Deutschland, 2013; *Lecheler, H.*, Zum Bananenmarkt-Beschluss des BVerfG, JuS 2001, 120; *Lenaerts, K.*, Kooperation und Spannung im Verhältnis von EuGH und nationalen Verfassungsgerichten, EuR 2015, 3; *Mayer, F.C.*, Kompetenzüberschreitung und Letztentscheidung, 2000; *ders.*, Regelungen des Artikels 23 GG, in: Morlok/Schliesky/Wiefelspütz (Hrsg.), Parlamentsrecht, 2016, § 43 (S. 1353 ff); *Murswiek, D.*, Die heimliche Entwicklung des Unionsvertrags zur Europäischen Oberverfassung, NVwZ 2009, 481; *Michl, W.*, Die Überprüfung des Unionsrechts am Maßstab der EMRK, 2014; *Nicolaysen, G.*, Der Streit zwischen dem deutschen Bundesverfassungsgericht und dem Europäischen Gerichtshof, EuR 2000, 197; *Niedobitek, M.*, Kollisionen zwischen EG-Recht und nationalem Recht, VerwArch 2001, 58; *Öhlinger, T.*, Der Vorrang des Unionsrechts im Lichte des Verfassungsvertrages, in: FS Ress, 2005, S. 685; *Pernice, I.*, Europäisches und nationales Verfassungsrecht, VVDStRL 60 (2001), S. 148; *Pfrang, E.*, Das Verhältnis zwischen Europäischem Gemeinschaftsrecht und deutschem Recht nach der Maastricht-Entscheidung des Bundesverfassungsgerichts, 1997; *Philippi, N.*, Divergenzen im Grundrechtsschutz zwischen EuGH und EGMR, ZEuS 2000, 98; *Polzin, M.*, Das Rangverhältnis von Verfassungs- und Unionsrecht nach der neuesten Rechtsprechung des BVerfG, JuS 2012, 1; *Ruffert, M.*, An den Grenzen des Integrationsverfassungsrechts, DVBl. 2009, 1197; *Schönberger, C.*, Die Europäische Union zwischen Demokratiedefizit und Bundesstaatsverbot, Der Staat 48 (2009), 535; *Steiger, H.*, Staatlichkeit und Mitgliedstaatlichkeit – Deutsche staatliche Identität und Europäische Integration, EuR-Beiheft 1-2010, 57; *Steiner, U.*, Richterliche Grundrechtsverantwortung in Europa, in: FS Maurer, 2001, S. 1005; *Streinz, R.*, Bundesverfassungsgerichtlicher Grundrechtsschutz und Europäisches Gemeinschaftsrecht, 1989; *ders.*, Das Grundgesetz: Europafreundlichkeit und Europafestigkeit, ZfP 2009, 467; *ders.*, „Gemeinschaftsrecht bricht nationales Recht", in: FS-Söllner, 2000, S. 1139; *ders.*, Mangold nicht hinreichend qualifiziert ultra vires, in: FS G.H. Roth, 2011, 823; *ders.*, Verfassungsvorbehalte gegenüber Gemeinschaftsrecht – eine deutsche Besonderheit?, in: FS Steinberger, 2002, S. 1437; *ders.*, Die Realität des Anwendungsvorrangs des Gemeinschaftsrechts, Zeitschrift für Europarecht 8 (2000), 126; *ders./Herrmann, C.*, Der Anwendungsvorrang des Gemeinschaftsrechts und die „Normverwerfung" durch deutsche Behörden, BayVBl. 2008, 1; *Stadler, A./Arzt, M.*, Temporäre Suspendierung des Anwendungsvorrangs im Unionsrecht?, ecolex 2010, 617; *Stüer, B./Spreen, H.*, Defizite in der Umsetzung des Europarechts, VerwArch 2005, 174; *Uhrig, S.*, Die Schranken des Grundgesetzes für die europäische Integration, 2000; *Vondung, J.*, Die Architektur des europäischen Grundrechtsschutzes nach dem Beitritt der EU zur EMRK, 2012; *Vosskuhle, A.*, Der europäische Verfassungsgerichtsverbund, NVwZ 2010, 1; *Wilczek, N.A.*, Öffnung des nationalen Verfassungsrechts für Europarecht, 2009; *Winkler, S.*, Die Vermutung des „äquivalenten" Grundrechtsschutzes im Gemeinschaftsrecht nach dem Bosphorus-Urteil des EGMR, EuGRZ 2007, 654; *Wolfram, J.*, Wenn zwei sich streiten? – Zum Spannungsverhältnis zwischen EuGH und EGMR, in: *E. Klein* (Hrsg.), MRM Themenheft „50 Jahre EMRK", 2000, 86.

**Zum Maastricht-Urteil:** s. *Streinz*, Europarecht, 6. Aufl. 2003, nach Rn 225.

**Zum Lissabon-Urteil:** s. *Streinz*, Europarecht, 9. Aufl. 2012, nach Rn 261.

**Zum IntVG** s. *Schweitzer*, Rn 336k, 394f.

# § 4   Die Organe der Europäischen Union

## I.   Allgemeines

### 1.   Begriff und Fusion der Organe

**264**  Die selbstständigen Organe der vormals drei selbstständigen Europäischen Gemein-schaften EGKS, EWG (später EG) und EAG wurden durch das Abkommen über ge-meinsame Organe für die Europäischen Gemeinschaften vom 25.3.1957 (FusAbk) und das Abkommen zur Einsetzung eines gemeinsamen Rates und einer gemeinsa-men Kommission der Europäischen Gemeinschaften vom 8.4.1965 (FusV) fusio-niert[1]. Durch den Vertrag von Maastricht wurde der Europäische Rat als „Organ" der EU installiert (*Art. 4 EUV aF*). Die Organe der EG fungierten auch im Rahmen der EU[2]. Durch das Aufgehen der EG in der EU als Rechtsnachfolgerin (Art. 1 Abs. 3 S. 3 EUV) handeln die in Art. 13 Abs. 1 UAbs. 2 EUV aufgeführten Organe für die jetzt einheitliche Union. Durch den Vertrag von Lissabon wurde der Europäische Rat einbezogen, die Europäische Zentralbank (EZB) unter Beibehaltung ihrer eigenen Rechtspersönlichkeit und Unabhängigkeit (s. dazu Rn 426) zum Organ erklärt.

**265**  Gemäß Art. 106a Abs. 1 EAGV handeln die Organe der EU auch für die weiterhin selbstständige (vgl Art. 106a Abs. 3 EAGV) Europäische Atomgemeinschaft.

**266**  Da sie nicht unter der Rubrik „Organe" (vgl Rn 264) aufgeführt werden, sind der Wirtschafts- und Sozialausschuss sowie der Ausschuss der Regionen keine Organe, sondern unterstützende und beratende Einrichtungen (vgl Art. 13 Abs. 4 EUV). Die Organqualität ist bedeutsam für die Klagebefugnis gemäß Art. 265 Abs. 1 AEUV, nicht aber für die außervertragliche Haftung gemäß Art. 340 Abs. 2 AEUV[3]. Art. 13 EUV begründet einen „numerus clausus" und untersagt die sekundärrechtliche Schaf-fung weiterer Organe, nicht aber die Errichtung sonstiger Einrichtungen im Rahmen der Organisationsgewalt.

**267**  Die in *Art. 9 EGV* noch besonders hervorgehobene Europäische Investitionsbank (EI-B) besteht bereits seit Inkrafttreten des EWGV. Ihre Stellung und Aufgaben sind in Art. 308 und Art. 309 AEUV und in der Satzung der EIB vom 25.3.1957[4] festgelegt.

---

1  Näher dazu und zur Entwicklung der Organe *Streinz*, Europarecht, 8. Aufl. 2008, Rn 259 ff.
2  S. dazu ebd., Rn 266 f.
3  Vgl EuGH, Rs C-370/89, SGEEM und Etroy/EIB, Slg 1992, I-6211, Rn 16: Haftung für die EIB.
4  Sart. II Nr 266.

## 2. Funktion der Organe im System der Europäischen Union

Gemäß Art. 13 Abs. 2 S. 1 EUV handelt jedes Organ nach Maßgabe der ihm in den Verträgen zugewiesenen Befugnisse nach den Verfahren, Bedingungen und Zielen, die in den Verträgen festgelegt sind. Damit wird sowohl auf das im vertikalen Verhältnis EU-Mitgliedstaaten grundlegende Prinzip der begrenzten Einzelermächtigung (s. Rn 544) mit der Folge der Beschränkung auf die Verbandskompetenz als auch auf die im horizontalen Verhältnis zu beachtende Organkompetenz Bezug genommen. Die Organe sind zu loyaler Zusammenarbeit verpflichtet (Art. 13 Abs. 2 S. 2 EUV), um den Zweck des institutionellen Rahmens der Union, ihren Werten (Art. 2 EUV) Geltung zu verschaffen, ihre Ziele (Art. 3 EUV) zu verfolgen, ihren Interessen, denen der Bürger wie der Staaten zu dienen sowie die Kohärenz (vgl Art. 7 AEUV), Effizienz und Kontinuität ihrer Politik und ihrer Maßnahmen sicherzustellen (Art. 13 Abs. 1 EUV). Als politisch besetzte Einrichtungen dürfen dabei insbesondere das Europäische Parlament und der Rat eigene politische Interessen und Wertungen verfolgen, müssen aber ggf zu Kompromissen im Interesse des Wohls der Union bereit sein, vor allem als Unionsgesetzgeber. Dabei haben der Europäische Rat und der Rat eine „Doppelnatur"[5], da sie einerseits Unionsorgane sind, andererseits sich aus Vertretern der Mitgliedstaaten zusammensetzen und in diesen sowohl rechtlich als auch politisch rückgebunden sind (vgl Art. 10 Abs. 2 UAbs. 2 EUV). Die Kommission ist in besonderer Weise auf das Unionswohl verpflichtet (Art. 17 Abs. 1 S. 1, Abs. 3 UAbs. 3 EUV). Sie muss vor allem auch auf Kohärenz ihrer Politik durch Ausgleich entgegengesetzter Interessen (zB Umwelt und Landwirtschaft bzw Industrie) achten. Ihr obliegt die Gesetzesinitiative und die Kontrolle der Einhaltung des Unionsrechts. Die Loyalitätsverpflichtung von Rechnungshof (vgl Art. 286 Abs. 3 AEUV) und Gerichtshof (vgl Art. 19 Abs. 1 UAbs. 1 S. 2 EUV) erklärt sich aus der jeweiligen Funktion. Die EZB muss (bzw müsste) zur Erfüllung ihrer spezifischen Aufgabe (vgl Art. 282 Abs. 2 AEUV) vor allem ihre Unabhängigkeit (Art. 282 Abs. 2 S. 3 AEUV) wahren (s. dazu Rn 426, 1160).

**268**

Zur Verbesserung der Zusammenarbeit wurden Interorganvereinbarungen beschlossen (zB Konzertierungsverfahren, Verfahren im Vermittlungsausschuss, Anwendung des Subsidiaritätsprinzips, Haushaltsrecht). Art. 295 AEUV sieht jetzt solche interinstitutionelle Vereinbarungen zwischen Europäischem Parlament, Rat und Kommission ausdrücklich vor. Sie können bei entsprechendem Willen auch bindenden Charakter (wohl ohne Außenwirkung[6]) haben. Materiell dürfen sie vom Recht der Verträge nicht abweichen.

**269**

Die Zuweisung der Kompetenzen an die Organe und die Zuordnung der jeweiligen Funktionen der Organe verfolgt das Ziel der Herstellung eines **institutionellen Gleichgewichts** als der Rechtsnatur der Union (s. dazu Rn 315) adäquates Äquivalent der Gewaltenteilung eines demokratischen Rechtsstaats. Dieses institutionelle Gleichgewicht darf nicht abweichend von der Austarierung der Verträge beeinträchtigt werden. Verstöße dagegen können in Verfahren vor dem EuGH gerügt werden (s. dazu Fall 17, Rn 315).

**270**

---

5  *Herdegen*, § 7, Rn 4.
6  So *Herdegen*, § 7, Rn 9.

**Literatur:** *Hartmann, J.*, Das politische System der Europäischen Union, 2. Aufl. 2009; *Schoo, J.*, Das neue institutionelle Gefüge der EU, EuR Beiheft 1/2009, S. 51; *Wessels, W.*, Das politische System der Europäischen Union, 2008.

### 3. Sitz der Organe

**271** Gemäß Art. 341 AEUV (Art. 189 EAGV) wird der Sitz der Organe im Einvernehmen zwischen den Regierungen der Mitgliedstaaten bestimmt. Lange Zeit konnten sich diese lediglich über vorläufige Arbeitsorte der Organe einigen. Durch den Beschluss vom 12.12.1992[7], der durch das Protokoll über die Festlegung der Sitze der Organe und bestimmter Einrichtungen, sonstiger Stellen und Dienststellen der Europäischen Union[8] bestätigt worden ist, wurde Brüssel als Sitz der Organe Rat und Kommission, ferner des Wirtschafts- und Sozialausschusses und des Ausschusses der Regionen bestimmt. Der EuGH und der Rechnungshof haben ihren Sitz in Luxemburg, ebenso die Europäische Investitionsbank. Sitz des Europäischen Parlaments ist Straßburg, wobei die Ausschüsse in Brüssel zusammentreten und das Generalsekretariat in Luxemburg angesiedelt ist. Sitz der EZB ist Frankfurt a.M. Das Europäische Polizeiamt (Europol) hat seinen Sitz in Den Haag.

**272** Bis zum Jahr 2002 tagte der Europäische Rat in dem Mitgliedstaat, der jeweils den Vorsitz führte. Auf der Grundlage des Vertrags von Nizza fand ab 2002 eine Tagung unter jedem Vorsitz und finden seit Mai 2004 alle Tagungen in Brüssel statt[9].

**273** Die Organe dürfen zwar im Rahmen der Ausübung ihrer Zuständigkeit auf dem Gebiet der internen Organisation Maßnahmen hinsichtlich der Orte ihrer Dienststellen und ihrer Tagungen treffen, müssen dabei aber die durch den Beschluss der Mitgliedstaaten (s. Rn 271) gesetzten Grenzen beachten[10].

**274** Der Sitz bestimmter Einrichtungen und Dienststellen der EU beruht auf der Festlegung durch den Beschluss der Vertreter der Regierungen der Mitgliedstaaten vom 29.10.1993[11].

### 4. Verwaltungsgrundsätze

**275** Zur Ausübung ihrer Aufgaben stützen sich die Organe, Einrichtungen und sonstigen Stellen der EU auf eine offene, effiziente und unabhängige **europäische Verwaltung** (Art. 298 Abs. 1 AEUV). Während diese Bestimmung nur klarstellend ist, gibt Art. 298 Abs. 2 AEUV eine ausdrückliche Rechtsgrundlage und einen Auftrag für die Konkretisierung dieser Vorgaben durch Verordnungen, die das Europäische Parlament und der Rat im ordentlichen Gesetzgebungsverfahren (s. Rn 553 ff) erlassen.

---

7  ABl 1992 C 341/1.
8  ABl 1997 C 340/11 idF des Vertrags von Lissabon, ABl 2007 C 306/163, ABl 2012 C 326/265; Sart. II Nr 214; Nomos Nr 8; dtv EuR Nr 6.
9  Erklärung (Nr 22) der Schlussakte der Konferenz von Nizza zum Tagungsort des Europäischen Rates, ABl 2001 C 80/85 (Sart. II Nr 153, S. 12). Seit 1.5.2004 zählt die Union die geforderten (mindestens) „achtzehn" (nämlich 25), seit 1.7.2013 28 Mitglieder.
10  EuGH, Rs 108/83, Luxemburg/EP, Slg 1984, 1945, Rn 25 ff.
11  ABl 1993 C 323/1; Nomos Nr 9.

Art. 41 GRCh enthält gegenüber den Organen und Einrichtungen und sonstigen Stel- **276** len der Union das **Recht auf eine gute Verwaltung**. Dieses beinhaltet insbesondere die unparteiische und gerechte Behandlung der Angelegenheiten innerhalb einer angemessenen Frist, das Recht auf Gehör, Aktenzugang, Begründungspflicht, Amtshaftung und Korrespondenz in der eigenen Amtssprache (s. Rn 282). Gemäß Art. 42 GRCh besteht das Recht auf **Zugang zu Dokumenten** der Organe, Einrichtungen und sonstigen Stellen der EU. Art. 15 AEUV verankert zur Förderung einer vertrauensvollen Verwaltung und zur Beteiligung der Zivilgesellschaft den von den Organen der EU zu beachtenden **Grundsatz der Offenheit** (Abs. 1). Das Europäische Parlament tagt öffentlich, der Rat ebenso im Gesetzgebungsverfahren (Abs. 2). Unionsbürger und natürliche und juristische Personen mit Wohnsitz oder satzungsmäßigem Sitz in einem Mitgliedstaat haben einen Anspruch auf Zugang zu Dokumenten (Abs. 3). Dieses ist gemäß Art. 15 Abs. 3 UAbs. 2 AEUV durch die VO (EG) Nr 1049/2001 des Europäischen Parlaments und des Rates[12] über den Zugang zu Dokumenten dieser beiden Organe und der Kommission näher geregelt.

## 5.   Sprachenregelung der Europäischen Union

Die freiwillige Integration von Völkern mit 24 (einschließlich Irisch = Gälisch) ver- **277** schiedenen Sprachen ist in modernen Industriestaaten ohne Beispiel und wirft organisatorische, aber auch juristische Probleme auf. Der personelle und finanzielle Aufwand der Vielsprachigkeit ist erheblich, in einem Europa, dessen kulturelle Vielfalt durch die Einheit nicht beseitigt werden soll und das die Eigenständigkeit auch kleiner Mitgliedstaaten anerkennt, aber unvermeidbar. Den Vorschlägen, sich auf eine gemeinsame Sprache zu einigen, stehen daher nicht nur politische und rechtliche, sondern auch soziale und kulturelle Einwände entgegen. Politisch ist nicht zu erwarten, dass man sich auf die Sprache eines Mitgliedstaates einigt. Die Möglichkeit, sich mit den Unionsorganen in seiner eigenen Sprache in Verbindung zu setzen, stellt einen nicht zu unterschätzenden Integrationsfaktor dar. Schließlich müssen Rechtsakte für die vollziehenden nationalen Verwaltungen und nicht zuletzt für den dadurch berechtigten bzw verpflichteten Bürger verständlich sein[13]. Gemäß Art. 41 Abs. 4 GRCh kann sich jede Person in einer der Sprachen der Verträge an die Organe der Union wenden und muss eine Antwort in derselben Sprache erhalten. Gleiches gilt speziell für Petitionen an Organe oder Einrichtungen der EU (Art. 24 Abs. 4 AEUV).

Zu unterscheiden sind die authentische Sprache, die Amtssprache und die Arbeits- **278** sprache.

Die **authentische Sprache** ist die, in deren Fassung die Gründungsverträge verbind- **279** lich sind. Während gemäß *Art. 100 EGKSV* dies allein das Französische war, sind gemäß Art. 55 EUV (bzw Art. 225 EAGV in Verbindung mit den Beitrittsverträgen[14]) Bulgarisch, Dänisch, Deutsch, Englisch, Estnisch, Finnisch, Französisch, Griechisch, Irisch (= Gälisch), Italienisch, Kroatisch, Lettisch, Litauisch, Maltesisch, Niederländisch, Polnisch, Portugiesisch, Rumänisch, Slowakisch, Slowenisch, Spanisch,

---

12   ABl 2001 L 145/43.
13   Vgl zur Sprachenregelung *Herrmann*, in: Streinz, Art. 342 AEUV, Rn 6 ff.
14   S. dazu *Bieber*, in: von der Groeben/Schwarze/Hatje, Art. 342 AEUV, Rn 1 ff.

Schwedisch, Ungarisch und Tschechisch authentische Sprachen. Diese Sprachen sind gleichermaßen verbindlich.

**280** Dieses im Völkerrecht durchaus übliche Vorgehen hat Vorteile (Gleichberechtigung aller Mitglieder) und Nachteile (unvermeidbare Textdivergenzen). Bei Textdivergenzen ist jeder Text für sich gleichermaßen in eben dieser Fassung verbindlich. Da jedoch wegen der einheitlichen Geltung des Unionsrechts alle Normen für alle Normadressaten gleichermaßen gelten müssen, sind die Unterschiede[15] durch Auslegung gemäß Art. 33 WVRK[16] zu beseitigen. Zu diesem Zweck unternimmt der Gerichtshof einen wertenden Rechtssprachenvergleich, bei dem nicht die Zahl der jeweils für eine bestimmte Bedeutung sprechenden Fassungen entscheidend ist; vielmehr kommt es darauf an, welche sprachliche Fassung Sinn und Zweck der auszulegenden Norm am besten zur Geltung kommen lässt[17].

**281** Von den authentischen Sprachen der primärrechtlichen Texte ist die Regelung der **Sprachenfrage für die Organe** der Union zu unterscheiden, die gemäß Art. 342 AEUV unbeschadet der Verfahrensordnung des EuGH (s. Rn 424) in der Verordnung Nr 1 zur Regelung der Sprachenfrage für die EWG[18] und auf deren Grundlage (vgl Art. 6 der VO) dahin geregelt wurde, dass die authentischen Sprachen (seit 1.1.2007 auch Irisch = Gälisch) auch **Amtssprachen** und **Arbeitssprachen** sind (Art. 1 der VO). Diese Regelung wurde für die GASP der Europäischen Union grundsätzlich übernommen[19]. Für die EZB (s. Rn 426 f, 1157 ff) gilt ein eigenes Sprachenregime[20]. Die einschränkende Sprachenregelung des Harmonisierungsamts für den Binnenmarkt (HABM) ist umstritten[21], wurde vom EuGH aber gebilligt[22]. Die Frage der Sprachenregelung steht darüber hinaus der Einrichtung eines Europäischen Patents im Wege[23].

**282** Obgleich in der Sprachenverordnung zwischen Amts- und Arbeitssprachen nicht unterschieden wird, hat sich in der Praxis insbesondere der Kommission eine Bevorzu-

---

15 Vgl zu Textdivergenzen im Primärrecht *Schweitzer*, in: Grabitz/Hilf, EUV/EGV-Kommentar, Loseblatt, 2009 (EL 28/2005), Art. 314 EGV, Rn 6.
16 Sart. II Nr 320.
17 Vgl dazu *Herrmann*, in: Streinz, Art. 342 AEUV, Rn 33; *Wichard*, in: Calliess/Ruffert, Art. 342 AEUV, Rn 16 f.
18 Sart. II Nr 210; Nomos Nr 10. Zuletzt geändert durch VO Nr 517/2013, ABl 2013 L 158/1, 71.
19 Erklärung Nr 29 zur Schlussakte von Maastricht (Sart. II Nr 155, S. 10).
20 Geschäftsordnung der EZB, ABl 1999 L 125/34. Vgl dazu *Mayer*, in: Grabitz/Hilf/Nettesheim, Art. 342 AEUV, Rn 44.
21 Art. 115 Abs. 2 VO (EG) Nr 40/94 (ABl 1994 L 11/1), Art. 119 Abs. 2 VO (EG) Nr 207/2009. Vgl dazu *Mayer*, in: Grabitz/Hilf/Nettesheim, Art. 342 AEUV, Rn 49 sowie Schlussanträge des GA *Jacobs* vom 20.3.2003 zur Rs C-361/01 P – *Kik*.
22 EuGH, Rs C-361/01 P, Kik/HABM, Slg 2003, I-8382, Rn 82 ff. Vgl dazu *Mayer*, in: Grabitz/Hilf/Nettesheim, Art. 342 AEUV, Rn 50 ff mwN.
23 Die besondere Sensibilität der Sprachenfragen lässt sich auch an Art. 118 Abs. 2 AEUV ablesen, der für die Regelung der Sprachenfragen im Zusammenhang mit der durch den AEUV neu vorgesehenen Kompetenz für gemeinschaftsweite Schutzrechte geistigen Eigentums Einstimmigkeit verlangt und dadurch die qualifizierte Mehrheitsentscheidung über diese Schutzrechte an sich entwertet. Eine Regelung konnte daher nur durch verstärkte Zusammenarbeit (Beschluss 2011/167/EU des Rates, ABl 2011 L 36/53) erreicht werden, die der EuGH in verb Rs C-274/11 und C-295/11, Spanien und Italien/Rat, ECLI:EU:C:2013:240 = NJW 2013, 2009 m. Anm. *Jaeger*, NJW 2013, 1998 = JuS 2013, 950 – *Ruffert*) gebilligt hat. Vgl dazu *R. Streinz*, JuS 2013, 892. Die gegen die daraufhin beschlossene VO (EU) Nr 1257/2012 zur Schaffung eines europäischen Patentschutzes (ABl 2012 L 361/1) erhobene Klagen Spaniens hat der EuGH (GK), Rs C-146/13, Spanien/EP und Rat, ECLI:EU:C:2015:298 und Rs C-147/13, Spanien/Rat, ECLI:EU:C:2015:299 abgewiesen.

gung zunächst des Französischen, jetzt des Englischen (beim EuGH des Französischen) entwickelt (offenbar entgegen einer Dienstanweisung, die das Deutsche einbezieht[24]). Beim EuGH ist Französisch die interne Sprache[25]. Während im *internen* Gebrauch aus Praktikabilitätsgründen sicher nicht alle Sprachen gleich behandelt werden können, sind die Organe im Außenbereich, insbesondere im Verkehr mit Mitgliedstaaten und ihren Bürgern, verpflichtet, sich an die Sprachenverordnung zu halten. Danach hat jeder Bürger und auch jeder Mitgliedstaat Anspruch darauf, dass die Organe der EU mit ihm in seiner Landessprache korrespondieren (Art. 3 der VO). Für die Bürger ist dieses Recht gegenüber Organen und Einrichtungen der EU im Rahmen des „Rechts auf eine gute Verwaltung" in Art. 41 Abs. 4 GRCh verankert (s. Rn 804).

Die genannten Auslegungsprobleme des Primärrechts (vgl Rn 280) stellen sich auch **283** und in der Praxis nicht selten[26] beim Sekundärrecht, das in allen Amtssprachen gleichermaßen verbindlich ist (Art. 4 der VO für Verordnungen; für Richtlinien, die an alle Mitgliedstaaten gerichtet sind, gilt dasselbe).

Bei der Lösung der dabei auftretenden Probleme folgt der EuGH dem in Art. 33 **284** WVRK vorgezeichneten Weg, wobei dem Zweck der Vorschrift die entscheidende Bedeutung zukommt. Dies ist auch geboten, da semantische Argumente durch die nicht selten unsorgfältige Abfassung der verschiedenen Texte entwertet werden, die Bevorzugung einer Sprache durch deren Gleichberechtigung untersagt ist und die Einheitlichkeit des Unionsrechts eine differenzierende Auslegung verbietet[27].

**Beispiel** (nach EuGH, Rs 100/84, Kommission/Vereinigtes Königreich, Slg 1985, 1169): Bei **285** der Anwendung von Art. 4 Abs. 2 lit. f der VO 802/68 des Rates über die gemeinsame Begriffsbestimmung für den Warenursprung (mittlerweile ersetzt durch den Zollkodex, s. Rn 710) ging es um die Frage, wann Erzeugnisse der Seefischerei und andere Meereserzeugnisse „gefangen" worden sind. Das Vereinigte Königreich war der Ansicht, die Erzeugnisse seien erst dann „taken from the sea", wenn sie aus dem Wasser gezogen seien, und behauptete für die durch Schiffe eines Drittstaates im Netz eingefangenen, dann aber an Bord der britischen Schiffe gehievten Erzeugnisse den (einfuhrzollfreien) Gemeinschaftsursprung. Der EuGH kam nach einem Vergleich der Fassung der Verordnungen in den verschiedenen Sprachen zu dem Ergebnis, dass dieser keine Schlussfolgerung zu Gunsten einer der vorgetragenen Ansichten erlaube, sodass man aus der verwendeten Terminologie rechtlich nichts ableiten könne. Deshalb müsse die fragliche Vorschrift nach dem allgemeinen Aufbau und dem Zweck der Regelung ausgelegt werden, zu der sie gehöre. Der EuGH entschied, dass sich der Ursprung von Fisch bei gemeinsamen Fangaktionen nicht nach der Flagge des Schiffes bestimmt, das nur die Netze hochhievt, sondern nach der Flagge des Schiffes, das im Wesentlichen den Fang durchführt, dh insbesondere die Fische aufspürt und in den Netzen festhält, sodass sie sich nicht mehr frei in dem sie umgebenden Meer bewegen können. Da dies aber die Schiffe des Drittstaates getan hatten, wurde dem Fang Drittlandsursprung attestiert.

**Literatur:** *Ackermann*, Das Sprachenproblem im europäischen Primär- und Sekundärrecht und der Turmbau zu Babel, WRP 2000, 807; *Bansch, V.*, Sprachvorgaben im Binnenmarktrecht, 2004; *Bruha, T./Seeler, H.-J.* (Hrsg.), Die Europäische Union und ihre Sprachen, 1998;

---

24  Vgl *Wichard*, in: Calliess/Ruffert, Art. 342 AEUV, Rn 15. Vgl zur Praxis *Mayer*, in: Grabitz/Hilf/Nettesheim, Art. 342 AEUV, Rn 54 ff mwN.
25  Vgl dazu Mayer, in: Grabitz/Hilf/Nettesheim, Art. 42 AEUV, Rn 45. Verfahrenssprachen beim EuGH sind alle Amtssprachen, Art. 36 VerfOEuGH (Nomos Nr 13).
26  Vgl *Schweitzer*, in: Grabitz/Hilf (Fn. 15), Art. 314 EGV, Rn 7 mwN.
27  Vgl *Bieber*, in: von der Groeben/Schwarze/Hatje, Art. 342 AEUV, Rn 1 ff.

*Hayder, R.*, Das Sprachenregime der Europäischen Union, ZEuS 2011, 343; *Mayer, F.C.*, Europäisches Sprachenverfassungsrecht, Der Staat 44 (2005), 367; *Müller, F./Burr, I.* (Hrsg.), Rechtssprache Europas, 2004; *Oppermann*, Das Sprachenregime der Europäischen Union – reformbedürftig?, ZEuS 2001, 1; *ders.*, Reform der EU-Sprachenregelung?, NJW 2001, 2663; *Ruffert, M.*, Institutionen, Organe und Kompetenzen – der Abschluss eines Reformprozesses als Gegenstand der Europarechtswissenschaft, EuR 2009, Beiheft 1, S. 31 ff; *Schübel-Pfister, I.*, Sprache und Gemeinschaftsrecht. Die Auslegung der mehrsprachig verbindlichen Rechtstexte durch den EuGH, 2004.

## II.  Der Europäische Rat (Art. 15 EUV; Art. 235–236 AEUV)

### 1.  Entstehung und Entwicklung

**286**  Der Europäische Rat wurde 1974 im Rahmen der EPZ geschaffen, in der EEA erstmals vertraglich verankert und in der Säulenkonstruktion des Vertrags von Maastricht in *Art. 4 EUV aF* als Leitungsorgan bestätigt und in dieser Funktion bestärkt. Diese Funktion behält er auch nach dem Vertrag von Lissabon als Organ (s. Art. 13 Abs. 2 EUV) der jetzt einheitlichen EU bei. Dabei kam es zu erheblichen Änderungen und zu einer weiteren Stärkung der Rolle des Europäischen Rates, vor allem im Verhältnis zum Rat[28]. Die Einbeziehung als Organ soll den Abbau intergouvernementaler Strukturen dokumentieren[29], die in Bereichen wie der GASP in der Sache gleichwohl erhalten bleiben.

### 2.  Zusammensetzung

**287**  Der Europäische Rat setzt sich nach dem Vertrag von Lissabon gemäß Art. 15 Abs. 2 S. 1 EUV zusammen aus den **Staats- und Regierungschefs** (je nachdem, wer die Richtlinien der Politik bestimmt, zB in den Monarchien der EU der Premierminister, in Frankreich der Staatspräsident, in Deutschland gemäß Art. 65 GG der Bundeskanzler) der Mitgliedstaaten sowie dem **Präsidenten der Kommission** und (neu) dem **Präsidenten des Europäischen Rates** (s. Rn 299). Der Hohe Vertreter der Union für die Außen- und Sicherheitspolitik (s. Rn 300) nimmt an seinen Arbeiten teil. Wenn aufgrund der Tagesordnung so beschlossen, werden sie jeweils von einem Minister bzw einem Mitglied der Kommission unterstützt. Der Präsident des Europäischen Parlaments kann vom Europäischen Rat gehört werden (Art. 235 Abs. 2 AEUV).

**288**  Der Europäische Rat tritt mindestens zweimal pro Halbjahr unter dem Vorsitz seines Präsidenten zusammen (Art. 15 Abs. 3 S. 1 EUV). Wenn es die Lage erfordert (was in letzter Zeit häufiger der Fall war), beruft der Präsident eine außerordentliche Tagung ein (Art. 15 Abs. 3 S. 3 EUV). Der Europäische Rat hat sich gemäß Art. 235 Abs. 3 AEUV eine Geschäftsordnung gegeben[30]. Er wird vom Generalsekretariat des Rates unterstützt (Art. 235 Abs. 4 AEUV).

---

28  Vgl dazu *Streinz/Ohler/Herrmann*, Lissabon, S. 60 f.
29  *Haratsch/Koenig/Pechstein*, Rn 234.
30  Beschluss 2009/882/EU, ABl 2009 L 315/51 (Sart. II Nr 237).

Die den Staats- und Regierungschefs bisher in den Funktionen als Rat oder als im Rat    **289**
vereinigte Vertreter der Regierungen der Mitgliedstaaten übertragenen Aufgaben[31]
wurden aufgehoben (*Art. 112 Abs. 4 EGV*) oder werden jetzt vom Europäischen Rat
ausgeübt (vgl Art. 17 Abs. 7 EUV gegenüber *Art. 214 Abs. 2 UAbs. 1 EGV*; Art. 283
Abs. 2 UAbs. 2 AEUV gegenüber *Art. 112 Abs. 2 lit. b EGV*).

## 3. Aufgaben

Der Europäische Rat ist das **Leitungsorgan** der Europäischen Union. Die Zusam-    **290**
mensetzung dokumentiert die EU als Staatenverbund (vgl Rn 137), während das Europäische Parlament die „Union der Bürger" repräsentiert[32]. Dies bringt Art. 10
Abs. 2 EUV zum Ausdruck, der die Vertretung der Bürger durch das Europäische
Parlament der ausdrücklich so genannten Vertretung der Mitgliedstaaten im Europäischen Rat (und im Rat, s. Rn 268, 382) gegenüberstellt und die Rückkoppelung der
jeweiligen Regierung betont. Die (differenzierte) Einbeziehung des Kommissionspräsidenten dient der auch innerhalb der jetzt einheitlichen EU gebotenen Kohärenz (vgl
Art. 13 Abs. 1 EUV).

Als Leitungsorgan gibt der Europäische Rat gemäß Art. 15 Abs. 1 S. 1 EUV der Uni-    **291**
on die für ihre Entwicklung erforderlichen Impulse und legt die allgemeinen politischen Zielvorstellungen und Prioritäten hierfür fest. Er ist das **dominante Organ in
der GASP** und der GSVP (Art. 24 Abs. 1 UAbs. 2 S. 2; s. Rn 1302, 1304). Er wird
ausdrücklich **nicht gesetzgeberisch** tätig (Art. 15 Abs. 1 S. 2 EUV; für die GASP bekräftigt in Art. 24 Abs. 1 UAbs. 2 S. 3 und Art. 31 Abs. 1 UAbs. 1 S. 2 EUV). Er ist
jedoch in das **Vertragsänderungsverfahren** eingebunden (Art. 48 Abs. 3 EUV), im
vereinfachten Vertragsänderungsverfahren sogar als beschließendes Organ (Art. 48
Abs. 6 und 7 EUV), ebenso beim besonderen Vertragsänderungsverfahren im Bereich
der GASP (Art. 42 Abs. 2 UAbs. 1 S. 2 EUV). Er kann die Kompetenzen der Europäischen Staatsanwaltschaft erweitern (Art. 86 Abs. 4 AEUV). Insoweit bedarf der
deutsche Vertreter der Ermächtigung durch ein jeweiliges Gesetz (§ 2 und § 4 bzw
§ 3 bzw § 7 IntVG). Ferner ist er in das sog. **Notbremseverfahren** (Art. 48 Abs. 2
S. 1, Art. 82 Abs. 3 UAbs. 1 S. 1, Art. 83 Abs. 3 UAbs. 1 S. 1 AEUV) eingebunden,
das der deutsche Vertreter auf Weisung des Bundestages bzw Bundesrates auslösen
muss (§ 9 IntVG).

Der **juristische Gehalt** der im Rahmen des Art. 15 Abs. 1 S. 1 EUV gefassten Be-    **292**
schlüsse des Europäischen Rates („Impulse"; „allgemeine politische Zielvorstellungen") geht über eine politische Verbindlichkeit nicht hinaus. In der Praxis äußert sich
der Europäische Rat regelmäßig in „**Schlussfolgerungen** des Vorsitzes" im Anschluss an die sog. „Gipfelkonferenzen". Die politische Bedeutung des Europäischen
Rates zeigt sich in Krisenzeiten (zB der WWU, s. dazu Rn 1142).

Rechtliche Bindungswirkung haben dagegen die „allgemeinen Leitlinien des Europä-    **293**
ischen Rates", die ausdrücklich zur **Grundlage von Beschlüssen des Rates** erklärt
werden, was im Bereich der GASP geschieht (Art. 26 Abs. 2 UAbs. 1 EUV), aber

---

31   Vgl dazu *Streinz*, Europarecht, 8. Aufl. 2008, Rn 320.
32   *Möstl*, Verfassung für Europa, 2005, S. 68.

103

auch in Art. 121 Abs. 2 UAbs. 3 AEUV (Koordinierung der Wirtschaftspolitik). Hier ist die „Initiative" des Europäischen Rates Voraussetzung bzw Grundlage für ein Tätigwerden des Rates. Ferner sieht Art. 148 Abs. 1 AEUV vor, dass der Europäische Rat jährlich Schlussfolgerungen (die von den in Rn 292 genannten zu unterscheiden sind) zur Beschäftigungslage in der Union annimmt, anhand derer der Rat dann „Leitlinien" festlegt, welche wiederum die Mitgliedstaaten „berücksichtigen". Diese müssen mit den vom Europäischen Rat gemäß Art. 121 Abs. 2 AEUV verabschiedeten Grundzügen in Einklang stehen (Art. 148 Abs. 2 AEUV).

**294**   Über die ausdrücklich in den Verträgen angeordnete Bindungswirkung hinaus hat der Europäische Rat **keine Weisungsbefugnisse** gegenüber dem Rat. Die Leitlinienkompetenz des Europäischen Rates gibt in den genannten Fällen eine rechtlich bindende Richtlinienkompetenz[33], darf im Übrigen aber die durch die Verträge vorgesehenen Entscheidungsbefugnisse der anderen Organe nicht unterlaufen[34].

**295**   Für die anderen Organe **verbindliche Beschlüsse** erlässt der Europäische Rat im **Organisationsbereich**. Für das Europäische Parlament erlässt er – allerdings auf dessen Initiative und mit dessen Zustimmung – einstimmig einen Beschluss über dessen Zusammensetzung anhand der Vorgaben des Art. 14 Abs. 2 UAbs. 1 EUV (ebd. UAbs. 2). Für den Rat beschließt er gemäß Art. 236 AEUV Zusammensetzung und Vorsitz. Für die Kommission beschließt er gemäß Art. 17 Abs. 5 EUV die Einzelheiten des Rotationssystems bzw (wie gegenüber Irland zugesichert und erfüllt; s. dazu Rn 67, 388) die Abweichung von der geplanten Verkleinerung der Kommission.

**296**   Der Europäische Rat legt ferner die **Aussetzung von Mitgliedschaftsrechten** gemäß Art. 7 Abs. 2 EUV fest.

**297**   Der Europäische Rat ist an der „Investitur" der Kommission beteiligt (Art. 17 Abs. 7 EUV), was bislang dem Rat in der Zusammensetzung der Staats- und Regierungschefs oblag (vgl *Art. 214 Abs. 2 UAbs. 1 EGV*). Er wählt seinen Präsidenten und ernennt (mit Zustimmung des Kommissionspräsidenten) den Hohen Vertreter der Union für die GASP.

### 4.  Beschlussfassung

**298**   Die Beschlussfassung im Europäischen Rat erfolgt entsprechend der bisherigen Praxis im **Konsens** (Art. 15 Abs. 4 EUV). In diesem aus dem Völkerrecht bekannten Verfahren wird nicht förmlich abgestimmt, sondern so lange verhandelt, bis kein Mitglied mehr Einspruch erhebt. Dies betrifft allerdings allein die og Schlussfolgerungen des Vorsitzes. Rechtsförmige **Beschlüsse** (Art. 288 Abs. 4 AEUV) werden **einstimmig** (zB grundsätzlich in der GASP, Art. 24 Abs. 1 UAbs. 2 S. 2 und Art. 31 Abs. 1 UAbs. 1 S. 1 EUV; ferner zB bei Art. 48 Abs. 6 UAbs. 2 EUV, Art. 86 Abs. 4 AEUV), mit **qualifizierter Mehrheit** (zB Art. 15 Abs. 5; Art. 17 Abs. 7 UAbs. 1, Art. 18 Abs. 1 EUV, Art. 236 AEUV; Berechnung gemäß Art. 16 Abs. 4 EUV und Art. 238 Abs. 2 AEUV, s. Art. 235 Abs. 1 UAbs. 2 S. 1 AEUV) oder mit **einfacher Mehrheit** (zB Art. 48 Abs. 3 EUV; Verfahrensfragen und Erlass der Geschäftsord-

---

33  *Calliess*, in: Calliess/Ruffert, Art. 15 EUV, Rn 8.
34  *Frenz*, Europarecht, Rn 513.

nung, Art. 235 Abs. 3 AEUV) erlassen. An diesen förmlichen Abstimmungen sind der Präsident des Europäischen Rates und der Kommissionspräsident ausdrücklich nicht beteiligt (Art. 235 Abs. 1 UAbs. 2 S. 2 AEUV). Ersteres ist geboten, um nicht einem Mitgliedstaat doppeltes Stimmrecht zu geben, letzteres dokumentiert den Charakter des Europäischen Rates als Organ des Staatenverbundes (s. Rn 290). Stimmrechtsübertragung an *ein* anderes Mitglied ist möglich (Art. 235 Abs. 1 UAbs. 1 AEUV; praktisch kaum relevant). Die Stimmenthaltung von anwesenden oder vertretenen Mitgliedern steht dem Zustandekommen von Beschlüssen, zu denen Einstimmigkeit erforderlich ist, nicht entgegen (Art. 235 Abs. 1 UAbs. 3 AEUV). Da Letzteres durchaus praktisch relevant ist, tragen dem die Bestimmungen des IntVG (s. Rn 382) Rechnung (vgl zB § 3 Abs. 3 S. 3 – „muss ablehnen" bzw § 4 Abs. 2 IntVG – „nur zustimmen oder sich bei einer Beschlussfassung enthalten"). Zur sog. qualifizierten Enthaltung im Europäischem Rat bzw Rat im Rahmen der GASP (Art. 31 Abs. 1 UAbs. 2 EUV) s. Rn 1291, 1300.

## 5.   Der Präsident des Europäischen Rates

Durch den Vertrag von Lissabon wurde das Amt eines vom Europäischen Rat mit **299** qualifizierter Mehrheit für eine Amtszeit von zweieinhalb Jahren bei einmal möglicher Wiederwahl gewählten **Präsidenten** geschaffen (Art. 15 Abs. 5 EUV)[35]. Dieser darf kein einzelstaatliches Amt ausüben (Art. 15 Abs. 6 UAbs. 3 EUV). Damit wurde (anders als hinsichtlich des Rates, s. Rn 341) vom bisherigen Rotationssystem abgegangen, um Kontinuität und einheitliche Vertretung nach Außen zu demonstrieren[36]. Letzteres wird freilich dadurch beeinträchtigt, dass der Präsident des Europäischen Rates mit dem Vorsitz des Rates, dem Kommissionspräsidenten und dem Hohen Vertreter der EU für die GASP – und ggf dem Vorsitzenden der EURO-Gruppe[37] – konkurriert[38]. Die Gefahr **kompetenzieller Spannungen** ist im EUV selbst angelegt: Während der Präsident die Außenvertretung der EU „wahrnimmt" (Art. 15 Abs. 6 UAbs. 2 EUV), „leitet" der Hohe Vertreter die GASP (Art. 18 Abs. 2 S. 1 EUV), wohingegen außerhalb der GASP die Kommission die Außenvertretung der EU wahrnimmt (Art. 17 Abs. 1 S. 6 EUV)[39]. Die damit verbundene – freundlich ausgedrückt – *Poly*phonie macht zumindest keinen guten Eindruck[40]. Der Präsident führt den Vorsitz bei den Arbeiten des Europäischen Rates und gibt ihnen Impulse, sorgt in Zusammenarbeit mit dem Präsidenten der Kommission auf der Grundlage der Arbeiten des Rates „Allgemeine Angelegenheiten" (vgl Art. 16 Abs. 6 UAbs. 2 EUV) für die Vorbereitung und Kontinuität der Arbeiten des Europäischen Rates, wirkt auf Zusam-

---

35   Erster Präsident war der Belgier Herman Van Rompuy (2009-2014), seit 2014 amtiert der Pole Donald Tusk.

36   Damit die (angebliche) Frage Henry Kissingers nach der „Telefonnummer" des EU-Verantwortlichen beantwortet werden kann.

37   Vgl Art. 137 AEUV. Der Präsident wird gem. Art. 2 Protokoll Nr 14 (ABl 2007 C 306/153; ABl 2012 C 326/283; Sart. II Nr 147, S. 18 f; Nomos Nr 3, S. 225) gewählt. Derzeit der Niederländer Jeroen Dijsselbloem.

38   Vgl zu Problemen der Außendarstellung der EU *Frenz*, Europarecht, Rn 517 ff.

39   Vgl dazu *Streinz/Ohler/Herrmann*, Lissabon, S. 68 mwN.

40   In Fragen der Finanzpolitik – einem Gebiet, das mit Poker Ähnlichkeit hat und auch ein entsprechendes Verhalten erfordern würde – hat sie sich mehrfach äußerst „kostspielig" erwiesen.

menhalt und Konsens in diesem hin, legt dem Europäischen Parlament im Anschluss an jede Tagung des Europäischen Rates einen Bericht vor und nimmt auf seiner Ebene und in seiner Eigenschaft, unbeschadet der Befugnisse des Hohen Vertreters für die GASP, die Außenvertretung der Union in Angelegenheiten der GASP wahr (Art. 15 Abs. 6 EUV). Seine Rolle ist einerseits die eines Moderators und Mediators mit repräsentativen Aufgaben[41], andererseits werden von einem „Impulsgeber", selbst wenn er keine Richtlinienkompetenz hat, auch materiell-inhaltliche Ansätze erwartet[42].

### 6. Der Hohe Vertreter der Union für die Gemeinsame Außen- und Sicherheitspolitik

**300** *Art. I-28 EVV* sah das Amt eines „Außenministers der Union" vor. Diese Terminologie wurde mit dem Verfassungskonzept aufgegeben (s. dazu Rn 63), der bisherige Begriff eines „**Hohen Vertreters** für die Gemeinsame Außen- und Sicherheitspolitik" (*Art. 18 Abs. 3 EUV aF*) durch „**Hoher Vertreter *der Union* für die Gemeinsame Außen- und Sicherheitspolitik"** ergänzt, das Amt inhaltlich aber wie im Verfassungsvertrag vorgesehen im Vergleich zur bisherigen bloßen Funktion des Generalsekretärs des Rates neu geschaffen. Dadurch sollte die Union als einheitlicher außenpolitischer Akteur sichtbarer gemacht und eine stringente Außenpolitik zumindest personell[43] sichergestellt werden. Inhaltlich stehen dem die nach wie vor bestehenden Souveränitätsvorbehalte der Mitgliedstaaten in der GASP, die auch in deren Besonderheit (vgl Art. 24 Abs. 1 UAbs. 2; s. dazu Rn 1302) und in der politischen Praxis deutlich werden, institutionell die Überschneidung mit den Kompetenzen der Präsidenten anderer Organe (s. Rn 299) entgegen. Der Hohe Vertreter hat eine Doppelstellung (sog. „Doppelhut") als Vorsitzender im Rat „Auswärtige Angelegenheiten" und einer der Vizepräsidenten der Kommission (Art. 18 Abs. 3 bzw Abs. 4 EUV). Das kann einerseits die Kohärenz des außenpolitischen Handelns stärken, andererseits durch die Gewaltenverschränkung unter Einbeziehung des Europäischen Rates das institutionelle Gleichgewicht zwischen Rat und Kommission schwächen[44]. Der Hohe Vertreter wird vom Europäischen Rat mit qualifizierter Mehrheit und mit der Zustimmung des Präsidenten der Kommission ernannt und entlassen (Art. 18 Abs. 1 EUV). Seine Aufgaben im Rahmen der GASP sind in Art. 27 EUV geregelt. Bei deren Erfüllung stützt er sich auf den **Europäischen Auswärtigen Dienst** (EAD), dessen Organisation und Arbeitsweise vom Rat festgelegt wird (Art. 27 Abs. 3 EUV).

**Literatur:** *Wessels, W./Traguth, T.*, Der hauptamtliche Präsident des Europäischen Rates: „Herr" oder „Diener" im Haus Europa?, integration 2010, 297.

---

41 So *Frenz*, Europarecht, Rn 516. Vgl auch *Calliess*, in: Calliess/Ruffert, Art. 15 EUV, Rn 29.
42 Vgl *Streinz/Ohler/Herrmann*, Lissabon, S. 68.
43 Von 2009-2014 durch die Britin Baroness Catherine Ashton, seither durch die Italienerin Federica Mogherini.
44 *Streinz/Ohler/Herrmann*, Lissabon, S. 68 mwN.

## III. Das Europäische Parlament (EP) – Art. 14 EUV, Art. 223–234 AEUV

### 1. Zusammensetzung

Gemäß Art. 14 Abs. 2 UAbs. 1 EUV setzt sich das EP aus Vertretern der Unionsbür-  **301**
gerinnen und Unionsbürgern zusammen. Den wahren Tatbestand, nämlich die degres-
sive Repräsentation nach Mitgliedstaatsquoten, die jetzt durch einen Beschluss unter
Beachtung der Vorgaben des Art. 14 Abs. 2 EUV festzulegen sind (s. Rn 303 f), gab
die bisherige Formulierung, dass das EP „aus Vertretern der Völker der in der Gemeinschaft zusammengeschlossenen Staaten" besteht (*Art. 189 Abs. 1 EGV*; *Art. 107
EAGV aF*), wieder. Als Volks- und nicht Regierungsvertreter sind die Abgeordneten
unabhängig und nicht an Weisungen gebunden. Dies wird durch ihre besondere Stellung gefördert, die ihnen auf Grund Art. 7–9 des Protokolls über die Vorrechte und
Befreiungen der Europäischen Union[45] zukommt. Den zutreffenden Aspekt der unmittelbaren demokratischen Legitimation betont auch Art. 10 Abs. 2 UAbs. 1 EUV in
Gegenüberstellung zu Europäischem Rat und Rat (vgl Rn 268).

Bis 1979 setzte sich das EP aus abgesandten Mitgliedern der nationalen Parlamente  **302**
zusammen. Seitdem wird es alle fünf Jahre gemäß dem Beschluss und Akt zur Einführung allgemeiner unmittelbarer Wahlen der Abgeordneten der Versammlung vom
20.9.1976 (DWA)[46] iVm den nationalen Wahlgesetzen (Deutschland: Europawahlge-
setz[47]) direkt gewählt. Die Neufassung des DWA durch den Beschluss 2002/772/EG[48]
sieht ua die unionsweite Einführung eines Verhältniswahlsystems mit der Möglichkeit von Vorzugsstimmen (Art. 1 Abs. 1 DWA) vor. Durch den nach Annahme aller
Mitgliedstaaten am 1.4.2004 in Kraft getretenen Beschluss wird die Einführung einer
5%-Klausel (Art. 3 DWA) ebenso ermöglicht (nicht vorgeschrieben) wie die Decke-
lung der Wahlkampfkostenerstattung (Art. 4 DWA). Das BVerfG hat jedoch sowohl
die von ihm früher gebilligte[49] 5%-Klausel[50] als auch die 3%-Sperrklausel des deutschen Europawahlgesetzes für verfassungswidrig erklärt[51]. Sie stelle unter den gegeben rechtlichen und tatsächlichen Verhältnissen eine unzulässige Beschränkung des
Grundsatzes der Gleichheit der Wahl und der Chancengleichheit der politischen Parteien dar. Das BVerfG begründet seine Entscheidung insbesondere mit der besonderen Funktion des EP und den Besonderheiten der Mehrheitsbildung in diesem. Bisher
durchaus vorkommende Doppelmandate in nationalen Parlamenten sind unzulässig
(Art. 7 Abs. 2 DWA). Die Grundsätze der allgemeinen, unmittelbaren, freien und ge-
heimen Wahl (Art. 1 Abs. 3 DWA) sind jetzt auch in Art. 14 Abs. 3 EUV festgeschrieben (Art. 223 Abs. 1 AEUV erwähnt nur die Allgemeinheit und Unmittelbarkeit der Wahl).

---

45  Sart. II Nr 212; Nomos Nr 7.
46  Sart. II Nr 262; Nomos Nr 11; *Bieber/Knapp* Nr III.2.2; dtv EuR Nr 25.
47  dtv EuR Nr 27; *Bieber/Knapp* Nr VIII.6.
48  ABl 2002 L 283/1. Vgl dazu *Huber*, in: Streinz, Art. 223 AEUV, Rn 4.
49  BVerfGE 51, 222 (233 f). Kritisch bereits dazu *Streinz*, in: v. Mangoldt/Klein/Starck (Hrsg.), GG-
    Kommentar, 6. Aufl. 2010, Art. 21, Rn 135.
50  BVerfGE 129, 300; abwM Di Fabio und Mellinghoff, ebd. S. 346 ff. Vgl dazu *S. Roßner*, NVwZ
    2012, 22.
51  BVerfGE 135, 259; abwM Müller, ebd. S. 299 ff. Vgl dazu *M. Will*, NJW 2014, 1421.

**303** Gemäß Art. 14 Abs. 2 UAbs. 1 S. 2 EUV darf die Zahl der Abgeordneten des EP die Zahl 750, zuzüglich des Präsidenten[52], nicht überschreiten. Satz 3 bekennt sich ausdrücklich zur bereits bisher unter Abweichung vom Grundsatz der Gleichheit der Wahl gegebenen **degressiv proportionalen Vertretung** der „Bürgerinnen und Bürger" und legt für die Mitgliedstaaten eine Mindestzahl von sechs und eine Höchstzahl von 96 Sitzen fest. Die konkrete Zusammensetzung wurde gemäß Art. 14 Abs. 2 UAbs. 2 EUV übereinstimmend mit der Erklärung Nr 5 zum Vertrag von Lissabon[53] festgelegt[54].

**304** Die 751 **Sitze** sind für die Wahlperiode 2014-2019 auf die Mitgliedstaaten wie folgt verteilt: Deutschland 96, Frankreich 74, Vereinigtes Königreich und Italien je 73, Spanien 54, Polen 51, Rumänien 32, Niederlande 26, Belgien, Griechenland, Portugal, Tschechische Republik, Ungarn je 21, Schweden 20, Österreich 18, Bulgarien 17, Dänemark, Finnland, Slowakei je 13, Irland, Kroatien und Litauen je 11, Lettland und Slowenien je 8, Estland, Luxemburg, Malta, Zypern je 6.

**305** Durch die degressiv proportionale Festlegung der Sitze für die Mitgliedstaaten, die sich zwar an der Bevölkerungszahl (dabei bezogen auf die im Aufenthaltsstaat wahlberechtigten Unionsbürger, nicht die jeweiligen Staatsangehörigen, s. dazu Rn 1009) orientiert, aber nicht proportional zu dieser erfolgt (zB treffen auf einen Abgeordneten aus Deutschland oder Frankreich mehr als zehnmal so viele Einwohner wie auf einen Abgeordneten aus Malta) fehlt einer der wichtigsten Grundsätze des demokratischen Wahlrechts, nämlich die Gleichheit der Wahl (vgl Art. 38 Abs. 1 S. 1 GG; in den Verfassungen einiger Mitgliedstaaten allerdings nicht ausdrücklich verankert[55]) hinsichtlich des Erfolgswerts der Stimmen. Diese Ponderierung ist zwar auch bei anderen internationalen Organisationen üblich (vgl zB Art. 26 der Satzung des Europarats), bedarf aber bei der EU als einer Union der Staaten und der Bürger mit einem EP, das jetzt ausdrücklich als „Gesetzgeber" bezeichnet wird (vgl Art. 14 Abs. 1 S. 1 EUV) und im ordentlichen Gesetzgebungsverfahren mit dem Rat gleichberechtigt agiert (s. dazu Rn 553 f), einer besonderen Rechtfertigung, die nicht allein durch den Hinweis auf Regelungen hinsichtlich des deutschen Bundesrats oder der USA[56] erfolgen kann. Vielmehr ist dabei auf die besondere Struktur der Europäischen Union abzustellen.

**306** Die fehlende Gleichheit der Wahl setzt der Übertragung von Legislativkompetenzen allein auf das EP Grenzen (vgl Rn 381). Werden diese beachtet, ist die degressiv proportionale Sitzzuteilung im Hinblick auf die Besonderheit der Europäischen Union als Integrationsgemeinschaft und die zweigleisige Legitimation der Gesetzgebungsakte auch über den Rat (Art. 14 Abs. 1 S. 1 bzw Art. 16 Abs. 1 S. 1 EUV) vor allem

---

52  Zu den Hintergründen dieser kuriosen Regelung vgl Erklärung Nr 4 zum Vertrag von Lissabon (ABl 2012 C 326/339; Sart. II Nr 152, S. 13; Nomos Nr 4, S. 270) und *Fischer*, Lissabon, S. 150.

53  ABl 2012 C 326/339; Sart. II Nr 147, S. 13; Nomos Nr 4, S. 270.

54  Beschluss 2013/312/EU des Europäischen Rates vom 28.6.2013, ABl 2013 L 181/57. Zur Übergangsregelung für die Legislaturperiode 2009-2014 siehe *Streinz*, 9. Aufl. 2012, Rn 301 mwN. Nach dem Beitritt Kroatiens hatte das EP 766 Abgeordnete.

55  Auch Art. 3 des Ersten Zusatzprotokolls zur EMRK (Sart. II Nr 130a; Nomos Nr. 30a; dtv EuR Nr 42a), unter das der EGMR das EP der EU subsumiert hat (EGMR, Urt. v. 18.2.1999, Matthews/VK, EuGRZ 1999, 200 (201 ff = *HVL*, S. 402 ff)), erwähnt nur die freie und geheime Wahl.

56  Vgl dazu *Frenz*, Europarecht, Rn 471 ff.

nach der Berücksichtigung des demographischen Faktors bei der doppelt qualifizierten Mehrheit (s. Rn 357, 361) akzeptabel und entspricht sogar der spezifischen Struktur der EU, solange diese beibehalten wird (s. dazu Rn 380 ff).

Zur Regelung der Rechtsverhältnisse der einzelnen Abgeordneten hat das Europäische Parlament gemäß *Art. 190 Abs. 5 EGV* (jetzt Art. 223 Abs. 2 AEUV) nach Anhörung der Kommission mit Zustimmung des Rates am 28.9.2005 ein **Abgeordnetenstatut**[57] beschlossen, das mit der im Jahr 2009 beginnenden Wahlperiode des EP in Kraft getreten ist. Weitere Regelungen finden sich im Direktwahlakt von 1979 (Rn 302), der Geschäftsordnung des EP (GeschOEP)[58], im Protokoll über die Vorrechte und Befreiungen[59] sowie den nationalen Europawahlgesetzen. **307**

Intern bilden die Abgeordneten des EP **Fraktionen**, die nicht nationale, sondern parteipolitische Zusammenschlüsse sind (Art. 30 Abs. 1 GeschOEP)[60]. Die Bildung einer Fraktion fordert, dass die sich zusammenschließenden Abgeordneten (mindestens 25) aus mindestens einem Viertel der Mitgliedstaaten, also aus sieben Mitgliedstaaten stammen. Ungeachtet der politischen Ausrichtung können bei Abstimmungen auch nationale Interessen eine fraktionsübergreifende Rolle spielen. **308**

Gemäß Art. 10 Abs. 4 EUV sind **politische Parteien** auf europäischer Ebene wichtig als Faktor der Integration in der Union. Sie sollen dazu beitragen, ein europäisches politisches Bewusstsein herauszubilden und den politischen Willen der Bürger der Union zum Ausdruck zu bringen. Zwar haben sich seit langem transnationale europäische Parteibünde (zB Europäische Volkspartei, EVP; Sozialdemokratische Partei Europas, SPE; Europäische Liberale Demokraten, ELD; Europäische Föderation Grüner Parteien, EFGP) gebildet[61]. Gleichwohl ist dies nach wie vor weit mehr ein Wunsch als die Wirklichkeit. **309**

Die Parteibünde stellten zur Europawahl 2014 erstmalig europaweite „Spitzenkandidaten" auf. Von dieser „Personalisierung" der transnationalen Parteienfamilien verspricht man sich deren größere Sichtbarkeit und eine höhere Wahlbeteiligung. Schließlich will das EP dadurch seinen Einfluss auf den Vorschlag des Kommissionspräsidenten durch den Europäischen Rat und somit auf dessen Wahl ausbauen (s. dazu Rn 330). **310**

Auf der Grundlage des durch den Vertrag von Nizza eingefügten *Art. 191 Abs. 2 EGV* (jetzt Art. 224 AEUV) wurde die VO (EG) Nr 2004/2003 über die Regelungen für die politischen Parteien auf europäischer Ebene und ihre Finanzierung[62] erlassen. **311**

---

57 ABl 2005 Nr L 262/1; dtv EuR Nr 26.
58 Sart. II Nr 260: Art. 1–11.
59 Sart. II Nr 212; Nomos Nr 7: Art. 7–9.
60 Derzeit EVP (Christdemokraten, Konservative) 216 Abgeordnete, S&D (Sozialdemokraten) 190, ECR (Konservative und Reformisten) 75, ALDE (Liberale, Zentristen) 70, GUE/NGL (Linke, Kommunisten) 51, Grüne/EFA (Grüne, Regionalparteien) 50, EFDD (Euroskeptiker, Rechtspopulisten) 45, ENF (Rechtspopulisten, Rechtsextreme) 38, Fraktionslos 15.
61 Vgl dazu *Haag*, in: von der Groeben/Schwarze/Hatje, Art. 10 Abs. 4 EUV, Rn 19 ff.
62 Sart. II Nr 264; *Bieber/Knapp* Nr III.2.4. Kritisch dazu *von Arnim*, Die neue EU-Parteienfinanzierung, NJW 2005, 247 ff.

## 2. Aufgaben

**312** Der Vertrag von Lissabon hat die Position des EP im System der Organe nicht nur optisch durch die Platzierung an erster Stelle hervorgehoben, sondern auch inhaltlich deutlich gestärkt. Art. 14 Abs. 1 S. 1 EUV nennt als Hauptfunktion des EP ausdrücklich die Gesetzgebung und die Haushaltsbefugnisse gemeinsam mit dem Rat und bringt damit den schrittweise (gestaltende Kompetenzen im Haushaltsbereich seit 1970/1975, im Verfahren der Rechtssetzung durch Zusammenarbeit seit 1987, durch Mitentscheidung seit 1993) erreichten und durch den Vertrag von Lissabon weiter vorangetriebenen Stand der Beteiligung des EP zutreffend zum Ausdruck. Im Bereich des Haushaltsgesetzes räumt der Vertrag von Lissabon dem Parlament unter bestimmten Voraussetzungen noch deutlicher als bisher (vgl *Art. 272 Abs. 6 EGV*) sogar „das letzte Wort" ein (vgl Art. 314 Abs. 7 lit. d) AEUV). Die allgemeinen Aufgaben werden durch die Neuformulierung „*politische* Kontrolle und Beratungs*funktionen*" stärker akzentuiert. Im Übrigen wird auf die Maßgabe der Verträge verwiesen (Art. 14 Abs. 1 S. 2 bzw 3 EUV).

### a) Beratung (Konsultation)

**313** Einige Vorschriften (zB Art. 43 Abs. 3, Art. 192 Abs. 2 AEUV; Art. 31 Abs. 2 EAGV) sehen vor, dass das EP gehört werden muss (Formel: „nach Anhörung des Europäischen Parlaments"). Neben dieser **obligatorischen Anhörung** hat sich in der Praxis die Übung entwickelt, das EP auch in nicht zwingend vorgeschriebenen Fällen zu hören (**fakultative Anhörung**), die in der gemeinsamen Erklärung des EP, des Rates und der Kommission über die Einführung eines Konzertierungsverfahrens vom 7.3.1975[63] für bestimmte Fälle fixiert wurde.

**314** Ist eine obligatorische Anhörung des EP unterblieben, so liegt eine Verletzung wesentlicher Formvorschriften iSv Art. 263 Abs. 2 AEUV vor, die zur Nichtigkeitsklage gegen die Rechtshandlung berechtigt. Vgl dazu

**315** **Fall 7** (nach EuGH, Rs 138/79, Roquette Fréres/Rat, Slg 1980, 3333 = *HVL*, S. 207 f):
Der Rat beschloss auf Vorschlag der Kommission eine auf Art. 43 Abs. 3 AEUV gestützte Verordnung, mit der für Isoglukose Produktionsquoten eingeführt wurden, bevor eine förmliche Stellungnahme des dazu aufgeforderten EP vorlag. Die Firma R ist von den Produktionsquoten betroffen und erhebt gegen die Verordnung Nichtigkeitsklage. Mit Aussicht auf Erfolg?

**Lösung Fall 7:**
**I. Zulässigkeit der Klage**

1. Klagebefugnis: Die Nichtigkeitsklage (Art. 263 Abs. 4 AEUV) eines nicht privilegierten Klägers wie hier der juristischen Person setzt voraus, dass dieser durch die angefochtene Verordnung unmittelbar und individuell betroffen ist (s. Rn 661 ff). Dies ist hier der Fall.

2. Klagegrund: Die Klage ist nur unter den Voraussetzungen des Art. 263 Abs. 2 AEUV zulässig, dh, dass einer der dort genannten Klagegründe geltend gemacht werden muss. Hier kann die Missachtung des Anhörungsrechts des EP als Verletzung wesentlicher Formvor-

---

63   ABl 1975 C 89/1.

schriften gerügt werden. Der Kläger muss nicht Berechtigter *dieser* Vorschrift sein, da nur formell und materiell primärrechtskonformes Sekundärrecht seine Rechte wirksam beschränken kann (vgl „Elfes-Konstruktion"[64]).

**II. Begründetheit der Klage**

Ein Verstoß gegen Art. 43 Abs. 3 AEUV liegt vor, da danach das EP vor dem Beschluss des Rates über die Verordnung hätte angehört werden müssen. Dabei handelt es sich um eine *wesentliche* Formvorschrift. Die Anhörung ermöglicht dem EP eine wirksame Beteiligung am Gesetzgebungsverfahren der Union. Diese Befugnis ist für das vom Vertrag gewollte institutionelle Gleichgewicht wesentlich. Sie spiegelt auf Unionsebene, wenn auch in beschränktem Umfang, ein „grundlegendes demokratisches Prinzip wider, nach dem die Völker durch eine Versammlung ihrer Vertreter an der Ausübung der hoheitlichen Gewalt beteiligt sind". Eine ordnungsgemäße Anhörung liegt nur dann vor, wenn das EP seiner Auffassung tatsächlich Ausdruck verleiht, nicht bereits dann, wenn der Rat es um Stellungnahme ersucht. Die Verletzung einer wesentlichen Formvorschrift führt zur Nichtigkeit der betreffenden Handlung, hier der Verordnung des Rates.

**Ergebnis:** Die Klage ist zulässig und begründet[65].

Das EP ist vor der Ernennung der Mitglieder des Rechnungshofs (Art. 286 Abs. 2 AEUV) und des Direktoriums der EZB (Art. 283 Abs. 2 UAbs. 2 AEUV) zu hören. **316** Der Europäische Rat konsultiert das EP, bevor er ihm unter Berücksichtigung des Ergebnisses der Wahlen zum EP einen Vorschlag für das Amt des Präsidenten der Kommission macht (Art. 17 Abs. 7 UAbs. 1 S. 1 EUV), der vom EP gewählt wird (s. Rn 390). Ferner ist das EP vor der Änderung des Unionsvertrages anzuhören (Art. 48 Abs. 3 EUV) sowie bei bestimmten Abkommen mit Drittstaaten oder Organisationen (Art. 218 Abs. 6 UAbs. 2 lit. b AEUV).

Im Rahmen der **GASP** wird das EP vom Hohen Vertreter regelmäßig zu den wichtigsten Aspekten und den grundlegenden Weichenstellungen der GASP und der **317** GSVP gehört und über die Entwicklung der Politik in diesen Bereichen unterrichtet. Seine Auffassungen müssen „gebührend" berücksichtigt werden (Art. 36 Abs. 1 S. 1 EUV).

Durch die „Vergemeinschaftung" der **PJZS** wird das EP im Rahmen des ordentlichen **318** (als Mitgesetzgeber, vgl zB Art. 82 Abs. 1 UAbs. 2; Art. 87 Abs. 2 AEUV) oder besonderen Gesetzgebungsverfahrens (zum Teil Zustimmung des EP, vgl zB Art. 86 Abs. 1 UAbs. 1 S. 2 AEUV; selten nur Anhörungspflicht, vgl Art. 87 Abs. 1 UAbs. 1 S. 2, Art. 89 S. 2 AEUV) einbezogen.

**b) Kontrollbefugnisse**

Politische Kontrollbefugnisse des EP bestehen gegenüber der Kommission: Misstrau- **319** ensvotum (Art. 17 Abs. 8 EUV iVm Art. 234 AEUV), Erörterung des jährlichen Ge-

---

64  BVerfGE 6, 32 (37 f und LS 2, 3). S. dazu *H. Kube*, Die Elfes-Konstruktion, JuS 2003, 111.
65  Vgl dazu auch EuGH, Rs C-417/93, EP/Rat, Slg 1995, I-1185, Rn 9 ff; Rs C-65/93, EP/Rat, Slg 1995, I-643, Rn 24 ff = *HVL*, S. 153: Pflicht auch des EP zu redlicher Zusammenarbeit mit dem Rat, deren Verletzung sich auf das Anhörungsrecht auswirkt; Rs C-21/94, EP/Rat, Slg 1995, I-1827, Rn 18: Erneute Anhörung des EP bei Textänderung. Diese nach Einführung des Mitentscheidungsverfahrens durch den Vertrag von Maastricht ergangenen Urteile zeigen, dass auch das Anhörungsrecht nach wie vor als „wesentlich" angesehen wird.

samtberichts (Art. 233 AEUV), Entlastung für die Ausführung des Haushaltsplans (Art. 319 AEUV). Eine vergleichbare Kontrolle gegenüber dem Rat ist nicht vorgesehen. Diese müssen die mitgliedstaatlichen Parlamente gegenüber ihren Regierungen ausüben (s. dazu Rn 382 f).

**320** Durch die Neuordnung der Komitologie erhält neben dem Rat auch das EP verstärkte Kontrollbefugnisse gegenüber der Kommission (vgl Art. 290 Abs. 2 AEUV und Rn 567).

**321** Sehr bedeutsam ist das **Fragerecht (Interpellation)** des EP gegenüber der Kommission gemäß Art. 230 Abs. 2 AEUV) und gegenüber dem Rat auf Grund dessen Selbstverpflichtung[66] (s. auch Rn 325) sowie gegenüber der EZB (Art. 118 GeschOEP). Sowohl das EP als Organ oder Teile des EP (Ausschuss, Fraktion, 40 Mitglieder, Art. 115 GeschOEP) als auch jedes einzelne Mitglied kann das Fragerecht ausüben (Art. 116, Art. 117 GeschOEP). Die Kommission (ebenso Rat und EZB) ist verpflichtet, die an sie gerichteten Fragen zu beantworten. Die Antworten werden im Amtsblatt CE (elektronische Ergänzung des Amtsblattes C) veröffentlicht (s. Art. 117 Nr 5 GeschO EP).

**322** Schrittweise aufgewertet wurde das **Klagerecht** des EP durch die Rechtsprechung des EuGH und mehrere Vertragsrevisionen. Der Vertrag von Nizza hat dem EP die gleiche prozessuale Rechtsstellung wie Rat und Kommission eingeräumt, sodass das EP nicht nur wie bislang bei Verletzung in eigenen Rechten, sondern privilegiert klagebefugt alle Rechtsakte der anderen Organe bzw die Untätigkeit dieser Organe durch den EuGH überprüfen lassen kann (s. Rn 642 ff). Auch ein Gutachten des EuGH nach Art. 218 Abs. 11 AEUV (s. Rn 1247) kann das EP beantragen.

**323** Gemäß Art. 226 AEUV kann das EP die Einsetzung eines nicht ständigen **Untersuchungsausschusses** beschließen, der unbeschadet der Befugnisse, die anderen Organen oder Institutionen durch die Verträge übertragen sind, behauptete Verstöße gegen das Unionsrecht oder Missstände bei der Anwendung desselben prüft. Dies gilt nicht, wenn ein Gericht mit den behaupteten Sachverhalten befasst ist, solange das Gerichtsverfahren nicht abgeschlossen ist. Die geprüften Verstöße können durch Unionsorgane, Mitgliedstaaten oder Einzelpersonen begangen worden sein.

**324** Gemäß Art. 24 Abs. 2 iVm Art. 227 AEUV hat jeder Bürger der Union sowie jede natürliche oder juristische Person mit Wohnort oder satzungsmäßigem Sitz in einem Mitgliedstaat das **Petitionsrecht** zum EP. Dieses Recht ist auch in Art. 44 GRCh verankert. Beschwerden können auch an den gemäß Art. 24 Abs. 3 iVm Art. 228 AEUV eingerichteten **Bürgerbeauftragten** des EP gerichtet werden, soweit sie Missstände bei der Tätigkeit der Organe oder Institutionen der Union mit Ausnahme des Gerichtshofs der EU in Ausübung seiner Rechtsprechungsbefugnisse betreffen.

**325** Zur **GASP** kann das EP (lediglich) Anfragen oder Empfehlungen an den Rat oder den Hohen Vertreter richten (Art. 36 Abs. 2 AEUV).

---

66  Vgl zu den Grundlagen *Bieber*, in: von der Groeben/Schwarze/Hatje, Art. 14 EUV, Rn 37.

## c) Rechtsetzung

Im Haushaltsbereich (Art. 314 AEUV; s. Rn 743 f) und in der weit überwiegenden **326** Zahl der Rechtsakte („ordentliches Gesetzgebungsverfahren") ist das EP neben dem Rat „Mitgesetzgeber". Zur Beteiligung (von bloßer Anhörung bis Mitgesetzgebung) an den verschiedenen Formen des Rechtsetzungsverfahrens s. Rn 563 ff.

Bestimmte das EP selbst betreffende Rechtsakte werden jetzt vom EP mit Zustim- **327** mung des Rates erlassen (Art. 223 Abs. 2, Art. 226 Abs. 3, Art. 228 Abs. 4 AEUV).

## d) Zustimmung

Folgende Akte bedürfen der Zustimmung des EP: Sanktionen bei Verletzung der **328** Grundsätze der EU, Art. 7 Abs. 1, Abs. 5 EUV iVm Art. 354 AEUV (zwei Drittel der abgegebenen Stimmen und Mehrheit der Mitglieder); Vertragsänderung ohne Konvent (Art. 48 Abs. 3 UAbs. 2 EUV); Beitritt neuer Mitgliedstaaten (absolute Mehrheit der Mitglieder des EP, Art. 49 Abs. 1 S. 2 EUV); Assoziierung mit Drittländern und Internationalen Organisationen gemäß Art. 217 AEUV sowie (außer GASP) Assoziierungsabkommen; Beitritt der EU zur EMRK (vgl Art. 6 Abs. 2 EUV); Abkommen, die durch die Einführung von Zusammenarbeitsverfahren einen besonderen institutionellen Rahmen schaffen oder erhebliche finanzielle Folgen für die Union haben sowie Abkommen in Bereichen, für die entweder das ordentliche Gesetzgebungsverfahren oder das besondere Gesetzgebungsverfahren mit Zustimmung des EP gilt (Art. 218 Abs. 6 lit. a AEUV); bestimmte Rechtsakte (s. dazu Rn 555); Kollegium der Kommission (Art. 17 Abs. 7 UAbs. 3 EUV). Es ernennt zusammen mit dem Rat den Europäischen Datenschutzbeauftragten (Art. 42 Abs. 1 UAbs. 1 DatenschutzVO[67]).

## e) Wahlen

Das EP wählt naturgemäß seinen Präsidenten, die 14 Vizepräsidenten und die Quäs- **329** toren des EP (Art. 14–16 GeschOEP) sowie den Bürgerbeauftragten des EP (Art. 228 Abs. 1 AEUV). Es wählt aber seit dem Vertrag von Lissabon auch den **Präsidenten der Kommission** auf Vorschlag des Europäischen Rates (Art. 17 Abs. 7 UAbs. 1 EUV).

Durch die erstmalige Nominierung von „Spitzenkandidaten" der transnationalen Par- **330** teibünde zur Europawahl 2014 soll der Einfluss des EP auf die Wahl des Kommissionspräsidenten steigen. Gemäß Art. 17 Abs. 7 UAbs. 1 S. 1 EUV berücksichtigt der Europäische Rat bei seinem Vorschlag für das Amt des Kommissionspräsidenten das Ergebnis der Wahlen zum Europäischen Parlament. Die durch die Nominierung von „Spitzenkandidaten" getroffene Vorauswahl soll den Europäischen Rat politisch an den Kandidaten des erfolgreichsten Parteibundes binden. Diese Vorgehensweise stärkt die Rolle des EP, hält sich aber im Rahmen des institutionellen Systems der Verträge. Das EP setzt sich durch, wenn sich die Parteibünde an vor der Wahl getroffene Vereinbarungen halten und im Europäischen Rat die hier erforderliche, aber auch genügende qualifizierte Mehrheit zustande kommt. Beides ist nach den Europawahlen 2014 geschehen: Der „Spitzenkandidat" der EVP (Juncker), die zwar nicht

---

67   VO (EG) Nr 45/2001, ABl 2001 L 8/1.

die absolute Mehrheit, aber die meisten Sitze im EP erhielt, wurde vom Europäischen Rat gegen die Stimme des Vereinigten Königreichs vorgeschlagen und vom EP auch mit der Mehrheit der Stimmen der zweitstärksten Fraktion (S&P), deren „Spitzenkandidat" der Präsident des EP (Schulz, als solcher wiedergewählt) war, gewählt.

### f) Initiativrecht

**331** Formell besitzt das EP gemäß den Verträgen grundsätzlich nicht das Recht, von sich aus ein Gesetzgebungsverfahren in Gang zu setzen. Eine Ausnahme besteht lediglich hinsichtlich der Bestimmungen über die Wahlen zum EP gemäß Art. 14 Abs. 2 UAbs. 2 EUV (s. Rn 302) sowie weiterer Rechtsakte, die das EP selbst betreffen (vgl Art. 223 Abs. 2, Art. 226 Abs. 3 AEUV). Gemäß Art. 225 S. 1 AEUV kann das EP jedoch die Kommission zu Initiativen (vgl Rn 394) auffordern. Hieran ist die Kommission nicht gebunden. Sie hat sich aber verpflichtet, sog. Initiativberichte des EP zu prüfen (GeschOEP, Anlage XIV, Nr 31).

**332** Eine Art „hinkendes" Initiativrecht hat das EP in laufenden Gesetzgebungsverfahren, soweit es Abänderungen zu dem Vorschlag der Kommission bzw dem Standpunkt des Rates vorschlagen kann. Im Verfahren der Mitentscheidung (Art. 294 AEUV) kommt dem großes Gewicht zu, da ohne die Zustimmung des EP der betreffende Rechtsakt nicht zustande kommt (vgl Rn 359 ff).

### g) Geschäftsordnung

**333** Das EP hat sich gemäß Art. 232 AEUV eine Geschäftsordnung[68] gegeben.

### 3. Beschlussfassung

**334** Die Beschlüsse des EP werden gemäß Art. 231 AEUV vorbehaltlich anders lautender Vertragsbestimmungen (zB Mehrheit der Mitglieder gemäß Art. 294 Abs. 7 lit. b AEUV; Art. 49 Abs. 1 S. 3 EUV; Art. 314 Abs. 4 lit. c, Abs. 7 lit. b AEUV) mit der absoluten Mehrheit der abgegebenen Stimmen gefasst. Beschlussquorum: Art. 231 Abs. 2 AEUV iVm Art. 155 GeschO EP.

### 4. Europäisches Parlament und nationale Parlamente

**335** Gemäß **Art. 12 EUV** tragen die nationalen Parlamente „aktiv zur guten Arbeitsweise der Union bei". Damit dokumentiert der Vertrag von Lissabon deren wichtige Rolle im Integrationsprozess. Sie sind letztlich für die Weiterentwicklung des Primärrechts entscheidend (vgl Art. 12 lit. d EUV: Vertragsänderungsverfahren, Art. 48 EUV; s. dazu Rn 93; Beitritt zur Union, über die betreffenden Anträge müssen sie schon deshalb unterrichtet werden, Art. 12 lit. e EUV, weil sie dem Beitritt ebenso wie das EP letztlich zustimmen müssen, vgl Art. 49 EUV). Art. 12 lit. b EUV hebt die besondere Rolle bei der Wahrung des Subsidiaritätsprinzips (s. dazu Rn 172), lit. c im Bereich des RFSR (s. dazu Rn 1031) hervor. Die in Art. 12 lit. a EUV genannte Unterrichtungspflicht bezieht sich auf die Beteiligung an der laufenden Arbeit der EU, ins-

---

68 Aktuelle GeschOEP von 2009 in Sart. II Nr 260; *Bieber/Knapp*, III.2.3.

besondere an der Rechtsetzung, die entscheidend für die Zweigleisigkeit der demokratischen Legitimation des unionalen Rechtsetzungsprozesses (s. dazu Rn 383) ist, die vom BVerfG im Maastricht-Urteil zutreffend gefordert und beschrieben[69] und im Vertrag von Lissabon bestätigt wurde (vgl Art. 10 Abs. 2 EUV; s. dazu Rn 138). Dies legt eine Kooperation mit dem EP nahe, die institutionell im Rahmen der **interparlamentarischen Zusammenarbeit** gemäß dem Protokoll über die Rolle der nationalen Parlamente in der Europäischen Union[70] erfolgt (Art. 12 lit. f EUV).

**Literatur** (s. auch Rn 380): *Bröhmer, J.*, Das Europäische Parlament: Echtes Legislativorgan oder bloßes Hilfsorgan im legislativen Prozess?, ZEuS 1999, 197; *Huber, P.M.*, Das institutionelle Gleichgewicht zwischen Rat und Europäischem Parlament in der künftigen Verfassung für Europa, EuR 2003, 574; *Maurer, A./Wessels, W.*, Das Europäische Parlament nach Amsterdam und Nizza, 2003; *Nessler, V.*, Willensbildung im Europäischen Parlament – Abgeordnete und Fraktionen zwischen Konsens und Dissens, ZEuS 1999, 157; *Reich, D.O.*, Rechte des Europäischen Parlaments in Gegenwart und Zukunft, 1999; *Ress, G.*, Das Europäische Parlament als Gesetzgeber – Der Blickpunkt der Europäischen Menschenrechtskonvention, ZEuS 1999, 219; *Suski, B.*, Das Europäische Parlament – Volksvertretung ohne Volk und Macht?, 1996.

## IV.   Der Rat (Art. 16 EUV; Art. 237–243 AEUV)

### 1.   Zusammensetzung

Gemäß Art. 16 Abs. 2 EUV besteht der Rat aus je einem Vertreter jedes Mitgliedstaats auf Ministerebene, der befugt ist, für die Regierung des von ihm vertretenen Mitgliedstaats verbindlich zu handeln und das Stimmrecht auszuüben. Das zur Abstimmung berechtigte Mitglied des Rates muss somit in seinem Heimatland Minister (Regierungsmitglied) sein, was sich nach nationalem Verfassungsrecht bestimmt. Einzige Ausnahme davon ist in der Praxis die Entsendung von Staatssekretären, die nach nationalem Verfassungsrecht (zB in Deutschland bzgl des Bundes) nicht als Regierungsmitglieder gelten (Unionsgewohnheitsrecht).   **336**

Der entsandte Minister muss nicht notwendig der Regierung des Zentralstaates angehören. Damit wurde *unionsrechtlich* zB die Entsendung von Mitgliedern der deutschen Landesregierungen ermöglicht.   **337**

Die dazu erforderlichen *verfassungsrechtlichen* Grundlagen enthält Art. 23 Abs. 6 GG, der durch die Föderalismusreform (2006) materiell eingeengt, insoweit aber zur zwingenden Vorschrift wurde. Danach wird die Wahrnehmung der Rechte, die der Bundesrepublik Deutschland als Mitgliedstaat der Europäischen Union zustehen, vom Bund auf einen vom Bundesrat benannten Vertreter der Länder übertragen werden, wenn im Schwerpunkt ausschließliche Gesetzgebungsbefugnisse der Länder auf den Gebieten der schulischen Bildung, der Kultur oder des Rundfunks betroffen sind. Die Wahrnehmung dieser Rechte erfolgt unter Beteiligung und in Abstimmung mit der Bundesregierung, wobei die gesamtstaatliche Verantwortung des Bundes zu wahren ist. Das Nähere regelt § 6 Abs. 2 EUZBLG[71].   **338**

---

69   BVerfGE 89, 155 (182 f).
70   Protokoll Nr 2, ABl 2012 C 326/203; Sart. II Nr 147, S. 3; Nomos Nr 3, S. 210; dtv EuR Nr 19.
71   BGBl. 1993 I 313; zuletzt geändert durch Art. 1 ÄndG v. 22.9.2009 (BGBl. 2009 I 3031); Sart. I Nr 97; Nomos Nr 26; dtv EuR Nr 24. Für Österreich vgl Art. 23d Abs. 3 B-VG (*Schäffer*, Nr 1).

**339**  Je nach unionaler Regelungsmaterie und jeweiliger Zuordnung in den Regierungen der Mitgliedstaaten tagt der Rat in **unterschiedlicher Besetzung**. In Art. 16 Abs. 6 EUV wird dies jetzt für zwei Ratsformationen primärrechtlich geregelt. Der **Rat „Allgemeine Angelegenheiten"** sorgt für die Kohärenz der Arbeiten des Rates in seinen verschiedenen Zusammensetzungen (die in Art. 7 AEUV geforderte Kohärenz ist nicht nur zwischen den Organen, sondern auch innerhalb diesen erforderlich; s. Rn 268) und bereitet in Verbindung mit den Präsidenten des Europäischen Rates und der Kommission die Tagungen des Europäischen Rates vor (UAbs. 2). Der **Rat „Auswärtige Angelegenheiten"** gestaltet das auswärtige Handeln der Union entsprechend den strategischen Vorgaben des Europäischen Rates (s. dazu Rn 293) und sorgt für die Kohärenz (vgl Art. 7 AEUV) des Handelns der Union (UAbs. 3). Die **weiteren Ratsformationen** werden gemäß Art. 16 Abs. 6 UAbs. 1 EUV iVm Art. 236 lit. a AEUV (Abweichung von der Geschäftsordnungsautonomie des Rates) durch Beschluss des Europäischen Rates festgelegt[72]. Wenn wegen der ressortübergreifenden Komplexität von Beratungsgegenständen mehrere Fachminister eines Mitgliedstaats an derselben Tagung des Rates teilnehmen handelt es sich um gemeinsame Tagungen verschiedener Fachminister-Räte (sog. **Jumbo-Rat**)[73]. Soweit der Rat bisher in der Formation der Staats- und Regierungschefs zuständig war[74], wurden diese Aufgaben durch den Vertrag von Lissabon dem Europäischen Rat übertragen.

**340**  In der Ratsformation **„Wirtschaft und Finanzen"**, die von besonderer Bedeutung für die Wirtschafts- und Währungsunion ist[75], sind bei Abstimmungen über die in Art. 139 Abs. 2 AEUV genannten Materien sowie den in Art. 139 Abs. 4 AEUV genannten Maßnahmen die Vertreter der Mitgliedstaaten, „für die eine Ausnahmeregelung gilt", dh die den Euro nicht als gemeinsame Währung haben, nicht stimmberechtigt. Die qualifizierte Mehrheit (s. Rn 360 ff) berechnet sich in diesen Fällen gemäß Art. 238 Abs. 2 lit. a AEUV.

**341**  Gemäß Art. 16 Abs. 9 EUV wird der **Vorsitz** im Rat in allen seinen Zusammensetzungen mit Ausnahme des Rates Auswärtige Angelegenheiten, in dem der Hohe Vertreter den Vorsitz führt (Art. 18 Abs. 3 EUV), von den Vertretern der Mitgliedstaaten nach einem System der gleichberechtigten Rotation wahrgenommen. Gemäß Art. 236 lit. b AEUV legt der Europäische Rat die entsprechende Reihung fest[76]. Zu den Aufgaben des Vorsitzes (Präsidenten) vgl Art. 237 AEUV und die Geschäftsordnung des Rates (s. Rn 371).

---

72  Beschluss des Rates (Allgemeine Angelegenheiten) 2009/879/EU (ABl 2009 L 315/46), eingefügt als Anhang I in die Geschäftsordnung des Rates (Sart. II Nr 237), ergänzt durch Beschluss des Europäischen Rates vom 8.10.2010 (Dok. EUCO 19/10): Neben Allgemeine und Auswärtige Angelegenheiten bestehen folgende weitere Ratsformationen: Wirtschaft und Finanzen, Justiz und Inneres, Beschäftigung, Sozialpolitik, Gesundheit und Verbraucherschutz, Wettbewerbsfähigkeit (Binnenmarkt, Industrie, Forschung und Weltraum), Verkehr, Telekommunikation und Energie, Landwirtschaft und Fischerei, Umwelt, Bildung, Jugend, Kultur und Sport.
73  *Obwexer*, in: Streinz, Art. 16 EUV, Rn 73 mwN.
74  S. dazu *Streinz*, Europarecht, 8. Aufl. 2008, Rn 281. Jetzt Art. 17 Abs. 7 UAbs. 1 S. 1 EUV; *Art. 121 Abs. 4 EGV* wurde als zeitlich überholt gestrichen.
75  Zu unterscheiden von der informellen sog. Euro-Gruppe, s. dazu Rn 1163.
76  Beschlussentwurf in Erklärung Nr 9 zum Vertrag von Lissabon, ABl 2012 C 83/343; Sart. II Nr 152, S. 16 f; Nomos Nr 4, S. 273.

## 2. Aufgaben

Durch den Vertrag von Lissabon wurde die Position des Rates im System der EU vor allem durch die Aufwertung des Europäischen Rates geschwächt, zum einen, weil diesem bisherige Befugnisse des Rates übertragen wurden (vgl Rn 286, 289), zum anderen, weil der Rat in weiteren Bereichen an Vorgaben des Europäischen Rates gebunden (vgl Rn 293) und auch in seiner Geschäftsordnungsautonomie eingeschränkt (vgl Rn 339) wurde. Soweit eine Ausweitung der Mehrheitsabstimmung im Rat erfolgt bzw ermöglicht wurde, betrifft dies nicht die Stellung des Rates als Organ, sondern die Position der Mitgliedstaaten in diesem. Gleichwohl verbleiben dem Rat wesentliche Befugnisse als Bindeglied zwischen der Union und den Mitgliedstaaten („**Scharnierfunktion**")[77].   **342**

Art. 16 Abs. 1 UAbs. 1 S. 1 EUV hebt die Aufgabe des Rates als Gesetzgeber und Haushaltsgesetzgeber, die gemeinsam mit dem Europäischen Parlament ausgeübt wird, hervor. Als weitere Aufgaben werden die „Festlegung der Politik" und die „Koordinierung" genannt (S. 2). Der Hinweis auf die „Maßgabe der Verträge" zeigt, dass die konkreten Aufgaben den einzelnen Bestimmungen der Verträge zu entnehmen sind. Sie lassen sich wie folgt aufgliedern:   **343**

### a) Rechtsetzung

Der Rat ist (seit dem Vertrag von Maastricht und mittlerweile im Wesentlichen gleichberechtigt gemeinsam mit dem Europäischen Parlament; zum ordentlichen Gesetzgebungsverfahren, Art. 294 AEUV, s. Rn 553 ff) **Hauptrechtsetzungsorgan** für sekundäres Unionsrecht zur Durchführung der Verträge. Art. 290 bzw Art. 291 Abs. 2–4 AEUV sehen die Übertragung von delegierten Befugnissen bzw Durchführungsbefugnissen (zur Einbindung der Mitgliedstaaten in die sog. Komitologie über Ausschüsse s. Rn 570) in durch Europäisches Parlament und Rat erlassenen Gesetzgebungsakten bzw Rechtsakten vor. Durchführungsbefugnisse können gemäß Art. 291 Abs. 2 AEUV auch dem Rat übertragen werden.   **344**

Bei der Durchführung der politischen Aufträge der Verträge kommt dem Rat zwar ein **Ermessensspielraum** zu, der aber zu einer konkreten Pflicht zum Tätigwerden reduziert werden kann. Vgl dazu   **345**

**Fall 8** (nach EuGH, Rs 13/83, EP/Rat, Slg 1985, 1513 = *HVL*, S. 295 ff = *PSK*, Fall 5):   **346**
Das Europäische Parlament (EP), dem seit langem die ständige Untätigkeit des Rates im Bereich der Verkehrspolitik missfiel, forderte diesen auf, endlich geeignete Maßnahmen zu ergreifen. Der Rat stellte daraufhin in Aussicht, mittelfristig die Frage zu prüfen, ob und wie auf dem Gebiet der Verkehrspolitik etwas unternommen werden könnte. Dem EP war dies nicht genug. Es erhob deshalb Klage zum EuGH mit dem Antrag, den Rat zu verurteilen, auf dem Gebiet der Verkehrspolitik endlich tätig zu werden. Ist die Klage zulässig und begründet?

---

77   *Herdegen*, § 7, Rn 17.

**Lösung Fall 8:**

**I. Zulässigkeit:** Art. 265 AEUV (s. dazu Rn 677 ff).

**II. Begründetheit**

1. Voraussetzungen einer Untätigkeitsfeststellung gemäß Art. 265 AEUV

Eine Untätigkeit im Rahmen des Verfahrens nach Art. 265 AEUV kann nur festgestellt werden, wenn die dem Rat vorgeworfene Unterlassung Maßnahmen betrifft, deren Tragweite sich hinreichend bestimmen lässt, sodass sie konkretisiert werden und Gegenstand eines Vollzugs iSv Art. 266 AEUV sein können.

2. Konkrete Pflicht des Rates zum Tätigwerden

In der Durchführung der politischen Aufträge der Verträge kommt dem Rat ein Ermessensspielraum zu. Dieser wird zwar durch die Erfordernisse der Ziele der EU (Art. 3 EUV) und durch gewisse Bestimmungen der Verträge wie diejenigen, in denen bestimmte Fristen gesetzt sind, begrenzt. Jedoch war es nach dem damaligen System des EWGV Sache des Rates (**jetzt** werden Rat und EP in diesem Bereich gemeinsam im ordentlichen Gesetzgebungsverfahren tätig, vgl Art. 91 Abs. 1 AEUV; das EP könnte jetzt insoweit wegen einer vertragswidrigen Verweigerung des Rates zu gemeinsamer Gesetzgebung klagen), nach den vorgesehenen Verfahrensregeln die Ziele und die Mittel einer gemeinsamen Verkehrspolitik zu bestimmen. Im Bereich der Dienstleistungsfreiheit verfügt der Rat jedoch nicht über den Ermessensspielraum, auf den er sich in anderen Bereichen der gemeinsamen Verkehrspolitik berufen kann. Denn das zu erreichende Ergebnis ist in den Art. 56, 57 und 58 iVm Art. 91 Abs. 1 lit. a und b AEUV festgelegt. Daher kann der Rat nur hinsichtlich der näheren Einzelheiten, die zur Herbeiführung dieses Ergebnisses unter Berücksichtigung der Besonderheiten des Verkehrs gemäß Art. 91 AEUV in Betracht zu ziehen sind, ein gewisses Ermessen ausüben. Er war dagegen verpflichtet, die Dienstleistungsfreiheit gemäß Art. 91 Abs. 1 lit. a und Abs. 2 AEUV vor Ablauf der Übergangszeit (31.12.1969) auf den Verkehrssektor zu erstrecken, soweit dies den internationalen Verkehr aus oder nach dem Hoheitsgebiet eines Mitgliedstaats oder den Durchgangsverkehr durch das Hoheitsgebiet eines oder mehrerer Mitgliedstaaten betraf, sowie im Rahmen der Dienstleistungsfreiheit in diesem Sektor gemäß Art. 91 Abs. 1 lit. b und Abs. 2 AEUV die Bedingungen für die Zulassung von Verkehrsunternehmen zum Verkehr innerhalb eines Mitgliedstaats, in dem sie nicht ansässig sind, festzulegen. Da er dies unterlassen hat, hat der Rat insoweit gegen den AEUV verstoßen.

### b) Vertragsänderung, Beitritt von Drittstaaten

**347** Bei **Vertragsänderungen** beschränkt sich die Rolle des Rates jetzt darauf, die ihm von der Regierung eines Mitgliedstaats, von der Kommission oder (neu) vom Europäischen Parlament vorgelegten Entwürfe dem Europäischen Rat zu übermitteln und den nationalen Parlamenten zur Kenntnis zu bringen (Art. 48 Abs. 2 S. 3 EUV). Im Übrigen wird der Europäische Rat tätig. Über **Beitritte von Drittstaaten** zur Union beschließt nach wie vor der Rat einstimmig nach Zustimmung des Europäischen Parlaments, wobei jedoch (neu) die vom Europäischen Rat vereinbarten Kriterien berücksichtigt werden (Art. 49 Abs. 1 S. 3 bzw 4 EUV). Das Beitrittsabkommen selbst bedarf der Ratifikation durch alle Mitgliedstaaten (Art. 49 Abs. 2 EUV).

### c) Koordination

**348** Gemäß Art. 121 AEUV wird im Rat die **Wirtschaftspolitik der Mitgliedstaaten** koordiniert. Dies ist eine der bedeutsamsten Aufgaben (vgl auch die Hervorhebung der

„engen Koordinierung der Wirtschaftspolitik der Mitgliedstaaten" in Art. 119 Abs. 1 AEUV), da – wie sich leider gezeigt hat – unterschiedliche Wirtschaftspolitiken eine Gefahr für die Union in einem einheitlichen Wirtschaftsraum darstellen (s. im Einzelnen Rn 1117 ff).

Als Rat „Allgemeine Angelegenheiten" sorgt der Rat nicht nur für die Kohärenz des **349** Rates in seinen verschiedenen Zusammensetzungen (s. Rn 339), sondern durch die Vorbereitung der Tagungen des Europäischen Rates zusammen mit dessen Präsidenten und dem der Kommission für die Koordination der Arbeit mit diesen Organen (Art. 16 Abs. 6 UAbs. 2 EUV). Als Rat „Auswärtige Angelegenheiten" sorgt er in diesem Bereich für die Kohärenz des Handelns der Union (Art. 16 Abs. 6 UAbs. 3 EUV), was wegen der Zusammenführung der Teilbereiche GASP und GHP (s. dazu Rn 1303) auch erforderlich ist.

#### d) Außenbeziehungen (GASP und völkerrechtliche Abkommen, GHP)

Als Rat „Auswärtige Angelegenheiten" gestaltet der Rat das auswärtige Handeln der **350** Union entsprechend den strategischen Vorgaben des Europäischen Rates (Art. 16 Abs. 6 UAbs. 3 EUV; s. dazu Rn 391, 293). Dies betrifft die gesondert geregelte GASP und die sonstigen auswärtigen Beziehungen, insbesondere die GHP. Im Bereich der **GASP** ist der Rat für Beschlüsse über ein operatives Vorgehen der EU (Art. 28 EUV; Handlungsform „Aktionen", vgl Art. 25 lit. b Abs. i EUV) und über Standpunkte der EU (Art. 29 EUV; Handlungsform gem. Art. 25 lit. b Abs. ii EUV) zuständig. Er gestaltet die GASP und fasst die für ihre Festlegung und Durchführung erforderlichen Beschlüsse auf der Grundlage der vom Europäischen Rat festgelegten allgemeinen Leitlinien (Handlungsform gem. Art. 25 lit. a EUV) und trägt für ein einheitliches, kohärentes und wirksames Vorgehen der Union Sorge (Art. 26 Abs. 2 EUV). Die Verbindung von GASP und GHP zeigen die vom Rat zu erlassenden **restriktiven Maßnahmen** (insbes. Wirtschaftsembargo) gemäß Art. 215 AEUV (s. dazu Rn 1292). Der Rat ist für den Abschluss von **Abkommen** mit dritten Staaten oder internationalen Organisationen (Art. 218 AEUV) einschließlich Handelsabkommen (Art. 207 Abs. 4 AEUV) und Assoziierungsabkommen (Art. 217 AEUV) zuständig. Der Rahmen für die Umsetzung der GHP wird zusammen mit dem Europäischen Parlament im ordentlichen Gesetzgebungsverfahren durch Verordnungen festgelegt (Art. 207 Abs. 2 AEUV). S. dazu Rn 1282.

#### e) Initiative

Art. 241 S. 1 AEUV erlaubt es dem Rat, die Kommission aufzufordern, zur Errei- **351** chung und Verwirklichung der gemeinsamen Ziele tätig zu werden sowie von ihrem alleinigen Initiativrecht (s. Rn 394) Gebrauch zu machen. Legt die Kommission daraufhin keinen Vorschlag vor, muss sie dem Rat die Gründe dafür mitteilen (Art. 241 S. 2 AEUV).

#### f) Kontrolle

Gegenüber der Kommission und dem Europäischen Parlament sowie der EZB und **352** (neu) dem Europäischen Rat und Einrichtungen oder sonstigen Stellen der EU hat der Rat die Möglichkeiten des allgemeinen Rechtmäßigkeitskontrollsystems durch Klagen gemäß Art. 263 Abs. 1, 2 und Art. 265 Abs. 1 AEUV. Gemäß Art. 247 AEUV kann der Rat zudem die Amtsenthebung eines Mitglieds der Kommission durch den EuGH beantragen. Die praktisch wichtigste Kontrolle über die Kommission kann der Rat im Rahmen der von ihm (Sonderausschuss GHP, vgl Art. 207 Abs. 3 UAbs. 3 AEUV) bzw von ihm zusammen mit dem Europäischen Parlament eingesetzten Ausschüsse (sog. Komitologie, vgl dazu Art. 291 Abs. 3 AEUV, Rn 568, 570) sowie bei Festlegung der Bedingungen der Delegation von Befugnissen auf die Kommission (Vgl Art. 290 Abs. 2 AEUV; s. dazu Rn 567) ausüben.

### g) Ernennungen

**353** Der Rat beschließt über die personelle Zusammensetzung des Wirtschafts- und Sozialausschusses (Art. 301 Abs. 2 AEUV), des Ausschusses der Regionen (Art. 305 Abs. 2 AEUV) und des Rechnungshofes (Art. 286 Abs. 2 S. 2 AEUV). Die Mitglieder des EuGH und des Direktoriums der EZB werden dagegen nicht vom Rat, sondern von den Regierungen der Mitgliedstaaten einvernehmlich bzw vom Europäischen Rat ernannt (s. Rn 375).

### h) Haushalt

**354** Der Rat stellt zusammen mit dem Europäischen Parlament den Haushalt auf (Art. 314 AEUV). S. dazu Rn 741 ff.

### i) Personalrecht

**355** Der Rat setzt die Bezüge der Präsidenten des Europäischen Rates und der Kommission, der Mitglieder der Kommission, des Hohen Vertreters für die GASP, der Richter und Generalanwälte des Gerichtshofs der EU und auch alle sonstigen Vergütungen[78] fest (Art. 243 AEUV). Mit Zustimmung des Europäischen Parlaments und erlässt das Beamtenstatut (Art. 336 AEUV).

### j) PJZS

**356** Durch die „Vergemeinschaftung" der PJZS durch den Vertrag von Lissabon sind die bisherigen Handlungsformen, für die der Rat zuständig war[79], durch die allgemeinen Handlungsformen des Art. 288 AEUV ersetzt worden. Der Rat wird jetzt als Gesetzgeber zusammen mit dem Europäischen Parlament in der Regel im ordentlichen, zum Teil in besonderen Gesetzgebungsverfahren (vgl Art. 89 S. 2 AEUV) tätig. S. dazu Rn 1029.

### 3. Beschlussfassung

### a) Beschlussfassung nach dem Recht der Verträge – Neuerungen durch den Vertrag von Lissabon

**357** Durch den Vertrag von Lissabon wurde die Beschlussfassung mit qualifizierter Mehrheit zum Regelfall (Art. 16 Abs. 3 EUV). Zugleich wurde die bereits im Vertrag von

---

78 ZB für die Mitglieder des WSA gem. Art. 300 Abs. 3 AEUV.
79 S. dazu *Streinz*, Europarecht, 8. Aufl. 2008, Rn 298 und Rn 474 ff. Zur fortbestehenden Bedeutung s. Rn 1032.

Nizza bei einem entsprechenden Überprüfungsantrag eines Mitgliedstaats vorgesehene doppelt qualifizierte Mehrheit mit Berücksichtigung des demographischen Elements[80] obligatorisch, während die bisherige Ponderierung der Stimmen aufgegeben wird. Da dies einer der Hauptstreitpunkte war, musste ein Kompromiss gefunden werden, der dazu führt, dass die betreffende Regelung nur in Stufen eingeführt wird. Dadurch wird das Vertragswerk in diesem Bereich noch schwerer lesbar als es ohnehin schon ist. Soweit die Verträge dies ausdrücklich vorsehen, werden Beschlüsse des Rates einstimmig oder mit einfacher Mehrheit gefasst.

**b) Erforderliche Abstimmungsquoren**

**aa) Einstimmigkeit. Einstimmigkeit** ist ungeachtet der Reduzierung der Anwen-   **358** dungsfälle nach wie vor in bestimmten, als politisch besonders brisant angesehenen Fällen erforderlich. **Beispiele**: Beitritt neuer Mitgliedstaaten (Art. 49 Abs. 1 S. 3 EUV); Antidiskriminierungsmaßnahmen (Art. 19 Abs. 1 AEUV); Harmonisierung der indirekten Steuern (Art. 113 AEUV); Harmonisierung im Binnenmarkt in den Bereichen Steuern, Freizügigkeit, Rechte und Interessen der Arbeitnehmer (Art. 115 AEUV); Teile der Sozialpolitik (Art. 153 Abs. 2 UAbs. 3 AEUV); Eigenmittelbeschluss (Art. 311 Abs. 3 AEUV); Vertragsergänzungsklausel (Art. 352 Abs. 1 AEUV); PJZS (Art. 86 Abs. 1 S. 2, Art. 89 S. 2 AEUV); bestimmte völkerrechtliche Verträge mit Drittstaaten (Art. 207 Abs. 4 UAbs. 2 und 3; Art. 218 Abs. 8 UAbs. 2 AEUV); Assoziierung der überseeischen Länder und Hoheitsgebiete (Art. 203 AEUV); Wechselkurssystem gegenüber Drittstaaten (Art. 219 Abs. 1 S. 2 AEUV); Wahlverfahren zum Europäischen Parlament (Art. 223 Abs. 1 UAbs. 2 AEUV); Aktivierung von Brückenklauseln (Art. 81 Abs. 3 UAbs. 2 S. 2; Art. 153 Abs. 2 UAbs. 4; Art. 192 Abs. 2 UAbs. 2 AEUV). Einstimmigkeit bedeutet die Zustimmung aller Mitglieder. Die Stimmenthaltung von anwesenden oder vertretenen Mitgliedern steht dem Zustandekommen von Beschlüssen jedoch nicht entgegen (Art. 238 Abs. 4 AEUV). Ein solcher Beschluss kann aber nicht zustande kommen, wenn ein Mitgliedstaat weder anwesend ist noch sich vertreten lässt. Im Bereich der **GASP** ist grundsätzlich Einstimmigkeit erforderlich (Art. 31 Abs. 1 S. 1 EUV). Hier bedarf die qualifizierte Mehrheit der ausdrücklichen Anordnung (vgl zB Art. 31 Abs. 2 EUV). S. hierzu, zur qualifizierten Enthaltung gemäß Art. 31 Abs. 1 UAbs. 2 EUV und zu den Ausnahmen Rn 1295, 1308 sowie Fall 61, Rn 1291/1300.

**bb) Einfache Mehrheit.** Die **einfache Mehrheit**, dh die Mehrheit der Mitglieder   **359** (Art. 238 Abs. 1 AEUV; derzeit 15 Stimmen), ist hauptsächlich bei organisatorischen und Verfahrensfragen genügend. **Beispiele**: Einsetzung des Beschäftigungsausschusses (Art. 150 S. 1 AEUV) und des Ausschusses für Sozialschutz (Art. 160 Abs. 1 S. 1 AEUV); Regelung der rechtlichen Stellung der in den Verträgen vorgesehenen Ausschüsse (Art. 242 AEUV); Organisation des Generalsekretariats (Art. 240 Abs. 2 UAbs. 2 AEUV) und Erlass der Geschäftsordnung des Rates (Art. 240 Abs. 3 AEUV). Immerhin genügt für einen Antrag auf Amtsenthebung eines Mitglieds der Kommission auch die einfache Mehrheit; über diese selbst entscheidet aber der EuGH (Art. 247 AEUV).

---

[80]  S. dazu *Streinz*, Europarecht, 8. Aufl. 2008, Rn 302.

**360**   **cc) Qualifizierte Mehrheit.**   Da die qualifizierte Mehrheit abgesehen von der GASP (Art. 31 Abs. 1 EUV) der Regelfall ist (Art. 16 Abs. 3 EUV), kommt sie außerhalb der GASP immer dann zur Anwendung, wenn die Verträge keine abweichende Regelung vorsehen.

**361**   Seit dem **1.11.2014** gilt grundsätzlich (s. Rn 62) als qualifizierte Mehrheit eine Mehrheit von mindestens 55% der Mitglieder des Rates, gebildet aus mindestens 15 Mitgliedern, sofern die von diesen vertretenen Mitgliedstaaten zusammen mindestens 65% der Bevölkerung der Union ausmachen (Art. 16 Abs. 4 UAbs. 1 EUV; Art. 238 Abs. 3 lit. a AEUV). Bei Beschlüssen, die nicht auf Vorschlag der Kommission oder des Hohen Vertreters der EU für die GASP zu fassen sind, sind 72% der Mitglieder des Rates erforderlich (Art. 238 Abs. 2, Abs. 3 lit. b AEUV). Für eine Sperrminorität sind mindestens vier Mitglieder des Rates erforderlich (Art. 16 Abs. 4 UAbs. 2 EUV); gemäß Art. 238 Abs. 3 lit. a UAbs. 2 AEUV müssen diese zusammen mindestens 35% der Bevölkerung der beteiligten Mitgliedstaaten vertreten, zuzüglich eines Mitglieds.

**362**   Gemäß Art. 3 Abs. 2 Protokoll Nr 36 über die Übergangsbestimmungen[81] kann im Zeitraum zwischen dem 1.11.2014 bis zum 31.3.2017 ein Mitglied des Rates beantragen, dass die Beschlussfassung mit qualifizierter Mehrheit nach dem bis 31.10.2014 geltenden Verfahren[82] erfolgt.

   **c)   Die zeitweise Überlagerung des Mehrstimmigkeitsprinzips durch die Luxemburger Vereinbarung – Fortbestehende Elemente**

**363**   Als die Beschlussfassung mit qualifizierter Mehrheit im Agrarbereich aktuell wurde (vgl *Art. 43 Abs. 2 UAbs. 3 iVm Art. 7 EWGV*; jetzt Art. 43 Abs. 2 bzw 3 AEUV), blockierte Frankreich die Arbeit des Rates („Politik des leeren Stuhls"[83]), bis die Krise durch die sog. **Luxemburger Vereinbarung** vom 29.1.1966 beigelegt wurde. Diese bestimmt hinsichtlich Mehrheitsabstimmungen:

   *„I. Stehen bei Beschlüssen, die mit Mehrheit auf Vorschlag der Kommission gefaßt werden können, sehr wichtige Interessen eines oder mehrerer Partner auf dem Spiel, so werden sich die Mitglieder des Rates innerhalb eines angemessenen Zeitraums bemühen, zu Lösungen zu gelangen, die von allen Mitgliedern des Rates unter Wahrung ihrer gegenseitigen Interessen und der Interessen der Gemeinschaft gemäß Art. 2 des Vertrages angenommen werden können.*

   *II. Hinsichtlich des vorstehenden Absatzes ist die französische Delegation der Auffassung, dass bei sehr wichtigen Interessen die Erörterung fortgesetzt werden muss, bis ein einstimmiges Einvernehmen erzielt worden ist."*

**364**   Obgleich der Luxemburger Vereinbarung als solcher keine rechtliche Verbindlichkeit zukommt (durch Erklärungen gegenüber einigen Beitrittskandidaten dürfte aber ein wegen

---

81   ABl 2012 C 326/322; Sart. II Nr 147, S. 50; Nomos Nr 3, S. 256. Vgl dazu *Obwexer*, in: Streinz, Art. 16 EUV, Rn 53 ff.

82   S. dazu *Streinz*, Europarecht, 9. Aufl. 2012, Rn 358.

83   Eine andere Form der Blockade der Ratsarbeit war die systematische Gegenstimme des Vereinigten Königreichs bei allen noch der Einstimmigkeit unterliegenden Abstimmungen des Rats unabhängig vom Gegenstand wegen der durch die EG zur Bekämpfung von BSE verhängten Handelsbeschränkungen für britisches Rindfleisch im Jahr 1996.

der Einheitlichkeit des Unionsrechts für alle geltender Vertrauenstatbestand auf Beibehaltung dieser Praxis bis zu einem einvernehmlichen Abweichen geschaffen worden sein[84]), führte die ungeachtet des festgestellten Dissenses („agreement to disagree", vgl Ziffer II) gepflogene Praxis nach ihr dazu, dass Mehrheitsentscheidungen nur noch dann durchgeführt wurden, wenn alle Mitgliedstaaten damit einverstanden waren und gegebenenfalls signalisierten, dass „sehr wichtige Interessen" nicht betroffen seien und sie sich daher überstimmen lassen würden.

Während solche Mehrheitsabstimmungen früher sehr selten waren, nahmen sie seit Mitte **365** der 80er-Jahre zu, seit Inkrafttreten der EEA, welche die der qualifizierten Mehrheit unterliegenden Materien ausweitete, auch in bedeutsamen Fragen.

**Beispiele:** EG-Fernseh-RL 89/552[85]; RL 97/55/EG zur vergleichenden Werbung[86]; Tabakwerbeverbots-RL 98/43/EG[87].

Dabei ist festzuhalten, dass die Möglichkeit der Mehrheitsabstimmung (und damit des Überstimmtwerdens) oftmals dazu führt, dass die Mitgliedstaaten sich kompromissbereiter zeigen und ein Rechtsakt daher einstimmig erlassen werden kann.

Da nicht zum Gemeinschaftsrecht gehörend, blieb die Luxemburger Vereinbarung **366** aber von der EEA an sich unberührt. Der 1987 eingefügte *Art. 9 Abs. 1* (jetzt Art. 11 Abs. 1 UAbs. 2) der Geschäftsordnung des Rates (s. Rn 371) ermöglicht die Erzwingung einer Abstimmung im Rat durch Mehrheitsbeschluss, was auch für eine Disziplinierung der Berufung auf „sehr wichtige" Interessen genutzt werden kann. Dies ist ein Verfahren, das bereits von *Mosler* postuliert[88] und 1982 bei der Überstimmung des Vereinigten Königreichs, Dänemarks und Griechenlands bei der Festsetzung der Agrarpreise praktiziert worden war. Zumindest im Agrarbereich entfaltete die Praxis nach der Luxemburger Vereinbarung (unabhängig davon, ob man sich auf sie noch berief) noch länger Wirkung[89]. Dies bestätigte das Verhalten Frankreichs hinsichtlich der GATT-Vereinbarungen (1993), wenngleich auch hier die Möglichkeit des Mehrheitsbeschlusses zum Kompromiss zwang.

Eine modifizierte Neubelebung erfuhr die Luxemburger Vereinbarung im „Kompro- **367** miss von Ioannina"[90]. Danach soll dann, wenn „sehr wichtige Interessen" berührt sind, ungeachtet der im Beitrittsvertrag mit Finnland, Österreich und Schweden festgelegten neuen Sperrminorität des *Art. 205 Abs. 2 EGV* die „alte" Sperrminorität das Zustandekommen eines Beschlusses hindern. Auch dies ist aber eine Vereinbarung

---

84 Vgl dazu *Hummer/Obwexer*, in: Streinz (Hrsg.), EUV/EGV-Kommentar, 2003, Art. 205 EGV, Rn 39 ff mwN.
85 *Bieber/Knapp* Nr V.3.5. Aufgehoben und ersetzt durch RL 2010/13/EU (ABl 2013 L 95/1, ber. ABl 2010 L 263/15.
86 ABl 1997 L 290/18.
87 ABl 1998 L 213/9. Vom EuGH wegen Kompetenzüberschreitung für nichtig erklärt. Daraufhin wurde die RL 2003/33 (ABl 2003 L 152/16) erlassen, die der EuGH billigte (s. **Fall 51**, Rn 977/1007).
88 *H. Mosler*, National- und Gemeinschaftsinteressen im Verfahren des EWG-Ministerrats, ZaöRV 26 (1966), 1 (22 f).
89 Vgl *Vasey*, S. 729 und *Götz*, S. 346 f.
90 Beschluss des Rates vom 29.3.1994, ABl 1994 C 105/1. Vgl dazu *Lecheler*, S. 70; *G. Poensgen*, FS Everling, 1995, S. 1133 ff; *Obwexer*, in: Streinz, Art. 16 EUV, Rn 50; *Wichard*, in: Calliess/Ruffert, EUV/EGV-Kommentar, 3. Aufl. 2007, Art. 205 EGV, Rn 5 f, der dem Beschluss Geschäftsordnungscharakter zumisst. Vgl dazu auch *Calliess*, in: Calliess/Ruffert, Art. 16 EUV, Rn 20 ff.

außerhalb des Systems der Verträge. Durch die Beitrittsakte 2004, die den Beschluss nicht bestätigte, wurde er überholt. Durch Inkrafttreten des Vertrages von Lissabon wird die sog. **„Ioannina-Klausel"** aber durch die Erklärung (Nr 7) der Schlussakte erfasst[91]. Ungeachtet der versuchten Absicherung durch ein Protokoll[92] (vgl Art. 51 EUV) ist die rechtliche Bedeutung strittig, die praktischen Auswirkungen werden differenziert eingeschätzt[93]. Die Lösung des durch ihn aufgeworfenen Problems im Primärrecht macht den Luxemburger Kompromiss als solchen obsolet[94].

**368** In das System der Verträge wurde das Modell der Luxemburger Vereinbarung durch den Amsterdamer Vertrag für die Fälle einbezogen, in denen man die Anwendung des Mehrheitsprinzips durch entsprechende Kautelen erkaufen musste. Dies gilt für GASP-Durchführungsmaßnahmen (Art. 31 Abs. 2 UAbs. 2 EUV) und die Ermächtigung zu verstärkter Zusammenarbeit im kleineren Kreis (Art. 20 Abs. 2 EUV iVm Art. 329 Abs. 2 UAbs. 2 AEUV). Sensible Bereiche wie die Harmonisierung der Steuern, die sog. Vertragsergänzung, die allgemeine Rechtsangleichung und Teile der Sozialpolitik verbleiben auch nach dem Vertrag von Lissabon bei der Einstimmigkeit (s. Rn 358). Soweit über Brückenklauseln der Übergang zur Mehrstimmigkeit ermöglicht wird, erfordert auch dies einen einstimmigen Beschluss. Für besonders sensible Bereiche wie dem Strafrecht, aber auch dem Sozialrecht wurde ein sog. „Notbremseverfahren" vorgesehen (Art. 82 Abs. 3 UAbs. 1 S. 1; Art. 83 Abs. 3 UAbs. 1 S. 1; Art. 48 Abs. 2 S. 1 AEUV).

**Literatur:** *Everling, U.*, Mehrheitsabstimmung im Rat der EU nach dem Verfassungsvertrag – Rückkehr zu Luxemburg und Ioannina?, in: FS Zuleeg, 2005, S. 158 ff; *Götz, V.*, Mehrheitsbeschlüsse des Rates der Europäischen Union, in: FS Everling, Bd. I, 1995, S. 339 ff; *Streinz, R.*, Die Luxemburger Vereinbarung, 1984; *Vasey, M.*, Decision Making in the Agriculture Council and the „Luxembourg Compromise", CMLRev 1988, 725.

### d) Beratungen des Rates

**369** Gemäß Art. 16 Abs. 8 S. 1 EUV tagt der Rat **öffentlich**, wenn er über Entwürfe zu Gesetzgebungsakten (Art. 289 Abs. 3 AEUV) abstimmt. Die Tagesordnung wird entsprechend geteilt. Vgl im Übrigen die Geschäftsordnung des Rates (s. Rn 371).

### e) Abstimmungsverfahren

**370** Vgl Art. 11 der Geschäftsordnung des Rates (s. Rn 366). Die Abstimmung erfolgt grundsätzlich mündlich, unter den Voraussetzungen des Art. 12 der Geschäftsordnung auch schriftlich (s. dazu Rn 372).

---

91  ABl 2007 C 306/250; ABl 2012 C 326/340; Sart. II Nr 152, S. 14; Nomos Nr 4, S. 270 ff. Zur Wirkung von Erklärungen s. Rn 520.

92  Das Protokoll Nr 9 (ABl 2007 C 306/159; ABl 2012 C 326/274; Sart. II Nr 147, S. 11; Nomos Nr 3, S. 217) sieht vor, dass eine Änderung des in dieser Erklärung vorgesehenen Beschlusses des Rates eine vorhergehende Beratung des Europäischen Rates im Konsens voraussetzt. Vgl dazu *Fischer*, Lissabon, S. 77, 132 f.

93  Vgl dazu *Obwexer*, in: Streinz, Art. 16 EUV, Rn 51.

94  Vgl *Calliess*, in: Calliess/Ruffert, Art. 16 EUV, Rn 23 ff.

## 4.  Die Geschäftsordnung des Rates

Gemäß der Ermächtigung in Art. 240 Abs. 3 AEUV hat sich der Rat eine Geschäfts- **371**
ordnung gegeben[95]. Diese enthält ua Bestimmungen über die Einberufung und Durchführung der Sitzungen, Tagesordnung und Vertretung von Ratsmitgliedern (Art. 1–4,
20), die Öffentlichkeit und Vertraulichkeit der Beratungen (Art. 5–9), den Zugang der
Öffentlichkeit zu Dokumenten des Rates (Art. 10), die Festlegung von Tagesordnungspunkten, die der Rat ohne Aussprache genehmigen kann (sog. „A-Punkte"; vgl
Art. 3 Abs. 6), das schriftliche Abstimmungsverfahren (Art. 12) und das in Art. 240
Abs. 2 AEUV verankerte Generalsekretariat (Art. 23). Vgl dazu und zur rechtlichen
Bedeutung der Geschäftsordnung.

**Fall 9** (nach EuGH, Rs 68/86, Vereinigtes Königreich/Rat, Slg 1988, 855 = *GO* Nr 140): **372**

Als eine auf Art. 43 Abs. 3 AEUV (*Art. 37 Abs. 2 UAbs. 3 EGV*) gestützte dringliche Richtlinie erlassen werden soll, ersucht der Präsident des Rates fernschriftlich das Vereinigte Königreich, seine Stimme zu der Richtlinie im schriftlichen Verfahren abzugeben. Dieses ant-
wortet, dass es sowohl der Anwendung des schriftlichen Verfahrens als auch der Richtlinie
selbst widerspreche. Gleichwohl wird die Richtlinie als im schriftlichen Verfahren angenommen bekannt gegeben. Das Vereinigte Königreich erhebt daraufhin Klage zum EuGH
mit dem Antrag, die Richtlinie wegen Verletzung wesentlicher Formvorschriften für nichtig
zu erklären. Zu Recht?

**Lösung Fall 9:** Für die Zulässigkeit der Nichtigkeitsklage ist der Klagegrund (Art. 263
Abs. 2 AEUV) problematisch. Der EuGH sah in der Nichtbeachtung von *Art. 10 Abs. 1* der
Geschäftsordnung des Rates (nunmehr Art. 12 Abs. 1 GeschO Rat) eine Verletzung wesentlicher Formvorschriften iSv Art. 263 Abs. 2 AEUV. *Art. 10 Abs. 1 S. 2* schreibe für das
schriftliche Verfahren das Einstimmigkeitserfordernis unabhängig von der Frage vor, ob der
betreffende Rechtsakt nach dem Vertrag einstimmig oder mit Mehrheit anzunehmen ist.
Folglich sei der Rat gehalten, die Verfahrensregel zu beachten, die er selbst in seiner Geschäftsordnung aufgestellt hat. Er könne davon selbst mit einer größeren Mehrheit, als sie
für den Erlass oder die Änderung der Geschäftsordnung erforderlich ist, nicht abweichen,
ohne die Geschäftsordnung förmlich abzuändern.

Die Geschäftsordnung stellt weder Primär- noch Sekundärrecht dar. Entscheidend für die
Zulässigkeit der Nichtigkeitsklage ist aber, ob die Norm, die als verletzt gerügt wird, Rechte
des Klägers begründet und eine Grundlage im Vertrag hat. Die Geschäftsordnung wurde auf
Grund Art. 240 Abs. 3 AEUV erlassen. Sie hat zwar nur *organinterne* Wirkung, nicht für
Dritte. Zwischen den Teilen des Organs und diesem, hier zwischen dem Rat und den Mitgliedstaaten, werden aber Rechte begründet, auf deren Einhaltung die Berechtigten vertrau-
en dürfen. Daher trifft die Entscheidung des EuGH im Ergebnis zu.

**Ergebnis:** Da *Art. 10 Abs. 1* (jetzt Art. 12 Abs. 1) der Geschäftsordnung tatsächlich verletzt
wurde, ist die Klage auch begründet[96].

---

95  GeschO idF vom 1.12.2009, ABl 2009 L 325/35; Sart. II Nr 237.
96  Vgl auch EuGH, Rs C-137/92 P, BASF AG ua/Kommission, Slg 1994, I-2555, Rn 75 f, wonach ein
    Verstoß gegen Vorschriften der Geschäftsordnung der Kommission (s. Rn 408), die die Rechtssicher-
    heit gewährleisten sollen, eine Verletzung wesentlicher Formvorschriften iSd Art. 263 Abs. 2 AEUV
    darstellt, der auch von Dritten gerügt werden kann.

### 5.   Ausschuss der Ständigen Vertreter

**373**   Der Ausschuss der Ständigen Vertreter (AStV oder nach der französischen Form auch COREPER; Art. 240 Abs. 1 AEUV, Art. 19 Geschäftsordnung des Rates) bereitet die Arbeit des Rates vor, insbesondere die sog. A-Punkte (s. Rn 371), und führt dessen Aufträge aus. Er gliedert sich in die Botschafterkonferenz (Grundsatzfragen, Europäischer Rat), den Ausschuss der Stellvertreter (sonstige Angelegenheiten) und den Sonderausschuss Landwirtschaft und wird von ca. 100 Arbeitsgruppen und Untergruppen unterstützt. Die Kommission kann sich grundsätzlich an der Arbeit beteiligen. Vgl Art. 19 der Geschäftsordnung des Rates.

### 6.   Die im Rat vereinigten Vertreter der Regierungen der Mitgliedstaaten

**374**   Die Vertreter der Regierungen der Mitgliedstaaten, die den Rat bilden (s. Rn 336), können auch in ihrer Funktion als Regierungsvertreter tagen. Dann nennt man das Gremium „die im Rat vereinigten Vertreter der Regierungen der Mitgliedstaaten".

**375**   Eine Beschlussfassung durch dieses Gremium sieht das primäre Unionsrecht selbst in einigen Fällen vor: Ernennung der Richter und Generalanwälte des EuGH (Art. 253 Abs. 1 AEUV), Festlegung des Sitzes der Organe der Union (Art. 341 AEUV) und Konferenz von Vertretern der Regierungen der Mitgliedstaaten zur Beratung von Vertragsänderungen (Art. 48 Abs. 4 EUV).

**376**   Es fasste aber auch darüber hinaus Beschlüsse.

**Beispiele:** Beschluss zur vorzeitigen Verwirklichung der Zollunion vom 12.5.1960[97].

Beschlüsse zur Ergänzung gleich lautender Beschlüsse des Rates in Fällen, in denen der Umfang der Verbandskompetenz der Gemeinschaften zweifelhaft ist, um den eventuellen Nichtigkeitsgrund der Unzuständigkeit zu vermeiden (sog. Vorgehen nach der **„gemischten Formel"**). Wegen der damit verbundenen kompetenziellen Unsicherheiten wurden in diesen Bereichen eingeschränkte Kompetenzen des Rates geschaffen (zB Art. 165 Abs. 4 AEUV) oder ausdrückliche Regelungen getroffen (s. zur GHP Rn 1264 f). Entsprechendes gilt für Embargomaßnahmen (Art. 215 AEUV; s. dazu Rn 1292 ff). Dadurch wurden solche uneigentlichen Ratsbeschlüsse weitgehend obsolet.

**377**   Die Rechtsnatur dieser sog. „uneigentlichen Ratsbeschlüsse", die unter verschiedenen Bezeichnungen ergehen und meist im Amtsblatt C (Informationen), zum Teil aber auch im Amtsblatt L (Rechtsakte) veröffentlicht werden, ist umstritten. Soweit sie im Primärrecht eine Grundlage haben, ist ihre Zulässigkeit unstrittig und sind sie als völkerrechtliche Verwaltungsabkommen zu qualifizieren[98]. Fehlt diese Grundlage, sind sie als völkerrechtliche Verträge zu qualifizieren, deren Zulässigkeit sich aus der völkerrechtlichen Handlungsfähigkeit der Mitgliedstaaten ergibt. Mögliche Kollisionen mit Verfassungsrecht und Europäischem Unionsrecht beurteilen sich nach den betreffenden allgemeinen Regeln. Unionsrechtlich wird ihre rechtliche Verbindlichkeit durch die Einbeziehung in den jeweiligen Art. 3 Abs. 1 S. 1 der Beitrittsakte (s. Rn 100) bestätigt.

---

97   ABl 1960 S. 1217 ff.
98   Vgl *Schweitzer*, Rn 189.

Da sie keinen Akt des Rates darstellen[99], unterliegen sie der Judikatur des EuGH nur **378** insoweit, als ein Verstoß der Mitgliedstaaten gegen Unionsrecht, der in solchen Beschlüssen liegen könnte, festgestellt wird (Art. 258, 259 AEUV). Vgl zum ähnlich gelagerten Problem der Zuständigkeit des EuGH gegenüber Beschlüssen im Rahmen der GASP Art. 40 EUV und Rn 419.

### 7. Die innerstaatliche Vorbereitung und Kontrolle der deutschen Mitwirkung am Entscheidungsprozess im Rat

Die Konstruktion des Rates als aus Regierungsvertretern zusammengesetztes Haupt- **379** rechtsetzungsorgan der Union wirft unionsrechtliche und verfassungsrechtliche Fragen auf, die teilweise miteinander verknüpft sind.

#### a) Das sog. „demokratische Defizit"

Verfassungsrechtlich stellt sich im Hinblick auf das Demokratieprinzip (Art. 20 **380** Abs. 1, Art. 79 Abs. 3 GG) das Problem, inwieweit die Rechtsetzung auf Unionsebene dem Rat als einem aus *Regierungs*vertretern zusammengesetzten Organ und daneben der Kommission (sog. „Exekutiven") übertragen werden darf, nicht aber einem Europäischen Parlament, das erst im Laufe der Fortentwicklung der Integration zum *Mit*gesetzgeber wurde. Dies lässt sich allein damit rechtfertigen, dass die Struktur der Europäischen Union als Staatenverbund nicht der von Staaten entspricht und von Verfassungs wegen auch nicht entsprechen muss, da Art. 23 Abs. 1 S. 2 GG die Übertragung von Hoheitsrechten auf die Europäische Union zulässt. Damit akzeptiert das GG aber auch die dieser (besonderen) zwischenstaatlichen Einrichtung adäquate Form der Willensbildung und fordert lediglich eine **strukturangepasste Grundsatzkongruenz** mit den Prinzipien des Grundgesetzes (vgl Art. 23 Abs. 1 S. 1 GG). Allerdings kann die Dynamik des Unionsrechts[100] auch die Anforderungen an diese strukturelle Homogenität steigern. Fraglich ist aber, ob dem allein durch die Übertragung von Legislativkompetenzen auf das Europäische Parlament Rechnung getragen werden kann und ob dies überhaupt der adäquate Weg wäre.

Die Übertragung von Legislativkompetenzen auf das Europäische Parlament wurde **381** vor allem von diesem selbst gefordert, während die Ernsthaftigkeit entsprechender Äußerungen der Staats- und Regierungschefs durch die zögerliche Praxis zumindest relativiert wird. Aber auch in der wissenschaftlichen Literatur wird dies als verfassungsrechtlich (Art. 23 Abs. 1 S. 1 GG) und unionsrechtlich (Einfluss der EMRK) geboten angesehen[101]. Es ist strittig, ob für die Übertragung der Legislative *allein* auf das Europäische Parlament nicht eine über Art. 23 GG hinausgehende Verfassungsänderung erforderlich wäre[102]. Jedenfalls müsste dazu der Grundsatz der Gleichheit

---

99   Vgl EuGH, verb Rs C-181/91 und C-248/91, EP/Rat und Kommission, Slg 1993, I-3685, Rn 12 ff, 25.
100  Vgl die „80-Prozent"-Äußerung des damaligen Kommissionspräsidenten *Delors*, BullEG Nr 7/8-1988, S. 124, EA 1988, D 454; zitiert in BVerfGE 89, 155 (173), die differenziert zu sehen ist, aber die Determinierung des nationalen Rechts durch das Unionsrecht mit entsprechender Einschränkung des politischen Gestaltungsspielraums zutreffend beschreibt. Vgl dazu *T. Hoppe*, EuZW 2009, 168.
101  Vgl die eingehende Begründung dieses Ansatzes bei *Ress*, GS Geck, 1989, S. 625 ff.
102  Für einen „Identitätswechsel" fordert das *Lissabon-Urteil* eine Entscheidung des Verfassungsgebers (vgl Art. 146 GG), vgl BVerfGE 123, 267 (331 f, 349) = *HVL*, S. 59 ff.

der Wahl (s. dazu Rn 305) verwirklicht sein[103]. Schließlich ist zweifelhaft, ob die Schaffung einer solchen Kompetenzfülle bei einem notwendig unitarischen Organ wie dem Europäischen Parlament[104] zu einer rechtspolitisch wünschenswerten Struktur eines vereinten Europas beiträgt[105].

**382** Diese Schwierigkeiten und grundsätzlichen Einwände legen es nahe, nach Möglichkeiten zu suchen, das „Demokratiedefizit" supplementär auf **nationaler Ebene** abzumildern. Dies kann durch eine bessere Rückbindung der Regierungsvertreter im Rat an die nationalen Parlamente, denen die Regierung verantwortlich ist, erfolgen. Zu diesem Zweck wurden in Deutschland, wo der Bundestag selbst die spärlichen durch das Zustimmungsgesetz zu den Römischen Verträgen eingeräumten Rechte[106] unzureichend genutzt hatte, Regelungen in Art. 23 Abs. 2 und 3 GG iVm dem Gesetz über die Zusammenarbeit von Bundesregierung und Deutschem Bundestag in Angelegenheiten der Europäischen Union (**EUZBBG**)[107] getroffen. Das zur Umsetzung der Vorgaben des BVerfG im Lissabon-Urteil erlassene Integrationsverantwortungsgesetz (**IntVG**)[108] betrifft hauptsächlich die Beteiligung bei der Übertragung von Hoheitsrechten im vereinfachten Vertragsänderungsverfahren (§ 2 IntVG) und gleichgestellte Fälle (besondere Vertragsänderungsverfahren, vgl § 3 IntVG; Brückenklauseln, vgl §§ 4–6, § 10 IntVG; Kompetenzerweiterungsklauseln, vgl § 7 IntVG), wozu das BVerfG aber auch die Aktivierung der sog Flexibilitätsklausel (Vertragsergänzungsklausel, Art. 352 AEUV; § 8 IntVG) zählt. Der Bundestag kann den deutschen Vertreter im Rat auch zur Auslösung des Notbremsemechanismus anweisen (§ 8 Abs. 1 IntVG). Das Unionsrecht steht dem bis zur Grenze einer durch Art. 4 Abs. 3 EUV verbotenen Obstruktion der Ratsarbeit nicht entgegen. Zunehmend wurde erkannt, dass die Rückbindung der dem nationalen wie dem Unionsrecht verpflichteten Vertreter im Rat dessen positiv gesehener Rückkoppelungsfunktion[109] entspricht und das Ineinandergreifen von staatlicher und unionaler Willensbildung die politische Durchsetzbarkeit unionaler Rechtsakte (Umsetzung von Richtlinien durch nationale Parlamente, Vollzug von Verordnungen durch nationale Verwaltungen) fördert. Der Vertrag von Lissabon trägt diesen Überlegungen in Art. 10 Abs. 2 UAbs. 2 und Art. 12 EUV sowie durch das Protokoll (Nr. 1) über die Rolle der nationalen Parlamente in der Europäischen Union[110] Rechnung.

**383** Dies entspricht auch dem Ansatz des BVerfG im **Maastricht-Urteil**. Die Vorgaben des Art. 23 Abs. 1 S. 1 GG müssen im Lichte der Struktur der Europäischen Union interpretiert und entsprechend angepasst werden:

---

103  Vgl eingehend dazu *Klein*, Entwicklungsperspektiven für das Europäische Parlament, EuR 1987, 97 (97 ff). Vgl auch BVerfG, NJW 1995, 2216: „*Gegenwärtig*" nicht erforderlich.
104  Vgl zu solchen Tendenzen (Kritik an der Kommission wegen Rücknahme von Regelungsvorhaben aus Gründen des Subsidiaritätsprinzips) *Herdegen*, § 7, Rn 68.
105  Vgl dazu *Streinz*, DVBl. 1990, 949 (960 f); vgl auch *Tsatsos*, JöR NF 49 (2001), 63 (68 ff).
106  BGBl. 1957 II 753; s. *Schweitzer*, Rn 383.
107  BGBl. 1993 I 311, geändert im Rahmen der Begleitgesetze zum Vertrag von Lissabon nach dem *Lissabon-Urteil* des BVerfG durch Art. 1 ÄndG vom 29.7.2009 (BGBl. I 3026); Sart. I Nr 96; Nomos Nr 25; dtv EuR Nr 23; s. dazu *Schweitzer*, Rn 391. Für Österreich vgl Art. 23e Abs. 1–5 B-VG (*Schäffer* Nr 1).
108  Sart. I Nr 98; Nomos Nr 28; dtv EuR Nr 22.
109  Vgl *Bieber*, in: Bieber/Epiney/Haag, § 4, Rn 49 f.
110  ABl 2007 Nr C 306/148; ABl 2012 C 326/203; Sart. II Nr 147, S. 3 ff; Nomos Nr 3, S. 207 ff; dtv EuR Nr 19.

*„Wird die Bundesrepublik Deutschland Mitglied einer zu eigenem hoheitlichen Handeln befähigten Staatengemeinschaft und wird dieser Staatengemeinschaft die Wahrnehmung eigenständiger Hoheitsbefugnisse eingeräumt – beides wird durch das Grundgesetz für die Verwirklichung eines vereinten Europas ausdrücklich zugelassen (Art. 23 Abs. 1 GG) –, kann insoweit demokratische Legitimation nicht in gleicher Form hergestellt werden wie innerhalb einer durch eine Staatsverfassung einheitlich und abschließend geregelten Staatsordnung"[111].*

Das BVerfG sieht weder in der Möglichkeit des Überstimmtwerdens durch Mehrheitsentscheidungen (die allerdings gemäß dem aus der Unionstreue folgenden Gebot wechselseitiger Rücksichtnahme eine Grenze in den Verfassungsprinzipien und elementaren Interessen der Mitgliedstaaten finde) noch in der Ausübung der Legislativbefugnisse durch den Rat einen Verstoß gegen das Demokratieprinzip, solange die Wahrnehmung staatlicher Aufgaben und die Ausübung staatlicher Befugnisse sich auf das Staatsvolk zurückführen ließen und grundsätzlich ihm gegenüber verantwortet würden. Dieser notwendige Zurechnungszusammenhang ließe sich aber auf verschiedene Weise, nicht nur in einer bestimmten Form, herstellen. Entscheidend sei, dass ein hinreichend effektiver Gehalt an demokratischer Legitimation, ein bestimmtes Legitimationsniveau, erreicht werde. Dies geschehe zum einen über das Zustimmungsgesetz zu dem völkerrechtlichen Vertrag, in dem Hoheitsbefugnisse übertragen werden. Im Zustimmungsgesetz zum Beitritt zu einer Staatengemeinschaft ruhe die demokratische Legitimation sowohl der Existenz der Staatengemeinschaft selbst als auch ihrer Befugnisse zu Mehrheitsentscheidungen, die die Mitgliedstaaten binden. Allerdings müsse eine vom Volk ausgehende Legitimation und Einflussnahme auch innerhalb eines Staatenverbundes gesichert sein. Angesichts der Struktur der Europäischen Union erfolge demokratische Legitimation notwendig durch die Rückkoppelung des Handelns Europäischer Organe an die Parlamente der Mitgliedstaaten. Hinzu träte – im Maße des Zusammenwachsens der Europäischen Nationen zunehmend – innerhalb des institutionellen Gefüges der Europäischen Union die Vermittlung demokratischer Legitimation durch das von den Bürgern der Mitgliedstaaten gewählte Europäische Parlament. Ihm komme eine stützende Funktion zu, die sich verstärken ließe, wenn es nach einem in allen Mitgliedstaaten übereinstimmenden Wahlrecht gewählt würde und sein Einfluss auf die Politik und Rechtsetzung der Europäischen Gemeinschaften wüchse. Entscheidend sei, „dass die demokratischen Grundlagen der Union schritthaltend mit der Integration ausgebaut werden und auch im Fortgang der Integration in den Mitgliedstaaten eine lebendige Demokratie erhalten bleibt". Dies kann wohl nur so verstanden werden, dass selbst ein Erstarken des Europäischen Parlaments von der „Stütze" zum „tragenden Pfeiler" die nationalen Parlamente insoweit nicht entbehrlich macht. Die demokratische Legitimation der Europäischen Union *nur* über das Europäische Parlament ist unabhängig von der Ausgestaltung von dessen Rechtsstellung damit inakzeptabel. Es bedarf einer **zweigleisigen demokratischen Legitimation** über das Europäische Parlament und über die nationalen Parlamente, die die Vertreter im Rat kontrollieren. Dieser Ansatz wurde im **Lissabon-Urteil** bestätigt[112]. Das EUZBBG versucht, die Erfordernisse einerseits wirksamer Kontrolle und andererseits notwendiger Flexibilität des deutschen Vertreters im Rat für die dortigen Verhandlungen auszutarieren (vgl § 9 EUZBBG).

---

111   BVerfGE 89, 155/182 = *HVL*, S. 56 ff = *PSK*, Fall 86 = *MH* Nr 37.
112   Vgl BVerfGE 123, 267 (340 ff). Zu den besonderen Anforderungen bei Maßnahmen im Bereich der WWU, die durch das *„Rettungsschirm"-Urteil* vom 7.9.2011 (BVerfGE 129, 124) festgelegt wurden, s. Rn 1138.

**Literatur:** *v. Achenbach, J.* (Hrsg.), Demokratische Gesetzgebung in der Europäischen Union, 2014; *v. Arnauld/Hufeld* (Hrsg.), Systematischer Kommentar zu den Lissabon-Begleitgesetzen IntVG, EUZBBG, EUZBLG, 2011; *Bieber, R.*, Demokratische Legitimation in Europa: Das Spannungsverhältnis zwischen den Funktionen von Europäischem Parlament und staatlichen Parlamenten, ZEuS 1999, 141; *Bleckmann, A.*, Das europäische Demokratieprinzip, JZ 2001, 53; *Bryde, B.-O.*, Demokratisches Europa und Europäische Demokratie, in: FS Zuleeg, 2005, 131; *Calliess, C.*, Das Demokratieprinzip im europäischen Staaten- und Verfassungsverbund, in: FS Ress, 2005, S. 399; *Heintzen, M.*, Die Legitimation des Europäischen Parlaments, ZEuS 2000, 377; *Horn, H.D.*, Über den Grundsatz der Gewaltenteilung in Deutschland und Europa, JöR NF 49 (2001), 287; *Hrbek, R.*, Der Vertrag von Maastricht und das Demokratiedefizit der Europäischen Union – Auf dem Weg zu stärkerer demokratischer Legitimation?, in: GS Grabitz, 1995, S. 171; *Huber, P.M.*, Die parlamentarische Demokratie unter den Bedingungen der europäischen Integration, in: *Huber/Mößle/Stock* (Hrsg.), Zur Lage der parlamentarischen Demokratie, 1995, S. 105; *Klein, H.H.*, Europäische Integration und demokratische Legitimation, 2011; *Kluth, W.*, Die demokratische Legitimation in der Europäischen Union, 1995; *Kranz, J.*, Gibt es ein Demokratiedefizit in der europäischen Union?, AVR 51 (2013), 403; *Lübbe-Wolff, G.* Europäisches und nationales Verfassungsrecht, VVDStRL 60 (2001), S. 246; *Oeter, S.*, Souveränität und Demokratie als Probleme in der „Verfassungsentwicklung" der Europäischen Union, ZaöRV 55 (1995), 659; *Rath, C.*, Entscheidungspotenziale des Deutschen Bundestages in EU-Angelegenheiten, 2001; *Rothley, W.*, EU – Die unvollendete Demokratie, ZEuS 1999, 183; *Schmitt Glaeser, A.*, Grundgesetz und Europarecht als Elemente Europäischen Verfassungsrechts, 1996; *Scholz, R.*, Zur nationalen Handlungsfähigkeit in der Europäischen Union. Oder: Die notwendige Reform des Art. 23 GG, in: FS Zuleeg, 2005, S. 274; *Streinz, R.*, Die demokratische Legitimation der Rechtssetzung der Europäischen Gemeinschaft, ThürVBl. 1997, 73; *Wessels, W.*, Wird das Europäische Parlament zum Parlament?, in: GS Grabitz, 1995, S. 879.

### b) Die Wahrung der Rechte und Interessen der Länder

**384**  Die Länder haben relativ früh die Beeinträchtigung ihrer Rechte und Interessen durch die europäische Integration (vgl Rn 183 ff) erkannt und sich, da diese grundsätzlich bejaht wurde, um Kompensationen auf innerstaatlicher Ebene bemüht. Da das Informationsverfahren nach dem Zustimmungsgesetz zu den Römischen Verträgen[113] zu Recht als unzureichend empfunden wurde, strebte man eine echte Beteiligung an der innerstaatlichen Vorbereitung der Entscheidung auf Gemeinschaftsebene, insbesondere des Rates, an. Nach einigen zwar die *Länder* als solche beteiligenden, aber unpraktikablen Zwischenlösungen wurde das Ziel relativ weitgehend im neuen **Bundesratsverfahren** gemäß Art. 2 EEA-Gesetz erreicht, das später in Art. 23 Abs. 2, Abs. 4–6 GG verfassungsrechtlich verankert wurde[114]. Das Nähere dazu regelt das in Art. 23 Abs. 7 GG vorgesehene Gesetz über die Zusammenarbeit von Bund und Ländern in Angelegenheiten der Europäischen Union (**EUZBLG**)[115], ergänzt um eine Bund-Länder-Vereinbarung[116]. Danach wirken die Länder durch den Bundesrat in Angelegenheiten der Europäischen Union mit (vgl auch Art. 50 GG). Die Bundesregierung hat den Bundesrat umfassend und zum frühestmöglichen Zeitpunkt zu **unter-**

---

113  Vgl *Schweitzer*, Rn 383.
114  S. dazu *Schweitzer*, Rn 385 ff. Für Österreich vgl Art. 23d, Art. 23e Abs. 1, 6 B-VG.
115  Gesetz vom 12.3.1992 (BGBl 1993 I S. 313), zuletzt geändert durch Art. 1 ÄndG vom 22.9.2009 (BGBl. 2009 I 3031); Sart. I Nr 97; Nomos Nr 26; dtv EuR Nr 24.
116  Vereinbarung vom 29.10.1993 (BAnz Nr 226/1993, S. 10425); Nomos Nr 27.

**richten**. Der Bundesrat ist (durch von ihm benannte Ländervertreter) an der Willens-bildung des Bundes zu **beteiligen**, soweit er an einer entsprechenden innerstaatlichen Maßnahme mitzuwirken hätte und soweit die Länder innerstaatlich zuständig wären. Art. 23 Abs. 5 GG enthält eine differenzierte Pflicht der Bundesregierung, die Stellungnahme des Bundesrates zu **berücksichtigen**, je nachdem, ob lediglich Interessen *oder* Gesetzgebungs- oder Verwaltungsbefugnisse der Länder berührt sind (vgl dazu § 5 EUZBLG: Letztentscheidungsrecht des Bundesrates bei sog. „Beharrungsbeschluss" mit Zweidrittelmehrheit der Stimmen, § 5 Abs. 2 S. 5 EUZBLG). Wenn im Schwerpunkt ausschließliche Gesetzgebungsbefugnisse der Länder auf den Gebieten der schulischen Bildung, der Kultur oder des Rundfunks berührt sind, wird die Wahrnehmung der Beteiligungsrechte Deutschlands als Mitgliedstaat der Europäischen Union vom Bund auf einen vom Bundesrat benannten Vertreter der Länder **übertragen**. Die Wahrnehmung dieser Rechte erfolgt unter Beteiligung und in Abstimmung mit der Bundesregierung, wobei die gesamtstaatliche Verantwortung des Bundes zu wahren ist. *Unionsrechtlich* ermöglicht Art. 16 Abs. 2 EUV diese Übertragung (s. Rn 337). Zur effektiven, dh schnellen Wahrung der Rechte wurde eine eigene Europakammer des Bundesrates eingerichtet (Art. 52 Abs. 3a GG; §§ 45b ff GeschOBR[117]). Das IntVG gibt in bestimmten Fällen neben dem Bundestag auch dem Bundesrat das Recht, den deutschen Vertreter im Rat zur Aktivierung des „Notbremseverfahrens" anzuweisen (§ 9 Abs. 2 IntVG).

Die tatsächliche Stärke dieser Rechte hängt natürlich davon ab, ob sie in einem Streitfall **(gerichtlich) durchsetzbar** wären. In Frage kommen allein verfassungsrechtliche Streitigkeiten (Organklage des Bundesrates gemäß Art. 93 Abs. 1 Nr 1 GG; Bund-Länder-Streit gemäß Art. 93 Abs. 1 Nr 3 GG). Während hinsichtlich der im EEA-Gesetz verankerten Rechte strittig war, ob sich diese als Konkretisierungen von Verfassungsrecht (binnengerichtete Folgen des Art. 24 Abs. 1 GG zum Ausgleich der mit der Europäischen Integration verbundenen Systemverschiebungen) interpretieren ließen, sind die Rechte seit 1992 ausdrücklich verfassungsrechtlich verankert. Prüfungsgegenstand können bei Vorliegen der verfassungsprozessualen Voraussetzungen Beschlüsse bzw Unterlassungen der Bundesregierung in der Vorbereitung der Ratsentscheidung und das Abstimmungsverhalten des deutschen Vertreters im Rat selbst (nicht der Beschluss des Rates) sein, der dabei an das Grundgesetz gebunden ist, wobei allerdings die Spielräume beachtet werden müssen, die verfassungskonforme unionsbedingte Relativierungen eröffnen (vgl Rn 250). Jedenfalls muss aber die Bundesstaatsgarantie des Art. 79 Abs. 3 GG gewahrt werden. **385**

Wegen der Probleme einer Kontrolle des BVerfG über deutsche Vollzugsakte von Unionsrecht, soweit diese unionsrechtlich determiniert sind, insbesondere der Gefahr eines Auseinanderfallens von verfassungsrechtlicher und unionsrechtlicher Bindung, kommt der Realisierung der **präventiven** Maßstäblichkeit des Grundgesetzes gegenüber den an das Grundgesetz gebundenen deutschen Verfassungsorganen bei deren Mitwirkung an der Entstehung von Unionsrecht größte Bedeutung zu. Dies ist aber allein im Wege einer einstweiligen Anordnung gemäß § 32 BVerfGG möglich, da die Entscheidung des BVerfG an der Gültigkeit eines ergangenen Ratsbeschlusses nichts **386**

---

117    Sart. I Nr 37; vgl *Schweitzer*, Rn 390.

ändert (allenfalls an der Anwendbarkeit durch an das GG gebundene Organe, wenn in Extremfällen einer der Kontrollmaßstäbe durchgreift, s. dazu Rn 237).

**387** **Beispiel** für einen Bund-Länder-Streit wegen des Verhaltens der Bundesregierung beim Erlass einer Richtlinie des Rates (nach BVerfGE 80, 74 = *PSK*, Fall 89): Die Bundesregierung hatte beschlossen, dem Vorschlag für eine Rundfunkrichtlinie des Rates zuzustimmen, falls eine befriedigende Lösung bei der Regelung der Programmquoten erreicht werden kann. Obwohl die Bundesländer und der Bundesrat den Richtlinienvorschlag aus grundsätzlichen Erwägungen (mangelnde Kompetenz der EG) ablehnten, wollte die Bundesregierung an der Festlegung des (damals gemeinsamen) Standpunktes des Rates mitwirken. Daraufhin beantragten mehrere Bundesländer beim BVerfG, festzustellen, dass die Bundesregierung sie durch diesen Beschluss in ihren Rechten aus Art. 30 GG verletzt habe, sowie, dass gemäß § 32 BVerfGG der Bundesregierung aufgegeben werde, den Kabinettsbeschluss einstweilen nicht zu vollziehen. Das BVerfG hielt den Bund-Länder-Streit (Art. 93 Abs. 1 Nr 3 GG) für zulässig (Rüge der Verletzung von Art. 30 GG), lehnte den Erlass der beantragten einstweiligen Anordnung nach einer Abwägung der Vor- und Nachteile aber ab. Die Bundesregierung würde nämlich ihre Einflussmöglichkeit im Rat verlieren, wo sie auf einen verfassungskonformen Inhalt hinwirken könne. Zwar bestünde die Gefahr, dass verfassungswidriges Sekundärrecht mit Beteiligung der Bundesregierung entsteht; der Rechtsstandpunkt der Länder könne aber im Hauptsacheverfahren gewahrt werden (auf das in Rn 383 angesprochene Problem wurde nicht eingegangen). Im Urteil in der Hauptsache hat das BVerfG entgegen den Erwartungen die Schranken der Integrationsermächtigung hinsichtlich der Bundesstaatsgarantie (Art. 79 Abs. 3 GG) nicht präzisiert (vgl Rn 228), den Bund aber für verpflichtet erachtet, im gemeinschaftlichen Rechtsetzungsprozess, soweit vom Gegenstand her Gesetzgebungskompetenzen der Länder betroffen sind, als deren Sachwalter auch deren verfassungsmäßige Rechte gegenüber der Union zu vertreten. Daraus erwüchsen der Bundesregierung prozedurale Pflichten zu bundesstaatlicher Zusammenarbeit und Rücksichtnahme, insbesondere eine Informations- und Verständigungspflicht, die im konkreten Fall als verletzt angesehen wurde[118]. Die Rechtslage war mittlerweile durch Art. 23 nF GG präzisiert und auf eine klarere verfassungsrechtliche Grundlage gestellt worden (vgl Rn 384 f).

**Literatur** (s. auch Rn 193): *v. Arnauld/Hufeld* (Hrsg.), Systematischer Kommentar zu den Lissabon-Begleitgesetzen IntVG, EUZBBG, EUZBLG, 2011; *Dieterich, G.*, Rechtsschutz der deutschen Bundesländer vor dem Bundesverfassungsgericht in Angelegenheiten der Europäischen Union, 1998; *Hrbek, R.*, Der deutsche Bundesstaat in der EU. Die Mitwirkung der deutschen Länder in EU-Angelegenheiten als Gegenstand der Föderalismus-Reform, in: FS Zuleeg, 2005, S. 256; *Lang, R.*, Die Mitwirkungsrechte des Bundesrates und des Bundestages in Angelegenheiten der Europäischen Union gemäß Art. 23 Abs. 2 bis 7 GG, 1997; *Meißner, M.*, Die Bundesländer und die Europäischen Gemeinschaften, 1996; *Müller-Terpitz, R.*, Die Beteiligung des Bundesrats am Willensbildungsprozess der Europäischen Union, 1999; *Röper, E.*, Landesparlamente und Europäische Union, JöR NF 49 (2001), 251 ff; *Sauer, O.*, Können die Länder aus Art. 23 II, IV ff GG eigene Beteiligungsrechte ableiten?, NVwZ 2008, 52; *Schede, C.*, Bundesrat und Europäische Union, 1994; *Schilling, T.*, Zur Verfassungsbindung des deutschen Vertreters bei der Mitwirkung an der Rechtsetzung im Rat der EU, DVBl. 1997, 458; *P.E. Sensburg*, Europafähigkeit der Parlamente, in: Morlok/Schliesky/Wiefelspütz (Hrsg.), Parlamentsrecht, 2016, § 44; *Streinz, R.*, Bundesverfassungsgerichtliche Kontrolle über die deutsche Mitwirkung am Entscheidungsprozess im Rat der Europäischen Gemeinschaften, 1990; *ders.*, Das Europaverfassungsrecht in der deutschen Föderalismus-Kommission, in: FS Schäffer, 2006, S. 835.

---

118   BVerfGE 92, 203 (243 ff) und LS 1 = *HVL*, S. 141 ff.

## V. Die Kommission (Art. 17 EUV; Art. 244–250 AEUV)

### 1. Zusammensetzung

Gemäß Art. 17 Abs. 4 EUV besteht die derzeit ernannte **Europäische Kommission** **388** („Kommission" genannt, vgl Art. 13 Abs. 1 UAbs. 2 EUV) einschließlich ihres Präsidenten und des Hohen Vertreters der EU für die GASP, der einer ihrer Vizepräsidenten ist (s. dazu Rn 300), aus **je einem Staatsangehörigen jedes Mitgliedstaats**. Art. 17 Abs. 5 EUV sieht ab dem 1.11.2014 eine Verkleinerung der Kommission auf eine Anzahl, die zwei Dritteln der Zahl der Mitgliedstaaten entspricht (derzeit 18) nach einem nach den in Art. 244 AEUV genannten Grundsätzen festzulegenden Rotationsprinzip vor, „sofern der Rat nicht einstimmig eine Änderung dieser Anzahl beschließt". Diese im Gegensatz zum Vertrag von Nizza, nach dem die Verkleinerung obligatorisch war[119], bestehende Öffnungsklausel wurde entgegen ihrer Intention (die Verkleinerung der Kommission wurde an sich als sinnvoll angesehen) dazu genutzt, der Zusicherung des Europäischen Rates gegenüber Irland nachzukommen, dass Irland und damit wegen der hier gebotenen Gleichbehandlung aller Mitgliedstaaten (vgl Art. 4 Abs. 2 S. 1 EUV) jeder Mitgliedstaat „seinen" (s. dazu aber Rn 389) Kommissar behält[120].

Die Kommission übt ihre Tätigkeit in **voller Unabhängigkeit** aus (Art. 17 Abs. 3 **389** UAbs. 3 S. 1 EUV). Sie ist ein rein **supranationales**, allein dem Wohl der Union verpflichtetes Organ. Die Mitglieder der Kommission (für den Hohe Vertreter der EU für die GASP gilt dies nur in der Funktion als Vizepräsident der Kommission, daher „unbeschadet des Art. 18 Abs. 2 EUV") dürfen daher bei der Erfüllung ihrer Pflichten Weisungen von einer Regierung, einem Organ, einer Einrichtung oder jeder anderen Stelle weder einholen noch entgegennehmen und haben sich jeder Handlung zu enthalten, die mit ihrem Amt oder der Erfüllung ihrer Aufgaben unvereinbar ist (Art. 17 Abs. 3 UAbs. 2 S. 2 EUV; Art. 245 Abs. 1 S. 1 AEUV). Art. 245 Abs. 2 AEUV konkretisiert die gebotenen Verhaltensweisen. Die Mitgliedstaaten sind verpflichtet, diese Unabhängigkeit zu achten und nicht zu versuchen, die Mitglieder der Kommission bei der Erfüllung ihrer Aufgaben zu beeinflussen (Art. 245 Abs. 1 S. 2 AEUV). Diese Stellung der Kommission als „supranationales" Organ steht in einem Spannungsverhältnis zu der Tatsache, dass die Nationalität ihrer Mitglieder keineswegs bedeutungslos ist (s. Art. 17 Abs. 5 UAbs. 2 EUV: „unter den Staatsangehörigen der Mitgliedstaaten"; s. ferner Rn 388).

Immerhin wurde der Einfluss der Mitgliedstaaten auf die **Besetzung der Kommissi- 390 on**, deren Mitglieder die Regierungen der Mitgliedstaaten bis zum Vertrag von Nizza im gegenseitigen Einvernehmen ernannt haben, durch die durch den Vertrag von Lissabon weiter verstärkte entscheidende Beteiligung des Europäischen Parlaments reduziert. Die Auswahlkriterien der „allgemeinen Befähigung", des „Einsatzes für Eu-

---

119 Vgl dazu *Streinz*, Europarecht, 8. Aufl. 2008, Rn 331.
120 Vgl dazu *Streinz*, Rechtliche Verankerung der Garantien für Irland und der „Fußnote" für Tschechien, in: Eilmansberger/Griller/Obwexer (Hrsg.), Rechtsfragen der Implementierung des Vertrags von Lissabon, 2011, S. 23 (28 ff); *Schmidt/Schmitt von Sydow*, in: von der Groeben/Schwarze/Hatje, Art. 17 EUV, Rn 114. Realisiert durch Beschluss 2013/272/EU des Rates vom 22.5.2013 (ABl 2013 L 165/98).

ropa" und der „vollen Gewähr für ihre Unabhängigkeit" (Art. 17 Abs. 3 UAbs. 2 EUV) hindern zwar nicht, dass es bei den Vorschlägen des Europäischen Rates (immerhin mit qualifizierter Mehrheit, was die Entscheidungsfindung erleichtert) für den Kandidaten für das Amt des Präsidenten der Kommission (Art. 17 Abs. 7 S. 1 EUV) und der Mitgliedstaaten für die weiteren Mitglieder der Kommission hinsichtlich der vom Rat unterbreiteten Liste (Art. 17 Abs. 7 UAbs. 2 S. 2 EUV; außer dem Hohen Vertreter für die GASP, vgl Art. 18 Abs. 1 S. 1 EUV und Rn 300) letztlich um politische Entscheidungen geht. Wegen des **entscheidenden Votums des Europäischen Parlaments** sowohl für die Wahl des Präsidenten der Kommission (Art. 17 Abs. 7 S. 2 und 3 EUV) als auch für das gesamte Kollegium (einschließlich Präsident und Hoher Vertreter für die GASP, Art. 17 Abs. 7 UAbs. 3 EUV) sind diese Kriterien aber ebenso ernst zu nehmen wie das nachprüfbare Kriterium der Berücksichtigung des Ergebnisses der Wahlen zum Europäischen Parlament (Art. 17 Abs. 7 UAbs. 1 S. 1 EUV). Der Erfolg des „Spitzenkandidaten"-Konzepts bei den Europawahlen 2014 hat dies bestätigt (s. Rn 330).Die **Amtszeit** der Kommission beträgt regulär (vgl Art. 246 AEUV und Rn 392) fünf Jahre (Art. 17 Abs. 3 UAbs. 1 EUV).

**391** Der **Präsident der Kommission** hat eine **herausragende Stellung**. Dieser entspricht die Wahl durch das Europäische Parlament auf Vorschlag des Europäischen Rates. Er muss mit der Zusammensetzung der Kommission einschließlich des Hohen Vertreters für die GASP einverstanden sein (Art. 17 Abs. 7 UAbs. 2 S. 2, Art. 18 Abs. 1 S. 1 EUV). Er wirkt im Europäischen Rat mit (Art. 15 Abs. 2 EUV). Er legt die Leitlinien fest, nach denen die Kommission ihre Aufgaben ausübt, beschließt über die interne Organisation der Kommission[121], ernennt außer dem Hohen Vertreter für die GASP die Vizepräsidenten aus dem Kreis der Mitglieder der Kommission und kann ein Mitglied der Kommission mit verbindlicher Wirkung zur Amtsniederlegung auffordern (Art. 17 Abs. 6 EUV).

**392** Die Kommission ist dem Europäischen Parlament, das bereits an ihrer Besetzung entscheidend beteiligt ist (s. Rn 390), verantwortlich. Dieses kann gemäß Art. 234 AEUV mit doppelt qualifizierter Mehrheit der Kommission als Ganzer das Misstrauen aussprechen, die daraufhin geschlossen (der Hohe Vertreter für die GASP in der Eigenschaft als Mitglied der Kommission) ihr Amt niederlegen muss. Ein Misstrauensantrag gegen den Kommissionspräsidenten oder einzelne Kommissare ist nicht möglich. Die Rahmenvereinbarung zwischen Kommission und Parlament[122] sieht allerdings vor, dass das Parlament sein mangelndes Vertrauen in ein Mitglied der Kommission zum Ausdruck bringen kann, woraufhin der Kommissionspräsident entweder dieses Mitglied zum Rücktritt auffordert oder seine Entscheidung, dies nicht zu tun, dem Parlament erläutert. Bei Pflichtverstößen kann der EuGH auf Antrag des Rates oder der Kommission das betreffende Mitglied seines Amtes entheben (Art. 247 AEUV) oder seine Ruhegehaltsansprüche oder ähnliche Vergünstigungen aberkennen (Art. 245 Abs. 2 S. 3 AEUV)[123].

---

121   Die Tragweite dieser Befugnis wurde in der Neuordnung der Kommission durch Juncker mit der Installierung eines Ersten Vizepräsidenten (Timmermans) und von Vizepräsidenten, die für die Koordination mehrerer Ressorts zuständig sind, deutlich.

122   ABl 2001 C 121/122, zuletzt geändert durch Vereinbarung vom 26.5.2005. S. hierzu die kritische Stellungnahme des Rates, ABl 2005 C 161/1.

123   Vgl EuGH, Rs C-432/04, Cresson, Slg 2006, I-6387, Rn 146 ff: Trotz erheblicher Pflichtverletzungen ließ der EuGH allein deren Feststellung als Sanktion genügen.

## 2. Aufgaben

Die in Art. 17 Abs. 1 EUV allgemein aufgezählten Aufgaben der Kommission sind detailliert in den einzelnen Bestimmungen der Verträge festgelegt. Sie lassen sich wie folgt gliedern: **393**

### a) Initiative

Gemäß Art. 17 Abs. 2 EUV hat die Kommission grundsätzlich das sog. **Initiativmonopol für Gesetzgebungsakte** (Legaldefinition in Art. 289 Abs. 3 AEUV) der Union. Diese dürfen nur auf Vorschlag der Kommission erlassen werden (S. 1)[124], soweit in den Verträgen nichts anderes festgelegt ist (so in Art. 76 lit. b AEUV; die Kapitel 4 und 5 sehen auch Gesetzgebungsakte vor, vgl zB Art. 82 Abs. 1 UAbs. 2 AEUV)[125]. Für das ordentliche Gesetzgebungsverfahren ergibt sich das Initiativmonopol bereits aus Art. 289 Abs. 1 iVm Art. 294 Abs. 2 AEUV. Art. 17 Abs. 2 S. 1 EUV ist insoweit deklaratorisch, konstitutiv jedoch für besondere Gesetzgebungsverfahren (vgl Art. 289 Abs. 2 AEUV). Andere Rechtsakte werden auf der Grundlage eines Kommissionsvorschlags erlassen, wenn dies in den Verträgen vorgesehen ist (S. 2). Beispiel: Art. 121 Abs. 1 und 4 AEUV (Koordinierung der Wirtschaftspolitik)[126]. Der Kommission kommt daher die Funktion zu, die Entwicklung des Unionsrechts in Gang zu halten (**„Motor der Integration"**)[127]. Das Vorschlagsmonopol (gegenüber dem Rat, der nach seiner Zusammensetzung von nationalen Gegensätzen bestimmt ist, aber auch gegenüber dem notwendig durch politische Gegensätze bestimmten Europäischen Parlament) wird damit gerechtfertigt, dass die Kommission als allein dem Unionswohl verpflichtetes Organ am besten geeignet sei, die gegenläufige Interessen ausgleichende Vorschläge zu machen[128]. Bei Untätigkeit trotz konkret bestimmter Pflicht kommt eine Klage gemäß Art. 265 AEUV in Betracht (vgl Rn 680). **394**

Durch ihren Vorschlag bestimmt die Kommission auch die Wahl der Rechtsgrundlage, was in bestimmten Fällen vor allem für die Beteiligung des Europäischen Parlaments, aber auch für die erforderliche Beschlussmehrheit im Rat[129] bedeutsam sein kann. Durch das ordentliche Gesetzgebungsverfahren als Regelverfahren hat dieser Aspekt aber an Bedeutung verloren. Der Vorschlag der Kommission kann vom Rat grundsätzlich nur einstimmig (Art. 293 Abs. 1 AEUV) geändert, vom EuGH aber durch Nichtigerklärung des betreffenden Rechtsaktes korrigiert werden. **395**

Im Bereich der GASP kann der Hohe Vertreter der EU mit Unterstützung der Kommission Initiativen bzw Vorschläge unterbreiten (Art. 30 Abs. 1 EUV). **396**

---

124 Nach *Martenczuk*, in: Grabitz/Hilf/Nettesheim, Art. 17 EUV, Rn 50 „Leitbild für die gesamte Europäische Union", mit Ausnahme der GASP (dort werden ohnehin keine Gesetzgebungsakte erlassen, vgl Art. 24 Abs. 1 UAbs. 2 S. 3 EUV) und der PJZS (Art. 76 lit. b AEUV).
125 Zu weiteren Ausnahmen s. *Martenczuk*, in: Grabitz/Hilf/Nettesheim, Art. 17 EUV, Rn 55.
126 Weitere Beispiele bei *Martenczuk*, in: Grabitz/Hilf/Nettesheim, Art. 17 EUV, Rn 56.
127 Zum EuGH als „Motor der Integration" s. Rn 170.
128 Vgl *Martenczuk*, in: Grabitz/Hilf/Nettesheim, Art. 17 EUV, Rn 51.
129 Vgl zB Art. 114 Abs. 1/Art. 115 AEUV.

**b)  Kontrolle über die Einhaltung des Unionsrechts**

**397**  Die Kommission kontrolliert die Einhaltung des primären und sekundären Unionsrechts und der Urteile des EuGH durch die Mitgliedstaaten und erhebt notfalls gegen diese Aufsichtsklage zum EuGH gemäß Art. 258 AEUV. Fraglich ist, ob die Kommission zur Erhebung einer solchen Klage verpflichtet ist und ob dies rechtlich erzwungen werden kann. Vgl dazu

**398**  **Fall 10**  (nach EuGH, Rs 247/87, Star Fruit Company/Kommission, Slg 1989, 291, bestätigt durch EuGH, Rs C-196/97 P, Intertronic F. Cornelis/Kommission, Slg 1998, I-199 = *Pechstein* Nr 88):

Ein belgischer Bananengroßhändler beschwerte sich bei der Kommission darüber, dass die Regelung zur Versorgung des französischen Marktes mit Bananen mit dem Unionsrecht unvereinbar sei und beantragte, gegen Frankreich ein Verfahren gemäß Art. 258 AEUV zu dem Zweck einzuleiten, diese Unvereinbarkeit festzustellen und Frankreich aufzufordern, die Kontingente für die Einfuhr von Bananen mit Ursprung in Drittländern, die sich in den anderen Mitgliedstaaten im freien Verkehr befinden, abzuschaffen. Die Kommission bestätigte den Eingang des Schreibens und teilte mit, sie werde in dieser Angelegenheit die erforderlichen Maßnahmen ergreifen. Die Einleitung eines Vertragsverletzungsverfahrens unterblieb aber. Kann die belgische Firma dagegen Klage zum EuGH erheben?

**(Lösung: Rn 400)**

**399**  Aus ihrer Funktion als „Hüterin des Unionsrechts" (Art. 17 Abs. 1 S. 2 EUV) und aus dem Wortlaut des Art. 258 Abs. 1 AEUV („gibt ab") folgt, dass die Kommission grundsätzlich jeden ihr bekannt gewordenen Vertragsverstoß zu verfolgen hat. Allerdings wird ihr hinsichtlich des konkreten Vorgehens ein gewisser Beurteilungsspielraum, der auch die Berücksichtigung *objektiver* Opportunitätsgesichtspunkte umfasst, eingeräumt. Die Klageerhebung steht dagegen, wie bereits der abweichende Wortlaut des Art. 258 Abs. 2 AEUV („kann") zeigt, im pflichtgemäßen Ermessen der Kommission.

**400**  **Lösung Fall 10**  (Rn 398):

**Zulässigkeit einer Klage zum EuGH**

**I. Nichtigkeitsklage gemäß Art. 263 Abs. 4 AEUV**

Klagegegenstand könnte allein das den Eingang der Beschwerde bestätigende Schreiben der Kommission sein. Dieses kann aber nicht als an die Firma ergangene Entscheidung im Sinne des Art. 263 Abs. 4 AEUV angesehen werden, da die angefochtene Handlung, wie der in Bezug genommene („unter den gleichen Voraussetzungen") Art. 263 Abs. 1 AEUV („soweit es sich nicht um Empfehlungen oder Stellungnahmen handelt") belegt, Rechtswirkungen erzeugen können muss. Dies ist hier nicht der Fall.

**II. Untätigkeitsklage gemäß Art. 265 Abs. 3 AEUV**

Nach Ansicht des EuGH ergebe sich aus der Systematik des Art. 258 AEUV, dass die Kommission nicht verpflichtet sei, ein Verfahren nach dieser Vorschrift einzuleiten, sondern insoweit über einen Ermessensspielraum verfüge, der das Recht Einzelner ausschließe, von diesem Organ eine Stellungnahme in einem bestimmten Sinne zu verlangen. Die Kommission gebe eine mit Gründen versehene Stellungnahme nur ab, wenn sie der Ansicht sei, dass der betreffende Mitgliedstaat gegen eine seiner Verpflichtungen verstoßen habe. Darüber hinaus habe sie, wenn dieser Mitgliedstaat dieser Stellungnahme nicht innerhalb der gesetzten Frist nachkomme, in jedem Fall die Möglichkeit, den EuGH anzurufen, um die angebliche Vertragsverletzung feststellen zu lassen. Sie sei dazu aber nicht verpflichtet.

Diese Feststellung ist zu kategorisch und bedarf der in der Literatur vertretenen Differenzierung, dass die Kommission ihre Entscheidung nach *pflichtgemäßem* Ermessen zu treffen habe.

Im konkreten Fall kommt es darauf jedoch gar nicht an, da gemäß Art. 265 Abs. 3 AEUV die Untätigkeitsklage nur dagegen geführt werden kann, dass die Kommission es unterlassen habe, einen anderen Akt als eine Empfehlung oder eine Stellungnahme an *den Kläger* („an sie") zu richten. Die begehrte Stellungnahme gemäß Art. 258 AEUV ist jedoch an die Mitgliedstaaten zu richten. Die Klage ist daher unzulässig.

### c) Sanktionierung von Verstößen gegen primäres oder sekundäres Unionsrecht

Während der Kommission gegenüber Mitgliedstaaten – abgesehen von Art. 260 **401** Abs. 3 UAbs. 1 AEUV (Antrag an den EuGH, die Zahlung eines Pauschalbetrags oder Zwangsgelds zu verhängen, s. Rn 638 f) – keine Sanktionsmöglichkeiten offen stehen (vgl Art. 299 Abs. 1, 2. HS AEUV), hat sie in Einzelfällen gegen natürliche und juristische Personen, die das Unionsrecht verletzen, ein Sanktionsrecht.

**Beispiel:** Verhängung von Geldbußen oder Zwangsgeldern gemäß Art. 23 und 24 der VO (EG) Nr 1/2003 zur Durchführung der in den Artikeln 81 und 82 des Vertrags[130] (KartellVerf-VO) niedergelegten Wettbewerbsregeln (s. Rn 1070).

### d) Rechtsetzung

Im Bereich des EGKSV war die Kommission das Hauptrechtsetzungsorgan für se- **402** kundäres Gemeinschaftsrecht. Im AEUV und EAGV steht diese Kompetenz überwiegend dem Europäischen Parlament und dem Rat gemeinsam bzw dem Rat zu (s. Rn 552 f). Europäisches Parlament und Rat können jedoch in Gesetzgebungsakten die Kommission zum Erlass von delegierten Rechtsakten (Art. 290 AUEV) ermächtigen. Ferner kann die Kommission in Rechtsakten gemäß Art. 291 AEUV zum Erlass von Durchführungsrechtsakten ermächtigt werden (vgl dazu Rn 568 ff). In einigen Bereichen hat die Kommission aber auch eigene Rechtsetzungsbefugnisse (zB Art. 106 Abs. 3 AEUV[131]).

Soweit sich die Ermächtigung zur Rechtsetzung aus Sekundärrechtsakten ergibt, kann man die von der Kommission erlassenen Rechtsvorschriften auch als „Tertiärrecht" bezeichnen. Im Vertrag von Lissabon tritt diese Hierarchisierung klarer hervor[132].

### e) Außenbeziehungen

Die Kommission ist zuständig für die Aushandlung (nicht für den Abschluss[133]) han- **403** delspolitischer und sonstiger Abkommen (Art. 207 Abs. 3 iVm Art. 218 AEUV; Aus-

---

130 Jetzt Art. 101 und Art. 102 AEUV.
131 Darauf wurde zB die Transparenz-RL 2006/111/EG (Sart. II Nr 169) gestützt.
132 Art. 290 AEUV sieht ausdrücklich so zu bezeichnende (Art. 290 Abs. 3) „delegierte Rechtsakte" vor, die auf „Gesetzgebungsakten" unter Beteiligung von Europäischem Parlament und Rat (Art. 289 Abs. 1–3 AEUV; vgl auch Art. 14 Abs. 1, Art. 16 Abs. 1 EUV) beruhen, die „Ziele, Inhalt, Geltungsbereich und Dauer der Befugnisübertragung" ausdrücklich festlegen und denen die „wesentlichen Aspekte eines Bereichs" vorbehalten bleiben (Art. 290 Abs. 1 AEUV). Vgl die Regelung in Art. 80 Abs. 1 GG. S. dazu Rn 567.
133 EuGH, Rs C-327/91, Frankreich/Kommission, Slg 1994, I-3641, Rn 26 ff, 41 f.

nahme: Art. 219 AEUV). Sie nimmt, abgesehen von der GASP (s. dazu Rn 1302 und Rn 1308) und den übrigen in den Verträgen vorgesehenen Fällen, die Vertretung der Union nach außen wahr (Art. 17 Abs. 1 S. 6 EUV). Sie vertritt zusammen mit dem Hohen Vertreter der EU für die GASP die Union bei internationalen Organisationen (Art. 220 AEUV). Sie ist ausschließlich zuständig für die Außenvertretung der EAG (Art. 101 ff EAGV). Zur Beteiligung an der GASP s. Rn 1302. Zum Europäischen Auswärtigen Dienst (EAD) s. Rn 300.

### f)  Weitere Aufgaben der Kommission

**404**   Daneben obliegen der Kommission die Ausführung des Haushaltplans (Art. 17 Abs. 1 S. 4 EUV; Art. 317 AEUV) und jährliche Rechnungslegung (Art. 318 AEUV), die Verwaltung der Programme, Koordinierungs-, Exekutiv- und Verwaltungsfunktionen[134] sowie die Erstellung eines jährlichen Gesamtberichts über die Tätigkeit der Union (Art. 249 Abs. 2 AEUV).

### 3.   Beschlussfassung

**405**   Beschlüsse der Kommission werden gemäß Art. 250 Abs. 1 AEUV mit der Mehrheit ihrer Mitglieder, dh mit 15 Stimmen gefasst. Für die Beschlussfähigkeit ist ein Quorum von 15 Mitgliedern notwendig (Art. 250 Abs. 2 AEUV iVm Art. 7 der Geschäftsordnung (GeschO) der Kommission, s. Rn 408).

### 4.   Interne Organisation der Kommission

**406**   Die Kommission ist hinsichtlich ihrer Beschlussfassung kollegial organisiert. Dieses Kollegialprinzip beruht auf der (ungeachtet der herausragenden Stellung des Präsidenten, vgl Rn 391[135]) Gleichheit der Mitglieder der Kommission bei der Teilnahme an der Entscheidungsfindung und setzt voraus, dass die Entscheidungen gemeinsam beraten werden und dass alle Mitglieder des Kollegiums für sämtliche erlassenen Entscheidungen politisch gemeinsam verantwortlich sind[136]. Die Missachtung dieses Prinzips führt zur Nichtigkeit von Rechtsakten[137]. Um den enormen Arbeitsaufwand (im Jahr ca. 20 000 Beschlüsse) bewältigen zu können, ist die Beschlussfassung im schriftlichen Verfahren, im Wege der Ermächtigung eines Mitglieds der Kommission sowie der Delegation an einen Generaldirektor und weitere Subdelegation möglich (Art. 12 – Art. 16 GeschO, s. Rn 408). Im Übrigen ist sie ressortmäßig und hierarchisch in Generaldirektionen, den Generaldirektionen gleichgestellte Dienste, Direktionen und Referate organisiert (Art. 21 GeschO)[138]. Besondere Bedeutung hat dabei der Juristische Dienst (vgl Art. 23 Abs. 4 GeschO). Daneben verfügt jeder Kommissar über ein eigenes „Kabinett" persönlicher Mitarbeiter (Art. 19 GeschO). Der Präsi-

---

134   Vgl dazu *Ruffert*, in: Calliess/Ruffert, Art. 17 EUV, Rn 13 f mwN; *Kugelmann*, in: Streinz, Art. 17 EUV, Rn 40 ff.
135   Zur Aufweichung des Kollegialitätsprinzips und zur Gewichtsverschiebung zu einem Präsidialsystem vgl *Schmitt/Schmidt von Sydow*, in: von der Groeben/Schwarze/Hatje, Art. 17 EUV, Rn 128 ff.
136   EuGH, Rs 5/85, Akzo Chemie/Kommission, Slg 1986, 2585, Rn 30.
137   Vgl EuGH, Rs C-137/92, BASF AG ua/Kommission, Slg 1994, I-2555, Rn 64 f.
138   Vgl *Schweitzer/Hummer/Obwexer*, Rn 487 f; *Herdegen*, § 7, Rn 64.

dent der Kommission wird vom Generalsekretär unterstützt (Art. 20 GeschO; vgl auch Art. 23 Abs. 5 GeschO).

Die Kommission wird von einer Vielzahl von Ausschüssen, Sonderausschüssen und **407** Expertengruppen mit beratender Funktion sowie von Agenturen und Behörden (zB Europäische Behörde für Lebensmittelsicherheit, EBLS/EFSA, die gutachtlich tätig wird) unterstützt[139]. Zu den beschließenden Ausschüssen im Rahmen der sog. Komitologie s. Rn 570.

## 5. Geschäftsordnung

Gemäß Art. 249 Abs. 1 AEUV gibt sich die Kommission eine Geschäftsordnung, um **408** ihr ordnungsgemäßes Arbeiten und das ihrer Dienststellen nach Maßgabe dieses Vertrages zu gewährleisten. Diese ist zu veröffentlichen. Die gegenwärtige Geschäftsordnung der Kommission wurde am 24.2.2010 erlassen[140]. Bestimmungen der Geschäftsordnung kann auch Außenwirkung zukommen.

**Beispiel** (nach EuGH, Rs C-137/92 P, BASF AG ua/Kommission, Slg 1994, I-2555, Rn 62 ff): Die Kommission erließ eine Entscheidung gegen ein Unternehmen wegen wettbewerbswidriger Vereinbarungen (vgl Art. 101 AEUV), ohne den ihr zu Grunde liegenden Beschluss gemäß Art. 17 Abs. 1 GeschO festzuhalten. Der EuGH sah im Gegensatz zur Kommission in der in Art. 17 Abs. 1 GeschO vorgesehenen Ausfertigung der Rechtsakte keine bloße Formalie, die ihr Erinnerungsvermögen stützen soll, sondern die Gewährleistung der Rechtssicherheit, indem der vom Kollegium angenommene Wortlaut in allen verbindlichen Sprachen festgestellt wird. Damit werde es ermöglicht, im Streitfall die vollkommene Übereinstimmung der zugestellten oder veröffentlichten Texte mit dem angenommenen Text und damit zugleich mit dem Willen der sie erlassenden Stelle zu prüfen. Ein Verstoß gegen Art. 17 Abs. 1 GeschO stellt somit die Verletzung einer wesentlichen Formvorschrift iSv Art. 263 Abs. 2 AEUV dar, was zur Nichtigkeit der betreffenden Entscheidung führte. Vgl auch Rn 372.

**Literatur:** *Bauer, M.W./Heisserer, B.*, Die Reform der Europäischen Kommission. Modernisierungskonzepte aus vier Jahrzehnten im Vergleich, integration 2010, 21; *Dietz, W./Fabian, B.*, Das Räderwerk der Europäischen Kommission, 3. Aufl. 1999; *Nass, K.O.*, Die Europäische Kommission als unabhängiges Initiativorgan, in: FS Folz, 2003, S. 243; *Spence, D./Edwards, G.* (Hrsg.), The European Commission, 3. Aufl. 2006; *Wonka, A.*, Die Europäische Kommission, 2008.

# VI. Der Gerichtshof der EU (Art. 19 EUV; Art. 251–281 AEUV)

## 1. Aufbau und Zusammensetzung

### a) Instanzen: Dreistufige Gerichtsorganisation

Gemäß Art. 19 Abs. 1 S. 1 EUV umfasst der Gerichtshof der Europäischen Union den **409** Gerichtshof (bisher Gerichtshof der Europäischen Gemeinschaften, EuGH), das Gericht (bisher Gericht erster Instanz, EuG) und Fachgerichte. Fachgerichte können ge-

---

139  Vgl dazu *Ruffert*, in: Calliess/Ruffert, Art. 298 AEUV, Rn 3 ff; *Streinz*, in: Streinz, Art. 13 EUV, Rn 39 ff.
140  ABl 2010 L 55/60; Sart. II Nr 235; *Bieber/Knapp* Nr III.4.1.

mäß dem ordentlichen Gesetzgebungsverfahren (Art. 289 Abs. 1, Art. 294 AEUV) durch das Europäische Parlament und den Rat gemeinsam gebildet werden (Art. 257 AEUV). Bislang besteht als einziges Fachgericht das Gericht für den öffentlichen Dienst (s. Rn 416 f). Da vom Fachgericht zum Gericht (ggf auch in Sachfragen, vgl Art. 257 Abs. 3 AEUV, dann quasi „Berufungsinstanz") und von diesem zum Gerichtshof der EU ein Rechtszug (nur in Rechtsfragen, vgl Art. 256 Abs. 1 UAbs. 2 AEUV, quasi „Revisionsinstanz") besteht, verfügt die Union derzeit[141] über eine dreistufige Gerichtsorganisation.

### b)  Der Gerichtshof (EuGH)

**410**  Der Gerichtshof (bisher und wohl auch künftig EuGH genannt) besteht aus einem Richter je Mitgliedstaat (Art. 19 Abs. 2 UAbs. 1 S. 1 EUV). Die Richter werden von den Mitgliedstaaten im gegenseitigen Einvernehmen für eine Amtszeit von sechs Jahren ernannt mit der Möglichkeit der Wiederernennung (Art. 19 Abs. 2 UAbs. 3 EUV). Letzteres ist hinsichtlich der Unabhängigkeit nicht unproblematisch, wird allerdings durch die Vertraulichkeit der Beratung und Abstimmung (kein Sondervotum möglich) gemildert, für die Kontinuität der Rechtsprechung ist es vorteilhaft. Die Unabhängigkeit wird durch das Protokoll über die Satzung des Gerichtshofs[142] sowie das Protokoll über die Vorrechte und Befreiungen der Europäischen Union[143] gewährleistet. Die erforderliche Qualifikation und die Modalitäten der Ernennung der Richter sind in Art. 253 AEUV geregelt. Sie müssen jede Gewähr für Unabhängigkeit bieten und in ihrem Staat die für die höchsten richterlichen Ämter erforderlichen Voraussetzungen erfüllen oder Juristen von anerkannt hervorragender Befähigung sein. Abgesehen davon ist dies eine politische Entscheidung. Vor der Ernennung wird (neu) gemäß Art. 255 AEUV die Stellungnahme des Ausschusses „Bewerberprüfung" eingeholt. Gemäß § 1 Abs. 3 Richterwahlgesetz[144] werden die deutschen Kandidaten (ebenso für EuG und Generalanwalt am EuGH) künftig von der Bundesregierung im Einvernehmen mit dem Richterwahlausschuss benannt. Präsident und Vizepräsident des EuGH werden von den Richtern gewählt[145].

**411**  Der Gerichtshof tagt in Kammern mit drei und mit fünf Richtern oder als Große Kammer mit 15 Richtern, in seltenen Fällen als Plenum der (derzeit) 28 Richter (Art. 251 AEUV iVm Art. 16 der Satzung des Gerichtshofs). Die Aufteilung in Kammern ist aus praktischen Gründen erforderlich, birgt in sich aber die Gefahr einer uneinheitlichen Rechtsprechung. Die Zuweisung von Rechtssachen an die Kammern erfolgt in der Praxis durch den Präsidenten des EuGH aus Gründen der Zweckmäßigkeit. Es gibt insoweit kein Recht auf den „gesetzlichen Richter", wie ihn Art. 101 Abs. 1 S. 2 GG vorschreibt[146].

---

141  Rat und Parlament haben sich auf eine Reform des Gerichtshofs dahingehend verständigt, das EuGÖD abzuschaffen und dafür die Richterzahl am EuG zu verdoppeln. Die Aufgaben des bisherigen EuGÖD soll speziellen Kammern des EuG übertragen werden, was sich auch auf weitere Bereiche (zB Patentfragen) erstrecken ließe.

142  Protokoll über die Satzung des Gerichtshofs der Europäischen Union v. 26.2.2001, Sart. II Nr 245; Nomos Nr 12; dtv EuR Nr 28.

143  ABl 2012 C 326/266; Sart. II Nr 212; Nomos Nr 7.

144  Sart. I Nr 610.

145  Art. 8 VerfO EuGH (s. Rn 424). Seit Oktober 2015 Koen Lenaerts und Antonio Tizzano.

146  Vgl dazu (zu Recht kritisch) *Kotzur*, in: Geiger/Khan/Kotzur, Art. 251 AEUV, Rn 7 mwN.

### c) Generalanwälte

Der Gerichtshof wird seit der Erhöhung der Zahl acht[147] von elf Generalanwälten un-  **412** terstützt (Art. 19 Abs. 2 UAbs. 1 S. 2 EUV; Art. 252 Abs. 1 S. 1 AEUV). Ihre Ernennung erfolgt wie die der Richter des EuGH. Je ein Generalanwalt kommt aus Deutschland, Frankreich, Italien, Spanien und dem Vereinigten Königreich sowie aus Polen[148], im Übrigen besteht ein Rotationssystem.

Der Generalanwalt hat öffentlich in völliger Unparteilichkeit und Unabhängigkeit be-  **413** gründete Schlussanträge zu den Rechtssachen zu stellen, in denen nach der Satzung des EuGH seine Mitwirkung erforderlich ist (Art. 252 Abs. 2 AEUV; Art. 20 Abs. 4, 5, Art. 23a Abs. 2 Satzung-EuGH). Die Institution des Generalanwalts ist ähnlich der des commissaire du gouvernement beim Conseil d'Etat und den Tribunaux administratifs in Frankreich und des Advocaat-General beim Hoge Raad in den Niederlanden[149]. Die Schlussanträge geben die individuelle Auffassung des Generalanwalts als eines Mitglieds des Gerichtshofs wieder[150]. Der EuGH ist daran nicht gebunden. Inwieweit der EuGH den Schlussanträgen „folgt" bedarf einer differenzierenden Untersuchung (Ergebnis, Begründung, Modifikationen). In einigen besonders bedeutsamen Entscheidungen folgte der EuGH der Rechtsauffassung des Generalanwalts nicht (zB Ablehnung der horizontalen Wirkung von Richtlinien, vgl Rn 495; Ablehnung der unmittelbaren Wirkung des WTO-Rechts, vgl Rn 539; Folgen der übereinstimmend festgestellten Nichtigkeit der Vorratsdatenspeicherungsrichtlinie, vgl Rn 801). Zum Verständnis der Urteile ist nicht selten die Lektüre der Schlussanträge erforderlich, und zwar auch dann, wenn nicht ausdrücklich im Urteil darauf verwiesen wird. Die Parteien haben kein Recht auf Stellungnahme zu den Schlussanträgen[151].

### d) Das Gericht (EuG)

Zur Entlastung des EuGH wurde seit September 1989 ein Gericht erster Instanz  **414** (EuG) eingerichtet. Seit dem Vertrag von Nizza ist es als autonomes Rechtsprechungsorgan der EU der Institution „Gerichtshof" eingegliedert, seit dem Vertrag von Lissabon heißt es „Gericht" (englisch „General Court"). Es besteht aus mindestens einem Richter je Mitgliedstaat (Art. 19 Abs. 2 UAbs. 2 EUV). Die Zahl der Richter des Gerichts wird in der Satzung des EuGH festgelegt (Art. 254 Abs. 1 S. 1 AEUV). Derzeit[152] stellt jeder der 28 Mitgliedstaaten einen Richter (Art. 48 Satzung EuGH). Für Qualifikation, Ernennung und Rechtsstellung gelten grundsätzlich die gleichen Voraussetzungen wie für die Richter des EuGH (Art. 254 Abs. 2 AEUV). Die interne

147 Beschluss 2013/336/EU des Rates vom 25.6.2013 (ABl 2013 L 179/92) gem. Art. 252 Abs. 1 S. 2 AEUV.
148 Erklärung (Nr 38) zu Art. 252 AEUV (ABl 2012 C 326/352; Sart. II Nr 152, S. 27; Nomos Nr 4, S. 283).
149 *Borchardt*, in: Lenz/Borchardt, Art. 252 AEUV, Rn 1.
150 EuGH, Rs C-17/98, Emese Sugar/Aruba, Slg. 2000, I-675, Rn 14. Der Generalanwalt gehört zwar nicht dem Spruchkörper des EuGH, aber dem EuGH als Institution an.
151 EuGH, Rs C-17/98, Emese Sugar/Aruba, Slg. 2000, I-675, Rn 12; nur auf der Grundlage der Bosphorus-Vermutung (vgl Rn 258) nicht beanstandet durch EGMR, Urt. v. 21.1.2009, Nr 13645/05, Nederlandse Kokkelvisserij/Niederlande, EuGRZ 2011, 11 (17 ff). Kritisch *Pechstein*, EU-Prozessrecht, 4. Aufl. 2011, Rn 96.
152 Vom EuGH wurde eine Erweiterung um zwölf Stellen vorgeschlagen.

Organisation ähnelt der des EuGH. Generalanwälte hat das EuG nicht. Jedoch kann ein Richter zum Generalanwalt bestellt werden (Art. 49 Satzung EuGH; Art. 19 Verf-OEuG[153]).

**415**   Das Gericht ist gemäß Art. 256 Abs. 1 UAbs. 1 AEUV für Entscheidungen im ersten Rechtszug über Nichtigkeitsklagen (Art. 263 AEUV), Untätigkeitsklagen (Art. 265 AEUV), Schadenersatzklagen (Art. 268 AEUV), Beamtenklagen (Art. 270 AEUV) und Schiedsklagen (Art. 272 AEUV) **zuständig**, es sei denn, die Klagen sind einem nach Art. 257 AEUV gebildeten Fachgericht übertragen oder gemäß der Satzung des EuGH diesem vorbehalten. Daher ist für Beamtenklagen im ersten Rechtszug das Gericht für den öffentlichen Dienst zuständig (s. Rn 416). Dem EuGH sind gemäß Art. 51 Satzung-EuGH Nichtigkeits- und Untätigkeitsklagen der Unionsorgane (einschließlich der EZB) vorbehalten, ferner Nichtigkeits- und Untätigkeitsklagen der Mitgliedstaaten gegen die Kommission sowie allgemein Klagen der Mitgliedstaaten gegen das Europäische Parlament und/oder den Rat, mit Ausnahme von Klagen gegen Beihilfeentscheidungen des Rates gemäß Art. 108 Abs. 2 UAbs. 3 AEUV, gegen Rechtsakte des Rates aufgrund einer Ratsverordnung über handelspolitische Schutzmaßnahmen im Sinne des Art. 207 AEUV und gegen Handlungen des Rates aufgrund von Durchführungsbefugnissen gemäß Art. 291 Abs. 2 AEUV. Dem EuGH sind schließlich Vertragsverletzungsklagen (Art. 258, Art. 259 AEUV) sowie grundsätzlich[154] Vorabentscheidungsverfahren (Art. 267 AEUV) vorbehalten[155].

### e) Fachgerichte

**416**   Gemäß Art. 257 Abs. 1 S. 1 AEUV können das Europäische Parlament und der Rat im ordentlichen Gesetzgebungsverfahren dem Gericht beigeordnete Fachgerichte bilden, die im ersten Rechtszug über bestimmte Kategorien von Klagen zuständig sind, die auf besonderen Sachgebieten erhoben werden. Bislang wurde noch auf der Basis von *Art. 225a EGV* als „gerichtliche Kammer" das Gericht für den öffentlichen Dienst (EuGöD) errichtet[156]. Dieses besteht aus sieben Richtern und ist im ersten Rechtszug für Streitsachen zwischen der Union (einschließlich deren Einrichtungen, Ämter und Agenturen) und deren Bediensteten gemäß Art. 270 AEUV zuständig (Art. 1, 2 Anhang I Satzung EuGH). Erwogen wird (als Alternative zur Erhöhung der Zahl der Richter des EuG, vgl Rn 414) die Errichtung eines Fachgerichts für Angelegenheiten des gewerblichen Rechtsschutzes, Markenrechts und Urheberrechts angesichts der Arbeitsbelastung in diesem Bereich[157], ferner ein Fachgericht für Europäisches Zustellungs- und Vollstreckungsrecht[158]. Generell dürfte sich mit der Ausweitung der Unionstätigkeit in immer mehr Fachgebieten die Frage einer **Spezialisierung** stellen.

---

153   Sart. II Nr 252.
154   Von der hinsichtlich bestimmter Sachgebiete möglichen Übertragung auf das Gericht gem. Art. 267 Abs. 2 AEUV wurde noch nicht Gebrauch gemacht.
155   Vgl zur Abgrenzung der sachlichen Zuständigkeiten von EuGH und EuG *Haratsch/Koenig/Pechstein*, Rn 477 f.
156   Beschluss 2004/752/EG, Euratom des Rates v. 2.11.2004 (ABl 2004 L 333/47; dtv EuR Nr 32). Vgl dazu *Hakenberg*, EuZW 2006, 391. Zur Tätigkeit vgl die Erste Fünfjahresbilanz, EuGRZ 2010, 535 f.
157   Vgl den Vorschlag der Kommission in der Mitteilung KOM (2003) 828.
158   Vgl *Kotzur*, in: Geiger/Khan/Kotzur, Art. 257 AEUV, Rn 2.

Die Urteile der Fachgerichte können mit einem auf Rechtsfragen beschränkten (so **417** bislang gegen Urteile des EuGöD) bzw, wenn die Verordnung über die Bildung des Fachgerichts dies vorsieht, einem auch Sachfragen betreffenden Rechtsmittel beim EuG angefochten werden (Art. 257 Abs. 3 AEUV). Gegen das Urteil des EuG kann gemäß Art. 256 Abs. 2 UAbs. 2 AEUV ein Rechtsmittel beim EuGH eingelegt werden, wenn die ernste Gefahr besteht, dass die Rechtseinheit oder die Kohärenz des Unionsrechts berührt wird. Diese Überprüfung durch den EuGH kann nur der Erste Generalanwalt (nicht die Streitparteien!) beantragen (Art. 62 Satzung-EuGH).

## 2. Aufgaben (allgemein)

Zu den Verfahrensarten im Einzelnen s. Rn 633 ff. **418**

Aufgabe des Gerichtshofs der EU ist gemäß Art. 19 Abs. 1 S. 2 EUV die Sicherung der **Wahrung des Rechts** bei der Auslegung und Anwendung der Verträge, dh sowohl des EUV als auch des AEUV als rechtlich gleichrangige Grundlagen der Union (vgl Art. 1 Abs. 3 EUV). Wenngleich davon auch das Sekundärrecht erfasst wird, das im Primärrecht seine Grundlage hat (vgl auch Art. 263 AEUV), ist diese allgemeine Aufgabenzuweisung zu eng gefasst. Denn der EuGH hat gemäß Art. 218 Abs. 11 AEUV auch Gutachten zu erstatten und nicht nur das primäre Unionsrecht, sondern alle Rechtsquellen des Unionsrechts (s. dazu Rn 448 ff) zu berücksichtigen. Die „Wahrung des Rechts" bezieht sich schließlich auch auf Rechtsprinzipien und allgemeine Rechtsgrundsätze, die zur Schließung der Lücken und zur Ergänzung des unvollständigen Unionsrechts erforderlich sind (s. Rn 456 ff).

Die in Art. 258 ff AEUV geregelten Verfahrensarten beziehen sich nach dem Vertrag **419** von Lissabon grundsätzlich auf das gesamte Recht der Union. Ausdrücklich **ausgenommen** sind allerdings Bereiche der bisherigen zweiten und dritten Säule. Dies betrifft grundsätzlich die gesamte **GASP** (Art. 24 Abs. 1 UAbs. 2 S. 6 EUV; Art. 275 Abs. 1 AEUV), nämlich bis auf die Kontrolle der Einhaltung von Art. 40 EUV sowie Klagen gemäß Art. 263 Abs. 4 AEUV im Zusammenhang mit der Überwachung der Rechtmäßigkeit von Beschlüssen über restriktive Maßnahmen gegenüber natürlichen oder juristischen Personen, die der Rat auf der Grundlage von Titel V Kap. 2 (Art. 23 ff) EUV erlassen hat (Art. 275 Abs. 2 AEUV). Dies ist eine für den Rechtsschutz wichtige Klarstellung. Hinsichtlich der Bestimmungen des Dritten Teils, Kap. 4 und 5 über den Raum der Freiheit, der Sicherheit und des Rechts (**RFSR**), nämlich der **PJZS** (Art. 82 ff AEUV) ist der Gerichtshof der EU nicht zuständig für die Überprüfung der Gültigkeit oder Verhältnismäßigkeit von Maßnahmen der Polizei oder anderer Strafverfolgungsbehörden eines Mitgliedstaats oder der Wahrnehmung der Zuständigkeiten der Mitgliedstaaten für die Aufrechterhaltung der öffentlichen Ordnung und den Schutz der inneren Sicherheit (Art. 276 AEUV). Insoweit wird *Art. 35 Abs. 5 EUV aF* übernommen.

Gemäß Art. 262 AEUV, der die durch den Vertrag von Nizza eingeführte Regelung **420** (*Art. 229a EGV*) inhaltlich übernimmt, besteht die Möglichkeit zur Erweiterung der Zuständigkeiten des EuGH auf Rechtsstreitigkeiten im Zusammenhang mit der Anwendung von auf Grund der Verträge erlassenen Rechtsakten, mit denen europäische Rechtstitel für das **geistige Eigentum** geschaffen werden. Dies kann in einem besonderen Gesetzgebungsverfahren durch einen einstimmigen Beschluss des Rates nach Anhörung des Europäischen Parlaments geschehen, der jedoch der Annahme durch die Mitgliedstaaten gemäß ihren verfassungsrechtlichen Vorschriften bedarf[159].

**421** Die Rechtsschutzgewährung durch den EuGH beruht nicht auf einer allumfassenden Generalklausel (wie zB Art. 19 Abs. 4 GG), sondern auf einer Summe von genau aufgeführten Einzelzuständigkeiten, die allerdings gegen belastende Rechtsakte der Unionsorgane einen ziemlich lückenlosen Rechtsschutz gewährleisten. Soweit auch nach den Änderungen durch den Vertrag von Lissabon noch Lücken verbleiben, insbesondere im Hinblick auf Klagen von Individuen gegen Verordnungen (s. dazu Rn 669) müssen diese von der nationalen Gerichtsbarkeit geschlossen werden (Art. 19 Abs. 1 UAbs. 2 EUV).

**422** Die Zuständigkeiten lassen sich in „verfassungsrechtliche" (Streitigkeiten zwischen „Verfassungsorganen", dh Mitgliedstaaten und Unionsorganen), „verwaltungsrechtliche" (Streitigkeiten zwischen Unionsorganen und Individuen, dh natürlichen und juristischen Personen sowie zwischen Union und Unionsbediensteten), Rechtsmittel- (gegen Entscheidungen des EuG bzw der Fachgerichte s. Rn 417) und sonstige Verfahren (Vorabentscheidungsverfahren, Amtshaftungsverfahren, Verfahren sui generis) einteilen.

**423** Die Rechtssachen des EuGH werden mit dem Buchstaben „C" (= Cour), die des Gerichts „T" (= Tribunal) gekennzeichnet. Rechtsmittelverfahren gegen Entscheidungen des EuG tragen den Nachsatz „P" (= Pourvoi = Rechtsmittel). Die Urteile wurden (seit 2004 nur noch selektiv – Ausnahme Vorabentscheidungen nach Art. 267 AEUV) in der amtlichen Sammlung veröffentlicht (I für den EuGH, II für das EuG), der Urteilsausspruch darüber hinaus im ABl C.

**Beispiel:** „EuGH, Rs C-50/00 P, Unión de Pequeños Agricultores/Rat, Slg 2002, I-6677" (Erläuterung: Revisionsurteil des EuGH, Rechtsmittel beim EuGH anhängig gemacht im Jahr 2000, entschieden im Jahr 2002, veröffentlicht in der Sammlung I des Jahres 2002, ab S. 6677).

2012 wurde die amtliche Sammlung eingestellt, die Urteile sind elektronisch auf der website des EuGH („CURIA") abrufbar (**Beispiel**: EuGH, Rs C-399/11, Melloni, ECLI:EU:C:2013:600; EuG, Rs T-499/12, HSH Investment Holdings/Kommission, ECLI:EU:T:2015:840.

### 3. Verfahren

**424** Das Verfahren vor dem EuGH ist zum Teil in den Verträgen (vgl zB die in Art. 258 und Art. 263 AEUV aufgeführten Zulässigkeitsvoraussetzungen; s. dazu Rn 633 ff, 641 ff), im Übrigen in der gemäß Art. 281 AEUV in einem Protokoll festgelegten Satzung[160] und insbesondere in der auf Grund von Art. 253 Abs. 6 AEUV[161] erlasse-

---

159  Verfahren wie beim Direktwahlbeschluss (s. Rn 302) und beim Eigenmittelbeschluss (s. Rn 741). Vgl dazu auch die Erklärung Nr 17 der Schlussakte von Nizza (Sart. II Nr 153, S. 7): Keine Vorgreiflichkeit.
160  Protokoll (Nr 3), ABl 2012 C 326/210; Sart. II Nr 245; Nomos Nr 12; *Bieber/Knapp* Nr III.5.1; dtv EuR Nr 28.
161  Zu den Änderungen durch den Vertrag von Nizza vgl *Streinz*, Europarecht, 8. Aufl. 2008, Rn 388.

nen Verfahrensordnung für den EuGH vom 19.6.1991[162], ergänzt durch die zusätzliche Verfahrensordnung[163] und die Dienstanweisung für den Kanzler[164], geregelt.

Das Gericht hat eine eigene Verfahrensordnung[165].

Die Vollstreckung von Urteilen des EuGH richtet sich nach Art. 280 iVm Art. 299     **425**
AEUV. Gegen Mitgliedstaaten ergehen im Vertragsverletzungsverfahren lediglich Feststellungsurteile (Art. 260 Abs. 1 AEUV), deren Nichtbefolgung allerdings in einem zweiten Verfahren vor dem EuGH durch die Verurteilung zur Zahlung eines Pauschalbetrags oder Zwangsgelds sanktioniert werden kann (Art. 260 Abs. 2 AEUV, s. Rn 638). Ob dieses gemäß Art. 280 iVm Art. 299 Abs. 2 AEUV vollstreckt werden kann, ist strittig[166].

**Literatur** (s. auch Rn 729): *Everling, U.*, Die Kontrolle des Gemeinschaftsgesetzgebers durch die Europäischen Gerichte, in: FS Gündisch, 1999, S. 89; *ders.*, 50 Jahre Gerichtshof der Europäischen Gemeinschaften, DVBl. 2002, 1293; *Hatje, A.*, Der Gerichtshof der Europäischen Gemeinschaften, DRiZ 2006, 161; *Hirsch, G.*, Der Europäische Gerichtshof im Spannungsfeld zwischen Gemeinschaftsrecht und nationalem Recht, NJW 2000, 1817; *ders.*, Die Rolle des Europäischen Gerichtshofs bei der europäischen Integration, JöR NF 49 (2001), 79; *Kirschner, H./Klüpfel, K.*, Das Gericht erster Instanz der Europäischen Gemeinschaften. Aufbau, Zuständigkeiten, Verfahren, 2. Aufl. 1998; *Pirrung, J.*, Die Rolle des Richters in der europäischen Gerichtsbarkeit, in: FS Sonnenberger, 2004, S. 865; *Rabe, H.-J.*, Nach der Reform ist vor der Reform. Zum Gerichtssystem der Europäischen Union, in: FS Zuleeg, 2005, S. 195; *Rodríguez Iglesias, G.C.*, Der EuGH und die Gerichte der Mitgliedstaaten – Komponenten der richterlichen Gewalt in der Europäischen Union, NJW 2000, 1889; *Sack, J.*, Zur künftigen europäischen Gerichtsbarkeit nach Nizza, EuZW 2001, 77; *Streinz, R./Leible, S.*, Die Zukunft des Gerichtssystems der Europäischen Gemeinschaft – Reflexionen über Reflexionspapiere, EWS 2001, 1.

## VII. Die Europäische Zentralbank (Art. 13 Abs. 3 EUV; Art. 282–284 AEUV)

Der Vertrag von Lissabon weist der Europäischen Zentralbank (EZB) die **Organstel-**     **426**
**lung** zu (Art. 13 Abs. 1 UAbs. 2 EUV), belässt ihr aber – anders als den anderen Organen – gleichzeitig die **Rechtspersönlichkeit** als eigenständiger juristischer Person (Art. 282 Abs. 3 S. 1 AEUV) und die gegenüber den anderen Unionsorganen und den

---

162   Sart. II Nr 250; Nomos Nr 13; *Bieber/Knapp* Nr III.5.2; dtv EuR Nr 29.
163   Sart. II Nr 250a; Nomos Nr 14; dtv EuR Nr 30.
164   ABl 1974 L 350/33, zuletzt geändert ABl 1986 C 286/4.
165   VerfOEuGH vom 25.9.2012, ABl 2012 L 261/1, ABl 2013 L 173/65; Sart. II Nr 252; dtv EuR Nr 31.
166   Gegen Vollstreckbarkeit *Ehricke*, in: Streinz, Art. 260 AEUV, Rn 18; *Wunderlich*, in: von der Groeben/Schwarze/Hatje, Art. 260 AEUV, Rn 39; für Vollstreckbarkeit *Borchardt*, in: Lenz/Borchardt, Art. 260 AEUV, Rn 25; *Schwarze*, in: Schwarze, Art. 260 AEUV, Rn 12 mwN; *Schoo*, in: Schwarze, Art. 299 AEUV, Rn 8; *Wegener*, in: Calliess/Ruffert, Art. 280 AEUV, Rn 1. *Karpenstein*, in: Grabitz/Hilf/Nettesheim, Art. 260 AEUV, Rn 74 schlägt als weniger aufwändiges Mittel in Analogie zu *Art. 88 Abs. 3 EGKSV* die Aufrechnung mit Zahlungen aus den verschiedenen Unionsfonds vor, was insofern problematisch ist, als mit diesen Mitteln auch ein Ziel der EU verfolgt wird (oder zumindest verfolgt werden sollte), das dann verfehlt würde. Zur mit der Föderalismusreform geregelten Lastenverteilung zwischen Bund und Ländern s. Art. 104a Abs. 6 GG sowie das gem. Art. 104a Abs. 6 S. 4 GG erlassene LastentragungsG (BGBl. 2006 I 2105); s. dazu Rn 593.

Mitgliedstaaten ausdrücklich festgehaltene **Unabhängigkeit** (Art. 282 Abs. 3 S. 3 und 4 AEUV). Sie besitzt ferner in jedem Mitgliedstaat die weitestgehende Rechts- und Geschäftsfähigkeit, die juristischen Personen nach dessen Rechtsvorschriften zuerkannt ist[167]. Bereits bislang war die EZB in die Organisationsstruktur der EU institutionell (vgl jetzt Art. 134–135 AEUV) und durch ihre Aufgaben im Rahmen der Währungspolitik (Art. 127–133 AEUV) eingebunden.

**427**  **Organe der EZB** sind das Direktorium, der Rat der EZB und der erweiterte Rat (s. dazu Rn 1162). Ausdrücklich **vorrangiges Ziel** der EZB ist die **Sicherung der Preisstabilität** (Art. 282 Abs. 2 S. 2 AEUV). Sie ist die Notenbank der Eurozone und ist insoweit alleine befugt, die Ausgabe des Euro als gemeinsamer Währung der bislang 19 Mitgliedstaaten zu genehmigen (Art. 282 Abs. 3 S. 2 AEUV). Zu den **Aufgaben** und zur Politik der EZB sowie zu politischen Gefährdungen der Unabhängigkeit der EZB s. Rn f.1157 ff.

## VIII. Der Europäische Rechnungshof (Art. 13 Abs. 3 EUV; Art. 285–287 AEUV)

**428**  Der 1975 geschaffene Europäische Rechnungshof zählt seit Inkrafttreten des Vertrags von Maastricht gemäß Art. 13 Abs. 1 UAbs. 2 EUV zu den Organen der EU. Er besteht aus einem Staatsangehörigen je Mitgliedstaat (z Zt 28), die in ihren Staaten Rechnungsprüfungsorganen angehören oder angehört haben oder die für dieses Amt besonders geeignet sind und jede Gewähr für Unabhängigkeit bieten. Sie werden vom Rat nach Anhörung des Europäischen Parlaments einstimmig auf sechs Jahre ernannt und können, was hinsichtlich der Unabhängigkeit bedenklich ist, wiederernannt werden (Art. 286 AEUV)[168].

**429**  Aufgabe des Rechnungshofes ist die externe Rechnungsprüfung (Art. 285 AEUV). Er prüft die Rechnung über alle Einnahmen und Ausgaben der Union auf Rechtmäßigkeit und Ordnungsmäßigkeit sowie Wirtschaftlichkeit der Haushaltsführung und erstattet nach Abschluss eines jeden Haushaltsjahrs einen Jahresbericht, der den Organen der Union vorgelegt und im Amtsblatt der EU zusammen mit den Antworten der Organe auf die Bemerkungen des Rechnungshofes veröffentlicht wird. Daneben kann der Rechnungshof jederzeit Bemerkungen zu besonderen Fragen in Form von Sonderberichten vorlegen und auf Antrag eines Organs der EU Stellungnahmen abgeben. Der Rechnungshof unterstützt das Europäische Parlament und den Rat bei der Kontrolle der Ausführung des Haushaltsplans (Art. 287 AEUV).

**Literatur:** *Freytag, M.*, Der Europäische Rechnungshof, 2004.

---

167  Art. 9.1 Protokoll (Nr 4) über die Satzung des Europäischen Systems der Zentralbanken und der Europäischen Zentralbank (ESZB-Satzung), Sart. II Nr 268; Nomos Nr 15; *Bieber/Knapp* Nr V.9.5; dtv EuR Nr 35.

168  Der Rat nimmt die gemäß den Vorschlägen der einzelnen Mitgliedstaaten erstellte Liste der Mitglieder nach Anhörung des Europäischen Parlaments mit qualifizierter Mehrheit an.

## IX.  Nebenorgane und Hilfsorgane

Der Begriff der Organe ist in Art. 13 Abs. 1 UAbs. 2 EUV abschließend definiert (vgl **430**
Rn 264). Darüber hinaus sieht der Vertrag zwei unterstützende (vgl Art. 13 Abs. 4
EUV) „Nebenorgane" vor, die in das Rechtsetzungsverfahren als beratende Einrichtungen (vgl Art. 300 Abs. 1 AEUV) integriert sind. Ferner gibt es eine Reihe von
Ausschüssen, Gruppen und Kommissionen, die man als „Hilfsorgane" bezeichnen
kann. Davon zu unterscheiden sind **Fachbehörden (Agenturen)**, denen ausgeglie-
derte Aufgaben übertragen wurden (s. dazu Rn 442).

### 1.  Nebenorgane

#### a)  Wirtschafts- und Sozialausschuss

Der Wirtschafts- und Sozialausschuss (WSA) für EU und EAG besteht gemäß **431**
Art. 300 Abs. 2 AEUV aus unabhängigen, nur dem Wohl der Union verpflichteten
(Abs. 3) Vertretern der Organisationen der Arbeitgeber und der Arbeitnehmer sowie
anderer Vertreter der Zivilgesellschaft, insbesondere aus dem sozialen und wirtschaftlichen, dem staatsbürgerlichen, dem beruflichen und dem kulturellen Bereich,
die in ihm angemessen vertreten sein sollen (vgl Art. 302 Abs. 5 AEUV).

Seine Hauptaufgabe besteht in der obligatorischen bzw fakultativen Anhörung im **432**
Rechtsetzungsverfahren. Seine Stellungnahmen sind zwar nicht verbindlich; die unterbliebene obligatorische Anhörung führt aber als wesentlicher Verfahrensmangel
zur Nichtigkeit des betreffenden Rechtsaktes, wenngleich die Begründung zur unterbliebenen obligatorischen Anhörung des Europäischen Parlaments (vgl Rn 314 f)
nicht übertragbar ist[169].

#### b)  Der Ausschuss der Regionen

Durch den Unionsvertrag von Maastricht wurde in *Art. 263 Abs. 1 EGV* die Errich- **433**
tung eines beratenden Ausschusses aus Vertretern der regionalen und lokalen Gebietskörperschaften (**„Ausschuss der Regionen", AdR**) vorgeschrieben. Auf Grund
des Vertrags von Nizza müssen die Mitglieder nunmehr ein auf Wahlen beruhendes
Mandat in einer regionalen oder lokalen Gebietskörperschaft innehaben oder gegen-
über einer gewählten Versammlung politisch verantwortlich sein (jetzt Art. 300
Abs. 3 AEUV). Die Ausschusssitze, die bislang auf die Mitgliedstaaten nach dem in
*Art. 263 Abs. 2 EGV* enthaltenen Schlüssel verteilt waren, werden jetzt gemäß
Art. 305 Abs. 2 AEUV durch einstimmigen Beschluss des Rates auf Vorschlag der
Kommission festgelegt und hinsichtlich der demographischen Entwicklung regelmä-
ßig überprüft (Art. 300 Abs. 5 AEUV). Die Mitglieder des AdR werden vom Rat auf
Vorschlag der jeweiligen Mitgliedstaaten auf fünf Jahre ernannt. Wiederernennung
ist zulässig (Art. 305 Abs. 3 AEUV). Die Mitglieder des Ausschusses sind an keine
Weisungen gebunden und üben ihre Tätigkeit in voller Unabhängigkeit zum allge-
meinen Wohl der Union aus (Art. 300 Abs. 4 AEUV). Anders als bei den Mitgliedern

---

169  *Suhr*, in: Calliess/Ruffert, Art. 304 AEUV, Rn 7; *Burgi/Hölbling*, in: Streinz, Art. 304 AEUV, Rn 4
mwN.

des Rates handelt es sich also hier *nicht* um Vertreter der Regionen in dem Unionsorgan.

**434**   Der AdR wählt aus seiner Mitte für zweieinhalb Jahre einen Präsidenten und gibt sich eine **Geschäftsordnung**[170]. Er wird auf Antrag des Europäischen Parlaments, des Rates oder der Kommission einberufen, kann aber auch von sich aus zusammentreten (Art. 306 AEUV).

**435**   Der AdR wird vom Europäischen Parlament, vom Rat oder von der Kommission in den in den Verträgen vorgesehenen Fällen (zB Art. 168 Abs. 4 AEUV) und in allen anderen Fällen gehört, in denen eines dieser beiden Organe dies für zweckmäßig erachtet, insbesondere in Fällen, welche die grenzüberschreitende Zusammenarbeit betreffen (Art. 307 Abs. 1 AEUV). Wird allerdings der WSA gemäß Art. 304 AEUV gehört, so wird der AdR vom Europäischen Parlament, vom Rat oder von der Kommission über dieses Ersuchen um Stellungnahme unterrichtet. Der AdR kann, wenn er der Auffassung ist, dass spezifische regionale Interessen berührt werden, eine entsprechende Stellungnahme abgeben (Art. 307 Abs. 3 AEUV). Ungeachtet der Formulierung dürfte sich dies sowohl auf die obligatorische als auch auf die fakultative Anhörung des WSA beziehen. Der AdR kann aber generell auch von sich aus eine Stellungnahme abgeben, wenn er dies für zweckdienlich erachtet (Art. 307 Abs. 4 AEUV). Damit hat das Recht aus Art. 307 Abs. 3 S. 1 AEUV lediglich hinsichtlich der Unterrichtung eine eigenständige Bedeutung.

**436**   Unterbleibt die obligatorische Anhörung des AdR, so kann jetzt **auch der AdR** wegen Verletzung seiner Rechte **Nichtigkeitsklage** erheben (Art. 263 Abs. 3 AEUV).

**Literatur:** *Badura, P.*, Die „Kunst der föderalen Form" – Der Bundesstaat in Europa und der europäische Föderalismus, in: FS Lerche, 1993, S. 369; *Berg, W.*, Verwaltung in einem Europa der Regionen, in: FS Häberle, 2004, S. 417; *Blanke, H.-J.*, Der Ausschuss der Regionen, 2002; *Hasselbach, K.*, Der Ausschuss der Regionen in der Europäischen Union, 1996; *Hilf, M./Stein, T./Schweitzer, M./Schindler, D.*, Europäische Union: Gefahr oder Chancen für den Föderalismus in Deutschland, Österreich und der Schweiz?, VVDStRL 53 (1994), S. 8 ff/27 ff/48 ff/70 ff; *Lambertz, K.-H./Große Hüttmann, M.* (Hrsg.), Europapolitik und Europafähigkeit der Regionen, 2009; *Schelter, K./Wuermeling, J.*, Europa der Regionen, 1995; *Stahl, G./Gsodam, C.*, Das Subsidiaritätsnetzwerk des Ausschusses der Regionen, Jahrbuch des Föderalismus 9 (2008), 555; *Tauras, O.*, Der Ausschuss der Regionen, 1997; *Theißen, R.*, Der Ausschuss der Regionen, 1996; *Tomuschat, C.* (Hrsg.), Mitsprache der dritten Ebene in der europäischen Integration: Der Ausschuss der Regionen, 1995; *Weber, H.*, Die Bedeutung der Regionen für die Verfassungsstruktur der Europäischen Union, in: FS Heymanns Verlag, 1995, S. 681; *Wiedmann, T.*, Der Ausschuss der Regionen nach dem Vertrag von Amsterdam, EuR 1999, 49.

## 2.   Hilfsorgane

**437**   Unter der Bezeichnung Hilfsorgane werden hier Einrichtungen zusammengefasst, die zur **Unterstützung** von Organen dienen.

**438**   Solche Hilfsorgane werden durch das Primärrecht selbst vorgesehen

---

170   ABl 2000 L 18/22.

**Beispiele:** Ausschuss der Ständigen Vertreter, Art. 240 Abs. 1 AEUV, s. Rn 370; beratender Ausschuss für Verkehr, Art. 99 AEUV

oder auf Grund dessen durch sekundäres Unionsrecht eingerichtet

**Beispiele:** Sonderausschuss für Zoll- und Handelsvertragsverhandlungen, Art. 207 Abs. 3 UAbs. 3 AEUV[171].

Zu den Ausschüssen im Rahmen der sog. Komitologie s. Rn 570.

Ausschüsse können von Organen auch im Rahmen ihres Selbstorganisationsrechts geschaffen werden.

**Beispiele:** Ausschüsse des Europäischen Parlaments, vgl Art. 45 ff, Art. 183 ff GeschO EP.

Davon zu unterscheiden sind die auf Grund anderer Rechtsordnungen, nämlich durch **439** völkerrechtliche Verträge mit Drittstaaten oder zwischen den Mitgliedstaaten im Rahmen der im Rat vereinigten Vertreter (s. Rn 374 ff) errichteten Organe.

**Beispiele:** Gemischter Ausschuss gemäß Art. 92–94 EWR-Vertrag; Assoziationsrat gemäß Art. 6 des Assoziationsabkommens mit der Türkei vom 12.9.1963[172].

Lediglich **Hilfsfunktionen** nehmen rechtlich unselbstständige Einrichtungen wie zB **440** das Europäische Lebensmittel- und Veterinäramt in Dublin oder das Amt für amtliche Veröffentlichungen der EU wahr[173]. Zu ausgegliederten rechtlich selbstständigen Fachbehörden (Agenturen) s. Rn 442.

## X. EIB

Keine Organstellung kommt der Europäischen Investitionsbank (EIB) zu. Diese ist **441** eine selbstständige Einrichtung mit eigener Rechtspersönlichkeit (Art. 308 Abs. 1 AEUV). Daraus folgt allerdings nicht, dass sie nicht an das Unionsrecht gebunden ist, wie teilweise vertreten wird[174]. Ihre Satzung ist im Protokoll Nr 5[175] geregelt. Zu ihren Aufgaben s. Art. 309 AEUV.

## XI. Agenturen

Eine erhebliche und durch die auf die EU übertragenen Aufgaben noch zunehmende **442** Bedeutung für[176] die Verwaltungstätigkeit der Union gewinnen sog. „vertragsfremde Einrichtungen". Sie sind keine Organe, sondern dezentrale Einrichtungen, denen als

---

171  Vgl zum früher so genannten 133er-Ausschuss die Antwort der Kommission auf schriftliche Anfragen von Abgeordneten des EP, ABl 2001 C 261 E/21.
172  ABl 1964, S. 3687; HER I A 78/2.1a.
173  Vgl dazu *Streinz*, in: Streinz, Art. 13 EUV, Rn 47.
174  S. hierzu EuGH, Rs C-11/00, Kommission/EZB, Slg 2003, I-7147 sowie Rs C-15/00, Kommission/EIB, Slg 2003, I-7281. Zur Gegenauffassung (hinsichtlich der EZB, die damals wie jetzt die EIB noch keine Organstellung hatte) s. *Zilioli/Selmayr*, CMLRev 1999, 273 (273 ff).
175  ABl 2010 L 83/251; Sart. II Nr 266.
176  Der Begriff rührt daher, dass in den Verträgen eine ausdrückliche Rechtsgrundlage fehlte, die für einige Agenturen jetzt besteht (s. Rn 445). Vgl *Streinz*, in: Streinz, Art. 13 EUV Rn 34.

**Fachbehörden** bestimmte spezifische Verwaltungsfunktionen von der Kommission übertragen werden. Rechtsgrundlage hierfür bildete in der Vergangenheit oftmals *Art. 308 EGV* (jetzt Art. 352 AEUV) In jüngerer Zeit wurde auch auf die jeweiligen materiellen Ermächtigungen zurückgegriffen[177]. Für einige eigenständige Einrichtungen besteht eine ausdrückliche Grundlage im Primärrecht (s. Rn 445)[178].

443 Die **Zulässigkeit** einer solchen Übertragung von Befugnissen der Kommission ist grundsätzlich anerkannt. Sie ist jedoch auch bestimmten Bedingungen unterworfen, die auf ein Urteil des EuGH aus dem Jahr 1958 *(Meroni)*[179] zurückgehen. Danach können nur Befugnisse übertragen werden, die der Kommission selbst zustehen, die Übertragung muss ausdrücklich geschehen, und die Befugnisse müssen „genau umgrenzt" sein. Ermessensentscheidungen dürfen nicht delegiert werden, die Ausübung der Befugnisse muss von dem übertragenden Organ überwacht werden, und Entscheidungen der „vertragsfremden Einrichtungen" müssen unter den gleichen Voraussetzungen wie die des übertragenden Organs der Nachprüfung durch den EuGH unterworfen sein. Letzteres sieht der Vertrag von Lissabon jetzt ausdrücklich vor (Art. 263 Abs. 1 S. 2, Abs. 5 AEUV; s. dazu Rn 647).

444 Diese Einrichtungen lassen sich in solche mit eigener Rechtspersönlichkeit (sog. **Unionsagenturen der EU**) und rechtlich unselbstständige unterscheiden, die lediglich Hilfsfunktionen haben (s. dazu Rn 440).

445 Als eigenständige Einrichtungen sind **in den Verträgen** selbst die Europäische Verteidigungsagentur (Art. 43, Art. 45 AEUV), Eurojust (Art. 85 AEUV), Europol (Art. 88 AEUV) und (als Option) die Europäische Staatsanwaltschaft (Art. 86 AEUV) vorgesehen. Wegen seiner Unabhängigkeit gegenüber dem Europäischen Parlament ist auch der Europäische Bürgerbeauftragte (Art. 288 AEUV) eine eigenständige Einrichtung.

446 Die rechtlich selbstständigen **Unionsagenturen** werden durch EU-Verordnungen geschaffen. Sie haben eine gemeinsame Grundstruktur und eine ähnliche Funktionsweise[180]. Sie lassen sich in **Exekutivagenturen** im Sinne der VO 58/2003 des Rates[181] und **Regulierungsagenturen** unterscheiden.

447 Derzeit bestehen sechs Exekutivagenturen, die die Kommission unter deren Kontrolle bei der Durchführung von Programmen unterstützen, und 27 Regulierungsagenturen, die sich je nach Auftrag in Einrichtungen zur Erleichterung der Funktionsweise des Binnenmarktes, Beobachtungsstellen, Einrichtungen zur Förderung des sozialen Dialogs auf europäischer Ebene und Einrichtungen, die in ihrem jeweiligen Fachgebiet

---

177 Vgl EuGH, Rs C-217/04, Vereinigtes Königreich/Europäisches Parlament und Rat, Slg. 2006, I-3771 Rn 44 f zur auf *Art. 95 EGV* (jetzt Art. 114 AEUV) gestützten VO (EG) 460/2004 zur Errichtung der Europäischen Agentur für Netz- und Informationssicherheit (geändert durch VO 526/2013, ABl. 2013 L 165/1).
178 Übersicht bei *Herdegen*, § 7, Rn 110; *Calliess*, in: Calliess/Ruffert, Art. 13 EUV, Rn 37 ff; *Ruffert*, ebd., Art. 298 AEUV, Rn 7; *Lenski*, in: Lenz/Borchardt, Art. 13 EUV, Rn 24; *Nettesheim*, in: Oppermann/Classen/Nettesheim, § 6, Rn 27 ff.
179 EuGH, Rs 9/56, Meroni I, Slg 1958, 1.
180 Vgl dazu *Streinz*, in: Streinz, Art. 13 EUV, Rn 39.
181 ABl 2003 L 11/1.

Programme und Aufgaben für die EU durchführen, unterscheiden lassen[182]. Zuletzt wurden, gestützt auf Art. 114 AEUV, Regulierungsagenturen in Reaktion auf die Finanzkrise errichtet[183] .

**Literatur:** *Fischer-Appelt, D.*, Agenturen der Europäischen Gemeinschaft, 1999; *Helfritz, V.H.*, Verselbstständigte Verwaltungseinheiten der EU, 2000; *Herdegen, M.*, Bankenaufsicht im Europäischen Verbund, 2010; *Orator, A.*, Möglichkeiten und Grenzen der Einrichtung von Unionsagenturen, 2013; *Vetter, R.*, Die Kompetenz der Gemeinschaft zur Gründung von unabhängigen europäischen Agenturen, DÖV 2005, 721; *Weiß, W.*, Der Europäische Verwaltungsverbund, 2010.

# § 5 Quellen des Unionsrechts. Geltung und Anwendung im nationalen Recht

Die Einteilung des Unionsrechts in Primär- und Sekundärrecht sowie Tertiärrecht (s. Rn 2 ff) ist praktisch bedeutsam, da das Primärrecht Prüfungsmaßstab für die Rechtmäßigkeit von Sekundär- und Tertiärrecht ist (das Sekundärrecht überdies für die Rechtmäßigkeit von Tertiärrecht). Deshalb kann man das Primärrecht auch, sofern daran keine unzutreffenden etatistischen Deduktionen geknüpft werden, als „Verfassung" der Europäischen Union bezeichnen (wie übrigens jedes Gründungsstatut einer internationalen Organisation, vgl eingehend dazu Rn 141 ff). **448**

## I. Primäres Unionsrecht

Das primäre Unionsrecht besteht aus unterschiedlichen Rechtsquellen, ist in seinem Rang und seinem Charakter aber einheitlich. **449**

### 1. Die Gründungsverträge

Dazu zählen in erster Linie die Gründungsverträge der Europäischen Gemeinschaften (vgl Rn 86) mit ihren späteren Ergänzungen und Änderungen sowie der Vertrag zur Gründung der Europäischen Union und dessen Änderungen (vgl Rn 37 ff) einschließlich Anlagen, Anhängen und Protokollen (vgl Art. 31 Abs. 2 WVRK)[1]. **Aktuell** sind dies nach dem Vertrag von Lissabon für die **EU** „die Verträge", nämlich der Vertrag über die Europäische Union (**EUV**) und der Vertrag über die Arbeitsweise der Europäischen Union (**AEUV**), die rechtlich gleichrangig sind (Art. 1 Abs. 3 S. 2 EUV), **450**

---

182  Vgl dazu *Streinz*, in: Streinz, Art. 13 EUV, Rn 41 ff.
183  Durch Verordnungen (EU) des Europäischen Parlaments und des Rates Nr 1093, 1094 und 1095/ 2010, ABl 2010 L 331/12, 48, 84 die Europäische Bankenaufsichtsbehörde, die Europäische Aufsichtsbehörde für das Versicherungswesen und die betriebliche Altersversorgung und die Europäische Wertpapier- und Marktaufsichtsbehörde (ESMA). Kritisch dazu *U. Häde*, Jenseits der Effizienz: Wer kontrolliert die Kontrolleure?, EuZW 2011, 662 (663 ff).

1  S. dazu *Schweitzer*, Rn 322.

nebst Anhängen und Protokollen (vgl Art. 51 EUV). Durch Art. 6 Abs. 1 EUV wird die **Charta der Grundrechte der Europäischen Union** als „rechtlich gleichrangig" mit den Verträgen in das Primärrecht einbezogen.

**451**  Die Verträge binden die Mitgliedstaaten. Ihre Bestimmungen können aber auch unmittelbar Rechte und Pflichten von Individuen begründen (unmittelbare Wirkung bzw unmittelbare Anwendbarkeit). Nach ständiger Rechtsprechung des EuGH[2] sind alle Normen des Unionsrechts, die „rechtlich vollkommen", dh ohne jede weitere Konkretisierung anwendbar, und unbedingt sind, die in einer Handlungs- oder Unterlassungspflicht für die Mitgliedstaaten bestehen, die keine weiteren Vollzugsmaßnahmen erfordern, und die den Mitgliedstaaten keinen Ermessensspielraum lassen, für ihre Adressaten einschließlich Individuen unmittelbar wirksam. Nicht nur die unionalen, sondern auch die nationalen Vollzugsorgane, also Verwaltungsbehörden und Gerichte, haben sie zu beachten und anzuwenden und wegen des Vorrangs des Unionsrechts (s. Rn 204) entgegenstehendes nationales Recht außer Anwendung zu lassen. Vgl dazu

**452**  **Fall 11** (nach EuGH, Rs 16/83, Prantl, Slg 1984, 1299 = *HVL*, S. 613 ff):

Der italienische Staatsangehörige Karl Prantl, der in Deutschland einen Weinhandel betreibt, führte Südtiroler Rotwein in sog. Bocksbeutelflaschen ein, die in Oberitalien und Südtirol seit Jahrhunderten verwendet werden. Nach der deutschen Wein-Verordnung war diese Flaschenform Wein aus Franken vorbehalten, Zuwiderhandlungen wurden unter Strafe gestellt. Wie muss das deutsche Amtsgericht, vor dem P angeklagt wird, entscheiden?

**Lösung Fall 11:**  Ein Verstoß gegen das deutsche Gesetz liegt vor. Fraglich ist aber, ob dieses überhaupt angewendet werden kann. Dem könnte entgegenstehen, dass die deutsche Vorschrift eine verbotene Maßnahme gleicher Wirkung wie eine mengenmäßige Einfuhrbeschränkung darstellt und damit gegen Art. 34 AEUV verstößt (dies ist der Fall, vgl Rn 903 ff), dieser aber unmittelbar Rechte für P begründet. Art. 34 AEUV verbietet mengenmäßige Einfuhrbeschränkungen und Maßnahmen gleicher Wirkung, soweit nicht eine Ausnahme gemäß Art. 36 AEUV oder ein vom EuGH anerkanntes zwingendes Erfordernis greifen (vgl Rn 915), die aber ihrerseits den Mitgliedstaaten (jedenfalls grundsätzlich, vgl Rn 872, 919) kein Ermessen einräumen. Diese Vorschrift erfüllt daher die Kriterien des EuGH für eine unmittelbare Anwendbarkeit der Norm. Der nationale Richter und damit das Amtsgericht hat ihr durch Außer-Acht-Lassen entgegenstehender nationaler Vorschriften Anwendungsvorrang zu verschaffen. P ist daher **freizusprechen.**

**453**  Diese Rechtsprechung zur unmittelbaren Wirkung ist in den Fällen besonders bedeutsam, in denen die in den Verträgen vorgesehenen Rechtsakte zur Verwirklichung des angestrebten Zustandes noch nicht erlassen wurden. So hat der EuGH Diskriminierungen in den Versorgungs- und Absatzbedingungen zwischen den Angehörigen der Mitgliedstaaten unabhängig von der tatsächlich erfolgten Umformung der staatlichen Handelsmonopole (vgl Art. 37 Abs. 1 AEUV) für unzulässig erklärt[3] und die Berufung auf die Vergünstigungen der Niederlassungsfreiheit (Art. 49 AEUV, Rs 2/74,

---

2  Seit EuGH, Rs 26/62, van Gend & Loos, Slg 1963, 1/24 ff = *HVL*, S. 1 f = *PSK*, Fall 16 = *Pechstein* Nr 21 = *MH* Nr 1.
3  EuGH, Rs 45/75, Rewe, Slg 1976, 181, Rn 20 ff.

s. **Fall 12**, Rn 454) und der Dienstleistungsfreiheit[4] unabhängig von ihrer sekundär-rechtlichen Verwirklichung zugelassen.

**Fall 12** (nach EuGH, Rs 2/74, Reyners, Slg 1974, 631 = *HVL*, S. 674 f = *PSK*, Fall 41 = *GO* Nr 59):
R wurde als Kind niederländischer Eltern in Belgien geboren und behielt die niederländische Staatsangehörigkeit bei. Nachdem er in Belgien Jura studiert und promoviert hatte, beantragte er dort die Zulassung zur Rechtsanwaltschaft. Als ihm dies mit der Begründung verweigert wurde, dies sei nur belgischen Staatsangehörigen möglich, erhob er dagegen Klage und berief sich auf Art. 49 AEUV. Zu Recht?

**454**

**Lösung Fall 12:** Der Grundsatz der Inländergleichbehandlung ist seinem Wesen nach geeignet, von den Angehörigen aller Mitgliedstaaten unmittelbar geltend gemacht zu werden. Art. 49 AEUV ist derart formuliert, dass die darin enthaltenen Rechte vollständig anwendbar sind, auch wenn die Richtlinien (vgl Art. 50, Art. 53 Abs. 1 AEUV), auf die Art. 49 Abs. 1 S. 1 AEUV verweist, in dieser Zeit noch nicht ergangen sind. Diese Maßnahmen sollen nämlich die Verwirklichung des vorgesehenen Ziels „Niederlassungsfreiheit" erleichtern, aber nicht bedingen.

Da das belgische Gesetz gegen Art. 49 AEUV verstößt, darf es auf R als Begünstigten der Niederlassungsfreiheit nicht angewandt werden.

Die Ausnahmevorschrift des Art. 51 AEUV (Tätigkeit in Ausübung öffentlicher Gewalt) trifft auf den Rechtsanwaltsberuf nicht zu (vgl Rn 861).

**Ergebnis:** Die Klage des R ist begründet.

Nach der Rechtsprechung des EuGH ist ein *unionsrechtlich* begründeter Staatshaftungsanspruch gegen einen Mitgliedstaat gegeben, der primärrechtliche Bestimmungen, die Rechte von Individuen begründen, verletzt.

**455**

**Beispiel:** Verstoß gegen Art. 34 AEUV durch die Behinderung von Einfuhren, die nationalen Produktstandards nicht entsprechen, aber als Maßnahmen gleicher Wirkung wie mengenmäßige Einfuhrbeschränkungen Importprodukten nicht entgegengehalten werden dürfen. S. dazu **Fall 13**, Rn 462.

## 2. Allgemeine Rechtsgrundsätze

Soweit sie ihrem Inhalt nach in diesem Rang einzustufen sind, gehören zum Primärrecht auch die vom EuGH entwickelten allgemeinen Rechtsgrundsätze (vgl Art. 6 Abs. 3 EUV). Dazu zählen die rechtsstaatlich gebotenen Garantien des Verwaltungsverfahrens (jetzt teilweise kodifiziert in Art. 41 GRCh) und die auf Art. 6 Abs. 3 EUV beruhenden und neben der EU-Grundrechtecharta fortbestehenden (s. dazu Rn 754) Unionsgrundrechte.

**456**

Wegen des für die Verträge geltenden Prinzips der begrenzten Einzelermächtigung (vgl Rn 544) muss sich auch für die Entwicklung allgemeiner Rechtsgrundsätze des Unionsrechts die Kompetenz des EuGH aus diesen Verträgen ableiten lassen. Eine

**457**

---

4  EuGH, Rs 33/74, van Binsbergen, Slg 1974, 1299, Rn 24/26 = *HVL*, S. 701 f = *Pechstein* Nr 223 = *GO* Nr 71 = *PSK*, Fall 44.

eingehende Begründung des EuGH für diese Kompetenz fehlte. Er ging von seiner Pflicht zur Entwicklung und Anwendung entsprechender Grundsätze aus, da er sich ansonsten den Vorwurf der Rechtsverweigerung (vgl Art. 4 des französischen Code Civil: „déni de justice") zuziehen würde[5]. Ferner wies er darauf hin, dass ohne die Entwicklung von *Gemeinschafts*grundrechten Rechtsschutz in den nationalen Verfassungen gesucht würde, was die Einheitlichkeit des *Gemeinschafts*rechts gefährde, dem keine nationale Vorschrift gleich welcher Art vorgehen könne[6]. Dies ist aber nur ein (zutreffendes) Motiv für seine Rechtsprechung; allenfalls die Funktionsfähigkeit der Union könnte insoweit als dogmatisches Argument angeführt werden.

**458** Soweit in der Literatur die Kompetenz des EuGH zur Grundrechtsrechtsprechung nicht als evident und daher unproblematisch unterstellt wird, wird sie auf *Art. 220 EGV*, jetzt Art. 19 Abs. 1 UAbs. 1 S. 2 EUV gestützt. Dies ist der richtige Ansatzpunkt. Denn mit der Zuweisung der Aufgabe der Wahrung des Rechts bei der Auslegung und Anwendung der Verträge legt Art. 19 Abs. 1 UAbs. 1 S. 2 EUV den materiellen Rahmen der Rechtsprechungsbefugnisse fest, und dieser ist weit gezogen. Mit dem Wort „Recht" wird der Inbegriff der Gerechtigkeitsidee der europäischen Verfassungskultur in das Unionsrecht einbezogen, der in den Verträgen wie in den mitgliedstaatlichen Verfassungen einen jeweils spezifischen Ausdruck gefunden hat[7]. Wie auch in Art. 263 AEUV, der dem EuGH die Kontrolle der Rechtmäßigkeit des Handelns der Unionsorgane, insbesondere der Unionsgesetzgeber Europäisches Parlament und Rat sowie vor allem hinsichtlich Exekutivakten der Kommission auferlegt, kommt darin die Konzeption der Europäischen Union als „Rechtsgemeinschaft"[8] zum Ausdruck, womit letztlich dem gemeineuropäischen Erfordernis grundrechtsgebundener Herrschaftsgewalt Rechnung getragen wird.

**459** Die Unionsorgane haben die Zuständigkeit des EuGH zur Grundrechtsrechtsprechung in ihrer gemeinsamen Erklärung zum Grundrechtsschutz vom 5.4.1977[9] ausdrücklich anerkannt. Dies kann gemäß Art. 31 Abs. 3 lit. b WVRK als für die Vertragsauslegung erhebliche spätere Übung bei der Anwendung des Vertrages gewertet werden[10].

**460** Durch den Vertrag von Maastricht wurden die vom EuGH entwickelten Unionsgrundrechte ausdrücklich in den EUV einbezogen (jetzt **Art. 6 Abs. 3 EUV**). Der EuGH wird zwar nicht ausdrücklich genannt, die Formulierung (wie sie in der EMRK gewährleistet sind und wie sie sich aus den gemeinsamen Verfassungsüberlieferungen der Mitgliedstaaten ergeben) entspricht aber exakt seiner Rechtsprechung, die damit zugleich mit seiner Kompetenz dazu durch einen völkerrechtlichen Vertrag bestätigt wird. Zur fortwirkenden Bedeutung für den Grundrechtsschutz in der EU seit Inkrafttreten der EU-Grundrechtecharta s. Rn 754.

---

5  EuGH, verb Rs 7/56 und 3-7/57, Algera ua/Gemeinsame Versammlung der EGKS, Slg 1957, 83 (118).

6  EuGH, Rs 11/70, Internationale Handelsgesellschaft/Einfuhr- und Vorratsstelle, Slg 1970, 1125, Rn 3 = *HVL*, S. 41 f = *PSK*, Fall 69 = *Pechstein* Nr 126 = *MH* Nr 3; zum Vorrang des Unionsrechts vgl Rn 183 ff.

7  *Mayer*, in: Grabitz/Hilf/Nettesheim, Art. 19 EUV, Rn 23 mit Hinweis auf *Pescatore*.

8  Vgl *W. Hallstein*, Die EWG – Eine Rechtsgemeinschaft, Europäische Reden, hrsg. von *Oppermann*, 1979, S. 341 ff.

9  ABl 1977 C 103/1; Textbuch Nr 26.

10  Vgl auch BVerfGE 73, 339 (383 f).

## 3. Prinzipien zur Sicherung des Unionsrechts – Staatshaftung

Zum Primärrecht gehören schließlich die Prinzipien, die der EuGH aus „Wortlaut und **461** Geist", „unter Berücksichtigung des allgemeinen Systems und der wesentlichen Grundsätze" der Verträge, Zweck und Wesen der dadurch geschaffenen Rechtsordnung zur Sicherung ihrer „vollen Wirksamkeit", ihrer „nützlichen Wirkung" („effet utile") entwickelt hat. Dies sind insbesondere der Vorrang des Unionsrechts (vgl Rn 215 ff), die unmittelbare Anwendbarkeit und Begründung individueller Rechte der EU-Bürger durch Normen des primären Unionsrechts (vgl Rn 451 ff), die Herleitung von impliziten, dh ungeschriebenen Kompetenzen (vgl zu „implied powers" Rn 1230), die Grundsätze zum Vollzug des Unionsrechts durch nationale Organe (vgl Rn 603 ff), die Verknüpfung der unionalen und nationalen Rechtsschutzsysteme (vgl Rn 718 ff), die unmittelbare Wirkung von Richtlinien (vgl Rn 488 ff) und der unionsrechtlich begründete **Staatshaftungsanspruch** bei Verstößen gegen Unionsrecht. Dieser wurde zunächst im Fall *Francovich* (s. **Fall 19**, Rn 511) für die Fallgruppe der unterbliebenen Umsetzung von Richtlinien entwickelt, aber bereits dort als *allgemeiner* Grundsatz des *Gemeinschafts*rechts (jetzt des Unionsrechts) postuliert, der auch bei anderen Verstößen zum Tragen kommen kann. Sein Entstehen knüpft der EuGH an drei grundlegende Tatbestandsvoraussetzungen:

1. Die verletzte Rechtsnorm des Unionsrechts bezweckt, dem Einzelnen Rechte zu verleihen;
2. Der Verstoß gegen das Unionsrecht ist „hinreichend qualifiziert";
3. Zwischen dem Verstoß gegen die dem Staat obliegende Verpflichtung und dem der geschädigten Person entstandenen Schaden besteht ein unmittelbarer Zusammenhang (Kausalität).

S. dazu

**Fall 13** (nach EuGH, verb Rs C-46/93 und C-48/93, Brasserie du Pecheur/BR Deutschland **462** und Factortame, Slg 1996, I-1029 = *HVL*, S. 213 ff = *Pechstein* Nr 65 = *MH* Nr 44 = *PSK*, Fall 26):

Eine französische Brauerei war unter Berufung auf das deutsche Reinheitsgebot für Bier mit ihren Erzeugnissen, die diesem Gebot nicht entsprachen, vom lukrativen deutschen Markt ausgeschlossen worden. Nach dem Urteil des EuGH von 1987, in dem dieses Reinheitsgebot als durch Art. 34 AEUV verbotenes Handelshemmnis beanstandet wurde (vgl Rn 849/925), erhob die Brauerei Schadensersatzklage gegen die Bundesrepublik Deutschland wegen entgangenen Gewinns. Mit Aussicht auf Erfolg?

**Lösung Fall 13:** Nach dem *Francovich*-Urteil des EuGH (s. Rn 511) besteht ein allgemeiner Grundsatz des Unionsrechts, dass die Mitgliedstaaten zum Ersatz der Schäden verpflichtet sind, welche den Einzelnen durch Verstöße gegen das Unionsrecht entstehen, die diesen Staaten zuzurechnen sind. Dadurch werden auch Verstöße gegen primäres Unionsrecht, hier Art. 34 AEUV, erfasst. Denn nach st Rspr stellt die dem Einzelnen eingeräumte Möglichkeit, sich vor den nationalen Gerichten auf unmittelbar anwendbare Vorschriften der Verträge zu berufen (vgl Rn 454), nur eine Mindestgarantie dar und reicht für sich allein nicht aus, um die uneingeschränkte Anwendung der Verträge zu gewährleisten. Fraglich ist aber, welche Einschränkungen zu machen sind, damit eine solche Staatshaftung nicht uferlos und damit nicht realisierbar wird. Von den einschränkenden Kriterien des Francovich-Urteils, die ausdrücklich auf die dort zu entscheidende Fallgruppe fehlerhafter Richtlinienumsetzung bezogen wurden, kommen hier die Verleihung von Rechten und die Bestimmbarkeit ihres Inhalts zum Tragen. Denn ein Schadensersatzanspruch muss als Sekundäranspruch an die Verletzung eines bestimmten Primäranspruchs anknüpfen. Angesichts der allgemein anerkannten unmittelbaren Wirkung des Art. 34 AEUV (vgl Rn 452) liegen diese Voraussetzungen hier vor. Ferner müsste eine Kausalität zwischen dem Pflichtverstoß des Mitgliedstaates und dem Schaden bestehen, was hier grundsätzlich zu bejahen ist (fraglich ist, ob angesichts der Absatzchancen von nicht nach dem Reinheitsgebot gebrautem Bier in Deutschland ein Schaden nachgewiesen werden kann und inwieweit hier Beweiserleichterungen geboten sind). Der EuGH fordert in Anlehnung an seine Rechtsprechung zur Haftung der Union (Art. 340 Abs. 2 AEUV) einen „hinreichend qualifizierten Verstoß" gegen das Unionsrecht. Ein darüber hinausgehendes Verschulden ist nicht erforderlich. Weitere allgemeine Beschränkungskriterien aus dem Unionsrecht sind nicht ersichtlich. Dies spricht dafür, Einschränkungen aus dem zur Durchführung der Staatshaftung berufenen nationalen Recht zu tolerieren, solange diese nicht diskriminierend angewendet werden oder den unionsrechtlich gebotenen Anspruch vereiteln.

Nach deutschem Staatshaftungsrecht ist die Haftung für „legislatives Unrecht" umstritten und jedenfalls eingeschränkt. Hier ist fraglich, ob der Verstoß gegen Unionsrecht überhaupt durch legislatives Unrecht (Unterlassen der Abänderung des Reinheitsgebots) verursacht wurde, oder ob er nicht vielmehr in der dem Vorrang des Unionsrechts zuwiderlaufenden Vollziehung des unveränderten deutschen Rechts gegenüber Importprodukten aus anderen Mitgliedstaaten lag. In jedem Fall kann der generelle Einwand, gegenüber „legislativem Unrecht" bestehe keine Haftung, nicht akzeptiert werden, da dadurch der *unionsrechtlich* gebotene Anspruch[11] gänzlich vereitelt würde. Verschulden ist nur im Rahmen des „hinreichend qualifizierten Verstoßes" maßgeblich. Ein solcher Verstoß ist hier hinsichtlich des generellen Verbots anderer Ausgangsstoffe für die Bierzubereitung als den im Reinheitsgebot zugelassenen nach dem *Cassis*-Urteil (s. **Fall 36**, Rn 827/924) zu bejahen, hinsichtlich des Zusatzstoffverbotes angesichts des vom EuGH den Mitgliedstaaten konzedierten Einschätzungsspielraums[12] zu verneinen. Fraglich ist, inwieweit eine solche Differenzierung der Brauerei hätte deutlich gemacht werden müssen. Schließlich könnte der Anspruch aber an § 839 Abs. 3 BGB scheitern, wenn es die Brauerei unterlassen hat, durch ein Rechtsmittel den Schaden abzuwenden. Da die Geltendmachung des unionsrechtlich geforderten Staatshaftungsanspruchs dadurch weder praktisch unmöglich gemacht noch – bei Eröffnung effektiven Rechtsschutzes und adäquaten Anforderungen an den Verschuldensmaßstab – übermäßig erschwert wird, steht das unionsrechtliche Effektivitätsgebot nicht entgegen. Das Auferlegen der Obliegenheit, primären Rechtsschutz in Anspruch zu nehmen, entspricht dem Gedanken der Mitverantwortung und ist in allen Rechtssystemen verbreitet; sie wurde daher vom EuGH zu Recht als zulässig anerkannt. Zudem wird durch effektiven primären Rechtsschutz, den zu gewähren die nationalen Gerichte unionsrechtlich verpflichtet sind (vgl Rn 698 ff), der Unionsverstoß quasi „an der Quelle" beseitigt. Der Brauerei könnte somit entgegengehalten werden, sie hätte gegen die Einfuhrbehinderung durch die deutschen Behörden vor den zuständigen deutschen Gerichten klagen können und müssen. Die Erfolgsaussichten solcher Klagen bestätigt der Fall *Cassis de Dijon* (vgl Rn 827/924).

**Ergebnis:** Die Klage der Brauerei ist unbegründet, wenn sie es unterlassen hat, den Schaden durch eine zulässige Klage gegen die deutschen Importverbote abzuwenden[13].

---

11   Zur Verwurzelung des Anspruchs im Unionsrecht aus Sicht des deutschen Rechts BGHZ 134, 30 (33); zu den Unterschieden zum deutschen Staatshaftungsrecht vgl *Herdegen*, § 10, Rn 15.
12   Vgl EuGH, Rs 304/84, Muller, Slg 1986, 1511, Rn 23 ff.
13   Vgl dazu *Streinz*, EuZW 1996, 201 (201 ff). Vgl auch EuGH, Rs C-5/94, Hedley Lomas, Slg 1996, I-2553, Rn 24 ff = *HVL*, S. 145 f, S. 214 f = *PSK*, Fall 27.

Der BGH, auf dessen Vorlage[14] die Vorabentscheidung des EuGH erging, hat die Klage abgewiesen, weil nur das Bezeichnungsverbot „Bier" einen hinreichend qualifizierten Vertragsverstoß darstelle, jedoch nicht dieser, sondern das generelle Zusatzstoffverbot bei „wertender Betrachtung" für den möglichen Schaden kausal sei[15].

Der EuGH hat die drei Voraussetzungen dieses unionsrechtlich begründeten Staatshaftungsanspruchs in einer Reihe von Urteilen präzisiert. Bei der Prüfung, ob ein **„qualifizierter Verstoß"** gegen das Unionsrecht vorliegt, ist der Gestaltungsspielraum zu berücksichtigen, über den der betreffende Mitgliedstaat verfügt, dessen Bestehen und Umfang aber anhand des Unionsrechts und nicht anhand des nationalen Rechts zu bestimmen ist[16]. Zu den dabei zu berücksichtigenden Gesichtspunkten gehören das Maß der Klarheit und Genauigkeit der verletzten Vorschrift, der Umfang des Ermessensspielraums, den die verletzte Vorschrift den Behörden lässt, ob der Verstoß sowie der Schaden vorsätzlich oder fahrlässig begangen wurden, die Entschuldbarkeit eines etwaigen Rechtsirrtums sowie der Umstand, dass ein Unionsorgan durch sein Verhalten zu dem Verstoß durch den Mitgliedstaat beigetragen hat[17]. Die Haftung besteht für Verstöße aller staatlichen Stellen unabhängig von der innerstaatlichen Organisation, also auch hinsichtlich Ländern und Kommunen und öffentlich-rechtlichen Körperschaften[18]. **463**

Nach dem Urteil *Köbler* des EuGH aus dem Jahr 2003 können auch Fehler mitgliedstaatlicher letztinstanzlicher **Gerichte** bei der Anwendung des Unionsrechts eine Haftung begründen[19]. Auch im Völkerrecht werde der Staat für die Frage der Haftung als Einheit betrachtet, was in der Unionsrechtsordnung erst recht gelten müsse. In Anbetracht der entscheidenden Rolle, die die Judikative beim Schutz der dem Einzelnen aufgrund unionsrechtlicher Bestimmungen zustehenden Rechte spiele, wäre die volle Wirksamkeit dieser Bestimmungen beeinträchtigt und der Schutz der durch sie begründeten Rechte gemindert, wenn nicht unter bestimmten Voraussetzungen eine Haftung der Mitgliedstaaten auch für Unionsrechtsverstöße ihrer Gerichte einträte. Ein Unionsrechtsverstoß letztinstanzlicher Gerichte könne regelmäßig nicht mehr rückgängig gemacht werden, weswegen diese auch nach Art. 267 Abs. 3 AEUV zur Vorlage unionsrechtlicher Fragen verpflichtet seien. Durch die Gewährung eines Haftungsanspruchs werde die Rechtskraft letztinstanzlicher Entscheidungen nicht in Frage gestellt. Die richterliche Unabhängigkeit werde schon deswegen nicht beeinträchtigt, weil nicht der Richter persönlich, sondern der Mitgliedstaat hafte. Im Übrigen werde durch die Eröffnung von Sekundärrechtsschutz gegen gerichtliche Fehler die **464**

---

14  BGH, EuZW 1993, 226.

15  BGHZ 134, 30 = NJW 1997, 123 = *HVL*, S. 220 ff.

16  EuGH, Rs C-424/97, Haim/Kassenzahnärztliche Vereinigung Nordrhein, Slg 2000, I-5123, Rn 35 ff und LS 2 = EuZW 2000, 733 (735) = JuS 2001, 285 (286 f) – *Streinz*. Wichtige Urteile sind bei *HVL*, S. 213 ff zusammengefasst. Vgl auch *PSK*, S. 144 ff.

17  EuGH, verb Rs C-46/93 und C-48/93, Brasserie du Pêcheur und Factortame, Slg 1996, I-1029, Rn 56 = *HVL*, S. 213 ff = *Pechstein* Nr 65 = *MH* Nr 44.

18  Vgl EuGH, Rs C-302/97, Konle/Republik Österreich, Slg 1999, I-3099, Rn 62 ff: Haftung für Unionsrechtsverstöße des Tiroler Gesetzgebers; Rs C-424/97, Haim, Slg 2000, I-5123, Rn 25 ff und LS 1 = EuZW 2000, 743 f: Haftung der Kassenzahnärztlichen Vereinigung neben der des Mitgliedstaats.

19  EuGH, Rs C-224/01, Köbler/Republik Österreich, Slg 2003, I-10239, Rn 30 ff = *HVL*, S. 230 ff = *Pechstein* Nr 68 = JuS 2004, 425 ff – *Streinz*.

Autorität der Gerichte auch nicht geschmälert, sondern vielmehr bekräftigt. Die Mitgliedstaaten seien dafür zuständig, den geeigneten Gerichtszweig zu bestimmen, der über derartige Staatshaftungsklagen zu entscheiden habe. Auch der EGMR könne auf der Grundlage von Art. 41 EMRK Entschädigungen selbst dann zusprechen, wenn die Verletzung der Konvention auf der Entscheidung eines letztinstanzlichen Gerichts beruhe. Diese Haftung darf durch nationales Recht nicht ausgeschlossen und in offenkundigen Fällen auch nicht auf Vorsatz oder grob fehlerhaftes Verhalten des Richters begrenzt werden, da andernfalls dem Unionsrecht die Wirksamkeit genommen würde[20]. Daher lässt sich das Spruchrichterprivileg des deutschen Staatshaftungsrechts (§ 839 Abs. 2 BGB) für Unionsrechtsverstöße nicht halten[21].

**465**  Die Voraussetzungen der **Staatshaftung für Richterunrecht** entsprechen dabei im Grundsatz denen des allgemeinen Staatshaftungsanspruchs. Bei der Prüfung, inwieweit der Verstoß gegen das Unionsrecht „hinreichend qualifiziert" ist, sind jedoch die Besonderheit der richterlichen Funktion sowie die berechtigten Belange der Rechtssicherheit zu berücksichtigen. Eine Haftung für Unionsrechtsverstöße durch letztinstanzliche Gerichte kommt daher nur dann in Betracht, wenn der Verstoß gegen das Unionsrecht „offenkundig" ist. Dabei sind alle Gesichtspunkte des Einzelfalls zu berücksichtigen, insbesondere die vom EuGH bereits zur Konkretisierung der Voraussetzungen des hinreichend qualifizierten Verstoßes entwickelten Faktoren (s. Rn 522). Aufgrund dieser Rechtsprechung wäre es durchaus folgerichtig, den Staatshaftungsanspruch auch dann zu gewähren, wenn ein letztinstanzliches Gericht gegen seine Vorlagepflicht aus Art. 267 Abs. 3 AEUV offenkundig verstoßen hat, wobei die Kontrolldichte in diesem Fall kaum größer sein dürfte als die des Bundesverfassungsgerichts im Zusammenhang mit der Verletzung von Art. 101 Abs. 1 S. 2 GG wegen Verstoßes gegen die Vorlagepflicht (vgl Rn 727 ).

**Literatur:** *Beljin, S.*, Staatshaftung im Europarecht, 2000; *Breuer, M.*, Staatshaftung für Judikativunrecht vor dem EuGH, BayVBl 2003, 586; *Detterbeck, S.*, Haftung der Europäischen Gemeinschaft und gemeinschaftsrechtlicher Staatshaftungsanspruch, AöR 125 (2000), 202; *Dörr, C.*, Der unionsrechtliche Staatshaftungsanspruch in Deutschland zwanzig Jahre nach Francovich, EuZW 2012, 86; *Frenz, W./Götzkes, V.*, Staatshaftung für Gerichtsentscheidungen bei auslegungsbedürftigem Recht, EuR 2009, 662; *Geiger, J.*, Der gemeinschaftsrechtliche Grundsatz der Staatshaftung, 1997; *Grzeszick, B.*, Subjektive Gemeinschaftsrechte als Grundlage des europäischen Staatshaftungsrechts, EuR 1998, 417; *Gundel, J.*, Die Bestimmung des richtigen Anspruchsgegners der Staatshaftung für Verstöße gegen Gemeinschaftsrecht, DVBl. 2001, 95; *ders.*, Gemeinschaftsrechtliche Haftungsvorgaben für judikatives Unrecht – Konsequenzen für die Rechtskraft und das deutsche „Richterprivileg" (§ 839 II BGB), EWS 2004, 8; *Hatje, A.*, Die Haftung der Mitgliedstaaten bei Verstößen des Gesetzgebers gegen europäisches Gemeinschaftsrecht, EuR 1997, 297; *Hellweg, J.F./Moos, M.*, Problemfelder unionsrechtlicher Staatshaftung für judikatives Unrecht, JA 2011, 196; *Hermes, G.*, Der Grundsatz der Staatshaftung für Gemeinschaftsrechtsverletzungen, Die Verwaltung 1998, 371; *Hidien, J.W.*, Die gemeinschaftsrechtliche Staatshaftung der EU-Mitgliedstaaten, 1999; *Kischel, U.*, Gemeinschaftsrechtliche Staatshaftung zwischen Europarecht und nationaler Rechtsordnung, EuR 2005, 441; *Kling, M.*, Die Haftung der Mitgliedstaaten der EG bei Verstößen gegen das Gemeinschafts-

---

20  EuGH, Rs C-173/03, Traghetti del Mediterraneo/Italienischer Staat, Slg 2006, I-5177, Rn 30 ff, 40, 42 ff = *HVL*, S. 237 ff.

21  Vgl auch *von Danwitz*, in: von Mangoldt/Klein/Starck, GG, 6. Aufl. 2010, Art. 34, Rn 144.

recht, Jura 2005, 298; *Sänger, I.*, Staatshaftung wegen Verletzung europäischen Gemeinschaftsrechts, JuS 1997, 895; *Schoch, F.*, Europäisierung des Staatshaftungsrechts, in: FS Maurer, 2001, S. 759; *Wehlau, A.*, Die Rechtsprechung des Gerichtshofes der Europäischen Gemeinschaften zur Staatshaftung der Mitgliedstaaten nach Gemeinschaftsrecht, 1996; *Zantis, C.*, Das Richterspruchprivileg in nationaler und gemeinschaftsrechtlicher Hinsicht, 2010.

## II. Sekundäres Unionsrecht

### 1. Der Katalog der Rechtshandlungen

#### a) Handlungsformen

Gemäß Art. 288 Abs. 1 AEUV nehmen die Organe für die Ausübung der Zuständigkeiten der Union Verordnungen, Richtlinien, Beschlüsse, Empfehlungen und Stellungnahmen an. Damit wird entsprechend dem Prinzip der begrenzten Einzelermächtigung (vgl Rn 544) der Katalog der Rechtshandlungen der zur (Sekundär-)Rechtsetzung berufenen Unionsorgane festgelegt. Die jeweils zuständigen Organe, die zulässige Handlungsform und das jeweils einschlägige Verfahren ergeben sich aus den einzelnen Kompetenznormen. Diese Handlungsformen gelten grundsätzlich für die gesamte Union, die jetzt einheitlich ist, weshalb die bisherige Differenzierung zwischen der EU und der EG[22] entfällt. Allerdings sind im Rahmen der GASP Gesetzgebungsakte (vgl Art. 289 Abs. 3 AEUV) ausgeschlossen (Art. 24 Abs. 1 UAbs. 2 S. 3 EUV). **466**

Der Verfassungsvertrag (s. Rn 58) sollte den Katalog der Rechtshandlungen weitgehend neu strukturieren und terminologisch ändern (*Art. I-33 EVV*)[23]. Dies hätte zwar die Realität der Rechtsetzung in der EU besser wiedergegeben. Da die Bezeichnungen „Europäisches Gesetz" und „Europäisches Rahmengesetz" aber offenbar als zu „staatsrechtlich" empfunden wurden, verzichtete das Mandat der Regierungskonferenz und ihm folgend der **Vertrag von Lissabon** darauf im Rahmen der Aufgabe des Verfassungskonzepts (s. Rn 61). Nur die Bezeichnung „Entscheidung" (*Art. 249 Abs. 4 EGV*) wurde durch „Beschluss" (Art. 288 Abs. 4 AEUV) ersetzt. Wie der EVV (*Art. I-34 – Art. I-37 EVV*) unterscheidet der Vertrag von Lissabon aber zwischen „Gesetzgebung" und sonstiger Rechtsetzung und hinsichtlich des Erlasses von Gesetzgebungsakten zwischen dem ordentlichen Gesetzgebungsverfahren (Art. 289 Abs. 1, Art. 294 AEUV) und den besonderen Gesetzgebungsverfahren (Art. 289 Abs. 2 AEUV; vgl zB Art. 19 Abs. 1, Art. 25 Abs. 2, Art. 86 Abs. 1 UAbs. 1 AEUV). Die **Gesetzgebung** zeichnet sich durch bestimmte formalisierte Verfahren aus, die im ordentlichen Gesetzgebungsverfahren institutionell an das Europäische Parlament und den Rat gemeinsam und in besonderen Gesetzgebungsverfahren an das Europäische Parlament oder den Rat (nicht an den Europäischen Rat, vgl Art. 31 Abs. 1 UAbs. 1 S. 2 EUV) als erlassendes Organ unter Beteiligung des jeweils anderen gebunden sind und unterscheidet sich dadurch nicht nur von Verwaltungsmaßnahmen oder richterlichen Entscheidungen, sondern auch von sonstigen Rechtsetzungsakten. Demgemäß sind **Gesetzgebungsakte** solche Rechtsakte, die in einem **Gesetzge-** **467**

---

22  Vgl dazu *Streinz*, Europarecht, 8. Aufl. 2008, Rn 423.
23  Vgl dazu *Streinz*, Europarecht, 7. Aufl. 2005, Rn 423 und 425.

**bungsverfahren** zustande gekommen sind (Art. 289 Abs. 3 AEUV). Die „wesentlichen Aspekte eines Bereichs" sind dieser Gesetzgebung vorbehalten (Art. 290 Abs. 1 UAbs. 2 S. 2 AEUV). Formales Abgrenzungskriterium ist aber die Zuweisung in der jeweiligen Kompetenznorm. Die Terminologie der nach Art. 288 AEUV vorgesehenen Handlungsformen (Verordnung, Richtlinie, Beschluss) hängt (anders als nach dem Verfassungsvertrag, der zwischen Europäischen Gesetzen und Verordnungen unterschied, vgl *Art. I-33 Abs. 1 UAbs. 2 bzw 4 EVV*) nicht davon ab, ob sie in einem Gesetzgebungsverfahren oder einem sonstigen Rechtsetzungsverfahren erlassen werden. Die Gesetzgebung kommt als Verfahren der rechtlichen Steuerung politischer Prozesse nur im Bereich der internen Politiken, einschließlich der Gemeinsamen Handelspolitik in Betracht. Im Bereich der Gemeinsamen Außen- und Sicherheitspolitik ist sie ausdrücklich ausgeschlossen (Art. 24 Abs. 1 UAbs. 2 S. 3 EUV).

**468**   **Schaubild 2:** Katalog der Rechtshandlungen nach dem Vertrag von Lissabon

| Handlungsform | Adressaten | Wirkung |
|---|---|---|
| **Verordnung** (Art. 288 Abs. 2 AEUV) <br> – Als Gesetzgebungsakt (Art. 289 Abs. 3 AEUV) <br> – Ohne Gesetzgebungscharakter <br>   – als Sekundärrecht <br>   – als Tertiärrecht <br>   – delegierter Rechtsakt (Art. 290 AEUV) <br>   – Durchführungsrechtsakt <br>   – (Art. 291 AEUV) | Alle Mitgliedsstaaten und Unionsangehörige | In allen Teilen verbindlich |
| **Richtlinie** (Art. 288 Abs. 3 AEUV) <br> – Als Gesetzgebungsakt (Art. 289 Abs. 3 AEUV) <br> – Ohne Gesetzgebungscharakter <br>   – als Sekundärrecht <br>   – als Tertiärrecht <br>   – delegierter Rechtsakt (Art. 290 AEUV) <br>   – Durchführungsrechtsakt (Art. 291 AEUV) | Alle oder bestimmte Mitgliedstaaten | Nur hinsichtlich des vorgegebenen Ziels verbindlich |
| **Beschluss** (Art. 288 Abs. 4 AEUV) <br> – Als Gesetzgebungsakt (vgl Art. 289 Abs. 1 S. 1 AEUV) <br> – Ohne Gesetzgebungscharakter <br>   – als Sekundärrecht <br>   – als Tertiärrecht <br>   – delegierter Rechtsakt (Art. 290 AEUV) <br>   – Durchführungsrechtsakt (Art. 291 AEUV) | Generell (GASP) <br><br> Individuell: bestimmte Mitgliedstaaten oder bestimmte Personen | In allen Teilen verbindlich |

| Handlungsform | Adressaten | Wirkung |
|---|---|---|
| **Empfehlung**<br>Art. 288 Abs. 5 AEUV (vgl Art. 292 AEUV) | Alle oder bestimmte Mitgliedstaaten; ausnahmsweise anderes Unionsorgan (Art. 319 Abs. 1 AEUV) oder Einzelpersonen | Nicht verbindlich |
| **Stellungnahme**<br>Art. 288 Abs. 5 AEUV | Anderes Unionsorgan, bestimmte Mitgliedstaaten (Art. 258 AEUV) oder unbestimmter Adressatenkreis | Nicht verbindlich |

**b) Normenhierarchie**

Abgesehen von der Unterscheidung zwischen den verbindlichen Rechtsakten (Verordnung, Richtlinie, Beschluss) und den nicht verbindlichen Stellungnahmen und Empfehlungen legt Art. 288 AEUV **keine Normenhierarchie** zwischen den Akten des Sekundärrechts fest. Da die Organe der EU prinzipiell gleichberechtigt auftreten, lässt sich ein Stufenverhältnis nicht allein nach dem Urheber einer Rechtshandlung begründen. Die Hierarchisierung des Verfassungsvertrags zwischen Europäischem Gesetz und Europäischer Verordnung (vgl *Art. I-33 Abs. 1 UAbs. 2 bzw 4 EVV*) wurde im Vertrag von Lissabon nicht übernommen. Zwischen Gesetzgebungsakten (Art. 289 AEUV) und Rechtsakten ohne Gesetzgebungscharakter, die auf primärrechtlichen Grundlagen beruhen, besteht Gleichrangigkeit[24]. Jedoch muss sich ein Akt des **Tertiärrechts**[25], der sich auf die Ermächtigung in einem Sekundärrechtsakt stützt (zB delegierte Verordnung oder Durchführungsverordnung der Kommission auf Grundverordnung des Europäischen Parlaments und des Rates oder des Rates, vgl Rn 565 ff; Beschluss auf Verordnung) in deren Rahmen halten[26]. Dies gilt auch dann, wenn Grund- und Ausführungsvorschrift vom selben Organ erlassen wurden, aber das Europäische Parlament nur zur Grundverordnung angehört werden musste[27]. Der Vertrag von Lissabon lässt diese Form der **Normenhierarchie** stärker zum Vorschein treten, indem er zwischen Rechtsakten mit Gesetzgebungscharakter, die stets Sekundärrecht darstellen, und „delegierten Rechtsakten" und „Durchführungsrechtsakten" unterscheidet (vgl Art. 289 Abs. 3, Art. 290, Art. 291 AEUV). **Delegierte Rechtsakte** bedürfen ausdrücklich einer **Ermächtigung in Gesetzgebungsakten** (Art. 289 Abs. 3 AEUV), die Ziele, Inhalt, Geltungsbereich und Dauer der Befugnisübertragung ausdrücklich festlegen und sich die wesentlichen Aspekte eines Bereichs vorbehalten müssen (Art. 290 Abs. 1 AEUV). Diese Regelung ähnelt der des Art. 80 Abs. 1 GG. Ferner werden die Bedingungen, unter denen die Überragung erfolgt, in Gesetz-

**469**

---

24  *Streinz/Ohler/Herrmann*, Lissabon, S. 98; ebenso *Ruffert*, in: Calliess/Ruffert, Art. 288 AEUV, Rn 12.

25  Kritisch zum geläufigen Begriff *Ruffert*, in: Calliess/Ruffert, Art. 288 AEUV, Rn 11; *Härtel*, Handbuch europäische Rechtsetzung, 2006, § 15, Rn 8.

26  EuGH, Rs 38/70, TRADAX, Slg 1971, 145, Rn 9 ff; Rs C-103/96, Directeur General/Eridania, Slg 1997, I-1454, Rn 20.

27  EuGH, Rs C-303/94, EP/Rat, Slg 1996, I-2943, Rn 23, 30 f: Wahrung der Rechte des EP.

gebungsakten ausdrücklich festgelegt (Art. 290 Abs. 2 AEUV). Für **Durchführungs-rechtsakte** werden im ordentlichen Gesetzgebungsverfahrens, somit durch Gesetzge-bungsakte (vgl Art. 289 Abs. 3 AEUV), durch Verordnungen im Voraus allgemeine Regeln und Grundsätze festgelegt, nach denen die Mitgliedstaaten die Wahrnehmung der Durchführungsbefugnisse durch die Kommission kontrollieren (Art. 291 Abs. 3 AEUV), während für die Übertragung der Durchführungsbefugnisse ein Rechtsakt genügt (vgl Art. 291 Abs. 1 AEUV). S. zum **Tertiärrecht** Rn 567.

**Literatur:** *Bast, J.*, Grundbegriffe der Handlungsformen der EU, 2006; *ders.*, Handlungsfor-men und Rechtsschutz, in: *von Bogdandy/Bast* (Hrsg.), Europäisches Verfassungsrecht, 2. Aufl. 2009, S. 489; *Schusterschitz, G.*, Rechtsakte und Rechtsetzungsverfahren, in: Hum-mer/Obwexer (Hrsg.), Der Vertrag von Lissabon, 2009, S. 209 ff.

## 2. Verordnung

### a) Rechtsnatur

**470** Gemäß Art. 288 Abs. 2 AEUV hat die Verordnung allgemeine Geltung, ist in allen ihren Teilen verbindlich und gilt unmittelbar in jedem Mitgliedstaat.

**471** „**Allgemeine Geltung**" besagt, dass die Verordnung eine unbestimmte Vielzahl von Sachverhalten generell und abstrakt regelt, somit Rechtssatzqualität hat. Sie erfüllt die materiellen Bedingungen eines Gesetzes (zutreffend daher *Art. I-33 Abs. 1 UAbs. 2 EVV*: „Europäisches Gesetz") und ist dementsprechend in allen ihren Teilen verbindlich.

**472** Ein Vergleich der Verordnung mit dem nationalen Gesetz darf die Strukturunterschie-de zwischen der Union als „Staatenverbund" und einem Staat mit den damit verbun-denen Folgen insbesondere hinsichtlich des Demokratieprinzips (s. Rn 380 ff) nicht außer Acht lassen. Es wäre daher verfehlt, EU-Verordnungen etwa am Maßstab des Art. 80 GG zu prüfen, was früher durchaus geschehen ist[28].

**473** „**Unmittelbare Geltung** in den Mitgliedstaaten" besagt, dass die Verordnung mit ih-rem Inkrafttreten in den, und nicht nur für die Mitgliedstaaten gilt, ohne dass die Le-gislativorgane des Staates diese Geltung (gesondert) anordnen müssen. Diese werden in keiner Weise mehr beteiligt. Deutsche Gerichte und Verwaltungsbehörden haben die Verordnungen selbst anzuwenden und entgegenstehendes nationales Recht außer Anwendung zu lassen[29], Individuen werden durch sie gegebenenfalls berechtigt oder verpflichtet. Sie sind, ohne ihren Charakter als Unionsrecht zu verlieren, Bestandteil der innerstaatlich geltenden Rechtsordnung. Sie können im Privatrecht nicht nur un-mittelbare Wirkung, sondern auch Drittwirkung entfalten[30].

**474** Abwegig war daher der Beschluss des OLG München[31], wonach durch Einholung eines Sach-verständigengutachtens gemäß § 293 ZPO Beweis über die Auslegung von Bestimmungen des

---

28  Vgl FG Rheinland-Pfalz, DÖV 1964, 306; EFG 1965, 342.
29  Grundlegend aus verfassungsrechtlicher Sicht BVerfGE 31, 145 (170) – Lütticke = *HVL*, S. 48 f.
30  EuGH, Rs C-253/00, Munoz und Superior Fruiticola, Slg 2002, I-7289, Rn 27 ff, 30 f = *Pechstein* Nr 25.
31  EuR 1988, 409. Vgl dazu auch *G. Nicolaysen*, EuR 1988, 411 (411 ff).

*Gemeinschafts*rechts erhoben werden sollte. Bei Unklarheiten kommt allein die Vorlage an den EuGH gemäß Art. 267 AEUV in Betracht.

### b) Verpflichtung für die Mitgliedstaaten

Die Mitgliedstaaten haben EU-Verordnungen durch ihre nationalen Behörden und **475** Gerichte zu beachten und zu vollziehen. Sie haben alle Maßnahmen zu unterlassen, die die unmittelbare Geltung der Verordnungen in Frage stellen oder auch nur diesen Anschein erwecken und dürfen insbesondere keine innerstaatlichen Rechtsvorschriften erlassen, die lediglich den Verordnungsinhalt wiederholen (Ausnahme: Punktuelle Normwiederholungen, die im Rahmen eines zusammenhängenden Gesetzeswerks notwendig sind)[32]. Soweit eine Verordnung allerdings Regelungen enthält, die nationale Durchführungsakte erforderlich machen, sind die Mitgliedstaaten durch Art. 4 Abs. 3 EUV, Art. 291 Abs. 1 AEUV verpflichtet, diese zu erlassen. Sie dürfen dabei allerdings keine Maßnahmen ergreifen, die eine Änderung der Tragweite einer Verordnung oder eine Ergänzung ihrer Vorschriften zum Gegenstand haben.

**Beispiele:** Unzulässigkeit der speziellen „Transformation" einer EU-Verordnung durch ein **476** nationales Gesetz in innerstaatliches Recht und abweichende Festsetzung des Datums des Inkrafttretens des Verordnungsinhalts durch ein weiteres Gesetz[33]; Unzulässigkeit der unvollständigen Anwendung der Bestimmungen einer Verordnung nach Opportunitätsgesichtspunkten und unter Berufung auf Vollzugsschwierigkeiten[34]; mitgliedstaatliche Behörden dürfen ihren nachgeordneten Stellen zwar Vollzugshinweise geben, sie können aber keine Auslegungsregeln für EU-Verordnungen mit bindender Wirkung erlassen[35].

### 3. Richtlinie

### a) Rechtsnatur

Gemäß Art. 288 Abs. 3 AEUV ist die Richtlinie für die Mitgliedstaaten, an die sie ge- **477** richtet ist, hinsichtlich des zu erreichenden Zieles verbindlich, überlässt es aber den innerstaatlichen Stellen, die Form und die Mittel auszuwählen, die sie für die Erreichung des Zieles als geeignet ansehen. Kennzeichen der Richtlinie ist somit ihre „gestufte Verbindlichkeit", nämlich nicht wie die Verordnung in allen ihren Teilen, sondern nur hinsichtlich der festgesetzten Ziele.

Die Konstruktion der Richtlinie ist ein Kompromiss zwischen den Erfordernissen ein- **478** heitlichen Rechts innerhalb der Union und möglichst weiter Bewahrung nationaler Eigentümlichkeiten. Daher wurden alleine Richtlinienkompetenzen insbesondere in solchen Sachbereichen vorgesehen, wo es um Angleichungen, nicht aber notwendig um Vereinheitlichungen nationalen Rechts geht.

**Beispiel:** Rechtsangleichung gemäß Art. 115 AEUV; Herstellung der Niederlassungs- und Dienstleistungsfreiheit, Art. 50, Art. 53 Abs. 1 AEUV.

---

32 EuGH, Rs 272/83, Kommission/Italien, Slg 1985, 1057, Rn 27. Vgl dazu *Schroeder*, in: Streinz, Art. 288 AEUV, Rn 65.
33 Vgl EuGH, Rs 34/73, Variola, Slg 1973, 981, Rn 9 ff, 14 f = *HVL*, S. 3 f = *Pechstein* Nr 24. Vgl dazu *Schroeder*, in: Streinz, Art. 288 AEUV, Rn 58.
34 EuGH, Rs 39/72, Kommission/Italien, Slg 1973, 101, Rn 14 ff.
35 EuGH, Rs 94/77, Zerbone, Slg 1978, 99, Rn 22/27. Vgl auch *Schweitzer*, Rn 342.

**479**  Diese Konstruktion trägt nicht nur manchmal zweifelhaften nationalen „Souveräni-tätsanspruchs"-Empfindlichkeiten Rechnung, sie ist auch in der Sache insbesondere dort gerechtfertigt, wo nicht nur aus politischen, sondern aus *verfassungsrechtlichen* Gründen ein Umsetzungsspielraum erforderlich ist (vgl **Lösung Fall 6**, Rn 263). Zugleich erlaubt sie in begrenztem Umfang, die erforderlichen Umsetzungsvorschriften in das System des nationalen Rechts einzufügen und daran anzupassen.

**480**  Der Nachteil der Richtlinie ist ihre Umsetzungsbedürftigkeit, die wegen fehlender, verzögerter oder unzureichender Umsetzung durch die Mitgliedstaaten (auch Deutschland) zu Defiziten für die Einheitlichkeit des Unionsrechts geführt hat. Soweit dies rechtlich möglich ist (vgl Rn 544) und politisch durchsetzbar erscheint, gibt die Kommission daher der Verordnung den Vorzug, wenngleich der Grundsatz der Verhältnismäßigkeit (Art. 5 Abs. 4 EUV) gemäß einer Erklärung des Europäischen Rates auch dahingehend zu verstehen ist, dass – soweit eine Rechtsgrundlage die Wahl zwischen Verordnung und Richtlinie ermöglicht – („unter sonst gleichen Gegebenheiten") Richtlinien gegenüber Verordnungen zu bevorzugen sind[36]. Art. 296 Abs. 1 AEUV überlässt mangels Vorgabe der Verträge den Organen die Wahl der Handlungsform, verpflichtet sie aber ausdrücklich zur Beachtung des Grundsatzes der Verhältnismäßigkeit. Dies entspricht der Regelung in Nr 6 des bisherigen Subsidiaritätsprotokolls[37]. Die in Art. 296 Abs. 2 AEUV enthaltene Begründungspflicht erstreckt sich auch auf die Wahl der Handlungsform.

**481**  Der Unterschied zwischen Verordnung und Richtlinie ist in manchen Fällen keineswegs so groß, wie häufig angenommen wird. Nach mittlerweile gefestigter Ansicht dürfen Richtlinien einen erheblichen Grad an Detailliertheit erreichen. Bei Harmonisierungsrichtlinien technischer Art ist dies geradezu zwangsläufig. Extrembeispiel: Richtlinie des Rates zur Regelung der Sommerzeit[38]. Zwar steht den Mitgliedstaaten die Wahl der Form und der Mittel bei der Umsetzung frei, sie muss jedoch so getroffen werden, dass die praktische Wirksamkeit der Richtlinie am besten gewährleistet wird, wofür der EuGH strenge Anforderungen entwickelt hat (s. Rn 485). Zudem hat der EuGH in bestimmten Fällen eine unmittelbare Wirkung einer Richtlinie in den Mitgliedstaaten bejaht (s. Rn 488 ff). Schließlich ist das gesamte nationale Recht im Lichte von Wortlaut und Zweck einschlägiger Richtlinienvorschriften auszulegen (s. Rn 502 ff).

**b)  Umsetzungspflicht der Mitgliedstaaten**

**482**  Art. 288 Abs. 3 AEUV bestimmt die Verbindlichkeit der Richtlinie für die Mitgliedstaaten. In den Richtlinien selbst ist in der Regel die Pflicht zur Umsetzung und die Frist, bis zu der diese zu erfolgen hat, festgelegt. Primärrechtlich ergibt sich die Um-

---

36  Erklärung zu Art. 100a des EWG-Vertrages, Schlussakte der Einheitlichen Europäischen Akte, ABl 1987 L 169/24. Ebenso Nr 6 des Protokolls (Nr 30) zum Vertrag von Amsterdam über die Anwendung der Grundsätze der Subsidiarität und der Verhältnismäßigkeit (ABl. 1997 C 340/105), das allerdings durch das gleichnamige Protokoll zum Vertrag von Lissabon ersetzt wurde, das diese Bestimmung wegen seines prozeduralen statt materiellen Ansatzes nicht mehr enthält (s. dazu Rn 192), sowie Europäischer Rat (Edinburgh), EU-Bulletin 12/1992, Nr 15. S. jetzt Art. 296 Abs. 1 AEUV.
37  *Streinz/Ohler/Herrmann*, Lissabon, S. 100.
38  ABl 1984 L 331/33; aktuell RL 2000/84/EG, ABl 2001 L 31/21, HER I A 68/2.30.

setzungspflicht aus Art. 288 Abs. 3 AEUV[39] und ergänzend aus Art. 4 Abs. 3 EUV[40]. Vgl zu dieser Umsetzungspflicht

**Fall 14** (nach EuGH, Rs 52/75, Kommission/Italien, Slg 1976, 277 = *HVL*, S. 22 f):    **483**
Zur Beseitigung von Handelshemmnissen erließ der Rat eine Richtlinie über den Verkehr mit Gemüsesaatgut, in der gemeinsame Regeln über die allgemeinen Anforderungen beim Verkehr mit Saatgut sowohl zwischen den Mitgliedstaaten als auch auf den nationalen Märkten festgelegt wurden. Als Mitgliedstaat I die Richtlinie nicht fristgerecht umgesetzt hatte, erhob die Kommission Klage zum EuGH wegen Vertragsverletzung. I gab zwar die Fristüberschreitung zu, versuchte die Verspätung jedoch damit zu rechtfertigen, dass die Umsetzungsfrist zu kurz gewesen sei, weil die Durchführung der speziellen und detaillierten Richtlinienbestimmungen gründliche Studien, wiederholte Bearbeitung mit den beteiligten landwirtschaftlichen Kreisen und zahlreiche interministerielle Sitzungen erforderten. Die Unangemessenheit der Frist werde auch dadurch bewiesen, dass es keinem einzigen Mitgliedstaat gelungen sei, den Termin einzuhalten. Schließlich habe auch eine Regierungskrise in I die rechtzeitige Verabschiedung des Gesetzes verhindert. Greifen diese Einwände gegen die Klage durch?

**Lösung Fall 14: Begründetheit des Vertragsverletzungsverfahrens gemäß Art. 258 AEUV**

**1. Vertragsverletzung:** liegt vor (Art. 288 Abs. 3 AEUV, Art. 4 Abs. 3 EUV). Die Fristeinhaltung ist für die Erreichung des Richtlinienzwecks (Beseitigung von Diskriminierungen) wesentlich.

**2. Rechtfertigungsmöglichkeit**

**a) Allgemeine Umsetzungsprobleme:** Erweist sich die Frist als zu kurz, so besteht für den betreffenden Mitgliedstaat nur die Möglichkeit, die geeigneten Schritte auf Unionsebene zu unternehmen, um die zuständigen Unionsorgane zu der notwendigen Verlängerung der Frist zu bewegen.

**b) Spezielle Umsetzungsprobleme:** Die Mitgliedstaaten können sich nicht auf Bestimmungen, Übungen und Umstände des innerstaatlichen Rechts berufen, um damit die Nichtbeachtung von Verpflichtungen und Fristen zu rechtfertigen, die in den Richtlinien der Union festgelegt sind. Dies entspricht auch einem allgemeinen Grundsatz des Völkerrechts: Die Berufung auf innerstaatliche Verhältnisse kann einen Völkerrechtsverstoß nie rechtfertigen.

**c) Tu quoque-Einwand:** Die Berufung darauf, dass auch andere Mitgliedstaaten die Richtlinie nicht rechtzeitig umgesetzt haben, ist nicht zulässig. Die Verträge haben nämlich nicht nur wechselseitige Verpflichtungen zwischen den verschiedenen Rechtssubjekten, für die sie gelten, geschaffen, sondern eine neue Rechtsordnung aufgestellt, nach der sich die Befugnisse, Rechte und Pflichten der Rechtssubjekte sowie die zur Feststellung und Ahndung etwaiger Rechtsverletzungen erforderlichen Verfahren bestimmen. Bei einem Integrationsvertrag besteht keine Reziprozität, die Voraussetzung eines Tu quoque-Einwandes ist.
**Ergebnis:** Die Einwände greifen nicht durch.

---

39  EuGH, Rs C-129/96, Inter-Environment Wallonie, Slg 1997, I-7411, Rn 40; Rs. C-318/98, Fornasar, Slg 2000, I-4785, Rn 41.
40  EuGH, Rs 147/77, Kommission/Italien, Slg 1978, 1307, Rn 1; *Obwexer*, in: von der Groeben/Schwarze/Hatje, Art. 291 AEUV. Rn 1 ff; Art. 4 EUV, Rn 95; Die Umsetzungspflicht folgt primärrechtlich aus der Verbindlichkeit der Richtlinie und (vor allem hinsichtlich der vom EuGH entwickelten Anforderungen an den Umsetzungsakt) aus Art. 4 Abs. 3 EUV, vgl EuGH, Rs C-507/04, Kommission/Österreich, Slg 2007, I-5939, Rn 344; Rs C-132/06, Kommission/Italien, Slg 2008, I-5457, Rn 37 ff; *v. Bogdandy/Schill*, in: Grabitz/Hilf/Nettesheim, Art. 4 EUV, Rn 77; *Kahl*, in: Calliess/Ruffert, Art. 4 EUV, Rn 54; *Streinz*, in: Streinz, Art. 4 EUV, Rn 47 mwN.

**484**   Das Problem der Änderung einer Richtlinie, deren Vorgaben sich als nicht durchführbar erweisen, stellt sich öfter: Neben Fristverlängerung kämen auch materielle Änderungen in Frage.

**Beispiel:** Die Grenzwerte der Trinkwasserrichtlinie[41] sind vielfach tatsächlich nicht einzuhalten.

Bei alledem ist aber zu betonen, dass eine Anpassung nur auf Unionsebene zulässig ist, nicht etwa im nationalen Alleingang (zur Abweichung von auf Art. 114 AEUV gestützten Richtlinien vgl Rn 981 ff). Unzulässig ist auch der eigenmächtige, dh in der Richtlinie nicht vorgesehene, Erlass von Übergangsvorschriften für Tatbestände, die in der Zeit zwischen dem Ablauf der Umsetzungsfrist und dem verspäteten Inkrafttreten des Umsetzungsgesetzes liegen[42].

**485**   Hinsichtlich der **Qualität des Umsetzungsaktes** hat der EuGH zunächst allgemein gefordert, dass die Mitgliedstaaten bei der Wahl der Form und der Mittel diejenigen zu ergreifen haben, die für die Gewährleistung der praktischen Wirksamkeit der Richtlinien am besten geeignet sind. Sie müssen daher die Richtlinien in verbindliche innerstaatliche Vorschriften umsetzen, die den Erfordernissen der Rechtssicherheit und Rechtsklarheit genügen. Schlichte Verwaltungspraktiken, die als solche von der Exekutive beliebig geändert werden können, genügen nicht[43]. Auch wenn der EuGH nicht grundsätzlich ein besonderes Umsetzungsgesetz verlangt und auch ein allgemeiner rechtlicher Rahmen für die Umsetzung genügen kann, ist der EuGH-Rspr jedoch ein weit reichender **Rechtsnormvorbehalt** zu entnehmen (vgl dazu **Fall 19**, Rn 511). Mit dem zunehmenden Erlass von Richtlinien in Bereichen des Privatrechts hat die Frage an Bedeutung gewonnen, inwieweit auch eine richtlinienkonforme Auslegung nationaler Gesetze durch nationale Gerichte, insbesondere von unbestimmten Rechtsbegriffen und Generalklauseln eine hinreichende Umsetzung darstellen kann. Der EuGH hat in den bislang entschiedenen Fällen eine eher ablehnende Haltung erkennen lassen. Eine höchstrichterliche Rechtsprechung weise nicht die gleiche Klarheit und Bestimmtheit auf wie eine ausdrückliche gesetzliche Regelung[44]. Das ist jedenfalls insoweit richtig, als die nationale Rechtsprechung einen im Lichte der Richtlinie „missratenen" Wortlaut des nationalen Rechts korrigieren muss. Wo höchstrichterliche Rechtsprechung hingegen Generalklauseln des nationalen Rechts konkretisiert, dürften dem keine durchgreifenden unionsrechtlichen Bedenken entgegenstehen (vgl dazu auch Rn 509).

---

41   RL 80/778/EWG, ABl 1980 L 229/11; eben wegen dieser Umsetzungsprobleme aufgehoben und abgelöst durch RL 98/83/EG, ABl 1998 L 330/32 (aktualisiert in HER I A 69/3.19). Vgl *Breuer*, in: Rengeling (Hrsg.), Handbuch zum deutschen und europäischen Umweltrecht, 2. Aufl. 2003, § 65, Rn 37 f mwN; *K. Meßerschmidt*, Europäisches Umweltrecht, 2011, § 14, Rn 124.

42   EuGH, Rs C-396/92, Bund Naturschutz ua/Freistaat Bayern, Slg 1994, I-3717, Rn 17–20 betr. UVP-RL bzw UVP-Gesetz (vgl Rn 1225).

43   St Rspr vgl Rs 168/85, Kommission/Italien, Slg 1986, 2945, Rn 13; Rs C-361/88, Kommission/Deutschland (TA-Luft), Slg 1991, I-2567 = *HVL*, S. 23 ff = *Pechstein* Nr 31 = *MH* Nr 29.

44   EuGH, Rs C-144/99, Kommission/Niederlande, Slg 2001, I-3541, Rn 19 ff = *Pechstein* Nr 32. Ausführlich dazu *C. Herrmann*, Richtlinienumsetzung durch die Rechtsprechung, 2003, S. 212 ff.

**Fall 15** (nach EuGH, Rs C-361/88 bzw C-59/89, Kommission/Deutschland, Slg 1991, I-2567 bzw 2607 = *HVL*, S. 23 ff = *Pechstein* Nr 31 = *GO* Nr 122):

In der Bundesrepublik Deutschland wurden die RL 80/779[45] und 82/884[46] durch die TA-Luft[47] umgesetzt. Dies ist eine Verwaltungsvorschrift gemäß § 48 BImSchG[48], die die Bundesregierung nach Anhörung der beteiligten Kreise von Vertretern der Wissenschaft, der Betroffenen, der beteiligten Wirtschaft, des beteiligten Verkehrswesens und der für den Immissionsschutz zuständigen obersten Landesbehörden mit Zustimmung des Bundesrates erlässt. Die Rechtsprechung der deutschen Gerichte zu diesen Verwaltungsvorschriften ist nicht einheitlich. Bestimmte Verwaltungsvorschriften hat das BVerwG als normkonkretisierend in dem Sinne angesehen, dass sie für die Verwaltungsgerichte innerhalb der von der Norm gesetzten Grenzen verbindlich seien, wobei jedoch hinsichtlich atypischer Fälle Einschränkungen gemacht werden. Sind die Richtlinien dadurch ordnungsgemäß umgesetzt?

**Lösung Fall 15:** Die **Pflicht zur ordnungsgemäßen Umsetzung** folgt aus Art. 288 Abs. 3 AEUV, Art. 4 Abs. 3 EUV. Der EuGH stellt dafür zweckgerichtete Anforderungen. Die Umsetzung muss hinreichend klar und detailliert erfolgen, damit der Bürger gegebenenfalls begründete Rechte erkennen und geltend machen kann. Dies bedingt nicht notwendigerweise, dass die Bestimmungen der Richtlinie förmlich und wörtlich in einer ausdrücklichen besonderen Gesetzesvorschrift wiedergegeben werden. Je nach dem Inhalt der Richtlinie kann ein allgemeiner rechtlicher Rahmen genügen, wenn er tatsächlich die vollständige Anwendung der Richtlinie in so klarer und bestimmter Weise gewährleistet, dass, soweit die Richtlinie Ansprüche des Einzelnen begründen soll, die Begünstigten in der Lage sind, von allen ihren Rechten Kenntnis zu erlangen und diese gegebenenfalls vor den nationalen Gerichten geltend zu machen.

Ob die **Umsetzung durch Verwaltungsvorschriften** diesen Anforderungen genügt, ist fraglich. Nach dem Kriterium des EuGH kommt es entscheidend auf die Außenwirkung der Verwaltungsvorschrift an. Diese Frage ist aber in der deutschen Verwaltungsrechtsdogmatik umstritten[49]. Zwar hat das BVerwG die TA-Luft zuletzt tendenziell als „normkonkretisierend" eingestuft und damit aus der Gruppe der norminterpretierenden Verwaltungsvorschriften herausgehoben. Diese Aussage ist allerdings differenziert zu sehen, da hinsichtlich atypischer Fälle eventuell Einschränkungen zu machen sind und sich die TA-Luft an die im BImSchG getroffenen Wertungen halten muss, sodass die Verwaltungsgerichte an sie nur innerhalb der gesetzlich gezogenen Grenzen gebunden sind. Dies bedeutet, dass die TA-Luft durch wissenschaftlich-technische Erkenntnisfortschritte überholt werden kann, die im Streitfall maßgeblich sind. Sie ist somit nicht wie ein Gesetz anzuwenden. Das BVerfG[50] hat hinsichtlich atomrechtlicher Verwaltungsvorschriften von einem „Sonderfall" gesprochen, im Übrigen die Frage aber offen gelassen. Angesichts dieser Unklarheiten und Unsicherheiten genügt die Umsetzung von Richtlinien durch die TA-Luft nicht den rechtsstaatlichen Anforderungen, die der EuGH fordert („bestimmte, klare und durchschaubare" Rechtslage).

**Ergebnis:** Es liegt keine ordnungsgemäße Umsetzung vor.

---

45  ABl 1980 L 229/30, aktualisiert in HER I A 69/4.4.
46  ABl 1982 L 378/15, aktualisiert in HER I A 69/4.7.
47  GMBl. 1986 I, S. 95/202.
48  Sart. I Nr 296.
49  Vgl *Detterbeck*, Allgemeines Verwaltungsrecht, 12. Aufl. 2014, Rn 857 ff; *Maurer*, Allgemeines Verwaltungsrecht, 18. Aufl. 2011, § 24 Rn 20 ff; *Peine*, Allgemeines Verwaltungsrecht, 11. Aufl. 2014, Rn 151 ff, 158.
50  BVerfGE 78, 214 (227).

**487**  Zusammenfassend können folgende **Anforderungen an die Umsetzung von Richtlinien** festgehalten werden:

1. Das Gebot der Publizität muss erfüllt sein. Die Betroffenen müssen von ihren Rechten und Pflichten Kenntnis erlangen können.
2. Die Betroffenen müssen sich vor Gericht auf die nationale Regelung berufen können. Die nationale Regelung muss eine zwingende Vorschrift sein (Norm, Außenwirkung).

> Wegen des Ausschlusses der in der Richtlinie vorgesehenen subjektiven Rechte der Interessenten und Bieter und der Verweisung der Betroffenen auf unvollkommenen Rechtsschutz durch besondere Überwachungsausschüsse war die Umsetzung der EG-Vergabe- und Nachprüfungsrichtlinien in Deutschland unzureichend[51].

3. Die bloße Übereinstimmung der innerstaatlichen Praxis mit dem durch die Richtlinie geforderten Zustand reicht nicht. Davon zu unterscheiden ist die richtlinienkonforme Auslegung einer im Wortlaut unverändert bleibenden ausfüllungsbedürftigen Rechtsnorm. Denn uU reicht ein allgemeiner rechtlicher Rahmen oder eine Generalklausel aus, sofern die Verwirklichung der Ziele gewährleistet ist[52].

**c)  Unmittelbare Wirkung von Richtlinien in den Mitgliedstaaten**

**488**  **Fall 16** (nach EuGH, Rs 8/81, Becker/Finanzamt Münster, Slg 1982, 53 = *HVL*, S. 7 ff = *Pechstein* Nr 33 = *MH* Nr 12):

Die RL 77/388 des Rates zur Harmonisierung der Rechtsvorschriften der Mitgliedstaaten über die Umsatzsteuern[53] befreite Umsätze aus Kreditvermittlung von der Umsatzsteuer. Sie war bis zum 31.12.1978 umzusetzen. Aus verschiedenen Gründen erfolgte die Umsetzung in der Bundesrepublik Deutschland erst ein Jahr später. Die Kreditvermittlerin B beantragte beim zuständigen Finanzamt für ihre im Jahr 1979 erzielten Umsätze Steuerbefreiung. Dies wurde unter Berufung auf das bis zum 31.12.1979 geltende deutsche Umsatzsteuerrecht abgelehnt. Hat eine dagegen gerichtete Klage Aussicht auf Erfolg? **(Lösung: Rn 500)**

**489**  **Fall 17** (nach OLG Celle, EuZW 1990, 550; vgl auch EuGH, Rs C-91/92, Faccini Dori/Recreb, Slg 1994 I, 3325 = *HVL*, S. 15 = *GO* Nr 124 = *MH* Nr 40):

Die RL 85/577[54] räumt bei sog. „Haustürgeschäften" ein Widerrufsrecht ein. Dieses gilt auch hinsichtlich Verträgen, die anlässlich einer von der anderen Vertragspartei oder von einem Dritten zumindest auch in ihrem Interesse durchgeführten Freizeitveranstaltung geschlossen wurden. Der deutsche Staatsangehörige K hat sich anlässlich einer solchen Freizeitveranstaltung in Spanien, bei der kostenlos alkoholische Getränke verabreicht wurden, mehrere Wolldecken aufschwatzen lassen. Am nächsten Tag musste er ernüchtert ein Defizit im Preis-/Leistungsverhältnis feststellen, worauf er den geschlossenen Vertrag widerrief. Die Richtlinie ist in Deutschland durch das Gesetz über den Widerruf von Haustürgeschäf-

---

51  EuGH, Rs C-433/93, Kommission/Deutschland, Slg 1995, I-2303, Rn 18 ff. Vgl die unzureichende Regelung in *§ 57a-§ 57c Haushaltsgrundsätzegesetz (HGrG) aF* und die Abhilfe in §§ 97–129 GWB (*Schönfelder* Nr 74).
52  *Biervert*, in: Schwarze, Art. 288 AEUV, Rn 28 mwN. Ausführlich zu diesem Problembereich *Herrmann*, Richtlinienumsetzung durch die Rechtsprechung, 2003, S. 190 ff.
53  ABl 1977 L 145/1; aktualisierte Fassung in *Winkel* Nr 601 und HER I A 51/1.3.
54  ABl 1985 L 372/31; *Winkel* Nr 113; HER I A 61/9.4.

ten und ähnlichen Geschäften[55] umgesetzt worden, in Spanien zum Zeitpunkt der Entscheidung noch nicht, obwohl die Umsetzungsfrist bereits abgelaufen war. Gegen die Zahlungsklage des Verkäufers wandte K, da wirksam spanisches Recht vereinbart worden war, die Richtlinie der EU ein. Zu Recht? **(Lösung: Rn 501)**
Vgl auch *Schweitzer*, Fall 11 (Rn 319).

Im Gegensatz zu den Verordnungen, für die Art. 288 Abs. 2 AEUV dies ausdrücklich **490** anordnet, besitzen die Richtlinien keine unmittelbare *Geltung* in den Mitgliedstaaten (Wortlaut des Abs. 3). Die Rechtsfolgen von Richtlinien entstehen in der innerstaatlichen Rechtsordnung regelmäßig erst nach der pflichtgemäßen Umsetzung durch die Mitgliedstaaten (vgl Rn 477 ff). Die unterschiedliche Ausgestaltung von Art. 288 Abs. 2 und Abs. 3 AEUV zwingt aber nicht dazu, den Richtlinien jegliche unmittelbare *Wirkung* abzusprechen. Nach mittlerweile ganz herrschender Lehre, der st Rspr des EuGH[56] und auch der Rechtsprechung des BVerfG[57] können Richtlinien unter bestimmten Voraussetzungen eine **unmittelbare Wirkung** (synonym wird oft auch von unmittelbarer Anwendung oder Direktwirkung gesprochen) entfalten, dh auch ohne einen mitgliedstaatlichen Umsetzungsakt im innerstaatlichen Recht Rechte und Pflichten erzeugen (zum genauen Umfang s. Rn 492 ff). Dieser Auffassung liegt die Überlegung zugrunde, dass die praktische Wirksamkeit (**„effet utile"**) einer Richtlinie erheblich beeinträchtigt würde, wenn es jeder Mitgliedstaat in der Hand hätte, den Eintritt der in der Richtlinie beabsichtigten Rechtswirkungen dadurch hinauszuzögern oder ganz zu vereiteln, dass er mit der Umsetzung der Richtlinie in innerstaatliches Recht wartet. Die Möglichkeit, in solchen Fällen ein Vertragsverletzungsverfahren gemäß Art. 258 AEUV einzuleiten, ist zur Sicherung des Unionsrechts nicht hinreichend: Zum einen kann es die Verzögerung nicht verhindern, zum anderen ergeht lediglich ein Feststellungsurteil. Der Sanktionsgedanke, wonach es den Mitgliedstaaten verwehrt sein soll, den Bürgern, die sich auf Vergünstigungen einer Richtlinie berufen, deren unionsrechtswidrige Nichtumsetzung entgegenzuhalten, ist der zweite tragende Grund dieser Rechtsprechung.

Folge der unmittelbaren Wirkung einer Richtlinie ist, dass sich der Einzelne gegen- **491** über mitgliedstaatlichen Behörden und Gerichten auf die jeweiligen Richtlinienvorschriften „berufen" kann. Diese ständig verwendete Formulierung bedeutet aber nicht, dass der EuGH die unmittelbare Wirkung von einer Einrede des Bürgers abhängig machen möchte (unzutreffend noch FG München[58], das eine unstreitig unmittelbar anwendbare Richtlinie mangels „Berufung" nicht anwenden mochte). Behörden und Gerichte sind als Organe des Staates, an den sich die Richtlinie richtet, an diese gebunden und haben sie von Amts wegen[59] als vorrangiges Unionsrecht zu beachten und anzuwenden. Etwaiges entgegenstehendes nationales Recht ist auf Grund des Anwendungsvorrangs des Unionsrechts außer Betracht zu lassen (vgl Rn 183 ff). Da-

---

55  BGBl. 1986 I 122. Aufgehoben und in §§ 312–312f BGB integriert durch das Schuldrechtsreformgesetz, BGBl. 2001 I 3138. Zur richtlinienkonformen Auslegung vgl BGH, NJW 1994, 2759 (2760).
56  Seit EuGH, Rs 9/70, Grad/Finanzamt Traunstein („Leberpfennig"), Slg 1970, 825/837 ff = *HVL*, S. 4 ff = *Pechstein* Nr 42, 59 = *GO* Nr 125.
57  BVerfGE 75, 223 (235 ff); s. **Fall 29**, Rn 729.
58  EuZW 1990, 582.
59  Klargestellt durch EuGH, Rs C-312/93, Peterbroeck, Slg 1995, I-4599, Rn 20.

bei spielt es keine Rolle, ob eine Richtlinienvorschrift die Begründung subjektiver Rechte Einzelner zum Inhalt hat (objektive unmittelbare Wirkung)[60]. Entscheidend ist vielmehr, dass eine klare und unbedingte Pflicht innerstaatlicher Stellen begründet ist. Daraus kann als Folge allerdings oftmals eine subjektive Rechtsposition Einzelner erwachsen. Die unmittelbare Wirkung einer Richtlinie setzt ein subjektives Recht nicht voraus, sondern kann es zur Entstehung bringen[61].

**492** Nicht völlig geklärt ist, in welchen Rechtsverhältnissen eine solche unmittelbare Wirkung eintreten kann. Unzweifelhaft können sich Einzelne zu ihren Gunsten gegenüber staatlichen Stellen auf Richtlinienvorschriften berufen (**vertikale Wirkung**). Für den umgekehrten Fall, dass sich eine staatliche Stelle gegenüber dem Bürger auf Richtlinienvorschriften berufen will, hat der EuGH dies bereits in den Fällen *Kolpinghuis Nijmegen*[62] und *Traen*[63] abgelehnt (**keine umgekehrt-vertikale Wirkung**). Einer solchen Belastung des Bürgers stehen bereits Rechtssicherheit und Rückwirkungsverbot als allgemeine Rechtsgrundsätze des Unionsrechts entgegen[64]. So darf die Anwendung einer nicht umgesetzten Richtlinienvorschrift insbesondere nicht dazu führen, die Strafbarkeit in einem nationalen Strafverfahren zu begründen oder zu verschärfen[65]. Dementsprechend kann eine Richtlinienvorschrift auch nicht dazu führen, einem Angeklagten in einem Strafverfahren die Anwendung einer später erlassenen, milderen Strafvorschrift, die gegen eine Richtlinie verstößt, zu verweigern, wie der EuGH 2005 im Verfahren *Berlusconi ua* entschieden hat (entgegen den Schlussanträgen der GAin *Kokott*)[66]. **Keine** umgekehrt vertikale Wirkung stellt es dar, wenn den staatlichen Behörden durch eine Richtlinie Pflichten auferlegt werden, bei deren Erfüllung sie in die Rechtsposition von Privaten eingreifen müssen, sofern die Richtlinie nicht selbst Pflichten von Privaten begründet (zB Pflicht zur Durchführung einer Umweltverträglichkeitsprüfung nach Art. 2 Abs. 1 UVP-Richtlinie)[67]. Denn in solchen Fällen ergibt sich die Rechtsgrundlage für die Belastung des Privaten aus nationalem Recht (zB VwVfG)[68].

**493** Strittig ist die sog. **„horizontale" Wirkung** von Richtlinien. Darunter versteht man ihre Heranziehung in der Beurteilung eines Rechtsverhältnisses zwischen Bürgern. Dafür sprechen die „nützliche Wirkung" und die Tatsache, dass in einem Streitfall letztlich ein staatliches Gericht entscheiden muss, die Richtlinie sich aber an den Mitgliedstaat richtet und für diesen und seine Organe verbindlich ist. Diese Adressatenrichtung der Richtlinie spricht aber auch gerade gegen die horizontale Wirkung gegenüber Individuen, ferner die rechtsstaatlichen Bedenken gegen die Belastung dieses

---

60  EuGH, Rs C-431/92, Kommission/Deutschland („Großkrotzenburg"), Slg 1995, I-2189, Rn 37 ff = *Pechstein* Nr 51, 85, 102. Vgl dazu *Pechstein*, EWS 1996, 261 ff; *E. Klein*, FS Everling, S. 641 ff.

61  *Ruffert*, in: Calliess/Ruffert, Art. 288 AEUV, Rn 66 ff mN zur Gegenmeinung.

62  EuGH, Rs 80/86, Kolpinghuis Nijmegen, Slg 1987, 3969, Rn 9 = *PSK*, Fall 24 = *Pechstein* Nr 35 = GO Nr 120.

63  EuGH, verb Rs 372 bis 374/85, Oscar Traen ua, Slg 1987, 211, Rn 24.

64  Vgl EuGH, Rs C-201/02, Wells/Secretary of State for Transport, Local Government and the Regions, Slg 2004, I-723, Rn 55 ff = *Pechstein* Nr 36.

65  EuGH, Rs 80/86, Kolpinghuis Nijmegen, Slg 1987, 3969, Rn 9 (s. Fn 62).

66  EuGH, verb Rs C-387/02, C-391/02 und C-403/02, Silvio Berlusconi ua, Slg 2005, I-3565.

67  Vgl EuGH, Rs C-201/02, Wells/Secretary of State for Transport, Local Government and the Regions, Slg 2004, I-723, Rn 55 ff = *Pechstein* Nr 36.

68  Vgl *Herrmann*, Richtlinienumsetzung durch die Rechtsprechung, 2003, S. 81 f.

Individuums, an das sich die Richtlinie nicht richtet. Der EuGH hat daher zu Recht in gefestigter Rechtsprechung eine horizontale Wirkung von Richtlinien abgelehnt. So entschied der EuGH bereits im *Fall Marshall*[69]:

*„Zu dem Argument, wonach die Richtlinie nicht gegenüber einem einzelnen in Anspruch genommen werden kann, ist zu bemerken, dass nach Art. 189 EWG-Vertrag [heute Art. 288 AEUV] der verbindliche Charakter einer Richtlinie, auf dem die Möglichkeit beruht, sich vor einem nationalen Gericht auf die Richtlinie zu berufen, nur für „jeden Mitgliedstaat, an den sie gerichtet wird", besteht. Daraus folgt, dass eine Richtlinie nicht selbst Verpflichtungen für einen einzelnen begründen kann und dass eine Richtlinienbestimmung daher als solche nicht gegenüber einer derartigen Person in Anspruch genommen werden kann".*

Im konkreten Fall war die Berufung auf die Richtlinie (RL 76/207, s. Rn 1179) aber dennoch möglich, weil es sich um einen staatlichen Arbeitgeber handelte. Der EuGH fasst den Begriff des Staates für die Frage der unmittelbaren Wirkung relativ weit. Dabei sind die Handlungsformen des Staates (öffentlich-rechtlich oder privatrechtlich) unerheblich. Nach Ansicht des EuGH (im Urteil *Foster*[70]) **494**

*„gehört jedenfalls eine Einrichtung, die unabhängig von ihrer Rechtsform kraft staatlichen Rechtsakts unter staatlicher Aufsicht eine Dienstleistung im öffentlichen Interesse zu erbringen hat, und die hierzu mit besonderen Rechten ausgestattet ist, die über das hinausgehen, was für die Beziehungen zwischen Privatpersonen gilt, zu den Rechtssubjekten, denen die unmittelbar anwendbaren Bestimmungen einer Richtlinie entgegengehalten werden können."*

Dazu gehört zB auch ein vom Staat betrauter und kontrollierter Betreiber eines Mautsystems[71].

Der EuGH hat die **Ablehnung einer horizontalen unmittelbaren Wirkung von Richtlinien** auch gegen den Widerstand dreier Generalanwälte ausdrücklich aufrecht erhalten und seine Rechtsprechung insbesondere in den Fällen *Marleasing*[72] und *Faccini Dori*[73] und auch im Fall *Unilever Italia*[74] zu Recht bestätigt[75]. So entschied der EuGH im Urteil *Faccini Dori*: **495**

*„Eine Ausdehnung dieser Rechtsprechung auf den Bereich der Beziehungen zwischen Bürgern hieße, der Gemeinschaft die Befugnis zuzuerkennen, mit unmittelbarer Wirkung zu Lasten der Bürger Verpflichtungen anzuordnen, obwohl sie dies nur dort darf, wo ihr die Befugnis zum Erlaß von Verordnungen zugewiesen ist".*

Der EuGH verweist auf die – im horizontalen Verhältnis auch nicht unproblematische (vgl Rn 504 f) – richtlinienkonforme Auslegung und auf die Möglichkeit, vom Staat, der pflichtwidrig eine Richtlinie nicht rechtzeitig korrekt umsetzt, Schadensersatz zu verlan-

---

69  EuGH, Rs 152/84, Marshall/Health Authority, Slg 1986, 723, Rn 47 f = *HVL*, S. 13 ff = *Pechstein* Nr 38.

70  EuGH, Rs C-188/89, Foster/British Gas Corporation, Slg 1990, I-3313, Rn 20.

71  EuGH, Rs C-157/02, Rieser Internationale Transporte, Slg. 2004, I-477, Rn 24.

72  EuGH, Rs C-106/89, Marleasing/La Comercial International de Alimentación, Slg 1990, I-4135, Rn 6 = *HVL*, S. 20 f = *GO* Nr 123 = *MH* Nr 27.

73  EuGH, Rs C-91/92, Faccini Dori/Recreb, Slg 1994, I-3325, Rn 24 ff = *HVL*, S. 15 = *MH* Nr 40.

74  EuGH, Rs C-443/98, Unilever Italia/Central Food, Slg 2000, I-7535, Rn 50 = *Pechstein* Nr 40 = JuS 2001, 809 – *Streinz*. Vgl dazu *Gundel*, EuZW 2001, 143 ff. S. dazu Rn 492.

75  Vgl zur Festigung der Rspr *Ruffert*, in: Calliess/Ruffert, Art. 288 AEUV, Rn 60 ff mwN.

gen (s. Rn 510 ff). Damit würden nicht nur die Mitgliedstaaten zur Umsetzung gedrängt, sondern ggf auch dem durch die Richtlinie begünstigten Bürger geholfen.

**496**   Ungeachtet dieser st Rspr hat der EuGH immer wieder auch in **Streitigkeiten zwischen Privaten** eine Berufung auf Richtlinienvorschriften zugelassen, die von entscheidender Bedeutung für den Prozessausgang sein konnte[76]. Zur Erklärung dieses vermeintlichen Widerspruchs existieren unterschiedliche Ansätze in der Literatur[77]. Der EuGH scheint das Verbot der horizontalen Wirkung auf Richtlinienvorschriften begrenzen zu wollen, die eine Verpflichtung Einzelner begründen und daher in einem nationalen Gerichtsverfahren als Rechtsgrundlage der Entscheidung herangezogen werden müssten. Soweit die unmittelbare Wirkung aber nur dazu führt, dass richtlinienwidriges nationales Recht vom Richter nicht angewendet werden darf, ist dies hinzunehmen[78]. So entschied der EuGH im *Fall Unilever Italia*[79]:

> „*Zwar kann [...] eine Richtlinie nicht selbst Verpflichtungen Einzelner begründen und daher nicht als solche ihnen gegenüber herangezogen werden [...]; diese Rechtsprechung gilt jedoch nicht für den Fall, dass die Nichtbeachtung der Art. 8 und 9 der Richtlinie 83/ 189, die einen wesentlichen Verfahrensfehler darstellt, die Unanwendbarkeit der unter Verstoß gegen einen dieser Artikel erlassenen technischen Vorschrift nach sich zieht.*"

Im konkreten Fall konnte der Besteller einer Ware (Olivenöl) der Zahlungsklage des Lieferanten daher nicht entgegenhalten, dass die gelieferte Ware nach italienischem Recht nicht verkehrsfähig war, da die entsprechenden Vorschriften gegen die Informationsrichtlinie verstießen, die besondere Mitteilungspflichten der Mitgliedstaaten gegenüber der Kommission begründet.

**497**   Für Verwirrung sorgte das umstrittene Urteil *Mangold*[80], in dem der EuGH den Inhalt einer Richtlinie, deren Umsetzungsfrist noch nicht abgelaufen war, in einem Privatrechtsverhältnis zur Anwendung brachte, weil dieser einen (angeblichen) allgemeinen Grundsatz des Unionsrechts (Verbot der Diskriminierung aus Gründen des Alters) konkretisiere, wodurch sie auch Vorwirkungen (s. dazu Rn 509) entfalte. Im Fall *Kücükdevici* bestätigte der EuGH dies für den Fall nach Ablauf der Umsetzungsfrist[81]. Das BVerfG hat im *Honeywell*-Beschluss dieses Vorgehen des EuGH letztlich gebilligt[82]. Stellt man auf einen unmittelbar wirkenden primärrechtlichen allgemeinen Rechtsgrundsatz ab, lässt sich dies mit der bisherigen Rechtsprechung (noch) vereinbaren[83].

---

76   EuGH, Rs C-443/98, Unilever Italia, Slg 2000, I-7535, Rn 50 ff.
77   Vgl *Ruffert*, in: Calliess/Ruffert, Art. 288 AEUV, Rn 64 f; zum Drittschutz im Umwelt- und Vergaberecht vgl ebd., Rn 65. *Gundel*, EuZW 2001, 143 ff; *Herrmann*, Richtlinienumsetzung durch die Rechtsprechung, 2003, S. 64 ff.
78   Vgl *Haratsch/Koenig/Pechstein*, Rn 395 f.
79   EuGH, Rs 443/98, Slg 2000, I-7535, Rn 50. Kritisch zu der hier vertretenen Auffassung *Jarass/Beljin*, EuR 2004, 714 (720 ff). Die Kritik stützt sich dabei zentral auf das Urteil des EuGH in der Rs C-201/ 02, Wells/Secretary of State for Transport, Local Government and the Regions, Slg 2004, I-723, Rn 55 ff = *Pechstein* Nr 36. Bei genauer Betrachtung steht dieses Urteil der hier vertretenen Auffassung nicht entgegen. Vielmehr bestätigt der EuGH, dass eine unmittelbare Wirkung nur dann ausscheidet, wenn eine Richtlinienvorschrift unmittelbar zu einer Verpflichtung von Privaten führt. Vgl auch *Ruffert*, in: Calliess/Ruffert, Art. 288 AEUV, Rn 63: Faktische Belastungen sind zulässig, echte Rechtspflichten nicht. Vgl auch *Schroeder*, in: Streinz, Art. 288 AEUV, Rn 112, 115 f.
80   EuGH, Rs C-144/04, Mangold/Helms, Slg 2005, I-9981 = *Pechstein* Nr 27 = *HVL*, S. 162 ff = JuS 2006, 357 (*Streinz*). Vgl dazu auch *Herdegen*, § 8, Rn 57.
81   EuGH, Rs C-555/07, Kücükdevici, Slg 2010, I-365 = *Pechstein* Nr 28 = *HVL*, S. 164 ff.
82   BVerfGE 126, 286 (300 ff) = *HVL*, S. 80 ff. S. dazu Rn 250.
83   Vgl dazu *Streinz/Herrmann*, Der Fall Mangold – eine „kopernikanische Wende im Europarecht"?, RdA 2007, 165 (167 f).

Nach ständiger Rechtsprechung des EuGH hat eine unmittelbare Wirkung von Richtlinien **498** daher folgende **Voraussetzungen**, die für jede Richtlinienvorschrift gesondert zu prüfen ist:

1. Die Richtlinie muss so hinreichend genau formuliert sein, dass daraus unmittelbar (ohne Umsetzungsspielraum für den nationalen Gesetzgeber) Rechte abgeleitet werden können („**Self-executing**"-Charakter der Richtlinie). Soweit lediglich die Unanwendbarkeit innerstaatlichen Rechts geltend gemacht wird, ohne dass eine Richtlinienvorschrift selbst Anwendung finden soll, genügt es demgegenüber, wenn eine Überschreitung des Umsetzungsspielraums durch den Mitgliedstaat feststellbar ist.

2. Die in der Richtlinie festgelegte **Umsetzungsfrist** muss abgelaufen sein, ohne dass die Richtlinie vollständig und richtig umgesetzt worden ist. Das ist dann der Fall, wenn die von der Richtlinie erkennbar gewollte Rechtsfolge vom nationalen Recht nicht gewährleistet wird.

3. Die unmittelbare Wirkung der Richtlinienvorschrift darf nicht zu einer **Verpflichtung** eines Bürgers gegenüber dem Staat oder einer **unmittelbaren** Verpflichtung gegenüber einem anderen Einzelnen führen.

Angesichts des Wortlauts des Art. 288 Abs. 3 AEUV stellt die Entwicklung des Instituts **499** der unmittelbaren Wirkung durch den EuGH einen Fall der Rechtsfortbildung dar, der jedoch von der Kompetenz des EuGH zur Wahrung des Rechts gedeckt ist[84]. Widerstand gegen diese Rechtsprechung des EuGH kamen vom französischen Conseil d'Etat[85] und vom deutschen BFH[86]; der des Letzteren ist durch das BVerfG[87] beseitigt. Die unmittelbare Wirkung von Richtlinien bildet mittlerweile einen festen und anerkannten Bestandteil der Unionsrechtsordnung.

**Lösung Fall 16** (Rn 488): Das deutsche Gericht hat Unionsrecht anzuwenden und entge- **500** genstehendes nationales Recht außer Anwendung zu lassen, soweit das Unionsrecht unmittelbar anwendbar ist. Unmittelbar anwendbar können Bestimmungen des primären Unionsrechts und Verordnungen sein. Hier handelt es sich aber um eine Richtlinie, die gemäß Art. 288 Abs. 3 AEUV der Umsetzung bedarf. Diese ist hier nicht erfolgt.

Gleichwohl können nach ständiger und gefestigter Rechtsprechung des EuGH auch Richtlinien unmittelbare Wirkung (Unterschied zur unmittelbaren Geltung der VO: Die Richtlinie bedarf nach wie vor der Umsetzung) entfalten. Wortlaut und System des Art. 288 Abs. 3 AEUV (vgl mit Abs. 2) stehen nicht zwingend entgegen. Aus der unmittelbaren Geltung von Verordnungen folgt ihre unmittelbare Wirkung. Dies schließt aber nicht aus, dass Richtlinien aus anderen Gründen ebenfalls unmittelbare Wirkung entfalten können. Sinn und Zweck der Vorschrift fordern dies aber. Die verbindliche Wirkung der Richtlinie und damit ihre praktische Wirksamkeit („nützliche Wirkung", „effet utile") wäre in Frage gestellt, wenn sich die Mitgliedstaaten durch bloße Nichtumsetzung ihren Verpflichtungen entziehen könnten. Ein Vertragsverletzungsverfahren gemäß Art. 258 AEUV ist insoweit unzureichend, da es die Verzögerung der Umsetzung nicht verhindert. Effektivität und Ein-

---

84  BVerfGE 75, 223 (235 ff) mwN.
85  EuR 1979, 292 ff („Cohn-Bendit"). Vgl zur seitherigen Entwicklung der Rspr *M. Breuer*, Zur unmittelbaren Wirkung von EG-Richtlinien im französischen Verwaltungsrecht, EuGRZ 2007, 655 (658 ff) mwN. Vgl auch EGMR, Urt. v. 16.4.2002, Dangeville/Frankreich, EuGRZ 2007, 671 (674 f), Nr 46 ff.
86  BFHE 143, 383.
87  BVerfGE 75, 223 (s. **Fall 29**, Rn 729). Bestätigt und erweitert durch BVerfGE 126, 286 (305 ff) – Honeywell.

heitlichkeit des Unionsrechts sowie die Sicherung der Rechte der dadurch begünstigten Bürger, ferner der Sanktionsgedanke erfordern eine unmittelbare Wirkung von Richtlinien. Voraussetzungen dafür sind:

1. Die betreffende Bestimmung einer Richtlinie muss hinreichend genau sein, damit sich ein Einzelner auf sie berufen und ein Gericht sie anwenden kann. Dabei kommt es auf die konkrete Bestimmung an. Hier „befreien" nach der Richtlinie die Mitgliedstaaten die Kreditvermittlung von der Umsatzsteuer. Diese Bestimmung ist hinreichend genau (wenn die Richtlinie vorsieht, dass die Mitgliedstaaten die Bedingungen zur Abwehr von Missbräuchen noch festsetzen können, ändert dies nichts an der unbedingten Befreiung von Kreditvermittlungen von der Umsatzsteuer).

2. Die Umsetzungsfrist muss abgelaufen sein. Dies ist hier geschehen.

3. Die Richtlinie darf nicht selbst zu einer Verpflichtung eines Einzelnen führen (s. aber Rn 503). Auch dies ist hier der Fall, da B durch sie sogar begünstigt wird.

**Ergebnis:** B kann sich daher auf die Richtlinie berufen. Aber auch ohne diese Geltendmachung müsste das Gericht der Richtlinie durch Außer-Acht-Lassen des entgegen stehenden nationalen Umsatzsteuergesetzes Anwendungsvorrang verschaffen. Die Klage hat daher Aussicht auf Erfolg.

501     **Lösung Fall 17** (Rn 489): Die einschlägige Bestimmung der Richtlinie ist inhaltlich unbedingt und hinreichend genau, um daraus Rechte abzuleiten. Auch die Umsetzungsfrist ist abgelaufen. Der unmittelbaren Wirkung der Richtlinie mit der Folge, dass ihr widersprechendes spanisches Recht außer Anwendung zu bleiben hat, könnte aber entgegenstehen, dass aus der Richtlinie Rechte nicht gegen den Staat, sondern gegen eine Privatperson hergeleitet werden. Der EuGH hat in ständiger und gefestigter Rechtsprechung eine Verpflichtung von Individuen durch eine nicht umgesetzte Richtlinie zu Recht ausdrücklich abgelehnt und auch für Verbraucherschutzrichtlinien trotz Art. 169 AEUV keine Ausnahme gemacht[88]. Der Einzelne ist nicht Adressat der Richtlinie, sodass die Argumente der Verbindlichkeit (Problem: Streitentscheidendes Gericht als staatliches Organ; entscheidend ist jedoch die Wirkung der Norm im Verhältnis zwischen den Streitparteien), der Sanktionswirkung und des Unterbindens eines Rechtsmissbrauchs nicht greifen. Zudem stehen das Problem, dem Individuum die Konkretisierung von eigenen Pflichten aus einer an die Mitgliedstaaten gerichteten Richtlinie zuzumuten, Gründe der Rechtssicherheit sowie die fehlende Kompetenz der EU, mittels Richtlinien mit unmittelbarer Wirkung zulasten der Bürger Verpflichtungen anzuordnen, was Verordnungen vorbehalten bleibt, einer verpflichtenden Wirkung entgegen.

**Ergebnis:** K kann sich auf die Richtlinie nicht berufen. In Betracht kommt aber eine richtlinienkonforme Auslegung des spanischen Rechts dahingehend, dass die Richtlinie eine Regelungslücke schließt („positive Wirkung"). Dazu müsste der Sachverhalt aber nähere Angaben enthalten.

(Im konkreten Fall wurde das spanische Recht wegen Verstoßes gegen den deutschen ordre public, Art. 6 EGBGB, nicht angewandt).

---

88   EuGH, Rs C-192/94, El Corte Inglés, Slg 1996, I-1281, Rn 17 f.

### d) Pflicht zur richtlinienkonformen Auslegung

**Fall 18** (nach EuGH, Rs 79/83, Harz/Tradax, Slg 1984, 1921 und Rs 14/83, von Colson und Kamann, Slg 1984, 1891 = *HVL*, S. 26 ff= *GO* Nr 118 = *MH* Nr 15):    **502**
Die T-GmbH schrieb eine Stelle aus, in der sie leistungsbereiten Hochschulabsolventen der Wirtschaftswissenschaften „Das Sprungbrett für eine Managerkarriere" bot. Als sich Frau H um diese Stelle bewarb, teilte ihr die GmbH mit, dass für diese Position nur männliche Bewerber in Betracht kämen. Ihre allgemein gute Qualifikation wurde nicht in Zweifel gezogen. Daraufhin erhob Frau H Klage mit dem Antrag, die GmbH zu ihrer Einstellung, hilfsweise zur Leistung von Schadensersatz in Höhe von DM 12 000 (= 6135 €; drei Monatsgehälter) und äußerst hilfsweise zur Leistung von Schadensersatz in Höhe von DM 2,31 (= 1,18 €; Telefon- und Portokosten für die Bewerbung) zu verurteilen. Sie machte einen Verstoß gegen *§ 611a BGB aF* sowie gegen *Art. 2 und 3 der RL 76/207*[89] des Rates zur Verwirklichung des Grundsatzes der Gleichbehandlung von Männern und Frauen hinsichtlich des Zugangs zur Beschäftigung, zur Berufsausbildung und zum beruflichen Aufstieg sowie in Bezug auf die Arbeitsbedingungen geltend. Diese Bestimmungen lauten: „Der Grundsatz der Gleichbehandlung ... beinhaltet, dass keine unmittelbare oder mittelbare Diskriminierung auf Grund des Geschlechts ... erfolgen darf". „Die Anwendung des Grundsatzes der Gleichbehandlung beinhaltet, dass bei den Bedingungen des Zugangs – einschließlich der Auswahlkriterien – zu den Beschäftigungen oder Arbeitsplätzen ... keine Diskriminierung auf Grund des Geschlechts erfolgt". Gemäß *Art. 6 der RL* erlassen die Mitgliedstaaten die innerstaatlichen Vorschriften, die notwendig sind, damit jeder, der sich wegen Nichtanwendung des Grundsatzes der Gleichbehandlung auf seine Person für beschwert hält, seine Rechte gerichtlich geltend machen kann. Hat die Klage Aussicht auf Erfolg? *§ 611a Abs. 2 Satz 1 BGB* lautete in der bis zum 1.9.1994 gültigen Fassung: „Ist ein Arbeitsverhältnis wegen eines von dem Arbeitgeber zu vertretenden Verstoßes gegen das Benachteiligungsverbot des Absatzes 1 nicht begründet worden, so ist er zum Ersatz des Schadens verpflichtet, den der Arbeitnehmer dadurch erleidet, dass er darauf vertraut, die Begründung des Arbeitsverhältnisses werde nicht wegen eines solchen Verstoßes unterbleiben". **(Lösung: Rn 508)**

Obgleich eine unmittelbare Wirkung von belastenden Richtlinien, die Verpflichtungen von Individuen begründen, abzulehnen ist, können auch diese **Auswirkungen** im „horizontalen" Verhältnis Bürger/Bürger haben. Das nationale Recht, das die von einer Richtlinie geregelte Materie betrifft, ist von nationalen Gerichten und Behörden nämlich soweit wie möglich im Lichte von Wortlaut und Zweck der Richtlinie auszulegen. Diese **Pflicht zur richtlinienkonformen Auslegung** allen nationalen Rechts im Regelungsbereich der Richtlinie (unabhängig davon, ob vor oder nach der Richtlinie erlassen) entnimmt der EuGH der Umsetzungsverpflichtung. Da alle Träger öffentlicher Gewalt der Mitgliedstaaten verpflichtet sind, die volle Wirksamkeit des Unionsrechts zu garantieren, muss nicht nur der Gesetzgeber sondern müssen auch nationale Behörden und Gerichte[90] auf der Ebene der Rechtsanwendung die Erreichung der Ziele von Richtlinien sicherstellen und damit zur Erfüllung der Umsetzungsverpflichtung beitragen. Dies kann so weit gehen, dass eine Vorschrift in Bezug zu anderen Vorschriften in bestimmter Weise ausgelegt werden muss und zB Recht-    **503**

89   ABl 1976 L 39/40. S. zur Ersetzung dieser Richtlinie durch RL 2006/54/EG (Sart. II Nr 195) Rn 1179.
90   Vgl EuGH, Rs C-212/04, Adeneler ua/ELOG, Slg 2006, I-6057, Rn 115 = *Pechstein* Nr 29 = *HVL*, S. 34: Die Pflicht besteht ab Ablauf der Umsetzungspflicht. Vgl aber zu Vorwirkungen Rn 507, 509.

fertigungsgründe entfallen oder bestimmte Ansprüche nicht ausgeschlossen werden dürfen (vgl **Fall 18**, s. Rn 502/508)[91].

**504** Der Unterschied zur unmittelbaren Wirkung ist teilweise fließend, vom EuGH aber in den Fällen *Marleasing*[92], *Océano*[93] und im Verfahren *Pfeiffer*[94] bestätigt worden. Während bei der unmittelbaren Wirkung Rechtsfolgen unmittelbar an Richtlinienvorschriften anknüpfen, bedarf es bei der Pflicht zur richtlinienkonformen Auslegung eines nationalen, auslegungsfähigen Regelungsrahmens. Für die richtlinienkonforme Auslegung gilt damit grundsätzlich die gleiche Grenze wie für die unmittelbare Wirkung, dh sie darf nicht dazu führen, dass eine vorher im nationalen Recht nicht bestehende Pflicht begründet wird oder etwa ein Verhalten ohne nationalen Umsetzungsakt unter Rückgriff auf eine Richtlinie als strafbar bewertet wird[95]. Entsprechend der – auch in horizontalen Rechtsverhältnissen – uneingeschränkten Pflicht zur Außerachtlassung richtlinienwidriger nationaler Rechtsvorschriften ist nationales Recht auch richtlinienkonform zu reduzieren. Dies hat der EuGH 2004 in seinem Urteil *Pfeiffer* ausdrücklich bestätigt[96]. Ob im Einzelfall eher eine richtlinienkonforme Reduktion oder die Außerachtlassung der nationalen Vorschrift angezeigt ist, hängt wesentlich davon ab, ob für das nationale Recht ein richtlinienkonformer Anwendungsbereich verbleibt. Daneben findet die Pflicht zur richtlinienkonformen Auslegung ihre Grenze in der Auslegungsfähigkeit des nationalen Rechts. Soweit nationale Gerichte auch zur Rechtsfortbildung berechtigt sind, müssen sie gegebenenfalls das nationale Recht auch richtlinienkonform fortbilden[97].

**505** Bedenklich weit geht der BGH, wenn er ein Gesetz entgegen dem Wortlaut und dem erklärten Regelungswillen des Gesetzgebers durch Änderung des Inhalts mit der Begründung umdeutet, der Gesetzgeber habe im Einklang mit der Richtlinie handeln wollen[98]. Im *Quelle*-Fall sah der BGH eine planwidrige Lücke dann, wenn der Gesetzgeber, der „eigentlich" in Einklang mit der Richtlinie handeln wollte, deren Vorgaben aber verkannt habe[99]. Dies führt zu einer bedenklichen Rechtsunsicherheit für den Normadressaten[100]. Eine Auslegung contra legem lehnt der EuGH ausdrücklich bei strafrechtlichen Vorschriften ab[101]. Eine Schranke sieht er zudem im Grundsatz

91 Vgl ferner Rs C-177/88, Dekker/Stichting Vormingscentrum voor Jong Volwassenen, Slg 1990, I3941, Rn 25 f.
92 EuGH, Rs C-106/89, Marleasing/La Comercial Internacional, Slg 1990, I-4135, Rn 6 ff (s. Fn 72).
93 Vgl EuGH, verb Rs C-240 bis 244/98, Océano Grupo Editorial ua, Slg 2000, I-4941, Rn 30 sowie die Schlussanträge des GA *Saggio* zur selben Rs, Nr 28 ff.
94 EuGH, verb Rs C-397/01 bis C-403/01, Bernhard Pfeiffer ua/DRK Kreisverband Waldshut eV, Rn 109 ff, Slg 2004, I-8835, Rn 108 ff = *Pechstein* Nr 39 = *HVL*, S. 33 f = JuS 2005, 357 – *Streinz*.
95 EuGH, Rs 80/86, Kolpinghuis Nijmegen, Slg 1987, 3969, Rn 13 (s. Fn 62).
96 EuGH, verb Rs C-397/01 bis C-403/01, Pfeiffer ua/DRK, Slg 2004, I-8835, Rn 116 (s. Fn 94).
97 Ausführlich *Herrmann*, Richtlinienumsetzung durch die Rechtsprechung, 2003, S. 128 ff.
98 Vgl BGHZ 150, 248 – Haustürgeschäfte über Verbraucherkredite. Vgl dazu *Herdegen*, § 8, Rn 48.
99 BGHZ 179, 27 = *HVL*, S. 29 ff: „Richtlinienkonforme Rechtsfortbildung durch teleologische Reduktion des § 439 Abs. 4 BGB" auf einen mit Art. 3 RL 1999/44/EG (ABl 1999 L 171/12) in der Auslegung durch EuGH, Rs C-404/06, Quelle, Slg. 2008, I-2685 zu vereinbarenden Inhalt. Vgl dazu *Kruis/Michl*, EuZW 2009, Heft 2, S. V.
100 Zutreffend *Herdegen*, § 8, Rn 48.
101 EuGH, Rs C-387/02 ua, Berlusconi, Slg. 2005, I-3565, Rn 74. Ebenso EuGH, Rs C-105/03, Pupino, Slg. 2005, I-5258, Rn 44, 47 zur „rahmenbeschlusskonformen Auslegung".

der Rechtssicherheit als allgemeinem Grundsatz des Unionsrechts[102]. Scheitert daran eine richtlinienkonforme Auslegung, kommt ein Staatshaftungsanspruch wegen unzureichender Richtlinienumsetzung in Betracht[103].

Die Pflicht zur richtlinienkonformen Auslegung gilt uneingeschränkt erst vom Ablauf **506** der Umsetzungsfrist an[104] und auch dann noch, wenn die Richtlinie bereits ordnungsgemäß in nationales Recht umgesetzt worden ist[105].

Fraglich ist, ob eine richtlinienkonforme Auslegung schon **vor Ablauf der Umset- 507 zungsfrist** zulässig oder sogar geboten ist. Der BGH sah sich an einer von seiner bisherigen Rechtsprechung (grundsätzliches Verbot der vergleichenden Werbung) abweichenden Auslegung der Generalklausel („gute Sitten") des *§ 1 UWG aF*[106] in Einklang mit der RL 97/55/EG[107], die die vergleichende Werbung unter bestimmten Voraussetzungen ausdrücklich zulässt, bereits vor Ablauf der Umsetzungsfrist nicht gehindert. Lasse sich Richtlinienkonformität mittels einfacher Auslegung im nationalen Recht herstellen, so sei der Richter jedenfalls nach deutschem Rechtsverständnis befugt, sein bisheriges Auslegungsergebnis zu korrigieren und den geänderten rechtlichen und tatsächlichen Verhältnissen Rechnung zu tragen. Dies gelte grundsätzlich auch für den Zeitraum vor Ablauf der Umsetzungsfrist[108]. Dagegen werden verfassungsrechtliche Bedenken dahingehend erhoben, dass die Gerichte hier in die Kompetenzen des Gesetzgebers eingreifen würden[109]. Diese greifen insoweit, aber auch nur insoweit nicht durch, als dem nationalen Gesetzgeber kein Spielraum bei der Umsetzung bleibt[110]. Im vom BGH entschiedenen Fall der vergleichenden Werbung war dies gegeben, wenngleich entgegen der ursprünglichen Absicht die Richtlinie noch legislativ umgesetzt wurde[111]. Hinzu kommt, dass ein Verhalten, das der europäische Gesetzgeber als grundsätzlich zulässig bezeichnet hat, unabhängig vom Ablauf der Umsetzungsfrist kaum mehr als Verstoß gegen die „guten Sitten" angesehen werden kann (zu Vorwirkungen der Richtlinie s. Rn 509). Unionsrechtlich ist allein entscheidend, dass die Umsetzung in jedem Fall „unzweifelhaft verbindlich" sein muss (vgl Rn 485)[112].

---

102 So ausdrücklich EuGH, Rs C-268/06, Impact, Slg 2008, I-2483, Rn 100 ff. Ein nationales Gericht könne deshalb nicht gezwungen werden, zur richtlinienkonformen „Auslegung" contra legem zu entscheiden.

103 EuGH, Rs C-212/04, Adeneler ua/ELOG, Slg 2006, I-6057, Rn 110, 112 = *Pechstein* Nr 29 = *HVL*, S. 34.

104 EuGH, Rs C-212/04, Adeneler ua/ELOG, Slg 2006, I-6057, Rn 115.

105 EuGH, Rs C-421/92, Habermann Beltermann/Arbeiterwohlfahrt, Slg 1994, I-1657, Rn 10. Beispiele: BAG, EuZW 1998, 94; BGH, EuZW 1998, 444. Zu den verfassungsrechtlichen Grenzen einer unionsrechtskonformen Auslegung nationalen Rechts vgl *Di Fabio*, NJW 1990, 947 (947 ff) und *Nettesheim*, AöR 119 (1994), 261 (261 ff).

106 § 1 UWG in der bis zur UWG-Novelle 2004 (BGBl. 2004 I 1414) geltenden Fassung.

107 ABl 1997 L 290/18. Mittlerweile neu verkündet als RL 2006/114/EG des EP und der Rates über irreführende und vergleichende Werbung (ABl 2006 L 376/21).

108 BGHZ 138, 55 (59 ff) – Testpreis-Angebot = NJW 1998, 2208 EuZW 1998, 474 (476 f) mit Anm. *F. Bayreuther* und *Leible/Sosnitza*, NJW 1998, 2507 (2507 ff). Bestätigt in BGHZ 139, 378 (381) – Preisvergleichsliste II.

109 So zB *V. Götz*, NJW 1992, 1849 (1954); *Ehricke*, EuZW 1999, 553 (557 f). Vgl zum Streitstand *J. Sack*, WRP 1998, 241 (242 ff) mwN.

110 Vgl auch *Lecheler/Gundel*, Einführung in das Europarecht, 2. Aufl. 2003, S. 129 f.

111 Gesetz vom 13.9.2000 (BGBl. I 1374: *§ 2 UWG*). Jetzt § 6 UWG vom 3.7.2004 (BGBl. I 1414), geändert durch UWG-Novelle 2008 (BGBl 2008 I 2949).

112 EuGH, verb Rs C-178, 179, 188, 189, 190/94, Dillenkofer, Slg 1996, I-4845, Rn 48 = *Pechstein* Nr 67. Ausführlich dazu *Herrmann*, Richtlinienumsetzung durch die Rechtsprechung, 2003, S. 212 ff.

**508**   **Lösung Fall 18** (Rn 502):

1. Ein Schadensersatzanspruch konnte sich aus *§ 611a Abs. 2 S. 1* aF BGB ergeben. Ein Verstoß gegen das Benachteiligungsverbot liegt vor, da eine Rechtfertigung der unterschiedlichen Behandlung gemäß *§ 611a Abs. 1 S. 2 aF BGB* nicht ersichtlich ist.

2. Der bis 1.9.1994 geltende *§ 611a Abs. 2 S. 1* aF BGB verpflichtete zum Ersatz des Vertrauensschadens. Die Bestimmung wurde durch das arbeitsrechtliche EG-Anpassungsgesetz eingefügt, durch das die *RL 76/207* umgesetzt werden sollte. Als ersatzpflichtigen Vertrauensschaden könnte man im vorliegenden Fall allein die vergeblich aufgewendeten Bewerbungskosten von DM 2,31 (= 1,18 €) ansehen. Dies erscheint unbefriedigend, da durch einen solchen Schadensersatz kein gesetzeskonformes Verhalten der Arbeitgeber erreicht werden kann. Unter Berücksichtigung der EG-Richtlinie könnte aber ein anderes Ergebnis geboten sein.

3. Zwar belässt Art. 288 Abs. 3 AEUV den Mitgliedstaaten die Freiheit bei der Wahl der Mittel und Wege zur Durchführung einer Richtlinie, doch lässt diese Freiheit ihre Verpflichtung unberührt, im Rahmen ihrer nationalen Rechtsordnung alle erforderlichen Maßnahmen zu ergreifen, um die vollständige Wirksamkeit der Richtlinie entsprechend ihrer Zielsetzung zu gewährleisten. Die *RL 76/207* (jetzt RL 2006/54) hat zum Ziel, in den Mitgliedstaaten den Grundsatz der Gleichbehandlung von Männern und Frauen insbesondere dadurch zu verwirklichen, dass den Arbeitnehmern beiderlei Geschlechts tatsächliche Chancengleichheit beim Zugang zur Beschäftigung gewährleistet wird (*Art. 2 und 3 RL 76/207*, vgl jetzt Art. 14 RL 2006/54). *Art. 6 RL 76/207* (jetzt Art. 17 RL 2006/54: neu sind die Präzisierungen hinsichtlich Schadenersatz oder Entschädigung, Art. 18, und Beweislast, Art. 19) verpflichtet die Mitgliedstaaten zum Erlass der innerstaatlichen Rechtsvorschriften, die notwendig sind, damit jeder, der sich durch eine Diskriminierung für beschwert hält, seine Rechte gerichtlich geltend machen kann. Aus dieser Bestimmung folgt, dass die Mitgliedstaaten verpflichtet sind, Maßnahmen zu ergreifen, die hinreichend wirksam sind, um das Ziel der Richtlinie zu erreichen, und dafür Sorge zu tragen, dass die Betroffenen sich vor den nationalen Gerichten tatsächlich auf diese Maßnahme berufen können. Zu solchen Maßnahmen könnten zB Vorschriften gehören, die den Arbeitgeber zur Einstellung des diskriminierten Bewerbers verpflichten oder eine angemessene finanzielle Entschädigung gewähren und die gegebenenfalls durch eine Bußgeldregelung verstärkt werden. Zwar schrieb die Richtlinie *76/207* keine bestimmte Sanktion vor; wirkliche Chancengleichheit kann aber nicht ohne eine geeignete Sanktionsregelung erreicht werden. Diese muss geeignet sein, einen tatsächlichen und wirksamen Rechtsschutz zu gewährleisten, und eine wirklich abschreckende Wirkung gegenüber dem Arbeitgeber haben. Entscheidet sich der Mitgliedstaat dafür, als Sanktion für den Verstoß gegen das Diskriminierungsverbot eine Entschädigung zu gewähren, so muss diese jedenfalls in einem angemessenen Verhältnis zum erlittenen Schaden stehen. Folglich wird eine nationale Rechtsvorschrift, die die Schadensersatzansprüche von Personen, die Opfer einer Diskriminierung beim Zugang zur Beschäftigung wurden, auf eine rein symbolische Entschädigung wie etwa die Erstattung ihrer Bewerbungskosten beschränkt, den Erfordernissen einer wirksamen Umsetzung der Richtlinie nicht gerecht. Die nationalen Gerichte müssen bei der Anwendung des nationalen Rechts, insbesondere auch der Vorschriften eines speziell zur Durchführung der *RL 76/207* erlassenen Gesetzes, dieses im Lichte des Wortlauts und des Zwecks der Richtlinie unter Ausschöpfung aller Möglichkeiten so auslegen, dass das Richtlinienziel erreicht wird.

4. Das deutsche Arbeitsgericht hatte *§ 611a Abs. 2* aF BGB im Lichte der Richtlinie mit dem Ziel auszulegen, den Forderungen, wie sie vom EuGH präzisiert wurden, möglichst nahe zu kommen. *§ 611a Abs. 2* aF BGB gewährte zwar nur einen Anspruch auf Ersatz des Vertrauensschadens; dies stand jedoch einem Schadensersatz wegen Verletzung des allge-

meinen Persönlichkeitsrechts nicht entgegen. Das BAG[113] hat daher entschieden, dass die Entschädigung grundsätzlich der Arbeitsvergütung für einen Monat entsprechen müsse, in bestimmten Fällen aber auch geringer sein oder ganz entfallen könne. Da diese Rechtsfortbildung durch das BAG sowohl dogmatisch als auch praktisch unbefriedigend war, hat der Gesetzgeber in *§ 611a Abs. 2 aF BGB* eine angemessene Entschädigung in Geld in Höhe von höchstens drei Monatsverdiensten vorgesehen.

Nach der folgenden Rechtsprechung des EuGH zur Auslegung der *RL 76/207*[114] durfte die Schadensersatzsumme aber grundsätzlich nicht durch eine nationale gesetzliche Regelung im Voraus begrenzt werden (vgl jetzt Art. 18 S. 2 RL 2006/54). Daher mussten in Deutschland diese Höchstgrenze und das Summenbegrenzungsverfahren des § 61b Abs. 2 ArbGG beseitigt werden, ebenso das Erfordernis eines Verschuldens des potenziellen Arbeitgebers[115].

**Ergebnis:** Die Klage der H ist im ersten Hilfsantrag zumindest teilweise begründet.

### e) Vorwirkung von Richtlinien

Richtlinien entfalten schon ab dem Zeitpunkt ihres Inkrafttretens, also bereits vor Ablauf der Umsetzungsfrist, die der Mitgliedstaat ausschöpfen darf, gewisse **Vorwirkungen**. Die Mitgliedstaaten müssen während der Umsetzungsfrist den Erlass von Vorschriften unterlassen, die geeignet sind, das in der Richtlinie vorgeschriebene Ziel ernstlich in Frage zu stellen (**Frustrationsverbot**)[116]. Da dies für alle Staatsorgane gilt, müssen Behörden und Gerichte bereits ab dem Zeitpunkt des Inkrafttretens einer Richtlinie es soweit wie möglich unterlassen, das innerstaatliche Recht auf eine Weise auszulegen, „die die Erreichung des mit dieser Richtlinie verfolgten Zieles nach Ablauf der Umsetzungsfrist ernsthaft gefährden würde"[117]. Dies verpflichtet ggf bereits zur entsprechenden Auslegung von Generalklauseln wie „gute Sitten" (vgl Rn 507). Im Fall *Mangold* hat der EuGH eine Vorwirkung von Richtlinien angenommen, die einen (angeblichen) allgemeinen Rechtsgrundsatz der Unionsrechts konkretisieren (s. dazu Rn 497).

**509**

113  BAG, EuR 1990, 362.
114  EuGH, Rs C-271/91, Marshall II, Slg 1993, I-4367, Rn 30; Rs C-180/95, Draehmpaehl/Urania, Slg 1997, I-2195, Rn 16 ff, 23 ff.
115  Gesetz zur Änderung des Bürgerlichen Gesetzbuchs (*§ 611a*) und des Arbeitsgerichtsgesetzes vom 29.6.1998, BGBl. I, S. 1694. *§ 611a* BGB wurde durch das Gesetz zur Umsetzung europäischer Richtlinien zur Verwirklichung der Gleichbehandlung (BGBl. 2006 I 1897) mit Wirkung vom 18.8.2006 aufgehoben. Die entsprechende Regelung erfolgt jetzt in § 11 iVm § 7 Abs. 1 iVm § 1 sowie § 15 Allgemeines Gleichbehandlungsgesetz (AGG) – Schönfelder Nr 34. § 61b ArbGG (Schönfelder Nr 83) wurde an § 15 AGG angepasst.
116  EuGH, Rs C-129/96, Inter-Environment Wallonie/Région wallone Slg 1997, I-7411, Rn 45 = *HVL*, S. 33; EuGH, Rs C-14/02, ATRAL SA/Belgischer Staat, Slg 2003, I-4431, Rn 58; vgl dazu *W. Weiß*, DVBl. 1998, 568 ff. Dies folgt aus Art. 4 Abs. 3 EUV und Art. 288 Abs. 3 AEUV und entspricht dem sog. „Frustrationsverbot" des Art. 18 WVRK (Sart. II Nr 320; *Schwartmann* Nr 22). Zu Vorwirkungen der Flora-Fauna-Habitat-RL 92/43/EWG (ABl 1992 L 206/7), kodifiziert durch RL 2006/105/EG (ABl 2006 L 363/368), zuletzt geändert durch RL 2013/17/EU (ABl 2013 L 158/193) vgl BVerwGE 107,1 (22). Vgl dazu *Herdegen*, § 8, Rn 43.
117  EuGH, Rs C-212/04, Adeneler ua/ELOG, Slg 2006, I-6057, Rn 122 f = *Pechstein* Nr 29 = *HVL*, S. 34.

### f) Haftung der Mitgliedstaaten gegenüber den Bürgern für nicht umgesetzte Richtlinien

**510** Die nicht fristgerechte oder fehlerhafte Umsetzung von Richtlinien führt, ungeachtet der Möglichkeiten unmittelbarer Wirkung oder zumindest der Berücksichtigung bei der Auslegung nationalen Rechts, zu gefährlichen Beeinträchtigungen der Einheitlichkeit des Unionsrechts. Der EuGH hat daher ein weiteres Instrument entwickelt, das zum einen den Richtlinien und damit dem Unionsrecht Wirkung verleiht, zum anderen den durch die Richtlinie begünstigten Bürgern hilft, zu ihrem Recht zu kommen: Die Haftung eines Mitgliedstaates bei nicht fristgerechter Umsetzung einer Richtlinie. Ihre Begründung findet sie als allgemeiner Grundsatz des Unionsrechts (s. dazu Rn 461 ff). Voraussetzung der Haftung ist die Verleihung von Rechten an Einzelne, die Bestimmbarkeit dieser Rechte auf der Grundlage der Richtlinie und ein Kausalzusammenhang zwischen dem Verstoß gegen die Umsetzungspflicht und dem eingetretenen Schaden. Vgl dazu

**511** **Fall 19** (nach EuGH, verb Rs C-6/90 und C-9/90, Francovich ua/Italien, Slg 1991, I-5357 = *HVL*, S. 223 ff = *Pechstein* Nr 58, 64 = *GO* Nr 137 = *PSK*, Fall 25 = *MH* Nr 34):

Durch die RL 80/987[118] soll den Arbeitnehmern auf Unionsebene ein Mindestschutz bei Zahlungsunfähigkeit des Arbeitgebers unbeschadet von in den Mitgliedstaaten bestehenden günstigeren Bestimmungen gewährleistet werden. Dazu sieht die Richtlinie insbesondere spezielle Garantien für die Befriedigung nicht erfüllter Ansprüche der Arbeitnehmer auf das Arbeitsentgelt vor. Obwohl die Frist zur Umsetzung bereits 1983 ablief, ist Italien seinen Verpflichtungen bis zum Zeitpunkt der Entscheidung nicht nachgekommen. Arbeitnehmer F, der von seinem privaten Arbeitgeber seit Monaten keinen Lohn bekommen hatte, war zwar mit seiner Zahlungsklage erfolgreich; eine Vollstreckung scheiterte jedoch mangels Masse des in Konkurs gegangenen Unternehmens. Er verlangt deshalb von der Italienischen Republik Schadensersatz und stützt sich dabei auf die RL 80/987. Mit Aussicht auf Erfolg?

**Lösung Fall 19:**

**1. Anspruch aus der Richtlinie**

Ein solcher Anspruch käme dann in Betracht, wenn die Richtlinie eine entsprechende Bestimmung enthält, der unmittelbare Wirkung zukommt. Da die Klage gegen den Staat gerichtet ist, könnte dieser die eigene Verletzung des Unionsrechts durch Nichtumsetzung dem F nicht entgegenhalten. Die Richtlinie (vgl Art. 3) ist aber in einem entscheidenden Punkt (Festlegung des Schuldners) nicht unbedingt und hinreichend genau bestimmt, um zur unmittelbaren Anwendung geeignet zu sein.

**2. Haftung des Staates für Schäden, die durch die unionsrechtswidrige Nichtumsetzung der Richtlinie verursacht wurden**

**a) Begründung des Anspruchs**

Der EuGH begründet einen im *Unionsrecht* fußenden Anspruch aus dem allgemeinen System und den fundamentalen Grundsätzen der Verträge. Diese haben eine eigene Rechtsordnung geschaffen, die in die Rechtsordnungen der Mitgliedstaaten aufgenommen wurde und von den nationalen Gerichten anzuwenden ist. Rechtssubjekte dieser Rechtsordnung sind

---

118  ABl 1980 L 283/23. Aufgehoben und ersetzt (kodifiziert) durch RL 2008/94/EG des EP und des Rates vom 22.10.2008, ABl 2008 L 283/36; *Bieber/Knapp* Nr V.10.6.

nicht nur die Mitgliedstaaten, sondern auch die Einzelnen, denen das Unionsrecht, ebenso wie es ihnen Pflichten auferlegt, auch Rechte verleihen soll. Solche Rechte entstehen nicht nur, wenn die Verträge es ausdrücklich bestimmen, sondern auch auf Grund von eindeutigen Verpflichtungen, die die Verträge den Einzelnen wie auch den Mitgliedstaaten und den Organen der Union auferlegen. Die nationalen Gerichte, die im Rahmen ihrer Zuständigkeiten die Bestimmungen des Unionsrechts anzuwenden haben, müssen die volle Wirkung dieser Bestimmungen gewährleisten und die Rechte schützen, die das Unionsrecht den Einzelnen verleiht (vgl Rn 715 f). Die volle Wirksamkeit der unionsrechtlichen Bestimmungen wäre aber beeinträchtigt und der Schutz der durch sie begründeten Rechte gemindert, wenn Individuen nicht die Möglichkeit hätten, für den Fall eine Entschädigung zu verlangen, dass ihre Rechte durch einen Verstoß gegen das Unionsrecht verletzt werden, der einem Mitgliedstaat zuzurechnen ist. Dieser Anspruch ist vor allem dann unerlässlich, wenn der Einzelne gerade durch die Untätigkeit des Staates daran gehindert wird, die ihm durch das Unionsrecht zuerkannten Rechte vor den nationalen Gerichten geltend zu machen. Ferner verpflichtet Art. 4 Abs. 3 EUV die Mitgliedstaaten, die rechtswidrigen Folgen eines Verstoßes gegen das Unionsrecht zu beheben. Nach alledem ist es ein Grundsatz des Unionsrechts, dass die Mitgliedstaaten zum Ersatz der Schäden verpflichtet sind, die den Einzelnen durch Verstöße gegen das Unionsrecht entstehen, die diesen Staaten zuzurechnen sind.

### b) Voraussetzungen der Staatshaftung

Die Voraussetzungen, unter denen diese durch das Unionsrecht gebotene Staatshaftung einen Entschädigungsanspruch eröffnet, hängen von der Art des Verstoßes gegen das Unionsrecht ab, der dem verursachten Schaden zu Grunde liegt. Bei einem Verstoß gegen die Pflicht, Richtlinien umzusetzen, gilt Folgendes:

1. Das durch die Richtlinie vorgeschriebene Ziel muss die Verleihung von Rechten an Einzelne beinhalten.
2. Der Inhalt dieser Rechte muss auf der Grundlage der Richtlinie bestimmt werden können.
3. Zwischen dem Verstoß gegen die dem Staat auferlegte Verpflichtung und dem den Geschädigten entstandenen Schaden muss ein Kausalzusammenhang bestehen.

Ausgestaltung und Realisierung des Anspruchs obliegen mangels einer unionsrechtlichen Regelung den Mitgliedstaaten im Rahmen ihres nationalen Haftungsrechts. Dabei sind die allgemeinen Grundsätze des Verhältnisses von Unionsrecht und nationalem Recht im Verwaltungsvollzug (s. Rn 603 ff) zu beachten: Die im Schadensersatzrecht der einzelnen Mitgliedstaaten festgelegten materiellen und formellen Voraussetzungen dürfen nicht ungünstiger sein als bei ähnlichen Klagen, die nur nationales Recht betreffen (Diskriminierungsverbot bzw Äquivalenzgebot), und sie dürfen nicht so ausgestaltet sein, dass sie es praktisch unmöglich machen oder übermäßig erschweren, die Entschädigung zu erlangen (Effektivitätsgebot).

**Ergebnis:** Die RL 80/987 (jetzt RL 2008/94) hat zum Ziel, ein Recht der Arbeitnehmer auf eine Garantie für die Befriedigung ihrer nicht erfüllten Ansprüche auf das Arbeitsentgelt zu begründen. Der Inhalt dieses Rechts lässt sich auf der Grundlage der Richtlinie bestimmen. Durch die unionsrechtswidrige Nichtumsetzung der Richtlinie hat Italien den Schaden des F verursacht. Daher hat F gegen Italien einen im Unionsrecht begründeten Schadensersatzanspruch.

Der EuGH hat seine Rechtsprechung bestätigt[119] und hinsichtlich der Haftungsvoraussetzungen (zB hinreichend qualifizierter Verstoß, vgl Rn 463) präzisiert[120]. Zur     **512**

---

119  EuGH, Rs C-334/92, Teodoro Wagner Miret/Fondo de Garantía Salarial, Slg 1993, I-6911, Rn 22 = *GO* Nr 138.
120  EuGH, Rs C-392/93, The Queen/HM Treasury, ex parte: British Telecommunications, Slg 1996, I-1631, Rn 38 ff = *HVL*, S. 225 f = *Pechstein* Nr 66.

Realisierung des Anspruchs mittels des deutschen Staatshaftungsrechts, das in mehrfacher Hinsicht Besonderheiten aufweist (zB Verschuldenserfordernis, Drittbezogenheit der Amtspflicht, Subsidiaritätsklausel, Rechtsmittelversäumung iSv § 839 Abs. 3 BGB), die im Lichte der Schranken des Unionsrechts (Äquivalenzgebot/Effektivitätsgebot[121]) modifiziert werden müssen, gab der EuGH allgemein im *Fall Brasserie du Pecheur* (s. **Fall 13**, Rn 462) und speziell zur Fallgruppe fehlende oder fehlerhafte Richtlinienumsetzung im *Fall MP-Travel-Line* die erforderlichen Antworten[122].

**Literatur:** *Brechmann, W.*, Die richtlinienkonforme Auslegung, 1994; *Brenn, C.*, Auf dem Weg zur horizontalen Direktwirkung von EU-Richtlinien, ÖJZ 2005, 41; *Canaris, C.W.*, Die richtlinienkonforme Auslegung und Rechtsfortbildung im System der juristischen Methodenlehre, in: FS Bydlinski, 2002, S. 47; *Dreher, M.*, Richtlinienumsetzung durch Exekutive und Judikative, EuZW 1997, 522; *Ehricke, U.*, Die richtlinienkonforme Auslegung nationalen Rechts vor Ende der Umsetzungsfrist einer Richtlinie, EuZW 1999, 553; *ders.*, Vorwirkungen von EU-Richtlinien auf nationale Gesetzgebungsvorhaben, ZIP 2001, 1311; *ders.*, Zur Direktwirkung von Richtlinien gegenüber Privaten, JBl. 2004, 283 ff/364 ff; *Fisahn, A./Mushoff, T.*, Vorwirkung und unmittelbare Wirkung Europäischer Richtlinien, ER 2005, 222; *Foerster, M.*, Richtlinienwirkung im Horizontalverhältnis?, EuR 2012, 190; *Gellermann, M.*, Beeinflussung des bundesdeutschen Rechts durch Richtlinien der EG, dargestellt am Beispiel des europäischen Umweltrechts, 1994; *Gundel, J.*, Neue Grenzlinien für die Direktwirkung nicht umgesetzter EG-Richtlinien unter Privaten, EuZW 2001, 143; *Herrmann, C.*, Richtlinienumsetzung durch die Rechtsprechung, 2003; *Jarass, H.D./Beljin, S.*, Grenzen der Privatbelastung durch unmittelbar wirkende Richtlinien, EuR 2004, 714; *Klagian, W.*, Die objektive unmittelbare Wirkung von Richtlinien, ZÖR 56 (2001), 305; *Klein, E.*, Unmittelbare Geltung, Anwendbarkeit und Wirkung von europäischem Gemeinschaftsrecht, 1988; *ders.*, Objektive Wirkungen von Richtlinien, in: FS Everling, 1995, S. 641; *Leible, S./Sonitza, O.*, Richtlinienkonforme Auslegung vor Ablauf der Umsetzungfrist und vergleichende Werbung, NJW 1998, 2507; *Luttermann, C.*, Die „mangelhafte" Umsetzung europäischer Richtlinien, EuZW 1998, 264; *Musil, A.*, Richtlinienumsetzung und Normerlaßanspruch, EuR 1998, 705; *Nessler, V.*, Europäisches Richtlinienrecht wandelt deutsches Verwaltungsrecht, 1994; *Pechstein, M.*, Die Anerkennung der rein objektiven unmittelbaren Richtlinienwirkung, EWS 1996, 261; *Ress, G.*, Die richtlinienkonforme „Interpretation" innerstaatlichen Rechts, DÖV 1994, 489; *Roth, W.-H.*, Die richtlinienkonforme Auslegung, in: Riesenhuber, K. (Hrsg.), Europäische Methodenlehre, 3. Aufl. 2015, § 13; *Rodriguez Iglesias, G.C./Riechenberg, K.*, Zur richtlinienkonformen Auslegung des nationalen Rechts, in: FS Everling, Bd. II, 1995, S. 1213; *Weiß, W.*, Zur Wirkung von Richtlinien vor Ablauf der Umsetzungsfrist, DVBl. 1998, 568; *Zuleeg, M.*, Die gemeinschaftskonforme Auslegung und Fortbildung mitgliedstaatlichen Rechts, in: Schulze, R. (Hrsg.), Auslegung europäischen Privatrechts und angeglichenen Rechts, 1999, S. 163 ff.

---

121  Vgl zur für unionsrechtskonform gehaltenen Verjährungsfrist nach deutschem Recht EuGH, Rs C-445/06, Danske Slagterier, Slg 2009, I-2119, Rn 47 ff = *Pechstein* Nr 70 = *HVL*, S. 226 ff.

122  EuGH, verb Rs C-178, 179, 188–190/94, Dillenkofer ua/Bundesrepublik Deutschland, Slg 1996, I-4845, Rn 21, 23 ff = *Pechstein* Nr 67. Es ging um die verspätete Umsetzung der EG-Pauschalreiserichtlinie 90/314 (ABl 1990 L 158/59; *Winkel* Nr 116) durch die Bundesrepublik Deutschland, die bei Vorliegen der Voraussetzungen für die Schäden der vom Konkurs dieser Gesellschaft betroffenen Reisenden haftet. Vgl dazu *R. Streinz/S. Leible*, ZIP 1996, 1931; *M.W. Huff*, NJW 1996, 3190; *R. Wittkowski*, NVwZ 1994, 326; *K. Stöhr*, NJW 1999, 1063. *M. Basler*, in: H.-W. Micklitz (Hrsg.), Europarecht case by case, 2004, Fall 1. Zu Österreich vgl EuGH, Rs C-140/97, Rechberger ua, Slg 1999, I-3499 mit Anm. *K. Tonner*, EuZW 1999, 473.

## 4. Beschluss

### a) Rechtsnatur

Von den im Verfassungsvertrag (vgl *Art. I-33 EVV*) geplanten Änderungen der Be-     **513**
zeichnung der Rechtsakte übernimmt der Vertrag von Lissabon die am wenigsten
sinnvolle. Mit „Beschluss" iSv Art. 288 Abs. 4 AEUV werden nämlich sehr unterschiedliche Handlungsformen des bisherigen Unions- bzw Gemeinschaftsrechts zusammengefasst[123], nämlich die bisherige Entscheidung (*Art. 249 Abs. 4 EGV*), die
Beschlüsse in den bisherigen operativen Feldern der EU[124], wovon jetzt materiell die
GASP übrig bleibt, sowie die bislang weder dort noch im Kanon des *Art. 249 EGV* erfassten Beschlüsse, die als flexibles Instrument genutzt wurden und jetzt primärrechtlich verankert werden sollen[125].

Gemäß Art. 288 Abs. 4 S. 1 AEUV sind Beschlüsse in allen ihren Teilen verbindlich.     **514**
Damit wird zugleich festgelegt, dass nur verbindliche Akte der Unionsorgane, die
Rechtswirkungen hervorrufen, nicht aber lediglich vorbereitende Maßnahmen, es sei
denn, diese führen zum endgültigen Abschluss eines besonderen Verfahrens, „Beschlüsse" in diesem Sinne sind[126]. Beschlüsse, die an bestimmte Adressaten gerichtet
sind, sind nur für diese verbindlich (Art. 288 Abs. 4 S. 2). Dies entspricht der bisherigen „Entscheidung" iSv *Art. 249 EGV*.

### b) Adressatengerichtete Beschlüsse

Beschlüsse iSv Art. 288 Abs. 4 S. 2 AEUV haben individuelle Geltung, da der Adres-     **515**
sat individuell bezeichnet und gebunden wird. Damit sind diese Beschlüsse wie die
bisherige Entscheidung einem Verwaltungsakt (vgl § 35 S. 1 VwVfG) vergleichbar.
Da die Klagebefugnis von Individuen gemäß Art. 263 Abs. 4 AEUV auf alle an diese
gerichteten oder sie unmittelbar und individuell betreffenden „Handlungen" erstreckt
wurde (s. dazu Rn 661), hat die Abgrenzung zur Verordnung (Problem „Scheinverordnungen") insoweit ihre Bedeutung[127] verloren.

Zuständig für den Erlass von adressatengerichteten Beschlüssen sind Europäisches     **516**
Parlament und Rat gemeinsam, der Rat allein und die Kommission. Da ein solcher
Beschluss ein typisch exekutivisches Handeln darstellt und der unionsunmittelbare
Vollzug des Unionsrechts der Kommission obliegt (vgl Rn 587), werden die meisten
dieser Beschlüsse von dieser erlassen.

Solche Beschlüsse können sich an Individuen richten     **517**

**Beispiel:** Im Kartellrecht Beschluss (bislang *Entscheidung*) gemäß Art. 7 Abs. 1 KartellVerfO
(s. Rn 1049) wegen Verstoßes gegen Art. 101 oder 102 AEUV

und gegen Mitgliedstaaten

---

123   Zu Recht kritisch *Ruffert*, in: Calliess/Ruffert, Art. 288 AEUV Rn 85.
124   S. dazu *Streinz*, Europarecht, 8. Aufl., Rn 476.
125   Vgl *Ruffert*, in: Calliess/Ruffert, Art. 288 AEUV Rn 87 mwN. Zu den erfassten Kategorien vgl
      *Schroeder*, in: Streinz, Art. 288 AEUV, Rn 132.
126   Vgl dazu *Ruffert*, in: Calliess/Ruffert, Art. 288 AEUV Rn 88 mwN.
127   S. dazu *Streinz*, Europarecht, 8. Aufl., Rn 465.

**Beispiel:** Beschluss (bislang *Entscheidung*) gemäß Art. 108 Abs. 2 AEUV im Verfahren der Beihilfenaufsicht.

Beide sind zur Befolgung verpflichtet, wobei Beschlüsse, die eine Zahlung auferlegen, nur gegenüber Individuen vollstreckbare Titel sind (Art. 299 Abs. 1 AEUV).

518    Die **unmittelbare Wirkung** von Beschlüssen, die an Individuen gerichtet sind, ergibt sich aus der Natur der Sache. Gleiches gilt für Beschlüsse an Mitgliedstaaten, was deren Rechtsbindung betrifft. Letztere können aber über ihren förmlichen Adressaten hinaus unter ähnlichen Voraussetzungen wie Richtlinien unmittelbare Wirkungen für Individuen in den Mitgliedstaaten erzeugen[128]..

### c) Adressatenlose Beschlüsse

519    Die adressatenlosen Beschlüsse erfassen die bereits bisher als „Beschluss" ergangenen adressatenlosen Rechtshandlungen mit normativem Charakter[129]. Für bestimmte Kategorien dieser Beschlüsse gab es bereits bisher primärrechtliche Rechtsgrundlagen. Für die Beschlüsse im Rahmen der GASP, die bislang auf *Art. 12 EUV aF* gestützt wurden, besteht jetzt in Art. 25 lit. b EUV bzw Art. 26 Abs. 1 S. 2, Abs. 2 EUV eine Rechtgrundlage, die inhaltlich wie terminologisch letztlich die bisherigen Handlungsformen aufgreift (s. dazu Rn 1311 ff). Primärrechtliche Rechtsgrundlagen, allerdings ohne Hinweis auf die Handlungsform „Beschluss", hatten auch der bisherige Komitologiebeschluss (vgl *Art. 202 EGV*, zur Reform des Komitologieverfahrens s. Rn 569 f), der Eigenmittelbeschluss (*Art. 269 EGV*; jetzt Art. 311 Abs. 3 AEUV) sowie die auf *Art. 308 EGV* (jetzt Art. 352 AEUV) gestützten Beschlüsse[130]. Durch Beschluss wurden und werden völkerrechtliche Verträge der EU angenommen (vgl Art. 218 Abs. 5 AEUV). Hinzu kommen Beschlüsse im Bereich des unionalen Organisationsrechts[131].

520    Adressatenlose Beschlüsse sind im Gegensatz zu Entschließungen der Organe gemäß dem erklärten Willen des beschließenden Organs rechtsverbindlich. Im Gegensatz zu Verordnungen binden sie allein die Union und ihre Einrichtungen, können dadurch aber ggf Rechte von Individuen begründen[132].

**Literatur:** *Stelkens, U.*, Die „Europäische Entscheidung" als Handlungsform des direkten Unionsrechtsvollzugs nach dem Vertrag über eine Verfassung für Europa, ZEuS 2005, 61; *Vogt, M.*, Die Entscheidung als Handlungsform des EG-Rechts, 2005.

### 5.    Empfehlung und Stellungnahme

521    Gemäß Art. 288 Abs. 5 AEUV sind Empfehlungen und Stellungnahmen nicht verbindlich. Ungeachtet jeder rechtlichen Unverbindlichkeit bedarf die Union dafür aber gemäß dem Prinzip der begrenzten Einzelermächtigung einer Kompetenz[133]. Ihnen

---

128   Vgl dazu Rs 9/70, Grad/FA Traunstein („Leberpfennig"), Slg 1970, 825/937 ff = *HV*, S. 7 ff = *Pechstein*, Nr 42, 59 = GO Nr 125.
129   *Schroeder*, in: Streinz, Art. 288 AEUV, Rn 132.
130   Vgl die Nachweise bei *Streinz*, in: Streinz, Art. 352 AEUV Rn 56 ff.
131   Vgl dazu *Schroeder*, in: Streinz, Art. 288 AEUV, Rn 135.
132   Vgl dazu *Schroeder*, in: Streinz, Art. 288 AEUV, Rn 134 mwN.
133   *Ruffert*, in: Calliess/Ruffert, Art. 288 AEUV, Rn 97; *Schroeder*, in: Streinz, Art. 288 AEUV, Rn 144 und 147.

kommen politische Wirkungen zu. In einigen Fällen haben sie auch rechtliche Erheblichkeit als Prozessvoraussetzung (Art. 258 AEUV: Begründete Stellungnahme der Kommission vor Klageerhebung) oder als Voraussetzung für Organhandeln.

**Beispiel:** Art. 117 AEUV: Empfehlung (Abs. 1 S. 2) als Voraussetzung für das in Abs. 2 bezeichnete Verhalten der Mitgliedstaaten.

Nationale Gerichte haben Empfehlungen und Stellungnahmen bei der Auslegung nationaler Rechtsvorschriften zu berücksichtigen[134].

Ziel und Zweck von Empfehlungen und Stellungnahmen ist es, den Adressaten ein bestimmtes Verhalten nahe zu legen, ohne sie binden zu können. Während die Stellungnahme häufig eine Meinungsäußerung zu einer Initiative ist (zB im Rechtsetzungsverfahren, vgl Rn 561), möchte die Empfehlung dem Adressaten ein bestimmtes Verhalten nahe legen.  522

## 6. Protokollerklärungen

In der Praxis werden häufig in Bezug auf Sekundärrechtsakte Erklärungen zu Protokoll des Rates abgegeben, um ein bestimmtes Verständnis des betreffenden Rechtsaktes zu dokumentieren. Als Auslegungshilfe können jedoch allenfalls Erklärungen des Rates als Gesetzgeber, die nicht in Widerspruch zu dem Inhalt des Rechtsaktes stehen, berücksichtigt werden. Erklärungen einzelner Mitgliedstaaten sind insoweit genauso irrelevant wie Erklärungen der Kommission. Letztere können allenfalls deren politische Selbstbindung bewirken.  523

Im Gegensatz dazu sind Erklärungen zum primären Unionsrecht, das durch völkerrechtliche Verträge geschaffen wird, nach Maßgabe des Art. 31 Abs. 2 WVRK verbindlich.  524

**Literatur:** *Dreher, M.,* Ratsprotokollerklärungen, nationale und europäische Publizität und die Umsetzung von EG-Richtlinien, EuZW 1995, 743; *Herdegen, M.,* Auslegende Erklärungen von Gemeinschaftsorganen und Mitgliedstaaten zu EG-Rechtsakten, ZHR 156 (1991), 52; *Karl, J.,* Zur Rechtswirkung von Protokollerklärungen in der Europäischen Gemeinschaft, JZ 1991, 593; *Pechstein, M.,* Die Bedeutung von Protokollerklärungen zu Rechtsakten der EG, EuR 1990, 249.

## III. Bisherige Akte im Rahmen der Europäischen Union

Durch den Vertrag von Lissabon wurde mit der Vereinigung von EU und EG zur einheitlichen Union auch die Trennung zwischen Akten der Union[135] und Akten der EG überholt. Besonderheiten bestehen nach wie vor für die GASP (s. dazu Rn 1302), was sich auch im Erfordernis einer speziellen Abgrenzungsregel (vgl Art. 40 EUV) zeigt. Die bisher erlassenen Akte des Unionssekundärrechts in den Bereichen der GASP, aber auch der jetzt „vergemeinschafteten" PJZS behalten gemäß Art. 9 S. 1 Protokoll  525

---

134 EuGH, Rs C-322/88, Grimaldi/Fonds des maladies professionnelles, Slg 1989, I-4407, Rn 18 = *HVL*, S. 312 = *Pechstein* Nr 45.
135 S. dazu *Streinz*, Europarecht, 8. Aufl. 2008, Rn 473 ff.

(Nr 36) über die Übergangsbestimmungen grundsätzlich ihre Gültigkeit, bis sie in Anwendung der Verträge aufgehoben, für nichtig erklärt oder geändert werden[136]. Dies betrifft zB den Rahmenbeschluss über den Europäischen Haftbefehl[137]. Dies gilt gemäß Art. 9 S. 2 dieses Protokolls auch für Übereinkommen, die auf der Grundlage von *Art. 34 Abs. 2 lit. d EUV aF*[138] zwischen den Mitgliedstaaten geschlossen wurden. Art. 10 dieses Protokolls sieht für die PJZS spezielle Übergangsmaßnahmen vor. Die Frist für Übergangsmaßnahmen nach Art. 10 Abs. 1 ist gemäß Abs. 2 am 30.11.2014 abgelaufen.

## IV.  Akte der Gesamtheit der Mitgliedstaaten

### 1.  Begriff

**526**  Als Akte der Gesamtheit der Mitgliedstaaten werden hier Rechtshandlungen verstanden, die die Mitgliedstaaten mit Bezug auf das Unionsrecht vornehmen[139]. Dieses Handeln soll die Erreichung der Ziele der Union unterstützen und muss mit dem Unionsrecht vereinbar sein, verlangt dazu aber den Einsatz der den Mitgliedstaaten verbliebenen Zuständigkeiten[140]. Sie beruhen allein auf der völkerrechtlichen Handlungsfähigkeit der Mitgliedstaaten. Die Akte sind zum Teil allein auf den Binnenraum der Union gerichtet, zum Teil auf das Verhältnis zu Drittstaaten.

### 2.  Intergouvernementales Zusammenwirken der Mitgliedstaaten

**527**  Darunter fallen zum einen die Akte der im Rat vereinigten Vertreter der Regierungen der Mitgliedstaaten, die zum Teil aber auf primärrechtlicher Grundlage ergehen (s. Rn 375), zum anderen die Bereiche, in denen die Verbandskompetenz der Union (selbst über Art. 352 AEUV) fehlt, die aber zur Erreichung der Unionsziele koordiniert werden müssen. Letzteres hat durch die Schaffung spezieller Kompetenzgrundlagen an Bedeutung verloren. Die PJZS wurde durch den Vertrag von Lissabon „vergemeinschaftet". Für die jetzt unstreitig der Union als Rechtssubjekt zuzuordnenden GASP[141] bestehen noch Besonderheiten, die den intergouvernementalen Ansatz offenbaren (s. dazu Rn 525, 1302).

### 3.  Völkerrechtliche Abkommen im Rahmen der EU

**528**  Die ersatzlose Streichung des *Art. 293 EGV* durch den Vertrag von Lissabon trägt der Tatsache Rechnung, dass die insoweit vorgesehenen völkerrechtlichen Abkommen zwischen den Mitgliedstaaten[142] weitgehend aufgrund ausdrücklicher Kompetenzen

---

136   ABl 2012 C 326/322 (Sart. II Nr 147, S. 50; Nomos Nr 3, S. 256).
137   ABl 2002 L 190/1; Sart. II Nr 163; Nomos Nr 18.
138   S. dazu *Streinz*, Europarecht, 8. Aufl. 2008, Rn 477 f.
139   Vgl dazu *Schroeder*, in: Streinz, Art. 288 AEUV, Rn 25.
140   Vgl EuGH, Rs 44/84, Hurd, Slg 1986, 29, Rn 36; Rs C-6/89, Kommission/Belgien, Slg 1990, I-1595, LS 1.
141   Vgl zum bisherigen Zuordnungsproblem *Streinz*, Europarecht, 8. Aufl. 2008, Rn 473.
142   S. dazu *Streinz*, Europarecht, 8. Aufl. 2008, Rn 483 f.

der EU durch unionsrechtliche Vorschriften ersetzt worden sind. Dies gilt insbesondere für die auf *Art. 61 lit. c*, *Art. 65* und *Art. 67 Abs. 1 EGV* (jetzt Art. 67 Abs. 4 AEUV) und *Art. 65 EGV* (jetzt Art. 81 AEUV) gestützten Verordnungen[143]. So hat zB die VO 44/2001 des Rates über die gerichtliche Zuständigkeit und die Anerkennung und Vollstreckung ausländischer Entscheidungen (EuGVVO)[144] grundsätzlich das Übereinkommen über die gerichtliche Zuständigkeit und die Vollstreckung gerichtlicher Entscheidungen in Zivil- und Handelssachen (EuGVÜ)[145] abgelöst. Daneben haben die Mitgliedstaaten aber weitere völkerrechtliche Verträge mit Bezug zur Union geschlossen, die nach wie vor von Bedeutung sind, zB das Übereinkommen über die Gründung eines Europäischen Hochschulinstituts von 1972[146] oder das Übereinkommen über das Europäische Patent für den Gemeinsamen Markt (GemPatÜ) von 1975[147], das gemäß der Vereinbarung vom 13.12.1989 über Gemeinschaftspatente[148] durch eine Neufassung[149] ersetzt wurde. Diese Verträge unterliegen völkerrechtlichen Regeln. Die Mitgliedstaaten müssen dabei die auf die Union übergegangenen Kompetenzen beachten, was der Kontrolle durch den EuGH im Vertragsverletzungsverfahren (Art. 258 AEUV) unterliegt.

Im Hinblick auf die ursprüngliche und vom BVerfG betonte Konstruktion der WWU **529** als „Stabilitätsgemeinschaft" (vgl Art. 125 AEUV) bedenklich sind daher die neben der (zweifelhaft) auf Art. 122 Abs. 2 AEUV gestützten VO 407/2010 des Rates zur Einführung eines europäischen Finanzstabilisierungsmechanismus[150] getroffenen Vereinbarungen der Mitgliedstaaten der Eurogruppe zur Errichtung der Europäischen Finanzstabilitätsfazilität (EFSF) und der zwischen diesen Mitgliedstaaten geschlossene Vertrag zur Errichtung eines Europäischen Stabilitätsmechanismus (ESM)[151]. Dafür wurde durch die Ergänzung des Art. 136 AEUV durch Abs. 3 im vereinfachten Vertragsänderungsverfahren aber eine primärrechtliche Grundlage geschaffen, die zur Wahrung der „Stabilität des Euro-Währungsgebiets insgesamt" ausdrücklich die Errichtung eines dauerhaften Stabilitätsmechanismus durch die Euro-Staaten und die Gewährung „aller erforderlicher Finanzhilfen" an Mitgliedstaaten unter „strengen Auflagen" erlaubt (s. dazu Rn 1142).

Da das Vereinigte Königreich mit den eigentlich geplanten Vertragsänderungen nicht **530** einverstanden war, verständigten sich anlässlich der Tagung des Europäischen Rates vom 8./9.12.2011 die damals 17 Mitgliedstaaten der Euro-Gruppe darauf, bis März 2012 ein zwischenstaatliches Abkommen mit strengen Obergrenzen für die Staatsaus-

---

143 Vgl dazu *Leible*, in: Streinz, Art. 81 AEUV, Rn 23 ff.
144 ABl 2001 L 12/1; Sart. II Nr 161; dtv EuR Nr 33.
145 Aufgehoben und ersetzt durch VO 1215/2012 (ABl 2012 L 351/1); Sart. II Nr 160; Nomos Nr 19.
146 BGBl. 1974 II 1138; *Bieber/Knapp* Nr V.11.2; HER I A 58/50.1.
147 BGBl. 1979 II 834; Übereinkommen 76/76/EWG, ABl 1976 L 17/1; HER I A 66/1.
148 BGBl. 1991 II 1358; Übereinkommen 89/695/EWG, ABl 1989 L 401/1; HER I A 66/2.
149 BGBl. 1991 II 1361. Noch nicht in Kraft. Vgl dazu *M. Haedicke*, Recht des geistigen Eigentums, in: Schulze/Zuleeg/Kadelbach, § 21, Rn 89. Zum Plan, ein Gericht für europäische Patente und Gemeinschaftspatente zu errichten, vgl EuGH, Gutachten 1/09, ECLI:EU:C:2011:123 = EuGRZ 2011, 135, wonach das geplante Patentgerichtssystem für europäische Patente und Gemeinschaftspatente wegen Eingriffs in die Autonomie der EU-Rechtsordnung mit EUV und AEUV unvereinbar sei. Zu den daraufhin getroffenen Maßnahmen vgl *Haedicke*, Rn 96.
150 ABl 2010 L 118/1; Nomos Nr 21.
151 BGBl. 2012 II 983; Sart. II Nr 270; Nomos Nr 22. S. dazu Rn 1142 f.

gaben (sog. „Schuldenbremse") und strengeren Sanktionen bei Verstößen gegen die Haushaltsdisziplin auszuarbeiten und abzuschließen („Grundsätze einer Fiskalunion"). Am 30./31.1.2012 einigten sich 25 Mitgliedstaaten auf den „Vertrag über Stabilität, Koordinierung und Steuerung in der Wirtschafts- und Währungsunion" (sog. „Fiskalpakt")[152] (s. Rn 1134). Dabei handelt es sich um einen völkerrechtlichen Vertrag, der in Deutschland der Beteiligung von Bundestag und Bundesrat gemäß Art. 59 Abs. 2 GG bedarf[153]. Inhaltlich muss dieser Vertrag wie der ESM-Vertrag mit dem bestehenden Unionsrecht vereinbar sein, was ggf der Kontrolle durch den EuGH im Vertragsverletzungsverfahren (Art. 258 AEUV) unterliegt (vgl zum Urteil Pringle[154] Rn 1144).

## 4.  Gemischte Abkommen

**531**  Gemischte Abkommen zeichnen sich dadurch aus, dass bei bestimmten völkerrechtlichen Abkommen mit Drittstaaten neben der Union selbst auch die (idR sämtliche) Mitgliedstaaten unterzeichnen[155]. Diese Vertragsform wird stets dann gewählt, wenn ein völkerrechtlicher Vertrag sowohl Zuständigkeiten der Union als auch der Mitgliedstaaten berührt (zB Lomé/Cotonou-Abkommen, s. Rn 1258). Ihre gemeinsame Beteiligung soll die jeweiligen Kompetenzdefizite der Union bzw der Mitgliedstaaten bezüglich der Abschlussbefugnis (vgl Rn 1230 ff) kompensieren. Die Beteiligung der Mitgliedstaaten ist nur bei *ausschließlicher* Unionskompetenz für die gesamte von einem Abkommen erfasste Materie ausgeschlossen[156].

**532**  Dieses Vorgehen schafft jedoch eine Reihe rechtlicher Probleme, die auch durch das (noch nicht in Kraft getretene) Abkommen über das Recht der Verträge der internationalen Organisationen von 1986 nicht geregelt werden. Auseinanderzuhalten sind dabei völkerrechtliche und unionsrechtliche Probleme.

**533**  **Völkerrechtlich** fragt sich insbesondere, ob sowohl Mitgliedstaaten wie Union die Erfüllung für den gesamten Vertragsinhalt schulden, ob die Verträge als Handlungen ultra vires nichtig sind oder ob die innerunionale Kompetenzverteilung auf die völkerrechtliche Ebene durchschlägt. Nach der **Kompetenzverteilungstheorie** wäre Letzteres der Fall. Für die überwiegend vertretene **Vertragskonfliktstheorie** stellen die Verträge und ihre Kompetenzverteilung für Drittstaaten dagegen eine res inter alios acta dar. Entscheidend dürfte sein, dass Union und Mitgliedstaaten als einheitliche

---

152  BGBl. 2012 II 1008; Sart. II Nr 273; Nomos Nr 23.
153  Da es auch dabei um die Mitwirkung an der Entwicklung der Europäischen Union geht, ist zusätzlich Art. 23 GG einschlägig. Zutreffend BVerfGE 131, 152 (218 und LS 1) – ESM. Vgl dazu *Streinz*, in: Sachs, GG-Kommentar, 7. Aufl. 2014, Art. 23 GG, Rn 56a.
154  EuGH, Rs C-370/12, Pringle, ECLI:EU:C:2012:756 = NVwZ 2013, 49 = JuS 2013, 278 (*Ruffert*).
155  Zu unterscheiden von „gemischten Abkommen" zwischen dem nach wie vor besonderen Bereich der GASP und den Materien des AEUV (bislang „cross-pillar-mixity") vgl dazu *Khan*, in: Geiger/Khan/Kotzur, Art. 216 AEUV, Rn 13 und EuGH, Rs C 91/05, Kommission/Rat – „ECOWAS", Slg 2008, I-3651, Rn 75 ff = *HVL*, S. 206 f, 285.
156  EuGH, Gutachten 1/94, Slg 1994, GATS und TRIPS, I-5267, Rn 23 ff, 72 ff, 107 = *HVL*, S. 521 = *Pechstein* Nr 48. Insoweit besteht seit dem Vertrag von Lissabon eine ausschließliche Kompetenz der EU, s. Rn 1216. Ein Beispiel für eine parallele Zuständigkeit ist die Entwicklungszusammenarbeit (vgl *Streinz*, Europarecht, 8. Aufl. 2008, Fall 30, Rn 707/722 sowie jetzt Art. 208 Abs. 1 iVm Art. 4 Abs. 4 AEUV und dazu *Khan*, in: Geiger/Khan/Kotzur, Art. 208 AEUV, Rn 2).

Gruppe auftreten – die Kommission verhandelt zB in der Regel auch über den „Mitgliedstaatsanteil". Diese Einheitlichkeit des Auftretens müssen sie sich auch völkerrechtlich zurechnen lassen. Nichtigkeit wäre hier die falsche Konsequenz. Etwas anderes kann nur dann gelten, wenn gegenüber dem oder den Drittstaaten eine konkrete Offenlegung der innerunionalen Kompetenzverteilung erfolgt (Bindungsverteilungsklausel) oder der Wortlaut der betreffenden Vertragsvorschrift ausdrücklich die Mitgliedstaaten oder die Union benennt. In diesen Fällen liegen im Grunde getrennte Abkommen der Mitgliedstaaten mit den Drittstaaten einerseits und der Union mit den Drittstaaten andererseits vor, die in einem Dokument zusammengefasst sind. Dies ist allerdings, ua wegen der Dynamik der Kompetenzverteilung, selten[157]. In dem Abschluss des Abkommens dürfte außerdem die Anerkennung durch den Drittstaat liegen, dass die Durchführung durch den jeweils innerunional Zuständigen erfolgt. Dies entlässt jedoch den innerunional Unzuständigen grundsätzlich – abgesehen von den genannten Fällen – noch nicht aus der völkerrechtlichen Verpflichtung, sodass im Regelfall eine Diskrepanz von Abschlussbefugnis und völkerrechtlicher Bindungswirkung vorliegt.

**Unionsrechtlich** könnte diese Diskrepanz allerdings zur Unanwendbarkeit des Vertrages führen, da sowohl Mitgliedstaaten als auch Union durch die umfassende völkerrechtliche Bindung sich Kompetenzen angemaßt haben, die ihnen nicht zustehen. Aus Art. 218 Abs. 11 S. 1 AEUV folgt, dass unionsrechtswidrige Verträge nur nach entsprechender Änderung der Verträge abgeschlossen werden können. Dies ist bei den gemischten Abkommen jedoch nie geschehen. Die zu lösende Problematik ähnelt den „Sachwalterfällen" (s. Rn 155), in denen der EuGH bei Funktionsunfähigkeit des Rates ein ausnahmsweises Handeln der Mitgliedstaaten in ausschließlichen Zuständigkeitsbereichen der Union nach Konsultation und Zustimmung der Kommission zuließ, da die Situation ein Tätigwerden unabweisbar verlangte. Die entsprechende Verpflichtung der Mitgliedstaaten zum Tätigwerden folgt aus Art. 4 Abs. 3 EUV. Auch bei den gemischten Abkommen ist ein gemeinsames Vorgehen – und damit eine Kompetenzüberschreitung – unabweisbar erforderlich, um den Vertrag überhaupt zustande zu bringen. Durch das einverständliche Handeln von Mitgliedstaaten, Rat (schließt für EU ab, Art. 218 Abs. 5 und 6 AEUV) und Kommission (verhandelt über den gesamten Vertragsinhalt, Art. 207 Abs. 3, Art. 218 Abs. 3 und 4 AEUV) dürfte eine entsprechende, aus Art. 4 Abs. 3 EUV folgende Heilung der jeweiligen Zuständigkeitsdefizite auf unionsrechtlicher Ebene anzunehmen sein. Die Durchführung obliegt jedoch wieder dem nach der Kompetenzverteilung Zuständigen[158]. Union und Mitgliedstaaten sind einander durch Art. 4 Abs. 3 EUV verpflichtet, den Vertrag ordnungsgemäß durchzuführen (Kooperationspflicht), was der EuGH betont hat[159]. Die Kooperationspflicht besteht auch innerhalb internationaler Organisationen, denen die EU und ihre Mitgliedstaaten beigetreten sind[160]. Der EuGH nimmt eine **Auslegungs-**

**534**

---

157  Vgl dazu *W. Weiß*, Vertragliche Handelspolitik der EU, in: von Arnauld (Hrsg.), Europäische Außenbeziehungen, EnzEuR Bd. 10, 2014, § 10, Rn 150. Beispiel: Beitritt der EU zur Codex Alimentarius Kommission (CAK).
158  EuGH, Rs C-316/91, EP/Rat, Slg 1994, I-625, Rn 24 ff, 35.
159  EuGH, Gutachten 2/00, Cartagena Protokoll, Slg 2001, I-9713, Rn 18 = *Pechstein* Nr 50 = *HVL*, S. 203 ff = EuZW 2002, S. 113 ff m. Anm. *Pitschas*.
160  Vgl dazu und zu Problemfällen *Weiß* (Fn 157), § 10, Rn 148, Rn 151 f.

**befugnis** gemäß Art. 267 AEUV auch hinsichtlich solcher Abkommensbestimmungen in Anspruch, die zwar im konkreten Fall noch in den Zuständigkeitsbereich der Mitgliedstaaten fallen, die aber in künftigen Fällen auch für unionsrechtlich determinierte Sachverhalte relevant werden können[161].

535 Durch die Ausdehnung der ausschließlichen EU-Kompetenzen in der GHP (s. Rn 1264 ff) könnte der Anwendungsbereich gemischter Abkommen erheblich kleiner werden[162]. Allerdings zeigen die Verhandlungen der EU über die Handelsabkommen mit Kanada (CETA) und den USA (TTIP), dass aus politischen Gründen die Einbeziehung von Materien, die die Mitwirkung der Mitgliedstaaten fordern, angestrebt wird[163].

**Literatur:** *Björklund, M.*, Responsibility in the EC for Mixed Agreements – Should Non-Member Partys Care?, Nordic Journal of International Law 2001, 373; *Bungenberg, M.*, Mixed Agreements im Gemeinschaftsrecht und nationalen Recht, in: FS Folz, 2003, S. 13 ff; *Leal-Arcas, R.*, The European Community and Mixed Agreements, EFARev 2001, 483; *Mayer, F./Ermes, M.*, Rechtsfragen zu den Freihandelsabkommen CETA und TTIP, ZRP 2014, 237; *Neuwahl, N.*, Shared Powers or Combined Incompetence? More on Mixity, CMLRev 1996, 667; *Rosas, A.*, Mixed Union – Mixed Agreements, in: Koskenniemi, (Hrsg.), International Law Aspects of the European Union, 1998, S. 125 ff; *Stein, K.D.*, Der gemischte Vertrag im Recht der Außenbeziehungen der EWG, 1986; *Wuermeling, J.*, Kooperatives Gemeinschaftsrecht, 1988.

## V. Von der Union abgeschlossene völkerrechtliche Verträge mit Drittstaaten und Völkergewohnheitsrecht

536 Die von der Union ihrer Verbandskompetenz abgeschlossenen völkerrechtlichen Verträge (s. dazu Rn 1230 ff) sind gemäß Art. 216 Abs. 2 AEUV für ihre Organe und für die Mitgliedstaaten verbindlich. Damit ist die Binnenwirkung dieser Abkommen innerhalb der Unionsrechtsordnung angesprochen. Sie bilden nach ständiger Rechtsprechung einen „integrierenden Bestandteil" der Unionsrechtsordnung[164] und haben, da sie für die Unionsorgane bindend sind, Vorrang vor dem von den Unionsorganen gesetzten Sekundärrecht (vgl Art. 288 AEUV). Diese unionsrechtliche Frage unterliegt der Jurisdiktion des EuGH[165] ebenso wie die Abkommen selbst als „Handlungen des Organs" Rat (vgl Art. 263 Abs. 1, Art. 267 Abs. 1 lit. b AEUV)[166]. Aus Art. 218 Abs. 11 AEUV ergibt sich, dass das Primärrecht Vorrang vor den völkerrechtlichen Abkommen hat, da der EuGH präventiv deren Vereinbarkeit mit den Verträgen prüft.

---

161  EuGH, Rs C-53/96, Hermès, Slg 1998, I-3603, Rn 28 f = *HVL*, S. 543 ff. Vgl dazu EuGH, verb Rs C-300/98 und C-392/98, Parfums Christian Dior ua, Slg 2000, I-11307, Rn 47 ff = *Pechstein* Nr 55 = *MH* Nr 53.

162  Vgl *Bungenberg*, in: J. Schwarze/A. Hatje (Hrsg.), Der Reformvertrag von Lissabon, EuR 2009, Beiheft 1, S. 195 (204 f).

163  Vgl zu praktischen Gründen auch *R. Lorz/V.Meurers*, Außenkompetenzen der EU, in: von Arnauld (Fn. 157), § 2, Rn 40.

164  EuGH, Rs 181/73, Haegemann/Belgien, Slg 1974, 449, Rn 2/6 = *HVL*, S. 534 = *PSK*, Fall 60.

165  Vgl EuGH, verb Rs 21–24/72, International Fruit Company/Produktschap voor groenten en fruit, Slg 1972, 1219, Rn 4 ff = *PSK*, Fall 65.

166  Zum Prüfungsumfang (einschließlich der Regeln des Völkerrechts) vgl EuGH, Rs C-162/96, Racke/HZA Mainz, Slg 1997, I-3655, Rn 25 ff = *HVL*, S. 482 f = JuS 1999, 698 ff – *Streinz*.

Die Rechtsprechung des EuGH kommt insbesondere dann zum Tragen, wenn Indivi-   **537**
duen Rechte aus den von der Union mit Drittstaaten geschlossenen Verträgen herleiten (unmittelbare Wirkung völkerrechtlicher Verträge). Vgl dazu

**Fall 20** (nach EuGH, Rs 104/81, HZA Mainz/Kupferberg, Slg 1982, 3641 = *HVL*, S. 531 ff   **538**
= *PSK*, Fall 64 = *Pechstein* Nr 51):
Nach dem deutschen Branntweinmonopolgesetz unterliegt eingeführter Branntwein einer
Abgabe, die in ihrer Höhe der Steuer für inländischen Branntwein entspricht. Aus Wein her-
gestellter Branntwein unterliegt jedoch geringeren Belastungen. Als die Firma K 1976 eine
Partie Portwein aus dem damals noch nicht der EU angehörenden Portugal einführte, der
mit dem erhöhten Steuersatz belegt wurde, wandte sie sich dagegen und berief sich auf
Art. 37 und Art. 110 AEUV iVm Art. 21 Abs. 1 des Freihandelsabkommens vom 22.7.1972
zwischen der EWG (jetzt EU) und Portugal, der lautet: „Die Vertragsparteien wenden keine
Maßnahmen oder Praktiken interner steuerlicher Art an, die unmittelbar oder mittelbar eine
diskriminierende Behandlung der Erzeugnisse einer Vertragspartei und gleichartiger Ur-
sprungserzeugnisse der anderen Vertragspartei bewirken". Dem EuGH wurde die Frage
vorgelegt, ob diese Bestimmung der K Rechte verleiht.

**Lösung Fall 20:** Das Freihandelsabkommen ist gemäß Art. 216 Abs. 2 AEUV für die Organe der Union und die Mitgliedstaaten verbindlich. Beide haben zu gewährleisten, dass die
Verpflichtungen aus dem Abkommen eingehalten werden. Die Durchführung des Abkommens obliegt entsprechend dem Stand des Unionsrechts in den von ihm erfassten Bereichen
der EU oder den Mitgliedstaaten. Die diesbezügliche Pflicht der Mitgliedstaaten besteht
nicht (außer bei gemischten Abkommen, vgl Rn 531 ff) der Vertragspartei, sondern der
Union gegenüber[167]. Die Bestimmungen des Abkommens sind insoweit „integrierender Bestandteil" der Unionsrechtsordnung.

Deren Einheitlichkeit hat der EuGH durch Auslegung der Bestimmungen des Abkommens
als Handlung des Organs Rat sicherzustellen (Art. 267 Abs. 1 lit. b AEUV). Regelt der Vertrag nicht eindeutig, welche Wirkungen die Bestimmungen des Abkommens in der internen
Rechtsordnung der Vertragsparteien haben sollen, so hat der EuGH die Frage zu entscheiden, ob die herangezogene Bestimmung „self-executing"-Charakter hat oder nicht.

**Ergebnis:** Die Überprüfung des Art. 21 Abs. 1 des Freihandelsabkommens ergibt, dass dieser unmittelbar anwendbar ist und dem Einzelnen Rechte verleiht. Dies geht bereits aus dem
Wortlaut hervor, der eine entsprechende Absicht der Vertragsparteien indiziert.

Während der EuGH subjektive Rechte von Individuen aus von der Union abgeschlos-   **539**
senen völkerrechtlichen Verträgen gegenüber den Mitgliedstaaten öfter herleitete, ist
er hinsichtlich der Herleitung solcher gegenüber der EU selbst zumindest zurückhaltend. Entscheidend dafür dürfte sein, die Position der EU gegenüber Vertragsparteien,
die die Herleitung subjektiver Rechte aus diesen Abkommen mit der Folge der Maßstäblichkeit für nationales Recht vor nationalen Gerichten ablehnen, nicht zu schwächen. So gehören die WTO-Übereinkünfte[168] nicht zu den Vorschriften, an denen der
EuGH die Rechtmäßigkeit von Handlungen der Unionsorgane misst, soweit die Union keine bestimmte, im Rahmen der WTO übernommene Verpflichtung umsetzt,

---

167  Vgl *Khan*, in: Geiger/Khan/Kotzur, Art. 216 AEUV, Rn 14.
168  Zur WTO vgl Rn 1251. Die wichtigsten Übereinkünfte sind abgedruckt bei *Benedek*, *Tietje* und
     *Schwartmann*.

oder wenn die Unionshandlung ausdrücklich auf spezielle Bestimmungen der WTO-Übereinkünfte verweist. Andernfalls würde den Legislativ- und Exekutivorganen die im DSU der WTO[169] eingeräumte Befugnis genommen, auf dem Verhandlungsweg Lösungen zu erreichen, selbst wenn diese nur als vorübergehende zulässig sind, wodurch wegen des bestehenden Spielraums der entsprechenden Organe der Handelspartner ein Ungleichgewicht entstünde[170]. Das gleiche gilt nach der jüngsten Rechtsprechung des EuGH auch dann, wenn die Verletzung des WTO-Rechts durch einen Unionsrechtsakt von den Streitbeilegungsorganen der WTO bereits festgestellt worden ist. Auch für diesen Fall sieht das WTO-Recht nämlich vor, dass die am Streit beteiligten Staaten sich einvernehmlich auf die Art und Weise der Beseitigung der Rechtsverletzung einigen[171]. Auch Ansprüche aus außervertraglicher Haftung der Union nach Art. 340 Abs. 2 AEUV wegen Verletzung von Vorschriften des WTO-Rechts gewährt der EuGH in st Rspr nicht[172].

540    Oftmals ähnelt der Wortlaut einzelner Bestimmungen in von der EU geschlossenen Abkommen dem von Artikeln der EU-Verträge; teilweise ist er sogar identisch. Das führt aber nicht zwingend dazu, dass diese Vorschriften auch in gleicher Weise auszulegen sind, bzw dass die Rechtsprechung des EuGH beispielsweise zu einzelnen Grundfreiheiten auf vergleichbare Freiheiten in Freihandels- oder Assoziationsabkommen immer übertragen werden könnte. Über einen ähnlichen oder identischen Wortlaut hinaus verlangt der EuGH auch eine Ähnlichkeit hinsichtlich des Zwecks des jeweiligen Abkommens und der einzelnen Bestimmung mit dem der EU-Verträge[173]. Etwas anderes gilt nur für das Abkommen über den EWR[174] gemäß dessen Art. 6[175].

541    Subjektive Rechte können sich überdies auch aus Beschlüssen von Ausschüssen ergeben, die durch völkerrechtliche Verträge der Union mit Drittstaaten geschaffen wurden. Vgl dazu

542    **Fall 21** (nach EuGH, Rs C-192/89, Sevince/Staatssecretaris van Justitie, Slg 1990, I-3461 = *HVL*, S. 534 ff = *Pechstein* Nr 56):

Die niederländischen Behörden lehnten 1980 die Verlängerung der Aufenthaltserlaubnis des türkischen Staatsangehörigen S ab. Dagegen erhob S Klage, die aufschiebende Wirkung hat. Für die Dauer der aufschiebenden Wirkung erhielt er eine Arbeitserlaubnis und war daraufhin mehr als fünf Jahre beschäftigt. Nachdem 1986 die Klage rechtskräftig abgewiesen worden war, beantragte S die Erteilung einer weiteren Aufenthaltserlaubnis mit der Begründung, nach Art. 2 Abs. 1 lit. b des Beschlusses Nr 2/76 des Assoziationsrates EWG-Türkei

---

169    Dispute Settlement Understanding – Vereinbarung über Regeln und Verfahren zur Beilegung von Streitigkeiten, ABl 1994 Nr L 336/234; *Benedek*, Nr 20; *Tietje*, Nr 13; *Schwartmann* Nr 106. Zum WTO-Recht insgesamt *Herrmann/Weiß/Ohler*, Welthandelsrecht, 2. Aufl. 2007.

170    EuGH, Rs C-149/96, Portugal/Rat, Slg 1999, I-8395, Rn 40 = *HVL*, S. 546 ff = *Pechstein* Nr 54 = JuS 2000, 909 ff – *Streinz*. Kritisch dazu *C. Herrmann/T. Streinz*, Die EU als Mitglied der WTO, in: von Arnauld (Fn. 157), § 11, Rn 120 ff, 125.

171    EuGH, Rs C-377/02, Léon Van Parys NV/Belgisch Interventie- en Restitutiebureau (BIRB), Slg 2005, I-1465, Rn 42 ff = *HVL*, S. 540 ff; dazu auch *A. Steinbach*, Zur Rechtswirkung von WTO-Streitbeilegungsentscheidungen in der Gemeinschaftsrechtsordnung, EuZW 2005, 331.

172    EuGH, Rs C-94/02 P, Biret International SA/Rat, Slg 2003, I-10497 = *HVL*, S. 552.

173    Vgl EuGH, Rs C-63/99, Gloszczuk, Slg 2001, I-6369, Rn 48 f.

174    Abkommen über den Europäischen Wirtschaftsraum vom 2.5.1992; Sart. II Nr 310.

175    Ausführlich hierzu *Epiney*, ZvglRWiss 100 (2001), 425 ff.

hätten türkische Arbeitnehmer nach ordnungsgemäßer Beschäftigung in einem Mitgliedstaat dort freien Zugang zum Arbeitsmarkt. Als dies abgelehnt wird, erhebt S Klage. In diesem Rechtsstreit wird dem EuGH die Frage vorgelegt, ob S sich auf die zitierte Bestimmung berufen kann.

**Lösung Fall 21:**
**I. Zuständigkeit des EuGH: Art. 267 AEUV**

Die vom Rat geschlossenen Assoziationsabkommen gemäß Art. 218, 217 AEUV sind „integrierender Bestandteil" der Unionsrechtsordnung"[176]. Fraglich ist, ob dies auch für Beschlüsse des Assoziationsrates gilt. Der EuGH bejaht dies wegen deren unmittelbaren Zusammenhangs mit dem Abkommen. Gemäß Art. 267 Abs. 1 lit. b AEUV unterliegt der Abschluss des Abkommens als Handlung des Rates der Jurisdiktion des EuGH. Dieser folgert daraus, dass er deshalb auch befugt sei, über die Auslegung von Beschlüssen des durch das Abkommen geschaffenen und mit dessen Durchführung beauftragten Organs zu entscheiden. Dies sei zur Wahrung der einheitlichen Anwendung des Abkommens innerhalb der Union geboten. Dieses *Ergebnis* lässt sich damit rechtfertigen, dass nach allgemeinem Völkerrecht die Interpretationsfrage, ob eine Norm eines völkerrechtlichen Vertrages self executing-Charakter hat, für den *innerstaatlichen* Vollzug von den nationalen Gerichten entschieden wird, es sei denn, im Vertrag selbst ist ein Streitentscheidungsorgan vorgesehen. Da die Union im Rahmen ihrer Außenkompetenzen aber an die Stelle der Mitgliedstaaten getreten ist, nimmt auch die Stelle des innerstaatlichen Gerichts der EuGH ein. Beschränkt auf die innerstaatliche Wirkung kann diese Interpretationsbefugnis auch auf Beschlüsse ausgedehnt werden, die von einem durch den Vertrag geschaffenen Organ erlassen werden. Die völkerrechtlich verbindliche Beurteilung im Verhältnis zwischen den Vertragsparteien bleibt davon unberührt.

**II. Unmittelbare Wirkung des Beschlusses des Assoziationsrats**

Das Assoziationsabkommen räumt dem Assoziationsrat die Befugnis zu verbindlichen Beschlüssen ein. Ob diese Beschlüsse self executing sind, ist nach allgemeinen völkerrechtlichen Grundsätzen anhand des Wortlauts und des Gegenstands und Zwecks zu ermitteln. Danach ist das in Art. 2 Abs. 1 lit. b des Beschlusses begründete Recht eindeutig und keines weiteren Vollzugsakts bedürftig. S kann sich daher auf diesen Beschluss berufen.

Die dortigen Voraussetzungen trafen auf S aber nicht zu, da die Beschäftigung während der aufschiebenden Wirkung eines Rechtsbehelfs nicht als „ordnungsgemäß" angesehen werden kann.

Der EuGH hat diese Rechtsprechung trotz der ausdrücklichen Aufforderung der Bundesrepublik Deutschland, sie zu überprüfen, bestätigt[177].

Die EU ist zudem auch an die Regeln des Völkergewohnheitsrechts gebunden[178]. **543**

**Literatur:** *Epiney, A.*, Zur Stellung des Völkerrechts in der EU, EuZW 1999, 5; *Flemisch, C.*, Umfang der Berechtigungen und Verpflichtungen aus völkerrechtlichen Verträgen, 2002; *Gils-*

176 EuGH, Rs 12/86, Demirel/Stadt Schwäbisch Gmünd, Slg 1987, 3719, Rn 7 ff = *HVL*, S. 511 ff = *Pechstein* Nr 52, 72; s. auch **Fall 20**, Rn 538.
177 EuGH, Rs C-237/91, Kus/Wiesbaden, Slg 1992, I-6781, Rn 11 ff. Vgl auch EuGH, Rs C-434/93, Bozkurt, Slg 1995, I-1475, Rn 21 ff; Rs C-285/95, Suat Kol/Land Berlin, Slg 1997, I-3069; Rn 21 ff. Kritisch dazu *Herrnfeld*, in: Schwarze, Art. 217 AEUV, Rn 19.
178 EuGH, Rs C-162/96, Racke/HZA Mainz, Slg. 1998, I-3655, Rn 45 f = *HVL*, S. 482 f. Näher dazu *Haratsch/Koenig/Pechstein*, Rn 439 ff; *Nettesheim*, in: Oppermann/Classen/Nettesheim, § 9, Rn 154 ff.

*dorf, P.*, Die Rechtswirkungen der im Rahmen von Gemeinschaftsabkommen erlassenen Organbeschlüsse, EuZW 1991, 459; *Hirsch, G.*, Die Rechtsprechung des Europäischen Gerichtshofs zu Assoziierungsabkommen, BayVBl. 1997, 449; *Hobe, S./Müller-Sartori, P.*, Rechtsfragen der Einbindung der EG/EU in das Völkerrecht, JuS 2002, 8; *Ott, A.*, GATT und WTO im Gemeinschaftsrecht, 1996; *Repasi, R.* Völkervertragliche Freiräume für EU-Mitgliedstaaten, EuR 2013, 45.

# § 6 Die Rechtsetzung in der Europäischen Union

## I. Das Prinzip der begrenzten Einzelermächtigung

**544** Anders als die Legislativorgane eines Staates, die auf Grund dessen umfassender Verbandskompetenz und ihrer Organkompetenz grundsätzlich jede Materie gesetzlich regeln und auch hinsichtlich der Form (Verfassungsgesetz, einfaches Gesetz) wählen können, bedürfen die Rechtsetzungsorgane der Union einer ausdrücklichen Kompetenzzuweisung in den Verträgen. Dieser „**Grundsatz der begrenzten Einzelermächtigung**" wurde durch den Vertrag von Lissabon (noch deutlicher als in *Art. 5 Abs. 1 EGV* und *Art. 5 EUV aF*) ausdrücklich in **Art. 5 Abs. 1 S. 1, Abs. 2 EUV** verankert und wird mehrfach betont (vgl zB Art. 4 Abs. 1 EUV). Ihm entspricht Art. 288 Abs. 1 AEUV, wonach die Rechtsetzungsorgane der Union (Europäisches Parlament und Rat gemeinsam als „Gesetzgebungsorgane", Art. 14 Abs. 1; Art. 16 Abs. 1 EUV; Rat; Kommission) „für die Ausübung der Zuständigkeiten der Union" die dort vorgesehenen Rechtsakte erlassen. Dies bedeutet zum einen, dass sie nur dort tätig werden dürfen, wo die Verträge die Verbandskompetenz der Union begründen (vgl Rn 152 ff), zum anderen, dass sie die jeweils vorgeschriebene Form des Rechtsaktes verwenden müssen, es sei denn, der Vertrag stellt ihnen insoweit die Wahl frei (vgl zB Art. 114 Abs. 1 AEUV: „Maßnahmen").

**545** Dieser Grundsatz wird zwar nicht durchbrochen, aber doch erheblich gelockert durch die Ermächtigung zur **Vertragslückenschließung**, die der Vertrag von Lissabon in Art. 352 AEUV beibehalten hat[1]. Im Gegensatz zu *Art. 308 EGV* stellt Art. 352 AEUV eine Kompetenzgrundlage für grundsätzlich alle Politikfelder dar, ist somit nicht nur auf Maßnahmen zugunsten des Gemeinsamen Marktes, jetzt Binnenmarktes beschränkt. Ausdrücklich ausgenommen wird durch Art. 352 Abs. 4 AEUV die GASP, was deren genereller Sonderstellung (s. dazu Rn 1302) entspricht. Einbezogen wird allerdings die bisherige PJZS[2]. Wie bisher ist die Anwendung des Art. 352 AEUV durch das Einstimmigkeitsprinzip im Rat erschwert, wozu die jetzt erforderliche Zustimmung des Europäischen Parlaments sowie die Einbeziehung der nationalen Parlamente gemäß Art. 352 Abs. 2 AEUV iVm dem Subsidiaritätsprotokoll hinzukommt. Da das BVerfG im *Lissabon-Urteil* Art. 352 AEUV einer Vertragsänderung gleichgestellt hat[3], bedarf die Zustimmung oder Enthaltung des deutschen Ver-

---

1 Vgl den Schlussbericht der Arbeitsgruppe V „Ergänzende Zuständigkeiten", CONV 375/1/02 Rev. 1, S. 14. Unberührt bleibt hinsichtlich der EAG Art. 203 EAGV.
2 *J.-P. Piris*, The Lisbon Treaty, 2010, S. 68.
3 BVerfGE 123, 267 (393 ff) = *HVL*, S. 59 ff.

treters im Rat zudem der Ermächtigung durch ein Gesetz gemäß Art. 23 Abs. 1 GG (§ 8 IntVG). Dadurch droht Art. 352 AEUV einen Großteil seiner „Flexibilität" einzubüßen[4], weshalb man in der Praxis auf die allgemeine **Harmonisierungskompetenz im Binnenmarkt** gemäß Art. 114 AEUV ausweichen dürfte[5]. Auch diese Bestimmung lockert durch ihre Weite das Prinzip der begrenzten Einzelermächtigung und bedarf daher der Präzisierung des Tatbestandes und der Kontrolle der Einhaltung durch den EuGH (s. dazu Rn 629 f, 980). Art. 352 AEUV hat durch die Zuweisung ausdrücklicher, aber auch limitierter Kompetenzen an die EU (vgl Rn 159) zwar an Bedeutung verloren; es verbleiben aber durchaus noch wichtige Anwendungsbereiche[6].

## II.  Formen der Rechtsetzungsverfahren

### 1.  Gesetzgebung und sonstige Rechtsetzung

Der Vertrag von Lissabon übernimmt zwar nicht die Terminologie der Rechtsakte, die der Verfassungsvertrag zur Hierarchisierung zwischen Europäischem Gesetz und Europäischer Verordnung (vgl *Art. I-33 Abs. 1 UAbs. 2 bzw UAbs. 4 EVV*) vorsah, unterscheidet aber zwischen **Gesetzgebungsakten**, dh nach der Legaldefinition des Art. 289 Abs. 3 AEUV solchen, die in einem Gesetzgebungsverfahren erlassen wurden, und **sonstigen Rechtsakten**.  **546**

Alle **Gesetzgebungsakte** werden unter Beteiligung des Europäischen Parlaments und des Rates als Unionsgesetzgeber (s. Rn 551) erlassen. Im **ordentlichen Gesetzgebungsverfahren** werden die Rechtsakte Verordnung, Richtlinie und Beschluss auf Vorschlag der Kommission vom Europäischen Parlament und vom Rat gemeinsam und gleichberechtigt erlassen (Art. 289 Abs. 1 S. 1 AEUV; zum Verfahren s. Rn 559 ff). In den **besonderen Gesetzgebungsverfahren** erfolgt die Annahme der genannten Rechtsakte entweder durch das Europäische Parlament mit Beteiligung des Rates oder durch den Rat mit Beteiligung des Europäischen Parlaments (Art. 289 Abs. 2 AEUV; zu den Verfahren s. Rn 557 ff).  **547**

Andere **Rechtsakte** werden von der Kommission (s. dazu Rn 567 ff), in wenigen Fällen (abgesehen von der GASP, in der dafür der Rat generell zuständig ist, s. Rn 1308) aber auch vom Rat (zB Art. 43 Abs. 3 AEUV; zu Durchführungsrechtsakten s. Art. 291 Abs. 2 AEUV und Rn 568) erlassen.  **548**

Bislang lag die **Initiative** für die Rechtsetzung in der Regel bei der Kommission. Der Vertrag von Lissabon unterscheidet jetzt auch insoweit zwischen Gesetzgebungsakten und sonstigen Rechtsakten. Gesetzgebungsakte (Art. 289 Abs. 3 AEUV) dürfen grundsätzlich nur auf Vorschlag der Kommission erlassen werden (Art. 17 Abs. 2 S. 1 EUV; vgl auch Art. 294 Abs. 1 AEUV). Gemäß Art. 289 Abs. 4 AEUV bestehen  **549**

---

4  *Rossi*, in: Calliess/Ruffert, Art. 352 AEUV, Rn 9.
5  *F.C. Mayer*, Rashomon in Karlsruhe, NJW 2010, 714 (715).
6  Vgl dazu *Rossi*, in: Calliess/Ruffert, Art. 352 AEUV, Rn 18 ff, 21; *Streinz*, in: Streinz, Art. 352 AEUV, Rn 56 ff, 68 f. Hinsichtlich des Wettbewerbsrechts verweist das Protokoll Nr 27 (ABl 2012 C 326/309; Sart II Nr 147, S. 42; Nomos Nr 3, S. 259) jetzt ausdrücklich auch auf Art. 352 AEUV.

jedoch Ausnahmen, die allerdings ausdrücklich in den Verträgen vorgesehen sein müssen (Initiativrecht einer Gruppe der Mitgliedstaaten gemäß Art. 76 lit. b AEUV; des Europäischen Parlaments gemäß Art. 223 Abs. 2, Art. 226 Abs. 3, Art. 228 Abs. 4 AEUV; der EZB gemäß Art. 129 Abs. 3 AEUV; des EuGH gemäß Art. 257 Abs. 1, Art. 281 Abs. 2 AEUV). Andere Rechtsakte werden auf Vorschlag der Kommission erlassen, wenn die Verträge dies vorsehen (Art. 17 Abs. 2 S. 2 EUV). **Beispiel:** Art. 43 Abs. 3 AEUV.

550  Nach Maßgabe der Verträge sind der Wirtschafts- und Sozialausschuss (WSA) sowie der Ausschuss der Regionen (AdR) anzuhören.

551  Welches Verfahren zur Anwendung kommt ist in den einzelnen Kompetenzbestimmungen festgelegt. Die Zuordnung zu den einzelnen Verfahren ist nicht immer rational nachvollziehbar. Das Verfahren der Zusammenarbeit (*Art. 252 EGV*)[7] wurde abgeschafft.

### 2.  Rat und Europäisches Parlament als „Gesetzgeber" der EU

552  Der Vertrag von Lissabon bezeichnet in Art. 14 Abs. 1 S. 1 bzw Art. 16 Abs. 1 S. 1 EUV das Europäische Parlament bzw den Rat ausdrücklich als „**Gesetzgeber**" und sieht insoweit deren gemeinsames Tätigwerden vor. Regelfall dafür ist das „ordentliche Gesetzgebungsverfahren (Art. 289 Abs. 1, Art. 294 AEUV), das im Wesentlichen dem bisherigen Verfahren der Mitentscheidung *(Art. 251 EGV)* entspricht. Die fehlende Übernahme der Terminologie Europäisches Gesetz (im Gegensatz zur Europäischen Verordnung) und Europäisches Rahmengesetz durch den Vertrag von Lissabon wegen offenbar zu groß empfundener „Staatsnähe" führt nicht nur zu Problemen hinsichtlich des Rechtsschutzes (s. dazu Rn 669 f) sondern auch zu der Kuriosität, dass das Produkt, das der Gesetzgeber im Gesetzgebungsverfahren erlässt, zwar inhaltlich ein „Gesetz" ist, aber nicht als solches bezeichnet wird.

### 3.  Ordentliches Gesetzgebungsverfahren

553  Das **ordentliche Gesetzgebungsverfahren** ist das Verfahren, auf das die meisten Kompetenznormen verweisen. Dabei müssen Europäisches Parlament (EP) und Rat den Rechtsakt gemeinsam tragen, was auch in dessen Bezeichnung als solcher „des Europäischen Parlaments und des Rates" zum Ausdruck kommt. In diesem Verfahren beschließt der Rat grundsätzlich (Ausnahme Art. 294 Abs. 9 AEUV) mit **qualifizierter Mehrheit** (jetzt das Regelverfahren, vgl Art. 16 Abs. 3 EUV, geregelt in Art. 16 Abs. 4 und 5 EUV, Art. 238 Abs. 2–4 AEUV), das EP mit der **Mehrheit** der abgegebenen Stimmen (Regelfall, Art. 231 Abs. 1 AEUV) bzw, wenn dies ausdrücklich angeordnet wird (Art. 294 Abs. 7 lit. b und c AEUV), mit der Mehrheit seiner Mitglieder. WSA und AdR werden gemäß den jeweiligen Kompetenzvorschriften beteiligt (vgl zB Art. 169 Abs. 3 AEUV). Das Verfahren sieht grundsätzlich **zwei**, bei Erforderlichkeit eines Vermittlungsverfahrens **drei Lesungen** vor.

---

7  S. dazu *Streinz*, Europarecht, 8. Aufl. 2008, Rn 507 ff.

Die Kommission unterbreitet ihren Vorschlag dem EP und dem Rat (Art. 294 Abs. 2 AEUV). In der **ersten Lesung** (Art. 294 Abs. 3–6 AEUV) legt das EP seinen Standpunkt fest und übermittelt ihn dem Rat. Billigt der Rat den Standpunkt des EP, so ist der betreffende Rechtsakt in der Fassung des Standpunkts des EP erlassen. Andernfalls legt der Rat seinen Standpunkt fest und übermittelt ihn mit Angabe der Gründe dem EP. Die Kommission unterrichtet das EP in vollem Umfang über ihren Standpunkt. In der **zweiten Lesung** (Art. 294 Abs. 7–9 AEUV) kommt es auf die Reaktion des EP an: Billigt das EP den Standpunkt des Rates oder äußert es sich nicht, gilt der Rechtsakt in der Fassung des Standpunkts des Rates. Lehnt das EP den Standpunkt des Rates mit der Mehrheit seiner Mitglieder ab, so gilt der vorgeschlagene Rechtsakt als nicht erlassen. Schlägt das EP mit der Mehrheit seiner Mitglieder Abänderungen an dem Standpunkt des Rates vor, so wird die abgeänderte Fassung dem Rat mit einer Stellungnahme der Kommission zu den Abänderungen zugeleitet. Billigt der Rat **alle** Abänderungen des EP, so gilt der betreffende Rechtsakt als erlassen. Dabei muss der Rat über Abänderungen, zu denen die Kommission eine ablehnende Stellungnahme abgegeben hat, einstimmig beschließen. Andernfalls beruft der Präsident des Rates im Einvernehmen mit dem Präsidenten des EP den **Vermittlungsausschuss** ein. Dieser besteht aus den 28 Mitgliedern des Rates und ebenso vielen Mitgliedern des EP (Art. 294 Abs. 10 AEUV). Er hat die Aufgabe, mit der qualifizierten Mehrheit der Mitglieder des Rates und der Mehrheit der das EP vertretenden Mitglieder binnen sechs Wochen eine Einigung auf der Grundlage der Standpunkte von EP und Rat in zweiter Lesung zu erzielen. Die Kommission nimmt an den Arbeiten des Vermittlungsausschusses konstruktiv teil (Art. 294 Abs. 11 AEUV). Billigt der Vermittlungsausschuss keinen gemeinsamen Entwurf, so gilt der vorgeschlagene Rechtsakt als nicht erlassen (Art. 294 Abs. 12 AEUV). Andernfalls kommt es zu einer **dritten Lesung** (Art. 294 Abs. 13–14 AEUV). Billigen das EP mit der Mehrheit der abgegebenen Stimmen und der Rat mit qualifizierter Mehrheit den Vermittlungsvorschlag, so gilt der Rechtsakt in dessen Fassung als erlassen. Andernfalls gilt er als nicht erlassen.

**554**

**555 Schaubild 3:** Ordentliches Gesetzgebungsverfahren (Art. 294 AEUV)

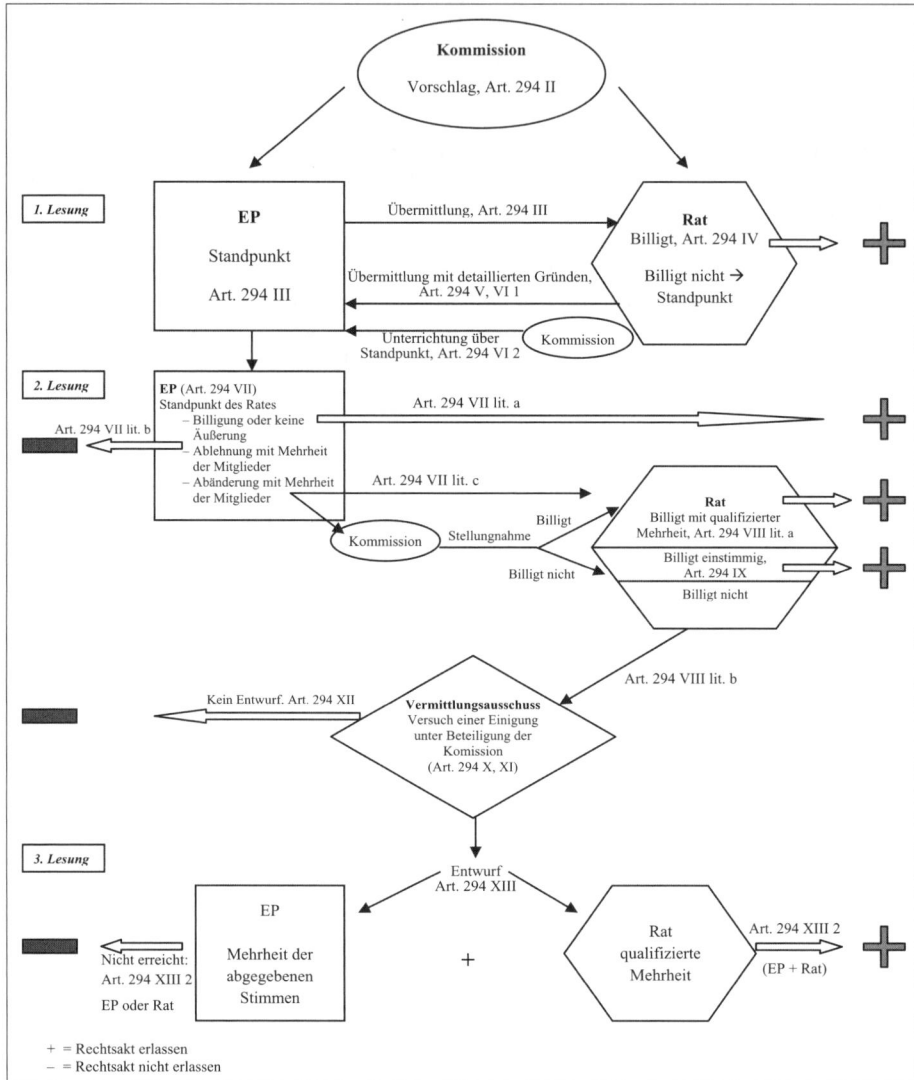

**556** Das komplizierte Verfahren funktioniert wegen der gesetzten Fristen, die ggf verlängert werden können (Art. 294 Abs. 14 AEUV), relativ gut. Das EP ist mit dem Rat gleichberechtigt, muss allerdings gegenüber dessen Standpunkt in erster Lesung für Ablehnungen und Abänderungsvorschläge die Mehrheit seiner Mitglieder und nicht nur der abgegebenen Stimmen aufbringen. Dies erfordert eine im Gesetzgebungsverfahren generell wünschenswerte Präsenz der Abgeordneten.

### 4. Besondere Gesetzgebungsverfahren

#### a) Typisierung

Die besonderen Gesetzgebungsverfahren zeichnen sich dadurch aus, dass entweder **557** das Europäische Parlament oder der Rat die führende Rolle hat und das jeweils andere Organ mitwirkt. Diese Mitwirkung kann die Zustimmung erfordern, ohne die der Gesetzgebungsakt nicht zustande kommt. Sie kann sich aber auch auf die bloße Anhörung beschränken. Dass ein besonderes Gesetzgebungsverfahren zur Anwendung kommt und welche Rolle Europäisches Parlament und Rat dabei spielen, wird in der jeweiligen Kompetenzvorschrift festgelegt.

#### b) Zustimmungsverfahren

##### aa) Gesetzgebungsakte des Europäischen Parlaments mit Zustimmung des Rates.
Dieser Verfahrenstyp ist für Regelungen im Bereich des Europäischen Parlaments **558** vorgesehen, die über den Erlass der Geschäftsordnung, die das EP alleine erlassen kann (Art. 232 AEUV), hinausgehen, nämlich das Abgeordnetenstatut (Art. 223 Abs. 2 AEUV) sowie die Regelungen über Untersuchungsausschüsse (Art. 226 Abs. 3 AEUV) und hinsichtlich des Bürgerbeauftragten (Art. 228 Abs. 4 AEUV). Der Rat beschließt mangels anderweitiger Regelung mit qualifizierter Mehrheit (Art. 16 Abs. 3 EUV).

##### bb) Gesetzgebungsakte des Rates mit Zustimmung des Europäischen Parlaments.
Dies betrifft Materien, in denen einerseits wegen ihrer materiellen Sensibili- **559** tät die Einstimmigkeit im Rat, andererseits wegen ihrer Tragweite (auch für den einzelnen Bürger) eine über die bloße Anhörung des Europäischen Parlaments hinausgehende demokratische Legitimation für erforderlich gehalten wird (s. aber Rn 560).

**Beispiele:** Antidiskriminierungsmaßnahmen (Art. 19 Abs. 1 AEUV); Europäische Staatsanwaltschaft (Art. 86 Abs. 1, Abs. 4 AEUV); mehrjähriger Finanzrahmen (Art. 312 Abs. 2 AEUV); Vertragslückenschließung (Art. 352 Abs. 1 S. 1 AEUV).

#### c) Anhörungsverfahren

Gleichwohl wird in den **besonderen Gesetzgebungsverfahren**, in denen der Rat ein- **560** stimmig beschließt (Ausnahme: Art. 23 Abs. 2 AEUV), das Europäische Parlament nach wie vor meist lediglich angehört. Dies gilt für die sog. Passerelle-Beschlüsse, die den Übergang von der Einstimmigkeit zur qualifizierten Mehrheit bzw vom besonderen zum ordentlichen Gesetzgebungsverfahren bewirken (zB Art. 153 Abs. 2 UAbs. 4, Art. 333 Abs. 2 AEUV) bzw bewirken können (Art. 81 Abs. 3 UAbs. 2 AEUV), ferner für bestimmte Fragen der Unionsbürgerschaft (Art. 21 Abs. 3, Art. 22 Abs. 2 S. 2 AEUV), des Kapitalverkehrs (Art. 64 Abs. 3 AEUV), der operativen polizeilichen Zusammenarbeit (Art. 87 Abs. 3 AEUV), der grenzüberschreitenden Zusammenarbeit mitgliedstaatlicher Behörden (Art. 89 AEUV), für die Rechtsangleichung im Steuerrecht (Art. 113 AEUV), für bestimmte Bereiche des Binnenmarkts (Art. 115 AEUV), für die Sprachenregelung im Recht des geistigen Eigentums (Art. 118 Abs. 2 AEUV), für Bereiche der Wirtschafts- und Währungsunion (Art. 126 Abs. 14 UAbs. 2 und 3, Art. 127 Abs. 6 AEUV), für spezifische Forschungsprogramme (Art. 182 Abs. 4 AEUV), für bestimmte Regelungen im Umweltrecht (Art. 192 Abs. 2 UAbs. 1 AEUV) und für die Assoziierung überseeischer Länder und Hoheitsgebiete (Art. 203 AEUV) sowie Sonderregelungen für die außereuropäischen Territorien der Mitgliedstaaten (Art. 349 AEUV).

**561** Der Rat beschließt im Anhörungsverfahren endgültig mit der in der Ermächtigungsnorm dafür vorgesehenen Mehrheit (Einstimmigkeit, zB Art. 115 AEUV; qualifizierte Mehrheit, zB Art. 43 Abs. 3 AEUV iVm Art. 16 Abs. 3 EUV; einfache Mehrheit ist bei Organisations- und Verfahrensfragen, s. Rn 359, nicht aber bei Rechtsetzungsakten vorgesehen). Der Rat ist dabei weder an die Stellungnahme des Wirtschafts- und Sozialausschusses (ggf des Ausschusses der Regionen) noch an die des Europäischen Parlaments gebunden. Jedenfalls die unterbliebene obligatorische Anhörung des Europäischen Parlaments führt jedoch als wesentlicher Verfahrensmangel zur Nichtigkeit des Rechtsaktes (s. Rn 314 f). Weicht der endgültig verabschiedete Text als Ganzes gesehen in seinem Wesen von demjenigen ab, zu dem das Parlament bereits gehört worden ist, so muss es erneut angehört werden, es sei denn, die Abweichung entspricht gerade seinem selbst geäußerten Wunsch[8]. Will der Rat vom Vorschlag der Kommission abweichen, so kann er dies nur einstimmig tun (Art. 293 Abs. 1 AEUV).

**562** Zur Stärkung der Rechtsstellung des Europäischen Parlaments wurde durch eine gemeinsame Erklärung des Europäischen Parlaments, des Rates und der Kommission vom 4.3.1975[9] ein Konzertierungsverfahren im Rechtsetzungsprozess für gemeinschaftliche Rechtsakte von allgemeiner Tragweite eingeführt, die ins Gewicht fallende finanzielle Auswirkungen haben und deren Erlass nicht schon auf Grund früherer Rechtsakte geboten ist. Diese Interorganvereinbarung ist für die beteiligten Organe verbindlich. Ihre Justiziabilität ist allerdings fraglich. Ihre Zulässigkeit ist jetzt in Art. 295 AEUV ausdrücklich festgehalten[10].

**563** Die unterschiedliche Rechtsstellung des Europäischen Parlaments im Anhörungsverfahren einerseits, im ordentlichen Gesetzgebungsverfahren und im Verfahren der Zustimmung andererseits verdeutlicht die Bedeutung der **Wahl der richtigen Rechtsgrundlage** für einen bestimmten Rechtsakt. Schon deshalb muss bei jedem Rechtsakt die Rechtsgrundlage angegeben werden[11]. Die Wahl der falschen Rechtsgrundlage kann die Rechtsstellung des Europäischen Parlaments verletzen und dieses zur Erhebung der Nichtigkeitsklage gemäß Art. 263 Abs. 2 AEUV veranlassen (s. Rn 315).

**564** Die aktive Beteiligung des Europäischen Parlaments an der Rechtsetzung entspricht ebenso der **Struktur einer Integrationsgemeinschaft**, die in erheblichem Umfang Kompetenzen von den Mitgliedstaaten übernommen hat, wie der verbleibende Einfluss dieser Mitgliedstaaten auf die Rechtsetzung über den Rat[12]. Zunehmend wird erkannt, dass das Europäische Parlament nicht allein „die" Legislative einer Integrationsgemeinschaft wie der Europäischen Union sein kann, solange diese als solche besteht. Wegen der „positiven" Rolle des Europäischen Parlaments wurde das refor-

---

8  Vgl EuGH, Rs C-388/92, EP/Rat, Slg 1994, I-2067, Rn 10. S. auch Rn 315.
9  ABl 1975 Nr C 89/1. Vgl dazu *Bieber*, in: Bieber/Epiney/Haag, § 7, Rn 11.
10  Vgl bereits zuvor die Erklärung zu Art. 10 EGV der Schlussakte der Konferenz von Nizza, ABl 2001 Nr C 80/77; Sart. II Nr 153, S. 4.
11  Vgl EuGH, Rs 45/86, Kommission/Rat, Slg 1987, 1493, Rn 12 = *HVL*, S. 197 ff = *GO* Nr 139.
12  Vgl auch BVerfGE 89, 155 (182 ff) = *HVL*, S. 56 ff.

mierte Verfahren der Mitentscheidung als ordentliches Gesetzgebungsverfahren zu Recht ausgeweitet. Leider konnte die Zersplitterung der Beteiligungsformen des Europäischen Parlaments, die Folge eines politischen Kompromisses und dementsprechend unsystematisch und unbefriedigend ist, nicht gänzlich sachgerecht bereinigt werden. Immerhin wurde das Zusammenarbeitsverfahren gestrichen, so dass es nur noch Mitentscheidung, Zustimmung und Anhörung gibt. Trotz einiger Verbesserungen durch den Vertrag von Lissabon (vgl zB Art. 43 Abs. 2 AEUV gegenüber *ex-Art. 37 Abs. 2 UAbs. 3 EGV* sowie die Neuordnung der abgeleiteten Rechtsetzung durch die Kommission; s. dazu Rn 566 ff) entspricht die Zuordnung zu den einzelnen Verfahren nach wie vor bisweilen eher politischen Kompromissen als rational nachvollziehbaren Entscheidungen. Das ordentliche Gesetzgebungsverfahren ist wie jedes demokratische Verfahren auch nach der erfolgten Vereinfachung kompliziert, der Rechtsetzungsprozess wird dadurch ebenso erschwert wie durch die Rückbindung der Vertreter im Rat an die nationalen Parlamente (vgl Rn 382). Wer Demokratie will, muss dies aber akzeptieren.

## III.  Formen des Rechtsetzungsverfahrens der Kommission

### 1.  Grundlagen

Während im Bereich des EGKSV die Kommission das Hauptrechtsetzungsorgan war, **565** kommen ihr in den Bereichen der Verträge (EUV und AEUV) EGV und des EAGV nur wenige eigenständige Rechtsetzungsbefugnisse zu (zB Art. 106 Abs. 3 AEUV). In großem Umfang wurde die Kommission aber auf Grund sekundärrechtlicher Ermächtigungen in Verordnungen, Richtlinien und Entscheidungen des Rates tätig **(Tertiärrecht).** Dieser übertrug gemäß *ex-Art. 202 S. 1, 3. Spiegelstrich, Art. 211, 4. Spiegelstrich EGV* der Kommission Befugnisse zur Durchführung der Vorschriften, die er erlässt. Die Delegation von Rechtsetzungsbefugnissen auf die Kommission dient der Entlastung der Gesetzgebungsorgane Rat und seit dessen Installierung als Mitgesetzgeber Europäisches Parlament sowie der gegenüber dem Gesetzgebungsverfahren bzw Rechtsetzungsverfahren in diesen Organen vereinfachten und beschleunigten Anpassung der Rechtsakte an aktuelle Entwicklungen. Sie findet ihre Grenzen in der unionsrechtlich gebotenen und jetzt ausdrücklich in Art. 10 Abs. 2 EUV dokumentierten erforderlichen demokratischen Legitimation der Rechtsetzung über die beiden Gleise (s. dazu Rn 138) Europäisches Parlament und Rat. Das bisherige Komitologieverfahren[13] stieß insoweit auf Kritik, der durch die 2006 erfolgte Einführung des Regelungsverfahrens mit Kontrolle Rechnung getragen werden sollte[14]. Wegen fortbestehender Defizite und fehlender Transparenz wurde eine Reform der Delegation von Befugnissen im Rechtsetzungssystem der Union gefordert.

Durch den **Verfassungsvertrag** sollte das System der Rechtsetzung durch die Kom- **566** mission eine gegenüber *ex-Art. 202 EGV* völlig neue Struktur erhalten[15]. Da aber die

---

13   S. zu diesem *Streinz*, Europarecht, 8. Aufl. 2008, Rn 522 ff, 526 ff.
14   S. dazu ebd., Rn 524, 530a.
15   Vgl dazu *Streinz*, Europarecht, 7. Aufl. 2005, Rn 525 sowie *Streinz/Ohler/Herrmann*, Die neue Verfassung für Europa. Einführung mit Synopse, 1. Aufl. 2005, S. 64 ff. Zu den Änderungen im Vertrag von Lissabon vgl *Streinz/Ohler/Herrmann*, Lissabon, S. 79 ff.

Begriffe Europäisches Gesetz und Europäisches Rahmengesetz aufgegeben wurden, kommt im **Vertrag von Lissabon** die damit verbundene geplante Hierarchisierung der Rechtsetzung nicht mehr zum Ausdruck, da auch Rechtsetzungsakte ohne Gesetzgebungscharakter ihre Grundlage im Primärrecht selbst haben können und die Bezeichnungen Verordnung und Richtlinie einheitlich für beide Kategorien verwendet werden, sodass der Unterschied insoweit allein im Rechtsetzungsverfahren liegt. Die Rechtsetzung durch die Kommission erfährt aber auch hier eine **Neuordnung**. Dabei wird zwischen delegierten Rechtsakten und Durchführungsrechtsakten unterschieden.

### 2. Delegierte Rechtsakte (Art. 290 AEUV)

**567** In Gesetzgebungsakten, dh allein in Rechtsakten, die in einem Gesetzgebungsverfahren angenommen werden (Art. 289 Abs. 3 AEUV), kann der Kommission die Befugnis übertragen werden, Rechtsakte ohne Gesetzescharakter mit allgemeiner Geltung zur Ergänzung oder Änderung bestimmter nicht wesentlicher Vorschriften des betreffenden Gesetzgebungsaktes zu erlassen (Art. 290 Abs. 1 AEUV). Dies sind ausdrücklich so zu bezeichnende **„delegierte" Rechtsakte** (Art. 290 Abs. 3 AEUV), sog. „tertiäres Unionsrecht". Die wesentlichen[16] Aspekte eines Bereichs sind dem Gesetzgebungsakt vorbehalten, der Ziele, Inhalt, Geltungsbereich und Dauer der Befugnisübertragung ausdrücklich festlegen muss (vgl die Regelung in Art. 80 Abs. 1 S. 2 GG). Insoweit ist eine Befugnisübertragung ausgeschlossen. Im Gesetzgebungsakt werden ausdrücklich die Bedingungen festgelegt, unter denen die Übertragung erfolgt, wobei folgende Möglichkeiten[17] bestehen: Das EP oder der Rat kann beschließen, die Übertragung zu widerrufen; der delegierte Rechtsakt kann nur in Kraft treten, wenn das EP oder der Rat innerhalb der im Gesetzgebungsakt festgelegten Frist keine Einwände erhebt (Art. 290 Abs. 2 AEUV). Inhaltlich wird dadurch das bislang für diese Fälle vorgesehene Regelungsverfahren mit Kontrolle (Art. 2 Abs. 2, Art. 5a Komitologiebeschluss 1999/468)[18] ersetzt, allerdings durch eine abschließende primärrechtliche Regelung[19].

### 3. Durchführungsrechtsakte (Art. 291 AEUV)

**568** Gemäß Art. 291 Abs. 1 AEUV bleibt es bei dem Grundsatz der Durchführung des Unionsrechts durch die Mitgliedstaaten (s. dazu Rn 586). Soweit es jedoch unionsweit einheitlicher Durchführungsregeln bedarf, kann gemäß Art. 291 Abs. 2 AEUV die Kommission oder ausnahmsweise der Rat ermächtigt werden, die notwendigen **Durchführungsrechtsakte** zu erlassen, deren Charakter gemäß Art. 291 Abs. 4 AEUV durch die Einfügung des Wortteils „Durchführungs-" im Titel deutlich ge-

---

16 Dies greift die Rechtsprechung des EuGH auf (vgl Rs C-66/04, Vereinigtes Königreich/EP und Rat, Slg 2005, I-10553, Rn 48 m Anm *Ohler*, JZ 2006, 359), wobei dessen Ansatz im Gegensatz zur Wesentlichkeitstheorie des BVerfG weniger rechtsstaatlich-grundrechtsbezogen sondern vielmehr demokratisch-politisch ist, vgl *Ruffert*, in: Calliess/Ruffert, Art. 290 AEUV, Rn 10 mwN.

17 Hinzu kommt für delegierte Rechtsakte im Bereich der Finanzdienstleistungen die Möglichkeit der Konsultation von Experten der Mitgliedstaaten gem. Erklärung (Nr 39) zu Art. 290 AEUV, ABl 2012 C 326/352 (Sart II Nr 152, S. 28; Nomos Nr 4, S. 284).

18 ABl 1999 L 184/23; Sart. II Nr 236; *Bieber/Knapp* Nr III.4.2. Vgl zusätzlich die Standardgeschäftsordnung für Ausschüsse, ABl 2011 C 206/11.

19 Vgl *Möllers/von Achenbach*, EuR 2011, 39 (41).

macht wird. Art. 291 Abs. 3 AEUV sieht vor, dass das EP und der Rat in einem Gesetzgebungsakt die Grundsätze festlegen, nach denen *die Mitgliedstaaten* die Wahrnehmung der Durchführungsbefugnisse durch die Kommission (nicht durch den Rat) kontrollieren. Dies entspricht im Grundsatz, aber mit einigen Modifikationen und mit Verlagerung des bisherigen Regelungsverfahrens mit Kontrolle in das Primärrecht (s. Rn 567), dem auf der Grundlage des *ex-Art. 202 EGV* entwickelten Komitologieverfahren mit den mit Vertretern der Mitgliedstaaten besetzten Ausschüssen (s. dazu Rn 570).

Auf Art. 291 Abs. 3 AEUV gestützt wurde nach langen Kontroversen im ordentlichen Gesetzgebungsverfahren die **VO 182/2011** des Europäischen Parlaments und des Rates vom 16.2.2011 zur Festlegung der allgemeinen Regeln und Grundsätze, nach denen die Mitgliedstaaten die Wahrnehmung der Durchführungsbefugnisse durch die Kommission kontrollieren[20], erlassen, die am 1.3.2011 in Kraft trat. Sie hebt den Komitologiebeschluss 1999/468 (der für eine Übergangs- und Anpassungszeit von Bedeutung bleibt) auf, behält das Komitologiesystem aber in geänderter und (abgesehen von Anpassungsregelungen) um das Regelungsverfahren mit Kontrolle reduzierter (s. Rn 567) Form bei. **569**

Wie im bisherigen Komitologieverfahren wird auch nach der **VO 182/2011** die Kommission von einem Ausschuss unterstützt, der sich aus Vertretern der Mitgliedstaaten zusammensetzt. Den Vorsitz führt ein Vertreter der Kommission, der nicht an den Abstimmungen im Ausschuss (die ja die Verhältnisse im Rat wiedergeben sollen) teilnimmt (Art. 3 Abs. 2 VO 182/2011). Der Vorsitz unterbreitet dem Ausschuss den Entwurf des von der Kommission zu erlassenden Durchführungsrechtsakts (Art. 3 Abs. 3). Vorgesehen sind nunmehr allein zwei Verfahrensarten, nämlich das **Beratungsverfahren** (Art. 4) und das **Prüfverfahren** (Art. 5). Ferner ist ein **Berufungsausschuss** vorgesehen (Art. 6), der bei der Ablehnung eines Rechtsakts im Prüfverfahren befasst werden kann und beim Erlass von Durchführungsrechtsakten in Ausnahmefällen (Art. 7) befasst werden muss. Im **Beratungsverfahren** gibt der Ausschuss ohne oder aufgrund einer Abstimmung mit einfacher Mehrheit seiner Mitglieder seine Stellungnahme ab, die von der Kommission bei ihrem Beschluss neben dem Ergebnis der Beratungen „soweit wie möglich" berücksichtigt wird. Die Kommission ist somit an diese Stellungnahme nicht gebunden und hat die Entscheidungsbefugnis. Im **Prüfverfahren** gibt der Ausschuss seine Stellungnahme mit qualifizierter Mehrheit gemäß der Gewichtung ab, die in Art. 16 Abs. 4 und 5 EUV und ggf Art. 238 Abs. 3 AEUV bei Rechtsakten, die auf Vorschlag der Kommission zu erlassen sind, vorgesehen ist. Bei befürwortender Stellungnahme des Ausschusses erlässt die Kommission den im Entwurf vorgesehenen Durchführungsrechtsakt. Bei einer ablehnenden Stellungnahme erlässt die Kommission den Durchführungsrechtsakt nicht, abgesehen von den in Art. 7 geregelten Durchführungsrechtsakten in Ausnahmefällen (unverzüglich gebotenes Handeln wegen erheblicher Störung der Agrarmärkte oder Gefährdung der finanziellen Interessen der Union iSv Art. 325 AEUV; dann ist der Berufungsausschuss zu befassen). Wird ein Durchführungsrechtsakt für erforderlich gehalten, so kann der Vorsitz nach Ablehnung entweder dem Prüfungsausschuss **570**

---

20   ABl 2011 L 55/13.

einen geänderten Entwurf unterbreiten oder den abgelehnten Entwurf dem Berufungsausschuss vorlegen. Wird (zB mangels erforderlicher qualifizierter Mehrheit) keine Stellungnahme abgegeben, so kann die Kommission außer in den in Art. 5 Abs. 4 UAbs. 2 vorgesehenen Fällen (wenn ua der Schutz der Gesundheit oder der Sicherheit von Menschen, Tieren oder Pflanzen oder endgültige multilaterale Schutzmaßnahmen betroffen sind; wenn der Basisrechtsakt dies ausschließt; wenn die Mitglieder im Ausschuss dies mit einfacher Mehrheit ablehnen) den im Entwurf vorgesehenen Durchführungsrechtsakt erlassen. Das Verfahren im **Berufungsausschuss** entspricht dem im Prüfungsausschuss. Art. 8 sieht sofort geltende Durchführungsrechtsakte „in hinreichend begründeten Fällen äußerster Dringlichkeit" vor. Gemäß Art. 11 haben das Europäische Parlament und der Rat ein **Kontrollrecht** hinsichtlich der Einhaltung der im Basisrechtsakt vorgesehenen Durchführungsbefugnisse.

571 Die **Übergangsbestimmungen** sehen vor, dass bei Bezugnahme auf Art. 3 des Beschlusses 1999/468 (Beratungsverfahren) das Beratungsverfahren gemäß Art. 4 VO 182/2011 zum Tragen kommt, bei Verweis auf Art. 4 des Beschlusses 1999/468 (Verwaltungsverfahren) Art. 5 VO 182/2011 (Prüfverfahren), bei Verweis auf Art. 5 des Beschlusses 1999/468 (Regelungsverfahren) Art. 5 VO 182/2011 (Prüfverfahren) mit der Maßgabe, dass der Basisrechtsakt den Erlass des im Entwurf vorgesehenen Durchführungsrechtsakts ohne Stellungnahme nicht zulässt. Wird auf Art. 6 des Beschlusses 1999/468 (Verfahren bei Schutzmaßnahmen) Bezug genommen, findet Art. 8 VO 182/2011 (Sofortmaßnahmen) Anwendung. Das Regelungsverfahren mit Kontrolle (Art. 5a Beschluss 1999/468) bleibt bis zur Anpassung der entsprechenden Basisrechtsakte weiter wirksam (Art. 12 Abs. 2 VO 182/2011).

572 Welches Verfahren jeweils zur Anwendung kommt, wird im **Basisrechtsakt** des sekundären Unionsrechts festgelegt, wobei für Maßnahmen von allgemeiner Tragweite, soweit diese jetzt nicht ohnehin wegen der Ermächtigung zur Ergänzung und Änderung von Gesetzgebungsakten der delegierten Rechtsetzung bedürfen, das Prüfverfahren vorgesehen ist.

573 Ist der Kommission im Basisrechtsakt die Befugnis übertragen worden, über **Schutzmaßnahmen** zu beschließen, so kommt das in Art. 8 VO 182/2011 vorgesehene Verfahren für sofort geltende Durchführungsrechtsakte zur Anwendung.

574 Die Ausschussverfahren spielen zB im **Lebensmittelrecht** eine große Rolle (Verweise auf den Ständigen Ausschuss für die Lebensmittelkette und die Tiergesundheit).

575 Die Praxis muss vor allem zwei Anforderungen gerecht werden: Zum einen muss die Zuordnung entweder zur delegierten Rechtsetzung oder zur Durchführungsrechtsetzung sachgerecht erfolgen und der erforderlichen demokratischen Legitimation entsprechen. Dabei ist zu berücksichtigen, dass Durchführungsrechtsakte keine Ergänzungen oder Änderungen von Gesetzgebungsakten enthalten dürfen, da dies delegierten Rechtsakten vorbehalten wird. Zum anderen bedürfen die Maßstäbe des Art. 290 AEUV in einem Streitfall ggf der Konkretisierung durch den EuGH[21]. Die Verantwortung dafür liegt aber in erster Linie beim Europäischen Parlament und beim Rat selbst, denen Art. 290 AEUV die entsprechenden Vorgaben und Mittel zuweist.

---

21  Vgl zur bisherigen gegenüber dem Unionsgesetzgeber zurückhaltenden Rechtsprechung des EuGH zur Zulässigkeit der Delegation von Befugnissen *Möllers/von Achenbach*, EuR 2011, 48 f mwN.

**Literatur:** *Bueren, E.*, Grenzen der Durchführungsrechtsetzung im Unionsrecht – Neuerungen nach Lissabon, 2012; *Daiber, B.*, EU-Durchführungsrechtsetzung nach Inkrafttreten der neuen Komitologie-Verordnung, EuR 2012, 240; *Fabricius, C.*, Abgeleitete Rechtsetzung nach dem Vertrag von Lissabon – Überlegungen zu Delegierten Rechtsakten und Durchführungsrechtsakten, ZEuS 2011, 567; *Edenharter, A.*, Die Komitologie nach dem Vertrag von Lissabon, DöV 2011, 645; *Fuhrmann, M.*, Neues zum Komitologieverfahren, DÖV 2007, 464; *Funke, A.*, Umsetzungsrecht, 2010; *Gundel, J.*, Bindung des Gemeinschaftsgesetzgebers an das im Vertrag vorgesehene System für die Delegation von Rechtsetzungsbefugnissen, JA 2008, 910; *Härtel, I.*, Handbuch Europäische Rechtsetzung, 2006; *Haselmann, C.*, Delegation und Durchführung gemäß Art. 290 und 291 AEUV, 2012; *Kotz, S./Schusterschitz, G.*, Komitologiereform 2006 und Lamfalussy, ZFR 2007, 2; *Lorz, R.A.*, Autonomie und Bindung der Rechtsetzung in gestuften Rechtsordnungen, DVBl 2006, 1061; *Möllers, C./von Achenbach, J.*, Die Mitwirkung des Europäischen Parlaments an der abgeleiteten Rechtsetzung der Europäischen Kommission nach dem Lissabonner Vertrag, EuR 2011, 39; *Schusterschitz, G.*, Rechtsakte und Rechtsetzungsverfahren, in: Hummer, W./Obwexer, W. (Hrsg.), Der Vertrag von Lissabon, 2009, S. 209; *Saurer, J.*, Der kompetenzrechtliche Verhältnismäßigkeitsgrundsatz im Recht der Europäischen Union, JZ 2014, 281; *Trüe, C.*, Das System der Rechtsetzungskompetenzen der Europäischen Gemeinschaft und der Europäischen Union, 2002; *Türk, A.*, Das Verhältnis des Parlaments zur europäischen Exekutive im Bereich der Komitologie, in: Kadelbach, S. (Hrsg.), Europäische Integration und parlamentarische Demokratie, 2009, S. 131; *Wolfram, D.*, „Underground Law". Abgeleitete Rechtsetzung durch Komitologieverfahren in der EU: Bedeutung, Stand und Aussichten nach dem Vertrag von Lissabon, 2009.

---

**Anhang: Prüfungsaufbau Verbandskompetenz der EU**                        **576**

1. Begrenzte Kompetenz der EU (Art. 5 Abs. 1 S. 1 EUV > Art. 5 Abs. 2 EUV)
2. Kompetenzgrundlage („Einzelermächtigung"), zB Art. 114 AEUV
3. Zuordnung zum Kompetenztyp (Art. 2–6 AEUV), zB geteilte Kompetenz Art. 4 Abs. 2 lit. a AEUV
   - Folgen für die Intensität möglicher Regelungen (zB Harmonisierungsverbot)
   - Folgen für die Handlungsform (Art. 288 AEUV): „Maßnahmen" (zB Art. 114 AEUV) oder Beschränkung auf Richtlinie (zB Art. 115 AEUV)
   - Folgen für die Kompetenzausübungsschranke (Subsidiaritätsprinzip bei nicht ausschließlicher Kompetenz der EU)
4. Beachtung der Kompetenzausübungsschranken: Subsidiaritätsprinzip (Art. 5 Abs. 3 EUV); Verhältnismäßigkeitsprinzip (Art. 5 Abs. 4 EUV; Subsidiaritätsprotokoll (s. Rn 172).

---

## IV. Verstärkte Zusammenarbeit der Mitgliedstaaten

Bereits innerhalb der Europäischen Gemeinschaften stellte sich die Frage differen- **577** zierter Integration, eines Europa mehrerer Geschwindigkeiten („l" Europe à deux vitesses")[22]. Ursache dafür waren politische Divergenzen zwischen den Mitgliedstaaten über das Voranschreiten im Integrationsprozess. Mit der Ausdehnung auf 28 Mit-

---

22  Vgl dazu bereits *B. Langeheine/U. Weinstock*, L'Europe à deux vitesses: ni voie royale, ni fausse route. Contribution à la discussion sur le dèveloppemenet futur de la Communautè européenne, RMC 1984, 242.

gliedstaaten traten wirtschaftliche und kulturelle Unterschiede hinzu. Dem tragen die Verträge selbst zB hinsichtlich der Wirtschafts- und Währungsunion (WWU) durch (leider nicht immer hinreichend ernst genommene) Beitrittskriterien Rechnung (s. Rn 1153). Hinzu treten primärrechtlich eröffneten opt-out bzw opt-in-Möglichkeiten für bestimmte Mitgliedstaaten (s. Rn 1149). Wenn die Fortentwicklung auf der Basis des bestehenden Primärrechts nicht möglich war und dessen Fortentwicklung durch Vertragsänderung scheiterte, schlossen die zu stärkerer Integration bereiten Mitgliedstaaten völkerrechtliche Verträge in einem „unionsnahen" Bereich mit dem Ziel, den Inhalt später in Unionsrecht zu überführen. Dies ist allerdings nur zulässig, wenn die Kompetenz dafür bei den Mitgliedstaaten verblieben ist und der Vertrag mit dem Unionsrecht vereinbar ist. Beispiele dafür sind die Abschaffung der Grenzkontrollen, beginnend mit dem Abkommen von Schengen (s. Rn 813), sowie das wegen des Fernbleibens von Mitgliedstaaten zwischen den übrigen geschlossene Abkommen über die Sozialpolitik (damals 14 Mitgliedstaaten ohne UK; s. Rn 1167) und der sog. Fiskalpakt (ohne UK und Tschechische Republik; s. Rn 1134).

**578**     Soweit Unionskompetenzen bestehen, ihre Realisierung aber am Verfehlen der erforderlichen Mehrheit bzw Einstimmigkeit scheitert, eröffnen Art. 20 EUV, Art. 326-334 AEUV die an eine Reihe von Voraussetzungen gebundene unionsrechtlich geordnete Verstärkte Zusammenarbeit (VZ) im kleineren Kreis ab mindestens neun Mitgliedstaaten (Art. 20 Abs. 1 UAbs. 2 S. 2 EUV) in Bereichen, die nicht der ausschließlichen Zuständigkeit der Union (vgl dazu Art. 3 AEUV) unterfallen (Art. 20 Abs. 1 S. 1 EUV). Die VZ muss darauf ausgerichtet sein, die Ziele der Union zu fördern, ihre Interessen zu schützen und diesen zu dienen sowie ihren Integrationsprozess zu stärken (Art. 20 Abs. 1 UAbs. 2 S. 1 EUV), muss die Verträge und das (Sekundär-) Recht der Union beachten (Art. 326 S. 1 AEUV), darf den Binnenmarkt und den wirtschaftlichen, sozialen und territorialen Zusammenhalt nicht beeinträchtigen (Art. 326 S. 2 AEUV), darf keine Behinderung oder Diskriminierung des Handels zwischen den Mitgliedstaaten darstellen und die Wettbewerbsbedingungen zwischen diesen nicht verzerren (Art. 326 S. 3 AEUV) und muss die Zuständigkeiten, Rechte und Pflichten der nicht an der VZ beteiligten Mitgliedstaaten beachten (Art. 327 S. 1 AEUV) und diesen jederzeit zum Beitritt offenstehen (Art. 20 Abs. 1 UAbs. 2 S. 2 EUV; Art. 331 AEUV). Die VZ ist ultima ratio, dh sie kommt nur bei durch den Rat festgestelltem Scheitern des beabsichtigten Vorhabens im Rahmen des Unionsrechts in Betracht (Art. 20 Abs. 4 S. 1 EUV). Die im Rahmen einer VZ beschlossenen Rechtsakte haben auf die beteiligten Mitgliedstaaten beschränkte territoriale Geltung, sind somit „sekundäres Sonderrecht"[23], und gelten nicht als Besitzstand (acquis communautaire), der von beitrittswilligen Staaten angenommen werden muss (Art. 20 Abs. 4 AEUV).

**579**     Die Mitgliedstaaten, die eine VZ begründen möchten, richten einen Antrag an die Kommission, die dem Rat einen entsprechenden Vorschlag vorlegen kann. Unterlässt sie dies, teilt sie den betreffenden Mitgliedstaaten die Gründe dafür mit. Die Ermächtigung wird vom Rat auf Vorschlag der Kommission nach Zustimmung des Europäischen Parlaments mit qualifizierter Mehrheit (Art. 16 Abs. 3 EUV) erteilt. Wie gene-

---

23   *Hatje,* in: Schwarze, Art. 20 EUV, Rn 37. Zu damit verbundenen Problemen vgl *Haratsch/Koenig/Pechstein,* Rn 85.

rell im Rahmen der VZ sind die sich nicht beteiligenden Staaten nicht stimmberechtigt (Art. 330 AEUV; Folge bei qualifizierter Mehrheit: Art. 238 Abs. 3 AEUV).

Eine VZ kam bislang bei der Rom III-Verordnung über ein gemeinsames Ehescheidungsrecht[24] und zur Begründung eines Gemeinschaftspatents (s. Rn 281) zur Anwendung. Die gegen die Genehmigung einer VZ zur Einführung einer Finanztransaktionssteuer erhobene Nichtigkeitsklage des Vereinigten Königreichs hat der EuGH abgewiesen[25]. **580**

Für die GASP bestehen besondere Verfahrensvoraussetzungen (Art. 329 Abs. 2 AEUV), die deren Besonderheit (zB Einstimmigkeitsprinzip; nur Stellungnahme der Kommission) Rechnung tragen. **581**

**Literatur:** *Streinz, R.*, Die Verstärkte Zusammenarbeit: Eine realistische Form abgestufter Integration, JuS 2013, 892; *Thym, D.*, Flexible Integration: Garant oder Gefahr für die Einheit und die Legitimation des Unionsrechts?, EuR Beiheft 2/2013, 23.

# § 7 Der Verwaltungsvollzug in der Europäischen Union

## I. Vollzugstypen

Der Vollzug des Unionsrechts erfolgt entweder durch Unionsorgane oder durch Organe der Mitgliedstaaten. Ferner hat sich zunehmend ein Verwaltungsverbund zwischen Organen der Union und Organen der Mitgliedstaaten entwickelt. Dementsprechend lassen sich verschiedene Typen des Vollzugs feststellen. **582**

### 1. Unionsunmittelbarer Vollzug

Hier wird das Unionsrecht von den Unionsorganen selbst vollzogen. Dies stellt den Ausnahmefall dar und kommt nur dann zur Anwendung, wenn das primäre Unionsrecht dies ausdrücklich vorsieht, sei es, dass dieser Vollzugstyp in den Gründungsverträgen selbst angeordnet wird, sei es, dass diese zum Erlass entsprechenden Sekundärrechts ermächtigen. **583**

Diesem Vollzugstyp unterliegt selbstverständlich der **unionsinterne** Bereich. Dazu gehören Materien, die kraft Natur der Sache auf der Unionsebene administriert werden müssen. Dies sind namentlich die grundlegenden Funktionsvoraussetzungen der Union wie Personalangelegenheiten, Haushaltsvollzug (Art. 317 Abs. 1 AEUV), interne Organisation. **584**

Davon zu unterscheiden ist der **externe unionsunmittelbare Vollzug** gegenüber Mitgliedstaaten und Individuen. Er erfasst zB die Bereiche Wettbewerbsrecht (Art. 105, Art. 106 Abs. 3 AEUV), Beihilfenrecht (Art. 108 AEUV), Handelspolitik (Ein- und **585**

---

24  VO 1259/2010, ABl. 2010 L 343/10.
25  EuGH, Rs C-209/13, VK/Rat (Finanztransaktionssteuer), ECLI:EU:C:2014:283.

Ausfuhrkontrolle bzw -beschränkung) und die Verwaltung des Europäischen Sozialfonds, Art. 163 AEUV.

### 2. Mitgliedstaatliche Vollziehung

**586**  Überwiegend wird das Unionsrecht von den Mitgliedstaaten vollzogen, vgl Art. 291
Abs. 1 AEUV. Dabei lassen sich die **unmittelbare mitgliedstaatliche Vollziehung**,
dh der Vollzug von Unionsrecht (Verordnungen, unmittelbar anwendbares Primärrecht, unmittelbar wirkende Richtlinien) und die **mittelbare mitgliedstaatliche Vollziehung**, dh der Vollzug von deutschem Ausführungsrecht (deutsches Gesetz, das
eine Richtlinie umsetzt oder eine Verordnung ergänzt) unterscheiden. Bei Letzterem
wird der Bezug zum Unionsrecht auch im Vollzug dadurch hergestellt, dass bei der
Vollziehung des nationalen Rechts immer darauf geachtet werden muss, dass der
Richtlinie entsprechend gehandelt wird (vgl Rn 503 f).

## II. Verwaltungsorganisation

### 1. Unionsunmittelbarer Vollzug

**587**  Während die unionsinterne Vollziehung naturgemäß durch die jeweiligen Organe erfolgt, erfordert der unionsexterne Vollzug eine **europäische Verwaltung** auf Ebene
der EU. Im Kreis der Unionsorgane kommt diese Rolle der Kommission zu (Art. 17
Abs. 1 S. 5 EUV). An verschiedenen Stellen, namentlich auch in der durch den Vertrag von Lissabon[1] neu geschaffenen Bestimmung des Art. 298 AEUV betreffend die
europäische Verwaltung, geht das Primärrecht überdies davon aus, dass auch Einrichtungen und Stellen der Union, die keine Organe sind, verwaltend tätig werden. Ohne
große praktische Bedeutung dürfte demnach die Frage sein, ob es sich bei Art. 298
Abs. 1 AEUV um eine primärrechtliche Verankerung der Existenz einer EU-Eigen-
verwaltung handelt[2] oder ob die Kompetenz zur Verwaltungseinrichtung wie bisher
implizit aus den jeweiligen Sachkompetenzen abzuleiten ist und die neue Vorschrift
lediglich einen Programmsatz für die Art und Weise, wie die Verwaltung arbeiten
soll, enthält.[3]

**588**  Den nachgelagerten Verwaltungsstellen, die zum Teil mit eigener Rechtspersönlichkeit
ausgestattet sind und eigene Entscheidungsbefugnis haben, kommt eine erhebliche
praktische Bedeutung zu. Hervorzuheben sind die mittlerweile über 50 Agenturen und
Ämter der Union[4], die als selbstständige, rechtsfähige Einrichtungen bestehen und
durch Verordnungen zumeist auf der Grundlage des Art. 352 AEUV (*Art. 308 EGV*)
geschaffen wurden (vgl Rn 442). Für die Ausgestaltung der unionalen Verwaltungsorganisation bietet Art. 298 Abs. 2 AEUV eine Rechtsgrundlage zum Erlass von Verordnungen (s. Rn 594). Soweit Rechtsakte der Einrichtungen und sonstigen Stellen der
Union direkte Außenwirkung gegenüber Dritten haben, können sie gemäß Art. 263
Abs. 1 S. 2, Abs. 5 AEUV mit der Nichtigkeitsklage angefochten werden (s. Rn 647).

---

1  S. zur Analyse der Verwaltungsdimension des Vertrags von Lissabon: *Gärditz*, DÖV 2010, 453.
2  *Ruffert*, in: Calliess/Ruffert, Art. 298 AEUV, Rn 1.
3  *Streinz/Ohler/Herrmann*, Lissabon, S. 70 f; *Kotzur*, in: Geiger/Khan/Kotzur, Art. 298 AEUV, Rn 1.
4  *Ruffert*, in: Calliess/Ruffert. Art. 298 AEUV, Rn 4.

Obwohl die Kompetenzen nationaler Verwaltungsbehörden verdrängt werden, ist die **589** Kommission auch beim direkten Vollzug auf die Hilfe mitgliedstaatlicher Stellen angewiesen. Diese sind zur Hilfeleistung verpflichtet (Art. 4 Abs. 3 EUV).

Daneben haben sich in den letzten Jahren auch verstärkt Formen eines Europäischen **590** Verwaltungsverbundes entwickelt, in dem die Kommission und die Behörden der Mitgliedstaaten in vernetzter Form gemeinsam das Unionsrecht vollziehen.[5] Das für die Ausbildung wichtigste Beispiel eines Behördennetzwerks mit qualifizierten Hilfeleistungspflichten und sekundärrechtlich normierten Funktionsregeln ist das durch die Kartellverfahrensverordnung Nr 1/2003 geschaffene Netzwerk der Kartellbehörden (Art. 11 der VO, s. ausführlich Rn 1054).

## 2. Mitgliedstaatlicher (indirekter) Vollzug

Hier obliegt die Verwaltungsorganisation den Mitgliedstaaten. Gemäß Art. 4 Abs. 3 **591** EUV und Art. 291 Abs. 1 AEUV sind sie nur verpflichtet, für einen geordneten Verwaltungsvollzug zu sorgen. Der Union ist es grundsätzlich verwehrt, in den innerstaatlichen Verwaltungsaufbau einzugreifen. An diesen Grundprinzipien ändert auch die neu gefasste Regelung in Art. 197 AEUV über die Verwaltungszusammenarbeit nichts, die eine bloße Unterstützungskompetenz der Union begründet. Andererseits begründen aus dem innerstaatlichen Verwaltungsaufbau herrührende Probleme, insbesondere verfassungsrechtlich begründete Kompetenzen von Bundesländern und Regionen, weder eine Rechtfertigung noch eine Entschuldigung des gegenüber der Union verpflichteten Mitgliedstaates für ein Vollzugsdefizit (vgl Rn 483)[6].

In der Bundesrepublik Deutschland bestimmt sich die Kompetenz für den mittelbaren **592** indirekten Vollzug nach Art. 83 ff GG, da hier deutsches Ausführungsrecht vollzogen wird. Wird dagegen unmittelbar anwendbares Unionsrecht vollzogen, kommt nur eine analoge Anwendung der Art. 83 ff GG in Betracht, da es sich hier nicht um den Vollzug von Bundesrecht handelt. Diese ist aus Gründen der verfassungsrechtlichen Kompetenzverteilung auch geboten. Der Bund hat in Unionsrechtssachen seine Kompetenz zur Errichtung selbstständiger Bundesoberbehörden (Art. 87 Abs. 3 GG) aktiviert[7] und die Kompetenz zur Verwaltung der Abgaben im Rahmen der Union (Art. 108 Abs. 1 S. 1 GG) weit ausgelegt. Dies lässt sich auch recht*politisch* mit der Sicherstellung eines bundeseinheitlichen Vollzugs des Unionsrechts und der Konzentration auf mit diesem besonders vertraute Spezialbehörden rechtfertigen. Ohne verfassungsrechtliche Kompetenzzuweisung genügen diese Motive aber nicht, um die Länder aus ihren Verwaltungskompetenzen zu verdrängen. Um zu einem einheitlichen Vollzug der Vorschriften in der (hauptsächlich den Ländern obliegenden) Lebensmittelüberwachung beizutragen, wurde am 21.12.2004 die Allgemeine Verwaltungsvorschrift über Grundsätze zur Durchführung der amtlichen Überwachung le-

---

5  S. zum Ganzen *Ruffert*, DÖV 2007, 761; *Schmidt-Aßmann/Schöndorf-Haubold*, Der Europäische Verwaltungsverbund, 2005.
6  Vgl EuGH, C-358/03, Kommission/Österreich, Slg 2004, I-12055, Rn 13; *Obwexer*, in: von der Groeben/Schwarze/Hatje, Art. 4 EUV, Rn 97.
7  **Beispiel:** Bundesanstalt für Landwirtschaft und Ernährung (BLE) in Bonn als Nachfolgerin der Bundesanstalt für Landwirtschaftliche Marktordnung (BALM). BGBl. 1994 I 2018.

bensmittelrechtlicher und weinrechtlicher Vorschriften (AVV Rahmen-Überwachung – AVV RÜb; GMBl 2004 S. 1169[8]) erlassen.

**593** Die Länder sind grundsätzlich auf Grund der Bundestreue iVm Binnenwirkungen des Art. 23 Abs. 1 GG verfassungsrechtlich dem Bund gegenüber verpflichtet, das Unionsrecht ordnungsgemäß durchzuführen (für die neuen Bundesländer vgl Art. 10 Abs. 3 Einigungsvertrag[9]). Bei einer Verletzung dieser Pflicht kann der Bund die im Grundgesetz vorgesehenen Maßnahmen bis zum Bundeszwang (Art. 37 GG) ergreifen. Spezielle Regeln zB für eine Ersatzkompetenz des Bundes[10] fehlen. Die früher umstrittene[11] und daher regelungsbedürftige Frage der Haftung von Bund und Ländern untereinander für die Folgen von Verstößen gegen das Unionsrecht wurde mit der Föderalismusreform 2006 in Art. 104a Abs. 6 GG bzw Art. 109 Abs. 5 GG gelöst. Gemäß **Art. 104a Abs. 6 GG** tragen Bund und Länder die **Lasten einer Verletzung supranationaler** oder völkerrechtlicher **Verpflichtungen Deutschlands** nach der innerstaatlichen Zuständigkeitsverteilung, dh die Haftung erfolgt im jeweiligen Kompetenzbereich nach dem Verursacherprinzip. Dies erfasst insbesondere die Haftung für Verstöße gegen das Unionsrecht, die gemäß Art. 260 AEUV mit Zwangsgeldern und Pauschalbeträgen sanktioniert werden können (s. Rn 638), aber auch Anlastungen bei fehlerhafter Verausgabung von EU-Mitteln (vgl für die GAP Rn 1210). Dies gilt vertikal und horizontal für alle Fälle legislativen, judikativen und exekutiven Fehlverhaltens. Die Haftung gemäß dem unionsrechtlich begründeten Staatshaftungsanspruch (s. dazu Rn 461 ff) realisiert sich nach innerstaatlichem Recht und trifft ohnehin die verursachende Körperschaft. Bei länderübergreifenden Finanzkorrekturen durch die EU, dh wenn die konkrete Feststellung eines Fehlers auch nur in einem Land zur Haftung aller anderen betroffenen Länder führt, wird die Lastentragung zwischen Bund und Ländern solidarisch im Verhältnis 15 zu 85 verteilt, wobei von den 85 Prozent Länderanteil 35 Prozent solidarisch die Ländergesamtheit, 50 Prozent die Länder tragen, die die Lasten verursacht haben, innerhalb dieser Gruppe anteilig entsprechend der Höhe der erhaltenen Mittel. Das Nähere regelt das gemäß Art. 104a Abs. 6 S. 4 GG erlassene Lastentragungsgesetz[12]. **Art. 109 Abs. 5 GG** verpflichtet Bund und Länder gemeinsam zur Einhaltung der aufgrund Art. 126 AEUV vorgeschriebenen **Haushaltsdisziplin** (s. dazu Rn 1125 ff). **Sanktionsmaßnahmen der EU gemäß Art. 126 Abs. 11 AEUV** tragen Bund und Länder im Verhältnis 65 zu 35. Von den auf die Länder entfallenden Lasten trägt die Ländergesamtheit solidarisch 35 Prozent entsprechend ihrer Einwohnerzahl, 65 Prozent tragen die Länder entsprechend ihrem Verursachungsbeitrag. Das Nähere regelt das gemäß Art. 109 Abs. 5 S. 3 GG erlassene Sanktionszahlungs-Aufteilungsgesetz[13].

---

8  Gültig in der Fassung vom 3.6.2008 (GMBl. 2008, S. 426), geändert durch AllgVerwVorschriften v. 1.6.2012 (BAnz AT v. 8.6.2012 B3) und v. 14.8.2013 (BAnz AT v. 20.8.2013 B2). Zuletzt geändert durch Zweite Allg. Verwaltungsvorschrift zur Änderung der AVV Rahmen-Überwachung – AVV Rüb vom 14. August 2013 (Banz AT 20.08.2013 B2).

9  Sart. II Nr 605.

10  So in Österreich Art. 23d Abs. 5 B-VG (*Schäffer*, Nr 1) nach Feststellung der Vertragsverletzung seitens Österreichs durch EuGH oder EuG.

11  Vgl BVerfGE 109, 1 (7); BVerwGE 116, 234 (241 f).

12  Erlassen als Art. 15 Föderalismus-BegleitG vom 5.9.2006 (BGBl. 2006 I 2098/2105). Vgl zu Art. 104a Abs. 6 GG *Pieroth*, in: Jarass/Pieroth, GG-Kommentar, 13. Aufl. 2014, Art. 104a, Rn 12 f; *Siekmann*, in: Sachs, GG-Kommentar, 7. Aufl. 2014, Art. 104a, Rn 57 ff mwN.

13  Erlassen als Art. 14 Föderalismus-BegleitG vom 5.9.2006 (BGBl. 2006 I 2098/2104). Vgl zu Art. 109 Abs. 5 GG *Jarass*, in: Jarass/Pieroth (Fn 12), Art. 109, Rn 24 f; *Siekmann*, in: Sachs (Fn 12), Art. 109, Rn 112 ff mwN.

In einzelnen Bereichen beeinflusst sekundäres Unionsrecht die Struktur der Verwaltungsorganisation der Mitgliedstaaten. Ein wichtiges Beispiel ist Art. 6 der Dienstleistungsrichtlinie, wonach die Mitgliedstaaten zur Schaffung eines sog. Einheitlichen Ansprechpartners, dh einer Behörde, die für die Abwicklung der für die Aufnahme einer Dienstleistungstätigkeit erforderlichen Verfahren gebündelt zuständig ist, verpflichtet sind. Vgl hinsichtlich der Umsetzung in nationales Recht ua §§ 71a VwVfG und § 6b Gewerbeordnung. Typisch für den deutschen Föderalismus ist in diesem Zusammenhang, dass sich in den Bundesländern unterschiedliche Modelle zu der Frage, wo die einheitliche Stelle angesiedelt ist, durchgesetzt haben[14].

**594**

Vorgaben für die Verwaltungsorganisation der Mitgliedstaaten trifft in einem gewissen Maße auch das materielle Unionsrecht, zu dessen Beachtung und *ordnungsgemäßem* Vollzug die Mitgliedstaaten verpflichtet sind. So ist etwa eine Gestaltung der Vollzugsbehörden in einer Form, die den Genuss der unionsrechtlichen Grundfreiheiten behindert oder gefährdet, unzulässig.

**595**

**Beispiel** (nach EuGH, Rs 42/82, Kommission/Frankreich, Slg 1983, 1013): Damals noch zulässige Grenzkontrollen an den Binnengrenzen der Gemeinschaft durften nicht so ausgestaltet sein, dass sie faktisch die Grundfreiheit des freien Warenverkehrs (Art. 34 AEUV) aushöhlen. Dabei ist insbesondere der Grundsatz der Verhältnismäßigkeit zu beachten. Der EuGH beanstandete daher eine systematische Prüfung aller Weineinfuhren aus Italien nach Frankreich ohne Rücksicht auf Verdachtsmomente[15].

**596**

Obwohl die Kommission gegenüber den nationalen Verwaltungsbehörden keine Weisungsbefugnisse hat, verfügt sie neben speziell eingeräumten Mitwirkungsbefugnissen über eine Vielzahl von faktischen Einflussmöglichkeiten. Als besonders effektiv hat sich insoweit das Rechnungsabschlussverfahren gemäß der VO 729/70, neugefasst durch VO 1290/2005 sowie zuletzt durch VO 1306/2013 des Rates über die Finanzierung der gemeinsamen Agrarpolitik[16], erwiesen. Danach werden den Mitgliedstaaten Beträge, die sie im Vollzug von Unionsrecht (offensichtlich) rechtswidrig ausgezahlt haben, nicht erstattet. Diese Anlastungspraxis kann zu einem faktischen Harmonisierungsdruck auf die Verwaltungspraxis der Mitgliedstaaten führen[17].

**597**

## III. Verwaltungsverfahren

### 1. Unionsunmittelbarer Vollzug

Hier richtet sich das Verwaltungsverfahren fast ausschließlich nach primärem und sekundärem Unionsrecht. Art. 298 AEUV gibt dafür eine ausdrückliche Rechtsgrundlage, wobei Abs. 1 angesichts des Selbstorganisationsrechts der Organe lediglich klarstellende Funktion hat[18]. Die Einführung der Vorschrift steht im Zusammenhang mit einer stärkeren Abschichtung der Verwaltungs- von den Legislativaufgaben der Kom-

**598**

---

14 Vgl dazu *Pielow*, in: Beck-OK GewO, § 1, Rn 65 ff.
15 Vgl auch EuGH, Rs C-128/89, Kommission/Italien, Slg 1990, I-3239, Rn 22 ff.
16 ABl 2013 L 347/549.
17 Vgl dazu und zu Fragen des Rechtsschutzes *Kopp*, in: Streinz, Art. 40 AEUV, Rn 123 ff, 134 f; *Busse*, Agrarrecht, in: Schulze/Zuleeg/Kadelbach, § 25, Rn 51 ff.
18 *Streinz*, in: Streinz, Art. 298 AEUV, Rn 1.

mission (s. zu diesen Rn 394 f, 567 ff; vgl auch Art. 17 Abs. 1 S. 5 EUV) und der Verankerung des indirekten Vollzugs des Unionsrechts durch die Mitgliedstaaten in Art. 197 und Art. 291 AEUV[19].

**599** Die übliche Form des Verwaltungshandelns ist der (individuelle) Beschluss, dem im nationalem Recht der Verwaltungsakt entspricht (vgl Rn 515). Das **primäre** Unionsrecht enthält Bestimmungen über die Begründungspflicht (Art. 296 Abs. 2 AEUV), die Veröffentlichung und das Inkrafttreten (Art. 297 Abs. 2 AEUV) sowie die Vollstreckung (Art. 299 AEUV). Hinsichtlich der Gestaltung des Verwaltungsverfahrens leiten sich Anforderungen aus Art. 298 AEUV und vor allem aus dem Recht auf eine gute Verwaltung in Art. 41 Grundrechtecharta ab. Weitergehende Vorschriften über das Verwaltungsverfahren enthält das **sekundäre** Unionsrecht, zum Teil gestützt auf ausdrückliche Ermächtigungsgrundlagen im Primärrecht (zB Art. 103 AEUV), im Übrigen bisher auf Art. 352 AEUV oder als Annex zu den entsprechenden materiellen Bestimmungen. Gebietsübergreifend wurden aber bisher nur Teilbereiche des allgemeinen Verwaltungsrechts geregelt.

**Beispiel:** VO 1182/71/EWG, Euratom des Rates zur Festlegung der Regeln für Fristen, Daten und Termine[20].

Meist finden sich die Vorschriften verstreut in Verordnungen und behandeln Einzelaspekte wie Anträge, Fristen und Anhörungen. Damit sind viele Bereiche ungeregelt geblieben. Der EuGH hat diese Lücke durch die Anwendung der **allgemeinen Rechtsgrundsätze** geschlossen. Diese bilden im Wesentlichen das allgemeine Verwaltungsrecht der Union (s. Rn 803). Nunmehr ist Art. 298 Abs. 2 AEUV Grundlage für die Normierung des unionalen Verwaltungsverfahrensrechts, allerdings beschränkt auf das Handeln der Unionsorgane und ohne deren materielle Kompetenzen zu erweitern[21].

## 2. Mitgliedstaatliche Vollziehung

### a) Unmittelbare mitgliedstaatliche Vollziehung

**600** Hier richten sich Verwaltungsverfahren und Verwaltungshandeln grundsätzlich nach nationalem Recht, in Deutschland also vor allem nach den Verwaltungsverfahrensgesetzen des Bundes und der Länder. Lediglich in einigen besonders stark unionsrechtlich geprägten Materien regelt auf Grund entsprechend weitgehender Ermächtigungen im Primärrecht sekundäres Unionsrecht auch das Verwaltungsverfahren im unmittelbaren mitgliedstaatlichen Vollzug.

**Beispiele:** Zollrecht, vgl Art. 217 ff Zollkodex (s. Rn 815); Agrarrecht, vgl VO 1306/2013[22].

Solche unionsrechtlichen Verfahrensvorschriften gehen als unmittelbar geltende Verordnungen auch inhaltsgleichem nationalen Verfahrensrecht vor.

---

19  *Reithmann*, in: von der Groeben/Schwarze/Hatje, Art. 298 AEUV, Rn 3.
20  ABl 1971 L 124/1; *Bieber/Knapp* Nr IV.7.
21  Vgl auch *Hetmeier*, in: Lenz/Borchardt, Art. 298 AEUV, Rn 4; *Ruffert*, in: Calliess/Ruffert, Art. 298 AEUV, Rn 11; *Reithmann*, in: von der Groeben/Schwarze/Hatje, Art. 298 AEUV, Rn 17 („Eigenverwaltung").
22  ABl 2013 L 347/549.

Darüber hinaus hat der EuGH unionsrechtliche Regeln zur Anwendung nationalen **601**
Verwaltungsrechts im Unionsrechtsvollzug entwickelt. Grundlegend dafür ist das
*Milchkontor-Urteil:*

**Fall 22** (nach EuGH, verb Rs 205–215/82, Deutsche Milchkontor ua/Bundesrepublik **602**
Deutschland, Slg 1983, 2633 = *Pechstein* Nr 6 = *HVL*, S. 253 ff):

Auf Grund einer Verordnung der EU wird für Magermilchpulver, das in der Union hergestellt worden ist und für Futterzwecke verwendet wird, von den zuständigen Behörden der
Mitgliedstaaten eine Beihilfe aus Unionsmitteln gewährt. Die Verordnung schreibt vor, dass
die Mitgliedstaaten die erforderlichen Maßnahmen treffen, um die infolge von Unregelmäßigkeiten oder Versäumnissen abgeflossenen Beträge wieder einzuziehen. Erfolgt keine
vollständige Wiedereinziehung, so trägt die EU den finanziellen Ausfall, es sei denn, die
Unregelmäßigkeiten und Versäumnisse sind den Verwaltungen der Mitgliedstaaten anzulas-
ten. Die in Deutschland ansässige A-GmbH bezieht von der B-AG Magermilchpulver, das,
was für sie nicht erkennbar war, nicht den EU-Vorschriften entsprach, und erhielt für die
Weiterverwendung die genannte Beihilfe. Als die Manipulationen der B-AG aufgedeckt
wurden, hob die zuständige deutsche Behörde den Bewilligungsbescheid auf und forderte,
gestützt auf eine deutsche Durchführungsverordnung, nach der zu Unrecht empfangene Beihilfen zurückzuzahlen sind, die Beihilfe von der A-GmbH zurück. Zu Recht? Kann sich die
A-GmbH auf Vertrauensschutz berufen? **(Lösung: Rn 609)**

Die Frage der **Anwendbarkeit nationalen Rechts** im Verwaltungsvollzug von Uni- **603**
onsrecht beantwortet der EuGH seit jeher dahin, dass die nationalen Behörden bei der
den Mitgliedstaaten obliegenden Durchführung des Unionsrechts nach den formellen
und materiellen Bestimmungen des nationalen Rechts vorgehen (**Grundsatz der
Verfahrensautonomie der Mitgliedstaaten,** vgl nunmehr ausdrücklich den Wortlaut des Art. 291 Abs. 1 AEUV: „nach innerstaatlichem Recht"), *soweit* das Unionsrecht einschließlich seiner allgemeinen Rechtsgrundsätze hierfür keine gemeinsamen
Vorschriften enthält. Diese Regel muss jedoch mit den Erfordernissen der einheitlichen Anwendung des Unionsrechts in Einklang gebracht werden, die zur Vermeidung
einer Ungleichbehandlung der Wirtschaftsteilnehmer notwendig ist. Daher zieht das
Unionsrecht der durch das Fehlen einer (besonderen) unionsrechtlichen Regelung eröffneten Anwendung nationalen Rechts folgende **Schranken**, die sich als Ausfor-
mungen der Loyalitätsverpflichtung des Art. 4 Abs. 3 EUV herleiten lassen:

1. Die im nationalen Recht vorgesehenen Modalitäten dürfen nicht darauf hinauslau- **604**
fen, dass die Verwirklichung der Unionsregelung praktisch unmöglich oder übermäßig erschwert wird (**Effektivitätsgebot**).
2. Das nationale Recht darf im Vergleich zu den Verfahren, in denen über gleichartige, rein nationale Fälle entschieden wird, nicht ungünstiger sein (sog. **Grundsatz
der Gleichwertigkeit** oder **Äquivalenzgebot,** früher Diskriminierungsverbot[23]).

---

23 Dieser Begriff war hier wegen der Übernahme der in den Mitgliedstaaten bestehenden Unterschiede
(vgl Rn 612) missverständlich, zumindest erläuterungsbedürftig und wurde vom EuGH durch den
neuen Begriff ersetzt, vgl zB EuGH, Rs C-231/96, Edis, Slg. 1998, I-4951, Rn 19, 34 ff = *Pechstein*
Nr 14; Rs. C-343/96, Dilexport/Amministrazione delle Finanze dello Stato, Slg 1999, I-579, Rn 25,
27; Rs C-505/14, Klausner Holz Niedersachsen/Land NRW, ECLI:EU:C:2015:742 = EuZW 2016, 57,
Rn 40; vgl dazu *Kahl*, in: Calliess/Ruffert, Art. 4 EUV, Rn 62 und *Streinz*, in: Streinz, Art. 4 EUV,
Rn 34 mwN.

**605** Als vorrangige unionsrechtliche Regelung kommen nur eindeutige Vorgaben des Sekundärrechts in Betracht. Der EuGH hat weder eine extensive Auslegung solcher Bestimmungen vorgenommen noch eine von ihm zu schließende Lücke gesehen, sondern nimmt Unterschiede in den nationalen Verwaltungsrechten hin und überlässt es den zur Rechtsetzung berufenen Unionsorganen, diese gegebenenfalls durch eine unionsrechtliche Regelung zu beseitigen. Die allgemeinen Rechtsgrundsätze des Unionsrechts verdrängen nicht die entsprechenden mitgliedstaatlichen Regelungen. Denn sonst würde sich das im *Milchkontor-Fall* aufgeworfene Problem der Anwendung des § 48 VwVfG nicht stellen, da auch das Unionsrecht über allgemeine Rechtsgrundsätze hinsichtlich der Rücknahme rechtswidriger Verwaltungsakte verfügt (vgl Rn 803). Die allgemeinen Rechtsgrundsätze des Unionsrechts können aber als Mindeststandard für den nationalen Vollzug von Unionsrecht angesehen werden (siehe zur Rechtsprechung des EuGH Rn 771), womit dem Gedanken der Effektivität auch dadurch Rechnung getragen wird, dass grobe Verzerrungen zwischen den Mitgliedstaaten zumindest nach unten vermieden werden. Gleiches gilt für die Unionsgrundrechte, wie sie sich aus der nunmehr rechtsverbindlichen Grundrechtecharta ergeben (Art. 51 Abs. 1 GRCh).

**606** Der **Grundsatz der Gleichwertigkeit (Äquivalenzgebot)** verhindert zwar eine Vernachlässigung der Sorgfalt in Unionsrechtsfällen gegenüber rein nationalen Fällen, übernimmt aber eben wegen dieses Vergleichsmaßstabs die in den Mitgliedstaaten bestehenden Unterschiede.

**607** Das **Effektivitätsgebot** verlangt, dass nicht nur die Ausübung unionsrechtlich begründeter Rechte der Unionsbürger, sondern auch unionsrechtlich begründete Ansprüche der Union dem Bürger gegenüber gesichert werden müssen[24]. Dazu hält es der EuGH offenbar für geboten, dass den Mitgliedstaaten keine Zweckmäßigkeitserwägungen (Ermessen) gestattet werden. Im Übrigen nimmt er aber Unterschiede im nationalen Verwaltungsrecht hin, wenn nur bei erforderlichen Abwägungen dem Interesse der Union in vollem Umfang Rechnung getragen wird.

**608** Der wirksame Vollzug des Unionsrechts kann zB die Anordnung der sofortigen Vollziehung der deutschen Verwaltungsakte (vgl § 80 Abs. 2 Nr 4 VwGO), die zu seiner Durchführung erlassen werden, erfordern[25]. Auch dabei gelten die Grundsätze des Effektivitätsgebots (s. Rn 612 f).

**609** **Lösung Fall 22** (Rn 602):
1. Der Rücknahme könnte **§ 48 Abs. 1 S. 2 VwVfG** entgegenstehen. Danach darf ein begünstigender Verwaltungsakt nur unter den Einschränkungen von § 48 Abs. 2–4 VwVfG zurückgenommen werden. Gemäß § 48 Abs. 2 S. 1 VwVfG darf ein begünstigender Verwaltungsakt, der eine Geldleistung gewährt oder hierfür Voraussetzung ist, nicht zurückgenommen werden, soweit der Begünstigte auf den Bestand des Verwaltungsaktes vertraut hat und sein Vertrauen unter Abwägung mit dem öffentlichen Interesse an einer Rücknahme schutzwürdig ist. Hier hat der Begünstigte die gewährte Leistung im Zweifel verbraucht, sodass sein Vertrauen in der Regel schutzwürdig ist (§ 48 Abs. 2 S. 2 VwVfG). Die Berufung

---

24  Vgl dazu *Streinz*, in: Streinz, Art. 4 EUV, Rn 34 mwN.
25  Vgl EuGH, Rs C-217/88, Kommission/Deutschland („Tafelwein"), Slg 1990, I-2879, Rn 25 = *HVL*, S. 259 ff = *Pechstein* Nr 8. S. dazu *Schenke*, Verwaltungsprozessrecht, 14. Aufl. 2014, Rn 984.

auf den Vertrauensschutz ist auch nicht gemäß § 48 Abs. 2 S. 3 VwVfG ausgeschlossen, da der Begünstigte die Fehlerhaftigkeit des Zulieferungsprodukts weder kannte noch kennen musste.

2. Der Anwendung des § 48 VwVfG könnte aber das **Unionsrecht entgegenstehen**. Gemäß den allgemeinen Grundsätzen, auf denen das institutionelle System der Union beruht und die die Beziehungen zwischen der Union und den Mitgliedstaaten beherrschen, ist es gemäß Art. 291 Abs. 1 AEUV Sache der Mitgliedstaaten, in ihrem Hoheitsgebiet für die Durchführung der Unionsregelungen zu sorgen. Soweit das Unionsrecht einschließlich der allgemeinen unionsrechtlichen Grundsätze hierfür keine gemeinsamen Vorschriften enthält, ist für diese Durchführung des Unionsrechts das nationale Recht anwendbar. Dies muss allerdings mit den Erfordernissen der einheitlichen Anwendung des Unionsrechts in Einklang gebracht werden, um die Ungleichbehandlung der Wirtschaftsteilnehmer zu vermeiden. Da eine spezielle unionsrechtliche Regelung zur Rücknahme der Verwaltungsakte hier fehlt und die allgemeinen Rechtsgrundsätze insoweit das nationale Recht nicht verdrängen, kommt im vorliegenden Fall § 48 VwVfG grundsätzlich zur Anwendung.

3. Dieser Anwendung des nationalen Rechts setzt das Unionsrecht jedoch **Schranken**. Die im nationalen Recht vorgesehenen Modalitäten dürfen nicht darauf hinauslaufen, dass die Verwirklichung der Unionsregelung praktisch unmöglich wird (**Effektivitätsgebot**). Ferner darf das nationale Recht im Vergleich zu den Verfahren, in denen über gleichartige, rein nationale Streitigkeiten entschieden wird, nicht anders, insbesondere nachteilig für das Unionsinteresse angewendet werden (**Grundsatz der Gleichwertigkeit** im Verhältnis Unionsrecht/nationales Recht, nicht hinsichtlich der Rechtsordnungen der Mitgliedstaaten untereinander). Dadurch nicht ausgeschlossene Unterschiede im Vollzug des Unionsrechts sind hinzunehmen. Daraus folgt, dass das durch § 48 Abs. 1 S. 1 VwVfG eingeräumte Ermessen ausgeschlossen wird, die Beihilfe also grundsätzlich zurückgefordert werden muss. Da die Grundsätze des Vertrauensschutzes und der Rechtssicherheit jedoch auch Bestandteil der Rechtsordnung der Union sind, dürfen sie auch im nationalen Recht beachtet werden. Bei der Abwägung zwischen dem Vertrauensinteresse und dem öffentlichen Interesse muss allerdings dem Interesse der Union in vollem Umfang Rechnung getragen werden. Das Unionsinteresse steht hier aber der Gewährung von Vertrauensschutz nicht entgegen. Eine spezifische Wettbewerbsverzerrung ist nicht gegeben. Die Union wird finanziell nicht belastet, da die rechtswidrig ausgezahlten Beträge der Bundesrepublik Deutschland angelastet werden. (s. Rn 597) Diese darf sich nicht auf Kosten des schutzwürdigen Vertrauens der A-GmbH dieser Anlastungspflicht entziehen.

**Ergebnis:** Rücknahme und Rückforderung (die zu trennen sind, vgl § 48 Abs. 1 S. 1 und § 49a Abs. 1 S. 2 VwVfG) erfolgten zu Unrecht. Die A-GmbH kann sich auf Vertrauensschutz berufen. (Es kommt dabei aber sehr auf die Ausgestaltung des konkreten Sachverhalts an. So ist zB zu erwägen, ob nicht dem Unternehmen eine Kontrollpflicht hinsichtlich der Zulieferprodukte oblag. Dann könnte das Vertrauen gegebenenfalls nicht mehr oder nur noch eingeschränkt schutzwürdig sein.)[26]

### b) Mittelbare mitgliedstaatliche Vollziehung

Ob für die mittelbare mitgliedstaatliche Vollziehung die gleichen Regeln gelten wie für die unmittelbare mitgliedstaatliche Vollziehung, oder ob sich Verwaltungsverfahren und Verwaltungshandeln hier ausschließlich nach nationalem Recht richten, da die Behörden inhaltlich nicht unmittelbar Unionsrecht, sondern nationales Recht, das

**610**

---

26   Vgl auch BVerwGE 95, 213 (224 ff): Vertrauensschutz bei irreführendem Antragsformular für Prämien.

dieses Unionsrecht erst umsetzt, anwenden, ist umstritten. Es muss aber in jedem Fall sichergestellt sein, dass den unionsrechtlichen Vorgaben Rechnung getragen wird, sodass die genannten Grundsätze auch hier zur Anwendung kommen[27]. Soweit unionsrechtliche Vorgaben bestehen und dadurch nationale Prüfungsmaßstäbe nicht mehr zum Tragen kommen (vgl Rn 806), müssen die Garantien der unionsrechtlichen allgemeinen Rechtsgrundsätze beachtet werden.

### 3. Modifikation des allgemeinen Verwaltungsrechts in rein nationalen Fällen durch Vorgaben des materiellen Unionsrechts

#### a) Rücknahme unionsrechtswidriger Verwaltungsakte

**611**  **Fall 23**  (nach EuGH, Rs. 310/85, Deufil/Kommission, Slg 1987, 901):
Die in der Bundesrepublik ansässige A-GmbH erhielt auf Grund eines ordnungsgemäßen Antrages von der zuständigen deutschen Behörde gemäß nationalen Subventionsvorschriften eine Investitionszulage und verwendete diese bestimmungsgemäß. Die Subvention war nach deutschem Recht rechtmäßig, verstieß jedoch gegen Art. 107 Abs. 1, Art. 108 Abs. 3 AEUV, da sie geeignet war, den Handel zu beeinträchtigen und den Wettbewerb zwischen Mitgliedstaaten zu verfälschen. Außerdem war die Kommission von den deutschen Behörden vor der Gewährung der Subvention nicht unterrichtet worden. Als die Kommission davon erfuhr, richtete sie an die Bundesrepublik Deutschland einen Beschluss, in dem sie die Gewährung der Beihilfe beanstandete und ihre Rückforderung verlangte. Wer kann dagegen Klage zum EuGH erheben? Stehen der Rückforderung der Beihilfe rechtliche Hindernisse entgegen? **(Lösung: Rn 616)**

**612**  In dieser Fallkonstellation ergibt sich folgendes Problem[28]: Die Kommission kann bei einem Verstoß gegen das Unionsrecht einen Mitgliedstaat durch Beschluss verpflichten, eine gewährte Beihilfe zurückzufordern. Bei Unterbleiben der Rückforderung kann sie Aufsichtsklage gemäß Art. 108 Abs. 2 UAbs. 2, Art. 258 AEUV erheben. Die Rückforderung der Beihilfe durch die nationalen Behörden richtet sich aber nach nationalem Recht. Da dieses in wesentlichen Punkten (Ermessen der Behörde, Bestandskraft der Bewilligung, Vertrauensschutz des Betroffenen) in den Mitgliedstaaten unterschiedlich ausgestaltet ist, wird die einheitliche Durchsetzung des unionsrechtlichen Beihilfenverbots gefährdet. Fraglich ist, inwieweit das Unionsrecht hier der Anwendung des nationalen Rechts Grenzen setzt. Die einschlägige unionsrechtliche Vorgabe ist wiederum das Effektivitätsgebot, das hinsichtlich der Rücknahme von Beihilfen in Art. 14 Abs. 3 der Beihilfenverfahrensverordnung (VO 659/1999)[29] sekundärrechtlich verankert ist. Der EuGH interpretiert diese Vorschrift deckungsgleich mit seiner etablierten Rechtsprechung zum primärrechtlichen Effektivitätsgebot[30]. So hatte er die Grundsätze des *Milchkontor*-Urteils (s. **Fall 22**, Rn 602/609 auch auf die hiesige Fallkonstellation übertragen[31] und im *Alcan*-Ur-

---

27   Vgl *Streinz*, in: Streinz, Art. 4 EUV, Rn 55; *P.M. Huber*, Recht der Europäischen Integration, 2. Aufl. 2002, § 24, Rn 29.

28   Vgl auch *Huber* (Fn. 27), § 24, Rn 9 ff.

29   Verordnung über die Anwendung des Art. 108 AEUV, ABl 1999 L 83/1 (letzte Änderung – ABl 2013 L 204/15), Sart. II Nr 173. S. dazu Rn 1107.

30   EuGH, Rs C-210/09, Scott und Kimberly Clark Slg. 2010, I-4613.

31   EuGH, Rs C-5/89, Kommission/Deutschland, Slg 1990, I-3437, Rn 12 ff, 14.

teil[32] präzisiert. Zunächst ist festzuhalten, dass ein Verwaltungsakt, der unter Verstoß gegen die Vorschriften der Art. 107 und 108 AEUV eine Beihilfe gewährt, wegen der unmittelbaren Anwendbarkeit dieser Bestimmungen und des Vorrangs des Unionsrechts auch im innerstaatlichen Bereich ein rechtswidriger Verwaltungsakt ist, so dass er nach deutschem Recht unter den Voraussetzungen des § 48 VwVfG zurückgenommen werden kann. Mit Blick auf die Anwendung dieser Vorschrift hat der EuGH sodann im *Alcan*-Urteil eine Reihe von Modifikationen gefordert. Zutreffend ist der Ausschluss eines Ermessens des Mitgliedstaates, der seinen Unionsrechtsverstoß nicht durch einen Verzicht auf die Rückforderung noch bestätigen darf. Ferner hat der EuGH die Berufung eines Mitgliedstaates auf abgelaufene Fristen (vgl § 48 Abs. 4 VwVfG) nicht zugelassen[33]. Dies ist jedenfalls insoweit zutreffend, als eine solche Ausschlussfrist von der Behörde dazu missbraucht werden könnte, eine unionsrechtlich gebotene Rückforderung durch Verstreichenlassen zu hintertreiben. Aus demselben Grund steht selbst die Verantwortlichkeit der genehmigenden Behörde für die Rechtswidrigkeit in einem Ausmaß, dass die Rücknahme dem Begünstigten gegenüber als Verstoß gegen Treu und Glauben erscheint, nicht entgegen[34]. Nicht grundsätzlich ausgeschlossen werden kann, dass der Grundsatz des Vertrauensschutzes einer Rückforderung entgegen steht, weil die Rechtswidrigkeit für den Empfänger nicht erkennbar war. Über diesen Aspekt ist aber richtigerweise schon auf unionsrechtlicher Ebene, dh im Rahmen des Rückforderungsbeschlusses der Kommission, zu entscheiden. So bestimmt Art. 14 Abs. 1 S. 2 VO 659/1999, dass die Rückforderung unterbleibt, wenn sie gegen einen allgemeinen Rechtsgrundsatz verstoßen würde. Dies zielt namentlich auf den Vertrauensschutz ab[35]. Verneinen die Unionsorgane[36] das Eingreifen des Vertrauensschutzes im konkreten Fall, so erscheint es vor dem Hintergrund der *Alcan-Rechtsprechung* kaum mehr denkbar, dies im nationalen Recht abweichend zu beurteilen[37]. Der Beihilfeempfänger muss daher, um nicht präkludiert zu sein[38], das Argument des Vertrauensschutzes bereits in seiner zulässigen Klage gegen den an den Mitgliedstaat gerichteten Beschluss der Kommission vorbringen. In der Sache ist das Anwendungsfeld für Vertrauensschutz ohnehin klein, weil nach der Rechtsprechung des EuGH jedenfalls von Unternehmen einer bestimmten Größe oder gewisser Branchen verlangt werden kann, dass sie sich vor dem Empfang einer Beihilfe vergewissern, ob die nationale Bewilligungsbehörde die erforder-

---

32  EuGH, Rs C-24/95, Land Rheinland-Pfalz/Alcan Deutschland GmbH, Slg 1997, I-1591 = *Pechstein* Nr 7 = *HVL*, S. 836 ff; s. a. *Hoenike*, EuZW 1997, 279 f sowie die Vorlage des BVerwG, EuZW 1995, 314 ff. Auf Grund des Urteils des EuGH wies das BVerwG die Klage unter Aufhebung der Vorinstanzen ab, BVerwGE 106, 328 mit Anm. *Ehlers*, DZWir 1998, S491 ff. Das BVerfG hat diese Entscheidung bestätigt, EuZW 2000, 445 ff. Aufbereitung des Falles durch *Bittner*, in: Micklitz (Hrsg.), Europarecht case by case, 2004, Fall 12.

33  Rs C-5/89, Slg 1990, I-3437, Rn 18 f; Rs C-24/95, Slg 1997, I-1591, Rn 34 ff; BVerwGE 106, 328 (332 ff).

34  Rs 24/95, Slg 1997, I-1591, Rn 41 ff.

35  Die Kommission wendet diese Bestimmung in entsprechenden (in Anbetracht der strengen Maßstäbe seltenen) Fällen auch tatsächlich in diesem Sinn an. Vgl beispielsweise die Entscheidung 2003/372/EG, (ABl 2003 L 132/1), Rn 228 ff, mit Nachweis weiterer Fälle in Fn 39.

36  Dh zunächst die Kommission und auf Nichtigkeitsklage des Mitgliedstaats oder des individuell und unmittelbar betroffenen (Art. 263 Abs. 4 Alt. 2 AEUV) Beihilfeempfängers hin die Unionsgerichte.

37  So auch *Soltész*, EuZW 2011, 541 (546).

38  Vgl EuGH, Rs C-188/92, TWD Textilwerke Deggendorf/BR Deutschland. Slg 1994, I-833, Rn 17 f = *Pechstein* Nr 73 = *HVL*, S. 261 ff. S. Rn 616.

liche Prüfung durch die Kommission vornehmen hat lassen[39]. Nicht akzeptabel ist bei Nichteingreifen von Vertrauensschutz aus unionsrechtlicher Sicht schließlich der Einwand des Wegfalls der Bereicherung (vgl § 49a Abs. 2 VwVfG), der dazu führen würde, die unionsrechtlich gebotene Rückforderung praktisch unmöglich zu machen[40].

**613** Hinsichtlich dieser dezidierten Anforderungen des Unionsrechts stellt sich aus Sicht des deutschen Rechts vor allem die Frage, auf welchem Weg sich die unionsrechtlich gebotene Anwendung des nationalen Rechts methodisch sauber begründen lässt. Bei § 48 Abs. 2 VwVfG erscheint eine unionsrechtskonforme Berücksichtigung im Rahmen der Auslegung möglich. Hinsichtlich § 48 Abs. 4 und § 49a Abs. 2 VwVfG besteht hingegen kein Auslegungsspielraum. Es lässt sich aber insofern auf den Anwendungsvorrang des die Rückforderung vorsehenden und regelmäßig auch schon bestandskräftigen Kommissionsbeschlusses (iVm Art. 14 Abs. 3 VO 659/1999) abstellen, um die Nichtanwendbarkeit dieser Rücknahmehindernisse überzeugend zu begründen[41].

**614** Ausnahmsweise darf ein Mitgliedstaat die Rückforderung schließlich zulässigerweise unterlassen, wenn es völlig (absolut) unmöglich wäre, den Beschluss der Kommission richtig durchzuführen. Diese Ausnahme ist aber noch nicht gegeben, wenn ein Mitgliedstaat interne Schwierigkeiten befürchtet, auch wenn sie unüberwindlich sein sollten[42]. Entstehen Probleme bei der Rückforderung von Beihilfen, so muss der Mitgliedstaat mit der Kommission vielmehr redlich zusammenwirken, um die Schwierigkeiten unter vollständiger Beachtung der Bestimmungen des AEUV zu überwinden (Art. 4 Abs. 3 EUV)[43].

**615** Neben der Fallgruppe der Rückforderung von durch Verwaltungsakt gewährten Beihilfen hat sich im deutschen Recht auch die Rückforderung von nicht durch bewilligenden Verwaltungsakt sondern mittels begünstigendem privatrechtlichen Vertrags gewährten Beihilfen als problematisch erwiesen: So ist in der deutschen Verwaltungsrechtsprechung der letzten Jahre umstritten, ob das Effektivitätsgebot zur Bejahung einer Verwaltungsaktsbefugnis für die Durchsetzung des Unionsrechts auch in Bereichen führt, wo eine solche wegen der vertraglichen Gleichordnung nach nationalem Recht an sich nicht gegeben wäre[44]. Aus unionsrechtlicher Perspektive ist in diesem Zusammenhang allein danach zu fragen, ob das für die Anspruchsdurchsetzung eröffnete Klageverfahren vor den ordentlichen Gerichten einschließlich des einstweiligen Rechtsschutzes (§ 940 ZPO) die effektive Rückforderung der Beihilfe gewährleistet, wogegen keine durchgreifenden Bedenken bestehen.

---

39  Vgl EuGH, Rs C-5/89, Slg 1990, I-3437, Rn 14; ebenso BVerwGE 92, 81 = *HVL*, S. 265 ff. Ebenso EuGH, Rs C-24/95, Slg 1997, I-1591, Rn 25.

40  EuGH, Rs C-24/95, Slg 1997, I-1591, Rn 50 f.

41  *Seidel*, in: Seidel/Reimer/Möstl, Allgemeines Verwaltungsrecht, 2. Auflage 2005, S. 37 und 39.

42  EuGH, Rs C-404/97, Kommission/Portugal, Slg 2000, I-4897, Rn 52 f: Finanzielle Schwierigkeiten des Beihilfenempfängers, die bis zu seiner Insolvenz führen können, begründen keine Unmöglichkeit.

43  EuGH, Rs C-349/93, Kommission/Italien, Slg 1995, I-343, Rn 13; Rs. C-348/93, Kommission/Italien, Slg 1995, I-673, Rn 17.

44  So OVG Berlin-Brandenburg, NVwZ 2006, 104 = *HVL*, S. 267 hinsichtlich der Rückforderung unionsrechtswidriger Beihilfen, die durch privatrechtlichen Kreditvertrag gewährt wurden; aA mit überzeugenden Argumenten OVG Thüringen, DVBl. 2011, 242. Vgl auch *Herrmann/Kruis*, EuR 2007, 141.

**Lösung Fall 23** (Rn 611):

### I. Klagemöglichkeit

1. Bundesrepublik Deutschland gemäß Art. 263 Abs. 2 AEUV (vgl Rn 642).

2. Betroffenes Unternehmen gemäß Art. 263 Abs. 4 AEUV. Zwar ist es nicht selbst Adressat der Entscheidung, aber unmittelbar und individuell betroffen (vgl Rn 649 ff). Erhebt das Unternehmen nicht innerhalb von zwei Monaten, nachdem es von der Entscheidung an die Bundesrepublik Deutschland Kenntnis erlangt hat, Klage (Art. 263 Abs. 6 AEUV), so wird die Entscheidung auch ihm gegenüber dahingehend bestandskräftig, dass sie auch nationale Gerichte in einem späteren Verfahren bindet[45]. Dies folge aus einem allgemeinen Rechtsgrundsatz, der seinen Niederschlag in Art. 277 AEUV gefunden habe. Danach sei jeder Partei das Recht gewährleistet, zu dem Zweck, die Nichtigerklärung einer sie unmittelbar und individuell betreffenden Handlung zu erwirken, die Gültigkeit derjenigen früheren Rechtshandlungen der Unionsorgane zu bestreiten, die die Rechtsgrundlage für die angegriffene Entscheidung bilden, aber nur dann, wenn sie nicht das Recht hatte, gemäß Art. 263 Abs. 4 AEUV unmittelbar gegen diese Rechtshandlungen zu klagen.

3. Falls die Beihilfe von einem Bundesland oder einer Kommune gewährt wurde, Klage des-/derselben gemäß Art. 263 Abs. 4 AEUV (vgl **Fall 3**, s. Rn 190).

### II. Materielle Rechtslage

Die Rücknahme des Verwaltungsakts richtet sich nach nationalem Recht. Dabei ist zu unterscheiden zwischen der Rückforderung der Beihilfe und der Rücknahme des Bescheides. Die Rücknahme des Bescheides ist Voraussetzung für die Rückforderung. Es handelt sich um zwei getrennte Verwaltungsakte. Vgl § 48 Abs. 1 S. 1 und § 49a Abs. 1 S. 2 VwVfG.

1. Rechtsgrundlage: § 48 Abs. 1 S. 1 VwVfG. Schon der Verstoß gegen die Notifizierungspflicht des Art. 108 Abs. 3 AEUV, erst recht aber der materielle Verstoß gegen Art. 107 Abs. 1 AEUV, machen die Beihilfengewährung unionsrechtswidrig. Da das Unionsrecht bei der nationalen Rechtsanwendung zu beachten ist, handelt es sich um einen rechts*widrigen* Verwaltungsakt.

2. Einfluss des Unionsrechts: Im Rahmen der Anwendung des § 48 VwVfG muss die deutsche Behörde die Anforderungen des Effektivitätsgrundsatzes (Art. 14 Abs. 3 VO 659/ 1999) wahren. Daraus folgt gemäß der einschlägigen Rechtsprechung des EuGHs: Das Ermessen, das § 48 Abs. 1 S. 1 VwVfG („kann") einräumt, ist ausgeschlossen. Denn der Staat muss einen von ihm selbst begangenen Unionsrechtsverstoß soweit wie möglich revidieren. Problematischer ist die Behandlung des Vertrauensschutzes. Gemäß § 48 Abs. 1 S. 2 VwVfG kann ein Verwaltungsakt, der ein Recht oder einen rechtlich erheblichen Vorteil begründet oder bestätigt hat (begünstigender Verwaltungsakt) nur unter den Einschränkungen der Absätze 2–4 zurückgenommen werden. Gemäß § 48 Abs. 2 VwVfG kann der Rücknahme eines rechtswidrigen Verwaltungsakts, der eine einmalige oder laufende Geldleistung gewährt, der Vertrauensschutz des Begünstigten entgegenstehen. Dieser Vertrauensschutz ist auch im Unionsrecht verankert. Der Anwendung entsprechenden nationalen Rechts steht damit das Unionsrecht nicht grundsätzlich entgegen. Das Unionsinteresse ist dabei angemessen zu gewichten (EuGH: muss „in vollem Umfang berücksichtigt werden") und gegen das Vertrauen abzuwägen. Insofern zeigt die Rückforderungsentscheidung der Kommission, dass die Union die Rückforderung als vorrangig gegenüber dem Vertrauensschutz ansieht. Diesem Ergebnis ist auch im Rahmen der innerstaatlichen Abwägung zu folgen, da man zumindest von größeren Unternehmen erwarten kann, dass sie sich der unionsrechtli-

---

[45] EuGH, Rs C-188/92, TWD Textilwerke Deggendorf/Bundesrepublik Deutschland, Slg 1994, I-833, Rn 17 f = *HVL*, S. 261 f = *Pechstein* Nr 73.

chen Problematik von Beihilfen bewusst sind und sich vergewissern, dass die Beihilfen gewährende Stelle das Verfahren des Art. 108 AEUV eingehalten hat. Schutzwürdiges Vertrauen wird daher in solchen Fällen nur selten bestehen. Steht ein unionsrechtlich anerkannter Vertrauensschutz der Rücknahme nicht entgegen, kann gegen die Rückforderung der Beihilfe auch nicht der Einwand des Wegfalls der Bereicherung erhoben werden, selbst wenn eine Bösgläubigkeit iSv § 49a Abs. 2 S. 2 VwVfG nicht vorliegt.

### b) Bestandskraft unionsrechtswidriger Verwaltungsakte

**617** Etwas anders stellt sich die Problemlage dar, wenn ein Einzelner nicht auf den Bestand eines Verwaltungsaktes vertraut, sondern vielmehr Interesse an der Beseitigung eines unionsrechtswidrigen Verwaltungsaktes hat. Vgl dazu

**618** **Fall 24** (nach EuGH, Rs C-453/00, Kühne & Heitz NV/Productschaap voor Pluimvee en Eieren, Slg 2004, I-837 = *Pechstein*, Nr 10 = *HVL*, S. 41 f = JuS 2004, S. 516 ff – *Streinz*).
Das deutsche Unternehmen (U) führt Geflügelteile in Drittländer aus und erhält dafür von der zuständigen Behörde (Hauptzollamt Hamburg-Jonas, vgl § 2 AusfuhrerstattungsVO[46]) auf unionsrechtlicher Grundlage Ausfuhrerstattungen, die sich nach der Einordnung der Ware in eine bestimmte Tarifstelle richten. Im Rahmen einer Überprüfung wurde diese Einordnung von der Behörde geändert und der zuviel erstattete Betrag von U zurückgefordert. Hiergegen wandte sich U vor dem Finanzgericht Hamburg sowie dem BFH, die die Klage jedoch zurückwiesen. Eine Vorabentscheidung des EuGH (Art. 267 AEUV) über die Auslegung der unionsrechtlichen Ausfuhrerstattungsregeln wurde in diesem Rahmen nicht eingeholt, da die befassten Gerichte die Auslegung der unionsrechtlichen Vorschriften für eindeutig hielten. In einem späteren Verfahren zwischen anderen Beteiligten bestätigte der EuGH die von U in dem früheren Verfahren vertretene und für U günstigere Auffassung hinsichtlich der Einordnung der Geflügelteile. U beantragt daraufhin beim HZA Hamburg-Jonas die Erstattung des von ihm zuvor zurückgezahlten Betrages samt Zinsen. Das HZA lehnt dies unter Berufung auf die Bestandskraft des ursprünglichen Verwaltungsaktes ab. Hiergegen wendet sich U mit der Verpflichtungsklage vor dem VG.

**Lösung Fall 24:** Die Klage hat nur dann Aussicht auf Erfolg, wenn U einen Anspruch auf Aufhebung des Rückforderungsbescheides hat. Zwar betrifft der Sachverhalt materiellrechtlich Unionsrecht (Vorschriften über die Ausfuhrerstattung), diese werden jedoch nach dem Grundsatz des mitgliedstaatlichen Vollzuges von den mitgliedstaatlichen Behörden auf Grundlage des nationalen Verfahrensrechts angewendet (im vorliegenden Fall bestehen unionsrechtliche Durchführungsvorschriften, die aber die allgemeinen verfahrensrechtlichen Fragen nicht regeln). Dabei gelten die Grundsätze der Äquivalenz und der Effektivität, dh die nationalen Vorschriften müssen in gleicher Weise angewendet werden, als ob es sich um einen rein nach nationalem Recht zu beurteilenden Sachverhalt handelte, und die Durchsetzung der unionsrechtlichen Rechtspositionen dürfte nicht verhindert oder wesentlich erschwert werden.

Nach deutschem Verwaltungsverfahrensrecht kommen als Rechtsgrundlage für den Anspruch § 48 iVm § 51 VwVfG (bzw die entsprechenden Vorschriften der Landes-VwVfG, soweit eine Landesbehörde handelt) in Betracht. Bei der Ausfuhrerstattung handelt es sich

---

46   BGBl. 1996 I 766.

um eine Subvention und weder um eine Steuer noch um einen Zoll im Sinne des Zollkodex, so dass der Anwendungsbereich der Abgabenordnung (AO) nicht eröffnet ist.

Gemäß § 51 VwVfG hat ein Einzelner unter bestimmten Voraussetzungen einen Anspruch darauf, dass die Verwaltung die Rechtmäßigkeit eines Verwaltungsaktes trotz dessen Bestandskraft erneut prüft (verfahrensrechtlicher Anspruch). In Betracht kommt eine „Änderung der Rechtslage" (§ 51 Abs. 1 Nr 1 VwVfG). Vorliegend hat sich die Rechtslage jedoch nicht geändert, sondern der EuGH hat die Rechtslage durch seine Auslegung klargestellt. Nach der st Rspr des BVerwG stellt eine Rechtsprechungsänderung keine Änderung der Rechtslage dar und ist dieser auch nicht gleichgestellt. Das Gleiche muss gelten, wenn ein Gericht erstmalig zur Auslegung einer Vorschrift Stellung nimmt. § 48 Abs. 1 VwVfG gibt der Verwaltung die materiell-rechtliche *Befugnis*, einen rechtswidrigen VA (auch von sich aus) zurückzunehmen. Grundsätzlich steht der Verwaltung bei dieser Entscheidung jedoch Ermessen zu. Der Bürger hat keinen Anspruch auf Rücknahme. Durch eine generelle Bejahung eines solchen Anspruchs würde die Rechtskraft weitgehend entwertet.

Diese Vorschriften darf die deutsche Behörde jedoch nur insoweit anwenden, als dadurch die Realisierung des unionsrechtlich begründeten Anspruchs des Unternehmens nicht vereitelt oder wesentlich erschwert wird (Effektivitätsgrundsatz). In dem Verfahren *Kühne & Heitz* hat der EuGH betont, dass die innerstaatlichen Stellen der Mitgliedstaaten im Rahmen ihrer jeweiligen Zuständigkeiten die Einhaltung des Unionsrechts zu gewährleisten haben. Die Auslegungsurteile des EuGH im Verfahren nach Art. 267 AEUV wirken grundsätzlich ex tunc, dh dass die jeweils ausgelegte Rechtsvorschrift von den Behörden der Mitgliedstaaten in der Auslegung durch den EuGH auch auf Rechtsverhältnisse anzuwenden ist, die vor Erlass des Urteils des Gerichtshofs entstanden sind. Dem könnte allerdings die Bestandskraft von Verwaltungsentscheidungen entgegenstehen. Diese ist Ausdruck des Grundsatzes der Rechtssicherheit, der zu den vom Unionsrecht anerkannten allgemeinen Rechtsgrundsätzen gehört. Das Unionsrecht verlangt daher nicht, dass eine Verwaltungsbehörde grundsätzlich verpflichtet ist, bestandskräftige Entscheidungen zurückzunehmen. Der Grundsatz zur Zusammenarbeit aus Art. 4 Abs. 3 EUV verpflichte die nationalen Behörden jedoch in bestimmten Situationen dazu, ihre Entscheidung auf Antrag zu überprüfen, um der vom EuGH vorgenommenen Auslegung Rechnung zu tragen. Voraussetzung dafür ist,

– dass die Behörde nach nationalem Recht befugt ist, diese Entscheidung zurückzunehmen,
– die Entscheidung infolge eines Urteils eines in letzter Instanz entscheidenden nationalen Gerichts bestandskräftig geworden ist,
– das Urteil, wie eine nach seinem Erlass ergangene Entscheidung des Gerichtshofes zeigt, auf einer unrichtigen Auslegung des Unionsrechts beruht, die erfolgt ist, ohne dass der Gerichtshof um Vorabentscheidung ersucht wurde, obwohl der Tatbestand des Art. 267 Abs. 3 AEUV erfüllt war,
– der Betroffene sich, unmittelbar[47] nachdem er Kenntnis von der besagten Entscheidung des Gerichtshofes erlangt hat, an die Verwaltungsbehörde gewandt hat, und
– dass Belange Dritter nicht verletzt werden.

Diese Voraussetzungen sind hier gegeben.

**Ergebnis:** U hat einen Anspruch auf eine erneute Sachentscheidung unter Berücksichtigung der Auslegung des EuGH. Da die nachträgliche Vorabentscheidung keine Änderung der

---

47 Wie die spätere Rechtsprechung (EuGH, Rs C-2/06, Kempter/HZA Hamburg-Jonas, Slg. 2008, I-411 = *HVL*, S. 42 ff) klargestellt hat, besteht keine unionsrechtliche zeitliche Begrenzung für den Überprüfungsantrag, das Unionsrecht akzeptiert aber angemessene Fristen des nationalen Rechts, vgl auch Rn 619 aE.

Sach- und Rechtslage iSv § 51 Abs. 1 Nr 1 VwVfG darstellt, zumal der EuGH erstmals die streitige Frage klärt, kommt nicht § 51 VwVfG, sondern der davon unberührte (§ 51 Abs. 5 VwVfG) § 48 Abs. 1 VwVfG in Betracht. Der Rechtsgedanke des § 51 VwVfG kann hinsichtlich der Überprüfungspflicht (Abs. 1), der Obliegenheit der Anwendung des belastenden Verwaltungsakts durch Rechtsbehelfe (vgl Abs. 2) sowie der Einhaltung einer angemessenen Frist für den Überprüfungsantrag (vgl Abs. 3) herangezogen werden. Das Rücknahmeermessen nach § 48 Abs. 1 S. 1 VwVfG ist in unionsrechtskonformer Auslegung auf Null reduziert[48]. Das VG wird daher die Behörde verpflichten, den Rückforderungsbescheid aufzuheben und U die zurückgeforderte Ausfuhrerstattung erneut auszuzahlen.

**619**  In ausdrücklicher Präzisierung des Urteils *Kühne & Heitz* hat der EuGH die Grenze deutlich gemacht, die der unionsrechtlich anerkannte Grundsatz der Rechtssicherheit (s. dazu Rn 803) der Korrektur rechtskräftiger Gerichtsentscheidungen und bestandskräftiger Verwaltungsakte setzt. Wegen dieses Grundsatzes gebietet es das Unionsrecht einem nationalen Gericht nicht, von der Anwendung innerstaatlicher Verfahrensvorschriften abzusehen, aufgrund deren eine Entscheidung Rechtskraft erlangt, selbst wenn dadurch ein Verstoß dieser Entscheidung gegen Unionsrecht abgestellt werden könnte[49]. Dadurch entkräftete der EuGH Bedenken, er könne wegen des „effet utile" des Unionsrechts zu weit reichenden Eingriffen in den Kernbestand rechtsstaatlicher Garantien der Mitgliedstaaten zwingen. Dass die „Verfahrensautonomie" der Mitgliedstaaten durch die unionsrechtlichen Vorgaben des Effektivitäts- und des Äquivalenzprinzips nur modifiziert, aber nicht beseitigt wird, hat der EuGH ausdrücklich bestätigt[50]. Letzteres fordert jedenfalls, dass eine Behörde eine bestandskräftige Verwaltungsentscheidung bei offensichtlichem Verstoß gegen Unionsrecht zurücknehmen muss, wenn nach nationalem Recht eine entsprechende Verpflichtung bei offensichtlicher Unvereinbarkeit mit innerstaatlichem Recht besteht[51]. Zuletzt hat der EuGH entschieden, dass der Betroffene sich im Rahmen des gerichtlichen Rechtsbehelfs des innerstaatlichen Rechts, den er gegen die Verwaltungsentscheidung eingelegt hat, nicht auf das Unionsrecht berufen haben muss, das Behörden und Gerichte von Amts wegen zu berücksichtigen haben, und die Mitgliedstaaten mangels unionsrechtlicher Regelung im Einklang mit den unionsrechtlichen Grundsätzen der Effektivität und der Äquivalenz angemessene Rechtsbehelfsfristen für die Stellung des Überprüfungsantrags festlegen dürfen[52].

---

48  Vgl zu diesen Konsequenzen für die §§ 48 ff VwVfG auch *Lindner*, BayVBl. 2004, 590 (592). AA *Britz/Richter*, JuS 2005, 198 (199 ff): Kein Ermessen bei der Überprüfungspflicht, eingeschränktes Ermessen bei der Aufhebung.

49  EuGH, Rs C-234/04, Kapferer/Schlank & Schick GmbH, Slg 2006, I-2585, Rn 21 = *Pechstein* Nr 15 = JuS 2006, 637 ff – *Streinz*. Vgl gegenüber dem knappen Urteil die grundsätzlichen Ausführungen im SchlA von GA Tizzano, aaO, Nr 22 ff. Die Bestandskraft von Verwaltungsakten bleibt grundsätzlich gewahrt, die Rechtskraft von Gerichtsurteilen wird allenfalls bei Anwendbarkeit einer entsprechenden Vorschrift im nationalen Recht tangiert. S. zuletzt aber EuGH, Rs C-505/14, Klausner Holz Niedersachsen/Land NRW, ECLI:EU:C:2015:742, Rn 17 ff = EuZW 2016, 57 m. Anm. *H. Weiß*: Durchsetzung des Beihilfeverbots gegenüber einem rechtskräftigen Urteil mit dem Argument unterschiedlicher Streitgegenstände.

50  EuGH, verb Rs C-392/04 und C-422/04, i-21 Germany GmbH und Arcor AG & Co. KG/BR Deutschland, Slg 2006, I-8559, Rn 57.

51  Ebd., Rn 69. An das Äquivalenzprinzip in der Rspr des EuGH anknüpfend sehr restriktiv BVerwG, NWVBl. 2007, 393 ff: Rücknahmeanspruch wie in nationalen Fällen nur, wenn die Aufrechterhaltung des Verwaltungsakts „schlechterdings unmöglich wäre".

52  EuGH, Rs C-2/06, Kempter/HZA Hamburg-Jonas, Slg. 2008, I-411.

**Schaubild 4:** Verwaltungsvollzug in der EU          **620**

| Art | Vollzogenes Recht | Vollziehende Behörde | Verwaltungs-organisation | Verwaltungs-verfahren |
|---|---|---|---|---|
| **Unmittel-barer Vollzug durch EU** | Unmittelbar wirkendes Recht | Kommission (in Ausnahmefällen EZB oder Agenturen) | Rechtliche Regelung<br>– Primärrecht<br>– Sekundärrecht | Rechtliche Regelung<br>– Primärrecht<br>– Sekundärrecht<br>– Allg. Rechts-grundsätze |
| **Mitgliedstaatlicher Vollzug** | | | | |
| Unmittel-barer | Unmittelbar wirkendes Recht | Mitgliedstaatliche Behörden | Art. 83 ff GG analog Einfluss durch sekundäres Recht sowie Vorgaben des materiellen Rechts | Nationales Verfahrensrecht*, soweit nicht EU-rechtliche Regelung |
| Mittel-barer | Deutsches (Bun-des- oder Landes-) Ausführungs- und Umsetzungsrecht (zB Gesetze zur Umsetzung von Richtlinien) | Mitgliedstaatliche Behörden | Art. 83 ff GG Einfluss durch sekundäres Recht sowie Vorgaben des materiellen Rechts | Nationales Verfahrensrecht* |

\* Beeinflussung durch die rechtlichen Grundsätze der Äquivalenz und Effektivität sowie allg. Rechts-grundsätze

**Literatur:** *Brenner, M.*, Der Gestaltungsauftrag der Verwaltung in der Europäischen Union, 1996; *Classen, K.-D.*, Gute Verwaltung im Recht der Europäischen Union, 2008; *Craig, P.*, EU Administrative Law, 2. Aufl. 2012; *von Danwitz, T.*, Europäisches Verwaltungsrecht, 2008; *ders.*, Verwaltungsrechtliches System und europäische Integration, 1996; *Ehlers, D.*, in: *Erichsen, H.-U./Ehlers, D.* (Hrsg.), Allgemeines Verwaltungsrecht, 14. Aufl. 2010, § 5 (S. 192 ff); *Frenz, W.*, Verwaltungskooperation mit der Union im Lichte von Art. 197 AEUV und des Lissabon-Urteils, DÖV 2010, 66; *Gärditz, K.F.*, Die Verwaltungsdimension des Lissabon-Vertrags, DÖV 2010, 453; *Görisch, C.*, Demokratische Verwaltung durch Unionsagenturen, 2009; *Groß, T.*, Die deutsche Ermessenslehre im europäischen Kontext, ZÖR 2006, 625; *Haibach, G.*, Die Rechtsprechung des EuGH zu den Grundsätzen des Verwaltungsverfahrens, NVwZ 1998, 156; *Haratsch, A.*, Zur Dogmatik von Rücknahme und Widerruf von Rechtsakten der Europäischen Gemeinschaft, EuR 1998, 387; *Hoffmann Riem, W.*, Wir stehen am Beginn eines europäisierten Verwaltungsrechts, ZRP 2007, 101; *Huber, P.M.*, „Beihilfen" (Art. 87, 88 EGV 1999) und Vertrauensschutz im Gemeinschaftsrecht und im nationalen Verwaltungsrecht, KritV 1999, 359; *Kadelbach, S.*, Allgemeines Verwaltungsrecht unter europäischem Einfluß, 1999; *Kahl, W.*, Europäisches und nationales Verwaltungsorganisationsrecht, Die Verwaltung 1996, 341; *Klein, E.*, Der Einfluß des Europäischen Gemeinschaftsrechts auf das Verwaltungsrecht der Mitgliedstaaten, Der Staat 33 (1994), 39; *Kment, M.*, Das Eigenverwaltungsrecht der Europäischen Union, JuS 2011, 211; *Koch, M.H.*, Mittelbare Gemeinschaftsverwaltung in der Praxis, EuZW 2005, 455; *Krönke, C.*, Die Verfahrensautonomie der Mitgliedstaaten der Europäischen Union, 2013; *Potacs, M.*, Gemeinschaftsrecht und Bestandskraft staatlicher Verwaltungsakte, in: FS Ress, 2005, S. 729 ff; *Pühs, W.*, Der Vollzug von Gemeinschaftsrecht, 1997;

*Richter, T.S.*, Rückforderung staatlicher Beihilfen nach §§ 48, 49 VwVfG bei Verstoß gegen Art. 92 ff EGV, 1995; *Rennert, K.*, Bestandskraft rechtswidriger Verwaltungsakte und Gemeinschaftsrecht, DVBl 2007, 400; *Röhl, H.C.*, Verantwortung und Effizienz in der Mehrebenenverwaltung, DVBl. 2006, 1070; *Ruffert, M.*, Von der Europäisierung des Verwaltungsrechts zum Europäischen Verwaltungsverbund, DÖV 2007, 761; *Schmidt-Aßmann, E.*, Das allgemeine Verwaltungsrecht als Ordnungsidee, 2. Aufl. 2004, S. 377 ff; *ders.*, Strukturen Europäischer Verwaltung und die Rolle des Europäischen Verwaltungsrechts, in: FS Häberle, 2004, S. 395 ff; *ders./Schöndorf-Haubold, B. (Hrsg.)*, Der Europäische Verwaltungsverbund, 2005; *Schoch, F.*, Die Europäisierung des Allgemeinen Verwaltungsrechts, JZ 1995, 109; *Schwarze, J.*, Europäisches Verwaltungsrecht, 2 Bde., 2. Aufl. 2005; *Schweitzer, M.* (Hrsg.), Europäisches Verwaltungsrecht, 1991; *Sinnaeve, A.*, Die Rückforderung gemeinschaftsrechtswidriger nationaler Beihilfen, 1997; *Stelkens, U.*, Art. 291 AEUV, das Unionsverwaltungsrecht und die Verwaltungsautonomie der Mitgliedstaaten, EuR 2012, 511; *Sydow, G.*, Europäisierte Verwaltungsverfahren, JuS 2005, 97 ff, 202 ff; *ders.*, Vollzug des europäischen Unionsrechts im Wege der Kooperation nationaler und europäischer Behörden, DÖV 2006, 66; *Terhechte, J.P.*, (Hrsg.), Verwaltungsrecht der Europäischen Union, 2011; *Uerpmann, R.*, Mittelbare Gemeinschaftsverwaltung durch gemeinschaftsgeschaffene juristische Personen des öffentlichen Rechts, AöR 125 (2000), 551; *Vos, E.*, Reforming the European Commission: What role to play for EU agencies?, CMLRev 2000, 1113; *Weiß, W.*, Der Europäische Verwaltungsverbund, 2010; *Wenander, H.*, Withdrawal of national administrative decisions under European Administrative Law, ELR 2007, 54; *Winter, G.*, Kompetenzverwaltung und Legitimation in der europäischen Mehrebenenverwaltung, EuR 2005, 255; *Zuleeg, M./Rengeling, H.-W.*, Deutsches und europäisches Verwaltungsrecht – wechselseitige Einwirkungen, VVDStRL 53 (1994), S. 154 ff/202 ff.

# § 8 Das Rechtsschutzsystem in der Europäischen Union

## I. Funktion der Rechtsprechung in der Europäischen Union

### 1. Die Rolle des Gerichtshofs der Europäischen Union

**621** Gemäß Art. 19 Abs. 1 UAbs. 1 S. 2 EUV sichert der Gerichtshof der EU, der den Gerichtshof (EuGH), das Gericht (EuG) und Fachgerichte umfasst (Art. 19 Abs. 1 UAbs. 1 S. 2 EUV; zur Organisation und Terminologie s. Rn 409), die „**Wahrung des Rechts** bei der Auslegung und Anwendung der Verträge". Die dafür eröffnete Kompetenzbreite (vgl Rn 418) erklärt sich dadurch, dass man die Kompetenzfülle, die aus strukturbedingten Gründen Rat und Kommission ohne (jedenfalls ursprünglich) einschneidende demokratische Kontrolle auf Gemeinschaftsebene übertragen wurde, durch eine strikte gerichtliche Kontrolle kompensieren wollte. Der EuGH hat diese Rolle angenommen und in seiner Rechtsprechung – was Kompetenzbegründungen für die Gemeinschaften bzw jetzt die Union anbelangt zum Teil in nicht unbedenklicher Weise, vgl Rn 629 – ausgebaut. Er hat sich mit grundlegenden wirtschaftspolitischen Problemen zu befassen, ist häufig rechtsfortbildend und rechtsergänzend tätig und durch seine eigenständige, „dynamische" Interpretationsmethode neben der Kommission (vgl Rn 394) zum „**Motor der Integration**" (s. Rn 170) geworden, der deren Prozess in Gang gehalten hat. Angesichts des erreichten Standes der Integration hat der EuGH dieses Selbstverständnis in jüngerer Zeit überdacht und sich auch zum **Wahrer der gegenseitigen Respektierung der Kompetenzen** von Union und Mitgliedstaaten bzw deren Bestandteilen mit eigener Rechtspersönlichkeit entwickelt (vgl Rn 189 ff), indem er seine Rolle als **„Verfassungsgericht"**, die er im „horizontalen" Verhältnis zur Wahrung des institutionellen Gleichgewichts zwischen den Unionsorganen beständig ausgebaut hat (vgl Rn 270, 315), auf dieses „vertikale" Verhältnis erstreckt hat. Zunächst vor allem im Hinblick auf die Außenkompetenzen der EU (vgl Rn 1230 ff) hat der EuGH die Befugnisse der EG (jetzt EU) auch hinsichtlich des Innenverhältnisses in seinem Urteil zur Tabakwerberichtlinie (s. Rn 630, 980) restriktiver interpretiert. Diese Tendenz müsste verfestigt werden.

## 2. Rechtsfortbildung

Die „Wahrung des Rechts bei der Auslegung und Anwendung des Vertrags" schließt **622** die Rechtsfortbildung nicht aus, unabhängig davon, ob man diese, soweit sie bewusste Lücken mit Freiraum für die Gerichte schließt, zur Auslegung rechnen möchte oder nicht. Eine strikte Trennung zwischen Auslegung und Rechtsfortbildung ist fragwürdig. Zutreffend hat daher das BVerfG bei der verfassungsrechtlichen Beurteilung der Befugnis des EuGH zur Rechtsfortbildung hervorgehoben, dass dem EuGH zwar keine Befugnis übertragen worden ist, auf dem Wege richterlicher Rechtsfortbildung Gemeinschaftskompetenzen beliebig zu erweitern[1], andererseits aber keine Zweifel daran bestehen können, dass die Mitgliedstaaten die Gemeinschaft mit einem Gericht ausstatten wollten, dem Rechtsfindungswege offen stehen sollten, wie sie in jahrhundertelanger gemeineuropäischer Rechtsüberlieferung und Rechtskultur ausgeformt worden sind[2]. Im ***Honeywell*-Beschluss** hat das BVerfG darüber hinaus dem EuGH einen „Anspruch auf Fehlertoleranz" konzediert und „unionseigene Methoden der Rechtsfindung" akzeptiert. Es sei nicht Aufgabe des BVerfG, „bei Auslegungsfragen des Unionsrechts, die bei methodischer Gesetzesauslegung im üblichen rechtswissenschaftlichen Diskussionsrahmen zu verschiedenen Ergebnissen führen können, seine Auslegung an die Stelle derjenigen des Gerichtshofs zu setzen"[3].

Das Unionsrecht bedarf der **Rechtsfortbildung** in besonderem Maße. Zwar obliegt **623** die Ausfüllung der Verträge (der EGV wurde im Gegensatz zum EGKSV als „Rahmenvertrag" charakterisiert[4]) den Rechtsetzungsorganen. Erfüllen diese jedoch einen eindeutig bestimmten Rechtsetzungsauftrag des Primärrechts (zB zur Verwirklichung der Grundfreiheiten spätestens bis zum Ablauf der Übergangszeit) nicht, ist es durchaus Aufgabe des EuGH, dem Unionsrecht zur **Wirksamkeit** zu verhelfen (unmittelbare Geltung und Wirkung primärrechtlicher Normen, s. Rn 451 ff). Ferner enthielt das Gemeinschaftsrecht als „neue Rechtsordnung" zwangsläufig **Lücken**, die aus rechtsstaatlichen Gründen nicht hingenommen werden konnten. Daher war der EuGH zur Entwicklung der Gemeinschaftsgrundrechte (jetzt neben der Grundrechtecharta fortbestehend als Unionsgrundrechte, Art. 6 Abs. 3 EUV; s. Rn 754) und der Grund-

---

1  Dieser Aspekt wurde verstärkt betont in BVerfGE 89, 155 (210) = *HVL*, S. 56 ff, s. auch Rn 624.
2  BVerfGE 75, 223 (241 ff) – Kloppenburg = *PSK* Fall 88. Bestätigt in BVerfGE 123, 267 (351 f) Lissabon = *HVL*, S. 59 ff und BVerfGE 126, 286 (305) – Honeywell = *HVL*, S. 80 ff.
3  BVerfGE 126, 286 (307).
4  Vgl dazu BVerfGE 126, 286 (306).

sätze rechtsstaatlichen Verwaltungsverfahrens berufen (s. Rn 457 ff). Schließlich zeigte sich, dass die Wirksamkeit der Unionsrechtsordnung bestimmter Mechanismen bedarf. Daher hat der EuGH den Vorrang des Gemeinschaftsrechts, der sich jetzt auf das gesamte Unionsrecht erstreckt (s. Rn 215 ff), die unmittelbare Wirkung von Richtlinien (s. Rn 488 ff) und den Staatshaftungsanspruch bei Verstößen gegen Gemeinschafts- bzw jetzt Unionsrecht (s. Rn 461 ff, 510 ff) entwickelt.

**624** Diese Befugnis zur Rechtsfortbildung ist aber keineswegs schrankenlos. Es entspricht dem funktionellrechtlichen Gebot der richterlichen Zurückhaltung, die **Gestaltungsfreiheit der Gesetzgebungsorgane** bei der Ausgestaltung der Vertragsnormen und auch allgemeiner, dem Vertrag zu Grunde liegender Rechtsgrundsätze zu achten[5]. Auch der EuGH hat dies in mehreren Urteilen betont.

**Beispiele:** Der Wortlaut von Art. 157 AEUV dürfe nicht so weit ausgedehnt werden, dass in einen Bereich eingegriffen wird, dessen Beurteilung auf Grund der Art. 151 und 153 AEUV den darin genannten Stellen vorbehalten ist[6]; trotz festgestellter Ungereimtheiten in der Zollgesetzgebung sei es nicht Sache des Gerichtshofs, hier für Abhilfe zu sorgen und im Wege der Auslegung den Inhalt der im einen oder anderen Fall anwendbaren Vorschriften zu ändern, da hierfür ausschließlich der Unionsgesetzgeber zuständig sei[7].

Neben diesem Gestaltungsspielraum der durch die Verträge eingesetzten Gesetzgebungsorgane (vgl jetzt Art. 14 Abs. 1 S. 1, Art. 16 Abs. 1 S. 1 EUV) muss der **Wille der Mitgliedstaaten** als Vertragsparteien selbst geachtet werden. Das BVerfG hat dies insoweit zu Recht im *Maastricht*-Urteil betont:

*„Bei der Auslegung von Befugnisnormen durch Einrichtungen und Organe der Gemeinschaften ist zu beachten, dass der Unions-Vertrag grundsätzlich zwischen der Wahrnehmung einer begrenzt eingeräumten Hoheitsbefugnis und der Vertragsänderung unterscheidet, seine Auslegung deshalb in ihrem Ergebnis nicht einer Vertragserweiterung gleichkommen darf"*[8].

Dies setzt der Handhabung des Art. 352 AEUV (vgl Rn 545) und dem Einsatz des Arguments des „effet utile" Grenzen[9].

### 3.  Interpretationsmethode und Stil des EuGH

#### a)  Auslegungsmethoden

**625** Der EuGH folgt grundsätzlich den allgemein anerkannten Auslegungsmethoden (Wortlaut, System, Sinn und Zweck, Entstehungsgeschichte)[10]. Gegebenenfalls greift

---

5  Vgl zum „judicial self-restraint" der Verfassungsgerichtsbarkeit, zB gegenüber der Einschätzungsprärogative des Gesetzgebers, *E. Benda./E. Klein*, Lehrbuch des Verfassungsprozessrechts, 3. Aufl. 2012, Rn 27; *K. Schlaich/S. Korioth*, Das Bundesverfassungsgericht, 10. Aufl. 2015, Rn 505 ff.

6  EuGH, Rs 149/77, Defrenne/Sabena, Slg 1978, 1365, Rn 19/23 = *Pechstein* Nr 127 (damals *Art. 119* gegenüber *Art. 117 und 118 EWGV*).

7  EuGH, Rs 92/71, Interfood/HZA Hamburg-Ericus, Slg 1972, 231, Rn 5.

8  BVerfGE 89, 155 (LS 6).

9  Vgl ebd. S. 210.

10  Vgl dazu *M. Pechstein/C. Drechsler*, Die Auslegung und Fortbildung des Primärrechts, in: K. Riesenhuber (Hrsg.), Europäische Methodenlehre, 3. Aufl. 2015, § 7, Rn 16 ff. Zur seit Inkrafttreten des Vertrags von Lissabon häufiger berücksichtigten Entstehungsgeschichte vgl ebd, Rn 34 und EuGH (Plenum), Rs C-370/12, Pringle, ECLI:EU:C:2012:756, Rn 135 ff und EuGH (GK), Rs C-583/11 P, Inuit/EP und Rat, ECLI:EU:C:2013:625, Rn 50, 59 = *Pechstein* Nr 92.

er auf einen Vergleich mehrerer authentischer Texte des Primär- oder Sekundärrechts zurück (vgl Rn 284 f). Die fortschreitende Integration als Ziel der Union (vgl den ersten Erwägungsgrund der Präambel des EUV und Art. 1 Abs. 2 EUV) führt zu einer besonderen Gewichtung der systematischen und teleologischen Methode. Allgemein räumt der EuGH derjenigen Auslegung den Vorzug ein, die die Verwirklichung der Vertragsziele am meisten fördert und die Funktionsfähigkeit der Union sichert. Dies steht durchaus in der Tradition der völkerrechtlichen Interpretation von Integrationsverträgen *(„ut res magis valeat quam pereat")*.

**Beispiele:** Begründung des Vorrangs des Unionsrechts, vgl **Fall 4**, Rn 194/220; unmittelbare Wirkung von Richtlinien wegen des „effet utile", vgl **Fall 16**, Rn 488/500; Rückgriff auf das „allgemeine System" des Unionsrechts zur Begründung des Staatshaftungsanspruchs wegen Nichtumsetzung von Richtlinien, vgl **Fall 19**, Rn 511 und der Kompetenz der Union zum Abschluss von Abkommen mit Drittstaaten, vgl Rn 1230.

Entsprechend der verfassungskonformen Auslegung im nationalen Recht ist auch im Unionsrecht eine primärrechtskonforme Auslegung des Sekundärrechts geboten[11]. Dies ist aber an sich keine Auslegungsmethode, sondern eine Folge der Rangordnung der Rechtsquellen und der richterlichen Zurückhaltung gegenüber dem Gesetzgeber, hier dem Unionsgesetzgeber Europäisches Parlament und Rat.    **626**

#### b) Unionsrechtliche Begriffsbildung

Die „eigenständige" Gemeinschaftsrechtsordnung bedurfte schon deshalb einer eigenen, gemeinschafts-, jetzt unionsrechtlichen Begriffsbildung, um einheitlich in allen Mitgliedstaaten gelten zu können. Das nationale Recht kommt unmittelbar nur zur Anwendung, wenn das Unionsrecht insoweit keine Regelungen trifft oder auf das nationale Recht verweist, was durch Auslegung zu ermitteln ist.    **627**

**Beispiel:** Der Begriff „öffentliche Verwaltung" in Art. 45 Abs. 4 AEUV muss ein unionsrechtlicher sein, da es die Mitgliedstaaten sonst in der Hand hätten, durch ihr nationales Recht den Anwendungsbereich der Freizügigkeit der Arbeitnehmer eigenmächtig zu beschneiden, vgl **Fall 45**, Rn 860/935.

Diese Begriffsbildung obliegt dem EuGH. Auch die Übernahme allgemein anerkannter Rechtsgrundsätze der mitgliedstaatlichen Rechtsordnungen ist kein Verweisungs-, sondern ein Rezeptionsvorgang, in dem die nationalen Rechtsordnungen nur als Recht*erkenntnis*quellen herangezogen werden, um durch ihre Einfügung in das System der Unionsrechtsordnung eigene unionsrechtliche Begriffe zu entwickeln.

#### c) Begründungsdefizite

Die innovatorische Rechtsprechung des EuGH, die vom Gegenstand gefordert wird, stellt besondere Anforderungen an die Begründung, um die gewonnenen Ergebnisse in den Rechtsordnungen der einzelnen Mitgliedstaaten zu vermitteln. Dieser „hermeneutischen" Aufgabe wurde der EuGH aber häufig nur unzureichend gerecht (vgl zur Grundrechtsrechtsprechung Rn 782 – allerdings mit Anzeichen eines Wandels auf der    **628**

---

11  Vgl EuGH, Rs C-314/89, Rau/HZA Nürnberg-Fürth, Slg 1991, I-1647, Rn 17; Rs C-98/91, Herbrink/ Minister van Landbouw, Slg 1994, I-223, Rn 9.

Basis der EU-Grundrechtecharta, vgl Rn 784, 800 ff). Die regelmäßige Verweisung auf die bisherige Rechtsprechung verleiht dieser zwar den äußeren Eindruck großer dogmatischer Geschlossenheit und ist der Rechtssicherheit und Vorhersehbarkeit zuträglich, vernachlässigt aber gebotene Präzisierungen und Differenzierungen und bedürfte oftmals einer dogmatischen Fundierung in einem Grundsatzurteil (positives Gegenbeispiel: Rechtsprechung zur unmittelbaren Wirkung von Richtlinien, vgl Rn 488 ff). Kritisch zu sehen ist auch die teilweise sehr umfangreiche Verweisung in den Entscheidungsgründen auf die Schlussanträge der Generalanwälte, unter der Lesbarkeit und Verständlichkeit der Urteile manchmal leiden[12].

**629**   Auf berechtigte Kritik ist auch die zum Teil bedenkliche Rechtsprechung des EuGH zur Begründung von Gemeinschafts-, jetzt Unionskompetenzen gestoßen.

**Beispiel:** Im *Fall Gravier*[13] hat der EuGH den Anwendungsbereich des AEUV für die Nichtdiskriminierung (Art. 18 AEUV; damals *Art. 7 EWGV*) von Studenten ua durch Heranziehung rechtlich nicht verbindlicher oder im Bereich der damaligen EPZ (vgl Rn 30 ff) getroffener Entschließungen des Rates postuliert, wobei die Kritik weniger das Ergebnis (das sich durchaus begründen lässt) als die methodisch bedenkliche Begründung trifft.

**630**   Mit Spannung wurde daher das Urteil des EuGH zum Tabakwerbeverbot (s. **Fall 51**, Rn 977/ 1007) erwartet. Der EuGH hat *Art. 95 EGV* (jetzt Art. 114 AEUV) einschränkend ausgelegt und dabei ua auf den Grundsatz der beschränkten Ermächtigung (s. Rn 544 f) und das durch *Art. 220 EGV* (jetzt Art. 19 Abs. 1 UAbs. 1 S. 2 EUV) gebotene Erfordernis der gerichtlichen Kontrolle des Gemeinschafts- und jetzt Unionsgesetzgebers hinsichtlich der Wahl der Rechtsgrundlage hingewiesen[14].

## II.   Übersicht über die Verfahren vor dem EuGH und dem EuG

**631**   Man kann die Verfahren vor dem EuGH je nach dem Kriterium in „verfassungs-" und „verwaltungsrechtliche" Streitigkeiten, sonstige Verfahren und Rechtsmittelverfahren (vgl Rn 422)[15] oder in Direktklagen, Vorabentscheidungsverfahren, Gutachten, Zwangsvollstreckungsverfahren und Rechtsmittelverfahren[16] einteilen.

S. dazu das folgende Schaubild

---

12   So etwa EuGH, Rs C-144/99, Kommission/Niederlande, Slg. 2001, I-3541, Rn 19 = *Pechstein* Nr 32 = JuS 2001, 1113 – *Streinz*.
13   EuGH, Rs 293/83, Gravier/Stadt Lüttich, Slg 1985, 593, Rn 11 ff = *HVL*, S. 635 ff.
14   EuGH, Rs C-376/98, Deutschland/EP und Rat, Slg. 2000, I-8419 Rn 83 f = *HVL*, S. 189 ff = *Pechstein* Nr 171 = JuS 2001, 288 (289) – *Streinz*.
15   Übersicht bei *Schweitzer/Hummer/Obwexer*, Rn 751 ff.
16   Vgl *Klinke*, Der Gerichtshof der Europäischen Gemeinschaften. Aufbau und Arbeitsweise, 1989, S. 150 ff.

**Schaubild 5:** Verfahren vor dem EuGH und dem EuG    **632**

| Direktklagen | | | | |
|---|---|---|---|---|
| **Vertragsverletzungs-verfahren**<br><br>Art. 258 AEUV<br><br>Kommission gegen Mitgliedstaat<br><br>Art. 259 AEUV<br><br>Mitgliedstaat gegen Mitgliedstaat | **Nichtigkeits-klage**<br><br>Art. 263 AEUV* | **Untätigkeits-klage**<br><br>Art. 265 AEUV* | **Amtshaftungs-klage**<br><br>Art. 268 iVm 340 Abs. 2 und 3 AEUV* | **Beamtenklage**<br><br>Art. 236 AEUV** |

| Nichtigkeitsklage | | |
|---|---|---|
| *Klageberechtigte* | *Klagebefugnis* | *Klagegegner* |
| Mitgliedstaat<br>Parlament<br>Rat<br>Kommission | Privilegiert gem. Art. 263 Abs. 2 AEUV | Rat/EP<br>Rat<br>Kommission<br>EZB<br>EP (soweit Rechtswirkung gegenüber Dritten)<br>Europäischer Rat (soweit Rechtswirkung gegenüber Dritten)<br>Einrichtungen oder sonstige Stellen (soweit Rechts-wirkung gegenüber Dritten) |
| EZB<br>Rechnungshof<br>AdR | Nur bei Verletzung in eigenen Rechten, Art. 263 Abs. 3 AEUV | |
| Natürliche und juristische Personen | Nicht privilegiert Art. 263 Abs. 4 AEUV* | |

| **Vorabentscheidungsverfahren** | | **Gutachtenverfahren** |
|---|---|---|
| **Fakultativ**<br>Art. 267<br>Abs. 2 AEUV | **Obligatorisch**<br>Art. 267 Abs. 3<br>AEUV | Art. 218 Abs. 11 AEUV<br><br>Antragsteller: Europäisches Parlament, Rat, Kommission, Mitgliedstaat; EZB bei Abkommen nach Art. 219 AEUV |

\*   Zuständigkeit beim EuG gemäß Art. 256 AEUV.

\*\* Für Beamtenklagen ist als dem EuG beigeordnetes Fachgericht das Europäische Gericht für den Öffentlichen Dienst (EuGöD) zuständig; vgl Rn 416

## III.   Die wichtigsten Klagearten

### 1.   Die Aufsichtsklage (Vertragsverletzungsklage) der Kommission (Art. 258 AEUV) oder eines Mitgliedstaats (Art. 259 AEUV)

#### a)   Klageberechtigung

Aktiv klageberechtigt ist die Kommission, passiv der Mitgliedstaat. Daneben erlaubt    **633**
Art. 258 AEUV auch eine Anrufung des EuGH durch einen Mitgliedstaat, wenn die-

ser der Auffassung ist, dass ein anderer Mitgliedstaat gegen eine Verpflichtung aus dem Vertrag verstoßen hat. Dem kommt aber in der Praxis kaum Bedeutung zu[17].

### b) Vorverfahren

**634** Gemäß Art. 258 Abs. 2 AEUV kann die Kommission den EuGH erst anrufen, wenn der Mitgliedstaat der in Abs. 1 genannten Stellungnahme innerhalb der von der Kommission gesetzten (angemessenen) Frist nicht nachkommt. Diese mit Gründen versehene Stellungnahme gibt die Kommission ab, wenn der Mitgliedstaat nach ihrer Auffassung gegen eine Verpflichtung aus den Verträgen[18] verstoßen hat. Sie hat dem Mitgliedstaat zuvor Gelegenheit zur Äußerung zu geben. Daraus ergibt sich folgende Reihenfolge: Mahnschreiben an den Mitgliedstaat → mit Gründen versehene Stellungnahme → Klage zum EuGH nach Nichtbefolgung der Stellungnahme seitens des Mitgliedstaates innerhalb der gesetzten Frist.

**635** Das Vorverfahren dient dazu, die außergerichtliche Beilegung von Streitigkeiten zu ermöglichen bzw dem Betroffenen Gelegenheit zu geben, einen Rechtsverstoß zu beseitigen, bevor er mit einer Klage überzogen wird, und damit die Inanspruchnahme des EuGH zu reduzieren. Da der Betroffene wissen muss, was von ihm – gegebenenfalls gerichtlich – verlangt wird, wird der Gegenstand der Klage durch das vorprozessuale Verwaltungsverfahren eingegrenzt. Daher darf die Stellungnahme grundsätzlich keine Beanstandungen enthalten, die nicht bereits Gegenstand des Mahnschreibens waren, und muss die Klage auf die gleichen Gründe und das gleiche Vorbringen gestützt sein wie die mit Gründen versehene Stellungnahme[19].

### c) Rechtsschutzinteresse

**636** Bei der Aufsichtsklage handelt es sich um ein zwar kontradiktorisches, aber gleichwohl objektives, dh im Interesse der Unionsrechtsordnung geführtes Verfahren (vgl Art. 17 Abs. 1 S. 3 EUV). Strittig ist allerdings, ob die Aufsichtsklage noch zulässig ist, wenn der Vertragsverstoß bereits bei Erhebung der Klage oder vor der letzten mündlichen Verhandlung endgültig beseitigt wurde. Der EuGH hat dies grundsätzlich bejaht[20]; zu Recht, weil sich die Funktion des Feststellungsurteils gemäß Art. 260 AEUV nicht darin erschöpft, einen noch vertragsbrüchigen Mitgliedstaat zu vertragskonformem Verhalten zu veranlassen, sondern es weitere Interessen gibt, zB, die Grundlage für eine eventuelle Haftung eines Mitgliedstaats gegenüber den durch den

---

17 Vgl *Cremer*, in: Calliess/Ruffert, Art. 259 AEUV, Rn 1; *Ehricke*, in: Streinz, Art. 259 AEUV, Rn 3 mN aus der Rspr. Zu den Gründen dafür vgl *Wunderlich*, in: von der Groeben/Schwarze/Hatje Art. 259 AEUV, Rn 7; *Karpenstein*, in: Grabitz/Hilf/Nettesheim, Art. 259 AEUV, Rn 7. Vgl zuletzt den besonderen Fall (Verweigerung der Einreise für Staatsoberhaupt) EuGH, Rs C-364/10, Ungarn/Slowakei, ECLI:EU:C:2012:630 = JuS 2013, 87 – *Ruffert*.

18 Durch den Vertrag von Lissabon wird auch der EUV einbezogen. Allerdings hat der EuGH nach wie vor grundsätzlich keine Zuständigkeit im Bereich der GASP, vgl Art. 24 Abs. 1 UAbs. 2 S. 6 EUV, Art. 275 AEUV.

19 EuGH, Rs C-296/92, Kommission/Italien, Slg 1994, I-1, Rn 11.

20 St Rspr, zB Rs 154/85, Kommission/Italien, Slg 1987, 2717, Rn 6. Unzulässig ist dagegen eine Klage, die nach Erledigung der streitigen Sache erhoben wird, EuGH, Rs C-362/90, Kommission/Italien, Slg 1990, I-233, Rn 9 ff sowie der Erlass einer Entscheidung der Kommission, mit der eine Vertragsverletzung im Beihilfeverfahren festgestellt wird, nach Erledigung, vgl EuGH, Rs C-276/99, Deutschland/Kommission, Slg 2001, I-8055, Rn 25 ff.

Vertragsverstoß Geschädigten zu schaffen (vgl zu diesem unionsrechtlichen Schadensersatzanspruch Rn 510 ff).

Zur Möglichkeit der Einleitung eines Aufsichtsverfahrens durch Individuen s. **Fall 10** **637** Rn 398/400. Zur Pflicht zur Einleitung des Vertragsverletzungsverfahrens und zur Klageerhebung s. Rn 399 f.

### d) Inhalt und Wirkung des Urteils

Gemäß Art. 260 AEUV ergeht ein **Feststellungsurteil**. Der Mitgliedstaat ist ver- **638** pflichtet, die Maßnahmen zu ergreifen, die sich aus dem Urteil ergeben. Eine Vollstreckungsmöglichkeit besteht nicht. Die Nichtbefolgung eines Urteils des EuGH stellt allerdings wiederum eine Vertragsverletzung dar, die mit einer erneuten Aufsichtsklage gemäß Art. 258 AEUV verfolgt werden kann. Diese Fälle einer „zweiten Verurteilung" hatten in nicht unbedenklicher Weise zugenommen[21]. Wegen dieses unbefriedigenden Zustandes sieht der durch den Maastricht-Vertrag eingefügte Art. 260 Abs. 2 AEUV eine spezielle Form der Aufsichtsklage vor, wonach der EuGH gemäß Art. 260 Abs. 2 UAbs. 2 AEUV auf Antrag der Kommission die Zahlung eines Pauschalbetrages oder Zwangsgeldes gegen den säumigen Mitgliedstaat verhängen kann. Die Kommission hat in einer Mitteilung[22] die Kriterien bekannt gegeben, an denen sie sich orientieren wird, um die Verhängung finanzieller Sanktionen durch den EuGH zu beantragen (Schwere und Dauer des Verstoßes, erforderliche Abschreckungswirkung), und dies durch ein Verfahren für die Berechnung des Zwangsgeldes[23] ergänzt. Diese wurden durch die seit 1.1.2006 anwendbare Mitteilung ersetzt, die die seither ergangene Rechtsprechung des EuGH berücksichtigt[24]. Dieses Verfahren scheint sich – entgegen anfänglichen Bedenken – grundsätzlich zu bewähren: Häufig sind die betroffenen Mitgliedstaaten (darunter Deutschland) allein unter der Drohung der Festsetzung des Zwangsgeldes den entsprechenden Urteilen des EuGH nachgekommen[25]. Im Jahr 2000 hat der EuGH erstmalig ein Zwangsgeld gegen einen Mitgliedstaat (Griechenland) verhängt. Er hat sich dabei an den Berechnungsmodi der Kommission, die zur Transparenz, Vorhersehbarkeit und Rechtssicherheit sowie zur Verhältnismäßigkeit beitrügen, orientiert, ohne sich daran gebunden zu sehen, da Art. 260 Abs. 2 UAbs. 2 AEUV *ihm* die Verhängung des Zwangsgeldes übertrage[26]. Ende 2003 ist Spanien ebenfalls zu einem Zwangsgeld verurteilt worden[27]. Im Juli 2005 wurde Frankreich wegen eines schwerwiegenden und beständigen Verstoßes gleichzeitig sowohl zu einem Pauschalbetrag als auch zu einem

---

21 Vgl *Cremer*, in: Calliess/Ruffert, Art. 260 AEUV, Rn 9 mwN.
22 ABl 1996 C 242/6.
23 ABl 1997 C 63/2.
24 Mitteilung der Kommission zur Anwendung von Artikel 228 EG-Vertrag, Dok SEK(2005)1658. Vgl zur Sanktionspraxis der Kommission *Cremer*, in: Calliess/Ruffert, Art. 260 AEUV, Rn 11 ff; *Borchardt*, in: Lenz/Borchardt, Art. 260 AEUV, Rn 10 ff; *Thiele*, EU-Prozessrecht, § 5, Rn 51 ff.
25 Vgl dazu *Wunderlich*, in: von der Groeben/Schwarze/Hatje, Art. 260 AEUV, Rn 16 ff mwN; *Cremer*, in: Calliess/Ruffert, Art. 260 AEUV, Rn 16; *Karpenstein*, in: Grabitz/Hilf/Nettesheim, Art. 260 AEUV, Rn 46 (mit Übersicht über das Verfahren); BT-Drs 13/10109, S. 16, Nr 37.
26 EuGH, Rs C-387/97, Kommission/Hellenische Republik, Slg 2000, I-5047, Rn 89 = JuS 2000, 1216 (1217) – *Streinz*. Zur Bedeutung der Leitlinien s. auch EuGH, Rs C-304/02, Kommission/Frankreich, Slg 2005, I-6263, Rn 85 = *Pechstein* Nr 91.
27 EuGH, Rs C-278/01, Kommission/Spanien, Slg. 2003, I-14141.

Zwangsgeld verurteilt. Nach Ansicht des EuGH können beide wegen ihrer unterschiedlichen Zielrichtung und der (behaupteten) Offenheit des Wortlauts „oder" als „und/oder" in Fällen eines schwerwiegenden und fortdauernden Verstoßes nebeneinander verhängt werden[28]. In weiteren Verfahren wurden zB Italien und Deutschland wegen (teilweiser) Nichtdurchführung der sich aus Urteilen des EuGH ergebenden Maßnahmen verurteilt[29].

**639** Gemäß dem durch den Vertrag von Lissabon eingefügten Art. 260 Abs. 3 AEUV kann der EuGH bereits im Rahmen des ursprünglichen Vertragsverletzungsverfahrens Zwangsgeld und Pauschalbetrag verhängen, soweit ein Mitgliedstaat gegen seine Verpflichtung verstoßen hat, Maßnahmen zur Umsetzung einer gemäß einem Gesetzgebungsverfahren (vgl Art. 289 Abs. 3 AEUV) erlassenen Richtlinie mitzuteilen[30].

**640** Die abweichenden Anforderungen an die Vertragsverletzungsklage eines Mitgliedstaats ergeben sich aus Art. 259 AEUV. Die Erhebung einer Klage auf Verhängung eines Zwangsgeldes wegen unzureichender Umsetzung eines Urteils nach Art. 260 Abs. 1 AEUV ist den Mitgliedstaaten hingegen verwehrt.

## 2.   Die Nichtigkeitsklage gemäß Art. 263 AEUV

### a)   Klageberechtigung

**641** Hier muss unterschieden werden zwischen den privilegierten Klagebefugten gemäß Art. 263 Abs. 2 AEUV und den nicht privilegierten Klagebefugten gemäß Abs. 3 und 4.

**642** **Privilegiert klagebefugt** sind gemäß Abs. 2 die Mitgliedstaaten, der Rat, die Kommission und seit dem Vertrag von Nizza auch das Europäische Parlament, das nunmehr nicht mehr die Verletzung eigener Rechte geltend machen muss. Zu möglichen Organstreitigkeiten zwischen Teilen des EP vgl *Herdegen*, § 9, Rn 14 f; Art. 263 Abs. 3 AEUV bei Geltendmachung organschaftlicher Rechte, Abs. 4 bei subjektiven Rechten (zB Übergangsvergütung für Abgeordnete); *Thiele*, EU-Prozessrecht, § 7, Rn 10 mwN. Zur Subsidiaritätsklage der Mitgliedstaaten im Namen ihrer Parlamente s. Rn 675.

**643** **Nicht privilegierte Klagebefugte** sind gemäß Abs. 3 der Rechnungshof, die Europäische Zentralbank (EZB) und seit dem Vertrag von Lissabon der Ausschuss der Regionen (AdR). Ihre Klagen sind nur dann zulässig, wenn sie auf die Wahrung ihrer Rechte abzielen.

**644** **Nicht privilegierte Klagebefugte** sind gemäß Abs. 4 auch natürliche und juristische Personen. Diese können zwar nach dem Vertrag von Lissabon gegen alle „Handlun-

---

28  EuGH, Rs C-304/02, Kommission/Frankreich, Slg 2005, I-6263, Rn 80 ff. Zur Praxis der Kommission, grundsätzlich stets ein Zwangsgeld und einen Pauschalbetrag zu beantragen, vgl *Cremer*, in: Calliess/Ruffert, Art. 260 AEUV, Rn 14.

29  EuGH, Rs C-119/04, Kommission/Italien, Slg 2006, I-6885 = JuS 2007, 268 ff – *Streinz* (hinsichtlich Rs C- 212/99, Slg 2001, I-4923: Freizügigkeit von Fremdsprachenlektoren); Rs C-503/04, Kommission/Deutschland, Slg 2007, I-6153 (hinsichtlich verb Rs C-20/01 und 28/01, Slg. 2003, I-3609: Vergaberecht).

30  Vgl dazu *Ehricke*, in: Streinz, Art. 260 AEUV, Rn 17 mwN.

gen", aber nach wie vor nur unter besonderen, vom EuGH restriktiv interpretierten Voraussetzungen eine Nichtigkeitsklage erheben (s. Rn 658 ff). Juristische Personen in diesem Sinne sind zumindest, dh unabhängig von der Frage, ob der Begriff ein unionsrechtlicher ist (vgl Rn 190), Personenvereinigungen, die nach der Rechtsordnung, der sie unterstehen, rechtsfähig oder jedenfalls partei- und prozessfähig sind[31]. Dazu gehören auch juristische Personen des öffentlichen Rechts, auch Gebietskörperschaften (Länder, Regionen, Gemeinden, vgl **Fall 3**, Rn 190). Klagebefugt sind auch Drittstaatsangehörige, auch wenn sie außerhalb der Union ansässig sind (relevant insbesondere in Kartellrecht).

**Passiv klagebefugt** sind gemäß Art. 263 Abs. 1 AEUV Europäisches Parlament und    **645** Rat gemeinsam (Klagen gegen Gesetzgebungsakte), Rat, Kommission und Europäische Zentralbank, soweit es sich nicht um Empfehlungen oder Stellungnahmen handelt, sowie das Europäische Parlament und (seit dem Vertrag von Lissabon) der Europäische Rat, ferner Einrichtungen oder sonstige Stellen der Union, soweit sie Handlungen mit Rechtswirkung gegenüber Dritten vornehmen.

### b) Klagegegenstand

Gegenstand der Klage kann eine „Handlung" des beklagten Unionsorgans sein, so-    **646** weit es sich dabei nicht um eine Empfehlung oder eine Stellungnahme handelt. Es können folglich nur, aber auch alle Maßnahmen angegriffen werden, die dazu bestimmt sind, Rechtswirkungen zu erzeugen. Für Handlungen des Europäischen Parlaments und des Europäischen Rates hebt dies Art. 263 Abs. 1 AEUV ausdrücklich hervor. Erfasst sind damit die Rechtsakte im Sinne des Art. 288 Abs. 2–4 AEUV (Verordnungen, Richtlinien, Beschlüsse), aber auch andere Handlungen, die Rechtswirkungen entfalten (zB Beschlüsse des Europäischen Parlaments über den Haushaltsplan[32]).

Seit dem Vertrag von Lissabon können auch Klagen gegen Einrichtungen oder sonsti-    **647** ge Stellen der Union mit Rechtswirkung gegenüber Dritten erhoben werden (Art. 263 Abs. 1 S. 2 AEUV). Dadurch wurde eine bisher nur notdürftig durch die Rechtsprechung geschlossene Lücke beseitigt[33]. Entscheidend ist, dass die betreffende Maßnahme selbst unmittelbar Außenwirkung gegenüber dem Kläger hat und nicht lediglich ein Verwaltungsinternum ist, zB ein den Beschluss (Art. 288 Abs. 4 AEUV) der Kommission vorbereitendes Gutachten[34]. **Beispiel**: Die Europäische Behörde für Lebensmittelsicherheit (EBLS/EFSA) in Parma wird allein gutachtlich für die Kommission tätig, die die Rechtsakte mit Außenwirkung erlässt. Deren Beschlüsse sind allein Klagegegenstand. In den Rechtsakten zur Gründung der betreffenden Einrichtungen

---

31 ZB Unternehmensverbände, Gewerkschaften, Berufsvereinigungen. Vgl dazu *Borchardt*, in: Lenz/Borchardt, Art. 263 AEUV Rn 26 ff; *Cremer*, in: Calliess/Ruffert, Art. 263 AEUV, Rn 26 f mwN. Weitergehend in einem speziellen „Ausnahmefall", wenn die EU und ihre Institutionen eine Körperschaft ohne diese Eigenschaften in ihren Handlungen stets als Rechtssubjekt, dh Träger von Rechten und Pflichten, betrachtet haben, EuG, Rs T-512/12, Front Polisario/Rat, ECLI: EU:T:2015:953, Rn 52 f.
32 Vgl EuGH, Rs 34/86, Rat/EP, Slg 1986, 2155, Rn 4 ff = *PSK*, Fall 9.
33 *Borchardt*, in: Lenz/Borchardt, Art. 263 AEUV, Rn 6 mwN.
34 Vgl zum Erfordernis der Außenwirkung und zu vorbereitenden Maßnahmen in mehrphasigen Verfahren nach bisheriger Rechtslage *Borchardt*, in: Lenz/Borchardt, Art. 263 AEUV, Rn 20 bzw Rn 15.

und Stellen (insbesondere Agenturen) können besondere (meist wohl restriktive) Bedingungen für diese Klagen festgelegt werden (Art. 263 Abs. 5 AEUV), die allerdings das Prinzip des effektiven Rechtsschutzes wahren müssen[35].

**648**  Klagen von natürlichen und juristischen Personen sind ihrem Zweck entsprechend grundsätzlich auf Handlungen beschränkt, die an diese selbst als **Adressaten einer Einzelfallregelung** gerichtet sind. Ferner („oder") können Handlungen, die sie unmittelbar und individuell betreffen (zB an Dritte gerichtete Maßnahmen oder Verordnungen oder Richtlinien mit entsprechenden Auswirkungen) sowie nach dem Vertrag von Lissabon auch „Rechtsakte mit Verordnungscharakter", die sie unmittelbar betreffen und keine Durchführungsmaßnahmen nach sich ziehen, Gegenstand einer Nichtigkeitsklage sein. Erforderlich ist somit eine besondere Klagebefugnis (s. Rn 645 ff).

**649**  Unzulässig sind Klagen gegen Primärrecht, da dieses durch völkerrechtliche Verträge (vgl Rn 86) und nicht durch Handeln von Unionsorganen (ungeachtet deren Mitwirkung, vgl Art. 48 Abs. 2–5 EUV) zustande kommt[36].

**650**  Zur Klagemöglichkeit von Gebietskörperschaften gegen *Richtlinien* s. Rn 193.

### c) Klagegrund

**651**  Die zulässigen Klagegründe sind in Art. 263 Abs. 2 AEUV aufgeführt. Sie gelten auch für die Klagen des Rechnungshofs, der EZB und des AdR gemäß Abs. 3 und für die Individualklage gemäß Abs. 4, die insoweit auf Abs. 2 verweisen („unter den gleichen Voraussetzungen"). Klagegründe sind Unzuständigkeit, Verletzung wesentlicher Formvorschriften, Verletzung des Vertrages oder einer bei seiner Durchführung anzuwendenden Rechtsnorm und Ermessensmissbrauch. Trotz der enumerativen Aufzählung erfasst die Kontrolle des EuGH wegen der Weite der letzten beiden Klagegründe alle Rechtsverstöße. Die ersten beiden Klagegründe sind lediglich Spezialfälle der Verletzung des Vertrages oder sekundären Unionsrechts.

**652**  **Unzuständigkeit** kann die Überschreitung der Verbandskompetenz der Union oder der Organkompetenz des handelnden Organs betreffen.

**653**  Bei der **Verletzung wesentlicher Formvorschriften** muss geprüft werden, ob es sich um eine *wesentliche* Formvorschrift handelt. Dies ist dann der Fall, wenn die Verletzung der Vorschrift den Inhalt der Entscheidung beeinflusst haben kann. Zur Verletzung der Geschäftsordnung des Rates vgl **Fall 8**, Rn 346, zur Verletzung der Geschäftsordnung der Kommission vgl Rn 408.

**654**  Eine **Verletzung des Vertrags oder einer bei seiner Durchführung anzuwendenden Rechtsnorm** ist immer dann gegeben, wenn der angegriffene Akt gegen höherrangige Normen des Unionsrechts verstößt, zB eine Verordnung gegen den AEUV oder ein Beschluss gegen eine Verordnung, die seine Rechtsgrundlage ist (vgl Rn 468). Zum Unionsrecht zählen auch die allgemeinen Rechtsgrundsätze (vgl Rn 456 ff), die völkerrechtlichen Abkommen mit Drittstaaten und internationalen Or-

---

35  Vgl *Kotzur*, in: Geiger/Khan/Kotzur, Art. 263 AEUV, Rn 40.
36  EuGH, Rs C-253/94 P, Roujansky/Rat, Slg 1995, I-7, Rn 6; Rs C-264/94 P, Bonnamy/Rat, Slg 1995, I-15, Rn 6.

ganisationen sowie die allgemeinen Regeln des Völkerrechts (vgl Rn 536 ff). Hinsichtlich bestimmter völkerrechtlicher Übereinkommen (insbesondere den von der Welthandelsorganisation WTO verwalteten) lehnt der EuGH eine Heranziehung als Prüfungsmaßstab wegen deren „Natur und Struktur" jedoch ab, es sei denn, der zu prüfende Sekundärrechtsakt verweist ausdrücklich auf diese oder setzt sie innerunional um[37].

Beim Klagegrund **„Ermessensmissbrauch"** ist zu beachten, dass der EuGH nicht    **655** wie die überwiegende deutsche Lehre zwischen Ermessen als Entscheidungsspielraum auf der Rechtsfolgenseite einer Norm und dem auf der Tatbestandsseite durch sog. unbestimmte Rechtsbegriffe eröffneten Beurteilungsspielraum unterscheidet. „Ermessen" ist vielmehr jeder der Verwaltung durch die einschlägigen Normen eröffnete Entscheidungs-, Beurteilungs- oder Gestaltungsspielraum. Ein Missbrauch des Ermessens liegt dann vor, wenn mit dem Erlass einer Maßnahme absichtlich ein rechtswidriges Ziel verfolgt wird oder aus einem schwerwiegenden, einer Verkennung des gesetzlichen Zwecks gleichkommenden Mangel an Voraussicht oder Umsicht andere Ziele als diejenigen verfolgt werden, zu deren Erreichung die im Vertrag vorgesehenen Befugnisse verliehen sind. Wegen dieser Einschränkung kommt dieser Klagegrund nur subsidiär zum Tragen.

### d) Klagebefugnis

Aus der Differenzierung zwischen privilegierten und nicht privilegierten Klagebefug-    **656** ten geht hervor, dass für Klagen Privilegierter kein Rechtsschutzbedürfnis erforderlich ist. Ihr Zweck ist allein die Wahrung des Unionsrechts. Daher kann ein Mitgliedstaat gegen einen Rechtsakt des Rates selbst dann klagen, wenn er selbst im Rat diesem zugestimmt hat[38].

Der Rechnungshof, die EZB und der AdR müssen substantiiert die Verletzung eige-    **657** ner Rechte geltend machen (Art. 263 Abs. 3 AEUV).

Für die anderen **nicht privilegierten** Klagebefugten (natürliche und juristische Perso-    **658** nen) fordert Art. 263 Abs. 4 AEUV eine **besondere Klagebefugnis**. Diese wurde durch den Vertrag von Lissabon etwas ausgeweitet[39]. Fortbestehende Rechtsschutzlücken sollen nach Ansicht des EuGH im nationalen Recht geschlossen werden[40]. Art. 19 Abs. 1 UAbs. 2 EUV hält diese Pflicht jetzt ausdrücklich fest. Der EuGH kann insoweit ggf durch das Vorabentscheidungsverfahren (Art. 267 AEUV) einbezogen werden[41].

---

37   Vgl EuGH, Rs C-491/01, British American Tobacco Ltd. ua, Slg. 2002, I-11453, Rn 154 f = *Pechstein* Nr 172. S. auch Rn 539.

38   EuGH, Rs 166/78, Italien/Rat, Slg 1979, 2575, Rn 5 f = *HVL*, S. 285.

39   Vgl dazu *Herrmann/Kruis*, in: Streinz/Ohler/Herrmann, Lissabon, S. 115 ff.

40   EuGH, Rs C-50/00, Unión de Pequeños Agricultores, Slg 2002, I-6677, Rn 34 ff = *HVL*, S. 292 f = JuS 2002, 1220 ff – *Streinz*; EuGH, Rs C-263/02 P, Jégo-Quéré, Slg 2004, I-3425, Rn 36 gegen EuG, Rs T-177/01, Jégo-Quéré, Slg 2002, II-2365, Rn 51. S. dazu *Streinz*, Europarecht, 8. Aufl. 2008, Rn 608.

41   Vgl EuGH, Rs C-70/97 P, Kruitvat, Slg 1998, I-7183, Rn 49.

**659**  **Fall 25** (nach EuGH (GK), Rs C-583/11 P, ECLI:EU:C:2013:625 = *Pechstein* Nr 92 = JuS 2014, 184 *(Streinz)*) Die VO 1007/2009 des Europäischen Parlaments und des Rates[42] sieht Beschränkungen über das Inverkehrbringen von Robbenerzeugnissen in der EU vor. Dagegen erhoben ua die Inuit, die als Robbenjäger tätig sind, Nichtigkeitsklage zum EuGH. Mit Aussicht auf Erfolg? **(Lösung Rn 670)**

**660**  Für Direktklagen von Individuen zum EuGH (bzw zunächst zum EuG, vgl Art. 256 Abs. 1 AEUV, Art. 51 Satzung EuGH) gibt es jetzt **drei Fallgruppen**:

**(1)** Gemäß Art. 263 Abs. 4, 1. Alt. AEUV ist der **Adressat** einer Handlung, als Einzelfallmaßnahme eines Beschlusses (vgl Art. 297 Abs. 2 UAbs. 3 AEUV), immer klagebefugt.

**661**  **(2)** Gemäß Art. 263 Abs. 4, 2. Alt. AEUV besteht die Klagebefugnis auch gegen eine **Handlung**, die den Kläger **unmittelbar und individuell betrifft**, dh ihn in seinen Interessen (nicht notwendig in seinen Rechten) beeinträchtigt. Diese kann auch an eine andere Person (alle natürlichen und juristischen Personen, auch Mitgliedstaaten) ergangen sein. Die Eingrenzung der Klagebefugten, um Popularklagen auszuschließen, ergibt sich über die Kriterien „unmittelbar" und „individuell".

**662**  **Unmittelbar** ist der Kläger nur durch solche nicht an ihn adressierte Beschlüsse betroffen, deren Auswirkungen auf seine Interessen zwangsläufig eintreten, dh ohne dass weitere Umstände, deren Eintritt ungewiss ist, hinzutreten müssen.

**Beispiel:** Eine Entscheidung gemäß Art. 108 Abs. 2 AEUV stellt die Rechtswidrigkeit einer Beihilfe fest und verpflichtet den Mitgliedstaat zu deren Rückforderung. Vgl auch **Fall 23**, Rn 611/616.

**663**  Die Unmittelbarkeit ist dagegen zu verneinen, wenn der Mitgliedstaat lediglich ermächtigt wird, den Kläger belastende Maßnahmen zu treffen. Hat der Staat allerdings bereits vor Erlass dieses Beschlusses dem Kläger gegenüber erklärt, dass er die belastende Maßnahme erlassen werde, sobald die von ihm selbst bei der Kommission beantragte Ermächtigung vorliegt, ist der Unsicherheitsfaktor so gering, dass die Unmittelbarkeit zu bejahen ist[43].

**664**  Eine **individuelle Betroffenheit** liegt nur vor, wenn die Handlung den Kläger wegen bestimmter persönlicher Eigenschaften oder besonderer, ihn aus dem Kreis aller übrigen Personen heraushebender Umstände berührt und ihn daher in ähnlicher Weise individualisiert wie einen Adressaten (sog. **„Plaumann-Formel"**)[44]. Nicht ausreichend ist demgegenüber die Zugehörigkeit zu einer allein nach gattungsmäßigen Merkmalen bestimmten Personengruppe, selbst wenn die dieser angehörigen Personen im Zeitpunkt der *gerichtlichen* Entscheidung nach der Zahl oder sogar namentlich bestimmbar sind.

---

42  ABl 2009 L 286/36.
43  Vgl EuGH, Rs 11/82, Piraiki-Patraiki ua/Kommission, Slg 1985, 207, Rn 8 ff.
44  Grundlegend EuGH, Rs 25/62, Plaumann/Kommission, Slg 1963, 213 = *HVL*, S. 285 = *Pechstein* Nr 93. Vgl EuGH, Rs C-309/89, Codorniu SA/Rat, Slg 1994, I-1853, Rn 17 = *HVL*, S. 286 = *Pechstein* Nr 95 = *MH* Nr 39; Rs C-270/95 P, Kik/Rat und Kommission, Slg 1996, I-1987, Rn 12. Bestätigt durch EuGH, Rs C-583/11 P, Inuit, ECLI:EU:C:2013:625, Rn 69 ff = *Pechstein* Nr 92 = JuS 2014, 184 *(Streinz)*.

**Beispiel:** Eine Handlung betrifft alle Personen, die bis zu einem in ihr genannten Zeitpunkt einen bestimmten Antrag gestellt hatten oder im Besitz einer bestimmten Lizenz waren. Hier liegt die geforderte Individualisierbarkeit vor, da die Zahl und die Identität der betroffenen Personen bereits im Zeitpunkt des Erlasses der Handlung feststehen, sich also danach nicht mehr erweitern können.

An der individuellen Betroffenheit fehlt es jedenfalls dann, wenn der Kläger nur in 
einer Eigenschaft betroffen ist, die jederzeit auf jeden zutreffen kann.  **665**

**Beispiel:** Betroffenheit in der allgemeinen Eigenschaft als Importeur.

Liegt eine unmittelbare und individuelle Betroffenheit vor, sind auch Individualklagen gegen Verordnungen[45] möglich. Dies ist dann bedeutsam, wenn eine Verordnung als Gesetzgebungsakt (Art. 289 Abs. 3 AEUV) erlassen wird und nach dem Inuit-Urteil des EuGH eine Klage gemäß Art. 263 Abs. 4 3. Alt. AEUV ausscheidet (s. Rn 670). Allerdings muss dann gemäß der Plaumann-Formel (S. Rn 664) eine individuelle Betroffenheit vorliegen (s. Fall 25, Rn 659/670).  **666**

Die Streitfrage, ob analog auch Richtlinien einzubeziehen sind[46], ist obsolet, da jetzt allgemein von „Handlungen" die Rede ist[47].  **667**

Von großer praktischer Bedeutung sind Individualnichtigkeitsklagen im Bereich des EU-Wettbewerbsrechts (Art. 101–Art. 109 AEUV: Kartellrecht und Beihilfenrecht)[48]. Hierzu gehört auch die sog. **negative Konkurrentenklage**[49] , mit der sich der Kläger gegen einen Beschluss der Kommission wendet, der einen Wettbewerber begünstigt[50].  **668**

**(3)** Durch den Vertrag von Lissabon wurde die Klagebefugnis dahingehend ausgeweitet, dass auch **„Rechtsakte mit Verordnungscharakter"**, die den Kläger unmittelbar betreffen und keine Durchführungsmaßnahmen nach sich ziehen, angefochten werden können. Durch den Verzicht auf das Kriterium der individuellen Betroffenheit wird teilweise dem Anliegen des EuG im Fall *Jégo-Quéré*, dem der EuGH nicht gefolgt ist[51], Rechnung getragen[52]. Streitig war aber, welche Rechtsakte von dem Be-  **669**

---

45  S. zur bisherigen Rechtslage der Klagemöglichkeit gegen „Scheinverordnungen" *Streinz*, Europarecht, 8. Aufl. 2008, Rn 608. Zum Wegfall dieser Abgrenzungsprobleme vgl *Pechstein*, EU-ProzessR, Rn 407.
46  Vgl zur bisherigen Rechtslage EuG, verb Rs T-175, 176 und 178/98, Salamander ua/EP und Rat, Slg. 2000, II-2487, Rn 30, 53 ff. Vgl dazu *Borchardt*, in: Lenz/Borchardt, Art. 263 AEUV, Rn 51 f mwN aus der Rspr Ausführlich zum Problem *Pechstein*, EU/EG-Prozessrecht, 3. Aufl. 2007, Rn 378 ff, 404 ff. In dem von *Herdegen*, § 9, Rn 21, zitierten Urteil des EuGH, Rs C-10/95 P, Asocarne/Rat, Slg. 1995, I-4149, war die Richtlinie gerade nicht unmittelbar anwendbar und bedurfte der Umsetzung in innerstaatliches Recht.
47  Zutreffend *Pechstein*, EU-Prozessrecht, Rn 410. Eingehend zu bisherigen Streitfragen, die durch den Vertrag von Lissabon obsolet wurden, *Gaitanides*, in: von der Groeben/Schwarze/Hatje, Art. 263 AEUV, Rn 53 ff, 93 ff, 98 mwN.
48  Eingehend zu den diversen Konstellationen *Pechstein*, EU-Prozessrecht, Rn 477 ff.
49  „Negativ" deshalb, weil sie auf die Beseitigung eines Beschlusses der Kommission zu Gunsten eines Konkurrenten gerichtet ist, während mit der sog. „positiven Konkurrentenklage" (s. Rn 683) ein Einschreiten der Kommission zu Lasten eines Konkurrenten gefordert wird.
50  Vgl dazu *Pechstein*, EU-Prozessrecht, Rn 481 ff.
51  Vgl dazu *Streinz*, Europarecht, 8. Aufl. 2008, Rn 608.
52  Vgl dazu *Borchardt*, in: Lenz/Borchardt, Art. 263 AEUV, Rn 47; *Kotzur*, in: Geiger/Khan/Kotzur, Art. 263 AEUV, Rn 31, 33.

griff „mit Verordnungscharakter" erfasst sein sollen, ob die neu eingefügte 3. Alt. des Art. 263 Abs. 4 AEUV auch Verordnungen, die als Gesetzgebungsakte i. S. des Art. 289 Abs. 3 AEUV erlassen wurden, umfasst. Für eine weite Auslegung des Begriffs wurde insbesondere die Forderung nach Verbesserung des Individualrechtsschutzes angeführt[53]. Die Gegenmeinung berief sich darauf, dass gegenüber der insoweit gleichlautenden Vorschrift des *Art. III-365 Abs. 4 EVV* keine Ausweitung der Direktklage beabsichtigt gewesen sei, sich diese aber wegen der bereits in der Bezeichnung der Rechtsakte zum Ausdruck kommenden Differenzierung zwischen Akten mit Gesetzgebungscharakter (Europäisches Gesetz, Europäisches Rahmengesetz, vgl *Art. I-34 EVV*) und untergesetzlichen Akten mit Verordnungscharakter (*Art. I-35 EVV*) nicht auf Gesetzgebungsakte (die wegen der Aufgabe der differenzierenden Terminologie jetzt wie die sonstigen Rechtsakte auch „Verordnungen" heißen) bezog[54]. Folgt man dieser Ansicht, bedarf es für die Klagebefugnis gegen Verordnungen mit Gesetzgebungscharakter (wie bisher) auch einer individuellen Betroffenheit gemäß der Plaumann-Formel[55]. Das EuG entschied sich im Fall *Inuit* für die restriktive Ansicht (Ausweitung des Rechtsschutzes, aber keine Normenkontrolle gegenüber Gesetzgebungsakten)[56]. Der EuGH bestätigte diese Auslegung. Zur Begründung führte er insbesondere den Unterschied der 3. Alt. zur 2. Alt. an: Während bei Alt. 2 die Kläger unmittelbar und individuell betroffen sein müssen, verzichte die neu eingefügte 3. Alt. auf das Kriterium der individuellen Betroffenheit. Würden davon aber sämtliche Handlungen mit allgemeiner Geltung erfasst, würde die Unterscheidung zwischen den Begriffen „Handlungen" und „Rechtsakte mit Verordnungscharakter" ihren Sinn verlieren, weshalb mit letzterem eine engere Kategorie derartiger Handlungen gemeint sein müsse[57].

**670**    **Lösung Fall 25**  (Rn 659): Dazu müsste die Klage zulässig sein. Für die nicht privilegierten Kläger müssen die Voraussetzungen einer der drei Alternativen der besonderen Klagebefugnis gemäß Art. 263 Abs. 4 AEUV vorliegen.

(1) Da es bei der Verordnung um eine generelle Regelung handelt und die Kläger zwar betroffen, aber nicht Adressat der Handlung sind, scheidet Alt. 1 aus.

---

53  Eingehend dazu *Everling*, Lissabon-Vertrag regelt Dauerstreit über Nichtigkeitsklage Privater, EuZW 2010, 572 (574 ff).
54  So *Herrmann/Kruis* (Fn 39), S. 116 mwN; *Ehricke*, in: Streinz, Art. 263 AEUV, Rn 53 ff mwN. Im Ergebnis ebenso *Cremer*, Zum Rechtsschutz des Einzelnen gegen abgeleitetes Unionsrecht nach dem Vertrag von Lissabon, DÖV 2010, 58 (61 ff); *ders.*, in: Calliess/Ruffert, Art. 263 AEUV, Rn 65. Im Ergebnis führt diese Variante des Art. 263 Abs. 4 AEUV nach dieser Ansicht eine Art Normenkontrolle für untergesetzliche Rechtsnormen ein, vergleichbar § 47 Abs. 1 Nr 2 VwGO.
55  *Herrmann/Kruis* (Fn 39), S. 116; *König*, Vorbereitung der Europäischen Union auf die Zukunft? – Notwendige Änderungen des Primärrechts nach der Nicht-Ratifizierung des Vertrags über eine Verfassung für Europa, EuR 2009, Beiheft 2, S. 7 (35), *M. Schröder*, Neuerungen im Rechtsschutz der Europäischen Union durch den Vertrag von Lissabon, DÖV 2009, 61 (63 f); *Cremer*, in: Calliess/Ruffert, Art. 263 AEUV, Rn 65.
56  EuG, Rs T-10/10, Inuit Tapariti Karnatami/EP und Rat, ECLI:EU:T:2011:419, Rn 38 ff, 56 = JuS 2012, 472 (*Streinz*); EuG, Rs T-262/10, Microban/Kommission, Slg. 2011, II-7697, Rn 21: „Rechtsakte von allgemeiner Geltung mit Ausnahme von Gesetzgebungsakten", obwohl Erweiterung der Klagebefugnis intendiert (ebd, Rn 32). Vgl auch *C. Herrmann*, NVwZ 2011, 1352.
57  Kritisch dazu *Haratsch/Koenig/Pechstein*, Rn 519. Ausführlich zu den verschiedenen Ansichten und zum Urteil des EuGH, *Streinz*, EuZW 2014, 17.

(2) Alt. 2 fordert kumulativ die unmittelbare und individuelle Betroffenheit der Kläger durch die angefochtene Handlung. Um individuell im Sinne der Plaumann-Formel betroffen zu sein, müssten die Kläger durch die Verordnung in einer Weise individualisiert werden, wie es bei einem Adressaten der Fall wäre. Da das in der Verordnung normierte Verbot des Inverkehrbringens von Robbenerzeugnissen allgemein formuliert ist und unterschiedslos für jeden Wirtschaftsteilnehmer fällt, der unter die Verordnung fällt, trifft dies nicht zu.

(3) Auf dieses Kriterium der individuellen Betroffenheit verzichtet Alt. 3. Fraglich ist aber, ob es sich bei der von EP und Rat erlassenen Verordnung um einen „Rechtsakt mit Verordnungscharakter" handelt. Bei der Auslegung dieses Begriffs sind nicht nur der Wortlaut der Vorschrift und die mit ihr verfolgten Ziele, sondern auch ihr Zusammenhang und das gesamte Unionsrecht zu berücksichtigen. Auch ihre Entstehungsgeschichte kann relevante Anhaltspunkte liefern. Der Wortlaut ist, auch wenn man die verschiedenen Sprachfassungen vergleicht, nicht eindeutig. Für eine weite Auslegung spricht das Ziel der Erweiterung des Rechtsschutzes. Ein Vergleich mit Alt. 2 ergibt aber, dass der speziell gewählte Begriff „Rechtsakt mit Verordnungscharakter" enger gefasst sein soll als der Begriff „Handlungen". Dafür spricht auch die Entstehungsgeschichte, nämlich die unveränderte Übernahme von *Art. III-365 Abs. 4 EVV*, nach dem wegen der in *Art. I-34* bzw *Art. I-35 EVV* getroffenen Unterscheidung zwischen Europäischem Gesetz und Europäischer Verordnung Europäische Gesetze als Gesetzgebungsakte ausdrücklich ausgenommen werden sollten, die Erweiterung des Rechtsschutzes somit ausdrücklich auf Handlungen mit allgemeiner Geltung unter Ausschluss von Gesetzgebungsakten beschränkt bleiben sollte.

(4) Die restriktive Auslegung sowohl von Alt. 2 (Plaumann-Formel) als auch von Alt. 3 verstößt nach Ansicht des EuGH auch nicht gegen Art. 47 GRCh. Das geforderte vollständige System von Rechtsbehelfen und Verfahren, das die Rechtmäßigkeitskontrolle der Unionshandlungen gewährleisten soll, werde nämlich durch das Zusammenwirken des Gerichtshofs der EU und der Gerichte der Mitgliedstaaten gewährleistet. Es ist somit Sache der Mitgliedstaaten, ein System von Rechtsbehelfen und Verfahren vorzusehen, mit dem die Einhaltung des Grundrechts auf effektiven gerichtlichen Rechtsschutz gewährleistet werden kann (bestätigt durch Art. 19 Abs. 1 UAbs. 2 EUV). Der durch Art. 47 GRCh gewährte Schutz verlange nicht, dass ein Betroffener unmittelbar vor den Unionsgerichten uneingeschränkt eine Nichtigkeitsklage gegen Gesetzgebungsakte der Union anstrengen kann. Schließlich verlange weder Art. 47 GRCh noch Art. 19 Abs. 1 UAbs. 2 EUV, dass ein Betroffener gegen Gesetzgebungsakte der EU in der Hauptsache vor nationalen Gerichten Klage erheben kann.

**Ergebnis:** Die Nichtigkeitsklage ist unzulässig

**Literatur:** Vgl dazu *R. Streinz.* Individualrechtsschutz im Kooperationsverhältnis, EuZW 2014, 17. Zum Schließen der Rechtsschutzlücke, damit Normbetroffene nicht unzumutbar erst gegen das geltende Unionsrecht verstoßen müssen, um den Rechtsweg zu eröffnen, vgl *W. Michl,* Verwaltungsgerichtlicher Rechtsschutz in der Jacobs gap nach Maßgabe der Art. 19 I UAbs. 2 EUV, NVwZ 2014, 841 (Allgemeine Feststellungsklage nach § 43 VwGO; ergänzender einstweiliger Rechtsschutz nach § 123 VwGO).

## e) Frist

Die Berechnung der Zweimonats-Frist des Art. 263 Abs. 6 AEUV erfolgt gemäß Art. 49 ff Verfahrensordnung des EuGH (s. Rn 424). Wichtig ist, dass der Nichtadressat einer Maßnahme (zB Beschluss gegen einen Mitgliedstaat wegen Gewährung einer unionsrechtswidrigen Beihilfe), der gemäß Art. 263 Abs. 4 AEUV Klage erheben kann, diese auch innerhalb von zwei Monaten, nachdem er von ihr Kenntnis er- **671** langt hat, erheben muss, da andernfalls die an den Adressaten gerichtete Maßnahme auch ihm gegenüber bestandskräftig wird und weder direkt noch inzident, auch nicht in Verfahren vor nationalen Gerichten, angefochten werden kann. Vgl **Fall 23**, Rn 611/616.

### f) Inhalt und Wirkung des Urteils

**672** Ist die Klage begründet, so erklärt der EuGH die angefochtene Handlung für nichtig (Art. 264 Abs. 1 AEUV). Das Urteil wirkt ex tunc und erga omnes. Gemäß Art. 266 Abs. 1 AEUV sind ggf die Folgen tatsächlicher oder rechtlicher Art zu beseitigen, die auf dem für nichtig erklärten Rechtsakt beruhen. **Beispiel:** Erstattung von Geldbußen, deren Rechtsgrundlage entfallen ist. Daneben (vgl Art. 264 Abs. 2 AEUV) kommt ein Anspruch aus Amtshaftung (Art. 340 Abs. 2 AEUV) in Betracht, der ggf mit der Klage gemäß Art. 268 AEUV verfolgt werden kann.

**673** Eine abgewiesene Klage ist von nationalen Behörden und Gerichten dahingehend zu beachten (vgl Art. 4 Abs. 3 EUV), als sie die angefochtene Handlung insoweit als rechtmäßig ansehen müssen. So darf zB ein nationales Gericht keine Maßnahme des vorläufigen Rechtsschutzes mehr erlassen (vgl Rn 720 ff) oder muss diese aufheben, sofern nicht vor ihm andere Rechtswidrigkeitsgründe geltend gemacht worden sind als die Nichtigkeits- oder Rechtswidrigkeitsgründe, die der EuGH in seinem Urteil zurückgewiesen hat[58].

**674** Bei der Nichtigerklärung einer Verordnung (nach der Rechtsprechung des EuGH auch einer Richtlinie, eines Beschlusses oder eines für nichtig erklärten Haushaltsplans[59]) kann der EuGH bestimmte ihrer Wirkungen als fortgeltend erklären, falls er dies für notwendig hält (Art. 264 Abs. 2 AEUV).

**Beispiel:** Nichtigerklärung einer Verordnung mit besonders dringlichen materiellen Regelungen oder zur Erfüllung einer völkerrechtlichen Verpflichtung gegenüber Drittstaaten oder mit Begünstigungen gegenüber diesen aus bloßen formellen Mängeln, wenn sicher ist, dass unverzüglich eine gleich lautende Verordnung in korrekter Weise erneut erlassen wird[60].

### g) Die Subsidiaritätsklage als Nichtigkeitsklage der Mitgliedstaaten im Namen ihrer Parlamente

**675** Gemäß Art. 8 Abs. 1 des Subsidiaritätsprotokolls (s. Rn 192) können die **Mitgliedstaaten** selbst *oder* entsprechend der jeweiligen innerstaatlichen Rechtsordnung im Namen ihres nationalen Parlaments oder einer Kammer dieses Parlaments **Nichtigkeitsklage** nach Maßgabe des Art. 263 AEUV wegen eines Verstoßes eines Gesetz-

---

58 Vgl EuGH, Rs C-465/93, Atlanta/Bundesamt für Ernährung und Forstwirtschaft, Slg 1995, I-3761, Rn 46 = *HVL*, S. 270 ff = *Pechstein* Nr 12.

59 EuGH, Rs C-295/90, EP/Rat, Slg 1992, I-4193, Rn 22 ff (StudentenRL); Rs C-93/00, Spanien/Kommission, Slg 2001, I-10119, Rn 48 (RindfleischetikettierungsVO); Rs C-106/96, Vereinigtes Königreich/Kommission, Slg 1998, I-2729, Rn 41 (Entscheidung über Bindung von Mitteln, wobei die Auszahlung bereits erfolgt ist); Rs C-22/96, EP/Rat, Slg 1998, I-3231, Rn 42; Rs 34/86, Rat/EP, Slg 1986, 2155 (Haushaltsplan).

60 Vgl EuGH, verb Rs C-164/97 und C-165/97, EP/Rat, Slg 1999, I-1139, Rn 21 ff = JuS 2000, 619 (620) – *Murswiek*: Aufrechterhaltung der Wirkungen der für nichtig erklärten Verordnungen zum Schutz des Waldes in der Union (VOen 307/97, 3528/96, 308/97, 2158/92), bis der Rat innerhalb angemessener Frist neue Verordnungen mit demselben Gegenstand erlässt.

gebungsakts gegen das **Subsidiaritätsprinzip** (Art. 5 Abs. 3 EUV) erheben. Streitig ist, **ob auf diesem Wege** auch die fehlende Verbandskompetenz der EU wegen Verstoßes gegen das Prinzip der begrenzten Einzelermächtigung (Art. 5 Abs. 2 EUV) als Vorfrage gerügt werden kann[61]. In Deutschland haben gemäß **Art. 23 Abs. 1a GG** der Bundestag und der Bundesrat, der eine „Kammer" iSv Art. 8 Subsidiaritätsprotokoll ist, dieses „Klagerecht", wobei der Bundestag hierzu auf Antrag eines Viertels seiner Mitglieder verpflichtet ist (Minderheitenrecht der Opposition). Das innerstaatliche Verfahren ist näher in **§ 12 IntVG** geregelt. Danach „übermittelt" die Bundesregierung die Klage im Namen des Bundestags bzw Bundesrats (§ 12 Abs. 3 IntVG), die jeweils die Prozessführung vor dem EuGH übernehmen (§ 12 Abs. 4 IntVG). Formeller Antragsteller ist gemäß Art. 8 Subsidiaritätsprotokoll der Mitgliedstaat, Prozessführer ist gemäß der nationalen Regelung Bundestag oder Bundesrat. Insoweit besteht besonderer Abstimmungsbedarf[62].

### h) Die Subsidiaritätsklage des Ausschusses der Regionen (AdR)

Gemäß Art. 8 Abs. 2 Subsidiaritätsprotokoll kann die Subsidiaritätsklage auch vom AdR in den Fällen erhoben werden, in denen bei Gesetzgebungsakten durch den AEUV seine Anhörung vorgeschrieben ist. Zur Klagemöglichkeit des AdR wegen Verletzung seines Anhörungsrechts selbst s. Rn 436.

**676**

### 3. Die Untätigkeitsklage gemäß Art. 265 AEUV

#### a) Klageberechtigung

**Privilegiert klageberechtigt** sind gemäß Art. 265 Abs. 1 AEUV die Mitgliedstaaten und die Organe. Dazu gehören auch das Europäische Parlament, der Rechnungshof und jetzt auch der Europäische Rat und die EZB (Art. 13 EUV). Auszunehmen ist der Gerichtshof, der nicht gleichzeitig Rechtsschutz begehren und gewähren kann[63].

**677**

**Nicht privilegiert klagebefugt** sind gemäß Art. 265 Abs. 3 AEUV natürliche und juristische Personen. Sie können sich nämlich nicht allgemein über die Untätigkeit der Unionsorgane beschweren, sondern nur darüber, dass diese es unterlassen haben, an *sie* einen anderen Akt als eine Empfehlung oder eine Stellungnahme zu richten.

**678**

**Passiv klagebefugt** sind gemäß Art. 265 Abs. 1 S. 1 AEUV das Europäisches Parlament, der Europäische Rat, der Rat, die Kommission und die EZB[64], ferner gemäß S. 2 Einrichtungen und sonstige Stellen der Union, die es unterlassen, tätig zu werden[65].

**679**

---

61 Vgl dazu *Buschmann/Daiber*, Subsidiaritätsrüge und Grundsatz der begrenzten Einzelermächtigung, DÖV 2011, 504 (505 ff).

62 Vgl dazu *Streinz*, in: Sachs (Hrsg.), GG-Kommentar, 7. Aufl. 2014, Art. 23, Rn 134 ff; *Kötter*, in: von Arnauld/Hufeld (Hrsg.), Systematischer Kommentar zu den Lissabon-Begleitgesetzen, 2011, S. 292 ff; *Uerpmann-Wittzack/Edenharter*, Subsidiaritätsklage als parlamentarisches Minderheitsrecht? EuR 2009, 313. Zur Abstimmung im Bundesrat vgl *Pechstein*, EU-Prozessrecht, Rn 176.

63 Zutreffend *Borchardt*, in: Lenz/Borchardt, Art. 265 AEUV, Rn 4; aA (teilweise teleologische Reduktion) *Dörr*, in: Grabitz/Hilf/Nettesheim, Art. 265 AEUV, Rn 10.

64 Zum sachlich unbegründeten Fehlen des Europäischen Rechnungshofs vgl *Borchardt*, in: Lenz/Borchardt, Art. 265 AEUV, Rn 7; *Ehricke*, in: Streinz, Art. 265 AEUV, Rn 7.

65 Dadurch ist die Argumentation der Ablehnung einer Klage gegen den Europäischen Bürgerbeauftragten, er sei kein Organ, so *Borchardt*, in: Lenz/Borchardt, Art. 265 AEUV, Rn 7, unter Berufung auf EuG, Rs T-103/99, Associazione delle cantine sociali venete/Europäischer Bürgerbeauftragter und EP, Slg 2000, II-4165, Rn 46 überholt.

### b) Klagegegenstand

680 Klagegegenstand ist das Unterlassen einer Beschlussfassung trotz einer primärrechtlichen Verpflichtung. „Beschluss" sind alle Maßnahmen, deren Tragweite sich hinreichend bestimmen lässt, sodass sie konkretisiert werden und Gegenstand eines Vollzugs iSv Art. 266 AEUV sein können[66]. Darunter fallen nicht nur verbindliche Rechtsakte wie Verordnungen, Richtlinien und Beschlüsse (vgl Art. 288 AEUV), sondern auch (allerdings nur gegenüber privilegierten Klagebefugten, vgl Rn 677) Empfehlungen und Stellungnahmen[67].

### c) Erfolglose Aufforderung zum Tätigwerden (Art. 265 Abs. 2 S. 1 AEUV)

681 Dies entspricht dem allgemeinen Grundsatz, dass der Beklagte Gelegenheit bekommen soll, einer Forderung nachzukommen, bevor er mit einer Klage überzogen wird. Problematisch ist, was zu geschehen hat, wenn das aufgeforderte Organ sich durch „Beschluss" weigert, dem geforderten Begehren inhaltlich nachzukommen. Auch darin liegt nämlich eine „Stellungnahme" iSv Art. 265 Abs. 2 S. 2 AEUV, die ihrerseits aber keine „Stellungnahme" iSv Art. 288 Abs. 5 AEUV, sondern einen Beschluss iSv Art. 288 Abs. 4 AEUV darstellt, die mit der Nichtigkeitsklage gemäß Art. 263 AEUV angefochten werden kann. Die Untätigkeitsklage ist daher nur dann zulässig, wenn die Aufforderung nicht eindeutig positiv oder negativ beschieden wurde[68]. Auf dieser Grundlage sah der EuGH auch im Verfahren um die Aussetzung der Defizitverfahren gegen Deutschland und Frankreich nach Art. 126 AEUV (*Art. 104 EGV*) in der Nichtannahme eines Beschlusses gemäß Art. 126 Abs. 8 und Abs. 9 AEUV durch den Rat keine mit der Nichtigkeitsklage anfechtbare Handlung, da für diese Entscheidung (jetzt Beschluss) keine Fristen vorgesehen seien, nach deren Ablauf die Entscheidung als beschlossen gelte[69]. Die Kommission hätte daher im Wege der Verpflichtungsklage geltend machen müssen, dass der Rat zur Annahme einer Entscheidung nach Art. 126 Abs. 8 und Abs. 9 AEUV verpflichtet gewesen wäre.

### d) Klagebefugnis

682 Während für die privilegierten Klagebefugten die Untätigkeitsklage ein objektives Verfahren ist, müssen die **Nichtprivilegierten** geltend machen können, dass der unterlassene Akt „an sie zu richten" ist. Die begehrten Akte müssen also an Individuen adressiert werden können, was vor allem für Beschlüsse, nicht aber für Verordnungen und Richtlinien zutrifft.

683 Umstritten ist, ob ein grundsätzlich individuell adressierbarer Rechtsakt auch dann begehrt werden kann, wenn er nicht an den Kläger, sondern an einen Dritten gerichtet werden soll. Es handelt sich hierbei um das Problem der sog. **positiven Konkurrentenklage**, mit der ein Einschreiten der Unionsorgane gegen einen Konkurrenten begehrt wird. Geht man vom Wortlaut aus, fehlt es an der Klagebefugnis, da sich bereits aus dem Vorbringen des Klägers ergibt, dass Adressat nicht er, sondern ein anderer

---

66  EuGH, Rs 13/83, EP/Rat, Slg 1985, 1513, Rn 36 f = *HVL*, S. 295 ff.

67  Str., vgl *Gaitanides*, in: von der Groeben/Schwarze/Hatje, Art. 265 AEUV, Rn ff.

68  Vgl auch EuG, Rs T-32/93, Ladbroke Racing/Kommission, Slg 1994, II-1015, Rn 22; EuGH, Rs C-282/95 P, Guérin automobiles/Kommission, Slg 1997, I-1503, Rn 34, 38.

69  EuGH, Rs C-27/04, Kommission/Rat, Slg 2004, I-6649, Rn 29 ff.

sein soll. Zur Vermeidung von Rechtsschutzdefiziten gegenüber der Nichtigkeitsklage ist es aber geboten, parallel zu dieser die Klagebefugnis auch dann zu bejahen, wenn ein an einen Dritten zu adressierender Rechtsakt den Kläger unmittelbar und individuell betreffen würde[70].

Eine an die Mitgliedstaaten gerichtete begründete Stellungnahme im Rahmen des Vertragsverletzungsverfahrens gemäß Art. 258 und 259 AEUV (vgl Rn 640) kann von Individuen nicht mit der Untätigkeitsklage erzwungen werden. Zum einen handelt es sich um eine „Stellungnahme", die ausdrücklich ausgeschlossen ist, zum anderen ist diese an den Mitgliedstaat und nicht an den Kläger zu richten (vgl **Fall 10**, Rn 398/400[71]). **684**

### e) Klagefrist

Art. 265 Abs. 2 S. 2 AEUV: Zwei Monate seit dem Ablauf der für die Stellungnahme (s. Rn 681) vorgesehenen Zweimonatsfrist. Wird die Handlung nach Ablauf der Frist, aber noch vor Klageerhebung vorgenommen, entfällt das Rechtsschutzbedürfnis und die Klage ist unzulässig. Wird nach Erhebung der Klage die Handlung vorgenommen, ist im Urteil die Erledigung der Hauptsache auszusprechen[72]. **685**

### f) Inhalt und Folgen des Urteils

Es ergeht ein Feststellungsurteil (vgl Art. 266 Abs. 1 AEUV). Um einen dem Unionsrecht entsprechenden Rechtszustand herzustellen, haben die verurteilten Organe die sich aus dem Urteil des EuGH ergebenden Maßnahmen zu ergreifen (Art. 266 Abs. 1 AEUV). **686**

Entstand durch die Unterlassung ein Schaden, so kommt daneben (vgl Art. 266 Abs. 2 AEUV) ein Anspruch aus Art. 340 Abs. 2 AEUV in Betracht, der gegebenenfalls mit der Klage gemäß Art. 268 AEUV verfolgt werden kann. **687**

## 4. Die Amtshaftungsklage gemäß Art. 268 iVm Art. 340 Abs. 2 AEUV

### a) Klageberechtigung

Klageberechtigt sind **aktiv** alle Rechtssubjekte (natürliche und juristische Personen, nicht rechtsfähige Verbände, Gebietskörperschaften, auch Mitgliedstaaten, auch Personen mit (Wohn-)Sitz außerhalb des Geltungsbereiches der Verträge), die durch ein Unionsorgan oder einen Bediensteten der Union einen Schaden erlitten haben, **passiv** die Union (bzw die EAG, Art. 188 Abs. 2 EAGV), die für das Organhandeln haftet. **688**

### b) Klagegegenstand

Gegenstand der Klage ist ein Schadensersatzanspruch für rechtswidriges Handeln oder Unterlassen eines Unionsorgans. Dazu gehört auch die Rechtsetzung, da in den **689**

---

70  Vgl *Pechstein*, EU-ProzessR, Rn 633 ff mwN zu den Anwendungsfeldern Beihilfenrecht, Kartellrecht, Fusionskontrollrecht und Antidumpingrecht. Die hier vertretene Ansicht dürfte auch durch EuGH, Rs C-68/95, T.Port GmbH & Co. KG/BLE, Slg 1996, I-6065, Rn 59 = *HVL*, S. 272 ff = *Pechstein* Nr 13 gestützt werden.

71  Vgl ferner EuGH, Rs C-371/89, Emrich/Kommission, Slg 1990, I-1555, Rn 5 f.

72  EuGH, verb Rs C-15/91 und C-108/91, Buckl ua/Kommission, Slg 1992, I-6061, Rn 15 und 18.

Mitgliedstaaten die Amtshaftung auf Grund normativer Akte möglich oder zumindest nicht prinzipiell ausgeschlossen ist, was dem EuGH für die Bejahung eines allgemeinen Rechtsgrundsatzes iSv Art. 340 Abs. 2 AEUV genügt[73]. Dieser Anspruch muss in der Klageschrift hinreichend geltend gemacht werden (vgl Art. 120 lit. c Verfahrensordnung EuGH).

### c) Rechtsschutzbedürfnis

**690**  Dieses könnte fehlen, wenn dem Kläger anderweitige, vorrangig in Anspruch zu nehmende Rechtsschutzmöglichkeiten zur Verfügung stehen. Während der EuGH ursprünglich die Ansicht vertreten hatte, dass ein Amtshaftungsanspruch nur dann zulässig sei, wenn die Rechtshandlung vorab für nichtig erklärt worden war, geht er seit seinem Urteil im Fall *Schöppenstedt*[74] davon aus, dass die Schadensersatzklage gegenüber der Nichtigkeitsklage ein selbstständiger Rechtsbehelf mit eigener Funktion im System der Klagemöglichkeiten ist. Nur wenn das Schadensersatzbegehren als Vorwand für die in Wirklichkeit erstrebte Aufhebung eines bereits rechtskräftigen Gemeinschaftsrechtsaktes dient, ist die Klage wegen Verfahrensmissbrauchs unzulässig.

**Beispiel:** Begehren von Schadensersatz wegen der finanziellen Folgen eines Unionsrechtsaktes, die mit der Nichtigkeitsklage hätten abgewendet werden können[75].

### d) Verjährung

**691**  Diese tritt gemäß Art. 46 der Satzung des Gerichtshofs der EU (s. Rn 424) fünf Jahre nach Eintritt des Ereignisses (Vorliegen sämtlicher Haftungsvoraussetzungen, nicht vor Eintritt der Schadensfolgen) ein, das zur Klageerhebung Anlass gegeben hat. Nach Ansicht des EuGH handelt es sich dabei um eine (von Amts wegen zu prüfende) Zulässigkeitsvoraussetzung.

### e) Inhalt und Folgen des Urteils

**692**  Die Klage ist **begründet**, wenn das Handeln (auch Rechtsetzung) oder Unterlassen eines Organs oder eines Bediensteten der Union einen (auch immateriellen) Schaden kausal rechtswidrig (durch hinreichend qualifizierte Verletzung einer höherrangigen Norm, die auch den Kläger schützt) verursacht hat. Verschulden im Sinne der persönlichen Vorwerfbarkeit eines Verstoßes ist nach der neueren Rechtsprechung des EuGH nicht mehr erforderlich; ob das Verhalten vorwerfbar ist, wird allerdings bei der Beurteilung des hinreichend qualifizierten Rechtsverstoßes geprüft (vgl auch Rn 462 hinsichtlich des Staatshaftungsanspruchs gegen Mitgliedstaaten). Soweit lediglich die Haftung festgestellt wird, ergeht ein Feststellungsurteil, soweit die Union zur Zahlung verurteilt wird, ein Leistungsurteil, das gemäß Art. 280 iVm Art. 299 Abs. 2–4 AEUV (unter Beachtung von Art. 1 S. 3 des Protokolls über die Vorrechte und Befreiungen der EU, s. Rn 301) vollstreckt wird.

---

73  EuGH, Rs 5/71, Schöppenstedt/Rat, Slg 1971, 975, Rn 2 ff = *Pechstein* Nr 101. Vgl insbesondere GA Roemer, SchlA, Slg 1971, 987/989 ff.
74  Ebd.
75  Vgl zum Verhältnis von Schadensersatzklage und Nichtigkeitsklage *Borchardt*, in: Lenz/Borchardt, Art. 268 AEUV, Rn 12 ff; *Ehricke*, in: Streinz, Art. 268 AEUV, Rn 3 mwN.

## 5. Das Vorabentscheidungsverfahren gemäß Art. 267 AEUV

**Fall 26** (nach EuGH, Rs 102/81, Nordsee/Mond, Slg 1982, 1095 = *HVL*, S. 307 ff = *Pechstein* Nr 76 = *GO* Nr 10):     **693**

Die deutschen Hochseefischerei-Unternehmen N und M arbeiten an einem gemeinsamen Programm zum Bau von neun Schiffen eines einheitlichen Typs. Sie stellen im gegenseitigen Einvernehmen Anträge auf Zuschüsse an die EU, vereinbaren aber, dass im Innenverhältnis alle Zuschüsse „gepoolt" werden sollten, sodass auf jedes Schiff 1/9 entfiele. Die Vereinbarung enthielt eine Schiedsklausel, wonach Streitigkeiten durch ein Schiedsgericht entschieden werden sollten. Als die EU nur sechs der neun Schiffe bezuschusste, verlangte N ihren Anteil aus dem Pool. M verweigerte dies mit der Begründung, die Pool-Vereinbarung sei unwirksam, da die Zuschüsse projektgebunden seien und ihre Weiterverteilung gegen das Unionsrecht verstoße. Das angerufene Schiedsgericht hielt diese Frage für entscheidungserheblich und legte sie dem EuGH zur Vorabentscheidung vor. Ist es dazu berechtigt? **(Lösung: Rn 708)**

### a) Vorlageberechtigung

Vorlageberechtigt ist gemäß Art. 267 Abs. 2 AEUV ein „Gericht eines Mitgliedstaates". Der unionsrechtlich zu interpretierende Begriff „Gericht" setzt nach übereinstimmender Meinung voraus, dass der Spruchkörper sich aus unabhängigen, also nicht weisungsgebundenen Mitgliedern zusammensetzt, nach nationalem Recht als streitentscheidende Institution vorgesehen und ordnungsgemäß gebildet worden ist sowie rechtsstaatlichen Verfahrensregelungen unterliegt und Entscheidungen mit Rechtsprechungscharakter (nicht Registergerichte, es sei denn Entscheidung über Rechtsbehelfe[76]) trifft, denen die Rechtsordnung des in Betracht kommenden Mitgliedstaates bindende Kraft beimisst. Das Erfordernis einer Entscheidung allein auf Grundlage rechtlicher Erwägungen unter Ausschluss von Billigkeitsgesichtspunkten hat der EuGH im *Urteil Almelo* aufgegeben[77]. Auf die Eingliederung in das „reguläre" Gerichtssystem kommt es ebenfalls nicht an, weshalb der EuGH ua den Vergabeüberwachungsausschuss des Bundes als vorlageberechtigtes Gericht iSd Art. 267 AEUV ansah[78].     **694**

Strittig ist, ob als Gerichte *„eines Mitgliedstaats"* nur offizielle Organe der Mitgliedstaaten oder auch **Schiedsgerichte** angesehen werden können. Nach der Rechtsprechung des EuGH sind Schiedsgerichte nur dann vorlageberechtigt, wenn sie in das mitgliedstaatliche Rechtsschutzsystem einbezogen sind[79]. Vgl dazu die Lösung von **Fall 26** (Rn 708).     **695**

---

76  EuGH, Rs C-111/94, Job Centre, Slg 1995, I-3361, Rn 9 ff.
77  EuGH, Rs C-393/92, Gemeente Almelo ua/Energiebedrijf Ijsselmij NV, Slg 1994, I-1477, Rn 21 ff, 23 = *HVL*, S. 31127 f.
78  EuGH, Rs C-54/96, Dorsch Consult/Bundesbaugesellschaft Berlin, Slg 1997, I-4961, Rn 22 ff = *HVL*, S. 31. Vgl dazu *M. Dreher*, EWS 1997, 225 ff. Vgl auch den Rechtsprechungsüberblick bei *Wegener*, in: Calliess/Ruffert, Art. 267 AEUV, Rn 18 ff, *Borchardt*, in: Lenz/Borchardt, Art. 267 AEUV, Rn 22 f und *Ehricke*, in: Streinz, Art. 267 AEUV, Rn 28 ff.
79  EuGH, Rs 102/81, Nordsee/Mond, Slg. 1982, 1095, Rn 9 ff = *HVL*, S. 30723 ff = *Pechstein* Nr 76. Vgl auch EuGH, Rs C-125/04, Denuit und Cordenier/Transorient (Vorlage des Collège d'arbitrage de la Commission de Litiges Voyages), Slg 2005, I-923.

**696**   Gericht eines Mitgliedstaats kann auch ein Gericht sein, das eine Rechtsprechungs-funktion für mehrere Mitgliedstaaten gemeinsam ausübt[80]. Nicht genügend ist jedoch, dass eine Internationale Organisation, die über ein Gericht verfügt, durch die Mitgliedstaaten gegründet wurde[81].

**b)   Zulässige Vorlagefrage**

**697**   Gemäß Art. 267 Abs. 1 AEUV können Fragen nach der Auslegung und nach der Gültigkeit von Unionsrecht gestellt werden. Auslegungsfragen können sämtliche Quellen des Unionsrechts (vgl Rn 448 ff) betreffen, Gültigkeitsfragen nur sekundäres oder tertiäres Unionsrecht, für das primäres Unionsrecht (bzw auch sekundäres für das tertiäre) Prüfungsmaßstab ist.

**698**   **Nicht** vorlagefähig sind Fragen der Auslegung nationalen Rechts sowie der Vereinbarkeit nationalen Rechts mit dem Unionsrecht bzw des Unionsrechts mit dem nationalen Verfassungsrecht. Der nationale Richter darf daher nicht die Frage vorlegen, ob ein innerstaatliches Gesetz mit dem Unionsrecht vereinbar ist, wohl aber abstrakt anfragen, ob eine diesem Gesetz entsprechende Maßnahme eine vom Unionsrecht verbotene ist. In ständiger Rechtsprechung entwickelt der EuGH aber aus unvollkommen formulierten Fragen die entscheidende Auslegungsfrage selbst[82].

**699**   Bejaht hat der EuGH die Vorlagefähigkeit zudem dann, wenn in dem anhängigen Verfahren zwar Unionsrecht mangels grenzüberschreitenden Sachverhalts nicht zur Anwendung kommt, der Mitgliedstaat dessen Anwendung aber auf rein innerstaatliche Sachverhalte einseitig erstreckt hat[83] (zB durch eine „überschießende Umsetzung" von Richtlinien[84]). In solchen Fällen besteht ein unionales Interesse an der einheitlichen Auslegung der verwendeten Begriffe[85]. Das gleiche gilt bezüglich der Teile von gemischten Abkommen (s. Rn 531 ff), die nicht in die ausschließliche Kompetenz der Union fallen. Auch hier betont der EuGH seine Auslegungsbefugnis[86].

**c)   Entscheidungserheblichkeit**

**700**   Gemäß Art. 267 Abs. 2 AEUV muss die vorgelegte Frage nach der Auffassung des vorlegenden Gerichts für den Ausgangsrechtsstreit entscheidungserheblich sein. Ob dies der Fall ist, wird vom EuGH nur daraufhin überprüft, ob Vorlagen lediglich konstruiert[87] sind oder offensichtlich hypothetische Fragen (Einholung eines „Gutach-

---

80   EuGH, Rs C-337/95, Parfums Christian Dior, Slg. 1997, I-6013, Rn 20 ff.
81   EuGH, Rs C-196/09, Paul Miles ua/Europäische Schulen, Rn 42 ff, *HVL*, S. 309 f (Beschwerdekammer der Europäischen Schulen ungeachtet ihrer Gerichtseigenschaft).
82   Vgl dazu *C. Latzel/T. Streinz*, Das richtige Vorabentscheidungsersuchen, NJOZ 2013, 97.
83   St Rspr EuGH, verb Rs C-297/88 und C-197/89, Dzodzi/Belgischer Staat, Slg 1990, I-3763, Rn 37. Vgl dazu *B. Radke*, Autonome Harmonisierung des Gemeinschaftsrechts, 2006, S. 191 ff.
84   Vgl dazu *Habersack/Mayer*, JZ 1999, 913 ff; *C. Herrmann*, Richtlinienumsetzung durch die Rechtsprechung, S. 114 f; aA *Thiele*, EU-ProzessR, § 9, Rn 27.
85   Vgl *Pechstein*, EU-ProzessR Rn 768.
86   EuGH, verb Rs C-300/98 und 392/98, Parfums Christian Dior, Slg. 2000, I-11307, Rn 33 ff = *Pechstein* Nr 18, 170.
87   EuGH, Rs 244/80, Foglia/Novello, Slg 1981, 3045, Rn 18; Rs C-314/96, Djabali, Slg 1998, I-1149, Rn 18 f. Vgl auch EuGH, Rs C-318/00, Bacardi-Martini SAS ua/Newcastle United FC Ltd, Slg. 2003, I-905, Rn 41 ff. Wenn er will, nimmt der EuGH auch offensichtlich konstruierte Vorlagefragen an, vgl EuGH, Rs C-144/04, Mangold/Helm, Slg 2005, I-9981 = *Pechstein* Nr 27 = HVL, S. 162 ff = JuS 2006, 357 (358 f) – *Streinz.*

tens"[88]) gestellt werden oder zwischen der erbetenen Auslegung des Unionsrechts und der Prüfung der Gültigkeit einer unionsrechtlichen Vorschrift einerseits und den Gegebenheiten oder dem Gegenstand des Ausgangsverfahrens andererseits offensichtlich kein Zusammenhang besteht[89]. Um diese Überprüfung zu ermöglichen, müssen die nationalen Gerichte die Gründe darlegen, aus denen sie die Beantwortung einer Frage für entscheidungserheblich halten, soweit sich diese nicht eindeutig aus den Akten ergeben[90]. Die Vorlage ist nicht mehr zulässig, wenn das Verfahren vor dem vorlegenden Gericht bereits abgeschlossen ist[91].

### d) Fakultative und obligatorische Vorlage

Art. 267 Abs. 2 AEUV räumt den Gerichten eines Mitgliedstaates die Vorlage**berechtigung** ein. Diese darf nicht durch nationale Gesetze ausgeschlossen oder erschwert werden (zB Einholung einer Genehmigung durch höhere nationale Gerichte). **701**

Art. 267 Abs. 3 AEUV begründet eine Vorlage**verpflichtung** für einzelstaatliche Gerichte, deren Entscheidungen selbst nicht mehr mit Rechtsmitteln des innerstaatlichen Rechts angefochten werden können. In der Literatur umstritten ist, ob diese Vorlagepflicht nur die obersten Gerichte (sog. abstrakte Betrachtungsweise) oder alle Gerichte, die in dem konkreten Verfahren letzte Instanz sind (sog. konkrete Betrachtungsweise), trifft. Da Zweck des Vorabentscheidungsverfahrens die Sicherung der Einheitlichkeit der Anwendung des Unionsrechts ist, verdient die konkrete Betrachtungsweise den Vorzug. Auch der EuGH geht von einer solchen konkreten Betrachtungsweise aus[92]. Daher kann zB auch ein Amtsgericht zur Vorlage verpflichtet sein, wenn seine Entscheidung wegen Nichterreichens der Berufungssumme (vgl § 511 Abs. 2 Nr 1 ZPO) unanfechtbar ist. Rechtsmittel in diesem Sinne ist auch eine Nichtzulassungsbeschwerde[93]. **702**

In summarischen (zB Eil-)Verfahren ist die Vorlage zwar zulässig, aber nicht obligatorisch. **703**

Insbesondere der französische Conseil d'Etat, aber auch der deutsche BFH vertraten die Auffassung, dass die Vorlageverpflichtung dann entfalle, wenn kein vernünftiger Zweifel an der Gültigkeit oder Auslegung des einschlägigen Unionsrechts bestehen könne (sog. „Acte clair"-Theorie). Eine Ausnahme von der grundsätzlich unbeschränkten Vorlagepflicht nach Art. 267 Abs. 3 AEUV ist aber nur dann gegeben, wenn der EuGH über eine gleich lautende Frage in einem anderen Verfahren bereits entschieden hat, wenn bereits eine gesicherte Rechtsprechung des EuGH zu der be- **704**

---

88  Vgl EuGH, Rs C-83/91, Meilicke/ADV/ORGA AG, Slg 1992, I-4871/4932 ff. Die detaillierten Vorlagefragen gingen über acht Druckseiten der Entscheidungssammlung. Hypothetisch kann eine Frage auch dann sein, wenn sie sich erst künftig realisiert, vgl EuGH, Rs C-438/05, International Transport Workers" Federation („Rosella"), Slg 2007, I-10779, Rn 30 = *Pechstein* Nr 121 = *HVL*, S. 425 ff.

89  EuGH, Rs C-7/97, Bronner, Slg 1998, I-7791, Rn 17.

90  Zur geforderten Erläuterung des rechtlichen und tatsächlichen Hintergrundes vgl *Borchardt*, in: Lenz/Borchardt, Art. 267 AEUV, Rn 29 ff. Zur Zurückweisung einer Vorlagefrage wegen mangelnder Substantiierung vgl EuGH, verb Rs C-51/96 und C-191/97, Deliège, Slg 2000, I-2549, Rn 26 f = *Pechstein* Nr 54 = JuS 2000, 1015 (1016) – *Streinz*.

91  EuGH, Rs 338/85, Pardini, Slg 1988, 2041, Rn 11. Dies kann auch durch Klagerücknahme geschehen.

92  EuGH, Rs C-99/00, Lyckeskog, Slg. 2002, I-4839, Rn 14 ff.

93  Vgl *Pechstein*, ProzessR, Rn 826 ff mwN.

treffenden Rechtsfrage besteht, gleichgültig, in welcher Verfahrensart sie sich heraus-gebildet hat, oder wenn die richtige Anwendung des Unionsrechts derart offenkundig ist, dass keinerlei Raum für einen vernünftigen Zweifel an der Entscheidung der ge-stellten Frage bleibt, was allerdings sehr restriktiv zu handhaben ist[94]. Ein Vorlage-*recht* besteht auch in diesen Fällen, um eine Innovation der Rechtsprechung zu er-möglichen. Will das nationale Gericht von der bisherigen Rechtsprechung des EuGH *abweichen*, muss es die betreffende Frage vorlegen. Ebenso, wenn es Sekundärrecht für ungültig hält. S. insoweit zur Vorlage*pflicht* von Instanzgerichten Rn 718 ff.

**705** Das BVerfG bejaht zu Recht ausdrücklich seine Vorlagepflicht, wenn es einen Akt des Unionsrechts bei bestimmter Auslegung für unvereinbar mit den zwingenden An-forderungen des Grundgesetzes (Grundrechts-, Ultra vires-, Identitätskontrolle; s. Rn 236 ff, 243) hält, und gibt dadurch dem für die Auslegung des Unionsrechts zu-ständigen EuGH (vgl Art. 19 Abs. 1 S. 2 EUV; Art. 267 Abs. 1 lit. a AEUV) Gele-genheit zur Klärung[95]. Es unterlässt eine Vorlage aber dann, wenn es das deutsche Gesetz zur Umsetzung einer EU-Richtlinie für verfassungswidrig erklärt, eine verfas-sungskonforme Umsetzung der EU-Richtlinie aber für möglich hält[96]. Dies ist inso-weit schlüssig, als damit die Entscheidungserheblichkeit der Vorlage entfällt. Jedoch kann das BVerfG zu diesem Ergebnis nur durch Auslegung der EU-Richtlinie kom-men. Zur verbindlichen Auslegung dieser ist aber der EuGH zuständig[97].

### e) Wirkungen der Vorabentscheidung

**706** Die Wirkungen des Vorabentscheidungsverfahrens sind in den Verträgen nicht gere-gelt. Deren Zweck, die Einheitlichkeit der Rechtsanwendung zu sichern, erfordert zu-mindest die Bindung des vorlegenden Gerichts und aller mit dieser Sache befassten In-stanzgerichte. Im Übrigen ist zu differenzieren: Hat der EuGH einen Sekundärrechts-akt für **ungültig** erklärt, so stellt dies für jedes Gericht einen ausreichenden Grund dar, diesen ebenfalls als ungültig anzusehen (faktische erga omnes-Wirkung). Im Fall einer **Gültigerklärung** sowie bei **Auslegungsurteilen** beschränkt sich die Bindungswirkung im Interesse einer Innovation der Rechtsprechung darauf, dass bei einem geplanten Abweichen von der Rechtsprechung des EuGH eine Vorlage geboten ist. Allerdings darf bei einer Gültigerklärung ein nationales Gericht wegen Art. 4 Abs. 3 EUV keine Maßnahmen des vorläufigen Rechtsschutzes mehr erlassen (vgl Rn 720 ff) oder muss diese aufheben, sofern nicht vor ihm andere Rechtswidrigkeitsgründe geltend gemacht worden sind als die, die der EuGH in seinem Urteil zurückgewiesen hat (vgl Rn 673). Zudem betont der EuGH, dass die Auslegungsurteile ex tunc wirken[98] und die nationa-

---

94  Vgl EuGH, Rs 283/81, CILFIT/Ministero della sanità, Slg 1982, 3415, Rn 10 ff = *HVL*, S. 312 ff = *Pechstein* Nr 81 = *MH* Nr 13 = *GO* Nr 11; Klarstellend zur seit dem Cilfit-Urteil „gefestigten Recht-sprechung" zuletzt EuGH, Rs C-160/14, Fereira da Siva e Brito ua/Estado potugués, EC-LI:EU:C:2015:565, Rn 38 ff = EuZW 2016, 111 m. Anm. *A. Wendenburg*.
95  BVerfGE 126, 286 (304) – Honeywell (s. Rn 251). Realisiert im Vorlagebeschluss BVerfGE 134, 366 – OMT = JuS 2014, 373 *(Ruffert)*. Antwort des EuGH (GK), Rs C-64/14, Gauweiler ua, EC-LI:EU:C:2015:400 = JuS 2015, 758 – *Ruffert*.
96  So BVerfGE 125, 260 – Vorratsdatenspeicherung = JuS 2010, 747 *(Sachs)*.
97  Vgl zu diesem Problem angesichts des Urteils des EuGH zur Vorratsdatenspeicherung (s. Rn 239, 801) *Streinz*, JuS 2014, 758 (760) und *ders*. Datenspeicherung auf Vorrat. Gesetzliche Möglichkeiten und Grenzen, Politische Studien 65 (2014). 19 (22) mwN.
98  Vgl zum Primärrecht, EuGH, Rs 61/79, Denkavit, Slg 1980, 1205, Rn 16, zum Sekundärrecht, EuGH, Rs C-130/79, Express Dairy Foods, Slg 1980, 1887, Rn 14.

len Behörden und Gerichte auf der Grundlage von Art. 4 Abs. 3 EUV dazu verpflichtet sind, die jeweilige Vorschrift des Unionsrechts auf alle Sachverhalte anzuwenden, dh auch auf solche, die vor der Entscheidung des EuGH entstanden sind (vgl Rn 618).

Art. 264 Abs. 2 AEUV wird vom EuGH im Vorabentscheidungsverfahren analog angewandt[99]. Die zeitliche Begrenzung der Rückwirkung von Urteilen muss ausdrücklich angeordnet werden und erfolgt nur ausnahmsweise aus Gründen der Rechtssicherheit[100]. **707**

> **Lösung Fall 26** (Rn 693): Das Schiedsgericht ist vorlagebefugt, wenn es als „Gericht eines Mitgliedstaates" iSv Art. 267 Abs. 2 AEUV angesehen werden kann. Da ein einheitliches Vorlagerecht erforderlich ist, handelt es sich dabei um einen unionsrechtlichen Begriff. **708**
>
> Das Schiedsgericht erfüllt die Voraussetzungen, die nach allgemeiner Meinung im Unionsrecht an den Begriff „Gericht" gestellt werden. Denn es ist unabhängig und weisungsfrei, im nationalen Recht vorgesehen, ordnungsgemäß gebildet und einem rechtsstaatlichen Verfahren unterworfen (vgl §§ 1025 ff, §§ 1034–1039 ZPO), trifft seine Entscheidung nach Rechtsnormen, nicht nach Billigkeit (vgl § 1051 Abs. 1, 2; Ausnahme: Abs. 3 ZPO) – nur dann hat es auch die Normen des Unionsrechts zu beachten, deren einheitliche Auslegung Art. 267 AEUV sichern soll (vgl aber zum Verzicht auf dieses Kriterium Rn 694) – und die Rechtsordnung des Mitgliedstaates misst dieser Entscheidung bindende Kraft bei (vgl § 1055 ZPO).
>
> Es ist aber strittig, ob dies genügt. Ansatzpunkt ist der Begriff Gericht „*eines Mitgliedstaates*". Der Wortlaut ist mehrdeutig, da man in ihm eine Beschränkung auf offizielle Organe, aber auch lediglich eine Abgrenzung zu Gerichten dritter Staaten und internationalen Gerichten sowie den Parteien eines Gerichtsverfahrens und den Mitgliedstaaten und ihren nicht gerichtlichen Behörden, die zur Anrufung des EuGH nicht berufen sein sollen, sehen kann. Fragt man nach Sinn und Zweck der Vorschrift, so spricht für die Einbeziehung von Schiedsgerichten die Wahrung der einheitlichen Anwendung des Unionsrechts (die die Verträge besonders betreffenden Fälle des Handelsrechts werden nicht selten in schiedsgerichtlichen Verfahren entschieden), dagegen die Entlastungsfunktion des schiedsgerichtlichen Verfahrens, die Vermeidung einer Arbeitsüberlastung für den EuGH und das Problem der Gewähr für sinnvolle und notwendige Vorlagen. Folgt man diesen Bedenken, kommt man zu einer restriktiven Auslegung des Begriffs dahingehend, dass zwischen dem Schiedsverfahren und dem allgemeinen Rechtsschutzsystem in dem betroffenen Mitgliedstaat eine hinreichend enge Beziehung erforderlich ist. Denn nur insoweit ist der Mitgliedstaat gemäß Art. 4 Abs. 3 EUV für die Erfüllung der sich aus dem Unionsrecht ergebenden Verpflichtungen auf seinem Hoheitsgebiet verantwortlich. Eine solche enge Beziehung kann nur angenommen werden, wenn die öffentliche Gewalt des Mitgliedstaates in die Entscheidung, den Weg der Schiedsgerichtsbarkeit zu wählen, dadurch einbezogen ist, dass sie den Parteien diesen für bestimmte Streitigkeiten vorschreibt, oder wenn nach dem Recht des Mitgliedstaates eine Organisation, die einer gewissen behördlichen Aufsicht unterliegt, mit der Durchführung unionsrechtlicher Vorschriften betraut ist, gegen deren Entscheidungen unter Mitwirkung der zuständigen Behörde Rechtsbehelfe vorgesehen sind, die die Wahrneh-

---

99 EuGH, Rs C-228/92, Roquette Frères, Slg 1994, I-1445, Rn 19: notwendige Kohärenz zwischen Vorabentscheidung und Nichtigkeitsklage.

100 Vgl EuGH, Rs 24/86, Blaizot, Slg 1988, 379, Rn 28, 34 ff; Rs C-437/97, EKW und Wein & Co, Slg 2000, I-1157, Rn 57; Rs C-292/04, Meilicke ua/FA Bonn Innenstadt, Slg 2007, I-1835, Rn 32 ff, 35 ff = *HVL*, S. 745. Vgl dazu *Schweitzer/Hummer/Obwexer*, Rn 862 f; *Wegener*, in: Calliess/Ruffert, Art. 267 AEUV, Rn 50 ff mwN. Eingehend dazu *Waldhoff*, Rückwirkung von EuGH-Entscheidungen, 2006.

mung unionsrechtlicher Befugnisse beeinflussen können (Schiedsgerichte als „Beliehene", Mitverantwortung des Staates)[101]. Da dies hier nicht der Fall ist, ist die Vorlage (jedenfalls nach der Rechtsprechung des EuGH) **unzulässig**.

**Literatur:** Vgl zu Abgrenzungsfragen, insbes. hinsichtlich Verbandsgerichten (mit evtl. faktischem Unterwerfungszwang), *Pechstein*, ProzessR, Rn 835 ff, 814 f. Vgl auch *Thiel*, EU-ProzessR, § 9, Rn 12. Zur Verbandsgerichtsbarkeit im Bereich des Sports vgl *Streinz/Herrmann*, JuS 2008, 903 (904 f). Zum Beschluss des Rechtsausschusses des Deutschen Basketball-Bundes (SpuRt 2010, 215) vgl *Streinz*, SpuRt 2015, 231 (232 f).

### 6.  Die Inzidentrüge gemäß Art. 277 AEUV

**709**  Die Inzidentrüge ist keine eigene Verfahrensart, sondern setzt die Zulässigkeit einer Klage vor dem EuGH voraus, in der die Rechtswidrigkeit einer Verordnung „inzident" geltend gemacht werden kann[102]. Damit wird die allgemeine Rechtmäßigkeitskontrolle für die Fälle vervollständigt, in denen es Individuen nicht möglich ist, sekundäres Unionsrecht mit der Nichtigkeitsklage unmittelbar anzufechten (vgl Rn 658 ff)[103].

**710**  Art. 277 AEUV ist nicht auf die Nichtigkeitsklage beschränkt, sondern gilt für alle Klagen[104], die zulässigerweise vor dem EuGH anhängig gemacht wurden. Die Bezugnahme auf Art. 263 Abs. 6 AEUV bewirkt nur, dass dessen Frist der Rüge nicht entgegengehalten werden kann und dass die Nichtigkeitsgründe die des Art. 263 Abs. 2 AEUV sind.

**711**  Umstritten ist aber, ob nur Individuen oder auch die Mitgliedstaaten und die Unionsorgane rügeberechtigt sind. Dafür spricht zwar der Wortlaut („jede Partei")[105]. Dagegen spricht, dass diesen als privilegierten Klägern (s. Rn 642) anders als Individuen mit der Nichtigkeitsklage gemäß Art. 263 Abs. 2 AEUV ein adäquates Instrument zur Verfügung steht, um die Rechtswidrigkeit eines Rechtsakts geltend zu machen. Haben sie dies versäumt, fehlt ihnen das Rechtsschutzbedürfnis, es sei denn, der Rechtsakt der EU weise Mängel auf, die erst bei seiner Anwendung auf den Einzelfall erkennbar werden[106]. Ausgeschlossen ist für einen Mitgliedstaat die Einrede der Rechtswidrigkeit eines Unionsrechtsakts in einem Vertragsverletzungsverfahren (Art. 258 AEUV), zB zur Rechtfertigung der Nichtbefolgung eines Beschlusses[107] oder fehlenden Umsetzung einer EU-Richtlinie.

---

101  Bejaht für den niederländischen Streitsachenausschuss für Angelegenheiten der allgemeinen Medizin, EuGH, Rs 246/80, Broekmeulen/Huisarts Registratie Commissie, Slg 1981, 2311, Rn 16 f = *HVL*, S. 310 f. Der Staat war hier auch an der Besetzung des Schiedsgerichts beteiligt.
102  *Borchardt*, in: Lenz/Borchardt, Art. 277 AEUV, Rn 5. Zu den Zulässigkeitsvoraussetzungen vgl *Pechstein*, EU-ProzessR, Rn 949 ff.
103  EuGH, Rs 92/78, Simmenthal/Kommission, Slg 1979, 777, Rn 39 ff.
104  Zur Rüge der fehlenden Rechtmäßigkeit eines Rechtsakts der EU mit allgemeiner Geltung im Vorabentscheidungsverfahren (Art. 267 AEUV), bei dem die Klage nicht vor dem EuGH erhoben, sondern diesem eine Frage vorgelegt wird, vgl *Borchardt*, in: Lenz/Borchardt, Art. 277 AEUV, Rn 6.
105  *Pechstein*, EU-ProzessR, Rn 961 ff mwN.
106  *Ehricke*, in: Streinz, Art. 277 AEUV, Rn 10 mwN. Für generellen Ausschluss wegen der durch die Frist des Art. 263 Abs. 6 AEUV beabsichtigte Rechtssicherheit *Schwarze*, in: Schwarze, Art. 277 AEUV, Rn 6; *Gaitanides*, in: von der Groeben/Schwarze/Hatje, Art. 277 AEUV, Rn 7.
107  EuGH, Rs C-404/97, Kommission/Portugal, Slg 2000, I-4897, Rn 34 (Ausnahme: so schwer wiegende Mängel, dass der Beschluss als nicht existent angesehen werden kann, ebd, Rn 35); EuGH, Rs C-74/91, Kommission/Deutschland, Slg 1992, I-5437, Rn 10. Vgl *Pechstein*, EU-ProzessR, Rn 948 mwN.

Die Eröffnung der Inzidentrüge zum EuGH schließt weder die Geltendmachung von   **712**
Mängeln des Unionsrechts vor nationalen Gerichten (vgl Rn 717) noch deren Prüfung
durch den EuGH von Amts wegen aus.

Art. 277 AEUV erstreckt sich jetzt auf alle Rechtsakte, nicht nur auf Verordnungen.   **713**
Damit erledigt sich die Streitfrage einer begrenzten analogen Anwendung[108].

Die erfolgreiche Inzidentrüge wirkt nur inter partes, nicht erga omnes (Wortlaut:   **714**
„Unanwendbarkeit dieses Rechtsakts"). Die Unionsorgane sind gleichwohl in einem
solchen Fall gehalten, die Rechtswidrigkeit von sich aus zu beseitigen.

## IV. Die Wahrung des Unionsrechts als Aufgabe der nationalen Gerichte

### 1. Allgemeine Verpflichtung

Die Wahrung des Unionsrechts obliegt in erheblichem Umfang den Gerichten der   **715**
Mitgliedstaaten. Zum einen richtet sich der Rechtsschutz gegen Akte der Behörden
der Mitgliedstaaten, die (sogar überwiegend, vgl Rn 586) das Unionsrecht vollziehen,
nach nationalem Recht. Zum anderen muss dem Unionsrecht (unmittelbar anwendbares Primärrecht einschließlich allgemeiner Rechtsgrundsätze und besonderer aus dem
Unionsrecht fließender Ansprüche [vgl Rn 511 f]; Verordnungen; unmittelbar anwendbare Richtlinien) in jedem Fall der Vorrang vor entgegenstehendem nationalem
Recht eingeräumt werden. Dies gilt nicht nur im Verwaltungsrecht (vgl Rn 202), sondern gerade auch im Zivilrecht[109], aber auch im Strafrecht[110]. Dazu sind die nationalen Gerichte allgemein aus Art. 4 Abs. 3 EUV verpflichtet. Ferner gelten – wie für
das Verwaltungsverfahrensrecht (vgl Rn 601 ff) – auch für das nationale Prozessrecht
die Gebote der Effektivität und Äquivalenz.

Der EuGH hat die Funktion nationaler Gerichte für die Gewährung effektiven Rechts-   **716**
schutzes im Zusammenhang mit der Klagebefugnis von natürlichen und juristischen

---

108  S. dazu *Streinz*, Europarecht, 8. Aufl. 2008, Rn 647 mwN. Zur Erledigung vgl *Borchardt*, in: Lenz/
     Borchardt, Art. 277 AEUV, Rn 9.
109  Vgl zB BGH, NJW 1998, 2208; EuGH, Rs C-208/98, Berliner Kindl Brauerei/Siepert, Slg 2000, I-
     1741 = JuS 2000, 716 – *Emmerich*; EuGH, Rs C-481/99, Heininger/Hypo-und Vereinsbank AG, Slg
     2001, I-9945; aufbereitet von *Basler*, in: Micklitz, Nr 3; EuGH, Rs C-208/00, Überseering BV/Nord-
     ic Construction Company, Slg 2002, I-9919 = *HVL*, S. 696 = *Pechstein* Nr 192; aufbereitet von *Bas-
     ler*, in; Micklitz, Fall 6; zu den Folgen für das deutsche Recht vgl BGH, ZIP 2003, 718. Vgl dazu zB
     *P. Schlosser*, Europarecht und Zivilprozessrecht, Jura 1998, 65 ff; *Gebauer*, Grundfragen der Euro-
     päisicrung des Privatrechts, 1998; *Langenbucher* (Hrsg.), Europarechtliches Privat- und Wirtschafts-
     recht, 3. Aufl. 2013; *Streinz*, Grundlagen der Europäisierung der Zivilrechtsordnung, in: FS Spellen-
     berg, 2010, S. 745 ff. Dies gilt insbesondere für das Arbeitsrecht, vgl zB BAG, EuR 1990, 362;
     s. Rn 938; EuGH, Rs C-207/98, Mahlburg/Land Mecklenburg-Vorpommern, Slg 2000, I-549 =
     JuS 2000, S. 721 – *Boemke*; vgl dazu *Seifert*, in: Schulze/Zuleeg/Kadelbach, § 39.
110  Vgl zB BGHSt 37, 168 (174 f); EuGH, verb Rs C-187/01 und C-385/01, Hüseyin Gözütok und
     Klaus Brügge, Slg 2003, I-1345, Rn 25 ff. Vgl dazu *Dannecker*, Die Entwicklung des Strafrechts un-
     ter dem Einfluss des Gemeinschaftsrechts, Jura 1998, 79 ff; *H. Jung*, Konturen und Perspektiven des
     europäischen Strafrechts, JuS 2000, 417 (419 ff); *Satzger*, Die Europäisierung des Strafrechts, 2001;
     *ders.*, Internationales und Europäisches Strafrecht, 7. Aufl. 2016, §§ 7–10; *Hecker*, Europäisches
     Strafrecht, 4. Aufl. 2012; *Sieber/von Heintschel-Heinegg* (Hrsg.), Europäisches Strafrecht, 2. Aufl.
     2014; *Weißer*, in: Schulze/Zuleeg/Kadelbach, § 42; *Streinz*, Schleichende oder offene Europäisie-
     rung des Strafrechts?, in: FS Otto, 2007, S. 1029 ff.

Personen gegen Verordnungen betont (vgl Rn 670). Es sei Sache der Mitgliedstaaten, ein Rechtsschutzsystem vorzusehen, welches die Einhaltung des Rechts auf effektiven gerichtlichen Rechtsschutz gewährleiste. Demzufolge hätten

*„die nationalen Gerichte gemäß dem in Artikel 5 EG-Vertrag aufgestellten Grundsatz der loyalen Zusammenarbeit die nationalen Verfahrensvorschriften über die Einlegung von Rechtsbehelfen möglichst so auszulegen und anzuwenden, dass natürliche und juristische Personen die Rechtmäßigkeit jeder nationalen Entscheidung oder anderen Maßnahme, mit der eine Gemeinschaftshandlung allgemeiner Geltung auf sie angewandt wird, gerichtlich anfechten und sich dabei auf die Ungültigkeit dieser Handlung berufen können.“*[111]

Dies hält jetzt Art. 19 Abs. 1 UAbs. 2 EUV ausdrücklich fest, wonach die Mitgliedstaaten verpflichtet sind, ein wirksames Rechtsschutzsystem in dem vom Unionsrecht erfassten Bereich zu gewährleisten (Art. 19 Abs. 1 UAbs. 2 EUV). Nach der Rechtsprechung des EuGH ergänzt dabei der mitgliedstaatliche Rechtsschutz den unionalen und schließt etwa bestehende Rechtsschutzlücken. Die Unionsbürger können auch in unionsrechtlichen Bereichen auf mitgliedstaatlichen Rechtsschutz verwiesen werden, ohne dass darin ein Verstoß gegen das Gebot effektiven Rechtsschutzes oder gegen Art. 47 GRCh zu sehen sei[112].

## 2. Vorlagepflichten

**717** In diesem Rahmen sind die nationalen Gerichte wegen des auch im Unionsrecht geltenden Grundsatzes der **Gesetzmäßigkeit der Verwaltung** und wegen des Vorrangs des Primärrechts unionsrechtlich verpflichtet, Verordnungen, Richtlinien und Beschlüsse am Maßstab des primären Unionsrechts einschließlich der allgemeinen Rechtsgrundsätze und Beschlüsse zudem am Maßstab ihrer Grundlagen zu prüfen (zur daneben bestehenden verfassungsrechtlichen Prüfungspflicht s. Rn 255).

**718** Während ein positives Prüfungsergebnis keine Probleme bereitet, ist fraglich, ob die nationalen Gerichte bei einem negativen Ergebnis einen gegen höherrangiges Unionsrecht verstoßenden Unionsrechtsakt von sich aus unangewendet lassen dürfen, ob ihnen also eine selbstständige **Verwerfungskompetenz** zukommt. Dies wurde von der hM bejaht, da die Vorlage gemäß Art. 267 Abs. 3 AEUV nur für letztinstanzliche Gerichte obligatorisch ist. Dem ist der EuGH im Fall *Foto-Frost* (s. **Fall 27**, Rn 719) entgegengetreten. Er hat dabei zutreffend nicht etwa eine obligatorische Vorlagepflicht entwickelt, sondern die Verwerfungskompetenz deshalb abgelehnt, weil sie im Interesse der Einheitlichkeit des Unionsrechts nicht hingenommen werden könne. Daraus folgt, dass ein nationales Gericht, das zu dem Ergebnis kommt, ein Unionsrechtsakt verstoße gegen höherrangiges Unionsrecht, diese Frage gemäß Art. 267 Abs. 2 AEUV dem EuGH vorlegen muss.

---

111  EuGH, Rs C-50/00 P, Unión de Pequeños Agricultores, Slg 2002, I-6677, Rn 42 = *HVL*, S. 292 f. Jetzt Art. 4 Abs. 3 EUV.
112  EuGH, Rs C-583/11 P, Inuit, ECLI:EU:C:2013:625, Rn 89 ff. S. dazu Lösung Fall 25 (Rn 670).

**Fall 27** (nach EuGH, Rs 314/85, Foto-Frost/HZA Lübeck-Ost, Slg 1987, 4199 = *HVL*, **719**
S. 316 ff = *Pechstein* Nr 80 = *GO* Nr 135 = *MH* Nr 21):
Eine Verordnung der EU wird von den Mitgliedstaaten vollzogen. Als gegen Bürger B ein
darauf gestützter belastender Verwaltungsakt erlassen wird, ficht ihn dieser vor dem zuständigen Finanzgericht an. Dieses ist der Auffassung, dass die zu Grunde liegende EU-Verordnung gegen primäres Unionsrecht verstößt. Wie muss das Finanzgericht entscheiden?

**Lösung Fall 27:** Das Finanzgericht ist nicht nur verfassungsrechtlich (Art. 20 Abs. 3 GG,
wegen des Vorrangs des Unionsrechts treten dessen allgemeine Rechtsgrundsätze als Prüfungsmaßstab an die Stelle des GG, vgl Rn 806), sondern auch unionsrechtlich (Vorrang des
Primärrechts) verpflichtet, die EU-Verordnung auf ihre Vereinbarkeit mit dem Primärrecht
zu prüfen. Stellt es fest, dass die Verordnung damit vereinbar ist, bereitet ihre Anwendung
keine Probleme. Kommt es dagegen zu dem Ergebnis, dass ein Verstoß vorliegt, stellt sich
die Frage, ob es eine eigene Verwerfungskompetenz hat oder ob es zur Vorlage an den
EuGH verpflichtet ist.
Die früher hM verneinte eine Vorlagepflicht mit der Begründung, Art. 267 Abs. 3 AEUV
begründe im Gegensatz zu Abs. 2 eine Vorlagepflicht nur für letztinstanzliche Gerichte. Der
EuGH hielt dem zu Recht entgegen, dass Art. 267 AEUV die hier entscheidende Frage der
Verwerfungskompetenz gar nicht regelt. System, Sinn und Zweck des Rechtsschutzsystems
in den Verträgen führen aber zu dem Ergebnis, dass keine Verwerfungskompetenz besteht.
Zweck des Vorlageverfahrens und des Entscheidungsmonopols des EuGH ist die Wahrung
der Einheitlichkeit des Unionsrechts, die durch die unterschiedliche Anwendung bzw Nicht-
anwendung sekundärrechtlicher Normen in den einzelnen Mitgliedstaaten gefährdet würde.
Gemäß Art. 263 AEUV stellt nur der EuGH die Nichtigkeit von Sekundärrecht fest. Nur im
Vorabentscheidungsverfahren können auch die gemäß Art. 23, 24 Abs. 2 des Protokolls
über die Satzung des Gerichtshofs der EU (s. Rn 424) beteiligten Unionsorgane die Rechtmäßigkeit ihrer Akte verteidigen.
**Ergebnis:** Das Finanzgericht muss die Frage der Vereinbarkeit der EU-Verordnung mit dem
Primärrecht dem EuGH vorlegen. Dies gilt auch dann, wenn der EuGH eine entsprechende Be-
stimmung einer anderen Verordnung bereits für ungültig erklärt hat, da die CILFIT-Rspr zu
Auslegungsfragen (s. dazu Rn 704) auf Fragen der Gültigkeit nicht ausgedehnt werden kann[113]

Diese Vorlagepflicht steht nach gefestigter Rechtsprechung des EuGH der **Aussetzung** **720**
**der Vollziehung** eines auf einer EU-Verordnung beruhenden nationalen Verwaltungsakts
nicht entgegen, wenn die nationalen Gerichte sich von den Maßstäben leiten lassen, die
für den Erlass einer einstweiligen Anordnung durch den EuGH gemäß Art. 278 AEUV
gelten. Danach muss das Gericht auch unter Berücksichtigung des Ermessensspielraums,
der nach der (bedenklichen, allerdings differenziert zu sehenden, vgl Rn 782 ff) Rechtsprechung des EuGH den Unionsorganen in den betroffenen Sektoren zuerkannt werden
muss, erhebliche Zweifel an der Gültigkeit der EU-Verordnung haben, die Entscheidung
dringlich sein und dem Antragsteller ein schwerer und nicht wieder gut zu machender
Schaden (reiner Geldschaden genügt grundsätzlich nicht) drohen und das Interesse der
Union an der Anwendung ihres Rechts angemessen berücksichtigt werden[114].

---

113  EuGH, Rs C-461/03, Gaston Schul Douane-Expediteur/Minister van Landbouw ua, Slg 2005, I-
   10513, Rn 17 ff = *Pechstein* Nr 82 = *HVL*, S. 315 f.
114  So EuGH, verb Rs C-143/88 und C-92/89, Zuckerfabrik Süderdithmarschen/HZA Itzehoe, Slg 1991,
   I-415, Rn 23 ff, 33 = *HVL*, S. 267 ff = *Pechstein* Nr 11 = *MH* Nr 28; bestätigt und präzisiert in Rs C-
   465/93, Atlanta/Bundesamt für Ernährung und Forstwirtschaft, Slg 1995, I-3761, Rn 35 ff = *HVL*,
   S. 270 ff = *Pechstein* Nr 12.

**721** Der EuGH bezieht diesen nationalen Rechtsschutz innerhalb unionsrechtlicher Schranken in das unionsrechtliche Rechtsschutzsystem ein. Danach umfasst der unionsrechtlich gewährleistete Rechtsschutz in den Fällen, in denen die verwaltungsmäßige Durchführung von EU-Verordnungen nationalen Stellen obliegt (Regelfall, vgl Rn 586), das Recht der Bürger, die Rechtmäßigkeit dieser Verordnungen vor dem nationalen Gericht inzident zu bestreiten und dieses zur Befassung des EuGH mit Vorlagefragen zu veranlassen. Dieses Recht wäre gefährdet, wenn der Bürger bei Vorliegen bestimmter Voraussetzungen nicht in der Lage wäre, eine Aussetzung der Vollziehung zu erreichen (und damit für sich der Verordnung einstweilen die Wirksamkeit zu nehmen), solange es an einem Urteil des EuGH fehlte, der allein befugt ist, die Ungültigkeit einer EU-Verordnung festzustellen (vgl Rn 718). Das Vorabentscheidungsersuchen stellt ebenso wie die Nichtigkeitsklage eine Form der Kontrolle der Rechtmäßigkeit der Handlungen der Unionsorgane auf ihre Gültigkeit dar. Im Rahmen einer Nichtigkeitsklage gemäß Art. 263 AEUV gibt Art. 278 AEUV dem Kläger das Recht, eine Aussetzung der Durchführung der angefochtenen Handlung zu beantragen, und dem EuGH die Befugnis, sie zu gewähren. Die **Kohärenz des Systems** des vorläufigen Rechtsschutzes verlangt, dass das nationale Gericht die Vollziehung eines auf einer EU-Verordnung beruhenden nationalen Verwaltungsakts aussetzen kann, wenn dessen Rechtmäßigkeit bestritten wird. Ebenso wie das nationale Gericht bei erheblichen Zweifeln an der Vereinbarkeit einer Norm des nationalen Rechts mit dem Unionsrecht die Möglichkeit haben muss, vorläufigen Rechtsschutz zu gewähren und die Anwendung des beanstandeten nationalen Gesetzes auszusetzen, bis der EuGH sein Auslegungsurteil gemäß Art. 263 AEUV erlässt[115], muss dies bei der gerichtlichen Kontrolle sekundären Unionsrechts gelten. Denn der vorläufige Rechtsschutz, den das Unionsrecht den Bürgern vor den nationalen Gerichten sichert, muss unabhängig davon derselbe sein, ob sie die Unvereinbarkeit nationalen Rechts mit dem Unionsrecht oder die Ungültigkeit abgeleiteten Unionsrechts geltend machen, da diese Rüge in beiden Fällen auf das Unionsrecht selbst gestützt ist.

**722** Dasselbe gilt für den Erlass einer positiven Anordnung, durch die eine EU-Verordnung vorläufig unanwendbar wird, da auch dies das Unionsrecht in Art. 279 AEUV vorsieht. Welchen vorläufigen Schutz die nationalen Gerichte den Bürgern auf Grund des Unionsrechts gewähren müssen (diese Formulierung des EuGH spricht sogar für eine unionsrechtliche Gewährleistung, nicht nur Ermöglichung dieses Rechtsschutzes), darf nicht davon abhängen, ob diese die Aussetzung der Vollziehung eines auf einer EU-Verordnung beruhenden nationalen Verwaltungsakts oder den **Erlass einstweiliger Anordnungen** zur vorläufigen Gestaltung oder Regelung der streitigen Rechtspositionen oder -verhältnisse zu ihren Gunsten beantragen[116].

**723** Dies gilt nach der Rechtsprechung des EuGH allerdings dann **nicht**, wenn das Unionsrecht vorsieht, dass in Härtefällen die EU-Kommission die gebotenen besonderen Maßnahmen erlässt. Gegen deren Untätigkeit stünde nämlich der Rechtsschutz gemäß Art. 265 Abs. 3 AEUV zur Verfügung, in dessen Rahmen der EuGH (bzw das

---

115  EuGH, Rs C-213/89, Factortame, Slg 1990, I-2433, Rn 19 = *Pechstein* Nr 139 = *MH* Nr 26.
116  EuGH, Rs C-465/93, Atlanta Fruchthandelsgesellschaft mbH ua/Bundesamt für Ernährung und Forstwirtschaft, Slg 1995, I-3761 Rn 14 ff = *HVL*, S. 270 ff = *Pechstein* Nr 12 in Fortentwicklung von EuGH, verb Rs C-143/88 und C-92/89, Slg 1991, I-415, Rn 14 ff = *HVL*, S. 267 ff = *Pechstein* Nr 11 = *MH* Nr 28.

EuG) auf Antrag der Kläger einstweilige Anordnungen nach Art. 279 AEUV treffen könne. Im Übrigen könnten der Mitgliedstaat oder der Kläger beim EuGH (bzw EuG) Nichtigkeitsklage (Art. 263 Abs. 2 bzw 4 AEUV) erheben, falls die Kommission es ausdrücklich ablehnen oder einen anderen Rechtsakt erlassen sollte als den von den Betroffenen begehrten oder für erforderlich gehaltenen[117]. Dem ist insoweit zuzustimmen, als im Interesse der Einheitlichkeit des Unionsrechts nationaler Rechtsschutz generell subsidiär nur dann in Frage kommt, wenn auf Unionsebene keine Abhilfemöglichkeit besteht[118] oder diese den unerlässlichen verfassungsrechtlichen Anforderungen nicht entspricht (vgl Rn 249 ff).

In diesem Rahmen – allerdings auch nur in ihm – ist es den deutschen Gerichten möglich, der verfassungsrechtlichen (Art. 19 Abs. 4 GG) Pflicht nachzukommen, effektiven einstweiligen Rechtsschutz durch die Anordnung oder Wiederherstellung der aufschiebenden Wirkung (§ 80 Abs. 5 VwGO) oder durch eine einstweilige Anordnung (§ 123 VwGO) zu gewähren, ohne mit dem Unionsrecht in Konflikt zu geraten. **724**

Vgl dazu

**Fall 28** (nach BVerfG, EuZW 1995, 126): **725**

B, ein in Hamburg ansässiges Obstimport-Unternehmen, hatte über Jahre hinweg jährlich mehrere 100 000 Tonnen Bananen vermarktet, die aus Drittländern importiert wurden. Nach Inkrafttreten der Bananenmarktordnung der EU wurde ihm für das Jahr 1994 für den Import zum ermäßigten Zollsatz lediglich ein Kontingent in Höhe von knapp 150 Tonnen zugeteilt, weil B in den dafür maßgeblichen Referenzjahren auf Grund eines Vertragsbruchs seiner Lieferanten erheblich geringere Mengen als zuvor und auch für diese Zeit vereinbart importieren konnte. B beantragte bei der zuständigen deutschen Vollzugsbehörde die Zuteilung von erheblich höheren Einfuhrlizenzen für Drittlandsbananen zum ermäßigten Zollsatz und machte dabei die genannten besonderen Umstände für die geringe Importmenge in den Referenzjahren geltend. Bei dem bisher gewährten Kontingent drohe unmittelbar der Konkurs. Sein Antrag wurde abgelehnt. Die daraufhin erhobene Klage, die mit dem Begehren nach einstweiligem Rechtsschutz verbunden war, wurde in allen Instanzen mit der Begründung zurückgewiesen, der EuGH habe die Klage der Bundesrepublik Deutschland gegen die einschlägige VO 404/93 des Rates über die gemeinsame Marktorganisation für Bananen bereits abgewiesen. Daran seien die deutschen Gerichte gebunden. B erhebt Verfassungsbeschwerde gegen das letztinstanzliche Urteil und rügt die Verletzung von Art. 14 und Art. 19 Abs. 4 GG. Zu Recht?

Es ist davon auszugehen, dass die VO 404/93 keine Härtefallregelung vorsieht.

**Abwandlung:** Wie wäre es, wenn die VO 404/93 (wie tatsächlich der Fall, vgl Art. 27 und 30 VO 404/93[119]) der Kommission den Erlass von Härtefallregelungen ermöglicht?

---

117  EuGH, Rs C-68/95, T.Port GmbH & Co. KG/BLE, Slg 1996, I-6065, Rn 53 ff = *HVL*, S. 272 ff = *Pechstein* Nr 13.

118  Letzteres müsste der EuGH nach wie vor noch präzisieren. Zu Recht kritisch *C. Koenig*, EuZW 1997, 206 und *C. Ohler/W. Weiß*, NJW 1997, 2221. Immerhin hat der EuGH die nach dem Urteil *T.Port* zweifelhaft gewordene Gewährleistung vorläufigen Rechtsschutzes gegenüber dem Vollzug primärrechtswidrigen Sekundärrechts durch Gerichte der Mitgliedstaaten bestätigt, vgl EuGH, verb Rs C-453/03 ua, ABNA Ltd. ua/Secretary of State for Health ua, Slg 2005, I-10423, Rn 103 ff. Vgl dazu *Gundel*, EWS 2006, 65 (68) und *Streinz*, in: FS Merten, 2007, S. 395 (403 f).

119  ABl 1993 L 47/1.

**Lösung Fall 28:**

**I. Zulässigkeit der Verfassungsbeschwerde: Art. 93 Abs. 1 Nr 4a GG**

Das Urteil des OVG (VGH) ist als Maßnahme deutscher öffentlicher Gewalt unproblematisch ein geeigneter Beschwerdegegenstand. Ein Beschwerdegrund liegt vor, da die Verletzung von Art. 14 und Art. 19 Abs. 4 GG substantiiert gerügt werden können. Im Hinblick auf die Subsidiarität der Verfassungsbeschwerde ist, da dem Verwaltungsakt der deutschen Behörde eine EU-Verordnung zugrunde liegt, zu prüfen, ob Rechtsschutz durch den EuGH möglich ist. Der hier begehrte vorläufige Rechtsschutz gegen die Durchsetzung einer Verordnung der EU ist vor dem EuGH aber nicht zu erreichen (Art. 279 AEUV iVm Art. 160 Abs. 2 Verfahrensordnung für den EuGH, vgl Rn 424.

**II. Begründetheit der Verfassungsbeschwerde**

1. Eine Verletzung der Grundrechte aus Art. 19 Abs. 4 S. 1 iVm Art. 14 Abs. 1 GG liegt vor. Das Verfahrensgrundrecht des Art. 19 Abs. 4 GG garantiert nicht nur das formelle Recht und die theoretische Möglichkeit, die Gerichte anzurufen, sondern auch die Effektivität des Rechtsschutzes. Art. 19 Abs. 4 GG verlangt nicht nur bei Anfechtungs-, sondern auch bei Verpflichtungs- oder Leistungsklagen jedenfalls dann vorläufigen Rechtsschutz, wenn ohne ihn schwere und unzumutbare, anders nicht abwendbare Nachteile entstünden, die eine Entscheidung in der Hauptsache nachträglich nicht mehr beseitigen könnte. Insoweit muss auch eine sog. Vorwegnahme der Hauptsache ausnahmsweise zugelassen werden[120]. Hier besteht die Gefahr, dass durch den drohenden Konkurs das Grundrecht aus Art. 14 Abs. 1 GG (Schutz aller vermögenswerten Rechte) irreparabel verletzt wird.

2. Der Gewährung vorläufigen Rechtsschutzes im Wege der einstweiligen Anordnung (§ 123 VwGO) steht das Unionsrecht nicht entgegen, soweit es selbst – wovon im Ausgangsfall auszugehen ist – keine Abhilfe vorsieht. An der Gültigkeit der EU-Verordnung bestehen im Hinblick auf einen Verstoß gegen das unionsrechtliche Eigentumsgrundrecht (vgl Rn 791, 798) erhebliche Zweifel, soweit sie für Fälle wie diesen keine Härtefallregelung vorsieht. Die Entscheidung des EuGH in der Nichtigkeitsklage Deutschlands gegen die Bananenmarktordnung[121], die die deutschen Gerichte in der Tat bindet (Art. 4 Abs. 3 EUV, vgl Rn 673) steht nicht entgegen, weil der EuGH in ihr lediglich die Bananenmarktordnung als solche geprüft, nicht aber ihre Auswirkungen in einem konkreten Härtefall gewürdigt hat. Hier werden andere Rechtswidrigkeitsgründe geltend gemacht als die, die der EuGH dort zurückgewiesen hat. Das dem Unionsgesetzgeber eingeräumte politische Gestaltungsermessen berechtigt nicht, auf eine Härtefallregelung bei drohender Eigentumsvernichtung gänzlich zu verzichten. Die Dringlichkeit der Entscheidung und der schwere, nicht wiedergutzumachende Schaden für den Antragsteller (Konkurs des Unternehmens und nicht bloße finanzielle Verluste) sind dargetan. Allerdings ist das Interesse der Union in Abwägung mit wesentlichen individuellen Interessen des Einzelnen angemessen zu berücksichtigen. Zu erwägen sind die Beeinträchtigungen, die von der Maßnahme des vorläufigen Rechtsschutzes für die durch die EU-Verordnung in der gesamten Union eingeführte rechtliche Regelung ausgehen können, zB die kumulative Wirkung, wenn zahlreiche Gerichte aus ähnlichen Gründen ebenfalls Maßnahmen des vorläufigen Rechtsschutzes erlassen würden. Angesichts der Besonderheit der Situation von B, die dieses Unternehmen von den übrigen betroffenen Wirtschaftsteilnehmern unterscheidet, ist diese Gefahr aber gering. Durch die Anordnung von Sicherheiten wie Kaution oder Hinterlegung besteht zudem die Möglichkeit, ein finanzielles Risiko für die EU (Nacherhebung der höheren Zölle) abzudecken.

---

120 Vgl *Schenke*, Verwaltungsprozessrecht, 14. Aufl. 2014, Rn 1036 ff; *Hufen*, Verwaltungsprozessrecht, 9. Aufl. 2013, § 33 Rn 17 f; *W. Schmitt Glaeser/H.-D. Horn*, Verwaltungsprozessrecht, 16. Aufl. 2011, Rn 318.

121 EuGH, Rs C-280/93, Deutschland/Rat, Slg 1994, I-4973, Rn 64 ff = *HVL*, S. 540 = *Pechstein* Nr 53, 131 = *GO* Nr 134.

**Ergebnis:** Die Verfassungsbeschwerde ist zulässig und begründet. In der **Abwandlung** ist die Verfassungsbeschwerde unbegründet, da nach dem *T. Port-Urteil* des EuGH das OVG als nationales Gericht nicht befugt war, im Rahmen eines Verfahrens zur Gewährung vorläufigen Rechtsschutzes vorläufige Maßnahmen zu erlassen, bis die Kommission nach Art. 30 VO 404/93 einen Rechtsakt zur Regelung der bei den Marktbeteiligten vorliegenden Härtefälle erlassen hat. Gegen deren Untätigkeit bzw ablehnende Entscheidung gewährt der EuGH im Rahmen von Untätigkeits- (Art. 265 Abs. 3 AEUV) bzw Nichtigkeitsklagen (Art. 263 Abs. 4 AEUV) vorläufigen Rechtsschutz gemäß Art. 279 AEUV (s. Rn 723). Gerügt werden könnte allenfalls, dass diese Rechtsschutzmöglichkeit dem vom GG unabdingbar geforderten Standard nicht genügt, wobei die strengen Anforderungen zu beachten sind, die das BVerfG im Bananenmarktordnungsbeschluss (s. Rn 250) aufgestellt hat. Das BVerfG müsste aber vor der endgültigen Nichtanwendung des Unionsrechts den EuGH gemäß Art. 267 Abs. 3 AEUV anrufen (vgl Rn 251).

## 3. Kontrolle der Einhaltung der Vorlagepflicht

Kommt ein letztinstanzliches Gericht seinen Verpflichtungen aus Art. 267 Abs. 3 AEUV nicht nach, so kann gegen den betreffenden Mitgliedstaat ein Vertragsverletzungsverfahren gemäß Art. 258 AEUV eingeleitet werden. Die Kommission ist insoweit jedoch aus Zweckmäßigkeitsgründen (Probleme im innerstaatlichen Vollzug wegen der richterlichen Unabhängigkeit) sehr zurückhaltend[122]. **726**

Angesichts dessen ist es zwar nicht unionsrechtlich geboten[123], aber nützlich, wenn das nationale Verfassungsrecht eine Verletzung der Vorlagepflicht sanktioniert. In der Bundesrepublik Deutschland ist dies der Fall, da der EuGH als gesetzlicher Richter iSd Art. 101 Abs. 1 S. 2 GG anerkannt ist (vgl Rn 262)[124]. Dies kann sich nicht nur für die Verwirklichung von Rechten, die dem Bürger in Richtlinien zuerkannt werden, auswirken. Er hat auch ein Recht darauf, gegenüber grundrechtswidrigen Unionsrechtsakten geschützt zu werden, und in diesem Rahmen ein Recht auf Entscheidung durch den EuGH (Maßstab: Unionsgrundrechte) als dem nach dem Solange II-Beschluss derzeit allein zuständigen Gericht[125]. Somit verstößt die Unterlassung einer nach gebotener Grundrechtsprüfung gegebenenfalls erforderlichen Vorlage an den EuGH auch gegen deutsches Verfassungsrecht und unterliegt damit der Verfassungsbeschwerde an das BVerfG. Das BVerfG überprüft allerdings nur, ob die Vorlagepflicht „offensichtlich unhaltbar" (willkürlich) gehandhabt wurde. Dies ist insbesondere dann der Fall, wenn trotz erkannter Entscheidungserheblichkeit der unionsrechtlichen Frage und bestehender Zweifel hinsichtlich der richtigen Beantwortung eine Vorlage überhaupt nicht in Erwägung gezogen wird (grundsätzliche Verkennung der Vorlagepflicht) oder wenn bewusst von der Rechtsprechung des EuGH ohne (neuerliche) Vorlage abgewichen **727**

---

122  Vgl hierzu *Breuer*, Urteile mitgliedstaatlicher Gerichte als möglicher Gegenstand eines Vertragsverletzungsverfahrens gem. Art. 226 EG?, EuZW 2004, 199; *E. Lenski/F. Mayer*, Vertragsverletzung wegen Nichtvorlage durch oberste Gerichte?, EuZW 2005, 225.

123  So ausdrücklich BVerfGE 126, 286 (316) – Honeywell. Vgl auch *Kokott/Henze/Sobotta*, JZ 2006, 633 (635).

124  Zum EuGH als gesetzlichen Richter iSv Art. 83 Abs. 2 B-VG Österreich s. ÖVerfGH, EuZW 1995, 329 (532) = *HVL*, S. 328 ff; ÖVerfGH, Urt. v. 24.6.2010, *HVL*, S. 330. Zur nach Ansicht des BVerfG verfassungswidrigen Vorlage bei fehlender Jurisdiktion des EuGH s. Rn 253.

125  Vgl BVerfG, EuGRZ 1988, 109 (112) = EuR 1988, 190 = *HVL*, S. 324 ff – Denkavit.

wird (bewusstes Abweichen ohne Vorlagebereitschaft). Liegt zu einer entscheidungs-
erheblichen Frage eine einschlägige Rechtsprechung des EuGH noch nicht vor oder hat
der EuGH die entscheidungserhebliche Frage möglicherweise noch nicht erschöpfend
beantwortet und erscheint eine Fortentwicklung dieser Rechtsprechung nicht nur als
entfernte Möglichkeit, soll eine Verletzung von Art. 101 Abs. 1 S. 2 GG nur dann vorliegen, wenn das letztinstanzliche[126] Gericht den ihm in solchen Fällen notwendig zukommenden Beurteilungsrahmen in unvertretbarer Weise überschritten hat (Unvoll-
ständigkeit der Rechtsprechung). Dies ist jedenfalls dann der Fall, wenn die Fachgerichte das Vorliegen eines „acte clair" oder eines „acte éclairé" willkürlich bejahen[127].
Dies trifft insbesondere dann zu, wenn mögliche Gegenauffassungen zu der entschei-
dungserheblichen Frage gegenüber der vom nationalen Gericht vertretenen Meinung
*eindeutig* vorzuziehen sind[128]. Das BVerfG hat dies so verstanden, dass eine Verletzung der Vorlagepflicht im Fall einer unvollständigen Rechtsprechung bereits dann
ausscheide, wenn die vom letztinstanzlichen Gericht in der Sache gewählte Auslegung
„nicht unvertretbar" sei[129]. Die Rechtsprechung war allerdings uneinheitlich[130]. Im *Honeywell*-Beschluss zeichnete sich eine restriktive Tendenz ab[131]. Im Urteil zum Filmförderungsgesetz[132] wird eine Annäherung der beiden Senate des BVerfG dahingehend
gesehen, dass die Fachgerichte nur noch in den Fällen von einer Vorlage an den EuGH
absehen können, in denen dies in Ansehung der Rechtsprechung des EuGH zu Art. 267
Abs. 3 AEUV zumindest vertretbar ist[133]. Die letztinstanzliche Entscheidung muss zumindest die Prüfung der Vorlagepflicht erkennen lassen[134].

---

126  Zur Revisibilität europarechtlicher Fragen im deutschen Recht mit der Folge, dass vorlagepflichtiges
letztinstanzliches Gericht (erst) das für die Revision bzw Nichtzulassungsbeschwerde zuständige Gericht ist s. BVerwG, EuZW 1993, 263 = *HVL*, S. 330 f; BVerfGE 82, 159 = *HVL*, S. 331; BVerfG,
NVwZ 1993, 883. Zur grundsätzlichen Bedeutung einer Sache wegen Pflicht zur Vorlage an den
EuGH s. BVerfG, NVwZ 2009, 519 = *HVL*, S. 331; zu Fragen der Garantie des gesetzlichen Richters
im Zusammenhang mit dem strafprozessualen Revisionsrecht s. BVerfG, BeckRS 2009, 32484.
127  BVerfGE 135, 155 (233), Rn 183.
128  BVerfGE 82, 159 (195 f) = *HVL*, S. 331; BVerfGE 126, 286 (317) = *HVL*, S. 327 f; BVerfGE 135,
155 (233), Rn 185. Vgl dazu *Degenhart*, in: Sachs (Hrsg), GG-Kommentar, 7. Aufl. 2014, Art. 101
GG, Rn 19 f mwN; *Cremer*, in: Calliess/Ruffert, Art. 267 AEUV, Rn 35 ff; *Schwarze*, in: Schwarze,
Art. 267 AEUV, Rn 54 mwN; *Ehricke*, in: Streinz, Art. 267 AEUV, Rn 52; zu (nicht) möglichen
weiteren Rechtsschutzmöglichkeiten im deutschen Recht vgl ebd., Rn 53 f mwN; *Fastenrath*, in: FS
Ress, 2005, S. 461. Eine Verletzung der Vorlagepflicht kann gegen das Fairnessgebot des Art. 6
Abs. 1 EMRK verstoßen, EGMR, Urt. v. 13.2.2007, Beschwerde 15073/03, John/Deutschland,
EuGRZ 2008, 274 (276) – im konkreten Fall wurde ein Verstoß verneint. Ebenso *Fastenrath*, NJW
2009, 272 (276). AA *Ehricke*, in: Streinz, Art. 267 AEUV, Rn 54.
129  BVerfG (K), GRUR 2005, 52.
130  Intensivierung des Prüfungsmaßstabs in BVerfG (K), NJW 2001, 1276; BVerfG (K), EuGRZ 2010,
247 (249 ff) = NJW 2010, 1268; BVerfG (K), NZA 2010, 439 = *HVE*, S. 343 f; BVerfG (K), GRUR
2011, 225 (226).
131  BVerfGE 126, 286 (315 ff) und Ls 3 = *HVL*, S. 80 ff, S. 327 f: „Nicht jede Verletzung der unionsrechtlichen Vorlagepflicht stellt einen Verstoß gegen Art. 101 Abs. 1 S. 2 GG dar. Das BVerfG beanstandet die Auslegung und Anwendung von Zuständigkeitsnormen nur, wenn sie bei verständiger
Würdigung der das Grundgesetz bestimmenden Gedanken nicht mehr verständlich erscheinen und
offensichtlich unhaltbar sind. Dieser Willkürmaßstab wird auch dann angelegt, wenn eine Verletzung von Art. 267 Abs. 3 AEUV in Rede steht (Bestätigung von BVerfGE 82, 159 (194))."
132  BVerfGE 135, 155 (231 ff.), Rn 180-186.
133  So *C. Finck/E. Wagner*, NVwZ 2014, 1286 (1289) mwN.
134  BVerfG, RIW 1994, 519 (529). Das BVerfG hat anhand dieser Maßstäbe der Verfassungsbeschwerde gegen ein Urteil des BVerwG stattgegeben, BVerfG, EuZW 2001, 255. Ebenso BVerfG (K),
GRUR 2011, 225 (226) gegen ein Urteil des BGH, BVerfG (K), EuGRZ gegen ein Urteil des BAG
sowie BVerfG (K), EuGRZ 2008, 633 (635 f) gegen ein Urteil des OVG Nordrhein-Westfalen.

Damit können die Prozessparteien verfassungsrechtlich eine Vorlage an den EuGH **728** erzwingen, während ihnen dies unionsrechtlich verwehrt ist. Denn Art. 267 AEUV sieht ein unmittelbares Zusammenwirken des EuGH mit den nationalen Gerichten in einem nichtstreitigen Verfahren vor, in dem die Parteien keinerlei Initiativrechte, sondern nur Gelegenheit zur Äußerung haben[135].

**Fall 29** (nach BVerfGE 75, 223 = *MH* Nr 19): **729**

Die RL 77/388 des Rates zur Harmonisierung der Rechtsvorschriften der Mitgliedstaaten über die Umsatzsteuern[136] befreite Umsätze aus Kreditvermittlung von der Umsatzsteuer. Sie war bis zum 31.12.1978 umzusetzen. Aus verschiedenen Gründen erfolgte die Umsetzung in der Bundesrepublik Deutschland erst ein Jahr später. Die Kreditvermittlerin B beantragte beim zuständigen Finanzamt für ihre im Jahr 1979 erzielten Umsätze Steuerbefreiung. Dies wird unter Berufung auf das bis zum 31.12.1979 geltende deutsche Umsatzsteuerrecht abgelehnt. Das von der Kreditvermittlerin gegen diesen Bescheid angerufene Finanzgericht gibt ihr auf Grund einer entsprechenden Entscheidung des EuGH Recht (s. **Fall 16**, Rn 488/500). Auf die dagegen eingelegte Revision der Finanzverwaltung weist der BFH die Klage mit der Begründung ab, der EU sei für das Umsatzsteuerrecht nicht das Hoheitsrecht übertragen worden, Recht mit unmittelbarer Wirkung im Inland im Rahmen der Rechtsangleichung zu setzen. Deshalb sei gemäß Art. 20 Abs. 3 GG das deutsche Umsatzsteuergesetz bis zu seiner Änderung anzuwenden. Was ist B nun zu raten?

**Lösung Fall 29:**

In Betracht kommt eine Verfassungsbeschwerde gemäß Art. 93 Abs. 1 Nr 4a GG.

**I. Zulässigkeit der Verfassungsbeschwerde**

Gegen das Urteil des BFH als Akt der deutschen öffentlichen Gewalt ist die Verfassungsbeschwerde statthaft. Beschwerdegrund könnte die Verletzung von Art. 101 Abs. 1 S. 2 GG dadurch sein, dass der BFH durch ein pflichtwidriges (vgl Art. 267 Abs. 3 AEUV) Unterlassen einer Vorlage an den EuGH die B ihrem gesetzlichen Richter entzogen hat.

**II. Begründetheit der Verfassungsbeschwerde**

1. Der EuGH ist gesetzlicher Richter iSv Art. 101 Abs. 1 S. 2 GG (s. Rn 262).

2. Durch die Nichtvorlage an den EuGH hat der BFH die B ihrem gesetzlichen Richter entzogen. Wollte der BFH der Rechtsauffassung des EuGH nicht folgen, so wäre er, da die Auslegung der Umsatzsteuerrichtlinie für ihn entscheidungserheblich war, gemäß Art. 267 Abs. 3 AEUV zu einer neuerlichen Vorlage an den EuGH verpflichtet gewesen. Dieser Verpflichtung hat sich der BFH in objektiv willkürlicher Weise entzogen. Verweigert sich ein letztinstanzliches Gericht dieser Vorlagepflicht bezüglich derjenigen Rechtsfragen, die bereits Entscheidungsgegenstand einer im selben Verfahren ergangenen Vorabentscheidung des EuGH waren, so ist dies eine Verletzung des Art. 101 Abs. 1 S. 2 GG, wie immer im Übrigen der Maßstab der Willkür im Hinblick auf Verstöße gegen die Vorlagepflicht aus Art. 267 AEUV zu fassen sein mag (vgl dazu Rn 727).

3.Der BFH ist der Rechtsprechung des EuGH zur unmittelbaren Wirkung von Richtlinien deshalb nicht gefolgt, weil diese vom deutschen Zustimmungsgesetz zum *EWGV* (jetzt: zu den Verträgen) nicht mehr gedeckt sei, sodass er gemäß Art. 20 Abs. 3 GG gehalten sei, das deutsche Umsatzsteuergesetz anzuwenden. Der Sache nach verneint der BFH die Bindungs-

---

135 EuGH, Rs C-364/92, SAT/Eurocontrol, Slg 1994, I-43, Rn 9 = *GO* Nr 95.
136 Aktualisierte Fassung in *Winkel* Nr 601 (vgl Art. 13 lit. B d Nr 1 RL 77/388).

wirkung von Vorabentscheidungen des EuGH nach Art. 267 AEUV, sofern sie die Grenzen der der Union im Sinne des Art. 24 Abs. 1 GG (jetzt Art. 23 Abs. 1 GG) übertragenen Hoheitsrechte überschritten[137]. Das BVerfG teilt zwar den Argumentationsansatz des BFH: Die durch Art. 267 AEUV übertragene Kompetenz ist nicht schrankenlos. Die durch das GG gezogenen Grenzen unterliegen letztlich der Gerichtsbarkeit des BVerfG. Es ist verfassungsrechtlich erheblich, ob eine zwischenstaatliche Einrichtung im Sinne des Art. 24 Abs. 1 GG (Art. 23 Abs. 1 GG) sich in den Grenzen der ihr übertragenen Hoheitsrechte hält oder aus ihnen ausbricht. Die Formulierung deutet darauf hin, dass das BVerfG nicht nur das durch das Zustimmungsgesetz *Übertragbare* (dafür setzt Art. 23 GG die Schranken, vgl Rn 231 f), sondern auch das *Übertragene* als Prüfungsmaßstab ansieht[138]. Das BVerfG kommt aber zu Recht zu dem Ergebnis, dass sich die Rechtsprechung des EuGH im Rahmen des Übertragbaren und auch des Übertragenen hält: *„Gegen die Methode richterlicher Rechtsfortbildung ist weder unter dem Maßstab des Zustimmungsgesetzes zum EWGV noch dem des Art. 24 Abs. 1 GG etwas zu bewenden"*. Dieser Ansatz wurde zuletzt im *Honeywell*-Beschluss[139] bestätigt, wobei dem EuGH erheblicher Entscheidungsspielraum und auch ein Anspruch auf „Fehlertoleranz" konzediert wurde (s. dazu Rn 251).

**Ergebnis:** B wäre zu raten, eine Verfassungsbeschwerde zu erheben. Diese wäre zulässig und begründet.

**Literatur**  (s. auch Rn 425): *Anweiler, J.*, Die Auslegungsmethoden des Gerichtshofs der Europäischen Gemeinschaften, 1997; *Borchardt, K.-D.*, Richterrecht durch den EuGH, in: GS Grabitz, 1995, S. 29 ff; *Burgi, M.*, Verwaltungsprozess und Europarecht, 1996; *Burrows, N./ Greaves, R.*, The Advocate General and EC Law, 2007; *Calliess, C.*, Kohärenz und Konvergenz beim europäischen Individualrechtsschutz, NJW 2002, 3577; *Classen, C.D.*, Die Europäisierung der Verwaltungsgerichtsbarkeit, 1996; *Dauses, M.*, Das Vorabentscheidungsverfahren nach Artikel 177 EG-Vertrag, 2. Aufl. 1995; *Dörr, O.*, Der europäisierte Rechtsschutzauftrag deutscher Gerichte, 2003; *ders./Lenz, C.*, Europäischer Verwaltungsrechtsschutz, 2006; *Ehlers, D.*, Die Europäisierung des Verwaltungsprozessrechts, 1999; *Everling, U.*, Rechtsschutz in der Europäischen Union nach dem Vertrag von Lissabon, in: Schwarze/Hatje (Hrsg.), Der Reformvertrag von Lissabon, EuR Beiheft 1/2009, S. 71; *Everling, U./Müller-Graff, P.C./Schwarze, J.* (Hrsg.), Die Zukunft der europäischen Gerichtsbarkeit nach Nizza, 2003; *Fastenrath, U.*, Der Europäische Gerichtshof als gesetzlicher Richter, in: FS Ress, 2005, S. 461 ff; *Groh, T.*, Die Auslegungsbefugnis des EuGH im Vorabentscheidungsverfahren, 2005; *Grosche, N.*, Rechtsfortbildung im Unionsrecht, 2011; *Hailbronner, K.*, Die Unionsbürgerschaft und das Ende rationaler Jurisprudenz durch den EuGH?, NJW 2004, 2185; *Hakenberg, W./Stix-Hackl, C.*, Handbuch zum Verfahren vor dem EuGH, Teil 1, 3. Aufl. 2005; *Herrmann, C.*, Die Reichweite der gemeinschaftsrechtlichen Vorlagepflicht in der neueren Rechtsprechung des EuGH, EuZW 2006, 231; *Huber, P.M.*, Die Europäisierung des verwaltungsgerichtlichen Rechtsschutzes, BayVBl 2001, 577; *König, D.*, Die Individualklage nach Art. 230 IV EG, JuS 2003, 257; *Kokott, J.*, Europäisierung des Verwaltungsprozessrechts, Die Verwaltung 1998, 335; *dies./Henze, T./Sobotta, C.*, Die Pflicht zur Vorlage an den Europäischen Gerichtshof und die Folgen ihrer Verletzung, JZ 2006, 633; *Lengauer, A.*, Nichtigkeitsklage vor dem EuGH, 1998; *Lindner, F.*, Individualrechtsschutz im europäischen Gemeinschaftsrecht – Ein systematischer Überblick, JuS 2008, 1; *Micklitz, H.-W.* (Hrsg.), Europarecht case by case. Vorlageverfahren deutscher Gerichte an den EuGH, 2004;

---

137  BFH, EuR 1985, 191.
138  Bestätigt durch BVerfGE 89, 155 (188).
139  BVerfGE 126, 286.

*Nettesheim, M.*, Rechtsschutzgewährung im arbeitsteiligen System europäischen Rechtsschutzes, JZ 2002, 928; *Ott, A.*, Die anerkannte Rechtsfortbildung des EuGH als Teil des gemeinschaftsrechtlichen Besitzstandes (acquis communautaire), EuZW 2000, 293; *Pechstein, M.*, EU-Prozessrecht, 4. Aufl. 2011; *ders., Kubicki, P.*, Gültigkeitskontrolle und Bestandskraft von EG-Rechtsakten, NJW 2005, 1825; *Pernice, I.*, Die Zukunft der Unionsgerichtsbarkeit. Zu den Bedingungen einer nachhaltigen Sicherung effektiven Rechtsschutzes im Europäischen Verfassungsverbund, EuR 2011, 151; *Piepenbrock, A.*, Vorlagen an den EuGH gemäß Art. 267 AEUV im Privatrecht, EuR 2011, 317; *Rengeling, H.-W./Middeke, A./Gellermann, M.*, Handbuch des Rechtsschutzes in der Europäischen Union. Durchsetzung des Gemeinschaftsrechts vor europäischen und deutschen Gerichten, 3. Aufl. 2014; *Riesenhuber, K.* (Hrsg.), Europäische Methodenlehre, 3. Aufl. 2015; *Rodriguez Iglesias, G.C.*, Der EuGH und die Gerichte der Mitgliedstaaten – Komponenten der richterlichen Gewalt in der EU, NJW 2000, 1889; *Röben, V.*, Die Einwirkung der Rechtsprechung des Europäischen Gerichtshofs auf das mitgliedstaatliche Verfahren in öffentlich-rechtlichen Streitigkeiten, 1998; *Rohde, C.*, Vorläufiger Rechtsschutz unter dem Einfluß des Gemeinschaftsrechts, 1998; *Schima, B.*, Das Vorabentscheidungsverfahren vor dem EuGH, 2. Aufl. 2004; *Schoch, F.*, Die Europäisierung des verwaltungsgerichtlichen Rechtsschutzes, 2000; *Schroeder, W.*, Die Auslegung des EU-Rechts, JuS 2004, 180; *Skouris, V.*, Entwicklungsperspektiven der europäischen Gerichtsbarkeit, in: FS Merten, 2007, S. 383 ff; *Solar, N.*, Vorlagepflichtverletzung mitgliedstaatlicher Gerichte und ihre Sanierung, 2004; *Sommermann, K.-P.*, Das Recht auf effektiven Rechtsschutz als Kristallisationspunkt eines gemeineuropäischen Rechtsstaatverständnisses, in: FS Merten, 2007, S. 443 ff; *Stern, K.*, Die Einwirkung des europäischen Gemeinschaftsrechts auf die Verwaltungsgerichtsbarkeit, JuS 1998, 769; *Streinz, R.*, Primär- und Sekundärrechtsschutz im öffentlichen Recht, VVDStRL 61 (2002), S. 300 ff; *ders.*, Die Auslegung des Gemeinschaftsrechts durch den EuGH – Eine kritische Betrachtung, ZEuS 2004, 387; *ders.*, Die Rolle des EuGH im Prozess der Europäischen Integration. Anmerkungen zu gegenläufigen Tendenzen in der neueren Rechtsprechung des EuGH, AöR 135 (2010), 1; *Thiele, A.*, Europäisches Prozessrecht. Verfahrensrecht vor dem EuGH, 2. Aufl. 2014; *Ukrow, J.*, Richterliche Rechtsfortbildung durch den EuGH, 1995; *Warnke, M.*, Die Vorlagepflicht nach Art. 234 Abs. 3 in der Rechtsprechungspraxis des BVerfG, 2004; *Wägenbaur, B.*, Court of Justice oft he EU – Commentary on Statute and Rules of Procedure, 2013; *Wernsmann, R./Behrmann, J.*, Das Vorabentscheidungsverfahren nach Art. 234 EGV, Jura 2006, 181.

# § 9   Das Haushaltsrecht der Europäischen Union

## I.   Entwicklung und Struktur

Die Entwicklung des Haushaltsrechts der Europäischen Union ist Spiegelbild und Gradmesser der politischen Integration. So wurde die EWG ursprünglich durch Finanzbeiträge, die die Mitgliedstaaten nach einem prozentualen Schlüssel aufbrachten, finanziert[1]. Später etablierte sich dann das bereits in den römischen Verträgen angelegte System der Eigenmittel (das heute das einzig primärrechtlich mögliche ist, vgl Art. 311 AEUV), das eine gewisse finanzielle Selbstständigkeit brachte. Den Fokus der praktischen Probleme bildete in den letzten Jahrzehnten das Vorgehen zur Aufstellung des Haushalts, namentlich die Frage nach der Beteiligung des Europäischen

**730**

---

1   Art. 200 Abs. 1 und 2 EWGV.

Parlaments. Hier entwickelten sich pragmatische Lösungen in Gestalt interinstitutioneller Vereinbarungen. Zu nennen ist insbesondere die mittelfristige Finanzplanung durch das System der Finanziellen Vorausschau. Durch den Vertrag von Lissabon wurde diese Praxis in die Festlegung des mehrjährigen Finanzrahmens durch eine Verordnung des Rates in einem besonderen Gesetzgebungsverfahren (Art. 312 Abs. 2 AEUV; s. Rn 742) überführt. Zugleich wurde die Rolle des Europäischen Parlaments als „Haushaltsgesetzgeber" fortentwickelt.

**731**  Eine eigene Finanzierungskompetenz der EU bedürfte einer Änderung der Verträge im ordentlichen Vertragsänderungsverfahren (Art. 48 EUV) und kann, soweit damit eine Kompetenz-Kompetenz verbunden ist, auf verfassungsrechtliche Grenzen stoßen[2]. Die Einführung einer EU-Steuer, die speziell hinsichtlich der Eurozone diskutiert wird, kann durch die Einführung einer neuen Eigenmittelkategorie durch eine Ergänzung des Eigenmittelbeschlusses (Art. 311 Abs. 3 AEUV) erfolgen[3].

**732**  Das Haushaltsrecht der Europäischen Union hat folgende **Struktur**: Der Haushalt basiert auf dem Grundsatz des Einnahmehaushalts[4], dh das Volumen der zur Verfügung stehenden Eigenmittel ist leitend für das Maß der möglichen Ausgaben (vgl Art. 310 Abs. 4, Art. 311 Abs. 2, Art. 312 Abs. 1 und 3 AEUV). Eine zentrale Bedeutung hat damit das System der Eigenmittel, das im Wege des Eigenmittelbeschlusses (s. Rn 741) zu schaffen ist (Art. 310 Abs. 3 AEUV). Hinsichtlich des konkret für den Haushaltsplan eröffneten Haushaltsvolumens kommt dem durch Verordnung zu erlassenden mehrjährigen Finanzrahmen[5] eine Schlüsselposition zu (Art. 312 AEUV). Die eigentlichen Haushaltsansätze, insbesondere die ein kostenwirksames Handeln der Union ermöglichenden Zahlungs- und Verpflichtungsermächtigungen sind schließlich im jährlichen Haushaltsplan (Art. 310, Art. 313 ff AEUV) enthalten. Die technische Umsetzung der Haushaltsaufstellung und des Vollzugs basiert auf den sekundärrechtlichen Vorschriften der **Haushaltsordnung** (Art. 322 AEUV)[6].

## II.  Einnahmen und Ausgaben

**733**  Einnahmen und Ausgaben bilden die für den Haushalt der Union maßgeblichen Rechengrößen (Art. 310 Abs. 1 AEUV), dh dieser wird **kameralistisch** geführt.

Auf der **Einnahmenseite** ist zwischen Eigenmitteln und sonstigen Einnahmen zu unterscheiden. Die Eigenmittel bilden gemäß Art. 311 AEUV die zentrale Einnahmequelle. Die sonstigen Einnahmen (Steuern auf die Bezüge der EU-Bediensteten, Bußgelder von Unternehmen, die zB gegen das Wettbewerbsrecht verstoßen haben usw) sind auch tatsächlich von vernachlässigbarem Volumen (2015 1,1 %).

---

2  Vgl dazu *Storr*, in: Niedobitek (Hrsg.), Europarecht. Grundlagen der Union, § 9, Rn 14.
3  Vgl ebd, Rn 71 ff.
4  Vgl *Rossi*, in: Dauses, EU-Wirtschaftsrecht (27. EL 2010), A.III. Rn 106.
5  Aktuell VO (EU, Euratom) 1311/2013 des Rates zur Festlegung des mehrjährigen Finanzrahmens für die Jahre 2014-2020 (ABl 2013 L 347/884).
6  VO 966/2012, ABl L 298/1.

Das System der Eigenmittel beruht gegenwärtig auf dem Eigenmittelbeschluss des **734** Rates vom 26.5.2014[7] und der an diesen angepassten Durchführungsverordnung 609/ 2014[8]. Art. 2 Abs. 1 dieses Eigenmittelbeschlusses bestätigt die zuvor bereits geltenden folgende drei Kategorien von Eigenmitteln:

1. Agrarabschöpfungen (insbesondere Zuckerabgaben) und Zölle (sog. Traditionelle Eigenmittel[9]). Die Einziehung dieser Eigenmittel erfolgt nicht durch eigene Behörden der Union, sondern durch die Mitgliedstaaten in eigener Verantwortung unter Prüfung der Kommission (Art. 8 Eigenmittelbeschluss). Die Mitgliedstaaten behalten als Ausgleich für die Erhebungskosten ein Viertel der erhobenen Eigenmittel zurück.

2. Einnahmen, die sich aus der Anwendung eines für alle Mitgliedstaaten einheitlichen Satzes auf die nach Unionsvorschriften bestimmte einheitliche Mehrwertsteuer-Eigenmittelbemessungsgrundlage eines jeden Mitgliedstaats ergeben (sog. Mehrwertsteuer-Eigenmittel); diese Bemessungsgrundlage darf 50% des Bruttonationaleinkommens (BNE) der Mitgliedstaaten nicht überschreiten; der einheitliche Satz beträgt grundsätzlich 0,30%.

3. Einnahmen, die sich aus der Anwendung eines im Rahmen des Haushaltsverfahrens unter Berücksichtigung aller übrigen Einnahmen festzulegenden einheitlichen Satzes auf den Gesamtbetrag der BNE aller Mitgliedstaaten ergeben (sog. BNE-Eigenmittel). Die BNE-Eigenmittel waren eigentlich als Ergänzung gedacht, sie stellen (2015) mit 74% der Gesamteinnahmen aber die wichtigste Einnahmequelle dar.

Nach Art. 2 Abs. 2 des Beschlusses sind auch sonstige Abgaben, die im Rahmen einer gemeinsamen Politik auf der Grundlage der Art. 311 AEUV eingeführt werden, als eigene Mittel in den Haushalt einzusetzen. Erwogen werden u. a. Umweltabgaben, Verbrauchsteuern auf Alkohol und Zigaretten.[10]

Hinsichtlich der von den Mitgliedstaaten zu finanzierenden Eigenmittel existieren zu Ermäßigungen führende Sonderregelungen für das Vereinigte Königreich (Art. 4), ferner für Dänemark, Österreich, Deutschland, die Niederlande und Schweden (vgl Art. 2 Abs. 4 und 5 Eigenmittelbeschluss).

Die **Gesamtobergrenze** der Eigenmittel darf einen festgelegten Prozentsatz des ge- **735** samten Bruttonationaleinkommens (BNE) der Mitgliedstaaten nicht übersteigen. Dieser Prozentsatz beträgt gemäß Art. 3 Eigenmittelbeschluss 1,23%. Zugleich darf das Gesamtvolumen der Verpflichtungsermächtigungen 1,29% des gesamten BNE der Union nicht überschreiten. Diese Obergrenze wird in der Praxis aber aufgrund strengerer Beschränkungen im mehrjährigen Finanzrahmen gegenwärtig nicht relevant. Das tatsächliche Ausgabenvolumen der Union bewegt sich im Bereich von 1% des BNE jährlich, das sind ca. 142 Mrd. Euro.

---

7 Beschluss 2014/335/EU, Euratom des Rates über das Eigenmittelsystem der EU (ABl 2014 L 168/ 105), Sart. II Nr 225; Nomos Nr 20.
8 VO 609/2014 (ABl 2014 L 168/39). Vgl dazu *Bieber* in: von der Groeben/Schwarze/Hatje, Art. 311 AEUV, Rn 23.
9 *Rossi*, in: Dauses, EU-Wirtschaftsrecht (27. EL 2010), A.III. Rn 110.
10 *Bieber*, in: von der Groeben/Schwarze/Hatje, Art. 311 AEUV, Rn 23.

**736** Was die Struktur der **Ausgabenseite** angeht, so ist die Unterscheidung zwischen obligatorischen und nicht-obligatorischen Ausgaben, die bisher für den Umfang der Rechte des Europäischen Parlaments Bedeutung hatte, durch den Vertrag von Lissabon entfallen.

**737** Zu unterscheiden ist zwischen Zahlungsermächtigungen (also den im Haushaltsjahr tatsächlich zur Verausgabung vorgesehenen Beträgen) und Verpflichtungsermächtigungen (also Ausgaben, die im Haushaltsjahr veranlasst werden, aber erst in einem Folgejahr zur Auszahlung anstehen), vgl Art. 312 Abs. 3 UAbs. 1 AEUV. Für beide Kategorien bildet der **mehrjährige Finanzrahmen** ein wichtiges Instrument zur Ausgabensteuerung, weil er schon Festlegungen für die einzelnen Politikbereiche enthält und bei der Aufstellung des jährlichen Haushaltsplans einzuhalten ist (Art. 312 Abs. 1 UAbs. 3 AEUV).

**738** Gemäß Art. 310 Abs. 3 AEUV trägt der bloße Haushaltsansatz keine Ermächtigung zum die Ausgabe auslösenden Handeln in sich. Erforderlich ist vielmehr stets auch eine sachliche Rechtsgrundlage. Der Haushaltsansatz ist damit – anders als beispielsweise im Bereich der Förderungsgewährung im deutschen Recht – stets nur notwendige, nie aber hinreichende Bedingung für die Umsetzung einer Maßnahme[11].

**739** Zu den Einnahmen und Ausgaben s. folgendes Schaubild

---

11 *Waldhoff*, in: Calliess/Ruffert, Art. 310 AEUV, Rn 30.

**Schaubild 6:** Überblick über den EU-Haushalt 2015
(MfV: Mittel für Verpflichtungen – MfZ: Mittel für Zahlungen)

| Rubriken | Mrd. € | | % der ge-samten Mittel-ausstat-tung | Änderung gegenüber 2014 (in %) | |
|---|---|---|---|---|---|
| | MfV | MfZ | | MfV | MfZ |
| **1. Intelligentes und Inte-gratives Wachstum** | **66,7** | **66,9** | **45, 8** | **+ 4,2** | **+ 1,2** |
| 1a. Wettbewerbsfähigkeit für Wachstum und Be-schäftigung | 17,5 | 15,7 | | + 5,8 | + 29,5 |
| 1b. Wirtschaftlicher, sozia-ler und territorialer Zusammenhalt | 49,2 | 51,1 | | + 3,6 | -5 |
| **2. Nachhaltiges Wachs-tum: Natürliche Res-sourcen** | **58,8** | **55,9** | **40,7** | **+ 0** | **+ 0,6** |
| *Europäischer Garantie-fonds für die Landwirt-schaft (EGFL) marktbe-zogene Ausgaben und Direktzahlungen* | 43,4 | 43,4 | | + 0,3 | + 0,3 |
| *Europäischer Meeres-und Fischereifonds (EMFF)* | 1,03 | 9,59 | | | |
| **3. Sicherheit und Unions-bürgerschaft** | **2,1** | **1,8** | **1,5** | **+ 1,9** | **+ 12,2** |
| 3a. Fonds für die innere Sicherheit (ISF) | 0,3 | 0,2 | | | |
| 3b. Grundrechte und Unionsbürgerschaft | 0,05 | 0,04 | | | |
| **4. Die EU als globaler Akteur (Europa in der Welt)** | **8,4** | **7,4** | **5,8** | **+ 1,1** | **+ 7,1** |
| **5. Verwaltung** | **8,6** | **8,6** | **5,9** | **+ 2,5** | **+ 2,5** |
| *davon Kommission* | 3,2 | 3,2 | | + 1,1 | + 1,1 |
| *davon Ausgaben der Organe* | 6,9 | 6,9 | | + 2,1 | + 2,1 |
| Insgesamt | 145,9 | 141, 2 | 100 | + 2,07 | + 1,35 |
| In % des BNE (EU 28) | 1,04 | 1,02 | | | |

Quellen:
http://ec.europa.eu/budget/library/biblio/documents/2015/DAB/COM_2015_11_final_de.pdf
http://ec.europa.eu/budget/annual/lib/documents/2015/Presentation_DB2015_11June.pdf
http://ec.europa.eu/budget/figures/2015/2015_de.cfm

*EU-Einnahmen Haushaltsplan 2015*

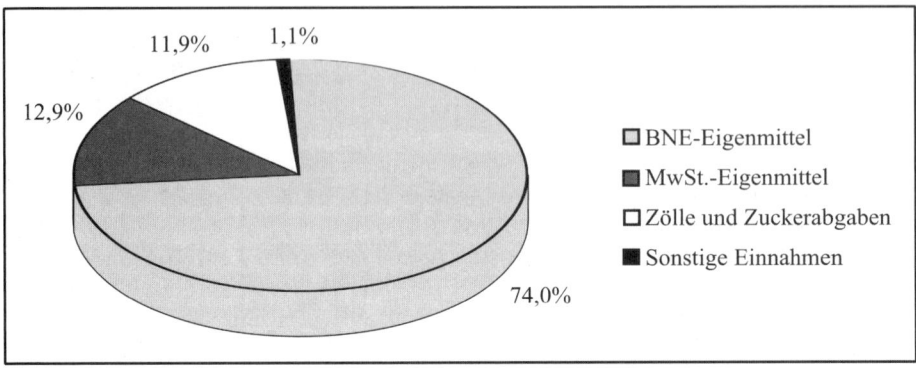

*EU-Ausgaben Haushaltsplan 2015*

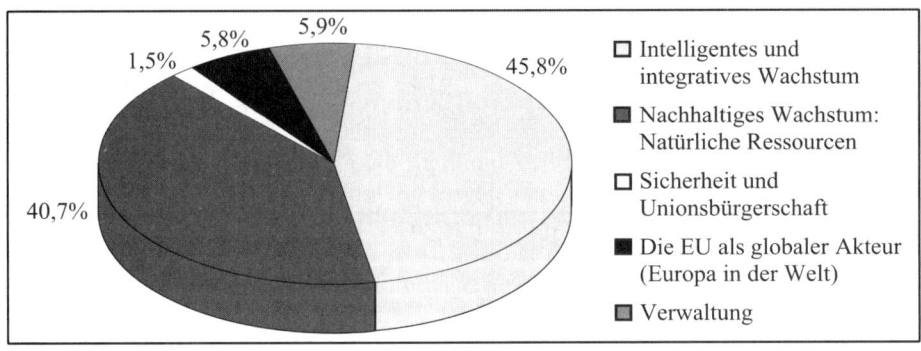

Quelle: ABl 2015 L 69/12.

## III. Haushaltsgrundsätze

**740** Der AEUV sieht für den Unionshaushalt bestimmte Prinzipien vor, die für die Aufstellung öffentlicher Haushalte allgemein üblich sind. Dazu gehören die Grundsätze der Vorherigkeit (Art. 314, 315 AEUV), der Jährlichkeit und zeitlichen Spezialität, der Einheit und Vollständigkeit und des Bruttoprinzips, des Haushaltsausgleichs (Art. 310 Abs. 1 AEUV), der Spezialität (vgl Art. 24 ff HaushaltsO) und der Gesamtdeckung (Universalitätsprinzip, Art. 6 Eigenmittelbeschluss, Art. 20 ff HaushaltsO)[12]. Der Haushalt wird gemäß Art. 320 AEUV in Euro aufgestellt. Mit besonderer Deutlichkeit geregelt sind der Grundsatz der Haushaltsdisziplin (Art. 310 Abs. 4 AEUV) und der Grundsatz der Wirtschaftlichkeit der Haushaltsführung (Art. 310 Abs. 5 und Art. 317 AEUV).

---

12  S. dazu *Niedobitek*, in: Streinz, Art. 310 AEUV, Rn 15 ff.

## IV. Verfahrensrecht

### 1. Eigenmittelbeschluss und mehrjähriger Finanzrahmen

Der **Eigenmittelbeschluss** kommt gemäß Art. 311 Abs. 3 AEUV in einem zweistufigen **741** Verfahren zu Stande. Er ergeht in einem besonderen Gesetzgebungsverfahren als einstimmiger Beschluss des Rates nach Anhörung des Europäischen Parlaments, tritt aber erst nach Zustimmung der Mitgliedstaaten im Einklang mit ihren jeweiligen verfassungsrechtlichen Vorschriften in Kraft. Dieses Zustimmungserfordernis hat den Sinn, die mitgliedstaatliche Souveränität in Gestalt der Ertrags- und Haushaltsautonomie zu schützen. In Deutschland erfolgt die Zustimmung zum Beschluss des Rates durch ein Gesetz gemäß Art. 23 Abs. 1 GG (§ 3 Abs. 1 IntVG). Wegen der Ähnlichkeit mit einem Ratifikationsverfahren wird dieses Zusammenwirken von Union und Mitgliedstaaten als „atypischer Beschluss mit der Wirkung primären Unionsrechts" charakterisiert[13]. Davon geht offenbar auch die amtliche Überschrift von § 3 IntVG aus („Besonderes Vertragsänderungsverfahren"). Der Wortlaut des Art. 311 AEUV (Beschluss, definiert in Art. 288 Abs. 4 AEUV; besonderes Gesetzgebungsverfahren) spricht jedoch dafür, dass der Beschluss des Rates selbst sekundärrechtlichen Charakter hat und als solcher der Überprüfung durch den EuGH unterliegt, wenngleich dies wegen des weiten Gestaltungsspielraums des Rates in der Praxis kaum relevant werden dürfte[14].

Der **mehrjährige Finanzrahmen** ist gemäß Art. 312 Abs. 2 AEUV als Verordnung **742** im besonderen Gesetzgebungsverfahren zu beschließen. Der Beschluss bedarf der Einstimmigkeit im Rat, die der Europäische Rat nach Art. 312 Abs. 2 UAbs. 2 AEUV mit einstimmigem Beschluss durch qualifizierte Mehrheit ersetzen könnte[15], und der Zustimmung des Europäischen Parlaments.

### 2. Jährlicher Haushaltsplan

Das **Verfahren** zum Erlass des jährlichen Haushaltsplans ist in Art. 314 AEUV um- **743** fassend geregelt. Demnach erarbeitet die Kommission einen Entwurf, über den der Rat und das Europäische Parlament in dieser Reihenfolge entscheiden. Billigt das Parlament den Standpunkt des Rates nicht, so kommt es zur Einberufung des Vermittlungsausschusses. Erzielt dieser eine Einigung, so entscheiden darüber wiederum Rat und Parlament. Lehnt in diesem letztgenannten Szenario der Rat ab, so eröffnet sich dem Parlament gemäß Art. 314 Abs. 7 lit. d AEUV ein Letztentscheidungsrecht mit in besonderer Weise qualifizierter Mehrheit[16]. Allerdings erscheint es sehr unwahrscheinlich, dass eine solche Situation überhaupt eintritt. Denn dazu müsste der Rat gemäß Art. 314 Abs. 5 AEUV zunächst in Gestalt der qualifizierten Mehrheit seiner Mitglieder ein Vermittlungsergebnis mittragen, um dieses sodann mehrheitlich abzulehnen. Ein solches Verhalten erscheint unrealistisch[17]. Der Vertrag gibt auch einen Zeitplan für den Haushaltsbeschluss vor, dieser wird aber von den beteiligten Orga-

---

13  So *Rossi*, in: Vedder/Heintschel von Heinegg, EUV/AEUV, Art. 312 AEUV Rn 9; *Waldhoff*, in: Calliess/Ruffert, Art. 311 AEUV, Rn 5. Für primärrechtlichen Charakter, allerdings ungeachtet dessen unter Kontrolle des EuGH, auch *Niedobitek*, in: Streinz, Art. 311 AEUV, Rn 18.

14  *Streinz/Ohler/Herrmann*, Lissabon, S. 88.

15  Der deutsche Vertreter bedarf für die Zustimmung oder Enthaltung dazu der Ermächtigung durch einen Beschluss des Bundestages, § 5 Abs. 1 S. 1 IntVG. S. auch Rn 382.

16  *Khan*, in: Geiger/Khan/Kotzur, Art. 314 AEUV Rn 11.

17  *Bux*, EuR 2010, 717.

nen nur als äußerste zeitliche Grenze verstanden und sie bemühen sich, einem „pragmatischen Zeitplan" entsprechend die einzelnen Schritte etwas früher und unter Beachtung der parlamentarischen Sommerpause abzuarbeiten[18].

**744** Zu den einzelnen Schritten des Haushaltsverfahrens s.

**Schaubild 7:** Überblick über das Haushaltsverfahren der EU[19]

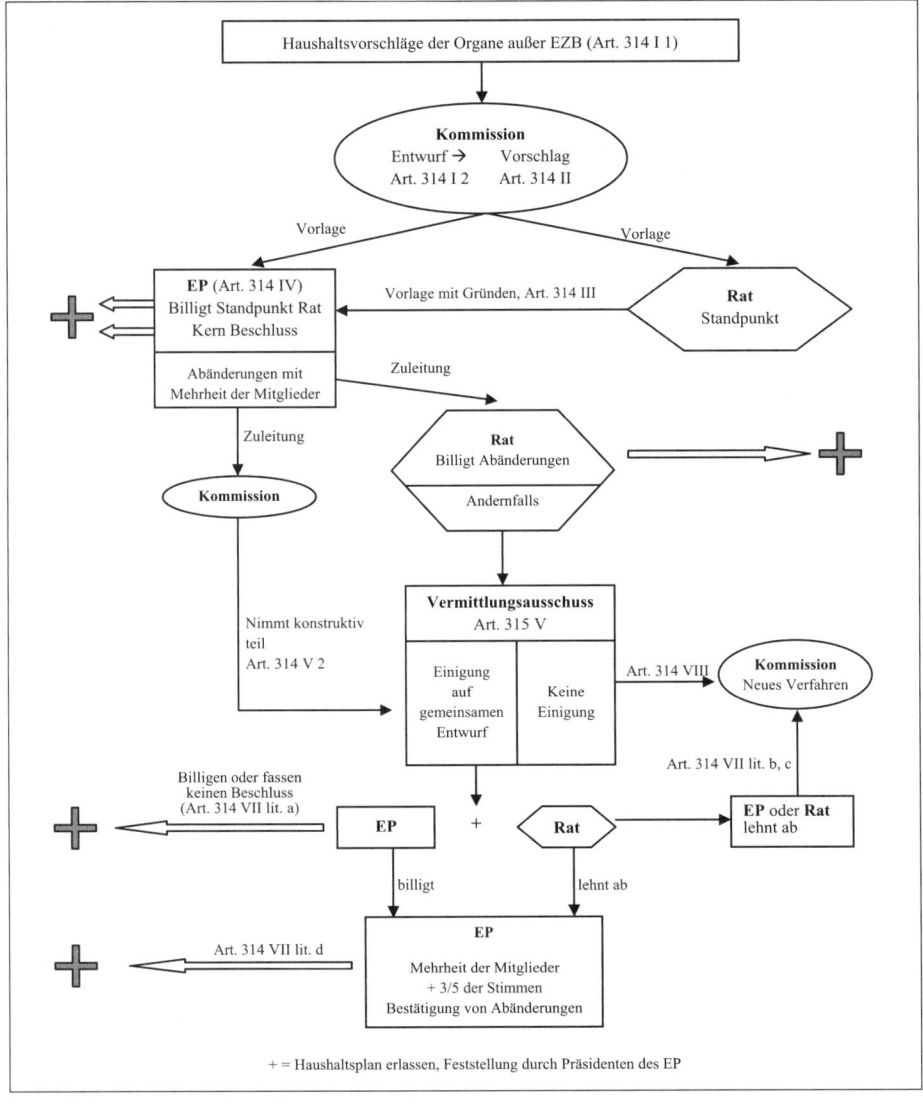

18  *Bux*, ebd., S. 715.
19  Grafik aus dem Informationsangebot der Kommission. (http://ec.europa.eu/budget/img/explained/budgetary_proc_lisbontreaty_de_s.gif).

Insgesamt eröffnet das Haushaltsverfahren den beteiligten Organen eine Vielzahl **taktischer Verhaltensmöglichkeiten** zur Erreichung ihrer politischen Ziele. Man fühlt sich gleichsam an eine Art „Haushaltsmikado" erinnert[20]. Zugleich enthält der Vertrag in Art. 315 AEUV aber auch eine deutliche Sanktion für den Fall, dass es im Haushaltsverfahren nicht zu einem Ergebnis kommt. Ist bis zu Beginn des Haushaltsjahres der Haushaltsplan noch nicht endgültig erlassen, so greift der sog. Nothaushalt, um die Funktionsfähigkeit der Union zu gewährleisten. Dieser erlaubt monatliche Ausgaben in Höhe eines Zwölftels der Jahresansätze für das Vorjahr, gedeckelt durch die Monatsbeträge des Haushaltsplanentwurfs. Gerade in Phasen, in denen die Union den Aufbau neuer Aufgabenfelder und Institutionen plant, kann das Eingreifen des Nothaushalts beträchtliches Verhinderungspotenzial entfalten und wird damit zu einem entsprechend mächtigen politischen Drohmittel im Rahmen der Haushaltsverhandlungen[21].

**745**

### 3.  Die Verknüpfung der Verfahren auf politischer Ebene

Wie die vorstehenden Ausführungen zeigen, gibt es ein gewisses Spannungsfeld zwischen der verfahrensmäßigen Bedeutsamkeit des jährlichen Haushaltsplans, insbesondere aus Sicht des Europäischen Parlaments, und den mit ihm inhaltlich in Anbetracht der Bindung an den Eigenmittelbeschluss und den mehrjährigen Finanzrahmen verbundenen **beschränkten Gestaltungsspielräumen**. In rechtlicher Hinsicht spricht deshalb vieles dafür, dass die Haushaltsbefugnisse des Parlaments eine Grenze für die Vorwegbindungen insofern bilden, als für das jährliche Haushaltsverfahren noch ein relevanter Entscheidungsspielraum verbleiben muss[22]. Gegenwärtig zeichnet sich indes eher eine politische Lösung des Problems ab. So hat das Europäische Parlament sein Schlüsselstellung im Rahmen des Erlasses des Haushaltsplans 2011 dazu genutzt, um sich auch im Rahmen der Erarbeitung der Finanzplanung 2014–2020 eine frühzeitige und effektive Einbindung zusichern zu lassen[23]. Der Vertrag schafft dazu mit Art. 312 Abs. 5 und insbesondere Art. 324 AEUV (dem sog. Trilog) entsprechende Ansatzpunkte für die Entwicklung von geeigneten soft-law-Formen[24].

**746**

## V.  Schutz der finanziellen Interessen der Europäischen Union

Ein Haushaltsvolumen von über 140 Mrd. Euro verführt in nicht unerheblichem Maße zu Betrugsversuchen, denen der mitunter etwas laxere Vollzug des Unionsrechts durch die Mitgliedstaaten Vorschub leistet[25]. Der finanzielle Schaden für die Europäische Union liegt dabei etwa im Bereich von 1–2% des Gesamthaushaltsvolumens. Art. 310 Abs. 6 iVm Art. 325 AEUV verpflichtet die Union und die Mitgliedstaaten zur **Bekämpfung von Betrügereien**, die gegen die finanziellen Interessen der Union

**747**

---

20  *Streinz/Ohler/Herrmann*, Lissabon, S. 90.
21  Vgl exemplarisch die schwierigen Verhandlungen um den Haushalt 2011. Dazu eingehend *Becker*, SWP-Aktuell 83 (http://www.swp-berlin.org/fileadmin/contents/products/aktuell/2010A83_bkr_ks.pdf).
22  *Streinz/Ohler/Herrmann*, Lissabon, S. 89.
23  Vgl nur den Brief des seinerzeitigen Ratsvorsitzenden an den Präsidenten des Europaparlaments vom 8.12.2010 (http://www.euractiv.de/fileadmin/images/Letter_Leterme_MFF_negotia-tions_EN-1.pdf).
24  Vgl dazu *Rossi*, in: Dauses, EU-Wirtschaftsrecht (27. EL 2010), A.III. Rn 103.
25  Vgl dazu *Satzger*, in: Streinz, Art. 325 AEUV, Rn 2.

gerichtet sind (Abs. 1–3) und schafft in Abs. 4 eine Rechtsgrundlage zum Erlass von Rechtsakten. Auf dieser Grundlage (bzw ihrem Vorgänger) wurde 1999 das **Europäische Amt für Betrugsbekämpfung (OLAF)** gegründet, durch welches die zuvor existierende kommissionsinterne Dienststelle (UCLAF) abgelöst wurde. Dieses übt auf Grundlage einer Reihe von Rechtsakten seine Tätigkeit aus[26]. Die Verordnung zur Neuordnung von OLAF[27] soll einerseits die Zusammenarbeit von OLAF mit den Behörden der Mitgliedstaaten durch Konkretisierung von deren Mitwirkungspflichten sowie mit Europol, Eurojust und anderen internationalen Organisationen verbessern, aber auch die Verfahrensgarantien zu Gunsten der von einer Untersuchung Betroffenen stärken.

**Literatur:** *Bux*, Das EU-Haushaltsverfahren nach Lissabon, EuR 2010, 711; *ders.*, Das Haushaltsrecht und die neue Haushaltordnung der EU, ZfRV 2013, 54; *Europäische Kommission*, Die Finanzverfassung der Europäischen Union, 4. Aufl. 2009; *Gleß, S.*, Das Europäische Amt für Betrugsbekämpfung, EuZW 1999, 618; *Häde, U.*, Finanzausgleich in der Europäischen Union – Bemerkungen zu Finanzautonomie und Umverteilung aus juristischer Sicht, 2000; *Kuhl, L./Spitzer, H.*, Das Europäische Amt für Betrugsbekämpfung (OLAF), EuR 2000, 671; *Lienemeyer, M.*, Die Finanzverfassung der Europäischen Union, 2002; *Magiera*, Die Finanzordnung im Verfassungsvertrag der Europäischen Union, FS Ress, 2005, S. 623; *Meermagen, B.*, Beitrags- und Eigenmittelsystem: Die Finanzierung inter- und supranationaler Organisationen, insbesondere der Europäischen Gemeinschaften unter besonderer Berücksichtigung des Persönlichkeitsschutzes, 2002; *Pache, E.*, Der Schutz der finanziellen Interessen der EG, 1994; *Rossi*, Strukturen der europäischen Finanz- und Haushaltsverfassung, in: Stumpf/Kainer (Hrsg.), Gemeinschaftsrecht als Gestaltungsaufgabe, 2007, S. 23; *Storr, S.*, Die Finanzverfassung der Union, in: Niedobitek (Hrsg.), Europarecht – Grundlagen der Union, 2014, § 9.

# § 10 Grundrechte und rechtsstaatliche Verfahrensgarantien

## I. Überblick

**748** Der spezifisch supranationale Charakter der Europäischen Union liegt darin, dass sie unmittelbar in den mitgliedstaatlichen Rechtsordnungen geltendes Recht setzen kann, teilweise dieses auch vollzieht und über eine eigene Gerichtsbarkeit verfügt, die letztverantwortlich über Auslegung und Gültigkeit des Unionsrechts entscheidet. Die Organe der Union üben damit effektiv Hoheitsgewalt aus; soweit die Union Staatsfunktionen übernommen hat, auch gegenüber Individuen. Insoweit stellte sich bereits für die EWG von Beginn an die Frage, inwieweit die von ihr ausgeübte Hoheitsgewalt grundrechtlichen Bindungen unterliegt. Aus der Perspektive der nationalen Verfassungen, auf deren Ermächtigung die Rechtsordnung der Union nach wie vor beruht (vgl Rn 224), wirft dies die Frage auf, inwieweit die Übertragung von mitgliedstaatlichen Hoheitsrechten eine nach nationalem Verfassungsrecht bestehende Grundrechtsbindung hinfällig werden lässt. Letzterem hat das BVerfG in seiner *Solange-Recht-*

---

26 Vgl dazu *Satzger*, in: Streinz, Art. 325 AEUV, Rn 29; *Waldhoff*, in: Calliess/Ruffert, Art. 325 AEUV, Rn 25 ff.

27 VO (EU, Euratom) 888/2013 des EP und des Rates über die Untersuchungen des Europäischen Amtes für Betrugsbekämpfung (VO-OLAF 2013), ABl 2013 L 248/1.

*sprechung* eine klare Absage erteilt (vgl Rn 223 f, 230 ff). Der Grundrechtsteil des GG stelle ein unaufgebbares, zur Verfassungsstruktur des GG gehörendes Essentiale der geltenden Verfassung der Bundesrepublik dar, und seine Relativierung gestatte auch Art. 24 GG (jetzt Art. 23 GG) nicht vorbehaltlos[1]. Der EuGH hat daher – nach anfänglichem Zögern – eine Verpflichtung der Gemeinschaft, jetzt der Union, zur Gewährleistung von Grundrechten als allgemeine Rechtsgrundsätze anerkannt, was von den anderen Organen ausdrücklich anerkannt worden ist (vgl Rn 459). Durch den Vertrag von Maastricht wurde für diese Rechtsprechung in *Art. 6 Abs. 2 EUV aF* eine ausdrückliche Grundlage geschaffen, die durch den Vertrag von Lissabon in Art. 6 Abs. 3 EUV übernommen wurde (s. Rn 754 ff). Daher sind die allgemeinen Rechtsgrundsätze nach wie vor Bestandteil des Primärrechts. Sie haben aber neben entsprechenden Grundrechten der EU-Grundrechtecharta, die durch Art. 6 Abs. 1 EUV in das Primärrecht mit gleichem Rang wie die Verträge einbezogen wurden (s. Rn 750), kaum noch eigenständige Bedeutung. Es stellt sich vielmehr die Frage, inwieweit die EU-Grundrechtecharta durch offen gelassene Lücken Raum für allgemeine Rechtsgrundsätze lässt[2]. Da Art. 6 Abs. 2 EUV den Beitritt der Union zur EMRK vorsieht, wird, wenn dieser erfolgt (s. Rn 762 ff), auf Unionsebene ein dreifacher Grundrechtsschutz bestehen.

## II. Grundrechtsquellen

### 1. Die Charta der Grundrechte der Europäischen Union

Die Schaffung eines geschriebenen Grundrechtekatalogs für die EG bzw EU war nicht nur eine Forderung des BVerfG im *Solange I-Beschluss*[3], sondern ein verbreitetes Desiderat. Der Europäische Rat setzte 1999 ein Gremium ein, das unter Vorsitz des ehemaligen deutschen Bundespräsidenten Roman Herzog eine Charta ausarbeitete, die vom Europäischen Rat in Nizza „begrüßt" wurde. Sie war damit noch nicht rechtsverbindlich, wurde in der Praxis aber bereits berücksichtigt, auch von den Generalanwälten, vom EuG, zuletzt auch vom EuGH und auch von nationalen Gerichten[4]. Mit dem Inkrafttreten des Vertrags von Lissabon am 1.12.2009 erlangte sie den Rang von Primärrecht. **749**

Gemäß Art. 6 Abs. 1 UAbs. 1 EUV erkennt die Union die Rechte, Freiheiten und Grundsätze an, die in der Charta der Grundrechte der Europäischen Union vom 7.12.2000[5] in der am 12.12.2007 in Straßburg angepassten Fassung[6] niedergelegt sind. Die **Charta 2007** übernimmt die Charta 2000 mit den Ergänzungen durch den **750**

---

1  BVerfGE 37, 271 (280). An die Stelle des Art. 24 GG ist hinsichtlich der EU im Zusammenhang mit dem Vertrag von Maastricht Art. 23 GG getreten, der die Rechtsprechung des BVerfG (teilweise) „kodifiziert".

2  Vgl *Oppermann/Calliess/Nettesheim*, § 17, Rn 21; *Wollenschläger*, EnzEuR Bd. 1, § 8, Rn 100 mwN in Fn 452. Ein wichtiges Beispiel ist das Grundrecht der allgemeinen Handlungsfreiheit, vgl *Haratsch/Koenig/Pechstein*, Rn 671 mwN.

3  BVerfGE 37, 271 = *HVL*, S. 49. S. dazu Rn 230.

4  Vgl zur Entstehungsgeschichte und zur Rezeption der Charta *Streinz*, Europarecht, 8. Aufl. 2008, Rn 755 ff mwN.

5  ABl 2000 C 364/1.

6  ABl 2007 C 303/1; ABl 2012 C 326/389.

gescheiterten Verfassungsvertrag vom 29.10.2004, der die Charta als Teil II einbeziehen sollte, und passt sie terminologisch an den Vertrag von Lissabon, dh an die Verträge EUV und AEUV an. Die Charta der Grundrechte (GRCh) und die Verträge (EUV und AEUV) sind rechtlich gleichrangig. Zur Auslegung und Anwendung der Charta verweist Art. 6 Abs. 1 UAbs. 3 EUV auf Titel VII der Charta (Art. 51-54 GRCh) und hebt dabei die bei der Auslegung der Charta „gebührend" zu berücksichtigen **Erläuterungen** (Art. 52 Abs. 7 GRCh) hervor, die vom Präsidium des Grundrechtekonvents zur Charta 2000 ausgearbeitet und vom Präsidium des Verfassungskonvents an die für den gescheiterten Verfassungsvertrag vorgesehene modifizierte Fassung der Charta angepasst wurden[7]. Art. 6 Abs. 1 UAbs. 2 EUV stellt klar, dass durch die Bestimmungen der Charta die in den Verträgen (EUV und AEUV) festgelegten Zuständigkeiten der Union (s. dazu Rn 152 ff) in keiner Weise erweitert werden. Dies hält auch Art. 51 Abs. 2 GRCh fest[8].

**751** Durch ein **Protokoll** behielten sich Polen und das Vereinigte Königreich vor, dass die Charta keine Ausweitung der Befugnisse des EuGH oder eines Gerichts dieser Staaten zu der Feststellung bewirkt, dass die Rechts- und Verwaltungsvorschriften, die Verwaltungspraxis oder Maßnahmen dieser Staaten nicht mit den durch die Charta bekräftigten Grundrechten, Freiheiten und Grundsätzen im Einklang stehen, insbesondere („um jeden Zweifel auszuräumen"), dass durch Titel IV der Charta (Solidarität, Art. 27-38 GRCh) keine für Polen oder das Vereinigte Königreich geltenden einklagbaren Rechte geschaffen werden, soweit diese Staaten solche Rechte nicht in ihrem nationalen Recht vorgesehen haben[9]. Der Tschechischen Republik wurde im Zusammenhang mit der Ratifikation des Vertrages von Lissabon ein entsprechendes Protokoll zugesichert, das zusammen mit dem nächsten Beitrittsvertrag ratifiziert werden sollte[10]. Ungeachtet des übereinstimmenden Wortlauts verfolgten das Vereinigte Königreich, Polen und die Tschechische Republik unterschiedliche Ziele[11]. Die Tragweite der Vorbehalte ist ohnehin beschränkt, da die Bindung an die Unionsgrundrechte im Übrigen davon unberührt bleibt[12]. Die Bindung der Unionsorgane und

---

7   Die Erläuterungen sind veröffentlicht in ABl 2007 C 303/17. Text auch in *D.-E. Khan* (Hrsg.), EUV. Textausgabe, 2008, S. 291 ff. Vgl zur rechtlichen Bedeutung der Erläuterungen *Jarass*, GRCh, Art. 52, Rn 87 f; *Borowsky*, in: Meyer, Art. 52 GRCh, Rn 47 ff; *Ladenburger*, in: Tettinger/Stern, GRCh, Art. 52, Rn 112 ff; *Rumler-Korinek/Vranes*, in: Holoubek/Lienbacher, Art. 52, Rn 58 f.

8   Die Tschechische Republik sah sich veranlasst, dies in einer Erklärung (Nr 53) zur Charta nochmals zu bekräftigen (ABl 2012 C 326/357; Sart. II Nr 152 S. 33 f; Nomos Nr 4 S. 288 f). Vgl zum Verhältnis der Kompetenzordnung zur Grundrechtecharta *Borowsky*, in: Meyer, Art. 51 GRCh, Rn 37 ff; *Ladenburger*, in: Tettinger/Stern, GRCh, Art. 51, Rn 52 ff; *Streinz/Michl*, in: Streinz, Art. 51 GRCh, Rn 22.

9   Protokoll Nr 30 zum Vertrag von Lissabon, ABl 2012 C 326/313 (Sart. II Nr 147, S. 44 ff; Nomos Nr 3, S. 253 ff).

10   Vgl dazu *Streinz/Ohler/Herrmann*, Lissabon, S. 29 mwN.

11   Dem Vereinigten Königreich geht es tatsächlich um den Ausschluss einklagbarer Sozialrechte. Hinsichtlich Polens steht dem die Erklärung Nr 62 zu Protokoll Nr 30 (ABl 2012 C 326/360; Sart. II Nr 152, S. 36 f; Nomos Nr 4, S. 292) entgegen, wonach Polen gerade die im Recht der EU niedergelegten Sozial- und Arbeitnehmerrechte und insbesondere die in Titel IV der Grundrechtecharta verankerten Rechte „uneingeschränkt achtet". Der tschechische Vorbehalt war innenpolitisch motiviert; auf ihn wurde mittlerweile verzichtet.

12   Vgl auch EuGH, verb Rs C-411/10 und C-493/10, N.S. und M.E., Slg 2011, I-13905, Rn 116 ff: Keine Auswirkungen auf die Antwort des EuGH zu den Vorlagefragen zur Grundrechtecharta, allerdings war Titel IV nicht berührt (vgl ebd, Rn 121).

(soweit diese reicht, s. Rn 770 ff) der anderen Mitgliedstaaten bleibt ebenfalls unberührt.

Neben Grundrechten enthält die Charta auch sog. **Grundsätze** (principles)[13]. Art. 52 **752**
Abs. 5 S. 1 GRCh bestimmt, dass diese durch Akte der Gesetzgebung und der Ausführung der Organe, Einrichtungen und sonstigen Stellen der Union sowie durch Akte der Mitgliedstaaten zur Durchführung des Rechts der Union in Ausübung ihrer jeweiligen Zuständigkeiten umgesetzt werden. Sie bedürfen somit der Umsetzung, wobei sich gegebenenfalls eine Handlungspflicht mit weitem Spielraum ergeben kann[14]. Vor Gericht können Grundsätze nur bei der Auslegung dieser Umsetzungsakte und bei Entscheidungen über deren Rechtmäßigkeit herangezogen werden (Art. 52 Abs. 5 S. 2 GRCh).

Textliche Grundlagen der Charta sind die EMRK und ihre Zusatzprotokolle[15], die Europäische Sozialcharta von 1961[16], die Gemeinschaftscharta der Sozialen Grundrechte von 1989[17] und Bestimmungen des (damaligen) EGV zur Unionsbürgerschaft, zu den Grundfreiheiten und zum Sozialrecht (einschließlich Arbeitsrecht). Diese Verbindung der „klassischen" Grundrechte der EMRK mit den Grundfreiheiten des AEUV sowie mit Zielbestimmungen (zB Vielfalt der Kulturen, Umweltschutz und Verbraucherschutz) und Programmsätzen (zB bei den Arbeitnehmerrechten, sozialer Sicherheit, Gesundheitsschutz), dem Nebeneinander (auch hinsichtlich derselben Materie) von Rechten und Ansprüchen einerseits, Sicherstellungsaufträgen andererseits, führen zwangsläufig zu einer gewissen Inhomogenität. Dies ist die Folge der politischen Vorgaben und des erforderlichen Kompromisses, birgt aber Gefahren von Missverständnissen und Streitigkeiten in sich, die sich bereits bei der Erarbeitung der Charta zeigten (zB um den Begriff „religiöses Erbe", für den in der französischen Fassung der Begriff „patrimoine spirituel et moral" verwendet wurde). Das Potenzial sozialer Grundrechte war sicherlich Hauptmotiv für den britischen Vorbehalt hinsichtlich der Anwendung der Charta im Vereinigten Königreich (s. Rn 751). Im Übrigen kommt es auf die Interpretation der einzelnen Bestimmungen durch den EuGH an. **753**

## 2. Die allgemeinen Rechtsgrundsätze des Unionsrechts (Unionsgrundrechte)

### a) Fortbestehende Bedeutung

Die Grundrechtecharta kodifiziert die Unionsgrundrechte und „bekräftigt" dadurch **754**
ausdrücklich die Grundrechte, die durch die EMRK garantiert werden und die sich aus den gemeinsamen Verfassungsüberlieferungen der Mitgliedstaaten ergeben[18]. Ungeachtet dessen übernimmt Art. 6 Abs. 3 EUV inhaltlich die durch den Vertrag

---

13  Vgl zu deren Besonderheit anhand der Entstehungsgeschichte *Borowsky*, in: Meyer, Art. 51 GRCh, Rn 33 ff. Zu Problemen der Zuordnung vgl hinsichtlich Art. 35 S. 2 GRCh *Streinz*, JuS 2013, 369 (370 f) zu EuGH, Rs C-544/10, Deutsches Weintor, ECLI:EU:C:2012:526.
14  Vgl dazu *Jarass*, GRCh, Art. 52, Rn 78 f.
15  Sart. II Nr 130 ff; Nomos Nr 28 ff.
16  Sart. II Nr 115.
17  Sart. II Nr 190.
18  Erklärung (Nr 1) zur Charta der Grundrechte der Europäischen Union, ABl 2012 C 326/339 (Sart. II Nr 152, S. 12 f; Nomos Nr 4, S. 269).

von Maastricht erfolgte Kodifizierung der Entwicklung der Gemeinschaftsgrundrechte durch den EuGH[19]. Danach sind die Grundrechte, wie sie in der EMRK gewährleistet sind und wie sie sich aus den gemeinsamen Verfassungsüberlieferungen der Mitgliedstaaten ergeben, als allgemeine Grundsätze Teil des Unionsrechts. Um den für eine Rechtsgemeinschaft mit erheblichem Interventionspotential vor allem, aber nicht nur in wirtschaftlich relevante Grundrechte erforderlichen Grundrechtsschutz zu gewähren und um zugleich das die Einheitlichkeit des (damals) Gemeinschaftsrechts gefährdende Ausweichen auf nationalen Grundrechtsschutz zu verhindern hat der EuGH nach und nach aus den genannten Rechtserkenntnisquellen rechtsstaatliche Verfahrensgarantien und Gemeinschaftsgrundrechte entwickelt[20], die jetzt als Unionsgrundrechte neben der Grundrechtecharta und nach erfolgtem Beitritt der Europäischen Union zur EMRK neben deren Menschenrechten und Grundfreiheiten (s. dazu Rn 78 ff) fortbestehen. Dies wirft die Frage nach möglichen Konkurrenzen zwischen diesen drei Grundrechtsquellen und der Abstimmung zwischen diesen auf (s. dazu Rn 766).

### b) Gewinnungsmethode und Standard

**755**  Die Feststellung der Quellen, aus denen der EuGH seine Grundrechtsrechtsprechung speist, seiner Methoden und des postulierten Standards wird durch unterschiedliche und unklare Aussagen, vor allem aber durch die oft apodiktische Kürze der Urteile (Begründungsdefizit, geringe Methodentransparenz) erschwert. Dies betrifft einerseits Abwägungsdefizite, aber auch – wie das Beispiel des (angeblichen) allgemeinen Rechtsgrundsatzes der Altersdiskriminierung zeigt – die Herleitung[21]. Gleichwohl konnte die Grundrechtsrechtsprechung bereits vor dem Inkrafttreten der Grundrechtecharta als weitgehend gefestigt, der Grundrechtsschutz grundsätzlich (vgl aber Rn 782) als effektiv bezeichnet werden. Es bleibt abzuwarten, ob sich die positiven Ansätze der bisherigen Rechtsprechung zur Grundrechtecharta selbst, vor allem in den Urteilen *Schecke* (s. dazu **Fall 32**, Rn 800) und *Vorratsdatenspeicherung* (**Fall 33**, Rn 801), verfestigen, insbesondere hinsichtlich der Entwicklung einer Schrankendogmatik und einer nachvollziehbaren Abwägung, die die einzusetzenden Schutzgüter präzisiert und angemessen würdigt. Zwar haben die gemäß Art. 6 Abs. 3 EUV entwickelten Unionsgrundrechte seit Inkrafttreten der Grundrechtecharta an Bedeutung verloren und werden vom EuGH neben den ausdrücklich in dieser Charta gewährleisteten Grundrechten nicht mehr herangezogen[22]. Allerdings bestehen weitere Grundrechte wie die allgemeine Handlungsfreiheit fort[23] und dienen die allgemeinen Rechtsgrundsätze zumindest der Konkretisierung der in Art. 41 GRCh („Recht auf

---

19  *Art. F Abs. 2 EUV* (Maastrichter Fassung); seit dem Vertrag von Amsterdam *Art. 6 Abs. 2 EUV aF*. Zu den durch die Rechtsprechung des EuGH entwickelten Grundrechten vgl *Geiger*, in: Geiger/Khan/Kotzur, Art. 6 EUV, Rn 33 mwN.

20  Vgl dazu zB *Streinz*, Europarecht, 8. Aufl. 2008, Rn 753 ff mwN.

21  EuGH, Rs C-144/04, Mangold, Slg 2005, I-9981. Zur Kritik daran vgl *Streinz*, in: Streinz, Art. 19 AEUV, Rn 9 mwN.

22  Vgl *Wollenschläger* (Fn 2), Rn 100 mwN in Fn 455. Ihre fortbestehende Bedeutung erwähnt EuGH (GK), Rs C-571/10, Kamberaj, ECLI:EU:C:2012:233, Rn 60 ff, wobei es allerdings letztlich darum ging, den Anwendungsvorrang der EMRK selbst gegenüber dem Recht der Mitgliedstaaten zu verneinen (ebd, Rn 62), weil die EMRK insoweit bislang lediglich Rechtserkenntnisquelle ist (s. dazu Rn 80, 766).

23  Vgl *Haratsch/Koenig/Pechstein*, Rn 671 mwN. Zurückhaltend *Jarass*, GRCh, Art. 5, Rn 31. Vgl auch **Fall 31**, Rn 799.

gute Verwaltung") verankerten rechtsstaatlichen Verfahrensgarantien (s. Rn 803 f). Da Art. 41 GRCh ausdrücklich allein die Union und ihre Organe bindet, sind insoweit sie Prüfungsmaßstab für die Mitgliedstaaten beim Vollzug von Unionsrecht[24]. Daher und wegen der Auswirkungen auf die Interpretation der Rechte aus der Charta selbst, für deren Entstehung die allgemeinen Rechtsgrundsätze eine wichtige Bezugsquelle sind und auf deren Rechtserkenntnisquellen EMRK und gemeinsame Verfassungsüberlieferungen Art. 52 Abs. 3 bzw Abs. 4 rekurriert, schließlich wegen der Abstimmung zwischen den drei Grundrechtsquellen, bleibt die Frage nach deren Gewinnungsmethode und Standard relevant.

Grundlegend sind die Urteile des EuGH in den Fällen *Internationale Handelsgesellschaft* (Rs 11/70, s. Rn 457) und *Nold*[25]. Danach gehören die Grundrechte zu den allgemeinen Rechtsgrundsätzen, die der EuGH zu wahren hat. Bei der Gewährleistung dieser Rechte geht er von den gemeinsamen Verfassungsüberlieferungen der Mitgliedstaaten aus. Hiernach kann er keine Maßnahmen als rechtens anerkennen, die unvereinbar sind mit den von den Verfassungen der Mitgliedstaaten anerkannten und geschützten Grundrechten. Auch die internationalen Verträge über den Schutz der Menschenrechte, an deren Abschluss die Mitgliedstaaten beteiligt waren oder denen sie beigetreten sind (insbesondere EMRK), können Hinweise geben, die im Rahmen des Unionsrechts zu berücksichtigen sind. Die so garantierten Rechte genießen aber keinen uneingeschränkten Vorrang; sie müssen vielmehr im Hinblick auf die soziale Funktion der geschützten Rechtsgüter und Tätigkeiten gesehen werden und werden daher in der Regel nur unter dem Vorbehalt von Einschränkungen geschützt, die im öffentlichen Interesse liegen. Dazu gehören auch die dem allgemeinen Wohl dienenden Ziele der Union; dh die Rechte müssen sich in die Unionsrechtsordnung einfügen, solange sie nicht in ihrem Wesen angetastet werden. **756**

Dies deutet darauf hin, dass der EuGH die nationalen Verfassungen und die Menschenrechtsverträge nicht als Rechtsquellen, sondern als **Rechtserkenntnisquellen** betrachtet, aus denen er rechtsvergleichend unter Berücksichtigung spezifischer Unionssinteressen **autonom** die Unionsgrundrechte bzw rechtsstaatlichen Verfahrensgarantien herleitet. Dabei steht die unionsautonome Entwicklung der Rechtsgrundsätze im Vordergrund, während die Rechtsvergleichung eher dazu dient, Anregungen für die Lösung zu geben. Dies gilt wohl auch für die EMRK. Einige Urteile legten zwar den Schluss nahe, dass der EuGH sie als für die Union verbindlichen Mindeststandard ansieht[26], insbesondere, wenn der EuGH hinsichtlich konkreter Artikel der EMRK (Art. 10) als „den von der Gemeinschaftsrechtsordnung geschützten Grundrechten" spricht[27]. In anderen Urteilen bezieht der EuGH diese Artikel der EMRK aber auf seine st Rspr[28] und wiederholt die Formel von den „Hinweisen", die die völkerrechtlichen Verträge über den Schutz der Menschenrechte, einschließlich der EMRK, ge- **757**

24  Vgl dazu *J. Gundel*, Der beschränkte Anwendungsbereich der Charta-Grundrechte auf gute Verwaltung: Zur fortwirkenden Bedeutung der allgemeinen Rechtsgrundsätze als Quellen des EU-Grundrechtsschutzes, EuR 2015, 80 zu EuGH, verb Rs C-141/12 und C-372/12, Y.S. und M. und S./Minister voor Immigratie, ECLI:EU:C:2014:2081.
25  EuGH, Rs 4/73, Nold/Kommission, Slg 1974, 491, Rn 13 = *HVL*, S. 412 f = *PSK*, Fall 70.
26  Vgl EuGH, Rs 44/79, Hauer, Slg 1979, 3727, Rn 17 ff = **Fall 30**, Rn 798; Rs 63/83, Regina/Kent Kirk, Slg 1984, 2689, Rn 22 = *Pechstein* Nr 137.
27  EuGH, Rs C-353/89, Kommission/Niederlande, Slg 1991, I-4069, Rn 30 = *Pechstein* Nr 89.
28  Vgl EuGH, Rs 249/86, Kommission/Deutschland, Slg 1989, 1263, Rn 10.

ben, wenngleich er Letzterer „eine besondere Bedeutung" zumisst[29]. Entgegen früherer Zweifel[30] sieht sich der EuGH mittlerweile wohl doch an die Rechtsprechung der Straßburger Instanzen Europäische Kommission für Menschenrechte (EKMR) und, seit 1.11.1998 ausschließlich, Europäischer Gerichtshof für Menschenrechte (EGMR) gebunden[31]. Art. 52 Abs. 3 GRCh (s. Rn 766) sieht vor, dass die in der Charta enthaltenen Rechte, die den durch die EMRK garantierten Rechten entsprechen, die gleiche Bedeutung und Tragweite haben, wie sie ihnen in der EMRK verliehen wird. Diese Bestimmung steht dem nicht entgegen, dass das Recht der Union einen weitergehenden Schutz gewährt. Dies würde bereits vor dem Beitritt zur EMRK die einseitige Bindung an die EMRK als Mindeststandard bedeuten (vgl Rn 799).

**758**  Unterschiedliche Auffassungen werden zur Frage des **Standards** der Unionsgrundrechte im Verhältnis zu den Grundrechten der Verfassungen der Mitgliedstaaten vertreten[32]. Die Formel des EuGH, er könne, ausgehend von den gemeinsamen Verfassungsüberlieferungen der Mitgliedstaaten, „keine Maßnahmen als rechtens anerkennen, die unvereinbar sind mit den von den Verfassungen dieser Staaten anerkannten und geschützten Grundrechten"[33], wird verbreitet als ein Bekenntnis zu einem **Maximalstandard** interpretiert. Die Urteile in den Fällen *„AM & S"* (= **Fall 34**, s. Rn 805), *„Hoechst"* (= **Fall 31**, s. Rn 799) und *„Omega"* (= **Fall 43**, s. Rn 854/ 955) lassen in der Tat erkennen, dass der EuGH bemüht ist, zwingenden Verfassungserfordernissen eines Mitgliedstaats auch dann gerecht zu werden, wenn diese in anderen Mitgliedstaaten nicht gegeben sind.

**759**  Dieser Maximalstandard hat aber nur eine **„negative" Kontrollfunktion**, dh es wird geprüft, ob eine konkrete Maßnahme mit einem Grundrecht eines der Mitgliedstaaten – der Maßstab muss insoweit wegen der Einheitlichkeit des Unionsrechts einheitlich sein – unvereinbar ist. Da bei der Beschränkung der Grundrechte auch der unionsrechtlichen Dimension angemessen Rechnung getragen werden muss („relativierter Maximalstandard"), führt dieser Ansatz durchaus zu praktikablen Ergebnissen.

**760**  Die konkrete Grundrechtsprüfung durch den EuGH weist – bei der gebotenen Vorsicht mit solchen Vergleichen – Parallelen zur deutschen Grundrechtsdogmatik auf. Dabei darf nicht übersehen werden, dass der EuGH auch spezifische Anforderungen aus anderen Mitgliedstaaten aufgreift und berücksichtigt, die zu einem erhöhten Grundrechtsstandard führen können (vgl **Fall 34**, Rn 805; **Fall 43**, Rn 854/955).

**761**  Verglichen mit der Rechtsprechung des BVerfG zeigen sich Parallelen in der Begründung der jeweils „verfassungs"-legitimen Ziele und (teilweise) hinsichtlich der Legitimität der Mittel. Beim Grundsatz der Erforderlichkeit kann ein durchaus gleichwer-

---

29  EuGH, Rs C-260/89, ERT/Dimotiki Etaira, Slg 1991, I-2925, Rn 41 = *HVL*, S. 85173 ff = *MH* Nr 31 und Gutachten 2/94 (vgl Rn 762), Slg 1996, I-1759, Rn 33.

30  Vgl EuGH, Rs C-60/92, Otto BV/Postbank, Slg 1993, I-5683, Rn 11 ff gegenüber EGMR, Funke/ Frankreich, RUDH 1993, 232. Vgl auch Gutachten 2/94 (vgl Rn 762), Slg 1996, I-1759, Rn 34 f.

31  Vgl EuGH, Rs C-94/00, Roquette Frères/Directeur général, Slg. 2002, I-9011, Rn 29 = *Pechstein* Nr 130 = *HVL*, S. 393 f: Berücksichtigung der seit dem Urteil *Hoechst* des EuGH ergangenen abweichenden Rspr des EGMR (s. dazu Rn 799). Vgl auch bereits EuGH, Rs C-368/95, Vereinigte Familiapress/Bauer Verlag, Slg 1997, I-3689, Rn 28 = *HVL*, S. 612 f04, wo der EuGH ausdrücklich das Urteil des EGMR in der Sache Lentia (EuGRZ 1994, 549) heranzog. Vgl dazu *Eiffler*, JuS 1999, 1072.

32  Vgl *Schorkopf*, in: Grabitz/Hilf/Nettesheim, nach Art. 6 EUV, Rn 16 ff.

33  Rs 4/73, Nold, Slg 1974, 491, Rn 13; Rs 44/79, Hauer, Slg 1979, 3727, Rn 15 (s. dazu **Fall 30**, Rn 798).

tiger Standard festgestellt werden, dessen Effektivität sich in Nichtig- bzw Ungültig-keitserklärungen mangels Erforderlichkeit einer Eingriffsmaßnahme oder eingehender Begründung der Erforderlichkeit zeigt. Überzeugend ist die Rechtsprechung zur Begründungspflicht (vgl Art. 296 AEUV)[34].

### 3. Die Europäische Menschenrechtskonvention (EMRK) als unmittelbare Grundrechtsquelle nach erfolgtem Beitritt der EU

Der **Beitritt** der Europäischen Gemeinschaften bzw der Europäischen Union zur   **762**
EMRK wurde seit langem diskutiert. Bislang bestand nach der insoweit restriktiven Rechtsprechung des EuGH für diesen Beitritt keine Kompetenz[35]. Durch **Art. 6 Abs. 2 S. 1 EUV** wird die Union jetzt nicht nur berechtigt, sondern verpflichtet („tritt ... bei"; „shall accede"), der EMRK beizutreten. Voraussetzung dafür war aber auch eine Änderung der EMRK, da dieser bislang allein Mitglieder des Europarats, dem nur europäische *Staaten* angehören können[36], beitreten konnten[37]. Das am 1.6.2010 in Kraft getretene **14. Zusatzprotokoll** vom 13.5.2004 eröffnet den Beitritt ausdrück-lich auch für die Europäische Union[38]. Dieser bedarf eines Beitrittsabkommens, das aus unionsrechtlicher Sicht den in Art. 6 Abs. 2 S. 2 EUV und des zur Art. 6 Abs. 2 EUV beschlossenen Protokolls Nr. 8[39] festgelegten Anforderungen entspricht. Da-nach ändert der Beitritt nicht die in den Verträgen festgelegten Zuständigkeiten der Union und die Befugnisse ihrer Organe. Das Beitrittsabkommen muss dafür Sorge tragen, dass „die besonderen Merkmale der Union und des Unionsrechts erhalten bleiben". Dies betrifft insbesondere die etwaige Beteiligung der Union an den Kon-trollgremien der EMRK und die Übermittlung von Beschwerden von Nichtmitglied-staaten und Individualbeschwerden an die Mitgliedstaaten und/oder gegebenenfalls die Union sowie die Unberührtheit des Art. 344 AEUV.

Mit dem Beitritt der EU zur EMRK wird diese für Akte der Unionsorgane selbst nicht   **763**
nur wie bislang Rechtserkenntnisquelle (s. Rn 776), sondern **Rechtsquelle**. Danach unterliegen nicht nur Akte der bereits an die EMRK gebundenen Mitgliedstaaten der EU beim Vollzug von Unionsrecht (s. Rn 586), sondern auch Akte des Unionsrechts selbst (Verordnungen, Richtlinien, Beschlüsse, vgl Art. 288 AEUV) sowie dazu er-gangene Urteile des EuGH der Kontrolle des **EGMR**. Dies kann potenziell zu Kon-flikten mit der Rechtsprechung des EuGH führen, der gemäß der analog anwendbaren sog. local remedies-Rule des Art. 35 Abs. 1 EMRK zuvor angerufen werden müsste. Die bislang gegenüber dem EuGH mit der *„Solange-Rechtsprechung"* des *Bospho-rus*-Urteils ausgeübte Zurückhaltung[40] wird sich aus Gründen der Gleichbehandlung aller Vertragsparteien nicht aufrechterhalten lassen.

---

34   Vgl Rs C-269/90, TU München/HZA München Mitte, Slg 1991, I-5469, Rn 26 ff. Zu den Grenzen der
     Begründungspflicht vgl EuGH, Rs C-466/93, Atlanta/Bundesamt für Ernährung und Forstwirtschaft,
     Slg 1995, I-3799, Rn 16.
35   EuGH, Gutachten 2/94 v. 28.3.1996 (EMRK-Beitritt), Slg. 1996, I-1763, Rn 23 ff = *HVL*, S. 179 f.
36   Art. 4 Satzung des Europarats (Sart. II Nr 110; Nomos Nr 29; dtv EuR Nr 41).
37   Art. 59 Abs. 1 S. 1 EMRK.
38   Protokoll Nr 14 zur Änderung des Kontrollsystems der EMRK (BGBl. 2006 II 138): Einfügung von
     Art. 59 Abs. 2 EMRK: „Die Europäische Union kann dieser Konvention beitreten".
39   ABl 2007 C 306/155; ABl 2012 C 326/273; Nomos Nr 3, S. 216 f; Sart. II Nr 147, S. 10 f.
40   Grundlegend EGMR (Große Kammer), Urt. v. 30.6.2005, Nr 45036/98 (Bosphorus/Irland), EuGRZ
     2007, 662 (666 f), Tz. 155, 159, 165 = *HVL*, S. 405 ff. Vgl dazu Rn 258.

**764**  Wegen der Tragweite dieser Folgen und der unionsrechtlichen Vorgaben bedurfte die Ausarbeitung des Beitrittsabkommens gründlicher Vorbereitung und Beratung[41]. Der Entwurf des Beitrittsabkommens wurde auf Antrag der EU-Kommission gemäß Art. 218 Abs. XI AEUV dem EuGH vorgelegt. Im Gegensatz zu Generalanwältin Kokott, die das Abkommen bei einigen Modifikationen (Klarstellungen hinsichtlich des Mitbeschwerdegegner-Mechanismus und der Vorabbefassung des EuGH) für mit dem Unionsrecht vereinbar hielt[42], sah der EuGH mit äußerst zweifelhafter Begründung Verstöße gegen angebliche Abstimmungserfordernisse (Art. 53 EMRK und Art. 53 GRCh), Beeinträchtigungen des Art. 344 AEUV, Mängel beim Mitbeschwerdegegner-Mechanismus und bei der Vorabbefassung des EuGH sowie Verstöße gegen Besonderheiten des Unionsrechts (gerichtliche Kontrolle in Fragen der GASP durch den EGMR, grundsätzlicher Ausschluss des EuGH, abgesehen von Art. 40 EUV und Art. 275 Abs. 2 AEUV)[43]. Hinsichtlich letzteren verkennt der EuGH, dass gerade dies zu den Besonderheiten des Unionsrechts gehört, während Vollzugsmaßnahmen der GASP durch die Mitgliedstaaten bereits jetzt der Kontrolle durch den EGMR unterliegen. Art. 53 EMRK entbindet die Mitgliedstaaten nicht, wie vom EuGH befürchtet, von ihrer aus Art. 53 GRCh resultierenden Pflicht, im Anwendungsbereich der Grundrechtecharta deren Standard in der Auslegung des EuGH zu gewährleisten (s. dazu Rn 766), sondern verpflichtet allein zur Beachtung der EMRK als Mindeststandard, worauf auch Art. 52 Abs. 3 GRCh rekurriert und woran nach einem Beitritt zur EMRK auch die EU unmittelbar gebunden wäre. Art. 344 AEUV verbietet den Mitgliedstaaten im Anwendungsbereich des Unionsrechts Staatenbeschwerden gemäß Art. 33 EMRK gegen andere Mitgliedstaaten zu erheben, eine Konstellation, die ohnehin mehr als unwahrscheinlich ist. Letztlich dürfte es dem EuGH darum gegangen sein, seine Kontrolle durch den EGMR zu verhindern[44]. Auf absehbare Zeit ist der Beitritt der EU zur EMRK und damit die Erfüllung der Verpflichtung aus Art. 6 Abs. 2 EUV blockiert.

**765**  Zur EMRK s. Rn 78 ff und *Schweitzer*, Staatsrecht III, Rn 707 ff. Zu einzelnen Grundrechten s. Rn 786 ff.

### 4.  Konkurrenz und Abstimmung der Grundrechtsquellen

**766**  Der nach dem Beitritt der Europäischen Union zur EMRK **dreifache Grundrechtsschutz** gegenüber Maßnahmen der Unionsorgane läuft materiell im Überschneidungsbereich parallel. Ausweislich der Erklärung zur Charta der Grundrechte der EU

---

41  Vgl dazu Europäisches Parlament, Institutionelle Aspekte des Beitritts der Europäischen Union zur EMRK, EuGRZ 2010, 362 und Reflexionspapier des EuGH zu bestimmten Aspekten des Beitritts der EU zur EMRK, EuGRZ 2010, 366. Zum Beitrittsprozess vgl *Streinz/Michl*, in: Streinz, Art. 6 EUV, Rn 16 ff mwN; zum Entwurf des Beitrittsabkommens *Schorkopf*, in: Grabitz/Hilf/Nettesheim, Art. 6 EUV, Rn 39. Ferner zB *W. Obwexer*, Der Beitritt der EU zur EMRK. Rechtsgrundlagen, Rechtsfragen und Rechtsfolgen, EuR 2012, 115; *R. Uerpmann-Wittzack*, Rechtsfragen und Rechtsfolgen des Beitritts der EU zur EMRK, EuR Beiheft 2012, 167; *J. Polakiewicz*, Der Abkommensentwurf über den Beitritt der EU zur EMRK, EuGRZ 2013, 472.

42  Stellungnahme, ECLI:EU:C:2014:2475 = EuGRZ 2015, 56.

43  EuGH, Gutachten 2/13, ECLI:EU:C:2014:2454 = EuGRZ 2015, 31.

44  Vgl dazu *R. Streinz*, EuGH blockiert den Beitritt der EU zur EMRK, JuS 2015, 567 mwN; *C. Tomuschat*, Die Autonomie als Heiliger Gral, EuGRZ 2015, 133. S. dazu auch zB *M. Wendel*, Der EMRK-Beitritt als Unionsrechtsverstoß, NJW 2015, 921.

„bekräftigt" diese die vom EuGH entwickelten und in Art. 6 Abs. 3 EUV vertraglich verankerten Grundrechte. Art. 52 GRCh verbindet die Rechtserkenntnisquellen dieser Unionsgrundrechte mit der Charta. Soweit in der Charta Grundrechte anerkannt werden, wie sie sich aus den gemeinsamen Verfassungsüberlieferungen der Mitgliedstaaten ergeben, werden sie im Einklang mit diesen Überlieferungen ausgelegt (Art. 52 Abs. 4 GRCh). Die EMRK selbst ist Rechtserkenntnisquelle für die Unionsgrundrechte und als **gemeineuropäischer Mindeststandard** auch Basis für die Charta der Grundrechte der EU, worauf die Bezugnahmen der Erläuterungen des Präsidiums zur Charta verweisen. Art. 52 Abs. 3 GRCh hält ausdrücklich fest, dass die Rechte der Charta, soweit sie den durch die EMRK garantierten Rechten entsprechen, die gleiche Bedeutung und Tragweite haben, wie sie ihnen in der EMRK verliehen wird, was einem weiter gehenden Schutz durch das Recht der Union nicht entgegensteht. Die Charta ihrerseits darf nicht als Einschränkung oder Verletzung der Menschenrechte und Grundfreiheiten ausgelegt werden, die in dem jeweiligen Anwendungsbereich durch das Recht der Union und das Völkerrecht sowie durch die internationalen Übereinkünfte, bei denen die Union oder alle Mitgliedstaaten Vertragspartei sind, insbesondere die EMRK, sowie durch die Verfassungen der Mitgliedstaaten anerkannt werden (Art. 53 GRCh). Dadurch soll die **„Parallelität der Grundrechtsordnungen"** gesichert werden[45]. Die „nationale Schutzverstärkung" kann allerdings wegen der gebotenen einheitlichen Geltung des Unionsrechts an Grenzen stoßen. In der Rechtssache *Melloni* stellte der EuGH klar, dass Art. 53 GRCh keine generelle „nationale Schutzverstärkung" vorsehe und nationale Grundrechte nur insoweit Anwendung finden könnten, als dadurch das unionsrechtlich gefundene Ergebnis nicht beeinträchtigt werde[46]. Die Einheitlichkeit und Effektivität des Unionsrechts schließen die Anwendbarkeit nationaler Grundrechte neben den Charta-Grundrechten deshalb praktisch weitgehend aus. Ausnahmen können sich nur dort ergeben, wo ein größerer Handlungs- und Beurteilungsspielraum für die Mitgliedstaaten eröffnet ist und insbesondere Bereiche der nationalen mitgliedstaatlichen Identität betroffen sind. Dort können höhere nationale Grundrechtsstandards und darauf beruhende verstärkte Schutzanforderungen ggf auch Beschränkungen der Grundfreiheiten rechtfertigen (s. dazu **Fall 41** – *Omega*, Rn 854/955). Den darüber hinausgehenden Ansatz, den Generalanwalt Bot zum Fall *Melloni* erwog, dass nämlich gegen Vorgaben des Unionsrechts die Gefährdung der Identität der nationalen Verfassung eingewandt werden könne, was im konkreten Fall nicht geschehen sei[47], hat der EuGH – wohl wegen möglicher Folgefragen und mangels Entscheidungserheblichkeit – nicht aufgegriffen. Umso mehr ist der EuGH auch angesichts der Ausweitung des Anwendungsbereichs der EU-Grundrechtecharta[48] gefordert, in den von ihm in An-

---

45    *Borowsky*, in: Meyer, Art. 53 GRCh, Rn 7 f; *Jarass*, GRCh, Art. 53, Rn 1.
46    EuGH, Rs C-399/11, Melloni, ECLI:EU:C:2013:107 = JuS 2013, 661 *(Streinz)*.
47    SchlA v. 2.10.2012, ECLI:EU:C:2013:600, Rn 139 f unter Hinweis auf Art. 4 Abs. 2 EUV. Das spanische Tribunal Constitutional, Urt. v. 13.2.2014, HRLJ 2014, 475, passte seine Rechtsprechung den Vorgaben des EuGH an, vgl dazu *Lenaerts*, EuGRZ 2015, 353 (357 f). Zur folgenden Entscheidung des spanischen Tribunal Constitutional vgl *K. Herzmann*, EuGRZ 2015, 445 (448 ff). Zur Aufhebung eines Auslieferungsbeschlusses wegen Verletzung des Art. 1 Abs. 1 GG durch unzureichende Prüfung, ob die ersuchende Behörde die im Rahmenbeschluss zum Europäischen Haftbefehl festgelegten Anforderungen bei einer Verurteilung in Abwesenheit des Angeklagten erfüllt hat, s. BVerfG, Beschluss v. 26.1.2016, 2 BvR 2735/14.
48    Zum Zusammenhang der Urteile Åkerberg Fransson und Melloni vgl *Streinz*, in: FS Dauses, S. 439. Zur erforderlichen Trennung der „jeweiligen Anwendungsbereiche" (Art. 53 GRCh) vgl GA Bot (Fn 47), Rn 134 f.

spruch genommenen Fällen effektiven und überzeugenden Grundrechtsschutz zu gewährleisten, was im Fall *Melloni* nur unzulänglich erfolgt ist[49].

**767**  Eine weitere Überschneidung der Charta besteht mit **Rechten**, die bereits **in den Verträgen** geregelt sind, nämlich dem allgemeinen Verbot der Diskriminierung aufgrund
der Staatsangehörigkeit[50], den Unionsbürgerrechten[51] und weiteren Bestimmungen[52].
Die im AEUV geregelten **Grundfreiheiten** des Binnenmarktes und die Unionsgrundrechte stehen nebeneinander. Das Recht der **Berufsfreiheit** nimmt in Art. 15 Abs. 2
GRCh allerdings die Freizügigkeit der Arbeitnehmer (Art. 45 AEUV), die Niederlassungsfreiheit (Art. 49 AEUV) und die Dienstleistungsfreiheit (Art. 56 AEUV) auf.
Die nähere Bestimmung dieser Grundfreiheiten erfolgt aber im AEUV und im Rah-
men der dort festgelegten Bedingungen und Grenzen (Art. 52 Abs. 2 GRCh). Art. 15
Abs. 2 GRCh führt daher und bereits wegen der allgemeinen Regelung in Art. 6
Abs. 1 UAbs. 2 EUV zu keiner Ausweitung der Grundfreiheiten etwa dahingehend,
dass diese keinen grenzüberschreitenden Sachverhalt (vgl zu diesem Element aller
Grundfreiheiten Rn 845) voraussetzen.

**768**  Zu **Kollisionen** kann es kommen, wenn die Auslegung der an sich parallelen Grundrechte durch die jeweils zuständigen Gerichte, nämlich den EGMR, den EuGH oder
die nationalen Verfassungsgerichte unterschiedlich ist. Für die Überprüfung von
Maßnahmen der Unionsorgane, dh der Setzung von Sekundärrecht (Verordnungen,
Richtlinien, Beschlüsse) ist ausschließlich der EuGH zuständig. Den nationalen Verfassungsgerichten verbleibt – wenn das jeweilige Verfassungsrecht dies vorsieht – allein eine praktisch kaum relevante „Reservekompetenz" hinsichtlich der Frage, ob die
Schranken der Integrationsermächtigung überschritten sind (s. dazu Rn 228 ff). Der
**Kontrolle des EGMR** unterfallen die Maßnahmen der Union bis zum Inkrafttreten
des Beitritts der EU zur EMRK mittelbar allein dann, wenn sie von den Mitgliedstaaten vollzogen werden. Nach dem Beitritt der EU zur EMRK unterliegen sie der Kontrolle des EGMR wie die Maßnahmen der anderen Vertragsparteien auch, ohne dass
der Union hier eine Vorzugsbehandlung eingeräumt werden darf (s. Rn 763). Konflikte sind wie im Verhältnis des EuGH zu den nationalen Verfassungsgerichten
durch gegenseitige Rücksichtnahme, dh seitens des EGMR durch die Beschränkung
der Kontrolldichte mittels der von ihm selbst entwickelten „margin of appreciation"[53]
(die an die Stelle der Bosphorus-Rspr, s. Rn 258, treten kann), seitens des EuGH
durch die gebührende Berücksichtigung der Rechtsprechung des EGMR (s. Rn 757)
zu vermeiden.

---

49  Kritisch dazu nach grundsätzlicher Zustimmung zum Ansatz des EuGH zur Interpretation des Art. 53
GRCh *Streinz*, JuS 2013, 661 (663). Zu Problemen des Europäischen Haftbefehls s. a. Rn 229. Vgl
dazu auch EuGH, C-303/05, Advocaten voor de Wereld, Slg 2007, I-3633. Vgl aber zu vom EuGH
gebilligten verfassungskonformen Ausgestaltungsmöglichkeiten EuGH, Rs C-168/13 PPU, Jeremy F.,
ECLI:EU:C:2012:358 = EuGRZ 2013, 417. Vgl dazu *Lenaerts*, EuGRZ 2015, 353 (358 f).
50  Vgl Art. 21 GRCh gegenüber Art. 18 AEUV.
51  Vgl Art. 45, Art. 39, Art. 40, Art. 46, Art. 44 GRCh gegenüber Art. 21-24 AEUV.
52  Vgl dazu die Übersicht bei *Jarass*, GRCh, Art. 52, Rn 57, Fn 179.
53  Vgl dazu *Frowein*, in: Frowein/Peukert, EMRK. Vorbemerkung zu Art. 8-11, Rn 13 ff mwN; *Mayer*,
in: Karpenstein/Mayer, EMRK, Einl, Rn 60 ff.

## III.  Allgemeine Grundrechtslehren

### 1.  Verpflichtete der Unionsgrundrechte

#### a)  Bindung der Union und ihrer Organe

Die Unionsgrundrechte verpflichten unstreitig die **Union und ihre Organe**. Hinsicht- **769** lich der **Grundrechtecharta** ordnet Art. 51 GRCh dies ausdrücklich an. Erfasst wird die gesamte im Rahmen der Verträge ausgeübte Hoheitsgewalt der Union[54]. Dazu gehören auch Maßnahmen zur Durchführung von Beschlüssen des Sicherheitsrats der Vereinten Nationen[55].

#### b)  Bindung der Mitgliedstaaten

Die Bindung der **Mitgliedstaaten** ist differenziert zu sehen. Dabei muss zwischen **770** Grund*rechten* und Grund*freiheiten* unterschieden werden. Letztere richten sich in erster Linie gegen die Mitgliedstaaten, verpflichten aber auch die Union selbst (s. Rn 874). Die **Unionsgrundrechte** richten sich in erster Linie an die Union und ihre Organe. Sie binden die Mitgliedstaaten nur, wenn und soweit der konkrete Fall dem Anwendungsbereich des Unionsrechts unterliegt[56]. Gemäß Art. 51 Abs. 1 S. 1 GRCh gilt die **Charta** für die Mitgliedstaaten (und damit ihre Organe der Gesetzgebung, Verwaltung und Rechtsprechung auf allen Ebenen[57]) „ausschließlich bei der Durchführung des Rechts der Union". Nach Inkrafttreten des Vertrags von Lissabon war mit Blick auf die bisherige Rechtsprechung des EuGH zum „Anwendungsbereich" der **Unionsgrundrechte** (Art. 6 Abs. 3 EUV) fraglich, ob und inwiefern Art. 51 GRCh durch den Begriff „Durchführung" insoweit eine Einschränkung bringt[58]. Diese Rechtsprechung lässt sich in zwei Linien unterteilen, bei deren Vorliegen der Anwendungsbereich der Unionsgrundrechte eröffnet ist (zur eingeschränkt fortbestehenden Bedeutung des Art. 6 Abs. 3 EUV s. Rn 754): die sog. *Wachauf-* und die sog. *ERT*-Rechtsprechung.

---

[54]  Nach EuG, Rs T-512/12, Front Polisario/Rat, ECLI:EU:T:2015:953, Rn 228, 230 f. besteht auch die Pflicht der Unionsorgane, im Rahmen von Vertragsverhandlungen dafür zu sorgen, dass Grundrechtsverletzungen durch einen Drittstaat unterbleiben, soweit zu befürchten ist, dass durch das geplante Abkommen die Verletzung von Grundrechten der dort lebenden Bevölkerung riskiert oder zumindest gefördert wird. Dies entspricht Art. 21 EUV. Es bleibt aber abzuwarten, ob ggf. der EuGH diesen Ansatz in dieser Tragweite übernimmt und ob dies bei allen Vertragsverhandlungen durchgehalten wird. S. auch Rn 1228.

[55]  EuGH, verb Rs C-402/05 P ua, Kadi, Slg 2008, I-6351, Rn 280 ff, 285 = *Pechstein* Nr 57= *HVL*, S. 495 = JuS 2009, 360 – *Streinz*; mit Anm. *Scholz*, NVwZ 2009, 287; bestätigt durch EuGH, verb Rs C-399/06 P und C-403/06 P, Slg 2009, I-11393, Rn 71 ff. S. auch EuG, Rs T-85/09, Kadi/Kommission, Slg 2010, II-5177 = EuGRZ 2011, 48 = *HVL*, S. 499 ff und EuGH, verb Rs C-584/10 P ua – „Kadi II", ECLI:EU:C:2013:518 = JuS 2014, 376 (*Streinz*). S. zu dieser „grundlegenden Weichenstellung" *Lenaerts*, EuGRZ 2015, 353 (355). Vgl auch EuGH, Rs C-27/09 P, Frankreich/People's Mojahedin Organisation of Iran (Bestätigung von EuG Rs T-284/08, People's Mojahedin/Rat, Slg 2008, II-3487). S. dazu Rn 964 f. Vgl *Oppermann/Classen/Nettesheim*, § 17, Rn 25 mwN.

[56]  Zutreffend EuGH, verb Rs 60 und 61/84, Cinéthèque/FNCF, Slg 1985, 2605, Rn 26; Rs C-299/95, Kremzow/Österreich, Slg 1997, I-2629, Rn 15 ff = *HVL*, S. 431 f11. Zur Grundrechtecharta s. zB EuGH, Rs C-339/10, Asparuhov Estov, Slg 2010, I-11465, Rn 12 ff = *HVL*, S. 350 f62.

[57]  Vgl *Borowsky*, in: Meyer, Art. 51, Rn 25 f mwN.

[58]  Vgl dazu *Borowsky*, in: Meyer, Art. 51, Rn 24, 24a.

**771** Unstrittig sind von Art. 51 GRCh nach wie vor im Sinne der *Wachauf*-Rechtsprechung die Mitgliedstaaten an die Charta gebunden, soweit ihr Handeln **unionsrechtlich determiniert** ist (sog. *agency situations*), also insbesondere beim Vollzug von Verordnungen und der Umsetzung von Richtlinien, die den Mitgliedstaaten keine Umsetzungsspielräume belassen[59]. Dies ist zumindest insoweit geboten, als entsprechende nationale Garantien wegen des Vorrangs des Unionsrechts nicht mehr zur Anwendung kommen. Denn dann müssen an ihre Stelle die unionsrechtlichen Garantien als Prüfungsmaßstab für sekundäres Unionsrecht und darauf basierendes nationales Umsetzungsrecht treten[60]. Strittig war jedoch, ob im Rahmen der *Wachauf*-Rechtsprechung die Unionsgrundrechte auch dann von den Mitgliedstaaten zu beachten sind, wenn Richtlinien den Mitgliedstaaten **Umsetzungsspielräume** belassen. Dies hängt von der **Tragweite des Begriffs „Durchführung"** ab. Im Fall *Åkerberg Fransson* hat der EuGH auf die Erläuterungen zu Art. 51 GRCh rekurriert, wonach der Rechtsprechung des Gerichtshofs (ua dem ERT-Urteil) „eindeutig zu entnehmen" sei, „dass die Verpflichtung zur Einhaltung der im Rahmen der Union definierten Grundrechte für die Mitgliedstaaten nur dann gilt, wenn sie im Anwendungsbereich des Unionsrechts handeln". Durch das Abstellen auf den „Anwendungsbereich" bzw den „Geltungsbereich des Unionsrechts" wird der Begriff der „Durchführung" ausgeweitet, zumal dem EuGH ein zwar begründbarer, aber doch relativ geringer Anknüpfungspunkt (Erhebung des Mehrwertsteueranteils im Interesse der EU) genügt. Da bei der Umsetzung von Richtlinien und deren Vollzug die Materie „im Anwendungsbereich" des Unionsrechts liegt, lässt sich die Bindung der Mitgliedstaaten an die Charta auch im nicht determinierten Bereich damit begründen, dass insoweit ein einheitlicher Mindeststandard gegeben sein muss. Auch bleibt insoweit mangels unionsrechtlicher Vorgabe und daher fehlender Gefährdung der Einheitlichkeit des Unionsrechts weiter gehender nationaler Grundrechtsschutz möglich[61].

**772** Mit dem Abstellen auf den Anwendungsbereich und der Berufung auf die Erläuterungen erstreckt der EuGH auch seine *ERT*-Rechtsprechung auf die Charta, sodass deren Grundrechte von den Mitgliedstaaten auch als **Schranken-Schranke** bei zulässigen Beschränkungsmaßnahmen gegenüber **Grundfreiheiten**[62] zu beachten sind[63].

---

59 Vom EuGH in Rs 5/88, Wachauf/Bundesamt für Ernährung und Forstwirtschaft, Slg 1989, 2609, Rn 19 = *Pechstein* Nr 132 bestätigt, nachdem dies wegen Rs 210/87, Padovani, Slg 1988, 6177, Rn 14 ff zweifelhaft war.

60 Vgl auch Generalanwalt *Jacobs*, Slg 1989, I-2629.

61 Vgl zum Problem der sog. Doppelbindung *Streinz*, in: FS Dauses, S. 440 f mwN; *Streinz/Michl*, in: Streinz, Art. 51 GRCh, Rn 8 f; *Jarass*, Art. 51, Rn 23 mwN.

62 EuGH, Rs C-260/89, ERT, Slg 1991, I-2925, Rn 43 = *HVL*, S. 851 ff =*MH* Nr 31 (s. dazu Rn 870). Vgl *Oppermann/Classen/Nettesheim*, § 17, Rn 28: Keine „Bindung" an EU-Grundrechte, sondern Pflicht zur Beachtung „als Ausdruck einer grundrechtskonformen Interpretation der Schranken der Grundfreiheiten". AA *Kingreen*, in: Calliess/Ruffert, Art. 51 GRCh, Rn 16, dem insoweit zuzustimmen ist, als er sich gegen die ausufernde Rspr des EuGH, namentlich in Rs C-60/00, Carpenter, Slg. 2002, I-6279, Rn 37 f; Rs C-71/02, Karner/Troostwijk GmbH, Slg 2004, I-3025, Rn 43, 48 ff, wendet. Zu Recht kritisch auch *P.M. Huber*, EuR 2008, 190.

63 Zur Berufung auf Grundrechte als „zwingende Erfordernisse" und damit Schranke im Sinne der Cassis de Dijon-Rspr s. Rn 844. Dasselbe Grundrecht kann in einem Fall die nationale Beschränkungsmaßnahme zuerst rechtfertigen und dann eingrenzen, vgl hinsichtlich Art. 10 EMRK (jetzt Art. 11 Abs. 1 GRCh als Schranke, Abs. 2 als Schranken-Schranke) EuGH, Rs C-398/95, Vereinigte Familiapress/Bauer Verlag, Slg 1997, I-3689, Rn 18 f = *Pechstein* Nr 33 = HVL, S. 612 f.

Die „offene Suchformel"[64] des EuGH im Urteil *Åkerberg Fransson* veranlasste das    **773**
BVerfG in einem obiter dictum des Antiterrordatei-Urteils, eine restriktive Auslegung dieses Urteils des EuGH anzumahnen[65]. Der EuGH bestätigt zwar in seiner
jüngsten Rechtsprechung das Urteil *Åkerberg Fransson*, bemüht sich aber um Kriteri-
en für eine Präzisierung des Anwendungsbereichs des Unionsrechts[66]. Entscheidend
ist, dass der EuGH die klare und mehrmals wiederholte Regel des Art. 6 Abs. 1
UAbs. 2 EUV beachtet, dass die Charta „die in den Verträgen festgelegten Zuständigkeiten der Union in keiner Weise erweitert"[67].

Art. 19 Abs. 1 UAbs. 2 EUV verankert jetzt ausdrücklich die bereits bislang beste-    **774**
hende (gestützt auf *Art. 10 EGV*, jetzt Art. 4 Abs. 3 EUV) Pflicht der Mitgliedstaaten,
die erforderlichen Rechtsbehelfe zu schaffen, damit ein wirksamer Rechtsschutz in
den vom Unionsrecht erfassten Bereichen gewährleistet ist. Zu den Verfahrensrech-
ten s. Rn 796 ff f, Rn 803 ff f.

### c)  Drittwirkung der EU-Grundrechte?

Fraglich ist, ob und inwieweit Private an die Unionsgrundrechte gebunden sind[68]. Da-    **775**
gegen spricht, dass Art. 51 Abs. 1 GRCh mit den Unionsorganen und (eingeschränkt)
den Mitgliedstaaten die Verpflichtungsadressaten ausdrücklich nennt, was auch dem
Charakter der Grundrechte als Abwehrrechte gegen Akte der Hoheitsgewalt entspricht. Andererseits hat der EuGH dem Art. 157 AEUV nicht nur Grundrechtscha-
rakter, sondern auch Drittwirkung zugesprochen, weil andernfalls das Unionsrecht in
dem von ihm erfassten Bereich weitgehend wirkungslos bliebe (s. **Fall 59**, Rn 1176/
1180). Auch die EU-Grundrechtecharta enthält Grundrechte, die sich in Privatrechtsverhältnissen entfalten bzw sich auf diese auswirken (Art. 23, Art. 24, Art. 27-28,
Art. 30-34 GRCh). Dem kann aber durch die Verpflichtung der EU bzw der Mitgliedstaaten, entsprechende Vorkehrungen zu treffen (Schutzpflichten) sowie durch die
Auslegung entsprechender Rechtsvorschriften im Lichte der Grundrechte (sog. mittelbare Drittwirkung) Rechnung getragen werden[69].

### 2.  Berechtigte der Unionsgrundrechte

Die Berechtigungsadressaten der europäischen Grundrechte (**Grundrechtsträger**)    **776**
ergeben sich ausdrücklich aus den Texten der Grundrechtecharta und der
EMRK. Hinsichtlich der Unionsgrundrechte als allgemeinen Rechtsgrundsätzen sind

---

64  So *Borowsky*, in: Meyer, Art. 51, Rn 24a mwN.
65  BVerfGE 133, 277 (316), Rn 91. S. dazu und zu Folgeurteilen Rn 254.
66  Vgl EuGH, C-198/13, Hernández, ECLI:EU:C:2014:2055, Rn 32 ff = EuZW 2014, 795 = JuS 2015,
    281 (*Streinz*): mittelbare Auswirkungen genügen nicht.
67  Vgl dazu *Streinz/Michl*, in: Streinz, Art. 51 GRCh, Rn 14 f mit Kritik an den zu weit gehenden Vor-
    schlägen von GA Sharpston in EuGH, Rs C-34/09, Ruiz Zambrano, Slg 2011, I-1177, Tz 54 ff, 163 =
    JuS 2011, 946 – *Streinz*, die der EuGH allerdings nicht aufgegriffen (jedoch auch nicht zurückgewie-
    sen) hat. Einschränkend EuGH, Rs C-434/09, McCarthy, Slg 2011, I-3375, Rn 53 ff.
68  Vgl dazu *Wollenschläger* (Fn 2), Rn 58 ff; *Haratsch/Koenig/Pechstein*, Rn 685.
69  Vgl auch *Wollenschläger* (Fn 2), Rn 61; *Ehlers*, in: Ehlers, § 14, Rn 81. In diesem Sinne entgegen
    dem weitergehenden Ansatz des Generalanwalts Cruz Villalón EuGH, Rs C-201/13, Deckmyn und
    Vrijheidsfonds, ECLI:EU:C:2014,2132, Rn 30 = JuS 2014, 1048 (*Ruffert*): Berücksichtigung des
    Art. 21 Abs. 1 GRCh.

sie anhand deren Rechtserkenntnisquellen und der Rechtsprechung des EuGH zu ermitteln.

**777**   Die **Grundrechtecharta** berechtigt **alle Menschen**, soweit ihre Rechte nicht ausdrücklich Unionsbürgern vorbehalten sind. Solche **Unionsbürgergrundrechte** sind die Wahlrechte zu den Kommunalparlamenten und zum Europäischen Parlament (Art. 39, Art. 40 GRCh), das Recht auf Zugang zu Dokumenten (Art. 42 GRCh), die Freizügigkeit (Art. 45 GRCh[70]) und das Recht auf Schutz durch diplomatische und konsularische Stellen (Art. 46 GRCh). Das Recht auf Zugang zum Bürgerbeauftragten (Art. 43 GRCh) und das Petitionsrecht (Art. 44 GRCh) kommt auch Drittstaatsangehörigen mit Wohnsitz in der Union zu. Die Rechte der Charta sind grundsätzlich auch auf **juristische Personen** und Personenvereinigungen anwendbar, obgleich dies nur bei einzelnen Rechten ausdrücklich gesagt wird[71]. Entscheidend ist, ob das jeweilige Recht seinem Wesen nach darauf anwendbar ist (zB nicht höchstpersönliche Rechte wie das Recht auf Leben). Insbesondere können sich **Wirtschaftsunternehmen** unabhängig von ihrer Organisationsform auf einschlägige Grundrechte berufen. Staatlich beherrschte juristische Personen und solche des **öffentlichen Rechts** können sich grundsätzlich nicht auf die Rechte der Charta berufen. Ob und inwieweit Ausnahmen bestehen ist strittig. Denkbar ist dies hinsichtlich der justiziellen Grundrechte (Art. 47-50 GRCh), soweit diese auf juristische Personen anwendbar sind, sowie analog zur deutschen Grundrechtsdogmatik[72] bei grundrechtstypischen Gefährdungslagen für Rundfunkanstalten (Art. 11 GRCh), Religionsgemeinschaften mit öffentlich-rechtlichem Körperschaftsstatus (Art. 10 GRCh) und Universitäten (Art. 13 GRCh), soweit diese von Eingriffsmaßnahmen im Anwendungsbereich des Unionsrechts bzw seiner Durchführung erfasst werden sollten. Auf die jedem zustehenden Grundrechte können sich auch juristische Personen mit Sitz in einem **Drittstaat** berufen, auf Unionsbürgergrundrechte nur, wenn sie analog Art. 54 AEUV ihren Sitz, ihre Hauptverwaltung oder ihre Hauptniederlassung innerhalb der Union haben[73].

**778**   Die **EMRK** berechtigt **alle** (vgl Art. 1 EMRK) der Herrschaft (jurisdiction) eines Staates unterstehenden Personen unabhängig von ihrer Staatsangehörigkeit. Auch **juristische Personen** können sich auf Rechte, die ihrem Wesen nach auf sie anwendbar sind, berufen. Dies ergibt sich bereits aus der Aufzählung der Beschwerdeberechtigten in Art. 34 EMRK[74].

**779**   Berechtigte der vom EuGH entwickelten **Unionsgrundrechte** (Art. 6 Abs. 3 EUV) sind grundsätzlich alle Menschen. Eine Beschränkung auf Unionsbürger kann man nur dort annehmen, wo dies auch die Grundrechtecharta vorsieht. Dies sind Fälle, in denen parallel dazu der wertende Rechtsvergleich ergibt, dass in den Mitgliedstaaten nur eigene Staatsangehörige Schutz genießen. Soweit diese Rechte im Anwendungsbereich der Verträge liegen, sind sie aber wegen des Verbots der Diskriminierung aufgrund der Staatsangehörigkeit (Art. 18 AEUV) bzw der speziellen Diskrimini-

---

70   Gem. Art. 52 Abs. 2 GRCh eingeschränkt durch die in Art. 21 Abs. 1 AEUV erwähnten Beschränkungen und Bedingungen (vgl Rn 1012).

71   Vgl dazu *Jarass*, GRCh, Art. 51, Rn 56 f: *Ladenburger*, in: Tettinger/Stern, GRCh, Art. 51, Rn 3.

72   Vgl *Pieroth/Schlink/Kingreen/Poscher*, Grundrechte Staatsrecht II, 31. Aufl. 2015, Rn 174 ff.

73   Vgl *Jarass*, GRCh, Art. 51, Rn 60.

74   Vgl *Frowein* (Fn 53), Art. 1 EMRK, Rn 3; *Johann*, in: Karpenstein/Mayer, Art. 1 EMRK, Rn 17. Hinsichtlich des Eigentumsrechts geht dies bereits aus dem Wortlaut des Art. 1 Zusatzprotokoll hervor.

rungsverbote der Grundfreiheiten jedenfalls im Ergebnis auf Unionsbürger zu erstrecken (zB die Berufsfreiheit des Art. 12 GG wegen Art. 45 Abs. 2, Art. 49 Abs. 1 S. 1, Art. 56 Abs. 1 AEUV)[75]. **Juristische Personen** bzw Personenvereinigungen sind dann berechtigt, wenn die betreffenden Rechte ihrem Wesen nach auf sie anwendbar sind. Dies ist bei den Wirtschaftsgrundrechten der Fall, was durch die grundlegende Rechtsprechung des EuGH bestätigt wird[76]. Soweit sie staatlicher Beherrschung unterliegen, können sie sich nur auf Verfahrensgrundrechte berufen[77].

### 3. Eingriffe in den Schutzbereich von Unionsgrundrechten

Eine genaue Abgrenzung eines Schutzbereichs einzelner Grundrechte nahm der EuGH bislang regelmäßig nicht vor. Dies dürfte sich, wie erste Bespiele zeigen (s. dazu **Fall 32,** Rn 800), durch das Inkrafttreten und die Heranziehung der Grundrechtecharta ändern. Hinsichtlich des Vorliegens eines Eingriffs wird angenommen, dass der EuGH – vergleichbar dem modernen Eingriffsbegriff in der deutschen Grundrechtsdogmatik[78] – auch alle mittelbaren Beeinträchtigungen von Grundrechten, die der Union zugerechnet werden können, als Eingriffe wertet und sie einer Rechtfertigungsprüfung unterzieht[79].    **780**

### 4. Rechtfertigung von Eingriffen: Schranken und Schranken-Schranken

Die Prüfung der Rechtfertigung von Eingriffen stellt in der Regel den Schwerpunkt der Grundrechtsprüfung durch den EuGH dar. Diese knüpfte er vor Inkrafttreten der EU-Grundrechtecharta im Falle von in der EMRK geregelten Grundrechten zumeist an die dort vorzufindende Schrankenbestimmung an. Allgemein geht der EuGH aber davon aus, dass Grundrechte keine uneingeschränkte Geltung beanspruchen, sondern verhältnismäßigen Beschränkungen zu Zwecken des Gemeinwohls der Union unterworfen werden können. Anhand der Rechtsprechung des EuGH zu den von ihm entwickelten Unionsgrundrechten (Art. 6 Abs. 3 EUV) wurden „von außen", ähnlich wie in der deutschen Grundrechtsdogmatik, Schranken und Schranken-Schranken entwickelt[80]. Seit Inkrafttreten der Grundrechtecharta bietet Art. 52 GRCh eine diesem Ansatz entsprechende, aber (zB durch die Trennung von Wesensgehalts- und Verhältnismäßigkeitsprüfung) weiter verfeinerte Systematik (s. Rn 800), an der sich der EuGH orientiert (s. insbes. **Fall 33,** Rn 801).    **781**

Die bisherige Grundrechtsrechtsprechung des EuGH wurde meist positiv gewürdigt, stieß aber auch auf Kritik[81]. Diese betraf insbesondere die Tendenz des EuGH, die Gründe, die der Unionsgesetzgeber zur Rechtfertigung eines Eingriffs geltend macht,    **782**

---

75  Vgl *Pieroth/Schlink/Kingreen/Poscher* (Fn 72), Rn 137.
76  Vgl zB EuGH, Rs 11/70, Internationale Handelsgesellschaft/Einfuhr- und Vorratsstelle für Getreide und Futtermittel, Slg. 1970, 1125, Rn 4 ff = *Pechstein* Nr 126 = *HVL*, S. 38; Rs 4/73, Nold/Kommission, Slg. 1974, 491, Rn 12 ff = *HVL*, S. 412 f; Rs 265/87, H. Schräder Kraftfutter & Co./Hauptzollamt Gronau, Slg. 1989, 2237, Rn 15.
77  Vgl EuGH, verb Rs C-48/90 und C-66/90, Niederlande ua/Kommission, Slg 1992, I-565, Rn 40 ff.
78  Dazu *Pieroth/Schlink/Kingreen/Poscher* (Fn 72), Rn 261 ff; *Sodan/Ziekow*, Grundkurs Öffentliches Recht, 6. Aufl. 2014, § 24, Rn 7 ff.
79  Vgl hierzu *Ehlers*, in: Ehlers, § 14, Rn 64; *Kingreen*, in: Calliess/Ruffert, Art. 52 GRCh, Rn 57.
80  Vgl zu Schutzbereich, Eingriff und Schranken *Oppermann/Classen/Nettesheim*, § 17, Rn 33 ff.
81  Vgl zB *Frenz*, HER Bd. 4, Rn 7 f.

unkritisch und ohne wirkliche Prüfung am Maßstab der „Verfassungsgrundsätze" der Rechtsstaatlichkeit und der Grundrechte seinen Entscheidungen zu Grunde zu legen. Ein Beispiel dafür ist die Formulierung, dass der *Gemeinschafts*gesetzgeber auf dem Gebiet der gemeinsamen Agrarpolitik über ein weites Ermessen verfüge, das der politischen Verantwortung entspreche, die ihm die *Art. 33* und *Art. 37 EGV* (jetzt Art. 39 und Art. 43 AEUV) übertrügen. Die Rechtmäßigkeit einer in diesem Bereich erlassenen Maßnahme könne nur dann beeinträchtigt sein, wenn diese Maßnahme zur Erreichung des Zieles, das das zuständige Organ verfolge, offensichtlich ungeeignet sei[82]. An dieser Linie hielt der EuGH auch im Fall der Nahrungsergänzungsmittelrichtlinie 2002/46[83] fest, obwohl der Generalanwalt in dieser „wesentliche Grundsätze des *Gemeinschafts*rechts", nämlich Rechtsschutz, Rechtssicherheit und ordnungsgemäße Verwaltung, verletzt sah[84]. Als im Fall „offene Deklaration" die Gerichte mehrerer Mitgliedstaaten die Mischfutterrichtlinie 2002/2[85] insoweit für unverhältnismäßig und daher grundrechtswidrig hielten und GA Tizzano dem teilweise folgte[86], erklärte der EuGH eine Bestimmung dieser Richtlinie wegen Verstoßes gegen den Grundsatz der Verhältnismäßigkeit für nichtig[87]. Soweit ersichtlich war dies bis dahin (s. zur Rechtsprechung nach Inkrafttreten der Grundrechtecharta Rn 800 ff) der einzige Fall, dass eine Richtlinie des Europäischen Parlaments und des Rates letztlich wegen eines Grundrechtsverstoßes teilweise aufgehoben wurde.

783 In dieser Rechtsprechung des EuGH zeigt sich auch ein bedenklicher Widerspruch zur relativ intensiven Prüfdichte gegenüber Maßnahmen der Mitgliedstaaten, die die Grundfreiheiten beschränken. Ungeachtet der unterschiedlichen Schutzrichtung von Grundfreiheiten und Grundrechten und der unterschiedlichen Interessenlage verliert eine Rechtsprechung, die bei Maßnahmen der Mitgliedstaaten vom „aufmerksamen und interessierten", „verständigen" (vgl Rn 922), bei Maßnahmen der EU aber vom „flüchtigen Verbraucher" ausgeht, an Überzeugungskraft.

784 Den monierten Defiziten sollte der geschriebene Grundrechtskatalog der **EU-Grundrechtecharta** abhelfen[88]. Art. 52 Abs. 1 S. 1 GRCh schreibt vor, dass jede Einschränkung der Ausübung der in der Charta anerkannten Rechte und Freiheiten **gesetzlich vorgesehen** sein und den **Wesensgehalt** dieser Rechte und Freiheiten achten muss. Anders als die EMRK (vgl Art. 8 Abs. 2, Art. 9 Abs. 2, Art. 10 Abs. 2, Art. 11 Abs. 2 EMRK) enthält die Charta damit eine einheitliche Schrankenregelung. Durch die Be-

---

82  EuGH, Rs C-306/93, SMW Winzersekt/Land Rheinland Pfalz, Slg 1994, I-5555, Rn 21. Zutreffend kritisch dazu *Nettesheim*, EuZW 1995, 106 (106 ff). Ähnlich auf der Basis der EU-Grundrechtecharta EuGH, Rs C-544/10, Deutsches Weintor, ECLI:EU:C:2012:526, Rn 54 ff = EuZW 2012, 828. Kritisch dazu *Streinz*, JuS 2013, 369 (371).
83  ABl 2002 L 183/51, zuletzt geändert durch VO (EU) 119/2014, ABl. 2014 L 39/44.
84  EuGH, verb Rs C-154/04 und C-155/04, Alliance for Natural Health and Nutri Link Ltd, Slg 2005, I-6451, Rn 52, 138 gegenüber SchlA von GA Geelhoed, ebd., Nr 66 ff, 111.
85  ABl 2002 L 63/23.
86  Vgl dazu *Streinz*, in: FS Merten, S. 403 mwN.
87  EuGH, verb Rs C-453/03 ua, ANA Ltd. ua/Secretary of State for Health ua, Slg 2005, I-10423, Rn 80 ff unter Hinweis auf SchlA von GA Tizzano, ebd., Nr 115 ff.
88  Vgl *Jarass*, GRCh, Art. 52, Rn 4. Der Vollzug der Charta soll auf Unionsebene anhand einer Grundrechte-Checkliste erfolgen, Mitteilung der Kommission – Strategie zur wirksamen Umsetzung der Charta der Grundrechte durch die Europäische Union, Dok KOM (2010) 573 endg. S. dazu *Wehlau/Lutzhöft*, EuZW 2012, 45 (46 ff). Kritisch zur Ausgestaltung der Checkliste *Ehlers*, in: Ehlers, § 14, Rn 83 f.

zugnahme auf die EMRK (Art. 52 Abs. 3 GRCh) werden aber deren differenzierende Schrankenregelungen bedeutsam[89]. Art. 52 Abs. 1 S. 2 GRCh schreibt die Wahrung des Grundsatzes der **Verhältnismäßigkeit** vor, wonach Einschränkungen nur vorgenommen werden dürfen, wenn sie erforderlich sind und den von der Union anerkannten dem **Gemeinwohl** dienenden Zielsetzungen oder den Erfordernissen des Schutzes der Rechte und Freiheiten anderer tatsächlich entsprechen. Eine besondere Schrankenregelung enthält die Eigentumsgarantie (Art. 17 Abs. 1 S. 2 und 3 GRCh).

### 5. Grundrechtsprüfung seit dem Vertrag von Lissabon

Seit Inkrafttreten des Vertrags von Lissabon ist der bislang zweifache, nach erfolgtem Beitritt der Union zur EMRK der dreifache Grundrechtsschutz gemäß Art. 6 EUV zu beachten. Prüfungsmaßstab sind jetzt die geschriebenen Grundrechte der EU-Grundrechtecharta (Art. 6 Abs. 1 EUV). Auf die Unionsgrundrechte als allgemeine Rechtsgrundsätze (Art. 6 Abs. 3 EUV) muss eingegangen werden, wenn diese wie die allgemeine Handlungsfreiheit Grundrechte enthalten, die die EU-Grundrechtecharta nicht aufgenommen hat. Ansonsten kann auf diese hingewiesen werden, zumal die sie tragenden Rechtserkenntnisquellen EMRK (Art. 52 Abs. 3 GRCh) und gemeinsame Verfassungsüberlieferungen (Art. 52 Abs. 4 GRCh) einbezogen werden und danach auch die Abstimmung zwischen den einzelnen Grundrechtsquellen erfolgt. Nach erfolgtem Beitritt zur EMRK (Art. 6 Abs. 2 EUV) ist diese als unmittelbar bindendes Recht zu beachten. **785**

## IV. Einzelne Grundrechtsgewährleistungen

### 1. Vom EuGH entwickelte Unionsgrundrechte

Der EuGH hat folgende einzelne Gemeinschafts-, jetzt Unionsgrundrechte iSv Art. 6 Abs. 3 EUV festgestellt und in konkreten Fällen angewandt: Menschenwürde, Achtung der Privatsphäre, der Wohnung und des Briefverkehrs, Gleichheitsgrundsatz (als Grundsatz der Chancengleichheit), Religionsfreiheit, Vereinigungsfreiheit, Handelsfreiheit, Berufsfreiheit, Eigentum, das Verbot von Diskriminierungen auf Grund des Geschlechts, den allgemeinen Gleichheitssatz, Meinungs- und Veröffentlichungsfreiheit, ferner das Verbot der Rückwirkung von Strafgesetzen und die Grundrechte im gerichtlichen Verfahren (Anspruch auf effektiven gerichtlichen Rechtsschutz und auf fairen Prozess)[90]. **786**

### 2. Grundrechte der EU-Grundrechtecharta

Diese Grundrechte wurden auch in der EU-Grundrechtecharta kodifiziert[91]. Besonders relevant sind die Menschenwürde, die wirtschaftlichen Grundrechte sowie die justiziellen und Verfahrensgrundrechte. **787**

---

89  *Jarass*, GRCh, Art. 51, Rn 22 ff.
90  Vgl die Übersichten bei *Schweitzer/Hummer/Obwexer*, Rn 1117; *Stumpf*, in: Schwarze, Art. 6 EUV, Rn 21 ff und die in *HVL*, S. 411 ff dargestellten Fälle. Auf der Grundrechtsrechtsprechung basieren auch die einschlägigen Grundrechte der Charta.
91  Vgl zu den einzelnen Grundrechten *Oppermann/Classen/Nettesheim*, § 17, Rn 46 ff.

### a) Menschenwürde

**788** Die Menschenwürde als eigentliches Fundament der Grundrechte und ausdrücklicher „Wert" der Union (Art. 2 EUV) steht an der Spitze der Grundrechtecharta. Die Bestimmung entspricht Art. 1 Abs. 1 GG und generell dem völkerrechtlichen Menschenrechtsschutz und gemeineuropäischem Verfassungsrecht[92]. Art. 1 GRCh ist nicht nur objektiver Verfassungsgrundsatz, sondern zugleich individuelle Anspruchsnorm. Er enthält ein Abwehrrecht („zu achten") und eine Schutzpflicht („zu schützen"). Als Grundsatznorm ist Art. 1 GRCh vor allem für die Auslegung der weiteren Grundrechte bedeutsam. Der EuGH hat den Mitgliedstaaten bei der mit dem Schutz der Menschenwürde begründeten Beschränkung von Grundfreiheiten eigene Spielräume konzediert, die von anderen Mitgliedstaaten abweichende Bewertungen zulassen (s. **Fall 41**, Rn 852/952). Praktische Bedeutung erlangte die Bestimmung im Bereich der Biomedizin (vgl auch Art. 3 Abs. 2 GRCh) durch die Urteile zur Biopatentrichtlinie[93]. Auch in den Begründungserwägungen zu Sekundärrecht wurde (bereits vor Inkrafttreten der Grundrechtecharta) darauf Bezug genommen[94].

### b) Wirtschaftliche Grundrechte

**789** **aa) Berufsfreiheit.** Art. 15 Abs. 1 GRCh gewährleistet jeder Person das Recht, zu arbeiten und einen frei gewählten oder angenommenen Beruf auszuüben. Wegen der speziell garantierten unternehmerischen Freiheit (Art. 16 GRCh), die für jede selbstständige Betätigung gilt, hat Art. 15 Abs. 1 GRCh im Ergebnis nur Bedeutung für **Arbeitnehmer**[95].

**790** **bb) Unternehmerische Freiheit.** Art. 16 GRCh basiert auf der Rechtsprechung des EuGH zur Berufsfreiheit als Hauptgrundrecht der wirtschaftlichen Betätigungsfreiheit, hebt die **unternehmerische** Freiheit aber als deren **spezielle Ausprägung** hervor. Die Freiheit, eine Wirtschafts- oder Geschäftstätigkeit auszuüben, und die Vertragsfreiheit sind Grundlage einer auf Wettbewerb und Marktwirtschaft[96] beruhenden Wirtschaftsordnung. **Beschränkungen** müssen gemäß Art. 52 Abs. 1 GRCh einem legitimen Ziel dienen, verhältnismäßig sein und dürfen den Wesensgehalt des Grundrechts nicht antasten. Allerdings ist die **Kontrolldichte** des EuGH in wirtschaftlichen Sachverhalten durch Einräumung einer erheblichen Einschätzungsprärogative für den Unionsgesetzgeber reduziert. Wie die Berufsfreiheit schützt die unternehmerische

---

92  Vgl *Streinz*, in: Streinz, Art. 1 GRCh, Rn 1 mwN.
93  RL 98/44/EG, ABl 1998 L 213/13. EuGH, Rs C-377/98, Niederlande/EP und Rat, Slg 2001, I-7079, Rn 71 und 76; SchlA GA Jacobs, Nr 197. Zuletzt EuGH (GK), Rs C-34/10, Brüstle/Greenpeace, Slg 2011, I-9821, Rn 33 ff = EuZW 2011, 908 m. Anm. *Groh*, ebd., S. 910: Weite Auslegung des Begriffs „menschlicher Embryo" iSv Art. 6 Abs. 2 lit. c RL 98/44/EG (jede menschliche Eizelle vom Stadium ihrer Befruchtung an) mit der Folge unzulässiger Patentierbarkeit.
94  VO 1612/68 (aufgehoben und ersetzt durch VO 492/2011, ABl 2011 L 141/1), Sart. II Nr 180; Medien-RL 89/552/EWG, ABl 1989 L 298/23 (aufgehoben und ersetzt durch die RL 2010/13/EU, ABl 2010 L 95/1, aber ABl 2010 L 263/15); Asylrechts-RL 2004/83, ABl 2004 L 304/12, neugefasst durch RL 2011/95/EU, ABl L 337/9).
95  So *Jarass*, GRCh, Art. 15, Rn 2, 4; Art. 16, Rn 4, 4a mwN auch zur Gegenansicht; *ders.*, EuGRZ 2011, 360 (360 f). Vgl auch *Bernsdorff*, in: Meyer, Art. 15 GRCh, Rn 13 mwN.
96  Vgl Art. 119 Abs. 1 AEUV; Protokoll Nr 27 über den Binnenmarkt und den Wettbewerb (ABl 2012 C 326/309; Sart. II Nr 147, S. 42; Nomos Nr 3, S. 250), das als Primärrecht (Art. 51 EUV) den Inhalt von *Art. 4 Abs. 1 EGV* aufrechterhält.

Freiheit den Erwerb, während das Erworbene durch die Eigentumsgarantie (Art. 17 GRCh) geschützt wird[97]. Die in den Erläuterungen des Präsidiums angesprochene **Wettbewerbsfreiheit** wurde in der bisherigen Rechtsprechung des EuGH erwähnt, der allerdings offen lässt, ob diese einen subjektiv-rechtlichen Einschlag hat[98].

**cc) Eigentumsrecht.** Art. 17 GRCh verankert wie Art. 1 des Zusatzprotokolls zur EMRK, dem er in „zeitgemäßer Gestaltung" „entspricht"[99], drei Grundregeln: Gewährleistung der mit dem **Freiheitsrecht** des Eigentums wesensmäßig verbundenen Rechte; kumulative Bedingungen, unter denen eine **Eigentumsentziehung** zulässig ist; Kompetenz des Gesetzgebers, die **Nutzung** des Eigentums als ausgestaltungsbedürftiges Recht (vgl Art. 14 Abs. 1 S. 2 GG: „Inhalt und Schranken werden durch die Gesetze bestimmt.") zu **regeln**, soweit dies für das Wohl der Allgemeinheit erforderlich ist. Als lex specialis zu Art. 52 Abs. 1 GRCh ist diese Schrankenregelung, da sie Art. 1 Abs. 1 S. 2 und Abs. 2 des Zusatzprotokolls zur EMRK „entspricht", gemäß den dazu entwickelten Grundsätzen auszulegen (Art. 52 Abs. 3 S. 1 GRCh), wobei auch hier ein höheres Schutzniveau möglich ist (Art. 52 Abs. 3 S. 2 GRCh). Das Eigentum ist zu respektieren **(Abwehrrecht)** und zu schützen **(Gewährleistungspflichten)**. Der EuGH räumt dem Unionsgesetzgeber auch hier eine erhebliche Einschätzungsprärogative ein, nimmt in neueren Urteilen aber auch eine dezidierte Verhältnismäßigkeitsprüfung gegenüber dem Unionsgesetzgeber vor[100]. **791**

Gemäß Art. 17 Abs. 2 GRCh wird ausdrücklich auch **geistiges Eigentum** geschützt. Art. 118 AEUV enthält dafür eine ausdrückliche Rechtsetzungskompetenz. Bislang wurden entsprechende Maßnahmen auf *Art. 95 EGV* (jetzt *Art. 114 AEUV*) bzw, soweit neue Rechtstitel geschaffen wurden, auf *Art. 308 EGV* (jetzt *Art. 352 AEUV*) gestützt. **792**

Die Regelung des Art. 345 AEUV, wonach die Verträge die Eigentumsordnung in den verschiedenen Mitgliedstaaten unberührt lassen, berührt zwar an sich nicht den Schutz des Eigentums gemäß Art. 17 GRCh gegenüber Maßnahmen der Union. Sie stellt klar, dass die Aussagen der Verträge zu Wettbewerb und Marktwirtschaft das Recht der Mitgliedstaaten zur Entscheidung über den Umfang ihrer öffentlichen Wirtschaftstätigkeit entsprechend ihren wirtschafts- und ordnungspolitischen Vorstellungen und damit über Sozialisierungen und Privatisierungen nicht beeinträchtigen. Sie müssen dabei aber, wie generell bei in der Kompetenz der Mitgliedstaaten verbliebenen Materien, das Unionsrecht im Übrigen beachten. Die Union selbst darf keine Privatisierungs- und Sozialisierungsmaßnahmen ergreifen, sondern kann allein unter Beachtung des Art. 17 GRCh den Umfang der Sozialpflichtigkeit des Eigentums festlegen und dabei auch in den Bestand des Eigentums eingreifen. **793**

**dd) Weitere Grundrechte mit besonderer Relevanz für das Wirtschaftsleben.** Eine Reihe weiterer Unionsgrundrechte, die auf der Basis der Rechtserkenntnisquellen der gemeinsamen Verfassungsüberlieferungen und der EMRK in der EU-Grundrechtecharta kodifiziert wurden, haben besondere Relevanz für das Wirtschaftsleben. Dies **794**

---

97  *Streinz*, in: Streinz, Art. 15 GRCh, Rn 7 mwN.
98  Vgl *Bernsdorff*, in: Meyer, Art. 16 GRCh, Rn 14 („ordnungspolitischer Programmsatz").
99  Erläuterungen des Präsidiums zu Art. 17, Abs. 1, Abs. 2 S. 3.
100  Vgl *Streinz*, in: Streinz, Art. 17 GRCh, Rn 11 mwN.

gilt für den **Allgemeinen Gleichheitssatz** (Art. 20 GRCh), die **Vereinigungsfreiheit**, speziell die arbeitsrechtliche Koalitionsfreiheit (Art. 12 Abs. 1 GRCh, Art. 28 GRCh), weitere **Arbeitnehmerrechte** (Arbeitsvermittlung, Art. 29 GRCh; Kündigungsschutz, Art. 30 GRCh; gerechte und angemessene Arbeitsbedingungen, Art. 31 GRCh; Verbot der Kinderarbeit, Jugendschutz, Art. 32 GRCh; Vereinbarkeit von Familien- und Berufsleben, Art. 33 Abs. 2 GRCh), der **Datenschutz** (Art. 8 GRCh), das Recht auf **Zugang zu Dokumenten** der Organe, Einrichtungen und sonstigen Stellen der Union (Art. 42 GRCh), die **Freiheit der Meinungsäußerung und Informationsfreiheit** (Art. 11 Abs. 1 GRCh).

795 Die Bestimmungen über den **Umweltschutz** (Art. 37 GRCh) und den **Verbraucherschutz** (Art. 38 GRCh) sind **Grundsätze** im Sinne des Art. 52 Abs. 5 GRCh[101]. Als objektiv-rechtliche Vorgaben verpflichten sie die Union (ihre Organe, Einrichtungen und sonstige Stellen) sowie die Mitgliedstaaten, soweit sie Unionsrecht durchführen, zur Unterlassung von Aktivitäten, die die Grundsätze verletzen und zur Förderung der in ihnen verankerten Ziele. Dabei besteht erheblicher politischer Gestaltungsspielraum, die Justiziabilität ist sehr eingeschränkt (vgl Art. 52 Abs. 5 S. 2 GRCh).

### c) Justizielle Rechte

796 Die in **Art. 6 Abs. 1 EMRK** verankerten Rechte auf ein faires, öffentliches und innerhalb einer angemessenen Frist durchzuführendes Verfahren vor einem unabhängigen und unparteilichen, auf Gesetz beruhendem Gericht gehören zu den praktisch bedeutendsten Garantien der EMRK[102]. Darauf, auf das Beschwerderecht gemäß Art. 13 EMRK, konkretisiert auf ein Gericht als „innerstaatliche Instanz", sowie auf die bisherige Rechtsprechung des EuGH[103] stützt sich Art. 47 GRCh[104]. Danach hat jede (natürliche oder juristische) Person, deren durch das Recht der Union garantierten **subjektive** Rechte oder Freiheiten verletzt worden sind, das Recht, nach Maßgabe der in diesem Artikel vorgesehenen Bedingungen bei einem Gericht einen wirksamen Rechtsbehelf einzulegen (Art. 47 Abs. 1 GRCh). Auf die Staatsangehörigkeit kommt es insoweit nicht an. Drittstaatsangehörige können allerdings nur Rechte geltend machen, die nicht Unionsbürgern vorbehalten sind, juristische Personen nur, soweit das betreffende Recht auf sie anwendbar ist (s. dazu Rn 777). Art. 47 Abs. 2 S. 1 GRCh wiederholt die in Art. 6 Abs. 1 EMRK genannten Anforderungen[105]. Gemäß Art. 47 Abs. 2 S. 2 GRCh kann sich jede Person beraten, verteidigen und vertreten lassen. Art. 47 Abs. 3 GRCh begründet ggf einen Anspruch auf Prozesskostenhilfe.

797 Art. 48 Abs. 1 GRCh postuliert in Übereinstimmung mit Art. 6 Abs. 2 EMRK die im deutschen Recht nicht ausdrücklich verankerte, aber aus dem Rechtsstaatsprinzip hergeleitete[106] **Unschuldsvermutung** des „Angeklagten". Der Begriff wird weit verstan-

101 *Jarass*, GRCh, Art. 37, Rn 3; Art. 38, Rn 3.
102 Vgl dazu *Grabenwarter/Pabel*, EMRK, § 24, Rn 60 ff.
103 Vgl dazu *Streinz*, in: Streinz, Art. 47 GRCh, Rn 1, 4 ff.
104 Erläuterungen des Präsidiums zu Art. 47 GRCh. Relativ deutliche Beschränkungen durch die Mitgliedstaaten lässt EuGH, Rs C-300/11, ZZ/Secretary of the Home Department, ECLI:EU:C:2013:363 zu. Vgl dazu und zum Vergleich mit dem Urteil Kadi II (Fn 55) *Streinz*, JuS 2014, 282.
105 Die weitaus meisten Beschwerden zum EGMR hinsichtlich Art. 6 Abs. 1 EMRK betreffen die überlange Verfahrensdauer, vgl *Meyer-Ladewig*, EMRK, Art. 6, Rn 1.
106 BVerfG, st Rspr, vgl BVerfGE 74, 358 (370 f).

den und reicht über Kriminalstrafen hinaus[107]. Die justiziellen Rechte im Strafverfahren sind daher auch für juristische Personen von erheblicher Bedeutung. Der EuGH erstreckt die Unschuldsvermutung auf alle Verfahren, in denen (ausreichend gewichtige) „Geldbußen oder Zwangsgelder verhängt werden, insbesondere wegen der Verletzung wettbewerbsrechtlicher Vorschriften[108], obwohl sie nicht als strafrechtlicher Art eingestuft werden[109]. Als **„strafähnliche Maßnahmen"** werden auch alle Verwaltungssanktionen angesehen, über Art. 6 Abs. 2 EMRK hinaus auch Beugestrafen. Entsprechend weit reicht auch der Schutzbereich der durch Art. 48 Abs. 2 GRCh garantierten **Verteidigungsrechte**[110]. Dazu gehört auch das Verbot des Zwangs zur Selbstbezichtigung (**„nemo tenetur"**)[111]. Die „strafähnlichen Maßnahmen" werden auch von den in Art. 49 GRCh aufgeführten **Grundsätzen der Gesetzmäßigkeit und der Verhältnismäßigkeit** im Zusammenhang mit Straftaten und Strafen (nulla poena sine lege; lex mitius; Verhältnismäßigkeit des Strafmaßes im Verhältnis zur Straftat) sowie vom Verbot der zweimaligen Verfolgung oder Bestrafung wegen derselben Straftat (ne bis in idem) erfasst[112]. **Ne bis in idem** (Art. 50 GRCh) hat vor allem im Sanktionsrecht der Union Bedeutung[113]. Doppelbestrafungen in Form von Verwaltungssanktionen und strafrechtlicher Verfolgung verbietet er nur, wenn auch die Verwaltungssanktion nach nationalem Recht strafrechtlichen Charakter hat[114].

---

**Fall 30** (nach EuGH, Rs. 44/79, Hauer/Land Rheinland-Pfalz, Slg 1979, 3727 = *HVL*, **798** S. 413 ff = *PSK*, Fall 73 = *Pechstein* Nr 129 = *MH* Nr 10):

Die deutsche Winzerin H beantragte bei der zuständigen Verwaltungsbehörde die Genehmigung zur Anpflanzung von Weinreben. Dies wurde ihr unter Hinweis auf eine Verordnung des Rates über Maßnahmen zur Anpassung des Weinbaupotenzials an die Marktbedürfnisse untersagt, die jede Neuanpflanzung von Weinreben für einen längeren Zeitraum verbot. Sie erhob Klage und rügte eine Verletzung ihrer Grundrechte. Mit Aussicht auf Erfolg?

---

**Lösung Fall 30:**

Prüfungsmaßstab: Abgesehen vom Solange II-Vorbehalt (s. Rn 250) allein die Unionsgrundrechte, nicht nationales Recht (Vorrang und Einheitlichkeit des Unionsrechts). Die gemäß Art. 6 Abs. 1 EUV rechtsverbindliche EU-Grundrechtecharta schützt gemäß Art. 17 Abs. 1 GRCh das Eigentum. Die Grundrechte gehören ferner gemäß Art. 6 Abs. 3 EUV zu den allgemeinen Rechtsgrundsätzen, die der EuGH zu wahren hat. Bei der Gewährleistung dieser Rechte geht er von den gemeinsamen Verfassungsüberlieferungen der Mitgliedstaaten aus, sodass in der Union keine Maßnahmen als rechtens anerkannt werden können, die unvereinbar sind mit den von den Verfassungen dieser Staaten geschützten Grundrechten. Auch zieht der EuGH die EMRK (hier Art. 1 des Zusatzprotokolls zur EMRK) als materiel-

---

107   Vgl dazu *Jarass*, GRCh, Art. 48, Rn 4 ff mwN.
108   EuGH, Rs 199/92, Hüls/Kommission, Slg 1999, I-4287, Rn 149 f.
109   EuG, Rs T-23/99, LR AF 1998 A/S/Kommission, Slg 2002, II-1705, Rn 220.
110   EuGH, Rs 78/01, Bundesverband Güterkraftverkehr und Logistik – BGL/BR Deutschland, Slg 2003, I-9543, Rn 52.
111   EuGH, ebd., Rn 273 f.
112   *Jarass*, GRCh, Art. 49, Rn 7 f mwN; Art. 50, Rn 3, 5.
113   Vgl EuGH, Rs C-238/99 P ua, Limburger Vinyl Maatschappij ua/Kommission, Slg 2002, I-8375, Rn 49.
114   EuGH (GK), Rs C-617/10, Åkerberg Fransson, ECLI:EU:C:2013:105, Rn 32 ff = JuS 2013, 758 *(Streinz)*. Zur grundlegenden Bedeutung dieses Urteils aus anderen Gründen s. Rn 771, 773.

len Mindeststandard für die Mitgliedstaaten heran. Danach ist das Eigentumsrecht als Unionsgrundrecht anerkannt.

Dieses Grundrecht unterliegt jedoch gemäß Art. 17 Abs. 1 GRCh, in allen Verfassungen und auch im Zusatzprotokoll zur EMRK (Art. 1 Abs. 2), das gemäß Art. 52 Abs. 3 GRCh für die Auslegung des Art. 17 GRCh maßgeblich ist, den Schranken, die für die Regelung der Benutzung des Eigentums im Einklang mit dem Allgemeininteresse erforderlich sind. In allen Weinbauländern der Union bestehen zwar unterschiedlich strenge, aber zwingende Rechtsvorschriften in Bezug auf die Anpflanzung von Weinreben, die Auswahl der Rebsorten und die Anbaumethoden. In keinem der betreffenden Länder werden diese Vorschriften grundsätzlich als unvereinbar mit der Wahrung des Eigentumsrechts betrachtet (vgl jetzt Art. 52 Abs. 4 GRCh[115]).

Wenngleich daher der Union nicht grundsätzlich die Möglichkeit abgesprochen werden kann, die Ausübung des Eigentumsrechts im Rahmen einer gemeinsamen Marktorganisation und aus strukturpolitischen Gründen zu beschränken, so ist doch noch zu prüfen, ob die in der umstrittenen Regelung enthaltenen Einschränkungen tatsächlich dem allgemeinen Wohl dienenden Zielen der Union entsprechen und ob sie nicht einen im Hinblick auf den verfolgten Zweck unverhältnismäßigen, nicht tragbaren Eingriff in die Vorrechte des Eigentümers darstellen, der das Eigentumsrecht in seinem Wesensgehalt antastet (s. jetzt Art. 52 Abs. 1 S. 1 und 2 GRCh: Trennung von Wesensgehaltsgarantie und Verhältnismäßigkeitsgrundsatz vorgeschrieben). Der EuGH verneinte dies, wobei eine wirkliche Abwägung von Unions- und Individualinteresse fehlte. Diese hätte sich hier insbesondere deshalb aufgedrängt, weil es sich um ein lang andauerndes Totalverbot der Neuanpflanzung auch auf für den Weinanbau geeigneten Böden handelte.

Die Frage einer Verletzung der Berufsfreiheit bzw unternehmerischen Freiheit (Art. 16 GRCh) ist ebenso zu beantworten.

**799**  **Fall 31** (EuGH, verb Rs 46/87 und 227/88, Hoechst/Kommission, Slg 1989, 2859 = *PSK*, Fall 79 sowie Rs C-94/00, Roquette Freres SA, Slg 2002, I-9011 = *Pechstein* Nr 130):

Da der Kommission Informationen vorlagen, die den Verdacht eines Verstoßes gegen das EU-Kartellrecht begründeten, erließ sie gegen die Firma H eine Entscheidung (= Beschluss, Art. 288 Abs. 4 AEUV) betreffend eine Nachprüfung gemäß *Art. 14 Abs. 3 der VO Nr 17* (*KartellVO*, seit 1.5.2004 Art. 20 Abs. 4 VO Nr 1/2003, s. Rn 1013). Als die Beamten der Kommission in Begleitung eines Beamten des Bundeskartellamtes unangemeldet bei der Firma H vorstellig wurden, um die Nachprüfung durchzuführen, wurde ihnen dies mit der Begründung verwehrt, es handle sich um eine Durchsuchung, die schon deshalb rechtswidrig sei, da es an einer vorhergehenden richterlichen Anordnung fehle. Nachdem ein erster Antrag mit der Begründung zurückgewiesen wurde, es seien keine Tatsachen vorgetragen worden, die den Verdacht rechtswidriger Vereinbarungen begründen könnten, erwirkte das Bundeskartellamt nach Vorbringen weiterer Tatsachen beim zuständigen Amtsgericht schließlich einen Durchsuchungsbefehl unmittelbar zu Gunsten der Kommission, die daraufhin mit Duldung von H – unter Aufrechterhaltung ihrer rechtlichen Bedenken – die Nachprüfung durchführen konnte. Gegen den Beschluss der Kommission erhob H Klage zum EuGH. Mit Aussicht auf Erfolg?

---

115  Vgl zum (beschränkten) Einfluss mitgliedstaatlicher Verfassungsüberlieferungen auf die Auslegung der Chartagrundrechte *Jarass*, GRCh, Art. 52, Rn 66 f.

**Lösung Fall 31:**

**I. Zulässigkeit der Klage:** Nichtigkeitsklage gemäß Art. 263 Abs. 4 AEUV (vgl Rn 641 ff).

**II. Begründetheit:** Rechtmäßigkeit der Nachprüfungsentscheidung

1. Formelle Rechtmäßigkeit

a) Zuständigkeit der Kommission: Art. 20 VO Nr 1/2003 (KartellVerfO, Sart. II Nr 165; *Bieber/Knapp*, Nr V.7.1).

b) Gewährung rechtlichen Gehörs: Art. 27 KartellVerfO regelt die Anhörung Beteiligter und Dritter. Der hier einschlägige Art. 20 KartellVerfVO ist in Art. 27 Abs. 1 KartellVerf-VO jedoch nicht aufgeführt. Der EuGH hat aber in ständiger Rechtsprechung einen allgemeinen Rechtsgrundsatz des Unionsrechts entwickelt, wonach rechtliches Gehör zu gewähren ist (jetzt Art. 41 Abs. 2 lit. a GRCh). Auch Art. 20 KartellVerfVO steht unter diesem Vorbehalt. Die Wahrnehmung des Anspruchs auf rechtliches Gehör darf aber nicht dazu führen, dass der Zweck der Nachprüfung durch die Kommission, nämlich gegebenenfalls Verstöße gegen die wettbewerbsrechtlichen Normen der Verträge festzustellen, vereitelt würde.

2. Materielle Rechtmäßigkeit

a) Vereinbarkeit von Art. 20 KartellVerfVO mit Unionsgrundrechten. Art. 20 KartellVerf-VO könnte gegen das Grundrecht auf Unverletzlichkeit der Wohnung verstoßen, das Bestandteil der Unionsrechtsordnung ist (jetzt Art. 7 GRCh). Der EuGH entnimmt in ständiger Rechtsprechung den gemeinsamen Verfassungsüberlieferungen der Mitgliedstaaten Unionsgrundrechte als allgemeine Rechtsgrundsätze (vgl Art. 6 Abs. 3 EUV), wobei er auch die EMRK als die Mitgliedstaaten bindenden materiellen Mindeststandard heranzieht. Zwar kennen sämtliche Rechtsordnungen der Mitgliedstaaten ein Grundrecht der Unverletzlichkeit der Wohnung. Sie weichen jedoch sehr stark voneinander ab in der Frage, ob auch juristische Personen dieses Grundrecht wahrnehmen können. Wegen dieser Uneinheitlichkeit lehnte der EuGH die Annahme eines allgemeinen Rechtsgrundsatzes des Unionsrechts, demzufolge die Unverletzlichkeit der Wohnung auch Geschäftsräume umfasse, ab. Nähere Ausführungen zur strittigen Frage des Standards der Unionsgrundrechte (vgl Rn 758 f) unterblieben.

Ferner ist Art. 8 EMRK zu beachten. Der EuGH, der in früheren Entscheidungen – ohne dies allerdings ausdrücklich festzustellen – anklingen ließ, dass er die EMRK als Mindeststandard heranzieht (vgl 757), beschränkte sich im Urteil *Hoechst* auf die Feststellung, dass der Schutzbereich des Art. 8 EMRK die freie Entfaltung der Persönlichkeit betreffe und sich daher nicht auf Geschäftsräume ausdehnen ließe. Dies stand bereits damals im Gegensatz zur Rechtsprechung des Straßburger EGMR, der kurz zuvor jedenfalls zum Teil auch privat genutzte Geschäftsräume unter Art. 8 EMRK subsumierte[116]. Der EuGH ließ es dabei aber nicht bewenden: „Indessen bedürfen in allen Rechtsordnungen der Mitgliedstaaten Eingriffe der öffentlichen Gewalt in die Sphäre der privaten Betätigung jeder – natürlichen oder juristischen – Person einer Rechtsgrundlage und müssen aus den gesetzlich vorgesehenen Gründen gerechtfertigt sein; diese Rechtsordnungen sehen daher, wenn auch in unterschiedlicher Ausgestaltung, einen Schutz gegen willkürliche oder unverhältnismäßige Eingriffe vor. Das Erfordernis eines solchen Schutzes ist folglich als allgemeiner Grundsatz des Unionsrechts anzuerkennen." Diese Konstruktion ist vergleichbar mit der allgemeinen Handlungsfreiheit, wie sie Art. 2 Abs. 1 GG gewährleistet. Im Urteil *Roquette Freres* berücksichtigte der EuGH nunmehr die „nach dem Urteil Hoechst/Kommission ergangene Rechtsprechung"

---

116  EGMR, Urt. v. 30.3.1989, Chappell/Vereinigtes Königreich, RUDH 1989, 172. Später bestätigt in EGMR, Urt. v. 24.4.1990, Huvig/Frankreich, RUDH 1990, 214 und EGMR, Urt. v. 16.12.1992, Niemietz/Deutschland, EuGRZ 1993, 65 (66 f). Vgl dazu *Grabenwarter/Pabel*, EMRK, § 22, Rn 45.

des EGMR[117], der zufolge der Schutz der Wohnung unter bestimmten Umständen auf Geschäftsräume ausgedehnt werden kann, bei der Bestimmung des Umfangs des im Urteil *Hoechst* entwickelten Rechtsgrundsatzes. Dies ist jetzt auch für die Auslegung des Art. 7 GRCh (Recht auf Achtung der Wohnung) maßgeblich (Art. 52 Abs. 3 GRCh).

b) Überschreitung der Kompetenzen, die Art. 20 KartellVerfVO einräumt, durch die Kommission.

Der EuGH prüft daher, in welchem Umfang Art. 20 KartellVerfO die Kommission zu Nachprüfungen ermächtigt. Zutreffend stellt er fest, dass ein Betretungsrecht nutzlos wäre, wenn sich die Bediensteten der Kommission darauf beschränken müssten, die Vorlage von Unterlagen oder Akten zu verlangen, die sie schon vorher genau bezeichnen können. Eine effektive Nachprüfung beinhalte auch die Befugnis, nach anderen Informationsquellen zu suchen, die noch nicht bekannt oder vollständig bezeichnet sind. Die Ausübung dieser Befugnisse unterliegt jedoch Bedingungen, die die Beachtung der Rechte der betroffenen Unternehmen gewährleisten sollen. Dazu gehört insbesondere die Angabe von Gegenstand und Zweck der Nachprüfung, damit das betroffene Unternehmen die Berechtigung des beabsichtigten Eingriffs und den Umfang seiner Mitwirkungspflicht erkennen und seine Verteidigungsrechte wahren kann.

Problematisch ist, welche Maßnahmen die Kommission ergreifen kann, wenn das fragliche Unternehmen sich weigert, die Nachprüfungsentscheidung zu befolgen. Obgleich die Bediensteten der Kommission berechtigt sind, sich die von ihnen angeforderten Unterlagen vorlegen zu lassen, die von ihnen bezeichneten Räume zu betreten und sich den Inhalt der von ihnen angegebenen Möbel zeigen zu lassen (vgl Art. 20 Abs. 2 KartellVerfVO), dürfen sie sich nicht gewaltsam Zugang zu Räumen oder Möbeln verschaffen oder Durchsuchungen ohne Einwilligung der Verantwortlichen des Unternehmens vornehmen. Weigert sich das Unternehmen, den Aufforderungen nachzukommen, so hat die Kommission keine eigenen Vollstreckungs- oder Zwangsbefugnisse. Sie ist insoweit auf die Mithilfe der Behörden des Mitgliedstaates gemäß Art. 20 Abs. 6 KartellVerfVO angewiesen. Diese sind hierzu gemäß Art. 4 Abs. 3 EUV verpflichtet.

Diese Unterstützung erfolgt aber nach dem nationalen Recht der Mitgliedstaaten. In Deutschland kommen somit § 59 Abs. 4 GWB[118] und Art. 13 GG zur Anwendung, welche auch die Durchsuchung von Geschäftsräumen unter den Vorbehalt einer richterlichen Anordnung stellen. Will die Kommission mit Unterstützung der nationalen Behörden Nachprüfungsmaßnahmen vornehmen, die nicht auf der Mitwirkung der betroffenen Unternehmen beruhen, muss sie insoweit im nationalen Recht vorgesehene Verfahrensgarantien beachten. Die gegenteilige Ansicht der Kommission hat der EuGH ausdrücklich als „irrige Auslegung des Art. 14 der Verordnung Nr 17" (damalige KartellVO) zurückgewiesen. Dem nationalen Gericht ist es hierbei zwar verwehrt, über die Notwendigkeit der Nachprüfungsentscheidung zu urteilen, da dafür allein der EuGH zuständig ist. Es ist jedoch befugt, nach Feststellung der Echtheit der Nachprüfungsentscheidung zu prüfen, ob die beabsichtigten Zwangsmaßnahmen nicht willkürlich oder, gemessen am Gegenstand der Nachprüfung, unverhältnismäßig sind, sowie für die Wahrung der Vorschriften des nationalen Rechts bei der Durchführung der Maßnahme zu sorgen. Die Kommission muss der nach nationalem Recht zuständigen Stelle alle Mittel verschaffen, derer sie bedarf, um die ihr zustehende Kontrollbefugnis ausüben zu können. Dazu muss sie Erläuterungen geben, in denen substantiiert dargelegt wird, dass sie in ihren Akten über ernsthafte Informationen und Hinweise verfügt, die

---

117   Zuletzt EGMR, Urt. v. 16.4.2002, Colas Est ua/Frankreich; EuGH, Rs. C-94/00, Roquette Frères, Slg 2002, I-9011, Rn 29.
118   Schönfelder Nr 74.

den Verdacht von Verstößen gegen die Wettbewerbsregeln durch das betroffene Unternehmen begründen. Die Übermittlung der eigentlichen Akten kann das nationale Gericht hingegen – insbesondere aus Gründen des Quellenschutzes – nicht verlangen. Zudem muss die Kommission das nationale Gericht grundsätzlich über die wesentlichen Merkmale der behaupteten Zuwiderhandlung in Kenntnis setzen, indem sie den relevanten Markt, die Natur der behaupteten Wettbewerbsbeschränkung sowie das vermutete Ausmaß der Verwicklung des betroffenen Unternehmens erläutert. Sofern die Kommission vorsorglich einen Durchsuchungsbefehl beantragt, muss sie zusätzlich erläutern, inwieweit andernfalls eine Verdunklungsgefahr bestünde. Das nationale Gericht muss gegebenenfalls um Klarstellung bitten und darf die Unterstützung nur verweigern, wenn die Informationen nicht übermittelt wurden oder die Kommission auf Nachfrage keine sachdienlichen Angaben gemacht hat. Seit 1.5.2004 ist dies in der Rechtsgrundlage für die Überprüfungsbefugnis nationaler Gerichte in Art. 20 Abs. 7 und 8 KartellVerfO ausdrücklich festgelegt.

**Ergebnis:** Die Klage war zwar unbegründet. Von grundlegender Bedeutung ist aber die Bestätigung des Durchgreifens nationaler Richtervorbehalte. Von Bedeutung kann auch die vom EuGH als allgemeiner Grundsatz des Unionsrechts (Art. 6 Abs. 3 EUV) entwickelte **allgemeine Handlungsfreiheit** sein, zumal die EU-Grundrechtecharta ein solches Recht nicht enthält (s. dazu auch Rn 755)[119].

**Fall 32** (nach EuGH, verb Rs C-92/09 und C-93/09, Volker und Markus Schecke GbR und Hartmut Eifert./.Land Hessen, Slg 2010, I-11063 = *Pechstein* Nr 128 = *HVL*, S. 351 ff = JuS 2011, 278 – *Streinz*):    **800**

Zur Erhöhung der Transparenz der EU-Ausgaben in der gemeinsamen Agrarpolitik (GAP) erließen das Europäische Parlament und der Rat EU-Verordnungen über die Veröffentlichung von Informationen über die Empfänger von Mitteln aus den entsprechenden EU-Fonds. Danach werden in Deutschland die entsprechenden Daten auf der Internetseite der Bundesanstalt für Landwirtschaft und Ernährung (BLE) veröffentlicht, und zwar der Name der Empfänger, Ort mit Postleitzahl und Höhe der Jahresbeträge. Die Landwirte S und E stellten bei der zuständigen deutschen Behörde des Landes H Anträge auf Agrarbeihilfen. Diesen wurde entsprochen, allerdings mit dem Hinweis, dass ihnen die Veröffentlichung der Informationen über die Empfänger gemäß den betreffenden EU-Vorschriften bekannt sei. S und E erhoben dagegen Klage mit dem Antrag, das Land H zu verpflichten, die Weitergabe oder Veröffentlichung der sie betreffenden Daten zu unterlassen bzw durch Anordnung zu untersagen. Das zuständige Gericht hat Zweifel an der Gültigkeit der zugrunde liegenden EU-Vorschriften im Hinblick auf den Datenschutz. Die Publikation der Namen der Empfänger und ihrer Bezüge sei nicht erforderlich, um die ordnungsgemäße Verwendung öffentlicher Mittel sicherzustellen. Transparenz sei kein Selbstzweck. Was soll das Gericht tun?

**Lösung Fall 32:**

**I. Vorlage gemäß Art. 267 Abs. 2 AEUV**

Das deutsche Gericht hält die sekundärrechtlichen Vorschriften für unvereinbar mit dem Datenschutz. Dieser ist durch EU-Grundrechte, die als Prüfungsmaßstab für EU-Sekundärrecht sind, geschützt (Art. 8 GRCh, der wegen Art. 6 Abs. 1 EUV mit den Verträgen gleichrangig und damit Primärrecht ist; allgemeiner Rechtsgrundsatz iS von Art. 6 Abs. 3 EUV). Da nationale Gerichte ein Prüfungs-, aber kein Verwerfungsrecht gegenüber EU-Sekundärrecht haben (s. Rn 718), muss das Gericht die Frage nach der Gültigkeit der EU-Verordnun-

---

119    Zurückhaltend zu einem allgemeinen Freiheitsrecht *Jarass*, GRCh, Einl, Rn 31.

gen (Art. 267 Abs. 1 lit b AEUV: Handlung von EP und Rat) gemäß Art. 267 Abs. 2 AEUV dem EuGH vorlegen.

## II. Verstoß gegen EU-Grundrechte

### 1. Eingriff in Unionsgrundrechte

Der EuGH verknüpft den speziell in der Charta verankerten Schutz personenbezogener Daten (Art. 8 GRCh) mit dem Recht auf Achtung des Privat- und Familienlebens (Art. 7 GRCh), das auch in Art. 8 EMRK verankert ist, der nach gefestigter Rechtsprechung des EGMR auch den Datenschutz erfasst. Damit wird nicht nur die in Art. 52 Abs. 3 GRCh vorgesehene Verknüpfung von Grundrechtecharta und EMRK herbeigeführt, sondern auch die Rechtsprechung des EGMR einbezogen[120]. Dadurch wird möglichen Konflikten zwischen EuGH und EGMR vorgebeugt. Aufgrund der EMRK und der gemeinsamen Verfassungsüberlieferungen der Mitgliedstaaten als Rechtserkenntnisquelle lässt sich auch ein allgemeiner Rechtsgrundsatz des Unionsrechts (Art. 6 Abs. 3 EUV) nachweisen. Wegen der namentlichen Nennung der Empfänger sind Art. 7 iVm Art. 8 GRCh hier einschlägig. Der EuGH sieht sie auch tatbestandlich erfüllt. In Einklang mit dem EGMR nimmt er berufliche Tätigkeiten grundsätzlich nicht vom Begriff des „Privatlebens" aus. Die bloße Mitteilung an S und E begründet nicht deren Einwilligung.

### 2. Rechtfertigung (Art. 52 Abs. 1 GRCh)

Somit stellt sich die Frage der Rechtfertigung anhand der **Tatbestandsmerkmale des Art. 52 Abs. 1 GRCh**. Durch die Verankerung in den EU-Verordnungen ist der Eingriff **„gesetzlich vorgesehen"**. Mit der Herstellung von Transparenz im Bereich der GAP entspricht er „einer von der Union anerkannten **dem Gemeinwohl dienenden Zielsetzung"**. Der Transparenzgrundsatz ist in Art. 1 EUV und Art. 10 EUV sowie in Art. 15 AEUV verankert. Er ermöglicht eine bessere Beteiligung der Bürger am Entscheidungsprozess und gewährleistet eine größere Legitimität, Effizienz und Verantwortung der Verwaltung gegenüber dem Bürger in einem demokratischen System. Indem die Veröffentlichung die öffentliche Kontrolle der Verwendung der durch die EU-Agrarfonds verausgabten Beträge stärkt, trägt sie zur angemessenen Verwendung öffentlicher Mittel durch die Verwaltung bei. Im Übrigen wird diese Veröffentlichung in Bezug auf die Verwendung der durch die betreffenden Agrarfonds verausgabten Beträge den Bürgern eine bessere Beteiligung an der öffentlichen Debatte ermöglichen, die den Rahmen für die Entscheidungen über die Ausrichtung der GAP bildet. Der EuGH hält die Regelung aber angesichts des gebotenen strengen Maßstabs beim Schutz personenbezogener Daten mangels Differenzierung zwischen den Empfängern und mangelnder Abwägung des Unionsgesetzgebers, der mildere Mittel zur Erreichung des legitimen Ziels hätte prüfen müssen, für **unverhältnismäßig**. Nur soweit sich juristische Personen auf Art. 7 und 8 GRCh berufen können, sei die Publikationspflicht gerechtfertigt, da bei diesen die Verletzung des Rechts auf Schutz der personenbezogenen Daten ein anderes Gewicht habe als bei natürlichen Personen.

### 3. Ergebnis

Der EuGH hat daher die EU-Verordnungen wegen Verstoßes gegen Art. 7 iVm Art. 8 GRCh für ungültig erklärt. Das Urteil deutet zumindest an, dass der EuGH seit Inkrafttreten der Grundrechtecharta seine Grundrechtsprüfung intensiviert. Bemerkenswert sind die Anforderungen, die er dem Unionsgesetzgeber Europäisches Parlament und Rat hinsichtlich der gebotenen Abwägung zwischen Gemeinwohl- und Individualinteressen und gebotenen Differenzierungen auferlegt, wobei er selbst relativ konkrete Hinweise gibt.

---

120  Vgl zuletzt EGMR, Urt. v. 2.3.2009, K.U./Finnland, Nr 2872/02, § 48.

**Fall 33** (verb Rs C-293/12 und C-594/12, Digital Rights/Irland und Seitlinger ua, EC-LI:EU:C:2014:238 = EuGRZ 2014, 292 = JuS 2014, 758 *(Streinz)*): **801**

Die Richtlinie des Europäischen Parlaments und des Rates zum Schutz natürlicher Personen bei der Verarbeitung personenbezogener Daten und zum freien Datenverkehr[121] wurde durch eine ebenfalls auf Art. 114 AEUV gestützte, mit qualifizierter Mehrheit beschlossene Richtlinie ergänzt, die die Mitgliedstaaten zur Einführung einer bis maximal zwei Jahre dauernde Vorratsdatenspeicherung von Daten (nicht Inhalten) verpflichtet, die bei Bereitstellung öffentlich zugänglicher elektronischer Kommunikationsdienste oder öffentlicher Kommunikationsnetze erzeugt oder verarbeitet werden[122]. Dadurch sollen Hemmnisse beseitigt werden, die durch voneinander abweichende Bestimmungen zur Vorratsdatenspeicherung entstanden seien, die die Mitgliedstaaten zur Bekämpfung von Kriminalität und Terrorismus erlassen haben. Gegen diese Richtlinie wurde eingewandt, sie sei auf eine unzureichende Kompetenzgrundlage gestützt und verstoße gegen Grundrechte. Zu Recht?

**Lösung Fall 33:**

**I. Kompetenzgrundlage**

Erforderlich wegen Prinzip der begrenzten Einzelermächtigung (Art. 5 Abs. 1, Abs. 2 S. 1 EUV). Art. 114 AEUV fordert, dass unterschiedliche bestehende oder geplante Regelungen zwischen den Mitgliedstaaten geeignet sind, die Grundfreiheiten zu beeinträchtigen und Wettbewerbsverzerrungen zu verursachen und sich auf diese Weise unmittelbar auf das Funktionieren des Binnenmarktes auswirken. Diese Folgen müssen wahrscheinlich sein und die unionsrechtliche Regelung muss ihre Vermeidung bezwecken. Der EuGH hat dies wegen der wirtschaftlichen Folgen einer Pflicht zur Vorratsdatenspeicherung (hohe Investitions- und Betriebskosten) bejaht[123]. Diese weite Auslegung des Art. 114 AEUV stieß auf Kritik. Jetzt besteht mit Art. 16 Abs. 2 UAbs. 1 S. 1 AEUV eine spezielle Rechtsgrundlage für EU-Datenschutzvorschriften für Maßnahmen der EU-Organe, aber auch der Mitgliedstaaten, soweit diese in den Anwendungsbereich des Unionsrechts fallen[124].

**II. Verstoß gegen EU-Grundrechte: Prüfungsmaßstab EU-Grundrechtecharta**

1. Eingriff in den Schutzbereich:

Art. 7 und Art. 8 GRCh (vgl Fall 32, Rn 800): Schlüsse aus der Gesamtheit der Daten auf das Privatleben, Zugang der zuständigen nationalen Behörden. Ebenso Rspr. des EGMR zu Art. 8 EMRK, relevant wegen Art. 52 Abs. 3 GRCh. Ferner Art. 11 GRCh ungeachtet fehlender Inhaltsspeicherung, da Auswirkungen auf Nutzung der Kommunikationsmittel möglich.

2. Rechtfertigung:

(1) **Schranke:** Gesetzgebungsakt (Art. 289 Abs. 1, Abs. 3, Art. 294 AEUV) von EP und Rat gesetzliche Grundlage (Art. 52 Abs. 1 S. 1 GRCh).

(2) **Schranken-Schranken:**

(a) Legitimes Ziel (Art. 52 Abs. 1 S. 2 GRCh: „dem Gemeinwohl dienende Zielsetzung"): Bekämpfung des internationalen Terrorismus, innere Sicherheit, Recht aus Art. 6 GRCh.

---

121  RL 95/46/EG, ABl 1995 L 281/31; ergänzt durch RL 2002/58/EG, ABl 2006 L 201/37, geändert durch RL 2009/136/EG, ABl 2009 L 337/11.

122  RL 2006/24/EG, ABl 2006 L 105/54.

123  EuGH, Rs C-301/06, Irland/EP und Rat, Slg 2009, I-593, Rn 63 ff. Die Frage der Vereinbarkeit mit Grundrechten wurde ausdrücklich ausgeklammert (ebd, Rn 57). Irland hatte als geeignete Rechtsgrundlage nur einen Rahmenbeschluss gem. *Art. 30, 31 Abs. 1 lit. c, Art. 34 Abs. 2 lit. b EUV aF* angesehen, da es sich um einen erheblichen Eingriff in das Privatleben Einzelner (Art. 8 EMRK) handle.

124  Vgl dazu *Herrmann*, in: Streinz, Art. 16 AEUV, Rn 8 ff.

(b) Legitimes Mittel: Wesensgehaltsgarantie (Art. 52 Abs. 1 S. 1) nicht verletzt, da keine Speicherung der Inhalte und Datenschutzvorschriften erlassen. Verhältnismäßigkeitsgrundsatz (Art. 52 Abs. 1 S. 2 GRCh): Geeignetheit des Mittels: Str., aber Einschätzungsprärogative des Unionsgesetzgebers.

(c) Verhältnismäßigkeit: Erforderlichkeit: Strikte Kontrolle durch den EuGH, da anlasslose Vorratsdatenspeicherung Eingriff „von großem Ausmaß und besonders schwerwiegend", weil sie jeden ohne Information betrifft und Gefühl ständiger Überwachung erzeugen kann. Schwerer Eingriff bedarf selbst bei legitimem Ziel der Sicherheit (Art. 6 GRCh: Grundrecht mit Schutzpflicht, aber kein „Supergrundrecht") klarer und auf das Nötigste beschränkter Maßnahmen, die der Unionsgesetzgeber selbst treffen muss und nicht der Ausgestaltung durch die Mitgliedstaaten überlassen darf. Hier: EuGH vermisst und fordert klare und präzise Regeln für die Tragweite und die Anwendung der fraglichen Maßnahme, wirksamen Schutz vor Missbrauchsrisiken und ausreichende Vorgaben für die Beschränkung des Datenzugriffs durch die Mitgliedstaaten und beanstandet die undifferenzierte und nicht zwingend nach objektiven Kriterien festgelegte Speicherfrist.

**III. Ergebnis:** Richtlinie wegen Verstoß gegen Art. 7 iVm Art. 8 GRCh nichtig. Keine Umsetzungsfrist für Nachbesserungen gem. Art. 264 Abs. 2 AEUV, da sich Unionsgesetzgeber nicht auf restriktive Auslegung und Anwendung durch die Mitgliedstaaten, ggf. nach Korrektur durch deren Gerichte (so BVerfGE 125, 260 = JuS 2010, 747 [*Sachs*]) verlassen darf.

Zum Vergleich der Anforderungen des EuGH und des BVerfG sowie zur strittigen Frage, ob und welche Folgen das Urteil für bestehende und danach erlassene Regelungen der Mitgliedstaaten zur Vorratsdatenspeicherung hat vgl *R. Streinz*, Datenspeicherung auf Vorrat. Gesetzliche Möglichkeiten und Grenzen, Politische Studien Bd 458, 65 (2014), 1927 ff. Das Vertragsverletzungsverfahren gegen Deutschland wegen Nichtumsetzung der RL (C-329/12) wurde eingestellt, Schweden erhielt die nach Verurteilung gem. Art. 260 AEUV wegen Nichtbefolgung eines Urteils des EuGH, der es wegen Nichtumsetzung der RL verurteilt hatte, zu einem Pauschalbetrag (EuGH, Rs C-279/11, ECLI:EU:C:2013:399) gezahlten 3 Millionen Euro zurück. Vgl auch *T. Giegerich*, Spät kommt Ihr doch Ihr kommt: Warum wird die Grundrechtskonformität der Vorratsdatenspeicherungsrichtlinie erst nach acht Jahren geklärt?, ZEuS 2014, 3; *M. Bäcker*, Das Vorratsdatenurteil des EuGH: Ein Meilenstein des europäischen Grundrechtsschutzes, JA 2014, 1263.

802   Die Rechtsprechung zum Datenschutz lässt die Tendenz erkennen, dass der EuGH bei Eingriffen in die damit verbundenen Persönlichkeitsrechte eine strikte Grundrechtskontrolle vornimmt. Dies wurde im Fall Google hinsichtlich des Schutzes gegenüber Maßnahmen von Wirtschaftsteilnehmern erweitert, indem er eine mittelbare Drittwirkung der Grundrechte durch grundrechtskonforme Auslegung von Sekundärrecht, das Pflichten auch für Private statuiert (vgl dazu allgemein Rn 473). Danach kann ein Suchmaschinenbetreiber als Verantwortlicher verpflichtet sein, Links zu von Dritten veröffentlichten Internetseiten zu einer Person zu entfernen[125].

---

125 EuGH, Rs C-131/12, Google Spain SL ua/AEDP ua, ECLI:EU:C:2014:317 = EuZW 2014, 541 = JuS 2014, 1140 (*Streinz*). Vgl zuletzt EuGH (GK), Rs C-362/14, Schrems/Data Protection Commissioner, ECLI:EU:C:2015:650 = JuS 2016, 182 *(Streinz)*: Keine Bindungswirkung eines Beschlusses der Kommission, dass ein Drittland angemessenes Schutzniveau hinsichtlich persönlicher Daten gewährleistet (USA als „sicherer Hafen"), so dass eine entsprechende Prüfung von der Kontrollstelle eines Mitgliedstaates durchzuführen ist (Auslegung von Art. 25 Abs. 6 RL 95/46 im Lichte der Art. 7, 8 und 47 GRCh; Ungültigerklärung der Entscheidung 2000/520 der Kommission, ABl 2000 L 215/7). Zu den Folgen des Urteils vgl *R. Schwartmann*, EuZW 2015, 864 und *J. Kühling/J. Heberlein*, NVwZ 2016, 7 (10 ff). Ob die mittlerweile mit den USA getroffene Vereinbarung („Privacy

## V. Rechtsstaatliche Verfahrensgarantien

Hier hat der EuGH als allgemeine Grundsätze des Unionsrechts (Art. 6 Abs. 3 EUV) **803** insbesondere anerkannt: Die Verfahrensgrundrechte der Gewährung rechtlichen Gehörs, den Grundsatz eines fairen Verwaltungsverfahrens allgemein, die rechtsstaatlichen Grundsätze des allgemeinen Verwaltungsrechts wie den Grundsatz der Gesetzmäßigkeit der Verwaltung, das Prinzip der Rechtssicherheit und des Vertrauensschutzes, insbesondere beim Widerruf rechtmäßiger und bei der Rücknahme rechtswidriger Verwaltungsakte, das Prinzip der Verhältnismäßigkeit und die Pflicht zur Begründung von Einzelfallentscheidungen, sowie für die Gesetzgebung die Beschränkung rückwirkender Gesetze aus Gründen des Vertrauensschutzes[126].

Darauf baut Art. 41 GRCh auf, der das **„Recht auf eine gute Verwaltung"** postu- **804** liert. Dies begründet allgemein das Recht einer jeden (natürlichen und juristischen) Person, dass ihre Angelegenheiten von den Organen, Einrichtungen und sonstigen Stellen der Union unparteiisch, gerecht und innerhalb einer angemessenen Frist behandelt werden. Dieses Recht umfasst insbesondere **rechtliches Gehör** vor nachteiligen Maßnahmen[127], **Akteneinsicht** unter Wahrung des berechtigten Interesses der Vertraulichkeit sowie des Berufs- und Geschäftsgeheimnisses und die **Begründungspflicht** für Verwaltungsentscheidungen. Gemäß Art. 41 Abs. 3 GRCh besteht ein Anspruch auf **Schadensersatz für Amtspflichtverletzungen**. Dieser ist in Art. 340 AEUV verankert und kann gemäß Art. 268 AEUV eingeklagt werden. In der mehrsprachigen Union besteht für jede Person der Anspruch darauf, sich in einer der Sprachen der Verträge an die Organe zu wenden und eine Antwort in dieser Sprache zu erhalten (s. Rn 282). Ein Verstoß gegen diese Bestimmung macht einen Rechtsakt fehlerhaft und anfechtbar, wenn sich aus der Verwendung einer anderen Sprache für den Empfänger Nachteile ergeben können[128]. Art. 42 GRCh begründet für Unionsbürgerinnen und Unionsbürger (citizens) sowie jede natürliche oder juristische Person mit Wohnsitz oder satzungsmäßigem Sitz in einem Mitgliedstaat das Recht auf **Zugang zu den Dokumenten** der Organe, Einrichtungen und sonstigen Stellen der Union.

**Fall 34** (nach EuGH, Rs 155/79, AM & S/Kommission, Slg 1982, 1575): **805**

Die Kommission nahm bei der Firma A Nachprüfungen gemäß *Art. 14 der VO Nr 17* des Rates (*KartellVO*, seit 1.5.2004 Art. 20 VO Nr 1/2003, s. Rn 1013) wegen angeblicher Verstöße gegen Art. 101 und Art. 102 AEUV vor und forderte die Firma auf, genau bezeichnete Schriftstücke vorzulegen. A kam dieser Aufforderung grundsätzlich nach, weigerte sich aber, einige der Schriftstücke vorzulegen, da diese durch den Grundsatz des Berufsgeheimnisses geschützt seien, wie er in den Ländern des „Common Law" für Rechtsanwälte gelte. Sie bot für jedes der strittigen Schriftstücke genauere Auskünfte hinsichtlich der Berechtigung ihres Einwandes an. Die Kommission ging auf diese Anregung nicht ein, sondern er-

---

Shield"), die bis Ende März 2016 EU-Unternehmen weiter den Transfer personenbezogener Daten in die USA erlaubt (vgl EU-Nachrichten Nr 2/2016, S. 4), den Anforderungen des EuGH genügt, ist zweifelhaft und soll geprüft werden.

126  Vgl die Übersicht bei *Schweitzer/Hummer/Obwexer*, Rn 1118 sowie die in *HVL*, S. 311 ff und *PSK*, S. 344 ff dargestellten Fälle. Zu Art. 41 GRCh vgl zB *Magiera*, in: Meyer, Art. 41 GRCh, Rn 5 ff.

127  Vgl dazu EuG, Rs T-512/12, Front Polisario/Rat, ECLI:EU:T:2015:953, Rn 132 ff.

128  EuGH, Rs 41/69, ACF Chemiefarma/Kommission, Slg 1970, 661.

ließ gemäß Art. 14 Abs. 3 der VO Nr 17 (jetzt Art. 20 VO Nr 1/2003) eine Entscheidung (jetzt: Beschluss, Art. 288 Abs. 4 AEUV) dahingehend, dass die Firma A ihr Einsicht in alle Schriftstücke zu gewähren habe. Dagegen erhob die Firma A Klage zum EuGH. Mit Aussicht auf Erfolg?

**Lösung Fall 34:**

**I. Zulässigkeit der Klage:** Art. 263 Abs. 4 AEUV (vgl Rn 641 ff).

**II. Begründetheit der Klage**

Die Kommission kann ihren Beschluss auf Art. 20 VO Nr 1/2003 stützen, da sie danach berechtigt ist, die Vorlage der Schriftstücke zu verlangen, die sie für „erforderlich" hält, um einen Verstoß gegen die Wettbewerbsregeln des Vertrages ermitteln zu können. Problematisch ist aber, ob die Vertraulichkeit der Anwaltskorrespondenz ein Rechtfertigungsgrund ist, der dem Verlangen der Kommission hinsichtlich diesbezüglicher Schriftstücke entgegensteht. Voraussetzung dafür ist, dass diese Vertraulichkeit durch das Unionsrecht geschützt wird.

Der EuGH bekräftigte die Anerkennung allgemeiner Rechtsgrundsätze im Unionsrecht und hielt es für möglich, dass der genannte Einwand deshalb berechtigt ist. „Denn das *Gemeinschafts*recht beruht darauf, dass die Mitgliedstaaten nicht nur auf wirtschaftlichem, sondern auch auf rechtlichem Gebiet miteinander verflochten sind, und muss daher den Grundsätzen und Vorstellungen Rechnung tragen, die den Rechtsordnungen dieser Staaten im Hinblick auf die Wahrung der Vertraulichkeit insbesondere bestimmter Mitteilungen zwischen Anwalt und Mandanten gemeinsam sind. Diese Vertraulichkeit entspricht dem in allen Mitgliedstaaten als wichtig anerkannten Erfordernis, dass es dem Einzelnen möglich sein muss, sich völlig frei an einen Rechtsanwalt zu wenden, zu dessen beruflichen Aufgaben es gehört, unabhängige Rechtsberatung all denen zu erteilen, die danach fragen." Dieser Grundsatz wird in den Rechtsordnungen der Mitgliedstaaten anerkannt, jedoch unterschiedlich hinsichtlich seines Geltungsbereichs und der Kriterien für seine Anwendung (unterschiedliche Konzeptionen: Rechtsanwalt als Mitgestalter der Rechtspflege/Wahrung der Rechte der Verteidigung). Eine Besonderheit des Falles ist, dass dieser Grundsatz im englischen Recht besonders ausgeprägt ist, während Frankreich der Kommission als Streithelferin beigetreten war. Gleichwohl genügten dem EuGH die gemeinsamen Kriterien, um die Vertraulichkeit des Schriftverkehrs zwischen Anwalt und Mandanten als Grundsatz des Unionsrechts anzuerkennen. Für die praktische Bewältigung des Problems entwickelte er eine Regelung, die dem Unternehmen, das sich auf den Grundsatz beruft, eine Darlegungslast auferlegt und gegen gleichwohl ergehende Entscheidungen der Kommission effektiven Rechtsschutz durch den EuGH ermöglicht.

**806**     **Fall 35** (nach EuGH, Rs 170/86, von Deetzen/HZA Hamburg-Jonas, Slg 1988, 2355):

Um die Überschüsse an Milch und Milcherzeugnissen in der EU abzubauen, schuf diese die sog. Milchquotenregelung. Damit wird eine unionsweite Gesamterzeugungsmenge an Milch festgelegt, welche auf die einzelnen Mitgliedstaaten aufgeteilt wird. Von den einzelnen Milcherzeugern wird eine die Produktion unrentabel machende Abgabe erhoben, wenn diese ihre Referenzmenge überschreiten, die ihnen auf der Grundlage ihrer Milcherzeugung im sog. Referenzjahr zugeteilt wird. Landwirt D hatte sich in den möglichen Referenzjahren an einer von der EU initiierten und geförderten Nichtvermarktungsprämienaktion beteiligt und folglich keine Milch erzeugt. Als er jetzt, nach Ablauf der Aktion, die Milcherzeugung wieder aufnehmen wollte, erhielt er eine Referenzmenge in Höhe von 0 kg zugewiesen. Das von der nationalen Behörde anzuwendende Unionsrecht sah keine Ausnahmemöglichkeit vor und führte zwangsläufig zu dieser Folge. Kann D dagegen mit Aussicht auf Erfolg Klage erheben?

**Lösung Fall 35:**

**I. Zulässigkeit der Klage**

Es handelt sich um einen Verwaltungsakt einer nationalen Behörde, die Unionsrecht vollzieht. Klagemöglichkeiten zum EuGH bestehen gemäß Art. 263 Abs. 4 iVm Abs. 1 AEUV nur gegen Akte der Unionsorgane. D kann daher nur Klage zum zuständigen nationalen (hier: Finanz-) Gericht erheben.

**II. Begründetheit der Klage**

1. Prüfungsmaßstab: Wegen Art. 20 Abs. 3 GG muss das deutsche Gericht die Verfassungsmäßigkeit der anzuwendenden Vorschriften prüfen. Kommt es zu dem Ergebnis, dass das Vorbringen des Klägers begründet ist, der deutsche Verwaltungsakt aber durch unionsrechtliche Vorgaben determiniert ist, so stellt deutsches Verfassungsrecht nur im Rahmen des Solange II-Vorbehalts (s. Rn 250) einen Prüfungsmaßstab dar. Im Übrigen sind die EU-Grundrechtecharta und die allgemeinen Rechtsgrundsätze des Unionsrechts (Art. 6 Abs. 3 EUV) Prüfungsmaßstab. Zu dieser Prüfung ist das nationale Gericht berechtigt und verpflichtet. Da es sekundäres Unionsrecht nicht von sich aus unangewendet lassen darf, muss es gegebenenfalls die Frage seiner Vereinbarkeit mit primärrechtlichen allgemeinen Rechtsgrundsätzen gemäß Art. 263 Abs. 2 AEUV dem EuGH vorlegen (vgl Rn 718).

2. Die zu Grunde liegenden EU-Verordnungen sind im Hinblick auf den Grundsatz des Vertrauensschutzes bedenklich. Dieser gehört, obwohl in der nicht erschöpfenden („insbesondere") Aufzählung des Art. 41 Abs. 2 GRCh nicht genannt, zum durch Art. 41 GRCh gewährleisteten „Recht auf eine gute Verwaltung"[129]. Allerdings kommt Art. 41 GRCh allein in Verwaltungsverfahren zum Tragen, nicht hinsichtlich der Gesetzgebung[130]. Jedoch hat der EuGH den Vertrauensschutz bereits im Fall *Algera* (s. Rn 457) als allgemeinen Rechtsgrundsatz des *Gemeinschafts*rechts anerkannt, der gemäß Art. 6 Abs. 3 EUV neben den Grundrechten der EU-Charta fortbesteht (s. Rn 754). Dieser bindet nicht nur die Verwaltung, sondern auch den Unionsgesetzgeber. Denn es handelt sich um einen rechtsstaatlichen Grundsatz, dem der Rang des Primärrechts zukommt, sodass sich an ihm das gesamte sekundäre Unionsrecht messen lassen muss.

Das Vertrauen des D ist dann verletzt, wenn er als Nichtvermarkter bei Eingehung seiner Verpflichtung nicht damit rechnen musste, dass er nach Ablauf der Verpflichtung nicht wieder am Marktgeschehen teilnehmen kann. Ein generelles Vertrauen darauf ist nicht schutzwürdig, da es dem Unionsgesetzgeber möglich sein muss, in das Marktgeschehen einzugreifen. Das Vertrauen ist aber dann verletzt, wenn der Nichtvermarkterverordnung nicht zu entnehmen war, dass mit der Teilnahme an dieser Aktion gegebenenfalls ein endgültiges Marktausscheiden verbunden sein könnte. Zutreffend bemerkt der EuGH (auch im Interesse der Akzeptanz künftiger Unionsaktionen):

*„Ein solcher Wirtschaftsteilnehmer darf aber, wenn er wie im vorliegenden Fall durch eine Handlung der Gemeinschaft dazu veranlaßt worden ist, die Vermarktung im allgemeinen Interesse und gegen Zahlung einer Prämie für eine begrenzte Zeit einzustellen, darauf ver-*

---

129  EuGH, Rs 221/09, Tuna, Slg 2011, I-1655, Rn 71. Vgl auch *Voet van Vormizeele*, in: Schwarze, Art. 41 GRC, Rn 3.

130  *Jarass*, GRCh, Art. 41, Rn 9. Fraglich ist allerdings, ob insoweit EuGH, Rs 221/09, Tuna, Slg 2011, I-1655, Rn 49 verallgemeinert werden kann, weil es dort um das Recht auf Anhörung (Art. 41 Abs. 2 lit. a AEUV) geht, das bei Gesetzgebungsakten nicht in Betracht kommt.

*trauen, dass er nach dem Ende seiner Verpflichtung nicht Beschränkungen unterworfen wird, die ihn gerade deswegen in besonderer Weise beeinträchtigen, weil er die von der Gemeinschaftsregelung gebotenen Möglichkeiten in Anspruch genommen hat"*[131].

Da der Fall hier so lag, sind die EU-Verordnungen wegen Verstoßes gegen den Vertrauensschutzgrundsatz rechtswidrig. Der Rat war daher verpflichtet, den Mitgliedstaaten zu ermöglichen, für den Nichtvermarkter freie Referenzmengen zu schaffen. Die dabei vom Rat getroffenen Regelungen wurden vom EuGH erneut teilweise beanstandet[132]. Die bis 31.3.2015 befristete Milchquotenregelung wurde nicht verlängert und somit aufgehoben.

**Literatur:** *Alston, P.* (Hrsg.), The EU and Human Rights, 1999; *Broß, S.*, Grundrechte und Grundwerte in Europa, JZ 2003, 429; *Bühler, M.*, Einschränkung von Grundrechten nach der Europäischen Grundrechtecharta, 2005; *Cruz Villalón, P.*, Die allgemeinen Bestimmungen über die Auslegung und Anwendung der Charta, ZeuS 2015, 265; *von Danwitz, T.*, in: Grundrechtsschutz im Anwendungsbereich des Gemeinschaftsrechts nach der Charta der Grundrechte, in: FS Herzog, 2009, S. 19 ff; *Dauses, M.*, Der Schutz der Grundrechte in der Rechtsordnung der Europäischen Union, 2010; *Dorf, Y.*, Zur Interpretation der Grundrechtecharta, JZ 2005, 127; *Dörr, O./Marauhn, T./Grote, R.* (Hrsg.), Konkordanzkommentar zum europäischen und deutschen Grundrechtsschutz, 2. Aufl. 2013; *Dougan, M.*, Judicial review of Member States action under the general principles and the Charter: Defining the „scope of Union law", CMLRev 2015, 1201; *Ehlers, D.* (Hrsg.), Europäische Grundrechte und Grundfreiheiten, 4. Aufl. 2014; *Everling, U.*, Zur Europäischen Grundrechte-Charta und ihren sozialen Rechten, in: GS Heinze, 2005, S. 157 ff; *Gebauer, K.*, Parallele Grund- und Menschenrechtsschutzsysteme in Europa? Ein Vergleich der Europäischen Menschenrechtskonvention und des Straßburger Gerichtshofs mit dem Grundrechtsschutz in der Europäischen Gemeinschaft und dem Luxemburger Gerichtshof, 2007; *Grabenwarter, C.*, Die Charta der Grundrechte für die Europäische Union, DVBl. 2001, 95; *ders.*, (Hrsg.), Europäischer Grundrechtsschutz, EnzEuR Bd. 2, 2014; *Haratsch, A./Schiffauer, P.* (Hrsg.), Grundrechtsschutz in der EU, 2007; *Heselhaus, F.S. M./Nowak, C.* (Hrsg.), Handbuch der Europäischen Grundrechte, 2006; *Heuer, J.*, Art. 51 Abs. 1 Satz 1 GRC: Die Bindung der Mitgliedstaaten an Unionsgrundrechte, 2014; *Huber, P.M.*, Unitarisierung durch Gemeinschaftsgrundrechte, EuR 2008, 190; *Jarass, H.-D.*, EU-Grundrechte, 2005; *Kingreen, T.*, Theorie und Dogmatik der Grundrechte im Europäischen Verfassungsrecht, EuGRZ 2004, 570; *Kober, M.*, Der Grundrechtsschutz in der Europäischen Union, 2009; *Kühling, J.*, Grundrechte, in: von Bogdandy/Bast (Hrsg.), Europäisches Verfassungsrecht, 2. Aufl. 2009, S. 657 ff; *Lenaerts, K.*, Die EU-Grundrechtecharta: Anwendbarkeit und Auslegung, EuR 2012, 3; *ders.*, In Vielfalt geeint/Grundrechte als Basis des europäischen Integrationsprozesses, EuGRZ 2015, 353; *Lindner, J.F.*, Grundrechtsschutz in Europa – System einer Kollisionsdogmatik, EuR 2007, 160; *Manthey, L./Unseld, C.*, Grundrechte vs. „effet utile" – Vom Umgang des EuGH mit seiner Doppelrolle als Fach- und Verfassungsgericht, ZEuS 2011, 323; *Mayer, F.C.*, Der Vertrag von Lissabon und die Grundrechte, EuR 2009, Beiheft 1, S. 87; *Merten, D./Papier*, H.J. (Hrsg.), Handbuch der Grundrechte in Deutschland und Europa, Bd. VI/1, 2010; *Pache, E./Rösch, F.*, Die neue Grundrechtsordnung der EU nach dem Vertrag von Lissabon, EuR 2009, 769; *von Papp, K.*, Die Integrationswirkung von Grundrechten in der EG, 2007; *Pernice, I.*, The Treaty of Lisboa – Fundamental Rights, 2009; *Rengeling, H.-W./Szczekalla, P.*, Grundrechte in der Europäischen Union, 2004; *Rideau, J.* (Hrsg.), Les droits fondamentaux dans l'Union européenne, 2009; *Sagmeister, H.M.*, Die Grundsatznormen der Europäischen Grundrechtecharta, 2010; *Sauer, H.*, Grundrechtskollisionsrecht für das euro-

---

131    EuGH, Rs 170/86, von Deetzen/HZA Hamburg-Jonas, Slg 1988, 2355, Rn 13. Vgl zum schutzwürdigen Vertrauen auf qualifizierte Zusicherungen und Auskünfte zuletzt EuG, Rs T-512/12, Front Polisario/Rat (Fn 127), Rn 177.

132    Vgl EuGH, Rs 44/89, von Deetzen/HZA Oldenburg, Slg 1991, I-5119, Rn 12 ff.

päische Mehrebenensystem. Konkurrenzbestimmung – Kollisionsvermeidung – Kohärenzsicherung, in: Matz-Lück, N./Hong, M. (Hrsg.), Grundrechte und Grundfreiheiten im Mehrebenensystem – Konkurrenzen und Interferenzen, 2012, S. 1 ff; *Schilling, T.*, Bestand und allgemeine Lehren der bürgerschützenden allgemeinen Rechtsgrundsätze des Gemeinschaftsrechts, EuGRZ 2000, 3; *Schmidt, C.*, Rechtsnatur und Verpflichtungsdichte der Europäischen Grundrechte, 2012; *Schmidt, J.*, Die Grundsätze im Sinne der EU-Grundrechtecharta, 2010; *Schmitz, T.*, Die EU-Grundrechtscharta aus grundrechtsdogmatischer und grundrechtstheoretischer Sicht, JZ 2001, 833; *Schmittmann, G.J.*, Rechte und Grundsätze in der Grundrechtecharta, 2007; *Schmoll, J.*, Unionsgrundrechte, innerstaatliche Grundrechte und die nationalen Höchstgerichte, ZÖR 66 (2011), 461; *Scholz, R.*, Nationale und europäische Grundrechte: Umgekehrte „Solange"-Regel?, DVBl 2014, 197; *Schröder, M.*, Wirkungen der Grundrechtscharta in der europäischen Rechtsordnung, JZ 2002, 849; *Schroeder, W.*, Neues zur Grundrechtskontrolle in der Europäischen Union, EuZW 2011, 462; *Schwarze, J.*, Der Schutz der Grundrechte durch den EuGH, NJW 2005, 3459; *Stern, K./Tettinger, P.* (Hrsg.), Die Europäische Grundrechte-Charta im wertenden Verfassungsvergleich, 2005; *Streinz, R.*, Die Europäische Union als Rechtsgemeinschaft – Rechtsstaatliche Anforderungen an einen Staatenverbund, in: FS Merten, 2007, S. 395 ff; *ders.*, Die verschiedenen unionalen Grundrechtsquellen in ihrem Zusammenspiel, ZÖR 2013, 663; *ders.*, Grundrechtsschutz im europäischen Mehrebenensystem – Die Schutzniveauklausel des Art. 53 EU-Grundrechtecharta in der Rechtsprechung des EuGH, in: FS Jarass, 2015, S. 133 ff; *ders.*, Streit um den Grundrechtsschutz? Zum Grundrechtsschutz in der Europäischen Union nach den Urteilen des EuGH in den Fällen Åkerberg Fransson und Melloni und des BVerfG zur Antiterrordatei, in: FS Dauses, 2014, S. 429; *ders.*, Wie gut ist die Grundrechte-Charta des Verfassungsvertrages? Überlegungen nach dem Mandat des Brüsseler Gipfels für einen „Reformvertrag", in: FS Rengeling, 2008, S. 645 ff; *Terhechte, J.P.*, Konstitutionalisierung und Normativität der europäischen Grundrechte, 2011; *Tettinger, P./Stern, K.* (Hrsg.), Kölner Gemeinschaftskommentar zur Europäischen Grundrechte-Charta, 2006; *Thym, D.*, Blaupausenfallen bei der Abgrenzung von Grundgesetz und Grundrechtecharta, DÖV 2014, 941; *ders.*, Die Reichweite der EU-Grundrechte-Charta – Zu viel Grundrechtsschutz?. NVwZ 2013, 889. *Tridimas, T.*, The General Principles of EC Law, 1999; *Uerpmann, R.*, Doppelter Grundrechtsschutz für die zukünftige Europäische Union, DÖV 2005, 152; *Wallrab, A.*, Die Verpflichteten der Gemeinschaftsgrundrechte, 2004; *Wehlau, A./Lutzhöft, N.*, Grundrechtecharta und Grundrechts-Checkliste – eine dogmatische Selbstverpflichtung der EU-Organe, EuZW 2012, 45; *Weiler, J.H./Lockhart, N.J.S.*, „Taking rights seriously" Seriously: The European Court and its fundamental rights jurisprudence, CMLRev 32 (1995), 51 ff, 579 ff; *Winkler, R.*, Die Grundrechte in der Europäischen Union. System und allgemeine Grundrechtslehren, 2006; *Weiß, N.* (Hrsg.), Die Bedeutung von Menschenrechten für die EU, 2011; *Weiß, W.*, Die Verteidigungsrechte im EG-Kartellverfahren. Zugleich ein Beitrag zu den allgemeinen Rechtsgrundsätzen des Gemeinschaftsrechts, 1996; *ders.*, Grundrechtsschutz durch den EuGH: Tendenzen seit Lissabon, EuZW 2013, 287 ; *Wollenschläger, F.*, Grundrechtsschutz und Unionsbürgerschaft, in: Hatje/Müller-Graff (Hrsg.), EnzEuR Bd. 1, 2014, § 8; *Zuleeg, M.*, Die Europäische Gemeinschaft als Rechtsgemeinschaft, NJW 1994, 545. S. auch die Beiträge in EuGRZ 2011, 193 ff: Grundrechtsvielfalt und Grundrechtskonflikte im europäischen Mehrebenensystem.

# § 11  Der Binnenmarkt

## I.  Allgemeine Bedeutung des Binnenmarktes

**807**  Die Errichtung des Binnenmarktes ist eines der zentralen Ziele der EU (Art. 3 Abs. 3 UAbs. 1 S. 1 EUV) und kennzeichnend für die ökonomische Dimension des Konzepts der europäischen Integration. Die Bedeutung der Idee der Marktvereinheitlichung für die europäische Integration brachte der Begriff des „Marktbürgers"[1] zum Ausdruck. Man fasste sie ursprünglich unter den Begriff des „Gemeinsamen Marktes". Diesem wurde durch die Einheitliche Europäische Akte der Begriff des Binnenmarktes bei- bzw untergeordnet (vgl zur historischen Entwicklung Rn 969 ff). Im Vertrag von Lissabon wurde der Begriff des „Gemeinsamen Marktes" aufgegeben und an seine Stelle trat alleine derjenige des Binnenmarktes. Die Unterscheidung zwischen Binnenmarkt und Gemeinsamem Markt[2] ist daher obsolet. Wegen der durchgehenden Ersetzung des Begriffs Gemeinsamer Markt durch Binnenmarkt (vgl zB Art. 115 AEUV/*Art. 94 EGV*) nehmen der neu gefasste EUV und der AEUV auf den Binnenmarkt nunmehr in unterschiedlichen Kontexten Bezug, was eine weite Begriffsbedeutung impliziert. Der Kern des Konzepts und damit auch des Begriffs ist aber von Anfang an unverändert geblieben und kommt weiterhin deutlich in Art. 26 Abs. 2 AEUV zum Ausdruck. Demnach umfasst der Binnenmarkt einen Raum ohne Binnengrenzen, in dem der freie Verkehr von Waren, Personen, Dienstleistungen und Kapital gewährleistet ist. Die in Art. 26 Abs. 2 AEUV genannten Freiheiten werden wegen ihrer konstituierenden Bedeutung für die freien Verkehrsströme und insbesondere den freien Wirtschaftsverkehr, wohl aber auch wegen der Begründung von Individualrechten (vgl Rn 873), als die vier „Grundfreiheiten" des Vertrags bezeichnet, zu denen zwar als eigenständige Grundfreiheit, funktionell aber insbesondere als notwendige „Hilfsfreiheit" der freie Zahlungsverkehr hinzutritt. Der EuGH hat auch die aus der Unionsbürgerschaft fließende Freizügigkeit (Art. 21 AEUV) als „Grundfreiheit" bezeichnet (s. dazu Rn 1012). Die primärrechtliche Gewährleistung der Grundfreiheiten wird durch die sekundärrechtliche Verwirklichung durch Rechtsangleichung und gegenseitige Anerkennung ergänzt (Art. 114 und Art. 115 AEUV, s. dazu Rn 968 ff, zu den Rechtsgrundlagen Rn 974 ff).

**808**  Aus einer spezifisch ökonomischen Sicht dient die Gewährleistung der Marktfreiheiten der optimalen Allokation von wirtschaftlichen Ressourcen. Eine der Idee von Grundrechten verpflichtete Union (heute Art. 6 EUV, zu den historischen Anknüpfungspunkten über die Bindungen und Prinzipien der Mitgliedsstaaten vgl Rn 754 ff), die sich auf die „Werte" der „Achtung der Menschenwürde" und deren „Wahrung" gründet (Art. 2 EUV), kann es dabei aber nicht bewenden lassen. Daher hatten die Personenverkehrsfreiheiten von Anfang an auch eine **soziale Komponente** (vgl Rn 927 ff). Um diese Komponente auszuweiten, zu verstärken und für den Bürger deutlicher zu machen, wurde die Zuerkennung „besonderer Rechte" der Bürger der

---

1  Geprägt von *Hans Peter Ipsen*, vgl *Ipsen/Nicolaysen*, Haager Kongreß für Europarecht und Bericht über die aktuelle Entwicklung des Gemeinschaftsrechts, NJW 1964, 339 (340 f). Näher dazu *Ipsen*, Europarecht, S. 250 f.
2  Vgl dazu *Streinz*, Europarecht, 8. Aufl. 2008, Rn 909 ff.

Mitgliedstaaten in der Gemeinschaft (jetzt Union) angestrebt. Die soziale Komponente im Binnenmarkt sollte durch die „Gemeinschaftscharta der sozialen Grundrechte der Arbeitnehmer" (s. Rn 1165) verdeutlicht werden, die zunächst im Protokoll und im Abkommen über die Sozialpolitik und seit dem Amsterdamer Vertrag in den Sozialvorschriften der *Art. 136–145 EGV* (jetzt Art. 151–161 AEUV) rechtlich verfestigt wurde (s. Rn 1167 ff). Diese Verknüpfung von Grundfreiheiten, Grundrechten und sozialen Rechten kommt auch in der Europäischen Grundrechte-Charta zum Ausdruck (vgl die Präambel und Art. 15 Abs. 2 GRCh). Zudem macht das durch den Vertrag von Maastricht eingeführte Institut der **„Unionsbürgerschaft"** (Art. 20 AEUV; s. dazu Rn 1008 ff) deutlich, dass das Unionsrecht den Einzelnen nicht nur als Subjekt wirtschaftlicher Tätigkeit begreift und damit über das bisherige Konzept des „Marktbürgers" hinausführt[3].

## II. Primärrechtliche Gewährleistung des Binnenmarktes – Die Grundfreiheiten

### 1. Systematische Einteilung der Grundfreiheiten

Die Grundfreiheiten lassen sich systematisch einteilen in die Warenverkehrsfreiheit, die Personenverkehrsfreiheiten und die Kapitalverkehrsfreiheit. Die Personenverkehrsfreiheiten unterscheiden zwischen den auf dauernde Ansässigkeit in einem anderen Mitgliedstaat angelegten Grundfreiheiten der Freizügigkeit der Arbeitnehmer (Art. 45 ff AEUV) und der Niederlassungsfreiheit (Art. 49 ff AEUV) und der auf eine vorübergehende Tätigkeit in einem anderen Mitgliedstaat bei Ansässigbleiben im Heimatstaat angelegten Dienstleistungsfreiheit (Art. 56 ff AEUV). Freizügigkeit der Arbeitnehmer und Niederlassungsfreiheit unterscheiden zwischen der Art der Beschäftigung nach „abhängig beschäftigt" und „selbstständig". Die Dienstleistungsfreiheit bezieht sich wirtschaftlich betrachtet mehr, zum Teil gänzlich – wenn nur die Dienstleistung selbst die Grenze überschreitet – auf die Mobilität des Produkts (Export und Import von Leistungen) und nicht des Produktionsfaktors Arbeit. Sie ist insoweit an sich keine Personenverkehrsfreiheit und weist deshalb auch rechtlich Parallelen zur Warenverkehrsfreiheit (Art. 28 ff AEUV) auf, mit der zusammen sie zu einer Gruppe **„Produktverkehrsfreiheiten"** zusammengefasst werden kann[4]. Personenbezogene Aspekte zeigen sich im Sekundärrecht (vgl Rn 930) und in der passiven Dienstleistungsfreiheit (vgl Rn 944 ff). Die Kapitalverkehrsfreiheit (Art. 63 Abs. 1 AEUV) gewährleistet Investitionstätigkeiten jeder Art und einseitige Wertübertragungen von einem Mitgliedstaat in einen anderen und stellt im Gegensatz zur Freiheit des Personenverkehrs nicht auf die Staatsangehörigkeit ab. Insoweit zeigen sich Parallelen zur Warenverkehrsfreiheit (vgl Art. 34 AEUV). Die Freiheit des Zahlungsverkehrs (Art. 63 Abs. 2 AEUV) ist die notwendige **„Annexfreiheit"** (sog. „fünfte Grundfreiheit") zu den verwirklichten Grundfreiheiten des Waren-, Personen-, Dienstleistungs- und Kapitalverkehrs, da diese ohne den freien Transfer von Gehäl-

**809**

---

3  Vgl dazu *Streinz*, Vom Marktbürger zum Unionsbürger, in: Breuer ua (Hrsg.), Im Dienste des Menschen: Recht, Staat und Staatengemeinschaft, 2009, S. 63 (65 ff).

4  Vgl *Jarass*, EuR 1995, 205; *Tiedje*, in: von der Groeben/Schwarze/Hatje, Vorbem Art. 56-62 AEUV, Rn 2, 28 ff.

tern, Erlösen und Gewinnen wirkungslos wären, darüber hinaus aber eine eigenständige Grundfreiheit. Betrifft eine nationale Maßnahme mehrere Grundfreiheiten und sind davon welche „völlig zweitrangig" betroffen, so erfolgt die Prüfung allein anhand der hauptsächlich betroffenen[5]. Das mit der Unionsbürgerschaft verbundene allgemeine Freizügigkeitsrecht (Art. 21 AEUV) unterscheidet sich von den „herkömmlichen" Grundfreiheiten darin, dass sie keine wirtschaftliche Betätigung voraussetzt. Sie ist somit eine „Grundfreiheit ohne Markt" *(F. Wollenschläger)*.

## 2. Bedeutung des freien Warenverkehrs

**810**  Kernstück eines Binnenmarkts als eines Wirtschaftsraums, in dem Waren und andere Leistungen im Rahmen einer einheitlichen Wettbewerbsordnung frei zirkulieren können, ist eine Zollunion. Diese wird ergänzt durch das Verbot sonstiger von staatlichen Stellen ausgehender Beschränkungen des Warenverkehrs zwischen den Mitgliedstaaten (mengenmäßige Beschränkungen und Maßnahmen gleicher Wirkung) und das Verbot diskriminierender innerstaatlicher Abgaben und diskriminierender Praktiken. Im Verhältnis zu Drittstaaten wird die Einführung eines gemeinsamen Zolltarifs durch die Vorschriften über die gemeinsame Handelspolitik (vgl Rn 1262 ff) ergänzt.

**811**  Die Herstellung eines einheitlichen Marktes für Waren ist eine der sichtbarsten von der Union bisher erbrachten Leistungen. Gleichwohl ist der freie Warenverkehr bis heute noch nicht voll verwirklicht. Zwar gelang es, durch die RL 92/12 des Rates über das allgemeine System, den Besitz, die Beförderung und die Kontrolle verbrauchsteuerpflichtiger Waren[6] und die weitgehende Harmonisierung der Verbrauchsteuern[7] sowie die Annäherung der Mehrwertsteuersätze[8] und die Einführung von Vereinfachungsmaßnahmen im Bereich der Mehrwertsteuer[9] auf die Besteuerung der Einfuhr und die steuerliche Entlastung der Ausfuhr im Handelsverkehr zwischen den Mitgliedstaaten zu verzichten und damit die Grenzkontrollen im Warenverkehr innerhalb der Union abzuschaffen. Nach wie vor hemmen aber unterschiedliche Rechtsvorschriften der Mitgliedstaaten, vor allem über die Produktions- und Vermarktungsregeln, den Güteraustausch. Der Abbau dieser Hindernisse des freien Warenverkehrs ist eines der Ziele der Rechtsangleichung, die durch das in der Rechtspre-

---

5  EuGH, Rs C-108/09, Ker Optika, Slg 2010, I-2213, Rn 43 mwN aus der Rspr.

6  Sog. SystemRL, mittlerweile ersetzt durch die RL 2008/118/EG des Rates vom 16.12.2008 über das allgemeine Verbrauchsteuersystem und zur Aufhebung der RL 92/12/EWG (ABl 2009 L 9/12). Vgl *Seiler*, in: Grabitz/Hilf/Nettesheim, Art. 113 AEUV, Rn 43 f; *Bahns/Brinkmann/Gläser/Sedlaczek* in: von der Groeben/Schwarze/Hatje, Art. 113 AEUV, Rn 75.

7  Vgl die RLen 92/79–92/84, ABl 1992 L 316/5. Vgl dazu *Kamann*, in: Streinz, Art. 113 AEUV, Rn 23; *Bahns/Brinkmann/Gläser/Sedlaczek* in: von der Groeben/Schwarze/Hatje, Art. 113 AEUV, Rn 72 ff; *Stumpf*, in: Schwarze, Art. 113 AEUV, Rn 27; *Waldhoff/Kahl*, in: Calliess/Ruffert, Art. 113 AEUV, Rn 16 ff; *Wolffgang*, in: Lenz/Borchardt, Art. 113 AEUV, Rn 27 ff. RL 92/81 und RL 92/82 wurden aufgehoben durch RL 2003/96/EG des Rates vom 27.10.2003 zur Restrukturierung der gemeinschaftlichen Rahmenvorschriften zur Besteuerung von Energieerzeugnissen und elektrischem Strom (ABl 2003 L 283/51), HER I A 51/2.

8  RL 92/77, ABl 1992 L 316/1. Die gänzliche Vereinheitlichung der Steuersätze ist bisher nicht gelungen, während Besteuerungssystem und Bemessungsgrundlage vereinheitlicht sind, vgl *Kamann*, in: Streinz, Art. 113 AEUV, Rn 13 ff mwN; *Wolffgang*, in: Lenz/Borchardt, Art. 113 AEUV, Rn 12 ff; *Bahns/Brinkmann/Gläser/Sedlaczek* in: von der Groeben/Schwarze/Hatje, Art. 113 AEUV, Rn 33 ff.

9  RL 92/111, ABl 1992 L 384/47. Vgl dazu *Bahns/Brinkmann/Gläser/Sedlaczek* in: von der Groeben/Schwarze/Hatje, Art. 113 AEUV, Rn 52.

chung des EuGH entwickelte Prinzip der gegenseitigen Anerkennung ergänzt wird (vgl Rn 972 f, 991).

Die Einheitliche Europäische Akte enthielt die Zielsetzung, den Binnenmarkt bis zum **812** 31.12.1992 endgültig zu verwirklichen. Dies ist, was die Harmonisierung anbelangt, auch weitgehend gelungen (vgl Rn 1000). Schwierigkeiten bereitet nach wie vor die gegenseitige Anerkennung (vgl Rn 995 ff, 1003 f). Davon zeugt die große Zahl von Verfahren wegen Verletzung des Art. 34 AEUV, wenngleich vieles im Vorverfahren ausgeräumt werden kann[10] und sich die Lage – allerdings schwankend – verbessert hat[11].

### 3. Bedeutung des freien Personenverkehrs

Ein freier Personenverkehr in einem Raum ohne Binnengrenzen (Art. 26 Abs. 2 **813** AEUV) erfordert als „sichtbaren Ausdruck" auch die grundsätzliche Abschaffung der Grenzkontrollen an den fortbestehenden Binnen-, nämlich Staatsgrenzen der Mitgliedstaaten. Unabhängig von der strittigen Frage, ob und inwieweit bereits Art. 26 Abs. 2 AEUV eine entsprechende Rechtspflicht enthält[12], wurden die Grenzkontrollen zwischen den Vertragsparteien des zweiten Schengener Abkommens vom 19.6.1990 (Schengener Durchführungsübereinkommen – SDÜ)[13] grundsätzlich abgeschafft (Art. 2 Abs. 1 SDÜ). Art. 2-8 SDÜ wurden durch die VO 562/2006 (Schengener Grenzkodex)[14] aufgehoben und inhaltlich übernommen. Dabei wurden sowohl die Ausnahmen für Dänemark, das Vereinigte Königreich und Irland als auch die Einbeziehung Norwegens, Islands und der Schweiz berücksichtigt. Die VO 562/2006 trägt zusammen mit der VO 604/2013/EU zur Festlegung der Kriterien und Verfahren zur Bestimmung des Mitgliedstaats, der für die Prüfung eines von einem Drittstaatsangehörigen in einem Mitgliedstaat gestellten Asylantrags zuständig ist (sog. Dublin III-VO)[15], dem Erfordernis Rechnung, dass die Funktionen, die bislang Kontrollen an den Binnengrenzen bei der Verbrechensbekämpfung und bei der Anwendung des Vi-

---

10  Zu den „Paketsitzungen" der Kommission zB mit der deutschen Bundesregierung vgl BT-Drs 13/ 10109, S. 16, BR-Drs 215/99, S. 20, Nr 36, Nr 38; BT-Drs 14/3434, S. 16, Nr 26; allgemein ABl 1999 C 354/1, Nr 2.1.3.1. Vgl dazu *M. Hartlapp*, Die Kontrolle der nationalen Rechtsdurchsetzung durch die Kommission, 2005, S. 213 ff.

11  Vgl ABl 1999 C-354/1 (15 ff) gegenüber ABl 1997 C 332/1 (21 ff) sowie die gegensätzlichen Beurteilungen im Binnenmarktanzeiger vom 1.2. bzw 1.7.2007 sowie 1.3.2010. Zuletzt positive Beurteilung in Binnenmarktanzeiger 26/2013 („Beste Bilanz") und Binnenmarktanzeiger 07/2014.

12  Das Europäische Parlament erhob am 18.11.1993 gegen die Kommission eine Untätigkeitsklage gemäß Art. 265 AEUV, da diese es unter Verletzung von Art. 26 AEUV unterlassen habe, die erforderlichen Vorschläge zur Verwirklichung des freien Personenverkehrs vorzulegen, Rs C-445/93, ABl 1994 C 1/12. Durch Beschluss des EuGH vom 11.7.1996 in der Hauptsache erledigt. Vgl jetzt Art. 77 Abs. 1 lit. a AEUV.

13  S art. II Nr 280. Seit 25.3.2001 auch für Dänemark, Finnland und Schweden, ferner Norwegen und Island in Kraft, seit 21.12.2007 auch für Estland, Lettland, Litauen, Malta, Polen, Slowenien, die Slowakei, die Tschechische Republik und Ungarn. Zur Einbeziehung der Schweiz vgl *Khan*, in: Geiger/ Khan/Kotzur, Art. 21 AEUV, Rn 4. Zur Einbeziehung des sog. Schengen-Besitzstandes s. Rn 1034 f.

14  VO 562/2006 des EP und des Rates v. 15.3.2006, ABl 2006 L 105/1 (S art. II Nr 290; *Bieber/Knapp* Nr V.5.1).

15  ABl 2013 L 180/31; S art. II Nr 285; Vgl zur Ablösung des Dubliner Übereinkommens vom 15.6.1990 durch die Dublin II-VO (ABl 2003 L 50/1; *Bieber/Knapp*, Nr V.5.2) *Hoppe*, in: Lenz/Borchardt, Art. 78 AEUV, Rn 12. Seit dem 19.7.2013 ist die VO (EU) 604/2013 (Dublin-III) in Kraft (derzeit aber faktisch ausgesetzt). Vgl dazu Rn 1036.

sa- und des Asylrechts erfüllt haben, an die Außengrenzen der Europäischen Union bzw der Vertragsparteien verlegt oder durch eine effektive Zusammenarbeit der Sicherheitsbehörden der Mitgliedstaaten bei Angleichung des Visa- und Asylrechts sichergestellt werden müssen. S. dazu und zu aktuellen Problemen Rn 1034 ff.

### 4. Gemeinsame Prinzipien und Unterschiede

**814** Ungeachtet der auch nach dem Vertrag von Lissabon bestehenden und zu beachtenden Differenzierung der Grundfreiheiten[16] lassen sich gemeinsame Prinzipien herausarbeiten, die insoweit zu einer Konvergenz der Grundfreiheiten führen[17]. Diese Prinzipien (und damit auch für alle Grundfreiheiten geltenden Prüfpunkte) werden im Folgenden vorangestellt behandelt.

### a) Anwendungsbereiche

**815** aa) **Persönlicher bzw gegenständlicher Anwendungsbereich.** Art. 28 Abs. 2 AEUV legt den **gegenständlichen Geltungsbereich** des freien **Warenverkehrs** auf die aus den Mitgliedstaaten stammenden Waren sowie diejenigen Waren aus Drittstaaten, die sich in den Mitgliedstaaten im freien Verkehr befinden, fest. Waren, die aus den Mitgliedstaaten stammen, lassen sich anhand der Art. 35-39 der VO 952/2013 des Europäischen Parlaments und des Rates vom 9.10.2013 zur Festlegung des **Zollkodex der Union (UZK)**[18] mit Hilfe der dort enthaltenen Ursprungsregeln feststellen. Waren aus Drittstaaten gelten dann als im freien Verkehr eines Mitgliedstaates befindlich, wenn für sie in dem betreffenden Mitgliedstaat die Einfuhr-Förmlichkeiten erfüllt sowie die vorgeschriebenen Zölle und Abgaben gleicher Wirkung erhoben und nicht ganz oder teilweise rückvergütet worden sind (Art. 29 AEUV). Alle anderen Waren unterliegen den Vorschriften für Nicht-Unionswaren (vgl Art. 4 Nr 24 Zollkodex). Zu beachten ist jedoch, dass der Binnenmarkt hinsichtlich des freien Warenverkehrs durch völkerrechtliche Verträge der Union, die mit dem AEUV gleichlautende Bestimmungen enthalten (zur Auslegung solcher Bestimmungen vgl Rn 540), insbesondere durch das Übereinkommen über den Europäischen Wirtschaftsraum (EWR, Rn 84)[19], faktisch erheblich ausgeweitet wurde.

**816** Die Freiheit des **Personenverkehrs** erstreckt sich grundsätzlich allein auf die Staatsangehörigen der Mitgliedstaaten. Dies gilt trotz der Parallelen zur Warenverkehrsfreiheit (vgl Rn 809), bei der die Staatsangehörigkeit des Herstellers oder Käufers unerheblich ist, auch für die Dienstleistungsfreiheit. Staatsangehörige von Drittstaaten können nur als Familienangehörige von Unionsbürgern aus anderen Mitgliedstaaten

---

16  Vgl dazu *Streinz*, Allgemeine Lehren der Grundfreiheiten, in: Merten/Papier (Hrsg.), Handbuch der Grundrechte in Deutschland und Europa, Bd. VI/1, 2010, § 152, Rn 4 mwN.
17  Vgl ebd., Rn 9 ff, 14 ff.
18  ABl 2013 L 269/1; HER I A 21/1.5. Löst ab 1.5.2016 den Modernisierten Zollkodex (VO 450/2008, ABl 2008 L 145/1) ab. Vgl dazu *Herrmann*, in: Grabitz/Hilf/Nettesheim, Art. 28 AEUV, Rn 46. S. dazu Rn 879.
19  Sart. II Nr 310. Vgl Art. 8 ff, insbes. Art. 10 (Zollverbot), Art. 11-13 (Verbot mengenmäßiger Ein- und Ausfuhrbeschränkungen und Maßnahmen gleicher Wirkung; entspricht Art. 34-36 AEUV) EWR-Abkommen, die gemäß Art. 6 EWR-Abkommen EGV- (jetzt AEUV-) konform auszulegen sind. Zu den unterschiedlichen Formen wirtschaftlicher Integration vgl auch *Herrmann/Weiß/Ohler*, Welthandelsrecht, 2. Aufl. 2007, Rn 601 ff.

in den Genuss der damit verbundenen Rechte kommen (in dieser Stellung weist ihnen aber die Freizügigkeits-RL 2004/38/EG sekundärrechtlich eigene subjektive Rechte zu, s. dazu Rn 929). Mittelbar können sie von der Dienstleistungsfreiheit profitieren, indem sie von einem in einem Mitgliedstaat ansässigen Unternehmen als dessen Arbeitnehmer zur Erbringung einer Dienstleistung in einen anderen Mitgliedstaat entsandt werden[20]. Für Gesellschaften kommt es nicht auf die Staatsangehörigkeit der Eigentümer oder Betreiber, sondern darauf an, dass sie nach den Rechtsvorschriften eines Mitgliedstaats gegründet wurden und ihren satzungsmäßigen Sitz, ihre Hauptverwaltung oder ihre Hauptniederlassung innerhalb der EU haben (Art. 54, ggf iVm Art. 62 AEUV: „Staatszugehörigkeit"). Zu beachten ist, dass Angehörige aus Drittstaaten auf völkerrechtlicher Basis EU-Angehörigen (teilweise) gleichgestellt sind[21].

**Berechtigt** sind Arbeitnehmer und selbstständig Erwerbstätige. Der EuGH hat – einem allgemeinen Grundsatz (s. Rn 625) folgend – die Vorschriften über den persönlichen Anwendungsbereich weit ausgelegt. Das Aufenthaltsrecht wird durch vorübergehende Arbeitsunfähigkeit infolge Krankheit oder Unfalls oder durch unfreiwillige Arbeitslosigkeit nicht berührt. Nach Beendigung der Erwerbstätigkeit besteht ein Verbleiberecht. Vor Beginn der Erwerbstätigkeit wird in angemessenem Umfang auch die Arbeitssuche in einem anderen Mitgliedstaat geschützt[22].   **817**

Auf das Recht der Freizügigkeit des Arbeitnehmers kann sich auch der **Arbeitgeber** des Aufenthaltsstaats diesem gegenüber berufen. Andernfalls würden die in Art. 45 AEUV genannten Rechte nämlich leicht um ihre Wirkung gebracht, wenn die Mitgliedstaaten die dort enthaltenen Verbote schon dadurch umgehen könnten, dass sie den Arbeitgebern in diskriminierender Weise die Einstellung von Arbeitnehmern verböten, die gewisse Voraussetzungen nicht erfüllen[23]. Ebenso kann sich ein Unternehmen gegenüber dem Staat, in dem es seinen Sitz hat, auf den freien Dienstleistungsverkehr berufen, sofern die Leistungen an Leistungsempfänger (vgl Rn 944 f) erbracht werden, die in einem anderen Mitgliedstaat ansässig sind[24]. Schließlich kann sich auch ein privater Arbeitsvermittler auf die Rechte seiner arbeitsuchenden Kun-   **818**

---

20  Vgl zu dieser Konstellation grundlegend EuGH, Rs C-113/89, Rush Portuguesa, Slg 1990, I-1417 = *Pechstein* Nr 221; EuGH, Rs C-43/93, Van der Elst, Slg 1994, I-3803. Sekundärrechtlich geklärt durch die RL 96/71/EG über die Entsendung von Arbeitnehmern im Rahmen der Erbringung von Dienstleistungen (Entsenderichtlinie, Sart. II Nr 181; *Bieber/Knapp*, Nr V.3.3) und die dazu ergangene Rspr, zB EuGH, Rs C-244/04, Kommission/Deutschland, Slg 2006, I-855 = JuS 2006, 548 – *Streinz*. Vgl dazu auch die Mitteilung der Kommission vom 4.4.2006 – Leitlinien für die Entsendung von Arbeitnehmern im Rahmen der Erbringung von Dienstleistungen, Dok KOM (2006)159.

21  Vgl Art. 28 ff iVm Art. 6 EWR-Abkommen, das eine völlige Gleichstellung herbeiführt. Zur Berechtigung aus Assoziationsabkommen mit MOE-Staaten vgl EuGH, Rs C-257/99, Barkoci und Malik, Slg 2001, I-6557 = JuS 2002, 181 ff – *Streinz*. Zur Berechtigung (kein Zugangsrecht zum Arbeitsmarkt, aber Anspruch auf Gleichbehandlung nach erfolgter Zulassung mit Drittwirkung gegenüber Sportverbänden) aus dem Partnerschaftsabkommen EG-Russland (ABl 1994 L 327/1) vgl EuGH, Rs C-365/03, Simutenkov/Ministerio de Educación y Cultura, Real Federación de Fútbol, Slg 2005, I-2596 = JuS 2005, 737 ff – *Streinz*. S. **Fall 60**, Rn 1256/1261.

22  EuGH, Rs 292/89, Antonissen, Slg 1991, I-745, Rn 13, 21. Sekundärrechtlich jetzt auf mindestens (ohne weitere Voraussetzungen) einen Zeitraum von drei Monaten festgelegt in Art. 6 Abs. 1 der RL 2004/38/EG; Sart. II Nr 177. Vgl dazu *Brechmann*, in: Calliess/Ruffert, Art. 45 AEUV, Rn 87; *Franzen*, in: Streinz, Art. 45 AEUV, Rn 121. S. auch Rn 946.

23  EuGH, Rs C-350/96, Clean Car Autoservice, Slg 1998, I-2521, Rn 20 f = *Pechstein* Nr 178.

24  EuGH, Rs C-70/95, Sodemare, Slg 1997, I-3395, Rn 37 mwN.

den aus Art. 45 AEUV berufen, weil die Freizügigkeit der Arbeitnehmer nur so ihre volle Wirkung entfalten kann[25].

**819** Im Gegensatz zur Freiheit des Personenverkehrs stellt der **persönliche Anwendungsbereich** des freien **Kapitalverkehrs** (und des freien Zahlungsverkehrs) nicht auf die Staatsangehörigkeit ab. Dies dient dem Ziel, der Kapitalverkehrsfreiheit, dem Wirtschaftsprozess das nötige Kapital zur möglichst effektiven Verwendung zur Verfügung zu stellen. Auch devisenrechtliche Beschränkungen erreichen ihr Ziel regelmäßig nur, wenn sie nicht an die Staatsangehörigkeit anknüpfen. Erforderlich ist aber für die Anwendbarkeit der Kapitalverkehrsfreiheit die Beteiligung zumindest einer Person, die in einem Mitgliedstaat der Union ansässig ist.

**820** **bb) Sachlicher Anwendungsbereich.** Die Bestimmungen über die Grundfreiheiten sind im Hinblick auf die Aufgaben und Ziele der EU zu interpretieren. Um die Einheitlichkeit des Unionsrechts in der gesamten Union zu sichern und nationale Restriktionen zu vermeiden, sind die Begriffe, die die Grundfreiheiten sachlich definieren, **unionsrechtlich autonom** zu bestimmen. Entscheidend ist, ob die ausgeübte Tätigkeit einen Teil des marktgängigen Wirtschaftslebens ausmacht. Wenn es sich um eine Tätigkeit im Lohn- oder Gehaltsverhältnis handelt, ist das immer der Fall, auch wenn die Tätigkeit wegen ihres künstlerischen oder sportlichen Charakters traditionell nicht dem Bereich der Wirtschaft zugerechnet wird[26]. Darunter fällt auch die Ausübung der Prostitution[27]. Ausgeschlossen sind allein schlechthin strafbare Tätigkeiten[28]. Ware ist jede körperliche Sache, die einen Handelswert hat und Gegenstand von Handelsgeschäften sein kann; dass es sich um ein Kulturgut, zB ein Buch oder ein Kunstwerk, handelt, begründet keine Bereichsausnahme[29]. Der Arbeitnehmerbegriff hängt nicht von der Erzielung eines Mindesteinkommens ab[30].

**821** Ist dieser Anwendungsbereich eröffnet, steht der Verwirklichung der dann gebotenen Inländergleichbehandlung (vgl Rn 823) nicht entgegen, dass davon mitbetroffene Materien noch in der Kompetenz der Mitgliedstaaten verblieben sind (zB Streitkräfteorganisation[31], Bildungspolitik, Anspruch auf Studienförderung für Kinder von Arbeitnehmern aus anderen Mitgliedstaaten[32]).

---

25  EuGH, Rs C-208/05, ITC, Slg. 2007, I-181, Rn 20 ff, 26 ff = *HVL*, S. 637 f.
26  Vgl EuGH, Rs 13/76, Donà/Mantero, Slg 1976, 1333, Rn 12/13. Auch „reine Sportregeln" werden nicht tatbestandlich ausgenommen, sondern können lediglich gerechtfertigt sein, so EuGH, Rs C-519/04 P, Meca-Medina/Kommission, Slg 2006, I-6991, Rn 27 ff (= JuS 2006, 1123 – *Emmerich* hinsichtlich kartellrechtlicher Würdigung) gegenüber EuG, Rs T- 313/02, Slg 2004, II-3291, Rn 40 ff.
27  So offenbar EuGH, verb Rs 115 und 116/81, Adoui und Cournaille/Belgien, Slg 1982, 1665, Rn 6, 9 = *Pechstein* Nr 187 = *HVL*, S. 665 ff; so ausdrücklich VGH Mannheim, VBlBW 2001, 25 (27 f); bestätigt durch EuGH, Rs C-268/99, Jany ua/Staatssecretaris van Justitie, Slg 2001, I-8615, Rn 48 f. Dies ist von der durch Art. 5 Abs. 3 GRCh als „Menschenhandel" verbotenen „Ausbeutung der Prostitution" abzugrenzen, vgl *Streinz*, in: Streinz, Art. 5 GRCh, Rn 4.
28  Vgl EuGH, Rs 294/82, Einberger/HZA Freiburg, Slg 1984, 1177, Rn 19 f: Drogenkurier (allerdings entschieden zum Umsatzsteuerrecht). Nach EuGH, Rs C-137/09, Josemans, Slg 2010, I-13019, Rn 42 = *HVL*, S. 70210 ff = JuS 2011, 1044 – *Streinz* fällt der Verkauf von Drogen (abgesehen von legalen Ausnahmen) offenbar bereits tatbestandlich nicht unter die Grundfreiheiten.
29  EuGH, Rs 7/68, Kommission/Italien (Kunstschätze), Slg 1968, 633/642 = *Pechstein* Nr 102 = *HVL*, S. 564.
30  EuGH, Rs 53/81, Levin/Staatssecretaris van Justitie, Slg 1982, 1035, Rn 10 ff. Vgl auch EuGH, Rs C-357/89, Raulin/Minister van Onderwijs en Wetenschappen, Slg 1992, I-1027, Rn 12 ff.
31  EuGH, Rs C-285/98, Tanja Kreil, Slg. 2000, I-69, Rn 12 ff = *HVL*, S. 431 f = JuS 2000, 489 – *Streinz*.
32  Vgl EuGH, Rs 9/74, Casagrande/München, Slg 1974, 773, Rn 4 ff = *HVL*, S. 657 f.

**cc) Räumlicher Anwendungsbereich.** Die Vorschriften über die Grundfreiheiten sind auf sämtliche Rechtsbeziehungen anwendbar, die auf Grund des Ortes, an dem sie entstanden sind oder an dem sie ihre Wirkungen entfalten, einen räumlichen Bezug zum Gebiet der Union aufweisen[33]. Sie gelten jedoch nicht für eine interne Maßnahme eines Mitgliedstaates, die keinen Bezug auf die Union hat. Denn alle Grundfreiheiten knüpfen tatbestandlich an grenzüberschreitende Sachverhalte an (s. Rn 845). Dies wirkt sich auf die Anwendung des Diskriminierungsverbots gegenüber **Inländern** aus (s. Rn 844 ff). **822**

**b) Gewährleistungen**

**aa) Diskriminierungsverbot.** Die Personenverkehrsfreiheiten einschließlich der Dienstleistungsfreiheit wurden anhand des *Textes* des EGV ursprünglich nur als **Diskriminierungsverbote** verstanden, was sich auch heute noch im insofern unveränderten Wortlaut des AEUV spiegelt (vgl Art. 45 Abs. 2 AEUV: „Abschaffung jeder auf der Staatsangehörigkeit beruhenden unterschiedlichen Behandlung"; Art. 49 Abs. 2 AEUV: „nach den Bestimmungen des Aufnahmestaats für seine eigenen Angehörigen"; Art. 57 Abs. 3 AEUV: „unter den Voraussetzungen, welche dieser Mitgliedstaat für seine eigenen Angehörigen vorschreibt"; andererseits war von Anfang an bei allen Grundfreiheiten vom Verbot bzw Abbau von „Beschränkungen" die Rede, vgl Rn 831). Angehörige anderer Mitgliedstaaten dürfen nicht auf Grund ihrer Staatsangehörigkeit schlechter behandelt werden als Inländer. Erfasst werden sowohl offene als auch verdeckte Diskriminierungen, dh Anknüpfungen an Tatbestände, die regelmäßig nur von Inländern erfüllt werden (etwa die Sprache oder Ansässigkeit in einem Mitgliedstaat). Textlich nicht so eindeutig ist Art. 34 AEUV. Aus Art. 36 Satz 2 AEUV („willkürliche Diskriminierung") ließe sich schließen, dass es sich auch dabei um ein Diskriminierungsverbot handelt, wobei die zweite Alternative („verschleierte Beschränkung") sog. „versteckte Diskriminierungen" erfasst. Dies war auch die weit überwiegende Ansicht, die durch Richtlinien der Kommission auf der Grundlage des *Art. 33 Abs. 7 aF EGV* bestätigt wurde, vor den grundlegenden Urteilen des EuGH in den Fällen *Dassonville* und *Cassis de Dijon* (vgl Rn 864)[34]. Die in Art. 63 AEUV als Beschränkungsverbote (vgl Rn 831) formulierten Freiheiten des Kapitalverkehrs und des Zahlungsverkehrs enthalten noch in Art. 65 Abs. 3 AEUV das Verbot der „willkürlichen Diskriminierung" und der „verschleierten Beschränkung". **823**

**bb) Verhältnis zum allgemeinen Diskriminierungsverbot des Art. 18 AEUV.** Das allgemeine Diskriminierungsverbot des Art. 18 AEUV gilt im Anwendungsbereich der Verträge. Erforderlich ist eine Verbindung zu Sachverhalten, die zumindest punktuell im EUV/AEUV geregelt sind. Es ist zu den speziellen Diskriminierungsverboten der Grundfreiheiten subsidiär („unbeschadet besonderer Bestimmungen"). Der EuGH hat allerdings dadurch Verwirrung gestiftet, dass er *Art. 12 EGV* (jetzt Art. 18 **824**

---

33  Es genügt, wenn ein Arbeitsverhältnis in einem Drittstaat einen hinreichend engen Bezug zum Gebiet der Union behält, zB zum Recht eines Mitgliedstaats (belgische Staatsangehörige in deutscher Botschaft in Algier), EuGH, Rs C-214/94, Boukhalfa/Deutschland, Slg 1996, I-2533, Rn 15.

34  RL 70/50/EWG, Sart. II Nr 175. Vgl dazu *Müller-Graff*, in: von der Groeben/Schwarze/Hatje, Art. 34 AEUV, Rn 29.

AEUV) mehrmals auch *neben* den speziellen Diskriminierungsverboten herangezogen hat, um die Rechtswidrigkeit eines Verhaltens zu begründen[35]. Die speziellen Vorschriften sollten damit jedoch nicht verdrängt werden. Der EuGH machte vielmehr deutlich, dass der für Art. 18 Abs. 1 AEUV erforderliche Anwendungsbereich des Vertrages auch dann eröffnet sein kann, wenn die Grundfreiheiten zwar berührt, aber nicht konkret tatbestandlich einschlägig sind, und erfasste damit solche nationale Bestimmungen, die sich in ihrer Zielrichtung nicht gegen eine bestimmte Grundfreiheit richten, sondern allgemein und unspezifisch die Ausübung der Grundfreiheiten behindern können[36]. Wie die speziellen Diskriminierungsverbote untersagt Art. 18 AEUV eine ungerechtfertigte Ungleichbehandlung aus Gründen der Staatsangehörigkeit, lässt also objektiv vorhandene Rechtfertigungsgründe zu (strittig)[37].

**825** Das allgemeine Diskriminierungsverbot des Art. 18 AEUV hat durch die Rechtsprechung des EuGH zur unmittelbaren Anwendbarkeit des durch die Unionsbürgerschaft (*Art. 17 EGV*, heute Art. 20 AEUV) als „grundlegendem Status" begründeten allgemeinen Freizügigkeitsrechts (Art. 21 Abs. 1 AEUV) erheblich an Bedeutung gewonnen. Über die Unionsbürgerschaft fallen zwischenstaatliche Sachverhalte ohne wirtschaftlichen Bezug (von großer Relevanz vor allem im Bildungsbereich) in den Anwendungsbereich des Vertrages, wodurch das Diskriminierungsverbot des Art. 18 AEUV ausgelöst wird (siehe dazu Rn 1014 ff). Soweit aber der Schutzbereich einer der „herkömmlichen" Grundfreiheiten eröffnet ist, ist allein diese als lex specialis zu prüfen[38].

**826** Durch die Einbeziehung der Unionsbürgerschaft bewirkt der EuGH ausdrücklich gegenüber seiner früheren Rechtsprechung eine Art „Schutzverstärkung" der Grundfreiheiten[39].

**cc) Beschränkungsverbot.**

**827** **Fall 36** (nach EuGH, Rs 120/78, REWE/Bundesmonopolverwaltung für Branntwein („Cassis de Dijon"), Slg 1979, 649 = *Pechstein* Nr 167 = *HVL*, S. 571 ff):
Die REWE-AG mit Sitz in Köln beantragte bei der zuständigen deutschen Behörde die Genehmigung, aus Frankreich eine Partie des Likörs „Cassis de Dijon" einzuführen, der in Frankreich mit einem Alkoholgehalt von 15–20% im Verkehr ist. Dies wurde mit der Begründung abgelehnt, dass dieser Likör wegen seines zu geringen Weingeistgehaltes in Deutschland nicht verkehrsfähig sei, da hier das Gesetz für Fruchtliköre einen Alkoholge-

---

35  Vgl zB EuGH, Rs C-45/93, Kommission/Spanien, Slg 1994, I-911, Rn 10 mit Anm. *von Borries*, EuZW 1994, 474 f. Deutliche Trennung zwischen Art. 18 AEUV und den Diskriminierungsverboten der Grundfreiheiten aber in EuGH, Rs C-159 bis C-161/12, Venturini ua, ECLI:C:EU:2013:791, Rn 18.

36  EuGH, verb Rs C-92/92 und C-326/92, Phil Collins/Intrat ua, Slg 1993, I-5145, Rn 27. Vgl dazu *Streinz/Leible*, IPrax 1998, 162 (165 f); *Rust*, in: von der Groeben/Schwarze/Hatje, Art. 18 AEUV, Rn 48 f mwN. Vgl EuGH, Rs C-164/07, James Wood, Slg. 2008 I-4143 = JuS 2008, 1104 – *Streinz*.

37  Vgl *Streinz/Leible* (Fn 36), S. 167 f mwN.

38  So ausdrücklich: EuGH, Rs C-208/05, ITC, Slg 2007, I-181, Rn 64. Zur praktischen Bedeutung wegen Bereichsausnahmen vgl *Epiney*, NVwZ 2008, 736.

39  Vgl zB EuGH, Rs C-138/02, Collins/Secretary of State for Work and Pensions, Slg 2004, I-2703, Rn 63 f; EuGH, Rs C-258/04, Office national d'emploi/Ioannidis, Slg 2005, I-8275, Rn 21 f: Anspruch auf finanzielle Leistungen, die den Zugang zum Arbeitsmarkt erleichtern sollen (Überbrückungsgeld).

halt von 25% vorschreibe. Ist dies mit dem AEUV vereinbar? Die später erlassene VO 1576/89 für die Begriffsbestimmung, Bezeichnung und Aufmachung von Spirituosen (ABl 1989 Nr L 160/1), ersetzt durch VO (EG) 110/2008 (ABl 2008 L 39/16, ber. ABl 2009 L 228/47) bleibt außer Betracht. **(Lösung: Rn 924)**

**Fall 37** (nach EuGH, Rs C-415/93, Union Royale Belge des Sociétés de Football Association/Bosman, Slg 1995, I-4921 = *Pechstein* Nr 184 = *HVL*, S. 647 ff = *MH* Nr 43):   **828**
Nach den Statuten der Berufs-Fußballverbände in Europa dürfen bei Meisterschaftsspielen von Vereinsmannschaften nicht mehr als drei Ausländer gleichzeitig eingesetzt werden. Bei einem Vereinswechsel eines Spielers auch nach Ablauf des Vertrages ist durch den neuen Verein an den bisherigen eine sog. Ablösesumme zu zahlen, die nicht selten Beträge von mehreren Millionen € erreicht. B wendet sich sowohl gegen die Einsatzbeschränkung als auch gegen die Ablösesumme, soweit diese einen Vereinswechsel von einem Mitgliedstaat der EU in einen anderen betrifft. Während Ersteres eine offensichtliche Diskriminierung sei, behindere Letzteres die durch den AEUV garantierte Mobilität. Hat B Recht?
**(Lösung: Rn 934)**

Der EuGH hat die ursprünglich als Diskriminierungsverbote formulierten oder zu-   **829**
mindest aufgefassten Grundfreiheiten – anders als das allgemeine Diskriminierungs-
verbot des Art. 18 AEUV[40] – schrittweise zu (allgemeinen) **Beschränkungsverboten** weiterentwickelt, wobei es zu Differenzierungen zwischen den einzelnen Grundfrei-
heiten und auch innerhalb dieser kam. Ungeachtet der Tendenz des EuGH zu einer Vereinheitlichung und Vereinfachung des Prüfungsschemas dahingehend, dass allein die Beschränkung (sei es durch unterschiedliche, sei es durch unterschiedslose Maßnahmen) festgestellt und nach einer möglichen Rechtfertigung (sei es durch ausdrück-
lich im AEUV-Vertrag genannte, sei es durch vom EuGH entwickelte Rechtferti-
gungsgründe) gefragt wird (s. dazu Rn 921), erfolgt jedenfalls mit dem Maßstab der Verhältnismäßigkeit eine Differenzierung. Diese zeigt sich zB auch in der sekundärrechtlichen Unterscheidung zwischen den Regelungen zur Niederlassungsfreiheit und zur Dienstleistungsfreiheit in der Dienstleistungsrichtlinie[41]. Während das sich unmittelbar aus dem AEUV ergebende Diskriminierungsverbot die Schlechterstellung von Ausländern gegenüber Inländern grundsätzlich verbietet, fordert ein Beschränkungsverbot, dass sich auch unterschiedslos auf Inländer und Ausländer anwendbare Vor-
schriften auf ihre Vereinbarkeit mit dem Unionsrecht am Maßstab der Verhältnismäßigkeit rechtfertigen lassen müssen. Diese Ausweitung erfolgte zunächst für die Wa-
renverkehrsfreiheit (Fälle *Dassonville* und *Cassis*, s. Rn 864 und 827/924) und die Dienstleistungsfreiheit (Fall *van Binsbergen*, s. Rn 852), schließlich auch für die Freizügigkeit der Arbeitnehmer (Fall *Bosman*, s. Rn 828/934) und (differenziert) die Nie-
derlassungsfreiheit (s. Rn 835).

Der EuGH sah sich zu dieser Ausweitung der „bloßen" Diskriminierungsverbote zu   **830**
Beschränkungsverboten durch die Erkenntnis veranlasst, dass auch unterschiedslose,

---

40  Vgl dazu *von Bogdandy*, in: Grabitz/Hilf/Nettesheim, Art. 18 AEUV, Rn 19; *Streinz*, in: Streinz, Art. 18 AEUV, Rn 56. Zur „Grundfreiheit" und zum Beschränkungsverbot der aus der Unionsbürgerschaft fließenden Freizügigkeit s. Rn 1012 ff, 1020.

41  Art. 9–15 bzw Art. 16–21 RL 2006/123/EG über Dienstleistungen im Binnenmarkt, ABl 2006 L 376/
36, Sart. II Nr 183. S. dazu Rn 994.

dh nicht zwischen Inländern und Ausländern, inländischen und ausländischen Waren differenzierende Maßnahmen den durch die Grundfreiheiten des AEUV angestrebten und geschützten freien Waren- bzw Personenverkehr erheblich erschweren, wenn nicht unmöglich machen können[42]. Damit würde aber das Ziel des AEUV nicht erreicht. Der **„effet utile"** gebietet daher eine Auslegung dieser Bestimmungen über bloße Diskriminierungsverbote hinaus: Eine unterschiedslos anwendbare Regelung darf der Grundfreiheit nicht jede praktische Wirksamkeit nehmen[43]. Diese *„effet utile-Rechtsprechung"* des EuGH, ein allgemeines Argumentationselement, das für viele Fallgruppen eingesetzt wird, kann als teleologische Auslegung interpretiert werden (vgl Rn 625). Als weiterer methodischer Ansatz ist zumindest in gewissem Umfang die Enthüllung der formal unterschiedslosen und daher nichtdiskriminierenden Maßnahmen als mehr oder weniger **versteckte Diskriminierungen**, die bewusst und vorsätzlich, aber auch unbewusst und unabsichtlich, quasi als Nebenfolge vorkommen, tragfähig. Beide Ansätze schließen sich nicht aus und können kumulativ verwendet werden.

**831** Bereits durch den Vertrag von Maastricht wurden die Kapital- und Zahlungsverkehrsfreiheit ausdrücklich als Beschränkungsverbote ausgestaltet (Art. 63 Abs. 1 und 2 AEUV). Dahinter steht die gleiche Erwägung, die den EuGH zur Ausweitung der Warenverkehrsfreiheit als Beschränkungsverbot veranlasste: Zahlreiche Maßnahmen, die keinen diskriminierenden Charakter haben, beeinträchtigen gleichwohl den Gebrauch dieser Freiheit. Die Beschreibung dieser Wirkung variiert, bringt aber immer den gleichen Grundgedanken zum Ausdruck. So spricht der Gerichtshof zB davon, dass eine Maßnahme den Gebrauch der Freiheit „weniger attraktiv mache", „zusätzliche Kosten" für die Parteien verursache oder eine „abschreckende Wirkung" auf den Gebrauch der Freiheit ausübe und daher eine Beschränkung darstelle. Die Niederlassungsfreiheit (Art. 49 Abs. 1 AEUV) und die Dienstleistungsfreiheit (Art. 56 Abs. 1 AEUV) wurden erst durch den Vertrag von Amsterdam ausdrücklich als Beschränkungs*verbote* formuliert (vorher: „schrittweise aufgehoben"). Diese textliche Angleichung darf aber nicht den Blick dafür verstellen, dass gerade bei der Niederlassungsfreiheit (ebenso wie bei der Arbeitnehmerfreizügigkeit) das Beschränkungsverbot eine geringere Reichweite entfaltet als die eher auf den Austausch und Verbrauch von Gütern angelegten Freiheiten des Waren-, Dienstleistungs- und Kapitalverkehrs. Hingegen zielen Niederlassungsfreiheit und Arbeitnehmerfreizügigkeit darauf ab, die Integration einer Person in eine andere mitgliedstaatliche Rechtsordnung zu ermöglichen und zu erleichtern, nicht aber die in diesem Sinne integrierte Person dauerhaft zu privilegieren.

**832** **Beispiele:**

**Freier Warenverkehr:** Unterschiedliche Anforderungen an die Herstellung oder Aufmachung von Produkten, die, wenn sie Erzeugnissen aus anderen Mitgliedstaaten entgegengehalten werden könnten, für den Export jeweils eine Sonderfertigung mit entsprechenden Mehrkosten erfordern würden. Neben dem bekannten Fall des Likörs „Cassis de Dijon", dem wegen zu geringen Alkoholgehalts die Verkehrsfähigkeit unter der Bezeichnung „Likör" in Deutschland abge-

---

42   Vgl EuGH, verb Rs 110 und 111/78, Ministère public und ASBL/van Wesemael, Slg 1979, 35, Rn 29 f.

43   So EuGH, Rs C-76/90, Säger/Dennemeyer, Slg 1991, I-4221, Rn 12 = *Pechstein* Nr 224.

sprochen wurde (s. **Fall 36**, Rn 827), verdeutlicht dies der sog. „Gestaltzwang" für die Verpackung von Margarine. In Belgien durfte Margarine nur in Würfelform verkauft werden, aus Deutschland importierte Margarine, die in Schalenbechern verpackt war, war nicht verkehrsfähig. Der EuGH sah darin zu Recht einen Verstoß gegen Art. 34 AEUV. Zwar werde dadurch, dass ein Mitgliedstaat die Verpflichtung, eine bestimmte Verpackungsform zu benutzen, auf eingeführte Erzeugnisse erstreckt, die Einfuhr von Erzeugnissen mit Ursprung in anderen Mitgliedstaaten in diesen Mitgliedstaat nicht vollkommen ausgeschlossen. Dieses Vorgehen sei jedoch geeignet, den Vertrieb der fraglichen Erzeugnisse zu erschweren oder zu verteuern, weil ihnen dadurch bestimmte Absatzwege verschlossen würden oder weil durch die Notwendigkeit, für ihre Aufmachung den Erfordernissen ihres Bestimmungsmarktes entsprechende besondere Verpackungen zu verwenden, zusätzliche Kosten entstünden[44].

**Dienstleistungsfreiheit:** Die Erbringung von Dienstleistungen darf nicht von der Einhaltung **833** aller Voraussetzungen abhängig gemacht werden, die in einem Mitgliedstaat für eine Niederlassung gelten, da ansonsten die nicht auf dauernde, sondern nur auf vorübergehende Tätigkeit (ggf in mehreren oder allen Mitgliedstaaten) angelegte Ausübung praktisch nicht möglich wäre. Daher durfte ein dienstleistender Rechtsanwalt nicht dem sog. Lokalisationsgebot (vgl §§ 24, 25, 28 BRAO[45]) und darf ein dienstleistender Arzt oder Handwerker[46] nicht einer Zwangsmitgliedschaft in einer Kammer unterworfen werden. Früher hätte dies auch unter den Tatbestand „versteckte Diskriminierung" subsumiert werden können[47]. Darüber hinaus werden aber auch unterschiedslose Maßnahmen erfasst, die den Zugang von neuen Wettbewerbern allein durch allgemein geltende Mindesthonorare behindern, die diese nicht unterbieten dürfen[48]. Nach dem seit dem Amsterdamer Vertrag geänderten Wortlaut sind solche Maßnahmen als Beschränkungen ausdrücklich *verboten*. Zur weitgehenden Kodifizierung der Rechtsprechung des EuGH vgl die DienstleistungsRL 2006/123/EG (s. dazu Rn 994, 1004).

**Freizügigkeit der Arbeitnehmer:** Im Fall *Bosman* (s. **Fall 37**, Rn 828/934) hat der EuGH **834** nicht nur die diskriminierenden Ausländersperrklauseln, sondern auch das unterschiedslos angewandte Transfersystem, das bei einem Wechsel eines Fußballspielers auch nach Ablauf der Vertragszeit eine sog. „Ablösesumme" vorsieht, bei zwischenstaatlichen Sachverhalten als unionsrechtswidrig angesehen, da es die Freizügigkeit behindert. Die Gesamtheit der Vertragsbestimmungen über die Freizügigkeit soll den Unionsbürgern die Ausübung jeder Art von Erwerbstätigkeit im gesamten Gebiet der Union erleichtern und steht einer nationalen Regelung entgegen, die sie dann benachteiligen könnte, wenn sie ihre Tätigkeit über das Hoheitsgebiet eines einzigen Mitgliedstaats hinaus ausdehnen wollen[49]. Im Anschluss an die *Dassonville-Formel* (vgl Rn 864) hat der EuGH formuliert, dass Art. 45 AEUV „nicht nur jede unmittelbare oder mittelbare Diskriminierung aus Gründen der Staatsangehörigkeit, sondern auch nationale Regelungen verbietet, die, auch wenn sie unabhängig von der Staatsangehörigkeit der betroffe-

---

44  EuGH, Rs 261/81, Rau/De Smedt, Slg 1982, 3961, Rn 13.

45  Schönfelder-Ergänzungsband Nr 98. Durch Gesetz vom 17.12.1999 (BGBl. I 2448) wurde § 24 BRAO aufgehoben und die Postulationsfähigkeit von den Landgerichten gemäß § 78 ZPO auf alle bei einem Amts- oder Landgericht zugelassene Rechtsanwälte erstreckt.

46  Vgl § 90 Abs. 2 Handwerksordnung (Sart I Nr 815). Zu zulässigen und unverhältnismäßigen Anforderungen an ausländische Dienstleister vgl EuGH, Rs C-58/98, Corsten, Slg 2000, I-7919, Rn 34 ff, 39 ff = EuZW 2000, 763 mit Anm. *Früh* = *Pechstein* Nr 229 = JuS 2001, 388 – *Streinz*.

47  Vgl EuGH, Rs 279/80, Webb, Slg 1981, 3305, Rn 13 ff (s. dazu Rn 948). Vgl bereits EuGH, Rs 33/74, van Binsbergen, Slg 1974, 1291, Rn 10/12 ff = *Pechstein* Nr 223 = *HVL*, S. 701 f.

48  So EuGH, verb Rs C-94/04 und C-202/04, Cipolla, Slg 2006, I-11421, Rn 56 ff = *HVL*, S. 717 (die italienischen Bestimmungen zu den Anwaltshonoraren wurden im Ergebnis als (noch) gerechtfertigt angesehen).

49  EuGH, Rs C-415/93, Bosman, Slg 1995, I-4921, Rn 94 = *Pechstein* Nr 184 = *HVL*, S. 647 ff unter Hinweis auf Rs 143/87, Stanton/INASTI, Slg 1988, 3877, Rn 13. Bestätigt in Rs C-18/95, Terhoeve, Slg 1999, I-345, Rn 37.

nen Arbeitnehmer anwendbar sind, deren Freizügigkeit beeinträchtigen"[50]. Dies hat weitreichende Folgen. So hat der EuGH die Verweigerung der vollen Reisekostenerstattung für Rechtsreferendare, die eine Ausbildungsstation im Ausland absolvieren, als Verstoß gegen Art. 45 AEUV angesehen[51].

835  **Niederlassungsfreiheit:** Nach herkömmlichem Verständnis, das sich neben dem ursprünglichen Wortlaut auch auf die Entstehungsgeschichte stützen konnte, wurde die Niederlassungsfreiheit als bloße Inländergleichbehandlung verstanden[52]. Danach könnte vom Niederlassungswilligen die Erfüllung sämtlicher innerstaatlicher Voraussetzungen für die Zulassung zu einem Beruf verlangt werden. Dies kann die vom Vertrag garantierte Freiheit erheblich einschränken, wenn nicht illusorisch machen, ohne dass es dafür eine sachliche Rechtfertigung gibt. Der EuGH hat daher die Pflicht zur Anerkennung äquivalenter im Ausland erworbener Kenntnisse und Fähigkeiten postuliert[53]. Nach dem heutigen Wortlaut des Art. 49 Abs. 1 AEUV (wie auch schon des zuvor entsprechend geänderten *Art. 43 Abs. 1 EGV*) wäre die Nichtanerkennung solcher Kenntnisse und Fähigkeiten als eine verbotene Beschränkung zu qualifizieren. Ein Beschränkungsverbot gilt ebenfalls für die Gründung von Agenturen, Zweigniederlassungen und Tochtergesellschaften (Art. 49 Abs. 1 Satz 2 AEUV)[54].

836  **Gemeinsam** ist den Beschränkungsverboten der Grundfreiheiten, dass auch unterschiedslos für In- wie Ausländer, inländische wie ausländische Waren, Dienstleistungen oder Kapitalgüter geltende Maßnahmen von ihrem Anwendungsbereich erfasst werden. Beschränkungen bedürfen daher einer unionsrechtlichen Rechtfertigung (zu den Schranken der Grundfreiheiten s. Rn 848 ff) unter unionaler Kontrolle, letztlich durch den EuGH. Heute gilt für alle Grundfreiheiten ein **vierstufiger Rechtfertigungsstandard**, den der EuGH wie folgt beschrieben hat[55] (sog. *Gebhard-Formel*):

*„Aus der Rechtsprechung des Gerichtshofes ergibt sich … dass nationale Maßnahmen, die die Ausübung der durch den Vertrag garantierten grundlegenden Freiheiten behindern oder weniger attraktiv machen können, vier Voraussetzungen erfüllen müssen: Sie müssen in nichtdiskriminierender Weise angewandt werden, sie müssen aus zwingenden Gründen des Allgemeininteresses gerechtfertigt sein, sie müssen geeignet sein, die Verwirklichung des mit ihnen verfolgten Zieles zu gewährleisten, und sie dürfen nicht über das hinausgehen, was zur Erreichung dieses Zieles erforderlich ist."*

837  Die nationale Beschränkungsmaßnahme muss somit ein durch das Unionsrecht **legitimiertes Ziel** verfolgen und dabei **verhältnismäßig** sein. Die Anwendung dieses Grund-

50  EuGH, Rs C-190/98, Graf/Filzmoser Maschinenbau, Slg 2000, I-493, Rn 18 = *Pechstein* Nr 185. Zur Einschränkung s. Rn 842.
51  EuGH, Rs C-109/04, Kranemann/Land NRW, Slg 2005, I-2421, Rn 22 ff = *Pechstein* Nr 186 (mit kritischer Anm.) = *HVL*, S. 642.
52  Vgl dazu *Roth*, in: Dauses, E.I, Rn 77 mwN.
53  EuGH, Rs C-340/89, Vlassopoulou/Baden-Württemberg, Slg 1991, I-2357, Rn 15 ff = *Pechstein* Nr 203 = *HVL*, S. 73342 ff; EuGH, Rs C-31/00, Conseil national de l'ordre des architectes/Dreessen, Slg 2002, I-663, Rn 24 ff = JuS 2002, 701 ff – *Streinz.*
54  EuGH, Rs 107/83, Ordre des avocats au barreau de Paris/Klopp, Slg 1984, 2971, Rn 19 = *HVL*, S. 675 ff; Rs 137/87, Stanton/INASTI, Slg 1988, 3877, Rn 11 (Erstreckung auf jede Art von Erwerbstätigkeit, vgl ebd, Rn 12 ff); verb Rs 154 und 155/87, RSVZ/Wolf, Slg 1988, 3897, Rn 11 ff; Rs 96/85, Kommission/Frankreich, Slg 1986, 1475, Rn 13 f; Rs C-212/97, Centros, Slg 1999, I-1459, Rn 17 f = *Pechstein* Nr 208 = *HVL*, S. 692 ff = JuS 1999, 810 ff – *Streinz*. Zum Problem der Umgehung nationalen Rechts, vgl Rn 846.
55  EuGH, Rs C-55/94, Gebhard, Slg 1995, I-4165, Rn 37 = *Pechstein* Nr 202 = *HVL*, S. 677 f.

satzes der Verhältnismäßigkeit führt zu **Unterschieden**, die sich insbesondere im Vergleich der Dienstleistungsfreiheit zur Niederlassungsfreiheit zeigen. Der EuGH hat diesen Unterschied deutlich hervorgekehrt: *„Ein Mitgliedstaat darf insbesondere die Erbringung von Dienstleistungen in seinem Hoheitsgebiet nicht von der Einhaltung aller Voraussetzungen abhängig machen, die für eine Niederlassung gelten"*[56]. Damit statuiert der EuGH eine unterschiedliche Reichweite des Beschränkungsverbots bei Dienstleistungsfreiheit und Niederlassungsfreiheit. Zwar lässt er es auch bei der enger gefassten Niederlassungsfreiheit für bestimmte Fälle nicht bei dem bloßen Gebot der Inländergleichbehandlung bewenden. Während hinsichtlich Regelungen mit nur mittelbarem Bezug zur Niederlassung das Prinzip der Inländergleichbehandlung genügt, gilt ein Beschränkungsverbot, soweit es um Zuzug im Sinne **freier Standortwahl** einschließlich der Möglichkeit zum Wegzug geht[57]. Diese Differenzierung ist gerechtfertigt: Die Freiheit der Standortwahl (Marktzutritt und Wegzug) ist notwendig dafür, dass überhaupt von der Niederlassungsfreiheit Gebrauch gemacht werden kann. Wird dies gewährleistet, genügt im Übrigen aber grundsätzlich die Inländergleichbehandlung. Denn anders als bei grenzüberschreitend erbrachten Dienstleistungen hat es der auf Dauer im Aufenthaltsstaat Ansässige nicht mit potenziell unterschiedlichen Regelungen des Herkunfts- und des Empfangsstaates zu tun, die wegen doppelter Anforderungen ein Gebrauchmachen von der Grundfreiheit illusorisch machen könnten. Ihm ist eher zuzumuten, sich der Rechtsordnung des Aufenthaltsstaats anzupassen.

Allerdings können auch Regelungen unterhalb der direkten Zuzugs- oder Wegzugssperre **838** die Freiheit der Standortwahl derart behindern, dass sie einer europarechtlichen Kontrolle dahingehend unterworfen werden müssen, ob sie ein legitimes Schutzinteresse des Mitgliedstaats verfolgen. Dies gilt für objektive Zulassungs- und Ausübungsbeschränkungen, zB Bedürfnisprüfungen (zu deren grundsätzlichem sekundärrechtlichen Verbot durch Art. 14 Nr 5 RL 2006/123/EG s. Rn 994, 1004). Hinsichtlich subjektiver Zulassungskriterien (geforderte Kenntnisse und Fertigkeiten) können die Mitgliedstaaten das notwendige Schutzniveau festlegen. Sie müssen allerdings im Ausland erworbene Fertigkeiten und Kenntnisse angemessen berücksichtigen und ggf anerkennen (zur sekundärrechtlichen Konkretisierung durch die RL 2005/36/EG s. Rn 994, 1004). Zu diesem Ergebnis kann man auch dadurch kommen, dass man den Sinn aller Grundfreiheiten darin sieht, generell eine **Schlechterstellung grenzüberschreitender Vorgänge zu verhindern**, gleichgültig, auf welche Weise, ob durch Diskriminierung oder bloße Beschränkung, sie bewirkt wird. Die notwendige Differenzierung erfolgt dann nicht auf der Tatbestands-, sondern auf der Rechtfertigungsebene (s. dazu Rn 868).

Parallel zur Niederlassungsfreiheit ist insoweit wegen der *dauernden* Ansässigkeit die **839** Freizügigkeit der Arbeitnehmer zu sehen[58].

Die Grundfreiheiten gewährleisten nur die Mobilität, nicht aber die Schaffung von Zustän- **840** den in einem Mitgliedstaat, die diese Mobilität fördern. Nur wenn eine Regelung in spezifischer Weise die grenzüberschreitende Wirtschaftstätigkeit beschränkt, ist sie tatbestandlich als Eingriff in das Freiheitsrecht anzusehen und bedarf daher der Rechtfertigung. Beschränkungen, die einen Bestandteil eines offenen wirtschaftlichen Ordnungsrahmens bilden (zB allgemeine Standortbedingungen) werden nicht erfasst. Eine ähnliche tatbestandliche Einschränkung hat der EuGH hinsichtlich des freien Warenverkehrs im *Keck-Urteil*

---

56  So EuGH, Rs C-76/90, Säger/Dennemeyer, Slg 1991, I-4221, Rn 13 = *Pechstein* Nr 224.
57  EuGH, Rs 81/87, The Queen/Treasury („Daily Mail"), Slg 1988, 5483, Rn 16 = *Pechstein* Nr = *HVL*, S. 689 f.
58  EuGH, Rs C-415/93, Bosman, Slg 1995, I-4921, Rn 95 ff (s. **Fall 37**, Rn 828/934).

für sog. „Verkaufsmodalitäten" vorgenommen (s. Rn 909). Sie muss auch bei den Personenverkehrsfreiheiten erfolgen, da es auch hier nicht darum gehen kann, nationale Regelungen schlicht auf ihre sachliche Berechtigung zu überprüfen, unabhängig davon, ob sie grenzüberschreitende Vorgänge stärker als rein inländische Vorgänge belasten[59]. Solche „Aufenthaltsmodalitäten"[60] müssten allerdings noch präzisiert werden.

**841** Den Gedanken der *Keck-Rechtsprechung* hat der EuGH mittlerweile auch hinsichtlich der Dienstleistungsfreiheit angewandt, indem er Steuervorschriften, die die Erbringung einer Dienstleistung für alle in gleicher Weise verteuern, nicht an *Art. 49 EGV* (jetzt Art. 56 AEUV) maß[61]. Zur Marktzutrittsverhinderung als übergreifend relevantem Kriterium und zur Fortentwicklung durch den Drei-Stufen-Test s. Rn 911.

**842** Eine tatbestandliche Einschränkung der Personenverkehrsfreiheiten gegenüber der weiten „*Bosman-Formel*" (vgl Rn 834) versucht der EuGH auch im *Fall Graf*. Danach sollen Regelungen von der Grundfreiheit nicht erfasst werden, die an „zu ungewisse und zu indirekt wirkende Ereignisse" anknüpfen und daher „eindeutig" nicht geeignet seien, den Arbeitnehmer daran zu hindern oder davon abzuhalten, sein Arbeitsverhältnis zu beenden, um eine Tätigkeit bei einem anderen Arbeitgeber (in einem anderen Mitgliedstaat) auszuüben[62]. Da sich diese Argumentation auch in Urteilen zum freien Warenverkehr findet, ist in diesem **Ausschluss hypothetischer Kausalverläufe**[63] (anders als im Wettbewerbsrecht, vgl Rn 1064, lehnt der EuGH einen „Spürbarkeitsvorbehalt" ab[64]) ein weiterer Ansatz (neben der *Keck-Rechtsprechung*) zur Begrenzung des tatbestandlichen Schutzbereichs der Grundfreiheiten zu sehen[65]. Das Erfordernis eines Kausalzusammenhangs zwischen der mitgliedstaatlichen Regelung und der Beeinträchtigung des innerunionalen Handelsverkehrs wurde zuletzt vom EuGH bestätigt[66].

**843** So richtig die Intention ist, die Grundfreiheiten hinsichtlich nichtdiskriminierender Beschränkungen auf bloße **Marktzugangsfreiheiten** zu reduzieren (vgl zur Warenverkehrs-

---

59  Bedenklich insoweit EuGH, Rs C-275/92, Her Majesty's Customs and Excise/Schindler, Slg 1994, I1039, Rn 46 ff = *Pechstein* Nr 215 = *HVL*, S. 712 ff. Zu Recht kritisch dazu *Jarass*, EuR 1995, 280 und *Schroeder*, EuGRZ 1994, 379 f. Im Fall *Bosman* (s. **Fall 37**, Rn 828/934), Rs. C-415/93, Slg 1995, I-4921, Rn 102 ist der EuGH allerdings auf das *Keck-Urteil* eingegangen.

60  Vgl *Nettesheim*, NVwZ 1996, 342 ff. Zum Problem der Keck-Rechtsprechung und ihrer Übertragbarkeit s. allerdings Rn 909 ff.

61  Ansatzweise wohl bereits EuGH, Rs C-134/03, Viacom Outdoor/Giotto Immobiliers SARL, Slg 2005, I-1167, Rn 37 f; deutlich und mit ähnlicher Formulierung wie im *Keck-Urteil* EuGH, verb Rs C-544/03 und C-545/03, Mobistar und Belgacom Mobile/Commune de Fléron und Commune de Schaerbeek, Slg 2005, I-7723, Rn 31 ff.

62  EuGH, Rs C-190/98, Graf/Filzmoser Maschinenbau, Slg 2000, I-493, Rn 24 f = *Pechstein* Nr 185.

63  *Kingreen*, in: Calliess/Ruffert, Art. 34–36 AEUV, Rn 55.

64  Deutlich gegen das Spürbarkeitskriterium zuletzt EuGH, Rs C-141/07, Kommission/Deutschland, Slg 2008, I-6935, Rn 43 = *HVL*, S. 618 ff. Letztlich laufen die Einschränkungen bei den Personenverkehrsfreiheiten aber auf einen Spürbarkeitsvorbehalt hinaus, vgl dazu *Leible/T.Streinz*, in: Grabitz/Hilf/Nettesheim, Art. 34 AEUV, Rn 82.

65  Nur erwogen in EuGH, Rs C-67/97, Bluhme („Die braunen Bienen von Laeso"), Slg 1998, I-8033, Rn 16 und 22. Deutlich in EuGH, Rs C-93/92, CMC Motorradcenter, Slg. 1993, I-5009, Rn 13; vgl dazu *Frenz*, Bd 1, Rn 895 und *Köhler*, ZEuP 1994, 664 (666 ff). Vgl auch EuGH, Rs C-20/03, Burmanjer, Slg. 2005, I-4133, Rn 31.

66  EuGH, Rs C-291/09, Guarnieri/Vandevelde, Slg 2011, I-2685 = EuZW 2011, 429 m. Anm. *Repasi* = JuS 2011, 1138 – *Streinz*: Einseitiges Verlangen einer Prozesskostensicherheit kein Handelshemmnis, da von zwei kumulativen Voraussetzungen (Rechtsstreit, Berufung auf Klausel) abhängig, die nach dem Kauf eintreten. Vgl bereits EuGH, Rs C-412/97, ED Srl/Italo Fenocchio, Slg 1999, I-3845, Rn 11: Nichtdurchführung eines Mahnverfahrens kein relevantes Handelshemmnis. Zum Verstoß einer diskriminierenden Prozesskostensicherheit gegen Art. 18 AEUV vgl EuGH, Rs C-43/95, Data Delecta/MSL, Slg 1996, I-4661; *Streinz/Leible*, IPrax 1998, 162.

freiheit Rn 909), bedürfen die vom EuGH hier entwickelten Kriterien und ihre Anwendung im konkreten Fall der Präzision und der Stetigkeit, um zu überzeugenden und vor allem berechenbaren Resultaten zu kommen[67]. Zum **Drei-Stufen-Test** s. Rn 911.

**dd) Das Problem der Inländerdiskriminierung.** Inländerdiskriminierung bzw umgekehrte Diskriminierung (Umkehrdiskriminierung, *discrimination à rebours*) ist das Phänomen, dass wegen der Grundfreiheiten **EU-Ausländer** in bestimmten Fällen **besser behandelt werden als Inländer**, weil ihnen nationale Rechtsvorschriften nicht entgegengehalten werden dürfen. Der Inländerbegriff muss dabei von der Staatsangehörigkeit gelöst werden, da wesentliches Kriterium die Unterwerfung unter die nationale Rechtsordnung eines Mitgliedstaats ist, was auch auf einen im Inland ansässigen Ausländer (zB Produzenten) zutreffen kann.    **844**

Die Inländerdiskriminierung ist eine **Folge des unvollendeten Binnenmarkts** und der Tatsache, dass alle Grundfreiheiten tatbestandlich an grenzüberschreitende Sachverhalte anknüpfen (Art. 34 AEUV: „zwischen den Mitgliedstaaten"; Art. 49 Abs. 1 AEUV: „eines anderen Mitgliedstaats"; Art. 56 Abs. 1 AEUV: „in einem anderen Mitgliedstaat als demjenigen des Leistungsempfängers"; Art. 63 Abs. 1 AEUV: „zwischen den Mitgliedstaaten"; im Wortlaut des Art. 45 AEUV wird dies nicht so deutlich, folgt aber aus dem Zweck der Vorschrift und dem Vergleich mit den anderen Grundfreiheiten). Während somit zB Produktvorschriften oder Qualifikationsanforderungen, die sich unionsrechtlich nicht rechtfertigen lassen, Produkten bzw Personen aus anderen Mitgliedstaaten nicht entgegengehalten werden können, finden sie auf reine (s. Rn 846) Inlandssachverhalte, dh gegenüber im Inland hergestellten und dort verkauften Waren[68] oder gegenüber Personen, die nie in einem anderen Mitgliedstaat tätig waren, weiterhin Anwendung[69].    **845**

Hier zeigt sich der Unterschied der Grundfreiheiten zu den Unionsgrundrechten, die in ihrem Anwendungsbereich für alle Bürger der Mitgliedstaaten der Union gelten. Es muss sich allerdings um einen **reinen** Inlandssachverhalt handeln. Dies ist zB dann nicht mehr der Fall, wenn der Inländer nach Ausübung einer Berufstätigkeit in einem anderen Mitgliedstaat in seinen Heimatstaat zurückkehrt[70]. Bei einer grenzüberschrei-    **846**

---

67  Zutreffende Kritik von *R. Decker/W. Schroeder*, JZ 2001, 88 (90 f). Dies wird durch EuGH, Rs C-254/98, TK-Heimdienst, Slg 2000, I-151, Rn 30 bestätigt, wo der EuGH entgegen der zutreffenden Argumentation des Generalanwalts die lediglich hypothetische Wirkung der Vorschrift auf grenzüberschreitende Sachverhalte verneinte. Vgl die zutreffende Kritik von *J. Gundel*, EuZW 2000, 311 f; vgl auch *Streinz*, JuS 2000, 809 (811) und JuS 2011, 1138 (1139 f). Entscheidendes Kriterium in der Dogmatik aller Grundfreiheiten ist die Verhinderung des Marktzutritts, vgl *S. Dietz/T. Streinz*, EuR 2015, 50 (50 ff). S. dazu Rn 909, 912.

68  Davon zu unterscheiden sind Regelungen, die für inländische Waren Bezeichnungen vorbehalten, da dies für Importprodukte ein Handelshemmnis darstellt (vgl EuGH, verb. Rs C-321, 322, 323, 324/94, Pistre ua, Slg 1997, I-2343, Rn 48 ff = *Pechstein* Nr 163). Deutlich dazu EuGH, Rs C-448/98, Guimont, Slg 2000, I-10663, Rn 19 ff. Zur möglichen Relevanz des Unionsrechts als Vorfrage für an sich rein innerstaatliche Fälle vgl ebd., Rn 22 f und Rn 847, Fn 73.

69  Vgl EuGH, verb Rs 35 und 36/82, Morson/Niederländischer Staat ua, Slg 1982, 3723, Rn 15 ff = *HVL*, S. 166 ff: Das unionsrechtliche Nachzugsrecht für Familienangehörige, die die Staatsangehörigkeit eines Drittstaats haben, gilt nicht für Inländer gegenüber ihrem eigenen Staat; Rs 20/87, Gauchard, Slg 1987, 4879, Rn 10 ff; verb Rs C-29 bis 35/94, Aubertin ua, Slg 1995, I-301, Rn 9 ff: Ein nie im Ausland tätiger Handwerker kann EU-Recht nicht gegen das Erfordernis der Meisterprüfung einwenden.

70  Vgl EuGH, Rs C-370/90, Surinder Singh, Slg 1992, I-4265, Rn 19 ff. In diesem Urteil kann daher keine Tendenz zum unionsrechtlichen Inländerdiskriminierungsverbot gesehen werden.

tenden Inanspruchnahme der Marktfreiheiten schützen die Bestimmungen über die Freizügigkeit auch Inländer, etwa bei der Anerkennung von im EU-Ausland erworbenen Befähigungsnachweisen und Zeugnissen, wobei Missbrauchsfällen durch sekundärrechtlich festgelegte Mindestanforderungen entgegengetreten werden kann[71]. Dies gilt jedenfalls dann, wenn eine sekundärrechtliche Anerkennungsnorm ihren Geltungsbereich darauf erstreckt (vgl Erwägungsgrund 11 der RL 2005/36/EG über die Anerkennung von Berufsqualifikationen[72], die die RL 89/48/EWG aufgehoben und ersetzt hat).

**847** Das **Unionsrecht** verbietet diese Inländerdiskriminierung nicht, da die Grundfreiheiten nach gefestigter Rechtsprechung einen zwischenstaatlichen Sachverhalt voraussetzen. Die Inländerdiskriminierung widerspricht zwar dem Binnenmarktgedanken, nicht aber dem Binnenmarktrecht. Das Unionsrecht beseitigt sie lediglich dann, wenn Richtlinien zur Rechtsangleichung erlassen werden, die für die gesamte Union ein einheitliches Recht schaffen, unabhängig davon, ob es um zwischenstaatliche Sachverhalte geht oder nicht (vgl Rn 974). Art. 65 Abs. 1 lit. a AEUV erlaubt für die Kapitalverkehrsfreiheit ausdrücklich die unterschiedliche Behandlung von In- und Ausländern. Im Übrigen ist die Zulässigkeit der Inländerdiskriminierung eine Frage des nationalen **Verfassungsrechts**, in Deutschland des Gleichheitssatzes (Art. 3 GG) und der Freiheitsrechte (insbes. Art. 12 GG)[73]. Verfassungsrechtlich geraten nationale Beschränkungsmaßnahmen unter neuen Rechtfertigungsdruck, da ihre Geeignetheit angesichts der Durchbrechung durch die Nichtanwendbarkeit gegenüber EU-Ausländern in Frage gestellt wird. Während das BVerfG zunächst die Frage, ob die Anforderungen der Meisterprüfung angesichts geringerer Anforderungen an Handwerker aus anderen EU-Mitgliedstaaten im Lichte des Art. 12 Abs. 1 GG noch gerechtfertigt sind, dahingestellt ließ[74], begründet nach seiner neueren Rechtsprechung die wachsende Konkurrenz aus dem EU-Ausland Zweifel daran, ob das Erfordernis des sog. großen Befähigungsnachweises zur Sicherung der Qualität der in Deutschland angebotenen Handwerksleistungen (nach dem bis Ende 2003 geltenden Recht) noch zumutbar und geeignet ist[75].

**Literatur:** *Bösch, R.* Die Inländerdiskriminierung, Jura 2009, 91; *Epiney, A.*, Umgekehrte Diskriminierungen, 1995; *Gundel, J.*, Die Inländerdiskriminierung zwischen Verfassungs- und Europarecht: Neue Ansätze in der Rechtsprechung, DVBl. 2007, 269; *Hammerl, C.*, Inländerdiskriminierung, 1997; *Holoubek, M.*, „Inländerdiskriminierung" im Wirtschaftsrecht, in: Aicher/Holoubek/Korinek (Hrsg.), Gemeinschaftsrecht und Wirtschaftsrecht, 2000, 159; *Huber, P.*, Recht der Europäischen Integration, 2. Aufl. 2002, S. 174 ff; *Plötscher, S.*, Der Begriff der

---

71  Vgl EuGH, Rs 115/78, Knoors, Slg 1979, 399, Rn 2–27; Rs C-19/92, Kraus, Slg 1993, I-1663, Rn 32 = *Pechstein* Nr 204.
72  Sart. II Nr 184. S.auch Rn 994.
73  Vgl BGHZ 108, 342. In Österreich ist die Umkehrdiskriminierung verfassungswidrig, ÖVerfGH, EuGRZ 1997, 362: Verstoß gegen Art. 14 EMRK iVm einem der in der EMRK garantierten Grundrechte, zB Art. 8 EMRK, die in Österreich Verfassungsrang hat; ÖVerfGH, EuZW 2001, 219 (221 ff) = Österr. Zeitschrift für WirtschaftsR 1999, 51 m. Anm. *Schulev-Steinl*. Dies kann dazu führen, dass an sich „reine" Inlandssachverhalte wegen einer unionsrechtlichen Vorfrage, die vom EuGH gemäß Art. 267 AEUV zu entscheiden ist, einen unionsrechtlichen Bezug bekommen, vgl EuGH, Rs C-254/98, TK-Heimdienst, Slg 2000, I-151 = EuZW 2000, 309 (309 f) m. Anm. *Gundel* = JuS 2000, 809 (809 f) – *Streinz*. Vgl dazu *Schweitzer/Hummer/Obwexer*, Rn 1308 f.
74  BVerfG, NVwZ 2001, 187 (187).
75  BVerfG, DVBl. 2006, 244 (245).

Diskriminierung im Europäischen Gemeinschaftsrecht, 2003; *Rieger, F.*, Ist die Inländerdiskriminierung mit dem Grundgesetz vereinbar, DöV 2006, 269; *Riese, C./Noll, P.*, Europarechtliche und verfassungsrechtliche Aspekte der Inländerdiskriminierung, NVwZ 2007, 516.

## c) Schranken der Grundfreiheiten

Alle Grundfreiheiten wurden und werden nach wie vor durch mitgliedstaatliche Beschränkungsmaßnahmen beeinträchtigt (s. **Fälle 38-44**, Rn 849-855). Diese müssen sich an den durch im AEUV ausdrücklich verankerten oder vom EuGH entwickelten Rechtfertigungsgründen messen lassen.  **848**

**Fall 38** (nach EuGH, Rs 178/84, Kommission/Deutschland („Reinheitsgebot für Bier"), Slg 1987, 1227 *Pechstein* Nr 168 = *HVL*, S. 597 ff):  **849**

In Deutschland durften gemäß *§§ 9, 10 Biersteuergesetz aF* unter der Bezeichnung Bier nur Getränke in Verkehr gebracht werden, die ausschließlich aus Malz, Hopfen, Wasser und Hefe hergestellt waren. Die Kommission sah darin ein vom AEUV verbotenes Handelshemmnis. Die Bundesregierung hielt dem entgegen, der deutsche Biertrinker erwarte unter einem Getränk dieser Bezeichnung „reines" Bier, das als „Grundnahrungsmittel" schon aus Gesundheitsgründen „rein gehalten werden müsse". Wer hat Recht? (**Lösung: Rn 925**)

**Fall 39** (nach EuGH, Rs 36/75, Rutili/Minister des Innern, Slg 1975, 1219 = *HVL*, S. 663 ff):  **850**

Der italienische Staatsangehörige R wohnte in Frankreich, wo er als Arbeitnehmer beschäftigt war und sich gewerkschaftlich betätigte. Nach inneren Unruhen im Jahr 1968 verfügten die französischen Behörden seine Ausweisung, die später durch ein Aufenthaltsverbot für bestimmte Departements ersetzt wurde. Die Aufenthaltsbeschränkung wurde mit der politischen und gewerkschaftlichen Tätigkeit von R, die die öffentliche Ordnung gefährdet habe, begründet. Ist dies mit dem AEUV vereinbar? (**Lösung: Rn 936**)

**Fall 40** (nach EuGH, Rs 67/74, Bonsignore/Oberstadtdirektor der Stadt Köln, Slg 1975, 297):  **851**

Der italienische Staatsangehörige B lebte und arbeitete seit 1968 in Köln. 1971 gelangte er unerlaubterweise in den Besitz einer Waffe, mit der er später fahrlässig den Tod seines Bruders verursachte. Das Amtsgericht Köln verurteilte B wegen Vergehens gegen das Waffengesetz zu einer Geldstrafe, sah jedoch von einer Bestrafung wegen fahrlässiger Tötung ab (vgl § 60 StGB). Im Anschluss an diese Verurteilung verfügte der Oberstadtdirektor der Stadt Köln seine Ausweisung, um andere Ausländer von solchen Taten abzuschrecken. Nach erfolglosem Widerspruch erhob B Klage zum Verwaltungsgericht Köln. Mit Aussicht auf Erfolg? (**Lösung: Rn 937**)

**Fall 41** (nach EuGH, Rs C-215/03, Salah Oulane/Minister voor Vreemdelingenzaken en Integratie, Slg 2005, I-1215 = *HVL*, S. 719):  **852**

Der französische Staatsangehörige O wurde im Dezember 2009 wegen Verdachts des widerrechtlichen Aufenthalts von den niederländischen Behörden festgenommen. Bei seiner Vernehmung erklärte O, der kein Ausweispapier bei sich trug, er besitze die französische Staatsangehörigkeit und halte sich seit etwa drei Monaten zu Urlaubszwecken in den Niederlanden auf. Unter anderem mit der Begründung, es bestehe die Gefahr, dass er sich der Abschiebung entziehen wolle, wurde O in Abschiebehaft genommen, aus der er nach Vorlage eines französischen Personalausweises wegen Anerkennung seiner Eigenschaft als Unionsbürgers und seines Touristenstatus entlassen wurde. Im Juli 2010 wurde O in einem nicht öffentlich zugänglichen Gütertunnel des Bahnhofs Rotterdam von der Bahnpolizei festgenommen. Da O kein Dokument bei sich trug, das seine Identität hätte nachweisen können, wurde er nach seiner Vernehmung in Abschiebehaft genommen. Bei seiner Vernehmung erklärte er, er halte sich seit achtzehn Tagen in den Niederlanden auf und wolle nach Frankreich zurückkehren. Die niederländischen Behörden beriefen sich zur Rechtfertigung dieser Haft auf den Schutz der öffentlichen Ordnung und machten dazu geltend, es sei zu vermuten, dass der Betroffene versuchen werde, sich seiner Abschiebung zu entziehen. Im August 2010 wurde O nach Frankreich abgeschoben. O sieht sich in seinen Rechten als Unionsbürger verletzt. Zu Recht? **(Lösung: Rn 952)**

853 **Fall 42** (nach EuGH, Rs C-384/93, Alpine Investments/Minister van Financiën, Slg 1995, I-1141 = *Pechstein* Nr 225 = *HVL*, S. 710 ff):

Eine in den Niederlanden ansässige Gesellschaft niederländischen Rechts, die auf die Vermittlung von Warenterminverträgen spezialisiert ist, betreut ihre Kunden in den Niederlanden, Belgien, Frankreich und im Vereinigten Königreich ausschließlich von den Niederlanden aus. Den dort ansässigen Finanzvermittlern ist es nach einem Gesetz generell untersagt, mit potenziellen Kunden unaufgefordert telefonisch Kontakt aufzunehmen (Verbot des sog. „cold calling"). Das Gesetz wurde erlassen, weil sich Kapitalanleger aus den Niederlanden und aus anderen Mitgliedstaaten wegen schlechter Erfahrungen mit unaufgefordert angebotenen Warentermingeschäften beschwert hatten. Um den Ruf des niederländischen Finanzsektors zu schützen, wurde das Verbot auf Dienstleistungen ausgedehnt, die von den Niederlanden aus in anderen Ländern angeboten wurden. Ist dies mit dem AEUV vereinbar? **(Lösung: Rn 954)**

854 **Fall 43** (nach Rs C-36/02, Omega/Bundesstadt Bonn – „Laserdrome", Slg 2004, I-9609 = *Pechstein* Nr 227 = *HVL*, S. 422 ff = JuS 2005, 63 – *Streinz*. S. auch *Degenhart*, Klausurenkurs im Staatsrecht II, 5. Aufl. 2010, Fall 10):

Die O-GmbH betreibt in der deutschen Stadt B als Franchisenehmer der britischen F-Ltd ein sog. Laserdrome. Dabei handelt es sich um einen Wettkampf, bei dem mit Laserpistolen das Töten von Menschen simuliert wird und der gewinnt, wer die meisten „getötet" hat. Die Stadt B untersagt dies, gestützt auf die sicherheitsrechtliche Generalermächtigung („öffentliche Ordnung"), da ein solches „Spiel" gegen die Menschenwürde verstoße. Die O-GmbH wendet ua ein, die Untersagung verstoße gegen die EU-Dienstleistungsfreiheit, zumal das Spiel im Vereinigten Königreich ohne weiteres zugelassen sei. Zu Recht? **(Lösung: Rn 955)**

855 **Fall 44** (nach EuGH, verb Rs C-163/94, C-165/94 und C-250/94, Sanz de Lera ua, Slg 1995, I-4821 = *Pechstein* Nr 240):

Nach einem spanischen Gesetz über wirtschaftliche Transaktionen mit dem Ausland musste die Ausfuhr von Peseten oder ausländischer Währung bei einem Betrag von über 1 Million Peseten (jetzt 6 010 €) pro Person und Reise vorher angemeldet, bei einem Betrag von über 5 Millionen Peseten (jetzt 30 050 €) vorher durch die Verwaltung genehmigt werden. Als A nach dem Grenzübertritt von Spanien nach Frankreich (Alternative: Bei der Sicherheitskontrolle im Flughafen Madrid beim Flug nach New York) kontrolliert wurde, wurden bei ihm 20 Millionen Peseten (jetzt 120 202 €) gefunden. A hat das Geld weder angemeldet noch eine Genehmigung erhalten. Im anschließenden Strafverfahren wandte er ein, das spanische Gesetz verstoße gegen das Unionsrecht. Zu Recht? **(Lösung: Rn 966)**

**aa) Ausdrücklich im AEUV geregelte Schranken.** Der **Text** des AEUV enthält für 856
die Grundfreiheiten folgende Schranken:

Gemäß Art. 36 AEUV stehen die Bestimmungen der Art. 34, 35 AEUV Einfuhr-, 857
Ausfuhr- und Durchfuhrverboten oder -beschränkungen (**Warenverkehr**) nicht entgegen, die aus Gründen der öffentlichen Sittlichkeit, Ordnung und Sicherheit, zum
Schutz der Gesundheit und des Lebens von Menschen, Tieren oder Pflanzen, des nationalen Kulturguts von künstlerischem, geschichtlichem oder archäologischem Wert
oder des gewerblichen und kommerziellen Eigentums gerechtfertigt sind. Damit
nennt der AEUV ausdrücklich eine Reihe von Rechtfertigungstatbeständen. Als Öffnungsklausel könnte allein der Begriff der „öffentlichen Ordnung und Sicherheit" angesehen werden, was sich der EuGH allerdings durch eine restriktive Interpretation,
an der er auch später festhielt, verwehrt hat[76]. Dies zwang den EuGH dazu, weitere
Schranken der Grundfreiheiten zu entwickeln (s. Rn 863 ff).

Die Freiheit des **Personenverkehrs** steht Beschränkungen aus Gründen der öffentli- 858
chen Ordnung, Sicherheit und Gesundheit nicht entgegen (Art. 45 Abs. 3, Art. 52
Abs. 1, ggf iVm Art. 62 AEUV). Bemerkenswert ist, dass die Schranken des Art. 52
AEUV auf „Sonderregelungen für Ausländer" zugeschnitten sind. Sie passen daher
an sich zwar von vornherein nicht auf unterschiedslose Maßnahmen, was jedoch die
Anwendbarkeit auf diese, da sie die Grundfreiheit weniger beeinträchtigen, erst recht
nicht hindert[77]. Diese engen Schranken waren aber nicht mehr hinreichend, als der
EuGH die dazugehörigen Diskriminierungsverbote zu Beschränkungsverboten aus-
weitete (s. Rn 829, 863).

Für die **Kapitalverkehrsfreiheit** enthält Art. 65 Abs. 1 AEUV Schranken, die von 859
den Mitgliedstaaten aktiviert werden können. Sie dürfen die einschlägigen Vorschriften ihres Steuerrechts anwenden, die Steuerpflichtige mit unterschiedlichem Wohnort
oder Kapitalanlageort unterschiedlich behandeln (problematisch in einem Binnenmarkt, aber politisch zumindest derzeit noch unvermeidbar[78]), und die unerlässlichen
Maßnahmen treffen, um Zuwiderhandlungen gegen innerstaatliche Rechts- und Verwaltungsvorschriften, insbesondere auf dem Gebiet des Steuerrechts und der Aufsicht
über Finanzinstitute, zu verhindern, sowie Meldeverfahren für den Kapitalverkehr
zwecks administrativer oder statistischer Information vorsehen oder Maßnahmen ergreifen, die aus Gründen der öffentlichen Ordnung oder Sicherheit gerechtfertigt sind.

---

76  Vgl EuGH, Rs 113/80, Kommission/Irland, Slg 1981, 1625, = *HVL*, S. 573 f.
77  Vgl EuGH, Rs C-36/02, Omega/Stadt Bonn („Laserdrome"), Slg. 2004, I-9609, Rn 28 = **Fall 43**
    (Rn 854/955), wo bei einer unterschiedslosen Maßnahme auf *Art. 46 EGV* (jetzt Art. 52 AEUV) abge-
    stellt wird.
78  Nach Erklärung Nr 7 zum EUV/Maastricht (Sart. II Nr 155, S. 5) gilt diese Ausnahme nur für die steu-
    errechtlichen Vorschriften der Mitgliedstaaten, die Ende 1993 bestehen. Nach EuGH, Rs C-35/98,
    Verkooijen, Slg 2000, I-4071, Rn 43 unterliegt auch dies den Grenzen des *Art. 58 Abs. 3 EGV* (jetzt
    Art. 65 Abs. 3 AEUV) und somit dem Verhältnismäßigkeitsgrundsatz, müsse also durch zwingende
    Gründe des Allgemeinwohls, zB die „Kohärenz der Steuerregelung" (vgl EuGH, Rs C-204/90, Bach-
    mann, Slg 1992, I-249, Rn 21 ff, 28) gerechtfertigt sein. St Rspr vgl EuGH, Rs C-43/07, Arens/Sik-
    ken, Slg 2008, I-6887, Rn 53. In den meisten Fällen erkannte der EuGH die Rechtfertigungsversuche
    der Mitgliedstaaten nicht an (vgl zB EuGH, Rs C-319/02, Manninen, Slg 2004, I-7477, Rn 29, 42); es
    gibt aber auch Gegenbeispiele (vgl zB EuGH, Rs C-376/03, D./Inspecteur van de Belastingsdienst,
    Slg 2005, I-5821, Rn 24 ff, 36): Kein Anspruch auf Freibetrag für Gebietsfremde. Eingehend dazu
    *Bröhmer*, in: Calliess/Ruffert, Art. 65 AEUV, Rn 2 ff; *Schürmann*, in: Lenz/Borchardt Art. 65 AEUV,
    Rn 5; *Sedlaczek/Züger*, in: Streinz, Art. 65 AEUV, Rn 44 mwN.

Der Rechtsnormvorbehalt und der Rechtfertigungsgrund „öffentliche Sicherheit und Ordnung" sind sehr weit gefasst. Korrektiv ist der Grundsatz der Verhältnismäßigkeit (s. Rn 870).

**bb) Bereichsausnahmen.**

860 **Fall 45** (nach EuGH, Rs 66/85, Lawrie Blum/Land Baden-Württemberg, Slg 1986, 2121 = *Pechstein* Nr 177 = *HVL*, S. 670 f):

Die britische Staatsangehörige L hat im deutschen Bundesland B das Staatsexamen für das Lehramt an höheren Schulen bestanden und möchte als Studienreferendarin eingestellt werden. Als die zuständige Behörde ihr dies verweigert, beruft sie sich auf Art. 45 AEUV. Die Behörde hält ihr daraufhin entgegen, diese Vorschrift komme schon deshalb nicht zur Anwendung, weil Studienreferendare als Beamte keine Arbeitnehmer seien. Im Übrigen handele es sich um öffentliche Verwaltung, die vom Anwendungsbereich des AEUV ausdrücklich ausgenommen sei. Hat die Behörde Recht? **(Lösung: Rn 935)**

861 Die *Schranken* der Grundfreiheiten sind von sog. **Bereichsausnahmen** abzugrenzen. Diese stellen keine Schranken der Grundfreiheiten dar, die konkret gerechtfertigt werden müssen, sondern nehmen einen bestimmten Bereich – der freilich unionsrechtlich und unter Kontrolle des EuGH bestimmt werden muss – von vornherein vom Anwendungsbereich der Grundfreiheiten aus. So findet die Freizügigkeit der Arbeitnehmer keine Anwendung auf die Beschäftigung in der öffentlichen Verwaltung (Art. 45 Abs. 4 AEUV). Niederlassungs- und Dienstleistungsfreiheit finden keine Anwendung auf Tätigkeiten, die in einem Mitgliedstaat dauernd oder zeitweise mit der Ausübung öffentlicher Gewalt verbunden sind (Art. 51 Abs. 1, ggf iVm Art. 62 AEUV; s. dazu Rn 941).

862 Keine *Schranken* sind auch tatbestandliche Einschränkungen, wie sie der EuGH hinsichtlich des freien Warenverkehrs durch seine *Keck-Rechtsprechung* für „Verkaufsmodalitäten" vorgenommen hat (vgl Rn 909).

863 **cc) Von der Rechtsprechung des EuGH entwickelte Schranken.** Für die Entwicklung weiterer Schranken der Grundfreiheiten durch den EuGH gibt es im Wesentlichen zwei Gründe: Zum einen die äußerst restriktive Auslegung der Ausnahmen, wodurch der Weg zu einer flexiblen Handhabung des Begriffs der „öffentlichen Ordnung und Sicherheit" versperrt wurde (vgl Rn 857). Zum anderen die Fortentwicklung der Diskriminierungsverbote zu Beschränkungsverboten auf der Tatbestandsseite, wozu die im Vertragstext festgelegten Schranken des Art. 52 AEUV („Sonderregelung für Ausländer"), ggf iVm Art. 62 AEUV, nicht passten (s. Rn 858).

864 Im Bereich des freien **Warenverkehrs** wurde vom EuGH erkannt, dass die Rechtfertigungsgründe des Art. 36 AEUV kein ausreichendes Korrektiv für die weite Begriffsbestimmung der **Dassonville-Formel** für „Maßnahmen gleicher Wirkung" darstellen. Danach ist nämlich „jede Handelsregelung der Mitgliedstaaten, die geeignet ist, den innergemeinschaftlichen (nunmehr innerunionalen) Handel unmittelbar oder mittelbar, tatsächlich oder potenziell zu behindern", „als Maßnahme mit gleicher Wirkung wie eine mengenmäßige Beschränkung anzusehen"[79]. Die Bestätigung

---

79  EuGH, Rs 8/74, Staatsanwaltschaft/Dassonville, Slg 1974, 837, Rn 5 = *Pechstein* Nr 150 = *HVL*, S. 570 f.

durch das für die Rechtsprechung des EuGH begriffsprägende Urteil **Cassis de Dijon** verdeutlichte, dass unter den Tatbestand des Art. 34 AEUV auch Maßnahmen fallen, die zwar unterschiedlos gelten, aber Waren, die in einem anderen Mitgliedstaat rechtmäßig hergestellt und in den Verkehr gebracht worden sind, anderen Voraussetzungen unterwerfen[80]. Damit bedürfen alle Vorschriften, die sich als Handelshemmnisse auswirken können, einer Rechtfertigung. Die nach der restriktiven Interpretation des EuGH abschließenden Rechtfertigungsgründe des Art. 36 AEUV decken aber keineswegs alle legitimen Regelungsziele ab, so zB nicht den Umweltschutz oder den Verbraucherschutz. Daher gelangte der EuGH zur Entwicklung sog. „immanenter Schranken" des Art. 34 AEUV in der sog. **„Cassis-Formel"**:

*„In Ermangelung einer gemeinschaftlichen Regelung der Herstellung und Vermarktung (einer Ware) ist es Sache der Mitgliedstaaten, alle die Herstellung und Vermarktung (dieser Ware) betreffenden Vorschriften für ihr Hoheitsgebiet zu erlassen. Hemmnisse für den Binnenhandel der Gemeinschaft, die sich aus den Unterschieden der nationalen Regelungen ergeben, müssen hingenommen werden, soweit diese Bestimmungen notwendig sind, um zwingenden Erfordernissen gerecht zu werden, insbesondere den Erfordernissen einer wirksamen steuerlichen Kontrolle, des Schutzes der öffentlichen Gesundheit, der Lauterkeit des Handelsverkehrs und des Verbraucherschutzes"[81].*

Die Worte „notwendig" und „zwingende Erfordernisse" zeigen, dass auch für die *Cassis-Formel* der Grundsatz der Verhältnismäßigkeit gilt. Nach der (allerdings nicht konsequent durchgehaltenen) Rechtsprechung des EuGH findet diese Formel nur für unterschiedslose Maßnahmen Anwendung, für unterschiedliche gilt ausschließlich Art. 36 AEUV (s. dazu näher Rn 920). **865**

Diese vom EuGH in richterlicher Rechtsfortbildung entwickelten Schranken wirken wie die ausdrücklich im Vertrag genannten Rechtfertigungsgründe und werden vom EuGH in seiner neueren Rechtsprechung auch als solche behandelt, nach wie vor aber ohne Subsumtion unter Art. 36 AEUV[82]. Daher bietet sich in der **Fallbearbeitung** auch ihre Behandlung als **Rechtfertigungsgründe** an, wobei wegen der Unterscheidung zwischen unterschiedslosen und unterschiedlichen Maßnahmen (Rn 920) beide Arten von Rechtfertigungsgründen zu trennen sind[83]. **866**

---

80  Die Folgen des Urteils Cassis de Dijon (gegenseitige Anerkennung, Herkunftslandprinzip, vgl dazu Rn 827/924 ) machte die EU-Kommission in ihrer Mitteilung vom 3.10.1980 (ABl 1980 C 256/2) deutlich. Zum Herkunftslandprinzip als Element des Drei-Stufen-Tests s. Rn 911, zur Ausnahme von notwendigen Produktveränderungen von der Keck.-Formel s. Rn 909.

81  Abstrahiert nach EuGH, Rs 120/78, Slg 1979, 649, Rn 8 (s. **Fall 36**, Rn 827). Die Cassis-Formel wurde in Angleichung an andere Grundfreiheiten in EuGH, Rs C-368/95, Vereinigte Familiapress/Bauer Verlag, Slg 1997, I-3689, Rn 8 = *HVL*, Slg 612 f. neu gefasst: „Hemmnisse für den freien Warenverkehr, die sich in Ermangelung einer Harmonisierung daraus ergeben, dass Waren aus anderen Mitgliedstaaten, die dort rechtmäßig hergestellt und in den Verkehr gebracht worden sind, bestimmten Vorschriften entsprechen müssen (wie etwa hinsichtlich ihrer Bezeichnung, ihrer Form, ihrer Abmessungen, ihres Gewichts, ihrer Zusammensetzung, ihrer Aufmachung, ihrer Etikettierung und ihrer Verpackung), stellen selbst dann, wenn diese Vorschriften unterschiedslos für alle Erzeugnisse gelten, nach Art. 30 EGV (= später *Art. 28 EGV*, heute Art. 34 AEUV) verbotene Maßnahmen gleicher Wirkung dar, sofern sich die Anwendung dieser Vorschriften nicht einem Zweck rechtfertigen lässt, der im Allgemeininteresse liegt und den Erfordernissen des freien Warenverkehrs vorgeht".

82  Vgl zB EuGH, Rs C-309/02, Radlberger, Slg 2004, I-11763, Rn 74. S. dazu *Leible/T. Streinz*, in: Grabitz/Hilf/Nettesheim, Art. 34 AEUV, Rn 103 ff mwN.

83  Zutreffend *Leible/T. Streinz*, in: Grabitz/Hilf/Nettesheim, Art. 34 AEUV, Rn 106.

**867** Da die Schranken des Art. 52 (ggf iVm Art. 62) AEUV von vornherein nicht auf unterschiedslose Maßnahmen passten (sie werden vom EuGH allerdings in einer Art Erst-Recht-Schluss darauf gleichwohl angewandt[84]), musste der EuGH wie für den freien Warenverkehr in der *Cassis-Formel* auch für die zu Beschränkungsverboten erweiterten Grundfreiheiten der **Dienstleistung** und der **Niederlassung** weitere Beschränkungstatbestände entwickeln. Als solche hat er generell „zwingende Gründe des Allgemeininteresses" anerkannt, erstmals im Fall *van Binsbergen*[85] und damit sogar vor „*Cassis*" und seither in st Rspr. Zur dogmatischen Einordnung s. Rn 866.

**868** Im Unterschied zu den abschließend aufgeführten Rechtfertigungsgründen in Art. 52 Abs. 1 AEUV können abgesehen von wirtschaftlich protektionistischen Zielsetzungen (die von damit eventuell verbundenen weitergehenden Hauptzwecken abgegrenzt werden müssen)[86] grundsätzlich beliebige **Allgemeinwohlbelange** verfolgt werden (zB Schutz der Bevölkerung durch Qualifikationsanforderungen für Ärzte, Juristen oder andere Freiberufler[87]; Schutz vor unlauteren Geschäftspraktiken, zB Untersagung, mit potenziellen Kunden unaufgefordert telefonisch Kontakt aufzunehmen, vgl dazu **Fall 42**, Rn 853; allgemein der „Schutz der Sozialordnung"[88]). Schranken-Schranke ist auch hier der Grundsatz der Verhältnismäßigkeit (s. dazu Rn 870). Der Unterschied zu Art. 52 Abs. 1 AEUV liegt in der **Kontrolldichte**. Anders als dort besteht hier keine „Vermutung der Rechtswidrigkeit" von Beschränkungsmaßnahmen. Daher ist nicht nur bei der Ausweitung der Rechtfertigungsgründe, sondern auch bei der Einräumung von Beurteilungsspielräumen hinsichtlich der Geeignetheit und Erforderlichkeit von Maßnahmen großzügiger zu verfahren. Innerhalb dieses reduzierten Maßstabs ist wegen des unterschiedlichen Ausmaßes des Beschränkungsverbots (vgl Rn 835) die Verhältnismäßigkeitsprüfung bei der Dienstleistungsfreiheit deutlich schärfer als bei der Niederlassungsfreiheit und der Freizügigkeit der Arbeitnehmer[89]. Auch bei Letzterer sind Schranke „zwingende Allgemeininteressen"[90]. Scharfe Prüfungsmaßstäbe kommen bei Niederlassungsfreiheit und Freizügigkeit der Arbeitnehmer dann zum Tragen, wenn es um die Frage des Zuzugs bzw Wegzugs an sich geht.

**869** Zu den zwingenden Interessen des Allgemeinwohls gehören auch die **Unionsgrundrechte**, die eine selbstständige Kategorie ungeschriebener Rechtfertigungsgründe und somit Schranken der Grundfreiheiten darstellen. So hat der EuGH eine Berufung eines Mitgliedstaates auf das Grundrecht der Versammlungs- und Meinungsfreiheit seiner Bürger zur Rechtfertigung eines Eingriffs in die Warenverkehrsfreiheit (Brennerblockade: Durchfuhrfreiheit) zugelassen[91]. Auch einen Eingriff in die Dienstleistungsfreiheit unter Berufung auf den Schutz der Menschenwürde (Verbot eines Laserdromes, bei dem das Töten von Menschen simuliert wird), hat der EuGH als gerechtfertigt angesehen, wenngleich in diesem Fall als Bestandteil der „öffentlichen Ordnung" (Art. 52, ggf iVm Art. 62 AEUV)[92].

---

84  EuGH, Rs C-36/02, Omega („Laserdrome"), Slg. 2004, I-9609, Rn 28 = **Fall 43** (Rn 854).
85  EuGH, Rs 33/74, Slg 1974, 1299, Rn 10/12 ff = *Pechstein* Nr 223 = *HVL*, S. 701 f.
86  Dies unterlässt der EuGH zB in Rs C-224/97, Ciola, Slg 1999, I-2517, Rn 15 f = *Pechstein* Nr 9, 230 = *HVL*, S. 258 f. Vgl auch *Streinz*, JuS 2000, 809 (811).
87  Vgl EuGH, Rs 292/86, Gullung/Conseil de l'ordre des avocats, Slg 1988, 111, Rn 29.
88  EuGH, Rs C-275/92, Schindler, Slg 1994, I-1039, Rn 58 ff = *Pechstein* Nr 215 = *HVL*, S. 712 ff.
89  Vgl aber EuGH, Rs C-162/99, Kommission/Italien, Slg 2001, I-541, Rn 20 f: Wohnsitzerfordernis im Mitgliedstaat für die *Niederlassung* von Zahnärzten unzulässig. Für die Dienstleistungsfreiheit ist dies evident. Vgl jetzt Art. 14 Nr 1 lit. b bzw Art. 16 Abs. 2 lit. a RL 2006/123 (s. Rn 994).
90  EuGH, Rs C-415/93, Bosman, Slg 1995, I-4921, Rn 104 = **Fall 37** (Rn 828).
91  EuGH, Rs C-112/00, Schmidberger/Republik Österreich, Slg. 2003, I-5659, Rn 65 ff = *Pechstein* Nr 169 = *HVL*, S. 416 ff = JuS 2004, 429 – *Streinz*. S. auch Rn 882.
92  EuGH, Rs C-36/02, Omega, Slg 2004, I-9609, Rn 28 ff. S. **Fall 43**, Rn 854/955.

**dd) Interpretation der Schrankenbestimmungen – Schranken-Schranken.** Für die 870
Schranken der Grundfreiheiten können folgende **gemeinsame Regeln** festgestellt werden: Während die Berechtigungen weit zu interpretieren sind (vgl Rn 817), müssen die Schranken eng ausgelegt werden. Die in den Schrankenbestimmungen verwendeten Begriffe sind solche des Unionsrechts, wobei der Begriff der „öffentlichen Ordnung" einen mitgliedstaatlichen Beurteilungsspielraum zulässt. Dieser Begriff wurde sekundärrechtlich für die Personenverkehrsfreiheit durch RL 64/221, seit deren Ersetzung durch Art. 27 ff RL 2004/38/EG[93] dahingehend konkretisiert, dass bestimmte Rechtfertigungstatbestände, namentlich wirtschaftlich motivierte, ausgeschlossen werden. Dies gilt auch für die Warenverkehrsfreiheit[94]. Wirtschaftliche Störungen (zB Arbeitslosigkeit) können Beschränkungen nicht rechtfertigen. Ob dies auch dann gilt, wenn wirtschaftliche Schwierigkeiten nicht als solche die Störung der öffentlichen Ordnung darstellen, aber zu Störungen der öffentlichen Ordnung führen (Beispiel: Versuch von Privaten, durch Straßensperren und Angriffe auf Behörden die Einfuhr von Produkten zu verhindern), ist strittig, aber zu bejahen: Es widerspräche dem System des AEUV, das Funktionieren der durch diesen verbürgten Grundfreiheiten auch nur als Anlass einer Störung der öffentlichen Ordnung zu qualifizieren. Außerdem darf die Gewährleistung von Grundfreiheiten nicht von mehr oder weniger effektiven Protesten nationaler Interessengruppen abhängig gemacht werden (zu diesbezüglichen Unterbindungspflichten s. Rn 881). Maßnahmen, die auf Rechtfertigungsgründe gestützt werden, unterliegen einer zweifachen **Schranke**, nämlich dem **Diskriminierungsverbot** und dem **Verhältnismäßigkeitsgrundsatz** (ggf Rechtfertigung unterschiedlicher Wirkungen formal unterschiedsloser Maßnahmen). Im Rahmen der Verhältnismäßigkeitsprüfung ist aber zu beachten, dass der EuGH nur die Geeignetheit und die Erforderlichkeit einer mitgliedstaatlichen Beschränkung prüft; zu einer Abwägung auf Grund einer Angemessenheitsprüfung kommt es hier (zur Grund*rechts*prüfung vgl Rn 781 ff) regelmäßig nicht. Die Beschränkungsmöglichkeiten sind zudem im Lichte des unionalen Grundrechtsstandards unter Einbeziehung der EMRK auszulegen. Maßnahmen der Mitgliedstaaten können nur dann gerechtfertigt sein, wenn sie mit den vom EuGH zu wahrenden **Grundrechten** im Einklang stehen[95] (zu Grundrechten als Schranken der Grundfreiheiten vgl Rn 869). Die Entscheidung der mitgliedstaatlichen Behörde muss gerichtlich auf ihre Rechtmäßigkeit im Hinblick auf das Unionsrecht überprüft werden können (effektiver **Rechtsschutz** gemäß den Unionsgrundrechten)[96].

**Beispiele:** „Öffentliche Ordnung und Sicherheit" sind als Schranke nur dann eröffnet, wenn 871
eine tatsächlich und hinreichend schwere Gefährdung vorliegt, die ein Grundinteresse der Gesellschaft berührt. Gegen Letzteres spricht, wenn der Staat dieselbe Tätigkeit, die er als Rechtfertigungsgrund gegenüber Ausländern ins Feld führt, Inländern nicht untersagt[97]. Ein Verkehrsverbot aus Gründen des Verbraucherschutzes ist grundsätzlich unverhältnismäßig, da zur Verbraucherinformation eine angemessene Etikettierung genügt[98]. Vor der Harmonisierung des

---

93 Sart. II Nr 177.
94 EuGH, Rs 7/61, Kommission/Italien, Slg 1961, 693/720; Rs. 7/68, Kommission/Italien, Slg 1968, 633/644 = *HVL*, S. 564 = *Pechstein* Nr 140.
95 EuGH, Rs C-260/89, ERT, Slg 1991, I-2925, Rn 43 f = *HVL*, S. 851 ff.
96 EuGH, Rs C-19/92, Kraus/Land Baden Württemberg, Slg 1993, I-1663, Rn 40 = *Pechstein* Nr 204.
97 Vgl EuGH, Rs 121/85, Conegate Ltd/HM Customs & Excise, Slg 1986, 1007, Rn 20 und LS 1. Vgl aber EuGH, Rs 41/74, van Duyn/Home Office, Slg 1974, 1337, Rn 20 ff = *HVL*, S. 661 ff.
98 Vgl EuGH, Rs 120/78, Cassis de Dijon, Slg 1979, 649, Rn 13 (s. **Fall 36**, Rn 827/924).

Zusatzstoffregimes[99] durften die Mitgliedstaaten grundsätzlich aus Gründen des Gesundheitsschutzes die Verwendung bestimmter Lebensmittelzusatzstoffe verbieten, mussten dafür aber ein leicht zugängliches und hinreichend schnell durchführbares Verfahren bereitstellen, mit dessen Hilfe ein Importeur die Zulassung der betreffenden Zusatzstoffe beantragen konnte[100]. Gegenüber EU-Bürgern sind generalpräventive Maßnahmen unzulässig[101]. Sanktionen wegen Verstößen gegen das Ausländerrecht dürfen die Freizügigkeit als solche nicht beseitigen und müssen im Übrigen verhältnismäßig sein; sie dürfen nicht strenger sein als Sanktionen gegenüber Inländern für von der Schwere der Tat vergleichbare Delikte[102]. Art. 65 Abs. 1 lit. b AEUV kann zwar für die Kapitalausfuhr Anmeldepflichten, nicht aber Genehmigungspflichten rechtfertigen, zumindest dann nicht, wenn der Verwaltung hinsichtlich der Genehmigung ein Ermessen eingeräumt wird[103].

**872** Der den Mitgliedstaaten für Beschränkungen der Grundfreiheiten eingeräumte Gestaltungsspielraum unterscheidet sich nach der Regelungsmaterie. Nach st Rspr ist der Beurteilungs- und Gestaltungsspielraum im Gesundheitsschutz groß[104], was in der neuesten Rechtsprechung zum Teil dazu führte, dass der EuGH auch tatbestandliches Vorbringen letztlich ungeprüft übernimmt[105]. Dies kann sich auch auf Zulassungsbeschränkungen zu medizinischen Studiengängen für EU-Ausländer auswirken, wobei hier allerdings den Mitgliedstaaten eine erhebliche Darlegungslast auferlegt wird[106]. Schranken-Schranke bleibt die Kohärenz der getroffenen Maßnahme[107]. Weiten Gestaltungsspielraum haben die Mitgliedstaaten beim Verbot von Glücksspielen[108]. Da-

---

99  Vgl jetzt die VO 1333/2008 des EP und des Rates vom 16.12.2008 (ABl 2008 L 354/16, ber. ABl 2010 L 105/114), die frühere Richtlinien aufhebt und ersetzt.

100  Vgl EuGH, Rs 178/84, Kommission/Deutschland (Reinheitsgebot für Bier), Slg 1987, 1227, Rn 41 ff (s. **Fall 38**, Rn 849/925). Zur fortwährenden Bedeutung im nichtharmonisierten Bereich vgl EuGH, Rs C-333/08, Kommission/Frankreich (Verarbeitungshilfsstoffe), Slg 2010, I-757 = JuS 2010, 744 – *Streinz*.

101  Vgl EuGH, Rs 67/74, Bonsignore, Slg 1975, 297, Rn 5 ff (s. **Fall 40**, Rn 851/937). Vgl auch EuGH, Rs 30/77, Boucherau, Slg 1977, 1999, Rn 25/26 ff.

102  Vgl EuGH, Rs 118/75, Watson und Belman, Slg 1976, 1185, Rn 17/18 ff = *Pechstein* Nr 173 = *HVL*, S. 629 f.

103  EuGH, verb Rs C-163, 165, 250/94, Sanz de Lera, Slg 1995, I-4821, Rn 20 ff, 24 f (s. **Fall 44**, Rn 855).

104  Vgl EuGH, Rs C-141/07, Kommission/Deutschland, Slg 2008, I-6935, Rn 46; EuGH, Rs C-84/11, Susisalo ua, ECLI:EU:C:2012:374, Rn 26 ff, 28 = JuS 2012, 952 – *Streinz*. Vgl zuletzt EuGH, Rs C-539/11, Ottica New Line, ECLI:EU:C:2013:591, Rn 44: Ermessen der Mitgliedstaaten; EuGH, verb Rs C-159 bis C-161/12, Venturini ua, ECLI:EU:C:2013:791, Rn 41 ff unter Hinweis auf Art. 168 Abs. 1 AEUV und Art. 35 GRCh.

105  Vgl EuGH, verb Rs C-171 und 172/07, Apothekerkammer des Saarlandes ua („DocMorris II"). Slg 2009, I-4171 = *Pechstein* Nr 212 = *HVL*, S. 6806 ff = JuS 2009, 1034 – *Streinz*. Kritisch dazu *C. Herrmann*, EuZW 2009, 413. S. dazu auch *Musil/Burchard*, Fall 6.

106  EuGH, Rs C-73/08, Bressol ua/Gouvernement de la Communauté française, Slg 2010, I-2735 = JuS 2010, 655 – *Streinz*.

107  Vgl EuGH, Rs C-169/07, Hartlauer, Slg 2009, I-1721, Rn 55 = *Pechstein* Nr 207 = *HVL*, S. 687 = JuS 2010, 272 – *Streinz*. S. auch EuGH, Rs C-367/12, Sokoll-Seebacher, ECLI:EU:C:2014:68, Rn 27, 51; Rs C-539/11, Ottica New Line, ECLI:EU:C:2013:591, Rn 47 ff : Kohärenz von Regelungen zur Bedarfsprüfung für Apotheken bzw Optiker. Beurteilung durch Gerichte der Mitgliedstaaten nach Maßgabe der vom EuGH vorgegebenen Kriterien (Kohärenz, Transparenz, Objektivität).

108  Vgl EuGH, Rs C-42/07, Liga Portuguesa de Futbol Professional, Bwin International Ltd/Santa Casa, Slg 2009, I-7633 = *HVL*, S. 725 = JuS 2010, 460 – *Streinz*. Ferner zB EuGH, Rs C-212/08, Zeturf, Slg 2011, I-5633 = *HVL*, S. 725. S. dazu auch *Musil/Burchard*, Fall 4. Zuletzt bestätigt durch EuGH, Rs C-336/14, Sebat Ince, ECLI:EU:C:2016:72, Rn 92: Keine Verpflichtung zur Liberalisierung des Glücksspielmarkts, wenn ein bestehendes Monopol im Einklang mit den unionsrechtlichen Anforderungen (vgl ebd. Rn 86) reformiert werden kann.

bei wurde auch mit dem Fehlen einer sekundärrechtlichen Regelung argumentiert[109]. Allerdings müssen auch diese Beschränkungsmaßnahmen, die dem legitimen Ziel der Bekämpfung der Spielsucht dienen, „kohärent" sein[110]. Der EuGH nimmt ggf auf besondere Ausprägungen des Grundrechtsverständnisses Rücksicht[111].

### d) Unmittelbare Wirkung

Alle Grundfreiheiten haben unmittelbare Wirkung (s. dazu Rn 451 ff)[112] und begründen Individualrechte. Die frühere Sonderrolle des Kapitalverkehrs ist seit Inkrafttreten des *Art. 56 Abs. 1 EGV* am 1.1.1994 beseitigt[113] (jetzt Art. 63 Abs. 1 AEUV). Zuvor bedurfte die Kapitalverkehrsfreiheit der konstitutiven Bestimmung durch den Rat, die in der RL 88/361[114] erfolgte. Diese gilt insoweit fort, als sie mit dem jetzt geltenden Primärrecht vereinbar ist (vgl Rn 956).    **873**

### e) (Verpflichtungs-)Adressaten

Die Grundfreiheiten schützen in erster Linie gegenüber Maßnahmen der Mitgliedstaaten. Dabei ist unerheblich, welcher Handlungsformen sich diese bedienen[115]. Sie binden auch die Union selbst, insbesondere im Rahmen ihrer Rechtssetzung durch Richtlinien[116].    **874**

Die Personenverkehrsfreiheiten gelten jedenfalls in bestimmten Fällen auch gegenüber Privatpersonen („Drittwirkung"), da andernfalls weite Bereich der Grundfreiheiten, die sich in privatwirtschaftlich geregelten Verhältnissen verwirklichen, unterlaufen werden könnten und die einheitliche Anwendung des Unionsrechts gefährdet    **875**

---

109 EuGH, Rs C-42/07, Liga Portuguesa, Slg 2009, I- 7633, Rn 69.

110 Da das deutsche Glücksspielmonopol dieser Schranke des Kohärenzgebots nicht entsprach wurde es für unionsrechtswidrig erklärt, EuGH, verb Rs C-316/07 ua, Markus Stoß ua, Slg 2010, I-8069 = *Pechstein* Nr 235 = JuS 2011, 85 – *Streinz* und Rs C-46/08, Carmen Media, Slg 2010, I-8149. Vgl dazu *Streinz/Kruis*, NJW 2010, 3745. Zum Kohärenzgebot vgl *Streinz/Michl*, in: Streinz/Liesching/ Hambach (Hrsg.), Glücks- und Gewinnspielrecht in den Medien. Kommentar, 2014, Art. 34 ff. AEUV, Rn 73 ff mwN. Zu den chaotischen Folgen einer fehlenden, den Anforderungen der Kohärenz, Transparenz und Objektivität genügenden Regelung angesichts des von alle Staatsorganen zu beachtenden Vorrangs des Unionsrechts vgl zuletzt EuGH, Rs C-336/14 (Fn 108), Sebat Ince, ECLI:EU:C:2016:72, Rn 63, 94: Keine Strafbarkeit (§ 284 StGB) der Vermittlung von Sportwetten ohne Erlaubnis, wenn das Konzessionserteilungsverfahren unionsrechtswidrig ist.

111 EuGH, Rs. C-36/02, Omega („Laserdrome"), Slg 2004, I-9609, Rn 31 ff (s. **Fall 43**, Rn 854/954).

112 **Warenverkehr**: EuGH, Rs 74/76, Ianelli & Volpi/Meroni, Slg 1977, 557, Rn 13; Rs 83/78, Pigs Marketing Board/Redmond, Slg 1978, 2347, Rn 66/67; **Arbeitnehmer**: Rs 48/75, Royer, Slg 1976, 497, Rn 19/23 f; **Niederlassung**: Rs 2/74, Reyners, Slg 1974, 631, Rn 24/28 f (s. **Fall 12**, Rn 454); **Dienstleistung**: Rs 33/74, van Binsbergen, Slg 1974, 1299, Rn 24/26 ff = *Pechstein* Nr 223 = *HVL*, S. 701 f.

113 EuGH, verb Rs C-163, 165, 250/94, Sanz de Lera, Slg 1995, I-4821, Rn 41 ff, 48 (s. **Fall 44**, Rn 855/955).

114 ABl 1988 L 178/5; HER I A 29/2.

115 Vgl EuGH, Rs 249/81, Kommission/Irland, Slg 1982, 4005, Rn 6 ff = *Pechstein* Nr 87, 147 = *HVL*, S. 576 ff.

116 EuGH, Rs 76/86, Kommission/Deutschland, Slg 1989, 1021, Rn 22 f; Rs C-114/96, Kieffer und Thill, Slg 1997, I-3629, Rn 27. St Rspr, vgl zB EuGH, verb Rs C-154/04 und C-155/04, Alliance for Natural Health und Nutri Link Ltd/Secretary of State for Health, Slg 2005, I-6451, Rn 47 mwN. Vgl zur Geltung für alle Grundfreiheiten *Forsthoff*, in: Grabitz/Hilf/Nettesheim, Art. 45 AEUV, Rn 131 ff; *Frenz*, Bd 1, Rn 333 ff mwN. Das Problem stellt sich vor allem bei unionsrechtlichen Werberegelungen, die etablierte heimische Firmen faktisch begünstigen.

wäre[117]. Die entschiedenen Fälle betrafen Kollektivmaßnahmen, die sekundärrechtliche Regelung in Art. 7 Abs. 4 VO 1612/68, jetzt VO 492/2011 (s. Rn 927) auch Individualvereinbarungen, die durch ein Ungleichgewicht durch Verbandsmacht bzw Arbeitgebermacht gekennzeichnet waren. Dies rechtfertigt Beschränkungen der Verbands-, ggf auch der Privatautonomie, die jedoch beide im Rahmen einer sorgfältigen Abwägung beachtet werden müssen, durch die Freizügigkeit der Arbeitnehmer oder die Dienstleistungsfreiheit[118]. Der EuGH hat die Arbeitnehmerfreizügigkeit auch auf privatrechtliche Verhältnisse ausgedehnt, die nicht durch kollektive Regelungen geprägt sind. Ausdrücklich bejaht er eine Bindung von Privatpersonen an das Diskriminierungsverbot des Art. 45 AEUV[119]. In dieser Rechtsprechung liegt eine gefährliche Tendenz, jegliches tatbestandlich relevante Handeln durch Privatpersonen einer Kontrolle anhand der Grundfreiheiten, insbesondere des Beschränkungsverbots, zu unterziehen. Ein solcher Ansatz berücksichtigt zu wenig die auch unionsrechtlich zu schützende Privatautonomie. Es wäre zu prüfen, inwieweit die gebotene Realisierung der Grundfreiheiten auch in Privatrechtsverhältnissen nicht durch eine mittelbare Drittwirkung erreicht werden kann, die den erforderlichen Ausgleich zwischen Privatautonomie und den Grundfreiheiten der Legislative überlässt[120].

**876** Eine unmittelbare Drittwirkung kommt aber bei **Kollektivmaßnahmen** sog. „intermediärer Gewalten"[121] in Betracht, die in ihrer Wirkung staatlichen Regelungen gleichkommen. Für die Arbeitnehmerfreizügigkeit hat dies der EuGH im Fall *Bosman* (**Fall 37**, Rn 828/934 bejaht. Dies lässt sich auch auf andere Personenverkehrsfreiheiten übertragen. Zur Niederlassungsfreiheit s. Rn 938 ff.

**877** **Fall 46** (nach EuGH, Rs C-438/05, International Transport Workers – Federation ua/Viking Line ua, Slg 2007, I-10779 = *Pechstein* Nr 200 = *HVL*, S. 425 ff = JuS 2008, 447 – *Streinz*):
Die finnische Reederei V möchte zur Senkung ihrer Lohnkosten ihr Fährschiff über eine Tochtergesellschaft in Estland registrieren lassen. Dies möchte die finnische Transportarbeitergewerkschaft durch Streiks verhindern. V sieht darin einen Verstoß gegen die Niederlassungsfreiheit. Zu Recht? (**Lösung: Rn 942**)

**878** Soweit die Bestimmungen über den freien Warenverkehr im Rahmen des Art. 36 AEUV (Schutz des gewerblichen und kommerziellen Eigentums, vgl Rn 915) der Ab-

---

117  EuGH, Rs 36/74, Walrave und Koch/UCI, Slg 1974, 1405, Rn 16/19 f = *Pechstein* Nr 180; Rs 13/76, Donà/Mantero, Slg 1976, 1333, Rn 17/18; Rs C-415/93, Bosman, Slg 1995, I-4921, Rn 83 ff (s. **Fall 37**, Rn 828/934); EuGH, Rs C-176/96, Lehtonen/FRBSB, Slg. 2000, I-2681, Rn 32 ff, 45 f. Hinsichtlich der von der Dienstleistungsfreiheit erfassten Individualsportarten (Judo) vgl EuGH, verb Rs C-51/96 und C-191/97, Deliège, Slg. 2000, I-2549, Rn 47 f = *Pechstein* Nr 222.

118  Vgl die Erwähnung der Verbandsautonomie in EuGH, Rs C-415/93, Bosman, Slg 1995, I-4921, Rn 79 f. Zum Rechtfertigungsgrund der Sicherung eines geordneten Wettkampfablaufs vgl EuGH, Rs C-176/96, Lehtonen, Slg 2000, I-2681, Rn 51 ff. Zur Abwägung zwischen dem von der Koalitionsfreiheit geschützten Streikrecht und der Niederlassungsfreiheit vgl EuGH, Rs C-438/05, Viking Line, Slg 2007, I-10779 = *Pechstein* Nr 200 = *HVL*, S. 425 ff = JuS 2008, 447 – *Streinz*. S. **Fall 46**, Rn 877/942.

119  EuGH, Rs C-281/98, Angonese/Cassa di Risparmio di Bolzano, Slg 2000, I-4139, Rn 29 ff, 36 = *Pechstein* Nr 181 = *HVL*, S. 644 ff = JuS 2000, 1111 (1112) – *Streinz*. Anm. *T. Körber*, EuR 2000, 932. Bestätigt durch EuGH Rs C-94/07, Raccanelli/Max-Planck-Gesellschaft, Slg 2008 I-5939 = *HVL*, S. 639 ff = JuS 2008, 1011 – *Streinz*. S. dazu auch *C. Birkemeyer*, EuR 2010, 662.

120  Vgl hierzu *Streinz/Leible*, EuZW 2000, 459.

121  Vgl *Haratsch/Koenig/Pechstein*, Rn 823.

schottung der Märkte durch private Unternehmen entgegenstehen, geht es nicht um eine unmittelbare Drittwirkung, sondern um die Durchsetzung des freien Warenverkehrs gegenüber einer Gesetzgebung und Rechtsanwendung in den Mitgliedstaaten, die einem solchen Verhalten Privater Vorschub leistet. Der EuGH hat klargestellt, dass Art. 34, 35 AEUV sich nur auf staatliche Maßnahmen, nicht auf Verhaltensweisen von Unternehmen beziehen[122].

Allerdings sind Fälle denkbar, in denen auch den freien Warenverkehr betreffende Regelungen als Kollektivmaßnahmen wie staatlich festgesetze Normen wirken können. In dem vom EuGH entschiedenen Fall zur Zertifizierung bestimmter Produkte durch eine private Vereinigung stellte sich die Frage der Übertragbarkeit des Kollektivgedankens jedoch nicht unmittelbar, da von staatlicher Seite die Vermutung aufgestellt wurde, dass Produkte mit der entsprechenden Zertifizierung den gesetzlichen Vorgaben entsprächen und somit eine dem Staat zurechenbare Maßnahme vorlag[123]. **879**

Davon unberührt bleibt die Pflicht der Mitgliedstaaten, die Grundfreiheiten zu gewährleisten (vgl Rn 880 f).

### f) Pflichten

Die Grundfreiheiten erlegen den Mitgliedstaaten, im Rahmen der vorgesehenen Sekundärrechtsetzung auch der Union, die Pflichten auf, Hemmnisse für den Binnenmarkt zu beseitigen und keine neuen Hemmnisse zu errichten. Neben diesen **Handlungs- und Unterlassungspflichten** bestehen für die Mitgliedstaaten auch **Unterbindungspflichten** gegenüber Beeinträchtigungen durch Private. S. dazu den (leider nach wie vor aktuellen) **880**

> **Fall 47** (nach EuGH, Rs C-265/95, Kommission/Frankreich, Slg 1997, I-6959 = *Pechstein* Nr 154 = *HVL*, S. 147 f): **881**
>
> Bei der EU-Kommission sind seit mehr als einem Jahrzehnt regelmäßig Beschwerden eingegangen, mit denen die Untätigkeit der französischen Behörden bei Gewalttaten gerügt wurde, die Privatpersonen und Protestbewegungen französischer Landwirte gegen landwirtschaftliche Erzeugnisse aus anderen Mitgliedstaaten verübt haben (Anhalten von Lastwagen, Vernichtung ihrer Ladung, Bedrohung von Supermärkten, Groß- und Einzelhändlern im Rahmen einer systematischen Kampagne zur Kontrolle des Angebots an landwirtschaftlichen Erzeugnissen). Die Kommission intervenierte mehrmals bei den französischen Behörden, die zwar die strafbaren Handlungen verfolgten, jedoch ohne durchgreifenden Erfolg. Die entstandenen Schäden wurden vom französischen Staat ersetzt. Die Kommission hielt die Maßnahmen Frankreichs für unzureichend und erhob Klage gemäß Art. 258 AEUV. Zu Recht?

---

122 EuGH, Rs 311/85, Vlaamse Reisbureaus, Slg 1987, 3801, Rn 30. Allerdings steht dieses Urteil alleine, und es ist unsicher, ob es angesichts der Rspr zur Drittwirkung der Personenverkehrsfreiheiten weiterhin Bestand hat. Vorzuziehen ist die Sicherung der Grundfreiheiten durch das Verbot der Marktabschottung mittels der Gerichte sowie durch den Einsatz mitgliedstaatlicher Schutzpflichten, vgl *Herdegen*, § 15, Rn 13.

123 EuGH, Rs C-171/11, Fra.bo SpA/DVGW, ECLI:EU:C:2012:453 = EuZW 2012, 797 m. Anm. *H. Schweitzer* = JuS 2013, 182 – *Streinz*.

**Lösung Fall 47:** Das Problem liegt darin, dass die Behinderungen des freien Warenverkehrs nicht durch staatliche Handlungen, sondern von Dritten ausgehen. Unter Hinweis auf die *Dassonville-Formel* (s. Rn 864) hebt der EuGH die Bedeutung des freien Warenverkehrs für den Binnenmarkt (Art. 26 Abs. 2 AEUV) hervor: Art. 34 AEUV ist für die Verwirklichung des Marktes ohne Binnengrenzen unabdingbar. Er verbietet damit nicht nur Maßnahmen, die auf den Staat zurückzuführen sind und selbst Beschränkungen für den Handel zwischen den Mitgliedstaaten schaffen, sondern kann auch dann Anwendung finden, wenn ein Mitgliedstaat keine Maßnahmen ergriffen hat, um gegen Beeinträchtigungen des freien Warenverkehrs einzuschreiten, deren Ursachen nicht auf den Staat zurückzuführen sind. Der innerunionale Handelsverkehr kann nämlich ebenso wie durch eine staatliche Handlung dadurch beeinträchtigt werden, dass ein Mitgliedstaat untätig bleibt oder es versäumt, ausreichende Maßnahmen zur Beseitigung von Hemmnissen für den freien Warenverkehr zu treffen, die insbesondere durch Handlungen von Privatpersonen in seinem Gebiet geschaffen wurden, die sich gegen Erzeugnisse aus anderen Mitgliedstaaten richten. Art. 34 AEUV verbietet den Mitgliedstaaten somit nicht nur eigene Handlungen oder Verhaltensweisen, die zu einem Handelshemmnis führen könnten, sondern verpflichtet sie iVm Art. 4 Abs. 3 EUV (vormals *Art. 10 EGV*) auch dazu, alle erforderlichen und geeigneten Maßnahmen zu ergreifen, um in ihrem Gebiet die Beachtung dieser Grundfreiheiten sicherzustellen. Dem steht nicht entgegen, dass das Polizeirecht an sich (ungeachtet der Unionszuständigkeit für polizeiliche Zusammenarbeit, Art. 87 AEUV) Sache der Mitgliedstaaten ist. Den Unionsorganen kommt es zwar nicht zu, sich an die Stelle der Mitgliedstaaten zu setzen und ihnen vorzuschreiben, welche Maßnahmen sie erlassen und tatsächlich anwenden müssen, um den freien Warenverkehr in ihrem Gebiet zu gewährleisten. Es ist aber Aufgabe des EuGH, unter Berücksichtigung dieses Ermessens der Mitgliedstaaten in den ihm unterbreiteten Fällen zu prüfen, ob geeignete Maßnahmen zur Sicherstellung des freien Warenverkehrs ergriffen wurden (vgl die Vorgaben des Unionsrechts für die Mitgliedstaaten hinsichtlich Beachtung und Vollzug des Unionsrechts). Im Einzelfall sind Dauer und Intensität der Maßnahmen, Reaktionsmöglichkeiten des Mitgliedstaats, nachlässige Verfolgung trotz objektiver Möglichkeit und die Gefahr der Präzedenzwirkung zu berücksichtigen. Der betreffende Mitgliedstaat hat alle geeigneten Maßnahmen zu ergreifen, um die volle, wirksame und korrekte Anwendung des Unionsrechts im Interesse aller Wirtschaftsteilnehmer sicherzustellen, sofern er nicht nachweist, dass sein Tätigwerden Folgen für die öffentliche Ordnung hätte, die er mit seinen Mitteln nicht bewältigen könnte (allenfalls im Einzelfall, nicht generell Einrede der Unmöglichkeit). Der gewährte Schadenersatz durch den Mitgliedstaat lässt die unionsrechtliche Pflicht unberührt und ist ungeeignet, den Pflichtverstoß zu beseitigen. Eventuelle Probleme der Landwirtschaft in Frankreich können Beschränkungsmaßnahmen nicht rechtfertigen. Die Beseitigung der Grundfreiheit kann nicht der „öffentlichen Ordnung" dienen (vgl Rn 870).

882 Bei der Gewährleistung der Grundfreiheiten gegenüber dem Handeln Privater haben die Mitgliedstaaten allerdings deren **Grundrechte** zu beachten, da diese zu den allgemeinen Rechtsgrundsätzen des Unionsrechts gehören (vgl Rn 456 ff). Insoweit diese selber beschränkbar sind, sind betroffene Grundfreiheit und betroffenes Grundrecht – der praktischen Konkordanz vergleichbar – gegeneinander abzuwägen. Dabei steht den Mitgliedstaaten ein weites Ermessen zu, ohne jedoch die Angemessenheit der Abwägung der Beurteilung durch den EuGH gänzlich zu entziehen. So entschied der EuGH im *Fall Schmidberger*, dass die Genehmigung einer Demonstration, die eine 30-stündige Blockade der Brennerautobahn durch österreichische Umweltaktivisten zur Folge hatte, zwar (entsprechend **Fall 46**, s. Rn 877/942) einen Eingriff in die Wa-

renverkehrsfreiheit darstellte (Alternative der Durchfuhrbeschränkung), aber durch die Grundrechte der Teilnehmer der Demonstration auf freie Meinungsäußerung und Versammlung gerechtfertigt war[124].

**Literatur:** *Barnard, C.*, The Substantive Law of the EU: The Four Freedoms, 2. Aufl. 2010; *Burgi, M.*, Mitgliedstaatliche Garantenpflichten statt unmittelbare Drittwirkung der Grundfreiheiten, EWS 1999, 327; *Classen, C.D.*, Die Grundfreiheiten im Spannungsfeld von europäischer Marktfreiheit und mitgliedstaatlichen Gestaltungskompetenzen, EuR 2004, 416; *Dietz, S./Streinz, T.*, Das Marktzugangskriterium in der Dogmatik der Grundfreiheiten, EuR 2015, 50; *Eberhartinger, M.*, Konvergenz und Neustrukturierung der Grundfreiheiten, EWS 1997, 43; *Ehlers, D.*, Allgemeine Lehren, in: Ehlers, § 7; *Eilmansberger, T.*, Zur Reichweite der Grundfreiheiten des Binnenmarktes, JBl. 1999, 345 ff, 434 ff; *Frenz, W.*, Handbuch Europarecht, Bd. 1: Europäische Grundfreiheiten, 2. Aufl. 2012; *Ganten, T.O.*, Die Drittwirkung der Grundfreiheiten, 2000; *Gundel, J.*, Die Rechtfertigung von faktisch diskriminierenden Eingriffen in die Grundfreiheiten des EGV, Jura 2001, 79; *Hatje, A./Terhechte, J.P.* (Hrsg.), Das Binnenmarktziel in der Europäischen Verfassung, 2004; *Hintersteininger, M.*, Binnenmarkt und Diskriminierungsverbot, 1999; *Jaensch, M.*, Die unmittelbare Drittwirkung der Grundfreiheiten, 1997; *Jarass, H.D.*, Elemente einer Dogmatik der Grundfreiheiten, EuR 1995, 202; *ders.*, Elemente einer Dogmatik der Grundfreiheiten II, EuR 2000, 705; *Kingreen, T.*, Die Struktur der Grundfreiheiten des Europäischen Gemeinschaftsrechts, 1999; *ders.*, Grundfreiheiten, in: von Bogdandy/Bast (Hrsg.), Europäisches Verfassungsrecht, 2. Aufl. 2009, S. 705 ff; *Kischel, U.*, Zur Dogmatik des Gleichheitssatzes in der Europäischen Union, EuGRZ 1997, 1; *Kluth, W.*, Die Bindung privater Wirtschaftsteilnehmer an die Grundfreiheiten des EG-Vertrages, AöR 122 (1997), 557; *Koenig, C.*, Mehr System in der Prüfung von Beurteilungs-, Ermessens- und Gestaltungsspielräumen bei Beschränkungen der Grundfreiheiten, EWS 2008, 517; *Körber, T.*, Grundfreiheiten und Privatrecht, 2004; *Lengauer, A.*, Drittwirkung von Grundfreiheiten, 2010; *Löwisch, S.*, Die horizontale Direktwirkung der europäischen Grundfreiheiten, 2009; *Mühl, A.*, Diskriminierung und Beschränkung. Grundsätze einer einheitlichen Dogmatik der wirtschaftlichen Grundfreiheiten des EG-Vertrages, 2004; *Nowak, C./Schnitzler, J.*, Erweiterte Rechtfertigungsmöglichkeiten für mitgliedstaatliche Beschränkungen der EG-Grundfreiheiten, EuZW 2000, 627; *Pache, E.*, Grundfreiheiten, in: Schulze/Zuleeg/Kadelbach, § 10; *Parpart, H.*, Die unmittelbare Bindung Privater an die Personenverkehrsfreiheiten im europäischen Gemeinschaftsrecht, 2003; *Preedy, K.*, Die Bindung Privater an die europäischen Grundfreiheiten, 2005; *Rossi*, M., Das Diskriminierungsverbot nach Art. 12 EGV, EuR 2000, 197; *Roth, W.-H.*, Drittwirkung der Grundfreiheiten?, in: FS Everling, Bd. II, 1995, S. 1231 ff; *Ruffert, M.*, Die Grundfreiheiten im Recht der Europäischen Union, JuS 2009, 97; *Schneider, H.*, Die öffentliche Ordnung als Schranke der Grundfreiheiten im EG-Vertrag, 1998; *Schorkopf, F.*, Nationale Grundrechte in der Dogmatik der Grundfreiheiten, ZaöRV 64 (2004), 125; *Schwarze, J.*, Zum Anspruch der Gemeinschaft auf polizeiliches Einschreiten der Mitgliedstaaten bei Störungen des grenzüberschreitenden Warenverkehrs durch Private, EuR 1998, 53; *Schultz, A.*, Das Verhältnis von Gemeinschaftsgrundrechten und Grundfreiheiten des EGV, 2004; *Stachel, C.*, Schutzpflichten der Mitgliedstaaten für die Grundfreiheiten des EG-Vertrags unter besonderer Berücksichtigung des Grundrechtsschutzes in der Gemeinschaft, 2006; *Steinberg, P.*, Zur Konvergenz der Grundfreiheiten auf Tatbestands- und Rechtfertigungsebene, EuGRZ 2002, 13; *Streinz, R.*, Grundrechte und Grundfreiheiten; Allgemeine Lehren, in: Merten/Papier, Handbuch der Grundrechte in Deutschland und Europa, Bd. VI/1, 2010, §§ 151, 152; *Streinz, R./*

---

124 EuGH, Rs C-112/00, Schmidberger, Slg. 2003, I-5659, Rn 51 ff = *Pechstein* Nr 169 = *HVL*, S. 416 ff = EuZW 2003, 592 mit Anm. *B. Koch* = JuS 2004, 429 – *Streinz*. S. dazu auch *Musil/Burchard*, Fall 9; *Degenhart*, Klausurenkurs im Staatsrecht II, 7. Aufl. 2015, Fall 17.

*Leible, S.*, Die unmittelbare Drittwirkung der Grundfreiheiten, EuZW 2000, 459; *Szczekalla, P.*, Grundfreiheitliche Schutzpflichten – Eine „neue" Funktion der Grundfreiheiten des Gemeinschaftsrechts, DVBl. 1998, 219.

## 5.   Der freie Warenverkehr

### a)   Rechtsgrundlagen

**883**   Die Art. 28-36 AEUV sehen als Mittel zur Erreichung des freien Warenverkehrs die Errichtung einer Zollunion und die Abschaffung aller mengenmäßigen Beschränkungen vor. Beides gilt vorbehaltlich von Sonderregelungen (Art. 38 ff AEUV für landwirtschaftliche Produkte; Art. 346 Abs. 1 AEUV für die Erzeugung und den Handel mit Kriegsmaterial). Ergänzt werden diese beiden Mittel durch die Umformung der staatlichen Handelsmonopole gemäß Art. 37 AEUV.

### b)   Die Zollunion

**884**   **aa)   Begriff.**   Die Zollunion ist nach wie vor ein wesentliches Element der EU (Art. 28 Abs. 1 AEUV). Historisch betrachtet war sie sogar ihre Grundlage (so auch noch der Wortlaut von *Art. 23 EGV*). Sie erstreckt sich auf den gesamten Warenaustausch und besteht aus zwei Elementen:

– Verbot der Ein- und Ausfuhrzölle sowie Abgaben gleicher Wirkung zwischen den Mitgliedstaaten (internes Element);
– Gebot der Einführung eines gemeinsamen Zolltarifs (externes Element).

**885**   Voraussetzung für eine Zollunion ist ein **einheitliches Zollgebiet**[125], das durch Art. 3 der VO 450/2008 (Modernisierter Zollkodex), ab 1.5.2016 durch Art. 4 VO 952/2013 (Zollkodex der Union – UKZ; s. Rn 815) auf die Gesamtheit der Hoheitsgebiete der Mitgliedstaaten mit einzelnen Ausnahmen (zB Helgoland) festgelegt wurde. Darüber hinaus sind auch einzelne in Europa gelegene Kleinstaaten (zB Andorra und Monaco[126]) Teil des gemeinsamen Zollgebietes.

**886**   **bb)   Abschaffung der Zölle und Abgaben gleicher Wirkung.**   Die Mitgliedstaaten haben gemäß *Art. 12–17* der ursprünglichen Fassung des *EWGV* sämtliche Ein- und Ausfuhrzölle abgeschafft. Art. 30 AEUV gebietet aber auch die Abschaffung bzw verbietet die Neueinführung von Abgaben gleicher Wirkung wie Ein- oder Ausfuhrzölle. Obwohl durch die Abschaffung der Warenkontrollen an den Binnengrenzen (s. Rn 811) ein Großteil der Anwendungsfälle[127] obsolet geworden ist, bereiten solche Abgaben gleicher Wirkung nach wie vor Probleme:

---

125   Vgl Art. XXIV Abs. 2 GATT 1947 (*Benedek*, Nr 3; *Tietje*, Nr 3a; *Schwartmann*, Nr 102).
126   Vgl dazu *Herrmann*, in: Grabitz/Hilf/Nettesheim, Art. 28 AEUV, Rn 38. Durch eine Analogie zu *Art. 23, 24 EGV* (jetzt Art. 28 und 29 AEUV) wurde für Waren aus Monaco auch die Anwendung der *Art. 28/30 EGV* (jetzt Art. 34 und 36 AEUV) begründet, vgl GA Fennelly, SchlA zu EuGH, Rs C-220/98, Estée Lauder Cosmetics/Lancaster Group, Slg. 2000, I-117/119, Nr 12 ff = *HVL*, S. 617 f = JuS 2000, 807 (807) – *Streinz*. Bestätigt durch EuGH, Rs C-291/09, Guarnieri/Vandevelde, Slg 2011, I-2685 = JuS 2011, 1138 – *Streinz*.
127   Vgl dazu EuGH, Rs 132/82, Kommission/Belgien, Slg 1983, 1649.

**Fall 48** (nach EuGH, Rs C-72/92, Scharbatke/Bundesrepublik Deutschland, Slg 1993, I-5509): **887**

In Deutschland wurde zu Gunsten eines (mittlerweile abgeschafften)[128] Fonds für die Förderung des Absatzes von Erzeugnissen der Land-, Forst- und Ernährungswirtschaft (Absatzfonds) auf einheimische und eingeführte Erzeugnisse nach denselben Erhebungsmodalitäten ein Pflichtbeitrag ua bei der Zuführung von für gewerbliche Zwecke geschlachteten Schweinen zur Fleischbeschau erhoben. Als ein Importeur dagegen klagte, kamen dem zuständigen Verwaltungsgericht Zweifel, ob dies mit dem Unionsrecht vereinbar ist. Zu Recht? **(Lösung: Rn 896)**

Der Begriff der **„Abgaben gleicher Wirkung"** wird im AEUV selbst nicht definiert. **888** Da es auf die gleiche Wirkung wie Zölle ankommt, liegt es nahe, die Definition aus einem Vergleich mit diesen zu gewinnen. Weiteres Kriterium muss die Abgrenzung zu den Abgaben gemäß Art. 110 AEUV sein, da diese, sofern sie nicht diskriminierend erhoben werden, zulässig sind. Dementsprechend gelangte der EuGH zu folgender Definition[129]:

*„Die Ausdehnung des Verbots der Zölle auf Abgaben gleicher Wirkung soll das Verbot der aus diesen Zöllen erwachsenden Handelshindernisse vervollständigen und wirksam gestalten. Mit der Verwendung dieser beiden einander ergänzenden Begriffe wollte man also vermeiden, dass im Handel zwischen den Mitgliedstaaten der innergemeinschaftliche Warenverkehr wegen des Grenzübertritts finanziellen Belastungen ausgesetzt wird. Um zu erkennen, ob eine Abgabe die gleiche Wirkung wie ein Zoll hat, muss daher diese Wirkung mit den Zielen verglichen werden, die der Vertrag insbesondere hinsichtlich des freien Warenverkehrs in dem die Art. 9 und 12 (= Art. 28 und 30 AEUV) enthaltenden Teil verfolgt. Eine – auch noch so geringe – den in- oder ausländischen Waren wegen ihres Grenzübertritts einseitig auferlegte finanzielle Belastung stellt sonach, wenn sie kein Zoll im eigentlichen Sinne ist, unabhängig von ihrer Bezeichnung und der Art ihrer Erhebung eine Abgabe gleicher Wirkung im Sinne von Art. 9 und 12 (= Art. 28 und 30 AEUV) dar, selbst wenn sie nicht zu Gunsten des Staates erhoben wird und keine diskriminierende oder protektionistische Wirkung hat und wenn die belastete Ware nicht mit inländischen Erzeugnissen in Wettbewerb steht".*

Entscheidend ist die seitens des Staates vorgenommene oder veranlasste[130] finanzielle Belastung *wegen* des Grenzübertritts („Grenzkausalität"), während deren Bezeichnung, Höhe, Verwendungszweck[131] und Wirkung unerheblich sind[132]. **889**

Darunter fallen auch Abgaben, die wegen des Überschreitens einer innerstaatlichen Grenze (Gebiet einer Kommune) erhoben werden, da der freie Warenverkehr innerhalb des ge- **890**

---

128  BVerfGE 122, 316 = JZ 2009, 689 mit Anm. *Rodi*: Verfassungswidrig wegen Verstosses gegen Art. 12 Abs. 1 GG iVm Art. 105 und Art. 110 GG.

129  EuGH, verb Rs 2 und 3/69, Sociaal Fonds voor de Diamantarbeiders/Brachfeld ua, Slg 1969, 211, Rn 15/18 = *Pechstein* Nr 141.

130  Vgl EuGH, Rs C-16/94, Dubois ua/Garanor, Slg 1995, I-2421, Rn 20: Privatrechtliche Vereinbarungen. Vgl dazu *Kamann*, in: Streinz, Art. 30 AEUV, Rn 5; *Waldhoff*, in: Calliess/Ruffert, Art. 30 AEUV, Rn 7 mwN.

131  Dieser ist allerdings hinsichtlich der Abgrenzung zwischen Art. 30 und Art. 110 AEUV insoweit entscheidend, ob ein vollständiger oder nur teilweiser Ausgleich der auf der inländische Produktion ruhenden Belastung erfolgt, vgl EuGH, Rs C-206/06, Essent Netwerk Noord ua, Slg 2008, I-5497, Rn 47, 57 und Ls 1.

132  Vgl zur Rspr des EuGH *Herrmann*, in: Grabitz/Hilf/Nettesheim, Art. 30 AEUV, Rn 12.

samten Zollunionsgebiets gewährleistet werden soll und wegen der Möglichkeit des Verbringens in andere Mitgliedstaaten auch ein zwischenstaatlicher Sachverhalt vorliegt[133].

891   Probleme bereitet die Abgrenzung zu den auch *anlässlich* des Grenzübertritts erhobenen und daher rein äußerlich wie Zölle oder zollgleiche Abgaben erscheinenden Abgaben für Produkte aus anderen Mitgliedstaaten, die gemäß Art. 110 AEUV zulässig sind. Jede Maßnahme muss aber eindeutig entweder Art. 30 ff AEUV oder Art. 110 AEUV zugeordnet werden, da die parallele Anwendung beider Regelungskomplexe ausgeschlossen ist[134]. Der Unterschied zwischen beiden liegt darin, dass die Abgaben zollgleicher Wirkung ausschließlich auf das eingeführte Erzeugnis als solches, inländische Abgaben iSv Art. 110 AEUV dagegen gleichermaßen von in- und ausländischen Produkten erhoben werden oder nur dem Ausgleich der Abgabenbelastung in- und ausländischer Produkte dienen, somit für alle Waren, unabhängig von der Herkunft, nach angewandten objektiven Kriterien eine einheitliche Gesamtbelastung herbeiführen[135]. Liegen diese Voraussetzungen nicht vor, ist die Abgabe diskriminierend und durch Art. 110 AEUV bzw, wenn es sich um eine einseitig wegen des Grenzübertritts erhobene Abgabe handelt, durch Art. 28 und 30 AEUV verboten. Letzteres Verbot gilt auch dann, wenn die wegen des Grenzübertritts erhobene Abgabe nur deshalb „nicht diskriminierend" ist, weil es eine gleichartige Inlandsproduktion nicht gibt[136]. Diese Konstellation schließt andererseits nicht aus, dass es sich dabei um eine gemäß Art. 110 AEUV zulässige Abgabe handeln kann, nämlich dann, wenn sie zu einem allgemeinen inländischen Abgabesystem gehört, das Erzeugnisgruppen systematisch nach objektiven Kriterien unabhängig vom Ursprung der Erzeugnisse erfasst. Erforderlich ist dabei, dass die Belastung ganze Kategorien einheimischer oder fremder Erzeugnisse trifft, die sich alle ohne Rücksicht auf ihren Ursprung in einer vergleichbaren Lage befinden[137].

892   Abgaben iSd Art. 110 AEUV sind zB **Einfuhrausgleichsabgaben**. Diesen liegt das Bestimmungslandprinzip zu Grunde, wonach die Waren von den indirekten Steuern des Ausfuhrlandes entlastet und mit den entsprechenden Steuern des Einfuhrlandes belastet werden[138]. Dadurch wird erreicht, dass das ausländische Produkt zB der gleichen Mehrwertsteuerbelastung unterliegt wie die inländischen Konkurrenzprodukte. Der im Binnenmarkt erreichte Wegfall der Grenzkontrollen für Waren bedingte die Abschaffung der Erhebung solcher Abgaben an der Grenze. Da man sich derzeit aber noch nicht auf das angestrebte Ursprungslandprinzip einigen konnte, gilt bis zum Inkrafttreten der (noch nicht erlassenen) endgültigen Regelung eine **Übergangsregelung**, nach der die steuerliche Erfassung der grenzüberschreitenden Umsätze im Bestimmungsland durch periodische Meldungen der Exporteure und Importeure an die Finanzämter sowie durch Abgleichung dieser Meldungen durch die Steuerbehörden der Mitgliedstaaten gesichert werden soll. Der Gegenstand wird im Abgangsmitgliedstaat von der Mehrwertsteuer befreit, der Erwerber ist im Bestimmungsmitgliedstaat steuerpflichtig. Diese Regelung gilt für die Käufe bei Unternehmen (außer Kleinunternehmen), aber auch zB bei allen Käufen von nicht neuen Fahr-

---

133  Vgl zB EuGH, Rs C-72/03, Carbonati Apuani/Comune di Carrara, Slg. 2004, I-5821, Rn 22 ff.

134  EuGH, verb Rs C-393/04 und C-41/05, Air Liquide Industries Belgium/Stadt Seraing und Provinz Lüttich, Slg 2006, I-5293, Rn 50.

135  Vgl EuGH, Rs C-221/06, Stadtgemeinde Frohnleiten und Gemeindebetriebe Frohnleiten, Slg 2007 I-9643, Rn 26.

136  Vgl EuGH, verb Rs 2 und 3/69, Sociaal Fonds voor de Diamantarbeiders/Brachfeld, Slg 1969, 211, Rn 18.

137  Vgl EuGH, Rs 193/85, Cooperativa Co-Frutta, Slg 1987, 2085, Rn 10 ff.

138  Vgl *Stumpf*, in: Schwarze, Art. 110 AEUV, Rn 4.

zeugen. In weiten Bereichen, zB bei allen Käufen von Reisenden im innerunionalen Verkehr, findet eine alleinige Besteuerung im Ursprungsmitgliedstaat statt[139].

**Exkurs: Art. 110 AEUV**

Art. 110 AEUV verbietet abgabenrechtliche Diskriminierungen im innerunionalen Warenverkehr, um dessen Beeinträchtigung durch allein abgabenbedingte Wettbewerbsverzerrungen zu verhindern. Wegen dieses Schutzzwecks ist über den Wortlaut hinaus auch die diskriminierende Belastung inländischer Waren bei der Ausfuhr verboten[140]. Die Vorschrift ist unmittelbar anwendbar. Die hier zu Grunde liegenden Problembereiche werden durch unionsrechtliche Regelungen wie insbesondere die Steuerharmonisierung gemäß Art. 113 AEUV (Harmonisierung der Verbrauchsteuern, vgl Rn 811), aber auch zB durch Gemeinsame Marktordnungen reduziert[141], aber nur insoweit, als es sich um eine vollständige Harmonisierung handelt.

**893**

**Beispiele:** Eine durch Art. 110 Abs. 2 AEUV verbotene diskriminierende Besteuerung von Bananen[142] ist heute bereits wegen der gemeinsamen Marktordnung für Bananen unzulässig. Die Harmonisierung der Struktur der Verbrauchsteuersätze auf Alkohol und alkoholische Getränke durch RL 92/83[143] und die Festlegung von Mindestverbrauchsteuersätzen für solche Getränke durch RL 92/84[144] verhindert wegen der Beschränkung auf Mindestsätze für einzelne Produkte dagegen nicht eine diskriminierende Besteuerung von Wein und Bier. Diese wird allein durch Art. 110 Abs. 2 AEUV untersagt[145].

**Art. 110 Abs. 1 AEUV** verbietet, auf Waren aus anderen Mitgliedstaaten unmittelbar oder mittelbar höhere inländische Abgaben gleich welcher Art zu erheben, als gleichartige inländische Waren unmittelbar oder mittelbar zu tragen haben. Gleichartig sind Waren, die auf der gleichen Produktions- oder Vertriebsstufe in den Augen der Verbraucher gleiche Eigenschaften haben und denselben Bedürfnissen dienen. Das Verbot ist weit auszulegen. Maßgeblich sind die tatsächlichen Auswirkungen der jeweiligen Abgabe auf eine inländische Ware einerseits, auf die eingeführten Erzeugnisse andererseits. Es ist daher unerheblich, ob die Diskriminierung aus der Anwendung unterschiedlicher Steuersätze erfolgt oder aus sonstigen Differenzierungen (Wahl einer unterschiedlichen Bemessungsgrundlage; Vorliegen unterschiedlicher Erhebungsmodalitäten; Vorteile oder Befreiungen für die inländische Ware[146]). Aktuell musste der EuGH vor allem Kfz-Abgaben beanstanden, die Importprodukte diskriminieren[147].

---

139  Vgl Art. 402 RL 2006/112/EG des Rates vom 28.11.2006 über das gemeinsame Mehrwertsteuersystem, ABl 2006 L 347/1. Vgl zur Entwickung der Harmonisierung der Umsatzsteuer *Wolffgang*, in: Lenz/Borchardt, Art. 113 AEUV, Rn 13 ff mwN.
140  EuGH, Rs 142/77, Statens Kontrol med aedle Metaller/Larsen ua, Slg 1978, 1543, Rn 21/27.
141  Vgl zur abnehmenden Bedeutung der Vorschrift *Seiler*, in: Grabitz/Hilf/Nettesheim Art. 110 AEUV, Rn 48.
142  Vgl EuGH, Rs 184/85, Kommission/Italien, Slg 1987, 2013, Rn 13 ff.
143  ABl 1992 L 316/21; HER I A 51/2.10.
144  ABl 1992 L 316/29; HER I A 51/2.11; ein Änderungsvorschlag der Kommission für diese Richtlinie wurde nach ablehnender Stellungnahme des Parlaments bisher nicht weiterverfolgt (vgl KOM/2006/0486, Celex-Nr 52006PC0486).
145  Vgl EuGH, Rs 170/78, Kommission/Vereinigtes Königreich, Slg 1980, 417, Rn 1 ff und Slg 1983, 2265, Rn 6 ff.
146  Vgl *Seiler*, in: Grabitz/Hilf/Nettesheim, Art. 110 AEUV, Rn 19 ff; *Kamann*, in: Streinz, Art. 110 AEUV, Rn 22 ff; *Stumpf*, in: Schwarze, Art. 110 AEUV, Rn 15 ff; *Wolffgang*, in: Lenz/Borchardt, Art. 110 AEUV, Rn 26 ff mwN.
147  Vgl zB EuGH, Rs C-387/01, Weigel, Slg. 2004, I-4987, Rn 85 ff (österreichische Normverbrauchsabgabe für Kfz); EuGH, verb Rs C-290/05 und C-333/05, Nádasdi ua, Slg 2006, I-10115, Rn 51 ff; EuGH, Rs C-313/05, Brzezinski, Slg 2007, I-513, Rn 31 ff (Ertragsteuern).

**Art. 110 Abs. 2 AEUV** ergänzt das Diskriminierungsverbot des Abs. 1 für die Fälle, in denen gleichartige inländische Waren nicht vorhanden sind, die inländische Produktion aber vor einem Substitutionswettbewerb durch Importgüter geschützt werden soll. Ob dies der Fall ist, wird durch eine wirtschaftliche Gesamtbetrachtung ermittelt.

894    **Abgaben gleicher Wirkung** gemäß Art. 28 und 30 AEUV sind zB Gebühren für Statistiken, Qualitäts- und Gesundheitskontrollen, Lizenzen sowie sog. parafiskalische Abgaben. Letztere werden zwar allgemein erhoben, ihr Ertrag kommt aber nur einheimischen Erzeugnissen zugute.

895    Solche Gebühren oder Abgaben sind nur dann erlaubt, wenn sie als **Gegenleistung** für tatsächlich erwiesene Dienste erhoben werden, die den Importeur bzw Exporteur individuell bevorteilen, und die festgesetzte Gebührenhöhe diesen Vorteilen gegenüber angemessen ist[148]. Der Charakter einer Gegenleistung fehlt aber, wenn die Dienste nicht im Interesse des Importeurs bzw Exporteurs, sondern im Interesse der Allgemeinheit erbracht werden. Insofern sind Gebühren für gesundheitspolizeiliche Untersuchungen bei der Ein- oder Ausfuhr Abgaben zollgleicher Wirkung[149]. Etwas anderes gilt nur dann, wenn solche Kontrollen unionsrechtlich vorgeschrieben – nicht lediglich geduldet – werden, für alle betroffenen Erzeugnisse in der Union obligatorisch und einheitlich sind, den freien Warenverkehr durch die Ersetzung ansonsten gemäß Art. 36 AEUV zulässiger einseitiger Kontrollen (vgl Rn 915 ff) begünstigen und die Gebühren die tatsächlichen Kosten der Kontrollen, anlässlich deren sie erhoben werden, nicht übersteigen[150].

896    **Lösung Fall 48** (Rn 887): Es könnte sich bei dem Pflichtbeitrag um eine durch Art. 28 und 30 AEUV verbotene **Abgabe gleicher Wirkung** wie ein Einfuhrzoll handeln. Der Begriff ist im AEUV nicht definiert. Die Ausdehnung des Verbots der Zölle auf Abgaben gleicher Wirkung soll die Abschaffung der aus den Zöllen erwachsenden Handelshindernisse vervollständigen und wirksam gestalten. Damit soll vermieden werden, dass im Handel zwischen den Mitgliedstaaten der Warenverkehr *wegen* des Grenzübertritts finanziellen Belastungen ausgesetzt wird. Daraus folgt, dass eine auch noch so geringe, den ausländischen Waren wegen ihres Grenzübertritts einseitig auferlegte finanzielle Belastung, wenn sie kein Zoll im eigentlichen Sinne ist, unabhängig von ihrer Bezeichnung und der Art ihrer Erhebung eine Abgabe gleicher Wirkung wie ein Einfuhrzoll darstellt, selbst wenn sie nicht zu Gunsten des Staates erhoben wird und keine protektionistische Wirkung hat. Diese Abgaben sind von denen abzugrenzen, die Art. 110 AEUV regelt. Während Abgaben gleicher Wirkung ausschließlich das eingeführte Erzeugnis als solches treffen, belasten inländische Abgaben iSv Art. 110 AEUV sowohl eingeführte als auch inländische Erzeugnisse. Dies ist zwar bei dem Pflichtbeitrag der Fall. Da seine Erträge jedoch ausschließlich dem Absatz heimischer Erzeugnisse zugutekommen, werden diese dadurch wieder entlastet, sodass es sich letztlich um eine einseitig den ausländischen Waren wegen ihres Grenzübertritts auferlegte Belastung handelt (parafiskalische Abgabe). Diese ist aber durch Art. 28 und Art. 30 AEUV verboten.

---

148    EuGH, Rs 24/68, Kommission/Italien, Slg 1969, 193, Rn 16.
149    Vgl EuGH, Rs 314/82, Kommission/Belgien, Slg 1984, 1543, Rn 12 mwN.
150    EuGH, Rs 18/87, Kommission/Deutschland, Slg 1988, 5427, Rn 7 ff, 14 f; Rs C-426/92, Deutschland/Deutsches Milch-Kontor, Slg 1994, I-2757, Rn 47 ff. Vgl *Kamann*, in: Streinz, Art. 30 AEUV, Rn 16 ff; *Terhechte*, in: Schwarze, Art. 30 AEUV, Rn 19; *Lux*, in: Lenz/Borchardt, Art. 30 AEUV, Rn 17 ff mwN. Zur reduzierten, aber fortbestehenden Bedeutung im Binnenmarkt vgl *Waldhoff*, in: Calliess/Ruffert, Art. 30 AEUV, Rn 8.

Dies gilt, soweit die sich aus dem Absatzfonds ergebenden Vorteile die Belastung vollständig ausgleichen.

Gleichen diese Vorteile nur einen Teil der das einheimische Erzeugnis treffenden Belastungen aus, so fällt die betreffende Abgabe unter Art. 110 AEUV[151]. Ob die Abgabe insoweit diskriminierend ist, muss durch einen Belastungsvergleich ermittelt werden.

Die Verwendung der Abgabe für den Absatzfonds kann zudem eine mit dem Binnenmarkt gemäß Art. 107, Art. 108 AEUV unvereinbare Beihilfe (s. dazu Rn 1095 ff) darstellen.

**cc) Die Aufstellung des Gemeinsamen Zolltarifs (GZT).** Durch die Einführung eines GZT für den Handel mit Nichtmitgliedstaaten unterscheidet sich die Zollunion der EU wesentlich von einer Freihandelszone wie zB der EFTA.     **897**

Der GZT wurde gemäß *Art. 18–27 aF* (zwischenzeitlich *Art. 26, 27 EGV*, heute Art. 31, 32 AEUV) unter Berücksichtigung der Verpflichtungen aus Art. XXIV GATT 1947, dem alle Gründungsmitglieder angehörten, eingeführt. Die Zollunion konnte bereits vorzeitig zum 1.7.1968 vollendet werden.     **898**

Gemäß der VO 2658/87 des Rates vom 23.7.1987 über die zolltarifliche und statistische Nomenklatur sowie den Gemeinsamen Zolltarif[152] ist im GZT jede Ware nach einer systematischen Abfolge unter einer bestimmten Position mit einer individuellen Codenummer aufgeführt. Ihr wird der für sie bestimmte Zollsatz, in der Regel als Prozentsatz vom Warenwert, zugeordnet. Der Tarif wird laufend aktualisiert. Der jeweils aktuelle Stand ist in TARIC (Tarif intégré des communautés européennes), dem integrierten Tarif der EU, abgebildet. Dabei handelt es sich nicht um ein Rechtsinstrument, sondern um eine auf Art. 2 des GZT beruhende Internetdatenbank[153], die einen Zugriff auf alle Zollmaßnahmen auf Importe einer bestimmten Tarifnummer und einer bestimmten Herkunft erlaubt.     **899**

Seit dem endgültigen Inkrafttreten des GZT dürfen die Mitgliedstaaten den Zolltarif nicht mehr einseitig ändern. Die Kompetenz ist für die autonome und für die vertragliche Festsetzung auf die EU übergegangen (Art. 31 und Art. 207 AEUV). Gemäß Art. 31 AEUV entscheidet der Rat mit qualifizierter Mehrheit. Zu Art. 207 AEUV s. Rn 1266 ff. Aus dem Zweck des GZT und der Zielsetzung der gemeinsamen Handelspolitik folgt, dass auch ohne ein ausdrückliches Verbot zollgleicher Abgaben die Mitgliedstaaten bei Direkteinfuhr aus Drittstaaten nicht einseitig neue Abgaben einführen oder bestehende erhöhen dürfen[154].     **900**

Materielle Vorgabe für die Zollpolitik der EU, der im Rahmen der Zollverhandlungen des GATT (Dillon-Runde 1960/61, Kennedy-Runde 1964/67, Tokio-Runde 1973/79, Uruguay-Runde 1986/94)[155] nachgekommen wurde, war *Art. 131 EGV* (heute Art. 206 AEUV) (s. dazu Rn 1263 f).     **901**

---

151  EuGH, Rs C-206/06, Essent Netwerk Noord ua, Slg 2008, I-5497, Rn 47, 57 und Ls 1.

152  Kombinierte Normenklatur – KN, ABl 1987 L 256/1, zuletzt geändert durch VO 254/2000 (ABl 2000 L 28/16). Aktualisierte Fassung in: HER I A 21/3.16. Änderung des Anhangs durch VO 1326/2013, ABl 2013 Nr. L 334/4.

153  Abrufbar unter http://ec.europa.eu/taxation_customs/dds2/taric/taric_consultation.jsp?Lang=de.

154  EuGH, verb Rs 37 und 38/73, Sociaal Fonds voor de Diamantarbeiders/Indiamex und De Belder, Slg 1973, 1609, Rn 8/11 ff, 22/25.

155  Vgl hierzu *Herrmann/Weiß/Ohler*, Welthandelsrecht, 2. Aufl. 2007, Rn 100 ff.

**902** Die ausschließliche Gesetzgebungszuständigkeit für die Zollunion einschließlich der Gemeinsamen Handelspolitik liegt bei der EU (Art. 3 Abs. 1 lit. a bzw lit. e AEUV) mit der Folge, dass vorbehaltlich ausdrücklicher Ermächtigung durch die EU oder zum Erlass notwendiger Durchführungsvorschriften nur diese gesetzgeberisch tätig werden darf und nicht die Mitgliedstaaten (Art. 2 Abs. 1, Art. 291 AEUV). Die Verwaltung der Zollunion erfolgt dagegen im Wesentlichen durch die Mitgliedstaaten. Die dazu erforderliche Zusammenarbeit im Zollwesen erfolgt gemäß Art. 33 AEUV und dem Zollkodex[156].

### c) Die Beseitigung mengenmäßiger Ein- und Ausfuhrbeschränkungen und Maßnahmen gleicher Wirkung zwischen den Mitgliedstaaten

**903** **aa) Verpflichtung der Mitgliedstaaten.** Gemäß Art. 34 AEUV sind mengenmäßige Einfuhrbeschränkungen sowie alle Maßnahmen gleicher Wirkung zwischen den Mitgliedstaaten verboten. Die Mitgliedstaaten sind also verpflichtet, bestehende Handelshemmnisse dieser Art abzubauen und keine neuen einzuführen. Entsprechendes gilt gemäß Art. 35 AEUV für mengenmäßige Ausfuhrbeschränkungen. Die Bestimmungen sind unmittelbar anwendbar (s. Rn 873).

**904** Die im AEUV nicht näher erläuterten **„mengenmäßigen Beschränkungen"** hat der EuGH definiert als „sämtliche Maßnahmen, die sich als eine gänzliche oder teilweise Untersagung der Einfuhr, Ausfuhr oder Durchfuhr darstellen"[157]. Da der Begriff der „Maßnahmen gleicher Wirkung wie mengenmäßige Beschränkungen" alle vom Begriff „mengenmäßige Beschränkungen" umfassten Maßnahmen einschließt, erübrigt sich eine genaue Definition und ist eine gegenseitige Abgrenzung praktisch bedeutungslos. Sie wird vom EuGH auch nicht mehr vorgenommen. Zudem kommen in der Praxis mengenmäßige Beschränkungen wie Ein- oder Ausfuhrverbote oder Kontingentierungen nicht mehr vor.

**905** Große Bedeutung haben dagegen nach wie vor die **„Maßnahmen gleicher Wirkung"**. Die Ermittlung dieses im AEUV ebenfalls nicht definierten Begriffs bereitete Schwierigkeiten. Die handelsbeschränkenden Wirkungen auch unterschiedsloser Maßnahmen bewogen den EuGH dazu, durch die *Dassonville-Formel* die Warenverkehrsfreiheit hinsichtlich Einfuhrbeschränkungen nicht als bloßes Diskriminierungsverbot (vgl Rn 823), sondern als Beschränkungsverbot zu postulieren (s. Rn 827 ff, 864).

**906** Für Maßnahmen gleicher Wirkung wie **mengenmäßige Ausfuhrbeschränkungen**, die nur Waren derselben Herkunft, nämlich inländische, betreffen können, wurde die *Dassonville-Formel* dagegen als zu weit empfunden, da nahezu jede einzelstaatliche Maßnahme, die sich regulierend und/oder kostenverursachend auf Produktion und Vertrieb von Waren auszuwirken vermag, auch geeignet sein kann, Ausfuhren zu verhindern, die ohne diese Maßnahme stattfinden könnten, wodurch alle mitgliedstaatlichen Regelungen zum Schutz legitimer Gemeinwohlziele dem Zwang zur Rechtfertigung nach unionsrechtlichen Maßstäben unter Kontrolle des EuGH unterlä-

---

156 Vgl dazu und zu weiteren Ermächtigungsnormen, die auch für den modernisierten Zollkodex (VO 450/2008, ABl 2008 L 145/1; s. zu dessen Ablösung durch den UZK Rn 815) für erforderlich gehalten wurden, *Lux*, in: Lenz/Borchardt, Art. 33 AEUV, Rn 7 f.

157 EuGH, Rs 2/73, Geddo/Ente Nazionale Risi, Slg 1973, 865, Rn 7 = *Pechstein* Nr 149.

gen[158]. Daher unterfallen nach der *Groenveld-Formel* des EuGH diesem Begriff nur solche nationalen Maßnahmen, „die spezifische Beschränkungen der Ausfuhrströme bezwecken oder bewirken und damit unterschiedliche Bedingungen für den Handel innerhalb eines Mitgliedstaats und seinen Außenhandel schaffen, sodass die inländische Produktion oder der Binnenmarkt des betreffenden Staates zum Nachteil der Produktion oder des Handels anderer Mitgliedstaaten einen besonderen Vorteil erlangt"[159]. Die Maßnahme muss danach nicht nur allgemein die Produktion bzw die Vermarktung betreffen, sondern sich gerade auf die Ausfuhr hinderlich auswirken können[160]. Dies ist aber – über den Ansatz des EuGH hinaus – auch bei Maßnahmen zulasten der inländischen Wirtschaft möglich. Das Ziel der Warenverkehrsfreiheit ist nämlich, grenzüberschreitende wirtschaftliche Handlungsfreiheiten zu gewährleisten und dadurch Wettbewerbschancen auch in anderen Mitgliedstaaten zu ermöglichen.

Die *Groenveld-Formel* ist in der Literatur auf Kritik gestoßen[161], die auch von einer Generalanwältin aufgegriffen wurde[162]. Gleichwohl hielt der EuGH im *Fall Gysbrechts und Santurel* daran fest[163]. Ob und inwieweit dies auch noch *inhaltlich* zutrifft, ist umstritten[164]. Es spricht einiges dafür, Art. 35 AEUV parallel zu Art. 34 AEUV zu behandeln und die zu weite *Dassonville-Formel* durch die strikte Orientierung am Marktzugangskriterium bereits **tatbestandlich** dahingehend einzugrenzen, dass nur **spezifische Marktaustrittsbehinderungen** darunterfallen[165]. Ist der Tatbestand erfüllt, kommen auch bei Art. 35 AEUV bei unterschiedslosen Maßnahmen neben den ausdrücklich genannten Rechtfertigungsgründen die vom EuGH in Rechtsfortbildung entwickelten (s. Rn 863 ff) in Frage[166].    **907**

**Anwendungsfälle** sind zB Ausfuhrformalitäten, Qualitätskontrollen für die Ausfuhr, Bindung der Exportmöglichkeit an die Mitgliedschaft bei einer berufsständischen Organisation, Abfüllgebot im Inland für Exportwein, Beschränkung der Abfallbeseiti-    **908**

---

158  *Müller-Graff*, in: von der Groeben/Schwarze/Hatje, Art. 35 AEUV, Rn 15.
159  EuGH, Rs 15/79, Groenveld BV/Produktschap voor Vee en Vlees, Slg 1979, 3409, Rn 7 = *Pechstein* Nr 152; st Rspr, vgl EuGH, Rs C-80/92, Kommission/Belgien, Slg 1994, I-1019, Rn 24; EuGH, Rs C-203/96, Dusseldorp ua, Slg 1998, I-4075, Rn 40 und EuGH, Rs C-388/95, Belgien/Spanien („Rioja"), Slg 2000, I-3123, Rn 47 ff. Im Bereich von Gemeinsamen Marktorganisationen (GMO) des Agrarrechts (s. dazu Rn 1200) unterscheidet der EuGH wegen des unional vollständig determinierten Marktes nicht zwischen Ein- und Ausfuhrregelungen und greift auf die *Dassonville Formel* zurück, EuGH, Rs 94/79, Vriend, Slg 1980, 327, Rn 8 f; EuGH, Rs C-161/09, Kakavetsos-Fragkopoulos, Slg 2011, I-915, Rn 27 ff = *HVL*, S. 62318 ff. Vgl dazu *Müller-Graff*, in: von der Groeben/Schwarze/ Hatje, Art. 35 AEUV, Rn 29 f. Vgl dazu und zu weiteren sekundärrechtlichen Regelungen *Leible/ T. Streinz*, in: Grabitz/Hilf/Nettesheim, Art. 35 AEUV, Rn 22 ff.
160  *Schweitzer/Hummer/Obwexer*, Rn 1406.
161  S. dazu *Leible/T. Streinz*, in: Grabitz/Hilf/Nettesheim, Art. 35 AEUV, Rn 6, 11 ff mwN.
162  SchlA GA Trstenjak zu EuGH, Rs C-205/07, Gysbrechts und Santurel Inter, Slg 2008, I-173, Nr 42 ff.
163  EuGH, Rs C-205/07, Gysbrechts und Santurel Inter, Slg 2008, I-173, Rn 40 = *Pechstein* Nr 153.
164  Vgl einerseits *Haratsch/Koenig/Pechstein*, Rn 872; *Epiney*, NVwZ 2009, 1139 (1142); andererseits *Leible/T. Streinz*, in: Grabitz/Hilf/Nettesheim, Art. 35 AEUV, Rn 16 f; *Gundel*, JA 2009, 558 (560); *Dauses/Brigola*, in: Dauses, EU-WirtR, C I., Rn 199 ff, 202.
165  *Leible/T. Streinz*, in: Grabitz/Hilf/Nettesheim, Art. 35 AEUV, Rn 17, 24; *Dauses/Brigola*, in: Dauses, EU-WirtR, C I., Rn 203 ff; *Brigola*, EuZW 2009, 479; *Schroeder*, in: Streinz, Art. 35 AEUV, Rn 5 mwN.
166  So jetzt ausdrücklich EuGH, Rs C-205/07, Gysbrechts und Santurel Inter, Slg 2008, I-173, Rn 45. Vgl dazu *Leible/T. Streinz*, in: Grabitz/Hilf/Nettesheim, Art. 35 AEUV, Rn 18.

gung, Ausfuhrgenehmigung für gebrauchte Ölfilter nur für den Fall einer höherwertigen Verwertung als im Inland[167].

**909**  Der EuGH hat in st Rspr bestätigt und klargestellt, dass die *Dassonville-Formel* auch für unterschiedslos auf inländische und eingeführte Waren angewandte Maßnahmen Anwendung findet, und der Grad der Handelsbeeinträchtigung gleichgültig ist. Auch das Urteil im *Fall Keck*[168] brachte keine grundlegende Änderung, sondern lediglich eine einschränkende Präzisierung der *Dassonville-Formel* dahingehend, dass nationale Bestimmungen, die *bestimmte*[169] **Verkaufsmodalitäten** beschränken, dann nicht unter das Verbot des Art. 34 AEUV fallen, wenn sie für alle betroffenen Wirtschaftsteilnehmer gelten, die ihre Tätigkeit im Inland ausüben, und sofern sie den Absatz der inländischen Erzeugnisse und der Erzeugnisse aus anderen Mitgliedstaaten rechtlich wie tatsächlich[170] in der gleichen Weise berühren. Bis dahin hatte der EuGH die Frage, ob Verkaufsmodalitäten wie zB zeitliche Beschränkungen der Ladenöffnungszeiten tatbestandlich unter Art. 34 AEUV fallen und daher einer Rechtfertigung bedürfen, offen gelassen, da er in den konkreten Fällen jedenfalls eine Rechtfertigung bejahte[171]. Allerdings ließ das Urteil offen, was Verkaufsmodalitäten sind und von welcher konkreten Rechtsprechung der EuGH ausdrücklich abweichen möchte. Mittlerweile hat der EuGH klargestellt, dass jedenfalls Vorschriften, die die Änderung einer Verpackung erzwingen, die in einem anderen Mitgliedstaat zugelassen ist, als warenbezogene Regelungen (notwendige Produktveränderungen) keine „Verkaufsmodalitäten" sind[172]. Als Verkaufsmodalitäten wurden neben Ladenschlussregelungen zB Verkaufsvorbehalte für Apotheken[173] oder zugelassene Vertriebshändler für Tabakwaren[174] und Beschränkungen der Fernsehwerbung[175] angesehen. Fraglich und strittig ist bzw war, ob der EuGH von seiner bisherigen Rechtsprechung zum Verbot von Eigenpreisvergleichen[176] abweichen wollte bzw will[177] und wie nicht unmittelbar mit der Verpackung verbundene grenzüberschreitende Werbestrategien („**Euromarke-**

---

167  Vgl zB EuGH, Rs C-203/96, Dusseldorp ua, Slg 1998, I-4075, Rn 39 ff; Rs C-209/98, FFAD für Sydhavnens Sten & Grus/Kobenhavns Kommune, Slg 2000, I-3743, Rn 34 ff = *Pechstein* Nr 263 = JuS 2001, 87 (88) – *Murswiek*. Vgl *Kotzur*, in: Geiger/Khan/Kotzur, Art. 35 AEUV, Rn 4 mwN; *Leible/T. Streinz*, in: Grabitz/Hilf/Nettesheim, Art. 35 AEUV, Rn 19 ff; *Becker*, in: Schwarze, Art. 35 AEUV, Rn 16 ff; *Schroeder*, in: Streinz, Art. 35 AEUV, Rn 6 mwN.

168  EuGH, verb Rs C-267/91 und 268/91, Keck und Mithouard, Slg 1993, I-6097, Rn 16 f = *Pechstein* Nr 155 = *HVL*, S. 581 f.

169  Auf diese Einschränkung weisen zu Recht *Müller-Graff*, in: von der Groeben/Schwarze/Hatje, Art. 34 AEUV, Rn 247 und *Leible/T. Streinz*, in: Grabitz/Hilf/Nettesheim, Art. 34 AEUV, Rn 81 hin.

170  Vgl zu dieser „Rückausnahme" EuGH, Rs C-254/98, TK-Heimdienst, Slg 2000, I-151, Rn 25 f = JuS 2000, 809 (810) – *Streinz*; EuGH, Rs C-322/01, Deutscher Apothekerverband/DocMorris, Slg 2003, I-14887 = *Pechstein* Nr 159 = *HVL*, S. 582 ff = JuS 2004, 518 (520 f) – *Streinz*.

171  Vgl EuGH, Rs C-145/88, Torfaen/B&Q, Slg 1989, I-3851, Rn 13 f; vgl demgegenüber zB EuGH, verb Rs C-69/93 und C-258/93, Punto Casa/Sindaco del Comune di Capena, Slg 1994, I-2355, Rn 11 ff.

172  EuGH, Rs C-470/93, Verein gegen Unwesen in Handel und Gewerbe Köln/Mars, Slg 1995, I-1923, Rn 12 ff = *Pechstein* Nr 157; vgl bereits Rs C-315/92, Verband sozialer Wettbewerb/Clinique, Slg 1994, I-317, Rn 13.

173  EuGH, Rs C-391/92, Kommission/Griechenland, Slg 1995, I-1621, Rn 11 ff.

174  EuGH, Rs C-387/93, Banchero, Slg 1995, I-4663, Rn 32 ff, 34, 44.

175  EuGH, Rs C-412/93, Leclerc-Siplec, Slg 1995, I-179, Rn 19 ff.

176  EuGH, Rs C-362/88, GB-INNO, Slg 1990, I-667, Rn 6 ff; Rs C-126/91, Yves Rocher, Slg 1993, I-2361, Rn 9 ff.

177  Vgl dazu *Streinz/Leible*, ZIP 1995, 1237 mwN.

ting") zu beurteilen sind. Die Behinderung einheitlicher Werbekonzepte und binnen-marktweiter Vermarktungskonzepte sollte tatbestandlich von Art. 34 AEUV erfasst bleiben und der Rechtfertigung im Rahmen der Güterabwägung zwischen freiem Warenverkehr und nationalem Regelungsinteresse bedürfen[178]. Entscheidend ist die Rückführung der Warenverkehrsfreiheit im Bereich von Vertriebs- und Absatzregelungen auf ihren eigentlichen Sinngehalt als **„Marktzugangsrecht"** ausländischer Waren[179], aber auch die Erstreckung auf *alle* „spezifischen" Marktzugangshindernisse[180]. Die Unterscheidung zwischen produkt- und vertriebsbezogenen Beschränkungen kann daher nur eine grobe Kategorisierung sein[181], die sich immerhin, aber auch nur zur Lösung dieser Fallgruppe eignet.

Die Wirkungen und damit der Nutzen der Keck-Rechtsprechung werden in der uferlosen Literatur zu diesem Thema[182] sehr unterschiedlich beurteilt. Auch die Generalanwälte haben sie wiederholt kritisiert[183]. Deutlich wurde die Problematik des Kriteriums Produkt-/bzw Verkaufsmodalität im Fall *Alfa Vita* (s. **Fall 49**, Rn 914), in dem der EuGH eine Vorschrift, die sich nicht auf die Verpackung von sog. Bake off-Produkten und damit nicht auf eine Produktmodalität, sondern auf die Räumlichkeiten bezog, in denen das Aufbacken (nach dem Import des Produkts) erfolgte, für rechtfertigungsbedürftig hielt[184]. Im Fall *Morellato* bestätigte der EuGH zwar, dass die betreffenden Vorschriften über die Verpackung Produktmodalitäten und damit nicht unter die Keck-Formel fielen, sah den Tatbestand des Art. 34 AEUV aber deshalb als nicht erfüllt an, weil (wie im Fall *Alfa Vita*) das Aufbacken und damit die „Endfertigung" des Produkts erst nach dem Grenzübertritt in das Bestimmungsland erfolgte[185]. Dies bewog GA Poiares Maduro unter Einbeziehung von Elementen der Keck-Rechtsprechung zur Entwicklung eines Prüfschemas anhand von drei alternativen Hauptkriterien für das Vorliegen eines relevanten Handelshemmnisses, nämlich Diskriminierung, Herkunftslandprinzip und (Importe stärker belastendes) Marktzutrittshindernis[186]. Sein Ziel war die Reduktion der Grundfreiheiten auf die Aufgabe des EuGH, „sicherzustellen, dass die Mitgliedstaaten keine Maßnahmen ergreifen, die in Wirklichkeit darauf hinauslaufen, dass die grenzüberschreitenden Sachverhalte ungünstiger als die rein nationalen Sachverhalte behandelt werden", nicht aber, „systematisch die Ausrichtung der Wirtschaftspolitik der Mitgliedstaaten in Frage zu stellen"[187].

910

Der EuGH ging darauf zunächst nicht ein. Er griff diesen Ansatz erst auf, als sich das Problem, stellte, wie sog. **„Nutzungsmodalitäten"** einzuordnen sind. Es geht dabei

911

---

178 So offenbar EuGH, Rs C-255/97, Pfeiffer/Löwa, Slg 1999, I-2835, Rn 20.
179 *Haratsch/Koenig/Pechstein*, Rn 877 unter Hinweis auf EuGH, Rs C-254/98, TK-Heimdienst, Slg 2000, I-151, Rn 29 = JuS 2000, 809 – *Streinz*.
180 Zutreffend *Schroeder*, in: Streinz, Art. 34 AEUV, Rn 54; vgl auch *Kingreen*, in: Calliess/Ruffert, Art. 34-36 AEUV, Rn 51 ff; *Jarass*, EuR 2000, 710.
181 Zutreffend *Becker*, in: Schwarze, Art. 34 AEUV, Rn 48 ff. Eingehende Analyse bei *Schroeder*, in: Streinz, Art. 34 AEUV, Rn 41 ff mwN.
182 Vgl dazu *Leible/T. Streinz*, in: Grabitz/Hilf/Nettesheim, Art. 34 AEUV, S. 3 f: Schrifttum zu (5.) „Keck und Marktzugang".
183 Vgl dazu ebd., Rn 84 mwN.
184 EuGH, verb Rs C-158/04 und C-159/04, Alfa Vita, Slg 2006, I-8135, Rn 19.
185 EuGH, Rs C-416/00, Morellato, Slg 2003, I-9343, Rn 28 ff.
186 SchlA zu verb Rs C-158/04 und C-159/04, Slg 2006, I-8135, Nr 24 ff. Dieses Prüfschema könne auf alle Grundfreiheiten übertragen werden, ebd., Rn 50.
187 Ebd. Rn 41.

um Vorschriften der Mitgliedstaaten, die Verwendungsbeschränkungen enthalten, die im Herkunftsland nicht existieren, und damit den Kauf der betreffenden Ware behindern könnten[188]. Im Fall *Mickelsson und Roos* hat der EuGH den Vorschlag von GA Kokott, die *Keck-Formel* auf „bestimmte Nutzungsmodalitäten" zu erstrecken[189], nicht aufgegriffen, sondern stellte darauf ab, ob die betreffende Verwendungsbeschränkung „den Zugang zum Markt eines Mitgliedstaats für Erzeugnisse aus anderen Mitgliedstaaten behindert", was er darin sah, dass die Verwendungsbeschränkung vom Kauf des betreffenden Produkts abhalten könnte[190]. Im grundlegenden Urteil *Kommission/Italien* fügte der EuGH dieses Element in den sog. **Drei-Stufen-Test** ein, der seitdem die Rechtsprechung bestimmt[191]. Ausgehend von der *Dassonville-Formel* (s. Rn 864)[192] fragt der EuGH, **(1.)** ob durch die Maßnahme bezweckt oder bewirkt wird, dass Erzeugnisse aus anderen Mitgliedstaaten weniger günstig behandelt werden, als inländische Produkte (**Diskriminierungsverbot** – allgemeiner Grundsatz), **(2.)** ob Hemmnisse dahingehend bestehen, dass Waren aus anderen Mitgliedstaaten, die dort rechtmäßig hergestellt und in den Verkehr gebracht worden sind, bestimmten Vorschriften entsprechen müssten, auch wenn diese Maßnahmen unterschiedslos für inländische und ausländische Produkte gelten (**Grundsatz der gegenseitigen Anerkennung** – Cassis-Rechtsprechung – Problem: Erstreckung auf Verwendungsmodalitäten?), **(3.)** ob durch die Maßnahme der Zugang des Produktes zum entsprechenden Markt im betreffenden Mitgliedstaat erschwert wird (**Marktzugangsbeschränkung** – bei Verbot, ggf weitgehender Einschränkung der Verwendung gegeben). Werden alle drei Fragen mit „nein" beantwortet, liegt keine tatbestandliche und somit rechtfertigungsbedürftige Maßnahme gleicher Wirkung vor.

**912**  Entscheidender Ansatzpunkt für einen Binnenmarkt ist das **Marktzugangsrecht**. Daher ist das Abstellen auf das Kriterium eines **spezifischen Marktzugangshindernisses** für eine inhaltlich sachgerechte Abgrenzung, die sich weniger an Begrifflichkeiten, als an der tatsächlichen Bedeutung für den freien Warenverkehr orientiert, am Besten geeignet[193]. Um die gewünschte Entlastungsfunktion zu erreichen und nicht uferlos Bereiche der nationalen Rechtsordnung auf den Prüfstand des Unionsrechts im Rahmen der Rechtfertigungsprüfung zu stellen sowie die Rechtsprechung bere-

---

188  Vgl EuGH, Rs C-265/06, Kommission/Portugal, Slg 2008, I-2245 (Verbot des Befestigens von farbigen Folien an den Scheiben von Kraftfahrzeugen); EuGH, Rs C-142/05, Mickelsson, Slg 2009, I-4273, Rn 25 ff = *HVL*, S. 596 (Untersagung des Betriebs von Wassermotorrädern in geschützten Gebieten); EuGH, Rs C-110/05, Kommission/Italien, Slg 2009, I-519 = *Pechstein* Nr 161 = *HVL*, S. 593 ff = JuS 2009, 652 – *Streinz* (Verbot von Anhängern an Kleinkrafträdern). Weiteres Beispiel: Verbot zwar nicht des Erwerbs, aber der Verwendung von Radarwarngeräten.

189  GA Kokott, SchlA zu EuGH, Rs C-142/05 – Slg 2009, I-4273, Nr 42 ff, 56 – Mickelsson. Sie nennt dabei als Beispiel ua ein Tempolimit auf Autobahnen, das vom Kauf von schnellen Fahrzeugen abhalten könnte.

190  EuGH, Rs C-265/06, Kommission/Portugal, Slg 2008, I-2245, Rn 33; EuGH, Rs C-110/05, Kommission/Italien, Slg 2009, I-519, Rn 57.

191  EuGH, Rs C-110/05, Kommission/Italien, Slg 2009, I-519, Rn 33 ff = *Pechstein* Nr 161 = *HVL*, S. 593 ff = JuS 2009, 652 – *Streinz* (Verbot von Anhängern an Kleinkrafträdern), Bestätigt ua in EuGH, Rs C-456/10, ANETT, ECLI:EU:C:2012:241, Rn 32 ff = EuZW 2012, 508 m. Anm. *T. Streinz*; s. dazu auch *K. Purnhagen*, JZ 2012, 742 (744): „Transformation der Keck-Formel zur 3-Stufen-Formel abgeschlossen"; EuGH, Rs C-484/10, Ascafor und Asidac, ECLI:EU:C:2012:113, 52 ff. Vgl auch *Brigola*, EuZW 2012, 248.

192  Die daher entgegen *Haratsch/Koenig/Pechstein*, Rn 908 Ausgangspunkt bleibt, aber durch den Drei-Stufen-Test eingeschränkt wird.

193  *T. Streinz*, in: Grabitz/Hilf/Nettesheim, Art. 34 AEUV, Rn 83 ff.

chenbarer zu machen[194], kommt es aber darauf an, geeignete Kriterien und Maßstäbe für eine wirklich relevante Marktzugangsbehinderung zu finden. Abgesehen von evidenten Fällen kommt man dabei allerdings an einer Prüfung des Einzelfalles und wertenden Betrachtungen nicht vorbei[195].

Da es sich bei dieser Rechtsprechung um eine verbindliche (vgl Art. 267 Abs. 1 lit. a AEUV) Auslegung des Art. 34 AEUV handelt, sind die Auslegungsrichtlinien der Kommission überholt. **913**

---

**Fall 49** (nach EuGH, verb Rs C-158/04 und C-159/04, Alfa Vita Vassilopoulos AE ua/Elliniko Dimosio ua, Slg 2006, I-8135 = *Pechstein* Nr 160 = JuS 2008, 262 – *Streinz*): **914**

Nach griechischem Gewerberecht ist zur Errichtung von Bäckereien und Brotverkaufsstellen eine Genehmigung erforderlich, die nur bei Erfüllung bestimmter Anforderungen an das Gebäude und die technische Ausstattung (Knetraum, Räume für den Ofen und die Stellplätze zum Auskühlen, für die Lagerung fester Brennstoffe, für die Beschickung mit festen Brennstoffen, für die Lagerung von Mehl, für den Verkauf von Brot, zum Umkleiden, zum Spülen der Gerätschaften und über Toiletten) erteilt wird. Diese Vorschriften muss nach einer Anordnung der griechischen Behörden auch das sog. „Bake-off"-Verfahren erfüllen, das im schnellen Auftauen und anschließenden Aufwärmen oder Backen vollständig oder teilweise vorgebackener und tiefgefrorener Waren in den Verkaufsstellen besteht. Als griechischen Supermarktketten, die diese halbfertigen Produkte aus anderen Mitgliedstaaten importieren und aufbacken, dieses wegen Nichterfüllung der genannten Anforderungen untersagt wurde, erhoben sie dagegen Anfechtungsklage. Sie machten ua geltend, dass die nationalen Rechtsvorschriften so, wie sie von den griechischen Behörden durchgeführt würden, nach Art. 34 AEUV verbotene Maßnahmen gleicher Wirkung seien, die nicht aus Gründen des Gesundheits- oder Verbraucherschutzes gerechtfertigt werden könnten. Griechenland wandte ein, es handle sich um eine bloße Verkaufsmodalität, so dass Art. 34 AEUV gar nicht einschlägig sei. Wer hat Recht?

---

**Lösung Fall 49:**

In Betracht kommt ein Verstoß gegen Art. 34 AEUV.

**Tatbestand des Art. 34 AEUV:** Die staatliche Maßnahme beschränkt den Handel zwischen den Mitgliedstaaten im Sinne der *Dassonville-Formel* (vgl Rn 864). Fraglich ist aber, ob eine tatbestandliche Einschränkung im Sinne der *Keck-Formel* (vgl Rn 909) bzw des Drei-Stufen-Tests (s. Rn 911) vorliegt. Die Keck-Rechtsprechung des EuGH hat insoweit zu Unsicherheiten geführt[196]. So hat der EuGH zB das Verkaufsmonopol für Babynahrung in Apotheken als „Verkaufsmodalität" angesehen[197]. Davon unterscheidet sich die hier streitige Regelung aber dadurch, dass sie die Herstellungsbedingungen für Backwaren ein-

---

194 Im grundlegenden Fall Kommission/Italien kam der EuGH zum entgegengesetzten Ergebnis wie die beiden befassten Generalanwälte, vgl EuGH, Rs C-110/05, Slg 2009, I-519, Rn 56 ff gegen GA Léger, ebd., Tz 52 ff, 68 und GA Bot, ebd., Tz 98 ff. Kritisch dazu *Streinz*, JuS 2009, 652 (654).

195 Vgl dazu *S. Dietz/T. Streinz*, EuR 2015, 58 ff, 62 f. Auf die Relevanz einer Beschränkungsmaßnahme für die Realität des Warenverkehrs stellt auch der EuGH ab, zB in EuGH, Rs C-441/04, A-Punkt Schmuckhandel, Slg 2006, I-2093, Rn 23 = *HVL*, S. 590 ff: Vertriebsbeschränkung muss Importprodukte mehr berühren als inländische Erzeugnisse.

196 Eingehend dazu die SchlA von GA Poiares Maduro zu verb Rs C-158/04 und C-159/04, Slg 2006, I-8135, Nr 24 ff. Vgl zB EuGH, Rs C-416/00 Morellato, Slg 2003, I-9343, Rn 26 ff und EuGH, Rs C-441/00 A-Punkt Schmuckhandel, Slg 2006, I-2093.

197 EuGH, Rs C-391/92, Kommission/Griechenland, Slg 1995, I-1621, Rn 11 ff. Der EuGH verneinte ausdrücklich auch eine protektionistische Wirkung, vgl ebd, Rn 18.

schließlich der sog. „Bake-off"-Erzeugnisse festlegt. Von den Verkäufern der „Bake-off"-Erzeugnisse zu verlangen, sämtliche Anforderungen zu erfüllen, die für herkömmliche Bäckereien gelten, darunter ua das Erfordernis, über ein Mehllager, einen Knetraum und einen Raum für die Lagerung fester Brennstoffe zu verfügen, berücksichtigt nicht die Besonderheit dieser Erzeugnisse und führt zu zusätzlichen und damit ihr Inverkehrbringen erschwerenden Kosten. Die Regelung stellt daher ein Einfuhrhindernis dar, das nicht als Verkaufsmodalität im Sinne des Urteils *Keck und Mithouard* angesehen werden kann. Die gegenüber dem Herkunftsstaat einschränkenden Anforderungen an die Weiterverarbeitung des Produkts (Verwendungsmodalität) beeinträchtigen deutlich die Verkaufschancen des Herstellers. Selbst bei Annahme einer Verkaufsmodalität würde hier aber jedenfalls die sog. *Keck-Rückausnahme* greifen, da die Maßnahme für Inlands- und Importprodukte unterschiedliche Wirkungen entfaltet, sofern man hinsichtlich des relevanten Marktes auf Brot und Backerzeugnisse insgesamt abstellt und durch die Regelung eine künstliche (und wohl gezielte) Erschwernis für (häufiger als „frisches" Brot aus anderen Mitgliedstaaten importierte) Bake off-Erzeugnisse erfolgt. Am Maßstab des Drei-Stufen-Tests liegt zwar (1.) keine Diskriminierung vor, wird aber (2.) eine im Herkunftsland nicht erforderliche zusätzliche Anforderung an die Verkehrsfähigkeit des Produkts gestellt. Insoweit liegt auch, obwohl wie im Fall Morellato die endgültige Herstellung und die Anforderungen an diese erst im Zielstaat erfolgen, (3.) ein relevantes Marktzutrittshindernis im Sinne des Drei-Stufen-Tests vor. Unterschied zum Verkaufsmonopol in Apotheken: Der Marktzugang für Importprodukte wird durch dieses im Vergleich zu Inlandsprodukten nicht erschwert.

**Rechtfertigung:** Somit kommt allein einer der anerkannten Rechtfertigungsgründe in Betracht. Dazu gehört nicht die Qualitätssicherung als solche. Diese muss vielmehr konkret dem Gesundheitsschutz oder dem Verbraucherschutz dienen. Der EuGH unterscheidet entgegen einer sonst festgestellten Tendenz[198] ausdrücklich zwischen unterschiedlichen und unterschiedslosen Maßnahmen und den daran anknüpfenden Rechtfertigungsgründen (vgl Rn 920). Hinsichtlich des Gesundheitsschutzes hielt der EuGH die Maßnahmen ungeachtet des den Mitgliedstaaten dabei eingeräumten Beurteilungsspielraums für übertrieben. Hinsichtlich des Verbraucherschutzes genügt gemäß der st Rspr nach dem *Cassis-Urteil* eine angemessene Etikettierung als den freien Warenverkehr weniger beschränkende Maßnahme.

**Ergebnis:** Somit verstößt die griechische Maßnahme gegen Art. 34/36 AEUV.

915    **bb)  Geschriebene Ausnahmen – Art. 36 AEUV.**  Der EuGH hat sich anhand der ihm unterbreiteten Fälle um die nähere Begriffsbestimmung der in Art. 36 AEUV genannten Rechtfertigungsgründe bemüht. So versteht er unter „öffentliche Sicherheit" grundlegende Interessen des Staates, wie die Aufrechterhaltung wesentlicher öffentlicher Dienstleistungen oder das sichere und wirksame Funktionieren des Lebens des Staates[199], unter „öffentliche Ordnung" hoheitlich festgelegte Grundregeln, die wesentliche Interessen des Staates berühren[200] (dazu können auch die Grundrechte gehören, vgl Rn 869), unter „öffentliche Sittlichkeit" den Inbegriff der Moralvorstellungen einer bestimmten Gesellschaft zu einer bestimmten Zeit[201]. Die Ausfüllung dieser „unbestimmten" Begriffe kann zwar jeder Mitgliedstaat nach seinen eigenen Maßstä-

---

198    Vgl *Hakenberg*, Rn 269 ff.
199    EuGH, Rs 72/83, Campus Oil Ltd., Slg 1984, 2727, Rn 23, 34 ff.
200    Vgl EuGH, Rs 30/77, Boucherau, Slg 1977, 1999, Rn 33/35; diese Entscheidung erging zur gleich lautenden Beschränkungsermächtigung in Art. 45 Abs. 3 AEUV, vgl Rn 858.
201    Vgl EuGH, Rs 34/79, Henn und Darby, Slg. 1979, 3795, Rn 15 = *HVL*, S. 616 ff. Vgl *Müller-Graff*, in: von der Groeben/Schwarze/Hatje, Art. 36 AEUV, Rn 48 ff. Daher keine unionsrechtliche Definition, *Schroeder*, in: Streinz, Art. 36 AEUV, Rn 10.

ben vornehmen. Er unterliegt dabei jedoch den Schranken des Art. 36 S. 2 AEUV (Verhältnismäßigkeit und Diskriminierungsverbot, s. dazu Rn 870) und insoweit der Kontrolle des EuGH[202]. Zu den Maßnahmen zum Schutz der Gesundheit und des Lebens von Menschen, Tieren oder Pflanzen zählen insbesondere gesundheits- und veterinärpolizeiliche sowie phytosanitäre Maßnahmen[203], aber auch technische Sicherheitsnormen[204]. Dem Schutz des nationalen Kulturguts können Ausfuhrlizenzen, Ausfuhrverbote oder Vorkaufsrechte staatlicher Stellen dienen. Zum Schutz des gewerblichen oder kommerziellen Eigentums zählen Patent-, Warenzeichen-, Urheber-, Muster- und Modellschutz- sowie Sortenschutzrechte, aber auch Herkunftsangaben für bestimmte Produkte[205].

**916** Gemäß Art. 36 S. 2 AEUV dürfen die beschränkenden Maßnahmen nicht ein Mittel zur willkürlichen **Diskriminierung** darstellen. Damit sind unterschiedlich angewandte Maßnahmen verboten, wenn die Differenzierung nicht sachlich im Hinblick auf den geltend gemachten Rechtfertigungsgrund begründet werden kann.

**917** **Beispiele:** Der Import von Gütern darf nicht unter Berufung auf die „öffentliche Sittlichkeit" mit der Begründung untersagt werden, sie seien anstößig und unsittlich, wenn der Verkauf gleichartiger inländischer Produkte nicht verboten ist[206]. Dagegen kann eine unterschiedliche Behandlung eingeführter und inländischer Erzeugnisse zur Verhinderung der Ausbreitung von Schadorganismen gerechtfertigt sein, wenn auch das Inverkehrbringen befallener inländischer Erzeugnisse unterbunden wird und Gründe für die Annahme vorliegen, dass ohne Kontrollen bei der Einfuhr die Gefahr der Ausbreitung der Schadorganismen besteht[207].

**918** Der Grundsatz der **Verhältnismäßigkeit**, an dem sich auch unterschiedslos anwendbare Maßnahmen messen lassen müssen, lässt sich zum einen aus dem Erfordernis „gerechtfertigt" in Art. 36 S. 1 AEUV, zum anderen aus dem Verbot einer verschleierten Beschränkung des Handels zwischen den Mitgliedstaaten (Art. 36 S. 2 AEUV) herleiten[208]. Die Maßnahme muss nicht nur eines der in Satz 1 genannten „verfassungslegitimen" Ziele tatsächlich verfolgen (und nicht unter diesem Vorwand ein anderes; dies wäre eine „verschleierte Beschränkung" iSv Art. 36 S. 2 AEUV), sondern auch zur Erreichung dieses Ziels geeignet, erforderlich und angemessen sein. Die Prüfung erfolgt dabei ähnlich wie in der deutschen Grundrechtsdogmatik[209], allerdings mit dem Unterschied, dass der EuGH häufig nur die Geeignetheit und Erforderlichkeit, nicht aber stets die Angemessenheit prüft.

**919** **cc) Erweiterung der Rechtfertigungsgründe bzw „immanente Schranken des Art. 34 AEUV" („Cassis-Formel").** Wie das Wort „insbesondere" zeigt, ist der Katalog der „zwingenden Erfordernisse" iS der *Cassis-Formel* (s. Rn 864) nicht abschlie-

---

202 EuGH, Rs 30/77, Bouchereau, Slg 1977, 1999, Rn 33/35.
203 Vgl *Müller-Graff*, in: von der Groeben/Schwarze/Hatje, Art. 36 AEUV, Rn 58 ff mwN. Zum Schutz der Tiere und Pflanzen selbst vgl *Schroeder*, in: Streinz, Art. 36 AEUV, Rn 17 mwN.
204 Vgl EuGH, Rs 188/84, Kommission/Frankreich, Slg 1986, 419, Rn 15 ff.
205 Vgl EuGH, Rs C-3/91, Exportur/Lor und Confiserie du Tech („Turrones"), Slg 1992, I-5529, Rn 23 ff.
206 EuGH, Rs 121/85, Conegate/HM Customs and Excise, Slg 1986, 1007, Rn 15 f.
207 EuGH, Rs 4/75, REWE/Landwirtschaftskammer, Slg 1975, 843, Rn 8.
208 So der EuGH, Rs 174/82, Sandoz, Slg 1983, 2445, Rn 18; Rs 247/84, Motte, Slg 1985, 3887, Rn 23 f.
209 Vgl *C. Moench*, NJW 1982, 2689 (2692).

ßend. Der EuGH hat später Handelshemmnisse, die sich aus Gründen des Umweltschutzes[210], der Kulturpolitik[211] oder der Aufrechterhaltung der Medienvielfalt ergeben, ebenfalls hingenommen. Dass Umweltschutz und Schutz der Arbeitsumwelt Rechtfertigungsgründe sein können, geht auch aus Art. 114 Abs. 4 AEUV hervor, der den Mitgliedstaaten unter den dort genannten Voraussetzungen strengere Maßnahmen gestattet (s. dazu Rn 982), für den Umweltschutz auch im Rahmen der Grundfreiheiten aus der Querschnittsklausel des Art. 11 AEUV[212]. Der Verbraucherschutz wird in Art. 12 AEUV (Querschnittsklausel) und Art. 169 AEUV als Aufgabe der Mitgliedstaaten bestätigt (vgl insbes. auch Art. 169 Abs. 4 AEUV). Die Medienvielfalt trägt zur Wahrung des Rechts der freien Meinungsäußerung bei, das durch Art. 10 EMRK geschützt ist und zu den von der Unionsrechtsordnung geschützten Grundrechten gehört[213]. Das Erfordernis des Gesundheitsschutzes wird im Gegensatz zu früher nur noch im Rahmen von Art. 36 AEUV geprüft[214].

**920** Da die *Cassis-Formel* nach der Rechtsprechung des EuGH nur auf unterschiedslose Maßnahmen Anwendung findet[215], kann sie im Gegensatz zu Art. 36 AEUV eine Schlechterstellung von Importprodukten nicht rechtfertigen. Allerdings hat der EuGH, obwohl er diese Rechtsprechung ausdrücklich bestätigte, wegen der „Besonderheit der Abfälle" und der „Grundsätze der Entsorgungsautarkie und Entsorgungsnähe" die unterschiedliche Behandlung von im Entsorgungsgebiet (Region Wallonien) und anderswo, also auch in anderen Mitgliedstaaten, anfallenden Abfällen (die als Ware iSv Art. 34 AEUV bewertet wurden) als nicht diskriminierend angesehen[216]. Dogmatisch vermag dieses im Ergebnis sicherlich begrüßenswerte Urteil nicht zu befriedigen. Die Rechtsprechung des EuGH ist insoweit generell, dh auch zu den anderen Grundfreiheiten, widersprüchlich und inkonsequent. Angesichts dessen wird zum Teil angenommen, dass der EuGH von der Differenzierung zwischen unterschiedlich und unterschiedslos anwendbaren Maßnahmen Abstand nimmt und lediglich prüft, ob die Beschränkungsmaßnahmen aus Gründen des Art. 36 AEUV oder des Allgemein-

---

210  Vgl Rs 302/86, Kommission/Dänemark, Slg 1988, 4607, Rn 9: Zwangspfandregelung für Getränkeverpackungen. Zum deutschen Zwangspfand vgl in diesem Zusammenhang EuGH, Rs C-463/01, Kommission/Deutschland, Slg 2004, I-11705 = JuS 2005, 829 – *Streinz* und EuGH, Rs C-309/02, Radlberger Getränkegesellschaft und S. Spitz, Slg 2004, I-11763.

211  Vgl verb Rs 60 und 61/84, Cinéthèque/FNCF, Slg 1985, 2605, Rn 23; Schutz von Kinofilmen vor einem vorzeitigen Verleih in Videotheken; Rs C-531/07, Fachverband der Buch- und Medienwirtschaft/LIBRO Handelsgesellschaft mbH, Slg 2009, I-3717, Rn 34 = *HVL*, S. 592 f: Schutz von Büchern als Kulturgut (die konkrete Buchpreisbindung wurde allerdings als unverhältnismäßig angesehen).

212  Vgl EuGH, Rs C-320/03, Kommission/Österreich (Fahrverbot für Lkw), Slg 2005, I-9871, Rn 73.

213  EuGH, Rs C-368/95, Vereinigte Familiapress/Bauer Verlag, Slg 1997, I-3689, Rn 18 = *HVL*, S. 612 f.

214  EuGH, verb Rs C-1/90 und C-176/90, APESA und Publivia/DSSSC, Slg 1991, I-4151, Rn 12 f.

215  Vgl EuGH, Rs 229/83, Leclerc/Au blé vert, Slg 1985, 1, Rn 29; verb Rs C-1/90 und C-176/90, APESA und Publivia/DSSSC, Slg 1991, I-4151, Rn 13.

216  So zB EuGH, Rs C-2/90, Kommission/Belgien, Slg 1992, I-4431, Rn 34 ff. Vgl auch Rs C-379/98, PreussenElektra/Schleswag, Slg 2001, I-2099, Rn 72 ff = *Pechstein* Nr 171 = *HVL*, S. 807 ff = JuS 2001, 596 (597) – *Streinz*: Die diskriminierende Maßnahme des Stromeinspeisungsgesetzes wurde als gerechtfertigt angesehen, da die Entwicklung der Nutzung erneuerbarer Energieträger zu den vorrangigen Zielen gehöre, die sich die EU und ihre Mitgliedstaaten zur Umsetzung völkerrechtlicher Verpflichtungen gesetzt haben. Daneben folgt hier allerdings ein Hinweis auf *Art. 30 EGV/ Art. 36 AEUV*, da diese Politik zugleich den Schutz der Gesundheit und des Lebens von Menschen, Tieren und Pflanzen bezwecke. Bestätigt in EuGH, Rs C-573/12, Ålands Vindkraft, ECLI:EU:C:2014:2037, Rn 76 ff = JuS 2014, 951 – *Streinz*.

interesses gerechtfertigt sind[217]. Andererseits hält der EuGH zB im Fall *Ciola* (hinsichtlich der Dienstleistungsfreiheit) und auch in seiner neueren Rechtsprechung zur Warenverkehrsfreiheit ausdrücklich an der Differenzierung zwischen unterschiedslosen und unterschiedlichen Maßnahmen fest[218]. Allerdings gibt es auch Gegenbeispiele[219]. Die Differenzierung kann durchaus zur Bildung von Fallgruppen und damit zur Erleichterung und Erhöhung der Berechenbarkeit der Rechtsanwendung beitragen. Sie bedarf aber der sachgerechten, dh an der differenzierten Berechtigung von Beschränkungsmaßnahmen orientierten, dogmatischen Präzisierung[220].

Die vorgebrachten Rechtfertigungsgründe werden vom EuGH auf ihre Stichhaltigkeit geprüft, dh ob die Maßnahme wirklich dem vorgeblichen **legitimen Ziel** dient. Er hat dabei insbesondere angebliche Argumente des Gesundheitsschutzes nicht akzeptiert. **921**

**Beispiel:** In Rs 274/87[221] wurde das Vorbringen der Bundesregierung, das „Reinheitsgebot für Fleischerzeugnisse" sei geboten, weil ansonsten eine Mangelernährung drohe, ua durch den Hinweis auf den Ernährungsbericht der Bundesregierung, der eine zu fettreiche Ernährung beklagt, zurückgewiesen.

Auf den Gesundheitsschutz weichen die Mitgliedstaaten deshalb aus, weil wegen des Grundsatzes der Verhältnismäßigkeit ein Verkehrsverbot für eine Ware grundsätzlich nicht mit dem Argument „Verbraucherschutz" gerechtfertigt werden kann, insoweit vielmehr das Vorschreiben einer angemessenen und hinreichenden Unterrichtung der Verbraucher durch eine entsprechende Etikettierung genügt. Der EuGH geht bei der Beurteilung mitgliedstaatlicher Regelungen ausdrücklich vom Leitbild eines „verständigen Verbrauchers" aus[222], was gravierende Folgen zB für das deutsche Wettbe- **922**

---

217  So *Hakenberg*, Rn 269 ff („schleichende Entwicklung"); ebenso *Dauses/Brigola*, in: Dauses, EU-WirtschaftsR, C I, Rn 277 ff; *Schroeder*, in: Streinz, Art. 36 AEUV, Rn 34. Vgl auch bereits *M. Novak*, DB 1997, 1 (3), der aus der unklaren Formulierung in EuGH, verb Rs C-34/95, C-35/95 und C-36/95, Konsumentenombudsmannen/De Agostini und TV-Shop, Slg 1997, I-3843, Rn 45 wohl eine Einheitlichkeit der Rechtfertigungsgründe auch bei diskriminierenden Maßnahmen herleitet. Die Formulierung des EuGH dürfte aber auch durch eine Verknüpfung mit der Einschränkung der Keck-Formel, Slg 1997, I-3891, Rn 44 (vgl dazu auch Rn 909) erklärbar sein. Ferner zB *W. Weiß*, EuZW 1999, 493 (497); *W.-H. Roth*, wrp 2000, 979. Vgl dazu *Leible/T. Streinz*, in: Grabitz/Hilf/Nettesheim, Art. 34 AEUV, Rn 103 ff.

218  EuGH, Rs C-224/97, Ciola/Land Vorarlberg, Slg 1999, I-2517, Rn 16 = *Pechstein* Nr 9, 230 = *HVL*, S. 25862 f. Vgl *Streinz*, JuS 1999, 1222; verb Rs C-158 und 159/04, Alfa Vita Vassilopoulos („Bake-off"), Slg 2006, I-8135, Rn 20 = *Pechstein* Nr 160 („sofern sie unterschiedslos anwendbar ist"). Eine „unverkennbare" Tendenz in Richtung Einheitlichkeit (so *Schroeder*, in: Streinz, Art. 36 AEUV, Rn 34) ist somit nicht gegeben.

219  EuGH, Rs C-531/07, Fachverband der Buch- und Medienwirtschaft/LIBRO Handelsgesellschaft mbH, Slg 2009, I-3717, Rn 22, 34 = *HVL*, S. 592 f: „Kulturgut als zwingendes Erfordernis des Allgemeininteresses" zur prinzipiell möglichen Rechtfertigung einer „unterschiedlichen Regelung" (Buchpreisbindung).

220  Vgl den Ansatz bei *Lecheler*, Einführung in das Europarecht, 2. Aufl. 2003, S. 286 und *Gundel*, Jura 2001, 82 (82 ff). Zu Recht kritisch hinsichtlich der Berechenbarkeit der Rspr des EuGH *Hakenberg*, Rn 271. Scharfe Kritik an der (fehlenden) Dogmatik des EuGH von *Kingreen*, in: Calliess/Ruffert, Art. 34–36 AEUV, Rn 82, 84 f.

221  EuGH, Rs 274/87, Kommission/Deutschland, Slg 1989, 229, Rn 7 ff.

222  EuGH, Rs C-470/93, Verein gegen Unwesen in Handel und Gewerbe Köln/Mars, Slg 1995, I-1923, Rn 24 (s. Rn 909). Für das Sekundärrecht ausdrücklich EuGH, Rs C-210/96, Gut Springenheide/OKD Steinfurt, Slg 1998, I-4657, Rn 31; s. auch Anm. *Leible*, EuZW 1998, 528 f. Eingehend dazu *Leible/T. Streinz*, in: Grabitz/Hilf/Nettesheim Art. 34 AEUV, Rn 114 mwN. Zu Entwicklung und Differenzierungen des Verbraucherleitbilds sowie sekundärrechtlichen Vorgaben (UGP-RL 2005/29, ABl 2005 L 149/22, ber. ABl 2009 L 253/18, LebensmittelinformationsVO 1169/2011, ABl 2011 L 304/18, ber. ABl 2014 L 331/42 und ABl 2015 L 50/48) vgl *R. Streinz*, Die Bedeutung eines Verbraucherleitbilds im Lebensmittelrecht, in: FS Köhler, 2014, S. 745 (746 ff).

werbsrecht (§§ 1, 3–5 UWG 2004) hatte[223]. Verkehrsverbote können nur durch nachgewiesene oder zumindest plausibel gemachte Gesundheitsgefahren gerechtfertigt werden[224]. Allerdings wird angesichts von Unsicherheiten in der gesundheitlichen Bewertung eines Stoffes den Mitgliedstaaten ein Einschätzungsspielraum zugebilligt, worin auch ein Anwendungsfall des Vorsorgeprinzips[225] als Auswirkung der Querschnittsklausel des Art. 11 AEUV gesehen werden kann (vgl dazu Rn 1213).

**923**  Zur Lösung von Fällen des Problembereichs „Art. 34/36 AEUV" s. *Schaubild 8 nach Rn 924.*

**924**   **Lösung Fall 36** (Rn 827): Die Ablehnung des Imports des französischen Likörs nach Deutschland könnte eine durch Art. 34 AEUV verbotene **Maßnahme gleicher Wirkung wie eine mengenmäßige Einfuhrbeschränkung sein.** Darunter fällt jede Handelsregelung der Mitgliedstaaten, die geeignet ist, den innerunionalen Handel unmittelbar oder mittelbar, tatsächlich oder potenziell zu behindern. Erfasst werden auch unterschiedslos, dh nicht diskriminierend für einheimische und Importprodukte geltende Maßnahmen, da jede ungerechtfertigte Behinderung des freien Warenverkehrs vermieden werden soll. Der Likör ist eine Ware iSd Art. 28 Abs. 2 AEUV und in Frankreich rechtmäßig hergestellt. Da er in Deutschland jedenfalls unter dieser Bezeichnung nicht verkehrsfähig ist, liegt ein Handelshemmnis vor, das den Tatbestand einer Maßnahme gleicher Wirkung erfüllt.

Dieses Handelshemmnis könnte allein durch Art. 36 AEUV oder durch die vom EuGH entwickelten „immanenten Schranken" des Art. 34 AEUV (= weiteren Rechtfertigungsgründen) **gerechtfertigt** sein. Danach ist es nämlich in Ermangelung einer unionalen Regelung der Herstellung und Vermarktung einer Ware (Rechtsangleichung gemäß Art. 114 bzw 115 AEUV, die hier fehlte[226]) Sache der Mitgliedstaaten, alle die Herstellung und Vermarktung dieser Ware betreffenden Vorschriften für ihr Hoheitsgebiet zu erlassen. Hemmnisse für den Binnenhandel der Union, die sich aus den Unterschieden der nationalen Regelungen ergeben, müssen hingenommen werden, soweit diese Bestimmungen notwendig sind, um zwingenden Erfordernissen, insbesondere einer wirksamen steuerlichen Kontrolle, des Schutzes der öffentlichen Gesundheit (bereits von Art. 36 AEUV erfasst), der Lauterkeit des Handelsverkehrs und des Verbraucherschutzes („neue Formel": „Zweck, der im Allgemeininteresse liegt und den Erfordernissen des freien Warenverkehrs vorgeht") gerecht zu werden. Das Argument des Gesundheitsschutzes kann hier nicht plausibel vorgebracht werden. Anders verhält es sich dagegen mit dem Argument des Verbraucherschutzes, wenn der deutsche Konsument von einem Likör einen bestimmten Alkoholgehalt erwartet und durch das französische Produkt in dieser Erwartung getäuscht wird. Der Grundsatz der Verhältnismäßigkeit führt aber dazu, dass dies jedenfalls grundsätzlich ein Verkehrsverbot nicht rechtfertigen kann. Vielmehr genügt es zur Erreichung des Zieles, wenn die Ware eine angemessene Etikettierung erhält, in der der Alkoholgehalt deklariert wird. (Ob, wie vom EuGH im *Cassis*-Urteil vorgeschlagen, vom Mitgliedstaat eine Herkunftsangabe verlangt werden kann, ist zweifelhaft, vgl EuGH, Rs 207/83, Kommission/Vereinigtes Königreich, Slg 1985, 1201, Rn 17) Anders bei unionsrechtlich erlaubten oder sogar vorgeschriebenen Herkunftsanga-

223  Vgl *Streinz*, GRUR 1996, 16 (19) mwN.
224  EuGH, Rs C-41/02, Kommission/Niederlande, Slg 2004, I-11375. Vgl zu den Anforderungen an die Darlegungslast *Kingreen*, in: Calliess/Ruffert, Art. 34–36 AEUV, Rn 199 mwN.
225  Vgl bereits EuGH, Rs 174/82, Sandoz, Slg 1983, 2445, Rn 16 f. Vgl dazu *Schroeder*, in: Streinz, Art. 36 AEUV, Rn 13 f mwN.
226  Vgl jetzt VO 110/2008 zur Begriffsbestimmung, Bezeichnung, Aufmachung und Etikettierung von Spirituosen sowie zum Schutz geografischer Angaben für Spirituosen und zur Aufhebung der VO 1576/89, ABl 2008 L 39/16.

ben, vgl Art. 26 LMI-VO 1169/2011 (ABl 2011 L 304/18, ber. ABl 2014 L 331/42 und ABl 2015 L 50/48).

**Ergebnis:** Der ablehnende Bescheid ist mit dem AEUV nicht vereinbar.

**Schaubild 8:** Prüfungsschema zum freien Warenverkehr

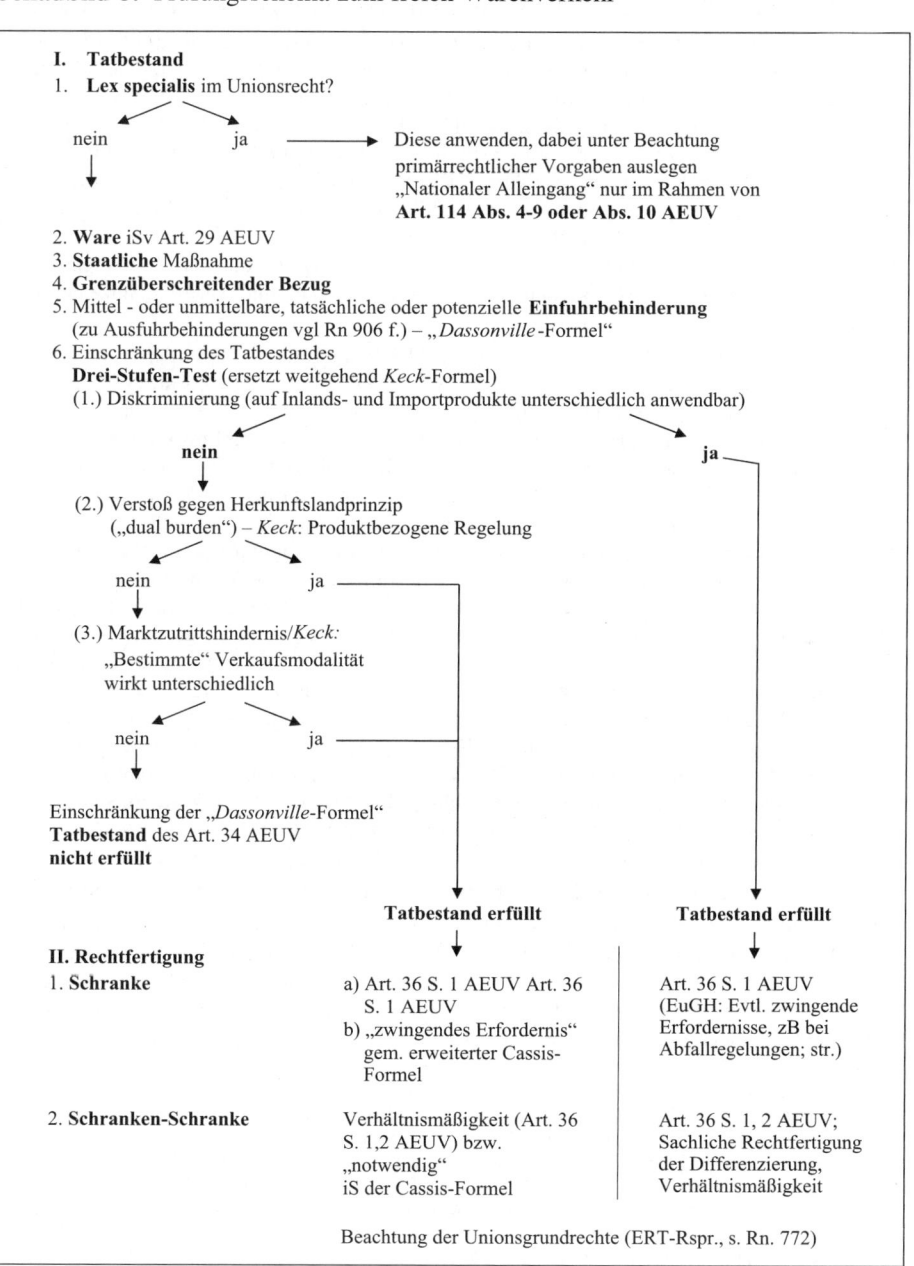

I. **Tatbestand**
1. **Lex specialis** im Unionsrecht?

   nein        ja ⟶ Diese anwenden, dabei unter Beachtung primärrechtlicher Vorgaben auslegen „Nationaler Alleingang" nur im Rahmen von **Art. 114 Abs. 4-9 oder Abs. 10 AEUV**

2. **Ware** iSv Art. 29 AEUV
3. **Staatliche** Maßnahme
4. **Grenzüberschreitender Bezug**
5. Mittel - oder unmittelbare, tatsächliche oder potenzielle **Einfuhrbehinderung** (zu Ausfuhrbehinderungen vgl Rn 906 f.) – „*Dassonville*-Formel"
6. Einschränkung des Tatbestandes
   **Drei-Stufen-Test** (ersetzt weitgehend *Keck*-Formel)
   (1.) Diskriminierung (auf Inlands- und Importprodukte unterschiedlich anwendbar)

   **nein**                                        **ja**

   (2.) Verstoß gegen Herkunftslandprinzip („dual burden") – *Keck*: Produktbezogene Regelung

   nein        ja

   (3.) Marktzutrittshindernis/*Keck:* „Bestimmte" Verkaufsmodalität wirkt unterschiedlich

   nein        ja

Einschränkung der „*Dassonville*-Formel" **Tatbestand** des Art. 34 AEUV **nicht erfüllt**

**Tatbestand erfüllt**        **Tatbestand erfüllt**

II. **Rechtfertigung**
1. **Schranke**        a) Art. 36 S. 1 AEUV Art. 36 S. 1 AEUV        Art. 36 S. 1 AEUV (EuGH: Evtl. zwingende Erfordernisse, zB bei Abfallregelungen; str.)
                       b) „zwingendes Erfordernis" gem. erweiterter Cassis-Formel

2. **Schranken-Schranke**        Verhältnismäßigkeit (Art. 36 S. 1,2 AEUV) bzw. „notwendig" iS der Cassis-Formel        Art. 36 S. 1, 2 AEUV; Sachliche Rechtfertigung der Differenzierung, Verhältnismäßigkeit

Beachtung der Unionsgrundrechte (ERT-Rspr., s. Rn. 772)

351

**925**     **Lösung Fall 38** (Rn 849):

1. In Betracht kommt ein **Verstoß gegen Art. 34 AEUV**. Das Verkehrsverbot für nicht nach dem Reinheitsgebot gebrautes Bier aus anderen Mitgliedstaaten stellt tatbestandlich unstreitig eine Maßnahme gleicher Wirkung wie eine mengenmäßige Einfuhrbeschränkung dar (vgl **Fall 36**, Rn 827/924). Fraglich ist allein, ob sich diese Maßnahme rechtfertigen lässt. In Betracht kommen die Argumente des Verbraucherschutzes und des Gesundheitsschutzes.

2. **Verbraucherschutz:** Dieser kann auch mit Mitteln bewirkt werden, die die Einfuhr von in anderen Mitgliedstaaten rechtmäßig hergestellten und in den Verkehr gebrachten Erzeugnissen nicht behindern, insbesondere durch die Verpflichtung zu einer angemessenen Etikettierung des verkauften Erzeugnisses. Mangels Erforderlichkeit ist der stärkere Eingriff eines Verkehrsverbots unzulässig. Demgegenüber tritt das Argument einer bestimmten Vorstellung des deutschen Verbrauchers von „Bier" zurück. Solche Vorstellungen dürfen im Binnenmarkt nicht durch Abschottung von Produkten aus anderen Mitgliedstaaten „zementiert" werden. Die Gattungsbezeichnung Bier kann nicht für ein traditionelles nationales Produkt reserviert werden. Für die angemessene Etikettierung darf die deutliche Angabe der Unterschiede des Erzeugnisses verlangt werden, solange nicht eine Negativkennzeichnung (zB „Dünnbier") vorgeschrieben wird.

3. **Gesundheitsschutz:** Dies ist ein in Art. 36 AEUV aufgeführter Rechtfertigungsgrund. Sein Vorbringen ist hier nicht abwegig. Denn die Verwendung von Zusatzstoffen, deren langfristige Wirkungen noch nicht bekannt sind, und die Risiken, die die Anhäufung von Zusatzstoffen im Organismus und ihre Wechselwirkung mit anderen Stoffen mit sich bringen, ist, insbesondere weil in Deutschland in beachtlichem Umfang Bier konsumiert wird, ein durchaus erheblicher Gesichtspunkt. Der EuGH hat auch anerkannt, dass es, soweit beim jeweiligen Stand der Forschung noch Unsicherheiten bestehen, mangels einer Harmonisierung[227] Sache der Mitgliedstaaten ist, unter Berücksichtigung der Erfordernisse des freien Warenverkehrs innerhalb der Union zu bestimmen, in welchem Umfang sie den Schutz der Gesundheit und des Lebens von Menschen gewährleisten wollen. Bei einer solchen Sachlage steht das Unionsrecht einer nationalen Regelung nicht entgegen, nach der die Verwendung von Zusatzstoffen von einer vorherigen Zulassung abhängig gemacht wird, die durch einen Rechtsakt von allgemeiner Wirkung für bestimmte Zusatzstoffe erteilt wird und sich entweder auf alle Erzeugnisse oder auf einige von ihnen oder aber auf bestimmte Verwendungszwecke bezieht[228]. Eine derartige Regelung entspricht dem legitimen gesundheitspolitischen Ziel, die unkontrollierte Aufnahme von Zusatzstoffen mit der Nahrung einzuschränken. Allerdings muss eine solche Regelung dem Grundsatz der Verhältnismäßigkeit entsprechen. Für das deutsche Reinheitsgebot für Bier ergibt sich anhand dieses Maßstabs:

a) Die Rezepturvorschrift ist unverhältnismäßig, da die Verwendung anderer Rohfrüchte als Gerste nicht gesundheitsschädlich ist. Für den Verbraucherschutz genügt eine Etikettierung.

b) Ein pauschales Verbot der Zusatzstoffe ist unzulässig. Vielmehr muss für jeden Zusatzstoff das og Zulassungsverfahren eröffnet werden. Innerhalb dieser Zulassungsverfahren ist den Mitgliedstaaten der sog. Beurteilungsspielraum eingeräumt, wobei jedoch die Gesundheitsgefahr plausibel gemacht werden muss. Problematisch ist, wenn ein bei Bier verbotener Zusatzstoff in anderen Getränken oder sonstigen Lebensmitteln zugelassen wird.

---

227  Mittlerweile ist das Lebensmittel-Zusatzstoffregime harmonisiert, vgl VO 1333/2008 des Europäischen Parlaments und des Rates vom 16.12.2008 über Lebensmittelzusatzstoffe, ABl 2008 L 354/16, die eine Reihe früherer Richtlinien aufhebt und ersetzt. Nach dem Reinheitsgebot gebrautes Bier ist als „traditionelles Erzeugnis" gem. Anhang IV der VO 1333/2008 (zuvor *Art. 3a RL 89/107/EWG*) geschützt (Bezeichnungsschutz ohne Behinderung der Verkehrsfähigkeit anderer Biere).

228  Vgl § 54 Abs. 1 Lebensmittel-, Bedarfsgegenstände- und Futtermittelgesetzbuch (Lebensmittel- und Futtermittelgesetzbuch – LFGB) v. 1.9.2005, Sart. I (E) 862 (früher *§ 47a Abs. 2 LMBG*).

**Ergebnis:** Die Kommission hat Recht. Dem Argument des Gesundheitsschutzes kann jedoch unter Berücksichtigung des Grundsatzes der Verhältnismäßigkeit durch ein Zulassungsverfahren Rechnung getragen werden[229].

**Literatur:** *Ahlfeld, M.*, Zwingende Erfordernisse im Sinne der Cassis-Rechtsprechung des Europäischen Gerichtshofs zu Art. 30 EGV, 1997; *Albin, A./Valentin, F.*, Dassonville oder doch Keck, EWS 2007, 533; *Brigola, A.*, Die Figur der Marktaustrittsbeschränkungen als Korrelat der Figur der Marktzugangsbeschränkung, EuZW 2009, 479; *ders.*, Die Metamorphose der Keck-Formel in der Rechtsprechung des EuGH, EuZW 2012, 248; *Dauses, M.A./Brigola, A.*, Warenverkehr. Grundregeln, in: Dauses, C. I; *Dawes, A.*, A freedom reborn? The new yet unclear scope of Article 29, ELR 2009, 639; *Epiney, A.*, Freiheit des Warenverkehrs, in: Ehlers, § 8; *Englisch, J.*, Wettbewerbsgleichheit im grenzüberschreitenden Handel, 2008; *Füller, J.*, Grundlagen und inhaltliche Reichweite der Warenverkehrsfreiheiten nach dem EG-Vertrag, 2000; *Kenntner, M.*, Grundfälle zur Warenverkehrsfreiheit, JuS 2004, 2; *Kessler, J.*, Das System der Warenverkehrsfreiheit im Gemeinschaftsrecht, 1997; *Kröger, J.*, Nutzungsmodalitäten im Recht der Warenverkehrsfreiheit, EuR 2012, 468; *Lang, J.*, Die Freiheit des Warenverkehrs – Kontinuität und Wandel in der Rechtsprechung des EuGH, 1997; *Millarg, I.*, Die Schranken des freien Warenverkehrs in der EG, 2001; *Oliver, P.*, Free Movement of Goods in the EU, 5. Aufl. 2010; *Röhl, H.C.*, Die Warenverkehrsfreiheit (Art. 28 EGV), Jura 2006, 321; *Schorkopf, F.*, Beweislast im Recht des freien Warenverkehrs, EuR 2009; *Shuibhne, N.N.*, The free movement of goods and Article 28 EC: an evolving framework, ELRev 2002, 408; *Snell, J.*, The notion of market access: A concept or a slogan?, CMLRev 2010, 437; *Spaventa, E.*, Leaving Keck behind? The free movement of goods after the rulings in Commission v Italy ans Mickelsson and Roos, ELR 2009, 914; *Streinz, R.*, Warenverkehrs- und Dienstleistungsfreiheit, in: Merten/Papier, Handbuch der Grundrechte in Deutschland und Europa, Bd. VI/1, 2010, § 153; *Weyer, H.*, Freier Warenverkehr und nationale Regelungsgewalt in der Europäischen Union, 1997.

## 6. Freizügigkeit der Arbeitnehmer

Die Freizügigkeit der Arbeitnehmer umfasst die Abschaffung jeder auf der Staatsangehörigkeit beruhenden unterschiedlichen Behandlung in Bezug auf Beschäftigung, Entlohnung und sonstige Arbeitsbedingungen (Diskriminierungsverbot, Art. 45 Abs. 2 AEUV; zum Beschränkungsverbot s. Rn 827 ff, 834). Sie gibt das Recht, sich um tatsächlich angebotene Stellen zu bewerben, sich zu diesem Zweck im Hoheitsgebiet der Mitgliedstaaten frei zu bewegen, sich in einem Mitgliedstaat aufzuhalten, um dort nach den für die Arbeitnehmer dieses Staates geltenden Bestimmungen eine Beschäftigung auszuüben und nach deren Beendigung unter sekundärrechtlich festgelegten Bedingungen[230] zu verbleiben (Art. 45 Abs. 3 AEUV). **926**

Beides wurde in der VO 1612/68[231], jetzt kodifiziert und ersetzt durch VO 492/2011[232] mit ausweitender Tendenz sekundärrechtlich konkretisiert. Diese Verordnung **927**

---

229  Bestätigt zB durch EuGH, Rs C-192/01, Kommission/Dänemark (Zusatz von Vitaminen), Slg 2003, I-9693 = JuS 2004, 333 – *Streinz*. Vgl zuletzt EuGH, Rs C-333/08, Kommission/Frankreich, Slg 2010, I-757 = JuS 2010, 744 – *Streinz*.

230  Ursprünglich festgelegt in der VO 1251/70, nunmehr übernommen in das allgemeine Freizügigkeitsregime der RL 2004/38/EG (vgl Rn 929). Die VO 1251/70 wurde daher durch die VO 635/2006/EG der Kommission vom 25.4.2006 aufgehoben.

231  Sart. II Nr 180; *Bieber/Knapp*, Nr V.10.1.

232  ABl 2011 L 141/1.

regelt den Zugang zur Beschäftigung, die Ausübung der Beschäftigung und die Gleichbehandlung sowie die Rechtsstellung der Familienangehörigen im Einzelnen. So zB erklärt Art. 7 Abs. 4 diskriminierende privatrechtliche Vereinbarungen über den Zugang zur Beschäftigung, die Beschäftigung, die Entlohnung und alle übrigen Arbeits- und Kündigungsbedingungen für nichtig. Art. 9 Abs. 1 räumt den Freizügigkeitsberechtigten hinsichtlich einer Wohnung, einschließlich der Erlangung des Eigentums an der von ihnen benötigten Wohnung, alle Rechte und Vergünstigungen wie inländischen Arbeitnehmern ein. Art. 12 stellt die Kinder der Freizügigkeitsberechtigten den inländischen Kindern hinsichtlich des allgemeinen Unterrichts sowie der Lehrlings- und Berufsausbildung gleich (daraus folgt zB ein Anspruch auf Ausbildungsförderung, vgl Rs. 9/74, Fall *Casagrande*, s. Rn 821)[233].

**928**    Die VO 492/2011 wird durch die RL 2014/54 über Maßnahmen zur Erleichterung der Ausübung der Rechte, die Arbeitnehmern im Rahmen der Freizügigkeit zustehen[234], und die RL 2004/38/EG über das Recht der Unionsbürger und ihrer Familienangehörigen, sich im Hoheitsgebiet der Mitgliedstaaten frei zu bewegen und aufzuhalten[235], ergänzt.

**929**    Die **RL 2004/38/EG** hat Bestimmungen der VO 1612/68 über die Familienangehörigen der Arbeitnehmer *(Art. 10 und 11)* sowie eine Reihe von Richtlinien über die **Freizügigkeit** aufgehoben und ersetzt[236]. Sie kodifiziert weitgehend die Rechtsprechung des EuGH und regelt für Unionsbürger, die sich in einen anderen als den Mitgliedstaat, dessen Staatsangehörigkeit sie besitzen, begeben oder dort aufhalten, sowie für ihre in Art. 2 Nr 2 RL 2004/38/EG definierten Familienangehörigen (ungeachtet deren Staatsangehörigkeit) die Modalitäten der im Grunde bereits primärrechtlich garantierten Rechte auf Ausreise und Einreise, des Aufenthalts, des Daueraufenthalts sowie die zulässigen Beschränkungen des Einreise- und Aufenthaltsrechts aus Gründen der öffentlichen Ordnung, Sicherheit und Gesundheit, insbesondere den Schutz vor Ausweisung (Art. 28). Aus Art. 6 Abs. 1 RL 2004/38/EG ergibt sich ein (abgesehen von der Ausweispflicht als Unionsbürger) unbedingter Mindestzeitraum von drei Monaten für die Arbeitssuche; nur darüber hinaus bestehen die in Art. 7 genannten Bedingungen (keine Inanspruchnahme von Sozialhilfe, Krankenversicherungsschutz). Damit wird die bisherige Praxis[237] überholt. In Deutschland ergibt sich das Aufenthaltsrecht auch zur Arbeitssuche aus § 2 Abs. 1 iVm Abs. 2 Nr 1 2. Alt FreizügG/EU[238].

**930**    Die RL 2004/38/EG betrifft zwar speziell Arbeitnehmer, gilt aber generell für die Freizügigkeit und wirkt sich auch auf die Unionsbürgerschaft aus (s. dazu Rn 1013).

---

233  Vgl dazu zuletzt EuGH, Rs C-20/12, Giersch/Luxemburg, ECLI:EU:C:2013:411: Wohnsitzerfordernis für Studienbeihilfe für Kinder von Grenzgängern.
234  ABl 2014 L 128/8 (Sart. II Nr 180a). Ziel ist die Erleichterung der einheitlichen Anwendung und Durchsetzung der Rechte aus Art. 45 AEUV und der VO 492/2011 (Rechtsschutz, Gleichbehandlung) in der Praxis. Umzusetzen bis 21.5.2016.
235  Sart. II Nr 177.
236  S. Art. 38 Abs. 2 RL 2004/38. Abs. 1 wurde durch die Ersetzung der VO 1612/68 durch die VO 492/2011 obsolet.
237  Vgl *Streinz*, Europarecht, 7. Aufl. 2005, Rn 879.
238  Sart. I Nr 560.

Durch die VO 883/2004 zur Koordinierung der **Systeme der sozialen Sicherheit**[239], durch welche die VO 1408/71 zur Angleichung der Sozialversicherungssysteme abgelöst wurde, wird sichergestellt, dass die Freizügigkeit nicht am Verlust erworbener Sozialversicherungsansprüche scheitert. **931**

Die Tragweite der **Bereichsausnahme** (vgl Rn 861) des Art. 45 Abs. 4 AEUV dürfte durch eine an der Rechtsprechung des EuGH (s. **Fall 45**, Rn 860/935) orientierte Verständigung zwischen der Kommission und den Mitgliedstaaten dahingehend geklärt sein, dass darunter nur noch die im engen Sinne hoheitliche Tätigkeit fällt, also Justiz, Polizei, Militär, Steuerverwaltung generell, andere Verwaltungsbereiche in bestimmten (allerdings noch nicht konkretisierten[240]) Leitungspositionen, nicht aber das Gesundheitswesen[241], Verkehrs- und Transportdienste (Bahn, Post) und der Unterricht an öffentlichen Schulen und Hochschulen[242]. Die Rechtsprechung des EuGH wurde zuletzt dahingehend systematisiert und präzisiert, dass der Begriff „öffentliche Gewalt" nur Amtsgewalt als Ausfluss der Souveränität und durch Zwang und Strafen durchgesetzte Maßnahmen, nicht aber die bloße Ausübung einer beliebigen Befugnis administrativer Natur sowie die Erfüllung von Verwaltungsaufgaben und technischen Funktionen erfasst, dadurch allgemeine Belange des Staates als Gemeinwesen und nicht Belange des Staates als normaler Wirtschaftsteilnehmer verfolgt werden und die Ausübung dieser Befugnisse den Kern des Amtes darstellt nicht nur gelegentlich erfolgt oder einen geringen Teil des Amtes ausmacht. Auch hier ist der Grundsatz der Verhältnismäßigkeit zu beachten[243]. Die Bundesrepublik Deutschland hat den Erfordernissen des Unionsrechts dadurch Rechnung getragen, dass Staatsangehörigen der anderen Mitgliedstaaten bei Erfüllung der sonstigen Voraussetzungen der Zugang zum Beamtenstatus eröffnet wird[244]. **932**

Das Diskriminierungsverbot des Art. 45 AEUV wirkt sich zunehmend auf das an sich in der Kompetenz der Mitgliedstaaten verbliebene **Einkommensteuerrecht** aus[245]. **933**

**Lösung Fall 37** (Rn 828): In Betracht kommt ein Verstoß gegen Art. 45 AEUV. Berufssport wird als wirtschaftliche Tätigkeit vom Anwendungsbereich erfasst (s. Rn 820). Art. 45 AEUV gilt auch in Privatrechtsverhältnissen, da andernfalls die Freizügigkeit unterlaufen werden könnte (s. Rn 875). Da es um die Spielberechtigung von Sportlern aus anderen Mit- **934**

---

239   Sart. II Nr 185.
240   Vgl dazu *Franzen*, in: Streinz, Art. 45 AEUV, Rn 151; *Kreuschitz* in: von der Groeben/Schwarze/Hatje, Art. 45 AEUV, Rn 162 f.
241   EuGH, Rs C-285/01, Burbaud, Slg 2003, I-8219.
242   Vgl dazu *Schneider/Wunderlich*, in: Schwarze, Art. 45 AEUV, Rn 140; *Brechmann*, in: Calliess/Ruffert, Art. 45 AEUV, Rn 108; *Scheuer/Weerth*, in: Lenz/Borchardt, Art. 45 AEUV, Rn 84 f mwN. Kritisch zur mangelnden Kohärenz der Rspr *Kreuschitz*, in: von der Groeben/Schwarze/Hatje, Art. 45 AEUV, Rn 159 ff.
243   EuGH, Rs C-270/13, Haralambidis/Casilli, ECLI:EU:C:2014:2185 = EuZW 2014, 946 m. Anm. *Pötters* = JuS 2015, 469 (*Streinz*) auf der Basis der SchlA von GA Wahl, ECLI:EU:C:2014:1358. Insbes. zum Erfordernis des Ausmaßes der relevanten Tätigkeit vgl die Parallelen zu Art. 51 AEUV und zum Notar-Urteil des EuGH, s. Rn 941.
244   Vgl zB § 7 Abs. 1 Nr 1 BeamtStG (Sart. I Nr 150); § 7 Abs. 1 Nr 1 BBG (Sart. I Nr 160).
245   Vgl dazu EuGH, Rs C-169/03, Wallentin, Slg 2004, I-6443; Rs C-152/03, Ritter-Coulais, Slg 2006, I-10633; Rs C-104/06, Kommission/Schweden, Slg 2007, I-677; Rs C-182/06, Lakebrink und Peters-Lakebrink, Slg 2007, I-6705.

gliedstaaten bzw um den Transfer in einen anderen Mitgliedstaat geht, liegt der erforderliche zwischenstaatliche Sachverhalt vor. Die Ausländersperrklausel verstößt als unterschiedliche Behandlung auf Grund der Staatsangehörigkeit tatbestandsmäßig gegen den unmittelbar anwendbaren Art. 45 Abs. 2 AEUV, ferner gegen Art. 7 Abs. 1 und 4 VO 492/2011[246]. Auch die nicht nach der Staatsangehörigkeit differenzierende Transferentschädigung verstößt tatbestandlich gegen Art. 45 AEUV, da sie die Mobilität des Arbeitnehmers behindert (Zuzugs- bzw Wegzugsbeschränkung). Als mögliche Rechtfertigungsgründe iSd Art. 45 Abs. 3 AEUV, dessen Rechtsgedanke auch für Privatrechtsverhältnisse gilt, kommen sportliche Gründe bzw berechtigte Interessen der ausbildenden Vereine in Betracht. Beides hat der EuGH im konkreten Fall als nicht durchgreifend angesehen[247].

**935**  **Lösung Fall 45** (Rn 860): Ein Verstoß gegen Art. 45 AEUV und Art. 1 Abs. 1 VO 492/2011 (s. Rn 927) läge vor. Fraglich ist aber, ob Art. 45 AEUV hier überhaupt zur Anwendung kommt.

1. Es könnte zunächst bei dem Beamten am Merkmal **„Arbeitnehmer"** fehlen. Dies wäre denkbar, wenn hinsichtlich dieses Begriffs in die nationale Rechtsordnung verwiesen würde. Wäre dem so, könnte aber jeder Mitgliedstaat durch die Definition des „Arbeitnehmers" die Grundfreiheit des Art. 45 AEUV beliebig beschränken. Daher muss es sich um einen Begriff des Unionsrechts handeln. Da damit der sachliche Anwendungsbereich der Grundfreiheit festgelegt wird, ist der Begriff weit auszulegen und anhand objektiver Kriterien zu definieren. Das wesentliche Merkmal des Arbeitsverhältnisses besteht darin, dass jemand während einer bestimmten Zeit für einen anderen nach dessen Weisung Leistungen erbringt, für die er als Gegenleistung eine Vergütung erhält. In welchem Bereich diese entgeltliche Arbeitsleistung erbracht wird (Wirtschaftsleben im engeren Sinn, Sport, Bildung) ist unerheblich. **Ergebnis:** Ein Studienreferendar ist Arbeitnehmer.

2. In Betracht käme ferner eine **Bereichsausnahme gemäß Art. 45 Abs. 4 AEUV.** Danach findet nämlich Art. 45 AEUV keine Anwendung auf die Beschäftigung in der öffentlichen Verwaltung. Auch dieser Begriff ist ein unionsrechtlicher, da es andernfalls die Mitgliedstaaten in der Hand hätten, durch entsprechende Erklärungen bzw Definitionen beliebig bestimmte Beschäftigungen dem Geltungsbereich der Norm zu entziehen. Daher kommt es zB nicht darauf an, ob ein bestimmter Tätigkeitsbereich im nationalen Recht als Beamtenverhältnis ausgestaltet ist. Art. 45 Abs. 4 AEUV ist als Ausnahme vom Grundprinzip der Freizügigkeit und der Nichtdiskriminierung der Arbeitnehmer so auszulegen, dass sich seine Tragweite auf das beschränkt, was zur Wahrung der Interessen, die diese Bestimmung den Mitgliedstaaten zu schützen erlaubt, unbedingt erforderlich ist. Unter öffentlicher Verwaltung sind danach nur diejenigen Stellen zu verstehen, die eine unmittelbare oder mittelbare Teilnahme an der Ausübung hoheitlicher Befugnisse und an der Wahrnehmung solcher Aufgaben mit sich bringen, die auf die Wahrung der allgemeinen Belange des Staates oder anderer öffentlicher Körperschaften gerichtet sind, und die deshalb ein Verhältnis besonderer Verbundenheit des jeweiligen Stelleninhabers zum Staat sowie die Gegenseitigkeit von Rechten und Pflichten voraussetzen, die dem Staatsangehörigkeitsband zu Grunde liegen.

---

246  Vgl dazu *Schweitzer/Streinz*, JA 1986, 247 f (damals VO 1612/68; s. Rn 927).

247  Vgl auch die Folgeurteile, in denen bestimmte Verbandsmaßnahmen als gerechtfertigt anerkannt wurden, EuGH, verb Rs C-51/96 und C-191/97, Deliège, Slg 2000, I-2549, Rn 61 ff, 69 = *Pechstein* Nr 215 und Rs C-176/96, Lehtonen ua/FRBSB, Slg 2000, I-2681, Rn 51 ff, 60 mit Anm. A. *Röthel*, EuZW 2000, 379 = JuS 2000, 1015 – *Streinz*. Zum Ausgleich zwischen Freizügigkeit und Verbandsautonomie vgl *Streinz*, SpuRt 2000, 148. Vgl auch *Streinz*, Der Fall Bosman; Bilanz und Folgen, ZEuP 2005, 341.

Diese engen Voraussetzungen sind hinsichtlich des Unterrichts an öffentlichen Schulen (jedenfalls soweit nicht Leitungsfunktionen wie die des Direktors der Schule betroffen sind) nicht erfüllt (vgl auch die Fälle in *HVL*, S. 667 ff)[248].

**Ergebnis:** Der L kann Art. 45 Abs. 4 AEUV nicht entgegengehalten werden.

**Gesamtergebnis:** Die Behörde hat nicht Recht.

**Lösung Fall 39** (Rn 850): Die gegen den Arbeitnehmer verhängte Aufenthaltsbeschränkung könnte gegen die in Art. 45 AEUV verankerte Freizügigkeit verstoßen. Die dort enthaltenen Rechte gelten unmittelbar (vgl Rn 873). Gemäß Art. 45 Abs. 3 AEUV werden die dort genannten Rechte „vorbehaltlich der aus Gründen der öffentlichen Ordnung, Sicherheit und Gesundheit gerechtfertigten Beschränkungen" eingeräumt. Kraft dieses Vorbehalts können die Mitgliedstaaten zwar im Wesentlichen frei nach ihren nationalen Bedürfnissen bestimmen, was die öffentliche Ordnung verlangt. Dieser Begriff ist jedoch im Unionsrecht, namentlich, wenn er eine Ausnahme von den wesentlichen Grundsätzen der Gleichbehandlung und der Freizügigkeit der Arbeitnehmer rechtfertigt, eng zu verstehen, so dass seine Tragweite nicht von jedem Mitgliedstaat einseitig ohne Nachprüfung durch die Organe der Union bestimmt werden darf. Nach alledem darf das Recht der Angehörigen der Mitgliedstaaten, ins Hoheitsgebiet eines anderen Mitgliedstaates einzureisen, sich dort aufzuhalten und frei zu bewegen, nur beschränkt werden, wenn ihre Anwesenheit oder ihr Verhalten eine tatsächliche und hinreichend schwerwiegende Gefährdung der öffentlichen Ordnung darstellt.

**936**

Rechte und Schranken wurden in der Freizügigkeits-VO 492/2011 (zuvor VO 1612/68) und der Freizügigkeits-RL 2004/38 (zuvor RL 64/221) konkretisiert. Art. 27 Abs. 2 FreizügigkeitsRL verpflichtet die Mitgliedstaaten, für die Beurteilung auf die persönliche Situation der unter dem Schutz des Unionsrechts stehenden Personen abzustellen und nicht auf pauschale Wertungen. Nach Art. 27 Abs. 1 S. 2 FreizügigkeitsRL dürfen die aus der öffentlichen Ordnung hergeleiteten Gründe nicht dadurch von ihrer Funktion losgelöst werden, dass sie für wirtschaftliche Zwecke geltend gemacht werden. Der besondere Schutz vor Ausweisung (Art. 28 FreizügigkeitsRL) ist zu beachten. Die Entscheidung ist gemäß Art. 30 mitzuteilen, gegen sie besteht Rechtsschutz gemäß Art. 31. Diese Bestimmungen begünstigen als Schranken-Schranken den Bürger, sie sind hinreichend klar und entfalten daher nach Ablauf der Umsetzungsfrist unmittelbare Wirkung (vgl Rn 488 ff). Art. 8 VO 492/2011 (s. Rn 927), der die gleiche Behandlung hinsichtlich der Zugehörigkeit zu Gewerkschaften und der Ausübung gewerkschaftlicher Rechte garantiert, lässt erkennen, dass der Vorbehalt der öffentlichen Ordnung auch nicht aus Gründen geltend gemacht werden darf, die mit der Ausübung dieser Rechte in Zusammenhang stehen. Diese Beschränkungen der ausländerpolizeilichen Befugnisse der Mitgliedstaaten sind eine besondere Ausprägung eines allgemeinen Rechtsgrundsatzes, der in Art. 8, 9, 10 und 11 EMRK[249] sowie in Art. 2 des Protokolls Nr 4 zur EMRK[250] verankert ist, nämlich dass die zum Schutz der öffentlichen Sicherheit und Ordnung vorgenommenen Einschränkungen der dort genannten Rechte nicht den Rahmen dessen überschreiten dürfen, was für den Schutz „in einer demokratischen Gesellschaft" notwendig ist. Eine Beschränkung der Maßnahme auf einen Teil des Hoheitsgebiets

---

248 Art. 45 Abs. 4 AEUV erfasst auch nicht Rechtsreferendare als Arbeitnehmer iSv Art. 45 AEUV, vgl EuGH, Rs C-109/04, Kranemann/Land NRW, Slg. 2005, I-2421, Rn 12 ff = *Pechstein* Nr 186. Bestätigt durch EuGH, Rs C-345/08, Pesla/Justizministerium Meckl.-Vorpommern, Slg 2009, I-11677 = JuS 2010, 366 – *Streinz*.
249 Sart. II Nr 130; *Bieber/Knapp* Nr VII.1; dtv EuR Nr 38; *Schwartmann* Nr 111.
250 Sart. II Nr 133; *Bieber/Knapp* Nr VII.2b; dtv EuR Nr 38b; *Schwartmann* Nr 111b.

ist gemäß Art. 22 FreizügigkeitsRL nur möglich, wenn und soweit dies auch gegenüber Inländern zulässig ist.

**Ergebnis:** Die Maßnahme verstößt gegen den AEUV.

**937** **Lösung Fall 40** (Rn 851):

**I. Zulässigkeit der Klage:** § 40 Abs. 1 S. 1, § 42 Abs. 1 1. Alt., § 68, § 42 Abs. 2 VwGO.

**II. Begründetheit:** Die Klage ist begründet, soweit der VA rechtswidrig ist und den Kläger dadurch in seinen Rechten verletzt (§ 113 Abs. 1 S. 1 VwGO).

1. Rechtsgrundlage für die Ausweisung nach geltendem Recht: § 55 Abs. 1 iVm Abs. 2 AufenthaltsG[251]. Für eine Ausweisung nach §§ 53 und 54 AufenthaltsG fehlt es an einer hinreichenden Verurteilung. Eine Straftat stellt jedoch auch einen Ausweisungsgrund iSv § 55 Abs. 2 Nr 2 AufenthaltsG dar. Die Anwendung des AufenthaltsG ist gegenüber Staatsangehörigen anderer Mitgliedstaaten allerdings gemäß § 1 Abs. 2 Nr 1 AufenthaltsG iVm § 2 Abs. 2 FreizügigG/EU[252] beschränkt. Gegenüber einem Unionsbürger finden die Ausweisungsvorschriften nur Anwendung, wenn ein Aufenthaltsrecht nach dem FreizügG/EU nicht (mehr) besteht. Die Begehung einer Straftat allein genügt nicht, um einem Unionsbürger sein Aufenthaltsrecht abzusprechen (§ 6 Abs. 2 S. 1 FreizügG/EU). Die Verurteilung muss auf Umständen beruhen, die ein persönliches Verhalten erkennen lassen, das eine gegenwärtige Gefährdung der öffentlichen Ordnung darstellt. In Bezug auf die alte Rechtslage hatte das BVerwG im Begehen einer Straftat ein hinreichendes persönliches Verhalten gesehen[253]. Diese Auffassung verstieß jedoch gegen Art. 3 Abs. 1 RL 64/221 und verstößt jetzt gegen Art. 27 Abs. 2 Satz 2 RL 2004/38 (s. Rn 929). Nach der Rspr des EuGH ist angesichts des Ziels der Richtlinie, die gemäß Art. 45 Abs. 3 und Art. 52 AEUV zulässigen Ausnahmen vom Grundsatz der Freizügigkeit zur Vermeidung von Diskriminierungen zu koordinieren, und der Bestimmung in Art. 3 Abs. 2 RL 64/221, jetzt Art. 27 Abs. 2 Satz 2 RL 2004/38, dass strafrechtliche Verurteilungen allein ohne weiteres Maßnahmen nicht begründen können, zu dem Ergebnis gekommen, dass der Begriff „persönliches Verhalten" dahingehend eng auszulegen ist, dass die Gefahr von der Person ausgehen muss (so nun auch ausdrücklich § 6 Abs. 2 S. 2 und S. 3 FreizügG/EU). Daraus folgt, dass generalpräventive Zwecke nicht berücksichtigt werden dürfen[254]. Dies ist schon deshalb zutreffend, weil die persönliche Schuld ohnehin die Voraussetzung für eine Bestrafung ist, die durch Art. 3 Abs. 2 iVm Abs. 1 RL 2004/38 angeordnete Beschränkung also einen weiter gehenden Sinn haben muss.

**Ergebnis:** Da die Ausweisung aus generalpräventiven Gründen unzulässig ist und im konkreten Fall gegen § 6 Abs. 2 S. 2 FreizügG/EU verstößt, hat die Klage Aussicht auf Erfolg.

## 7. Niederlassungsfreiheit

**938** Die Niederlassungsfreiheit gibt natürlichen und juristischen Personen das Recht, in einem anderen Mitgliedstaat als ihrem Heimatstaat eine dauernde selbstständige Tätigkeit zu den gleichen Bedingungen wie Inländer auszuüben (Diskriminierungsverbot, Art. 49 Abs. 2 AEUV). Die Aufnahme einer solchen wirtschaftlichen Tätigkeit

---

251 Sart. I Nr 565.
252 Sart. I Nr 560.
253 BVerwGE 42, 133 (139 f). Ausdrücklich korrigiert in BVerwGE 49, 60 f.
254 EuGH, Rs 67/74, Bonsignore, Slg 1975, 297, Rn 6. Vgl auch EuGH, Rs C-100/01, Oleiza Olazabal, Slg 2002, I-10981 = *Pechstein* Nr 188 und EuGH, Rs C-50/06, Kommission/Niederlande, Slg 2007, I-4383.

setzt voraus, dass eine Person rechtlich nicht gehindert wird, ihren Herkunftsstaat zu verlassen und sich im Aufnahmestaat niederzulassen. Die damit beschriebene Freiheit der Standortwahl wird durch das **Beschränkungsverbot** geschützt (s. Rn 835). In diesem Zusammenhang war lange Zeit fraglich, ob zur Freiheit der Standortwahl bei juristischen Personen auch der Erhalt der bisherigen Rechtsfähigkeit zählt. Hinter dieser Frage steht die in den meisten kontinentaleuropäischen Mitgliedstaaten vorherrschende gesellschaftsrechtliche Sitztheorie, die bei einer Verlegung des effektiven Verwaltungssitzes eine Neugründung im Aufnahmestaat verlangt und zugleich das Erlöschen der bisherigen Rechtsfähigkeit anordnet. Der EuGH hatte im Fall *Centros*, einer nach englischem Recht (Gründungstheorie) gegründeten Gesellschaft, die in Großbritannien aber keine Geschäftstätigkeit entfaltete und dann eine Zweigniederlassung in Dänemark errichten wollte, entschieden, dass keine Umgehung dänischen Gesellschaftsrechts vorliege[255]. Da der EuGH auch keine Rechtfertigungsgründe unter dem Gesichtspunkt des Gläubigerschutzes anerkannte, war Dänemark verpflichtet, die wirksam gegründete englische Gesellschaft als rechtsfähig anzuerkennen. Auch nach dieser Entscheidung blieben aber zahlreiche Fragen des nationalen Rechts, die an die Rechtsfähigkeit einer juristischen Person anknüpfen, umstritten[256]. Im Urteil *Überseering* entschied der EuGH auf eine Vorlage des BGH, dass es gegen die Niederlassungsfreiheit verstoße, wenn ein Mitgliedstaat einer nach dem Recht eines anderen Mitgliedstaates gegründeten Gesellschaft mit satzungsmäßigem Sitz in diesem anderen Mitgliedstaat die Rechts- und Parteifähigkeit abspreche, weil die Gesellschaft ihren tatsächlichen Verwaltungssitz verlegt habe, ohne eine vom Recht des Aufnahmestaates vorgesehene Rechtsform zu haben. Art. 49 und 54 AEUV verpflichteten die Mitgliedstaaten, die nach dem Recht anderer Mitgliedstaaten gegründeten Gesellschaften als rechts- und parteifähig anzuerkennen, soweit das Recht des Gründungsstaates ihnen diese Fähigkeit zuspreche[257] (in Betracht kommen insofern nur Mitgliedstaaten, die die Gründungstheorie vertreten). Während damit abgesehen von gerechtfertigten Schutzbestimmungen die Sitzverlagerung unter Wahrung der Rechtsform des Herkunftsstaates vom Zielstaat (Zuzugsrecht) anerkannt werden muss, darf ein Mitgliedstaat die Sitzverlagerung einer nach seinem Recht gegründeten Gesellschaft in einen anderen Mitgliedstaat unter Beibehaltung der Gesellschaftsform (Wegzugsrecht) verhindern[258]. Grund dafür ist letztlich das Fehlen einer einheitlichen unionsrechtlichen Definition der Gesellschaften[259]. Umwandlungen von Gesellschaften gehören grundsätzlich zu den wirtschaftlichen Tätigkeiten, hinsichtlich deren die Mitgliedstaaten die Niederlassungsfreiheit beachten müssen. Mangels unionsrechtlicher Regelung kann beim gegenwärtigen Stand des Unionsrechts sowohl

---

255 Vgl EuGH, Rs C-212/97, Centros, Slg, 1999, I-1459, Rn 27 = *Pechstein* Nr 208 = *HVL*, S. 692 ff = JuS 1999, 810 – *Streinz*.

256 Vgl die Vorlagefragen des BGH, EuZW 2000, 412 und des AG Heidelberg, EuZW 2000, 414.

257 EuGH, Rs C-208/00, Überseering BV/NCC Baumanagement GmbH, Slg 2002, I-9919, Rn 52 ff, 94 = *Pechstein* Nr 192 = *HVL*, S. 696. Die Konsequenzen daraus zog BGH, ZIP 2003, 718. Vgl dazu *Leible*, ZIP 2003, 925; vgl auch EuGH, Rs C-167/01, Kamer van Koophandel en Fabrieken voor Amsterdam/Inspire Art Ltd, Slg 2003, I-10155 = *Pechstein* Nr 209 = *HVL*, S. 696 f. Vgl dazu *Eidenmüller/Rehm*, ZGR 2004, 159 ff.

258 EuGH, Rs C-210/06, Cartesio, Slg 2008, I-9641 Rn 109 ff = *Pechstein* Nr 193 = *HVL*, S. 690 ff. Vgl dazu *Tietje*, § 10, Rn 72.

259 Klarstellung in EuGH, Rs C-378/10, Vale Épitési, ECLI:EU:C:2012:440, Rn 28 f, 32 = NJW 2012, 2715 m. Anm. *Böttcher/Kraft*, ebd., S. 2701 = JuS 2012, 1142 – *Streinz*.

die Anknüpfung bestimmen, die eine Gesellschaft aufweisen muss, um nach seinem innerstaatlichen Recht gegründet angesehen zu werden und damit in den Genuss der Niederlassungsfreiheit zu gelangen (nationales Recht als Vorfrage), als auch die Anknüpfung, die erforderlich ist, dass diese Eigenschaft später erhalten bleibt. Jedoch müssen die Mitgliedstaaten dabei das Äquivalenzgebot und den Effektivitätsgrundsatz (s. dazu Rn 604) beachten und dürfen daher einen grenzüberschreitenden Sachverhalt nicht ungünstiger behandeln als einen innerstaatlichen[260]. Daher sah der EuGH im Ausschluss von Kapitalgesellschaften von grenzüberschreitenden Verschmelzungen (*§ 1 Abs. 1 UmwG aF* verlangte als Beteiligte „Rechtsträger mit Sitz im Inland") einen Verstoß gegen Art. 49 iVm Art. 54 AEUV[261].

**939** Das Aufenthaltsrecht natürlicher Personen, die von der Niederlassungsfreiheit Gebrauch machen, ist jetzt in der RL 2004/38/EG geregelt (vgl Rn 929). Die VO 883/2004 (Sart. II Nr 185; s. Rn 931) gilt wegen der Erstreckung durch die VO 1390/81[262] auch für Selbstständige.

**940** Auch die Niederlassungsfreiheit hat erhebliche Auswirkungen auf das Steuerrecht der Mitgliedstaaten[263].

**941** Hinsichtlich der **Bereichsausnahme** des Art. 51 Abs. 1 AEUV hat der EuGH in restriktiver Auslegung der Ausnahmevorschrift (s. dazu Rn 861) die lange umstrittene Frage, ob und inwieweit die deutschen Notare darunter fallen, verneint[264]. Entscheidend ist nicht der Status, sondern die Art der Tätigkeit, die keine „Ausübung öffentlicher Gewalt" iS des Unionsrechts sei (s. dazu auch Rn 932).

**942** **Lösung Fall 46** (Rn 877):

Verstoß gegen Art. 49 AEUV

**I. Tatbestand**

Ein Unternehmen (Art. 54 AEUV) eines Mitgliedstaats will eine Zweigniederlassung (Art. 49 Abs. 1 S. 2) in einem anderen Mitgliedstaat gründen. Art. 153 Abs. 5 AEUV, der das Streikrecht ausschließt, begründet keine Bereichsausnahme für dieses, sondern schließt allein diesbezügliche auf Art. 153 AEUV gestützte Vorschriften aus. Streikrecht liegt zwar in der Kompetenz der Mitgliedstaaten; dies entbindet diese aber nicht von der Beachtung

---

260  Ebd, Rn 24 ff. Vgl dazu auch *G.H. Roth*, Die Sitztrennung im europäischen Gesellschaftsrecht nach Vale, in: FS Torggler, 2013, S. 1023.

261  EuGH, Rs C-411/03, SEVIC Systems AG, Slg 2005, I-10805 = *Pechstein* Nr 195. Vgl dazu *Leible/ Hoffmann*, RIW 2006, 161. Eine beschränkende unterschiedliche Behandlung lag darin, dass nur inländischen Unternehmen der schnellere und kostengünstigere Weg der Verschmelzung offen stand, während ausländische Unternehmen die alte Gesellschaft mit Vermögensabwicklung auflösen und eine neue Gesellschaft, auf die die einzelnen Vermögensgegenstände übertragen werden, gründen mussten. Die Materie grenzüberschreitender Verschmelzungen wird nunmehr durch die RL 2005/56/ EG über die Verschmelzung von Kapitalgesellschaften aus verschiedenen Mitgliedstaaten (ABl 2005 L 310/1) geregelt, die in §§ 122a-122 l UmwG (Zweites Gesetz zur Änderung des Umwandlungsgesetzes, BGBl. 2007 I, 542) umgesetzt wurde.

262  ABl 1981 L 143/1.

263  Vgl zB EuGH, Rs C-347/04, Rewe Zentralfinanz/FA Köln-Mitte, Slg 2007, I-2647; EuGH, Rs C-329/05, Meindl/FA Dinslaken, Slg 2007, I-11113. Zu den Grenzen in Fällen mit Drittstaatenbezug vgl EuGH, Rs C-157/05, Holböck, Slg. 2007, I-4051.

264  EuGH, Rs C-54/08, Kommission/Deutschland, Slg 2011, I-4355 = EuZW 2011, 468 m. Anm. *M.-C. Fuchs* = JuS 2011, 851 – *Streinz*.

der Grundfreiheiten. Beschränkung der Niederlassungsfreiheit durch Streik? Drittwirkung der Grundfreiheit gegenüber Privaten, da Gewerkschaft als „intermediäre Gewalt" Kollektivmaßnahme mit einer staatlichen Maßnahmen vergleichbarer Wirkung setzen kann. Niederlassungsfreiheit ist Beschränkungsverbot.

## II. Rechtfertigung

Grundrechte sind als Schranken der Grundfreiheiten zu beachten, Grundfreiheiten können Grundrechten Schranken setzen. Kollektivmaßnahme des Streiks zum Schutz der Arbeitnehmer ist als Grundrecht (Art. 28 GRCh; Art. 6 Abs. 3 EUV mit Rechtserkenntnisquellen Art. 11 Abs. 1 EMRK und zB Art. 9 Abs. 3 GG) legitimes Ziel. Binnenmarkt und Sozialpolitik schließen sich nicht aus, sondern ergänzen sich. Maßnahme muss aber verhältnismäßig sein und darf Ausübung der Niederlassungsfreiheit nicht unmöglich machen.

## III. Ergebnis

Ausgleich zwischen Grundfreiheit und Grundrecht. Streik ist zulässig, soweit damit nicht Betriebsverlagerung gänzlich verhindert werden soll, sondern allein angemessene Arbeitsbedingungen erreicht werden sollen[265].

## 8. Dienstleistungsfreiheit

Dienstleistungen iS der Art. 56 ff AEUV sind alle Leistungen, die in der Regel gegen Entgelt erbracht werden (Art. 57 Abs. 1 AEUV). Entscheidendes Kriterium ist, ungeachtet der beispielhaften Aufzählung in Art. 57 Abs. 2 AEUV, nicht der volkswirtschaftliche Begriff der Dienstleistung. Die Dienstleistungsfreiheit ergänzt vielmehr die Freizügigkeit der Arbeitnehmer und die Niederlassungsfreiheit dahingehend, dass erwerbswirtschaftliche Tätigkeiten auch ohne Wohnsitzverlagerung (Problem: Abgrenzung der für die Leistungserbringung erforderlichen Infrastruktur von einer Zweigniederlassung[266]), also (vorübergehend) grenzüberschreitend, nach den Grundsätzen des Beschränkungsverbots (s. Rn 833) und der Inländergleichbehandlung (vgl Art. 57 Abs. 3 AEUV) ermöglicht werden. **943**

**Anwendungsfälle** der Dienstleistungsfreiheit sind die **aktive Dienstleistungsfreiheit**, wenn sich der Erbringer der Leistung zu diesem Zweck in einen anderen Mitgliedstaat begibt (zB ein in Salzburg ansässiger Rechtsanwalt vertritt Mandanten vor dem LG München), die **Grenzüberschreitung nur durch die Dienstleistung** selbst, ohne dass sich eine Person von einem Mitgliedstaat in einen anderen begibt (Korrespondenzdienstleistungen, zB Rundfunk- oder Fernsehsendungen; Finanzdienstleistungen, Downloads im Internet), sowie die sog. **„passive" oder „negative" Dienstleistungsfreiheit**, wenn sich der Leistungsempfänger in einen anderen Mitgliedstaat begibt. Vgl dazu **Fall 50** (Rn 945). Entscheidend ist allein der Tatbestand der Grenzüberschreitung, da es um die Öffnung der einzelnen nationalen Märkte für Dienstleistungen aus der Union geht. Daher erfasst Art. 56 AEUV auch sog. **auslandsbedingte Dienstleistungen**, dh an Empfänger, die im selben Mitgliedstaat ansässig sind wie der Dienstleistungserbringer, im Ausland erbrachte Dienstleistungen (zB Reiseunter- **944**

---

265  Zu den Urteilen Viking Line und EuGH, Rs C-341/05, Laval, Slg 2007, I-11767 sowie zur gescheiterten Monti-II-VO [KOM(2012)130endg] hinsichtlich der Ausübung kollektiver Maßnahmen im Kontext der Niederlassungs- und Dienstleistungsfreiheit vgl *Seifert*, in: Schulze/Zuleeg/Kadelbach, § 39, Rn 160.

266  Vgl EuGH, Rs C-55/94, Gebhard, Slg 1995, I-4165, Rn 21 ff = *Pechstein* Nr 202 = *HVL*, S. 677 f.

nehmen oder Skischulen gegenüber Inländern im Zielstaat, dh der Dienstleistungserbringer und der Dienstleistungsempfänger überschreiten gemeinsam die Grenze, wobei „auslands*bedingt*" nicht dahingehend missverstanden werden darf, dass die Grenzüberschreitung für eine solche Dienstleistung *notwendig* sein müsse). Nur wenn alle wesentlichen Elemente der fraglichen Betätigung nicht über die Grenzen eines Mitgliedstaats hinausweisen, ist Art. 56 AEUV nicht anwendbar[267]. Verpflichtet wird nicht nur der Staat des Leistungsempfängers, sondern auch der Staat des Leistungserbringers (Schutz der „Ausgangsfreiheit" durch Art. 56 AEUV)[268].

**945**    **Fall 50** (nach EuGH, Rs 186/87, Cowan/Tresor public, Slg 1989, 195):
Nach der französischen Strafprozessordnung können Opfer von Straftaten bei schweren Körperverletzungen vom Staat eine Entschädigung verlangen, wenn ausreichende Wiedergutmachung auf andere Weise, insbesondere vom Täter, nicht erlangt werden kann. Für Ausländer gilt dies allerdings nur, wenn zwischen Frankreich und ihrem Heimatstaat ein Gegenseitigkeitsabkommen besteht. Bei einem touristischen Aufenthalt in Paris wurde der Brite C überfallen, ausgeraubt und schwer verletzt. Als er die Opferentschädigung verlangte, wurde ihm entgegengehalten, mit dem Vereinigten Königreich bestehe kein Gegenseitigkeitsabkommen. Ist dies mit dem AEUV vereinbar?

**Lösung Fall 50:** Die Verweisung des C auf das fehlende Gegenseitigkeitsabkommen wäre dann unionsrechtswidrig, wenn dem C aus dem Unionsrecht ein Anspruch auf Inländergleichbehandlung zukommt. Dieser könnte aus Art. 18 Abs. 1 AEUV fließen, wonach im Anwendungsbereich des Vertrages jede Diskriminierung aus Gründen der Staatsangehörigkeit verboten ist. Der Anwendungsbereich des AEUV könnte hier dadurch eröffnet sein, dass C Berechtigter der Dienstleistungsfreiheit ist. In diesem Fall käme allerdings – mit demselben Ergebnis – das spezielle Diskriminierungsverbot des Art. 57 Abs. 3 AEUV zum Tragen. Der EuGH hat die Rechte aus Art. 56 ff AEUV auch auf Dienstleistungs*empfänger* erstreckt. Gemäß Art. 56 AEUV würden die Beschränkungen des freien Verkehrs der in Art. 57 AEUV genannten Dienstleistungen für Angehörige der Mitgliedstaaten, die in einem anderen Staat der Union als demjenigen des Leistungsempfängers ansässig sind, aufgehoben. Zur Erbringung der Dienstleistung könne sich aber entweder der Leistende in den Mitgliedstaat, in dem der Leistungsempfänger ansässig ist, oder dieser in den Mitgliedstaat begeben, in dem der Leistende ansässig ist. Während der erste Fall ausdrücklich in Art. 57 Abs. 3 AEUV erwähnt wird, stelle der zweite Fall die notwendige Ergänzung hierzu dar, die dem Ziel entspreche, jede gegen Entgelt geleistete Tätigkeit, die nicht unter den freien Waren- und Kapitalverkehr und unter die Freizügigkeit der Personen fällt, zu liberalisieren. Von dieser Auslegung ging offenbar auch der Rat bei Verabschiedung der RL 73/148[269] aus, da gemäß deren Art. 4 Abs. 2 für Leistungserbringer und Leistungs*empfänger* das Aufenthaltsrecht der Dauer der Leistung entspricht[270]. Der EuGH hat diese Rechtsprechung bestätigt[271].

---

267    EuGH, Rs C-198/89, Kommission/Griechenland, Slg 1991, I-727, Rn 9: Es genügt, dass der Dienstleistungserbringer in einem anderen Staat niedergelassen ist als dem, in dem die Dienstleistung (durch einen dort ansässigen Angestellten) erbracht wird.
268    Vgl EuGH, Rs C-384/93, Alpine Invest, Slg 1995, I-1141, Rn 30 mwN = **Fall 42**, Rn 853.
269    ABl 1973 L 172/14, aufgehoben und ersetzt durch RL 2004/38 (Sart. II Nr 177, s. Rn 929).
270    Vgl EuGH, verb Rs 286/82 und 26/83, Luisi und Carbone, Slg 1984, 377, Rn 12 = *Pechstein* Nr 214, 237 = *HVL*, S. 718 f.
271    Vgl EuGH, Rs C-45/93, Kommission/Spanien, Slg 1994, I-911, Rn 5 ff. Vgl auch EuGH, Rs C-388/ 01, Kommission/Italien, („Dogenpalast"), Slg 2003, I-721, Rn 12 ff = *Pechstein* Nr 231 = JuS 2003, 604 – *Streinz*: unterschiedliche Eintrittsgebühren in Museen.

**Ergebnis:** Die Verweigerung der Opferentschädigung für C ist mit dem AEUV nicht vereinbar.

Obgleich in den genannten Fällen die Rechtsprechung des EuGH zu durchaus sachgerechten Ergebnissen (Unzulässigkeit von Devisenbeschränkungen, Opferentschädigung, Verbot der Diskriminierung ausländischer Touristen beim Zugang zu Museen) geführt hat, müssen die Folgen, dass die Freizügigkeit eine neue Dimension in Richtung auf eine umfassende Personenverkehrsfreiheit gewinnt, bedacht werden. So sind zB aufenthaltsbeschränkende Maßnahmen auch gegenüber Touristen nur nach Maßgabe der besonderen Voraussetzungen des Unionsrechts zulässig. Die FreizügigkeitsRL 2004/38 trägt der **Unionsbürgerschaft** als „grundsätzlichem Status der Staatsangehörigen der Mitgliedstaaten" bei Wahrnehmung des Rechts auf Freizügigkeit und Aufenthalt durch Vereinfachung und Verstärkung[272] und damit Angleichung dieser Rechte Rechnung, allerdings nur für einen Aufenthalt bis zu drei Monaten und hinsichtlich des Rechts auf Daueraufenthalt nach fünf Jahren ununterbrochenen rechtmäßigen Aufenthalts[273]. Hinsichtlich des Rechts auf Aufenthalt für mehr als drei Monate wird aber zwischen Arbeitnehmern sowie Selbstständigen („Marktbürgern") und anderen Unionsbürgern differenziert[274]. Zu Letzteren gehören offenbar auch die passiv Dienstleistenden und damit auch Touristen.

946

Bestimmungen, die sich formal an Inländer und Ausländer in gleicher Weise wenden, sind im Hinblick auf die nur vorübergehende Leistungserbringung, die in mehreren bis hin zu allen Mitgliedstaaten erfolgen soll, besonders kritisch daraufhin zu überprüfen, ob sie die Dienstleistungsfreiheit nicht faktisch unmöglich machen und ob der legitime Zweck nicht mit weniger einschneidenden Maßnahmen erreicht werden kann.

947

**Beispiel:** Niederlassungserfordernisse, zB für Direktversicherungen[275].

Dies gilt auch für die Auslegung sekundärrechtlicher Bestimmungen, die ja die Dienstleistungsfreiheit *erleichtern* sollen[276].

**Beispiel:** Die tatsächliche Ausübung des Dienstleistungsverkehrs für Rechtsanwälte wurde durch die RL 77/249[277] erleichtert. Art. 5 der RL sieht vor, dass ein Mitgliedstaat den dienstleistenden Rechtsanwälten als Bedingung auferlegen darf, im Einvernehmen mit einem bei dem angerufenen Gericht zugelassenen Rechtsanwalt zu handeln. Das zur Umsetzung der RL in Deutschland ergangene Gesetz[278] sah in seinem § 4 vor, dass das Einvernehmen auch in Verfahren, für die nach deutschem Recht kein Anwaltszwang besteht, herbeizuführen ist, für jede einzelne Handlung nachzuweisen ist und mit einem Rechtsanwalt erfolgen muss, der in dem Verfahren selbst Bevollmächtigter oder Verteidiger ist. Die Kommission sah diese Regelungen

948

---

272 Egrd. 3 der RL 2004/38.
273 Vgl Art. 6, Art. 16 RL 2004/38.
274 Vgl Art. 7 Abs. 1 lit. a, Abs. 3 gegenüber Art. 7 Abs. 1 lit. b-d RL 2004/38.
275 Vgl EuGH, Rs 205/84, Kommission/Deutschland, Slg 1986, 3755, Rn 52 ff = *HVL*, S. 721 ff = *PSK*, Fall 45. Vgl das Verbot in Art. 16 Abs. 2 lit. a DienstleistungsRL 2006/123 (ABl 2006 L 376/36; *Sart.* II Nr 183; *Bieber/Knapp* Nr V.3.1 s. Rn 994, 1004).
276 Vgl Egrd 7 der RL 2006/123.
277 *Sart.* II Nr 184; *Bieber/Knapp* Nr V.3.4.
278 BGBl. 1980 I 1453.

als nicht ordnungsgemäße Umsetzung der RL an und leitete ein Vertragsverletzungsverfahren gemäß Art. 258 AEUV ein. Der EuGH hob unter Berufung auf den Fall *Webb*[279] hervor, dass Art. 5 der RL im Lichte des Art. 57 Abs. 3 AEUV dahin auszulegen sei, dass zwar in Anbetracht der Besonderheiten bestimmter Dienstleistungen besondere Anforderungen an den Leistungserbringer gestellt werden dürften, der freie Dienstleistungsverkehr als fundamentaler Grundsatz des AEUV aber nur durch Regelungen beschränkt werden dürfe, die durch das Allgemeininteresse gerechtfertigt und für alle im Hoheitsgebiet des betreffenden Mitgliedstaates tätigen Personen verbindlich seien, wobei berücksichtigt werden müsse, ob dem Allgemeininteresse nicht bereits durch die Rechtsvorschriften Rechnung getragen werde, denen der Leistungserbringer in dem Mitgliedstaat, in dem er ansässig ist, unterliegt[280]. Er sah daher ua die Erstreckung auf die Fälle, in denen nach deutschem Recht kein Anwaltszwang besteht, grundsätzlich als nicht durch das Allgemeininteresse gerechtfertigt und die beiden anderen genannten Anforderungen als übermäßig an, da sie in ihrem Umfang nicht für eine geordnete Rechtspflege erforderlich seien[281]. Hinzuzufügen ist, dass die Regelung wegen ihrer Umständlichkeit und Kostenmehrung (notwendige Beauftragung von zwei Rechtsanwälten) die Dienstleistungsfreiheit für Rechtsanwälte weitgehend faktisch ausgehöhlt hätte. Das Gesetz wurde nach dem Urteil des EuGH geändert[282].

**949** Eine generelle Regelung sieht jetzt im Rahmen ihres (eingeschränkten und subsidiären, vgl Art. 2 und 3) Anwendungsbereichs die RL 2006/123/EG über Dienstleistungen im Binnenmarkt[283] vor, die im Wesentlichen die Rechtsprechung des EuGH kodifiziert, zum Teil aber darüber hinausgeht. Vgl die allgemeinen Vorschriften zur Verwaltungsvereinfachung in Art. 5-8 und die speziellen Vorschriften zur Dienstleistungsfreiheit iS des Art. 56 AEUV in Art. 16-21.

**950** Das Aufenthaltsrecht ist sekundärrechtlich jetzt in der FreizügigkeitsRL 2004/38 (s. Rn 929, 946) konkretisiert und auf Familienangehörige erstreckt. Eines Verbleiberechts bedarf es angesichts der vorübergehenden Tätigkeit nicht.

**951** Auch die Dienstleistungsfreiheit hat zunehmend Auswirkungen auf das Steuerrecht der Mitgliedstaaten[284].

**952** **Lösung Fall 41** (Rn 852): O kann sich als Unionsbürger (Art. 20 Abs. 1 S. 2 AEUV) auf die Rechte des AEUV berufen (Art. 20 Abs. 2 S. 1 AEUV). In Betracht kommt das allgemeine Freizügigkeitsrecht aus Art. 20 Abs. 2 S. 2 lit. a, 21 Abs. 1 AEUV, das aber gegenüber den speziellen Freizügigkeitsrechten, die aus den Grundfreiheiten folgen, subsidiär ist.

---

279  EuGH, Rs 279/80, Webb, Slg 1981, 3305, Rn 13 ff.
280  Vgl zu diesem Aspekt des Herkunftslandprinzips und zur Berücksichtigungspflicht des Aufnahmemitgliedstaats EuGH, Rs C-189/03, Kommission/Niederlande (Private Sicherheitsdienste), Slg 2004, I-9289, Rn 17 ff = *Pechstein* Nr 233.
281  EuGH, Rs 427/85, Kommission/Deutschland, Slg 1988, 1123, Rn 13 ff, 25 ff („Gouvernantenklausel").
282  Vgl Rechtsanwaltsdienstleistungsgesetz – RADG (BGBl. 1990 I 479). Dieses Gesetz wurde im Rahmen der Neuregelung im Zusammenhang mit der Niederlassungsfreiheit für Rechtsanwälte durch das Gesetz über die Tätigkeit europäischer Rechtsanwälte in Deutschland (EuRAG) vom 9.3.2000 (BGBl. I 182) aufgehoben.
283  ABl 2006 L 376/36; Sart. II Nr 183; *Bieber/Knapp* Nr V.3.1. S. dazu Rn 994, 1004.
284  Vgl EuGH, Rs 290/04, FKP Scorpio Konzertproduktionen, Slg 2006, I-9461; Rs C-39/04, Laboratoires Fournier, Slg 2005, I-2057. Vgl auch EuGH, Rs C-318/05, Kommission/Deutschland, Slg 2007, I-6957: Abzug der Kosten für Privatschule im EU-Ausland (diese fällt unter Art. 56 AEUV) als Sonderausgabe.

Hier kommt die Berufung des O auf die passive Dienstleistungsfreiheit gemäß Art. 56 AEUV als „Tourist" (vgl Rn 939 ff) in Betracht. Der in Art. 56 AEUV festgelegte Grundsatz des freien Dienstleistungsverkehrs schließt die Freiheit der Dienstleistungsempfänger ein, sich zur Inanspruchnahme einer Dienstleistung in einen anderen Mitgliedstaat zu begeben, ohne durch (ungerechtfertigte) Beschränkungen daran gehindert zu werden, wobei Touristen als Empfänger von Dienstleistungen anzusehen sind[285]. Somit bedürfen die mitgliedstaatlichen Beschränkungsmaßnahmen einer Rechtfertigung. Die zulässigen Beschränkungen des Einreise- und Aufenthaltsrechts aus Gründen der öffentlichen Ordnung, Sicherheit und Gesundheit sind nunmehr in der RL 2004/38/EG (Sart. II Nr 177; *Bieber/Knapp* Nr V.3.1) geregelt, die bis zum 30.4.2006 umzusetzen war. Gemäß Art. 6 Abs. 1 RL 2004/38/EG besteht für Unionsbürger ein Aufenthaltsrecht bis zu drei Monaten, wobei sie lediglich im Besitz eines gültigen Personalausweises oder Reisepasses sein müssen. Demgemäß ist ein Mitgliedstaat berechtigt, von Dienstleistungsempfängern, die Angehörige anderer Mitgliedstaaten sind und sich in seinem Hoheitsgebiet aufhalten wollen, den Nachweis ihrer Identität und ihrer Staatsangehörigkeit zu verlangen. O konnte sich (zunächst) nicht entsprechend ausweisen. Fraglich ist aber, ob die Identitätsfeststellung auch auf andere Weise erfolgen kann und ob die ergriffenen Sanktionen zulässig sind. Der EuGH betont die Begründung der Freizügigkeit durch das Primärrecht und zieht daraus Folgerungen für die Auslegung des Sekundärrechts (primärrechtskonforme Auslegung). Der Grundsatz der Freizügigkeit stellt eine der Grundlagen der Union dar. Die Bestimmungen, in denen er niedergelegt ist, sind daher weit auszulegen. Die Erteilung einer Aufenthaltserlaubnis an einen Staatsangehörigen eines Mitgliedstaats ist nicht als rechtsbegründende Handlung zu betrachten, sondern als Handlung eines Mitgliedstaats, die dazu dient, die individuelle Situation eines Staatsangehörigen eines anderen Mitgliedstaats im Hinblick auf die Bestimmungen des Unionsrechts festzustellen[286]. Mit der Verpflichtung zur Vorlage eines gültigen Personalausweises oder Reisepasses sollen zum einen die Lösung von mit dem Nachweis des Aufenthaltsrechts zusammenhängenden Problemen nicht nur für die Bürger, sondern auch für die nationalen Behörden erleichtert und zum anderen die Maximalvoraussetzungen festgelegt werden, deren Erfüllung ein Mitgliedstaat den Betroffenen für die Anerkennung ihres Aufenthaltsrechts vorschreiben kann. Das Erfordernis, dass ein solcher Nachweis in allen Fällen durch Vorlage eines gültigen Personalausweises oder Reisepasses zu erbringen ist, geht jedoch offensichtlich über die Zwecke der RL 2004/38/EG hinaus. Denn diese Verwaltungsformalität dient nur der Feststellung eines aus der Eigenschaft des Betroffenen unmittelbar fließenden Rechts durch die nationalen Behörden. Kann der Betroffene zwar keinen gültigen Personalausweis oder Reisepass vorlegen, seine Staatsangehörigkeit aber zweifelsfrei mit anderen Mitteln nachweisen, so kann der Aufnahmemitgliedstaat dessen Aufenthaltsrecht nicht schon mit der Begründung in Zweifel ziehen, dass er weder das eine noch das andere der genannten Dokumente vorgelegt habe[287]. Ferner liegt, da Angehörige anderer Mitgliedstaaten, die sich zu den im AEUV vorgesehenen Zwecken in den Niederlanden aufhalten, praktisch stets ein Ausweispapier mit sich führen müssen, während eine solche Verpflichtung für niederlandische Staatsangehörige nicht besteht, eine vom AEUV verbotene offenkundige Ungleichbehandlung zwischen niederländischen Staatsangehörigen und Staatsangehörigen anderer Mitgliedstaaten vor. Art. 56 AEUV stellt nämlich im Bereich des freien Dienstleistungsverkehrs eine besondere Ausprägung des Grundsatzes der Gleichbehandlung nach Art. 18 AEUV dar, der jede Diskriminierung aufgrund der Staatsangehörig-

---

285 Bestätigung von EuGH, Rs C-348/96, Calfa, Slg 1999, I-11, Rn 16 = *Pechstein* Nr 226.
286 Vgl EuGH, Rs C-138/02, Collins/Secretary of State for Work and Pensions, Slg 2004, I-2703, Rn 40.
287 Vgl EuGH, Rs C-459/99, MRAX, Slg 2002, I-6591, Rn 62. Jetzt ausdrücklich geregelt in Art. 25 Abs. 1 RL 2004/38/EG.

keit verbietet[288]. Zwar verbietet es das Unionsrecht einem Mitgliedstaat nicht, zu kontrollieren, ob die Verpflichtung zur Vorlage eines Ausweispapiers eingehalten wird; der Mitgliedstaat muss dann jedoch seinen eigenen Staatsangehörigen hinsichtlich ihres Personalausweises dieselbe Verpflichtung auferlegen[289]. Haft- oder Abschiebungsmaßnahmen, die ausschließlich darauf gestützt wären, dass der Betroffene gesetzliche Formalitäten in Bezug auf die Ausländerüberwachung nicht erfüllt hat, tasten den Kern des unmittelbar vom Unionsrecht verliehenen Aufenthaltsrechts an und stehen offensichtlich außer Verhältnis zur Schwere der Zuwiderhandlung (jetzt ausdrücklich geregelt in Art. 15 Abs. 2 RL 2004/38/EG). Eine Haftmaßnahme kann nur aufgrund einer ausdrücklichen Ausnahmevorschrift wie etwa Art. 27 ff RL 2004/38/EG gerechtfertigt sein, wonach die Mitgliedstaaten das Aufenthaltsrecht von Angehörigen der anderen Mitgliedstaaten beschränken können, soweit die Beschränkungen aus Gründen der öffentlichen Ordnung, Sicherheit oder Gesundheit gerechtfertigt sind (dabei ist der Schutz vor Ausweisung gemäß Art. 28 RL 2004/38/EG zu beachten[290]). Abgesehen von diesen Fällen kann der Aufnahmemitgliedstaat unter Beachtung der vom Unionsrecht gezogenen Grenzen die Abschiebung des Angehörigen eines Mitgliedstaats anordnen, wenn dieser nicht in der Lage ist, nachzuweisen, dass die Voraussetzungen seines Aufenthaltsrechts als Dienstleistungsempfänger erfüllt sind.

---

288  Vgl EuGH, Rs C-388/01, Kommission/Italien, Slg 2003, I-721, Rn 13.
289  Vgl EuGH, Rs C-24/97, Kommission/Deutschland, Slg 1998, I-2133, Rn 13. Auf eine eventuelle Rechtfertigung gemäß Art. 52 Abs. 1 AEUV, der ausdrücklich Sonderregelungen für Ausländer vorsieht, geht der EuGH nicht ein.
290  Zur Unzulässigkeit einer automatischen Ausweisung auf Lebenszeit auf Grund einer strafrechtlichen Verurteilung vgl EuGH, Rs C-348/96, Calfa, Slg 1999, I-11, Rn 26 f = *Pechstein* Nr 226 = JuS 1999, S. 1120 f – *Streinz*. Zu den engen Voraussetzungen einer Ausweisung und den Anforderungen an den Rechtsschutz vgl EuGH, verb Rs C-482/01 und C-493/01, Orfanopoulos und Olivieri/Land Baden-Württemberg, Slg 2004, I-5257 = JuS 2004, 1001 ff – *Streinz*.

**Schaubild 9:** Prüfungsschema zur Freizügigkeit der Arbeitnehmer, Niederlassungs- **953**
freiheit, Dienstleistungsfreiheit

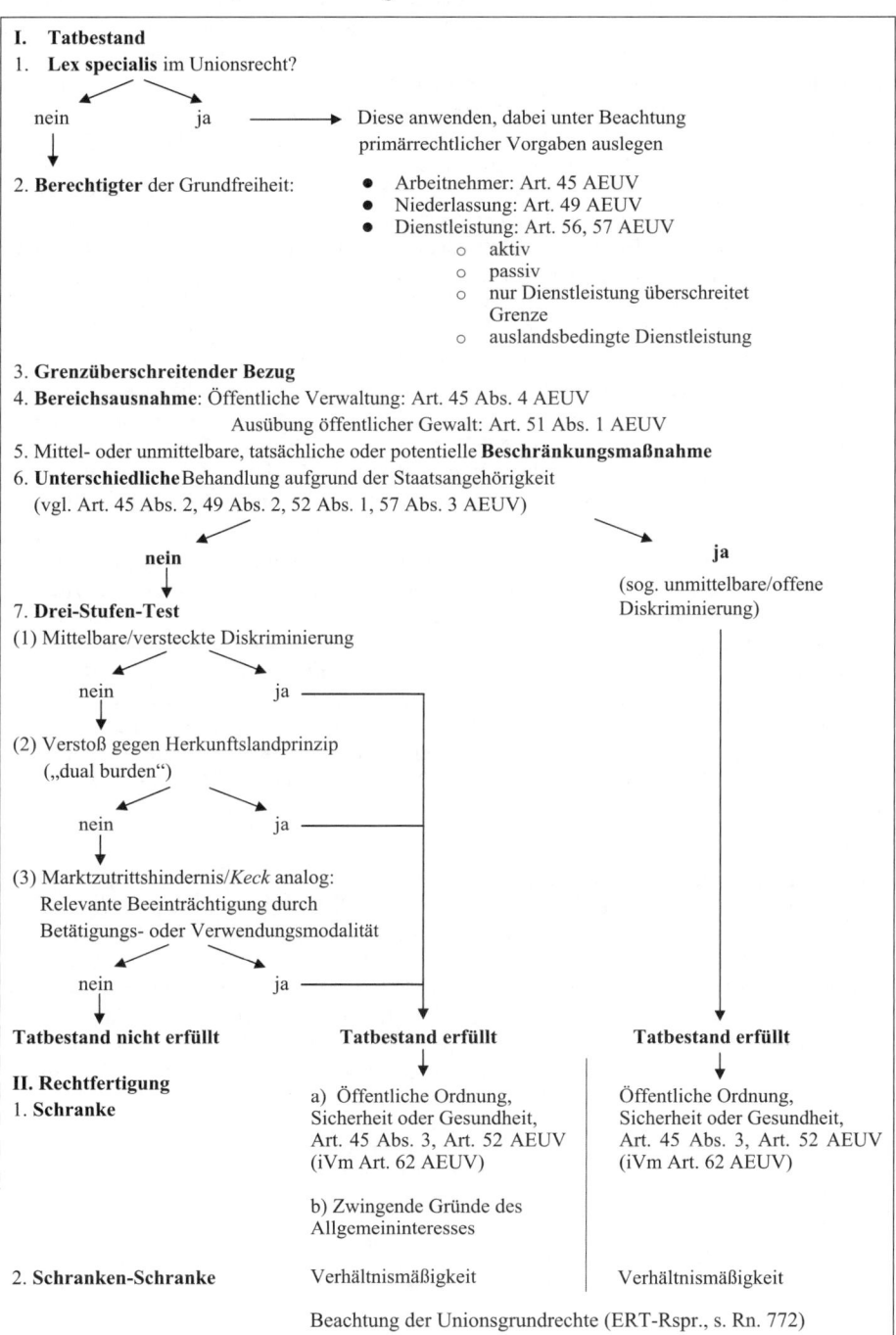

**I. Tatbestand**
1. **Lex specialis** im Unionsrecht?

nein          ja ————————▶  Diese anwenden, dabei unter Beachtung
│                            primärrechtlicher Vorgaben auslegen
▼

2. **Berechtigter** der Grundfreiheit:    ● Arbeitnehmer: Art. 45 AEUV
                                          ● Niederlassung: Art. 49 AEUV
                                          ● Dienstleistung: Art. 56, 57 AEUV
                                            ○ aktiv
                                            ○ passiv
                                            ○ nur Dienstleistung überschreitet
                                              Grenze
                                            ○ auslandsbedingte Dienstleistung

3. **Grenzüberschreitender Bezug**
4. **Bereichsausnahme**: Öffentliche Verwaltung: Art. 45 Abs. 4 AEUV
                         Ausübung öffentlicher Gewalt: Art. 51 Abs. 1 AEUV
5. Mittel- oder unmittelbare, tatsächliche oder potentielle **Beschränkungsmaßnahme**
6. **Unterschiedliche** Behandlung aufgrund der Staatsangehörigkeit
   (vgl. Art. 45 Abs. 2, 49 Abs. 2, 52 Abs. 1, 57 Abs. 3 AEUV)

        **nein**                                      **ja**
         │                                    (sog. unmittelbare/offene
         ▼                                    Diskriminierung)
7. **Drei-Stufen-Test**
   (1) Mittelbare/versteckte Diskriminierung

        nein          ja ———————┐
         │                       │
         ▼                       │
   (2) Verstoß gegen Herkunftslandprinzip
       („dual burden")           │

        nein          ja ————————┤
         │                       │
         ▼                       │
   (3) Marktzutrittshindernis/*Keck* analog:
       Relevante Beeinträchtigung durch
       Betätigungs- oder Verwendungsmodalität

        nein          ja ————————┤
         │                       │
         ▼                       ▼                              ▼
**Tatbestand nicht erfüllt**   **Tatbestand erfüllt**      **Tatbestand erfüllt**
                                       │                              │
                                       ▼                              ▼
**II. Rechtfertigung**         a) Öffentliche Ordnung,       Öffentliche Ordnung,
1. **Schranke**                   Sicherheit oder Gesundheit,   Sicherheit oder Gesundheit,
                                  Art. 45 Abs. 3, Art. 52 AEUV  Art. 45 Abs. 3, Art. 52 AEUV
                                  (iVm Art. 62 AEUV)            (iVm Art. 62 AEUV)

                               b) Zwingende Gründe des
                                  Allgemeininteresses

2. **Schranken-Schranke**      Verhältnismäßigkeit          Verhältnismäßigkeit

                               Beachtung der Unionsgrundrechte (ERT-Rspr., s. Rn. 772)

367

**954**     **Lösung Fall 42** (Rn 853):

1. Die Maßnahme könnte gegen die unmittelbar anwendbaren (s. Rn 873) Art. 56 ff AEUV verstoßen. Deren **Anwendungsbereich** ist eröffnet, da die Leistungen der Gesellschaft (Art. 62 iVm Art. 54 AEUV) gegen Entgelt erbracht werden und nicht anderen Grundfreiheiten (Art. 34, Art. 63 AEUV) zuzuordnen sind (Art. 57 Abs. 1 AEUV). Dass es sich um bloße Angebote handelt, für die es noch keinen bestimmten Empfänger gibt, steht dem nicht entgegen, da der freie Dienstleistungsverkehr illusorisch würde, wenn nicht bereits das An-bieten einer Leistung geschützt wäre. Art. 56 Abs. 1 AEUV erfasst auch sog. Korrespon-denzdienstleistungen, bei denen nur die Leistung selbst die Grenze überschreitet. Es könnte sich allerdings bei dem Verbot des „cold calling" um eine sog. „Verkaufsmodalität" im Sin-ne der *Keck-Rechtsprechung* (vgl Rn 909) handeln, die ggf auf die Dienstleistungsfreiheit zu übertragen wäre. Im Gegensatz zu Verkaufsmodalitäten, die den Marktzugang für aus-ländische Waren nicht stärker behindern als für inländische, beeinflusst das Verbot jedoch unmittelbar den Zugang zum Dienstleistungsmarkt in den Mitgliedstaaten außerhalb der Niederlande und ist daher geeignet, den Dienstleistungsverkehr in der EU zu behindern[291].

2. Die Maßnahme unterscheidet nicht zwischen In- und Ausländern. Über Art. 57 Abs. 3 AEUV hinaus enthält die Dienstleistungsfreiheit aber nicht nur ein bloßes Diskriminie-rungsverbot, sondern in Art. 56 Abs. 1 AEUV auch ein ausdrückliches **Beschränkungsver-bot** (s. Rn 833). Das Verbot des „cold calling" enthält ein schnelles und direktes Mittel der Werbung und der Kontaktaufnahme mit potenziellen Kunden in anderen Mitgliedstaaten vor.

3. Das Verbot könnte aber **gerechtfertigt** sein. In Betracht kommen nur zwingende Gründe des Allgemeininteresses, da es sich nicht um die Ausübung öffentlicher Gewalt (Art. 51 AEUV) handelt und die Beschränkungstatbestände des Art. 52 iVm Art. 62 AEUV allein auf Sonderregelungen für Ausländer, nicht aber auf unterschiedslose Maßnahmen zuge-schnitten sind (zur Anwendbarkeit darauf im Wege eines Erst-Recht-Schlusses s. Rn 955). Der Schutz der Kapitalanleger aus anderen Mitgliedstaaten ist nicht Sache der Niederlande, sondern der jeweiligen Heimatstaaten. Allerdings wirken sich Art und Umfang des Verbrau-cherschutzes unmittelbar auf den guten Ruf der niederländischen Finanzdienstleistungen aus, den zu schützen den Niederlanden obliegt. Nach Ansicht des EuGH ist die Maßnahme auch verhältnismäßig[292].

**955**     **Lösung Fall 43** (Rn 854): **Tatbestandlich** liegt eine Beschränkung der Dienstleistungs-freiheit, Art. 56 AEUV vor. Fraglich ist, ob diese **gerechtfertigt** werden kann. Da ein La-serdrome generell verboten wird, handelt es sich um eine unterschiedslose Maßnahme, so dass sowohl die ausdrücklich in Art. 52 Abs. 1 AEUV genannten (ungeachtet der auf Aus-länder beschränkten Formulierung erst recht bei unterschiedslosen Maßnahmen) als auch die vom EuGH durch Rechtsfortbildung entwickelten Rechtfertigungsgründe in Betracht kommen. Da das Verbot auf die Generalklausel des Sicherheitsrechts, die zur Abwehr von Gefahren für die öffentliche Ordnung ermächtigt, gestützt wurde, kommt Art. 52 Abs. 1

---

291   Vgl zum Marktaustrittskriterium im insoweit vergleichbaren Art. 35 AEUV *Brigola*, EuZW 2009, 479; *S. Dietz/T. Streinz*, EuR 2015, 70. Insweit passt der Drei-Stufen-Test (s. Rn 911) auch auf Art. 56 AEUV.

292   Vgl hierzu *W. Schroeder*, JZ 1996, 254. Art. 10 RL 2002/65 über den Fernabsatz von Finanzdienst-leistungen an Verbraucher (ABl 2002 L 271/16) enthält eine Mindestharmonisierung, die von der Zulässigkeit „menschlicher" (im Gegensatz zu automatisierten) Anrufe ausgeht, aber strengere Ver-bote unberührt lässt; ebenso Art. 13 Abs. 3 EK-DatenschutzRL 2002/58 (ABl 2002 L 201/37). Vgl § 7 Abs. 1, Abs. 2 Nr 2 UWG. Vgl dazu *Ohly/Sosnitza*, UWG-Kommentar, 6. Aufl. 2014, § 7, Rn 41 ff.

AEUV in Betracht. Die Ausnahmevorschrift ist eng zu verstehen. Die Maßnahme muss dem legitimen Ziel dienen und verhältnismäßig sein. Dies unterliegt der Nachprüfung durch den EuGH. Da die konkreten Umstände, die möglicherweise die Berufung auf den Begriff der öffentlichen Ordnung als Schranke rechtfertigen, von Land zu Land und im zeitlichen Wechsel verschieden sein können, billigt der EuGH den mitgliedstaatlichen Behörden auf Schrankenebene einen Beurteilungsspielraum hinsichtlich der Ausfüllung des Begriffs der öffentlichen Ordnung innerhalb der vom AEUV gesetzten Grenzen zu. Einen weiteren Beurteilungsspielraum gewährt der EuGH auch auf Ebene der Schranken-Schranken in Bezug auf die Folgerungen, die aus den Anforderungen der auch durch das Unionsrecht (vgl jetzt Art. 1 GRCh) geschützten Menschenwürde zu ziehen sind. Es ist „nicht unerlässlich, dass die von den Behörden eines Mitgliedstaats erlassene beschränkende Maßnahme einer allen Mitgliedstaaten gemeinsamen Auffassung darüber entspricht, wie das betreffende Grundrecht oder berechtigte Interesse zu schützen ist". Da allein die Variante des Laserspiels, die das „Töten" von Menschen simuliert, untersagt wurde, hielt der EuGH die Maßnahme auch für verhältnismäßig[293].

**Ergebnis:** Die Untersagung verstößt nicht gegen das Unionsrecht.

**Literatur:** *Becker, U.*, Arbeitnehmerfreizügigkeit, in: Ehlers, § 9; *Calliess, C./Korte*, S., Dienstleistungsrecht in der EU, 2010; *Everling, U.*, Das Niederlassungsrecht in der EG als Beschränkungsverbot, in: GS Knobbe-Keuk, 1997, S. 607 ff; *Fuchs, M.*, Freizügigkeit in der EU, in: FS Gagel, 2011, S. 183 ff; *Habersack, M./Verse, D.A.*, Europäisches Gesellschaftsrecht, 4. Aufl. 2011; *Hailbronner, K.*, Freizügigkeit, in: Dauses, D. I; *Hatje, A.*, Die Niederlassungsfreiheit im europäischen Binnenmarkt, Jura 2003, 160; *Hoffmann, J.*, Die Niederlassungsfreiheit der Gesellschaften im Europäischen Binnenmarkt nach Überseering und Inspire Art: Auswirkungen auf die grenzüberschreitende Verschmelzung, EuR Beiheft 3/2004, 127; *Jüttner, A.*, Gesellschaftsrecht und Niederlassungsfreiheit – nach Centros, Überseering und Inspire Art, 2005; *Kieninger, E.-M.*, Das internationale Gesellschaftsrecht nach Cartesio, in: FS Behrens, 2011, S. 25 ff; *Klein, E./Haratsch, A.*, Das Aufenthaltsrecht der Studenten, die Unionsbürgerschaft und intertemporales Gemeinschaftsrecht, JuS 1995, 7; *Lutter, M.*, Europäisches Unternehmensrecht, 5. Aufl. 2012; *Nachbaur, A.*, Niederlassungsfreiheit, 1999; *Nettesheim, M.*, Die europarechtlichen Grundrechte auf wirtschaftliche Mobilität (Art. 48, 52 EGV), NVwZ 1996, 342; *Pache, E.*, Dienstleistungsfreiheit, in: Ehlers, § 11; *Roth, H.W.*, Niederlassungs- und Dienstleistungsfreiheit, in: Dauses, E.I.; *Schulz, G.*, Freizügigkeit für Unionsbürger, 1997; *Streinz, R.*, Warenverkehrsfreiheit und Dienstleistungsfreiheit; Arbeitnehmerfreizügigkeit und Niederlassungsfreiheit, in: Merten/Papier (Hrsg.), Handbuch der Grundrechte in Deutschland und Europa, Bd. VI/1, 2010, § 153 bzw § 155; *Tietje, C.*, Niederlassungsfreiheit, in: Ehlers, § 10; *Unzicker, F.*, Niederlassungsfreiheit der Kapitalgesellschaften in der EU, 2004; *Weiß, W.*, Nationales Steuerrecht und Niederlassungsfreiheit, EuZW 1999, 493.

---

293 Der EuGH hat nicht etwa die „unantastbare" Menschenwürde mit der Grundfreiheit abgewogen, sondern allein geprüft, ob die Berufung auf die Menschenwürde im konkreten Fall keinesfalls unter den von Art. 1 GRCh erfassten Begriff fällt, wobei sich die Prüfung angesichts der in Deutschland selbst strittigen Bewertung auf eine Evidenzkontrolle beschränkt und den weiten Beurteilungsspielraum der Mitgliedstaaten bestätigt.

### 9.   Die Freiheit des Kapital- und Zahlungsverkehrs

#### a)   Anwendungsbereich – Abgrenzung des freien Kapitalverkehrs zum freien Zahlungsverkehr und zu anderen Grundfreiheiten

**956**   Der freie Kapitalverkehr erfasst den Vermögensverkehr, der regelmäßig zugleich Investitionen (Sachkapital, zB Direktinvestitionen und Immobilien; Geldkapital) darstellt. Der EuGH zieht zur Bestimmung des Begriffs Kapitalverkehr meist die nicht abschließende Aufzählung wirtschaftlicher Vorgänge in der RL 88/361 (Rn 873) heran, der er Hinweischarakter für die Auslegung des Art. 63 Abs. 1 AEUV zubilligt[294]. Die Transferierung von Gegenleistungen in Geldmitteln (Bargeld, Giralgeld, Schecks, Wechsel ua) für die Erbringung von Leistungen im Waren-, Personen- und Dienstleistungsverkehr wird dagegen vom freien Zahlungsverkehr (Art. 63 Abs. 2 AEUV) erfasst. Dies gilt auch für die Transferierung von Erlösen (Renditen) aus Geschäften, die im Rahmen der Kapitalverkehrsfreiheit abgewickelt werden. Die Abgrenzung zwischen Kapital- und Zahlungsverkehr hat wegen der weitgehenden Angleichung der beiden Freiheiten seit dem 1.1.1994 ihre frühere Bedeutung verloren. Art. 64 AEUV betrifft allerdings nur Ausnahmen für den *Kapital*verkehr mit Drittstaaten.

**957**   Hinsichtlich der Abgrenzung der Kapitalverkehrsfreiheit zu den anderen Grundfreiheiten ist bereits umstritten, ob insoweit ein Verhältnis der Parallelität oder der Exklusivität besteht. Hier ist eine differenzierte Betrachtung angezeigt[295]. Von der Frage des Verhältnisses der Grundfreiheiten zueinander ist die gerade bei der Kapitalverkehrsfreiheit festzustellende Berührung desselben wirtschaftlichen Sachverhalts durch verschiedene Grundfreiheiten zugleich zu unterscheiden. Die betreffende mitgliedstaatliche Regelung ist dann anhand der verschiedenen Freiheiten zu überprüfen und nach deren jeweiligen Gewährleistungen und Schranken zu beurteilen. Entsprechendes gilt für die Überprüfung sekundärrechtlicher Vorschriften auf ihre Vereinbarkeit mit dem Primärrecht.

**958**   Allein dem Warenverkehr unterfallen Transfers, die sich auf nicht mehr gültige Zahlungsmittel oder Wertpapiere, somit auf zu bloßer Ware gewordene Sammlerstücke beziehen[296]. Der Erwerb von Immobilien als Wohneigentum durch Arbeitnehmer unterfällt als Annex der Freizügigkeit[297]. Komplizierter ist das Verhältnis zur Niederlassungsfreiheit, wie sich aus den Verweisungen in Art. 49 Abs. 2 und Art. 65 Abs. 2 AEUV entnehmen lässt. Aus der Erwähnung in Art. 64 AEUV folgt jedoch, dass der Immobilienerwerb[298] und Direktinvestitionen[299] zugleich den Tatbestand der Niederlassungsfreiheit und der Kapitalverkehrsfreiheit erfüllen. Während Portfolioinvestitionen, die mit keiner Niederlassung verbunden sind, allein durch die Kapitalverkehrs-

---

294   EuGH, Rs C-222/97, Trummer und Mayer, Slg 1999, I-1661, Rn 21.

295   Vgl *Schürmann*, in: Lenz/Borchardt, Art. 63 AEUV, Rn 7 ff; *Glaesner*, in: Schwarze, Art. 63 AEUV, Rn 10 ff. *Sedlazek/Züger*, in: Streinz, Art. 63 AEUV, Rn 31 ff; *von Wilmowsky*, in: Ehlers, § 12, Rn 51 ff mwN; eingehend *Ohler*, Kapital- und Zahlungsverkehrsfreiheit, 2002, Art. 56, Rn 54, 66 ff.

296   EuGH, Rs 7/78, Thompson, Slg 1978, 2247, Rn 23/25 ff = *Pechstein* Nr 236.

297   Vgl Art. 9 Abs. 1 VO 492/2011 (s. Rn 927) gegenüber Art. 1 iVm Anhang I RL 88/361 (s. Rn 956).

298   EuGH, Rs C-423/98, Alfredo Albore, Slg 2000, I-5965, Rn 16.

299   EuGH, Rs C-54/99, Église de scientologie, Slg 2000, I-1335, Rn 14.

freiheit geschützt sind[300], soll ein mit der Beteiligung verbundener Erwerb unternehmerischen Einflusses der Niederlassungsfreiheit unterfallen[301]. Allerdings hat der EuGH die Erlangung unternehmerischen Einflusses durch den Erwerb von Anteilen (zB Aktien) in den **„Golden Share"**-Verfahren der Kapitalverkehrsfreiheit zugeordnet. Als „Golden Shares" werden mit Sonderrechten ausgestattete Aktien bezeichnet, durch die der Staat oftmals zuvor privatisierte Unternehmen weiterhin kontrolliert. Nach Auffassung der Kommission, die der EuGH bislang mehrfach bestätigt hat, handelt es sich bei solchen Sonderrechten um Beschränkungen der Kapitalverkehrsfreiheit, die nur ausnahmsweise gerechtfertigt sind[302]. Mangels einer hinreichenden Rechtfertigung hat der EuGH das deutsche Volkswagengesetz für unionsrechtswidrig erklärt[303]. Die mit der Kapitalverkehrsbeschränkung zwangsläufig verbundene Beeinträchtigung der Niederlassungsfreiheit behandelt der Gerichtshof in solchen Fällen als subsidiär[304]. Weithin ungeklärt und umstritten ist das Verhältnis zur Dienstleistungsfreiheit; mögliche Überschneidungen werden durch Art. 58 Abs. 2 AEUV und die Erwähnung von „Finanzdienstleistungen" in Art. 64 AEUV deutlich. Der Gerichtshof wendet auf Bankdarlehen jedenfalls die Vorschriften über die Dienstleistungsfreiheit an[305]; zugleich handelt es sich aber auch um einen Vorgang des Kapitalverkehrs. Insofern überschneiden sich bei sog. Finanzdienstleistungen die Dienstleistungsfreiheit und die Kapitalverkehrsfreiheit[306].

### b) Schranken der Freiheit des Kapital- und Zahlungsverkehrs

Beschränkungen des gemäß Art. 63 Abs. 1 bzw 2 AEUV liberalisierten Kapital- und **959** Zahlungsverkehrs dürfen durch die Mitgliedstaaten nur noch aus den in Art. 65 AEUV genannten Gründen vorgenommen werden. Die Inanspruchnahme des eine unterschiedliche Behandlung ausdrücklich zulassenden Vorbehalts des Art. 65 Abs. 1 lit. a AEUV aufgrund unterschiedlichen Wohnorts oder Kapitalanlageorts (nicht der Staatsangehörigkeit) des Steuerpflichtigen[307] ist durch eine Stillhalteklausel (Stand

---

300   Vgl *Glaesner*, in: Schwarze, Art. 63 AEUV, Rn 12.
301   Vgl GA Alber, SchlA zu EuGH, Rs C-251/98, Baars, Slg. 2000, I-2787/2789, Nr 33. Vgl dazu *Sedlazek/Züger*, in: Streinz, Art. 63 AEUV, Rn 34 f.
302   Vgl zB EuGH, Rs C-483/99, Kommission/Frankreich, Slg 2000, I-4781, Rn 40 ff = *Pechstein* Nr 241; EuGH, Rs C-503/99, Kommission/Belgien, Slg 2002, I-4809 = *HVL*, S, 747 ff. Vgl auch EuGH, verb Rs C-282/04 und C-283/04, Kommission/Niederlande, Slg 2006, I-9141, Rn 18 ff: Die Sicherstellung des postalischen Universaldienstes ist zwar ein zwingender Grund des Allgemeininteresses, die konkrete Maßnahme war aber nicht erforderlich.
303   EuGH, Rs C-112/05, Kommission/Deutschland, Slg 2007, I-8995, Rn 72 ff = *HVL*, S. 740 ff = EuZW 2007, 697 m. Anm. *Pießkalla*. Durch Aufhebung von § 4 Abs. 1 und § 2 Abs. 1 VW-Gesetz hat Deutschland entgegen der Ansicht der Kommission das Urteil befolgt, EuGH, Rs C-95/12, Kommission/Deutschland, ECLI:EU:C:2013:676 = *HVL*, S. 743 ff = EuZW 2013, 946 m. Anm. *Kalss* = JuS 2014, 565 – *Streinz*.
304   EuGH, Rs C-463/00, Kommission/Spanien („Golden Shares"), Slg 2003, I-4581, Rn 86 = *Pechstein* Nr 238 = *HVL*, S. 739 f: Keine gesonderte Prüfung veranlasst. Ebenso EuGH, Rs C-98/01, Kommission/Vereinigtes Königreich, Slg 2003, I-4641 = EuZW 2003, 536 ff m. Anm. *Ruge*.
305   EuGH, Rs C-484/93, Svensson und Gustavsson, Slg 1995, I-3955, Rn 11.
306   Dies gilt auch für die Niederlassungsfreiheit, vgl die *Art. 47 Abs. 2 EGV* (jetzt Art. 53 Abs. 1 aE AEUV) gestützte RL 2004/39 über Märkte für Finanzinstrumente, ABl 2004 L 145/1.
307   Vgl *Ohler*, Art. 58 EGV, Rn 5 mwN. Der Nachteil muss an den Steuerpflichtigen anknüpfen, nicht an den Niederlassungsort der Bank, vgl EuGH, Rs C-484/93, Svensson und Gustavsson, Slg 1995, I-3955, Rn 10 f.

Ende 1993) beschränkt[308] und bedarf der sachlichen Rechtfertigung[309]. Neben steuer- und bankenaufsichtsrechtlichen Zwecken fallen unter Art. 65 Abs. 1 lit. b AEUV auch die Bekämpfung von hinreichend schwerwiegenden Rechtsverstößen wie Geldwäsche, Drogenhandel und Terrorismus[310]. Fraglich ist, ob die Vorbehalte der Rechtsbruchverhinderung und der öffentlichen Ordnung in Art. 65 Abs. 1 lit. b AEUV eng interpretiert werden und auf gewisse Bereiche der Rechtsordnung bezogen sein müssen. Dafür spricht die restriktive Rechtsprechung des EuGH zur parallelen Vorschrift des Art. 36 AEUV (vgl Rn 857). Dem Gedanken der Parallelität zwischen Warenverkehrsfreiheit und Kapitalverkehrsfreiheit entsprechend müssen dann aber, korrespondierend zum weiten Beschränkungsverbot des Art. 63 AEUV, als **immanente Schranken** (bzw Rechtfertigungsgründe, vgl Rn 866) der Kapitalverkehrsfreiheit alle im Allgemeininteresse erlassenen und für alle im Hoheitsgebiet des betreffenden Staates tätige Personen und Unternehmen geltenden Maßnahmen zulässig sein, sofern sie sachlich geboten sind, um den Schutz der Interessen, den sie bezwecken, zu gewährleisten, und dem Grundsatz der Verhältnismäßigkeit entsprechen[311].

960   Die Beseitigung der danach noch fortbestehenden Hemmnisse für einen Binnenmarkt des Kapitals kann nur durch Rechtsangleichung oder gegenseitige Anerkennung erreicht werden[312]. Durch die Einführung des Euro sind zwischen den beteiligten Mitgliedstaaten aber bereits die Zahlungsbilanzrisiken verschwunden. Entsprechend endeten die allgemeinen Schutzklauseln (*Art. 119, 120 EGV*, jetzt Art. 143 und 144 iVm Art. 139 Abs. 1 AEUV) mit dem Beginn der dritten Stufe der Währungsunion (1.1.1999) für diejenigen Mitgliedstaaten, die an ihr beteiligt sind (vgl Rn 1149). Sie sind aber, wie die Maßnahmen im Zuge der internationalen Finanzkrise gezeigt haben, von erheblicher Bedeutung für die Mitgliedsstaaten, in denen der Euro nicht eingeführt wurde („für die eine Ausnahmeregelung gilt")[313].

961   Auch die Kapitalverkehrsfreiheit wirkt sich erheblich auf das an sich in der Kompetenz der Mitgliedstaaten verbliebene Steuerrecht aus[314].

---

308   Stillhalteklausel (nur hinsichtlich des Kapital- und Zahlungsverkehrs zwischen den Mitgliedstaaten) durch Erklärung (Nr 7) zu Art. 73d = Art. 58 EGV (ABl 1992 C 191/99; Sart. II Nr 155, S. 5). Zur aktuellen Bedeutung vgl *Bröhmer*, in: Calliess/Ruffert, Art. 65 AEUV, Rn 2 ff mwN. Vgl auch *Sedlaczek/Züger*, in: Streinz, Art. 65 AEUV, Rn 44: Keine eigenständige Bedeutung der Erklärung Nr 7.

309   EuGH, Rs C-35/98, Staatssecretaris van Financiën/Verkooijen, Slg 2000, I-4071, Rn 43 ff.

310   EuGH, verb Rs C-358/93 und C-416/93, Bordessa, Slg 1995, I-361.

311   Vgl EuGH, Rs C-302/97, Konle, Slg 1999, I-3099, Rn 40. Vgl auch EuGH, verb Rs C-515/99 ua, Reisch ua/Bürgermeister der Landeshauptstadt Salzburg ua, Slg 2002, I-2157, Rn 16, 28 ff = JuS 2002, 802 ff – *Streinz*. Vgl bereits EuGH, Rs C-148/91, Veronica/Commissariaat voor de Media, Slg 1993, I-487, Rn 21 ff. Diese Entscheidung erging zu *Art. 67 EGV* aF. Dies beschränkt sich auf unterschiedslose Maßnahmen (vgl Rn 920), vgl EuGH, Rs C-153/08, Kommission/Spanien (Lotterieiesteuer), Slg 2009, I-9735, Rn 37. Kritisch dazu *Sedlaczek/Züger*, in: Streinz, Art. 65 AEUV, Rn 28.

312   Vgl *Oppermann/Classen/Nettesheim*, § 31, Rn 14 ff. S. dazu Rn 1005.

313   Vgl dazu *Khan*, in: Geiger/Khan/Kotzur, Art. 143 AEUV, Rn 6, Art. 144 AEUV, Rn 2 mwN.

314   Vgl zB EuGH, Rs C-292/04, Meilicke/FA Bonn-Innenstadt, Slg 2007, I-1835, Rn 19 ff = *HVL*, S. 745. Bestätigung von EuGH, Rs C-319/02, Manninen, Slg 2004, I-7477, Rn 54. Die drohende Reduzierung der Steuereinnahmen wird (als „wirtschaftliche Erwägung") nicht als Rechtfertigungsgrund anerkannt. Eine zeitliche Beschränkung der Wirkung des Urteils lehnt der EuGH ab (Rn 41). Vgl dazu *Kokott/Henze*, BB 2007, 913 ff. Vgl auch EuGH, Rs C-510/08, Mattner/Velbert, Slg 2010, I-3553 = JuS 2010, 934 – *Streinz*: Unterschiedliche Freibeträge bei der Schenkungssteuer.

## c) Kapital- und Zahlungsverkehr mit Drittstaaten

Seit 1.1.1994 sind gemäß Art. 63 AEUV (damals Art. 56 EGV) auch alle Beschrän- **962** kungen des Kapital- und Zahlungsverkehrs zwischen den Mitgliedstaaten und Dritt-staaten verboten. Die am 31.12.1993 bestehenden Beschränkungen für den Kapitalver-kehr bleiben allerdings unberührt (Art. 64 Abs. 1 AEUV). Art. 64 Abs. 2 AEUV gibt dem Rat das Ziel auf, einen freien Kapitalverkehr mit Drittstaaten anzustreben. Dies begründet aber weder für Drittstaaten noch für Individuen Rechte (vgl auch Rn 1263). Maßnahmen, die insoweit einen Rückschritt darstellen, bedürfen auf Unionsebene der Einstimmigkeit (Art. 64 Abs. 3 AEUV) und sind durch die Mitgliedsstaaten nur nach Erlass eines Konformitätsbeschlusses gemäß Art. 65 Abs. 4 AEUV möglich.

**Embargomaßnahmen** können insbesondere auch den Zahlungsverkehr betreffen. **963** Eine Grundlage für die in diesem Zusammenhang erforderlichen Beschränkungen enthält seit dem Vertrag von Lissabon Art. 75 AEUV. Anders als seine Vorgänger-vorschrift *(Art. 60 EGV)* steht diese Befugnis nicht mehr im Abschnitt über die Grundfreiheiten, sondern wurde dem Titel über den Raum der Sicherheit, der Freiheit und des Rechts zugeordnet.

*Art. 60 EGV* war in den letzten Jahren von großer Bedeutung. Kumulativ auf *Art. 60,* **964** *301* und *Art. 308 EGV* (jetzt Art. 352 AEUV) wurden mehrere Verordnungen zur Be-kämpfung der Finanzierung des internationalen Terrorismus gestützt, die Vorgaben von Resolutionen des Sicherheitsrats der Vereinten Nationen vollzogen[315]. Die Pra-xis, ohne hinreichende Information, geschweige denn hinreichenden Rechtsschutz[316] als (angeblicher) Unterstützer des internationalen Terrorismus „gelistet" zu werden, ist nicht nur aufgrund der erheblichen wirtschaftlichen Folgen ungeachtet leichter Verbesserungen rechtsstaatlich äußerst bedenklich[317]. Der EuGH hat daher zu Recht das Urteil des EuG im *Fall Kadi* aufgehoben und eine angemessene Grundrechtskon-trolle vorgenommen[318]. Daneben wurden auch Verordnungen und Richtlinien auf der Grundlage des *Art. 95 EGV* (jetzt Art. 114 AEUV) erlassen[319].

---

315  VO 2580/2001 über spezifische, gegen bestimmte Personen und Organisationen gerichtete restrikti-ve Maßnahmen zur Bekämpfung des Terrorismus, ABl 2001 L 344/70; zur Durchführung VO 881/2002, ABl 2002 L 139/9.

316  Vgl EuGH, Rs C-84/95, Bosphorus/Minister für Transport, Energy and Comunications, Slg. 1996, I-3953; EuG, Rs T-306/01, Yusuf ua/Rat und Kommission, Slg 2005, II-3533; EuG, Rs T-315/01, Ka-di/Rat und Kommission, Slg 2005, II-3649; EuG, Rs T-253/02, Ayadi/Rat, Slg 2006, II-2139, Rn 143 ff. Vgl auch EGMR, Bosphorus/Republik Irland, NJW 2006, 197 = *HVL*, S. 405 ff = JuS 2006, 442 (*D. Dörr*).

317  Vgl dazu zB *Streinz*, Die Europäische Union als Rechtsgemeinschaft – Rechtsstaatliche Anforderun-gen an einen Staatenverbund, in: FS für Merten, 2007, S. 395 (408 ff) mwN; *Haltern*, Gemein-schaftsgrundrechte und Antiterrormaßnahmen der UNO, JZ 2007, 537 (541 ff): „Marginaler Grund-rechtsschutz".

318  EuGH, verb Rs C-402/05 P und C-415/05 P, Kadi, Slg 2008, I-6351, Rn 285 = JuS 2009, 360 – *Streinz = Pechstein* Nr 57 = *HVL*, S. 495 ff. Vgl dazu *Herdegen*, § 5, Rn 4; *Deja/Frau*, Jura 2008, 609. Die Union reagierte darauf (gestützt auf Art. 215 Abs. 2 AEUV) durch die VO 954/2009 zur Änderung der VO 881/2001, ABl 2009 L 269/20, und die VO 1286/2009 (ABl 2009 L 346/45), die einen verwaltungsrechtlichen Rechtsbehelf vor der Kommission einführt. Vgl zuletzt EuGH, Rs C-548/09 P, Bank Melli Iran/Rat, Slg 2011, I-11381; EuGH, verb Rs C-584/10 P, C-593/10 P und C-595/10, Kadi II, ECLI:EU:C:2013:518= JuS 2014, 376 – *Streinz*. S. auch Rn 769.

319  RL 2005/60 zur Verhinderung der Nutzung des Finanzsystems zum Zwecke der Geldwäsche und der Terrorismusfinanzierung, ABl 2005 L 309/15 (kumulativ auch auf *Art. 47 Abs. 2 S. 1 und 3 EGV* ge-stützt/jetzt Art. 53 Abs. 1 und 2 AEUV); VO 1781/2006 über die Übermittlung von Angaben zum Auftraggeber bei Geldtransfers, ABl 2006 L 345/1.

**965**     Der Vertrag von Lissabon reagiert jetzt durch Art. 75 AEUV auf die Herausforderungen des **Terrorismus**. Er sieht in Bezug auf die Verhütung und Bekämpfung von Terrorismus und damit verbundener Aktivitäten vor, dass das Europäische Parlament und der Rat gemäß dem ordentlichen Gesetzgebungsverfahren (Art. 294 AEUV) durch Verordnungen einen Rahmen für Verwaltungsmaßnahmen in Bezug auf Kapitalbewegungen und Zahlungen schaffen, wozu das Einfrieren von Geldern, finanziellen Vermögenswerten und wirtschaftlichen Erträgen gehören kann, deren Eigentümer oder Besitzer natürliche oder juristische Personen, Gruppierungen oder nichtstaatliche Einheiten sind. Der Rat erlässt auf Vorschlag der Kommission Maßnahmen zur Umsetzung dieses Rahmens. In den nach Art. 75 AEUV erlassenen Rechtsakten müssen die erforderlichen Bestimmungen über den Rechtsschutz vorgesehen sein. Hier bestand angesichts des bisher unzureichenden Rechtsschutzes (s. Rn 964) bei auf *Art. 301 EGV* gestützten Maßnahmen zur Umsetzung sog. „gezielter Sanktionen" der Vereinten Nationen durchaus Regelungsbedarf. Art. 75 AEUV und Art. 215 AEUV sind alternativ[320]. Soweit es um die unionsinterne Umsetzung eines GASP-Beschlusses geht, ist nach der Rspr des EuGH ausschließlich Art. 215 AEUV die zutreffende Rechtsgrundlage (s. dazu Rn 1294). Auch dafür begründet Art. 275 Abs. 2 AEUV abweichend vom grundsätzlichen Ausschluss (vgl Art. 24 Abs. 1 UAbs. 2 S. 6 EUV, Art. 275 Abs. 1 AEUV) eine entsprechende Zuständigkeit des EuGH.

**966**     **Lösung Fall 44** (Rn 855):

1. Das spanische Gesetz könnte gegen Art. 63 AEUV verstoßen. Wenn die Ausfuhr des Geldes mit Zahlungen zusammenhängt, die den Handel mit Waren oder Dienstleistungen betreffen, kommt Abs. 2 (Freiheit des Zahlungsverkehrs) in Betracht, andernfalls Abs. 1 (Kapitalverkehrsfreiheit). Beide Regelungen enthalten ein eindeutiges und nicht an Bedingungen geknüpftes Verbot, das keiner Durchführungsmaßnahme bedarf. Die Ausübung des Beschränkungsvorbehalts in Art. 65 Abs. 1 lit. b AEUV ist an die tatbestandlichen Voraussetzungen gebunden und gerichtlich nachprüfbar; er gibt den Mitgliedstaaten kein unbestimmtes Ermessen. Daher sind die Bestimmungen unmittelbar anwendbar (vgl Rn 451).

2. Die Beschränkungsmaßnahmen könnten wegen Art. 65 Abs. 1 lit. b AEUV gerechtfertigt sein. Dazu müsste der Grundsatz der Verhältnismäßigkeit gewahrt sein (Abs. 3). Die Anmeldepflicht wird vom AEUV ausdrücklich zugelassen. Sie führt nicht zur Aussetzung der betroffenen Transaktion und ermöglicht es den nationalen Stellen, zur Wahrung der öffentlichen Ordnung eine wirksame Kontrolle vorzunehmen, um Verstöße gegen ihre Rechts- und Verwaltungsvorschriften zu verhindern. Sie ist verhältnismäßig. Die Genehmigungspflicht setzt dagegen die Devisenausfuhr aus und macht sie in jedem einzelnen Fall von der Zustimmung durch die Verwaltung, die besonders zu beantragen ist, abhängig. Das Ermessen der Verwaltung kann die Freiheit des Kapitalverkehrs illusorisch werden lassen. Die Regelung ist zur Erreichung der legitimen Ziele nicht erforderlich und daher unverhältnismäßig[321].

3. **Alternative**: Kein Unterschied, da die Liberalisierung des Kapital- und Zahlungsverkehrs auch gegenüber dritten Ländern (hier: USA) besteht[322].

---

320  *Röben*, in: Grabitz/Hilf/Nettesheim, Art. 75 AEUV, Rn 20.
321  Vgl hinsichtlich der Verhältnismäßigkeit von Sanktionen bei Verstößen gegen Anmeldepflichten EuGH, Rs C-255/14, Chmielewski, ECLI:EU:C:2015:475 = EuGRZ 2015, 497.
322  Zur grundsätzlichen Unzulässigkeit von Devisenkontrollen im Binnenmarkt s. *Ress/Ukrow*, in: Grabitz/Hilf/Nettesheim, Art. 63 AEUV, Rn 165. Zu auf Art. 65 Abs. 1 lit. b AEUV gestützte Ausnahmen s. ebd., Art. 65 AEUV, Rn 33, zu Maßnahmen im Rahmen der WWU ebd., Rn 58 ff.

**Literatur:** *Fischer, A.,* Die Kapitalverkehrsfreiheit in der Rechtsprechung des EuGH, ZEuS 2000, 391; *Glöckner, J.,* Grundverkehrsbeschränkungen und Europarecht, EuR 2000, 592; *Haferkamp, U.,* Die Kapitalverkehrsfreiheit im System der Grundfreiheiten des EG-Vertrags, 2003; *Honrath, A.,* Umfang und Grenzen der Freiheit des Kapitalverkehrs, 1998; *Kimms, F.,* Die Kapitalverkehrsfreiheit im Recht der Europäischen Union, 1996; *Kemmerer, M.,* Kapitalverkehrsfreiheit und Drittstaaten, 2010; *Lecheler, H./Germelmann, C.O.,* Zugangsbeschränkungen für Investitionen aus Drittstaaten, 2010; *Lippert, A.,* Der EuGH und die Goldenen Aktien, Jura 2009, 342; *Müller, J.,* Kapitalverkehrsfreiheit in der Europäischen Union, 2000; *Ohler, C.,* Europäische Kapital- und Zahlungsverkehrsfreiheit, 2002; *Remien, O.,* Kapitalverkehrsfreiheit und Privatrecht in der Rechtsprechung des EuGH, in: GS M. Wolf, 2011, S. 717 ff; *Rohde, A.,* Freier Kapitalverkehr in der Europäischen Gemeinschaft, 1999; *Streinz, R.,* Kapitalverkehrs- und Zahlungsverkehrsfreiheit, in: Merten/Papier (Hrsg.), Handbuch der Grundrechte in Deutschland und Europa, Bd VI/1, 2010, § 154; *von Wilmowsky,* Freiheit des Kapital- und Zahlungsverkehrs, in: Ehlers, § 12.

**Schaubild 10:** Prüfungsschema zur Freiheit des Kapitalverkehrs          **967**

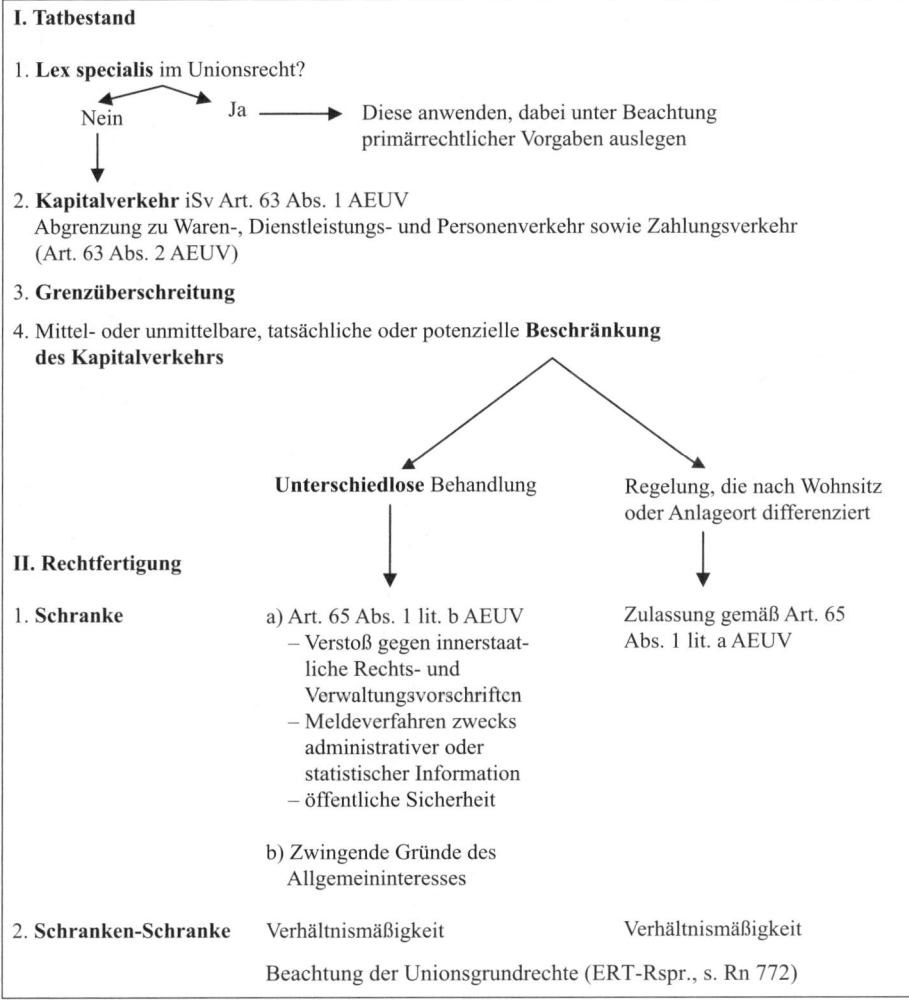

**I. Tatbestand**

1. **Lex specialis** im Unionsrecht?

Nein          Ja ⟶ Diese anwenden, dabei unter Beachtung primärrechtlicher Vorgaben auslegen

2. **Kapitalverkehr** iSv Art. 63 Abs. 1 AEUV
Abgrenzung zu Waren-, Dienstleistungs- und Personenverkehr sowie Zahlungsverkehr (Art. 63 Abs. 2 AEUV)

3. **Grenzüberschreitung**

4. Mittel- oder unmittelbare, tatsächliche oder potenzielle **Beschränkung des Kapitalverkehrs**

**Unterschiedlose** Behandlung          Regelung, die nach Wohnsitz oder Anlageort differenziert

**II. Rechtfertigung**

1. **Schranke**          a) Art. 65 Abs. 1 lit. b AEUV          Zulassung gemäß Art. 65 Abs. 1 lit. a AEUV
– Verstoß gegen innerstaat-
liche Rechts- und
Verwaltungsvorschriften
– Meldeverfahren zwecks
administrativer oder
statistischer Information
– öffentliche Sicherheit

b) Zwingende Gründe des
Allgemeininteresses

2. **Schranken-Schranke**          Verhältnismäßigkeit          Verhältnismäßigkeit

Beachtung der Unionsgrundrechte (ERT-Rspr., s. Rn 772)

375

## III. Die sekundärrechtliche Verwirklichung des Binnenmarktes

### 1. Überblick

**968** Die primärrechtlichen Gewährleistungen der Grundfreiheiten alleine (sog. **negative Integration**) vermögen einen echten grenzenlosen Markt nicht zu gewährleisten. Die geschriebenen Rechtfertigungsgründe wie auch die Anerkennung immanenter Schranken führen zum Fortbestehen von Hemmnissen für den grenzüberschreitenden Wirtschaftsverkehr, die sich aus der schlichten Unterschiedlichkeit der mitgliedstaatlichen Herangehensweise beim Schutz legitimer Interessen (insb. Verbraucherschutz, Umweltschutz und Gesundheitsschutz) ergeben. Zur Beseitigung dieser Hindernisse bedarf es einer aktiven Politik von Seiten der Union (sog. **positive Integration**).

**969** Der nach Ablauf der Übergangszeit (31.12.1969, *Art. 8 EWGV = Art. 7 aF EGV*) mit dem Abbau der Binnenzölle und Abgaben zollgleicher Wirkung, der Abschaffung mengenmäßiger Beschränkungen und Maßnahmen gleicher Wirkung sowie der Errichtung des gemeinsamen Zolltarifs und der Einführung einer gemeinsamen Handelspolitik erreichte Gemeinsame Markt enthielt noch immer viel zu viele (nichttarifäre) Handelshemmnisse. Auch hatten sich die bisherigen Bestrebungen zu deren Abbau als zu schwerfällig und unzulänglich erwiesen. Die Kommission setzte sich daher zum Ziel, nicht nur bereits bestehende Handelshemmnisse zu beseitigen, sondern einen **Binnenmarkt** zu schaffen. Am 14.6.1985 legte sie ihr Weißbuch zur „Vollendung des Binnenmarktes"[323] vor.

**970** Dieses **Weißbuch** unterschied sich von vorangehenden Ausarbeitungen dadurch, dass es konkret die wesentlichen und logischen Folgen des Gemeinsamen Marktes zusammen mit einem Aktionsprogramm für die Verwirklichung dieses Zieles niederlegte. Dabei knüpfte die Kommission an das von Anfang an bestehende Ziel des EWGV (dann EGV) an, einen einheitlich integrierten Binnenmarkt durch die Beseitigung der Beschränkungen des Warenverkehrs und der Hindernisse für den freien Personen-, Dienstleistungs- und Kapitalverkehr, die Einführung eines Systems zur Verhinderung der Wettbewerbsverzerrungen, die für das störungsfreie Funktionieren des Gemeinsamen Marktes erforderliche Angleichung der Rechtsvorschriften und die Angleichung der indirekten Besteuerung im Interesse des Gemeinsamen Marktes herzustellen. Eine Analyse des bisher Geschaffenen ergab, dass noch erhebliche Hindernisse zu beseitigen waren, bis dieses Ziel wirklich erreicht sein würde. Die Kommission listete diese Hindernisse auf, machte konkrete Vorschläge zu deren Beseitigung und legte einen Zeitplan für die Realisierung dieser Vorhaben vor. Sie gliederte ihr Programm in drei Teile: Beseitigung der sog. materiellen Schranken (Warenkontrolle, Personenkontrolle), Beseitigung der sog. technischen Schranken (nichttarifäre Handelshemmnisse für den freien Warenverkehr, öffentliches Auftragswesen, Freizügigkeit für abhängig Beschäftigte und Selbstständige, gemeinsamer Dienstleistungsmarkt, Kapitalverkehr, industrielle Zusammenarbeit, Anwendung des Gemeinschaftsrechts), Beseitigung der Steuerschranken (Mehrwertsteuer, Verbrauchsteuern). Insgesamt umfasste das Weißbuch 300 Maßnahmen zur Beseitigung aller materiellen, technischen und steuerlichen Schranken zwischen den Mitgliedstaaten.

---

323   Dok. KOM (85) 310.

Das Binnenmarkt-Konzept wurde durch *Art. 13 EEA* in *Art. 8a EWGV aF* (= *Art. 14* **971**
*EGV*, jetzt Art. 26 AEUV) verankert. Nach Art. 26 Abs. 2 AEUV umfasst der Binnenmarkt einen Raum ohne Binnengrenzen, in dem der freie Verkehr von Waren,
Personen, Dienstleistungen und Kapital gemäß den Bestimmungen der Verträge gewährleistet ist. Gemäß *Art. 14 Abs. 1 EGV* sollte dieser Binnenmarkt schrittweise bis
zum 31.12.1992 verwirklicht werden. Diese Terminvorgabe stellte eine politische
Selbstverpflichtung dar, brachte aber, wie die Staats- und Regierungschefs in einer
gemäß Art. 31 Abs. 2 lit. a WVRK[324] rechtlich relevanten Erklärung zu *Art. 8a EW-
GV*[325] feststellten, „keine automatische rechtliche Wirkung mit sich". Nicht nur aus
diesem Grunde bedurfte und bedarf der Binnenmarkt ständig der Verwirklichung und
trat nicht etwa zum 1.1.1993 „in Kraft". Den Binnenmarkt als dauernde Aufgabe verdeutlicht jetzt auch Art. 26 Abs. 1 AEUV, wonach er zu verwirklichen bzw dessen
Funktionieren zu gewährleisten ist. Zudem schuf die EEA Instrumente zur Verwirklichung oder zumindest Erleichterung des Binnenmarktes. Dazu gehörte insbesondere
die Ausweitung des Mehrheitsprinzips bei der Abstimmung im Rat (vgl zB *Art. 100a
EWGV*, dann *Art. 95 EGV*, jetzt Art. 114 AEUV).

## 2. Rechtsangleichung und gegenseitige Anerkennung als ergänzende Instrumente zur Herstellung des Binnenmarktes

Die Fülle der gemäß dem Weißbuch (Rn 970) zu bewältigenden Aufgaben bei der **972**
Beseitigung der technischen Schranken und die bisherigen Erfahrungen langwieriger
und oft vergeblicher oder nur wenig ertragreicher Verhandlungen im Rat bewogen die
Kommission, trotz der Erleichterungen durch Abstimmungen mit qualifizierter Mehrheit (s. Rn 971) den lange Zeit als allein zielgerecht angesehenen Ansatz der Rechtsangleichung (s. Rn 974 ff) zu modifizieren und insoweit das Gewicht auf die gegenseitige Anerkennung der Gleichwertigkeit nationaler Regeln (s. Rn 990 ff) zu legen
(sog. **„neue Strategie"**). Rechtsangleichung und gegenseitige Anerkennung sollten
als einander ergänzende Instrumente zur Herstellung des Binnenmarktes eingesetzt
werden.

Die **Rechtsangleichung** (Harmonisierung) wollte sie auf sog. „allgemeine Fragen" **973**
beschränken (sog. horizontale Harmonisierung), dh solche, die für alle Produkte einer
bestimmten Kategorie zutreffen, und hier auf die Bereiche technische Sicherheit und
Gesundheit einerseits, Anforderungen an eine der Information der Verbraucher und
dem redlichen Handelsverkehr dienende Kennzeichnung andererseits eingehen. Im
Übrigen sollten fortbestehende nationale Vorschriften die Freiverkehrsfähigkeit von
Produkten innerhalb der Gemeinschaft (jetzt Union) nicht mehr behindern (grundsätzlicher Verzicht auf sog. vertikale Harmonisierung). Ermöglicht wurde diese Beschränkung durch die *Cassis-Rechtsprechung* des EuGH (vgl Rn 827 ff), die in ihrer
Tragweite faktisch eine gegenseitige Anerkennung nationaler Produktstandards be-
wirkte. Somit musste nur noch all das harmonisiert werden, was auch nach der *Cas-*

---

324    Sart. II Nr 320.
325    ABl 1987 L 169/24; galt auch zu *Art. 14 EGV*. Art. 26 AEUV enthält nunmehr keine Terminangabe
       mehr sondern legt den Schwerpunkt dem nunmehrigen Entwicklungsstand entsprechend auf die Ge-
       währleistung des Funktionierens des Binnenmarktes.

*sis-Rechtsprechung* berechtigterweise noch eine Berufung auf Art. 36 AEUV oder vom EuGH durch Rechtsfortbildung entwickelte weitere Rechtfertigungsgründe (sog. immanente Schranken des Art. 34 AEUV; vgl Rn 864 ff, 919) ermöglichte. Auch diese Harmonisierung sollte nur in den grundlegenden Bereichen durch gemeinschaftliche Rechtsvorschriften (Richtlinien), im Übrigen aber durch von europäischen Normungsgremien erlassene Normen erfolgen (sog. Richtlinien nach der Neuen Konzeption)[326]. Da die Kommission erkannte, dass ihre „neue Strategie" nur Erfolg haben konnte, wenn gegenseitiges Vertrauen in die in anderen Mitgliedstaaten vorgenommenen Kontrollen besteht, das nicht erzwungen, sondern nur erworben werden kann, entwickelte sie ein sog. „globales Konzept für Zertifizierung und Prüfwesen" und schlug Richtlinien vor, in denen die Mindestanforderungen an bestimmte Kontrollen und die Bedingungen ihrer gegenseitigen Anerkennung vereinheitlicht wurden (zB RL 89/397 über die amtliche Lebensmittelüberwachung[327], Spezialrichtlinien insbesondere im Veterinärbereich).

### 3. Rechtsangleichung

#### a) Rechtsgrundlagen (allgemein)

**974** Durch die (gelegentlich durchbrochene) Konzentration auf **horizontale Harmonisierung** und die erhebliche Ausweitung der Möglichkeit von Mehrheitsentscheidungen, von denen auch in wichtigen Materien Gebrauch gemacht wurde (zB Fernseh-RL 89/552, s. Rn 365), konnten in der Rechtsangleichung gegenüber früher deutliche Fortschritte erreicht werden. Rechtsgrundlagen dafür sind ungeachtet einer unterschiedlichen Terminologie („Angleichung", „Koordinierung", „Harmonisierung"), die keine inhaltlichen Unterschiede ausdrückt, als spezielle Bestimmungen zB Art. 50 Abs. 1 und Abs. 2 lit. g, Art. 52 Abs. 2, Art. 53 AEUV für die Niederlassungsfreiheit (iVm Art. 62 AEUV für die Dienstleistungsfreiheit), Art. 113 AEUV für die indirekten Steuern. Seit dem Vertrag von Lissabon beziehen sich sowohl Art. 114 AEUV (*Art. 95 EGV*) als auch Art. 115 AEUV (*Art. 94 EGV*) auf den Binnenmarkt. Die Umstellung macht deutlich, dass jetzt Art. 115 AEUV gegenüber der allgemeinen Rechtsangleichungsvorschrift des Art. 114 AEUV *lex specialis* dahingehend ist, dass das besondere Gesetzgebungsverfahren (vgl Art. 289 Abs. 2 AEUV) durch den Rat mit bloßer Anhörung des Europäischen Parlaments in den durch Art. 114 Abs. 2 AEUV ausgenommenen Bereichen zur Anwendung kommt.

**975** Rechtsangleichung bedeutet nicht Uniformität. Dementsprechend steht dafür grundsätzlich, allerdings mit gewichtigen Ausnahmen (Art. 50 Abs. 2 lit. g, Art. 113, Art. 114 AEUV) allein das Instrument der Richtlinie zur Verfügung, das aber gegebenenfalls auch einer hohen Regelungsdichte nicht entgegensteht (vgl Rn 481). Zum zunehmenden Erlass von Verordnungen s. Rn 979.

**976** Eine Angleichung der Rechts- und Verwaltungsvorschriften der Mitgliedstaaten setzt voraus, dass solche für die Regelungsmaterie zumindest in einem, nicht notwendig in allen Mitgliedstaaten bestehen oder zumindest absehbar geplant sind. Gegenüber

---

326   Vgl dazu *Winkel*, Einf. 210 ff.
327   Jetzt ersetzt durch die VO 882/2004, s. dazu Rn 979.

einer darüber hinausgehenden Kompetenz zur **präventiven Rechtsangleichung**[328] ist Zurückhaltung geboten, um das Konzept der für den Binnenmarkt geltenden geteilten Zuständigkeit (vgl Art. 2 Abs. 2 und Art. 4 Abs. 2 lit. a AEUV) mit Blick auf die tatsächliche Kompetenzverteilung zwischen Union und Mitgliedstaaten nicht zur Leerformel werden zu lassen. Die Notwendigkeit der Beseitigung angeblicher „Störfaktoren" für das Funktionieren des Binnenmarktes bedarf dann, wenn freiheitsbeschränkende nationale Vorschriften gerade fehlen, zumindest einer eingehenden Begründung. Ist der Raum für eine Rechtsangleichung aber eröffnet, kann diese als schöpferische Aufgabe durchaus zu neuen Regelungen durch die Union führen.

**Fall 51** (nach EuGH, Rs C-376/98 – Deutschland/EP und Rat –, Slg 2000, I-8419 = *Pechstein* Nr 171 = *HVL*, S. 189 ff): **977**

Das Europäische Parlament und der Rat haben, gestützt auf Art. 114, Art. 53 Abs. 1 Alt. 2 iVm Art. 62 AEUV, eine Richtlinie erlassen, die jede (auch mittelbare) Form der Werbung und des Sponsorings für Tabakerzeugnisse untersagt[329]. Als Begründung wird angegeben, dass gegenwärtig die nationalen Vorschriften für Werbung und Sponsoring unterschiedlich seien und deshalb zu Hemmnissen im freien Warenverkehr und Wettbewerb führen könnten. Diese Unterschiede würden durch das einheitliche Verbot beseitigt, wobei das Recht der Mitgliedstaaten unberührt bleibe, im Einklang mit dem AEUV strengere Vorschriften zu erlassen, die sie zum Schutz der Gesundheit für erforderlich halten. Die Bundesrepublik Deutschland erhob Klage zum EuGH und beantragte, die Richtlinie für nichtig zu erklären. Der EU fehle die Kompetenz. Außerdem verstoße die Richtlinie gegen das Subsidiaritätsprinzip, gegen Grundrechte und gegen den freien Warenverkehr. Hat sie Recht? **(Lösung: Rn 1007)**

### b) Insbesondere: Art. 114 AEUV

Der **sachliche Anwendungsbereich** dieser Vorschrift ergibt sich aus der Reichweite **978** des Binnenmarktes, abzüglich der speziellen Vorschriften für diesen Bereich, denen gegenüber sich Art. 114 Abs. 1 AEUV für subsidiär erklärt, und der durch Abs. 2 ausdrücklich ausgenommenen Materien. Gegenüber Art. 352 AEUV und weitgehend (vgl Rn 1223 f) auch gegenüber Art. 193 AEUV ist Art. 114 AEUV lex specialis. Vorschriften, die nicht den unionsinternen Handel, sondern den Außenhandel betreffen, sind insoweit auf Art. 207 AEUV zu stützen, als sie nicht lediglich untergeordnete Nebenvorschriften zu Rechtsangleichungsmaßnahmen im Binnenmarkt enthalten (zB Ausfuhrverbot zur Verhinderung der Umgehung von Vermarktungsverboten)[330]. Damit ist diese Bestimmung die wichtigste Grundlage zur Harmonisierung der für den freien Warenverkehr relevanten Rechtsvorschriften (daneben kommen zB auch Art. 43 Abs. 2, Art. 168 Abs. 4 lit. b und c AEUV zum Tragen, vgl auch Rn 1206).

---

328 Dafür EuGH, Rs C-376/98, Deutschland/EP und Rat („Tabakwerbeverbotsrichtlinie"), Slg 2000, I-2247, Rn 86 = *Pechstein* Nr 146, 265 = *HVL*, S. 189 ff, s. **Fall 51**, Rn 977/1007. Im Prinzip anerkannt, vgl *Herrnfeld*, in: *Schwarze*, Art. 114 AEUV, Rn 31; *Tietje*, in: Grabitz/Hilf/Nettesheim, Art. 114 AEUV, Rn 100 mwN. Im Fall EuGH, Rs C-350/92, Spanien/Rat, Slg 1995, II-985, Rn 34, auf den sich der EuGH bezieht, existierten allerdings schon nationale Regelungen in zwei Mitgliedstaaten. Das Fehlen solcher Regelungen erhöht aber die Begründungslast der EU, so *Leible/ M. Schröder*, in: Streinz, Art. 114 AEUV, Rn 30. Eine Störung des Binnenmarkts muss hinreichend wahrscheinlich sein, EuGH, Rs C-58/08, Vodafone ua, Slg 2010, I-4999, Rn 38 ff, 47. Vgl dazu *Classen*, in: von der Groeben/Schwarze/Hatje, Art. 114 AEUVB, Rn 71 mwN.

329 RL 98/43/EG, ABl 1998 213/9.

330 EuGH, Rs C-491/01, British American Tobacco, Slg 2002, I-11453, Rn 94 ff = *Pechstein* Nr 172.

**979** Als **Handlungsform** steht nicht nur die Richtlinie, sondern auch die Verordnung zur Verfügung („Maßnahmen"). Nach einer Erklärung der Regierungskonferenz zu *Art. 100a EWGV aF*[331], der gemäß Art. 31 Abs. 2 lit. b WVRK Bedeutung zukommt (vgl Rn 524), gibt die Kommission aber bei ihren Vorschlägen der Rechtsform der Richtlinie den Vorzug, wenn die Angleichung in einem oder mehreren Mitgliedstaaten eine Änderung gesetzlicher Vorschriften erfordert. Dies entspricht dem Gedanken des Subsidiaritätsprinzips und dem Grundsatz der Verhältnismäßigkeit als Kompetenzausübungsschranke, wonach die Maßnahmen der Union inhaltlich *wie formal* nicht über das zur Erreichung der Ziele der Verträge erforderliche Maß hinausgehen dürfen (Art. 5 Abs. 4 UAbs. 1 EUV). Art. 296 Abs. 1 AEUV konkretisiert diese Verpflichtung. In diesen Fällen muss die Kommission daher die Wahl der Handlungsform „Verordnung" sachlich begründen (Art. 296 Abs. 2 AEUV), was aber lediglich einer (bislang nicht aktivierten) Missbrauchskontrolle durch den EuGH unterliegt. In letzter Zeit werden zunehmend Verordnungen erlassen, die zunehmend auch Richtlinien ersetzen (vgl zB die VO 882/2004 über amtliche Kontrollen zur Überprüfung der Einhaltung des Lebensmittel- und Futtermittelrechts sowie der Bestimmungen über Tiergesundheit und Tierschutz[332], die ua die RL 89/357 über die Amtliche Lebensmittelüberwachung aufhebt und ersetzt).

**980** **Inhaltlich** verlangt der EuGH, dass eine auf Art. 114 AEUV gestützte Maßnahme die Voraussetzungen für die Errichtung und das Funktionieren des Binnenmarktes tatsächlich verbessern soll[333]. Die bloße Feststellung von Unterschieden zwischen den nationalen Vorschriften und die abstrakte Gefahr von Beeinträchtigungen der Grundfreiheiten oder der daraus möglicherweise entstehenden Wettbewerbsverzerrungen genügen für die Wahl dieser Rechtsgrundlage nicht, da ansonsten der gerichtlichen Kontrolle durch den Gerichtshof jede Wirksamkeit genommen würde. Insofern müssen tatsächlich Hemmnisse für den freien Warenverkehr und die Dienstleistungsfreiheit sowie spürbare Wettbewerbsverzerrungen bestehen, die durch die Harmonisierungsmaßnahme beseitigt werden sollen[334]. Sind diese gerichtlich vollständig nachprüfbaren Voraussetzungen erfüllt, werden Kommission, Rat und Europäisches Parlament durch Art. 114 Abs. 3 AEUV verpflichtet, in den Bereichen Gesundheit, Sicherheit, Umweltschutz und Verbraucherschutz von einem hohen Schutzniveau auszugehen. Dies ist ebenfalls eine Rechtspflicht, die zwar zu ihrer Konkretisierung einen weiten Ermessensspielraum lässt, dessen Einhaltung aber der Kontrolle durch den EuGH unterliegt[335]. Art. 114 AEUV kann auch dann als Rechtsgrundlage herangezogen werden, wenn infolge vorheriger Rechtsangleichungsmaßnahmen eine Materie bereits vollständig harmonisiert ist und die Union diese lediglich ändern will, zB um ein höheres Gesundheitsschutzniveau zu erreichen[336].

**981** Der Preis für die Einführung des Mehrheitsprinzips (das bei Schaffung des *Art. 100a EWGV*, jetzt **Art. 114 AEUV** noch eine Ausnahme darstellte) war die Einräumung

---

331  ABl 1987 L 169/24.

332  ABl 2004 L 165/1, ber. ABl L 191/1.

333  EuGH, Rs C-376/98, Deutschland/EP und Rat („Tabakwerbeverbotsrichtlinie"), Slg 2000, I-8419, Rn 83 f.

334  Ebd., Rn 96 ff, 106 ff.

335  *Kahl*, in: Calliess/Ruffert, Art. 114 AEUV, Rn 34 f; *Leible/M. Schröder*, in: Streinz, Art. 114 AEUV, Rn 73, 78.

336  EuGH, Rs C-491/01, British American Tobacco, Slg 2002, I-11453, Rn 77 ff = *Pechstein* Nr 172.

von **Abweichungsmöglichkeiten** für einzelne Mitgliedstaaten, die für bestimmte Schutzgüter ein höheres als das in der unionalen Harmonisierungsmaßnahme erreichte Niveau beanspruchen (Art. 114 Abs. 4–9 bzw Abs. 10 AEUV)[337]. Damit ist abweichend vom Prinzip des exklusiven Vorrangs einer unionsrechtlichen Regelung (vgl Rn 923) die Beibehaltung nationaler Vorschriften trotz Harmonisierung gestattet.

Art. 114 Abs. 4 AEUV erlaubt einzelnen Mitgliedstaaten, einzelstaatliche Bestimmungen **beizubehalten**, die durch wichtige Erfordernisse im Sinne des Art. 36 AEUV oder in Bezug auf den Schutz der Arbeitsumwelt oder den Umweltschutz gerechtfertigt sind („Escape-Klausel" bzw „opt-out-Klausel"). Die Ausnahme kann gegenüber Maßnahmen des Rates und des Europäischen Parlaments oder der Kommission (im Fall von Durchführungsregelungen) geltend gemacht werden. Unerheblich ist dabei, welches Abstimmungsverhalten der Mitgliedstaat im Rat zuvor an den Tag gelegt hat. Dadurch sollen die Mitgliedstaaten, die das gewählte Schutzniveau nicht für ausreichend halten, nicht gehindert werden, wenigstens dieses auf Unionsebene zu erreichen. Auch ein Mitgliedstaat, der erst nach Verabschiedung einer Richtlinie der EU beigetreten ist, kann sich auf Art. 114 Abs. 4 AEUV berufen[338]. Die Abweichungsmöglichkeit hindert nicht eine unmittelbare Wirkung einer Richtlinie (vgl Rn 488 ff), solange die Kommission nicht positiv über die abweichenden Vorschriften entschieden hat bzw die notifizierten Bestimmungen als gebilligt gelten (vgl Rn 986)[339]. **982**

Die Einführung **neuer nationaler Regelungen** wird gemäß Abs. 5 an weitere kumulative Voraussetzungen geknüpft: Sie müssen auf neue wissenschaftliche Erkenntnisse gestützt sein und auf einem spezifischen Problem für den betreffenden Mitgliedstaat beruhen, das sich *nach* dem Erlass der unionalen Harmonisierungsmaßnahme ergibt. Auf die Beibehaltung strengerer Bestimmungen nach Art. 114 Abs. 4 AEUV sind diese Voraussetzungen auch nicht als ungeschriebene Tatbestandsmerkmale anwendbar. Der vom EuGH betonte Unterschied zwischen den Abweichungen nach Abs. 4 und Abs. 5 liegt darin, dass die Union einzelstaatliche Vorschriften, die bei Erlass einer Harmonisierungsmaßnahme bereits existierten, in ihre Erwägungen einstellen konnte, sich jedoch bewusst für ein niedrigeres Schutzniveau entschieden hat[340]. Diese Abweichung der EU nach unten infolge divergierender Risikoabschätzungen durch die EU und einzelne Mitgliedstaaten führt auch nicht zwingend zu einem Verstoß gegen Art. 114 Abs. 3 AEUV (vgl Rn 980). **983**

Unstreitig ist, dass nur Abweichungen, die ein **höheres** Schutzniveau als die unionalen Harmonisierungsmaßnahme anstreben, zulässig sind. **984**

Der klare Wortlaut des Art. 114 Abs. 4 und 5 AEUV lässt nur die Berufung auf wichtige Erfordernisse iSd Art. 36 AEUV (gilt nur für die Beibehaltung, nicht für die Einführung nationaler Regelungen) oder in Bezug auf den Schutz der Arbeitsumwelt oder den Umweltschutz, nicht aber auf die übrigen „zwingenden Erfordernisse" der *Cassis-Formel* (vgl Rn 864) zu. **985**

---

337  Als *Art. 95 EGV* neugefasst durch den Amsterdamer Vertrag, wobei einige Streitfragen geklärt wurden. Vgl *Streinz*, Europarecht, 4. Aufl. 1999, Rn 964 ff.
338  EuGH, Rs C-319/97, Antoine Kortas, Slg 1999, I-3143, Rn 18 f = JuS 2000, 78 f – *Streinz*.
339  Ebd., Rn 20 ff.
340  Vgl gegenüber EuGH, Rs C-512/99, Deutschland/Kommission, Slg. I-2003, I-845, EuGH, Rs C-3/00, Dänemark/Kommission, Slg. 2003, I-2643 = EuZW 2003, 307 mit Anm. *Gundel* = JuS 2003, 908 – *Streinz*.

**986** Der Mitgliedstaat muss die Bestimmungen, die er im (kontrollierten) **nationalen Alleingang** beibehalten oder einführen möchte, sowie die Gründe dafür der Kommission mitteilen[341]. Diese beschließt binnen sechs Monaten nach diesen Mitteilungen, die betreffenden einzelstaatlichen Bestimmungen zu billigen oder abzulehnen, nachdem sie geprüft hat, ob sie ein Mittel zur willkürlichen Diskriminierung und (richtig: oder) eine verschleierte Beschränkung des Handels zwischen den Mitgliedstaaten darstellen, also nicht diskriminierend und nicht unverhältnismäßig sind (vgl auch Rn 864 f), und ob sie das Funktionieren des Binnenmarktes behindern (Abs. 6 UAbs. 1). Maßstab kann dabei nicht allein der durch die Unionsmaßnahme gesetzte (Mindest-)Standard sein, da eine weiter gehende einzelstaatliche Bestimmung grundsätzlich zulässig sein muss[342]. Erlässt die Kommission innerhalb dieses Zeitraums keinen Beschluss, so gelten die einzelstaatlichen Bestimmungen als gebilligt (Abs. 6 UAbs. 2). Nach dieser Regelung dürfte ein Mitgliedstaat erst nach der ausdrücklichen oder fingierten Billigung befugt sein, die mitgeteilten einzelstaatlichen Bestimmungen anzuwenden[343].

**987** Die Ablehnung der einzelstaatlichen Ausnahmeregelung kann als Beschluss der Kommission durch den Mitgliedstaat gemäß Art. 263 Abs. 2 AEUV angefochten werden. Eine Sonderregelung gegenüber Art. 258 und Art. 259 AEUV enthält Art. 114 Abs. 9 AEUV, wonach die Kommission oder ein Mitgliedstaat unmittelbar den EuGH anrufen kann, wenn die Kommission oder der Staat der Auffassung ist, dass ein anderer Mitgliedstaat die in Art. 114 AEUV vorgesehenen Befugnisse missbraucht. Der EuGH hat daneben auch die Klage anderer Mitgliedstaaten gegen die Billigungsentscheidung der Kommission gemäß Art. 263 Abs. 2 AEUV zugelassen.

**Beispiel** (nach EuGH, Rs C-41/93, Frankreich/Kommission, Slg 1994, I-1829): Die Kommission hat durch Entscheidung vom 2.12.1992 die in der deutschen Pentachlorphenol (PCP)-VerbotsVO[344] festgelegten Verbotswerte für PCP, die strengere Grenzwerte enthalten als die RL 91/173[345], genehmigt. Gegen diese Entscheidung erhob Frankreich Klage gemäß Art. 263 AEUV. Der EuGH hat die angefochtene Entscheidung wegen ungenügender Begründung (Art. 296 S. 2 AEUV) für nichtig erklärt, weil die Kommission sich darauf beschränkt hatte, in allgemeinen Formulierungen Inhalt und Zweck der deutschen Regelung anzugeben und festzustellen, dass diese mit Art. 114 Abs. 4 AEUV vereinbar sei, ohne die tatsächlichen und rechtlichen Gründe zu erläutern, aus denen nach ihrer Ansicht alle Voraussetzungen dieser Vorschrift im vorliegenden Fall als erfüllt anzusehen seien[346].

**988** Da ein gebilligter „nationaler Alleingang" zwangsläufig eine Beeinträchtigung des Funktionierens des Binnenmarktes mit sich bringt, ist die Kommission gemäß Art. 114 Abs. 7 AEUV verpflichtet, zu prüfen, ob sie eine Anpassung der Unionsmaßnahme vorschlägt. Gemäß Art. 114 Abs. 8 AEUV können die Mitgliedstaaten, die in einem Bereich, der zuvor bereits Gegenstand von Harmonisierungsmaßnahmen war, ein spezielles Gesundheitsproblem aufwerfen, dies der Kommission mit der Fol-

---

341  Vgl zu den Begründungsanforderungen der Notifizierung EuG, verb Rs T-366/03 und 235/04 („Gentechnikfreie Zone"), Slg 2005, II-4005 = JuS 2006, 828 *(Streinz)*.
342  Vgl dazu *Herrnfeld*, in: Schwarze, Art. 114 AEUV, Rn 107 f mwN.
343  So bereits zur früheren Regelung EuGH, Rs C-41/93, Frankreich/Kommission, Slg 1994, I-1829, Rn 30: Konstitutive Wirkung einer positiven Entscheidung der Kommission.
344  BGBl. 1989 I 2235.
345  ABl 1991 L 85/34.
346  Die Kommission hat daraufhin eine neue Genehmigungsentscheidung (94/783) erlassen, ABl 1994 L 316/43. Vgl auch die Entscheidung 1999/833 der Kommission (ABl 1999 L 329/43) zur RL 94/60 (ABl 1994 L 365/1) hinsichtlich Kreosot.

ge mitteilen, dass diese umgehend prüft, ob sie dem Rat entsprechende Maßnahmen vorschlägt (ansonsten kann nur der Rat die Kommission zu Initiativen auffordern, vgl Art. 241 AEUV).

Art. 114 Abs. 10 AEUV ermöglicht als weitere Abweichung von der Harmonisie- **989** rungsmaßnahme, dass diese selbst in geeigneten Fällen mit einer **Schutzklausel** verbunden ist, welche die Mitgliedstaaten ermächtigt, aus einem oder mehreren der in Art. 36 AEUV genannten nichtwirtschaftlichen Gründe vorläufige Maßnahmen zu treffen, die einem Kontrollverfahren der Union unterliegen. Als Ausnahmebestimmungen sind Schutzklauseln im Zweifel eng auszulegen[347]. Solche Schutzklauseln finden vor allem bei Maßnahmen der technischen Harmonisierung[348] und im Lebensmittelrecht[349] Anwendung.

## 4. Gegenseitige Anerkennung

### a) Ziel des Konzepts der gegenseitigen Anerkennung

Mit der gegenseitigen Anerkennung wird versucht, die trennende Wirkung unter- **990** schiedlicher nationaler Produkt- bzw Qualifikationsstandards zu beseitigen, ohne diese harmonisieren zu müssen. Motiv dafür ist nicht unbedingt der notgedrungene Verzicht auf gescheiterte oder zu beschwerliche Harmonisierungsbemühungen; es kann auch das bewusste und gewollte Unterlassen einer Rechtsvereinheitlichung sein, weil man nationale Besonderheiten und Eigenheiten belassen und nicht einem europäischen Anpassungsdruck aussetzen möchte (zB kulinarische Vielfalt in Europa statt europäischem „Einheitsbrei").

Obgleich für den Bereich des freien Warenverkehrs die *Cassis-Rechtsprechung* des **991** EuGH (vgl Rn 864 f) und für den Bereich der Dienstleistungs- und Niederlassungsfreiheit die Rechtsprechung zur unmittelbaren Wirkung dieser Grundfreiheiten (vgl Rn 873) die Wirkung einer gegenseitigen Anerkennung gehabt hat, besteht gesetzgeberischer Regelungsbedarf. Denn jede Rechtsprechung, die sich an einzelnen Fällen orientieren muss, ist mit Unwägbarkeiten behaftet, ungeachtet des Versuchs des EuGH, relativ gefestigte Kriterien zu entwickeln. Diese Unsicherheit kann an sich nur durch eine ausdrückliche gegenseitige Anerkennung mittels Rechtsakts beseitigt werden. Außerdem lassen sich verfahrensmäßige Vereinfachungen der gegenseitigen Anerkennung (zB Prinzip des einheitlichen Ansprechpartners in Art. 6 der Dienstleistungsrichtlinie 2006/123; s. Rn 994) nur durch Rechtsetzung verwirklichen. Schließlich soll die Festlegung der geforderten Maßstäbe durch den demokratisch legitimierten Unionsgesetzgeber (s. dazu Rn 552) erfolgen.

### b) Rechtliche Verankerung des Anerkennungskonzepts

Ausdrücklich verankert wurde das Konzept der gegenseitigen Anerkennung von **992** Rechtsvorschriften allein in dem durch die EEA eingefügten *Art. 100b Abs. 1 UAbs. 2 aF EGV*. Wegen der aus verständlichen Gründen mangelnden Kooperationsbereit-

---

347 Vgl EuGH, Rs 11/82, Piraiki-Patraiki, Slg 1985, 207, Rn 26.
348 Vgl zB Art. 11 RL 2006/42/EG über Maschinen, ABl 2006 L 157/24.
349 Vgl zB Art. 18 der VO 1935/2004 über Materialien und Gegenstände, die dazu bestimmt sind, mit Lebensmitteln in Berührung zu kommen, ABl 2004 L 338/4.

schaft der Mitgliedstaaten blieb das Ergebnis der gemäß *Art. 100b Abs. 3 aF EGV* durchgeführten Erfassung der nicht angeglichenen Rechts- und Verwaltungsvorschriften dürftig[350]. Als Konsequenz daraus wurde diese Bestimmung im Amsterdamer Vertrag gestrichen. Bereits vorher wurde aber mit der Entscheidung 3052/95 des Europäischen Parlaments und des Rates[351] ein „Verfahren der gegenseitigen Unterrichtung über einzelstaatliche Maßnahmen, die vom Grundsatz des freien Warenverkehrs in der Gemeinschaft abweichen", eingeführt. Diese wurde aufgehoben und ersetzt durch VO 764/2008 zur Festlegung von Verfahren im Zusammenhang mit der Anwendung bestimmter nationaler technischer Vorschriften für Produkte, die in einem anderen Mitgliedstaat rechtmäßig in den Verkehr gebracht worden sind[352], die zusammen mit der VO 765/2008 über die Vorschriften für die Akkreditierung und Marktüberwachung im Zusammenhang mit der Vermarktung von Produkten[353] nach wie vor das Konzept der gegenseitigen Anerkennung im Bereich des freien Warenverkehrs praktisch setzen soll[354].

**993** Einen stellenweise engen Bezug zum Binnenmarkt weist auch die justizielle Zusammenarbeit in Zivilsachen auf (man denke nur an den Wettbewerbsfaktor der kostengünstigen und einfachen rechtlichen Durchsetzbarkeit von Ansprüchen). Auch in diesem Bereich, der zur Unionszuständigkeit für den Raum der Freiheit, der Sicherheit und des Rechts gehört, ist das Prinzip der gegenseitigen Anerkennung tonangebend (vgl Art. 67 Abs. 4 und Art. 81 AEUV), wobei Art. 81 Abs. 1 S. 2 AEUV nunmehr ausdrücklich auch eine Harmonisierung erlaubt[355]. Wichtige Sekundärrechtsakte aus diesem Bereich mit deutlichem Binnenmarktbezug sind zB die EuGVVO[356] und die EuInsVO[357].

### c) Gegenseitige Anerkennung nationaler Standards auf Grund sekundärrechtlicher Verpflichtung

**994** Art. 53 Abs. 1 AEUV sieht den Erlass von Richtlinien für die gegenseitige Anerkennung der Diplome, Prüfungszeugnisse und sonstigen Befähigungsnachweise[358] vor. Dazu wurde eine Reihe von Richtlinien hinsichtlich branchenspezifischer Berufsrege-

---

350 Vgl die Mitteilung der Kommission über „Handhabung der gegenseitigen Anerkennung einzelstaatlicher Vorschriften nach 1992. Schlussfolgerungen aus der Erfassung noch bestehender Handelshemmnisse nach Art. 100b EG-Vertrag", ABl 1993 C 353/4.
351 ABl 1995 L 321/1.
352 ABl 2008 L 218/21; HER I A 21/1.10.
353 ABl 2008 L 218/30.
354 Änderungsvorschlag der Kommission Dok KOM (2013)75 endg.
355 Vgl zu darauf gestützten Rechtsakten *Leible*, in: Streinz, Art. 81 AEUV, Rn 22 ff; *Lenzing*, in: von der Groeben/Schwarze/Hatje, Art. 81 AEUV, Rn 7 ff; *Staudinger*, in: Schulze/Zuleeg/Kadelbach, § 22, Rn 177 ff.
356 Vgl die VO 1215/2012 über die gerichtliche Zuständigkeit und die Anerkennung und Vollstreckung von Entscheidungen (ABl 2012 L 351/1), geändert durch VO 542/2014 (ABl 2014 L 163/1); Nomos Nr 19.
357 VO 1346/2000 über Insolvenzverfahren (ABl 2000 L 160/1); aufgehoben und ersetzt durch VO 848/2015 (ABl 2015 L 141/19).
358 Zur gegenseitigen Anerkennung von Führerscheinen vgl die Auslegung der RL 91/439 (ABl 1991 L 237/1; *Bieber/Knapp* Nr V.6.1) idF der RL 97/26 (ABl 1997 L 150/41) durch EuGH, Rs C-476/01, Kapper, Slg 2004, I-5205 und EuGH, Rs C-340/05, Kremer, Slg 2006, I-98 mwN sowie EuGH, verb Rs C-329/06 und C-343/06, Wiedemann und Funk, Slg 2008, I-4635 = NJW 2008, 2403 mit Anm. *Dauer*, ebd. S. 2381 = JuS 2009, 161 – *Streinz*. Neufassung durch RL 2006/126 EG, *Bieber/Knapp* Nr V.6.2).

lungen erlassen (vgl Rn 1003), die zugleich, den Vorgaben des Abs. 2 entsprechend, Mindestanforderungen für die jeweiligen materiellen Zugangsvoraussetzungen zu solchen gebundenen Berufen enthielten. Wegen der damit verbundenen Abstimmungsprobleme – die man sich unschwer vorstellen kann, wenn man zum Vergleich an die Schwierigkeiten der gegenseitigen Anerkennung zwischen den deutschen Ländern im Bildungsbereich denkt – ging die RL 89/48 über die gegenseitige Anerkennung von Hochschuldiplomen in zweifacher Hinsicht einen neuen Weg: Zum einen erfasste sie fachübergreifend alle Hochschulabschlüsse, zum anderen verzichtete sie, abgesehen von der Mindeststudienzeit, auf materielle Mindestvoraussetzungen, war somit allein vom Prinzip des gegenseitigen Vertrauens getragen[359]. Diese Richtlinie und eine Reihe bereichsspezifischer Richtlinien wurden aufgehoben und ersetzt durch die **RL 2005/36 über die Anerkennung von Berufsqualifikationen**[360]. Diese Richtlinie enthält allgemeine Bestimmungen sowie zahlreiche[361] spezielle Regelungen für die Dienstleistungsfreiheit (Art. 5–9) und die Niederlassungsfreiheit (Art. 10–52). Letztere stellen aus den genannten Gründen (vgl Rn 837, 868) höhere Anforderungen und sehen ua eine Anerkennung auf der Grundlage der Koordinierung der Mindestanforderungen an die Ausbildung hinsichtlich der einzeln aufgeführten Berufszweige vor (Art. 21–49). Auf dem Konzept der gegenseitigen Anerkennung beruht auch die **RL 2006/123 über Dienstleistungen im Binnenmarkt**[362], die ebenfalls neben allgemeinen Bestimmungen spezielle Regelungen für die Niederlassungsfreiheit (Art. 9–15) und die Dienstleistungsfreiheit (Art. 16–21) vorsieht. Sie will ua durch das Konzept eines einheitlichen Ansprechpartners (Art. 6) bürokratische Hemmnisse abbauen. Die Richtlinie nimmt eine Reihe von Dienstleistungsbereichen aus (Art. 2) und ist ua gegenüber der RL 96/71 (EntsendeRL)[363] und der RL 2005/36 (Anerkennung von Berufsqualifikationen) subsidiär.

### d) Probleme und Grenzen des Anerkennungskonzepts

Das Hauptproblem der gegenseitigen Anerkennung liegt darin, dass niedrigere rechtliche Anforderungen ein Standortvorteil sind, der die Gefahr von Produktionsverlagerungen durchaus real erscheinen lässt. Dies wiederum übt einen Druck auf den nationalen Gesetzgeber aus, seinerseits seine Vorschriften dem niedrigeren Niveau anzupassen, um Umkehrdiskriminierungen (vgl Rn 844 ff) für die Inlandsproduktion zu vermeiden. Dies ist die viel beschworene Gefahr der Nivellierung auf dem Stand des Mitgliedstaates mit dem jeweils geringsten Standard („race to the bottom" oder auch „Delaware-Effekt"). **995**

Die Verpflichtung auf ein hohes Mindestschutzniveau des Art. 114 Abs. 3 AEUV greift hier systembedingt nicht, es sei denn, man bindet eine gegenseitige Anerkennung durch sekundärrechtliche Vorschriften an die Erfüllung bestimmter materieller **996**

---

359 Eingehend hierzu *Obwexer/Happacher-Brezinka*, ZÖR 2001, 465 ff.
360 ABl 2005 L 255/22, zuletzt geändert durch RL 2013/55 (ABl 2013 L 354/132); Sart. II Nr 184; *Bieber/Knapp* Nr V.3.2.
361 Nicht alle, so bleibt zB die RL 98/5 über die Niederlassungsfreiheit für Rechtsanwälte (Sart. II Nr 182) erhalten.
362 ABl 2006 L 376/36; *Bieber/Knapp* Nr V.3.1; Sart. II Nr 183.
363 Sart. II Nr 181; *Bieber/Knapp* Nr V.3.3. Darauf wurde im Rechtsetzungsverfahren großer Wert gelegt.

Mindestvoraussetzungen (vgl Rn 994), womit aber insoweit dieses Konzept verlassen und auf das der Harmonisierung übergegangen wird.

**997** Dies zeigt auch die Grenzen gegenseitiger Anerkennung auf: In den Bereichen Gesundheitsschutz (ungeachtet und in gewissem Umfang sogar wegen des hier den Mitgliedstaaten eingeräumten Beurteilungsspielraums, vgl Rn 922) und (jedenfalls prinzipiell) Umweltschutz, die innerhalb der gesamten Union letztlich unteilbar sein müssen, kommt man an einer Harmonisierung nicht vorbei.

**998** Im Übrigen darf die Gefahr der Nivellierung aber auch nicht überschätzt werden. Zum einen gibt es auch andere Standortvorteile bzw -nachteile als mehr oder weniger strenge Produktvorschriften. Zum anderen ist die Produktqualität ein gegenüber dem vielleicht geringeren Preis zunehmend bedeutsamer Faktor bei den Vermarktungschancen. Dies erfordert freilich, dass auch das Unionsrecht die Möglichkeit zu einer angemessenen und vor unlauteren Praktiken geschützten Werbung dafür eröffnet.

**999** Dieses Argument gilt mutatis mutandis auch für Ausbildungs- und Qualifikationsstandards sowie zB im Gesellschaftsrecht, soweit dem Gläubigerschutz hinreichend Rechnung getragen wird[364]. Als stärker regulierungsbedürftig haben sich allerdings angesichts der dramatischen Krise mit unionsweiten Auswirkungen die **Finanzmärkte** erwiesen. Dazu wurden Ende 2010 entsprechende Vorschriften erlassen[365]. Seit 2012 wurde eine Aufsicht auf EU-Ebene („europäischen Bankenunion") entwickelt[366], die zur VO 1024/2013 zur Übertragung besonderer Aufgaben im Zusammenhang mit der Aufsicht über Kreditinstitute auf die EZB[367] führte. S. auch Rn 1147.

## 5. Stand der Herstellung des Binnenmarktes

**1000** Obwohl bis zum 31.12.1992 der Binnenmarkt nicht vollständig verwirklicht wurde, war sein Konzept ein voller Erfolg, da das umfangreiche Programm in relativ kurzer

---

364 So reagierte zB der deutsche Gesetzgeber im Entwurf eines Gesetzes zur Modernisierung des GmbH-Rechts und zur Bekämpfung von Missbräuchen (MoMiG) einerseits auf die englische Limited durch die Senkung der Anforderungen an die Gründung einer GmbH, andererseits durch Maßnahmen der Qualitätssicherung. Das Beispiel der Limited zeigt übrigens auch die Grenzen der Nutzung von Gestaltungsmöglichkeiten aus anderen Mitgliedstaaten.

365 Errichtung eines Europäischen Systems für die Finanzaufsicht (European System of Financial Supervision) mit European Supervisory Authorities (ESA) durch VO 1092/2010 über die Finanzaufsicht der EU auf Makroebene und zur Errichtung eines Europäischen Ausschusses für Systemrisiken (ESRB), ABl 2010 L 331/1; VO 1093/2010 zur Errichtung einer Europäischen Bankenaufsichtsbehörde (EBA), ABl 2010 L 331/12; VO 1094/2010 zur Errichtung einer Europäischen Aufsichtsbehörde für das Versicherungswesen und die betriebliche Altersversorgung (EIOPA), ABl 2010 L 331/48; VO 1095/2010 zur Errichtung einer Europäischen Wertpapierbehörde (ESMA), ABl 2010 L 331/84. Ferner RL 2010/78/EU (sog „Omnibus-RL" zur Änderung bestehender Rechtsakte), ABl 2010 L 331/120, und VO 1096/2010 über die Betrauung der EZB mit bestimmten Aufgaben bezüglich des Europäischen Ausschusses für Systemrisiken, ABl 2010 L 331/162. Vgl dazu auch *Oppermann/Classen/Nettesheim*, § 31, Rn 3. Zur Finanzdienstleistungsaufsicht im Binnenmarkt vgl *Bischoff/Jung*, in: Schulze/Zuleeg/Kadelbach, § 20, Rn 64 ff; *Wojcik*, in: von der Groeben/Schwarze/Hatje, Art. 63 AEUV, Rn 92 ff.

366 Schaffunng eines einheitlichen Aufsichtsmechanismus für Banken (Single Supervisory Mechanism – SSM) unter Führung der EZB; vgl dazu *Wojcik*, in: von der Groeben/Schwarze/Hatje, Art. 63 AEUV, Rn 96 mwN. Vgl auch *Oppermann/Classen/Nettesheim*, § 31, Rn 5 f.

367 ABl 2013 L 287/63. Zu problematischen Zielkonflikten der EZB zwischen Überwachung und Geldpolitik vgl *Gaitanides/Hettinger*, in: Schulze/Zuleeg/Kadelbach, § 31, Rn 18 ff mwN.

Zeit in erheblichem Umfang realisiert werden konnte. Die Jahresberichte[368] und die Binnenmarktanzeiger der Kommission zeigen, dass nach wie vor (ua durch zahlreiche Vertragsverletzungsverfahren dokumentierte) Defizite bestehen bzw in der Fortentwicklung des Binnenmarktes neu entstehen, offensichtlich mit schwankender Erfolgsbilanz[369]. Die schleppende Umsetzungspraxis der Mitgliedstaaten hat die Kommission veranlasst, 2004 eine Empfehlung zur Umsetzung binnenmarktrelevanter Richtlinien in innerstaatliches Recht zu erlassen[370]. Seit 2007 wird ein maximales Umsetzungsdefizit von einem Prozent angestrebt.

Neben der quantitativen Überwachung der Umsetzung obliegt der Kommission vor allem die **qualitative Überwachung** der innerstaatlichen Umsetzungsmaßnahmen, da diese für die tatsächliche Wirksamkeit des Unionsrechts Voraussetzung sind. Die Kommission erkennt zunehmend, dass ein einfacher Vergleich des Wortlauts der Rechtsakte nicht genügt, sondern das Zusammenwirken der verschiedenen Rechtsordnungen der Mitgliedstaaten mit dem Unionsrecht dogmatisch durchdrungen werden muss, um die Grundlagen für die praktische Umsetzung und Durchführung des Unionsrechts in den Mitgliedstaaten zu gewinnen. Nach der (weitgehenden) Herstellung des Binnenmarktes ist seine Fortentwicklung und „Verwaltung" die gegenwärtige und künftige Aufgabe. Dazu ist ein Beratender Ausschuss für Koordinierung im Bereich des Binnenmarktes[371] geschaffen worden. Die Kommission hat eine „Überprüfung des Binnenmarktes" unter dem Leitmotiv „Ein Binnenmarkt für das Europa des 21. Jahrhunderts" durchgeführt und auf dieser Grundlage 2009 eine Empfehlung zur Optimierung der Funktionsweise des Binnenmarktes („Partnerships Recommendation") an die Mitgliedsstaaten gerichtet[372]. Über den aktuellen Stand informieren die **Binnenmarkt-Anzeiger** der Kommission[373]. Zumindest hinsichtlich des (unterstellten) guten Willens begrüßenswerte Ansätze sind die Folgekostenabschätzung für europäische Gesetzgebung, die freilich über Schlagworte („mehr Effizienz und Transparenz"; „schlanke und sinnvolle Gesetzgebung") hinausgehen und sich um eine konkret brauchbare Kosten-Nutzen-Analyse bemühen muss[374], sowie das Vorha-

**1001**

---

368  Vgl zB 21. Jahresbericht 2003, Dok KOM (2004) 839 endg. Vgl auch EU-Nachrichten, Themenheft Nr 5/2003 (EU-Binnenmarkt, 10 Jahre Bilanz und Ausblick), wo neben Erfolgen auch tatsächliche (zB unterschiedliche KFZ-Preise auf Grund unterschiedlicher Steuern der Mitgliedstaaten) und vermeintliche (sehr umstrittene Vorhaben wie zB „Liberalisierung" der Wasserversorgung) Defizite festgestellt werden.

369  Vgl einerseits die Binnenmarktanzeiger Nr 14 v. 18.7.2005 („Zweitbestes Umsetzungsergebnis, das jemals erzielt wurde"), Nr 14 bis v. 21.2.2006 („Neue Bestmarke") und Nr 15 bis v. 1.2.2007 („Ergebnisse besser als je zuvor") gegenüber Binnenmarktanzeiger Nr 15 v. 18.7.2006 („Die Mitgliedstaaten müssen ihre Anstrengungen verstärken") und Nr 16 v. 2.7.2007 („Mitgliedstaaten müssen sich stärker um korrekte Anwendung der Binnenmarktregeln bemühen"). Binnenmarktanzeiger Nr 20 v. 1.3.2010 („Umsetzung besser als je, bei praktischer Anwendung aber noch Handlungsbedarf"); Nr 23 v. 29.9.2011 („Mitgliedstaaten müssen ihre Anstrengungen bei der Umsetzung von EU-Vorschriften weiter forcieren"). 2015 wurde als Problem zB das Mobilitätshindernis der defizitären Anerkennung von Berufsqualifikationen beklagt.

370  ABl 2004 L 98/47.

371  ABl 1993 L 26/18. Zur aktuellen Entsendung eines deutschen Vertreters in den IMAC vgl BR-Drs 300/14, Nr. 16. Zu weiteren Maßnahmen vgl *Streinz*, Europarecht, 8. Aufl. 2008, Rn 945 mwN.

372  Vgl http://ec.europa.eu/internal_market/strategy/index_de.htm mit Nachweisen zu den einzelnen Dokumenten.

373  S oben Fn 369. Vgl auch EU-Binnenmarkt – 10 Jahre – Bilanz und Ausblick, EU-Nachrichten, Themenheft Nr 5/2003. Aktuell halbjährlich online http://ec.europa.eu/internal_market/scoreboard/.

374  Vgl ABl 1999 C 348/7.

ben des Weißbuchs der Kommission über „Europäisches Regieren", „die Qualität und Effizienz ihrer Regulierungsmaßnahmen zu verbessern und diese einfach und verständlich abzufassen"[375]. Auf manche Maßnahmen sollte man auch einfach verzichten.

1002    Die zahlreichen Beschwerden zeigen, dass nach wie vor mitgliedstaatliche Behinderungen des **freien Warenverkehrs** bestehen. Allerdings können die meisten Probleme in sog. „Paketsitzungen" erledigt werden, wobei zugleich das Bewusstsein der einzelstaatlichen Stellen für die unionsrechtlichen Bestimmungen, für deren Anwendung sie zuständig sind, geschärft werden kann. Ein wichtiges Instrument zur Verhütung von Handelshemmnissen ist das durch die RL 83/189[376] eingeführte **Informationsverfahren** auf dem Gebiet der Normen und technischen Vorschriften, erweitert auf die Vorschriften für die Dienste der Informationsgesellschaft. Dieses verpflichtet die Mitgliedstaaten, den geplanten Erlass neuer Vorschriften der Kommission zu notifizieren, die ihre Vereinbarkeit mit dem Unionsrecht prüft. Ein Mitgliedstaat darf eine Vorschrift erst drei Monate nach erfolgter Notifizierung in Kraft setzen; bei einem Einspruch der Kommission oder anderer Mitgliedstaaten verlängert sich diese Frist um weitere zwei Monate; erklärt die Kommission, dass sie auf dem betreffenden Sachgebiet einen Rechtsangleichungsvorschlag vorlegen wird, so tritt eine Sperrwirkung von einem Jahr ein. Der EuGH hat die Wirkungen dieser Richtlinie im innerstaatlichen Bereich dadurch erheblich verstärkt, dass nach seiner Auffassung die Richtlinie unmittelbar anwendbar sei (vgl Rn 488 ff), weshalb nationale Vorschriften dem Einzelnen nicht mehr – auch nicht in Streitigkeiten zwischen Privaten – entgegengehalten werden könnten, wenn sie der Kommission unter Verstoß gegen die Informationsrichtlinie nicht gemeldet wurden.[377].

1003    Die Verwirklichung der **Niederlassungs- und Dienstleistungsfreiheit** hat sich als besonders schwierig erwiesen. Die Anerkennung der unmittelbaren Wirkung der betreffenden Diskriminierungsverbote durch den EuGH (vgl Rn 873) hatte die Kommission bewogen, ihre Vorschläge zur Liberalisierung durch Richtlinien zurückzuziehen. Die Verwirklichung des Grundsatzes der Inländergleichbehandlung war damit zur Aufgabe der nationalen Gerichte (vgl Rn 715) und des von diesen im Wege des Vorlageverfahrens (Art. 267 AEUV) angerufenen EuGH geworden. Um zu generellen Klarstellungen über den Einzelfall hinaus zu kommen und Rechtsunsicherheiten, gerade hinsichtlich der Berechtigung nichtdiskriminierender Regelungen (Beschränkungsverbot) am Maßstab des Grundsatzes der Verhältnismäßigkeit (vgl Rn 833, 868), zu beseitigen, ist und bleibt aber der Erlass und die Umsetzung von Anglei-

---

375   KOM (2001) 428 endg. Vgl dazu und zur Fortentwicklung *Streinz*, Vereinfachung und Verbesserung der Rechtsetzung in der Gemeinsamen Agrarpolitik der EG, in: GS Kopp, 2007, S. 248 (259 ff).

376   *Winkel* Nr 102; HER I A 61/1.6; konsolidierte Fassung durch RL 98/34/EG, ABl 1998 L 204/37; geändert durch RL 98/48/EG, ABl 1998 L 217/18.

377   EuGH, Rs C-194/94, CIA Security International SA/Signalson ua, Slg 1996, I-2201, Rn 54. S. auch Anm. *Fronia*, EuZW 1996, 383 f. Die durch den Normzweck begründeten Grenzen der unmittelbaren Wirkung der Informationsrichtlinie zeigt EuGH, Rs C-226/97, Lemmens, Slg 1998, I-3711, Rn 32 ff = EuZW 1998, 571 f mit Anm. *Abele* = *Pechstein* Nr 34 = JuS 1999, 599 – *Streinz*. Zu den Folgen der unmittelbaren Wirkung der InformationsRL auf Privatrechtsverhältnisse s. Rn 496. Zu den Folgen einer fehlenden Notifizierung für Strafverfahren vgl EuGH, Rs C-336/14, Sebat Ince, ECLI:EU:C:2016:72, Rn 66 ff, 84.

chungs- und Anerkennungsrichtlinien iSd Art. 53 AEUV eine fortbestehende Aufgabe. Hier war nach Ansicht des Weißbuchs (s. Rn 970) wegen der Probleme der Harmonisierung beruflicher Qualifikationen „noch wenig erreicht" worden. Große Fortschritte gelangen hier erst mit der Verwirklichung des Binnenmarktprogramms, insbesondere durch die jetzt durch die RL 2005/36 (s. Rn 994, 1004) ersetzten Richtlinien zur gegenseitigen Anerkennung beruflicher Qualifikationen. Nach der Dienstleistungsfreiheit (s. Rn 948) wurde auch die Niederlassungsfreiheit für Rechtsanwälte durch eine Richtlinie geregelt[378]. Probleme zeigen sich aber auch hier im Vollzug, nicht nur bei diesen Anerkennungsrichtlinien, sondern auch bei den grundlegenden Vorschriften über Freizügigkeit und Niederlassungsfreiheit, sodass nach Ansicht der Kommission „zahlreiche Bürger die praktische Realität ihrer Unionszugehörigkeit in Zweifel ziehen"[379]. Diese Defizite offenbaren die Verwirklichung des Binnenmarktes als ständige Aufgabe, sollen aber den Blick auf die Bedeutung des tatsächlich Erreichten nicht verstellen. Zur Abschaffung der Grenzkontrollen s. Rn 813.

Um das reale Gebrauchmachen von der Niederlassungsfreiheit und der Dienstleistungsfreiheit zu erleichtern, wurden zuletzt zur gegenseitigen Anerkennung der Berufsqualifikationen die RL 2005/36 sowie zur Förderung des grenzüberschreitenden Dienstleistungsverkehrs die RL 2006/123 erlassen (s. dazu Rn 994). Diese Richtlinien tragen allein durch die Zusammenfassung und Ersetzung bestehender Richtlinien und die Kodifikation der Rechtsprechung des EuGH zu mehr Transparenz bei. Die RL 2005/36 war bis zum 20.10.2007 umzusetzen, was in Deutschland wegen der geteilten Kompetenz[380] durch Gesetze und Verordnungen des Bundes und der Länder erfolgte. Die RL 2006/123 war durch Bund und Länder unter Einbeziehung ua der Kammern bis zum 28.12.2009 umzusetzen[381]. **1004**

Der **Kapitalverkehr** und der freie **Zahlungsverkehr** sind durch zahlreiche Liberalisierungsmaßnahmen realisiert worden. Die Zufriedenheit darüber wird durch negative Begleiterscheinungen getrübt, die sich in den letzten Jahren gezeigt haben und die eine Regulierung der Finanzmärkte geboten erscheinen lassen[382]. **1005**

Ein Schwerpunkt der Rechtsangleichung ist die Stärkung der Rechte der Verbraucher einschließlich der Rechtsdurchsetzung[383]. Art. 12 AEUV erklärt den **Verbraucherschutz** zu einer europäischen Querschnittsaufgabe. Art. 169 Abs. 2 lit. a AEUV verweist auf die Binnenmarktkompetenz des Art. 114 AEUV. Die Aktivitäten der EU **1006**

---

378  RL 98/5 zur Erleichterung der ständigen Ausübung des Rechtsanwaltsberufs in einem anderen Mitgliedstaat als dem, in dem die Qualifikation erworben wurde, ABl 1998 L 77/36; Sart. II Nr 182. Die Umsetzung der RL 98/5 führte in Deutschland zu einer Neuregelung der Dienstleistungs- und Niederlassungsfreiheit von „EG-Rechtsanwälten" im Gesetz über die Tätigkeit europäischer Rechtsanwälte in Deutschland (EuRAG), Art. 1 des Gesetzes zur Umsetzung von Richtlinien der EG auf dem Gebiet des Berufsrechts der Rechtsanwälte, BGBl. 2000 I 182. Vgl dazu *Lach*, NJW 2000, 1609 ff.

379  ABl 1997 C 332/1, 29.

380  Vgl zB die Zuständigkeit des Bundes für Heilberufe (Art. 74 Nr 19 GG) und die Zuständigkeit der Länder für Lehrer.

381  Vgl dazu *Schliesky* (Hrsg.), Die Umsetzung der EU-Dienstleistungsrichtlinie in der deutschen Verwaltung, 2008; *Lemor/Haake*, Ausgesuchte Rechtsfragen der Umsetzung der Dienstleistungsrichtlinie, EuZW 2009, 65.

382  S. zu den dafür ua geschaffenen Agenturen Rn 999.

383  Vgl die RL 2011/83/EU des EP und des Rates v. 25.10.2011 über die Rechte der Verbraucher, ABl 2011 L 304/64.

sind, vor allem wegen des bisweilen unverkennbaren paternalistischen Ansatzes, umstritten[384].

**1007**　**Lösung Fall 51** (Rn 977):

**I. Zulässigkeit**

Nichtigkeitsklage gemäß Art. 263 AEUV: Streitgegenstand: Richtlinie als gemeinsame Handlung des EP und des Rats. Klage eines Mitgliedstaats. Klagegründe: Unzuständigkeit (fehlende Verbandskompetenz), Verletzung der Verträge. Frist: Art. 263 Abs. 6 AEUV (zwei Monate).

**II. Begründetheit**

1. **Verbandskompetenz und Rechtsgrundlage**: Nach dem Prinzip der begrenzten Ermächtigung (Art. 5 Abs. 1 S. 1, Abs. 2 EUV) ist eine tragende Kompetenzgrundlage erforderlich. Gemäß Art. 4 Abs. 2 lit. a AEUV besteht eine geteilte Zuständigkeit der Union für den Binnenmarkt. Art. 114 und Art. 53 Abs. 1 Alt. 2 iVm Art. 62 AEUV ermächtigen zum Erlass von Richtlinien zur Angleichung der Rechts- und Verwaltungsvorschriften zur Verwirklichung des Binnenmarkts (vgl Art. 265 AEUV). Dabei können, wie Art. 114 Abs. 3 AEUV deutlich macht, auch Fragen des Gesundheitsschutzes berührt werden. Jedoch darf damit nicht der in Art. 168 Abs. 5 AEUV ausdrücklich angeordnete Ausschluss jeglicher Harmonisierung umgangen werden (Konkordanzgebot). Art. 114 Abs. 1 AEUV verleiht keine allgemeine Kompetenz zur Regelung des Binnenmarktes (dies war in einem Entwurf zur EEA, vgl Rn 35 f, vorgesehen gewesen). Letzteres widerspräche nicht nur dem Wortlaut (und der Entstehungsgeschichte), sondern auch dem Prinzip der Einzelermächtigungen. Zwar kann Art. 114 AEUV als Rechtsgrundlage herangezogen werden, um der Entstehung neuer Hindernisse für den Handel infolge einer heterogenen Entwicklung der nationalen Rechtsvorschriften vorzubeugen (sog. präventive Rechtsangleichung). Das Entstehen solcher Hindernisse muss jedoch wahrscheinlich sein und die fragliche Maßnahme muss ihre Vermeidung bezwecken. Ob dies tatsächlich der Fall ist, unterliegt der Prüfung durch den EuGH. Würde bereits die bloße Feststellung von Unterschieden zwischen den nationalen Vorschriften und die abstrakte Gefahr von Beeinträchtigungen der Grundfreiheiten oder daraus möglicherweise entstehenden Wettbewerbsverzerrungen genügen, um die Wahl von Art. 114 AEUV als Rechtsgrundlage zu rechtfertigen, so könnte der durch Art. 19 Abs. 1 S. 2 EUV gebotenen gerichtlichen Kontrolle jegliche Wirksamkeit genommen werden. Gleiches gilt für Art. 53 Abs. 1 Alt. 2 iVm Art. 62 AEUV. Eine Prüfung der konkreten Richtlinie (RL 98/43) ergibt, dass sie teilweise den Handel mit den betroffenen Erzeugnissen nicht fördert und insbesondere die Vorschrift, die den Mitgliedstaaten strengere Regelungen überlässt (Mindestharmonisierung), keine Freiverkehrsklausel für die Erzeugnisse, die ihren Bestimmungen entsprechen, enthält. Sie ist außerdem nicht zur Beseitigung spürbarer Wettbewerbsverzerrungen geeignet.

2. **Subsidiaritätsprinzip** (Art. 5 Abs. 1 S. 2 und Abs. 3 EUV): Da es sich um eine geteilte Zuständigkeit handelt, ist das Subsidiaritätsprinzip zu beachten.

3. Verstoß gegen **Unionsgrundrechte**: Ein absolutes Tabakwerbeverbot, das mit der mittelbaren Werbung auch andere Produkte betrifft, könnte gegen die Unionsgrundrechte der Berufsfreiheit und des Eigentums (vgl Rn 789 ff) verstoßen. Abgesehen von der Kompetenzfrage (der EuGH lässt erkennen, dass ein anders konzipiertes, eingeschränktes Tabakwerbeverbot uU auf Art. 114 AEUV gestützt werden könnte, vgl dazu die neue Tabakwerbeverbots-RL 2003/33/EG, ABl 2003 L 152/16) ist der Schutz der Gesundheit ein legitimes Ziel der Union (vgl Art. 114 Abs. 3 AEUV, Art. 168 AEUV). Die Gesundheitsschädlichkeit des Tabakrauchens ist allgemein anerkannt (vgl BVerfGE 95, 173/184). Allerdings müsse das Werbeverbot geeignet sein, vom Tabakkonsum abzuhalten (Einschätzungsprärogative des

---

384　Näher zur Verbraucherschutzpolitik der EU *Oppermann/Classen/Nettesheim*, § 36, mwN.

Gesetzgebers; Einwand, die Werbung wirke sich lediglich auf die Marktanteile und nicht auf den Konsum insgesamt aus). Das Verbot müsste ferner erforderlich und angemessen sein (Problem des Totalverbots, insbesondere der Einbeziehung anderer Produkte über die mittelbare Werbung).

4. Verstoß gegen Art. 34 AEUV: Die **Grundfreiheiten** binden auch den Unionsgesetzgeber (vgl Rn 874). Allerdings schützt Art. 34 AEUV nur den freien Warenverkehr *zwischen* den Mitgliedstaaten, nicht die Produktion an sich. Insoweit sind allein die Unionsgrundrechte Prüfungsmaßstab. Allerdings bewirkt auch das unionsrechtliche und daher einheitliche absolute Werbeverbot insoweit ein grenzüberschreitendes Handelshemmnis, als es den Absatz importierter Produkte gegenüber den „etablierten" heimischen Produkten erschwert und somit ein Marktzutrittshemmnis schafft[385].

Vgl auch *T. Stein*, EWS 2001, 12 mwN.; *Görlitz*, EU-Binnenmarktkompetenzen und Tabakwerbeverbote, EuZW 2003, 485. Nach diesem Urteil wurde (mit eingeschränktem Werbeverbot) die TabakwerbeRL RL 2003/33 (ABl 2003 L 152/16) erlassen. Die Klage der BR Deutschland dagegen blieb erfolglos, EuGH, Rs C-380/03, BR Deutschland/EP und Rat, Slg 2006, I-11573 = *HVL*, S. 193 ff.

**Literatur:** *Blanke, H.-J.*, Binnenmarkt, Rechtsangleichung, Grundfreiheiten, in: Niedobitek, Politiken, § 2; *Bock, Y.*, Rechtsangleichung und Regulierung im Binnenmarkt, 2005; *von Danwitz, T.*, Rechtsetzung und Rechtsangleichung, in: Dauses, B. II; *Denzin, N.*, Freie Berufe, in: Schulze/Zuleeg/Kadelbach, § 27; *Götz, V.*, Der Grundsatz der gegenseitigen Anerkennung im europäischen Binnenmarkt, in: FS Jaenicke, 1998, S. 763 ff; *Hatje, A.* (Hrsg.), Das Binnenmarktrecht als Daueraufgabe, 2002; *Hillgruber, C.*, Die Verwirklichung des Binnenmarktes durch Rechtsangleichung, in: GS Blomeyer, 2004, S. 597 ff; *Kluth, W./Rieger, F.*, Die neue EU-Berufsanerkennungsrichtlinie, EuZW 2005, 486; *Mattera, A.*, Le principe de la reconnaissance mutuelle: instrument de préservation des traditions et des diversités nationales, régionales et locales, Revue du Marché Unique Européen 2/1998, 5; *Monti, M.*, Der Binnenmarkt und das Europa von morgen, 1997; *Möstl, M.*, Grenzen der Rechtsangleichung im europäischen Binnenmarkt – Kompetenzielle, grundfreiheitliche und grundrechtliche Schranken des Gemeinschaftsgesetzgebers, EuR 2002, 318; *Remien, O.*, Rechtsangleichung im Binnenmarkt, in: Schulze/ZuleegKadelbach, § 14; *Schwartz, I.E.*, Rechtsangleichung und Rechtswettbewerb im Binnenmarkt – Zum europäischen Modell, EuR 2007, 208; *Selmayr, M./Kamann, H.-G./Ahlers, S.*, Die Binnenmarktkompetenz der Europäischen Gemeinschaft, EWS 2003, 49; *Streinz, R.*, Die Freizügigkeit für Sportlehrer im Binnenmarkt, in: FS Röhricht, 2005, S. 1239 ff.

# § 12   Unionsbürgerschaft

## I.   Grundlagen

Durch den Vertrag von Maastricht wurde das Institut der **„Unionsbürgerschaft"** eingeführt und damit die Vorstellung vom „Marktbürger"[1] des Gemeinsamen Marktes um eine politisch-bürgerrechtliche Dimension erweitert, wodurch ein Anknüpfungspunkt zur (noch unvollendeten) Herausbildung einer spezifischen europäischen Iden-   **1008**

---

385   Vgl *Leible*, Anm. zu EuGH, Rs C-405/98, Konsumentenombudsmanen/Gourmet International Products, Slg 2001, I-1795 = *Pechstein* Nr 158.

1   Vgl *Ipsen*, S. 187, 250 ff, 742 f.

tität geschaffen werden sollte („Europa der Bürger")[2]. Der Vertrag von Lissabon übernimmt *Art. 17 Abs. 1 EGV* mit redaktionellen Änderungen in Art. 20 Abs. 1 AEUV und wiederholt Art. 20 Abs. 1 S. 2 (Definition des Unionsbürgers) und S. 3 (keine Ersetzung der Staatsbürgerschaft) AEUV wörtlich in Art. 9 S. 2 und 3 EUV. Durch diese Doppelung an prominenter Stelle des EUV soll offenbar die Bedeutung der Unionsbürgerschaft als **„grundlegender Status"** der Angehörigen der Mitgliedstaaten[3] verdeutlicht werden[4]. Die Verknüpfung mit der in Art. 9 S. 1 EUV verankerte Pflicht der Union, in ihrem gesamten Handeln den Grundsatz der Gleichheit „ihrer Bürgerinnen und Bürger" zu achten, und der „paternalistischen Formel"[5], diesen „ein gleiches Maß an Aufmerksamkeit" zuzuwenden, erklärt sich durch die redaktionell völlig misslungene Übernahme von Versatzstücken aus dem Verfassungsvertrag, verbunden mit sprachlichen Defiziten[6]. Gemeint soll damit der **Grundsatz der demokratischen Gleichheit der Unionsbürger**[7] sein, der zudem in einem Spannungsverhältnis zur mit der jetzt in Art. 14 Abs. 2 EUV ausdrücklich normierten degressiven Repräsentation steht[8].

**1009** Im Einzelnen stehen den Unionsbürgern die in Art. 20 Abs. 2 lit. a-d AEUV aufgeführten **Rechte** zu, die unter den Bedingungen und innerhalb der Grenzen ausgeübt werden, die in den Verträgen und im darauf gestützten Sekundärrecht (vgl Art. 21– Art. 24 AEUV) festgelegt sind: das Recht auf **Freizügigkeit** im Hoheitsgebiet der Mitgliedstaaten[9]; als politische Mitwirkungsrechte das aktive und passive **Kommunalwahlrecht**[10] und das **Wahlrecht zum Europäischen Parlament** im Aufenthaltsstaat[11]; das Recht auf **diplomatischen Schutz** durch die diplomatischen Vertretungen der anderen Mitgliedstaaten in Drittstaaten, in denen der Heimatstaat diplomatisch nicht vertreten ist; das Recht auf **Bürgerinitiativen** gemäß Art. 11 EUV sowie das **Petitionsrecht** zum Europäischen Parlament und zum Europäischen Bürgerbeauftragten. In der Abkopplung des Wahlrechts von der Staatsangehörigkeit bei der Wahl zu einem Europäischen Parlament, mit festen, auf die Mitgliedstaaten verteil-

---

2  Eingehend zur Entwicklungsgeschichte *Kadelbach*, in: von Bogdandy/Bast (Hrsg.), Europäisches Verfassungsrecht, 2. Aufl. 2009, S. 611 (614 ff).

3  EuGH, Rs C-184/99, Grzelczyk/Centre public d'aide sociale, Slg 2001, I-6193, Rn 31 = *HVL*, S. 438 ff = *Pechstein* Nr 115 = *MH* Nr 54 = JuS 2002, 387 – *Streinz*. St Rspr, vgl zB EuGH, Rs C-135/08. Rottmann, Slg 2010, I-1449, Rn 43 = *Pechstein*, Nr 122 = *HVL*, S. 449 ff. Übernommen in Egrd. 3 RL 2004/38: „grundsätzlicher Status".

4  Vgl *Kaufmann-Bühler*, in: Lenz/Borchardt, Art. 9 EUV, Rn 2.

5  So *Ruffert*, in: Calliess/Ruffert, Art. 9 EUV, Rn 22; ebenso *Schönberger*, in: Grabitz/Hilf/Nettesheim, Art. 9 EUV, Rn 5: „paternalistischer Unterton". Dies entspricht leider in manchen Bereichen auch der Unionspolitik, zB im Ziel einer „Verbrauchererziehung". Demgegenüber zutreffend BVerfGE 22, 180 (219): Der Staat hat nicht die Aufgabe, seine Bürger zu „bessern".

6  Zu Recht sehr kritisch *Ruffert*, in: Calliess/Ruffert, Art. 9 AEUV, Rn 22 ff.

7  *Schönberger*, in: Grabitz/Hilf/Nettesheim, Art. 9 EUV, Rn 5: „bürgerschaftlich-demokratische Gleichheit".

8  *Ruffert*, in: Calliess/Ruffert, Art. 9 EUV, Rn 26 f.

9  Art. 21 Abs. 1 AEUV. Festgelegt in RL 2004/38. S. dazu Rn 946. Vgl zu den Schranken *Magiera*, in: Streinz, Art. 21 AEUV, Rn 19 ff mwN.

10  Art. 22 Abs. 1 AEUV. Festgelegt in RL 94/80 (ABl 1994 L 368/5), zuletzt geändert durch RL 2013/19 (ABl 2013 L 158/231). Vgl dazu *Haratsch/Koenig/Pechstein*, Rn 784 f.

11  Art. 22 Abs. 2 AEUV. Festgelegt in RL 93/109 (ABl 1993 Nr L 329/34), zuletzt geändert durch RL 2013/1 (ABl 2013 L 26/27). Vgl dazu *Haratsch/Koenig/Pechstein*, Rn 793. Wie der Fall Di Lorenzo bei den letzten Europawahlen gezeigt hat, muss die doppelte Ausübung des Wahlrechts im Aufenthaltsstaat und für den Heimatstaat verhindert werden.

ten, aber an den „Völkern" orientierten Quoten (s. dazu Rn 303), liegt an sich ein Systembruch[12], der aus integrationspolitischen Gründen hingenommen wird, aber auch die Probleme oder besser gesagt Besonderheiten demokratischer Legitimation im europäischen Staaten- und Bürgerverbund offenbart. Der durch das Unionsrecht eröffnete Zugang von Unionsbürgern zur politischen Willensbildung in anderen Mitgliedstaaten limitiert nach Ansicht des EGMR auch die Beschränkungsmöglichkeiten, die Art. 16 EMRK für die politische Tätigkeit von Ausländern vorsieht[13]. In Art. 25 AEUV ist die Weiterentwicklung dieser Rechte angelegt (vgl auch Art. 39 ff GRCh). Überdies haben die Unionsbürger „die in den Verträgen vorgesehenen Rechte und Pflichten", dh alle subjektiven Rechte, die sich aus deren Bestimmungen ergeben (insb. die Grundfreiheiten sowie das allgemeine Diskriminierungsverbot, vgl Rn 823 ff).

Die Unionsbürgerschaft darf nicht mit einer **Staatsbürgerschaft** verwechselt werden. **1010** Sie knüpft vielmehr an die Staatsangehörigkeit der Mitgliedstaaten an und ergänzt die sich aus dieser ergebende Staatsbürgerschaft (Art. 9 S. 2 und 3 EUV; Art. 20 Abs. 1 S. 2 und 3 AEUV)[14]. Die Mitgliedstaaten haben die Verleihung der Staatsangehörigkeit durch die anderen Mitgliedstaaten grundsätzlich zu respektieren und dürfen die Gewährung der Rechte aus Art. 20–24 AEUV nicht von zusätzlichen Voraussetzungen abhängig machen. Der Umstand, dass ein Unionsbürger noch über eine weitere, nicht mitgliedstaatliche Staatsangehörigkeit verfügt (Doppelstaater), ist für die Gewährung der Rechte aus der Unionsbürgerschaft daher unerheblich[15]. Problematisch ist insoweit die Verleihung der Staatsangehörigkeit aus kommerziellen Gründen (Investitionen), da dadurch über die Unionsbürgerschaft deren Rechte auch in den anderen Mitgliedstaaten begründet werden[16] Angehörige von Drittstaaten können sich nach Ansicht des EuGH in bestimmten Fällen unmittelbar (also ohne Konkretisierung in der RL 2004/38[17]) auf von Unionsbürgern abgeleitete Aufenthaltsrechte berufen[18].

Obwohl die Festlegung der Voraussetzungen für den Erwerb und den Verlust der **1011** Staatsangehörigkeit nach dem Völkerrecht in die Zuständigkeit der einzelnen Mitgliedstaaten fällt, ist beim Entzug der Staatsangehörigkeit, die zugleich den Entzug der Unionsbürgerschaft und damit des „grundlegenden Status" des Unionsbürgers herbeiführt, das Unionsrecht zu beachten. Allein der Unionsbürgerstatus an sich be-

---

12 Ebenso *Herdegen*, § 12, Rn 15. Zu eventuell problematischen Folgen der Zuerkennung des aktiven und passiven Wahlrechts an Personen, die keine Unionsbürger sind, durch EuGH, Rs C-145/04, Spanien/Vereinigtes Königreich, Slg 2006, I-7917, Rn 78 ff nach dem Urteil des EGMR v. 18.2.1999, Matthews/Vereinigtes Königreich, EuGRZ 1999, 200 = *HVE*, S. 373 f (das mit Gibraltar sicher einen besonderen Fall betraf) vgl *Haratsch/Koenig/Pechstein*, Rn 792.
13 EGMR, Urt. v. 27.4.1995, Piermont/Frankreich, Serie A Bd. 314, S. 27, Nr 62 ff.
14 Dies betont das BVerfG, vgl BVerfGE 113, 273 (298) – Europäischer Haftbefehl; BVerfGE 123, 267 (404 ff) – Lissabon = *HVL*, S. 59 ff.
15 EuGH, Rs C-369/90, Mario Vicente Micheletti/Delegación del Gobierno en Cantabria, Slg 1992, I4239, Rn 10 ff. Eingehend dazu *Kadelbach*, in: Ehlers, § 26, Rn 25 ff.
16 Vgl dazu *P.Hilpold*, Die verkaufte Unionsbürgerschaft. NJW 2014, 1071. Zum Problem entsprechender beschränkender Regelungen vgl *Schönberger*, in: Grabitz/Hilf/Nettesheim, Art. 20 AEUV, Rn 46 f.
17 Vgl Art. 3, Art. 6 Abs. 2, Art. 7 Abs. 2, Art. 9, Art. 12 Abs. 2, Art. 13 Abs. 2, Art. 16 Abs. 2, Art. 18, Art. 20 RL 2004/38.
18 EuGH, Rs C-200/02, Zhu und Chen, Slg 2004, I-9925, Rn 44 ff = *Pechstein* Nr 118 = *HVL*, S. 461 ff. S. dazu **Fälle 55 und 56**, Rn 1024 ff.

gründet den Anwendungsbereich des Unionsrechts[19]. Die Rücknahme eines Einbürgerungsbescheids bedarf in dieser Konstellation daher einer unionsrechtlichen Rechtfertigung. Diese ist gegeben, wenn die Einbürgerung durch arglistige Täuschung („betrügerische Handlungen") erschlichen wurde[20].

## II. Freizügigkeit und Diskriminierungsverbot

### 1. Bedeutung, Konkretisierung und Zusammenhang

**1012** Zentrale Bedeutung kommt dem allgemeinen **Freizügigkeitsrecht** aus Art. 21 Abs. 1 AEUV zu. Danach haben die Unionsbürger unabhängig von einer wirtschaftlichen Betätigung im Rahmen der Grundfreiheiten (zur Freizügigkeit als notwendiges Element der Grundfreiheiten vgl Rn 926 ff, 938, 946) das Recht, sich im Hoheitsgebiet der Mitgliedstaaten frei zu bewegen und aufzuhalten (**„Grundfreiheit ohne Markt"**[21]). Die Bindung an wirtschaftliche Tätigkeiten war bereits zuvor durch die Rechtsprechung des EuGH zur „passiven Dienstleistungsfreiheit" (s. Rn 944 ff) und durch sekundärrechtliche Erweiterungen auf Studenten, Rentner und alle Staatsangehörigen der Mitgliedstaaten[22] aufgeweicht worden. Die differenzierten Personenverkehrsfreiheiten behalten gleichwohl ihre Bedeutung, zum einen, soweit es nicht nur um die Aufenthalts- und Bewegungsfreiheit, sondern die wirtschaftliche Betätigung als Arbeitnehmer, niedergelassener oder dienstleistender Selbstständiger geht, zum anderen, weil die Rechtsposition der durch Berufstätigkeit begründeten Aufenthaltsberechtigung besser ist als die allgemeine, die unter verständlichen Vorbehalten, zB der „unangemessenen" Inanspruchnahme von Sozialhilfe (vgl Egrd. 10, Art. 7 Abs. 1 lit. b und c RL 2004/38), steht. Allerdings ist Art. 21 AEUV als aus der Unionsbürgerschaft (Art. 20 Abs. 1 AEUV), dem **„grundlegenden Status der Angehörigen der Mitgliedstaaten"**[23], fließendes Recht nach der Rechtsprechung des EuGH unmittelbar anwendbar[24]. Allein deshalb, weil jemand Staatsangehöriger eines Mitgliedstaats und damit Unionsbürger ist, ist er berechtigt, sich auf Art. 21 Abs. 1 AEUV zu berufen. Dies hat Folgen für die Auslegung der in den Verträgen und den Durchführungsvorschriften vorgesehenen Beschränkungen und Bedingungen des Rechts der Unionsbürger zum Aufenthalt im Hoheitsgebiet eines anderen Mitgliedstaats. Denn deren Anwendung unterliegt der gerichtlichen Kontrolle und die Konkretisierung durch Sekundärrecht ist kein Hindernis dafür, dass Art. 21 AEUV selbst den Einzelnen Rechte verleiht, die sie gerichtlich geltend machen können und die die innerstaatlichen Gerichte zu wahren haben[25]. Art. 21 Abs. 1 AEUV erfuhr mit der allgemeinen

19 EuGH, Rs C-135/08, Rottmann/Freistaat Bayern, Slg 2010, I-1449, Rn 39 ff = *Pechstein*, Nr 122 = *HVL*, S. 449 ff.
20 Ebd., Rn 51 ff. Dem entsprechend BVerwG, NVwZ 2011, 760 = *HVL*, S. 451 ff.
21 Eingehend dazu *F. Wollenschläger*, Grundfreiheit ohne Markt, 2007.
22 Die RL 93/96, 90/365 und 90/364 sind durch die RL 2004/38 (s. Rn 929) zum 30.6.2006 aufgehoben und ersetzt worden.
23 EuGH, Rs C-184/99, Grzelczyk/Centre public d'aide sociale, Slg 2001, I-6193, Rn 31.
24 Klargestellt in EuGH, Rs C-413/99, Baumbast ua/Secretary of State for the Home Department, Slg 2002, I-7091, Rn 84 = *HVL*, S. 435 ff = *Pechstein* Nr 117 = JuS 2003, 494 – *Streinz*; vgl auch bereits EuGH Rs C-224/98, D'Hoop/Office national de l'emploi, Slg 2002, I-6191, Rn 29 („Grundfreiheit") = *Pechstein* Nr 120 = JuS 2002, 1218 – *Streinz*; **„Grundfreiheit ohne Markt"** (*Wollenschläger*).
25 EuGH, Rs C-413/99, Baumbast ua/Secretary of State for the Home Department, Slg 2002, I-7091, Rn 84 ff.

FreizügigkeitsRL 2004/38 eine umfängliche sekundärrechtliche Ausgestaltung, für die (auch[26]) Art. 21 Abs. 2 AEUV die Rechtsgrundlage bildet.

Die **RL 2004/38** konkretisiert als **allgemeine FreizügigkeitsRL** für Unionsbürger generell, dh sowohl für Berechtigte der „herkömmlichen" Grundfreiheiten (s. dazu **Fall 41**, Rn 852/952), als auch für aus der Unionsbürgerschaft selbst Berechtigte, die Beschränkungen des Einreise- und Aufenthaltsrechts aus Gründen der öffentlichen Sicherheit (Art. 27–Art. 33 AEUV). Der **Schutz vor Ausweisung** ist ua nach der Zeit des Daueraufenthalts gestaffelt (vgl Art. 28 Abs. 2 – „schwerwiegende Gründe der öffentlichen Ordnung oder Sicherheit" gegenüber Abs. 3 RL 2004/38 – „zwingende Gründe der öffentlichen Sicherheit"). Unter Letztere kann auch die Bekämpfung der mit dem bandenmäßigen Handel mit Betäubungsmitteln verbundenen Kriminalität fallen[27].   **1013**

Besondere Bedeutung entfaltet das Recht auf Freizügigkeit im Zusammenhang mit dem allgemeinen **Diskriminierungsverbot** des Art. 18 AEUV. Dabei handelt es sich zwar um kein aus der Unionsbürgerschaft resultierendes Recht, sondern vielmehr um eine generelle Bestimmung des Unionsrechts. Die Unionsbürgerschaft eröffnet aber den von Art. 18 AEUV geforderten Anwendungsbereich der Verträge. Daher entfaltet das Zusammenwirken von Art. 18 und Art. 21 AEUV erhebliche Auswirkungen, insbesondere im Hinblick auf die Inanspruchnahme von Sozialleistungen durch Unionsbürger in anderen Mitgliedstaaten und in Bereichen, die „an sich" in der Kompetenz der Mitgliedstaaten verblieben sind.   **1014**

## 2.  Anspruch auf Sozialleistungen ohne wirtschaftliche Betätigung

Der wesentliche Unterschied, den die allgemeine FreizügigkeitsRL hinsichtlich Berechtigten, die sich auf die herkömmlichen Grundfreiheiten mit wirtschaftlicher Anknüpfung (Arbeitnehmer und Selbstständige sowie Familienangehörige) und Berechtigten, die sich auf die Unionsbürgerschaft als „Grundfreiheit ohne Markt" berufen, macht, ist der Zugang zu Sozialleistungen bzw deren Inanspruchnahme. Abweichend vom allgemein bestehenden Gleichbehandlungsgebot (Art. 24 Abs. 1 RL 2004/38) besteht insoweit während des auf Art. 6 RL 2004/38 beruhenden dreimonatigen Aufenthaltsrechts sowie für die folgende Zeit ernsthafter Arbeitsuche (vgl Art. 14 Abs. 4 lit b RL 2004/38) keine Verpflichtung der Mitgliedstaaten zur Gleichbehandlung hinsichtlich Sozialhilfe und Studienbeihilfe einschließlich Beihilfen zur Berufsausbildung (Art. 24 Abs. 2 RL 2004/38). Das Recht auf Aufenthalt für einen Aufenthalt über drei Monate hängt davon ab, dass sie während ihres Aufenthalts keine Sozialhilfeleistungen des Aufenthaltsstaats in Anspruch nehmen müssen und über einen umfassenden Krankenversicherungsschutz verfügen (Art. 7 Abs. 1 lit. b RL 2004/38). Allerdings darf die Inanspruchnahme von Sozialhilfeleistungen „nicht automatisch zu einer Ausweisung führen" (Art. 14 Abs. 3 RL 2004/38). Letzteres kodifiziert die Rspr des EuGH. Vgl dazu   **1015**

---

26  Die RL 2004/38 (Sart II Nr 177) wurde „insbesondere" auf *Art. 12, 18, 40, 44 und 52 EGV* (jetzt Art. 18, 21, 46, 50 und 59 AEUV) gestützt.

27  Vgl dazu EuGH (GK), Rs C-145/09, Tsakouridis, Slg 2010, I, 11979, Rn 45 ff.

**1016**   **Fall 52**  (nach EuGH, Rs C-456/02, Michel Trojani/Centre public d'aide sociale de Bruxelles (CPAS), Slg 2004, I-7573 = JuS 2005, 1117 – *Streinz*):

T ist französischer Staatsangehöriger. Seit dem Jahr 2000 hält er sich in Belgien auf, wo er zunächst auf einem Campingplatz, später in einer Jugendherberge wohnte. Im Jahr 2002 wurde er in ein Heim der Heilsarmee aufgenommen, wo er im Rahmen eines Projekts zur individuellen und beruflichen Eingliederung etwa 30 Stunden je Woche verschiedene Leistungen unter Anleitung erbrachte, wofür er Unterkunft und ein geringes Taschengeld erhielt. Wirtschaftlich verwertbar waren die Leistungen des T nicht. Seit 2002 verfügt T über eine Aufenthaltserlaubnis der belgischen Behörden. T beantragte nun bei der zuständigen belgischen Behörde Sozialhilfe, die ihm jedoch mit der Begründung verweigert wurde, er sei kein belgischer Staatsangehöriger und die VO Nr 1612/68[28] sei auf ihn nicht anwendbar, weil er kein Arbeitnehmer sei. Hiergegen wendet sich T vor den zuständigen Gerichten. Mit Aussicht auf Erfolg?

**Lösung Fall 52:**

**1. Anspruch aus Art. 7 Abs. 2 VO 492/2011:** Gemäß Art. 7 Abs. 2 VO 492/2011 könnte T Anspruch auf Sozialhilfe wie ein belgischer Staatsangehöriger haben. Voraussetzung dafür wäre aber, dass T aufgrund seiner Beschäftigung im Rahmen des Eingliederungsprogramms als Arbeitnehmer iS der VO 492/2011 anzusehen ist.

Nach der Rechtsprechung des EuGH ist der Begriff des Arbeitnehmers iS von Art. 45 AEUV ein Begriff des Unionsrechts, der nicht eng auszulegen ist. Arbeitnehmer ist jeder, der eine tatsächliche und echte Tätigkeit ausübt, wobei Tätigkeiten außer Betracht bleiben, die einen so geringen Umfang haben, dass sie sich als völlig untergeordnet und unwesentlich darstellen. Das wesentliche Merkmal des Arbeitsverhältnisses besteht nach dieser Rechtsprechung darin, dass jemand während einer bestimmten Zeit für einen anderen nach dessen Weisung Leistungen erbringt, für die er als Gegenleistung eine Vergütung erhält. Außerdem ist es für die Arbeitnehmereigenschaft iS des Unionsrechts ohne Bedeutung, dass das Beschäftigungsverhältnis nach nationalem Recht ein Rechtsverhältnis sui generis ist, wie hoch die Produktivität des Betreffenden ist, woher die Mittel für die Vergütung stammen oder dass sich die Höhe der Vergütung in Grenzen hält. Die Prüfung, ob die Voraussetzung der Ausübung einer tatsächlichen und echten Tätigkeit vorliegen, muss sich auf objektive Kriterien stützen und in einer Gesamtbetrachtung alle Umstände der Rechtssache würdigen, die die Art der in Rede stehenden Tätigkeiten und des fraglichen Arbeitsverhältnisses betreffen. Der EuGH hat hierzu entschieden, dass Tätigkeiten, die nur ein Mittel der Rehabilitation oder der Wiedereingliederung des Betroffenen in das Arbeitsleben darstellen, nicht als tatsächliche und echte wirtschaftliche Tätigkeiten angesehen werden können.

Die Beschäftigung des T erfolgt im vorliegenden Fall jedoch ganz überwiegend mit dem Ziel der Wiedereingliederung in das Arbeitsleben und stellt daher selbst keinen Teil desselben dar. Die Ergebnisse seiner Leistungen sind wirtschaftlich nicht verwertbar. T ist kein Arbeitnehmer. Er kann sich somit nicht auf Art. 7 Abs. 2 der VO 492/2011 berufen.

**2. Anspruch aus Art. 18 AEUV:** Gemäß Art. 18 AEUV könnte T jedoch als Unionsbürger einen Anspruch auf Gleichbehandlung mit Inländern haben. Art. 18 AEUV entfaltet unmittelbare Wirkung, so dass T sich grundsätzlich gegenüber den nationalen Behörden und Gerichten auf das allgemeine Diskriminierungsverbot berufen kann. Dem Anspruch gerade auf Sozialhilfe könnte allerdings Art. 7 Abs. 1 lit. b der FreizügigkeitsRL 2004/38[29] entgegenste-

---

28   Aufgehoben und (kodifiziert) ersetzt durch VO 492/2011, ABl 2011 L 141/1.
29   Sart. II Nr 177 (s. Rn 929). Früher Art. 1 RL 90/364.

hen. Danach können die Mitgliedstaaten die Gewährung des drei Monate überschreitenden Aufenthaltsrechts aus Art. 21 Abs. 1 AEUV davon abhängig machen, dass ein Unionsbürger über ausreichende Existenzmittel sowie über eine Krankenversicherung für sich und seine Familienangehörigen verfügt. Dies ist bei T nicht der Fall, so dass ihm aus Art. 21 Abs. 1 AEUV kein Aufenthaltsrecht in Belgien zukommt. Allerdings haben die belgischen Behörden von der Möglichkeit, dem T die Aufenthaltserlaubnis zu verweigern, keinen Gebrauch gemacht. T hält sich nach belgischem Recht rechtmäßig in Belgien auf. Art. 18 Abs. 1 AEUV gewährt damit dem T einen Anspruch auf Gleichbehandlung „im Anwendungsbereich" der Verträge. Damit T mit seinem Antrag auf Sozialhilfe Erfolg hat, müsste diese also in den Anwendungsbereich der Verträge fallen. Nach mittlerweile gefestigter Rechtsprechung bejaht der EuGH dies für Ansprüche auf staatliche Sozialleistungen, wobei die Begründungsansätze differieren. Dabei scheint es dem EuGH bereits zu genügen, dass ein Unionsbürger von seinem Freizügigkeitsrecht Gebrauch gemacht hat *(Grzelczyk)*[30]. Aber selbst im Fall eines zwar nach nationalem Recht rechtmäßigen, unionsrechtlich jedoch wegen Mangels an finanziellen Mitteln nicht abgesicherten Aufenthalts hat der EuGH aus Art. 18 Abs. 1 AEUV einen Anspruch auf Gleichbehandlung hinsichtlich Sozialleistungen abgeleitet *(Trojani)*[31]. T, der sich nach belgischem Recht rechtmäßig in Belgien aufhält, hat demnach einen Anspruch auf Gewährung der Sozialhilfe. Er hat jedoch kein auf Art. 21 Abs. 1 AEUV beruhendes Aufenthaltsrecht. Belgien kann daher aufenthaltsbeendende Maßnahmen gegen T einleiten, wobei jedoch zu beachten ist, dass die Inanspruchnahme des Sozialhilfesystems diese Folgen nicht automatisch auslösen darf (so jetzt Art. 14 Abs. 3 RL 2004/ 38).

Diese Rechtsprechung stieß auf erhebliche Kritik[32]. Nach der Kodifizierung durch die **1017** RL 2004/38 legte der EuGH auch diese extensiv aus und ging noch über seine frühere Rechtsprechung hinaus[33]. Das Fehlen „ausreichender Existenzmittel" und die Inanspruchnahme von Sozialleistungen rechtfertige die Versagung eines Aufenthaltstitels von mehr als drei Monaten nach Art. 7 Abs. 1 lit. b RL 2004/38 nicht automatisch (vgl Art. 14 Abs. 3 RL 2004/38), sondern nur im Rahmen der Verhältnismäßigkeit, dh im Lichte der Belastungen für das Sozialhilfesystem und der persönlichen Situation[34]. Daher wurde das Urteil des EuGH im Fall *Dano*, in dem es um den Ausschluss von Leistungen der Grundsicherung[35] für eine Mutter, die weder in ihrem Herkunftsstaat erwerbstätig war noch in Deutschland, in das sie verarmt eingereist war, und ihren Sohn, mit Spannung erwartet. Der EuGH legte Art. 24 Abs. 1 iVm Art. 7 Abs. 1 lit. b RL 2004/38 iVm Art. 4 VO 883/2004 (s. Rn 931) dahin aus, dass sie einer Rege-

---

30  EuGH, Rs C-184/99, Rudy Grzelczyk/Centre public d'aide sociale d'Ottignies-Louvain-la-Neuve, Slg. 2001, I-6193, Rn 46 ff = *HVL*, S. 438 ff = *Pechstein* Nr 115 = JuS 2002, 387 – *Streinz.*

31  EuGH, Rs C-456/02, Michel Trojani/Centre public d'aide sociale de Bruxelles (CPAS), Slg 2004, I-7573 = EuZW 2005, 307 ff m. Anm. *F. Wollenschläger.*

32  Vgl zB *Hailbronner*, NJW 2004, 2185. Dagegen *J. Kokott*, Die Freizügigkeit der Unionsbürger als neue Grundfreiheit, in: FS Tomuschat, 2006, S. 207 (219 ff). Die konkret entschiedenen Fälle erscheinen sogar verständlich, problematisch sind grundsätzliche Weiterungen, vgl *Streinz*, Vom Marktbürger zum Unionsbürger, S. 70 f.

33  Vgl EuGH, Rs C-127/08, Metock ua, Slg 2008, I-6241, Rn 59, 84 ff = *HVL*, S. 460 f. Kritisch *Herdegen*, § 12, Rn 7: „Dabei setzt sich der EuGH über die möglichen Beschränkungen durch Sekundärrecht (Art. 21 Abs. 1 AEUV) zuweilen recht unbefangen hinweg".

34  EuGH, Rs C-140/12, Pensionsversicherungsanstalt/Brey, ECLI:EU:C:2013:565, Rn 64 ff. Zu „Sozialhilfeleistungen" als unionsrechtlichem Begriff vgl ebd. Rn 60.

35  § 7 Abs. 1 S. 2 Nr 1 SGB II (BGBl 2011 I S. 850, ber. S. 2094; zuletzt geändert BGBl. 2014 I S. 2411).

lung eines Mitgliedstaats nicht entgegenstehen, nach der Staatsangehörige anderer Mittgliedstaaten vom Bezug bestimmter „besonderer beitragsunabhängiger Geldleistungen iSv Art. 70 Abs. 2 VO 883/2004 ausgeschlossen werden, während Staatsangehörige des Aufnahmemitgliedstaats, die sich in der gleichen Situation befinden, diese Leistungen erhalten, sofern den betreffenden Staatsangehörigen anderer Mitgliedstaaten im Aufnahmemitgliedstaat kein Aufenthaltsrecht nach der RL 2004/38 zusteht[36]. Damit sind der zielgerichteten bloßen Migration in das Sozialsystem eines anderen Mitgliedstaats deutliche Grenzen gesetzt. Im Übrigen bleibt aber die Tragweite dieses Urteils, das einen besonderen Einzelfall betraf, abzuwarten[37]. Im Fall *Alimanovic* hat der EuGH die Befugnis der Mitgliedstaaten, Staatsangehörige anderer Mitgliedstaaten von Leistungen auszuschließen, die auch „Sozialhilfe" iSv Art. 24 Abs. 2 RL 2004/38 darstellen, bestätigt[38].

### 3. Auswirkungen auf in der Kompetenz der Mitgliedstaaten verbliebene Materien

**1018** Wie die herkömmlichen Grundfreiheiten (s. dazu Rn 821) hat auch die durch die Unionsbürgerschaft begründete Freizügigkeit (Art. 21 Abs. 1 AEUV) iVm dem Diskriminierungsverbot (Art. 18 AEUV) Auswirkungen auf Materien, die „an sich" in der Kompetenz der Mitgliedstaaten verblieben sind. Dies betrifft insbesondere die **Bildungspolitik**, für die allerdings die Union eine Beitragskompetenz hat (Art. 165 AEUV), die sich ua auf die „Förderung der Mobilität von Lernenden und Lehrenden" bezieht (Art. 165 Abs. 2 AEUV). Die Gewährung von Studienbeihilfen darf zwar an ein gewisses Maß an Integration geknüpft werden, das aber verhältnismäßig sein und auf objektiven, von der Staatsangehörigkeit der Betroffenen unabhängigen Erwägungen beruhen muss. Daher darf keine dauernde Ansässigkeit der Betroffenen gefordert werden, da dies eine „versteckte Form der Diskriminierung" darstellt[39]. Im Fall *Förster* wurde das Erfordernis eines fünfjährigen Aufenthalts im Inland für ein Aufenthaltsstipendium als verhältnismäßig angesehen[40]. Es muss aber wohl geprüft werden, ob ein anderweiter Nachweis für eine hinreichende Integration möglich ist[41].

**1019** Die Unionsbürgerschaft wirkt sich auch auf das an sich in der Kompetenz der Mitgliedstaaten verbliebene nationale **Namensrecht** dahingehend aus, dass es um der besonderen Situation des Betroffenen Rechnung zu tragen (das Diskriminierungsverbot

---

36  EuGH (GK), Rs 333/13, Dano/Jobcenter Leipzig, ECLI:EU:C:2014:2358, Rn 62 ff, 84 = NVwZ 2014, 1648.

37  Vgl dazu *F. Wollenschläger*, Keine Sozialleistungen für nichterwerbstätige Unionsbürger?, NVwZ 2014, 1628 (1632); *E. Eichenhofer*, Ausschluss von ausländischen Unionsbürgern aus deutscher Grundsicherung?, EuR 2015,73 (78 f); *D. Thym*, Die Rückkehr des „Marktbürgers" – Zum Ausschluss nichterwerbsfähiger EU-Bürger von Hartz IV-Leistungen, NJW 2015, 130; *F. Schreiber*, Die Bedeutung des Aufenthaltsrechts für die sozialrechtliche Gleichbehandlung, ZAR 2015, 46.

38  EuGH (GK), Rs C-67/14, Jobcenter Berlin/Alimanovic, ECLI:EU:C:2015:597, Rn 48 ff, 59 ff, 63. Vgl zuletzt EuGH, Rs C-299/14, Vestische Arbeit Jobcenter/García Nieroua, ECLI:EU:C:2016:114.

39  EuGH, Rs C-209/03, Bidar, Slg 2005, I-2119, Rn 51, 54 ff = *HVL*, S. 155.

40  EuGH, Rs C-158/07, Slg 2008, I-8507, Rn 54 = *HVL*, S. 155 ff.

41  Vgl EuGH, verb Rs C-523/11 und C-585/11, Prinz und Seeberger, ECLI:EU:C:2013:524, Rn 34 ff (dies betraf allerdings die Förderung des Auslandsstudiums durch den eigenen Staat, s. dazu Rn 1022). Ebenso aber zB hinsichtlich der Gleichbehandlung eines Ausländers EuGH, Rs C-503/09, Stewart, Slg 2011, I-6497, Rn 95. Vgl auch EuGH, Rs C-75/11, Kommission/Österreich, ECLI:EU:C:2012:605, Rn 62 (unterschiedliche Fahrpreisermäßigung für Studierende).

fordere hier die unterschiedliche Behandlung unterschiedlicher Sachverhalte) und zur Vermeidung von Beschränkungen der Freizügigkeit Ausnahmen vorsehen muss[42].

### 4. Art. 21 AEUV als Beschränkungsverbot

Wie die herkömmlichen Grundfreiheiten sieht der EuGH Art. 21 AEUV als **Beschränkungsverbot** an. Im Fall *Libert* prüfte er Beschränkungen des Grundstücksverkehrs als Mobilitätshindernisse am Maßstab des Art. 21 AEUV sowie der Art. 45, 56 und 63 AEUV. Diese könnten durch objektive sozio-ökonomische Belange (insbesondere Wohnraum für einkommensschwache Personen), die einer Verhältnismäßigkeitsprüfung standhalten, gerechtfertigt sein[43].

**1020**

### 5. Berechtigungen für eigene Staatsangehörige

Als Beschränkungsverbot wirkt sich das Freizügigkeitsrecht aus der Unionsbürgerschaft losgelöst von Art. 18 AEUV auch für eigene Staatsangehörige aus (und hier vor allem in Bereichen, die „an sich" in der Kompetenz der Mitgliedstaaten verblieben sind). Dies zeigt ein Beispiel aus dem **Einkommensteuerrecht**:

**1021**

**Fall 53** (nach EuGH, Rs C-520/04 – Turpeinen –, Slg 2006, I-10685 = JuS 2008, 160 – *Streinz*): Nach ihrer stets in Finnland geleisteten Tätigkeit im öffentlichen Dienst ließ sich die finnische Staatsangehörige T 1998 in Spanien nieder, um dort auf Dauer ihren Ruhestand zu verbringen. Ihre Einkünfte bestehen ausschließlich aus ihrem von der finnischen Pensionskasse gezahlten Ruhegehalt. Gemäß dem Doppelbesteuerungsabkommen zwischen Finnland und Spanien ist dieses Ruhegehalt nur in Finnland steuerpflichtig. Bis zum Jahr 2001 fiel T unter die für unbeschränkt steuerpflichtige Gebietsansässige geltende Steuerregelung, die das gesamte Welteinkommen des Steuerpflichtigen erfasst und die eine progressive Besteuerung vorsieht, wonach für die aus dem Ruhegehalt der T bestehenden Einkünfte ein Steuersatz von 28,5% galt. Im Jahr 2002, dem im Ausgangsverfahren maßgeblichen Veranlagungszeitraum, teilte das finnische Steueramt der T mit, dass sie künftig der für beschränkt Steuerpflichtige geltenden Besteuerungsregelung unterliege, die nur finnische Einkünfte erfasst und auf finnische Staatsangehörige Anwendung findet, die seit drei aufeinanderfolgenden Jahren keinen Wohnsitz mehr in Finnland haben, und erhob auf das Ruhegehalt der T eine Quellensteuer zum Pauschalsteuersatz von 35%. T macht geltend, dass sie wie ein in Finnland unbeschränkt Steuerpflichtiger, also progressiv, zu besteuern sei, da innerhalb der Europäischen Union die Behandlung des Einzelnen die gleiche sein müsse, wenn die hierfür zuständige Stelle die gleiche sei und alle Sachverhaltselemente außer dem Wohnsitz unverändert geblieben seien. Zu Recht?

---

42   EuGH, Rs C-148/02, Garcia Avello, Slg 2003, I-11613, Rn 25 ff = *Pechstein* Nr 116 = *HVL*, S. 465 ff; EuGH, Rs C-353/06, Grunkin und Paul, Slg 2008, I-7639, Rn 21 ff= *HVL*, S. 468 ff = JuS 2009, 257 – *Streinz*. Zum Vorliegen einer Rechtfertigung durch besondere verfassungsrechtliche Regelungen, die die gem. Art. 4 Abs. 2 EUV zu achtende „nationale Identität" eines Mitgliedstaats begründen (hier: österreichisches Adelsaufhebungsgesetz) s. EuGH, Rs 208/09, Ilonka Sayn-Wittgenstein/Landeshauptmann von Wien, Slg 2010, I-13693, Rn 81 ff = *HVL*, S. 470 ff.

43   EuGH, verb Rs C-197/11 und C-203/11, Libert ua, ECLI:EU:C:2013:288, Rn 38 f, 49. Bedeutsam für sog. „Einheimischenmodelle".

**Lösung Fall 53:** Da Art. 21 AEUV das allgemeine Freizügigkeitsrecht begründet, ist vorab zu prüfen, ob ein spezielles Freizügigkeitsrecht aus einer der Grundfreiheiten einschlägig ist. Da die T Arbeitnehmerin ist, kommt Art. 45 AEUV in Betracht. Da die Bestimmungen des AEUV über die Freizügigkeit den Unionsangehörigen die Ausübung von beruflichen Tätigkeiten aller Art im Gebiet der Union erleichtern sollen, stehen sie solchen Maßnahmen entgegen, die die Unionsangehörigen benachteiligen könnten, wenn sie eine Erwerbstätigkeit im Gebiet eines anderen Mitgliedstaats ausüben wollen (Verbot der Beschränkung durch Wegzugshindernisse). Dass das Einkommensteuerrecht an sich in der Kompetenz der Mitgliedstaaten verblieben ist, entbindet diese – wie hinsichtlich vieler anderer solcher Materien auch[44] – nicht von der Beachtung der Grundfreiheiten. Jedoch kann sich T, die ihre gesamte Berufstätigkeit in dem Mitgliedstaat, dem sie angehört, ausgeübt und vom Recht zum Aufenthalt in einem anderen Mitgliedstaat erst nach ihrem Eintritt in den Ruhestand und ohne jede Absicht, dort einer Beschäftigung im Lohn- oder Gehaltsverhältnis nachzugehen, Gebrauch gemacht hat, nicht auf die durch Art. 45 AEUV garantierte Freizügigkeit berufen. Da die spezielle Vorschrift des Art. 45 AEUV nicht einschlägig ist, kommt Art. 21 AEUV zum Tragen. Die dadurch begründete Freizügigkeit als Folge des „grundlegenden Status" als Unionsbürger, die vom EuGH zusammen mit den „herkömmlichen" Grundfreiheiten erwähnt wird, erlaubt allen Unionsbürgern, die sich in der gleichen Situation befinden, im sachlichen Geltungsbereich des Vertrages unabhängig von ihrer Staatsangehörigkeit und unbeschadet der insoweit ausdrücklich vorgesehenen Ausnahmen die gleiche rechtliche Behandlung zu genießen. Daher wäre es mit dem Recht auf Freizügigkeit unvereinbar, wenn der Mitgliedstaat, dem T angehört, sie weniger günstig behandeln könnte, als wenn sie nicht von den Erleichterungen Gebrauch gemacht hätte, die ihr der Vertrag in Bezug auf die Freizügigkeit gewährt. Diese Erleichterungen könnten nämlich ihre volle Wirkung nicht entfalten, wenn ein Staatsangehöriger eines Mitgliedstaats von ihrer Wahrnehmung durch Hindernisse abgehalten werden könnte, die seinem Aufenthalt im Aufnahmemitgliedstaat infolge einer Regelung seines Herkunftsstaats entgegenstehen, die Nachteile daran knüpft, dass er von ihnen Gebrauch gemacht hat. Eine nationale Regelung, die bestimmte Inländer allein deshalb benachteiligt, weil sie von ihrem Recht Gebrauch gemacht haben, sich in einem anderen Mitgliedstaat frei zu bewegen und aufzuhalten, würde zu einer Ungleichbehandlung führen, die den Grundsätzen widerspräche, auf denen der Status eines Unionsbürgers beruht, nämlich der Garantie der gleichen rechtlichen Behandlung bei der Ausübung seiner Freizügigkeit. Dies ist keine Neuerung hinsichtlich der rechtlichen Würdigung einer Inländerdiskriminierung, da diese vom Unionsrecht nur bei rein inländischen Sachverhalten nicht erfasst wird (vgl Rn 845 f). Im konkreten Fall lässt sich die Ungleichbehandlung der T auch nicht mit dem an sich zulässigen Beschränkungsargument der „Kohärenz des Steuersystems" rechtfertigen, weil dieses auch durch weniger einschneidende Maßnahmen gewahrt werden kann. T hat somit Recht.

Vgl auch EuGH, Rs C-544/07, *Rüffler*, Slg 2009, I-3389 = *HVL*, S. 441 ff: steuerliche Abzugsfähigkeit (in Polen) von in einem anderen Mitgliedstaat (Deutschland) gezahlten Krankenversicherungsbeiträgen.

**1022**  Gleiches gilt für die **Bildungspolitik** und die Berechtigung von Inländern aus Art. 21 AEUV zum gleichberechtigten Zugang zu Leistungsansprüchen in Fällen im Anwendungsbereich des Unionsrechts. S. dazu

---

44  Vgl zu diesem Ausgreifen des Unionsrechts mit der Folge, dass es kaum noch „unionsfeste" Materien gibt, *Streinz*, DVBl. 2000, 585 (589 f).

**Fall 54** (nach EuGH, verb Rs C-11/06 und 12/06, R. Morgan/Bezirksregierung und Landrat, Slg 2007, I-9161 = *Pechstein* Nr 121):

Die deutsche Staatsangehörige S verbrachte nach ihrem in Deutschland bestandenen Abitur ein Jahr im Vereinigten Königreich als Au-pair-Kraft und begann dann ein Studium im – in Deutschland nicht angebotenen – Fach Applied Genetics an einer englischen Universität. Als sie in Deutschland die Bewilligung von Ausbildungsförderung gemäß dem Bundesausbildungsförderungsgesetz (BAföG) beantragte, wurde dies mit der Begründung abgelehnt, dass sie die Voraussetzung des *§ 5 Abs. 2 Nr 3 BAföG aF* für die Förderung nicht erfülle, weil sie ihr Studium nicht mindestens ein Jahr in Deutschland absolviert habe. Ist dies mit dem Unionsrecht vereinbar?

**Lösung Fall 54:** Das Erfordernis einer ersten Ausbildungsphase im Inland könnte gegen Art. 21 AEUV verstoßen. A kann sich als Unionsbürgerin (Art. 20 Abs. 1 AEUV) auch gegenüber ihrem Herkunftsmitgliedstaat auf die mit der Unionsbürgerschaft verbundenen Rechte berufen[45]. Zu den Situationen, die in den Geltungsbereich des Unionsrechts fallen, gehören diejenigen, die sich auf die Ausübung der durch den AEUV garantierten Grundfreiheiten beziehen, insbesondere auch die, in denen es um die durch Art. 21 AEUV verliehenen Rechte geht, sich im Hoheitsgebiet der Mitgliedstaaten frei zu bewegen und aufzuhalten[46]. Die fragliche Förderung betrifft die Ausbildung in einem anderen Mitgliedstaat. Zwar sind gemäß Art. 165 Abs. 1 UAbs. 1 AEUV die Mitgliedstaaten für die Lehrinhalte und die Gestaltung ihrer jeweiligen Bildungssysteme zuständig. Diese Zuständigkeit muss jedoch unter Beachtung des Unionsrechts ausgeübt werden, hier unter Beachtung des durch Art. 21 Abs. 1 AEUV verliehenen Rechts, sich im Hoheitsgebiet der Mitgliedstaaten frei zu bewegen und aufzuhalten. Hier liegt eine Beschränkung der Freizügigkeit eigener Staatsangehöriger durch die Verweigerung des BAföG vor. Denn die den Unionsbürgern auf dem Gebiet der Freizügigkeit gewährten Erleichterungen könnten nicht ihre volle Wirkung entfalten, wenn Unionsbürger durch Nachteile, die allein an deren Gebrauchmachen anknüpfen, an diesem gehindert werden[47]. Daher haben die Mitgliedstaaten, wenn sie ein Ausbildungsförderungssystem vorsehen, dafür Sorge zu tragen, dass dessen Modalitäten das Freizügigkeitsrecht nicht ungerechtigt beschränken (vgl zur Freizügigkeit der Arbeitnehmer Rn 821). Das Erfordernis der ersten Ausbildungsphase im Inland führt generell zu Erschwerungen (zusätzliche Kosten, Verzögerungen); hier kommt hinzu, dass ein entsprechender Studiengang in Deutschland nicht angeboten, die Inlandsausbildung somit nicht angerechnet wird. Diese beschränkenden Wirkungen sind auch nicht zu ungewiss und zu unbedeutend, um eine relevante Beschränkung des durch Art. 21 Abs. 1 AEUV verliehenen Rechts darstellen zu können (vgl zu dieser Tatbestandsreduktion Rn 842). Somit bedarf die Beschränkung der Rechtfertigung nach unionsrechtlichen Maßstäben. Sie muss auf objektiven, von der Staatsangehörigkeit unabhängigen Erwägungen des Allgemeininteresses beruhen. Die Beschränkung der Freizügigkeit muss in angemessenem Verhältnis zu dem mit dem nationalen Recht legitimerweise verfolgten Zweck stehen und zu dessen Erreichung geeignet und erforderlich sein. Legitime Zwecke einer Beschränkung der Ausbildungsförderung sind zwar die Sicherstellung eines raschen Studienabschlusses und der richtigen Studienwahl. Jedoch ist die konkrete Maßnahme dazu nicht angemessen bzw nicht geeignet. Schließlich hat der EuGH zwar anerkannt, dass es zur Vermeidung der Überforderung des Unterhaltsbeihilfensystems eines Mitgliedstaates für Studenten mit der Folge, dass dessen Niveau insgesamt

---

45  EuGH, Rs C-192/05, Tas-Hagen und Tas, Slg 2006, I-10451, Rn 19 = *HVL*, S. 443 f.
46  EuGH, Rs C-76/05, Schwarz und Gootjes-Schwarz, Slg 2007, I-6849, Rn 87 mwN.
47  EuGH, Rs C-224/02, Pusa, Slg 2004, I-5763, Rn 19.

gefährdet wird, legitim sein kann, für die Gewährung von Studienbeihilfen die Integration des Empfängers bis zu einem gewissen Grad in die Gesellschaft des fördernden Staates zu verlangen[48]. Dies kann auch hinsichtlich der Förderung eines Studiums relevant sein, das gänzlich im Ausland erfolgt. Jedoch besteht bei S, die in Deutschland aufgewachsen ist und ihre Schulzeit bis zum Abitur verbracht hat, die erforderliche Integration. Soweit S Studienbeihilfen seitens des Vereinigten Königreichs erhält, kann dies gemäß § 21 Abs. 3 Nr 2 BAföG berücksichtigt werden, so dass eine unberechtigte Anspruchskumulation verhindert wird. Das Erfordernis einer ersten Ausbildungsphase im Inland verstößt somit gegen Art. 21 Abs. 1 AEUV als Ausfluss der Unionsbürgerschaft gemäß Art. 20 AEUV. Das BAföG wurde daraufhin entsprechend angepasst[49].

## III. Kernbereich des „grundlegenden Status" der Unionsbürgerschaft

**1023**   In seiner neuesten Rechtsprechung sah sich der EuGH veranlasst, eine Art „Kernbereich" der Rechte aus der Unionsbürgerschaft festzuhalten und gegenüber Weiterungen abzugrenzen. S. dazu

**1024**   **Fall 55** (nach EuGH, Rs C-34/09, Gerardo Ruiz Zambrano, Slg 2011, I-1177 = *Pechstein* Nr 123 = *HVL*, S. 463 ff = JuS 2011, 946 – *Streinz*):
R und seine Ehefrau, kolumbianische Staatsangehörige, beantragen Asyl in Belgien. Dieses wird zwar abgelehnt, wegen des Bürgerkriegs in Kolumbien werden sie aber nicht abgeschoben. R findet zunächst, ohne im Besitz einer Arbeitserlaubnis zu sein, einen unbefristeten Arbeitsplatz. Das Ehepaar bekommt zwei Kinder, die nach belgischem Recht, da die kolumbianische Staatsangehörigkeit nicht beantragt wird, belgische Staatsbürger werden. R beantragt Arbeitslosenunterstützung und die Regularisierung seines Aufenthalts, um ggf auch arbeiten zu dürfen. Beides wird abgelehnt. In seiner Klage rügt R unter Hinweis auf das *Urteil Zhu und Chen*[50] Verstöße gegen das Unionsrecht und die EMRK. Zu Recht?
**(Lösung Rn 1026)**

**1025**   **Fall 56** (nach EuGH, Rs C-434/09, Shirley McCarthy, Slg 2011, I-3375):
Die britische Staatsangehörige S, die auch die irische Staatsangehörigkeit besitzt, ist in England geboren und hat stets dort und von staatlichen Sozialleistungen gelebt. Sie heiratete den jamaikanischen Staatsangehörigen E, der im Vereinigten Königreich nach britischem Recht nicht aufenthaltsberechtigt ist. S beantragte als irische Staatsangehörige, die sich als Unionsbürgerin im Vereinigten Königreich aufhalten möchte, bei den britischen Behörden eine

---

48   EuGH, Rs C-209/03, Bidar, Slg. 2005, I-2119, Rn 56 f.
49   Vgl § 5 Abs. 2 Nr 3 BAföG. Aktuelle Fassung idF d Bek vom 7.12.2010 in Sart. I Nr 420. S. jetzt auch EuGH, verb Rs C-523/11 und C-585/11, Prinz und Seeberger, ECLI:EU:C:2013:524, Rn 37 ff: Abstellen auf mehrjährigen ununterbrochenen Wohnsitz im Inland unverhältnismäßiges Mobilitätshindernis, soweit dadurch ein anderweitiger Nachweis hinreichender Integration (zB längere Inlandsaufenthalte) eigener Staatsangehöriger ausgeschlossen wird.
50   EuGH, Rs C-200/02, Slg 2004, I-9925 = *Pechstein* Nr 118 = *HVL*, S. 461 ff: Abgeleitetes Aufenthaltsrecht für chinesische Staatsangehörige wegen des Aufenthaltsrechts ihrer in Nordirland geborenen Tochter, die nach damaligem irischen Recht irische Staatsbürgerin wurde.

Aufenthaltsurkunde. E beantragte eine Aufenthaltserlaubnis als Ehegatte einer Unionsbürgerin. Beide Anträge wurden abgelehnt. Ist dies mit dem Unionsrecht vereinbar?
**(Lösung Rn 1027)**

**Lösung Fall 55** (Rn 1024):          **1026**
**I.** R könnte gemäß Art. 3 Abs. 1 Alt. 2 **RL 2004/38** als Familienangehöriger iSv Art. 2 Nr 2 RL 2004/38 von seinen Kindern, die als belgische Staatsangehörige gemäß Art. 20 Abs. 1 AEUV Unionsbürger sind, Rechte herleiten. Art. 3 Abs. 1 setzt jedoch eindeutig voraus, dass der berechtigte Unionsbürger sich in einen anderen Mitgliedstaat als den, dessen Staatsangehörigkeit er besitzt, begibt oder dort aufhält (zwischenstaatlicher Sachverhalt). Dies ist bei den Kindern des R, die Belgien nie verlassen haben, nicht der Fall. Daher können insoweit auch keine Rechte abgeleitet werden.

**II.** Die behaupteten Rechte könnten sich unmittelbar aus Art. 20 AEUV ergeben. Problematisch ist, ob der Anwendungsbereich des Unionsrechts eröffnet ist, weil jeder grenzüberschreitender Bezug fehlt. Dics wandten die Regierungen der Mitgliedstaaten und selbst die Kommission ein. Der EuGH stellte dagegen auf den in st Rspr betonten „grundlegenden Status" der Unionsbürgerschaft ab, aus dem zumindest das Aufenthaltsrecht des Unionsbürgers folgen müsse. Dieses sei aber in seinem Kernbestand praktisch gefährdet, wenn der Person, die den minderjährigen Kindern Unterhalt gewährt, Aufenthalt und Arbeitserlaubnis verweigert würde, da dann auch die Kinder zwangsläufig gezwungen wären, mit dieser die Union zu verlassen. Letztlich ergeben sich die angestrebten Rechte als Reflex aus der praktischen Sicherung des Aufenthaltsrechts der Unionsbürger.

**Lösung Fall 56** (Rn 1025):          **1027**
**I.** Der **Antrag der S** auf Daueraufenthalt könnte auf Art. 16 **RL 2004/38** gestützt werden. Jedoch ist S nicht „Berechtigte" iSv Art. 3 Abs. 1 RL 2004/38, da kein zwischenstaatlicher Sachverhalt vorliegt (vgl **Fall 55**, Rn 1024/1026). In Betracht kommt aber die Berechtigung zum Aufenthalt (Art. 21 AEUV) aus der Unionsbürgerschaft (Art. 20 AEUV) als „grundlegender Status". Nationale Maßnahmen dürfen Unionsbürgern den „tatsächlichen Genuss des Kernbestands der Rechte, den ihnen dieser Status verleiht", nicht verwehren. Das Aufenthalts- und Freizügigkeitsrecht der S bescht aber ohnehin, dh sie bedarf dazu nicht des beantragten Aufenthaltstitels.

**II.** Der **Antrag des E** ist begründet, wenn diesem das Aufenthaltsrecht als von S als Unionsbürgerin abgeleitet oder wie im **Fall 55** als Reflex zusteht. Als Ehegatte ist er zwar Familienangehöriger iSv Art. 2 Nr 2 RL 2004/38. Voraussetzung wäre aber die Berechtigung der S gemäß Art. 3 Abs. 1 RL 2004/38, die am Fehlen eines zwischenstaatlichen Sachverhalts scheitert. Nach Ansicht des EuGH bewirkt die Verweigerung der Aufenthaltserlaubnis für E – anders als im *Fall Zambrano* (s. **Fall 55**) nicht, dass das Aufenthaltsrecht der S als Unionsbürgerin leer läuft.

**III. Ergebnis:** Die Ablehnung beider Anträge verstößt nicht gegen das Unionsrecht.

Der Fall zeigt, dass der EuGH bemüht ist, die im *Urteil Zambrano*, das im Ergebnis einleuchtet (dem Unionsbürger muss es praktisch möglich sein, im Unionsgebiet zu verbleiben), liegenden Weiterungen einzudämmen. Im Gegensatz zu den Schlussanträgen von GA Sharpston[51] verbleibt die „reine" Inländerdiskriminierung außerhalb des Anwendungsbe-

---

51  SchlA zu Rs C-34/09 (Zambrano), Nr 139–150. Vgl dazu und dagegen GA Kokott, SchlA zu Rs C-434/09 (McCarthy), Nr 41–43.

reichs des Unionsrechts (s. dazu Rn 846). Anders verhält es sich dagegen bei den sog „Rückkehrfällen", in denen ein grenzüberschreitender Bezug vorliegt[52]. Zu beachten sind auch Vorgaben der EMRK, insbesondere Art. 8 EMRK (Recht auf Achtung des Familienlebens)[53].

Inhalt und Grenzen der „Kernbereichsdoktrin" nach den Urteilen *Zambrano* und *McCarthy* hat der EuGH im Fall *Dereci* konkretisiert. Das Kriterium der Verwehrung des Kernbestands der Rechte, die der Unionsbürgerstatus verleiht, bezieht und beschränkt sich danach auf die besonderen Sachverhalte, in denen der Unionsbürger ohne Aufenthaltsrecht des Drittstaatsangehörigen sich „de facto gezwungen sieht, nicht nur das Gebiet des Mitgliedstaats, dem er angehört, zu verlassen, sondern das Gebiet der Union als Ganzes"[54]. Wirtschaftliche Gründe oder die Aufrechterhaltung der Familiengemeinschaft genügen dafür nicht[55].

**Literatur:** *Bode, S.*, Von der Freizügigkeit zur sozialen Gleichstellung aller Unionsbürger? – Zur Wirkung und Reichweite von Art. 18 EG in der Rechtsprechung des EuGH, EuZW 2003, 552; *von Bogdandy, A./Bitter, S.*, Unionsbürgerschaft und Diskriminierungsverbot – Zur wechselseitigen Beschleunigung der Schwungräder unionaler Grundrechtsjudikatur, in: FS Zuleeg, 2005, S. 309 ff; *Borchardt, K.-D.*, Der sozialrechtliche Gehalt der Unionsbürgerschaft, NJW 2000, 2057; *Calliess, C.*, Die Unionsbürger: Status, Dogmatik und Dynamik, EuR Beiheft 1/2007, 7; *Giegerich, T.*, Unionsbürgerschaft, politische Rechte, in: Schulze/Zuleeg/Kadelbach, § 9; *Groß, H.*, Die Umsetzung der EU-Freizügigkeitsrichtlinie im deutschen Recht, ZAR 2006, 61; *Hailbronner, K.*, Die Unionsbürgerschaft und das Ende rationaler Jurisprudenz durch den EuGH?, NJW 2004, 2185; *Hailbronner, K./Thym, D.*, Ruiz Zambrano – Die Entdeckung des Kernbereichs der Unionsbürgerschaft, NJW 2011, 2008; *Hilpold, P.*, Die Unionsbürgerschaft – Entwicklung und Probleme, EuR 2015, 133; *ders.*, Nichtdiskriminierung und Unionsbürgerschaft, in: Niedobitek, Politiken, § 1; *Höfler, R.*, Freizügigkeit und soziale Gleichheit im Unionsrecht: Eine Herausforderung für die nationalen Sozialsysteme, Außenwirtschaft 59 (2004), 303; *Huber, P.M.*, Unionsbürgerschaft, EuR 2013, 637; *Jacobs. F.*, Citizenship of the European Union – A Legal Analysis, EJL 2007, 591; *Jaqueson, C.*, Union Citizenship and the Court of Justice: something new under the sun? Towards social citizenship, ELRev. 2002, 260; *Kadelbach, S.*, Unionsbürgerrechte, in: Ehlers, § 26; *ders.*, Unionsbürgerschaft, in: von Bogdandy/Bast (Hrsg.), Europäisches Verfassungsrecht, 2. Aufl. 2009, S. 611 ff; *Obwexer, W.*, Die Rechte und Pflichten der Unionsbürger aus der Unionsbürgerschaft, 2001; *Rabenschlag, D.*, Leitbilder der Unionsbürgerschaft, 2009; *Raschka, J.*, Freizügigkeit von Unionsbürgern und Zugang zu sozialen Leistungen, EuR 2013, 116; *Reich. N.*, Bürgerrechte in der Europäischen Union,

---

52  Vgl EuGH, Rs C-370/90, Surinder Singh, Slg 1992, I-4265; Rs C-127/08, Metock, Slg 2008, I-6241, Rn 48 ff = *HVL*, S. 460 f. Zu den Anforderungen an einen „hinreichenden" grenzüberschreitenden Sachverhalt vgl BVerwG NVwZ 2011, 495.

53  S. auch *B. Huber*, Die ausländerrechtlichen Folgen des EuGH-Urteils Zambrano, NVwZ 2011, 856; *N. Graf Vitzthum*, Die Entdeckung der Heimat der Unionsbürger, EuR 2011, 550; *Papadileris*, Das Erfordernis des grenzüberschreitenden Bezugs im Recht der Marktfreiheiten, JuS 2011, 123; *Epiney*, Von Akrich über Jia bis Metock: Zur Anwendung der gemeinschaftlichen Regeln über den Familiennachzug, EuR 2008, 840. Vgl dazu EuGH (GK), Rs C-256/11, Dereci, Slg 2011, I-11315, Rn 69, 70 ff.

54  EuGH (GK), Rs C-256/11, Murat Dereci ua/Bundesministerium für Inneres, Slg 2011, I-11315, Rn 64 ff, 66 = NVwZ 2012, 97 m. Anm. *Thym*.

55  Ebd. Rn 68. Zu prüfen bleibt, ob sich ein Aufenthaltsrecht aus den Grundrechten und nach Maßgabe ihrer jeweiligen Anwendbarkeit ergibt (ebd., Rn 69 ff). Ob Art. 7 GRCh einschlägig ist, bestimmt sich nach Art. 51 Abs. 1 GRCh, wobei der EuGH bemerkenswerterweise die Frage, ob die konkrete Situation unter das Unionsrecht fällt (vgl zu diesem Problem Rn 771 ff) dem mitgliedstaatlichen Gericht überlässt (ebd., Rn 71 f). Im Übrigen verweist der EuGH auf die Bindung der Mitgliedstaaten selbst als Vertragsparteien an Art. 8 EMRK (ebd., Rn 72 f).

1999; *Scheuing, D.*, Freizügigkeit als Unionsbürgerrecht, EuR 2003, 744; *Schönberger, C.*, Unionsbürger. Europas föderales Bürgerrecht in vergleichender Sicht, 2006; *Shaw, J.*, The Transformation of Citizenship in the European Union, 2007; *Stewen, S.*, Die Entwicklung des allgemeinen Freizügigkeitsrechts der Unionsbürger und seiner sozialen Begleitrechte, 2011; *Streinz, R.*, Vom Marktbürger zum Unionsbürger, in: M. Breuer ua (Hrsg.), Im Dienste des Menschen: Recht Staat und Staatengemeinschaft, 2009, S. 63 ff; *Wollenschläger, F.*, Die Unionsbürgerschaft und ihre Dynamik für den Integrationsprozess jenseits des Marktes, ZEuS 2009, 1; *ders.*, Grundfreiheit ohne Markt: Die Herausbildung der Unionsbürgerschaft im unionsrechtlichen Freizügigkeitsregime, 2007.

# § 13 Justiz und Innenpolitik – Der Raum der Freiheit, der Sicherheit und des Rechts

## I. Grundlagen

Durch den Vertrag von Maastricht war als dritte Säule der Europäischen Union die Grundlage für eine „Zusammenarbeit in den Bereichen Justiz und Inneres" (ZBJI) gelegt worden (vgl Rn 48). Mit dem Amsterdamer Vertrag wurde die Weiterentwicklung der Union zu einem **„Raum der Freiheit, der Sicherheit und des Rechts"** **(RFSR)** in den Katalog der Ziele der EU aufgenommen und die ZBJI durch „Vergemeinschaftung" (Verlagerung in die „Erste Säule") der Bereiche Visa, Asyl und Einwanderung sowie der Zusammenarbeit in Zivilsachen auf EUV und EGV aufgeteilt. Der **Vertrag von Lissabon** schaffte die Säulenstruktur hinsichtlich des RFSR auch materiell ab und fasste die bisher auf die Erste und die Dritte Säule aufgeteilten Bereiche in Titel V (Art. 67 – Art. 89 AEUV) zusammen. Das Ziel des RFSR ist in Art. 3 Abs. 1 EUV, die Grundsätze sind in Art. 67 AEUV aufgeführt. Danach soll der RFSR einen Binnenraum darstellen, in dem sich die Bürger (einschließlich der Angehörigen von Drittstaaten) ohne Grenzkontrollen frei bewegen können, ohne dass hieraus ein Verlust an innerer Sicherheit („hohes Maß an Sicherheit") resultiert. Letzteres soll insbesondere durch die Zusammenarbeit der Polizeibehörden (Art. 87 ff AEUV) und der Organe der Strafrechtspflege sowie die gegenseitige Anerkennung von strafrechtlichen Entscheidungen (Urteile, Haftbefehle usw) und erforderlichenfalls durch die Angleichung der strafrechtlichen Rechtsvorschriften (Art. 82 ff AEUV) erreicht werden. Zudem soll der Zugang der Bürger zum Recht, insbesondere durch den Grundsatz der gegenseitigen Anerkennung gerichtlicher und außergerichtlicher Entscheidungen in Zivilsachen, erleichtert werden (Art. 81 AEUV). Der RFSR flankiert damit die Freizügigkeit, die die Unionsbürger infolge der Grundfreiheiten bzw der Unionsbürgerschaft genießen. Zugleich berührt er zentrale Fragen staatlicher Souveränität. Im RFSR sollen daher neben den Grundrechten auch „die verschiedenen Rechtsordnungen und Rechtstraditionen der Mitgliedstaaten geachtet werden" (Art. 67 Abs. 1 AEUV). Die politische Bereitschaft zu einem gemeinsamen Vorgehen war und ist in diesem sensiblen Bereich zurückhaltend. Im Bereich des Strafrechts wurden daher sog. **„Notbremseklauseln"** eingefügt (Art. 82 Abs. 3 UAbs. 1 S. 1, Art. 83 Abs. 3 UAbs. 1 S. 1 AEUV; s. dazu § 9 IntVG). Das Bewusstsein, dass gemeinsames Handeln auf den betroffenen Politikfeldern notwendig ist, wurde jedoch nicht zuletzt

**1028**

durch die im Rahmen der kriegerischen Auseinandersetzungen auf dem Balkan sowie den Folgen der sog. „Arabellion" sprunghaft gestiegene Zahl von Asylbewerbern und Kriegsflüchtlingen sowie durch die durch die Anschläge vom 11.9.2001 in New York, vom 11.3.2003 in Madrid und vom 7.7.2005 in London offenkundig gewordene Bedrohung durch den internationalen Terrorismus erheblich gestärkt. Hinzu kommt die sich in zahlreichen EU-Verordnungen zeigende Entwicklung der justiziellen Zusammenarbeit in Zivilsachen (Art. 81 AEUV). Die **„europäische Innenpolitik"** gehört damit zu den dynamischsten Politikfeldern der EU[1].

**1029** Die auch materielle Abschaffung der Säulenstruktur im Bereich des RFSR unterstellt diesen gänzlich der sog. „Gemeinschaftsmethode". Damit verbunden sind die zweigleisige demokratische Legitimation durch das Europäische Parlament und den Rat als Unionsgesetzgeber, das Initiativrecht der Kommission und die Zuständigkeit des EuGH. Weitgehend gilt das „ordentliche Gesetzgebungsverfahren" (vgl Art. 289 iVm Art. 294 AEUV; s. Rn 553 ff)[2]. Nur in einigen offenbar als besonders brisant empfundenen Bereichen wird am Erfordernis der Einstimmigkeit im Rat (sog. „besonderes Gesetzgebungsverfahren") festgehalten[3]. Grundsätzlich stehen die Handlungsformen des Art. 288 AEUV zur Verfügung. Allerdings bestehen einige Besonderheiten intergouvernementalen Ursprungs fort[4], die sich in der institutionellen Struktur zeigen (s. Rn 1031).

**1030** Die primärrechtlichen Bestimmungen über den RFSR enthielten und enthalten nach wie vor keine unmittelbar anwendbaren materiellrechtlichen Berechtigungen von Privaten, sondern schaffen lediglich einen institutionellen Rahmen sowie die notwendigen Rechtsgrundlagen für die Erreichung der Ziele des RFSR. Der RFSR bedurfte daher seiner Konzeption nach von Beginn an einer **politischen Ausfüllung** durch die Organe der Union. Das diesbezügliche auf fünf Jahre angelegte Handlungsprogramm wurde vom Europäischen Rat 1999 in Tampere aufgestellt[5]. Es enthielt politische Leitlinien und konkrete Ziele mit einem entsprechenden Zeitplan. In ihrer Bilanz des Tampere-Programms stellte die Kommission 2004 fest, dass zwar wichtige Fortschritte gemacht worden seien, die institutionelle Struktur des RFSR jedoch weiterhin zu Schwierigkeiten führen werde. Im November 2004 hat der Europäische Rat zur

---

1 *Nettesheim*, EuR 2009, 24.
2 Art. 75 AEUV (Verwaltungsmaßnahmen in Bezug auf Kapitalbewegungen und Zahlungen zur Verhütung und Bekämpfung des Terrorismus); Art. 78 Abs. 2 AEUV (Entwicklung eines gemeinsamen europäischen Asylsystems); Art. 79 Abs. 2 AEUV (Entwicklung einer gemeinsamen Einwanderungspolitik); Art. 81 Abs. 2 AEUV (justizielle Zusammenarbeit in Zivilsachen); Art. 82 Abs. 1 UAbs. 2, Abs. 2 AEUV (justizielle Zusammenarbeit in Strafsachen, aber Ausnahme gem. Abs. 3 mit Möglichkeit verstärkter Zusammenarbeit von mindestens neun Mitgliedstaaten); Art. 83 Abs. 1 AEUV (Richtlinien für Mindestvorschriften zur Festlegung von Straftaten und Strafen in Bereichen besonders schwerer Kriminalität mit grenzüberschreitender Dimension, aber Ausnahme gem. Abs. 3 möglich); Art. 84 AEUV (Maßnahmen zur Kriminalprävention); Art. 85 AEUV (Eurojust); Art. 87 AEUV (polizeiliche Zusammenarbeit); Art. 88 AEUV (Europol).
3 Art. 77 Abs. 3 AEUV (Bestimmungen betreffend Pässe, Personalausweise, Aufenthaltstitel etc); Art. 81 Abs. 3 AEUV (Maßnahmen zum Familienrecht mit grenzüberschreitendem Bezug); Art. 83 Abs. 1 UAbs. 3 AEUV (Bestimmung anderer Kriminalitätsbereiche für Mindestvorschriften zur Festlegung von Straftaten und Strafen); Art. 86 Abs. 1 AEUV (Europäische Staatsanwaltschaft); Art. 87 Abs. 3 AEUV (operative Zusammenarbeit der zuständigen Behörden der Mitgliedstaaten); Art. 89 AEUV (Tätigwerden von Behörden im Hoheitsgebiet eines anderen Mitgliedstaates).
4 S. hierzu *Streinz/Ohler/Herrmann*, Lissabon, S. 158 ff mwN.
5 EU-Bulletin 10/1999, Nr 1.6.1.

Fortführung des Tampere-Prozesses ein neues mehrjähriges Programm angenommen (Haager Programm)[6]. Am 2.6.2005 verabschiedete der Rat einen Aktionsplan[7] mit konkreten Zeitvorgaben für die Maßnahmen, die bis 2010 getroffen werden sollten. Die ersten Durchführungs- bzw Umsetzungsberichte zeigten Erfolge im Bereich der ersten Säule (*Art. 61 ff EGV*), während in der dritten Säule (PJZS gem. *Art. 29– Art. 42 EUV* aF) Verzögerungen und Blockaden festgestellt wurden, die auf der verspäteten oder unterlassenen Umsetzung von Maßnahmen durch die Mitgliedstaaten beruhten[8]. Das für die Jahre 2010–2014 beschlossene **Stockholmer Programm**[9], für dessen Umsetzung die Kommission einen Aktionsplan vorgelegt hat[10], wird durch das Post-Stockholm-Programm (PSP) fortgeführt[11]. Für die Umsetzung der Programme stehen nach der Verschmelzung der Ersten mit der Dritten Säule die einheitlichen Instrumente des RFSR zur Verfügung.

## II. Institutionelle Besonderheiten

Gleichwohl gelten für den RFSR weiterhin **Besonderheiten** gegenüber anderen im AEUV (zur Besonderheit der GASP s. Rn 1302) geregelten Politikbereichen. Der Europäische Rat hat eine ausdrückliche Leitungsfunktion (Art. 68 AEUV). Ein ständiger Ausschuss des Rates soll die operative *Zusammenarbeit* im Bereich der inneren Sicherheit fördern. Neben der Kommission hat ein Viertel der Mitgliedstaaten ein Initiativrecht (Art. 76 lit. b AEUV). In den Bereichen Strafrecht und Sozialrecht besteht ein sog. „Notbremsemechanismus" (so § 9 IntVG zu Art. 82 Abs. 3 UAbs. 1 S. 1, Art. 83 Abs. 3 UAbs. 1 S. 1 bzw Art. 48 Abs. 2 S. 1 AEUV), den der deutsche Vertreter im Rat auf Weisung des Bundestags und ggf des Bundesrats auslösen muss (vgl dazu Rn 1028). Die anschließende Befassung des Europäischen Rates ist dem Konsensmodell stark angenähert. Art. 69 AEUV bestimmt ausdrücklich, dass die nationalen Parlamente „bei Gesetzgebungsvorschlägen und Initiativen, die im Rahmen der Kapitel 4 und 5 vorgelegt werden, Sorge für die Achtung des Subsidiaritätsprinzips nach Maßgabe des Protokolls über die Anwendung der Grundsätze der Subsidiarität und der Verhältnismäßigkeit" (s. Rn 172) tragen. Hinsichtlich der Durchführung der Unionspolitik, insbesondere der gegenseitigen Anerkennung, sieht Art. 70 AEUV ein spezielles Kontrollverfahren vor. Die Wahrnehmung der Zuständigkeiten der Mitgliedstaaten für die Aufrechterhaltung der öffentlichen Ordnung und den Schutz der inneren Sicherheit bleibt ausdrücklich unberührt (Art. 72 AEUV). Die Bedeutung der Zusammenarbeit der Mitgliedstaaten kommt in Art. 73 AEUV (freiwillige Maßnahmen) und Art. 74 AEUV (Maßnahmen des Rates) zum Ausdruck. Während Art. 79 Abs. 1 AEUV der Union die Kompetenz zur Entwicklung einer gemeinsamen Einwanderungspolitik zuweist, behält Abs. 5 ausdrücklich den Mitgliedstaaten die Kompetenz zur Zulassung von Drittstaatsangehörigen vor.

**1031**

---

6   EU-Dokumentation Nr 4/2005, S. 11 ff.
7   ABl 2005 C 198/1.
8   Dok KOM (2006) 333 endg.; Dok KOM (2007) 373 endg.
9   Beschluss des Europäischen Rates vom 11.12.2009, EU-Dokumentation Nr 4/2009, S. 10.
10   Dok KOM (2010) 171 endg.
11   Dok KOM (2014) 154 endg. Schwerpunkte: Bekämpfung der Cyber-Kriminalität und Solidarität mit Flüchtlingen.

**1032** Die auf der Grundlage des bisherigen Rechts[12] erlassenen Rechtsakte, zu denen zB der Rahmenbeschluss über den Europäischen Haftbefehl[13] gehört, behalten gemäß Art. 9 des Protokolls (Nr 36) über die **Übergangsbestimmungen**[14] so lange Rechtswirkung, bis sie in Anwendung der Verträge aufgehoben, für nichtig erklärt oder geändert werden. Die Sonderregelung des Art. 10 Abs. 1 dies Protokolls, die die Befugnisse der Kommission zu Vertragsverletzungsverfahren (Art. 258 AEUV) ausschließt und die bisherigen eingeschränkten Befugnisse des EuGH, insbesondere gemäß *Art. 35 Abs. 2 EUV aF*, beibehielt, ist gemäß Abs. 2 am 30.11.2014 abgelaufen.

**1033** Eine **Sonderrolle** im Rahmen des RFSR nehmen nach wie vor Großbritannien und Irland ein, die sich gemäß eines Systems primärrechtlich verankerter Klauseln, die ein „opt in" bzw ein „opt out" vorsehen, nicht an Maßnahmen des RFSR beteiligen müssen[15]. Dies gilt auch für Dänemark[16], das aber zusammen mit den EWR-Staaten Norwegen und Island (s. dazu Rn 84, 1260) den Schengen-Besitzstand auf völkerrechtlicher Grundlage in Kraft gesetzt hat[17]. Soweit ein Staat am RFSR nicht mitwirkt, ist er von der Beschlussfassung über entsprechendes Sekundärrecht ausgeschlossen[18].

## III. Einzelne Politikbereiche im Überblick

### 1. Übernahme des Schengen-Besitzstandes

**1034** Bereits in den 80er Jahren des 20. Jahrhunderts war versucht worden, im Rahmen der EWG eine Einigung über die Abschaffung der Grenzkontrollen zwischen den Mitgliedstaaten herbeizuführen, wie sie Art. 26 AEUV seit der EEA von 1986 vorsieht. Als eine Einigung hierüber scheiterte, schlossen die Gründungsmitglieder der EWG (mit Ausnahme Italiens) am 14.6.1985 das **Schengener Übereinkommen** betreffend den schrittweisen Abbau der Kontrollen an den gemeinsamen Grenzen (SÜ) sowie am 19.6.1990 das Übereinkommen über die Durchführung des Schengener Übereinkommens von 1985 (**SDÜ**[19]). Diese Abkommen waren ausdrücklich als Vorläufer einer weiteren Integration im Rahmen der EU konzipiert (vgl Art. 140 und Art. 142 SDÜ). Inhaltlich betreffen diese Übereinkommen den Wegfall der Binnengrenzkontrollen, den Grenzübertritt an den Außengrenzen, Aufenthaltstitel und Sichtvermerke,

---

12  S. dazu *Streinz*, Europarecht, 8. Aufl. 2008, Rn 961.
13  Sart. II Nr 163; Nomos Nr 18. Vgl zu damit verbundenen Problemen Rn 229.
14  ABl 2012 C 326/322 (Sart. II Nr 147, S. 50 ff; Nomos Nr 3, S. 256 ff).
15  Protokoll Nr 21 (zum Amsterdamer Vertrag, 1997) über die Position des Vereinigten Königreichs und Irlands hinsichtlich des Raums der Freiheit, der Sicherheit und des Rechts, ABl 2012 C 326/295 (Sart. II Nr 147, S. 28 ff; Nomos Nr 3, S. 236 ff); Art. 4 und Art. 5 Protokoll (Nr 19) über den in den Rahmen der EU einbezogenen Schengen-Besitzstand (1997), ABl 2012 C 326/290 (Sart. II Nr 147, S. 23 ff; Nomos Nr 3, S. 230 ff). Vgl auch Beschluss des Rates vom 29.5.2000, ABl 2000 L 131/43. zur Mitwirkung des VK an der Bekämpfung des Terrorismus vgl Erklärung Nr 65 zu Art. 75 AEUV, ABl 2012 C 326/361 (Sart. II Nr 152, S. 37; Nomos Nr 4, S. 292).
16  Protokoll Nr 22 (zum Amsterdamer Vertrag, 1997) über die Position Dänemarks, ABl 2012 C 326/299 (Sart. II Nr 147, S. 32 ff; Nomos Nr 3, S. 240 ff); Art. 3 Protokoll über den in den Rahmen der EU einbezogenen Schengen-Besitzstand (1997), s. Fn 15.
17  Vgl Beschluss des Rates vom 1.12.2000, ABl 2000 L 309/24.
18  EuGH, Rs C-77/05, Vereinigtes Königreich/Rat, Slg 2007, I-11459, Rn 62; Rs C-137/05, Vereinigtes Königreich/Rat, Slg 2007, I-11593.
19  Aktuelle Fassung in Sart. II Nr 280.

die Zuständigkeit für die Behandlung von Asylanträgen sowie die polizeiliche Zusammenarbeit. Praktisch wichtig ist auch das **Schengener Informationssystem (SIS)**, in welchem Informationen über Personen, nach denen polizeilich gefahndet wird, automatisiert grenzüberschreitend zur Verfügung gestellt werden (Art. 92 ff SDÜ). Dieses wurde zu dem „Schengener Informationssystem der zweiten Generation" **(SIS II)** fortentwickelt[20], auch im Hinblick auf die Terrorismusbekämpfung[21]. EP und Rat erließen mit der VO 562/2006 einen Gemeinschaftskodex für das Überschreiten der Grenzen durch Personen **(Schengener Grenzkodex)**[22]. Dadurch wurden Art. 2–8 SDÜ aufgehoben[23]. Die Ausnahmen für Dänemark, das Vereinigte Königreich und Irland sowie die Einbeziehung der EWR-Staaten Norwegen und Island sowie der Schweiz wurden berücksichtigt[24]. Weitere Teile des SDÜ wurden durch die VO 810/2009 über einen Visakodex der Gemeinschaft[25] und durch die RL 2008/115 über gemeinsame Normen und Verfahren in den Mitgliedstaaten zur Rückführung illegal aufhältiger Drittstaatsangehöriger[26] aufgehoben und ersetzt.

Bis zur Unterzeichnung des Amsterdamer Vertrags 1997 (vgl Rn 49 ff) waren 13 Mitgliedstaaten daran beteiligt (nicht das Vereinigte Königreich und Irland). Durch ein Protokoll zur Einbeziehung des **Schengen-Besitzstandes** (definiert im Anhang des Protokolls) wurde dieser in den Unionsrahmen überführt. Der Rat hat durch zwei Beschlüsse im Mai 1999 die Liste der zum Schengen-Besitzstand zählenden Rechtsakte erstellt[27] sowie deren jeweilige Rechtsgrundlage im EUV bzw EGV festgelegt[28]. Letzteres war notwendig, da der Schengen-Besitzstand zum Teil die PJZS, zum Teil aber auch Titel IV des EGV betraf. Durch den Vertrag von Lissabon sind beide Teile in Art. 67–Art. 89 AEUV vereint. Auf Großbritannien und Irland findet der Schengen-Besitzstand nur eingeschränkt Anwendung[29]. Nachdem der Rat am 12.6.2007 die Geltung von Bestimmungen des Schengen-Besitzstandes über das SIS für die Tschechische Republik, Estland, Lettland, Litauen, Ungarn, Malta, Polen, Slowenien und die Slowakei festgelegt hatte[30], wurde am 21.12.2007 der Schengen-Raum durch Aufhebung der Kontrollen an den Binnengrenzen auf diese Staaten er- **1035**

---

20  VO 2424/2001 des Rates, ABl 2001 L 328/4; VO 1987/2006 über die Einrichtung, den Betrieb und die Nutzung des SIS II, ABl 2006 L 381/4; ergänzend Beschluss 2007/533/JI des Rates, ABl 2007 L 205/63; VO 1986/2006 über den Zugang der für die Ausstellung von Kfz-Zulassungsbescheinigungen zuständigen Dienststelle zu SIS II; durch das Projekt SOSone4all wurde den der EU 2004 beigetretenen Mitgliedstaaten der Zugriff auf die aktuelle Version des SIS ermöglicht; VO 1104/2008 über die Migration vom Schengener Informationssystem (SIS 1+) zum Schengener Informationssystem der zweiten Generation (SIS II), ABl 2008 L 299/1; ergänzend Beschluss 2008/839/JI des Rates, ABl 2008 L 299/43.
21  Beschluss 2006/631/JI des Rates zur Festlegung des Beginns der Anwendung einiger Bestimmungen des Beschlusses 2005/211/JI über die Einführung neuer Funktionen für das SIS, auch im Hinblick auf die Terrorismusbekämpfung, ABl 2006 L 256/18.
22  ABl 2006 L 105/1; Sart. II Nr 290; Bieber/Knapp Nr V.5.1.
23  Art. 39 Abs. 1 VO 562/2006.
24  Egrd. 21–28 VO 562/2006.
25  ABl 2009 L 243/1. Ersetzt Art. 9–17 SDÜ.
26  ABl 2008 L 348/98. S. dazu EuGH, Rs C-329/11, Achughbabian, Slg 2011, I-12695. Ersetzt Art. 23–24 SDÜ.
27  Entscheidung 1999/435, ABl 1999 L 176/1, HER I A 100/11.5.
28  Entscheidung 1999/436, ABl 1999 L 176/17, HER I A 100/11.6.
29  Vgl zur Sonderstellung des Vereinigten Königreichs, Irlands und Dänemarks *Weiß*, in: Streinz, Art. 67 AEUV, Rn 43 ff.
30  Beschluss 2007/533/JI, ABl 2007 L 205/63.

weitert. Die Kontrollen an den Flughäfen entfielen zum 30.3.2008[31]. Durch ein bilaterales Abkommen wurde die Schweiz in den Schengen-Raum einbezogen[32]. Ein entsprechendes Abkommen mit Liechtenstein[33] ist seit 19.12.2011 in Kraft. Die Fortentwicklung des Schengen-Besitzstandes richtet sich nach den Vorschriften über eine verstärkte Zusammenarbeit zwischen einzelnen Mitgliedstaaten (Art. 20 EUV; Art. 326–334; Art. 87 Abs. 1 UAbs. 1, 4 AEUV).

## 2. Grenzkontrollen, Visa, Asyl und Einwanderung

**1036** Im Bereich der Visa, des Asyl- und Einwanderungsrechts wurde eine Reihe von Richtlinien und Verordnungen erlassen[34]. Dazu gehören Vorschriften über die Drittländer, deren Staatsangehörige bei Einreise in die EU ein Visum benötigen[35] über die einheitliche Gestaltung von Aufenthaltstiteln für Drittstaatsangehörige[36], betreffend die Rechtsstellung der langfristig aufenthaltsberechtigten Drittstaatsangehörigen[37], über das Recht auf Familienzusammenführung[38] sowie über Normen für Sicherheitsmerkmale und biometrische Daten in Pässen und Reisedokumenten[39]. Einige der bisherigen Bestimmungen[40] zur Verwirklichung des seit 1999 auf der Basis der Genfer Flüchtlingskonvention angestrebte „Gemeinsame Europäische Asylsystem" (GEAS) wurden durch das **„Asylpaket"** vom Juni 2013[41] aufgehoben und ersetzt durch die RL 2013/33/EU zur Festlegung von Normen für die Aufnahme von Personen, die internationalen Schutz beantragen[42], die RL 2013/32/EU zu gemeinsamen Verfahren für die Zuerkennung und Aberkennung des internationalen Schutzes[43] sowie die VO (EU) 603/2013 zum Abgleich von Fingerabdrücken von Asylbewerbern zum Zwecke der Strafverfolgung und der Gefahrenabwehr[44]. Ferner verbleiben die RL 2001/55/EG zur Gewährung vorübergehenden Schutzes im Falle des Massenzustroms von Vertriebenen und Maßnahmen zur Förderung einer ausgewogenen Verteilung der Belastungen[45], die RL 2011/95/EU über Normen für die Anerkennung von Drittstaatsangehörigen oder Staatenlosen als Personen mit Anspruch auf internationalen Schutz

---

31  Vgl EU-Nachrichten Nr 43/2007, S. 4 f.
32  ABl 2004 L 370/78. Nach Billigung in der Schweiz durch Referendum vom 5.6.2005 seit 2008 in Kraft, ABl 2008 L 53/52.
33  ABl 2008 L 83/3; Beschluss Nr 2011/842/EU des Rates (ABl 2011 L 334/27).
34  Rechtsgrundlegen Art. 61 lit. a, Art. 62 und Art. 63 EGV, jetzt Art. 67 Abs. 2, Art. 77 Abs. 1 und 2, Art. 79 Abs. 2 AEUV. Der jeweils aktuelle Stand ist auf der Internetseite des Forschungszentrums für internationales und europäisches Ausländer- und Asylrecht unter http://migration.uni-konstanz.de/content/index.php?lang_=de sowie http://eur-lex.europa.eu/de/repert/19.htm abrufbar. Vgl auch die Übersicht bei *Kugelmann*, in: Schulze/Zuleeg/Kadelbach, § 41, S. 2503 ff.
35  VO 539/2001, ABl 2001 L 81/1; zuletzt geändert durch VO (EG) Nr. 851/2005 (ABl L 141/3); HER I A 29a/2.27.
36  VO 1030/2002, ABl 2002 L 157/1; HER I A 29a/2.29.
37  RL Nr 2003/109, ABl 2004 L 16/44.
38  RL Nr 2003/86, ABl 2003, L 251/12; HER I A 29a/2.35.
39  VO 2252/2004, ABl 2004 L 385/1; geändert durch VO 444/2009,V ABl 2009 L 142/1.
40  Vgl dazu *Streinz*, Europarecht, 9. Aufl. 2012, Rn 1000.
41  Vgl dazu *Haratsch/Koenig/Pechstein*, Rn 1079. Näher zu GEAS und zum aktuellen Stand *Stern/Tohidipur*, § 14, Rn 63 ff.
42  ABl 2013 L 180/96: „Aufnahmerichtlinie".
43  ABl 2013 L 180/60: „Verfahrensrichtlinie".
44  ABl 2013 L 180/1.
45  RL 2001/55, ABl 2001 L 212/12; HER I A 29a/3.30.

(sog. „QualifikationsRL")[46] und die RL 2008/115/EG zur Rückführung von sich illegal im Unionsgebiet aufhaltenden Drittstaatsangehörigen[47]. Speziell der wissenschaftliche Austausch soll erleichtert werden[48]. Die operative Zusammenarbeit der Mitgliedstaaten im Bereich des Schutzes der Außengrenzen wird durch die 2004 gegründete gleichnamige Europäische Agentur (FRONTEX)[49] koordiniert. Diese unterstützt die Mitgliedstaaten ua bei der Ausbildung nationaler Grenzschutzbeamter nach gemeinsamen Ausbildungsnormen und bei der Organisation gemeinsamer Rückführungsaktionen. Art. 79 AEUV normiert ausdrücklich die Zielsetzung einer wirksamen Steuerung der Migrationsströme, der angemessenen Behandlung von sich legal aufhaltenden Drittstaatsangehörigen und die Verhütung und Bekämpfung von illegaler Einwanderung und Menschenhandel. Gemäß Art. 80 AEUV soll für diese Politik der Union und ihre Umsetzung der Grundsatz der Solidarität und der gerechten Aufteilung der Verantwortlichkeiten der Mitgliedstaaten, einschließlich in finanzieller Hinsicht gelten. Vorschläge der Kommission zur Herbeiführung eines verbindlichen Quotensystems fanden keine Mehrheit, ein Beispiel für offenbar bestehende Grenzen der „Solidarität" und damit auch der europäischen Integration: Nur einige Mitgliedstaaten, darunter Deutschland, übernahmen freiwillig einen entsprechenden Anteil zur Entlastung der Staaten, in denen die meisten Flüchtlinge ankommen (Griechenland und Italien). In der Praxis kam es zu Missständen, die zum Teil die Durchführung der im EU-Recht vorgesehenen Maßnahmen wie die Abschiebung in den Mitgliedstaat, in dem gemäß Art. 3 Abs. 1 VO 343/2003 (Dublin-II)[50] der Asylantrag zu stellen ist, aus Gründen des Menschenrechtsschutzes verboten[51]. Die Dublin II-Verordnung wurde daraufhin durch die VO (EU) 2013/604 vom 26.6.2013 zur Festlegung der Kriterien und Verfahren zur Bestimmung des Mitgliedstaats, der für die Prüfung eines von einem Drittstaatsangehörigen oder Staatenlosen in einem Mitgliedstaat gestellten Antrags auf internationalen Schutz zuständig ist (sog. Dublin III-VO)[52], ersetzt. Die „Flüchtlingskrise" ab Mitte 2015 offenbarte die Unzulänglichkeit des Dublin-Systems mangels hinreichender Sicherung der Außengrenzen, effektiver Unterstützung der danach betroffenen Erstaufnahmestaaten bei der Registrierung und erforderlichen Verteilung der Asylbewerber auf alle Mitgliedstaaten nach einem an der jeweiligen Aufnahmekapazität orientierten Schlüssel (Größe und Bevölkerungszahl sowie wirtschaftliche Leistungsfähigkeit des Mitgliedstaats), Vereinheitlichung

---

46  ABl 2011 L 337/9. Vgl dazu *Herdegen*, § 20, Rn 3.

47  ABl 2008 L 348/98.

48  RL 2005/71 des Rates über ein besonderes Zulassungsverfahren für Drittstaatsangehörige zum Zwecke der wissenschaftlichen Forschung, ABl 2005 L 289/15. Vorschlag einer Änderung COM/2013/0151 final – 2013/0081 (COD)

49  VO 2007/2004, ABl 2004 L 349/1. Geändert durch VO (EU) 1168/2011, ABl 2011 L 304/1 (FRONTEX-Verordnung). Vgl dazu *Stern/Tohidipur*, § 14, Rn 40 ff.

50  ABl 2003 L 50/1.

51  EGMR (Große Kammer), Urt. v. 21.1.2011, Nr 30696/09, M.S. S./Belgien und Griechenland, EuGRZ 2011, 243 = *HVL*, S. 410 f: Abschiebung nach Griechenland Verstoß gegen Art. 3 und Art. 13 EMRK. Vgl dazu *von Arnauld*, EuGRZ 2011, 238; *Meyer-Ladewig/Petzold*, NVwZ 2011, 413. Ebenso BVerfG, NVwZ 2009, 1281. Deutschland setzte bis 18.1.2012 gemäß Art. 3 Abs. 2 VO 343/2003 die Abschiebung nach Griechenland durch Selbsteintritt aus; dies wurde in den folgenden Jahren jeweils verlängert, zuletzt bis 30.6.2016. In bestimmten Fällen unterbleibt auch die Abschiebung nach Italien. Vgl zuletzt EuGH, verb Rs C-411/10 und C-493/10, N.S./Secretary of State for the Home Department, Slg 2011, I-13905 = NVwZ 2012, 417; EuGH, Rs C-4/11, Puid, ECLI:EU:C:2013:740 = NVwZ 2014, 129, Rn 33.

52  ABl 2013 L 180/31. Vgl dazu *Kugelmann*, in Schulze/Zuleeg/Kadelbach, § 41, Rn 152, 159 f.

bzw Annäherung des Asylrechts bzw seiner Praxis (Asylgründe und Asylbewerber-leistungen). Dublin III wurde faktisch ausgesetzt. Der Grundsatz der Solidarität (Art. 80 AEUV) steht weitgehend nur auf dem Papier.

### 3. Justizielle Zusammenarbeit in Strafsachen

#### a) Gegenseitige Anerkennung und Rechtsangleichung

**1037** Hauptziel der justiziellen Zusammenarbeit in Strafsachen ist die gegenseitige Aner-kennung gerichtlicher Urteile und Entscheidungen (Art. 82 Abs. 1 AEUV). Darüber hinaus sieht Art. 82 Abs. 2 AEUV, soweit dies zur Erleichterung der gegenseitigen Anerkennung und der polizeilichen und justiziellen Zusammenarbeit mit grenzüber-schreitender Dimension erforderlich ist, den Erlass von Mindestvorschriften durch Richtlinien in den abschließend genannten Bereichen vor (Zulässigkeit von Beweis-mitteln, Rechte des Einzelnen im Strafverfahren, Rechte von Opfern von Straftaten, spezifische Aspekte des Strafverfahrens). Art. 83 AEUV gibt der EU die Kompetenz für den Erlass von Mindestvorschriften des materiellen Strafrechts zur Festlegung nicht nur von Straftaten (Tatbestände) sondern auch von Strafen in Bereichen beson-ders schwerer Kriminalität mit grenzüberschreitender Dimension, die erschöpfend aufgeführt werden (Terrorismus, Menschenhandel und sexuelle Ausbeutung von Frauen und Kindern, illegaler Drogenhandel, illegaler Waffenhandel, Geldwäsche, Korruption, Fälschung von Zahlungsmitteln, Computerkriminalität, organisierte Kri-minalität). Insoweit besteht jetzt eine Strafrechtsetzungsgewalt der EU. Die aus-schließlich zugelassene Rechtsetzungsform der Richtlinie lässt wegen der vertikalen Belastung der Bürger eine unmittelbare Wirkung nicht zu[53]. Die Strafbarkeit setzt so-mit einen Umsetzungsakt voraus. Durch einstimmigen Beschluss des Rates können weitere Kriminalitätsbereiche hinzugefügt werden. Dazu bedarf der deutsche Vertre-ter im Rat der Ermächtigung durch ein Gesetz gemäß Art. 23 Abs. 1 GG (§ 7 Abs. 1 IntVG).

**1038** Wie bisher gilt auf Grundlage der Art. 54–58 SDÜ zwischen den Teilnehmerstaaten das Verbot der Doppelbestrafung *(ne bis in idem)*[54], das auch Art. 50 GRCh im An-wendungsbereich der Charta enthält. Mit dem gemäß den Übergangsvorschriften (s. Rn 1032) fortgeltenden Rahmenbeschluss über den **Europäischen Haftbefehl** und die Übergabeverfahren zwischen den Mitgliedstaaten[55] wurde die Auslieferung zwi-schen den EU-Mitgliedstaaten erheblich vereinfacht, weil eine Überprüfung der Ge-genseitigkeit der Strafbarkeit unterbleibt (vgl hierzu und zur Verfassungswidrigkeit des ersten deutschen Umsetzungsgesetzes Rn 229; zu fortbestehenden Grundrechts-problemen nach dem Urteil Melloni vgl Rn 766).

---

53  Vgl dazu *Streinz/Ohler/Herrmann*, Lissabon, S. 163 f mwN.
54  Vgl hierzu verb Rs C-187/01 und C-385/01, Strafverfahren gegen Hüseyin Gözütok und Klaus Brüg-ge, Slg 2003, I-1345 = JuS 2003, 1211 – *Streinz*; ferner zB Rs C-436/04, Van Esbroeck, Slg 2006, I-2333; Rs C-467/04, Gasparini ua, Slg 2006, I-9199; Rs C-367/05, Kraaijenbrink, Slg 2007, I-6619; Rs C-288/05, Kretzinger, Slg 2007, I-6441. Vgl auch das Grünbuch über Kompetenzkonflikte und den Grundsatz ne bis in idem im Strafverfahren, Dok KOM (2005) 696 endg.
55  Rahmenbeschluss 2002/584/JI, ABl 2002 L 190/1; Sart. II Nr 163; Nomos Nr 18.

## b) Eurojust und Europäisches Justizielles Netz

Mit Beschluss vom 28.2.2002[56] hat der Rat auf der Grundlage von *Art. 31 Abs. 2 EUV* aF die Europäische Stelle für justizielle Zusammenarbeit **(Eurojust)** mit Sitz in Den Haag errichtet[57]. Aufgabe von Eurojust ist vor allem die Förderung und Verbesserung der Koordinierung der Zusammenarbeit der nationalen Strafverfolgungsbehörden. Infolge der fehlenden unmittelbaren Wirkung des Eurojust-Beschlusses bedurfte dieser des Erlasses nationaler Umsetzungsmaßnahmen (in Deutschland geschehen durch das Eurojust-Gesetz[58]). Innerhalb der Justizbehörden der Mitgliedstaaten bestehen zudem Kontaktstellen für die Zusammenarbeit mit den Justizbehörden der anderen Mitgliedstaaten sowie mit Eurojust **(Europäisches Justizielles Netz)**[59]. Gemäß dem **Vertrag von Lissabon** kann Eurojust über die koordinierenden Aufgaben hinaus durch Verordnungen des EP und des Rates ua die Kompetenz übertragen werden, strafrechtliche Ermittlungsmaßnahmen einzuleiten bzw strafrechtliche Verfolgungsmaßnahmen vorzuschlagen, insbesondere (also nicht ausschließlich) bei Straftaten zum Nachteil der finanziellen Interessen der Union (Art. 85 Abs. 1 UAbs. 2 S. 2 lit. a AEUV), die von den zuständigen nationalen Behörden durchgeführt werden (Art. 85 Abs. 2 AEUV). | **1039**

## c) Europäische Staatsanwaltschaft

Zur Bekämpfung von Straftaten zum Nachteil der finanziellen Interessen der Union sieht der **Vertrag von Lissabon**, ausgehend von Eurojust, die Einsetzung einer Europäischen Staatsanwaltschaft vor, und zwar durch eine Verordnung des Rates, der einstimmig nach Zustimmung des Europäischen Parlaments beschließt (Art. 86 Abs. 1 UAbs. 1 AEUV). Diese soll in diesem Bereich, ggf in Verbindung mit Europol, für die Untersuchung, Verfolgung und Anklageerhebung vor den zuständigen Gerichten der Mitgliedstaaten (an Stelle deren Staatsanwaltschaften) zuständig sein. Ihre Befugnisse können durch einstimmigen Beschluss des Europäischen Rates nach Zustimmung des EP und nach Anhörung der Kommission auf die Bekämpfung der schweren Kriminalität mit grenzüberschreitender Dimension ausgedehnt werden (Art. 86 Abs. 4 AEUV)[60]. Der deutsche Vertreter bedarf dazu der Ermächtigung durch ein Gesetz gemäß Art. 23 Abs. 1 GG (§ 7 Abs. 1 IntVG). | **1040**

## d) Polizeiliche Zusammenarbeit – Das Europäische Polizeiamt (Europol)

Das SDÜ (Rn 813) enthält in Art. 39–47 Vorschriften über die grenzüberschreitende Zusammenarbeit der nationalen Polizeibehörden. Durch ein auf *Art. K.3 EUV* aF/ Maastricht gestütztes Übereinkommen[61] wurde das **Europäische Polizeiamt (Europol)** gegründet. Dieses Abkommen wurde durch den Beschluss des Rates vom | **1041**

---

56 Nomos Nr 17; *Bieber/Knapp*, Nr V.4.3.
57 S. dazu *Fawzy*, Die Errichtung von Eurojust, 2005.
58 BGBl. 2004 I 902. S. dazu *Esser/Herbold*, NJW 2004, 2421.
59 Vgl Gemeinsame Maßnahme 98/428/JI, ABl 1998 L 191/4.
60 Vgl hierzu *Streinz/Ohler/Herrmann*, Lissabon, S. 164 f. Zu den bisherigen Überlegungen der Kommission zur Errichtung einer Europäischen Staatsanwaltschaft s. *Satzger*, Internationales und Europäisches Strafrecht, § 10, Rn 21 ff; *Dannecker*, in: Streinz, Art. 86 AEUV, Rn 14.
61 Europol-Übereinkommen, ABl 1995 C 316/1.

6.4.2009 zur Errichtung des Europäischen Polizeiamts (**Europol-Beschluss**) ersetzt[62]. Europol iS dieses Beschlusses ist Rechtsnachfolger des durch das Übereinkommen gegründeten Polizeiamts. Europol ist eine eigenständige internationale Organisation mit Rechtspersönlichkeit. Der Auftrag von Europol besteht hauptsächlich darin, die Zusammenarbeit der nationalen Polizeibehörden in Bereichen organisierter, grenzüberschreitender Kriminalität zu verbessern, indem der Informationsaustausch zwischen diesen Behörden gefördert und strukturiert sowie die gesammelten Informationen analysiert und an die Mitgliedstaaten weitergegeben werden (vgl Art. 5 Europol-Beschluss). In unterstützender Funktion kann Europol-Personal an gemeinsamen Ermittlungsgruppen teilnehmen (Art. 6 Europol-Beschluss).

**1042** Der **Vertrag von Lissabon** sieht vor, dass durch Verordnungen des EP und des Rates über die bisherigen Aufgaben hinaus Bedienstete von Europol auch operativ tätig werden dürfen, allerdings nur in Verbindung und in Absprache mit den Behörden der Mitgliedstaaten (Art. 88 Abs. 2 lit. b, Abs. 3 AEUV). Da Europol aufgrund des AEUV zu einer Einrichtung der Union wird, greift hinsichtlich des Rechtsschutzes Art. 263 Abs. 1 AEUV. Gleichwohl bleiben Fragen des Rechtsschutzes offen[63].

### 4. Justizielle Zusammenarbeit in Zivilsachen

**1043** Die Justizielle Zusammenarbeit in Zivilsachen (JZZ) dient der wirtschaftlichen Integration im Binnenmarkt, zunehmend aber auch der Stärkung der Rechtsstellung der Unionsbürger. Dieser Teil der früheren ZBJI wurde bereits durch den Vertrag von Amsterdam „vergemeinschaftet" und durch den Vertrag von Lissabon ausgeweitet. Gemäß Art. 81 AEUV erstreckt sich die JZZ auf Maßnahmen mit grenzüberschreitendem Bezug, womit „insbesondere" das reibungslose Funktionieren des Binnenmarktes gefördert werden soll. Ferner soll der „Zugang des Bürgers zum Recht" erleichtert werden (vgl Art. 67 Abs. 4 AEUV), wofür Art. 81 Abs. 2 lit. e AEUV Kompetenzgrundlage ist. Ausdrücklich zugelassen ist jetzt auch die Angleichung von Rechtsvorschriften. Um nicht konturlos zu werden, ist die Vorschrift eng auszulegen. Im Wesentlichen handelt es sich um Vorschriften des Zivilprozessrechts sowie des internationalen Privatrechts (vgl die in Art. 81 Abs. 2 lit. a-g AEUV aufgeführten Materien). Hinzu kommt die Förderung der Weiterbildung von Richtern und Justizbediensteten (lit. h). Die Maßnahmen werden im ordentlichen Gesetzgebungsverfahren erlassen, mit Ausnahme von solchen des Familienrechts, für das Einstimmigkeit erforderlich ist. Die bisher erlassenen Verordnungen betreffen ua Fragen der gerichtlichen Zuständigkeit und der Anerkennung von Entscheidungen in Zivil- und Handelssachen (EuGVVO, sog. Brüssel I-VO)[64], das Insolvenzverfahren[65], die Übermittlung von Schriftstücken und Beweismitteln[66], die Einführung eines europäischen Vollstreckungstitels

---

62  Art. 1 Europol-Beschluss 2009/371 JI, ABl 2009 L 121/37 (Sart. II Nr 300; Nomos Nr 16; *Bieber/Knapp* Nr V.4.2).

63  Vgl dazu *Streinz/Ohler/Herrmann*, Lissabon, S. 165 f.

64  VO Nr 44/2001, ABl 2001 L 12/1. Neufassung durch VO Nr 1215/2012, ABl 2012 L 351/1; Sart. II Nr 160; Nomos Nr 19.

65  VO Nr 1346/2000 (EuInsVO), ABl 2000 L 160/1. Aufgehoben und ersetzt durch VO 2015/848 (ABl 2015 L 141).

66  VO Nr 1348/2000, ABl 2000 L 160/37; aufgehoben und ersetzt durch VO 1393/2007 (EuZVO), ABl 2007 L 324/79; *Jayme/Hausmann*, Nr 224; HER I A 100/7.10.

für unbestrittene Forderungen[67], die Einführung eines Europäischen Mahnverfahrens[68], eines europäischen Verfahrens für geringfügige Forderungen[69], Unterhaltssachen[70], Ehesachen[71] sowie das auf vertragliche (sog. Rom I-VO[72]) und außervertragliche Schuldverhältnisse (sog. Rom II-VO)[73] anzuwendende Recht.

**Literatur:** *Ambos, K.* (Hrsg.), Europäisches Strafrecht post-Lissabon, 2011; *Böse, M.* (Hrsg.), Europäisches Strafrecht mit polizeilicher Zusammenarbeit, EnzEuR Bd. 9, 2013; *Breitenmoser, S./Gless, S./Lagodny, O.*, Rechtsschutz bei Schengen und Dublin, 2013; *Calliess, C.*, Auf dem Weg zu einem einheitlichen europäischen Strafrecht?, ZEuS 2008, 3; *Coester-Waltjen, D.*, Die Europäisierung des Zivilprozessrechts, Jura 2006, 914; *Folz, H.-P.*, Karlsruhe, Lissabon und das Strafrecht, ZIS 2009, 427; *Fröhlich, D.*, Das Asylrecht im Rahmen des Unionsrechts, 2011; *Hailbronner, K.*, Der Raum der Freiheit, der Sicherheit und des Rechts, in: Hummer/Obwexer (Hrsg.), Der Vertrag von Lissabon, 2009, S. 361; *ders.* (Hrsg.), EU-Immigration and Asylum Law – Commentary, 2010; *Hess, B.*, Europäisches Zivilprozessrecht, 2010; *Koch, H.*, Einführung in das Europäische Zivilprozessrecht, JuS 2003, 105; *Kugelmann, D.*, Ausländerrecht, Asylrecht, in: Schulze/Zuleeg/Kadelbach (Hrsg.), Europarecht. Handbuch für die deutsche Rechtspraxis, 3. Aufl. 2015, § 41; *Möstl, M.*, Die staatliche Garantie für die öffentliche Sicherheit und Ordnung. Sicherheitsgewährleistung im Verfassungsstaat, im Bundesstaat und in der Europäischen Union, 2002; *Müller, A. Th.*, Solidarität in der gemeinsamen Asylpolitik, ZÖR 2015, 463; *Müller-Graff, P.-C.*, Der Raum der Freiheit, der Sicherheit und des Rechts in der Lissabonner Reform, EuR 2009, Beiheft 1, S. 105; *Pache, E.*, Die Union als Raum der Freiheit, der Sicherheit und des Rechts, in: Niedobitek, Politiken, § 10; *Peers, S.*, EU Justice and Home Affairs Law, 2000; *Nettesheim, M.*, Grundrechtskonzeption des EuGH im Raum der Freiheit, der Sicherheit und des Rechts, EuR 2009, 24; *Satzger, H.*, Die Europäisierung des Strafrechts, 2001; *ders.*, Internationales und Europäisches Strafrecht, 6. Aufl. 2013; *Stern, J./Tohidipur, T.* Migration von Drittstaatsangehörigen, in: von Arnauld (Hrsg.), Europäische Außenbeziehungen, EnzEuR Bd. 10, 2014, § 14; *Streinz, R.*, Gibt es ein europäisches Einwanderungs- und Asylrecht? – Probleme der Vergemeinschaftung in: Stern, K. (Hrsg.), Zeitgenössisches Zuwanderungs- und Asylrecht, 2003, S. 67: *Suhr, O.*, Die polizeiliche und justizielle Zusammenarbeit in Strafsachen, in: Fastenrath/Nowak (Hrsg.), Die Europäische Union nach dem Reformvertrag von Lissabon, 2009, S. 299 ff.; *Weber, A.*, Der Raum der Freiheit, der Sicherheit und des Rechts, BayVBl. 2008, 485; *Weißer, B.*, Strafrecht, in: Schulze/Zuleeg/Kadelbach (Hrsg.), Europarecht. Handbuch für die deutsche Rechtspraxis, 3. Aufl. 2015, § 42.

---

67  VO Nr 805/2004 (EuVTVO), ABl 2004 L 143/15; *Jayme/Hausmann*, Nr 184.
68  VO 1896/2006, ABl 2006 L 399/1.
69  VO 861/2007, ABl 2007 L 199/1; *Jayme/Hausmann*, Nr 186.
70  VO 4/2009 (EuUnthVO), ABl 2009 L 7/1; *Jayme/Hausmann*, Nr 161.
71  VO 2201/2003(EuEheVO), ABl 2003 L 338/1; *Jayme/Hausmann*, Nr 162.
72  VO 593/2008, ABl 2008 L 177/6; ber. ABl 2009 L 309/87: Sart II Nr 164a; *Jayme/Hausmann*, Nr 80.
73  VO 864/2007, ABl 2007 L 199/40; Sart. II Nr 164b; *Jayme/Hausmann*, Nr 101.

# § 14 Die Wettbewerbspolitik

## I. Allgemeines

### 1. Ziele und Mittel

**1044** Im Gegensatz zu der vom BVerfG angenommenen „wirtschaftspolitischen Neutralität" des Grundgesetzes[1] legte sich bereits der EGV in *Art. 2 und 3*, verstärkt durch das Binnenmarktkonzept *(Art. 14 EGV)* und insbesondere *Art. 4 Abs. 1 EGV*, auf eine **marktwirtschaftliche Ordnung** fest, die durch die Errichtung eines Systems, das den Wettbewerb innerhalb des Gemeinsamen Marktes (zur Ersetzung durch Binnenmarkt s. Rn 807) vor Verfälschungen schützt, geschaffen und gesichert werden soll[2]. Die Standortwahl für Unternehmen und wirtschaftlich tätige Personen und die Ausübung ihrer Wirtschaftstätigkeit sollte sich ausschließlich nach den unverfälschten Bedingungen des Marktes richten können. Der unverfälschte Wettbewerb war von Anfang an ein grundlegendes Vertragsziel von zwingender Geltung, nicht lediglich ein Programmsatz[3].

**1045** Der **Vertrag von Lissabon** enthält zwar die Zielsetzung des „unverfälschten Wettbewerbs" weder im EUV noch im AEUV. Rechtlich hat sich aber nichts geändert[4]. Gemäß Art. 3 Abs. 3 S. 2 EUV zielt die Union, die einen Binnenmarkt errichtet, ua auf „eine in hohem Maße wettbewerbsfähige soziale Marktwirtschaft". Das Protokoll (Nr 27) über den Binnenmarkt und den Wettbewerb[5], das Bestandteil der Verträge ist (Art. 51 EUV), hält fest, dass der Binnenmarkt, wie er in Art. 3 EUV beschrieben wird, „ein System umfasst, das den Wettbewerb vor Verfälschungen schützt". Die wettbewerbsrechtlichen Vorschriften (Art. 101 ff AEUV) sowie das grundsätzliche Beihilfenverbot (Art. 107 ff AEUV) bleiben unangetastet.

**1046** Es gibt allerdings wichtige Bereiche des Binnenmarktes, in denen der Wettbewerb nicht funktioniert, die vielmehr interventionistisch reguliert wurden (zB Stahlquoten, Milchquoten) bzw werden (zB Marktordnungen).

**1047** Die Öffnung der Märkte durch die Grundfreiheiten und ihre Offenhaltung durch Wettbewerbssicherung soll natürlichen und juristischen Personen neue Freiräume geben. Dies betrifft nicht nur die Unternehmen, die die Kostenvorteile freier Standortwahl nutzen, sondern auch die Verbraucher, die von den Kostensenkungen durch freien Wettbewerb profitieren können. Da Wettbewerbsbeschränkungen im Handel zwischen den Mitgliedstaaten nicht nur durch staatliche Zölle und Kontingente möglich sind, sondern auch durch private Marktaufteilungen, verfügt der AEUV über ein dementsprechendes Instrumentarium, nämlich die Wettbewerbsregeln der Art. 101–109

---

1   BVerfGE 4, 7 (17 f) – Investitionshilfe; 50, 290 (388) – Mitbestimmung.
2   Vgl *Ipsen*, S. 565 f.
3   EuGH, Rs 6/72, Continental Can, Slg 1973, 215, Rn 23 f = *HVL*, S. 772 f = *PSK*, Fall 52.
4   Vgl dazu und zu den politischen Gründen des „Versteckens" der Wirtschaftsverfassung der EU „in den Tiefen des Vertrags" (Art. 119 AEUV) und in einem Protokoll *Oppermann/Classen/Nettesheim*, § 18, Rn 1 ff.
5   ABl 2007 C 306/156; ABl 2012 C 326/309; Sart. II Nr 147, S. 42; Nomos Nr 3, S. 250.

AEUV. Diese gliedern sich in zwei Abschnitte: Vorschriften für Unternehmen (Art. 101–106) und Regeln über staatliche Beihilfen (Art. 107–109)[6].

Zusammenfassend sind Ziele des Europäischen Kartellrechts das unverfälschte Funktionieren des Marktes und die uneingeschränkte Handlungsfreiheit seiner Teilnehmer[7]. Es schützt somit den **Markt als Institution** und verfolgt damit die traditionelle Linie der **ordoliberalen Schule** *Walter Euckens*. In den letzten Jahren hat sich, beeinflusst durch die Entwicklung in den USA, aber ein weiterer Ansatz, der sog. **more economic approach**, herausgebildet, der in Tradition der **Chicago School** den Konsumentenwohlfahrtsgedanken in den Mittelpunkt stellt. Aktionen von Marktakteuren werden hiernach im Wesentlichen auf ihre Wirkungen auf den Einzelnen untersucht[8]. Somit rückt der Verbraucher immer mehr ins Zentrum der kartellrechtlichen Betrachtungen[9]. 1048

## 2. Organzuständigkeit

Die Wettbewerbssicherung obliegt in erster Linie der **Kommission**. Die Übergangszuständigkeit der Mitgliedstaaten gemäß Art. 104 AEUV, die die sofortige Anwendung der Art. 101 und Art. 102 AEUV ermöglichen sollte, wurde mit den gemäß Art. 103 AEUV erlassenen Verordnungen des Rates durch Zuständigkeiten der Kommission ersetzt. Daneben begründet Art. 105 AEUV deren allgemeine Zuständigkeit zur Überwachung und Aufsicht. Mit der Neuordnung des Kartellverfahrensrechts durch die **VO 1/2003**[10], die die bisherige KartellVO Nr 17 am 1.5.2004 ablöste, wurden in erheblichem Umfang Befugnisse zur Sicherung des Wettbewerbs im Binnenmarkt auf die nationalen Wettbewerbsbehörden zurückübertragen[11]. 1049

Die Kommission bedarf bei der Ausübung ihrer Befugnisse häufig der Mitwirkung der mitgliedstaatlichen Behörden (vgl zB Art. 11 ff, Art. 18 Abs. 5 VO 1/2003), die dazu verpflichtet sind (vgl **Fall 31**, Rn 799). Das Funktionieren der Wettbewerbsaufsicht basiert auf dem Zusammenwirken von Kommission und Mitgliedstaaten (vgl Art. 11 VO 1/2003). 1050

Das Erfordernis von Durchführungsakten beeinträchtigt nicht die Eignung von Art. 101 Abs. 1 und 2, Art. 102 AEUV zur **unmittelbaren Anwendung** durch die nationalen Gerichte[12] (vgl Art. 6 und Art. 15 VO 1/2003)[13]. Art. 101 Abs. 3 AEUV wird durch Art. 3 Abs. 2 sowie Art. 6 der VO 1/2003 für unmittelbar anwendbar erklärt, sodass Unternehmen selbst beurteilen müssen, ob eine zwischen ihnen getroffene 1051

---

6   *Art. 65–67 EGKSV* sahen ebenfalls ein strenges Wettbewerbsregime vor, das allerdings durch zögerlichen und inkonsequenten Einsatz entwertet wurde. Der EAGV enthält wegen seiner anderen Aufgabenstellung (vgl Art. 2 lit. d: „für die regelmäßige und gerechte Versorgung aller Benutzer der Gemeinschaft mit Erzen und Kernbrennstoffen Sorge zu tragen") kein Wettbewerbssystem.
7   Zu den Vorteilen von Wettbewerb s. *Whish*, Competition Law, S. 4 ff.
8   Ausführlich dazu *Whish*, Competition Law, S. 19 ff.
9   Kritisch dazu *Kling/Thomas*, Kartellrecht, § 1 Rn 31; vgl aber auch *Frenz/Ehlenz*, EuR 2010, 490.
10   ABl 2003 L 1/1; Sart. II Nr 165; *Bieber/Knapp* Nr V.7.1.
11   S. dazu allgemein *Weitbrecht*, EuZW 2003, 69 ff; *Röhling*, GRUR 2003, 1019 ff; *Hermanns/Brück*, SchiedsVZ 2004, 137 ff.
12   EuGH, Rs 127/73, BRT/SABAM I, Slg 1974, 51, Rn 15/17.
13   Kritisch allerdings mit Blick auf das Demokratieprinzip *W. Weiß*, EWS 2010, 257.

Vereinbarung auf Grundlage des Art. 101 Abs. 3 AEUV vom Kartellverbot befreit ist[14]. Einer positiven Freistellungsentscheidung (die weiterhin nur von der Kommission getroffen werden kann, vgl Art. 5 und Art. 10 VO 1/2003) bedarf es insoweit nicht mehr (vgl Art. 1 Abs. 2 der VO 1/2003).

1052   Die vorrangige Stellung der Kommission bei der Aufsicht über öffentliche Monopole und der Kontrolle der staatlichen Beihilfen ergibt sich aus Art. 106 bzw Art. 107–109 AEUV. Bei Letzterem kann der Rat allerdings bestimmte Ausnahmen vorgeben (Art. 107 Abs. 3 lit. e, Art. 108 Abs. 2 UAbs. 3 AEUV).

### 3.  Verhältnis des europäischen zum nationalen Wettbewerbsrecht (Kartellrecht)

1053   Da neben dem europäischen Wettbewerbsrecht des AEUV nationales Wettbewerbsrecht besteht – in der Bundesrepublik das Kartellrecht des GWB (das UWG als Wettbewerbsrecht im engeren Sinne (Lauterkeitsrecht) bereitet nicht hier, sondern im Zusammenhang mit dem freien Warenverkehr Probleme, vgl Rn 922) –, stellt sich die Frage nach dem gegenseitigen Verhältnis beider Rechtsordnungen. **Kollisionen** sind insoweit in dreierlei Hinsicht denkbar: Tatbestände, Rechtsfolgen und Verfahren. Art. 103 Abs. 2 lit. e AEUV sieht vor, dass der Rat dieses Verhältnis sekundärrechtlich bestimmen kann. Art. 3 der VO 1/2003 regelt das Verhältnis zwischen den Art. 101 und 102 AEUV einerseits und dem nationalen Wettbewerbsrecht andererseits ausdrücklich im Sinne der allgemeinen Regel vom (Anwendungs-)Vorrang des Unionsrechts.

1054   Hinsichtlich der **Tatbestände** beider Rechtsordnungen scheint zwar eine Kollision zunächst deshalb ausgeschlossen, weil das Unionsrecht lediglich Wettbewerbsverstöße erfasst, die den *zwischen*staatlichen Handel betreffen. Die sog. Zweischrankentheorie hatte deshalb die Möglichkeit von Kollisionen generell verneint. Der EuGH erkannte aber, dass in Fällen, in denen die Wettbewerbsordnung des Binnenmarktes berührt ist, auch das nationale Wettbewerbsrecht noch einschlägig sein kann. Daher sind **parallele Verfahren** vor nationalen Kartellbehörden nach nationalem Recht und vor der Kommission nach EU-Recht im gleichen Fall durchaus zulässig[15]. Nach der VO 1/2003 obliegt die Anwendung der Art. 101 und 102 AEUV im Einzelfall nunmehr ausdrücklich auch den Behörden der Mitgliedstaaten (Art. 3, Art. 5). Soweit die nationalen Wettbewerbsbehörden auf Grund nationalen Wettbewerbsrechts tätig werden, müssen sie allerdings gleichzeitig Art. 101 und Art. 102 AEUV anwenden. Die Kommission kann durch Einleitung eines Verfahrens nach den Art. 7 ff die Zuständigkeit für das Verfahren insgesamt an sich ziehen (Art. 11 Abs. 6 VO 1/2003). Davon unberührt bleibt die Anwendbarkeit der Art. 101 Abs. 1 und 2, Art. 102 AEUV durch die nationalen Gerichte (vgl Rn 1069), die dabei den Vorrang des Unionsrechts (Rn 1055) und auch die Möglichkeit einer Freistellung durch die Kommission gemäß Art. 101 Abs. 3 AEUV zu beachten haben.

---

14   S. hierzu die Leitlinien der Kommission zur Anwendung des Artikels 81 Absatz 3 EG-Vertrag, ABl 2004 C 101/97.
15   EuGH, Rs 14/68, Walt Wilhelm, Slg 1969, 1, Rn 2 ff.

Hinsichtlich der **Rechtsfolgen** ist der Vorrang des Unionsrechts zu beachten: Ist eine **1055** Maßnahme nach Unionsrecht und nach nationalem Wettbewerbsrecht verboten, entstehen keine Konflikte. Der Grundsatz **ne bis in idem** (vgl Art. 50 GRCh) hindert nicht, dass gegen ein Unternehmen wegen desselben rechtswidrigen Verhaltens zwei Parallelverfahren durchgeführt und somit zwei getrennte Sanktionen verhängt werden dürfen[16]. Denn seine Anwendung setzt kumulativ die Identität des Sachverhalts, des Zuwiderhandelnden und des geschützten Rechtsguts voraus[17]. Bei diesen Parallelverfahren werden aber zum einen der nationale, zum anderen der unionale Wettbewerb geschützt. Allerdings erfordert die Billigkeit, dass die frühere Sanktionsentscheidung bei der Bemessung der später zu verhängenden Sanktion zu berücksichtigen ist[18]. Das Problem ist allerdings dadurch entschärft, dass das nationale Wettbewerbsrecht weitgehend mit dem unionalen identisch ist (vgl § 81 Abs. 1 GWB) und auch die nationalen Kartellbehörden nach der VO 1/2003 zum Schutz des Wettbewerbs im Binnenmarkt berufen sind[19]. Ist eine Maßnahme nach Unionsrecht verboten und nach nationalem Recht erlaubt, setzt sich das Unionsrecht und damit das Verbot durch. So darf zB ein durch Art. 102 AEUV als missbräuchlich und daher verboten eingestuftes Verhalten innerstaatlich nicht zugelassen oder gar gefördert werden. Stellt die Kommission eine Maßnahme nach Art. 101 Abs. 3 AEUV frei (vgl Rn 1068), dürfen die Mitgliedstaaten dieser Entscheidung nicht durch die Anwendung ihres nationalen Rechts die Wirksamkeit nehmen. Aus Art. 101–106 AEUV iVm Art. 4 Abs. 3 EUV hat der EuGH den allgemeinen Grundsatz entwickelt, dass die Mitgliedstaaten keine Maßnahmen ergreifen oder aufrechterhalten dürfen, durch die die „praktische Wirksamkeit (effet utile)" der Wettbewerbsregeln beeinträchtigt werden könnte[20]. Nur wenn das Unionsrecht nicht anwendbar ist, weil die Maßnahme zB nicht unter Art. 101 Abs. 1 und 2 AEUV fällt, sind die Mitgliedstaaten in der Anwendung ihres nationalen Wettbewerbsrechts frei. Durch Art. 3 Abs. 2 der VO Nr 1/2003 wird dieses Vorrangverhältnis zu Gunsten des EU-Kartellrechts kodifiziert und insoweit ausgeweitet, als ein Verhalten im Anwendungsbereich des Art. 101 AEUV (vgl Art. 3 Abs. 2 VO 1/2003 „Verhaltensweisen …, welche den Handel zwischen den Mitgliedstaaten zu beeinträchtigen geeignet sind"), welches nicht nach Art. 101 Abs. 1 und Abs. 3 AEUV verboten ist, auch nicht nach nationalem Recht verboten sein darf (nur soweit reicht dementsprechend auch die Bindungswirkung nach Art. 10 VO 1/2003).

---

16  EuG, Rs T-59/02, Archer Daniels Midland, Slg 2006, II-3627, Rn 61 f; EuGH, Rs C-17/10, Toshiba ua, ECLI:EU:C:2012:72, Rn 93 ff.
17  Vgl EuGH, verb Rs C-204/00 P ua, Aalborg Portland ua, Slg 2004, I-123, Rn 338.
18  EuGH, Rs 14/68, Slg 1969, 1, Rn 11. Bei Parallelverfahren in Drittstaaten kommt dies jedoch allenfalls in begründeten Ausnahmefällen in Betracht, vgl EuG, Rs T-59/02, Archer Daniels Midland, Slg 2006, II-3627, Rn 64.
19  Vgl dazu EuGH, Rs C-17/10, Toshiba ua, ECLI:EU:C:2012:72, Rn 69 ff und GA Kokott, SchlA zu Rs C-17/10, Toshiba ua, ECLI:EU:C:2011:552, Rn 45 f.
20  Vgl *Emmerich*, Kartellrecht, § 3, Rn 10 ff; *Hoffmann*, in: Dauses, H. I § 1, Rn 11; *Weiß*, in: Calliess/ Ruffert, Art. 101 AEUV, Rn 14 mwN aus der Rspr.

### 4. Territorialer Anwendungsbereich

**1056** Das Wettbewerbsrecht ist der Hauptanwendungsfall für die sog. echten **extraterritorialen Wirkungen** des Unionsrechts (s. Rn 118 f). Die Fälle, in denen die Verantwortung für wettbewerbsverzerrende Handlungen und Wirkungen nicht bei Unternehmen innerhalb des „Unionsgebiets" liegt, sondern in denen Unternehmen aus Drittstaaten über Tochtergesellschaften im Binnenmarkt Wettbewerbsverzerrungen bewirken, werden angesichts der weltweiten Verflechtungen der Wirtschaft zunehmen[21]. Die EU beansprucht darüber hinaus die materielle Sanktionsgewalt, wenn sich ein Verhalten außerhalb des „Unionsgebiets" in diesem auswirkt (**Auswirkungsprinzip**)[22]. Für ihre Durchsetzung ist sie allerdings wegen des völkerrechtlichen Territorialitätsprinzips auf die Mitwirkung des entsprechenden Heimatstaates angewiesen.

### 5. Ausnahmebereiche

**1057** In bestimmten Bereichen des Binnenmarktes, in denen der Wettbewerb zum Teil auf Grund objektiver Gegebenheiten, zum Teil mangels politischen Willens nicht funktioniert, bestehen Ausnahmen zum marktwirtschaftlichen Modell. Eine Mischung aus beiden Ursachen führte zB dazu, dass sich im krisengeschüttelten **Montanbereich** ein interventionistisches Wirtschaftsmodell durchgesetzt hatte, welches jedoch mit dem Auslaufen des EGKSV (vgl Rn 17) ein Ende gefunden hat. Auch der Bereich der Montanindustrie unterfällt nunmehr dem allgemeinen Wettbewerbsregime des AEUV[23]. Im **Agrarbereich** legt bereits Art. 42 Abs. 1 AEUV fest, dass der Rat die Anwendbarkeit der Wettbewerbsregeln nur unter Berücksichtigung der agrarpolitischen Ziele des Art. 39 AEUV bestimmen kann (vgl VO 1184/2006, s. Rn 1196), sodass die Agrarpolitik der Wettbewerbspolitik vorgeht[24]. Im **Verkehrsbereich** sind die Art. 101, 102 AEUV nach der Rechtsprechung des EuGH unmittelbar anwendbar[25]. Für den teilweise als Ausnahmebereich genannten **Versicherungssektor** hat der EuGH die Anwendbarkeit der Wettbewerbsregeln ausdrücklich bestätigt[26]. Ausgenommen ist der **Arbeitsmarkt**, soweit die Tarifpartner sozialpolitische Ziele verfolgen[27].

---

21 Vgl zu diesem Sachverhalt EuGH, Rs 6/72, Continental Can, Slg 1974, 223 (247 ff) = *HVL*, S. 772 f: Erfassung über das sog. Prinzip der Unternehmenseinheit.

22 Vgl zB die Entscheidung 97/26 der Kommission (Gencor/Lonrho), ABl 1997 L 11/30. Grundsätzlich gebilligt durch EuG, Rs T-102/96, Gencor, Slg 1999, II-753, Rn 88 ff. Für den Fall eines Tätigwerdens innerhalb des Unionsgebiets EuGH, verb Rs 89 ua/85, Ahlström, Slg 1988, 5193, Rn 11 ff, s. **Fall 1** (Rn 119). Vgl dazu *Hoffmann*, in: Dauses, H. I § 1, Rn 28 ff mwN. Allgemein zum internationalen Anwendungsbereich des EU-Kartellrechts und seinen völkerrechtlichen Schranken *Rehbinder*, in: Immenga/Mestmäcker, Bd. 1, II. A., Rn 6 ff.

23 *Obwexer*, Das Ende der Europäischen Gemeinschaft für Kohle und Stahl, EuZW 2002, 517 (520 ff).

24 Vgl EuGH, Rs 139/79, Maizena, Slg 1980, 3393, Rn 22 f.

25 EuGH, Rs 167/73, Kommission/Frankreich, Slg 1974, 359, Rn 29/33 = *PSK*, Fall 50; verb Rs 209–213/84, Nouvelles Frontières, Slg 1986, 1452, Rn 27 ff, 45. Zu Sonderregelungen vgl *Hoffmann*, in: Dauses, H. I § 1, Rn 45 ff mwN.

26 EuGH, Rs 45/85, Verband der Sachversicherer/Kommission, Slg 1987, 405, Rn 7 ff. Zu materiellen Sondervorschriften s. *Hoffmann*, in: Dauses, H.I., Rn 49 ff mwN.

27 EuGH, Rs C-67/96, Albany, Slg 1999, I-5751, Rn 60 ff = JuS 2000, 609 – *Emmerich*.

## II. Kartellverbot

**Fall 57** (nach EuGH, Rs C-234/89, Delimitis/Henninger, Slg 1991, I-935 = *Pechstein*     **1058**
Nr 252):
Die Brauerei B schloss mit dem G, der in eigenen Räumen eine Gaststätte betreibt, einen schriftlichen Bierlieferungsvertrag. Danach gewährte B dem G ein Darlehen von 25 565,– €, während G sich verpflichtete, für 15 Jahre ausschließlich Bier von der Brauerei B (jährlich mindestens 130 hl) oder Brauereien aus anderen Mitgliedstaaten der EU zu beziehen und auszuschenken. Als G deutsches „Fremdbier" ausschenkt, verlangt B, dies zu unterlassen. G wendet ein, der Vertrag verstoße wegen der überlangen Bindung gegen die VO 330/2010[28]. Hat G Recht? **(Lösung: Rn 1073)**

### 1. Tatbestand

Gemäß Art. 101 Abs. 1 AEUV sind mit dem Binnenmarkt unvereinbar und verboten:     **1059**

– **Vereinbarungen** zwischen Unternehmen, **Beschlüsse** von Unternehmensvereinigungen und aufeinander **abgestimmte Verhaltensweisen**. Letzteres ist ein Auffangtatbestand und nach dem Kriterium der Intention vom bloßen faktischen (auch bewussten) Parallelverhalten abzugrenzen, was naturgemäß schwierig ist[29].

**Beispiel:** Sog. „Preisführerschaft", zB bei Benzinpreisen, bei der sich andere Unternehmen „selbstständig" den Preiserhöhungen eines Konkurrenten anschließen.

Erfasst wird somit jede Form der Koordinierung zwischen Unternehmen, die bewusst eine praktische Zusammenarbeit an die Stelle des mit Risiken verbundenen Wettbewerbs treten lässt und die zu nicht mehr wettbewerbsgerechten Marktbedingungen führt[30]. Der Tatbestand des Art. 101 AEUV (insbesondere unter Variante 1, den Vereinbarungen zwischen Unternehmen) erfasst auch die Unterstützung eines Kartells durch ein nicht auf dem relevanten Markt tätiges Beraterunternehmen[31].

Adressaten des Kartellverbots sind **Unternehmen**. Dieser Begriff muss, da der     **1060**
Zweck der Vorschriften nur durch einen einheitlichen Geltungsumfang erreicht werden kann, ein unionsrechtlicher sein, der funktional auf das Vorhandensein einer Persönlichkeit abstellt, welcher Sachen und Rechte als selbstständigem Rechtssubjekt zugerechnet werden können und die wirtschaftlich tätig ist (auch gemeinnützig; Gewinnerzielungsabsicht ist *nicht* erforderlich)[32].

– Diese Maßnahme muss **geeignet sein, den Handel** (auch mit Dienstleistungen;     **1061**
erfasst wird letztlich der gesamte wirtschaftliche Verkehr[33]) **zwischen den Mitgliedstaaten zu beeinträchtigen** (Zwischenstaatlichkeitsklausel). Ob dies der

---

28 ABl 2010 L 102/1. Dem Urteil des EuGH lag die aufgehobene VO 1984/83 (ABl 1983 L 173/5) zu Grunde.
29 Vgl dazu *Kling/Thomas*, Kartellrecht, § 4 Rn 60 ff.
30 *Emmerich*, JuS 1990, 698.
31 EuG, Rs T-99/04, AC Treuhand, Slg. 2008, II-1501 Rn 112 ff; Anm. *Weitbrecht/Baudenbacher*, EuR 2010, 230.
32 Vgl etwa EuGH, verb Rs 209–215 und 218/78, van Ladenwyck/Kommission, Slg 1980, 3125 Rn 88 für Genossenschaften oder aber für Sportverbände KomE 92/521/EWG, Fußballweltmeisterschaft 1990, ABl 1992 L 326/31 Rn 43.
33 Vgl *Weiß*, in: Calliess/Ruffert, Art. 101 AEUV, Rn 130; *Hoffmann*, in: Dauses, H. I § 1, Rn 35.

Fall ist, bemisst sich nach einer aus der Grundfreiheitsdogmatik bekannten For-mel[34]: Eine Eignung zur Beeinträchtigung des zwischenstaatlichen Handels liegt vor, wenn sich anhand einer Gesamtheit objektiver rechtlicher oder tatsächlicher Umstände mit hinreichender Wahrscheinlichkeit voraussehen lässt, dass die Maß-nahme unmittelbar oder mittelbar, tatsächlich oder der Möglichkeit nach den Handel zwischen Mitgliedstaaten in einer Weise beeinflussen kann, die der Ver-wirklichung der Ziele eines einheitlichen zwischenstaatlichen Marktes nachteilig sein kann[35]. Die Zwischenstaatlichkeitsklausel wird generell recht weit ausgelegt, so dass selbst bei einer Ausweitung des Handelsvolumens eine Beeinträchtigung des zwischenstaatlichen Handels vorliegen kann[36]. Zur praktischen Anwendung der Klausel hat 2004 die Kommission Leitlinien veröffentlicht[37].

1062  –  Diese Beeinträchtigung des zwischenstaatlichen Handels muss ferner **spürbar** sein (sog. „Bagatellklausel")[38]. Reine Bagatellkartelle werden daher nicht erfasst. Spürbar ist eine Beeinträchtigung dann, wenn sich der Handel ohne die beein-trächtigende Maßnahme anders entwickelt hätte[39]. Der Spürbarkeitstest verlangt somit die Erforschung einer hypothetischen Situation, was aufgrund der Unschär-fe des Spürbarkeitsbegriffs und der diesen bestimmenden Faktoren in der Praxis zu Problemen führt[40]. Die Rechtsprechung stellt sowohl auf quantitative als auch auf qualitative Faktoren ab[41]. Es sind somit nicht ausschließlich Umsatz und Marktanteil eines Unternehmens entscheidend dafür, ob eine spürbare Beein-trächtigung des zwischenstaatlichen Handels vorliegt, sondern auch die Auswir-kungen der Wettbewerbsbeschränkung auf den Marktzugang[42].

1063  –  Dadurch muss eine **Verhinderung, Einschränkung** oder **Verfälschung des Wettbewerbs bezweckt** oder **bewirkt** werden. Bei jeder dieser drei Modalitäten kommt es darauf an, ob die wirtschaftlichen Handlungsmöglichkeiten, von denen die beteiligten Marktakteure (wozu neben den Kartellbeteiligten auch unbeteiligte Mitbewerber und die Marktgegenseite gehören)[43] ohne die in Frage stehende Maßnahme autonom Gebrauch machen könnten, durch die Maßnahme einge-schränkt werden[44]. Diesem Verständnis liegen im Wesentlichen zwei Gesichts-punkte zugrunde. Erstens stützt das Binnenmarktkonzept nur einen Wettbewerb, in dem Unternehmen eigenständig und selbstbestimmt am Markt agieren, ohne

---

34  S. zur *Dassonville-Formel* Rn 864.
35  St Rspr, vgl *Hoffmann*, in: Dauses, H.I., Rn 35 mwN.
36  Vgl EuGH, verb. Rs 56 und 58/64, Consten und Grundig/Kommission, Slg 1966, 321 (389 f) = *HVL*, S. 758 ff = *PSK*, Fall 51 = *Pechstein* Nr 247.
37  Bekanntmachung der Kommission über Leitlinien über den Begriff der Beeinträchtigung des zwi-schenstaatlichen Handels in den Art. 81 und 82 des Vertrags, ABl 2004 C 101/81.
38  St Rspr, vgl EuGH, Rs 5/69, Franz Völk/Vervaecke, Slg. 1969, 295 Rn 7 sowie *Eilmansberger*, in: Streinz, Art. 101 AEUV, Rn 92 mwN.
39  Vgl *Mestmäcker/Schweitzer*, Europäisches Wettbewerbsrecht, 3. Aufl. 2014, § 5 Rn 33.
40  Zu Recht kritisch *Rehbinder*, in: Immenga/Mestmäcker, Bd. 1, II. A, Rn 22 mwN.
41  Vgl auch die Leitlinien der Kommission (Fn 37), ABl 2004 C 101/81, 85 ff. Ausführlich zu den Fak-toren siehe *Eilmansberger*, in: Streinz, Art. 101, Rn 94 ff.
42  *Mestmäcker/Schweitzer*, Europäisches Wettbewerbsrecht, 3. Aufl. 2014, § 5 Rn 35.
43  Str, vgl *Emmerich*, Kartellrecht, § 4, Rn 29 ff.
44  Vgl zur Definition der Beschränkung des Wettbewerbs EuGH, Rs C-7/95 P, Deere, Slg. 1998, I-3111 Rn 87. Zu Wettbewerbsbeschränkungen durch den Ausschluss von Vertriebsmethoden (Verbot des Internets) vgl EuGH, Rs C-439/09, Pierre Fabre Dermo-Cosméthique, Slg 2011, I-9419, Rn 38 ff = *Pechstein* Nr 249.

die wettbewerblichen Risiken durch Absprachen, etc zu umgehen (**Selbstständigkeitspostulat**)[45]. Zweitens lassen sich die positiven **Wirkungen des Wettbewerbs** auf Preise, Innovation, Qualität, Vielfalt, etc, die im Wesentlichen dem Marktbürger zugute kommen[46], nicht erzielen, wenn durch solche Maßnahmen der Anreiz zu einem konkurrenzorientierten Agieren genommen wird[47].

– Der Gerichtshof verlangt in st Rspr auch im Rahmen der Wettbewerbsbeschränkung eine **Spürbarkeit** („De minimis"-Klausel)[48]. Das Merkmal ist gedanklich von dem der Zwischenstaatlichkeitsklausel zu trennen[49], substanziell gestaltet sich die Prüfung aber unter ganz ähnlichen Gesichtspunkten[50]. Es ist daher zu hinterfragen, ob sich der Wettbewerb ohne die beeinträchtigende Maßnahme auf dem relevanten Markt anders entwickelt hätte[51]. Die Kommission hat in ihrer sog. Bagatellbekanntmachung[52] für die Spürbarkeit der Wettbewerbsbeschränkungen eigene Leitlinien veröffentlicht, in der sie durchgehend auf quantitative Faktoren (dh insb. den Marktanteil) abstellt. Daher können grundsätzlich auch Großunternehmen in deren Vorteil kommen[53]. **1064**

Art. 101 Abs. 1 lit. a-e AEUV nennt als Regelbeispiele einige typische Fälle (Regelbeispiele) verbotener Maßnahmen[54]. **1065**

Für die Feststellung des Eingreifens des Kartellverbots unerlässlich ist die Bestimmung des **relevanten Marktes**. Seine sachliche, örtliche und zeitliche Eingrenzung wird nach dem Kriterium vorgenommen, ob die Güter auf dem Markt nach den Verwendungszwecken der Verbraucher funktionell austauschbar sind (**Bedarfsmarktkonzept**)[55], da nur zwischen solchen Gütern Wettbewerb besteht (vgl Rn 1077). Es genügt sowohl ein wirkungsloser Zweck als auch eine nicht bezweckte Wirkung. **1066**

Ob und inwieweit bereits auf der Tatbestandsebene (und nicht erst bei Art. 101 Abs. 3 AEUV, vgl Rn 1068) eine Abwägung von Vor- und Nachteilen der Maßnahme erfolgen und bei Überwiegen der Vorteile das Vorliegen von Art. 101 Abs. 1 AEUV nach **1067**

---

45 Vgl dazu *Emmerich*, Kartellrecht, § 4, Rn 18.
46 Vgl hierzu die Betonung des Marktbürgers im Rahmen des Binnenmarktziels EuGH, Rs 15/81, Gaston Schul Douane Expediteur BV, Slg 1982, 1409 Rn 33, sowie EuGH, Rs 299/86, Drexl, Slg. 1988, 1213 Rn 24.
47 S. dazu *Emmerich*, Kartellrecht, § 4, Rn 36.
48 EuGH, Rs 56/65, LTM/MBU, Slg 1966, 282, 303 sowie *Kling/Thomas*, Kartellrecht, § 4, Rn 149 mwN in Fn 307.
49 *Kling/Thomas*, Kartellrecht, § 3, Rn 29.
50 Vgl *Eilmansberger*, in: Streinz, Art. 101 AEUV, Rn 92 ff.
51 Vgl *Mestmäcker/Schweitzer*, Europäisches Wettbewerbsrecht, 3. Aufl. 2014, § 5 Rn 33.
52 Bekanntmachung der Kommission über Vereinbarungen von geringer Bedeutung, die den Wettbewerb gemäß Artikel 81 Absatz 1 des Vertrags zur Gründung der Europäischen Gemeinschaft nicht spürbar beschränken (de minimis), ABl 2001 C 368/13. S. dazu *Terhechte*, Die Revision der Bagatellbekanntmachung der Europäischen Kommission, EWS 2002, 66 ff; *Eilmansberger*, in: Streinz, Art. 101 AEUV, Rn 99 ff.
53 *Brinker*, in: Schwarze, Art. 101 AEUV, Rn 46. Zur bevorzugten Behandlung kleinerer oder mittlerer Unternehmen (KMU) vgl *Stockenhuber*, in: Grabitz/Hilf/Nettesheim, Art. 101 AEUV, Rn 228. Vgl § 3 GWB.
54 Vgl dazu *Weiß*, in: Calliess/Ruffert, Art. 101 AEUV, Rn 133 ff.
55 Vgl die Bekanntmachung der Kommission über die Definition des relevanten Marktes im Sinne des Wettbewerbsrechts der Gemeinschaft vom 9.12.1997, ABl 1997 C 372/5. Vgl dazu *Emmerich*, in: Dauses, H.I. § 2, Rn 70 ff.

den Kriterien einer **„rule of reason"** verneint werden soll, ist strittig[56]. Teilaspekte dieses Ansatzes werden über das Erfordernis der Spürbarkeit (s. Rn 1062) erfasst. Art. 10 der VO 1/2003 sieht vor, dass die Kommission aus Gründen des öffentlichen Interesses auch das Nichtvorliegen der Voraussetzungen des Art. 101 Abs. 1 oder alternativ das Vorliegen der Voraussetzungen des Art. 101 Abs. 3 AEUV feststellen kann.

## 2. Ausnahmen

**1068**  Gemäß Art. 101 Abs. 3 AEUV können die Bestimmungen des Abs. 1 unter bestimmten Bedingungen für nicht anwendbar erklärt werden, obwohl dessen Tatbestand eigentlich erfüllt ist. Entgegen dem Wortlaut des Abs. 3 ist jedoch die Erteilung einer echten Ausnahmegenehmigung zumindest im Regelfall nicht mehr vorgesehen (grundsätzlich keine neuen Einzelfreistellungen), da jetzt Art. 1 Abs. 2 VO 1/2003 eine Legalausnahme ohne Genehmigungsvorbehalt enthält. Dadurch wird Art. 101 Abs. 3 AEUV sekundärrechtlich für unmittelbar anwendbar erklärt und den betroffenen Unternehmen zu Lasten der Rechtssicherheit aufgegeben, über die Rechtmäßigkeit ihrer Vereinbarungen und Praktiken selbst zu entscheiden[57]. Es bleibt abzuwarten, ob die europäischen Gerichte wenigstens den weiten Beurteilungsspielraum, den sie der Kommission für die Subsumtion der Voraussetzungen des Abs. 3 früher gelassen haben, einschränken, um die Verlässlichkeit und die Einheitlichkeit des EU-Kartellrechts zu gewährleisten[58]. Eine positive Feststellung, dass die Legalausnahme des Abs. 3 greift, kann die Kommission nur noch in Ausnahmefällen treffen, wenn Gründe des öffentlichen Interesses der Union dies erfordern (Art. 10 VO 1/2003). Den nationalen Kartellbehörden ist auch diese Möglichkeit verwehrt; sie können allenfalls die Entscheidung bekanntgeben, dass für sie kein Anlass besteht, tätig zu werden (Art. 5 aE VO 1/2003). Voraussetzung für die gesetzliche Freistellung vom Kartellverbot des Art. 101 Abs. 1 AEUV ist, dass die an sich verbotene Verhaltensweise unter angemessener Beteiligung der Verbraucher an dem entstehenden Gewinn zur Verbesserung der Warenerzeugung oder -verteilung oder zur Förderung des technischen oder wirtschaftlichen Fortschritts beiträgt, ohne dass den beteiligten Unternehmen für die Zielerreichung überflüssige Beschränkungen auferlegt oder Möglichkeiten eröffnet werden, für einen wesentlichen Teil der betreffenden Waren den Wettbewerb auszuschalten.[59] Neben diesen Einzelfreistellungen ist es weiterhin möglich, ganze Gruppen von Maßnahmen vom Verbot des Art. 101 Abs. 1 AEUV auszunehmen. Zu diesem Zweck kann die Kommission infolge spezieller Verordnungen des Rates sog. **Gruppenfreistellungsverordnungen** erlassen, durch die abschließend über das Vorliegen der Voraussetzungen für die Legalausnahme entschieden wird[60]. Art. 105

---

56  Vgl *Emmerich*, in: Dauses, H. I § 2, Rn 56; *ders.*, Kartellrecht, § 4, Rn 53 ff; *Brinker*, in: Schwarze, Art. 101 AEUV, Rn 48 ff; *Grill*, in: Lenz/Borchardt, Art. 101 AEUV, Rn 23; *Weiß*, in: Calliess/Ruffert, Art. 101 AEUV, Rn 108 ff.

57  *Weitbrecht*, EuZW 2003, 69 (70). Vgl die Leitlinien der Kommission vom 27.4.2004, ABl 2004 C 101/97.

58  Vgl dazu *Weiß*, in: Calliess/Ruffert, Art. 101 AEUV, Rn 154. Zweifelnd an der Praktikabilität des neuen Systems *Emmerich*, in: Dauses, H.I § 2, Rn 147.

59  Zu den Voraussetzungen im Einzelnen vgl *Eilmansberger*, in: Streinz, Art. 101, Rn 146 ff.

60  *Weiß*, in: Calliess/Ruffert, Art. 101 AEUV, Rn 168.

Abs. 3 AEUV sieht nun explizit eine Rechtsgrundlage hierfür vor, sodass es der bisherigen Delegierung der Aufgabe durch den Rat, der über die Rechtssetzungskompetenz gem. Art. 103 AEUV verfügt, nicht mehr bedarf.[61] Wichtige Beispiele für die Erteilung einer Gruppenfreistellung sind die Verordnungen der Kommission über die Anwendung von Art. 101 Abs. 3 des Vertrages über die Arbeitsweise der Europäischen Union auf Gruppen von vertikalen Vereinbarungen und aufeinander abgestimmten Verhaltensweisen[62] und auf vertikale Vereinbarungen und abgestimmten Verhaltensweisen im Kraftfahrzeugsektor[63]. Die Unternehmen tragen jedoch auch hier das Subsumtionsrisiko und können sich diesem nicht durch Antrag auf Erteilung einer Freistellung entziehen.

## 3. Verbotsfolgen

Die nach Art. 101 Abs. 1 AEUV verbotenen Vereinbarungen oder Beschlüsse erklärt **1069** Abs. 2 kraft Gesetzes für nichtig. Diese Nichtigkeit entfaltet zivil- und öffentlichrechtliche Folgen. Öffentlichrechtlich kann das Verbot zu verwaltungsrechtlichen Sanktionen seitens der Kommission (Abstellungsanordnung, Zwangsgeld, Bußgeld, vgl Art. 7, 23, 24 VO 1/2003, Rn 1049) bzw auch der mitgliedstaatlichen Wettbewerbsbehörden (vgl Art. 5 der VO Nr 1/2003) führen. Zivilrechtlich sind entsprechende Vereinbarungen nur insoweit bereits gemäß Art. 101 Abs. 2 AEUV nichtig, als sie Art. 101 Abs. 1 AEUV widersprechen. Ob hieraus auch die Gesamtnichtigkeit einer Vereinbarung folgt, die auch andere Regelungen enthält, oder ob hier lediglich Teilnichtigkeit eintritt, richtet sich nach den Bestimmungen des jeweiligen nationalen Zivilrechts (in Deutschland § 139 BGB). Neben diesen unmittelbaren Rechtsfolgen stellt sich die Frage nach mittelbaren Rechtsfolgen in Form von Schadenersatz- oder Unterlassungsklagen. Nach Ansicht des EuGH würde die volle Wirksamkeit des Kartellverbots beeinträchtigt, wenn nicht jedermann Ersatz des Schadens verlangen könnte, der ihm durch einen Kartellverstoß entstanden ist[64]. Die Konkretisierung obliegt den Mitgliedstaaten unter Beachtung des Äquivalenzgebots und des Effektivitätsgebots (vgl dazu Rn 603 ff)[65]. Da das Kartellverbot des Art. 101 Abs. 1 AEUV als Schutzgesetz angesehen wurde[66], wurden Schadenersatz- und Unterlassungsansprüche auf § 823 Abs. 2 BGB sowie § 1004 BGB analog iVm Art. 101 AEUV gestützt. Seit 2005 sind an deren Stelle die §§ 33 bis 34a GWB getreten[67].

---

61  Vgl *Khan*, in: Geiger/Kahn/Kotzur, Art. 105 AEUV, Rn 3.
62  VO 330/2010, ABl 2010 L 102/1.
63  VO 461/2010, ABl 2010 L 129/52. Weitere Beispiele: Franchise, KMU, Technologietransfer.
64  EuGH, Rs C-453/99, Courage und Crehan, Slg 2001, I-6314, Rn 24 f.
65  EuGH, verb Rs C-295 bis C-298/04, Manfredi/Lloyd Adreatico Assicurazioni ua, Slg 2006, I-6619, Rn 60 ff, 90 f = *HVL*, S. 785 ff = JuS 2006, 1125 – *Emmerich*.
66  Vgl EuGH, Rs 127/73, BRT/SABAM, Slg 1974, 51, Rn 12/14 (s. Rn 1069).
67  Vgl *Emmerich*, in: Dauses, H.I § 2 Rn 138 ff mwN. Zu Initiativen der Kommission, die Durchsetzung des Kartellrechts durch Privatklagen zu fördern (private enforcement) vgl *Mäger*, in: Schulze/Zuleeg/Kadelbach, § 16, Rn 282 mwN.

## 4. Verfahren und Rechtsschutz

**1070** Art. 105 AEUV enthält nur sehr grundsätzliche Verfahrensregelungen, begründet aber immerhin bereits die Pflicht der Mitgliedstaaten, der Kommission bei ihrer Tätigkeit, die auf Antrag eines Mitgliedstaats oder von Amts wegen erfolgt, Amtshilfe zu leisten (Abs. 1 S. 2). Die wesentlichen Verfahrensfragen sind in der VO 1/2003 (s. Rn 1049) geregelt. Die dort (Art. 11 ff, 17 ff VO 1/2003) enthaltenen Auskunfts- und Nachprüfungsbefugnisse der Kommission umfassen nach der Rechtsprechung des EuGH auch überraschende Einzelkontrollen bei den Unternehmen[68] (vgl dazu **Fall 30**, Rn 798). Als Sanktionen bei schuldhaften Zuwiderhandlungen kann die Kommission (repressiv) empfindliche Geldbußen und (präventiv) Zwangsgelder verhängen (Art. 5, 23 und 24 VO 1/2003)[69]. Wirken die betroffenen Unternehmen bei der Aufklärung im Rahmen eines Vergleichsverfahrens mit[70], so ist dies bei der Festsetzung der Höhe der Geldbuße zu berücksichtigen[71].

**1071** Stellt die Kommission eine Zuwiderhandlung fest und beabsichtigt sie dagegen vorzugehen, so kann alternativ zu den soeben genannten Sanktionen auch eine Verpflichtungszusage der beteiligten Unternehmen in Betracht kommen, sofern hierdurch die Bedenken der Kommission hinsichtlich des Kartellverbotsverstoßes ausgeräumt werden können, vgl Art. 9 VO 1/2003. So hatte beispielsweise die Kommission einen möglichen Verstoß gegen Art. 101 AEUV bei der Vergabe von medialen Verwertungsrechten bei Bundesligaspielen im Profifußball durch den deutschen Liga-Fußballverband eV festgestellt. Der Ligaverband gab unter anderem die Verpflichtung ab, Wettbewerb bei der Vermarktung der medialen Verwertungsrechte einzuführen, die Laufzeiten der Verwertungsverträge deutlich zu verringern und ein transparentes Verwertungsverfahren zu schaffen, so dass die Kommission von weiteren Maßnahmen absah[72]. Das Instrument der Verpflichtungszusage stellt gegenüber den oben genannten Sanktionen das mildere Mittel dar und ist deshalb zu bevorzugen. Geben die beteiligten Unternehmen eine Verpflichtungszusage ab, die den Anforderungen des Art. 9 VO 1/2003 entspricht, erklärt die Kommission diese für die abgebenden Unternehmen für verbindlich[73]. Halten die Unternehmen ihre Verpflichtungen jedoch nicht ein, so kann die Kommission von Amts wegen das Verfahren wieder aufnehmen, Art. 9 Abs. 2 lit. b VO 1/2003.

---

68  EuGH, Rs 5/85, AKZO Chemie/Kommission, Slg 1986, 2585, Rn 20.

69  Kritisch zur Praxis der Kommission insb. mit Blick auf die Höhe der Geldbußen (oftmals mehrere Mio. €; gegen Microsoft wurden 497 Mio. € verhängt) sowie mit Bedenken an der systematischen Ausgestaltung der Zwangsbefugnisse des europäischen Kartellrechts *Möschel*, DB 2010, 2377, sowie *Schwarze*, EuR 2009, 171.

70  Vgl Art. 10a VO 773/2004 über die Durchführung von Verfahren auf der Grundlage der Art. 81 und 82 EGV durch die Kommission, ABl 2004, L 123/18.

71  Vgl hierzu die Mitteilung der Kommission über die Durchführung von Vergleichsverfahren bei dem Erlass von Entscheidungen nach Artikel 7 und Artikel 23 VO 1/2003, ABl 2008 C 167/01 (dort Rn 31).

72  Vgl Entscheidung der Kommission vom 19.1.2005, COMP/C-2/73.214, Bundesliga. S. ferner EuGH, Rs C-441/07 P, Alrosa/Kommission, EWS 2010, 330 betreffend den Rechtsschutz gegen solche Verpflichtungszusagen und Fragen der Verhältnismäßigkeitsprüfung.

73  Das Instrument findet auch im Rahmen des Art. 102 AEUV Anwendung, vgl die Nachweise bei *Klees*, RIW 2010, 688 (689), dort Fn 1 und 2.

Die betroffenen Unternehmen können ihr „Recht auf Verteidigung" im Wesentlichen in Anhörungen zur Geltung bringen (Art. 27 VO 1/2003). Aber auch darüber hinaus muss das Verfahren rechtsstaatlichen Grundsätzen entsprechen[74]. Bei der notwendigen Inanspruchnahme mitgliedstaatlicher Mitwirkung sind gegebenenfalls besondere Verfahrensvoraussetzungen des nationalen Verfassungsrechts zu berücksichtigen (vgl dazu **Fall 31**, Rn 799). Art. 31 VO 1/2003 räumt außerdem gemäß der Ermächtigung des Art. 103 Abs. 2 lit. d AEUV dem EuGH die Befugnis zu unbeschränkter Nachprüfung iSd Art. 261 AEUV ein. Danach kann der EuGH ua festgesetzte Geldbußen und Zwangsgelder aufheben, herabsetzen oder erhöhen. Seit 1989 ist in Wettbewerbssachen für Anfechtungs- und Untätigkeitsklagen Privater das EuG zuständig (s. dazu Rn 415).

**1072**

**Lösung Fall 57** (Rn 1058): Der Vertrag überschreitet in der Tat die Frist von fünf Jahren, die gemäß Art. 5 lit. a der VO 330/2010 Voraussetzung für die Gruppenfreistellung gemäß Art. 2 der VO ist. Allerdings bedarf der Vertrag, um der Nichtigkeitsfolge des Art. 101 Abs. 2 AEUV zu entgehen, dieser Freistellung nur dann, wenn er überhaupt dem Kartellverbot des Abs. 1 unterfällt. Von dessen Voraussetzungen (vgl Rn 1059 ff) ist fraglich, ob ein solcher Bierlieferungsvertrag eine Verhinderung, Einschränkung oder Verfälschung des Wettbewerbs bewirkt. Dabei ist der wirtschaftliche und rechtliche Gesamtzusammenhang zu berücksichtigen, in dem die Vereinbarung steht. Im zugrunde liegenden Fall ist der Gerichtshof davon ausgegangen, dass eine Störung des Wettbewerbs mit der Folge einer Beeinträchtigung des Handels zwischen den Mitgliedstaaten unter zwei Voraussetzungen vorliegt. Erstens muss der nationale Markt für den Absatz von Bier in Gaststätten für Mitbewerber, die auf diesem Markt Fuß fassen oder ihren Marktanteil vergrößern könnten, schwer zugänglich sein. Zugangshindernisse können sich mitunter durch die bewusst kumulierte Verwendung von vielen, in gleicher Weise gestalteten Bierlieferungsverträgen ergeben (sog. **„Bündeltheorie"**). Der gebündelte Einsatz solcher Verträge stellt für die Bemessung der Zugänglichkeit des Marktes jedoch nur einen Faktor unter vielen dar[75]. Lässt sich feststellen, dass der Markt aufgrund der Bündelwirkung solcher Verträge tatsächlich schwer zugänglich ist, reicht diese Feststellung aber für die Annahme einer den Wettbewerb störenden Wirkung des in Frage stehenden Vertrages nicht aus. Als zweite Voraussetzung verlangt der Gerichtshof, dass die betreffende Vereinbarung in erheblichem Maße zu der Abschottungswirkung des Marktes beiträgt, die das Bündel dieser Verträge aufgrund seines wirtschaftlichen und rechtlichen Gesamtzusammenhangs entfaltet. Erhebliche Relevanz haben dabei die Stellung der Vertragspartner auf dem relevanten Markt und die angelegte Dauer der vertraglichen Vereinbarung. Wird auch diese zweite Voraussetzung bejaht, lässt sich eine den Wettbewerb störende Wirkung aber möglicherweise aufgrund einer sog. Öffnungsklausel verneinen, wenn hierdurch der Bezug von Bier aus anderen Mitgliedstaaten gestattet wird (so auch im Beispielsfall) und daher die Marktzugangserschwerung entfällt. Dies gilt freilich nur dann, wenn sie nicht durch eine besonders hohe Mindestabnahmepflicht von „Vertragsbier" praktisch ausgehöhlt wird.

**Ergebnis:** Angesichts der wenigen Fallangaben kann nicht abschließend festgestellt werden, ob das Vorbringen des G tatsächlich erheblich ist. Würden anhand der ausgeführten Kriterien die zwei Voraussetzungen des Gerichtshofs bejaht und beeinträchtigte die Bezugsverpflichtung von 130hL „Vertragsbier" faktisch den Bezug und Verkauf von Bier aus an-

**1073**

---

74  Vgl zB EuGH, verb Rs 100–103/80, Musique Diffusion Française/Kommission, Slg 1983, 1825, Rn 8 ff; zuletzt zB EuGH, Rs C-407/04 P, Dalmine, Slg 2007, I-835, Rn 34 ff, 44 ff, 54 ff.

75  Relevanz entfaltet ua auch das Wachstumspotenzial des Marktes u.ä. vgl Rn 22 des *Delimitis-Urteils* (s. **Fall 57** Rn 1058/1073).

deren Mitgliedstaaten, so läge ein Verstoß gegen Art. 101 Abs. 1 AEUV vor. Das Vorbringen des G wäre dann erheblich[76].

## III. Verbot des Missbrauchs einer marktbeherrschenden Stellung

**1074** **Fall 58** (nach EuGH, Rs 27/76, United Brands/Kommission, Slg 1978, 207 = *HVL*, S. 760 ff = *Pechstein* Nr 262):
Die U, ein multinationales Unternehmen, das als größte Gruppe auf dem Weltmarkt dieses Produkts in ganz Europa Bananen verkauft, verpflichtet ihre Vertriebshändler, Bananen nicht in grünem Zustand zu verkaufen, verlangt von diesen in den verschiedenen Mitgliedstaaten erheblich voneinander abweichende Preise für Bananen derselben Qualität und stellt ihre Lieferungen an eine Firma in Dänemark ein, weil diese sich an einer Werbekampagne für ein Konkurrenzunternehmen beteiligt habe. Die Kommission sieht darin einen Missbrauch einer marktbeherrschenden Stellung. Zu Recht? **(Lösung: Rn 1080)**

### 1. Tatbestand

**1075** Während Art. 101 AEUV bereits das Entstehen von Marktmacht, die Wettbewerbsverfälschungen indiziert, verhindern will, setzt Art. 102 AEUV das Bestehen von Marktmacht voraus. Anders als in den USA, wo bereits der *attempt to monopolize* verpönt ist[77], ist lediglich ihre missbräuchliche Ausnutzung (Rechtsmissbrauch) auf Grund einer beherrschenden Stellung auf dem Binnenmarkt oder auf einem wesentlichen Teil desselben verboten, soweit dadurch der Handel zwischen den Mitgliedstaaten beeinträchtigt wird[78].

**1076** **Adressaten** des Art. 102 AEUV sind sowohl Monopole wie Oligopole, wobei der Unternehmensbegriff dem des Art. 101 AEUV (vgl Rn 1060) entspricht. Marktbeherrschenden Unternehmen kommt im Binnenmarkt eine **besondere Verantwortung** zu, da diese durch ihre (wirtschaftlichen) Einflussmöglichkeiten den (Rest-)Wettbewerb in gehörigem Maße beeinträchtigten können, was es zu vermeiden gilt[79].

**1077** – Die Feststellung einer **den Markt beherrschenden Stellung** setzt zunächst voraus, den sachlich, örtlich und zeitlich **relevanten Markt** herauszufiltern. Die Bestimmung des relevanten Marktes erfolgt wie bei Art. 101 AEUV anhand des **Bedarfsmarktkonzepts** (s. bereits Rn 1066). Eine Beherrschung zumindest eines wesentlichen Teils des Binnenmarktes liegt jedenfalls dann vor, wenn das Gebiet mehrerer Mitgliedstaaten, uU schon dann, wenn das Gebiet einzelner großer Regionen erfasst wird[80].

---

76  Das Urteil des EuGH im Fall Delimitis (s. Rn 1058/1073) wurde unterschiedlich interpretiert. Vgl einerseits BGH, NJW 1992, 1456 und LG Bonn, EWS 1994, 70 f, andererseits *Emmerich*, Kartellrecht, § 4, Rn 73 ff mwN.
77  Vgl *Brinker*, in: Schwarze, Art. 102 AEUV, Rn 17 mwN; *Jung*, in: Grabitz/Hilf/Nettesheim, Art. 102 AEUV, Rn 10.
78  *Kling/Thomas*, Kartellrecht, § 5, Rn 5.
79  EuGH, Rs 322/81, Michelin/Kommission, Slg 1983, 3461 Rn 57.
80  S. im Einzelnen *Kling/Thomas*, Kartellrecht, § 5 Rn 24.

Ob das oder die betreffenden Unternehmen auf diesem Markt eine beherrschende **1078** Stellung inne haben, bemisst sich danach, ob das oder die Unternehmen die Aufrechterhaltung eines wirksamen Wettbewerbs auf dem relevanten Markt verhindern und sich seinen Mitbewerbern und der Marktgegenseite gegenüber weitgehend unabhängig verhalten können[81]. Für die Einschlägigkeit kann der Marktanteil eines Unternehmens eine nicht unwesentliche Rolle spielen[82].

– Am problematischsten ist die Bestimmung des Tatbestandsmerkmals der **missbräuchlichen Ausnutzung**, da Art. 102 AEUV weder das Bestehen einer Machtposition verbietet noch effizientes Wirtschaften unterbinden will. In Abs. 2 finden sich einige typische Missbrauchsfälle exemplarisch aufgezählt. Darüber hinaus hat der EuGH die missbräuchliche Ausnutzung als einen objektiven Begriff bezeichnet, der die Verhaltensweisen eines Unternehmens in beherrschender Stellung erfasst, „die die Struktur eines Marktes beeinflussen können, auf dem der Wettbewerb gerade wegen der Anwesenheit des fraglichen Unternehmens bereits geschwächt ist, und die die Aufrechterhaltung des auf dem Markt noch bestehenden Wettbewerbs oder dessen Entwicklung durch die Verwendung von Mitteln behindern, welche von den Mitteln eines normalen Produkt- oder Dienstleistungswettbewerbs auf der Grundlage der Leistungen der Marktbürger abweichen"[83]. Dabei stellt der Gerichtshof aber auch auf die Zielsetzung der beanstandeten Maßnahmen ab, „dem Abnehmer die Wahl zwischen mehreren Bezugsquellen unmöglich zu machen oder zu erschweren und anderen Herstellern den Zugang zum Markt zu verwehren"[84]. Ein Verschulden ist dabei nicht erforderlich. Entscheidend ist lediglich der objektive Widerspruch der Maßnahme zu den Vertragszielen und insbesondere zu einem System unverfälschten Wettbewerbs[85].

Die betreffende Maßnahme muss schließlich geeignet sein, den Handel zwischen den **1079** Mitgliedstaaten (spürbar, str.[86]) zu beeinträchtigen.

**Lösung Fall 58** (Rn 1074): Von den Tatbestandsmerkmalen des Art. 102 AEUV ist zu- **1080** nächst das der **marktbeherrschenden Stellung** problematisch. Dessen Feststellung erfolgt in zwei Schritten: Ermittlung des sachlich (Produkt) und räumlich relevanten Marktes und Beurteilung der Stellung des Unternehmens auf diesem. Sachlich werden alle Produkte erfasst, die substituierbar sind. Wäre sämtliches frisches Obst einzubeziehen, müsste die Stellung der U anders beurteilt werden. Die Banane ist aber wegen ihrer einzigartigen Eigenschaften nicht austauschbar. Räumlich kommt es darauf an, wo das Unternehmen tätig ist und ob sich diese Märkte von den Wettbewerbsbedingungen her gleichen. Die Stellung des

---

81  EuGH, Rs 40/70, Sirena, Slg 1971, 69, Rn 16.

82  Ab einem Marktanteil von deutlich über 40% wird auf eine beherrschende Stellung geschlossen, zB bei 85% Marktanteil wie im Fall EuGH, Rs 40/73, Suiker Unie, Slg 1975, 1663 Rn 379/380. Bei einem Marktanteil von 25–40% bedarf es eines gehörigen Abstandes zum Mitbewerber, damit von einer Marktbeherrschung ausgegangen werden kann, unter 25% Marktanteil ist sie unwahrscheinlich, dazu *Kling/Thomas*, Kartellrecht, § 5 Rn 45 mwN.

83  EuGH, Rs 85/76, Hoffmann-La Roche/Kommission, Slg 1979, 461, Rn 91 = *Pechstein* Nr 136.

84  Ebd., Rn 90. Zur „Kosten-Preis-Schere" („margin squeeze") vgl EuGH, Rs C-52/09, TeliaSonera Sverige AB, Slg 2011, I-527, Rn 24 ff = *Pechstein* Nr 260.

85  EuGH, Rs 6/72, Continental Can/Kommission, Slg 1973, 215, Rn 20 ff = *HVL*, S. 772 f = *PSK*, Fall 52.

86  Vgl dazu *Jung*, in: Grabitz/Hilf/Nettesheim, Art. 102 AEUV, Rn 368 ff; *Weiß*, in: Calliess/Ruffert, Art. 102 AEUV, Rn 73.

Unternehmens auf dem relevanten Markt bestimmt sich nach Unternehmensstruktur und Wettbewerbssituation. Dies steht in engem Zusammenhang mit dem Vorwurf der missbräuchlichen Ausnutzung dieser Stellung, da solche Verhaltensweisen eventuell Aufschluss über die tatsächliche Macht des Unternehmens geben und die Analyse der Stellung zielgerichtet erfolgen muss. Der U kommt im vorliegenden Fall eine marktbeherrschende Stellung zu.

Die **missbräuchliche Ausnutzung** einer beherrschenden Stellung lässt sich nicht aus dem Verhalten selbst erschließen, weil dieses bei Vorliegen eines wirksamen Wettbewerbs meist unbedenklich wäre. Was andere Unternehmen zur Verfolgung ihrer Marktinteressen tun dürften, ist dem Marktbeherrschenden aber verwehrt. Durch die Beschränkung des Verkaufs grüner Bananen, dem Diktieren von unterschiedlichen Preisen und der Einstellung der Geschäftsbeziehung mit einem Unternehmen, das sich an einer Werbekampagne eines Konkurrenten der U beteiligt hatte, liegt ein Missbrauch dieser Stellung deutlich vor. Maßstab ist, ob das Verhalten gemessen am Binnenmarktziel unverhältnismäßig oder unbillig ist. Dies ist der Fall. Die Ausschaltung vom wahren Wettbewerb durch derart marktabschottende Maßnahmen läuft der Vorstellung eines unverfälschten zwischenstaatlichen Binnenhandels in der Union entgegen. Deshalb bejahte der EuGH hier in allen Fällen auch die Eignung der Maßnahme zur Beeinträchtigung des Handels zwischen den Mitgliedstaaten. Die Kommission beanstandet die Maßnahmen daher zu Recht.

**1081**  S. auch EuGH, Rs T-201/04, Microsoft/Kommission, Slg 2007, II-3601, Rn 229 ff = *HVL*, S. 769 ff: Missbrauch der bestehenden marktbeherrschenden Stellung (Quasi-Monopol auf dem Markt der Betriebssysteme für Client-PCs) durch deren Stärkung mit anderen Mitteln als denen des Leistungswettbewerbs (Lieferungsverweigerung, Koppelungsgeschäfte).

## 2.  Verbotsfolgen

**1082**  Art. 102 AEUV enthält im Gegensatz zu Art. 101 Abs. 2 AEUV („sind nichtig") keine ausdrückliche Rechtsfolge. An das Verbot können öffentlichrechtliche und zivilrechtliche Folgen geknüpft werden. Eine Untersagungsverfügung der Kommission hat angesichts des unmittelbar wirkenden Verbots des Art. 102 AEUV lediglich deklaratorischen Charakter. Anders als bei Art. 101 AEUV gibt es keine Ausnahmen, da ein Missbrauch nie gerechtfertigt werden kann. Art. 102 AEUV bleibt daher auch auf gemäß Art. 101 Abs. 3 AEUV freigestellte Verträge anwendbar[87]. Bei schuldhaften Verstößen gegen Art. 102 AEUV kann die Kommission gemäß Art. 23 VO Nr 1/2003 Geldbußen verhängen. Die zivilrechtlichen Folgen regeln sich nach nationalem Recht. So ist ein aufgezwungener Vertrag gemäß § 134 BGB (aA § 138 BGB) wegen Verstoßes gegen Art. 102 AEUV nichtig[88]. Unterlassungs-, Beseitigungs- und Schadensersatzansprüche regelt seit 2005 der an Art. 102 AEUV anknüpfende § 33 GWB[89]. Verfahren und Rechtsschutz sind ebenfalls in VO 1/2003 geregelt.

---

87  EuGH, Rs 66/86, Ahmed Saeed Flugreisen/Zentrale zur Bekämpfung unlauteren Wettbewerbs, Slg 1989, 803, Rn 32.
88  Vgl *Jung*, in: Grabitz/Hilf/Nettesheim, Art. 102 AEUV, Rn 387 ff, 389 ff; *Weiß*, in: Calliess/Ruffert, Art. 102 AEUV, Rn 74. Vgl auch *Eilmansberger*, in: Streinz, Art. 102 AEUV, Rn 126.
89  Vgl dazu *Emmerich*, in: Dauses, H. I § 3, Rn 155 ff mwN.

# IV. Fusionskontrolle

Da das Bestehen eines unverfälschten Wettbewerbs nicht nur durch Kartellbildung **1083** und Missbrauch einer marktbeherrschenden Stellung, sondern auch durch Zusammenschlüsse vorher miteinander konkurrierender Unternehmen gefährdet werden kann, stellt die Fusionskontrolle (Zusammenschlusskontrolle) ein wichtiges eigenes Instrument der Wettbewerbssicherung dar. Im Gegensatz zum *EGKSV*, der in *Art. 66* die vorbeugende Fusionskontrolle durch die Kommission vorsah, enthielt weder der EGV noch enthält jetzt der AEUV dafür eine ausdrückliche Regelung. Eine Fusionskontrolle für den gesamten Binnenmarkt kommt daher nur durch entsprechende Anwendung von Art. 101 und Art. 102 AEUV[90] oder durch Sekundärrecht, das auf die weit gefasste Ermächtigung des Art. 103 Abs. 1 AEUV („zur Verwirklichung der in den Artikeln 101 und 102 niedergelegten Grundsätze") gestützt werden kann, in Betracht. Beim Überschreiten von deren materiellen Regelungsgehalt muss die Maßnahme aber zusätzlich auf Art. 352 AEUV gestützt werden. Auf beide Grundlagen wurde die **FusionskontrollVO** des Rates gestützt, die am 1.5.2004 in Kraft getreten ist.

Die Fusionskontrollverordnung (VO 139/2004[91]) findet Anwendung auf Zusammenschlüsse von unionsweiter Bedeutung (Kriterium: Umsätze der beteiligten Unternehmen, Art. 1 iVm Art. 5), sodass wegen der relativ hohen Umsatzschwellen der Erwerb der meisten mittelständischen Unternehmen durch Großunternehmen, ob grenzüberschreitend oder nicht, zunächst weiter nur nach nationalem Fusionskontrollrecht (soweit vorhanden) zu beurteilen ist[92]. Im Rahmen einer vorbeugenden Fusionskontrolle muss die Kommission über Erlaubnis oder Verbot der anmeldepflichtigen (Art. 4) Zusammenschlüsse innerhalb einer relativ kurzen Frist entscheiden (Art. 10). In bestimmten Fällen kann die Kommission die Entscheidung auch an die Kartellbehörden der Mitgliedstaaten abgeben (Art. 9, sog. „deutsche Klausel"). **1084**

Wichtig ist das Verhältnis der Fusionskontrollverordnung (FKVO) sowohl zum nationalen Kartellrecht als auch zu Art. 101 und Art. 102 AEUV. Nach Art. 21 Abs. 2 FKVO ist nationales Fusionskontrollrecht (grundsätzlich; Ausnahmen: Art. 21 Abs. 3 UAbs. 2 FKVO) nicht mehr anwendbar, soweit ein Zusammenschluss der Verordnung unterfällt („One-Stop-Shopping"). Die Grundsätze des *Walt Wilhelm-Urteils* (vgl Rn 1054) gelten deshalb jedenfalls im Anwendungsbereich der Verordnung nicht mehr. **1085**

Nach Art. 3 Abs. 3 der KartellVO 1/2003 werden die Art. 101 und Art. 102 AEUV in nationalen Fusionskontrollverfahren nicht angewendet. Fraglich ist allerdings, ob die nationalen Kartellbehörden noch auf Grund der als Primärrecht von der Verordnung unberührt bleibenden Art. 101 und Art. 102 AEUV entscheiden können, obwohl die FKVO der Kommission den Rückgriff darauf hinsichtlich unionsweiter Zusammenschlüsse (Art. 3 FKVO) durch den Entzug des Instrumentariums der VO 1/2003 ver- **1086**

---

90  Vgl zur früheren Rspr des EuGH *Streinz*, Europarecht, 8. Aufl. 2008, Rn 1005.
91  Sart. II Nr 170; *Bieber/Knapp* Nr V.7.6. Vgl zur Evaluation den Bericht über das Funktionieren der VO vom 18.6.2009, KOM(2009) 281 endg. sowie die Leitlinien zur Bewertung nichthorizontaler Zusammenschlüsse, ABl 2008 C 265/6.
92  Vgl die konsolidierte Mitteilung der Kommission zu Zuständigkeitsfragen gemäß der VO (EG) Nr 139/2004, ABl 2009 C 43/10.

wehren möchte (Art. 21 Abs. 1 FKVO). Ein Rückgriff der Kommission auf Art. 105 AEUV scheidet aus, weil diese Vorschrift zwar durch den Erlass der auf Art. 103 AEUV gestützten Verordnungen nicht obsolet, in deren Umfang aber auf Grund der dem Rat eingeräumten Gestaltungsbefugnis subsidiär geworden ist. Die zivilrechtlichen Wirkungen der Art. 101 und Art. 102 AEUV (vgl Rn 1069, 1082 ) bleiben davon unberührt.

1087    Gegen Entscheidungen der Kommission im Fusionskontrollverfahren kann der Adressat oder derjenige, der dadurch unmittelbar und individuell betroffen ist (nicht Aktionär durch Zulassung einer Kapitalerhöhung)[93], Klage zum EuG erheben. Konkurrenten können gegen eine Entscheidung klagen, die einen Zusammenschluss zulässt, wenn sie sich in einer gegenüber den übrigen Konkurrenten herausgehobenen Lage befinden, etwa durch ihre Rolle, die sie im vorprozessualen Verfahren gespielt haben, oder dadurch, dass die Entscheidung ihre Marktstellung erheblich beeinträchtigt[94]. Diese gerichtliche Kontrolle erwies sich als überaus effektiv; so erklärte das EuG allein im Jahr 2002 drei Fusionskontrollentscheidungen der Kommission für nichtig[95].

## V.  Öffentliche Unternehmen

1088    Die Anwendung des Wettbewerbsrechts auf öffentliche Unternehmen ist heikel, weil das Ausmaß des öffentlichen Sektors in den Mitgliedstaaten sehr unterschiedlich ist. Einerseits lässt der AEUV die Eigentumsordnung in den Mitgliedstaaten unberührt (Art. 345 AEUV), sodass diesen nicht das Ausmaß des öffentlichen Sektors vorgegeben werden kann[96]; auch ist der Schutz von Unternehmen, die eine wichtige öffentliche Aufgabe erfüllen, durchaus legitim und durch Art. 14 AEUV seit dem Vertrag von Amsterdam auch ausdrücklich im AEUV anerkannt. Andererseits muss Wettbewerbsverzerrungen durch Unterstützung von Staatsunternehmen aus Steuermitteln zulasten der Staaten mit überwiegend privatwirtschaftlicher Industrie entgegengetreten werden. Art. 106 AEUV erklärt sich als Mittelweg aus diesem Dilemma.

1089    Zunächst erklärt Art. 106 Abs. 1 den AEUV und insbesondere die Wettbewerbsregeln auch für öffentliche Unternehmen (bestimmender Einfluss des Staates)[97] bzw für Unternehmen, denen die Mitgliedstaaten besondere oder ausschließliche Rechte gewähren (beliehene Unternehmen, zB TÜV, oder staatlich verliehene Monopole), für anwendbar. Abs. 2 enthält aber die wichtige Einschränkung, dass für Unternehmen, die mit Dienstleistungen von allgemeinem Interesse betraut sind (zB Bahn, Post, Elektrizitäts-, Gas- oder Wasserwerke) oder den Charakter eines Finanzmonopols (zB Ta-

---

93    EuG, Rs T-83/92, Zunis Holding ua/Kommission, Slg 1993, II-1169, Rn 33 f.
94    EuG, Rs T-2793, Société anonyme Air France/Kommission, Slg 1994, II-323, Rn 42 ff; EuGH verb Rs C-68/94 und C-30/95, Frankreich ua/Kommission, Slg 1998, I-1375, Rn 48 ff.
95    EuG, Rs T-342/99, Airtours/Kommission, Slg 2002, II-2585; Rs T-310/01, Schneider Electric/Kommission, Slg 2002, II-4071; Rs T-05/02, Tetra Laval/Kommission, Slg 2002, II-4381.
96    Vgl dazu EuGH (GK), verb Rs C-105/12 bis C-107/12, Staat der Nederlanden/Essent Nederlanden ua, ECLI:EU:C:2013:677, Rn 28 ff: Zulässigkeit eines nationalen Privatisierungsverbots, das aber mit der Kapitalverkehrsfreiheit (Art. 63 AEUV) vereinbar und durch hinreichend gewichtige Allgemeininteressen (zB Sicherheit der Energieversorgung) gerechtfertigt sein muss.
97    Vgl zum Begriff *Kühling*, in: Streinz, Art. 106 AEUV, Rn 6 ff mwN.

bak, Branntweinmonopol) haben, der gesamte Vertrag und insbesondere seine Wettbewerbsregeln nur insoweit anwendbar sind, als dadurch die Erfüllung der Aufgaben dieser Unternehmen nicht rechtlich oder tatsächlich verhindert wird. Eine bloße Behinderung oder Erschwerung der Aufgabenerfüllung steht der Anwendung des AEUV auf solche Unternehmen nicht entgegen[98]. Ferner darf durch die Nichtanwendung des AEUV die Entwicklung des Handelsverkehrs nicht in einem Ausmaß beeinträchtigt werden, das dem Interesse der Union zuwiderläuft[99]. Der EuGH hat auf den systematischen Zusammenhang zwischen Art. 106 Abs. 1 und Abs. 2 AEUV hingewiesen und betont, dass der Ausschluss des Wettbewerbs zu Gunsten des Monopols sich rechtfertigen lassen muss und nur soweit zulässig ist, wie diese Rechtfertigung reicht[100].

Die Wettbewerbsbeschränkung muss erforderlich sein, um dem mit der Aufgabe von **1090** allgemeinem Interesse betrauten Unternehmen deren Erfüllung zu ermöglichen. Die Durchbrechung des AEUV darf nur soweit erfolgen, wie sie zur Aufgabenerfüllung notwendig ist[101]. Die Beweislast dafür trägt das Unternehmen bzw der Mitgliedstaat. Die Geltung des AEUV über Art. 106 Abs. 2 zurückzudrängen kann nur ultima ratio sein, dh es muss zuvor eine Freistellung nach Art. 101 Abs. 3 AEUV (vgl Rn 1068) oder eine Beihilfengenehmigung nach Art. 107 Abs. 2 AEUV (vgl Rn 1104) versucht worden sein[102]. Mit der Abschaffung des Notifizierungs- und Freistellungsverfahrens im Rahmen des Art. 101 Abs. 3 AEUV (s. Rn 1068) ist die Diskussion um dessen Vorrangstellung gegenüber Art. 106 Abs. 2 AEUV obsolet geworden[103].

Wegen seiner vagen Formulierung ist Art. 106 Abs. 2 AEUV nur eingeschränkt un- **1091** mittelbar anwendbar[104]. Der Rechtsprechung des EuGH liegt wohl die Vorstellung zu Grunde, dass jedenfalls Art. 106 Abs. 2 S. 1 AEUV unmittelbar anwendbar ist[105].

Die Debatte um das Spannungsverhältnis zwischen der Wettbewerbspolitik und öf- **1092** fentlichen Leistungen der Daseinsvorsorge führte zur Einfügung des *Art. 16 EGV* (jetzt Art. 14 AEUV) durch den Vertrag von Amsterdam. Die Norm wirkt sich auf die Auslegung und damit letztlich auch auf den Anwendungsbereich von Art. 106 Abs. 2 AEUV aus. Zwar lässt die wenig eindeutige Formulierung, die einerseits Art. 106 AEUV unberührt lassen will, andererseits sich aber auf Dienste von allgemeinem

---

98  EuG, Rs T-260/94, Air Inter/Kommission, Slg 1997, II-997, Rn 138; weiter aber wohl EuGH, Rs C-159/94, Kommission/Frankreich, Slg 1997, I-5815, Rn 95, der eine Gefährdung genügen lässt.

99  Vgl EuGH, Rs C-438/02, Krister Hanner, Slg 2005, I-4551, Rn 47.

100 Vgl EuGH, Rs C-260/89, Elliniki Radiophonia Tileorassi (ERT)/Dimotiki Etairia Pliroforisis, Slg 1991, I-2925, Rn 33 f = *HVL*, S. 85173 ff; Rs C-320/91, Corbeau, Slg 1993, I-2533, Rn 14 ff = *HVL*, S. 85680; verb Rs C-147 und 148/97, Deutsche Post AG/GZS und Citicorp, Slg 2000, I-825, Rn 39 ff = EuZW 2000, 281 (283 ff) m. Anm. *Neu* = *HVL*, S. 85883 ff = JuS 2000, 714 – *Emmerich* (Remailing).

101 EuGH, Rs C-159/94, Kommission/Frankreich, Slg 1997, I-5699, Rn 94.

102 EuGH, verb Rs C-261 und C-262/03, van Calster, Slg 2003, I-12249, Rn 61.

103 Vgl dazu *Mestmäcker/Schweitzer*, in: Immenga/Mestmäcker, Bd. 1, III., Art. 106 Abs. 2, Rn 46.

104 EuGH, Rs 66/86, Ahmed Saeed Flugreisen/Zentrale zur Bekämpfung unlauteren Wettbewerbs, Slg 1989, 803, Rn 55 ff.

105 EuGH, Rs C-260/89, ERT, Slg 1991, I-2925, Rn 34; Rs C-320/91, Corbeau, Slg 1993, I-2533, Rn 19 ff. Vgl zur unklaren Rspr des EuGH *Koenig/Paul*, in: Streinz, Art. 106 AEUV, Rn 44 mwN; *Jung*, in: Calliess/Ruffert, Art. 106 AEUV, Rn 8 f mwN; *Wernicke*, in: Grabitz/Hilf/Nettesheim, Art. 106 AEUV, Rn 12 f mwN.

wirtschaftlichen Interesse bezieht, deren Kriterien gemäß Erklärung Nr 37 zum Amsterdamer Vertrag[106] zB die öffentlich-rechtlichen Kreditinstitute in Deutschland erfüllen, die Entwicklung offen. Gegen eine Ausdehnung spricht auch die Erklärung Nr 13 zu *Art. 16 EGV*[107], in der die Vertragsparteien die uneingeschränkte Beachtung der bisherigen Rechtsprechung betonen[108]. Dafür spricht aber Art. 36 GRCh, der die Unionsorgane verpflichten soll, den Zugang zu Dienstleistungen von allgemeinem wirtschaftlichem Interesse entsprechend der Rechtslage in den Mitgliedstaaten anzuerkennen[109], und die Erhebung bestimmter Aspekte der Dienste von allgemeinem Interesse zu „gemeinsamen Werten der Union" im Protokoll Nr 27 zum Vertrag von Lissabon[110]. Mit dem Vertrag von Lissabon ist eine Rechtsetzungskompetenz zur Festlegung der in Art. 14 S. 1 AEUV angesprochenen Grundsätze und Bedingungen geschaffen worden (Art. 14 S. 2 AEUV).

**1093** Zur Durchsetzung des Art. 106 AEUV gibt dessen Abs. 3 der Kommission die Befugnis, an die Mitgliedstaaten geeignete Richtlinien oder Entscheidungen zu richten. Um überhaupt die nötigen Informationen über die finanziellen Beziehungen zwischen den Mitgliedstaaten und ihren öffentlichen Unternehmen zu erhalten, hat sie die sog. Transparenzrichtlinie[111] erlassen, nach der die Mitgliedstaaten insoweit regelmäßig umfangreiche Informationen zu liefern haben, sodass eventuelle Beihilfen offen gelegt werden. Seit 1988 diente *Art. 86 Abs. 3 EGV* zur Öffnung der Telekommunikationsmärkte. Die zahlreichen diesbezüglichen Richtlinien wurden hierauf gestützt[112]. Mittels Entscheidungen nach Art. 106 Abs. 3 AEUV stellt die Kommission Vertragsverletzungen der Mitgliedstaaten ab. Art. 106 Abs. 3 AEUV weicht insoweit zu Gunsten der Kommission vom Vertragsverletzungsverfahren nach Art. 258 AEUV ab.

---

106 ABl 1997 C 340/138; Sart. II Nr 154, S. 18 f.

107 ABl 1997 C 340/133; Sart. II Nr 154, S. 13.

108 *M. Ross*, ELRev 2000, 22 (38) sieht darin sogar – entgegen der ursprünglichen Intention – einen Kompetenzansatz für die Kommission. *Frenz*, EuR 2000, 901 (924 f), sieht darin einen eingeschränkten Gestaltungsauftrag an EU und Mitgliedstaaten mit Schutzfunktion für öffentliche Anbieter. Zur Sichtweise der Kommission s. deren Mitteilung zu Leistungen der Daseinsvorsorge in Europa, ABl 2001 C 17/04 sowie das Grünbuch zu Dienstleistungen von allgemeinem Interesse (KOM (2003) 270 endg.). Vgl auch *Koenig/Paul*, in: Streinz, Art. 106 AEUV, Rn 74; Art. 14, Rn 14 ff.

109 Vgl GA *Alber*, SchlA zu EuGH, Rs C-340/99, TNT Traco, Slg 2001, I-4109, Rn 94, der Art. 17 AEUV und Art. 36 GRCh als „Ausdruck einer grundlegenden Wertentscheidung des Gemeinschaftsrechts" und die Bedeutung des Art. 106 Abs. 2 AEUV gestärkt sieht.

110 Protokoll Nr 26 zum Vertrag von Lissabon über die Dienste von allgemeinem Interesse (ABl 2012 C 326/308; Sart II Nr 147, S. 41 f; Nomos Nr 3, S. 249 f). Vgl dazu *Jung*, in: Calliess/Ruffert, Art. 106 AEUV, Rn 52 f.

111 RL 80/723, Sart. II Nr 169; aufgehoben durch RL 2006/111/EG, ABl 2006 L 318/17.

112 Vgl zB RL 88/301 (ABl 1988 L 131/73) für den Wettbewerb auf dem Markt für Telekommunikations-Endgeräte; aufgehoben durch die RL 2008/63/EG, ABl L 162/20 Bestätigt durch EuGH, Rs C-202/88, Frankreich/Kommission, Slg 1991, I-1223, Rn 19 ff. Vgl zur Fortentwicklung *Jung*, in: Calliess/Ruffert, Art. 106 AEUV6, Rn 61 mwN. Zu offenem Netzzugang und Entflechtung vgl *Herdegen*, § 22, Rn 58 ff.

# VI. Staatliche Beihilfen

## 1. Tatbestand

Gemäß Art. 107 Abs. 1 AEUV sind staatliche oder aus staatlichen Mitteln gewährte Beihilfen der Mitgliedstaaten (nicht der Union) gleich welcher Art, die durch die Begünstigung **bestimmter**[113] Unternehmen oder Produktionszweige den Wettbewerb verfälschen oder zu verfälschen drohen, mit dem Binnenmarkt unvereinbar, soweit sie den Handel zwischen den Mitgliedstaaten beeinträchtigen. **1094**

Besondere Brisanz hat das Beihilfenverbot durch die jüngste **Finanzkrise** erlangt, die die wirtschaftliche Stützung einer Vielzahl von Banken, aber auch von Unternehmen der Realwirtschaft, durch die Mitgliedstaaten notwendig gemacht hat. Als problematisch ist es insbesondere anzusehen, wenn einzelne Mitgliedstaaten über das Vehikel des schwer greif- und kontrollierbaren Attributs der „Systemrelevanz" die Förderung von nationalen Unternehmen betreiben, da hierdurch der Wettbewerb verfälscht wird. Hauptaufgabe der Kommission war und ist es somit, einem Förderungswettlauf der Mitgliedstaaten entgegenzuwirken[114]. Darüber hinaus hat die Kommission rechtzeitig für eine Exit-Strategie aus der gegenwärtigen Praxis der Beihilfengewährung zu sorgen, um wieder zu dem eigentlichen Grundgedanken eines unverfälscht funktionierenden Marktes zurückzukehren[115]. **1095**

Der **Begriff** der Beihilfe ist nach Wortlaut („gleich welcher Art") und Zweck der Vorschrift weit zu verstehen. Der EuGH definiert sie als staatliche (auch von Bundesländern, Gemeinden oder öffentlichen Unternehmen) „Maßnahmen, die in verschiedener Form die Belastungen vermindern, welche ein Unternehmen normalerweise zu tragen hat"[116]. Dazu zählen folglich sowohl **positive Leistungen als auch Verschonungen** oder Erleichterungen von staatlich auferlegten Leistungspflichten. Auf welchen Motiven die Gewährung fußt ist unerheblich, einzig relevant ist die ökonomische Wirkung der Beihilfe[117]. Charakteristisch für das Vorliegen einer solchen sind die Freiwilligkeit der staatlichen Leistung bzw Verschonung, die begünstigende Wirkung bei den Empfängern und deren **fehlende äquivalente Gegenleistung**. Bei letzterem Kriterium kommt es darauf an, ob das Unternehmen eine wirtschaftliche Vergünstigung erhält, die es unter normalen Marktbedingungen nicht erhalten hätte (Vergleichsmaßstab: ein hypothetischer privater Investor, der sich von längerfristigen Rentabilitätsüberlegungen leiten lässt)[118]. Der Vorteil, der einem Unternehmen durch staatliches Handeln entsteht, ist hingegen dann **keine** Beihilfe, wenn er nicht **aus staatlichen Mitteln** gewährt wird, sondern *unmittelbar* von anderen privaten Wirtschaftsteilnehmern stammt, und zwar auch dann, wenn diese Wirkung die Folge zwingender staatli-

---

113 Vgl zum Merkmal und zu den Voraussetzungen der Selektivität EuGH, Rs C-5/14, Kernkraftwerke Lippe-Ems GmbH/HZA Osnabrück, ECLI:EU:C:2015:354 = NVwZ 2015, 1122 mit Anm. *Kahl*, ebd, S. 1081, Rn 74 ff mwN (Kernbrennstoffsteuer nicht selektive Maßnahme und damit keine staatliche Beihilfe).

114 Mit positiver Bilanz *Fehling*, EuR 2010, 598 (616). Eingehend dazu *Martenczuk*, in: von der Groeben/Schwarze/Hatje, Art. 107 AEUV, Rn 375 ff.

115 Vgl dazu *Herrmann*, WuV 2010, 36 (36 ff).

116 EuGH, Rs 30/59, De Gezamenlijke Steenkolenmijnen in Limburg/Hohe Behörde, Slg 1961, 1/43.

117 Vgl EuGH, Rs 173/73, Italien/Kommission, Slg 1974, 709 Rn 26/28; EuGH, Rs C-5/14 (Fn 113), Rn 71 f, 75 mwN.

118 Vgl EuGH, Rs C-256/97, DMT, Slg 1999, I-3913, Rn 24 = JuS 2000, 487 (488) – *Streinz*.

cher Gesetzgebung ist[119]. Das gleiche gilt, wenn der Staat einem Unternehmen einen Vorteil als Ausgleich für eine von diesem zu leistende gemeinwirtschaftliche Aufgabe und die daraus entstehenden Kosten gewährt[120]. Die Kriterien dafür wurden im Urteil *Altmark Trans* konkretisiert: (1) Klare Definition (Art, Dauer, Umfang) der dem Unternehmen übertragenen gemeinwirtschaftliche Verpflichtungen. (2) Objektiv und transparent vorab festgelegte Parameter für die Berechnung der Ausgleichszahlung. (3) Nur Kostendeckung inklusive eines angemessenen Gewinns. (4) Bestimmung der Höhe des zu gewährenden Ausgleichs im Rahmen eines Verfahrens zur Vergabe öffentlicher Aufträge, ggf. durch Vergleichmarktanalyse[121]. Vom Beihilfenbegriff **umfasst** sind hingegen staatliche Mittel, die *mittelbare* Begünstigungen darstellen, beispielsweise die Zuwendung durch staatlich benannte öffentliche oder private Unternehmen[122], oder aber die Förderung des Erwerbs von Produkten bestimmter Unternehmen[123]. Ebenso die Quersubventionierung durch parafiskalische Abgaben (s. dazu Rn 894)[124].

**1096** **Ausnahmen** vom grundsätzlichen Beihilfenverbot sehen Vorschriften über die Agrarpolitik (Art. 42 Abs. 2 AEUV) und die Verkehrspolitik (Art. 93, 96 AEUV) vor. Gemäß Art. 121 AEUV wird die Wirtschaftspolitik zwar als Angelegenheit von gemeinsamem Interesse betrachtet, verbleibt aber weitgehend in der Kompetenz der Mitgliedstaaten (vgl Rn 1115). Daher sind im Rahmen der Wirtschaftspolitik Maßnahmen allgemeiner Art für die gesamte Wirtschaft erlaubt[125]. Wegen des Merkmals der Spezifität bzw Selektivität („bestimmte Unternehmen oder Produktionszweige") von Beihilfen sind auch Maßnahmen zur Verbesserung der *Infrastruktur* einer bestimmten Region zulässig, soweit die dadurch bewirkten unterschiedlichen Folgen hinsichtlich Vorteilen oder Belastungen für Unternehmen in der Natur oder im Aufbau des geltenden allgemeinen (Steuer-) Systems angelegt sind[126].

**1097** Das Verhältnis der Beihilfevorschriften zu den **Grundfreiheiten** ist praktisch bedeutsam, da letztere unmittelbar anwendbar sind (vgl Rn 873), während das Beihilfenverbot – mit Ausnahme der Anmeldepflicht nach Art. 108 Abs. 3 AEUV – der Konkretisierung durch die Unionsorgane bedarf (vgl Rn 1106 ff). Die Qualifikation einer

---

119 Vgl EuGH, Rs C-379/98, PreussenElektra AG, Slg 2001, I-2099, Rn 58 ff = *HVL*, S. 807 ff = *Pechstein* Nr 146, 265 = JuS 2001, 596 – *Streinz*, zur Rechtmäßigkeit des Stromeinspeisungsgesetzes (BGBl. 1990 I 2633). Bestätigt und abgegrenzt zu relevanter Staatsaktivität durch EuGH, Rs C-262/12, Vent de Colère, ECLI:EU:C:2013:851, Rn 17 ff, 34 = JuS 2014, 852 – *Streinz*.

120 Vgl EuGH, Rs C-53/00, Ferring/Acoss, Slg 2001, I-9067, Rn 27 = JuS 2002, 492 ff – *Streinz*; EuGH, Rs C-222/07, UTECA, Slg 2009, I-1407, Rn 25 ff: Pflicht aller Rundfunkveranstalter zur Vorfinanzierung europäischer Spiel- und Fernsehfilme. Die Frage, ob die Rundfunkgebühren in Deutschland tatbestandlich Beihilfen sind, ist strittig, vgl *Streinz*, Amsterdamer Protokoll, in: Stern (Hrsg.), Die Bedeutung des Europäischen Rechts für den nationalen Rundfunk, 2007, S. 77 ff mwN; zur möglichen Rechtfertigungsgründen vgl ebd., S. 82 ff.

121 EuGH, Rs C-280/00, Altmark Trans GmbH und Regierungspräsidium Magdeburg/Nahverkehrsgesellschaft Altmark GmbH, Slg 2003, I-7747, Rn 89 ff = *HVL*, S. 811 ff = *Pechstein* Nr 266 = JuS 2004, 150 ff – *Streinz*: Ausgleich gemeinwirtschaftlicher Verpflichtungen im öffentlichen Personennahverkehr; vgl dazu *Klienmann/Stehmann*, in: von der Groeben/Schwarze/Hatje, Art. 107 AEUV, Rn 772 ff.

122 EuGH, Rs C-482/99, Stardust Marine, Slg 2002, I-4397 Rn 37f.

123 *Kühling*, in: Streinz, Art. 107 AEUV, Rn 31 mwN dort in Fn 99.

124 EuGH, Rs C-333/07, Régie Networks, Slg 2008, I-10807. Vgl dazu *Gundel*, EWS 2009, 350 (350 ff).

125 Vgl EuGH, Rs C-189/91, Petra Kirsammer-Hack/Nurhan Sidal, Slg 1993, I-6185, Rn 17.

126 EuG, Rs T-210/02, British Aggregates Association, Slg 2006, II-2789, Rn 107.

Maßnahme als Beihilfe kann sie nicht von den Verboten der Grundfreiheiten ausnehmen[127]. Liegt keine Beihilfe iSv Art. 107 AEUV vor, darf nicht auf das Verfahren des Art. 108 AEUV zurückgegriffen werden, um zu entscheiden, dass ein Verstoß gegen eine Grundfreiheit vorliege. Steht eine staatliche Beihilfe wegen einer ihrer Modalitäten in Widerspruch zu einer anderen Bestimmung des AEUV, zB zu den Grundfreiheiten, so darf sie nicht von der Kommission im Verfahren des Art. 108 AEUV als mit dem Binnenmarkt vereinbar (vgl Rn 1104) erklärt werden[128].

- Die Beihilfe muss den **Wettbewerb verfälschen** oder zumindest **zu verfälschen drohen**. Diese Differenzierung erklärt sich aus dem in repressive und präventive Mittel gegliederten System der Beihilfenaufsicht (vgl Rn 1105 f). Die Kommission ging in Einklang mit der hL lange Zeit davon aus, dass grundsätzlich jede Beihilfe eben durch die unentgeltliche Zuwendung eine Wettbewerbsverfälschung bewirke; sie hat ungeachtet dessen aber bei allen Einzelbeihilfen das Vorliegen einer Wettbewerbsverfälschung anhand vom EuGH bestätigter Kriterien[129] belegt. Als sie bei einer Regionalbeihilfe, bei der sich die tatsächlichen Auswirkungen auf den Wettbewerb im Zeitpunkt der Anmeldung noch nicht feststellen ließen, auf diesen Nachweis verzichtete, beanstandete dies der EuGH zu Recht, da Art. 107 Abs. 1 AEUV nicht zwischen den verschiedenen Beihilfenarten unterscheidet und nicht vorsieht, dass eine von ihnen automatisch in seinen Anwendungsbereich fällt; er legte der Kommission trotz, aber auch unter Berücksichtigung der Nachweisprobleme eine Begründungspflicht auf[130]. Zur Feststellung einer Wettbewerbsbeschränkung und zur Bestimmung des relevanten Marktes[131] vgl die Ausführungen zum Kartellverbot (Rn 1058 f). **1098**

- Die Wettbewerbsverfälschung muss **spürbar** sein[132], da das Ziel die Bekämpfung wirksamer wettbewerbsverfälschender Maßnahmen ist. **1099**

- Schließlich muss die Beihilfe **geeignet** sein, **den Handel** (auch mit Dienstleistungen) **zwischen den Mitgliedstaaten zu beeinträchtigen** (Zwischenstaatlichkeitsklausel). Dies ist zwar grundsätzlich bei jeder Beihilfe wegen ihrer Vorteilswirkung zu bejahen. Da sich die Wirkung einer Beihilfe aber auch nur auf das Gebiet eines Mitgliedstaates beschränken kann, darf nicht pauschal von einer Indizwirkung der festgestellten Wettbewerbsbeschränkungen auf die zwischenstaatliche Handelsbeeinträchtigung ausgegangen werden. **1100**

- Auch die Zwischenstaatlichkeitsklausel unterliegt einem **Spürbarkeitskriterium**[133], denn nicht jede Beihilfe, die potenziell den zwischenstaatlichen Handel **1101**

---

127 EuGH, Rs C-21/88, Du Pont de Nemours Italiana, Slg 1990, I-889, Rn 20 f.
128 EuGH, Rs C-156/98, Deutschland/Kommission, Slg 2000, I-6857, Rn 67 ff.
129 Vgl Vorbringen der Kommission in Rs 730/79, Philip Morris Holland BV/Kommission, Slg 1980, 2671/2680.
130 EuGH, Rs 248/84, Deutschland/Kommission, Slg 1987, 4013, Rn 18.
131 Zum Tatbestand einer Beihilfe ohne dass für die wirtschaftliche Tätigkeit überhaupt ein Markt besteht bei Infrastrukturmaßnahmen vgl EuGH, Rs C-288/11 P, Mitteldeutsche Flughafen AG und Flughafen Leipzig/Halle GmbH/Kommission, ECLI:EU:C:2012:821, Rn 36 ff = *Pechstein* Nr 267 = *HVL*, S. 803 ff.
132 EuGH, ebd. Vgl die VO 1998/2006 der Kommission, ABl 2006 L 379/5 zu De-minimis-Beihilfen. Differenzierend hierzu *Koenig/Paul*, in: Streinz, Art. 107 AEUV, Rn 95. Zu den mit Blick auf die Finanzkrise vorübergehend geänderten Schwellenwerten *Herrmann*, WuV 2010, 45.
133 Str; vgl hierzu *Koenig/Paul*, in: Streinz, Art. 107 AEUV, Rn 101.

beeinträchtigt (was angesichts der immer engeren Verzahnung der Wirtschafts-
strukturen nahezu immer der Fall sein wird), wirkt sich auf den Handel tatsächlich
beschränkend aus.

## 2. Ausnahmen

**1102** Da neben dem Ziel der Herstellung eines unverfälschten Wettbewerbs auch sozial-
und regionalpolitische Aspekte der Mitgliedstaaten berücksichtigt werden sollen,
wird eine Reihe von **erlaubten Beihilfen** vorgesehen.

**1103** **Primärrechtlich** sind durch Art. 107 Abs. 2 AEUV bestimmte, abschließend aufge-
zählte Beihilfen ausdrücklich erlaubt: Beihilfen sozialer Art an einzelne Verbraucher,
wenn sie ohne Diskriminierung nach der Herkunft der Ware gewährt werden, zB ver-
billigter Bezug von Agrarprodukten oder Schulmilch ohne Bevorzugung der heimischen Anbieter; Beihilfen zur Beseitigung von Notständen oder Katastrophen; Beihilfen für die Wirtschaft bestimmter durch die Teilung Deutschlands betroffener Gebiete
der Bundesrepublik Deutschland, soweit sie zum Ausgleich der durch die Teilung
verursachten wirtschaftlichen Nachteile erforderlich sind, wobei die Weiteranwen-
dung nach der Wiedervereinigung differenziert gesehen werden muss[134].

**1104** Daneben können bestimmte Beihilfen als mit dem Binnenmarkt vereinbar angesehen
werden. Dies bedarf einer Konkretisierung durch einen **Rechtsakt** der Union, für den
im Falle des Art. 107 Abs. 3 lit. e AEUV (sonstige Arten von Beihilfen) der Rat, im
Übrigen (Art. 107 Abs. 3 lit. a-d AEUV) die Kommission zuständig ist. Diesen Be-
freiungsmöglichkeiten ist gemeinsam, dass dabei der Kommission bzw dem Rat ein
relativ weites Ermessen eingeräumt wird und Beihilfen grundsätzlich nur freigestellt
werden dürfen, wenn ihre wettbewerbsverzerrenden Wirkungen von einer im Unionsinteresse liegenden Gegenleistung kompensiert werden.

## 3. Beihilfenaufsicht durch die Kommission

**1105** Art. 108 AEUV begründet eine umfassende Zuständigkeit der Kommission, die bestehenden Beihilfen in einem repressiven Verfahren zu überwachen und neue Beihilfen in einem präventiven Verfahren zu kontrollieren. Sie darf jedoch nicht über die
Beihilfenaufsicht eine eigene positive Förderpolitik betreiben. Nachdem wesentliche
Verfahrensregelungen, an denen es primär- wie sekundärrechtlich fehlte, zunächst
durch die Rechtsprechung des EuGH entwickelt wurden, legt seit 1999 die VO 659/
1999[135] die maßgeblichen verfahrensrechtlichen Vorgaben für die Anwendung des
Art. 108 AEUV fest.

### a) Repressives Verfahren

**1106** Gemäß Art. 108 Abs. 1 AEUV überprüft die Kommission fortlaufend in Zusammenarbeit mit den Mitgliedstaaten die in diesen bestehenden Beihilferegelungen. Bestehende Beihilfen sind solche, die vor Inkrafttreten des Vertrages eingeführt worden

---

134    Vgl EuGH, Rs C-156/98, Deutschland/Kommission, Slg 2000, I-6857, Rn 43 ff.
135    ABl 1999 L 83/1 (Sart. II Nr 173; *Bieber/Knapp*, Nr V.7.9). Vgl dazu *Sinnaeve*, EuZW 1999, 270 ff.
       DurchführungsVO 794/2004, ABl 2004 L 140/1.

sind, sowie genehmigte Beihilfen und als genehmigt oder als bestehend geltende Beihilfen (Art. 1 lit. b VO 659/1999). Die fortlaufende Kontrolle eröffnet daher ua die Möglichkeit, ein Beihilfenprogramm, dessen künftige Auswirkungen stets eine Prognose erfordern (zB Regionalprogramm), im präventiven Verfahren (s. Rn 1107) zu genehmigen, und gleichwohl gegen eine auf dieser Grundlage gewährte Einzelbeihilfe, die sich als wettbewerbsverfälschend erweist, gemäß Art. 108 Abs. 1 und 2 AEUV einzuschreiten. Danach entscheidet die Kommission, wenn sie nach Einräumung einer Äußerungsfrist an die Beteiligten (wozu auch beschwerdeführende Konkurrenten zählen) festgestellt hat, dass eine von einem Staat oder aus staatlichen Mitteln gewährte Beihilfe mit dem Binnenmarkt unvereinbar ist oder missbräuchlich angewandt wird, dass der betreffende Staat sie binnen einer von ihr bestimmten Frist aufzuheben oder umzugestalten hat. Kommt der Mitgliedstaat dieser Entscheidung nicht nach, so kann die Kommission oder jeder betroffene Mitgliedstaat ohne Durchführung des Vorverfahrens gemäß Art. 258, Art. 259 AEUV (vgl Rn 634 f) unmittelbar den EuGH anrufen (Art. 108 Abs. 2 UAbs. 2 AEUV).

**b) Präventives Verfahren**

Art. 108 Abs. 3 AEUV eröffnet der Kommission die Möglichkeit, neue Beihilfen vor ihrer beabsichtigten Einführung auf ihre Vereinbarkeit mit dem Binnenmarkt hin zu überprüfen (sog. **Vorprüfphase**). Damit die Kommission diese Aufgabe erfüllen kann, obliegt es den Mitgliedstaaten, sie von jeder beabsichtigten Einführung oder Umgestaltung von Beihilfen rechtzeitig zu unterrichten (Art. 108 Abs. 3 S. 1 AEUV). Angemeldet werden müssen grundsätzlich alle neuen Beihilfen, dh solche, die die Voraussetzungen des Art. 107 Abs. 1 AEUV erfüllen (selbst wenn sie Art. 107 Abs. 2 AEUV unterfallen) und keine bestehenden Beihilfen sind. Ausgenommen von der Anmeldepflicht sind nur Beihilfen, die unter die auf der Grundlage von Art. 1 VO 994/1998 des Rates über die Anwendung der Art. 107 und 108 AEUV auf bestimmte Gruppen horizontaler Beihilfen[136] von der Kommission erlassenen Gruppenfreistellungsverordnungen für De-minimis-Beihilfen[137], speziell im Fischereisektor[138] oder an kleine oder mittlere Unternehmen (KMU) im Bereich der Landwirtschaft[139], oder die allgemeine Gruppenfreistellungsverordnung[140] (insb. hinsichtlich Beihilfen für KMU, Forschung und Entwicklung, Regionalbeihilfen, Umweltschutz, Ausbildung und Beschäftigung), fallen. Ist die Kommission der Auffassung, dass das anmeldepflichtige Vorhaben gemäß Art. 107 AEUV mit dem Binnenmarkt unvereinbar ist, oder hat sie Schwierigkeiten bei der Beurteilung der Vereinbarkeit des Vorhabens mit dem Binnenmarkt, leitet sie das für das repressive Vorgehen in Art. 108 Abs. 2 AEUV vorgesehene Verfahren ein (Art. 108 Abs. 3 S. 2 AEUV) – sog. Hauptprüfverfahren –, in dem sich die Kommission eine umfassende Kenntnis aller Gesichtspunkte verschaffen soll[141]. Der betreffende Mitgliedstaat darf die beabsichtigten Maßnahmen

**1107**

---

136   ABl 1998 L 142/1; Sart. II Nr 172; *Bieber/Knapp* Nr V.7.8.
137   Das sind Beihilfen, die weniger als 200 000 Euro, im Straßentransportsektor weniger als 100 000 Euro pro Unternehmen für einen Zeitraum von drei Jahren betragen, VO 1998/2006, ABl 2006 L 379/5.
138   VO 875/2007, ABl 2007 L 193/6.
139   VO 1857/2006, ABl 2006 L 358/3.
140   VO 800/2008, ABl 2008 L 214, 3.
141   St Rspr, vgl zuletzt EuG, Rs T-193/06, TF1/Kommission, Slg 2010, II-4967, Rn 69.

nicht durchführen, bevor die Kommission einen abschließenden Beschluss erlassen hat (**„Stillhaltepflicht"**, Art. 108 Abs. 3 S. 3 AEUV; Art. 3 VO 659/1999). Der Stillhaltepflicht kommt unmittelbare Wirkung zu, auf die sich auch Mitbewerber vor nationalen Gerichten berufen können (vgl Rn 1110). Wird die Maßnahme gleichwohl durchgeführt und erweist sie sich als materiell rechtswidrig, ist die Kommission berechtigt und zur Wahrung der einheitlichen Anwendung des Unionsrechts grundsätzlich verpflichtet, von dem betreffenden Mitgliedstaat ihre Rückgängigmachung zu verlangen[142]. Zu den damit verbundenen unions-, verfassungs- und verwaltungsrechtlichen Problemen vgl **Fall 23** (Rn 611/616).

1108     Erlässt die Kommission jedoch binnen zweier Monate nach Unterrichtung über die Beihilfe keine Entscheidung, darf der Mitgliedstaat die beabsichtigte Maßnahme durchführen, nachdem er dies der Kommission angezeigt und diese nicht innerhalb von 15 Arbeitstagen eine Entscheidung getroffen hat[143].

1109     Nach Ansicht des EuG[144], die nunmehr in Art. 7 Abs. 4 der VO 659/1999 kodifiziert ist, ermächtigt die Befugnis aus Art. 108 Abs. 2 UAbs. 1 AEUV, einem Mitgliedstaat aufzugeben, eine mit dem Binnenmarkt unvereinbare Beihilfe umzugestalten, die Kommission auch dazu, eine Entscheidung, durch die sie eine Beihilfe gemäß Art. 107 Abs. 3 lit. c AEUV genehmigt, mit Bedingungen zu versehen, um eine dem Unionsinteresse zuwiderlaufende Verfälschung des Wettbewerbs auszuschließen. Daher kann die Auszahlung genehmigungsfähiger neuer Beihilfen an ein bestimmtes Unternehmen davon abhängig gemacht werden, dass das Unternehmen früher erhaltene Beihilfen zurückzahlt, deren Unzulässigkeit die Kommission festgestellt hat. Dem stehen die bloße Anhängigkeit eines Rechtsstreits vor nationalen Gerichten über die Rückforderung zuvor erhaltener Beihilfen ebenso wenig entgegen wie Gesichtspunkte des Vertrauensschutzes. Dies ist insoweit zutreffend, als bei der Bewertung der Vereinbarkeit einer Beihilfe mit dem Binnenmarkt deren Kumulation mit noch beim Beihilfeempfänger vorhandenen unionsrechtswidrigen Beihilfen berücksichtigt werden darf. Allerdings muss der Grundsatz der Verhältnismäßigkeit beachtet werden, der einer bedingten Genehmigung dann entgegenstehen kann, wenn die Höhe der neu zu genehmigenden Beihilfen die Höhe der zurückzuzahlenden erheblich übersteigt[145].

1110     Der Verstoß eines Mitgliedstaats gegen die Notifizierungspflicht des Art. 108 Abs. 3 S. 1 AEUV kann von der Kommission und von Konkurrenten angegriffen werden. Die Kommission darf in diesem Fall von dem Mitgliedstaat die Aussetzung und einstweilige Rückforderung der Beihilfe verlangen (Art. 11 Abs. 1 und 2 VO 659/1999). Ein Konkurrent kann vor nationalen Gerichten die formelle Rechtswidrigkeit der Beihilfe rügen und in der Regel ihre vorläufige Rückforderung verlangen[146]. Die glei-

---

142   Vom EuGH als „logische Folge ihrer Rechtswidrigkeit" bezeichnet, vgl Rs C-277/00, Deutschland/Kommission, Slg 2004, I-3925, Rn 74, Art. 11 Abs. 2, 14 VO 659/1999: Frist: Zehn Jahre (Art. 15).

143   EuGH, Rs C-39/94, SFEI ua/La Poste ua, Slg 1996, I-3547, Rn 38 = *HVL*, S. 823 ff; Art. 4 Abs. 6 VO 659/1999.

144   EuG, verb Rs T-244/93 und T-186/93, Textilwerke Deggendorf/Kommission, Slg 1995, II-2265, Rn 55 = *HVL*, S. 262 ff. Im Rechtsmittelverfahren bestätigt durch EuGH, Rs C-355/95 P, Slg 1997, I-2549, Rn 24 ff.

145   Vgl dazu die Anmerkung von *Pache*, EuZW 1996, 256.

146   EuGH, Rs C-354/90, Fédération nationale du commerce extérieur des produits alimentaires ua/Französische Republik, Slg 1991, I-5505, Rn 12, 14. Dazu instruktiv EuGH, Rs C-368/04, Transalpine Ölleitung in Österreich GmbH ua/Finanzlandesdirektion für Tirol ua, Slg 2006, I-9957, Ls 4.

chen Rechte hat nach der Rechtsprechung des EuGH derjenige, der zur Zahlung einer Abgabe herangezogen wurde, deren Aufkommen notwendig der Finanzierung einer nicht notifizierten Beihilfe diente. Auch diese Abgabe ist – gestützt auf Art. 108 Abs. 3 AEUV – zurückzugewähren[147].

Die nationalen Gerichte sind umfassend an die Einschätzung der Kommission, dass eine Beihilfe vorliegt, gebunden[148]. **1111**

Beschwerdeführende **Konkurrenten** und Berufsverbände können ferner gegen die Ablehnung der Kommission, ein formelles Hauptprüfverfahren einzuleiten, mit der Nichtigkeitsklage gemäß Art. 263 Abs. 4 AEUV vorgehen[149]. Klagegegenstand ist der an den Mitgliedstaat gerichtete Beschluss über die Vereinbarkeit der Beihilfe mit dem AEUV[150]. Ggf kommt die Untätigkeitsklage gemäß Art. 265 AEUV in Betracht, wenn die Kommission den Erlass einer Maßnahme ablehnt[151], uU auch eine Schadenersatzklage gemäß Art. 340 AEUV[152]. **1112**

Art. 108 Abs. 3 S. 3 AEUV ist ein Verbotsgesetz iSv § 134 BGB und führt (ggf iVm § 59 Abs. 1 VwVfG) zur Nichtigkeit jeder Vereinbarung der öffentlichen Hand, die eine nicht genehmigte Beihilfe umfasst[153]. Nach der neuesten Rechtsprechung des EuGH[154] ist allerdings fraglich, ob dies unionsrechtlich geboten ist[155]. **1113**

Art. 109 AEUV sieht den Erlass zweckdienlicher Durchführungsverordnungen durch den Rat vor. Neben der Verfahrensordnung für die Anwendung des Art. 108 AEUV (s. Rn 1105) wurde darauf die VO 994/98 gestützt. **1114**

**Literatur:** *Ackermann*, T., Europäisches Kartellrecht, in: K. Riesenhuber (Hrsg.), Europäische Methodenlehre, 3. Aufl 2015, § 21; *Alemann*, F., Die Abänderung von Bußgeldentscheidungen der Kommission durch die Gemeinschaftsgerichte in Kartellsachen; EuZW 2006, 487; *Arhold*, C., Beihilfenrechtliche Konkurrentenklagen im Lichte der neuesten höchstrichterlichen Rechtsprechung, EWS 2011, 209; *Bacon*, K., European Union Law of State Aid, 2013; *Bartosch*, A., Die Durchsetzung der Beihilferechtswidrigkeit staatlicher Maßnahmen vor nationalen Gerichten, EuZW 2005, 396; *ders.*, Die neue Allgemeine Gruppenfreistellungsverordnung im EG-Beihilferecht, NJW 2008, 3612; *ders.*, Schranken-Schranken in der EG-Beihilfenkontrolle, NJW 2002, 3588; *Becker*, U., EU-Beihilfenrecht und soziale Dienstleistungen, NZS 2007, 169; *Brammer*, S., Ne bis in idem im europäischen Kartellrecht, EuZW 2013, 617;

---

147 EuGH, Rs C-174/02, Streekgewest Westelijk Noord-Brabant/Staatssecretaris van Financiën, Slg 2005, I-85, Rn 15 ff. S. dazu *Bartosch*, EuZW 2005, 396 ff. Zuletzt zusammengefasst und bestätigt in EuGH, verb Rs C-393/04 und C-41/05, Air Liquide/Ville de Seraing und Province de Liège, Slg 2006, I-5293.
148 EuGH, Rs C-284/12, Deutsche Lufthansa AG/Flughafen Frankfurt-Hahn GmbH, ECLI:EU:C:2013.755, Rn 36 ff = *Pechstein* Nr. 272 = HVL, S. 834 ff: Bindung an die Einschätzung der Kommission in einem parallel eröffneten Prüfverfahren.
149 EuGH, Rs C-367/95 P, Kommission/Sytraval, Slg 1998, I-1719, Rn 40; EuGH, Rs C-78/03P, Kommission/Aktionsgemeinschaft Recht und Eigentum, Slg 2005, I-10737, Rn 36.
150 EuG, Rs T-178/94, ATM, Slg 1997, II-2529, Rn 51.
151 Vgl EuG, Rs T-167/04, Asklepios Kliniken GmbH/Kommission, Slg 2007, II-2379 = EuZW 2007, S. 505 ff.
152 Vgl *Bär-Bouyssière*, in: Schwarze, Art. 108 AEUV, Rn 34 bzw 37 f; *Koenig/Paul*, in: Streinz, Art. 108 AEUV, Rn 54 f mwN.
153 So BGH, EuZW 2003, 444 m. Anm. *Pechstein*, S. 447 f; BGH, EuZW 2004, 252. Vgl dazu *Pütz*, NJW 2004, 2199 ff. Strittig, vgl zB *Koenig*, EuZW 2003, 417 ff.
154 EuGH, Rs C-199/06, CELF ua/SIDE, Slg 2008, I-469, Rn 55 = HVL, S. 830 ff.
155 Vgl dazu *Cremer*, in: Calliess/Ruffert, Art. 108 AEUV, Rn 15 mwN.

*Beljin, S.*, Beihilfenrecht, in: Schulze Zuleeg/Kadelbach, § 28; *Birnstiel, A./Bungenberg, M./ Heinrich, H.* (Hrsg.), Europäisches Beihilfenrecht, 2013; *Böge, U./Scheidgen, A.*, Das neue Netzwerk der Wettbewerbsbehörden in der EU, EWS 2002, 201; *Brevern, D.*, Die Rückforderung von staatlichen Beihilfen durch Verwaltungsakt, EWS 2006, 150; *Burgi, M./Wolff, D.*, Der Beihilfebegriff als fortbestehende Grenze einer EU-Umweltpolitik durch Exekutivhandeln, EuZW 2014, 647;; *von Carnap-Bornheim, P.*, Einführung in das Europäische Beihilfenrecht, JuS 2013, 215; *Drexl, J.*, Wettbewerbsverfassung, in: von Bogdandy, A./Bast, J. (Hrsg.), Europäisches Verfassungsrecht, 2. Aufl. 2009, S. 905 ff; *Emmerich, V.*, Kartellrecht, 13. Aufl., 2014; *Fikentscher, W.*, Entwürfe auf dem Weg zu einem transnationalen Wettbewerbsrecht, in: FS Medicus, 1999, S. 109 ff; *Glöckner, J.*, Missbrauchskontrolle im EG-Kartellrecht nach den „Erläuterungen" der Kommission und der Europäischen Rechtsprechung, EWS 2009, 401; *Gundel, J.*, Die Rückabwicklung von nicht notifizierten, aber schließlich genehmigten Beihilfen vor den nationalen Gerichten, EWS 2008, 161; *Hecheltjen, K.P.*, Der Richtervorbehalt im kartellrechtlichen Nachprüfungsverfahren der Europäischen Kommission, 2007; *Heidenhain, M.* (Hrsg.), Handbuch des Europäischen Beihilfenrechts, 2003; *Hensmann, J.*, Die Ermittlungsrechte der Kommission im europäischen Kartellverfahren, 2009; *Herrmann, C.*, Der gemeinschaftsrechtliche Begriff der Beihilfe, ZEuS 2004, 415; *Hermann, C./Kruis, T.*, Die Rückforderung vertraglich gewährter gemeinschaftsrechtswidriger Beihilfen unter Beachtung des Gesetzesvorbehalts, EuR 2007, 141; *Hermanns, F./Brück, J.*, Die neue EG-Kartellverfahrensverordnung – Umdenken auch in Schiedsverfahren, SchiedsVZ 2004, 137; *Hönn, G.*, Umbruch im Wettbewerb- und Kartellrecht vor dem Hintergrund von Wahlfachgruppe und Schwerpunktbereich, JuS 2004, 760; *Immenga, U./Mestmäcker, E.-J.*, Wettbewerbsrecht, Kommentar zum Europäischen Kartellrecht, 5. Aufl. 2012; *Jungheim, S./Weiß, W.*, Die Wettbewerbsregeln des Unionsrechts, in: Niedobitek, Politiken, § 3; *Kling, M./Thomas, S.*, Kartellrecht, 2007; *Koenig, C./Kühling, J.*, Grundfragen des EG-Beihilfenrechts, NJW 2000, 1065; *Koenig, C./Vorbeck, P.*, Europäische Beihilfenkontrolle in der Daseinsvorsorge, ZEuS 2008, 207; *Lettl, T.*, Kartellrecht, 3, Aufl. 2013; *Lübbig, T./Martin-Ehlers, A.*, Beihilfenrecht der EU, 2. Aufl. 2009; *Mäger, T.* (Hrsg.), Europäisches Kartellrecht, 2. Aufl. 2011; *ders.*, *Kartellrecht*, in: Schulze/Zuleeg/Kadelbach, § 16; *Mähring, M.*, Grundzüge des EG-Beihilfenrechts, JuS 2003, 448; *Meng, W.*, Die „Dienste von allgemeinem wirtschaftlichem Interesse" – ein Problem der Normenklarheit im EU-Recht, in: FS E. Klein, 2013, S. 569; *Mestmäcker, E.-J./Schweitzer, H.*, Europäisches Wettbewerbsrecht, 3. Aufl. 2014; *Michaelis, O.*, Das EU-Beihilfenrecht. Die Anwendung des EU-Beihilfenrechts in der Finanzkrise, 2011; *Möschel, W.*, Systemwechsel im europäischen Wettbewerbsrecht?, JZ 2000, 61; *Müller-Graff*, P.C. (Hrsg.), Europäisches Wirtschaftsordnungsrecht, EnzEuR Bd. 4, 2015 (§§ 8-11: Das Binnenmarktrecht der Wettbewerbsbeschränkungen; §§ 14-15: Das Binnenmarktrecht der Aufsicht über wettbewerbsverfälschende staatliche Beihilfen); *Pöcker, M.*, Der EuGH, das Beihilfenrecht und die Prozeduralisierung, EuZW 2007, 167; *Pütz, M.*, EG-Beihilfenrecht und § 134 BGB, NJW 2004, 2199; *Röhling, A.*, Die Zukunft des Kartellverbots in Deutschland nach Inkrafttreten der neuen EU-Verfahrensrechtsordnung, GRUR 2003, 1019; *Rosenthal, M.*, Neuordnung der Zuständigkeiten und des Verfahrens in der Europäischen Fusionskontrolle, EuZW 2004, 327; *Scharpf, C.*; Der Einfluss des Europarechts auf die Daseinsvorsorge, EuZW 2005, 295; *Schedl, M.*, Die Untätigkeitsklage von Drittparteien in der EG-Fusionskontrolle, EWS 2006, 257; *Schröter, H./Jakob, T./Klotz, R./Meder, W.* (Hrsg.), Europäisches Wettbewerbsrecht, 2. Aufl. 2014; *Schwarze, J./Weitbrecht, A.*, Grundzüge des europäischen Kartellverfahrensrechts, 2004; *Seitz, C.*, Verschärfung von Sanktionen bei Verstößen gegen Europäisches Kartellrecht, EuZW 2007, 304; *Sinnaeve, A.*, Die neue Verfahrensordnung in Beihilfensachen, EuZW 1999, 270; *Streinz, R.*, Die Bedeutung des Amsterdamer Protokolls für den öffentlich-rechtlichen Rundfunk in Deutschland, in: Stern, K. (Hrsg.), Die Bedeutung des Europäischen Rechts für den nationalen Rundfunk, 2007, S. 59 ff; *Streinz, T.*, „Ne bis in idem" bei Sanktionen nach deutschem und europäischem Kartellrecht, Jura 2009, 412; *Terhechte, J.P.*, Wandlungen der europäischen Wettbewerbsverfassung, in:

Fastenrath, U./Nowak, *C.* (Hrsg.), Der Lissabonner Reformvertrag, 2009, S. 187 ff; *Thomas, S.*, Der Schutz des Wettbewerbs in Europa, JZ 2011, 485; *Tichý, L.*, Die Überwindung des Territorialitätsprinzips im Kartellrecht, 2011; *Vilsmeier, I.*, Tatsachenkontrolle und Beweiswürdigung im EU-Kartellrecht auf dem Prüfstand der EMRK, 2013; *Weiß, W.* (Hrsg.), Die Rechtsstellung Betroffener im modernisierten EU-Kartellverfahren, 2010; *ders.*, Grundrechtsschutz im EG-Kartellrecht nach der Verfahrensnovelle, EuZW 2006, 263; *Weitbrecht, A.*, Das neue EG-Kartellverfahrensrecht, EuZW 2003, 69; *Whish, R.*, Competition Law, 6. Aufl. 2009; *Zeitz, J.*, Der Begriff der Beihilfe im Sinne des Artikels 87 Abs. 1 EG-Vertrag, 2005; *Zuleger, V.*, Die neue Gruppenfreistellungsverordnung für Beschäftigungsbeihilfen, EuZW 2003, 270.

# § 15   Die Wirtschafts- und Währungsunion

## I.   Grundlagen

Entgegen ihrer Bezeichnung waren der Europäischen Wirtschaftsgemeinschaft **1115** (EWG) – mit Ausnahme der Außenwirtschaftspolitik (vgl zur GHP Rn 1262) – keine umfassenden Kompetenzen für die Wirtschaftspolitik übertragen worden. Die Binnenwirtschaftspolitik verblieb weiterhin in der Zuständigkeit der Mitgliedstaaten. Zwar gab *Art. 2 EWGV* weitgehende Zielsetzungen vor. Zu ihrer Verwirklichung standen der Gemeinschaft aber nur schwache Instrumente zur Verfügung. Für die Wirtschaftspolitik bestanden lediglich allgemeine Verpflichtungen der Mitgliedstaaten (zB gemäß *Art. 104 EWGV* das „magische Viereck" hoher Beschäftigungsstand, stabiles Preisniveau, Gleichgewicht der Gesamtzahlungsbilanz, Wirtschaftswachstum), deren Erfüllung in ihrem kaum zu kontrollierenden Ermessen lag. Allein zur Koordinierung der Konjunkturpolitik, zur Gewährung gegenseitigen Beistands bei Zahlungsbilanzschwierigkeiten und zur Zulassung von Schutzmaßnahmen hatte die EWG besondere Kompetenzen, auch zu bindenden Entscheidungen.

Diese **intergouvernementale Ausgestaltung** der gemeinschaftlichen Binnenwirt- **1116** schaftspolitik als Kompromiss (der Kapitalverkehr war noch nicht liberalisiert) zwischen integrationspolitischer Notwendigkeit und Widerstand gegen Einschränkungen der nationalen wirtschaftspolitischen Souveränität erwies sich in Krisenzeiten mit zu stark divergierenden wirtschaftlichen Entwicklungen in den Mitgliedstaaten als unzureichend. Dieses Phänomen zeigt sich auch in der heutigen Wirtschafts- und Währungsunion (s. dazu Rn 1129).

In der Einsicht, dass weitere Integrationsfortschritte eine Vertiefung der wirtschafts- **1117** und währungspolitischen Zusammenarbeit erforderten, und in der Erkenntnis der Zusammenhänge zwischen Währungsstabilität und Wirtschaftspolitik (Stabilität einer Währung als Ausdruck der Stärke der dahinter stehenden Volkswirtschaft) beschlossen die Staats- und Regierungschefs auf der Gipfelkonferenz in Den Haag am 1./ 2.12.1969 die stufenweise Errichtung einer **Wirtschafts- und Währungsunion (WWU)**. Der dazu ausgearbeitete Plan des luxemburgischen Ministerpräsidenten *Werner* sah deren Errichtung in zwei Stufen bis 1980 vor[1]. Er scheiterte jedoch ua am

---

1   Zum genauen Inhalt des Werner-Plans s. *Streinz*, Europarecht, 6. Aufl. 2003, Rn 871.

Festhalten der Mitgliedstaaten an einer eigenständigen Wirtschaftspolitik, das durch die aufkommenden Wirtschaftsprobleme (zB sog. Ölkrise) bestärkt wurde.

**1118**  Nach dem Zusammenbruch des Systems von *Bretton Woods*[2] mit der Aufgabe fester Wechselkurse zum (nicht mehr durch Gold gedeckten) Dollar wurden mehrere erfolglose Versuche unternommen, dessen Verhältnis zu den Währungen der Mitgliedstaaten innerhalb einer bestimmten Bandbreite zu halten („Währungsschlange"), worauf der Dollarkurs freigegeben wurde („Floating"). Die negativen Auswirkungen der Währungsschwankungen auf den innergemeinschaftlichen Handel führten zum Beschluss des Europäischen Rates über ein Europäisches Währungssystem (**EWS**)[3], das mit auf den heutigen Art. 352 AEUV gestützten VOen und einem Abkommen zwischen den Zentralbanken der Mitgliedstaaten und der EWG eingeführt wurde und Anfang 1979 in Kraft trat und durch die EEA in *Art. 102a Abs. 1 S. 2 EWGV* verankert wurde. Mit dem EWS wurde die – auf einem Währungskorb der gewichteten mitgliedstaatlichen Währungen[4] – basierende ECU (European Currency Unit) eingeführt. Mit Beginn der dritten Stufe der WWU wurde das EWS beendet und der ECU durch die heutige Unionswährung, den Euro (vgl Rn 1152), mit dem er wertidentisch ist, abgelöst. Für die noch nicht an der Währungsunion teilnehmenden EU-Staaten wurde ein veränderter Wechselkursmechanismus (EWS II) vorgesehen, der ähnlich dem EWS konstruiert ist[5].

**1119**  Das Vorhaben einer schrittweisen Verwirklichung der WWU wurde bei Annahme der EEA bekräftigt. Daran knüpfte der Europäische Rat an, als er 1988 eine Sachverständigengruppe unter Vorsitz des Präsidenten der Kommission *Delors* damit beauftragte, „die konkreten Etappen zur Verwirklichung dieser Union zu prüfen und vorzuschlagen"[6]. Der 1989 vorgelegte *„Delors-Bericht"* sah einen Dreistufenplan – ohne Zeitvorgaben – zur Errichtung der WWU vor[7]: Dieser wurde zur Grundlage der Ausgestaltung der WWU im Vertrag von Maastricht, der konkrete zeitliche Festlegungen für die einzelnen Stufen traf (vgl Rn 1148 ff).

**1120**  Der **Vertrag von Maastricht** stellte seit 1.11.1993 als Aufgabe der Gemeinschaft neben die Errichtung eines Gemeinsamen Marktes die Errichtung einer Wirtschafts- und Währungsunion (WWU) (*Art. 2 EGV*, vgl jetzt Art. 3 Abs. 4 EUV). Die Tätigkeit der Gemeinschaft in der WWU umfasste nach Maßgabe des EGV und der darin vorgesehenen Zeitfolge die Einführung einer Wirtschaftspolitik, die auf einer engen Koordinierung der Wirtschaftspolitik der Mitgliedstaaten, dem Binnenmarkt und der Festlegung gemeinsamer Ziele beruht und dem Grundsatz einer offenen Marktwirtschaft mit freiem Wettbewerb verpflichtet ist, und parallel dazu die Errichtung einer Währungsunion. Während die Geld- und Währungspolitik mit der Einführung des Euro in bislang 19 Mitgliedstaaten zumindest für diese wirklich „vergemeinschaftet" worden ist, verbleibt die Wirtschaftspolitik auch nach dem Vertrag von Lissabon weitgehend in der Zuständigkeit der Mitgliedstaaten. Allerdings ist bereits seit dem Vertrag von

---

2  Vgl dazu *Herdegen*, Internationales Wirtschaftsrecht, 10. Aufl. 2014, § 24, Rn 4 ff.
3  Zur inhaltlichen Ausgestaltung vgl *Streinz*, Europarecht, 6. Aufl. 2003, Rn 874 ff.
4  Zum Begriff des Währungskorbes s. *Hahn/Häde*, Währungsrecht, § 4, Rn 14.
5  Entschließung des Europäischen Rates vom 16.6.1997, ABl 1997 C 236/5.
6  Vgl BullEG Nr 6-1988, S. 188.
7  EA 1989, D 283 ff.

Maastricht die **Wirtschaftspolitik insgesamt** und nicht nur die Konjunkturpolitik „eine Angelegenheit von gemeinsamem Interesse" (vgl jetzt Art. 121 Abs. 1 AEUV) und „eng" zu koordinieren (vgl jetzt Art. 119 Abs. 1 AEUV). Diese Koordinierung ist eine Voraussetzung des Funktionierens einer Währungsunion und daher Bestandteil der Errichtung der WWU.

Im **Vertrag von Lissabon** bekennt sich die Union in ihren Zielen jetzt explizit zu einer **sozialen Marktwirtschaft** (Art. 3 Abs. 3 S. 2 EUV), woran sich auch eine Koordinierung der Wirtschaftspolitik auszurichten hat[8]. Durch diese Nuancierung soll der soziale Aspekt als ein Element der Union (vgl dazu Rn 808 und Rn 1165) betont werden, ohne deren wirtschaftliche Grundausrichtung zu ändern (vgl Rn 1045). Bedeutender sind allerdings die institutionellen Änderungen, die bei den Koordinierungsmechanismen zur Einhaltung der festgelegten Ziele der Wirtschaftspolitik gemäß Art. 121 Abs. 4 AEUV (s. Rn 1124) durch neue Ermächtigungen des Rates (vgl Art. 136 ff AEUV; s. dazu Rn 1129), bei den Maßnahmen gegen Defizitsünder nach Art. 126 AEUV (s. Rn 1125) und für die EZB (s. Rn 1158) vorgenommen wurden. Die desolate, zumindest kritische Haushaltslage einiger Mitgliedstaaten (allen voran Griechenland, ferner Irland und Portugal, aber auch Italien und Spanien[9]) und die generelle Staatsschuldenkrise führten zur Einrichtung neuer Sicherheitsmechanismen wie dem sog. **„Euro-Rettungsschirm"**, die eine Stabilisierung des Euro-Wirtschaftsraumes bewirken sollen (s. dazu Rn 1136 f). **1121**

## II. Koordinierung der Wirtschaftspolitik und Verbot übermäßiger Defizite – Stabilitäts- und Wachstumspakt

Die Wirtschaftspolitik liegt auch in der WWU weiterhin in der Verantwortung der Mitgliedstaaten, die dabei aber unionsrechtliche Vorgaben zu beachten haben, deren Einhaltung einem behutsamen unionalen Kontrollverfahren unterworfen wird. **1122**

Gemäß Art. 120 AEUV richten die Mitgliedstaaten *ihre* Wirtschaftspolitik so aus, dass sie im Rahmen der vom Europäischen Rat erörterten und vom Rat als Empfehlung (Art. 288 Abs. 5 AEUV) verabschiedeten Grundzüge (vgl Art. 121 Abs. 2 UAbs. 3 AEUV) zur Verwirklichung der in Art. 3 EUV festgelegten Ziele der Union beitragen. Diese Ziele sind insbesondere die nachhaltige Entwicklung Europas auf der Grundlage eines ausgewogenen Wirtschaftswachstums und von Preisstabilität, eine in hohem Maße wettbewerbsfähige soziale Marktwirtschaft, das Erreichen von Vollbeschäftigung (zur Beschäftigungspolitik s. Rn 1188 f) und sozialem Fortschritt, ein hohes Maß an Umweltschutz und die Verbesserung der Umweltqualität sowie die Förderung von technischem und wissenschaftlichem Fortschritt, sozialer Gerechtig- **1123**

---

8  S. dazu *Nowak*, EuR 2009, Beiheft 1, S. 129 (183 ff); *Luczak*, S. 382 ff; *Schmidt-Preuß*, in: FS Säcker, S. 969 ff.

9  Sog. „PIIGS", wobei zwischen den einzelnen Staaten deutlich differenziert werden muss und vor allem die jeweiligen Bestrebungen, die Haushalte zu stabilisieren, und deren Entwicklung gewürdigt werden müssen. In Irland und Portugal (vgl dazu *Selmayr*, EnzEuR, Bd. 4, § 23, Rn 65) sowie Spanien waren die Programme zumindest insoweit erfolgreich, als sie den „Rettungsschirm" wieder verlassen konnten, während Zypern bis März 2016 unterstützt wird und für Griechenland gerade ein drittes „Rettungsprogramm" (jetzt unter dem ESM; vgl Rn 1143) erforderlich ist. Bemerkenswert ist, dass es in allen diesen Staaten zu (in Griechenland und Portugal mehreren) Regierungswechseln gekommen ist.

keit und sozialem Schutz, die Förderung von wirtschaftlichem, sozialem und territorialem Zusammenhalt und der Solidarität zwischen den Mitgliedstaaten. Die Festlegung der Grundzüge der Wirtschaftspolitik der Mitgliedstaaten und der Union ist die Grundlage der Koordinierung[10]. Die Einhaltung der so festgelegten Grundzüge wird vom Rat anhand von Berichten der Kommission im Rahmen der Überwachung der wirtschaftlichen Entwicklung in jedem Mitgliedstaat und in der Union kontrolliert und in regelmäßigen Abständen durch eine Gesamtbewertung gewürdigt. Zum Zwecke dieser multilateralen Überwachung müssen die Mitgliedstaaten der Kommission Angaben zu wichtigen einzelstaatlichen Maßnahmen auf dem Gebiet ihrer Wirtschaftspolitik sowie weitere von ihnen für erforderlich erachtete Angaben übermitteln (Art. 121 Abs. 3 AEUV). Wird dabei festgestellt, dass die Wirtschaftspolitik eines Mitgliedstaats nicht mit den vom Rat festgelegten Grundzügen vereinbar ist oder das ordnungsgemäße Funktionieren der WWU zu gefährden droht, konnte dieser bisher mit qualifizierter Mehrheit auf Empfehlung der Kommission die erforderlichen Empfehlungen an den betreffenden Mitgliedstaat richten und ferner beschließen, diese Empfehlungen zu veröffentlichen *(Art. 99 Abs. 4 EGV)*.

**1124** Mit dem Vertrag von Lissabon sind Änderungen vorgenommen worden, die den Instrumenten des Art. 121 AEUV zu einer stärkeren praktischen Wirkung verhelfen sollen. Wie bisher kann gemäß Art. 121 Abs. 4 UAbs. 1 AEUV die **Kommission** zunächst eine **Verwarnung** (sog. „blauer Brief")[11] an den betreffenden Mitgliedstaat richten **(Frühwarnsystem)**. Bleibt diese fruchtlos, kann sie eine **Empfehlung an den Rat** richten, der die erforderlichen Empfehlungen an den betreffenden Mitgliedstaat richten und auf Vorschlag der Kommission diese veröffentlichen kann. Entscheidende **Neuerung** ist, dass bei der Beschlussfassung des Rates die **Stimme des betreffenden Mitgliedstaats** jetzt gemäß Art. 121 Abs. 4 UAbs. 2 AEUV **unberücksichtigt** bleibt. Art. 122 AEUV sieht bei gravierenden Schwierigkeiten den Beschluss des Rates, der diesen im Geiste der Solidarität zwischen den Mitgliedstaaten treffen muss,[12] über die der Wirtschaftslage angemessenen Maßnahmen vor, wozu auch der finanzielle Beistand der Union gehören kann.

**1125** Neben dem wirtschaftspolitischen Koordinierungsgebot bestehen ausdrückliche haushaltswirtschaftliche **Verbote** an die Mitgliedstaaten. Am tiefgreifendsten ist die Pflicht gemäß Art. 126 Abs. 1 AEUV, übermäßige öffentliche Defizite[13] zu vermei-

---

10  Vgl zB Empfehlung 2010/410 des Rates vom 13.7.2010 über die Grundzüge der Wirtschaftspolitik der Mitgliedstaaten und der Union, ABl 2010 L 191/28. Zur Justiziabilität von Verstößen gegen solche „Empfehlungen" vgl *Hattenberger*, in: Schwarze, Art. 121 AEUV, Rn 10; *Häde*, in: Calliess/Ruffert, Art. 126 AEUV, Rn 17 f; *Kempen*, in: Streinz, Art. 126 AEUV, Rn 8 mwN. Im Zusammenhang mit den Reformen zur Durchführung des Europäischen Semesters (s. Rn 1133) und wegen der Auseinanderentwicklung der Volkswirtschaften in der Eurozone wurde die VO 1176/2011 des EP und des Rates über die Vermeidung und Korrektur makroökonomischer Ungleichgewichte (ABl 2011 L 306/25) erlassen.

11  *Häde*, EuR 2009, 200 (202).

12  Es handelt sich hierbei um eine lediglich klarstellende Bezugnahme auf die Solidaritätspflicht nach Art. 3 Abs. 3 UAbs. 4 EUV, vgl dazu *Kempen*, in: Streinz, Art. 122 AEUV, Rn 4.

13  Zur Auslegung dieses Begriffs s. das Protokoll (Nr 12) über das Verfahren bei einem übermäßigen Defizit (Defizitprotokoll 1992), konsolidierte Fassung ABl 2012 C 326/279 (Sart. II Nr 147, S. 15 f; Nomos Nr 3, S. 221 ff) und VO 479/2009 (ABl 2009 L 145/1; *Bieber/Knapp* Nr V.9.4), ferner VO 2223/96 zum Europäischen System Volkswirtschaftlicher Gesamtrechnungen (ESVG) auf nationaler und regionaler Ebene in der EG (ABl 1996 L 310/1). Vgl dazu *Konow*, S. 76 ff.

den. Definiert sind diese durch das Defizitprotokoll iVm Art. 126 Abs. 2 UAbs. 2 AEUV als Nettoneuverschuldung von über 3% bzw als Gesamtschuldenstand von über 60% des Brutto-Inlandsprodukts. Die Pflicht zur Vermeidung übermäßiger Defizite gilt uneingeschränkt nur für Mitgliedstaaten, die der dritten Stufe der WWU angehören (Art. 139 Abs. 2 S. 1 lit. b AEUV), dh die den Euro eingeführt haben (s. Rn 1149). Zu diesem Zweck überwacht die Kommission die Entwicklung der Haushaltslage und der Höhe des öffentlichen Schuldenstands in den Mitgliedstaaten im Hinblick auf die Feststellung schwerwiegender Fehler, insbesondere hinsichtlich der Haushaltsdefizite, und erstellt darüber ggf einen Bericht (Art. 126 Abs. 2 und 3 AEUV). Ist die Kommission der Auffassung, dass in einem Mitgliedstaat ein übermäßiges Defizit besteht oder sich ergeben könnte, so legt sie dem betreffenden Mitgliedstaat eine Stellungnahme vor und unterrichtet den Rat. Dieser beschließt auf Vorschlag der Kommission, ob ein übermäßiges Defizit besteht, und richtet auf Empfehlung der Kommission unverzüglich Empfehlungen an den betreffenden Mitgliedstaat mit dem Ziel, dieser Lage innerhalb einer bestimmten Frist abzuhelfen. Kommt der Mitgliedstaat dem nicht nach, kann der Rat seine Empfehlungen veröffentlichen (Art. 126 Abs. 5–8 AEUV). Weitere Sanktionen gegen den säumigen Mitgliedstaat erlaubt Art. 126 Abs. 9–11 AEUV. Hiernach kann der Rat den Mitgliedstaat in Verzug setzen, damit er Maßnahmen zum Defizitabbau binnen einer bestimmten Frist trifft. Befolgt der Mitgliedstaat den Beschluss nicht, darf der Rat konkrete Sanktionsfolgen aussprechen, die bis zu Geldbußen reichen. Der Rat verfügt dabei in jeder Stufe des Verfahrens über Ermessen, ob er die nächste Stufe des Defizitverfahrens einleitet[14]. Auch hinsichtlich der Defizitverfahren bewirkt der Vertrag von Lissabon eine stärkere Einbindung der Kommission. Insbesondere im Rahmen des Art. 126 Abs. 6 AEUV verfügt diese, anders als bisher, über ein echtes Vorschlagsrecht mit der Folge, dass der Rat entscheiden muss[15]. Von dem Vorschlag der Kommission kann der Rat nur einstimmig abweichen, vgl Art. 293 Abs. 1 AEUV. Beschließt der Rat, so wird gem. Art. 126 Abs. 13 UAbs. 2 AEUV die Stimme des betreffenden Mitgliedsstaats nicht berücksichtigt.

Diese im AEUV vorgesehenen Instrumente wurden im sog. **Stabilitäts- und Wachstumspakt** vom 17.6.1997 in dem Bestreben präzisiert, die Vermeidung übermäßiger öffentlicher Defizite auch nach dem Eintritt in die dritte Stufe der WWU zu sichern[16]. Die Mitgliedstaaten haben sich (*politisch* verbindlich)[17] auf das mittelfristige Ziel eines nahezu ausgeglichenen oder einen Überschuss aufweisenden Haushalts verpflichtet. Die Mitgliedstaaten, die den Euro eingeführt haben, sind zur Vorlage sog. „Stabilitätsprogramme" verpflichtet, mit denen die dauerhafte Einhaltung der Konvergenzkriterien des Art. 140 Abs. 1 AEUV sichergestellt werden soll. Die Mitgliedstaaten, welche die einheitliche Währung zunächst nicht einführen, müssen sog. „Konvergenzprogramme" vorlegen (Sonderregelungen für das Vereinigte Königreich und Dänemark). Die VO 1466/97/EG des Rates über den Ausbau der haushaltspoliti-

**1126**

---

14  So ausdrücklich EuGH, Rs C-27/04, Kommission/Rat, Slg 2004, I-6649, Rn 80 = *HVL*, S. 208 ff. Vgl auch *Streinz/Ohler/Herrmann*, NJW 2004, 1553 (1556 f).
15  *Streinz/Ohler/Herrmann*, S. 86.
16  Entschließung des Europäischen Rates vom 17.6.1997, ABl 1997 C 236/1. Bekräftigt und ergänzt durch die Erklärung des Rates vom 1.5.1998 (ABl 1998 L 139/28). Ferner VO 1466/97 und VO 1467/97. Vgl dazu *Kempen*, in: Streinz, Art. 121 AEUV, Rn 15 und Art. 126 AEUV, Rn 9 ff.
17  Vgl *Häde*, in: Calliess/Ruffert, Art. 126 AEUV, Rn 101 mwN.

schen Überwachung und der Überwachung und Koordinierung der Wirtschaftspolitiken[18] präzisiert das in Art. 121 AEUV vorgesehene Frühwarnsystem. Die VO 1467/97/EG des Rates vom 7.7.1997 über die Beschleunigung und Klärung des Verfahrens bei einem übermäßigen Defizit[19] konkretisiert die Verfahrensregelungen des Art. 126 AEUV. Im Unterschied zu Art. 126 Abs. 11 AEUV („kann") sieht diese VO die Verhängung von Sanktionen als zwingende Folge einer Nichtbefolgung der Ratsbeschlüsse vor und ordnet als Regelsanktion die Hinterlegung einer unverzinslichen Einlage bei der Kommission durch den säumigen Mitgliedstaat an. Diese wird bei beharrlichem Verstoß gegen die Haushaltsdisziplin, dh, wenn das übermäßige Defizit nicht binnen zwei Jahren vermindert wird, in eine Geldbuße umgewandelt[20].

**1127** Diese Regelungen haben sich jedoch als nicht hinreichend wirksam erwiesen. Insbesondere Deutschland und Frankreich verstießen seit 2002 bzw 2003 gegen das Verbot übermäßiger öffentlicher Defizite aus Art. 126 Abs. 1 AEUV[21]. Als die Kommission dem Rat den Vorschlag unterbreitete, Deutschland und Frankreich gemäß Art. 126 Abs. 9 AEUV (damals *Art. 104 Abs. 9 EGV*) in Verzug zu setzen und damit die (konsequente) nächste Stufe des Defizitverfahrens einzuleiten, lehnte der Rat dies am 25.11.2003 ab[22]. Die Kommission wandte sich gegen diese Entscheidung im Wege der Nichtigkeitsklage an den EuGH. Der EuGH sah in der Nichtannahme der Entscheidung nach Art. 126 Abs. 9 AEUV jedoch keine anfechtbare Handlung des Rates iSv Art. 263 Abs. 1 AEUV. Die in der VO 1467/97 geregelten Fristen hätten weder die Wirkung, dass eine Entscheidung des Rates mit ihrem Ablauf als erlassen gelte, noch verliere der Rat mit ihrem Ablauf seine Entscheidungsbefugnis. Die Nichtigkeitsklage der Kommission befand der EuGH daher für unzulässig, soweit sie sich gegen die Ablehnung der Entscheidung nach Art. 126 Abs. 9 AEUV richtete[23]. Im Unterschied dazu erklärte der EuGH die vom Rat angenommenen „Schlussfolgerungen", mit denen dieser die Defizitverfahren aussetzte, für unvereinbar mit Art. 126 AEUV und Art. 9 der VO 1467/97.

**1128** Der Streit zwischen Kommission und Rat verstärkte Bestrebungen von Seiten derjenigen Mitgliedstaaten, um deren haushalterische Disziplin es schlecht bestellt ist („Defizitsünder"), den Stabilitäts- und Wachstumspakt mit dem Ziel zu reformieren, ihn „intelligenter" und flexibler zu machen (nach Ansicht von Kritikern: „aufzuweichen"). Der Europäische Rat erzielte hierüber am 22./23.3.2005 politisches Einvernehmen. Der Rat hat am 27.6.2005 die Verordnungen 1055/2005 und 1056/2005[24] zur Änderung des Stabilitäts- und Wachstumspaktes angenommen. Im Kern erlauben diese vor allem eine stärkere Verschuldung öffentlicher Haushalte, soweit diese auf

---

18  ABl 1997 L 209/1; zuletzt geändert durch VO 1175/2011 des EP und des Rates (ABl 2011 L 306/12). Zur Durchführung des „Europäischen Semesters" (s. Rn 1133).
19  ABl 1997 L 209/6. Zuletzt geändert durch VO 1177/2011 des Rates (ABl 2011 L 306/33).
20  Vgl die Übersicht bei *Herdegen*, § 23, Rn 17, S. 422 f.
21  Das Defizitverfahren gegen Deutschland wurde eingestellt, nachdem Deutschland 2006 das Defizitkriterium erfüllt hat und (wegen Steuererhöhungen und guter Konjunktur) 2007 sogar einen ausgeglichenen Haushalt vorlegen konnte. Zur Erfüllung der Anforderungen des Art. 126 AEUV sowie zum Tragen von Sanktionsmaßnahmen in Deutschland vgl Art. 109 Abs. 2 bzw Abs. 5 GG und Rn 593.
22  Zu diesen Entscheidungen s. *Streinz/Ohler/Herrmann*, NJW 2004, S. 1553 ff.
23  EuGH, Rs C-27/04, Kommission/Rat, Slg 2004, I-6649.
24  ABl 2005 L 174/1 bzw L 174/5. Kritisch dazu *Häde*, in: Calliess/Ruffert, Art. 126 AEUV, Rn 112 ff. Zu den jüngsten Änderungen s. Rn 1126.

grundlegende Strukturreformen – insbesondere die Einführung mehrsäuliger Renten- systeme mit gesetzlicher kapitalgedeckter Säule – zurückzuführen sind. Pläne zur Be- rücksichtigung anderer Faktoren – etwa eines „Beitrags zur europäischen Integration" –, durch die der Stabilitätspakt vollends entwertet worden wäre, wurden jedoch nicht realisiert.

## III. Reformen

### 1. Zusammenhang mit der Staatsschuldenkrise

Mit dem **Vertrag von Lissabon** wurden neben den Änderungen des Defizitverfah- rens (s. Rn 1124 ff) in den Art. 136 ff AEUV weitere Ermächtigungen des Rates zu Maßnahmen der Koordinierung und Überwachung der Haushaltsdisziplin der Mit- gliedstaaten, deren Währung der Euro ist, sowie zur Ausarbeitung der Grundzüge der Wirtschaftspolitik für diese Staaten geschaffen[25]. Die Regelungen betonen die beson- dere Wichtigkeit der „Euro-Staaten" für das reibungslose Funktionieren der Wirt- schafts- und Währungsunion. Trifft der Rat für diese Staaten eine Maßnahme, so sind hierfür nur diejenigen Mitglieder des Rates stimmberechtigt, die die Mitgliedstaaten vertreten, die den Euro als Währung eingeführt haben, vgl Art. 136 Abs. 2 AEUV. Nach Art. 138 Abs. 2 AEUV kann der Rat ferner eine einheitliche Vertretung der betreffenden Staaten bei internationalen Einrichtungen sicherstellen. **1129**

Dass auch diese Reformen nicht vor dramatischen Verstößen gegen Art. 126 AEUV schützen zeigt die Entwicklung insbesondere in Griechenland, ferner (jeweils diffe- renziert zu sehen) in Irland und Portugal sowie in Spanien, zuletzt Zypern. Gefahren zeigten sich auch in Italien und Frankreich. Die allgemeine Finanzkrise nach dem Konkurs der Lehmanbank löste auch die europäische Staatsschuldenkrise aus, die Strukturprobleme der WWU innerhalb der Eurozone offenbarte. Aktuelle Gefahren für einzelne Mitgliedstaaten forderten Hilfsmaßnahmen, deren Rechtsgrundlagen zweifelhaft waren und die daher neue Regelungen forderten. Um solche Krisen künf- tig zu vermeiden, sollte der Stabilitäts- und Wachstumspakt gestärkt werden. Da ein wesentliches Element der Krise die Gefahr des Zusammenbruchs von Banken war, sollte dem eine europäische Bankenaufsicht („Bankenunion"; s. Rn 1147) entgegen- wirken. **1130**

### 2. Maßnahmen zur Stärkung und Ergänzung des Stabilitäts- und Wachstumspakts

#### a) Sixpack, Twopack, Europäisches Semester

Das 2011 beschlossene sog. **„Sixpack"** besteht aus fünf Verordnungen und einer Richtlinie[26]. Durch die VO 1175/2011[27] und die VO 1177/2011[28] wurde der 2005 auf- geweichte Stabilitäts- und Wachstumspakt wieder verschärft. Für das Defizitverfah- **1131**

---

25 Kritisch zur tatsächlichen Reichweite der Bestimmung *Häde*, EuR 2009, 200 (205): diese sei aufgrund ihres Wortlauts auf den in den Art. 121 und Art. 126 AEUV genannten Rahmen beschränkt.
26 Vgl dazu *Gaitanides*, in: Siekmann, Art. 126, Rn 34 ff.
27 ABl 2011 L 306/12.
28 ABl 2011 L 306/33.

ren relevant sind ferner die Ergänzung durch die auf Art. 121 Abs. 6 iVm Art. 136 AEUV gestützte VO 1173/2011 über die wirksame Durchsetzung der haushaltspolitischen Überwachung im Euro-Währungsgebiet[29] und die auf Art. 126 Abs. 14 UAbs. 3 AEUV gestützte RL 2011/85 über die Anforderungen an die haushaltspolitischen Rahmen der Mitgliedstaaten[30]. Ergänzt wird dies durch ein neues Instrument zur Vermeidung und Korrektur makroökonomischer Ungleichgewichte durch die auf Art. 121 Abs. 6 AEUV gestützten VO 1176/2011 über die Vermeidung und Korrektur makroökonomischer Ungleichgewichte[31] und VO 1174/2011 über Durchsetzungsmaßnahmen zur Korrektur übermäßiger makroökonomischer Ungleichgewichte im Euro-Währungsgebiet[32]. Ob dieses 2013 von der Kommission in einem Prüfverfahren gegen Deutschland wegen dessen Leistungsbilanzüberschüssen eingesetzte Instrument wirklich zur Lösung des Problems ungleicher Leistungsfähigkeit der Wirtschaft der Staaten der Eurozone beiträgt, ist zweifelhaft[33].

**1132**  Durch das auf Art. 136 iVm Art. 126 Abs. 6 AEUV gestützte sog. **„Twopack"**, bestehend aus VO 472/2013 über den Ausbau der wirtschafts- und haushaltspolitischen Überwachung der Mitgliedstaaten im Euro-Währungsgebiet, die von gravierenden Schwierigkeiten in Bezug auf ihre finanzielle Stabilität betroffen oder bedroht sind[34], und VO 473/2013 über gemeinsame Bestimmungen für die Überwachung und Bewertung der Übersichten über die Haushaltsplanung und für die Gewährleistung der Korrektur übermäßiger Defizite der Mitgliedstaaten im Euro-Währungsgebiet[35], wurde 2013 die EU-Haushaltsüberwachung gegenüber dem Sixpack nochmals verschärft. Ziel ist eine bessere Haushaltskoordinierung der Mitgliedstaaten des Euro-Währungsgebiets durch einheitliche Haushaltsfristen und -regeln und deren Überwachung durch die Kommission mit an die jeweilige Situation des betroffenen Mitgliedstaats angepassten Empfehlungen. Dadurch wurden bestimmte Regeln des sog. Fiskalpakts (s. dazu Rn 1134) in sekundäres Unionsrecht überführt.

**1133**  Im Zuge der Reformen hat der Rat am 7.9.2010 die Einführung eines sog. europäischen Semesters beschlossen. Danach werden seit 2011 die Haushaltspläne durch die Mitgliedstaaten bereits ein halbes Jahr im Voraus an die Kommission gemeldet, um die Früherkennung von drohenden Defizitverstößen zu ermöglichen[36]. Dies dient der Koordinierung der Wirtschaftspolitik der Mitgliedstaaten und verleiht der Kommission ein Recht zur Stellungnahme, beinhaltet jedoch keine „Genehmigungspflicht" der Haushalte.

---

29  ABl 2011 L 306/1, ber. ABl 2012 L 176/72. Kritisch zur Tragweite hinsichtlich der Einführung finanzieller Sanktionen ohne Beschluss des Rates zB *Herdegen*, § 23, Rn 8; *Bast/Rödl*, EuGRZ 2012, 270 ff; *Ohler*, in: Siekmann, Art. 136, Rn 12. Die Kompetenzordnung muss auch in Zeiten der Krise gewahrt werden, auch Art. 136 AEUV dispensiert nicht vom Prinzip der begrenzten Einzelermächtigung (*Ohler*, ebd, Rn 7). Nach bisheriger Praxis besteht allerdings eher das Problem, dass selbst primärrechtlich unstrittige Sanktionsmöglichkeiten nicht wirksam eingesetzt werden, vgl zu aktuellen Vollzugsdefiziten *Schorkopf*, ZSE 2013, 197 ff.
30  ABl 2011 L 306/41.
31  ABl 2011 L 306/25.
32  ABl 2011 L 306/8.
33  Vgl auch die Kritik bei *Herdegen*, § 23, Rn 8.
34  ABl 2012 L 140/1.
35  ABl 2013 L 140/11.
36  Vgl dazu *Antpöhler*, ZaöRV 2012, 364.

## b) Fiskalpakt

Bei der Tagung des Europäischen Rates vom 8./9.12.2011 wurde von den damals 17- **1134**
Euro-Staaten beschlossen, über die bisher im EU-Recht verankerten Stabilitätsregeln
in einem sog. „fiskalpolitischen Pakt" hinauszugehen. Da sich das Vereinigte Königreich nicht an diesem Pakt beteiligen wollte, sollte er als völkerrechtliches Abkommen, das mit dem EU-Recht vereinbar sein muss (s. dazu Rn 526), zwischen den
17 Euro-Staaten und weiteren beitrittswilligen Mitgliedstaaten geschlossen werden.
Auf der Tagung vom 30./31.1.2012 einigten sich die Staats- und Regierungschefs von
25 Mitgliedstaaten (neben dem Vereinigten Königreich nimmt die Tschechische Republik nicht teil) auf den „Vertrag über Stabilität, Koordinierung und Steuerung in
der Wirtschafts- und Währungsunion" (VSKS)[37]. Zugleich verabschiedeten die Mitglieder des Europäischen Rates (außer Schweden) eine Erklärung über „Wege zu
wachstumsfreundlicher Konsolidierung und beschäftigungsfreundlichem Wachs-
tum". Die Vertragsstaaten verpflichten sich verbindlich, möglichst in der Verfassung,
zu stets ausgeglichenem Haushalt. Dafür darf das jährliche strukturelle Defizit, bei
dem konjunkturell begründete Fehlbeträge nicht berücksichtigt werden, nicht höher
als 0,5% des BIP sein. Der EuGH darf gemäß Art. 8 VSKS, der auf Art. 273 AEUV
verweist, auf Klage eines Mitgliedstaats (nicht der Kommission) überprüfen, ob alle
Staaten diese **„Schuldenbremsen"** ordentlich einbauen und für automatische Korrekturen bei zu hohem Defizit sorgen. Die Korrekturen werden von der Kommission
überwacht. Wenn Defizitverfahren gegen Staaten laufen, legen diese Reformpro-
gramme vor und lassen sie von EU-Kommission und Rat überwachen. Stellt die
Kommission bei Euro-Staaten ein übermäßiges Haushaltsdefizit (mehr als 3%, vgl
Rn 1125) fest, läuft automatisch ein Defizitverfahren an, es sei denn, es stimmt eine
qualifizierte Mehrheit der Euro-Staaten (ohne Berücksichtigung des betroffenen) dagegen. Schließlich werden die Vorschläge der Kommission, die später zum Two-Pack
führten (s. Rn 1132), begrüßt. Die Gewährung von Finanzhilfen aus dem ESM (s.
Rn 1143 f) hängt seit 1.3.2013 von der Ratifizierung und der Befolgung des VSKS
durch den betreffenden Mitgliedstaat ab. Die Vertragsstaaten, die nicht der Euro-Zo-
ne angehören, werden in deren Steuerung einbezogen (Art. 12 VSKS). Art. 13 VSKS
sieht die Beteiligung des Europäischen Parlaments und der nationalen Parlamente gemäß dem Parlamentsprotokoll (s. Rn 382) vor. Der VSKS ist am 1.1.2013 nach der
Ratifikation durch alle damals 18 Euro-Staaten und insgesamt 25 EU-Mitgliedstaaten
in Kraft getreten. Zuvor hatte das BVerfG die Verfassungsmäßigkeit des deutschen
Gesetzes zum VSKS bestätigt. Insbesondere sah das BVerfG in den Verpflichtungen
aus dem VSKS keine unzulässige Einschränkung der haushaltpolitischen Gesamtverantwortung des Bundestages[38]. Als „Ersatzunionsrecht"[39] muss der Fiskalpakt mit
dem Unionsrecht vereinbar sein und darf dieses in seinem Anwendungsbereich nicht
ersetzen. Er muss daher entsprechend und ggf. restriktiv ausgelegt werden (vgl Art. 2
VSKS). Daher darf Art. 7 VSKS zum in Art. 126 AEUV geregelten Defizitverfahren
nicht in Widerspruch stehen. Dies zeigt die Grenzen einer parallelen völkerrechtlichen Lösung und führt zu der Einschätzung, der Fiskalpakt habe „wohl eher eine

37  BGBl 2012 II S. 1008; Nomos Nr 23.
38  BVerfGE 132, 195 (278 ff.).
39  Vgl *Lorz/Sauer*, DÖV 2012, 573.

symbolische Bedeutung"[40]. Das BVerfG hat den Fiskalpakt aus verfassungsrechtlicher Sicht gebilligt[41].

### c) Sog. Euro-Plus-Pakt

**1135** Im sog. **Euro-Plus-Pakt** über eine „Stärkere Koordinierung der Wirtschaftspolitik im Hinblick auf Wettbewerbsfähigkeit und Konvergenz"[42] verpflichten sich die Staaten der Eurozone (zu denen jetzt auch die Teilnehmer Lettland und Litauen gehören) sowie Bulgarien, Polen, Rumänien und auch Dänemark (daher der Name), ihre Wirtschafts- und Sozialsysteme, im Schwerpunkt Bereiche, die in die einzelstaatliche Zuständigkeit fallen, wettbewerbsfähiger zu machen und eine jährliche Evaluierung vorzunehmen. Die Bestimmungen dieser bloßen politischen Selbstverpflichtungserklärung sind allerdings nicht unmittelbar anwendbar und ziemlich allgemein gehalten.

### 3. Die Entwicklung eines Europäischen Stabilitätsmechanismus

**1136** Jahrelange Misswirtschaft (zB Defizite in der Verwaltung, Steuerhinterziehung) hat die Staatsfinanzen Griechenlands ruiniert. Es war 2001 aufgrund falscher Daten (s. dazu Rn 1149) in die Eurozone aufgenommen worden, was die Verschuldung erleichterte, und, da die Kredite nicht hinreichend zur Entwicklung einer nachhaltig wettbewerbsfähigen Wirtschaft eingesetzt wurden, die Staatsverschuldung weiter ansteigen ließ. Ende 2009, Anfang 2010 war Griechenland nicht mehr in der Lage, seinen kurz- und mittelfristigen Finanzbedarf am Markt eigenständig zu decken.

**1137** Die prekäre Lage wurde als Gefährdung der Stabilität des Euro eingeschätzt. Daher wurde der Zahlungsausfall Griechenlands zunächst durch eine im ersten Quartal 2010 für Griechenland koordinierte bilaterale Kreditgewährung durch die anderen Eurostaaten (außer der Slowakei) unter Beteiligung des IWF abgewendet. Im Mai 2010 wurde ein bis 2013 befristeter sog. **„Euro-Rettungsschirm"** mit einem Volumen von 750 Mrd € errichtet. Er basiert auf drei Säulen:

(1) Dem durch die auf Art. 122 Abs. 2 AEUV gestützte VO 407/2010[43] errichteten Europäischen **Finanzstabilisierungsmechanismus** (EFSM) mit von der Kommission gewährten Darlehen bis 60 Mrd €.

(2) Der für die Vergabe der Kredite der Mitgliedstaaten, die mit 440 Mrd. € den Hauptanteil des Rettungsschirms stellen, gegründeten European Financial Stability Facility (EFSF), einer Zweckgesellschaft luxemburgischen Rechts.

(3) Ergänzenden Krediten durch den IWF von bis zu 250 Mrd €. Dieser „Rettungsschirm" sollte den Mitgliedstaaten, die sich am Kapitalmarkt nicht mehr (jedenfalls nicht zu vertretbaren Konditionen) refinanzieren können (insbesondere Griechenland, dann Irland und Portugal, die den „Rettungsschirm" mittlerweile aber wieder verlassen konnten), zur Verfügung stehen. Die Vergabe der Kredite ist an wirtschaftspoliti-

---

40 So *Calliess/Schoenfleisch*, JZ 2012, 485. Die seitherige Entwicklung bestätigt dies.
41 BVerfGE 132, 195 (278 ff).
42 EU-Nachrichten, Dokumentation 2/2011, S. 10 (Anlage I).
43 VO 407/2010 des Rates vom 11.5.2010 zur Einführung eines europäischen Finanzstabilisierungsmechanismus, ABl 2010 L 118/1 (Nomos Nr 21).

sche Bedingungen geknüpft (vgl Art. 3 VO 407/2010), die die politische Gestaltungs-freiheit der betreffenden Staaten erheblich einschränken und zu entsprechenden recht-lichen (Demokratieprinzip) und tatsächlichen (Durchsetzung der geforderten Refor-men, zB Sparmaßnahmen und Steuererhöhungen) Problemen führen.

In Deutschland wurde dieser europäische Finanzstabilisierungsmechanismus durch das **1138** Gesetz zur Übernahme von Gewährleistungen im Rahmen eines europäischen Stabili-sierungsmechanismus (Euro-StabMechG) vom 22.5.2010 umgesetzt, das das Bundes-finanzministerium im Rahmen der EFSF zur Eingehung von Verbindlichkeiten iHv 123 Mrd € ermächtigt[44]. Schon alleine wegen der enormen Höhe der Verpflichtungen und der rasanten Verabschiedung der Maßnahmen und auch **verfassungsrechtlich** ist der Euro-Rettungsschirm nicht unproblematisch[45]. Das BVerfG hat den Erlass einer einstweiligen Anordnung gegen die Umsetzung des Euro-StabMechG abgelehnt und auch die dagegen erhobenen Verfassungsbeschwerden, soweit sie zulässig waren, zu-rückgewiesen. Dem Gesetzgeber komme hinsichtlich der Wahrscheinlichkeit, für Ge-währleistungen einstehen zu müssen, sowie der Abschätzung der künftigen Tragfähig-keit des Bundeshaushalts und des wirtschaftlichen Leistungsvermögens der Bundesre-publik Deutschland ein Einschätzungsspielraum zu, der vom BVerfG zu respektieren sei[46]. Allerdings betonte das BVerfG, dass die Verantwortung für das Budgetrecht als „grundlegender Teil der demokratischen Selbstgestaltungsfähigkeit im Verfassungs-staat" beim Deutschen Bundestag bleiben müsse. Die „vertragliche Konzeption der Währungsunion als Stabilitätsgemeinschaft" sei „Grundlage und Gegenstand des deut-schen Zustimmungsgesetzes"[47]. Das BVerfG stärkte die Rechte des Bundestages ge-genüber der Bundesregierung: § 1 Abs. 4 S. 1 EuroStabMechG müsse dahingehend ausgelegt werden, dass die Bundesregierung abgesehen von Eilfällen, in denen die nachträgliche Unterrichtung genügt, die vorherige Zustimmung des Haushaltsaus-schusses einholen und sich nicht lediglich darum „bemühen" muss[48].

Die **unionsrechtliche** Zulässigkeit des Euro-Rettungsschirms richtet sich insbesonde- **1139** re nach den Bestimmungen des AEUV. **Art. 123 AEUV** verhindert zunächst, dass EZB und nationale Zentralbanken den Mitgliedstaaten Kreditfazilitäten gewähren oder gar direkt Schuldtitel von diesen erwerben. Der mittelbare Erwerb, dh der An-kauf am Markt, ist nach einer weit verbreiteten Ansicht dagegen (grundsätzlich) zu-lässig[49]. Strittig war bis zum Urteil des EuGH im Fall *Pringle* und der Einfügung des Art. 136 Abs. 3 AEUV (s. dazu Rn 1142), ob und jedenfalls inwieweit **Art. 125**

---

44  BGBl. 2010 I 627.
45  Zur verfassungsrechtlichen Zulässigkeit s. *Faßbender*, NVwZ 2010, 799 (801 ff) sowie *Kube/Reimer*, NJW 2010, 1911 (1914 f).
46  BVerfGE 129, 124, Ls 5 – Griechenlandhilfe und Euro-Rettungsschirm. Ebenso die Verfassungsbe-schwerden gegen das Gesetz zur Übernahme von Gewährleistungen zum Erhalt der für die Finanzsta-bilität in der Währungsunion erforderlichen Zahlungsfähigkeit der Hellenischen Republik – WFStG, BGBl. 2010 I 537, BVerfGK 19, 110.
47  BVerfGE 129, 124, Ls 2 und 4 unter Hinweis auf BVerfGE 123, 267 (359) – Lissabon bzw BVerfGE 89, 155 (205).
48  BVerfGE 129, 124 (185 f). Angesichts dieser klaren Vorgabe ist die daraufhin erfolgte Einrichtung eines sog. „Neunergremiums", das an Stelle des Haushaltsausschusses entscheiden soll, verfassungs-widrig. Ebenso – bis auf den begründeten Ausnahmefall des Ankaufs von Staatsanleihen durch den EFSF – BVerfGE 130, 318 (356 ff) und Ls 1 und 3, das am 27.10.2011 gemäß § 32 BVerfGG eine einstweilige Anordnung erlassen hatte, BVerfGE 129, 284 (298 ff).
49  So zB *Häde*, EuR 2010, 854 (856); *Herdegen*, § 23 Rn 9. Diesen Weg würde auch die EZB durch ou-tright monetary transactions (OMTs) verfolgen. S. dazu Rn 1161.

**Abs. 1 AEUV (sog. „no bailout"-Klausel)** bei der die ursprüngliche Konstruktion der WWU als „Stabilitätsgemeinschaft" berücksichtigenden Lesart jegliche, dh auch die freiwillige, Übernahme von Verbindlichkeiten oder Gewährung von Hilfen durch andere Mitgliedstaaten oder die Union verbietet[50]. Dahinter steht der Gedanke, dass Anreize für Mitgliedstaaten, die Folgen des eigenen Fehlverhaltens hinsichtlich der unionsrechtlich gebotenen Haushaltsdisziplin auf andere Mitgliedstaaten oder die Union abzuwälzen, vermieden werden sollen. Defizitsünder sollen durch die Marktgesetze diszipliniert werden und sich nicht auf einen Transferzahlungsmechanismus verlassen bzw auf diesen spekulieren können[51]. Damit steht der europäische Finanzstabilisierungsmechanismus, bei dem ebendiese Kredite gewährt werden, grundsätzlich mit Art. 125 AEUV in Konflikt. Daran änderte auch nicht die Tatsache etwas, dass die Mitgliedstaaten die Kredite nicht direkt, sondern über die EFSF gewährten. Eine solche „Flucht ins Privatrecht"[52] unterfällt dem unionsrechtlichen Umgehungsverbot und ist letztlich ein Fall des Rechtsmissbrauchs[53].

**1140**  Das Verbot des Art. 125 Abs. 1 AEUV gilt allerdings nicht unbeschränkt. Dies zeigt freilich für eng zu verstehende Ausnahmefälle – **Art. 122 Abs. 2 AEUV**[54]. Gerät ein Mitgliedstaat aufgrund einer Naturkatastrophe oder eines außergewöhnlichen Ereignisses, welches sich seiner Kontrolle entzieht, in Schwierigkeiten, so kann die Union Hilfe gewähren. Als ein solch außergewöhnliches Ereignis wird man zwar wohl die globale Finanzkrise nach der Lehman-Pleite ansehen können. Jedenfalls im Fall Griechenland beruhen die finanziellen Schwierigkeiten im Wesentlichen[55] nicht hierauf[56], sondern auf strukturellen Problemen (vgl Rn 1130). Nach Ansicht des EuGH ist es für eine Beistandspflicht aus Art. 122 Abs. 2 AEUV jedoch unerheblich, ob die finanzielle Schieflage des Mitgliedstaates selbstverschuldet ist[57]. Allerdings ließe sich über Art. 122 Abs. 2 AEUV ohnehin nur ein Teil des Rettungsschirms rechtfertigen, da die Vorschrift auf Hilfsmaßnahmen der Union beschränkt ist und solche der Mitgliedstaaten nicht erfasst[58].

---

50   Vgl dazu zB *Kempen*, in: Streinz, Art. 125 AEUV, Rn 4; *Häde*, EuR 2010, 854 (859). AA zB *Herrmann*, EuZW 2010, 413 (415 f); *Bandilla*, in: Grabitz/Hilf/Nettesheim, Art. 125 AEUV, Rn 20 ff; *Herdegen*, § 23 Rn 9.

51   Vgl zu den damit zusammenhängenden Problemen zB *Silberhorn*, Eurozone. Der Transfer würde nicht notwendig von den „reichen" zu den „armen", sondern von den solide wirtschaftenden zu unsolide wirtschaftenden Mitgliedstaaten erfolgen.

52   *Kube/Reimer*, NJW 2010, 1911 (1914).

53   AA *Herrmann*, EuZW 2010, 413 (415). Vgl zu einem allgemeinen europäischen Rechtsmissbrauchsverbot *P.M. Reuss*, „Forum Shopping" in der Insolvenz, 2011, S. 199 ff. Zutreffend EuGH, Rs C-62/14, Gauweiler ua, ECLI:EU:C:2015:400, Rn 97 zum Verbot der Umgehung des Art. 123 AEUV durch Käufe von Staatsanleihen am Sekundärmarkt durch die EZB, die grundsätzlich zulässig sind, wenn dieses Tätigwerden durch die konkrete Ausgestaltung bzw dem Fehlen entsprechender Sicherungen dem unmittelbaren Erwerb am Primärmarkt gleichkommt.

54   Der EuGH sieht in Art. 122 AEUV keine Ausnahme von Art. 125 AEUV, sondern den Ausdruck dessen, dass Art. 125 AEUV an sich kein umfassendes Verbot der Finanzierung anderer Mitgliedstaaten enthält, EuGH, Rs C-370/12, Pringle, ECLI:EU:C:2012:756, Rn 131.

55   Zur Frage, inwieweit auch andere Ereignisse neben dem außergewöhnlichen Ereignis an der Finanzlage mitkausal sein dürfen, vgl *Knopp*, NJW 2010, 1777 (1780).

56   AA *Herrmann*, EuZW 2010, 413 (414). Die globale Krise hat aber wohl zum „Offenbarungseid" gezwungen.

57   EuGH, Rs C-370/12, Pringle, ECLI:EU:C:2012:756, Rn 129 ff.

58   Vgl EuGH, Rs C-370/12, Pringle, ECLI:EU:C:2012:756, Rn 118. Art. 143, 144 AEUV können in Bezug auf Griechenland ebenfalls nicht rechtfertigend wirken, da die Bestimmungen nur Nicht-Euro-Staaten betreffen, so auch *Knopp*, NJW 2010, 1777 (1778).

Fraglich ist, ob die entstandene und hinsichtlich Griechenland andauernde Situation rechtfertigt, **Art. 125 Abs. 1 AEUV teleologisch zu reduzieren**. Ansatzpunkt dafür wäre, dass das Verbot des Art. 125 Abs. 1 AEUV neben dem Gedanken, das Abwälzen der eigenen Misswirtschaft auf andere Mitgliedstaaten zu verhindern, das grundlegende Ziel habe, die **Stabilität des Euro als Währung** und das reibungslose Funktionieren der Wirtschafts- und Währungsunion sicherzustellen. Sei dieses Ziel aber durch die strikte Anwendung des Verbots gefährdet, so müsse von dessen Anwendung abgesehen werden. Dies sei im Falle Griechenlands gegeben, weshalb der Rettungsschirm unionsrechtskonform sei[59]. Dieses Vorgehen ist zumindest methodisch vertretbar[60]. Jedoch ist vor einer allzu ausufernden Anwendung dieser Rechtfertigungslinie zu warnen. Die Bestimmungen der Verträge sollten ernst genommen werden. Eine voreilige Aufweichung der Verbotsgrenzen gefährdet das Ziel der Währungsstabilität und damit die Grundlage der Währungsunion überhaupt, nämlich das Vertrauen in die Währung. In der Situation der Finanzkrise im Jahr 2010 mochte der Finanzstabilisierungsmechanismus zu rechtfertigen gewesen sein. Bezüglich der dauerhaften Schaffung und Unterhaltung einer solchen Einrichtung hat sich jedoch die Einsicht durchgesetzt, dass es dazu einer (zumindest klarstellenden) Vertragsänderung bedurfte.

**1141**

Am 16./17.12.2010 hat der Europäische Rat die Einführung eines dauerhaften **Europäischen Stabilitätsmechanismus (ESM)** ab 2013 beschlossen. Auch hierfür ist Grundlage ein völkerrechtlicher Vertrag zwischen den Mitgliedstaaten des Euro-Währungsgebiets[61]. Aufgrund der bereits im Zusammenhang mit dem Rettungsschirm bestehenden Bedenken bezüglich der Vereinbarkeit u. a. mit Art. 125 AEUV sollte der ESM jedoch auf eine primärrechtliche Grundlage gestellt werden. Durch den Beschluss 2011/199/EU des Europäischen Rats vom 25.3.2011, der am 1.1.2013 in Kraft getreten ist, wurde dem Art. 136 AEUV folgender Abs. 3 hinzugefügt: „Die Mitgliedstaaten, deren Währung der Euro ist, können einen Stabilitätsmechanismus einrichten, der aktiviert wird, wenn dies unabdingbar ist, um die Stabilität des Euro-Währungsgebiets insgesamt zu wahren. Die Gewährung aller erforderlichen Finanzhilfen im Rahmen des Mechanismus wird strengen Auflagen unterliegen".

**1142**

Der ESM tritt als dauerhafte Einrichtung an die Stelle des befristeten bisherigen Euro-Rettungsschirms (s. Rn 1137). Sein Zweck ist, „Finanzmittel zu mobilisieren und ESM-Mitgliedern, die schwerwiegende Finanzierungsprobleme haben oder denen solche Probleme drohen, unter strikten, dem gewählten Finanzhilfeinstrument angemessenen Auflagen eine Stabilitätshilfe bereitzustellen, wenn dies zur Wahrung der Finanzstabilität des Euro-Währungsgebiets insgesamt und seiner Mitgliedstaaten unabdingbar ist" (Art. 3 Abs. 1 ESMV; vgl auch Art. 12 Abs. 1 ESMV). Somit müssen

**1143**

---

59 So *Häde*, EuR 2010, 854 (859 f); *ders.*, in: Calliess/Ruffert, Art. 125 AEUV, Rn 7 f in Abweichung von der 3. Aufl. 2007, Art. 103 EGV, Rn 8.

60 Ähnlich zB *Herdegen*, § 23, Rn 9, S. 413: Sicherung der Stabilität der Europäischen Währung im Eigeninteresse aller Mitgliedstaaten. Ähnlich jetzt auch die Argumentation des EuGH im Fall *Pringle*, Rs 370/12, ECLI:EU:C:2012:756, Rn 135. *Oppermann*, FS Möschel, S. 909 ff nimmt ein „ungeschriebenes EU-Notrecht" an. Kritisch dazu *Schorkopf*, AöR 136 (2011), 341. Gegen diesen Rechtfertigungsansatz offenbar *Brück/Schalast/Schanz*, BB 2010, 2522 (2526); ablehnend auch *Kube/Reimer*, NJW 2010, 1911 (1914).

61 Vertrag zur Errichtung des Europäischen Stabilitätsmechanismus (BGBl. 2012 II S. 983). Nomos Nr 22.

zwei Voraussetzungen erfüllt sein: Konditionalität zwischen Hilfe und Erfüllung der daran geknüpften Bedingungen, so dass die Solidarität der Hilfe die (dauerhafte) Solidität (wirtschaftliche Leistungsfähigkeit, soziale Systeme, Schuldentragfähigkeit) des betroffenen Mitgliedstaats herstellen kann. Dies erfordert sachgerechte und realistische Bedingungen, zumal diese die politische Gestaltungsfreiheit des betroffenen Mitgliedstaats erheblich einschränken, was dieser aber akzeptieren und auch innerstaatlich vermitteln muss. Die Erforderlichkeit der Wahrung der Finanzstabilität nicht nur des betreffenden Staates, sondern des Euro-Währungsgebiets insgesamt wird durch Art. 136 Abs. 3 AEUV vorgeschrieben. Die Beurteilung hängt aber von so vielen Unwägbarkeiten und entsprechenden Prognoseeinschätzungen ab, dass dies, wie die Beschlüsse zur Aufnahme von Verhandlungen über ein drittes Hilfsprogramm für Griechenland gezeigt haben, letztlich nicht justiziabel und mehr eine politische Entscheidung ist. Als Stabilitätshilfen kommen vorsorgliche ESM-Finanzhilfen (Art. 14 ESMV), Finanzhilfen zur Rekapitalisierung von Finanzinstituten eines ESM-Mitglieds (Art. 15 ESMV), ESM-Darlehen (Art. 16 ESMV), Primärmarkt-Unterstützungsfazilitäten (Art. 17 ESMV) und Sekundärmarkt-Unterstützungsfazilitäten (Art. 18 ESMV) in Betracht. Das genehmigte Stammkapital von 700 Mrd € besteht aus 80 Mrd € eingezahlten Anteilen und Kapitalabrufen für genehmigtes, nicht eingezahltes Kapital (Art. 9 ESMV) und wird von den Vertragsparteien gemäß dem in Art. 11 ESMV festgelegten Beitragsschlüssel aufgebracht. Über die Hilfen beschließen der Gouverneursrat (vgl Art. 5 ESMV) bzw das Direktorium (vgl Art. 6 ESMV), in dem alle Vertragsparteien des ESM vertreten sind (Art. 5 Abs. 1, Art. 6 Abs. 1 ESMV), grundsätzlich im gegenseitigen Einvernehmen, dh einstimmig (Art. 4 Abs. 3, Art. 5 Abs. 6 lit. f und g ESMV). Gelangen die EU-Kommission und die EZB beide zu dem Schluss, dass die Unterlassung der dringlichen Annahme eines Beschlusses zur Gewährung oder Durchführung von Finanzhilfe in aller Eile gemäß der Regelung in Art. 13-18 ESMV die wirtschaftliche und finanzielle Stabilität des Euro-Währungsgebiets bedrohen würde, so wird ein Dringlichkeitsverfahren angewandt, in dem die Beschlüsse des Gouverneursrats und des Direktoriums mit einer qualifizierten Mehrheit von 85% der abgegebenen Stimmen gefasst werden (Art. 4 Abs. 4 ESMV). Dabei werden die Stimmen nach der Zahl der Anteile am genehmigten und eingezahlten Stammkapital gewogen (Art. 5 Abs. 7 und 8 ESMV). Daher haben Deutschland, Frankreich und Italien insoweit ein Vetorecht.

**1144** Ein Abgeordneter des irischen Unterhauses klagte auf Feststellung der Rechtswidrigkeit des Beschlusses des Europäischen Rates zur Einführung des Art. 136 Abs. 3 AEUV (s. Rn 1142) und auf Untersagung der Ratifikation des ESM-Vertrages durch die irische Regierung. Der irische Supreme Court legte dem EuGH Fragen nach der Vereinbarkeit des Beschlusses sowie des ESM-Vertrages mit dem Unionsrecht vor. Obwohl es sich um eine Änderung des Primärrechts handelt, ist der EuGH zuständig, da es sich bei dem Beschluss 2011/199 um eine Handlung des Europäischen Rates und damit eines EU-Organs handelt (vgl Art. 267 Abs. 1 lit. b AEUV). Das vereinfachte Vertragsänderungsverfahren des Art. 48 Abs. 6 EUV ist nach Ansicht des EuGH hinreichend, weil die Ermächtigung zur Errichtung eines Stabilitätsmechanismus eine wirtschaftspolitische Maßnahme, die den Mitgliedstaaten obliegt (vgl Art. 119 AEUV), und keine in der ausschließlichen Kompetenz der Union liegende währungspolitische Maßnahme sei, die Art. 3 Abs. 1 lit. c AEUV berühre und damit über die Tragweite des vereinfachten Vertragsänderungsverfahrens (Art. 48 Abs. 6 EUV) hinausginge. Art. 136 Abs. 3 AEUV sei lediglich deklaratorisch, weshalb der ESM-Vertrag bereits vor seinem Inkrafttreten habe abgeschlossen werden dürfen. Er dispensiere auch nicht vom Verbot des Art. 125 AEUV, sondern stelle klar, dass der dort vorgeschriebene Haftungsausschluss den Mitgliedstaaten nicht jede Form der finanziellen Unterstützung eines anderen Mitgliedstaats untersage. Dies folge auch aus dem abweichenden Wortlaut des Art. 123 AEUV (Verbot monetärer Staatsfinanzierung) und Art. 122 Abs. 2 AEUV, der nicht ausdrücklich als Ausnahme von Art. 125 AEUV formuliert sei. Allerdings erlaube Art. 125 AEUV nicht jede finanzielle Unterstützung, sondern müsse historisch-teleologisch dahingehend ausgelegt werden, dass er sicherstellen soll, dass die Mitgliedstaaten auf eine solide Haushaltspolitik achten und bei ihrer Verschuldung der Marktlogik unterworfen bleiben, was ihnen einen Anreiz geben soll, Haushaltsdisziplin zu wahren. Die Einhaltung einer solchen Disziplin trage auf Unionsebene zur Verwirklichung eines übergeordneten Ziels bei, und zwar der der Aufrechterhaltung der finanziellen Stabilität der Unionswährung. Danach sind nur finanzielle Hilfen zulässig, die die Mitgliedstaaten der Marktlogik nicht entziehen und den Anreiz zur Disziplinierung der öffentlichen Haushalte nicht konterkarieren, was in Art. 12 ESMV gemäß den Vorgaben des Art. 136 Abs. 3 AEUV durch strikte und strenge Auflagen erreicht werde[62].

Sowohl der Beschluss des Europäischen Rates zur Einfügung des Art. 136 Abs. 3 **1145** AEUV (vgl Art. 48 Abs. 6 UAbs. 2 S. 3 EUV) als auch der ESM-Vertrag bedurften der Zustimmung des Bundestages. Nach zutreffender Ansicht des BVerfG handelt es sich auch bei völkerrechtlichen Verträgen, wenn sie bei Gesamtbetrachtung der Umstände in einem Ergänzungs- oder besonderen Näheverhältnis zum Recht der EU stehen, um eine „Angelegenheit der Europäischen Union" iSv Art. 23 Abs. 2 GG[63]. Da das BVerfG anders als der EuGH im Fall *Pringle* (s. Rn 1139) Art. 136 Abs. 3 AEUV als konstitutiv und wegen der Installierung eines dauerhaften Beistandsmechanismus als strukturelle Änderung der Bedingungen sieht, unter denen Deutschland mit dem Vertrag von Maastricht die Währungshoheit übertragen hat[64], war für die Zustimmung die verfassungsändernde Mehrheit gemäß Art. 23 Abs. 1 S. 2 iVm Art. 79 Abs. 2 GG erforderlich. Die „Öffnungsklausel" des Art. 136 Abs. 3 AEUV lasse aber „wesentliche Bestandteile der Stabilitätsarchitektur" unangetastet, die „stabilitätsgerichtete Ausrichtung der Währungsunion" werde nicht aufgegeben[65]. Das BVerfG verlangt, dass der Bundestag auch in einem „System intergouvernementalen Regierens" seine Budgetverantwortung „nicht durch unbestimmte haushaltspolitische Ermächtigungen auf andere Akteure übertragen" darf und dauerhaft „Herr seiner Entschlüsse bleibt" und fordert entsprechende Sicherungen[66]. In materiellen Fragen hält sich das BVerfG dagegen zurück, respektiert den Gestaltungsspielraum der politisch Verantwortlichen und setzt sich „nicht mit eigener Sachkompetenz an die Stelle der

---

62  EuGH (Plenum), Rs C-370/12, ECLI:EU:C:2012:756, Rn 31, 53 ff, 70, 93 ff, 121, 129 ff, 135 ff = NJW 2013, 29 mit Anm. *Nettesheim*, ebd S. 14 = JuS 2013, 278 – *Ruffert*.

63  BVerfGE 131, 152 (219 f) und Ls 1. Vgl dazu *Streinz*, in: Sachs, GG-Kommentar, 7. Aufl. 2014, Art. 23, Rn 56a.

64  BVerfGE 135, 317 (407), Rn 180 unter Hinweis auf EuGH, Rs C-370/12, Pringle, Rn 73 ff; BVerfGE 132, 195 (248), Rn 128.

65  BVerfGE 132, 195 (248), Rn 129.

66  BVerfGE 135, 317 (400 ff), Rn 162 ff.

zuvörderst demokratisch berufenen Gesetzgebungskörperschaften"[67]. Es sieht die sehr eingeschränkte Justiziabilität des Umfangs von Gewährleistungsermächtigungen und stellt allein auf die „evidente Überschreitung von äußersten Grenzen" ab, die es nicht näher präzisiert, sondern allenfalls dann überschritten sieht, „wenn sich die Zahlungsverpflichtungen und Haftungszusagen im Eintrittsfall so auswirken, dass die Haushaltsautonomie jedenfalls für einen nennenswerten Zeitraum nicht nur eingeschränkt würde, sondern praktisch vollständig leerliefe"[68]. Diesen Maßstäben entsprachen sowohl der Beschluss des Europäischen Rates zu Art. 136 Abs. 3 AEUV als auch der ESM-Vertrag[69]. Das BVerfG forderte allerdings, dass der deutsche Gesetzgeber durchgehend sicherstellen müsse, dass zur Wahrung des Vetorechts (s. Rn 1143) die Bundesrepublik Deutschland Kapitalabrufen nach dem ESMV fristgerecht und vollständig nachkommen kann, eine völkerrechtlich verbindliche Klarstellung, dass durch den ESMV keine unbegrenzten Zahlungsverpflichtungen begründet werden, der ESMV einer hinreichenden parlamentarischen Kontrolle des ESM durch den Deutschen Bundestag nicht entgegensteht und zur Wahrung der haushaltspolitischen Gesamtverantwortung des Deutschen Bundestages der Legitimationszusammenhang zwischen ESM und dem Parlament „unter keinen Umständen unterbrochen wird". Durch das Einstimmigkeitserfordernis im Gouverneursrat für den Beitritt neuer Mitglieder (Art. 5 Abs. 6 lit. k ESMV) könne die gegenwärtig gegebene und verfassungsrechtlich geforderte Vetoposition der Bundesrepublik Deutschland auch unter veränderten Umständen erhalten bleiben[70]. Da das BVerfG alle diese Voraussetzungen erfüllt sah, wies es die hinsichtlich des ESM erhobenen Verfassungsbeschwerden und den Antrag im Organstreitverfahren, soweit sie nicht ohnehin als unzulässig verworfen wurden, zurück[71].

**1146** Weitere **Reformvorschläge** können hier nur genannt werden: Verschärfung des **Sanktionsregimes für Defizitsünder** (Stimmrechtsentzug, automatisierte Kürzungen von Agrar- oder Strukturfondsmitteln, als ultima ratio Ausschluss aus der Eurozone); Stärkung der Rolle der EU-Kommission bis hin zur Einräumung von Durchgriffsbefugnissen gegenüber den Mitgliedstaaten; Einrichtung einer **europäischen Wirtschaftsregierung**, wobei die Vorstellungen darüber auseinandergehen; Einrichtung eines **europäischen Währungsfonds**; Ausgabe von sog. **Eurobonds** (mit drei Variationen)[72]; Schaffung eines geordneten **Staateninsolvenzrechts** (bzw Staaten**re**solvenzrechts)[73]. Im Einzelnen ist vieles strittig, zB auch die Intervention der EZB durch den Ankauf von Staatsanleihen, die auf dem Markt nicht zu tragbaren Konditi-

---

67  Vgl BVerfGE 129, 124 (183).
68  BVerfGE 132, 195 (242), Rn 112; BVerfGE 129, 124 (182 f); BVerfGE 135, 317 (405), Rn 174 f.
69  BVerfGE 135, 317 (405 f, 408 ff).
70  BVerfGE 132, 195 (196 f); BVerfGE 135, 307, Ls 1-4.
71  BVerfGE 135, 307 (322 f). Weitere Anträge wurden als unzulässig verworfen bzw für erledigt erklärt, vgl BVerfGE 136, 1; BVerfGE 136, 119; BVerfGE 136, 121.
72  Vgl das Grünbuch der Kommission „Feasibility of introducing Stability Bonds". Die „Stabilität" solcher Bonds wird nicht nur von der Bundesregierung angesichts bisheriger Erfahrungen und der drohenden kontraproduktiven Wirkung zu Recht bezweifelt. Nach Ansicht des BVerfG verstößt eine daraus folgende Haftungsübernahme für die Willensentscheidungen anderer Staaten gegen das Grundgesetz, vgl BVerfGE 129, 124 (180).
73  *Paulus*, RIW 2010, Heft 9, S. 1; *Aden*, ZRP 2010, 191. Der damalige deutsche Wirtschaftsminister Rösler hat diesen Begriff zu Recht verwendet, aber nicht erfunden.

onen platziert werden können[74]. Bei alledem ist zu berücksichtigen, dass der Euro wie jede Papierwährung allein vom Vertrauen der Märkte (Anleger) und der Bürger (die oft vergessen werden) abhängig ist und dieses Vertrauen nur durch dauerhafte Stabilität, dh Abbau der Staatsschulden auf ein vertretbares Maß, das die Rückzahlung realistisch erscheinen lässt, gesichert werden kann[75]. Die Währungsunion hat sich als Wagnis erwiesen, das neben Chancen auch Risiken enthält, die sich rechtlich nur bedingt versichern lassen. Deutlich zeigt dies die Aufweichung des No-bail-out-Prinzips. Aber wenigstens die bestehenden Möglichkeiten und die eingegangenen Verpflichtungen sollten ernst genommen werden.

## 4. Bankenunion

Die Finanz- und Staatsschuldenkrise 2007/2008, die im Wesentlichen auch eine Bankenkrise war, offenbarte Defizite in der nur lose europäisch koordinierten nationalen Aufsicht über die Finanzinstitute und bewog die Staats- und Regierungschefs der Euro-Mitgliedstaaten, eine **Bankenunion** zu entwickeln. In dieser sollten zum einen Banken durch europäische Institutionen beaufsichtigt werden, um zu verhindern, dass manche nationalen Aufsichtsbehörden aus Interessen nationaler Wettbewerbsfähigkeit oder aus fiskalischen Gründen ihrer Aufsichtspflicht nachlässig oder gar nicht nachkommen. Zum anderen sollten in Schwierigkeiten geratene Banken nicht mehr stets aus dem jeweiligen nationalen Staatshaushalt, sondern aus einem von Bankabgaben gespeisten gemeinsamen europäischen Bankenrettungsfonds sowie über den ESM (vgl dazu Art. 15 ESMV) rekapitalisiert werden[76]. Dazu wurden ein einheitlicher Aufsichtsmechanismus für Banken (Single Supervisory Mechanism – SSM) geschaffen. Auf der Grundlage der dazu weit ausgelegten und daher umstrittenen[77] Grundlage des Art. 127 Abs. 6 AEUV, der durch einstimmigen Beschluss des Rates nach Anhörung des Europäischen Parlaments die Übertragung „besonderer Aufgaben im Zusammenhang mit der Aufsicht über Kreditinstitute und sonstige Finanzinstitute mit Ausnahme von Versicherungsunternehmen" an die EZB zulässt, wurde durch die VO 1024/2013[78] der EZB allgemein die Aufsicht über Banken übertragen, wobei sie sich grundsätzlich auf Banken mit einer Bilanzsumme von über 30 Mrd Euro und sonstige „systemrelevante" Banken beschränken soll. Die Aufsicht über andere Banken verbleibt bei den nationalen Aufsichtsbehörden, kann aber von der EZB an sich gezogen werden[79]. Problematisch ist neben der Erstreckung der Unabhängigkeit auf eine ordnungspolitische Funktion vor allem ein naheliegender Interessenkonflikt zwischen den neuen Aufsichtsaufgaben und den bestehenden währungspolitischen Aufgaben, der durch entsprechende Trennungsinstrumente innerhalb der EZB entschärft

**1147**

---

74 Kritisch dazu zB *Müller-Graff*, in: FS Möschel, S. 890; ablehnend zB *Seidel*, EuZW 2010, 521. AA zB *Herrmann*, EuZW 2010, 645.
75 Im Einzelnen ist vieles sowohl aus juristischer wie aus ökonomischer Sicht umstritten. Zu Recht kritisch zB *Horn*, NJW 2011, 1398 ff; *Issing*, EWS 2011, 257 ff.
76 Vgl dazu *Selmayr*, in: von der Groeben/Schwarze/Hatje, Art. 127 AEUV, Rn 51. Zu möglichen sachwidrigen Motiven auf europäischer Ebene vgl *U. Schneider*, Europäische Bankenunion – ein Etikettenschwindel!, EuZW 2012, 721 (722).
77 Zu Recht kritisch *Herdegen*, § 23, Rn 60.
78 ABl 2013 L 287/63.
79 Vgl dazu *Selmayr*, in: von der Groeben/Schwarze/Hatje, Art. 127 AEUV, Rn 55.

werden soll[80]. Weitere Vorschriften betreffen die Sanierung und Abwicklung von Kreditinstituten und Wertpapieren[81], die einheitliche Abwicklung von Instituten, die in einem der am SSM teilnehmenden Mitgliedstaaten niedergelassen sind[82] sowie Standards für Einlagensicherungssysteme[83].

## IV. Währungsunion – Einführung des Euro

### 1. Stufenweise Verwirklichung der Währungsunion

1148 Durch den Vertrag von Maastricht trat die Verwirklichung der WWU in ein neues Stadium. Basierend auf dem Delors-Bericht (s. Rn 1119) wurde die WWU in Titel VII, *Art. 98–124 EGV* verankert. Die Errichtung der WWU erfolgte danach in drei Stufen. Die **erste Stufe** begann am 1.7.1990 mit der Liberalisierung des Geld- und Kapitalverkehrs mittels der RL 88/361 (s. Rn 873) und einer stärkeren Koordinierung der Wirtschaftspolitik. Am 1.1.1994 begann die **zweite Stufe**, in der der Kapital- und Zahlungsverkehr primärrechtlich liberalisiert wurde (vgl Rn 873) und das in Frankfurt errichtete Europäische Währungsinstitut (EWI, der Vorläufer der heutigen Europäischen Zentralbank EZB, s. Rn 1157 f) die dritte Stufe, die eigentliche Währungsunion, vorbereitete.

1149 Da bis Ende 1997 die in *Art. 121 Abs. 4 EGV* vorgesehene Festlegung des Zeitpunkts für den Beginn der **dritten Stufe** nicht erfolgt war, empfahl die Kommission am 25.3.1998 gemäß *Art. 121 Abs. 1 EGV* elf Länder für die Teilnahme an der Währungsunion. Am 1.–3.5.1998 entschied der Rat in entsprechender Anwendung des *Art. 121 Abs. 4 S. 2 iVm Abs. 2 EGV* in der Zusammensetzung der Staats- und Regierungschefs, dass die dritte Stufe der WWU am 1.1.1999 mit Belgien, Deutschland, Finnland, Frankreich, Irland, Italien, Luxemburg, den Niederlanden, Österreich, Portugal und Spanien beginnt. Bei der Entscheidung wurde die bereits in den Konvergenzkriterien selbst angelegte Flexibilität (vgl Rn 1153 ff) mit bewusst eröffneten beachtlichen Einschätzungs-, Prognose- und Wertungsspielräumen genutzt; im Prinzip durchaus zu Recht, weil sie ökonomisch zielorientiert getroffen werden musste. Dies rechtfertigte, ja erforderte ggf auch ein Abweichen von starren Zahlen bei entsprechenden Tendenzen, zB deutlichen Fortschritten beim Abbau der Verschuldung. Daher wurden auf Grund einer Gesamtbeurteilung trotz erheblicher Überschreitung der zulässigen Gesamtverschuldung (mehr als das Doppelte, sogar mehr als – damals – Griechenland) auch Belgien und Italien in die Währungsunion aufgenommen[84]. Griechenland, das auch die flexiblen Konvergenzkriterien offensichtlich verfehlt hatte, wurde erst nach weiterer „positiver" (wie sich später herausstellte auf falschen Anga-

---

80 Vgl dazu ebd, Rn 56. Skeptisch dazu *J.A. Kämmerer*, Bahn frei der Bankenunion?, NVwZ 2013, 830 (836). Zum Interessenkonflikt vgl *F. Becker*, Die Reform der Finanzmarktaufsicht, DÖV 2010, 909 (916); *Gaitanides/Hettinger*, in: Schulze/Zuleeg/Kadelbach, § 31, Rn 18.

81 RL 2014/59, ABl 2014 L 173/190.

82 VO 806/2014, ABl 2014 L 225/1.

83 RL 2014/49, ABl 2014 L 173/149.

84 Kritisch zur damaligen Entscheidung *Häde*, in Calliess/Ruffert, EUV/EGV, 3. Aufl. 2007, Art. 121 EGV, Rn 25 ff. Aktuelle Angaben zur Finanzlage bei *Herdegen*, § 23, Rn 11, S. 418; Vgl auch *Kempen*, in: Streinz, Art. 126 AEUV, Rn 19 ff mit zutreffender Betonung des Überwachungsauftrags.

ben beruhender) Entwicklung zum 1.1.2001 aufgenommen[85]. Das Vereinigte Königreich und Dänemark, die sich je in einem Protokoll[86] ein „opting out" vorbehalten
hatten, sowie Schweden, das wegen Nichtteilnahme am Wechselkursmechanismus
des EWS das entsprechende Kriterium (vgl Rn 1154) formal nicht erfüllen konnte
(und dessen Volk in der Abstimmung vom 14.9.2003 die Teilnahme an der dritten
Stufe der WWU ablehnte), nehmen auf eigenen Wunsch nicht teil. Von den zum
1.5.2004 bzw 1.1.2007 beigetretenen Mitgliedstaaten nehmen bislang nach Erfüllung
der Konvergenzkriterien (vgl Rn 1153 ff) Slowenien[87], Malta[88], Zypern[89], die Slowakei[90], Estland[91], Lettland[92] und Litauen[93] an der dritten Stufe der WWU teil. Damit
umfasst die sog. **Euro-Gruppe** 19 Mitgliedstaaten.

Das BVerfG wies eine Verfassungsbeschwerde gegen „die Teilnahme" Deutschlands **1150**
an der Währungsunion am 31.3.1998 als „offensichtlich unbegründet" zurück, wobei
es die Zulässigkeit dahingestellt ließ. Die Mitwirkung Deutschlands an der Währungsunion sei im Maastricht-Vertrag vorgesehen sowie durch Art. 23 und Art. 88
S. 2 GG grundsätzlich gestattet. Für den Vollzug dieser rechtlichen Vorgaben, insbesondere die Entscheidung über die Teilnehmerstaaten an der Währungsunion, zeichne
der Maastricht-Vertrag den Maßstab und das Verfahren zum Eintritt in die dritte Stufe
vor. Er eröffne dabei wirtschaftliche und politische Einschätzungs- und Prognoseräu-
me. Dies nehme die Bundesregierung und das Parlament für die Sicherung des Geld-
eigentums in Verantwortung. Der Geldeigentümer gewinne jedoch nicht das Recht,
diese parlamentarisch mitzuverantwortende Entscheidung in dem Verfahren der Verfassungsbeschwerde inhaltlich überprüfen zu lassen[94].

Die geldpolitische Verantwortung ging für die ursprünglich 11 Teilnehmerstaaten mit **1151**
dem Start der dritten Stufe der Währungsunion am 1.1.1999 von den nationalen Zentralbanken auf die EZB über. Der Rat nahm auf Grund eines einstimmigen Beschlusses der an der Währungsunion teilnehmenden Mitgliedstaaten auf Vorschlag der
Kommission und nach Anhörung der EZB die Umrechnungskurse an, auf die ihre
Währungen unwiderruflich festgelegt wurden, sowie die unwiderruflich festen Kurse,
zu denen diese Währungen durch „die ECU", dh den Euro[95], ersetzt wurden. Dabei

---

85  Entscheidung 2000/427 des Rates vom 19.6.2000, ABl 2000 L 167/19. Kritisch dazu *Herdegen*, § 23,
    Rn 47 f. Zumindest der Betrug Griechenlands dürfte aber keine Selbstbindung für künftige Entschei-
    dungen begründen.

86  Protokolle Nr 25 und 26 zum Vertrag von Maastricht, BGBl. 1992 II 1312; jetzt Protokolle Nr 15
    und 16 zum Vertrag von Lissabon (ABl 2012 C 326/284 bzw ABl 2012 C 326/287; Sart. II Nr 147,
    S. 18 ff; Nomos Nr 3, S. 226 ff).

87  Seit 1.1.2007 gem. Entscheidung 2006/495 des Rates vom 11.7.2006, ABl 2006 L 195/25.

88  Seit 1.1.2008 gem. Entscheidung 2007/504 des Rates vom 10.7.2007, ABl 2007 L 186/32.

89  Seit 1.1.2008 gem. Entscheidung 2007/503 des Rates vom 10.7.2007, ABl 2007 L 186/29.

90  Seit 1.1.2009 gem. Entscheidung 2008/608 des Rates vom 8.7.2008, ABl 2008 L 195/24.

91  Seit 1.1.2011 gem. Beschluss 2010/416 des Rates vom 13.7.2010, ABl 2010 L 196/24.

92  Seit 1.1.2014 gem. Beschluss 2013/387 des Rates vom 9.7.2013, ABl 2013 L 195/24.

93  Seit 1.1.2015 gem. Beschluss 2014/509 des Rates vom 23.7.2014, ABl 2014 L 228/29.

94  BVerfGE 97, 350 = *PSK*, Fall 87. Zum möglichen Rechtsschutz gegen eine gezielte Inflationspolitik
    vgl *Forkel*, Staatsschulden, Geldentwertung, Grundgesetz: Gibt es einen Grundrechtsschutz gegen
    staatlich herbeigeführte Inflation?, ZRP 2011, 140 (142 ff); *Herrmann*, Währungshoheit, S. 331 ff
    mwN.

95  Der Name wurde vom Europäischen Rat am 15./16.12.1995 festgelegt, wobei der unklare Begriff
    „ECU" in *Art. 123 Abs. 4 EGV* offenbar nicht als bindend angesehen wurde (BullEU Nr 12-1995,
    S. 10). Durch den Vertrag von Lissabon primärrechtlich verankert in Art. 3 Abs. 4 EUV und Art. 133
    AEUV.

verfügte der Rat über gewisse, aber nicht unbeschränkte Gestaltungsspielräume, die jedoch eingehalten wurden[96]. Die Festlegung erfolgte am 31.12.1998 durch VO (EG) 2866/98 des Rates über die Umrechnungskurse zwischen dem Euro und den Währungen der Mitgliedstaaten, die den Euro einführen[97].

**1152**  Gemäß der VO 974/98 des Rates vom 3.5.1998 über die Einführung des Euro[98] ist der in 100 Cent unterteilte **Euro** seit 1.1.1999 die ausschließliche Währung der teilnehmenden Mitgliedstaaten. Damit begann die Überführung der auf nationale Währung lautenden Vermögenswerte, Zahlungsverpflichtungen, Verträge usw auf Euro (**Währungsumstellung**). Während der Euro im bargeldlosen Zahlungsverkehr bereits seit 1.1.1999 verwendet wurde, erfolgte die Einführung des Euro-Bargeldes ab dem 1.1.2002. Spätestens am 1.7.2002 verloren die nationalen Währungen grundsätzlich ihre Gültigkeit (vgl Art. 15 VO 974/98). Zur Durchführung dieser Verordnung wurde in Deutschland das Gesetz zur Einführung des Euro[99] erlassen. Neben den 17 teilnehmenden Mitgliedstaaten der Eurozone ist der Euro auch in anderen europäischen Staaten auf der Grundlage von Währungsabkommen (San Marino, Vatikanstadt, Fürstentum Monaco) sowie in überseeischen Gebieten der Mitgliedstaaten, auf die die Verträge im Übrigen teilweise nicht anwendbar sind, auf unterschiedlicher rechtlicher Grundlage als gesetzliches Zahlungsmittel eingeführt worden[100].

## 2. Eintrittsvoraussetzungen zur Währungsunion – Die „Konvergenzkriterien"

**1153**  Neben der Schaffung der Unabhängigkeit der nationalen Notenbank (vgl Rn 1160) ist die Teilnahme eines Mitgliedstaats an der gemeinsamen Währung Euro an bestimmte ökonomische Voraussetzungen geknüpft, da ohne ein Mindestmaß an Homogenität der wirtschaftlichen Lage der beteiligten Staaten die Gefahr der Entwertung der gemeinsamen Währung besteht. Als Maßstab nennt Art. 140 Abs. 1 S. 3 2. HS AEUV folgende vier, in einem Protokoll[101] weiter präzisierte, **Kriterien:**

---

96  Vgl dazu *Streinz*, Europarecht, 4. Aufl. 1999, Rn 889.
97  ABl 1998 L 359/1, ergänzt durch VO 1478/2000, ABl 2000 L 167/1, VO 1086/2006, ABl 2006 L 195/1, VO 1134/2007, ABl 2007 L 256/1 und VO 1135/2007, ABl 2007 L 256/2 sowie VO 694/2008, ABl 2008 L 195/3 und VO 671/2010, ABl 2010 L 196/4. Danach gilt: 1 Euro = 40,3399 Belgische Franken = 1,95583 Deutsche Mark = 166,386 Spanische Peseten = 6,55957 Französische Franken = 0,787564 Irische Pfund = 1936,27 Italienische Lire = 40,3399 Luxemburgische Franken = 2,20371 Niederländische Gulden = 13,7603 Österreichische Schilling = 200,482 Portugiesische Escudos = 5,94573 Finnmark = 340,750 Griechische Drachmen = 239,640 Slowenische Tolar = 0,429300 Maltesische Lira = 0,585274 Zyprische-Pfund = 30,1260 slowakische Kronen = 15,6466 Estnische Kronen = 0,702804 Lettische Lats = 3,45280 Litauische Litas.
98  ABl 1998 L 139/1 (*Bieber/Knapp* Nr V.9.3). Der Beschluss 99/33 der EZB (ABl 1999 L 258/30) regelt die Stückelung, Spezifikation und Reproduktion sowie den Umtausch und den Einzug von Euro-Banknoten.
99  EuroEG, BGBl. 1998 I 1242. Ferner wurden erlassen: Gesetz zur Öffnung der Sozial- und Steuerverwaltung für den Euro (Zweites Euro-Einführungsgesetz), BGBl. 1999 I 385; Gesetz über die Änderung währungsrechtlicher Vorschriften infolge der Einführung des Euro-Bargeldes (Drittes Euro-Einführungsgesetz), BGBl. 1999 I 2402.
100  Vgl dazu *Herrmann*, European Foreign Affairs Review 2002, 1 (13 ff); *Krauskopf/Steven*, EuZW 1999, 650 ff; *Hafke*, ZEuS 2000, 25 ff. Daneben gibt es noch sog. passive Euro-Nutzer (Andorra, Kosovo, Montenegro).
101  Seit dem Vertrag von Lissabon Protokoll Nr 13, ABl 2012 C 326/281 (Sart. II Nr 147, S. 16 ff; Nomos Nr 3, S. 223 ff).

– Erreichung eines hohen Grades an Preisstabilität, ersichtlich aus einer Inflationsrate, die, gemessen in dem Jahr vor der „Aufnahmeprüfung", nicht mehr als 1,5% oberhalb der Inflationsrate der – höchstens drei – Mitgliedstaaten mit dem besten Ergebnis liegt;  **1154**

– auf Dauer tragbare Finanzlage der öffentlichen Hand, dh es darf zum Zeitpunkt der Prüfung keine Entscheidung des Rates nach Art. 126 Abs. 6 AEUV gelten, die ein übermäßiges Defizit (vgl Rn 1125) des betreffenden Mitgliedstaates feststellt;

– Einhaltung der „normalen" Bandbreiten des EWS seit mindestens zwei Jahren ohne starke Spannungen und ohne Abwertung gegenüber dem Euro auf eigenen Vorschlag;

– der durchschnittliche nominale langfristige Zinssatz in einem Mitgliedstaat darf in dem Jahr vor der Prüfung nicht mehr als 2% über dem entsprechenden Satz in den – höchstens drei – Mitgliedstaaten mit dem besten Ergebnis bei der Preisstabilität liegen.

Im *Maastricht-Urteil* verkannte das BVerfG die Bedeutung der Konvergenzkriterien. Deren Erfüllung war und ist (bei Neubeitritten, zB Griechenland, vgl Rn 1149) nicht Bedingung, sondern lediglich „Maßstab" für das im Unionsrecht vorgesehene mehrstufige Bewertungs- und Entscheidungsverfahren[102]. Andererseits setzen nicht nur der Wortlaut der Konvergenzbegriffe, sondern auch die im Stabilitäts- und Wachstumspakt (s. Rn 1126) bekräftigte Finalität der Währungsunion den Spielräumen bei der Vertragskonkretisierung Grenzen: Die Konvergenzkriterien dürfen nicht so gehandhabt werden, dass sie ihre Aussagekraft für eine verlässliche Stabilitätsprognose verlieren. In Grenzfällen ist eine Absicherung durch einen Konsens unter allen Mitgliedstaaten als Grundlage für eine vertragskonkretisierende Praxis (vgl Art. 31 Abs. 3 lit. b WVRK) geboten[103].  **1155**

Das BVerfG hat im *Maastricht-Urteil* die Option eines Ausscheidens aus der WWU bei einem Scheitern des Stabilitätsziels betont[104]. Ungeachtet vereinzelter Äußerungen von Politikern ist das Ausscheren aus der gemeinsamen Währung, sei es wegen Gefährdung ihrer Stabilität, sei es wegen wirtschaftlicher Überforderung durch die verlangte Haushaltsdisziplin, wenig wahrscheinlich (auch Griechenland will im Euro bleiben). Dennoch stellt sich die Frage, ob ein **Austritt** aus der Währungsunion möglich ist. Der EGV enthielt dazu keine Regelung, der Vertrag von Lissabon regelt nur den Austritt aus der Europäischen Union *insgesamt* (Art. 50 EUV). Art. 140 AEUV regelt allein die (abgesehen von Staaten, die sich ein opt out vorbehalten haben, vgl Rn 1149) bei Erfüllung der Voraussetzungen obligatorische Aufnahme weiterer Mitgliedstaaten in das Euro-Währungsgebiet, wobei der Kurs, zu dem deren Währung durch den Euro ersetzt wird, „unwiderruflich" festgesetzt wird. In Frage kommt eine im Konsens beschlossene Entlassung eines Mitgliedstaats oder (allenfalls in Extremfällen) die Berufung auf eine unvorhergesehene Änderung der Verhältnisse (Art. 62 WVRK)[105]. Auch ein **Ausschluss** aus der Eurozone ist nicht vorgesehen und bedürfte einer Vertragsänderung.  **1156**

---

102  Vgl dazu näher *Streinz*, Europarecht, 4. Aufl. 1991, Rn 887.
103  *Herdegen*, § 23, Rn 45.
104  BVerfGE 89, 155 (204) = *HVL*, S. 56 ff.
105  Vgl dazu *Herdegen*, § 23, Rn 55 f; *Schilmöller/Tutsch*, in: von der Groeben/Schwarze/Hatje, Art. 140 AEUV, Rn 34 mwN; *Häde*, in: Calliess/Ruffert, Art. 140 AEUV, Rn 63.

### 3. Institutioneller Rahmen der WWU

**1157** Ab 1.1.1994 vorbereitet durch das EWI erhielten die **Europäische Zentralbank (EZB)** und **Europäisches System der Zentralbanken (ESZB)** ihre vollen Zuständigkeiten mit Beginn der dritten Stufe (1.1.1999). Das ESZB besteht aus der EZB und den nationalen Zentralbanken (Art. 282 Abs. 1 AEUV). Gemeinsam aus EZB und den nationalen Zentralbanken der Staaten, deren Währung der Euro ist, ist das **Eurosystem** gebildet, welches die Währungspolitik der Union betreibt (Art. 282 Abs. 1 S. 2 AEUV), wobei die nationalen Zentralbanken der EZB gegenüber weisungsgebunden sind[106].

**1158** Der Vertrag von Lissabon weist der EZB in Art. 13 Abs. 1 UAbs. 2 6. Spiegelstrich EUV Organqualität zu. Damit wird eine Ansicht im Schrifttum korrigiert, die die EZB als eine eigenständig spezialisierte Organisation neben der Union begriffen hatte[107]. Dem steht auch nicht die eigene Rechtspersönlichkeit (Art. 282 Abs. 3 AEUV) der EZB entgegen[108], die aufgrund der Funktionen, die diese wahrnimmt, unerlässlich ist. Rechtliche Spannungen können sich aus der mit der Organstellung verbundenen Loyalitätspflicht (etwa Art. 13 Abs. 2 S. 2 EUV) und der Notwendigkeit der Unabhängigkeit der EZB (Art. 282 Abs. 3 S. 3 AEUV) ergeben[109]. Art. 282 Abs. 3 S. 4 AEUV macht deutlich, dass diese zugunsten der Unabhängigkeit aufzulösen sind. Praktisch bedeutsamer ist gerade angesichts jüngster Entwicklungen die faktische Behauptung der Unabhängigkeit der EZB gegenüber politischem Druck.

**1159** **Aufgaben und Befugnisse** von ESZB und EZB ergeben sich aus dem AEUV, insbesondere Art. 127 und Art. 282 ff, sowie der EZB-Satzung. Art. 127 Abs. 2 AEUV nennt als die „grundlegenden Aufgaben" des ESZB, die Geldpolitik der Union festzulegen und auszuführen, Devisengeschäfte im Einklang mit Art. 219 AEUV durchzuführen, die offiziellen Währungsreserven der Mitgliedstaaten zu halten und zu verwalten und das reibungslose Funktionieren der Zahlungssysteme zu fördern. Die wichtigste Befugnis der EZB besteht in der Eingehung von Offenmarkt- und Kreditgeschäften sowie der Auferlegung von Mindestreservepflichten (Art. 18 und 19 EZB-Satzung). Ferner gibt die EZB Banknoten aus bzw genehmigt ihre Ausgabe durch die nationalen Zentralbanken (Art. 128 Abs. 1 AEUV). Der Rat kann durch Verordnung der EZB gemäß Art. 127 Abs. 6 AEUV einstimmig bestimmte weitere Aufgaben übertragen (zu den Aufgaben der EZB innerhalb der Bankenunion s. Rn 1147). Die EZB kann zur Erfüllung der Aufgaben des ESZB Verordnungen und Entscheidungen erlassen sowie Empfehlungen und Stellungnahmen abgeben, die dem allgemeinen System der Rechtsakte (vgl Rn 466 ff) entsprechende Wirkungen haben (Art. 132 Abs. 1 AEUV).

**1160** Zur Sicherung der Zielvorgabe **Preisstabilität** bei der Geldpolitik verlangt Art. 130 AEUV, dass die EZB, die nationalen Zentralbanken sowie die Mitglieder ihrer Beschlussorgane von Weisungen der nationalen Regierungen und der Institutionen der

---

106  Art. 14.3 Satzung ESZB und EZB, konsolidierte Fassung ABl 2012 C 326/230; Sart. II Nr 268; Nomos Nr 15.

107  Vgl etwa *Zilioli/Selmayr*, CMLR 2007, 355 (398). Näher hierzu *Streinz/Ohler/Herrmann*, Lissabon, S. 84 f.

108  So auch *Häde*, EuR 2009, 200 (211).

109  *Häde*, EuR 2009, 200 (213).

Union **unabhängig** sein müssen. Dementsprechend forderte *Art. 109 iVm Art. 108 EGV* von den Mitgliedstaaten, die Unabhängigkeit ihrer eigenen Zentralbanken spätestens bis zur Errichtung des ESZB und freilich auch in der Fortdauer (s. jetzt Art. 131 iVm Art. 130 AEUV) zu garantieren. Für die meisten Mitgliedstaaten stellte dies eine völlige Neuerung dar. Die Unabhängigkeit der EZB bedeutet allerdings nicht, dass sie nicht an Rechtsinstrumente der Union gebunden wäre.

Daher können Klagen gegen Beschlüsse der EZB erhoben werden[110]. Handlungen der **1161** EZB können auch Gegenstand von Vorabentscheidungsverfahren nach Art. 267 Abs. 1 lit. b AEUV sein. Weil das BVerfG aufgrund von Verfassungsbeschwerden (Art. 93 Abs. 1 Nr. 4a GG) und einer Organklage (Art. 93 Abs. 1 Nr. 1 GG) der Bundestagsfraktion DIE LINKE die Beschlüsse des Rats der EZB vom 6.9.2012 zu einer Reihe technischer Merkmale der geldpolitischen Outright-Geschäfte des Eurosystems an den Sekundärmärkten für Staatsanleihen (sog. **OMT-Beschlüsse**) wegen Überschreitung des Mandats, das eng begrenzt sein müsse, um demokratischen Anforderungen zu genügen (Verstoß gegen Art. 119 und Art. 127 Abs. 1 und 2 AEUV und Art. 17-24 Protokoll über ESZB/EZB-Satzung[111] wegen Überschreiten der Währungspolitik und Übergreifen in die Wirtschaftspolitik) sowie wegen Verstoßes gegen Art. 123 AEUV (Verbot monetärer Haushaltsfinanzierung) für möglicherweise unionsrechtswidrig und dann als einen verfassungsrechtlich relevante Ultra-vires-Handlung hielt, legte es dem EuGH gemäß Art. 267 Abs. 3 AEUV entsprechende Fragen vor[112]. Der EuGH stellt fest, dass die Unabhängigkeit von EZB und ESZB (Art. 130 AEUV; Art. 282 Abs. 3 AEUV) wegen des Grundsatzes der begrenzten Einzelermächtigung (Art. 5 Abs. 2 AEUV) einer gerichtlichen Kompetenzkontrolle nicht entgegensteht. Er verneint eine Kompetenzüberschreitung, da es sich angesichts einer fehlenden genauen Definition der „Währungspolitik" im AEUV und des „klaren Mandats" mit dem vorrangigen Ziel der Gewährleistung der Preisstabilität ungeachtet mittelbarer Auswirkungen auf die Stabilität des Euro-Währungsgebiets um eine währungspolitische Maßnahme handle und eine wirtschaftspolitische Steuerung durch die zwingende Orientierung am „richtungsweisenden Grundsatz", „dass die öffentlichen Finanzen gesund sein müssen", Anreize zur Verschlechterung der Haushaltslage der Mitgliedstaaten verhindere. Die anschließende Verhältnismäßigkeitsprüfung berücksichtigt den Beurteilungsspielraum der EZB und damit die eingeschränkte Justiziabilität wirtschaftspolitischer Maßnahmen sowie die bisherige Nichtdurchführung des Programms. Das Verbot monetärer Staatsfinanzierung steht nur dem unmittelbaren Erwerb von Schuldtiteln (Art. 123 Abs. 1 AEUV), nicht aber dem in Art. 18 Abs. 1 ESZB/EZB-Satzung geregelten mittelbaren Anleiheerwerb entgegen. Der EuGH stellt aber klar, dass eine Umgehung des Finanzierungsverbots dem Zweck der Vorschrift des Art. 123 AEUV zuwiderlaufe und durch „hinreichende" Garantien im Rahmen des jeweiligen Programms verhindert werden müsse. Daher dürften Wirtschaftsteilnehmer, die Staatsanleihen auf dem Primärmarkt erwerben, nicht die Ge-

---

110  EuGH, Rs C-11/00, Kommission/EZB, Slg 2003, I-7215: Nichtigerklärung des Beschlusses 1999/726 der EZB über Betrugsbekämpfung.

111  Protokoll (Nr 4) über die Satzung des Europäischen Systems der Zentralbanken und der Europäischen Zentralbank v. 7.2.1992, ABl 1992 C/68, konsolidierte Fassung ABl 2012 C 326/230; Nomos Nr 15.

112  BVerfGE 134, 366 mit abwM Gerhard und Lübbe-Wolf (hinsichtlich der Zulässigkeit der Verfassungsbeschwerden und der Organklage in diesem Punkt) = JuS 2014, 373 – *Ruffert*.

wissheit haben, dass das ESZB diese Anleihen binnen eines Zeitraums und unter Bedingungen ankaufen würde, die es ihnen ermöglichten, „faktisch als Mittelspersonen des ESZB für den unmittelbaren Erwerb dieser Anleihen von den öffentlich-rechtlichen Körperschaften und Einrichtungen des betreffenden Mitgliedstaats zu agieren". Schließlich dürfte den Mitgliedstaaten durch die Gestaltung des Programms auch nicht der Anreiz genommen werden, „eine gesunde Haushaltspolitik zu verfolgen". Das Programm sei aber auf die Erreichung seiner Ziele (geldpolitische Transmission/ Einheitlichkeit der Geldpolitik) sowie durch die Begrenzung auf Staaten in einem strukturellen Anpassungsprogramm faktisch volumenmäßig beschränkt, zumal die Anleihen jederzeit wieder verkauft werden könnten. Durch den Erwerb von Staatsanleihen nur von Mitgliedstaaten, die erneut Zugang zum Anleihemarkt haben, würden in der Praxis überdies diejenigen Mitgliedstaaten ausgeschlossen, „deren finanzielle Lage derart zerrüttet ist, dass sie keine Finanzierung mehr auf dem Markt erhalten können". Da das Programm die vorgegebenen Bedingungen erfüllt, verstoße es nicht gegen das Unionsrecht[113].

**1162** Die EZB wird vom Rat der EZB und einem Direktorium geleitet (Art. 129 Abs. 1 AEUV), wobei der Rat der EZB aus den Mitgliedern des Direktoriums der EZB und den Präsidenten der nationalen Zentralbanken der (jetzt 19) an der dritten Stufe der WWU teilnehmenden Mitgliedstaaten besteht (Art. 283 Abs. 1 AEUV). Die sechs Direktoriumsmitglieder werden vom Europäischen Rat auf Empfehlung des Rates für acht Jahre **mit qualifizierter Mehrheit** ernannt, eine Wiederernennung ist nicht möglich (Abs. 2). Solange noch nicht alle Mitgliedstaaten der Währungsunion angehören (vgl Rn 1149), besteht ein „Erweiterter Rat" als drittes Beschlussorgan der EZB, dem neben dem Präsidenten und Vizepräsidenten der EZB auch die Präsidenten der Zentralbanken aller Mitgliedstaaten angehören sollen (Art. 141 Abs. 1 AEUV iVm Art. 44.2 EZB-Satzung). Art. 263 Abs. 1 und 3, Art. 265 Abs. 1 und Art. 271 AEUV räumen der EZB die aktive bzw passive Klagebefugnis (s. dazu Rn 643, 645) ein, worauf Art. 35.1 der EZB-Satzung hinweist. Die Union haftet seit dem Vertrag von Lissabon nicht mehr außervertraglich für die EZB gemäß Art. 340 AEUV, sondern die EZB wird fortan selbst in die Haftung genommen, vgl Art. 340 Abs. 3 AEUV. Eine Haftung für die nationalen Zentralbanken wird durch Art. 35.3 der EZB-Satzung ausgeschlossen, da sich diese nach dem jeweiligen innerstaatlichen Recht richtet.

**1163** Um die Koordinierung der Politiken der Mitgliedstaaten zu fördern, wurde ein Wirtschafts- und Finanzausschuss eingesetzt (Art. 134 Abs. 1 AEUV). Im EGV nicht vorgesehen war der sog. **Euro-19-Rat**[114], der vor allem auf Betreiben Frankreichs mit der Absicht eingeführt wurde, in Form einer „Wirtschaftsregierung" ein gewisses Gegengewicht gegenüber der EZB zu schaffen. Unter der Bezeichnung **Euro-Gruppe** hat dieser mit dem Vertrag von Lissabon institutionelles Gewicht bekommen (Art. 137 AEUV, ferner Protokoll Nr 14[115]). Die Euro-Gruppe besteht aus den Minis-

---

113   EuGH (GK), Rs C-62/14, Gauweiler ua, ECLI:EU:C:2015:400, Rn 41, 42 f, 46, 51 f, 60 ff, 93 ff, 104, 109, 119 = NJW 2015, 2013 mit Anm. *Mayer* = JuS 2015, 758 – *Ruffert*. S. dazu auch *C. Herrmann/C. Dornacher*, Grünes Licht vom EuGH für EZB-Staatsanleihekäufe, EuZW 2015, 579.

114   Ursprünglich Euro-11-Rat, richtet sich nach der Zahl der Teilnehmerstaaten an der dritten Stufe der WWU.

115   ABl 2012 C 326/283 (Sart. II Nr 147, S. 18 f; Nomos Nr 3, S. 225).

tern der Mitgliedstaaten, die an der dritten Stufe der WWU teilnehmen, dh den Euro eingeführt haben, dem für Währungsfragen zuständigen Kommissar sowie dem (zu den Sitzungen eingeladenen) Präsidenten der EZB. Die Euro-Gruppe wählt für zweieinhalb Jahre einen Präsidenten (vgl Art. 2 des Protokolls Nr 14)[116]. Ob die Institutionalisierung der Euro-Gruppe einen „ersten Schritt" in Richtung eines Euro-Ecofin-Rates (als Element einer „Wirtschaftsregierung") darstellt bleibt abzuwarten. Einerseits ist eine bessere Koordinierung der Wirtschaftspolitik im Rahmen der WWU dringend erforderlich. Andererseits zeigt sich in diesem Bestreben doch die Gefährdung der Unabhängigkeit der EZB. Rechtlich hat bislang das auch als Stabilitätsrat bezeichnete Gremium informellen Charakter und kann keine verbindlichen Beschlüsse fassen. Jedoch zeigt der ausgeübte politische Druck, dass die Wahrung der Unabhängigkeit der EZB eine politische Daueraufgabe ist und letztlich nur erfolgreich sein kann, wenn dahinter ein hinreichend gefestigter politischer Wille steht[117]. Umgekehrt verlangt das Demokratieprinzip, dass sich die EZB im Rahmen der Befugnisse hält, zu deren effektiver Wahrung ihre Unabhängigkeit begründet wurde, und dass dies auch einer den wirtschaftlichen Sachverhalten angemessenen gerichtlichen Kontrolle unterliegt (vgl dazu Rn 1161). Dies ist insbesondere dann geboten, wenn die EZB sich (auch wegen struktureller Defizite der WWU) zu ungewöhnlichen Maßnahmen veranlasst sieht.

**Literatur:** *Antpöhler, C.,* Emergenz der europäischen Wirtschaftsregierung – Das Six Pack als Zeichen supranationaler Leistungsfähigkeit, ZaöRV 72 (2012), 353; *Badura, P.,* Von der D-Mark zum Euro, in: FS Vogel, 2000, S. 545 ff; *Bark, F./Gilles, A.,* Der ESM in der Praxis: Grundlagen und Funktionsweise, EuZW 2013, 367; *Bast, J./Rödl, F.,* Jenseites der Koordinierung? Zu den Grenzen der EU-Verträge für eine europäische Wirtschaftsregierung, EuGRZ 2012, 269; *Blanke, H.-J./Pilz, S.,* (Hrsg.), Die „Fiskalunion". Voraussetzungen einer Vertiefung der politischen Integration im Währungsraum der Europäischen Union, 2014; *Calliess, C.,* Der ESM zwischen Karlsruhe und Luxemburg: Die Krise der Währungsunion als Bewährungsprobe der Rechtsgemeinschaft, NVwZ 2013, 97; *ders.,* Der Kampf um den Euro: Eine „Angelegenheit der Europäischen Union" zwischen Regierung, Parlament und Volk, NVwZ 2012, 1; *ders.,* Perspektiven des Euro zwischen Solidarität und Recht – Eine rechtliche Analyse der Griechenlandhilfe und des Rettungsschirms, ZEuS 2011, 213; *ders./Schoenfleisch, C.,* Auf dem Weg in die europäische „Fiskalunion"? – Europa- und verfassungsrechtliche Fragen einer Reform der Wirtschafts- und Währungsunion im Kontext des Fiskalvertages, JZ 2012, 477; *De Gregorio Merino, A.,* Legal developments in the economic and monetary union during the debt crisis: the mechanisms of financial assistance, CMLRev 49 (2012), 1613; *Endler, J.,* Europäische Zentralbank und Preisstabilität, 1998; *Fassbender, K.,* Der europäische „Stabilisierungsmechanismus" im Lichte von Unionsrecht und deutschem Verfassungsrecht, NVwZ 2010, 799; *Fischer-Lescano, A./Oberndorfer, L.,* Fiskalvertrag und Unionsrecht, NJW 2013, 9; *Frenz, W./ Ehlenz, C.,* Schuldenkrise und Grenzen der europäischen Wirtschaftspolitik, EWS 2010, 211; *Gramlich, L.,* Die Wirtschafts- und Währungspolitik der Union, in: Niedobitek, Politiken, § 4; *Gröpl, C.,* Schritte zur Europäisierung des Haushaltsrechts, Der Staat 52 (2013), 1; *Häde, U.,* Art. 136 AEUV – eine neue Generalklausel für die Wirtschafts- und Währungsunion?, JZ 2011, 333; *ders.,* Die Wirtschafts- und Währungsunion im Vertrag von Lissabon, EuR 2009, 200; *ders.,* Haushaltsdisziplin und Solidarität im Zeichen der Finanzkrise, EuZW 2009, 399; *Hafke, C.,* Rechtsbruch oder kreative Interpretation? Fragen zur „Nothilfe" für strauchelnde Euro-Staaten, Kreditwesen 2010, 393; *Hahn, H.J.,* Der Stabilitätspakt für die Europäische

---

116   2015 wurde *Jeroen Dijsselbloem* im Amt bestätigt.
117   Vgl zum Spannungsverhältnis Euro-Gruppe – EZB *Häde,* in: Calliess/Ruffert, Art. 137 AEUV, Rn 8 ff.

Währungsunion, JZ 1997, 1133; *ders.* (Hrsg.), Die Europäische Währung, 1999; *ders./Häde, U.*, Währungsrecht, 2. Aufl. 2010; *Hentschelmann, K.*, Finanzhilfen im Lichte der No Bailout Klausel – Eigenverantwortung und Solidarität in der Währungsunion, EuR 2011, 282; *Herdegen, M.*, Price stability and budgetary restraints in the Economic and Monetary Union: The law as guardian of economic wisdom, CMLRev. 35 (1998), 9; *Herrmann, C.*, Europäische Wirtschafts- und Währungsunion, in: Ehlers, D./M. Fehling/Pünder, H. (Hrsg.), Besonderes Verwaltungsrecht, Bd. I (Öffentliches Wirtschaftsrecht), 3. Aufl. 2012, § 10; *ders.*, Griechische Tragödie – der währungsverfassungsrechtliche Rahmen für die Rettung, den Austritt oder den Ausschluss von überschuldeten Staaten aus der Eurozone, EuZW 2010, 413; *ders.*, Monetary Sovereignty over the Euro and External Relations of the Euro Area: Competences, Procedures and Practice, European Foreign Affairs Review 2002, 1; *ders.*, Währungshoheit, Währungsverfassung und subjektive Rechte, 2010; *Hettinger, C.*, Geld-und Währungsrecht, in: Schulze/Zuleeg/Kadelbach, § 31; *Hilpold, P./Steinmair, W.* (Hrsg.), Neue europäische Finanzarchitektur. Die Reform der WWU, 2013; *Hofmann, H./Konow,C.*, Die neue Stabilitätsarchitektur der Europäischen Union, ZG 2012, 138; *Horn, N.*, Die Reform der Europäischen Währungsunion und die Zukunft des Euro, NJW 2011, 1398; *Hufeld, U.*, Zwischen Notrettung und Rüttlischwur: der Umbau der Wirtschafts- und Währungsunion in der Krise, Integration 2011, 117; *ders.*, Das Recht der Europäischen Währungsunion, in: Müller-Graff (Hrsg.), Europäisches Wirtschaftsordnungsrecht, EnzEuR Bd 4, 2015, § 22; *Issing, O.*, Die Währungsunion im Spannungsfeld von Politik und Ökonomie, EWS 2011, 257; *Kirchhof, P.*, Stabilität von Recht und Geldwert in der Europäischen Union, NJW 2013, 1; *Kube, H./Reimer, E.*, Grenzen des Europäischen Stabilisierungsmechanismus, NJW 2010, 1911; *Luczak, J.-M.*, Die Europäische Wirtschaftsverfassung als Legitimationselement europäischer Integration, 2008; *Martens, T.*, Wirtschafts- und Währungsunion, in: Hummer/Obwexer (Hrsg.), Der Vertrag von Lissabon, 2009, S. 343 ff; *Möllers, M.J./Zeitler, F.-C.* (Hrsg.), Europa als Rechtsgemeinschaft – Währungsunion und Schuldenkrise, 2013; *Müller-Graff, P.-C.*, Die europäische Wirtschafts- und Währungsunion. Rechtliche Rahmendaten für Reformen, in: FS Möschel 2011, S. 885 ff; *ders.*, Euro, Bundesverfassungsgericht und Gerichtshof der Europäischen Gemeinschaften – Währungsstabilität und richterliche Kontrolle, Integration 1998, 86; *Nettesheim, M.*, Europarechtskonformität des Europäischen Stabilitätsmechanismus, NJW 2013, 14; *Obwexer, W.*, Das System der „Europäischen Wirtschaftsregierung" und die Rechtsnatur ihrer Teile: Six-Pack – Euro-Plus-Pakt – Europäisches Semester – Rettungsschirm, ZöR 2012, 209; *Ohler, C.*, Die fiskalische Integration in der Europäischen Gemeinschaft, 1997; *Oppermann, T.*, Euro-Rettung und europäisches Recht, NJW 2013, 6; *ders.*, Euro-Stabilisierung durch EU-Notrecht, in: FS Möschel, 2011, S. 909 ff; *Pagenkopf, M.*, Schirmt das BVerfG vor Rettungsschirmen?, NVwZ 2011, 1473; *Palm, U.*, Der Bruch des Stabilitäts- und Wachstumspakts, EuZW 2004, 71; *Pilz, S./Dittmann, H.*, Die Europäische Wirtschafts- und Währungsunion am Scheideweg, DÖV 2011, 438; *Potacs, M.*, Die europäische Wirtschafts- und Währungsunion und das Solidaritätsprinzip, EuR: 133–146, 2013; *Rathke, H.*, Von der Stabilitäts- zur Stabilisierungsunion: Der neue Art. 136 Abs. 3 AEUV, DÖV 2011, 753; *Rebhahn, R.*, Solidarität in der Wirtschafts- und Währungsunion, ZÖR 70 (2015), 362; *Regling, K.*, Aufgaben und Herausforderungen der EFSF, EWS 2011, 261; *Rill, H.P./Griller, S.* (Hrsg.), Rechtsfragen der Europäischen Wirtschafts- und Währungsunion, 1998; *Ruffert, M.*, Mehr Europa – eine rechtswissenschaftliche Perspektive, ZG 2013, 1; *ders.*, The European debt crisis and European Union law, CMLRev 48 (2011), 1777; *Schmidt-Preuß, M.*, Die soziale Marktwirtschaft als Wirtschaftsverfassung der Europäischen Union, in: FS Säcker, 2011, S. 969 ff; *Schorkopf, F.*, Die Einführung des Euro: der europäische und deutsche Rechtsrahmen, NJW 2001, 3734; *ders.*, Gestaltung und Recht. Prägekraft und Selbststand des Rechts in einer Rechtsgemeinschaft, AöR 136 (2011), 323; *ders.*, Krisensymptome supranationaler Leitbilder – zur Notwendigkeit intergouvernementaler Integration, ZSE 2013, 189; *Seidel, M.*, Der Euro – Schutzschild oder Falle?, ZEI Working Paper B 01/2010; *ders.*, Die No-Bail-Out Klausel des Art. 125 AEUV als Beistandsverbot, EuZW 2011, 529; *ders.*, Konstitutionelle Schwächen der Währungsunion, EuR 2000, 861; *Selmayr, M.*, Das Recht der Europäischen Währungsunion, in: Müller-Graff (Hrsg.), Europäisches Wirtschaftsordnungsrecht, Enz-EuR Bd 4, 2015, § 23; *ders.*, Das Recht der Wirtschafts- und Währungsunion, Bd. 1, 2002; *ders.*, Der Präsident der Europäischen Zentralbank zwischen Recht und Politik, in: Meng, W./ Ress, G./Stein, T. (Hrsg.), Europäische Integration und Globalisierung, 2011, S. 513 ff; *ders.*, Die „Euro-Rettung" und das Unionsprimärrecht: Von putativen, unnötigen und bisher versäumten Vertragsänderungen zur Stabilisierung der Wirtschafts- und Währungsunion, ZÖR 68 (2013), 259; *ders.*, Die Wirtschafts- und Währungsunion als Rechtsgemeinschaft, AöR 124 (1999), 357; *Siekmann, H.* (Hrsg.), Kommentar zur Europäischen Währungsunion, 2013; *Silberhorn, T.*, Die Eurozone zwischen Solidarität und Eigenverantwortung – von der Währungsunion zur Fiskalunion?, in: Pache, E./Schwarz, K.A. (Hrsg.), Grundlagen, aktuelle Entwicklungen und Perspektiven der Europäischen Währungsunion, 2012; *Simon, S.*, „Whatever it takes": Selbsterfüllende Prophezeiung am Rande des Unionsrechts?, EuR 2015, 107; *Smits, R.*, The European Central Bank, 1997; *Streinz, R.*, Recht und Politik in der Wirtschafts- und Währungsunion, in: FS Papier, 2013, S. 177; Was bleibt vom Budgetrecht des Bundestages in der „Fiskalunion"?, in: FS Wendt, 2015, S. 677; *Streinz/Ohler/Herrmann*, Totgesagte leben länger. Oder doch nicht?, NJW 2004, 1553; *Thiele, A.*, Die EZB als fiskal- und wirtschaftspolitischer Akteur, EuZW 2014, 694; *Thym, D.*, Flexible Integration: Garant oder Gefahr für die Einheit und Legitimation des Unionsrechts?, EuR-Beiheft 2/2013, 23; *Uerpmann-Wittzack, R.*, Völkerrecht als Ausweichordnung – am Beispiel der Eurorettung, EuR-Beiheft 2/2013, 49; *Weber, A.*, Die Europäische Union auf dem Weg zur Fiskalunion?, DVBl 2012, 801; *ders.*, Die Reform der Wirtschafts- und Währungsunion in der Finanzkrise, EuZW 2011, 935; *Weinbörner, S.*, Die Stellung der Europäischen Zentralbank (EZB) und der nationalen Zentralbanken in der Wirtschafts- und Währungsunion nach dem Vertrag von Maastricht, 1998; *Weiß, W.*, Kompetenzverteilung in der Währungspolitik und Außenvertretung des Euro, EuR 2002, 165; *Wieland, J.*, Der Rettungsschirm für Irland, NVwZ 2011, 340.

# § 16 Die Sozialpolitik

## I. Ziele

Wenngleich bereits im dritten Erwägungsgrund der Präambel des AEUV „die stetige Besserung der Lebens- und Beschäftigungsbedingungen" der Völker der Mitgliedstaaten als „wesentliches Ziel" angestrebt wird und sozialpolitische Zielsetzungen im AEUV weiter ausdifferenziert werden, konnte sich die Sozialpolitik auf Unionsebene lange Zeit nur sehr begrenzt entfalten, da dafür der Union nur geringe Kompetenzen übertragen wurden. Dies ist angesichts der unterschiedlichen Traditionen, Konzeptionen und ökonomischen Möglichkeiten der einzelnen Mitgliedstaaten verständlich. Gegenüber dem Ansatz insbesondere Frankreichs, das bei Gründung der Gemeinschaften relativ hohe Sozialkosten hatte, die Sozialpolitik müsse als Wettbewerbsfaktor vorrangig harmonisiert werden, setzte sich die insbesondere von Deutschland vertretene Position durch, dass Sozialkosten nur einen Kostenfaktor unter vielen (zB Grad der Produktivität, Steuerbelastung, Infrastruktur) darstellten. Die Attraktivität eines Produktionsstandorts hänge aber von der Gesamtbilanz von Kosten und Ertrag ab. Daher sei eine Vereinheitlichung der Sozialpolitik für ein System unverfälschten Wettbewerbs nicht erforderlich; ein „Sozialkostenwettbewerb" (Standortvorteil für ärmere Mitgliedstaaten) müsse nicht ausgeschlossen werden.

**1164**

**1165**  Da der Mensch aber zumindest in einer der EMRK verpflichteten Union (vgl Rn 78 ff) nicht nur als Produktionsfaktor angesehen werden kann, hatten die Personenverkehrsfreiheiten von Anfang an auch eine soziale Komponente (vgl Rn 808). Darüber hinausgehend wurde eine gemeinschaftliche Sozialpolitik als unerlässlich zur Verwirklichung der früh angestrebten Wirtschafts- und Währungsunion angesehen. Das vom Rat 1974 angenommene sozialpolitische Aktionsprogramm[1] sieht die Einbeziehung sozialer Gesichtspunkte bei allen Tätigkeiten der Union vor. In seiner Durchführung wurden ua 1975 das Europäische Zentrum für berufliche Bildung, 1976 die Europäische Stiftung zur Verbesserung der Lebens- und Arbeitsbedingungen gegründet und eine Reihe wichtiger Vorschriften zur Sicherung der Rechte der Arbeitnehmer erlassen (s. Rn 927 ff). Trotz der geringen Kompetenzausstattung ergriff die Gemeinschaft eine Reihe von Maßnahmen (zB das Aktionsprogramm zur Förderung des Beschäftigungswachstums[2]), die jedoch keine verbindlichen Rechtsakte darstellen. Die EEA nahm das Ziel des „wirtschaftlichen und sozialen Zusammenhalts" (jetzt Art. 174 AEUV) auf. In ihrem Dokument zur Sozialen Dimension des Binnenmarktes von 1988[3] plädierte die Kommission für eine aktive Sozialpolitik und sah bis 1992 die Schaffung eines „sozialen Sockels" vor, der die Gleichrangigkeit der sozialen mit der wirtschaftlichen Dimension des Binnenmarktes deutlich machen sollte. Dieses Bestreben, die einseitige wirtschaftliche Ausrichtung des Binnenmarktes etwas auszugleichen, zeigt sich auch in der von elf Staats- und Regierungschefs (ohne das Vereinigte Königreich) 1989 angenommenen **„Gemeinschaftscharta der sozialen Grundrechte der Arbeitnehmer"**[4].

**1166**  Diese Charta bekräftigt, dass bei der Schaffung des Europäischen Binnenmarktes den sozialen Fragen die gleiche Bedeutung wie den wirtschaftlichen Fragen beizumessen ist und sie daher in ausgewogener Weise weiterzuentwickeln sind (Erwägungsgrund 2 der Präambel). Als vorrangiges wirtschaftliches und soziales Ziel werden die Förderung der Beschäftigung und die Bekämpfung der Arbeitslosigkeit genannt. Nach dem Subsidiaritätsprinzip sollen vorrangig die Mitgliedstaaten für die Durchsetzung der sozialen Rechte zuständig sein. An einzelnen „Rechten" wurden zunächst bereits damals im EGV (jetzt AEUV) und im Sekundärrecht verbindlich garantierte Rechte wie die Freizügigkeit und die Gleichbehandlung von Mann und Frau aufgeführt, aber auch darüber hinaus Forderungen aufgestellt, die durch den Amsterdamer Vertrag in den EGV aufgenommen wurden (s. Rn 1167) und jetzt auch in der Charta der Grundrechte der EU enthalten sind. Obwohl der Gemeinschaftscharta selbst unmittelbar keine Rechtswirkung zukommt, ist nach der Rechtsprechung des EuGH nicht ausgeschlossen, dass sie bei der Auslegung von verbindlichen Rechtsakten berücksichtigt werden muss[5]. Denn Art. 151 Abs. 1 AEUV nimmt ausdrücklich auf die Gemeinschaftscharta der sozialen Grundrechte der Arbeitnehmer und auf die **Europäische**

---

1  ABl 1974 C 13/1.
2  ABl 1986 C 340/2.
3  BullEG Nr 2-1988, S. 26 ff.
4  Sart. II Nr 190.
5  Vgl EuGH, Rs C-322/88, Grimaldi, Slg 1989, I-4407, Rn 18 f = *HVL*, S. 312 = *Pechstein* Nr 45. Vgl auch EuGH, Rs C-438/05, International Transport Workers" Federation/Viking Line („Rosella"), Slg 2007, I-10779 = *Pechstein* Nr 200, Rn 43 = *HVL*, S. 425 ff.

**Sozialcharta des Europarats** vom 18.10.1961[6] Bezug. Auch die Präambel der Charta der Grundrechte „bekräftigt" die Rechte, die sich aus beiden „Sozialchartas" ergeben (Egrd. 6).

Der **Amsterdamer Vertrag** integrierte das ohne Beteiligung des Vereinigten König-  **1167** reichs[7] im Vertrag von Maastricht vereinbarte Protokoll und Abkommen über die Sozialpolitik in den EGV. Er änderte die Vorschriften über die Gleichbehandlung von Männern und Frauen bei der Entlohnung (jetzt Art. 157 AEUV). Die Gleichstellung ist auch eines der Ziele der Union (Art. 3 UAbs. 1 EUV). Schließlich wurde ein eigener Titel IX über die Beschäftigungspolitik aufgenommen (Art. 145–150 AEUV). Der **Vertrag von Nizza** beseitigte redaktionelle Mängel und erweiterte die Kompetenzen und die Zielbeschreibung in (jetzt) Art. 151 AEUV. Dieser enthält zwar nach wie vor nur einen Programmsatz, der keine konkreten Handlungspflichten begründet[8], der jedoch im Zusammenhang mit anderen Bestimmungen durchaus materielle Bedeutung erlangen kann[9]. **Der Vertrag von Lissabon** führte zusätzlich zu den bestehenden Vorschriften den lediglich programmatischen Art. 152 AEUV ein[10], der die Rolle der Sozialpartner auf Unionsebene beschreibt und gleichzeitig dem Subsidiaritätsprinzip im Rahmen der Sozialpolitik Rechnung trägt[11]. Die Sozialpartner werden auf Europäischer Ebene durch den Europäischen Gewerkschaftsbund (EGB), die Union der Industrie- und Arbeitgeberverbände Europas (UNICE) sowie den Europäischen Zentralverband der öffentlichen Wirtschaft (CEEP) vertreten[12]. Bedeutsamer ist die ausdrückliche Verankerung der „sozialen Marktwirtschaft" (Art. 3 Abs. 3 UAbs. 1 EUV)[13].

Die allgemeine sozialpolitische Tätigkeit der EU (Art. 153 AEUV) kann im Verhält-  **1168** nis zu den Mitgliedstaaten nur unterstützend und ergänzend sein („Beitragskompetenz", vgl Art. 5 Abs. 3 AEUV und Rn 159). Dies beschränkt Umfang und Dichte der nach Art. 153 AEUV zulässigen Maßnahmen (vgl Art. 153 Abs. 2, Abs. 5). Eine Harmonisierung der Rechts- und Verwaltungsvorschriften der Mitgliedstaaten ist ausdrücklich ausgeschlossen. Art. 153 Abs. 4 AEUV hält fest, dass die auf Grund des Art. 153 erlassenen Bestimmungen nicht die anerkannte Befugnis der Mitgliedstaaten berühren, die Grundprinzipien ihres Systems der sozialen Sicherheit festzulegen, und das finanzielle Gleichgewicht dieser Systeme nicht erheblich beeinträchtigen dürfen (vgl auch Rn 1175). Von der Harmonisierung ausgenommen werden damit im Ergebnis die Maßnahmen der Mitgliedstaaten, die auch nicht durch die Grundfreiheiten

---

6  Sart. II Nr 115. Die Revidierte Europäische Sozialcharta v. 3.5.1996 (Europ. Verträge, Bd. II, 1998, Nr 163) ist zwar seit 1.7.1999 in Kraft, wurde von Deutschland aber erst am 29.6.2007 unterzeichnet; die Ratifikation steht noch aus. Insgesamt haben zwölf EU-Mitgliedstaaten die revidierte Fassung noch nicht ratifiziert.

7  Zu den Gründen hierfür s. *Streinz*, Europarecht, 6. Aufl. 2003, Rn 907 f.

8  Vgl EuGH, Rs C-72/91, Sloman Neptun, Slg 1993, I-927, Rn 27 = *HVL*, S. 799; *Rebhahn/Reiner*, in: Schwarze, Art. 151 AEUV, Rn 8; *Coen*, in: Lenz/Borchardt, Art. 151 AEUV, Rn 5; *Krebber*, in: Calliess/Ruffert, Art. 151 AEUV, Rn 29.

9  Vgl EuGH, Rs 43/75, Defrenne/Sabena, Slg 1976, 455, Rn 8/11 = *HVL*, S. 432 ff (s. **Fall 59**, Rn 1176).

10  *Krebber*, in: Calliess/Ruffert, Art. 152 AEUV, Rn 1.

11  *Eichenhofer*, in: Streinz, Art. 152 AEUV, Rn 5; *Coen*, in: Lenz/Borchardt, Art. 152 AEUV, Rn 1.

12  *Eichenhofer*, in: Streinz, Art. 152 AEUV, Rn 6.

13  Vgl dazu *Schmidt-Preuß*, in: FS Säcker, 2011, S. 969 ff.

„ausgehebelt" werden können. Der EuGH hat das finanzielle Gleichgewicht der Sozialversicherungssysteme als rechtfertigendes zwingendes Allgemeinwohlinteresse anerkannt, das Eingriffe etwa in die Dienstleistungsfreiheit rechtfertigen kann[14]. Die den Mitgliedstaaten verbliebenen Kompetenzen dürfen auch nicht durch Maßnahmen der sog. **„offenen Koordinierung"**[15], dem vom Europäischen Rat in Lissabon (2000) beschlossenen Verfahren zur mittelfristigen Abstimmung der Sozialpolitik der Mitgliedstaaten, ausgehöhlt werden. Ein Ziel des vom Europäischen Rat am 17.6.2010 beschlossenen Nachfolgeprogramms „Wachstumsstrategie Europa 2020" ist die „soziale und territoriale Kohäsion".

## II. Instrumente

### 1. Überblick

**1169** Speziell auf die Sozialpolitik zugeschnittene Instrumente sind der Erlass von Sekundärrecht auf der Grundlage des Art. 48 AEUV und des Art. 153 Abs. 2 und 3 AEUV. Ausdrücklich ausgeschlossen aus den Materien des Art. 153 AEUV ist die Harmonisierung der Regelungen über das Arbeitsentgelt (vgl aber Art. 157 AEUV, s. Rn 1176 ff), das Koalitionsrecht, das Streikrecht[16] sowie das Aussperrungsrecht (Abs. 5). Soweit die Rechtsgrundlagen des Art. 153 AEUV reichen, werden Art. 115 und Art. 352 AEUV, auf die in der Vergangenheit wichtige Vorschriften gestützt wurden, verdrängt. Weitreichende Folgen für die mitgliedstaatliche Sozialpolitik haben das Diskriminierungsverbot in Art. 157 AEUV und die auf Art. 157 Abs. 3 AEUV sowie die auf Art. 19 Abs. 2 AEUV gestützten Richtlinien. Aktive Sozialpolitik zur Verbesserung der Beschäftigungsmöglichkeiten mittels finanzieller Programme sehen die Vorschriften über den Europäischen Sozialfonds (Art. 162–164 AEUV) vor. Die Förderung der allgemeinen und beruflichen Bildung wird durch Zusammenarbeit der Mitgliedstaaten und die Bereitstellung finanzieller Mittel der Union verfolgt (Art. 165 f AEUV).

### 2. Gewährleistung der sozialen Sicherheit der Wanderarbeitnehmer (Art. 42 AEUV)

**1170** Die Freizügigkeit der Arbeitnehmer (Art. 45 AEUV) ist nicht tatsächlich gewährleistet, wenn bei deren Gebrauchmachen erworbene **Sozialversicherungsansprüche** verloren gehen oder Leistungen nicht erhalten werden. Daher müssen die selbstständig bleibenden nationalen Sozialversicherungssysteme koordiniert werden. Dies ist durch die VO 1408/71 – durch die VO 1390/81 wurden auch Selbstständige einbezogen – geschehen, die durch die VO Nr 883/2004[17] (weitgehend) aufgehoben und ersetzt wurde (s. Rn 931).

---

14 EuGH, Rs C-158/96, Kohll, Slg. 1998, I-1931, Rn 41 = *Pechstein* Nr 228, 232.
15 Vgl dazu *Eichenhofer*, in: Streinz, Art. 151 AEUV, Rn 26.
16 Dies hindert nicht Auswirkungen der Grundfreiheiten auf das Streikrecht, vgl EuGH, Rs C-438/05, International Transport Workers" Federation/Viking Line („Rosella"), Slg 2007, I-10779 = *Pechstein* Nr 200, Rn 39 ff = *HVL*, S. 425 ff = **Fall 46** Rn 877/942.
17 ABl 2004 L 166/1; Sart. II Nr 185.

## 3. Technischer Arbeitsschutz

Unter den unterschiedlichen Materien, für die durch den Amsterdamer Vertrag im **1171** heutigen Art. 153 Abs. 1 AEUV eine Kompetenzgrundlage geschaffen wurde, ist vor allem der **technische Arbeitsschutz** bedeutsam. Bereits vor Inkrafttreten des Art. 153 Abs. 2 lit. b AEUV wurden in diesem Bereich (gestützt auf die Kompetenz zur Rechtsangleichung im Gemeinsamen Markt, ggf ergänzt durch die Vertragsergänzungskompetenz, jetzt Art. 115, Art. 352 AEUV) die Rahmenrichtlinie 89/391 über die Durchführung von Maßnahmen zur Verbesserung der Sicherheit und des Gesundheitsschutzes am Arbeitsplatz[18] und die RL 88/642 zum Schutz der Arbeitnehmer vor der Gefährdung durch chemische, physikalische und biologische Arbeitsstoffe bei der Arbeit[19] erlassen. Zahlreiche weitere Einzelrichtlinien ergingen auf der Grundlage dieser Rahmenrichtlinien[20].

Art. 153 Abs. 2 lit. b AEUV ermöglicht im ordentlichen Gesetzgebungsverfahren **1172** (Art. 294 AEUV) nur den Erlass von Richtlinien über **Mindestvorschriften** in den genannten Materien, die schrittweise anzuwenden sind. Abweichend vom vertraglichen Grundkonzept des Art. 288 Abs. 3 AEUV, der die Richtlinienumsetzung den Mitgliedstaaten auferlegt, besteht gemäß Art. 153 Abs. 3 AEUV die Befugnis, die Durchführung solcher Richtlinien auf die Sozialpartner zu übertragen. Dies wirft Fragen nach der Umsetzungsverantwortung der Mitgliedstaaten gegenüber der Union und den durch die Richtlinien begünstigten Bürgern auf, die Art. 153 Abs. 3 UAbs. 2 AEUV zu lösen versucht[21].

## 4. Sozialer Arbeitsschutz

Art. 153 Abs. 2 UAbs. 1 lit. b iVm Abs. 1 lit. a (ggf auch als Auffangtatbestand lit. b) **1173** AEUV ermöglicht den Erlass von Mindestvorschriften zur Harmonisierung des sozialen Arbeitsschutzes. Der Begriff der „Gesundheit" in Art. 153 Abs. 1 lit. a AEUV ist in einem weiten Sinne zu verstehen und erfasst auch den Erlass einer Arbeitszeitrichtlinie[22], allerdings nicht die (kulturpolitische) Regelung zum Arbeitsverbot an Sonntagen[23]. Die erforderliche Einstimmigkeit blieb insoweit (ohne die Möglichkeit, durch einstimmigen Beschluss des Rates zur Mehrheitsabstimmung überzugehen) auch im

---

18  ABl 1989 L 183/1. Vgl *Coen*, in: Lenz/Borchardt, Art. 153, Rn 22: „Grundgesetz des Europäischen Arbeitsschutzes".
19  ABl 1988 L 356/74. Änderung der RL 80/1007 (ABl 1980 L 327/8).
20  Siehe die Aufzählung bei *Coen*, in: Lenz/Borchardt, Art. 153, Rn 23 ff.
21  Vgl dazu *Krebber*, in: Calliess/Ruffert, Art. 153, Rn 30 ff mwN.
22  RL 93/104 des Rates über bestimmte Aspekte der Arbeitszeitgestaltung, ABl 1993 L 307/18, ersetzt durch RL 2003/88/EG über bestimmte Aspekte der Arbeitszeitgestaltung, ABl 2003 L 299/9 (HER I A 56/3.5). Deren Einhaltung bereitet in Deutschland hinsichtlich des Bereitschaftsdienstes für Klinikärzte Probleme, vgl EuGH, Rs C-151/02, Landeshauptstadt Kiel/Jaeger, Slg 2003, I-8389, Rn 48 ff im Anschluss an EuGH, Rs C-303/98, Simap, Slg 2000, I-7693, Rn 52 und hinsichtlich Rettungsassistenten EuGH, verb Rs C-397/01 bis C-403/01, Pfeiffer ua/DRK Kreisverband Waldshut eV, Slg 2004, I-8835 = *Pechstein* Nr 39 = *HVL*, S. 33 f = JuS 2005, 357 – *Streinz*. Vgl hinsichtlich Berufsfeuerwehrleuten EuGH, Rs C-52/04, Personalrat der Feuerwehr Hamburg/Leiter der Feuerwehr Hamburg, Slg 2005, I-7111. Vgl auch BAG, NZA 2003, 742 und *C. Boerner/D. Boerner*, Bereitschaftsdienst – auch in Deutschland Arbeitszeit, NZA 2003, 883 ff.
23  EuGH, Rs C-84/94, Vereinigtes Königreich/Rat, Slg 1996, I-5755, Rn 37. Die RL 93/104 (ABl 1993 L 307/18) war auf *Art. 137 EGV* gestützt worden, wogegen sich das Vereinigte Königreich wandte. Das Problem ist insoweit durch die Integration des Sozialabkommens (vgl Rn 1167) erledigt.

Vertrag von Lissabon erhalten (Art. 153 Abs. 2 UAbs. 3 iVm Abs. 1 lit. c AEUV). Art. 153 Abs. 2 UAbs. 1 lit. b AEUV stellt klar, dass es sich bei allen Harmonisierungsmaßnahmen um Mindestvorschriften handelt.

**1174** Da ein „Sozialkostenwettbewerb" (noch) als unionsrechtlich zulässig angesehen wird, haben sich die in der Vergangenheit erlassenen Vorschriften zum Schutz der Arbeitnehmer vor Verlust des Arbeitsplatzes oder des Arbeitsentgelts auf die Lösung von krassen Fällen beschränkt. So wurde die RL 75/129 über Massenentlassungen[24] erlassen, nachdem der AKZO-Konzern 1972 eine ursprünglich in Deutschland und den Niederlanden geplante Massenentlassung nicht dort, sondern in Belgien ausgeführt hatte, da dort kein ausgebauter Kündigungsschutz bestand. Weitere wichtige Richtlinien: RL 2001/23/EG über die Wahrung von Ansprüchen der Arbeitnehmer beim Übergang von Unternehmen, Betrieben oder Betriebsteilen[25] und RL 80/987 über den Schutz der Arbeitnehmer bei Zahlungsunfähigkeit des Arbeitgebers[26]. Auf der Grundlage des Abkommens über die Sozialpolitik wurde zB die RL 94/45 über die Einsetzung eines Europäischen Betriebsrats oder die Schaffung eines Verfahrens zur Unterrichtung und Anhörung der Arbeitnehmer in unionsweit operierenden Unternehmen und Unternehmensgruppen[27] erlassen.

## 5. Konvergenz der Systeme der sozialen Sicherheit

**1175** Art. 151 Abs. 3 AEUV geht davon aus, dass das Wirken des Binnenmarktes eine Abstimmung der Sozialordnungen begünstigen würde. Tatsächlich zeigen sich solche Auswirkungen der Grundfreiheiten bereits, ungeachtet der fortbestehenden Kompetenzen der Mitgliedstaaten für *ihre* Sozialpolitik und des Verzichts auf deren Harmonisierung[28]. So haben die Berechtigten aus der Freizügigkeit an den sozialen Vergünstigungen des Aufenthaltsstaats Anteil (vgl Rn 927), was bei entsprechender Ausweitung durchaus Rückwirkungen haben kann[29]. Zu solchen Überlegungen geben auch die Urteile des EuGH zur Erstattung von Krankheitskosten, die in einem anderen Mitgliedstaat entstanden sind, als Folge des freien Waren- bzw Dienstleistungsverkehrs Anlass[30]. Immerhin hat der EuGH anerkannt, dass eine erhebliche Gefährdung des finanziellen Gleichgewichts des Systems der sozialen Sicherheit einen zwingenden Grund des Allgemeininteresses darstellen kann, der eine Beschränkung

---

24   ABl 1975 L 48/29; ersetzt durch RL 98/59, ABl 1998 L 225/16 (*Bieber/Knapp* Nr V.10.3).
25   ABl 1977 L 61/26; ersetzt durch RL 2001/23, ABl 2001 L 82/16 (*Bieber/Knapp* Nr V.10.4).
26   ABl 1980 L 283/23; ersetzt durch RL 2008/94, ABl 2008 L 283/36 (*Bieber/Knapp* Nr V.10.6). Vgl dazu auch **Fall 19**, Rn 511.
27   ABl 1994 L 254/64; aufgehoben und ersetzt durch RL 2009/38, ABl 2009 Nr L 122/28; HER I A 56/8.1.
28   St Rspr des EuGH, vgl Rs C-120/95, Nicolas Decker/Caisse de maladie des employés privés, Slg 1998, I-1831, Rn 21 mwN = *Pechstein* Nr 164 und EuGH, Rs C-254/03, Merck, Sharp & Dohme BV/Belgien, Slg 2005, I-637, Rn 28 mwN.
29   Vgl EuGH, Rs C-85/96, María Martínez Sala/Freistaat Bayern, Slg 1998, I-2691, Rn 21 ff. Daran anschließend EuGH, Rs C-212/05, Gertraud Hartmann/Freistaat Bayern, Slg 2007, I-6303, Rn 21 ff = *HVL*, S. 638 f.
30   EuGH, Rs C-120/95, Decker, Slg 1998, I-1831, Rn 23 ff; Rs C-158/96, Raymond Kohll/Union des caisses de maladie, Slg 1998, I-1931, Rn 29 ff = *Pechstein* Nr 228, 232 = JuS 1999, 410 – *Ruland*; Rs C-385/99, Müller-Fauré, Slg. 2003, I-4509; EuGH, Rs C-372/04, Yvonne Watts, Slg 2006, I-4325 = *HVL*, S. 717 f und zuletzt EuGH, Rs C-255/09, Kommission/Portugal, Urt. v. 27.10.2011; vgl auch *Bieback*, ZESAR 2006, S. 241 ff.

der Grundfreiheiten rechtfertigen könne[31]. Der Vertrag von Lissabon erkennt in Art. 153 Abs. 4, 1. Spiegelstrich AEUV dieses Interesse zugleich als Schranke unionsrechtlicher Harmonisierung an (vgl Rn 1168).

## 6.   Das Diskriminierungsverbot des Art. 157 AEUV

**Fall 59** (nach EuGH, Rs. 43/75, Defrenne/Sabena, Slg 1976, 455 = *HVL*, S. 432 ff = *PSK*, **1176**
Fall 19 = *Pechstein* Nr 4 = *GO* Nr 108 = *MH* Nr 7):
Frau D war bei der staatlichen Fluggesellschaft S als Stewardess beschäftigt. Nach deren Arbeitsvertrag scheidet das weibliche fliegende Personal im Gegensatz zum männlichen automatisch mit Vollendung des 40. Lebensjahres aus dem Dienst aus und erhält eine Abfindung von zwölf Monatsgehältern. Frau D erhob gegen ihr Ausscheiden Klage zum zuständigen nationalen Gericht mit der Begründung, ihr Arbeitsvertrag verstoße gegen Art. 157 AEUV. Kann sie sich darauf berufen? Würde sich etwas ändern, wenn die S eine private Fluggesellschaft wäre? **(Lösung: Rn 1180)**

Die rechtlich unmittelbar einschneidendste Norm in diesem Kapitel ist Art. 157 **1177** AEUV, der die Verpflichtung der Mitgliedstaaten zur Realisierung des Grundsatzes „gleiches Entgelt für Männer und Frauen bei gleicher oder gleichwertiger Arbeit" enthält. Da die Vorschrift die Voraussetzungen für die unmittelbare Wirkung primärrechtlicher Normen (vgl Rn 451) erfüllt, räumt sie dem Einzelnen Rechte ein. Art. 157 AEUV begründet Rechte der Individuen nicht nur – wie die Grundfreiheiten – im Zusammenhang mit einer grenzüberschreitenden Tätigkeit, sondern als unionsrechtliche Grundrechtsnorm generell auch gegen den eigenen Staat. Wegen ihres Schutzzwecks hat sie auch (sog. horizontale) Drittwirkung (vgl Rn 875) gegenüber privaten Arbeitgebern[32]. Insoweit handelt es sich um die Durchführung von Unionsrecht, so dass wegen Art. 51 Abs. 1 GRCh auch Art. 23 GRCh zur Anwendung kommt.

Art. 157 AEUV ist grundsätzlich betriebs- und nicht gesamtwirtschaftlich bezogen. **1178** Verboten sind nicht nur unmittelbare, sondern auch mittelbare Diskriminierungen auf Grund des Geschlechts. Diese können dann vorliegen, wenn dargelegt wird, dass „ein erheblich geringerer Prozentsatz" bzw „prozentual erheblich weniger" Frauen als Männer bevorzugt behandelt werden[33], weil dies die Vermutung nahe legt, dass die Regelung typischerweise Frauen benachteiligt. Dem Arbeitgeber ist in einem solchen Fall jedoch der Nachweis eröffnet, dass die Bestimmungen, die zu einem solchen Ergebnis führen, durch objektive Kriterien gerechtfertigt sind[34]. Generell kann eine Ungleichbehandlung als gerechtfertigt angesehen werden, wenn die „gewählten Mittel einem wirklichen Bedürfnis des Unternehmens dienen und für die Erreichung dieses Ziels geeignet und erforderlich sind"[35]. Die Beweislast dafür wird differenziert nach den jeweiligen Erkenntnis- und Einflussmöglichkeiten aufgeteilt. Der Arbeitgeber

---

31   EuGH, Rs C-158/96, Kohll, Slg 1998, I-1931, Rn 41.
32   EuGH, Rs C-28/93, van den Akker ua/Stichting Shell Pensioensfonds, Slg 1994, I-4527, Rn 21.
33   EuGH, Rs 96/80, Jenkins/Kingsgate, Slg 1981, 911, Rn 13.
34   St Rspr, vgl EuGH, Rs C-184/89, Nimz/Hamburg, Slg 1991, I-297, Rn 14 f und EuGH, Rs C-17/05, Cadman/Health & Safety Executive, Slg 2006, I-9583, Rn 31 mwN.
35   EuGH, Rs 170/84, Bilka/Weber von Hartz, Slg 1986, 1607, Rn 37.

muss sein Einstellungs- und Entlohnungssystem so transparent gestalten, dass es einer gerichtlichen Nachprüfung zugänglich ist[36]. Den für den Anwendungsbereich des Art. 157 AEUV entscheidenden Begriff des „Entgelts", der in Abs. 2 definiert wird, hat der EuGH weit ausgelegt und Zusatzleistungen zum Lohn in weitestem Umfang einbezogen, ebenso Ansprüche aus betrieblicher Altersversorgung, nicht aber gesetzlich begründete Rentenversicherungsansprüche gegen Sozialversicherungsträger.

**1179** Durch Art. 157 Abs. 3 AEUV wurde eine spezielle Rechtsgrundlage für Maßnahmen zur Gewährleistung der Anwendung des Grundsatzes der Chancengleichheit und der Gleichbehandlung von Männern und Frauen in Arbeits- und Beschäftigungsfragen, einschließlich des Grundsatzes des gleichen Entgelts bei gleicher oder gleichwertiger Arbeit geschaffen. In der Vergangenheit erlassene Richtlinien betreffen neben dem Entgelt auch andere Arbeitsbedingungen[37]. Insbesondere zur RL 75/117 zur Angleichung der Rechtsvorschriften der Mitgliedstaaten über die Anwendung des Grundsatzes des gleichen Entgelts für Männer und Frauen[38] und zur RL 76/207 zur Verwirklichung des Grundsatzes der Gleichbehandlung von Männern und Frauen hinsichtlich des Zugangs zur Beschäftigung, zur Berufsausbildung und zum beruflichen Aufstieg sowie in Bezug auf die Arbeitsbedingungen[39] gibt es eine umfangreiche Rechtsprechung des EuGH[40]. Die RL 75/117 und die RL 76/2007 wurde mitsamt ihren ÄnderungsRL zum 15.8.2009 außer Kraft gesetzt. Seither gilt die neue, einheitliche **GleichbehandlungsRL 2006/54**[41], die ausweislich ihres ersten Erwägungsgrundes neue Entwicklungen auch in der Rechtsprechung des EuGH[42] zusammenfasst.

**1180** **Lösung Fall 59** (Rn 1176): Die D könnte sich auf Art. 157 AEUV berufen, wenn dieser für sie unmittelbar Rechte begründet. Der Grundsatz des gleichen Entgelts hat nicht nur eine wirtschaftliche, sondern auch eine soziale Zweckbestimmung und gehört zu den Grundlagen der Union. Jedenfalls was die unmittelbare Diskriminierung betrifft, erlegt Art. 157 AEUV den Mitgliedstaaten eine Verpflichtung auf, die hinreichend bestimmt ist. Da das Ergebnis zu einem bestimmten Termin erreicht sein muss, ist die Vorschrift unmittelbar anwendbar und begründet Rechte der Individuen. Dem steht auch nicht der Wortlaut („Grundsatz") entgegen, da dadurch eine Grundlage der Union nicht ausgehöhlt werden darf.

---

36 Vgl EuGH, Rs 109/88, Danfoss, Slg 1989, 3199, Rn 12.
37 Vgl *Coen*, in: Lenz/Borchardt, Art. 157 AEUV, Rn 33 ff.
38 ABl 1975 L 45/19.
39 Geändert durch die RL 2002/73, ABl 2002 L 269/15. Umgesetzt im Allgemeinen Gleichbehandlungsgesetz (AGG), Schönfelder Nr 34.
40 Vgl *HVL*, S. 431 ff; vgl auch **Fall 18**, Rn 502/508. Vgl zB EuGH, Rs C-79/99, Julia Schnorbus/Land Hessen, Slg 2000, I-10997: Ausgleich für Wehrpflicht bei Zugang zum Referendariat zulässig. Fraglich ist, ob insoweit überhaupt eine Diskriminierung vorliegt, vgl *Streinz*, JuS 2001, 390 (391 f); EuGH, Rs C-187/99, Helga Kutz-Bauer/Freie und Hansestadt Hamburg, Slg. 2003, I-2741 = JuS 2003, 806 – *Streinz*: Tarifvertrag mit diskriminierender Altersteilzeitregelung.
41 ABl 2006 Nr L 204/23 (Sart. II Nr 195; *Bieber/Knapp* Nr V.10.5). Hierzu wurde das umstrittene AGG am 5.2.2009 erneut geändert (BGBl. 2009 I 160).
42 Vgl zB die Urteile EuGH, Rs C-450/93, Kalanke/Freie und Hansestadt Bremen, Slg 1995, I-3051 = *GO* Nr 110; Rs C-409/95, Marschall/Land Nordrhein-Westfalen, Slg 1997, I-6363 = *Pechstein* Nr 74; Rs C-158/97, Georg Badeck ua, Slg 2000, I-1875 = EuZW 2000, S. 474 ff mit Anm. *Pirstner* = JuS 2000, 812 f – *Sachs*; Rs C-285/98, Tanja Kreil, Slg 2000, I-69 = *HVL*, S. 431 f = EuZW 2000, 211 m. Anm. *T. Stein* = JuS 2000, 489 – *Streinz*; Rs C-186/01, Dory, Slg 2003, I-2479. Vgl dazu ausführlich *Streinz*, Europarecht, 7. Aufl. 2005, Rn 1100 ff.

**Ergebnis:** D kann sich auf Art. 157 AEUV berufen. Der Zweck des Art. 157 AEUV kann in einer grundsätzlich privatwirtschaftlich organisierten Ordnung wie der der Europäischen Union nur erreicht werden, wenn die Vorschrift auch gegenüber privaten Arbeitgebern gilt. Es besteht daher in der Fallvariation kein Unterschied.

Der jetzt auch in Art. 23 GRCh verankerte Grundsatz der Gleichbehandlung der Geschlechter ist ein über Art. 157 AEUV hinausgehendes Unionsgrundrecht, das auch die Unionsorgane bindet[43]. **1181**

## 7. Sonstige Antidiskriminierungsmaßnahmen (Art. 19 AEUV)

Im Amsterdamer Vertrag wurde durch Einführung des *Art. 13 EGV* (jetzt Art. 19 **1182** AEUV) die Möglichkeit geschaffen, weitere Diskriminierungsverbote mit sozialpolitischem Hintergrund durch Sekundärrechtsakte zu statuieren[44]. Von dieser Ermächtigungsgrundlage hat der Rat bisher mit drei Richtlinien Gebrauch gemacht[45], die wegen der mit ihnen verbundenen Einschränkungen der Privatautonomie und ihrer Anwendbarkeit auf rein innerstaatliche Sachverhalte nach wie vor starker Kritik ausgesetzt sind[46].

Anlass zu heftigen Kontroversen gegeben hat in diesem Zusammenhang die Entschei- **1183** dung des EuGH im *Fall Mangold*[47]. Dort benutzte der EuGH die Existenz des durch die RL 2000/78 (die mangels Ablaufs der Umsetzungsfrist noch nicht anwendbar war, aber Vorwirkungen entfaltete) vorgegebenen „allgemeinen Rahmens zur Bekämpfung der Diskriminierung" dazu, um den Anwendungsbereich des Unionsrechts zu eröffnen[48], und erfand dann ein angeblich unabhängig von der RL bestehendes Verbot der Diskriminierung wegen des Alters als allgemeinen Grundsatz des Unionsrechts[49]. Diesem sprach der EuGH aufgrund seiner primärrechtlichen Natur sodann auch unmittelbare Wirkung zu, so dass dadurch die Hindernisse der fehlenden unmittelbaren Wirkung der Richtlinie in Privatrechtsverhältnissen (dazu Rn 495) umgangen wurden.

Denkt man diesen Ansatz konsequent fort und setzt der EuGH diese Rechtsprechung **1184** fort, so können sich insbesondere für das Arbeitsrecht gravierende Folgen ergeben. So könnte bei rein innerstaatlichen Sachverhalten die (wohl so gut wie immer gegebe-

---

43 EuGH, verb Rs 75 und 117/82, Razzouk und Beydoun/Kommission, Slg 1984, 1509, Rn 16 ff.
44 Durch den Wortlaut der Vorschrift ist eine unmittelbare Wirkung des Art. 19 AEUV ausgeschlossen, vgl *Streinz*, in: Streinz, Art. 19 AEUV, Rn 1.
45 RL 2000/43 – Rasse oder ethnische Herkunft (ABl 2000 L 180/22); *Bieber/Knapp*, Nr II.3; dtv EuR Nr 12; RL 2000/78 – Gleichbehandlung in Beschäftigung und Beruf (ABl 2000 L 303/16); dtv EuR Nr 13; RL 2004/113 – Gleichbehandlung von Männern und Frauen beim Zugang zu und bei der Versorgung mit Gütern und Dienstleistungen (ABl 2004 Nr L 373/37); Sart. II Nr 187e; dtv EuR Nr 14.
46 Vgl zB die Nachweise bei *Epiney*, in: Calliess/Ruffert, Art. 19 AEUV, Rn 10 ff.
47 EuGH, Rs C-144/04, Mangold/Helm, Slg 2005, I-9981 = *Pechstein* Nr 27 = *HVL*, S. 162 ff = JuS 2007, 357 – *Streinz*. Vgl dazu zB *Annuß*, BB 2006, 325 ff; *Bauer/Arnold*, NJW 2006, 6; *Herrmann*, EuZW 2006, 69; *von Oettingen/Rabenschlag*, ZEuS 2006, 363; *Preis*, NZA 2006, 401; *Reich*, EuZW 2006, 20; *Streinz/Herrmann*, RdA 2007, 165; *Stybny*, BB 2005, 2753; *Thüsing*, ZIP 2005, 2149.
48 Vgl *von Oettingen/Rabenschlag*, ZEuS 2006, 363 (375 ff, 378).
49 Vgl *Streinz/Herrmann*, RdA 2007, 165 (169).

ne) Eröffnung des Anwendungsbereichs des EU-Rechts durch die genannten Anti-Diskriminierungs-RLen als methodischer Hebel dienen, um fragwürdig konstruierte Gleichbehandlungsgebote mit primärrechtlichem Rang unionsweit auch in Privatrechtsverhältnissen durchzusetzen, obwohl dies den einzelnen Rechtsordnungen widerspricht[50]. Es bleibt abzuwarten, ob der EuGH darauf aufbauend tatsächlich eine Drittwirkungsdogmatik bzgl der Unionsgrundrechte (vgl dazu Rn 775) entwickeln wird[51]. In weiteren Verfahren beließ er es dabei, die einschlägigen (und nunmehr auch anwendbaren) Antidiskriminierungs-RLen auszulegen, ohne auf primärrechtliche Grundsätze zurückzugreifen[52]. Im Fall *Kücikdeveci* bestätigte der EuGH allerdings das *Mangold*-Urteil und rekurrierte auf das primärrechtliche Verbot der Diskriminierung wegen des Alters (jetzt verankert in Art. 21 Abs. 1 GRCh) in seiner Konkretisierung durch die RL 2000/78 und verpflichtete die nationalen Gerichte, entgegenstehendes nationales Recht auch in einem Rechtsstreit zwischen Privaten, in dem die Richtlinie nicht selbst Verpflichtungen für einen Einzelnen begründen kann (s. Rn 493 ff), außer Anwendung zu lassen[53].

## III.  Der Europäische Sozialfonds (ESF)

**1185**  Der ESF ist eines der wirksamsten Mittel der Union zur sozialpolitischen Gestaltung. Sein Zweck ist gemäß Art. 162 AEUV, die berufliche Verwendbarkeit und die örtliche und berufliche Freizügigkeit der Arbeitnehmer zu fördern, um die Beschäftigungsmöglichkeiten in der Union zu verbessern und damit zur Hebung der Lebenshaltung beizutragen (zur Beschäftigungspolitik vgl Rn 1188 f). Ferner soll er die Anpassung an die industriellen Wandlungsprozesse und an Veränderungen der Produktionssysteme insbesondere durch berufliche Bildung und Umschulung erleichtern. Der ESF ist ein unselbstständiger Teil des Unionshaushalts und wird von der Kommission verwaltet (Art. 163 AEUV).

## IV.  Allgemeine und berufliche Bildung und Jugend

**1186**  Die Tätigkeit der Union ist in diesem Bereich sachlich auf wenige Instrumente eingeschränkt, die sie aber seit langem gerade im Fall der Programme COMENIUS, ERASMUS, LEONARDO DA VINCI und GRUNDTVIG[54] erfolgreich ausübt. Der Schwerpunkt liegt auf Maßnahmen finanzieller Förderung (Art. 165 Abs. 4, 1. Spie-

---

50  Vgl ebd.; vgl auch die Beispiele bei *Thüsing*, ZIP 2005, 2149 (2150). Zu den dogmatischen Ungereimtheiten eingehend GA *Mazak*, SchlA zu EuGH Rs C-411/05, Palacios de la Villa, Slg 2007, I-8531, Tz 133 ff; vgl dazu *Waas*, EuZW 2007, 359 ff. Zur Würdigung des Urteils durch das BVerfG s. Rn 251.

51  So die Schlussfolgerung von GA *Trstenjak*, SchlA zu EuGH, Rs C-80/06, Carp SnC di L. Moleri/Ecorad Srl, Slg 2007; I-4473, Tz 69 f (Urt. des EuGH, Slg 2007, I-4473 = EuZW 2007, S. 545 ff).

52  Vgl zB EuGH, Rs C-13/05, Sonia Cahcón Navas/Eurest Colectividades SA, Slg 2006, I-6467 = JuS 2007, 65 ff – *Streinz*.

53  EuGH, Rs C-555/07, Kücükdevici/Swedex, Slg 2010, I-365, Rn 20 ff, 46 ff, Rn 51 = *Pechstein* Nr 28 = *HVL*, S. 164 ff.

54  Beschluss 1720/2006 des EP und des Rates über ein Aktionsprogramm im Bereich des lebenslangen Lernens, ABl 2006 L 327/45; *Bieber/Knapp* Nr V.11.1.

gelstrich AEUV). Verwehrt sind ihr ausdrücklich die Harmonisierung nationaler Rechts- und Verwaltungsvorschriften. Darin kommt der bildungspolitische Vorbehalt der Mitgliedstaaten (Art. 165 Abs. 1 AEUV) zum Ausdruck. Gleiches gilt für die Harmonisierung im Bereich der beruflichen Bildung (Art. 166 Abs. 4 AEUV).

Gleichwohl wirkt sich auch hier die Rechtsprechung des EuGH zu den Personenver- **1187** kehrsfreiheiten insoweit aus, als die Mitgliedstaaten zur Gleichwertigkeitsprüfung und gegebenenfalls Anerkennung der Berufsqualifikationen anderer Mitgliedstaaten verpflichtet sind (s. Rn 835).

## V. Beschäftigungspolitik

Da hohe Arbeitslosigkeit die soziale und politische Stabilität in den Mitgliedstaaten, **1188** damit aber auch der Europäischen Union insgesamt gefährdet, ist die Beschäftigungspolitik eine Angelegenheit von gemeinsamem Interesse. Bereits bisher kam dies zB in *Art. 2 EGV* („hohes Beschäftigungsniveau"; jetzt Art. 3 Abs. 3 EUV: „Vollbeschäftigung") zum Ausdruck. Das Thema rückte mit der Harmonisierung des Binnenmarkts und der Einführung der Wirtschafts- und Währungsunion in den Vordergrund. Seit 1993 wurden regelmäßig beschäftigungspolitische Resolutionen verabschiedet und beschäftigungspolitische Programme durchgeführt. Da die Kompetenz für die Beschäftigungspolitik bei den Mitgliedstaaten belassen wurde, konnten entsprechende Programme auf Unionsebene nur mittels anderer finanzpolitischer Instrumente, insbesondere den Strukturfonds, vor allem dem Europäischen Sozialfonds (s. Rn 1185), durchgeführt werden.

Daran ändert grundsätzlich auch der durch den Amsterdamer Vertrag eingeführte **Ti-** **1189** **tel VIII „Beschäftigung"** (jetzt Art. 145–150 AEUV) nichts, der deutlich den Kompromiss zwischen den unterschiedlichen Auffassungen der Mitgliedstaaten zu Art und Intensität einer eigenen Beschäftigungspolitik der EU offenbart. „Beschäftigung" gehört damit freilich ausdrücklich zu den Tätigkeiten der Union, die sich allerdings auf „Festlegung von **Leitlinien** für die Beschäftigungspolitik und Maßnahmen zu ihrer **Koordinierung"** (Art. 5 Abs. 2 AEUV) beschränkt. Die Verbindung in Art. 145 AEUV zu Art. 3 EUV soll sicherstellen, dass die Beschäftigungsstrategie in den Mitgliedstaaten und in der Union den Zielen und dem Wertesystem des gesamten Unionsvertrages entspricht[55].

**Literatur:** *Arl, T.G.*, Sozialpolitik nach Maastricht, 1997; *Bast, J./Rödl, F.* (Hrsg.), Wohlfahrtsstaatliche und soziale Demokratien in der Europäischen Union, EuR Beiheft 1/2013; *Birk, R.*, Europarechtliche Grundlagen des Arbeitsrechts, in: *Richardi/Wlotzke* (Hrsg.), Münchener Handbuch zum Arbeitsrecht, Bd. 1, 3. Aufl. 2009, § 10; *Buchner, H.*, Die Sozialvorschriften des EG-Vertrages in der Fassung des Amsterdamer Vertrages, in: FS Söllner, 2000, S. 175 ff; *Davy, U.*, Sozialpolitik, in: Niedobitek, Politiken, § 7; *Eichenhofer, E.*, Sozialrecht der Europäischen Union, 4. Aufl. 2010; *Franzen, M./Gallner, I./Oetker, H.* (Hrsg.), Kommentar zum europäischen Arbeitsrecht, 2016; *Fuchs, M.* (Hrsg.), Kommentar zum Europäischen Sozialrecht, 6. Aufl. 2013; *ders./Marhold, F.*, Europäisches Arbeitsrecht, 3. Aufl. 2010; *Heinze, M.*, Entwicklung der europäischen Sozial- und Beschäftigungspolitik und ihrer Grundlagen,

---

55 Vgl *Kreßel*, in: Schwarze, Art. 145 AEUV, Rn 30 mwN.

in: FS Söllner, 2000, S. 423 ff; *ders.*, Europarecht, in: Leinemann, W. (Hrsg.), Kasseler Handbuch zum Arbeitsrecht, Bd. 2, 2. Aufl. 2000; *Kingreen, T.*, Das Sozialstaatsprinzip im europäischen Verfassungsverbund, 2003; *Krimphove, D.*, Europäisches Arbeitsrecht, 2. Aufl., 2001; *Linneweber, A.*, Aktuelle Entwicklungen im Europäischen Arbeitsrecht 2005/2006, RdA 2007, S. 56 ff; *Marhold, F.*, Das neue Sozialrecht der EU, 2005; *von Maydell, B.*, Die soziale Sicherheit in der Europäischen Union an der Schwelle des 21. Jahrhunderts, in: FS Söllner, 2000, S. 739 ff; *Schaub, G.*, Arbeitsrechts-Handbuch, 16. Aufl. 2015, I. Buch § 4 (Unionsrecht und Arbeitsrecht); *Schmidt-Preuß, M.*, Die soziale Marktwirtschaft als Wirtschaftsverfassung der Europäischen Union, in: FS Säcker, 2011, S. 969 ff; *Schiek, D.*, Europäisches Arbeitsrecht, 3. Aufl. 2007; *Schlachter, M.* (Hrsg.), Casebook Europäisches Arbeitsrecht, 2005; *Seifert, A.*, Arbeitsrecht, in: Schulze/Zuleeg/Kadelbach, § 39; *Steinle, C.*, Europäische Beschäftigungspolitik, 2001; *Steinmeyer, H.-D.*, Sozialrecht, in: Schulze/Zuleeg/Kadelbach, § 40; *Streinz, R.*, Frauen an die Front – Besprechung der EuGH-Urteile Sirdar und Kreil, DVBl. 2000, 585; *ders.*, Sozialpolitische Zuständigkeit der EU, in: Eichenhofer, E. (Hrsg.), Offene Methode der Koordinierung im Sozialrecht, 2005, S. 29 ff; *ders./Herrmann, C.*, Der Fall Mangold – Eine „kopernikanische Wende im Europarecht"?, RdA 2007, 165; *Thüsing, G.*, Europäisches Arbeitsrecht, 2. Aufl. 2011; *Waas, B.*, Zur Bewertung von Altersgrenzen nach europäischem Recht, EuZW 2007, 359; *Waltermann, R.*, Einführung in das Europäische Sozialrecht, JuS 1997, 7; *Weth, S./Kerwer, C.*, Der Einfluss des Europäischen Rechts auf das nationale Arbeitsrecht, JuS 2000, 425; *Zerna, C.*, Der Export von Gesundheitsleistungen in der EG, 2003.

# § 17   Die Gemeinsame Agrarpolitik

## I.   Gründe und Ziele einer Gemeinsamen Agrarpolitik (GAP)

**1190**   Die Einführung der GAP war diejenige Seite des „großen Kompromisses zwischen den Agrar- und Industrieinteressen"[1], der die damalige EWG ermöglichte, an der insbesondere Frankreich vital interessiert war. Die Bedeutung der GAP für Frankreich lässt sich auch daran ermessen, dass der drohende Übergang zur Mehrstimmigkeit im Agrarbereich Anlass für die „Luxemburger Vereinbarung" war (vgl Rn 363 ff). Der GAP als „Eckpfeiler des europäischen Einigungswerks"[2] ist einerseits zu verdanken, dass Europa von einem Agrarimportland, das insbesondere nach dem Zweiten Weltkrieg zur Selbstversorgung seiner Bürger unfähig war, zu einem der bedeutendsten Agrarexporteure mit einem eindrucksvollen Selbstversorgungsgrad geworden ist, der als Überversorgungsgrad aber Absatzprobleme bereitet. Auch dadurch hat sich andererseits die GAP zur teuersten Politik der Union überhaupt entwickelt, die mittlerweile auch nach kosmetischen Korrekturen immer noch 40 Prozent der Haushaltsmittel der EU verschlingt, die nur zum Teil und dort auch noch unausgewogen den Bauern zugute kommen, und die sich lange Jahre als äußerst schwer reformierbar erwiesen hatte. Dies zeigte sich in den schwierigen Agrarreformen von 1992, 1999 („Agenda 2000") und 2003 (schrittweise Verlagerung vom Aufkaufmechanismus zu direkten Einkommensbeihilfen für die Landwirte, Entkoppelung von der Produktion). 2008 wurden diese Reformen im Rahmen des **„GAP-Gesundheitscheck"**[3] weiter vorange-

---

1   *Oppermann/Classen/Nettesheim*, § 24, Rn 2.
2   EG-Kommission, Grünbuch – Dok. KOM (85) 333 endg., 1985.
3   Dok. KOM (2007) 722 endg. vom 20.11.2007.

trieben, wobei die Schwerpunktverlagerung von Direktzahlungen an Landwirte auf Investitionen in die Entwicklung des ländlichen Raumes („Modulation") im Vordergrund stand und im Gegenzug das Prinzip der Entkoppelung von Beihilfe und Produktion etwas aufgeweicht wurde[4]. Am 17.12.2013 wurden nach langen Verhandlungen **vier Grundverordnungen**[5] für die Reform der GAP erlassen. Ziel war im Rahmen der Umsetzung der Mitteilung der Kommission „Die GAP bis 2020: Nahrungsmittel, nationale Ressourcen und ländliche Gebiete – die künftigen Herausforderungen"[6] die Vereinfachung der GAP durch Zusammenfassung aller relevanten Rechtsvorschriften. Zur Umsetzung der Reform können auf Grundlage der Verordnungen delegierte Rechtsakte (Art. 290 AEUV; s. dazu Rn 567) erlassen werden. Schwerpunkt ist wiederum die Unterstützung der Landwirte durch Direktzahlungen und die Förderung ländlicher Gebiete. Die Reformen stehen nach wie vor im Zusammenhang mit der Osterweiterung um stark agrarisch geprägte Staaten sowie den Verhandlungen über die Liberalisierung der Weltagrarmärkte im Rahmen der Welthandelsorganisation WTO[7].

Die **Ziele** der GAP, die Eingriffe in Unionsgrundrechte rechtfertigen können[8], formuliert Art. 39 Abs. 1 AEUV:    **1191**

– Steigerung der Produktivität der Landwirtschaft;
– Gewährleistung einer angemessenen Lebenshaltung der landwirtschaftlichen Bevölkerung;
– Stabilisierung der Märkte;
– Sicherstellung der Versorgung;
– Belieferung der Verbraucher zu angemessenen Preisen.

Da diese Zielsetzungen zT auch gegenläufigen Charakter haben – so bei der Beachtung der Interessen sowohl der Landwirte als auch der Verbraucher –, wird den Unionsorganen bei ihrer Verfolgung ein großer Ermessensspielraum zugestanden. Sie dürfen sogar für einen begrenzten Zeitraum einem einzelnen Ziel den Vorrang vor den anderen einräumen[9]. Ergänzt wird dieser Zielkatalog durch die Umweltpolitik, Art. 11 AEUV, als Querschnittsaufgabe (vgl Rn 1213).    **1192**

---

4  VO 73/2009 (ABl 2009 L 30/16); aufgehoben und ersetzt durch VO 1307/2013 (ABl L 347/608).
5  VO 1305/2013 über die Förderung der ländlichen Entwicklung durch den Europäischen Landwirtschaftsfonds für die Entwicklung des ländlichen Raums (ELER), ABl 2013 L 347/487; VO 1306/2013 über die Finanzierung, die Verwaltung und das Kontrollsystem der Gemeinsamen Agrarpolitik, ABl 2013 L 347/549; VO 1307/2013 mit Vorschriften über Direktzahlungen an Inhaber landwirtschaftlicher Betriebe im Rahmen von Stützungsregelungen der Gemeinsamen Agrarpolitik, ABl 2013 L 347/608 und VO 1308/2013 über eine gemeinsame Marktorganisation für landwirtschaftliche Erzeugnisse, ABl 2013 L 347/671.
6  Dok. KOM (2010) 627 endg. vom 18.11.2010.
7  *Herrmann/Weiß/Ohler*, Welthandelsrecht, 2. Aufl. 2007, Rn 1119b mwN. 2006 wurden die Verhandlungen formell ausgesetzt, Anfang 2007 wieder aufgenommen; nach einem weiteren Versuch scheiterten im Juli 2008 erneut die Verhandlungen der Doha-Runde an Differenzen über Sonderschutzklauseln für Schwellenländer im Bereich der Landwirtschaft. Nach der 9. Ministerkonferenz der WTO in Bali (Dezember 2013) wurden die Verhandlungen ua über den Marktzugang für Agrarprodukte und den Abbau von Agrarsubventionen wieder aufgenommen. Sie wurden im Dezember 2015 in Nairobi insoweit erfolgreich abgeschlossen, als die weltweite Abschaffung der Agrarsubventionen beschlossen wurde. Die Fortsetzung der Doha-Runde scheiterte dagegen.
8  S. dazu **Fall 30** (Rn 798) – Hauer; **Fall 35** (Rn 806) – von Deetzen.
9  EuGH, verb Rs 46–60/74, Kampffmeyer ua/Kommission und Rat, Slg 1976, 711, Rn 13.

**1193** Anhand dieser Ziele haben sich im Laufe der Jahre bestimmte **Grundprinzipien der EU-Agrarpolitik** herausgebildet. Dazu gehört – wenngleich durch ein umfangreiches System von Lenkungsmechanismen (vgl Rn 1199 ff) verdeckt – das **Marktprinzip**, nach dem zum einen ein einheitlicher Markt iSd freien Agrarwarenverkehrs bestehen soll, zum anderen die Landwirte ihr Einkommen grundsätzlich durch Verkäufe auf dem Markt selbst erwirtschaften sollen. Des Weiteren besteht das wichtige Prinzip der **Unionspräferenz**, nach dem der Binnenmarkt für landwirtschaftliche Erzeugnisse gegenüber den (fast regelmäßig billigeren) Weltmarkterzeugnissen geschützt werden soll. Dies verlangt aber auch eine Abwägung mit den Verbraucherinteressen, Art. 12 AEUV, und dem Prinzip einer liberalen Handelspolitik (vgl Rn 1263). Schließlich soll das Prinzip der **Unionsfinanzierung** eine finanzielle Solidarität für die GAP sicherstellen.

## II. Verhältnis der GAP zum übrigen Binnenmarkt

**1194** Gemäß Art. 38 Abs. 1 UAbs. 2 S. 1 AEUV umfasst der Binnenmarkt auch die Landwirtschaft und den Handel mit landwirtschaftlichen Erzeugnissen. Da landwirtschaftliche Erzeugnisse aus mehreren, durchaus auch heute noch gegebenen Gründen (zB Zufälligkeit der Ernte, davon abhängige Preisschwankungen, Nahrung als Existenzgrundlage[10]) nicht wie andere Waren behandelt werden können, sind für die GAP in Art. 39–44 AEUV Sonderregelungen vorgesehen, die in ihrem Anwendungsbereich und in ihrer Tragweite den Vorschriften für die Errichtung des Binnenmarktes vorgehen (Art. 38 Abs. 2 AEUV).

**1195** Den **Anwendungsbereich** der GAP definiert Art. 38 Abs. 1 S. 2 AEUV. Danach sind als landwirtschaftliche Erzeugnisse anzusehen die Erzeugnisse des Bodens, der Viehwirtschaft und der Fischerei (also die Urproduktion) sowie die mit diesen in unmittelbarem Zusammenhang stehenden Erzeugnisse der ersten Verarbeitungsstufe. Die endgültige Festlegung der Erzeugnisse, für welche die Art. 38–44 AEUV gelten, behält allerdings Art. 38 Abs. 3 AEUV einer Liste[11] vor, die der Rat zu beschließen hatte. Diese nach dem Amsterdamer Vertrag nur noch durch eine Vertragsänderung ergänzbare Liste ist maßgebend, selbst wenn die aufgenommenen Produkte der Definition des Art. 38 Abs. 1 UAbs. 2 S. 2 AEUV nicht entsprechen[12].

**1196** **Abweichungen von den allgemeinen Vorschriften**: Art. 42 AEUV lässt die Anwendung des Kapitels über die Wettbewerbsvorschriften (Art. 101 ff AEUV) nur insoweit zu, als dies der Rat sekundärrechtlich vorsieht. Dies ist allerdings weitgehend erfolgt und wird für alle von der Gemeinsamen Marktordnung umfassten Produkte durch VO 1308/2013[13] geregelt. Die einzelnen noch nicht umfassten Produkte fallen weiterhin unter den Anwendungsbereich der VO 1184/2006[14]. Art. 44 AEUV sieht für bestimmte Situationen die Möglichkeit von Einfuhrabgaben der Mitgliedstaaten

---

10 Vgl *Eiden*, in: *Bleckmann*, Europarecht, 6. Aufl. 1997, Rn 2206 f.
11 Anhang I zum AEUV: Sart. II Nr 146, S. 153 ff; Nomos Nr 2, S. 202 ff.
12 *Thiele*, in: Calliess/Ruffert, Art. 38 AEUV, Rn 15 ff.
13 ABl 2013 L 347/671.
14 ABl 2006 L 214/7; zuvor VO Nr 26 vom 4.4.1962, ABl 1962, Nr 30, S. 993. S. dazu *Thiele*, in: Calliess/Ruffert, Art. 42 AEUV, Rn 5.

vor. Die offenbar noch aktuelle[15] Bestimmung ist im Binnenmarkt zumindest restriktiv zu handhaben.

Am wichtigsten ist das Verhältnis der GAP zum freien Warenverkehr. Da die **1197**
Art. 34 ff AEUV sich (in erster Linie) an die Mitgliedstaaten richten, betrifft dies in erster Linie deren Befugnis, den freien Warenverkehr von Agrarprodukten zu beschränken. Soweit Gemeinsame Marktordnungen bestehen sind diese leges speciales zu Art. 28 ff AEUV (s. Rn 883)[16].

Auch der Unionsgesetzgeber selbst ist in der Agrarpolitik an das Prinzip des freien **1198**
Warenverkehrs gebunden. Eine solche Bindung ergibt sich zwar nicht unmittelbar aus Art. 30 ff, Art. 34 ff AEUV, die sich (in erster Linie; vgl Rn 874) an die Mitgliedstaaten richten, wohl aber aus dem „Wesen" des Binnenmarktes. Der EuGH erkennt das Problem einer „Desintegration", wenn die durch die Abschaffung der Zölle und mengenmäßigen Beschränkungen sowie der Maßnahmen gleicher Wirkung erreichten Erfolge durch konträre *unionsrechtliche* Maßnahmen konterkariert werden und verpflichtet die Unionsorgane, die ihnen im Hinblick auf die GAP eingeräumten weitreichenden Befugnisse unter dem Gesichtspunkt der Einheit des Marktes und unter Ausschluss solcher Gefährdungen wahrzunehmen[17]. Systembedingte Einschränkungen des freien Warenverkehrs werden dann als zulässig angesehen, wenn sie zur Erreichung eines der Ziele des Art. 39 AEUV erforderlich sind. Die Rechtsharmonisierung im Agrarsektor trägt zur Verwirklichung des freien Warenverkehrs landwirtschaftlicher Erzeugnisse bei und konkretisiert zugleich die im Allgemeininteresse zulässigen und gebotenen Einschränkungen (zB Kontrollmaßnahmen, Maßnahmen des Gesundheits- und Tierschutzes)[18].


## III. Mittel der GAP

Die Erreichung der Ziele des Art. 39 Abs. 1 AEUV soll durch **vier verschiedene** **1199**
**Mittel** erfolgen. In der Praxis bestehen zwei Säulen: Die Europäische Marktordnung und die Agrarstrukturpolitik.

Zunächst sieht Art. 40 AEUV eine **Gemeinsame Organisation der Agrarmärkte** **1200**
vor, die je nach Erzeugnis aus einer der drei folgenden Organisationsformen bestehen kann: gemeinsame Wettbewerbsregeln, bindende Koordinierung der verschiedenen einzelstaatlichen Marktordnungen, Europäische Marktordnung. In der Praxis hat sich die GAP allerdings praktisch völlig auf die dritte Form der Gemeinsamen Marktordnung (GMO) konzentriert. Die Marktordnungen für 90% der landwirtschaftlichen Produkte sind jetzt zusammengefasst in der VO 1308/2013 über eine gemeinsame Marktorganisation für landwirtschaftliche Erzeugnisse (einheitliche GMO). Die Marktordnungen basierten lange Zeit auf einem bestimmten Grundschema, das aus

---

15  Wortgleiche Übernahme des *Art. 38 EGV* in Art. 44 AEUV. Praktische Anwendungsfälle sind älter, vgl EuGH, Rs 337/82, St. Nikolaus Brennerei/HZA Krefeld, Slg 1984, 1051, Rn 11 ff.
16  S. dazu *Thiele*, in: Calliess/Ruffert, Art. 38 AEUV, Rn 39 f.
17  EuGH, verb Rs 80 und 81/77, SLCR und Ramel/Receveur des douanes, Slg 1978, 927, Rn 35/36.
18  Vgl EuGH, Rs C-180/96, Vereinigtes Königreich/Kommission, Slg 1998, I-2265, Rn 63: Ausfuhrverbot von Rindern wegen BSE. Vgl dazu *Bittner*, in: Schwarze, Art. 38 AEUV, Rn 19; *Kopp*, in: Streinz, Art. 38 AEUV, Rn 66 ff.

einem organisierten Außenschutz (gegenüber dem Weltmarkt) durch Zölle, einem Interventionssystem zur Garantie eines Mindestpreises und aus Beihilfen besteht. Dabei musste eine Festsetzung bestimmter Preise (Richtpreis, Schwellenpreis, Interventionspreis) zugrunde gelegt werden, die regelmäßig deutlich über den Weltmarktpreisen lagen und daher erhebliche Überproduktion verursachten, die die damalige EG wiederum mit Exportsubventionen abzubauen versuchte[19]. Im Rahmen der WTO-Verhandlungen mussten nicht nur die Abschöpfungen in Zölle umgewandelt werden, über deren allmähliche Verringerung verhandelt wird, sondern auch die Ausfuhrerstattungen deutlich reduziert werden[20].

**1201** Als zweites Mittel zur Erreichung der Ziele der GAP enthalten die Art. 39 Abs. 1 lit. a und b, Art. 41 lit. a und Art. 42 Abs. 2 AEUV Anklänge an eine **Agrarstrukturpolitik**. Diese ist auch Teil der Unionspolitik des wirtschaftlichen und sozialen Zusammenhalts (Art. 174 ff AEUV)[21]. Diese war in der Praxis lange vernachlässigt und wurde zunächst nach zahlreichen vorangegangenen Reformen[22] durch die **Agenda 2000**[23], mit der die Anpassung an die Erfordernisse der WTO und der Osterweiterung vollzogen werden sollte, bedeutend vorangebracht. An diese schloss die sog. Halbzeitbewertung an[24], welche 2003 zu einem als **„Fischler-Reform"** bezeichneten Reformpaket führte[25], das die VO 1782/2003 mit gemeinsamen Regeln für Direktzahlungen im Rahmen der GAP und mit bestimmten Stützungsregelungen für Inhaber landwirtschaftlicher Betriebe[26] als wichtigste Rechtsgrundlage etablierte. Diese sah als Hauptinstrument der Agrarstrukturpolitik die Gewährung von direkten flächenbezogenen Einkommensbeihilfen an die Erzeuger vor, ohne dies an eine Produktionsverpflichtung zu koppeln[27]. Dadurch sollte die unter Schlagwörtern wie „Butterberge" diskutierte Überschussproduktion eingedämmt und die Rolle der Landwirte für die Pflege der Kulturlandschaft betont werden. Im Rahmen der „Gesundheitsüberprüfung" (**„Health Check"**) der GAP wurden 2008 die Reformbestrebungen von 2003 wieder aufgegriffen und weitergeführt. So wurde als neue Rechtsgrundlage für Direktzahlungen die VO 73/2009[28] erlassen, die eine Kürzung der Direktzahlungen insbesondere für Großbetriebe vorsieht. Diese Gelder sollen zu Entwicklung des ländlichen Raumes (ELER) eingesetzt werden („Modulation")[29]. Danach sollen

---

19  Im Einzelnen hierzu noch *Streinz*, Europarecht, 6. Aufl. 2003, Rn 787 ff.
20  Vgl dazu *Busse*, in: Schulze/Zuleeg/Kadelbach, § 26, Rn 189 f.
21  *Oppermann/Classen/Nettesheim*, Europarecht, § 24, Rn 30.
22  Dazu noch ausführlich *Streinz*, Europarecht, 7. Aufl. 2005, Rn 1076.
23  Agenda 2000 – Teil I: Eine stärkere und erweiterte Union, Dok. KOM (97) 2000 endg. – Teil I. Vgl *Busse*, in: Lenz/Borchardt, Art. 40 AEUV, Rn 56 f; *Thiele*, in: Calliess/Ruffert, Art. 40 AEUV, Rn 39 f.
24  Dok. KOM (2002) 394 endg.
25  Vgl *Busse*, in: Lenz/Borchardt, Art. 40 AEUV, Rn 58 ff.
26  ABl 2003 L 270/1. Zur Durchführung dieser VO wurden VO 795/2004 (ABl 2004 Nr L 141/1), VO 796/2004 (ABl 2004 Nr L 141/18) und VO 1973/2004 (ABl 2004 Nr L 345/1) erlassen.
27  Vgl dazu *Thiele*, in: Calliess/Ruffert, Art. 40 AEUV, Rn 41.
28  ABl 2009 Nr L 30/16. Zur Durchführung wurden die VOen 1120/2009, 1121/2009 und 1122/2009 (ABl 2009 L 316) erlassen. Die VO 73/2009 wurde durch die VO 1307/2013 (ABl 2013 L 347/608) aufgehoben und ersetzt.
29  Nach EuGH, Rs C-545/11, Agrargenossenschaft Neuzelle/Landrat des Landkreises Oder-Spree, ECLI:EU:C:2013:169, Rn 22 ff, 33 ff, 39 bzw 40 ff, 53 verstößt dies weder gegen den Grundsatz des Vertrauensschutzes noch gegen das Diskriminierungsverbot.

Direktzahlungen den Charakter von Gegenleistungen für eine bestimmte Produktion erhalten und von der Umsetzung von Umweltstandards und Auflagen abhängen.

Reste einer produktionsorientierten Prämienregelung finden sich zwar noch in Titel IV (Art. 52 ff) der VO 1307/2013, wo hinsichtlich verschiedener Erzeugnisse (zB Schalenfrüchte, Milch) noch immer an das Ausmaß der Produktion angeknüpft wird. Die im Rahmen des sog. Gesundheitschecks getroffenen Übergangsregelungen sehen jedoch vor, dass diese letzten Rudimente der „gekoppelten Zahlungen" nach und nach in den Anwendungsbereich der „Betriebsprämienregelung" überführt werden[30]. Die Milchquoten sind 2015 ausgelaufen.   **1202**

Durch die „Fischler-Reform" sowie den „Gesundheitscheck" wurde im Sinne des Konzepts einer **„nachhaltigen Landwirtschaft"** die Auszahlung der Beihilfen noch weitergehender unter die Bedingung gestellt, dass die in Titel VI (Art. 91 ff) der VO 1306/2013 aufgezählten anderweitigen Verpflichtungen aus den Bereichen Gesundheits-, Umwelt- und Tierschutz eingehalten werden (**„cross-compliance"**)[31]. Anderenfalls drohen den Landwirten die pauschale Kürzung bzw im Extremfall die gänzliche Streichung der ihnen zustehenden Direktzahlungen.   **1203**

Die Agrarstrukturpolitik ieS („Entwicklung des ländlichen Raumes")[32] wurde in die allgemeine Strukturpolitik eingegliedert und wird immer mehr zu einer gemischten Unionspolitik[33]. Beispiel: Maßnahmen zur Aus- und Weiterbildung der Landwirte iSd Art. 41 lit a AEUV. Darüber hinaus ist die GAP in die allgemeine Wettbewerbsfähigkeitsstrategie „EU 2020" eingebettet.   **1204**

Weitere Mittel der GAP sind **Maßnahmen zur Förderung** des Verbrauchs bestimmter Erzeugnisse (Art. 41 lit. b AEUV) und die **Wettbewerbskontrolle** (Art. 42 AEUV, vgl Rn 1057).   **1205**

## IV. Rechtsetzung und Verfahren

Die Rechtsnormproduktion der EU ist gerade im Bereich der GAP gewaltig. Jedes Jahr werden hier über 3000 Rechtsakte des Rates und der Kommission erlassen. Die meisten von ihnen sind allerdings nicht sehr langlebig, da sie auf die ständige Anpassung von Preisen, Abgaben, Subventionen, Abschöpfungen, Erstattungen etc gerichtet sind. Wegen der erforderlichen Schnelligkeit des Erlasses dieser Normen hat sich eine mehrstufige **Normenhierarchie im Agrarrecht** herausgebildet[34]. Insoweit sind die Änderungen des Komitologieverfahrens durch den Vertrag von Lissabon (s. Rn 565 ff) und die in Art. 43 Abs. 3 AEUV eingeführte Kompetenz des Rates zu Preisfestsetzungen, Abschöpfungen, Beihilfen, mengenmäßigen Beschränkungen so-   **1206**

---

30  *Thiele*, in: Calliess/Ruffert, Art. 40 AEUV, Rn 51.
31  Dazu ausführlich *Thiele*, in: Calliess/Ruffert, Art. 40 AEUV, Rn 55 ff; *Busse*, in: Lenz/Borchardt, Art. 40 AEUV, Rn 78 ff.
32  Rechtsgrundlage: VO 1698/2005 (ABl 2005 L 277/1), aufgehoben und ersetzt durch VO 1305/2013 (ABl L347/487) über die Förderung für die Entwicklung des ländlichen Raums durch den Europäischen Landwirtschaftsfonds für die Entwicklung des ländlichen Raums (ELER).
33  Vgl *Oppermann/Classen/Nettesheim*, § 24, Rn 30.
34  Vgl dazu *Streinz*, Europarecht, 8. Aufl. 2008, Rn 1078; *Thiele*, in: Calliess/Ruffert, Art. 43 AEUV, Rn 22 ff mwN.

wie zur Festsetzung und Aufteilung der Fangmöglichkeiten in der Fischerei zu beachten[35].

**1207**  Die **Abgrenzung der Zuständigkeiten** der Union in der GAP gegenüber denen der Mitgliedstaaten ist schwierig. Die Unionskompetenz ist jedenfalls nicht ausschließlicher Natur, was Art. 4 Abs. 2 lit. d AEUV („geteilte Zuständigkeit") klarstellt. Hinsichtlich der **Wahl der Rechtsgrundlage** hat der EuGH bislang regelmäßig die Stützung auf *Art. 37 EGV* (jetzt Art. 43 AEUV) akzeptiert[36]. Art. 168 Abs. 4 lit. b AEUV stellt die vorrangige Rechtsgrundlage für Maßnahmen in den Bereichen Veterinärwesen und Pflanzenschutz dar, soweit diese *unmittelbar* den Schutz der Gesundheit der Bevölkerung zum Ziel haben[37]. Der Vertrag von Lissabon hat auch für Art. 43 Abs. 2 AEUV das ordentliche Gesetzgebungsverfahren eingeführt und dadurch die Frage der Organkompetenz entschärft[38].

## V.  Die gemeinsame Fischereipolitik

**1208**  Obwohl die Fischerei bereits auf Grund von Art. 38 Abs. 1 AEUV als Urproduktion zum Anwendungsbereich der GAP gehört, stellt Art. 4 Abs. 2 lit. d AEUV die gemeinsame Politik auf dem Gebiet der Fischerei ausdrücklich neben die der Landwirtschaft. Ihre Bedeutung wuchs mit dem Beitritt Großbritanniens, Dänemarks und Irlands (Art. 98 ff der Beitrittsakte von 1973) und dem Beitritt Spaniens, dem europäischen Land mit der größten Fischfangflotte, und Portugals. Die Beitritte waren dadurch aber auch mit beträchtlichen Schwierigkeiten verbunden. Während vor 1973 die Fischer der sechs Mitgliedstaaten nach dem Grundsatz der Nichtdiskriminierung gleichberechtigt in den Hoheitsgewässern der anderen Mitgliedstaaten fischen konnten[39], wurden im Zuge des Beitritts Irlands und des Vereinigten Königreichs beträchtliche Reservatrechte für lange Zeiträume festgelegt[40]. Der Beitritt Finnlands und Schwedens brachte, wenngleich in geringerem Umfang, ähnliche Probleme[41]. Solche Schwierigkeiten traten beim Beitritt Polens, der baltischen Staaten, Maltas und Zyperns 2004 nicht auf[42].

**1209**  Durch die Entschließung des Rates vom 30.10./3.11.1976[43] hat die Union, entsprechend der Entwicklung im allgemeinen Seerecht (vgl Art. 55 ff des VN-Seerechtsübereinkommens, Rn 112), eine ausschließliche 200-sm-Wirtschaftszone („EU-Meer") in Anspruch genommen, die – vorbehaltlich ausdrücklicher abweichender Genehmigung – nur den Fischern der EU-Mitgliedstaaten zur Nutzung offen steht.

---

35  Näher dazu und zu noch ungeklärten Fragen *Thiele*, in: Calliess/Ruffert, Art. 43 AEUV, Rn 16 ff, 24; *Kopp*, in: Streinz, Art. 43 AEUV, Rn 61 ff, 70 ff.

36  Vgl EuGH, Rs C-180/96, Vereinigtes Königreich/Kommission, Slg 1998, I-2265, Rn 121, 133 ff; Rs C-269/97, Kommission/Rat, Slg 2000, I-2257, Rn 59 ff. Zur „Intensitätsmethode" vgl *Kopp*, in: *Streinz*, Art. 43 AEUV, Rn 61 mwN.

37  Daher wurde die RL 2000/15 zur Änderung der RL 64/432 zur Regelung viehseuchenrechtlicher Fragen beim innergemeinschaftlichen Handelsverkehr mit Rindern und Schweinen (ABl 2000 Nr L 105/34) auf *Art. 152 EGV* (jetzt Art. 168 AEUV) gestützt.

38  *Thiele*, in: Calliess/Ruffert, Art. 43 AEUV, Rn 9 mit Hinweis auf die fortbestehende materielle Bedeutung. Vgl auch ebd., Rn 16 zu Tragweite des Art. 43 Abs. 2 AEUV.

39  VO 2141/70, ABl 1970 L 236/1.

40  VO 2141/70, ersetzt durch VO 101/76 über die Einführung einer gemeinsamen Strukturpolitik für die Fischwirtschaft, ABl 1976 L 20/19.

41  Vgl Art. 88 ff, Art. 115 ff der Akte über die Bedingungen des Beitritts, ABl 1994 C 241/21.

42  *Oppermann/Classen/Nettesheim*, Europarecht, § 24, Rn 41.

43  BullEG Nr 10-1976, Ziffer 1501 ff.

Allerdings bleiben zumindest bis Ende 2022 (vgl Art. 5 Abs. 2 VO 1380/2013[44]) die Küstenmeere in 12-sm-Breite sowie traditionelle Fischgebiete von der Gleichbehandlung der Fischer aller Mitgliedstaaten ausgeschlossen. Aus dieser Entwicklung folgte zum einen innergemeinschaftlich die Notwendigkeit von Fischereierhaltungsmaßnahmen (Gesamtfangmenge = Total Allowable Catches – TAC, Bestandsschutzmaßnahmen, Verteilung etc), für die die Union auf Grund von Art. 102 f der Beitrittsakte 1973 seit 1979 ausschließlich zuständig ist, sowie die Schaffung einer GMO für Fischereiprodukte. Da der Rat die erforderlichen Fischereierhaltungsmaßnahmen nicht innerhalb der vorgesehenen Frist erließ, hatte der EuGH den Mitgliedstaaten in Zusammenarbeit mit der Kommission gestattet, insoweit als „Sachwalter des gemeinsamen Interesses" im Bereich einer ausschließlichen Gemeinschaftskompetenz zu handeln[45]. 1983 gelang die Verabschiedung der VO 170/83 des Rates zur Einführung einer gemeinschaftlichen Regelung für die Erhaltung und Bewirtschaftung der Fischereiressourcen[46]. Mittlerweile trifft die VO 2371/2002 über die Erhaltung und nachhaltige Nutzung der Fischereiressourcen[47] die Maßnahmen zum Erhalt der Fischbestände. Hierzu sieht sie die jährliche Festlegung einer Gesamtfangmenge und ihre Aufteilung in nationale Quoten nach dem „Grundsatz der relativen Stabilität" der Fischereitätigkeit bei jedem der in Frage kommenden Bestände vor[48]. Darin zeigt sich, dass bei der gemeinsamen Fischereipolitik, anders als in den (sonstigen) GAP-Bereichen, nicht die Begrenzung einer Überproduktion, sondern die Erhaltung der Produktionsgrundlage, nämlich der Fischbestände, im Vordergrund steht. Nachdem die mitgliedstaatliche Kontrolle der Befolgung dieser Regelungen nicht die gewünschte Wirksamkeit hatte, wurde eine entsprechende „EU-Fischereiagentur" (GFCA) zu deren Unterstützung eingerichtet und mit der VO 1005/2008 eine Überwachung der Schiffsbewegungen im EU-Meer sowie weitere Sanktionen gegen illegale Fischerei festgelegt[49]. Die Erhaltung der biologischen Meeresschätze fällt gem. Art. 4 Abs. 2 lit. b AEUV in die ausschließliche Zuständigkeit der EU. Parallel zur allgemeinen GAP läuft die VO 1379/2013 des Rates über die gemeinsame Marktorganisation für Fischereierzeugnisse und Erzeugnisse der Aquakultur[50]. Im Außenverhältnis zu Drittstaaten wurde es erforderlich, vertragliche Übereinkommen zu treffen. Die Kompetenz der Union hierzu hatte der EuGH anerkannt[51]. Die EU hat sich seither an einer Reihe von bi- und multilateralen Abkommen im Fischereisektor beteiligt und ist zu einem „weltweit besonders wichtigen Vertragspartner in den internationalen Fischereibeziehungen"[52] geworden.

---

44  ABl 2013 L 354/22.
45  EuGH, Rs 804/79, Kommission/Vereinigtes Königreich, Slg 1981, 1045, Rn 28 ff = *HVL*, S. 195 f = *Pechstein* Nr 20.
46  ABl 1983 L 24/1.
47  ABl 2002 L 358/59.
48  Vgl *Kopp*, in: Streinz, Art. 40 AEUV, Rn 71.
49  *Bieber/Epiney/Haag*, Europarecht, § 23, Rn 30.
50  ABl 2013 L 354/1. HER I A 26/2.
51  Verb Rs 3, 4, 6/76, Kramer, Slg 1976, 1279, Rn 12/14 ff = *HVL*, S. 517 ff = *PSK*, Fall 62 = *Pechstein* Nr 47. Vgl Rn 1216.
52  Vgl *Oppermann/Classen/Nettesheim*, Europarecht, § 24, Rn 45.

## VI. Finanzierung der GAP

**1210**  Die Finanzierung der GAP erfolgt seit 1.1.2007 gemäß dem Prinzip der finanziellen Solidarität (vgl Rn 1193) durch zwei getrennte Fonds, den Europäischen Garantiefonds für die Landwirtschaft (**EGFL**) und den Europäischen Landwirtschaftsfonds für die Entwicklung des ländlichen Raumes (**ELER**)[53]. Beide sind jedoch keine Fonds im strengen Sinne, da sie weder eigene Rechtspersönlichkeit besitzen noch über ein eigenes Fondsvermögen verfügen. Sie werden vielmehr, wie bereits ihr Vorgänger, der Europäische Ausrichtungs- und Garantiefonds für die Landwirtschaft (EAGFL)[54], als unselbstständige Teile des Unionshaushalts geführt und unterliegen damit den Bedingungen des allgemeinen Haushaltsrechts.

Der EGFL ist gemäß Art. 3 VO 1306/2013 hauptsächlich zuständig für die Finanzierung der Interventionen nach dem Preissystem der GMOen, der Ausfuhrerstattungen und der im Rahmen der GAP vorgesehenen Direktzahlungen an die Landwirte.

Der ELER hingegen ist gemäß Art. 5 VO 1306/2013 zuständig für die Finanzierung der Agrarstrukturpolitik als Strukturfonds (Art. 175 Abs. 1 S. AEUV), neben den auch noch Maßnahmen des Europäischen Sozialfonds und der EIB treten.

Wegen der besonderen Betrugsanfälligkeit der GAP sind für diese die gemäß Art. 325 AEUV erlassenen horizontalen Maßnahmen zum Schutz der finanziellen Interessen der Union von besonderer Bedeutung (vgl Rn 747). Daneben gibt es eine Reihe unionaler Kontroll- und Sanktionsmaßnahmen, die auf die GAP beschränkt sind[55].

**Literatur:** *Borchardt, K.-D.*, Die Reform der Gemeinsamen Agrarpolitik, in: FS Zuleeg, 2005, S. 473 ff; *Busse*, C., Agrarrecht, in: Schulze/Zuleeg/Kadelbach, § 25; *Frenz, W.*, Die gemeinsame Fischereipolitik, AUR 2011, 217; *Grimm, C./Norer, R.*, Agrarrecht, 4. Aufl. 2015; *Härtel, I.*, Agrarrecht, in: Ruffert (Hrsg.), EnzEUR Bd V, 2012, § 7; *Knudsen, A.-C.L.*, Die Demokratisierung der EU-Agrarpolitik, APuZ 18 (2010), 30; *Leidwein, A.*, Europäisches Agrarrecht, 2. Aufl. 2004; *Martinez, J.*, Die gemeinsame Agrar- und Fischereipolitik, in: Niedobitek, Europarecht, Politiken, § 6; *Mögele, R.*, Betrugsbekämpfung im Bereich des gemeinschaftlichen Agrarrechts, EWS 1998, S. 1 ff; *ders.*, Die Behandlung fehlerhafter Ausgaben im Finanzierungssystem der gemeinsamen Agrarpolitik, 1997; *ders./Erlbacher, F.*, Common Market Policy, 2011; *Schmitte, H.*, Neuregelung der EU-Beihilfen im Rahmen der GAP, AUR 2005, 80; *Schweizer, D./Seliger, A.*, Cross Compliance – Bindung von EU-Zahlungen an die Einhaltung von Umwelt-, Tierschutz- und Lebensmittelstandards, AUR 2009, 44; *Thiele, G.*, Das Recht der Gemeinsamen Agrarpolitik der EG, 1997; *Turner, G./Böttger, U./Wölfle, A.*, Agrarrecht. Ein Grundriß, 3. Aufl. 2006; *von Jeinsen, U.*, Die Agrarreform 2003 – Zwischenstand, AUR 2005, S. 112 ff; *Wendt, R./Elicker, M.*, Die Reform der Gemeinsamen Agrarpolitik und ihre Umsetzung in der BRD, DVBl. 2004, 665; *Wolffgang, H.-M.*, Die Europäische Agrarpolitik zwischen Markt und Plan, in: FS Hoppe, 2000, S. 949 ff.

---

53   Beide errichtet durch Art. 3 VO 1306/2013, ABl 2013 L 347/549.
54   Vgl dazu *Streinz*, Europarecht, 7. Aufl. 2005, Rn 1083.
55   Grundlegend Art. 9 der VO 1306/2013, ABl 2013 L 347/549.

# § 18   Die Umweltpolitik

## I.   Grundlagen

Obwohl erst 1987 die EEA eine eigene Kompetenzgrundlage für eine Umweltpolitik **1211**
der EG einführte (jetzt Art. 191–193 AEUV), hatten die Gemeinschaften bereits vorher mehr als 200 Rechtsakte auf diesem Gebiet erlassen. Kompetenzgrundlage war zum einen *Art. 100 EWGV* bzw *Art. 94 EGV* (jetzt Art. 115 AEUV), da unterschiedliche Umweltvorschriften der Mitgliedstaaten die Wettbewerbssituation beeinflussen und sich damit unmittelbar (vom EuGH weit ausgelegt[1]) auf die Errichtung oder das Funktionieren des Binnenmarktes auswirken. Zum anderen, soweit nämlich diese Rechtsgrundlage nicht oder nicht eindeutig zum Tragen kam, beruhte die Umweltpolitik auf *Art. 235 EWGV* bzw *Art. 308 EGV* (jetzt Art. 352 AEUV), von dem (zu) großzügiger Gebrauch gemacht wurde (Ansatzpunkte: Präambel, „stetige Besserung der Lebens- und Beschäftigungsbedingungen"; notwendiges grenzüberschreitendes Handeln bei grenzüberschreitenden Umweltschäden). Für diese spezifische Umweltpolitik brachten erst die Art. 191 ff AEUV eine gesicherte Basis.

**Ziele** der Umweltpolitik der EU sind die Umwelt zu erhalten, zu schützen und ihre **1212**
Qualität zu verbessern, zum Schutze der menschlichen Gesundheit beizutragen und eine umsichtige und rationale Verwendung der natürlichen Ressourcen zu gewährleisten, ferner die Förderung von Maßnahmen auf internationaler Ebene zur Bewältigung regionaler oder globaler Umweltprobleme (Art. 191 Abs. 1 AEUV). Grundsätze der gemeinsamen Umweltpolitik sind das Vorsorgeprinzip, das Prinzip der Bekämpfung am Ursprung und das Verursacherprinzip (Abs. 2 S. 2), das bislang generell noch unzureichend verwirklicht ist (Umweltschäden als Lasten der Allgemeinheit). Durch den Amsterdamer Vertrag wurde das im Rahmen der Vereinten Nationen seit langem bekannte Prinzip der nachhaltigen Entwicklung (**„sustainable development"**) eingefügt (Art. 3 Abs. 3 EUV; Art. 11 AEUV). Art. 191 Abs. 2 S. 1 AEUV gibt als Ziel ein hohes Schutzniveau vor, das nach den Gegebenheiten in den einzelnen Regionen der Union, dh auch nach deren Leistungsfähigkeit differenziert wird.

Gemäß der **Querschnittsklausel** des Art. 11 AEUV müssen die Erfordernisse des **1213**
Umweltschutzes bei der Festlegung und Durchführung der in Art. 3–6 AEUV genannten Unionspolitiken und Maßnahmen insbesondere zur Förderung einer nachhaltigen Entwicklung einbezogen werden. Damit ist die Umweltpolitik nicht nur eine sektorielle Politik neben anderen, sondern Bestandteil aller Unionspolitiken[2].

Art. 191 Abs. 2 UAbs. 2 AEUV sicht für dic bctroffenen Politikbereiche die Möglich- **1214**
keit der sekundärrechtlichen Schaffung von **Schutzklauseln** für vorläufige abweichende Maßnahmen der Mitgliedstaaten unter unionaler Kontrolle vor.

Als anerkanntes Ziel der Union ist der Umweltschutz ein zwingendes Erfordernis iS **1215**
der *Cassis-Formel* (vgl Rn 864)[3]. Darüber hinaus hat der EuGH aus dem in Art. 191 Abs. 2 AEUV aufgestellten Grundsatz, Umweltbeeinträchtigungen nach Möglichkeit

---

1   Vgl EuGH, Rs 91/79, Kommission/Italien („Detergentien"), Slg 1980, 1099, Rn 8.
2   Zur rechtlichen Bedeutung der Querschnittsklausel vgl *Breier*, in: Lenz/Borchardt, Art. 11 AEUV, Rn 10 ff; *Kahl*, in: Streinz, Art. 11 AEUV, Rn 17; *Epiney*, in: Niedobitek, § 8, Rn 66 ff.
3   EuGH, Rs 302/86, Kommission/Dänemark, Slg 1988, 4607, Rn 9 = *HVL*, S. 601 ff = *GO* Nr 32.

an ihrem Ursprung zu bekämpfen, sowie aus den Grundsätzen der Entsorgungsautarkie und der Entsorgungsnähe, die in dem von der EU (als Rechtsnachfolgerin der EG) unterzeichneten Baseler Übereinkommen vom 22.3.1989 über die Kontrolle der grenzüberschreitenden Verbringung gefährlicher Abfälle und ihrer Entsorgung[4] aufgestellt werden, gefolgert, dass die Besonderheit der Abfälle – abweichend von einem allgemeinen Grundsatz – auch Maßnahmen als nichtdiskriminierend rechtfertigen kann, die für im Inland entstehende und importierte Abfälle unterschiedliche Regelungen treffen[5].

**1216**  Der früher in *Art. 130r Abs. 4 EWGV* speziell für die Umweltpolitik festgelegte **Subsidiaritätsgrundsatz** folgt jetzt aus der allgemeinen Subsidiaritätsklausel des Art. 5 Abs. 3 EUV (s. dazu Rn 172). Ihre Konkretisierung bereitet hier besondere Probleme, soweit es um nicht grenzüberschreitende Sachverhalte geht. Wie zB Art. 192 Abs. 2, lit. b, 2. und 3. Spiegelstrich AEUV zeigt, werden aber auch solche von der gemeinsamen Umweltpolitik erfasst und können daher nicht generell mit dem Subsidiaritätsargument ausgeschlossen werden.

**1217**  Art. 192 Abs. 4 AEUV überantwortet die **Durchführung** und **Finanzierung** der unionalen Umweltpolitik grundsätzlich den Mitgliedstaaten. Gemäß Abs. 5 kann unter den dort genannten Voraussetzungen eine finanzielle Unterstützung aus dem Kohäsionsfonds (Art. 177 Abs. 2 AEUV) gewährt werden. Die Wahrnehmung der Beziehungen zu Drittstaaten gemäß Art. 191 Abs. 4 UAbs. 1 AEUV folgt den allgemeinen Regelungen. Die Zuständigkeit der Mitgliedstaaten, in internationalen Gremien zu verhandeln und internationale Abkommen zu schließen, bleibt unberührt (Art. 191 Abs. 4 UAbs. 2 AEUV).

**1218**  **Ermächtigungsgrundlage** für umweltschützende Maßnahmen gemäß Titel XX ist Art. 192 AEUV. Gemäß Abs. 1 beschließen der Rat und das Parlament im ordentlichen Gesetzgebungsverfahren über das Tätigwerden der EU zur Erreichung der in Art. 191 AEUV genannten Ziele der Umweltpolitik. Für Vorschriften überwiegend steuerlicher Art, Maßnahmen, die die Raumordnung, Bodennutzung – mit Ausnahme der Abfallbewirtschaftung – sowie die mengenmäßige Bewirtschaftung der Wasserressourcen berühren oder die Verfügbarkeit dieser Ressourcen mittelbar oder unmittelbar betreffen[6], ferner Maßnahmen, welche die Wahl des Mitgliedstaats zwischen verschiedenen Energiequellen und die allgemeine Struktur einer Energieversorgung erheblich berühren, ist ein Beschluss des Rates in einem besonderen Gesetzgebungsverfahren mit Anhörung des EP erforderlich (Art. 192 Abs. 2 UAbs. 1). Durch einstimmigen Beschluss kann der Rat aber festlegen, in welchen der in diesem Absatz genannten Bereichen nach dem ordentlichen Gesetzgebungsverfahren beschlossen wird (Abs. 2 UAbs. 2). Das ordentliche Gesetzgebungsverfahren ist auch für allgemeine Aktionsprogramme vorgesehen (Abs. 3). Die Maßnahmen zur Durchführung dieser Programme werden je nach Regelungsmaterien gemäß Abs. 1 (ordentliches Gesetzgebungsverfahren) oder Abs. 2 (besonderes Gesetzgebungsverfahren mit An-

---

4  Sart. II Nr 460.
5  EuGH, Rs C-2/90, Kommission/Belgien, Slg 1992, I-4431, Rn 33 ff = *HVL*, S. 603 ff. In weiteren Urteilen fügte der EuGH hinzu, dass der Umweltschutz auch dem Schutz der Gesundheit diene, der in Art. 36 AEUV aufgeführt ist. S, dazu Rn 920.
6  Vgl dazu *Calliess*, in: Calliess/Ruffert, Art. 192 AEUV, Rn 28 ff; *Kahl*, in: Streinz, Art. 192 AEUV, Rn 21 ff mwN.

hörung des EP) festgelegt. Wegen des Querschnittscharakters der Umweltpolitik (s. Rn 1213) bedarf die Feststellung der zutreffenden Ermächtigungsgrundlage stets einer sorgfältigen Prüfung (vgl zur Abgrenzung zu Art. 114 AEUV Rn 1223 f). Während neben Art. 114 AEUV, dessen Abs. 3 den Umweltschutz ausdrücklich erwähnt, auch Art. 115 AEUV für umweltrelevante Maßnahmen noch herangezogen werden kann, dürfte dies für Art. 352 AEUV seit der EEA nicht mehr gelten[7].

Art. 193 AEUV gestattet den Mitgliedstaaten, bei auf Art. 192 AEUV gestützten Rechtsakten „verstärkte **Schutzmaßnahmen** beizubehalten oder zu ergreifen". Nach dem eindeutigen Wortlaut müssen diese Maßnahmen ein höheres Schutzniveau anstreben („verstärkte") und können auch neu erlassen werden („beizubehalten oder zu ergreifen"). Die Maßnahme darf nur dem Umweltschutz dienen (uU ist die Mitverfolgung anderer Ziele zulässig) und weder unverhältnismäßig noch diskriminierend sein; sie muss der Kommission notifiziert werden. **1219**

## II. Instrumente

Art. 192 Abs. 1 und 2 AEUV legen den Unionsgesetzgeber nicht auf einen bestimmten Rechtsakt fest („Tätigwerden", „Vorschriften", „Maßnahmen"). Gleiches gilt für Art. 114 AEUV, während Art. 115 AEUV die Richtlinie verbindlich vorschreibt. **1220**

Die EU hat seit 1973 in sechs Umwelt-Aktionsprogrammen[8] den Rahmen und die grundsätzliche Zielrichtung ihrer Umweltpolitik festgelegt, die in einzelnen Rechtsakten realisiert werden sollen. Ein siebtes Programm für den Zeitraum nach Ablauf des sechsten Programms „Unsere Zukunft liegt in unserer Hand" (2002–2012) wird von der Kommission vorbereitet. Die Programme selbst können, seit sie (ab dem dritten Programm) als Entschließung des Rates ergehen, in gewissem Umfang, zB als Auslegungsmaßstab, rechtliche Bedeutung haben[9]. Seit Inkrafttreten des Unionsvertrages beschließt der Rat die allgemeinen Aktionsprogramme gemeinsam mit dem Europäischen Parlament gemäß Art. 294 AEUV (Art. 192 Abs. 3 AEUV). **1221**

Als Handlungsform wird aus sachlichen Gründen[10] (Vorteil: Einfügung in die bestehenden nationalen Umweltrechte; Nachteil: Umsetzungsproblem, vgl auch **Fall 15**, Rn 486) in der Regel die Richtlinie gewählt, in geeigneten Fällen auch die Verordnung[11]. **1222**

## III. Abgrenzung der Umweltpolitik (Art. 192 AEUV) zum Binnenmarkt (Art. 114 AEUV)

Art. 192 AEUV und Art. 114 AEUV können als Rechtsgrundlagen für dieselben Maßnahmen in Konflikt geraten: Einerseits ist der Umweltschutz eine Querschnittsaufgabe (vgl Rn 1213), andererseits muss die Rechtsangleichung zur Herstellung des **1223**

---

7 Vgl *Lorenz/Pühs*, ZG 1998, 142 (147).
8 Vgl dazu *Kahl*, in: Streinz, Art. 191 AEUV, Rn 3 ff mwN. Zuletzt Allgemeines (= 7.) Umweltaktionsprogramm (bis 2020) „Gut leben innerhalb der Belastbarkeitsgrenzen unseres Planeten", Beschluss Nr 1386/2013 EU des EP und des Rates, ABl 2013 L 354/171.
9 Vgl zur rechtlichen Bedeutung *Kahl*, in: Streinz, Art. 192 AEUV, Rn 41; *Epiney* (Fn. 2), § 8, Rn 17.
10 Zu rechtlichen Vorgaben der Wahl der Handlungsform s. Rn 480.
11 Vgl die Übersicht bei *Krämer/Winter*, § 26. S. 1549 ff.

Binnenmarktes, wie aus Art. 114 Abs. 3 AEUV hervorgeht, der den „Umweltschutz" ausdrücklich erwähnt, auch Umweltgesichtspunkte berücksichtigen. Auch Art. 192 Abs. 2 AEUV bringt keine abschließende Klärung, weil diese Vorschrift „unbeschadet" des Art. 114 AEUV gilt. Allerdings ist für die dort ausdrücklich aufgezählten Materien Art. 192 Abs. 2 AEUV jedenfalls insoweit lex specialis, als es nicht um Produktnormen, sondern um Umweltstandards geht. Für „Vorschriften überwiegend steuerlicher Art" kommt hinzu, dass Art. 114 Abs. 2 AEUV Bestimmungen über die Steuern ausdrücklich ausnimmt. Strittig bleibt aber die Zuordnung von Produktionsnormen, die die Ausgestaltung des Produktionsprozesses von Unternehmen zum Gegenstand haben. Diese können zwar kaum unter Art. 192 Abs. 2 AEUV, wohl aber unter Abs. 1 fallen. Die Abgrenzung ist für die Wahl der richtigen Rechtsgrundlage praktisch bedeutsam. Zwar bestehen keine Unterschiede im Gesetzgebungsverfahren zwischen Art. 114 Abs. 1 und Art. 192 Abs. 1 AEUV mehr, aber sehr wohl hinsichtlich der Schutzverstärkungsklauseln: Art. 193 AEUV ist gegenüber Art. 114 Abs. 4–9 AEUV wesentlich einfacher zu handhaben[12] (s. zu Letzterem Rn 981 ff).

**1224**   Zur Lösung der Frage nach der alten Rechtslage wurden fast alle möglichen Ansätze (lex specialis in beiden Richtungen, Gleichberechtigung, gleichzeitige Anwendung) vertreten. Das Argument des EuGH, der im *Titandioxid-Urteil*[13] die gleichzeitige Anwendung beider Vorschriften wegen der damals unterschiedlichen Folgen für die Beteiligung des Europäischen Parlaments abgelehnt und im Ergebnis eine Spezialität des Art. 114 gegenüber Art. 192 AEUV angenommen hat, ist durch das jetzt für beide Vorschriften anwendbare ordentliche Gesetzgebungsverfahren überholt. Die Bestimmung der Rechtsgrundlage muss sich an objektiven, gerichtlich nachprüfbaren Kriterien (Gegenstand und Zweck der betreffenden Regelung) orientieren[14]. Zu beachten ist dabei, dass sich Art. 114 AEUV selbst für subsidiär erklärt („soweit in diesem Vertrag nichts anderes bestimmt ist"). Die Norm gilt für den gesamten Binnenmarkt, jedoch nicht für alle Bereiche (Art. 114 Abs. 2 AEUV). Schließlich kann nicht jeder Binnenmarktbezug genügen, da ansonsten Art. 192 AEUV funktionslos würde. Der Schwerpunkt einer Maßnahme[15] ist nur dann ein geeignetes Kriterium, wenn er sich deutlich feststellen lässt. Nach alledem dürfte Art. 114 AEUV bei umweltbezogenen Maßnahmen dann zum Tragen kommen, wenn diese (auch) auf die Herstellung gleicher Wettbewerbsbedingungen gerichtet sind. Man könnte jedoch auch danach differenzieren, ob der EU-Rechtsakt den Handel mit einem Produkt durch Festlegung von einheitlichen Bedingungen liberalisiert (dann Art. 114 AEUV) oder ob ein Produkt generell zurückgedrängt werden soll (dann Art. 192 AEUV)[16].

---

12   Vgl *Kahl*, in: *Streinz*, Art. 192, Rn 95 ff mwN.
13   EuGH, Rs C-300/89, Kommission/Rat, Slg 1991, I-2867, Rn 16 ff = *HVL*, S. 199 ff = *Pechstein* Nr 18, 170 = *GO* Nr 141 = *MH* Nr 30.
14   St Rspr, vgl EuGH, verb Rs C-164/97 und C-165/97, Europäisches Parlament/Rat, Slg 1999, I-1139, Rn 12 = JuS 2000, 619 f – *Murswiek* und EuGH, Rs C-436/03, EP/Rat, Slg 2006, I-3733, Rn 35.
15   Vgl EuGH, Rs C-155/91, Kommission/Rat, Slg 1993, I-939, Rn 19 ff.
16   Vgl dazu *Nettesheim*, Jura 1994, 339 mwN. Vgl zur Rechtsprechung des EuGH und zu den unterschiedlichen Ansätzen in der Literatur *Breier*, in: Lenz/Borchardt, Art. 192 AEUV, Rn 18 ff, insb. Rn 23; *Calliess*, in: Calliess/Ruffert, Art. 192 AEUV, Rn 23 ff; *Kahl*, in: Streinz, Art. 192 AEUV, Rn 95 f. Der mediale Umweltschutz wird daher regelmäßig auf Art. 192 AEUV gestützt, vgl *Oppermann/Classen/Nettesheim*, § 33, Rn 30.

**Beispiel:** Emissionsnormen für Kraftfahrzeuge fallen als Produktnormen unter Art. 114 AEUV, vgl VO 715/2007[17]; die VO 1005/2009 über Stoffe, die zum Abbau der Ozonschicht führen[18], somit Stoffe, die generell zurückgedrängt werden sollen, wurde dagegen auf Art. 192 AEUV gestützt.

Eine ähnliche Abgrenzungsproblematik stellt sich im Hinblick auf die Abgrenzung zwischen Umweltpolitik und gemeinsamer Handelspolitik (Art. 207 AEUV, s. Rn 1266 ff), wenn es um die Kompetenz für den Abschluss von völkerrechtlichen Verträgen geht, die sich mit den Umweltaspekten grenzüberschreitenden Handels befassen[19].

## IV. Auswirkungen auf das nationale (deutsche) Recht

Die Vorgaben des EU-Umweltrechts haben sowohl auf das materielle Recht als auch auf das Verfahrensrecht der Mitgliedstaaten erhebliche Auswirkungen. **Materiell** bestehen neben dem integrierten Ansatz der IVU-Richtlinie zur Vermeidung und Verminderung der Umweltverschmutzung[20] zahlreiche Vorschriften zum medienbezogenen Umweltrecht (Naturschutz, Gewässerschutz, Luftreinhaltung und Klimaschutz, Lärmschutz, Abfallrecht, Stoffrecht, insbesondere hinsichtlich Chemikalien, Biotechnologie und Gentechnik)[21]. **Verfahrensrechtlich** sind zB die gebotene Umweltverträglichkeitsprüfung[22], die Schaffung von Verbandsklagerechten (s. dazu Rn 202)[23], Informationsrechte und die Öffentlichkeitsbeteiligung[24] zu beachten.

**1225**

**Literatur:** *Albin, S.*, Die Vollzugskontrolle des europäischen Umweltrechts, 1999; *Arndt, B.*, Das Vorsorgeprinzip im EU-Recht, 2009; *Bothe, M.*, Die EU in internationalen Umweltabkommen, in: FS Zuleeg, 2005, S. 668 ff; *Brouers, C.*, Der Einfluss der Rechtsprechung des Europä-

---

17  ABl 2007 Nr L 171/1. Hat die RL 89/458 (ABl 1989 Nr L 226/1) aufgehoben und ersetzt.
18  ABl 2009 L 286/1. Neufassung der auf *Art. 175 EGV* gestützten VO 2037/2000, ABl 2000 L 244/1. ABl 2000 L 244/1.
19  Vgl dazu EuGH, Gutachten 2/00, Cartagena-Protokoll, Slg 2001, I-9713, Rn 20 ff = *HVL*, S. 203 ff = EuZW 2002, 113 mit Anm. *C. Pitschas*; Rs C-281/01, Kommission/Rat (Energy Star Abkommen), Slg. 2002, I-12049; Rs C-94/03, Kommission/Rat (Rotterdamer Übereinkommen), Slg 2006, I-1. Vgl allgemein *Herrmann*, NVwZ 2002, 1168 ff.
20  RL 2008/1/EG des EP und des Rates, ABl 2008 L 24/8; *Bieber/Knapp*, Nr V.14.3.
21  S. dazu *Oppermann/Classen/Nettesheim*, Europarecht, § 33, Rn 30 ff mwN.
22  RL 85/337 des Rates über die Umweltverträglichkeitsprüfung bei bestimmten öffentlichen und privaten Projekten, ABl 1985 L 175/40; aufgehoben und kodifiziert durch RL 2011/92, ABl L 26/1, geändert durch RL 2014/52, ABl 2014 L 124/1; umgesetzt im UVP-Gesetz, Sart. I Nr 295. Vgl dazu EuGH, Rs C-72/12, Gemeinde Altrip/Land Rheinland-Pfalz, ECLI:EU:C:2013:712.
23  Vgl RL 2003/35 des EP und des Rates über die Beteiligung der Öffentlichkeit bei der Ausarbeitung bestimmter umweltbezogener Pläne und Programme, ABl 2003 L 156/17; umgesetzt im Umwelt-Rechtsbehelfsgesetz (UmwRG), Sart. I Nr 293; zB Art. 6 Abs. 1 UVP-RL. Zu den Anforderungen des Rechtsschutzes vgl EuGH, Rs C-115/09, Bund für Umwelt und Naturschutz Deutschland, Landesverband NRW/Bezirksregierung Arnsberg, Slg 2011, I-3673, Rn 42 ff; EuGH, Rs C-137/14, Kommission/Deutschland, ECLI:EU:C:2015:683 = EuZW 2016, 66 mit Anm. *C. Sobotta*: Verstöße gegen Art. 11 RL 2011/92 und Art. 25 RL 2010/75 bei der Umsetzung durch § 2 Abs. 1 und 3 sowie § 5 Abs. 1 und 4 UmwRG (Einschränkung der Klagebefugnis und Ausnahme von vor dem 25.6.2005 eingeleiteten Verwaltungsverfahren) sowie durch § 46 VwVfG. Vgl dazu *F. Ekardt*, Das Umweltrechtsbehelfsgesetz vor dem EuGH und dem BVerwG, NVwZ 2012, 530.
24  RL 2003/4 des EP und des Rates über den Zugang der Öffentlichkeit zu Umweltinformationen, ABl 2003 L 41/26; *Bieber/Knapp* Nr V.14.2; umgesetzt im Umweltinformationsgesetz (UIG), Sart. I Nr 294.

ischen Gerichtshofs auf die europäische Umweltpolitik und das europäische Umweltrecht, 2012; *Calliess, C.*, Europarechtliche Vorgaben für ein Umweltgesetzbuch, NuR 2006, 601; *ders.*, Feinstaub im Rechtsschutz deutscher Verwaltungsgerichte, NVwZ 2006, 1; *Engelsberger, C.*, Der Vollzug europarechtlicher Vorschriften auf dem Gebiet des Umweltschutzes, 1998; *Epiney, A.*, Die Umweltpolitik, in: Niedobitek, Politiken, § 8; *dies.*, Föderalismusreform und Europäisches Umweltrecht, NuR 2006, 403; *dies.*, Umweltrecht in der Europäischen Union, 3. Aufl. 2013; *Fischer, K.*, Die Einwirkungen des europäischen auf das nationale Umweltrecht, JuS 1999, 320; *Hansmann, K.*, Harmonisierung unterschiedlicher Normstrukturen im europäischen und im deutschen Umweltrecht, NVwZ 2006, 51; *Herrmann, C.*, Die EG-Außenkompetenzen im Schnittbereich zwischen internationaler Umwelt- und Handelspolitik, NVwZ 2002, 1168; *v. Horstig, B.*, Die Europäische Gemeinschaft als Partei internationaler Umweltabkommen, 1997; *Jans, J./Vedder, C.*, European Environmental Law, 3. Aufl. 2007; *Jarass, H.D.*, Beschränkungen der Abfallausfuhr und EG-Recht, NuR 1998, 397; *Koch, H.*, Das Subsidiaritätsprinzip im europäischen Umweltrecht, 2005; *Krämer, L.*, EU Environmental Law, 7. Aufl. 2011; *Krämer, L./Winter, G.*, Umweltrecht, in: Schulze/Zuleeg/Kadelbach, § 26; *Messerschmidt, K.*, Europäisches Umweltrecht, 2011; *Palme, C.*, Neue Rechtsprechung von EuGH und EuG zum Natur- und Artenschutzrecht, NuR 2007, 243; *Pechstein, M.*, EG-Umweltrechtskompetenzen und nationale Alleingänge beim Umweltschutz, Jura 1996, 176; *Peine, F.-J./Samsel, A.*, Die Europäisierung des Umweltrechts und seine deutsche Umsetzung, EWS 2003, 297; *Rengeling, H.-W.* (Hrsg.), Handbuch zum europäischen und deutschen Umweltrecht, 2 Bde., 2. Aufl. 2003; *Scheuing, D.*, Instrumente zur Durchführung des Europäischen Umweltrechts, NVwZ 1999, 475; *Schink, A.*, Auswirkungen des EG-Rechts auf die Umweltverträglichkeitsprüfung nach deutschem Recht, NVwZ 1999, 11; *Schmidt, R./Kahl, W./Gärditz, K.F.*, Umweltrecht, 9. Aufl. 2014; *Schulze-Fielitz, H.*, Umweltschutz im Föderalismus – Europa, Bund, Länder, NVwZ 2007, 249; *Schwerdtfeger, A.*, Erweiterte Klagerechte für Umweltverbände, EuR 2012, 80; *Siegel, T.*, Zur Einklagbarkeit der Umweltverträglichkeit, DÖV 2012, 709.

# § 19 Das auswärtige Handeln der Europäischen Union

## I. Überblick und Struktur

### 1. Völkerrechtsfähigkeit der Europäischen Union

**1226** Grundlage des auswärtigen Handelns der Europäischen Union bildet zunächst ihre Fähigkeit zur Teilnahme am völkerrechtlichen Verkehr. Mit Inkrafttreten des Vertrags von Lissabon wurde die bis dahin streitige[1] Frage der Völkerrechtsfähigkeit der Europäischen Union durch Art. 47 EUV entschieden. Die jetzt einheitliche EU erhält ausdrücklich Rechtspersönlichkeit, wie sie die Europäische Gemeinschaft, deren Rechtsnachfolgerin sie ist (Art. 1 Abs. 3 S. 3 EUV), bereits bislang hatte (vgl *Art. 281 EGV*).

**1227** Wie allgemein im Recht internationaler Organisationen[2] ist zwischen der Völkerrechtsfähigkeit der Europäischen Union im Verhältnis zu ihren Mitgliedstaaten und zu Drittstaaten zu unterscheiden.

---

1 Vgl dazu *Streinz*, Europarecht, 8. Aufl. 2008, Rn 134 f, 680 f.
2 Vgl *Schweitzer*, Rn 692 ff.

Erstere ergibt sich aus Art. 47 EUV, wonach die Union Rechtspersönlichkeit besitzt. Damit ist die völkerrechtliche Rechtspersönlichkeit (Völkerrechtssubjektivität) gemeint, da in Art. 335 AEUV die privatrechtliche Rechts- und Geschäftsfähigkeit geregelt wird[3]. Sie lässt sich ferner aus den Bestimmungen schließen, die Aussagen über die völkerrechtliche Handlungsfähigkeit treffen (insbesondere Art. 216 ff AEUV), da diese die Völkerrechtsfähigkeit voraussetzt.

Im Verhältnis zu Drittstaaten lässt sich nach allgemeinem Völkerrecht eine (relative) Völkerrechtssubjektivität der Europäischen Union als internationale Organisation nur durch direkte oder indirekte (zB Abschluss völkerrechtlicher Verträge oder Aufnahme diplomatischer Beziehungen) Anerkennung begründen. Sie ist in Anbetracht der auswärtigen Aktivitäten der Union (vgl nur zum Auswärtigen Dienst Rn 300) unzweifelhaft gegeben.

## 2. Grundlagen der Regelungskomplexe

Die heutigen Regelungen zum auswärtigen Handeln der Europäischen Union unterteilen sich in drei zentrale Regelungskomplexe: **1228**

– Die Art. 21 und 22 EUV und Art. 205 AEUV enthalten einen neu geschaffenen „allgemeinen Teil", dessen normativer Wert jenseits symbolischer Bekundungen sich aber in der Praxis erweisen muss (s. aber zur Grundrechtsbindung Rn 769). In der Sache allgemeine (dh für alle Politikfelder anwendbare) Vorschriften über die Instrumente des auswärtigen Handelns enthalten daneben die Art. 216, 220 und 221 AEUV.
– Die Art. 206 ff AEUV enthalten den „besonderen Teil" der auswärtigen Sachpolitiken der Union, wie er den vormaligen völkerrechtlichen Aktivitäten der Europäischen Gemeinschaft entspricht.
– Art. 23 ff EUV enthalten schließlich besondere Bestimmungen über die Gemeinsame Außen- und Sicherheitspolitik der Union, die auch nach dem Vertrag von Lissabon letztlich ihren intergouvernementalen Charakter behalten hat und damit nunmehr eine Sonderstellung im Unionsrecht einnimmt.

Bereits dieser Überblick über die Regelungskomplexe zeigt, dass unter dem Begriff des auswärtigen Handelns der Europäischen Union zwei höchst verschiedene Entwicklungslinien zusammentreffen, ohne dass diese zu einem einheitlichen Charakter gefunden hätten. Vielmehr bleibt auch nach dem Vertrag von Lissabon die grundlegende Unterscheidung zwischen den „gemeinschaftsmethodenorientierten"[4] Sachpolitiken des AEUV einerseits und dem hochpolitischen, der unmittelbaren Steuerung durch die nationalen Regierungen im Europäischen Rat und im Rat unterliegenden Bereich der GASP andererseits erhalten. Angesichts grundlegender Differenzen (zB Irakkrieg, Anerkennung des Kosovo, Abstimmung in den Vereinten Nationen, zB hinsichtlich Libyen und Palästinenserstaat) ist fraglich, ob überhaupt eine „gemeinsame" Politik erreicht werden kann. Die GASP nimmt als einzige im EUV und nicht im **1229**

---

3  So auch *Ruffert*, in: Calliess/Ruffert, Art. 47 EUV, Rn 4; aA *Geiger*, in: Geiger/Khan/Kotzur, Art. 47 EUV, Rn 1.
4  Vgl zur mit diesem Begriff umschriebenen Methode der supranationalen europäischen Integration Rn 129 ff und *Streinz/Ohler/Herrmann*, Lissabon, S. 137.

AEUV geregelte Politik der Union eine Sonderstellung innerhalb des Unionsrechts ein, was Art. 24 Abs. 1 UAbs. 2 EUV durch die dort aufgeführten „besonderen Bestimmungen und Verfahren" (Zuständigkeit von Europäischem Rat und Rat, Einstimmigkeitsprinzip, keine Gesetzgebungsakte, „spezifische", dh schwache Rolle von Europäischem Parlament und Kommission, grundsätzliche Unzuständigkeit des EuGH) verdeutlicht.

### 3. Kompetenzen

Der unterschiedliche Charakter der einzelnen Felder des auswärtigen Handelns spiegelt sich auch auf der Ebene der Kompetenzen wider.

### a) Ausschließliche Zuständigkeit

**1230** In weiten Teilen des auswärtigen Handelns verfügt die Union über eine ausschließliche Zuständigkeit. Dies gilt zunächst gemäß Art. 3 Abs. 1 lit. e AEUV für die gemeinsame Handelspolitik (Art. 206 f AEUV). Daneben enthält Art. 216 Abs. 1 iVm Art. 3 Abs. 2 AEUV[5] eine bedeutende Regelung. Demnach kommt der Union die ausschließliche Zuständigkeit zum Abschluss internationaler Übereinkünfte zu, „wenn der Abschluss einer solchen Übereinkunft in einem Gesetzgebungsakt der Union vorgesehen ist, wenn er notwendig ist, damit sie ihre interne Zuständigkeit ausüben kann oder soweit er gemeinsame Regeln beeinträchtigen oder deren Tragweite verändern könnte". Diese Regelung versteht sich zunächst als Kodifizierung der Rechtsprechung des EuGH zu den sogenannten impliziten Vertragsschlusskompetenzen („implied powers"), wonach bereits die EG infolge des Gedankens der Parallelität zwischen Innen- und Außenkompetenzen immer dann zum Abschluss eines völkerrechtlichen Vertrages in der Lage war, wenn dies zur Verwirklichung einer vertraglichen Zielsetzung notwendig war[6]. Diese Regelung gilt mit ihren drei Fallgruppen nunmehr ausdrücklich für die Union insgesamt. Abzuwarten bleibt, ob die jetzige Regelung nicht über das Ziel hinaus schießt und aufbauend auf die deutlich erweiterten außenpolitischen Zielbestimmungen (Art. 21 EUV) zu einer so nicht vorhergesehenen Ausweitung der Vertragsschlusskompetenzen führt[7].

### b) Geteilte Zuständigkeit

**1231** Eine geteilte Zuständigkeit besteht gemäß Art. 2 Abs. 2 AEUV, wenn sich die Kompetenz aus einer Vorschrift der Verträge ergibt, die den Mitgliedstaaten ausdrücklich eigene Vertragsschlusskompetenzen belässt, oder wenn die Kompetenz in einem Rechtsakt der Union, der kein Gesetzgebungsakt ist, vorgesehen ist[8]. Die Mitglied-

---

5 Art. 3 Abs. 2 AEUV soll trotz des missverständlichen Wortlautes selbst keine Kompetenz einräumen (s. nur Art. 2 Abs. 6 AEUV) sondern nur den ausschließlichen Charakter der Ermächtigung des Art. 216 Abs. 1 AEUV definieren, vgl *Nettesheim*, in: Grabitz/Hilf/Nettesheim, Art. 3 AEUV, Rn 21.

6 EuGH, Rs 22/70 AETR, Slg 1971, 263 = *Pechstein* Nr 46 = *HVL*, S. 280, 516 f; EuGH, verb Rs 3, 4 u 6/76, Kramer, Slg 1976, 1276 = *Pechstein* Nr 47 = *HVL*, S. 517 ff; EuGH, verb Rs C-476/98, Kommission/Deutschland („Open skies"), Slg 2002, I-9855 = *Pechstein* Nr 49; EuGH, Gutachten 1/03, Übereinkommen von Lugano, Slg 2006, I-1145, Rn 115 ff = *HVL*, S. 513 ff. Vgl dazu den Fall 29 in *Streinz*, Europarecht, 8. Aufl. 2008, Rn 677/679.

7 *Streinz/Ohler/Herrmann*, Lissabon, S. 134 mwN.

8 *Streinz/Ohler/Herrmann*, ebd., S. 134; *Schmalenbach*, in: Calliess/Ruffert, Art. 216 AEUV, Rn 22.

staaten sind aus der Unionstreue (Art. 4 Abs. 3 EUV) verpflichtet, bei Wahrnehmung ihrer bis zum Tätigwerden der Union bestehenden Zuständigkeit mit der Kommission zu kooperieren, um die potenzielle Unionszuständigkeit zu sichern[9].

### c) Parallele Zuständigkeit

Eine parallele Zuständigkeit unterscheidet sich von der geteilten dadurch, dass Mitgliedstaaten und Union nebeneinander agieren können, weil ein Handeln der Union keine Sperrwirkung auslöst. Eine parallele Zuständigkeit besteht gemäß Art. 4 Abs. 3 AEUV in den Bereichen Forschung, technologische Entwicklung und Raumfahrt sowie gemäß Art. 4 Abs. 4 AEUV für die Entwicklungszusammenarbeit (Art. 209 AEUV) sowie für die humanitäre Hilfe (Art. 214 AEUV). Gleiches gilt trotz der fehlenden Erwähnung in Art. 4 AEUV schließlich auch für die Zusammenarbeit mit Nicht-Entwicklungsländern gemäß Art. 212 AEUV[10].   **1232**

Ein paralleles Auftreten von Mitgliedstaaten und Union kennzeichnet schließlich auch den Bereich der **GASP**. Diese folgt gemäß Art. 2 Abs. 4 AEUV iVm Art. 24 EUV von vorne herein nicht der Logik der Kompetenzübertragung für einzelne Sachmaterien[11]. Sie basiert vielmehr auf dem Konzept einer koordinierten allgemeinen Außen- und Sicherheitspolitik, die nicht an Sachmaterien sondern an die Aktualität des politisch Gebotenen anknüpft und bei der Mitgliedstaaten und Union loyal und solidarisch zusammenwirken (Art. 24 Abs. 2 und 3 EUV)[12].   **1233**

### 4. Institutionelle Einbettung

Der sich auf Kompetenzebene ergebende Befund, dass sich das auswärtige Handeln der Union letztlich auf ihr gesamtes Aufgabenspektrum erstrecken kann, korrespondiert hinsichtlich der beteiligten Organe mit einer entsprechenden Vielfalt. Neben dem Europäischen Rat und dem Rat, der Kommission und dem Parlament sind durch den Vertrag von Lissabon mit dem Hohen Vertreter der Union für Außen- und Sicherheitspolitik und dem Europäischen Auswärtigen Dienst (Art. 27 EUV) neue Akteure hinzugekommen[13]. Je nach der zu treffenden Maßnahme wirken die Organe nach unterschiedlichen Prozeduren bei der Vorbereitung und Beschlussfassung mit, wobei für letztere auch die unterschiedlichen Abstimmungsmodi zu beachten sind.   **1234**

## II. Völkerrechtliche Verträge im Unionsrecht

### 1. Völkerrechtliche Verträge der Mitgliedstaaten mit Drittstaaten

**Vor Inkrafttreten der Gründungsverträge** bzw dem Beitritt eines Mitgliedstaates zur Union **abgeschlossene Abkommen** können bereits nach allgemeinem Völkerrecht von diesen nicht berührt werden, da die Gründungsverträge für Drittstaaten *res*   **1235**

---

9   Näher dazu *Schmalenbach*, in: Calliess/Ruffert, Art. 216 AEUV, Rn 22.
10   *Schmalenbach*, in: Calliess/Ruffert, Art. 212 AEUV, Rn 15.
11   S. außerdem Erklärungen Nr 13 und 14 zur Gemeinsamen Außen- und Sicherheitspolitik, ABl 2012 C 326/345 (Sart. II Nr 152, S. 19 f; Nomos Nr 4, S. 275 f; *Bieber/Knapp* Nr I.4, S. 241 f).
12   Vgl eingehend *Frenz*, ZaöRV 2010, 487.
13   Zur institutionellen Einordnung des Hohen Vertreters s. Rn 300.

*inter alios acta* sind und die Mitgliedstaaten nach dem Grundsatz *pacta sunt servanda* an solche Abkommen gebunden bleiben (vgl Art. 26, Art. 30 Abs. 4 lit. b WVRK). Art. 351 Abs. 1 AEUV gibt daher nur deklaratorisch die völkerrechtliche Rechtslage wieder. Da jedoch lediglich die Rechtspositionen der beteiligten Drittstaaten zu schützen sind, geht im Verhältnis zwischen beteiligten Mitgliedstaaten im Kollisionsfall das Unionsrecht vor (vgl Art. 30 Abs. 4 lit. a WVRK), erst recht, wenn an dem früheren Vertrag ausschließlich Mitgliedstaaten der EU beteiligt sind (vgl Art. 30 Abs. 3 WVRK). Art. 351 Abs. 1 AEUV gebietet der Union nicht, auf den Erlass von Rechtsnormen zu verzichten, die mit vertraglichen Verpflichtungen einzelner Mitgliedstaaten gegenüber Drittstaaten kollidieren können, gestattet jedoch dem betroffenen Mitgliedstaat, zur Erfüllung seiner Vertragspflicht gegenüber dem Drittstaat vom Unionsrecht abzuweichen, soweit dies erforderlich ist. Gemäß Art. 351 Abs. 2 AEUV sind die betreffenden Mitgliedstaaten aber verpflichtet, gegebenenfalls unter gegenseitigem Beistand alle geeigneten Mittel anzuwenden, um festgestellte Unvereinbarkeiten zu beheben. In Frage kommt zunächst eine konfliktlösende Auslegung der Unionsrechtsnormen einerseits, des Vertrages mit dem Drittstaat andererseits. Soweit dies nicht genügt, verbleibt nur das Bemühen um eine Anpassung des Vertrages mit dem Drittstaat oder eine vertragsgemäße Kündigung. Aus der jüngeren Rechtsprechung ergibt sich ein weitreichendes Verständnis des EuGH von der Anpassungspflicht aus Art. 351 Abs. 2 AEUV. So besteht diese nicht erst, wenn tatsächlich eine Kollision zwischen Unionsrecht und einem bestehenden Abkommen vorliegt, sondern es genügt vielmehr schon, dass es eine Rechtsgrundlage im Unionsrecht für den Erlass potenziell kollidierender Regelungen gibt[14]. Käme es erst nach Erlass unionaler Sachregelungen zu Anpassungsbemühungen, so würde dies die praktische Wirksamkeit des Unionsrechts untergraben.

**1236** In Anbetracht der gewichtigen Kompetenzübertragungen auf die Union durch den Vertrag von Lissabon gewinnt die Frage an Brisanz und Aktualität, wie sich derartige Kompetenzverschiebungen auf die von den vormals zuständigen Mitgliedstaaten geschlossenen Abkommen auswirken. Die hM geht davon aus, dass auf diesen Fall Art. 351 Abs. 2 AEUV analog anwendbar ist[15]. Dies überzeugt, weil sich die Situationen gleichen.

**1237** **Nach Inkrafttreten der Gründungsverträge** dürfen die Mitgliedstaaten unionsrechtlich (die völkerrechtliche Gültigkeit bleibt unberührt) nur noch in den Bereichen Abkommen mit Drittstaaten schließen, in denen die Europäische Union nicht ausschließlich zuständig ist. Zur Vertragsschlusskompetenz der Europäischen Union vgl Rn 1230, zur Situation bei Berührung mehrerer Kompetenzen durch sog. gemischte Abkommen s. Rn 531 ff.

---

14  EuGH, Rs C-249/06, Kommission/Schweden, Slg 2009, I-1335; EuGH, Rs C-205/06, Kommission/ Österreich, Slg 2009, I-1301.
15  *Terhechte*, EuR 2010, 517 (522) mwN.

## 2. Völkerrechtliche Verträge der Europäischen Union mit Drittstaaten

### a) Stellung und Wirkung der durch die Union geschlossenen Abkommen im Unionsrecht

Die von der Union geschlossenen Übereinkünfte entfalten gemäß Art. 216 Abs. 2 AEUV Bindungswirkung für die Organe der Union und die Mitgliedstaaten. Diese Norm bewirkt damit einen generellen Vollzugsbefehl für die bzw eine generelle Transformation[16] der völkerrechtlichen Regelungen der Abkommen in den Rechtsraum des Unionsrechts[17]. Die Abkommen sind, wie der EuGH es formuliert, „integrierender Bestandteil" der Unionsrechtsordnung[18]. Die Unionsabkommen stehen im **Rang zwischen dem Primär- und Sekundärrecht**. Der **Vorrang des Primärrechts**, der die völkerrechtliche Verpflichtung der Union nicht berühren kann, ergibt sich aus Art. 218 Abs. 11 S. 2 AEUV, wonach ein den Verträgen widersprechendes Abkommen (festzustellen durch ein Gutachten des EuGH, s. Rn 1247) nur nach einer Vertragsänderung in Kraft treten kann. Der EuGH ist in seinem Gutachten 1/91 zum EWR-Vertrag[19] der Ansicht, dass selbst eine Vertragsänderung einen völkerrechtlichen Vertrag mit dem Primärrecht insoweit nicht vereinbar machen könne, als dadurch „die Grundlagen der Gemeinschaft [Union] selbst" beeinträchtigt würden. Damit verkennt er jedoch die Gestaltungsmacht der Mitgliedstaaten als „Herren der Verträge". Wie der EuGH heute zu dieser Frage steht ist unklar, jedenfalls hat er seine Position aus dem Gutachten 1/91 seit nunmehr 20 Jahren nicht mehr bekräftigt, obwohl es geeignete Anlässe für ein neuerliches *obiter dictum* gegeben hätte[20]. Der **Vorrang vor dem Sekundärrecht** ergibt sich aus Art. 216 Abs. 2 AEUV, weil die an die ordnungsgemäß abgeschlossenen Abkommen gebundenen Organe diese auch bei ihrer Rechtsetzung (vgl Art. 288 AEUV) beachten müssen[21].

**1238**

Die in Art. 216 Abs. 2 AEUV ebenfalls angeordnete Verbindlichkeit für die Mitgliedstaaten ist gegenüber den beteiligten Drittstaaten eine unionsrechtliche, nicht aber eine völkerrechtliche. Der Vorschlag der ILC, in die Konvention über das Recht der Verträge der internationalen Organisationen von 1986[22] eine Norm aufzunehmen, die eine völkerrechtliche Bindung der Mitgliedstaaten an Verträge ihrer internationalen Organisationen unter bestimmten Umständen erlaubte (Art. 36[bis]), ist gescheitert. Damit haben die Unionsabkommen in den Rechtsordnungen der Mitgliedstaaten auch teil am Vorrang des Unionsrechts und an seiner eventuellen unmittelbaren Wirkung. Zu den Folgen eines Beitritts der EU zur EMRK gemäß Art. 6 Abs. 2 EUV s. Rn 762.

**1239**

---

16 Je nach dem Verständnis vom Verhältnis des Völkerrechts zum Unionsrecht. Der EuGH ging insofern an sich von einem monistischen Ansatz aus, in seinem Urteil in der Rechtssache Kadi (EuGH, verb Rs C-402/05 P und C-415/05 P, Slg 2008, I-6351 = *Pechstein* Nr 57= HVL, S. 495 ff) tritt indes eine deutlich dualistische Tendenz zu Tage (kritisch dazu *Hilpold*, EWS 2011, 45/46), vgl Rn 121 ff.

17 *Khan*, in: Geiger/Khan/Kotzur, Art. 216 AEUV, Rn 18.

18 EuGH, Rs 104/81, Kupferberg, Slg 1982, 3641, Rn 13 = *Pechstein* Nr 51 = HVL, S. 531 ff.

19 EuGH, Gutachten 1/91, Europäischer Wirtschaftsraum I, Slg 1991, I-6079, Rn 69, 72 = HVL, S. 558 ff = MH Nr 35.

20 Zuletzt zB das Gutachten 1/09 betreffend das Übereinkommen zur Schaffung eines Europäischen Patentgerichts, Slg 2011, I-1137 = *Pechstein* Nr 112 = HVL, S. 501 und das Gutachten 2/13 zum Beitrittsabkommen der EU zur EMRK, ECLI:EU:C:2014:2454 = JuS 2015, 567 – *Streinz*, in denen der EuGH Abkommen, die seine Rolle beeinträchtigen, für unionsrechtswidrig erklärt.

21 Vgl ausführlich zu dieser Frage *Haack*, Verlust der Staatlichkeit, 2007, S. 218.

22 BGBl. 1990 II 1415. Vgl *Schweitzer*, Rn 104.

**1240**  Ob Individuen durch die Bestimmungen eines Unionsabkommens unmittelbar berechtigt (ggf verpflichtet) werden, bestimmt sich entsprechend den Regeln über den Self-executing-Charakter völkerrechtlicher Verträge (s. Rn 537 ff)[23]. Zur unmittelbaren Wirkung der Beschlüsse von Assoziationsräten s. Rn 542.

### b)  Verfahren

**1241**  Zentrale Norm für das Verfahren bei **Abschluss** von Abkommen der EU mit Drittstaaten oder internationalen Organisationen ist Art. 218 AEUV. Diese Vorschrift gilt für alle Vertragsschlüsse der Union, auch im Bereich der GASP (vgl Art. 37 EUV), deren Besonderheiten in den Einzelregelungen jeweils berücksichtigt werden. Sonderregeln außerhalb des Art. 218 AEUV finden sich nur in Art. 207 Abs. 3 und 4 AEUV für Handelsabkommen sowie in Art. 219 AEUV für die Festlegung von Wechselkursen.

**1242**  Art. 218 AEUV enthält zahlreiche Varianten und bildet damit die Vielfalt der Vertragsschlussmaterien und das diesbezüglich jeweilige unterschiedliche institutionelle Gefüge ab. Maßgeblich sind dabei jeweils die Fragen nach der **Organkompetenz** und nach dem **Abstimmungsmodus** innerhalb der beteiligten Organe. Eine zentrale Stellung kommt in allen Konstellationen dem **Rat** zu, er ist gemäß Art. 218 Abs. 2 AEUV für alle wesentlichen Verfahrensschritte verantwortlich.

**1243**  So erteilt der Rat zunächst die Ermächtigung zur Aufnahme von Verhandlungen (**Verhandlungsmandat**) und benennt den Verhandlungsführer oder den Leiter des Verhandlungsteams der Union (Art. 218 Abs. 3 AEUV). Die Flexibilität bei der Auswahl des Verhandlungsführers ist eine Neuerung des Vertrags von Lissabon. Art. 218 Abs. 4 AEUV eröffnet die Möglichkeit, der Verhandlungsdelegation inhaltliche Vorgaben zu machen.

**1244**  Kommt schließlich eine Einigung mit der Vertragspartei bzw den anderen Vertragsparteien zu Stande, so bedürfen die **Unterzeichnung** (Art. 218 Abs. 5 AEUV) und der **Abschluss** des Abkommens (Art. 218 Abs. 6 AEUV) jeweils eines Beschlusses des Rates. Die für all diese Beschlüsse **erforderliche Mehrheit** definiert Art. 218 Abs. 8 AEUV, wonach regelmäßig die qualifizierte Mehrheit genügt. Ausnahmen bestehen dann, wenn für die entsprechende Materie auch im Rahmen der Binnenzuständigkeit Einstimmigkeit gilt sowie für Assoziierungs- und Beitrittsabkommen und schließlich für den Sonderfall eines EMRK-Beitritts der Union (s. dazu Rn 260, 762 ff).

**1245**  Eine beachtliche Aufwertung hat durch den Vertrag von Lissabon das **Europäische Parlament** hinsichtlich der Beteiligungsrechte beim Abschluss internationaler Übereinkünfte erfahren. Es ist gemäß Art. 218 Abs. 10 AEUV in allen Phasen des Verfahrens unverzüglich und umfassend zu unterrichten. Dies mag die Verhandlungen erschweren und wegen der damit verbundenen Transparenz die Verhandlungsposition der Union gegenüber Dritten schwächen[24]. Die Unterrichtung ist aber ohnehin gebo-

---

23  Vgl ferner zB EuGH, Rs 65/77, Razanatsimba, Slg 1977, 2229, Rn 9 ff; Rs C-469/93, Amministrazione delle finanze dello Stato/Chiquita Italia, Slg 1995, I-4533, Rn 24 ff. Zum Völkerrecht vgl *Schweitzer*, Rn 436 ff.

24  Vgl zur Kritik daran *Khan*, in: Geiger/Khan/Kotzur, Art. 218 AEUV, Rn 9.

ten soweit das EP gemäß Art. 218 Abs. 6 UAbs. 2 lit. a AEUV völkerrechtlichen Verträgen letztlich zustimmen muss, was dessen Einbeziehung bereits in die Verhandlungen nahelegt.

Die Mitwirkungsbefugnisse für den eigentlichen Vertragsabschluss ergeben sich aus **1246** Art. 218 Abs. 6 AEUV. Demnach ist in Fällen mit grundsätzlicher Bedeutung für die Union (lit. i-iv) einerseits und im Gleichlauf mit den Binnenkompetenzen (lit. v) andererseits die **Zustimmung** des Parlaments erforderlich, in den übrigen Fällen lediglich die Anhörung. Völlig ausgeschlossen ist die Mitwirkung des Parlaments lediglich für Übereinkünfte, die ausschließlich die GASP betreffen.

Eine Besonderheit besteht für völkerrechtliche Abkommen hinsichtlich der **gerichtli- 1247 chen Kontrolle**: Vor dem Abschluss eines völkerrechtlichen Vertrages können das Europäische Parlament, der Rat, die Kommission oder ein Mitgliedstaat ein **Gutachten** des EuGH nach Art. 218 Abs. 11 AEUV einholen, um die Vereinbarkeit des geplanten Übereinkommens mit dem primären Unionsrecht prüfen zu lassen. Dadurch soll verhindert werden, dass die EU völkerrechtliche Bindungen eingeht, die den Verträgen zuwiderlaufen. Fällt das Gutachten ablehnend aus, so käme dem Übereinkommen primärrechtsändernder Charakter zu. Dementsprechend ordnet Art. 218 Abs. 11 AEUV an, dass in diesem Fall entweder das Übereinkommen oder die Verträge geändert werden müssen, damit es in Kraft treten kann[25].

Bemerkenswert ist, dass Art. 218 Abs. 11 AEUV keine Ausnahme für Abkommen im **1248** Bereich der GASP enthält, obwohl sich die Gerichtsbarkeit des EuGH gemäß Art. 24 Abs. 1 UAbs. 2 S. 6 EUV, Art. 275 AEUV an sich auf diese nicht erstreckt. Dies ist richtigerweise so zu verstehen, dass das Gutachtenverfahren zwar auch für die GASP anwendbar ist, weil Art. 218 Abs. 11 AEUV insofern lex specialis ist[26]. Jedoch wird die materielle Prüfungskompetenz durch Art. 24 Abs. 1 UAbs. 2 S. 6 EUV beschränkt[27]. Überprüfbar ist gemäß Art. 40 EUV auch die Einhaltung der Zuständigkeitsabgrenzung zwischen der GASP und den anderen Unionspolitiken[28].

## 3. Gemischte Abkommen

Bei **gemischten Abkommen** (s. Rn 531 ff) stellt sich wegen des regelmäßigen Ausei- **1249** nanderfallens von völkerrechtlicher Bindung und unionsrechtlicher Abschlussbefugnis die Frage, ob die Wirkung des Art. 216 Abs. 2 AEUV auch für den Teil der Abkommen gilt, der unionsintern in die mitgliedstaatliche Zuständigkeit fällt. Der EuGH unterscheidet insoweit jedenfalls nicht ausdrücklich, wobei er konkret bisher nur über Bestimmungen zu urteilen hatte, die jedenfalls nach seiner Ansicht in die interne Unionszuständigkeit fielen[29]. Die Idee der Sachwalterschaft (vgl Rn 155) kann allein den Effekt haben, die unionsrechtliche Unanwendbarkeit der gemischten Abkommen we-

---

25  Vgl zum Gutachten 2/13 vom 18.12.2014 zum Beitrittsabkommen der EU zur EMRK, ECLI:EU:C:2014:2454 = JuS 2015, 567 – *Streinz* Rn 764.
26  *Lorenzmeier*, in: Grabitz/Hilf/Nettesheim, Art. 218 AEUV, Rn 70; *Hummer*, in: Vedder/Heintschel von Heinegg, Art. 218 AEUV, Rn 34 m Nw zur AA; *Khan*, in: Geiger/Khan/Kotzur, Art. 218 AEUV, Rn 20.
27  *Mögele*, in: Streinz, Art. 218 AEUV, Rn 37.
28  *Mögele*, ebd; ebenso *Streinz/Ohler/Herrmann*, Lissabon, S. 145.
29  S. EuGH, Rs C-13/00, Kommission/Irland, Slg 2002, I-2943, Rn 16 ff.

gen Kompetenzüberschreitung von Union bzw Mitgliedstaaten zu vermeiden, nicht aber eine dauerhafte innerunionale Kompetenzverschiebung oder die Erstreckung der Wirkung des Art. 216 Abs. 2 AEUV auf den Mitgliedstaatsanteil an den gemischten Abkommen herbeiführen. Der Rang dieses Anteils innerhalb der Rechtsordnung der Mitgliedstaaten bestimmt sich somit allein nach deren (Verfassungs-)Bestimmungen über den Rang völkerrechtlicher Verträge. Allerdings sieht sich der EuGH als zuständig für die Auslegung auch derjenigen Vorschriften gemischter Abkommen an, die sowohl auf Sachverhalte, die der Unionkompetenz unterliegen, wie auch auf solche, die der mitgliedstaatlichen Kompetenz unterliegen, gleichermaßen anwendbar sind; er begründet dies mit der Notwendigkeit der einheitlichen Auslegung[30] (vgl auch Rn 699 zur vergleichbaren Konstellation der überschießenden Richtlinienumsetzung).

Zu bereichsübergreifenden Abkommen, die zwar einheitlich von der Union abgeschlossen werden können, aber für einzelne Teile auf unterschiedlichen Zuständigkeiten beruhen, s. Rn 1248.

## III. Die Beziehungen der Union zu internationalen Organisationen

**1250** Hinsichtlich der Beziehung zu **internationalen Organisationen** eröffnet Art. 220 AEUV der Union einen weiten Gestaltungsspielraum. Dementsprechend haben sich die vorhandenen Formen der Zusammenarbeit auch aus praktischen Erfordernissen heraus entwickelt. Zum Teil hat die Union den Status eines Beobachters (zB in den Vereinten Nationen), zum Teil agiert sie als förmliches Mitglied – in der Regel neben den Mitgliedstaaten (zB in der Food and Agriculture Organization/Welternährungsorganisation – FAO – der Vereinten Nationen), wobei Art. 220 AEUV auf solche Vollmitgliedschaften keine Anwendung findet. In diesen Fällen ergibt sich die Unionskompetenz aus den jeweiligen Sachnormen.

**1251** Die Konstellation einer parallelen Mitgliedschaft von Mitgliedstaaten und Europäischer Union wirft besondere Probleme auf[31]. Dies zeigt sich deutlich mit Blick auf die Welthandelsorganisation (**WTO**). In deren Vorgängerstruktur GATT konnte die EG mangels GATT-rechtlicher Statusregeln nicht förmliches Mitglied sein. Es kam jedoch in Anbetracht der von den anderen Mitgliedstaaten respektierten ausschließlichen *Gemeinschafts*kompetenz für die Zoll- und Außenhandelspolitik (vgl jetzt die Unionskompetenz gemäß Art. 3 Abs. 1 lit. a und e iVm Art. 31 AEUV und Art. 207 AEUV) zu einer faktischen Funktionsnachfolge, in deren Rahmen allein die EG Zollsenkungsabkommen unterzeichnete und von Drittstaaten als Partei in GATT-Streitbeilegungsverfahren adressiert wurde[32]. Das seit 1995 gültige WTO-Abkommen kennt nunmehr eine formelle Parallelmitgliedschaft und trägt den Besonderheiten der

---

30  EuGH, verb Rs C-300/98 und 392/98, Parfums Christian Dior/TUK Consultancy ua, Slg 2000, I11307, Rn 32 ff, 35) = *Pechstein* Nr 55 = *MH* Nr 53.
31  Vgl dazu *C. Herrmann/T*. Streinz, Die EU als Mitglied der WTO, in: von Arnauld (Hrsg.), Europäische Außenbeziehungen, EnzEuR. Bd. 10, 2014, § 11, Rn 57-184.
32  Vgl hierzu im Einzelnen: *Herrmann/Weiß/Ohler*, Welthandelsrecht, 2. Aufl. 2007, Rn 114 ff.

Europäischen Union hinsichtlich der Abstimmungsregeln dadurch Rechnung, dass ihr diejenige Stimmenzahl zusteht, die der Zahl der Mitgliedstaaten entspricht, die ihrerseits Mitglieder der WTO sind (Art. IX Abs. 1 S. 4 WTO-Abk). Der „Unionsblock" wird durch eine einheitliche Delegation aus der Union und ihren Mitgliedstaaten vertreten, deren Sprecher grundsätzlich ein Vertreter der Kommission ist. Ähnliche Abstimmungsregeln finden sich auch in anderen Internationalen Organisationen. Letztlich gelten auch für derartige Parallelmitgliedschaften die allgemeinen Ausführungen zu gemischten Abkommen (vgl Rn 531 ff) entsprechend. Vgl zu dem Problem, ob die Doppelmitgliedschaft auch bei künftigen WTO-Runden erhalten bleiben soll bzw kann, Rn 1287.

Ist die EU selbst neben den Mitgliedstaaten in einer Internationalen Organisation vertreten, so wird das einheitliche Vorgehen auf Vorschlag der Kommission durch einen Beschluss des Rates „zur Festlegung der Standpunkte, die im Namen der Union in einem durch eine Übereinkunft eingesetzten Gremium zu vertreten sind" bestimmt, sofern dieses Gremium rechtswirksame Akte zu erlassen hat (Art. 218 Abs. 9 AEUV). Der EuGH hat dies auf die Festlegung der die Mitgliedstaaten bindenden Standpunkte auch für Internationale Organisationen erstreckt, in denen die EU selbst nicht Mitglied ist (zB Internationale Organisation für Rebe und Wein, OIV[33]), wenn durch den Akt des Gremiums sekundäres Unionsrecht maßgeblich beeinflusst wird, weil es dynamisch auf ihn verweist[34].  **1252**

## IV. Die Kooperation der Union mit Drittstaaten

### 1. Überblick und Rechtsgrundlagen

Historisch orientierte sich die Kooperation der Union bzw der Europäischen Gemeinschaften mit Drittstaaten an drei Achsen: Die Vorbereitung und Förderung eines späteren Beitritts, die Schaffung von Freihandelsräumen und die Entwicklungspolitik[35]. Dieses Spektrum ist durch die fortschreitende internationale Verflechtung, die verstärkte Einbeziehung nichtökonomischer Ziele und die gewachsenen außenpolitischen Ambitionen heute wesentlich komplexer. So räumt das Primärrecht der Union mittlerweile vielfältige Möglichkeiten ein, mit Drittstaaten zu kooperieren. Diese wurden zum Teil auch durch den Vertrag von Lissabon neu formuliert, ohne dass es zu fundamentalen Neuerungen gekommen sein dürfte[36]. Angesichts der Vielfalt an Kompetenztiteln bleibt abzuwarten, wie die einzelnen Rechtsgrundlagen voneinander abgegrenzt werden.  **1253**

Der neu geschaffene, systematisch aus dem Rahmen des auswärtigen Handelns fallende Art. 8 EUV sieht die Entwicklung besonderer Beziehungen zu den **Nachbarländern** der Union vor und enthält in Abs. 2 eine spezielle Vertragsschlusskompe-  **1254**

---

33  Übereinkommen zur Gründung der Internationalen Organisation für Rebe und Wein, BGBl. II 2002 S. 2734.
34  EuGH, Rs C-399/12, Deutschland/Rat und Kommission, ECLI:EU:C:2014:2258. Ebenso bereits *Mögele*, in: Streinz, Art. 218 AEUV, Rn 26. Sehr kritisch dazu unter Einbeziehung der Argumentation des SchlA von GA Gruz Villalón (ECLI:EU:C:2014:289) *Ruffert*, JuS 2015, 84.
35  *Schmalenbach*, in: Calliess/Ruffert, Art. 217 AEUV, Rn 34.
36  *Martenczuk*, EuR-Beiheft 2008, 36, 49.

tenz. Art. 198 ff AEUV regeln die **Assoziierung der überseeischen Länder und Hoheitsgebiete**. Titel III des Teils „Das auswärtige Handeln der Union" befasst sich mit **Entwicklungszusammenarbeit** (Art. 208–211 AEUV), Zusammenarbeit mit sonstigen Drittstaaten (Art. 212 und 213 AEUV) und humanitärer Hilfe (Art. 214 AEUV). Die Vielfalt der Themenstellungen spiegelt sich in der Vielfalt der Instrumente wieder (interne Rechtsetzungskompetenz, Abschluss von Abkommen, finanzielle Hilfe, tatsächlicher Einsatz von Kräften vor Ort). Schließlich enthält Art. 217 AEUV eine generelle Kompetenz zum Abschluss von **Assoziierungsabkommen**.

**1255**  Bedeutung für Ausbildung und Praxis haben bisher vor allem die verschiedenen Formen der Assoziierung mit der Europäischen Union erlangt. Deshalb beschränken sich die nachfolgenden Ausführungen darauf.

## 2.  Die Assoziierung mit der Europäischen Union

**1256**  **Fall 60** (nach EuGH, Rs C-265/03, Simutenkov, Slg 2005, I-2579 = JuS 2005, 737 – *Streinz*):

S ist russischer Staatsangehöriger und in Spanien als Profifußballspieler tätig. Er kommt aber nur selten zu Einsätzen, weil nach den Regeln des Spanischen Fußballverbandes die Zahl der Spieler aus Drittstaaten (dh Nichtmitgliedstaaten der Europäischen Union), die gleichzeitig eingesetzt werden dürfen, auf drei beschränkt ist.

Die EU hat mit Russland ein Partnerschaftsabkommen abgeschlossen, dessen Art. 23 vorsieht, dass die Union und ihre Mitgliedstaaten sicherstellen, dass den Staatsangehörigen Russlands, die im Gebiet eines Mitgliedstaats rechtmäßig beschäftigt sind, eine Behandlung gewährt wird, die hinsichtlich der Arbeitsbedingungen, der Entlohnung oder der Entlassung keine auf der Staatsangehörigkeit beruhende Benachteiligung gegenüber den eigenen Staatsangehörigen bewirkt.

S findet, dass die Regel des spanischen Fußballverbandes gegen Art. 23 des Partnerschaftsabkommens verstößt und verlangt aus diesem Grund die Erteilung einer Spielerlizenz, die ihn mit Unionsbürgern gleichstellt. Zu Recht? **(Lösung: Rn 1261)**

**1257**  Unter Assoziierung versteht man im Recht der internationalen Organisationen die Beteiligung eines Staates an einer Staatenverbindung, die jedenfalls unter der Vollmitgliedschaft bleibt. Im Recht der EU kann man zwei Formen der Assoziierung unterscheiden: Die der überseeischen Länder und Hoheitsgebiete gemäß Art. 198 AEUV und die Assoziierung gemäß Art. 217 AEUV.

### a)  Assoziierungen kraft Art. 198 AEUV

**1258**  Gemäß Art. 198 Abs. 1 S. 1 AEUV werden die außereuropäischen Länder und Hoheitsgebiete, die mit den dort genannten Mitgliedstaaten besondere Beziehungen unterhalten, der Union assoziiert. Ziel dieser Assoziierung ist die Förderung der wirtschaftlichen und sozialen Entwicklung dieser Länder und Hoheitsgebiete und die Herstellung enger Wirtschaftsbeziehungen zwischen ihnen und der gesamten Union (Art. 198 Abs. 2 AEUV). Die Zwecke der Assoziierung führt Art. 199 AEUV auf, das besonders wichtige Instrument der Abschaffung der Zölle nennt Art. 200 AEUV. Anhang II des AEUV enthält eine aktuelle Liste dieser Länder und Hoheitsgebiete[37].

---

37  ABl 2012 Nr C 326/334 (Sart. II Nr 146, S. 156; Nomos Nr 2, S. 205).

Demgegenüber musste für Gebiete, die in die Souveränität entlassen wurden, das Assoziierungsverhältnis neu geregelt werden. Die Streitfrage, ob dafür nach wie vor Art. 198 AEUV die Rechtsgrundlage ist oder neue Assoziierungsabkommen gemäß Art. 217 AEUV erforderlich sind, wurde in der Praxis in letzterem Sinne entschieden, wodurch den politischen Realitäten entsprochen und auch Rücksicht auf Empfindlichkeiten in den unabhängig gewordenen Staaten genommen wurde[38]. Die wichtigsten Elemente der in diesen Abkommen begründeten Entwicklungskooperation sind einseitige Zollpräferenzen, die Stabilität von Exporterlösen, Finanzhilfen und die Nichtdiskriminierung bei den Niederlassungs- und Dienstleistungsregelungen. Institutionell wurden paritätisch besetzte Organe eingerichtet.

## b) Assoziierungen gemäß Art. 217 AEUV

Gemäß Art. 217 AEUV kann die EU mit dritten Staaten, Staatenverbindungen oder **1259** internationalen Organisationen Assoziierungsverträge über gegenseitige Rechte und Pflichten, gemeinsames Vorgehen und besondere Verfahren abschließen. Der materielle Regelungsbereich von Assoziierungsabkommen, dh der Umfang der insofern vorhandenen Verbandskompetenz der EU, ist seit jeher umstritten. Zum Teil (zB Position des Rates) wird er auf die an anderer Stelle eröffneten Kompetenzfelder (zB Handelspolitik) beschränkt, da Art. 217 AEUV keine eigene Sachkompetenz enthalte, sondern lediglich zum Abschluss von Handelsabkommen in der institutionellen Ausgestaltung von Assoziierungen ermächtige. Nach hM (zB Position der Kommission) stellt Art. 217 AEUV aber eine **Kompetenznorm** mit originärem sachlichen Regelungsbereich dar. Dies ergebe sich aus einer systematischen Interpretation im Vergleich zu Art. 49 EUV, dem gegenüber Art. 217 AEUV losere Verbindungen zur EU ermöglichen solle, als es ein Beitritt bedeuten würde. Ferner zeigten Art. 198–203 AEUV, dass der dort wortgleich verwendete Begriff der Assoziierung weit über die Regelung von Handelsfragen hinausgehe. Die originäre Kompetenz des Art. 217 AEUV befugt zum Abschluss von auf Dauer konzipierten Abkommen, die zu eigenständiger Willensbildung befähigte Institutionen vorsehen und die in den Grenzen der Vertragsziele Vereinbarungen über sämtliche im AEUV geregelte Materien im Verhältnis zu Drittstaaten und internationalen Organisationen enthalten können, ergreift aber nicht die den Mitgliedstaaten verbliebenen Materien (davon geht wohl auch der EuGH aus[39]). Die Kompetenzfrage wird in der Praxis dadurch ausgeklammert, dass alle über bloße Handelsregelungen hinausgehenden Assoziierungsverträge als gemischte Abkommen (vgl Rn 531) geschlossen werden. Die Handelsregelungen werden dann im Wege eines von der EU allein abgeschlossenen Interimsabkommens regelmäßig vor der Ratifikation der eigentlichen Assoziierungen, die sich mitunter über Jahre hinziehen kann, angewendet. Folgefragen wie zB die Kontrollkompetenz des EuGH über die allein, also nicht nur hinsichtlich der Durchführung, im Kompetenzbereich der Mitgliedstaaten verbliebenen Teile solcher Abkommen (vgl Rn 530/534) oder die Frage des Ranges solcher Teile, werden dadurch freilich nicht gelöst.

---

38  Abkommen von Lomé 1975, 1979, 1984, 1989; AKP-EG-Partnerschaftsabkommen von Cotonou vom 23.6.2000, ABl 2000 L 317/3; – HER I A 75/4.17. Vgl zu WTO-rechtlich geforderten Reformen *Schmalenbach*, Assoziierung und Erweiterung, in: von Arnauld (Hrsg.), Europäische Außenbeziehungen, EnzEuR Bd. 10, 2014, § 6, Rn 18.

39  Vgl Rs 12/86, Demirel/Stadt Schwäbisch Gmünd, Slg 1987, 3719, Rn 8 f = *HVL*, S. 511 ff = *Pechstein* Nr 52, 72 = *MH* Nr 20.

### c) Assoziierungsähnliche Verhältnisse

**1260** Neben diesen Assoziierungsformen haben sich in der Praxis assoziierungsähnliche Verhältnisse herausgebildet, die zwar gemäß Art. 217 AEUV begründet hätten werden können, bei denen jedoch aus politischen Gründen (zB vor dessen Mitgliedschaft in der EU die dauernde Neutralität Österreichs) nicht diese Bestimmung, sondern Art. 207 AEUV als Rechtsgrundlage gewählt wurde. In dieser Form wurde zwischen der damaligen EWG und den nicht beitrittswilligen EFTA-Staaten ein umfassender Freihandelsblock gebildet, in dem der Handel mit Industriegütern (gewerblich-industrielle Erzeugnisse ohne Agrarprodukte) völlig liberalisiert ist. Zwischen der damaligen EWG bzw der EGKS und dem jeweiligen Vertragspartner wurden gemischte Ausschüsse als Organe institutionalisiert, die einstimmig in der Regel unverbindliche Empfehlungen, in Ausnahmefällen aber auch verbindliche Beschlüsse fassen können[40]. Dieses Vertragssystem wurde – mit Ausnahme der Beziehungen zur Schweiz[41] – zum 1.1.1994 durch den am 2.5.1992 geschlossenen Vertrag über den Europäischen Wirtschaftsraum (EWR)[42] ersetzt. Zuvor hatte der EuGH in seinem Gutachten 1/91 vom 14.12.1991[43] Änderungen gefordert. Der schließlich abgeschlossene Vertrag knüpft inhaltlich an die bestehenden Vereinbarungen an, geht aber über diese hinaus, indem er materiell die Grundfreiheiten, das Wettbewerbsrecht sowie die flankierenden Politiken übernimmt und auf diese Weise den Großteil des Binnenmarktes (mit Ausnahme der Landwirtschaft und der Zollunion) auch auf Ebene des EWR verwirklicht. Dementsprechend waren auch institutionelle Änderungen erforderlich (EWR-Rat, Gemeinsamer EWR-Ausschuss, Gemeinsamer Parlamentarischer EWR-Ausschuss, Beratender EWR-Ausschuss, EWR-Schiedsgericht als eigene EWR-Organe, „beliehene" EFTA- und EU-Organe).

**1261** **Lösung Fall 60** (Rn 1256):

**I. Unmittelbare Wirkung des Partnerschaftsabkommens**

Es stellt sich die Frage, ob sich S überhaupt auf die Regelung in Art. 23 des Partnerschaftsabkommens, das zwischen Russland und der Union geschlossen wurde, berufen kann. Das Abkommen ist wegen Art. 216 Abs. 2 AEUV „integrierender Bestandteil" der Unionsrechtsordnung. Getrennt davon ist die Frage zu beantworten, ob der Regelung auch unmittelbare Wirkung zukommt. Soweit sich dazu – wie regelmäßig – keine ausdrückliche Regelung im Abkommen findet, ist danach zu fragen, ob die maßgebliche Bestimmung unter Berücksichtigung ihres Wortlauts und im Hinblick auf den Zweck und die Natur des Abkommens eine klare und präzise Verpflichtung enthält, deren Erfüllung und deren Wirkungen nicht vom Erlass eines weiteren Aktes abhängen[44]. Diese Voraussetzungen sind hinsichtlich des Diskriminierungsverbotes in Art. 23 des Partnerschaftsabkommens erfüllt, weil es klar, präzise und unbedingt festlegt, dass russische Arbeitnehmer nicht schlechter behandelt wer-

---

40 Vgl dazu *Schweitzer/Hummer/Obwexer*, Rn 325.
41 ABl 1972 L 300/188, HER I A 21/5.7, S. 3. Vgl *Breitenmoser/Weyeneth*, Rn 1365 ff; *Jaag/Hänni*, Rn 1009, 3909 ff. Zur Fortentwicklung vgl Rn 84, Fn 109.
42 Sart. II Nr 310.
43 EuGH, Gutachten 1/91, Europäischer Wirtschaftsraum I, Slg 1991, I-6079, = *HVL*, S. 558 ff = *MH* Nr 35. Der Vertrag wurde vom EuGH gebilligt im Gutachten 1/92 vom 10.4.1992, Slg 1992, I-2821 = *HVL*, S. 562 f.
44 EuGH, Rs C-265/03, Simutenkov, Slg 2005, I-2579, Rn 21 = JuS 2005, 737 – *Streinz*.

den dürfen als die Angehörigen der Mitgliedstaaten[45]. S kann sich also unmittelbar auf Art. 23 des Partnerschaftsabkommens berufen.

### II. Horizontale Drittwirkung gegenüber dem Spanischen Fußballverband

Problematisch ist vorliegend weiterhin, dass sich S nicht gegenüber der Union oder dem spanischen Staat sondern gegenüber dem Spanischen Fußballverband, also einer juristischen Person des Privatrechts, auf das Diskriminierungsverbot aus Art. 23 des Partnerschaftsabkommens berufen möchte. Der EuGH überträgt auf dieses Problem seine durch das *Bosman-Urteil*[46] begründete Rechtsprechung, wonach das Verbot einer Diskriminierung aufgrund der Staatsangehörigkeit auch für von Sportverbänden aufgestellte Regeln gilt, weil diese es gerade sind, die die Voraussetzungen für die Berufsausübung von Berufssportlern definieren[47]. Dieser Ansatz ist vor dem Hintergrund, dass die geschlossenen Abkommen integrierender Bestandteil der Unionsrechtsordnung sind, konsequent.

### III. Nicht gerechtfertigte Ungleichbehandlung

Dass russische Sportler unter die „Drei-Ausländer-Regel" fallen und Unionsbürger nicht, ist eine Diskriminierung aufgrund der Staatsangehörigkeit. S ist auch bereits rechtmäßig als Fußballprofi in Spanien tätig, so dass es keine Rolle spielt, dass man Art. 23 des Partnerschaftsabkommens kein Recht auf Berufszugang im Sinne eines Beschränkungsverbotes entnehmen kann. Eine Rechtfertigung ist schließlich nicht ersichtlich. Zwar ist eine solche hinsichtlich von Staatsangehörigkeitserfordernissen aus sportlichen Erwägungen grundsätzlich denkbar[48]. Dies gilt allerdings nur, soweit sie zur Organisation eines internationalen Wettkampfes erforderlich sind, dessen Sinn geradezu im Wettstreit zwischen Ländern liegt (Weltmeisterschaften, Europameisterschaften, Olympische Spiele). Im konkreten Fall geht es indes nicht um internationale Wettkämpfe von Nationalmannschaften sondern um Vereinsfußball im Rahmen des Ligabetriebes. Für diesen ist eine sachliche Rechtfertigung der Ungleichbehandlung russischer Spieler nicht ersichtlich[49].

### IV. Ergebnis

S hat Recht, er kann auf der Grundlage von Art. 23 des Partnerschaftsabkommens die Gleichbehandlung mit den Spielern aus der Europäischen Union verlangen.

**Literatur:** *von Arnauld* (Hrsg.), Europäische Außenbeziehungen, EnzEuR Bd. 10, 2014; *Cannizzaro, E.* (Hrsg.), The European Union as an Actor in International Relations, 2002; *Dashwood, A./Hillion, C.* (Hrsg.), The General Law of EC External Relations, 2000; *Eckhout, P.*, EU External Relations Law, 2. Aufl. 2011; *Hobe, S./Müller-Sartori, P.*, Rechtsfragen der Einbindung der EG/EU in das Völkerrecht, JuS 2002, 8; *Martenczuk, B.* (Hrsg.), Die Kooperation der Europäischen Union mit Entwicklungsländern und Drittstaaten und der Vertrag von Lissabon, EuR-Beiheft 2008, 36; *Nakanishi, Y.*, Die Entwicklung der Außenkompetenzen der Europäischen Gemeinschaft, 1998; *Scheffler, J.*, Die Europäische Union als rechtlich-institutioneller Akteur im System der Vereinten Nationen, 2011; *Vedder, C.*, Die Außenbeziehungen der EU und die Mitgliedstaaten, EuR-Beiheft 2007, 57; *Vranes, E.*, Die EU-Außenkompetenzen im Schnittpunkt von Europarecht, Völkerrecht und nationalem Recht, JBl. 2011, 11; *Wünsch-*

---

45  Der Fall ist in diesem Punkt gegenüber der zu Grunde liegenden Entscheidung vereinfacht. Besprechung des Originalfalls bei *Streinz*, JuS 2005, 737. S. auch die (Original-)Referendarexamensklausur *Streinz/Herrmann*, JuS 2008, 903 ff.

46  EuGH, Rs C-415/93, Slg 1995, I-4921.

47  So bereits EuGH, Rs C-438/00, Deutscher Handballbund/Kolpak, Slg 2003, I-4135, Rn 31 ff.

48  EuGH, verb Rs C-51/96 und C-191/97, Deliège, Slg 2000, I-2549 = *Pechstein* Nr 222.

49  Gleiches würde auch für internationale Wettkämpfe zwischen Vereinsmannschaften (UEFA-Champions-League, Euro-League) gelten. Vgl dazu *Streinz*, SpuRt 2008, 224 (226 ff). AA *Battis/Ingold/Kuhnert*, EuR 2010, 3 (7 ff).

*mann, A.*, Geltung und gerichtliche Geltendmachung völkerrechtlicher Verträge im Europäischen Gemeinschaftsrecht, 2003.

## V. Die Gemeinsame Handelspolitik (GHP) der Europäischen Union

### 1. Grundlagen

1262    Art. 206 und 207 AEUV enthalten die durch den Vertrag von Lissabon grundlegend umgestalteten Vorschriften zur GHP. Die GHP ist die „Außenhaut" des Binnenmarktes. Denn nachdem der freie Warenverkehr gemäß Art. 28 Abs. 2 AEUV auch für die sich in einem Mitgliedstaat im freien Verkehr befindlichen Waren aus Drittstaaten gilt, wäre es widersinnig, den Außenhandel nicht auf Unionsebene zu regeln. Daher war historisch der Warenverkehr der Kernbereich der GHP. In Anbetracht der ökonomischen Veränderungen (Bedeutung des sog. tertiären Sektors und Globalisierung) und der fortschreitenden Entwicklung des internationalen Wirtschaftsrechts sind heute andere Aspekte (Dienstleistungen, geistiges Eigentum, Direktinvestitionen) ins Blickfeld gerückt. Institutionell wurde entsprechend der generellen Tendenz des Lissabon-Vertrages die Rolle des Europäischen Parlaments auch in der GHP gestärkt. Die Vorschriften der *Art. 131 Abs. 2, 132* und *134 EGV* sind ersatzlos entfallen, weil in Anbetracht des erreichten Grads der Integration kein Bedürfnis mehr für sie bestand[50].

1263    Art. 206 AEUV gibt der GHP eine deutliche Zielrichtung. Die Union soll zur harmonischen Entwicklung des Welthandels, zur schrittweisen Beseitigung der Beschränkungen im internationalen Handelsverkehr und bei den ausländischen Direktinvestitionen sowie zum Abbau der Zollschranken und anderer Schranken beitragen. Dies stellt ein klares Bekenntnis zur **Liberalisierung des Welthandels** dar, dem die Errichtung einer „Festung Europa" zuwiderlaufen würde. Indes darf man dessen normativen Gehalt nicht überbewerten. So spielt das Interesse der Union eine Schlüsselrolle und eröffnet einen weiten politischen Ermessensspielraum, der beispielsweise auch die Kontingentierung der Einfuhr bestimmter Waren zulässt[51]. Außerdem steht auch die GHP im Kontext der zunehmend nichtökonomischen Zielsetzungen der Union[52]. So koppelt Art. 207 Abs. 1 S. 2 AEUV iVm Art. 21 EUV sie an die allgemeinen (außenpolitischen) Ziele der Union, die in weiten Teilen nicht freihandelspolitisch geprägt sind sondern vielfach einen regulatorischen Ansatz (zB Umweltschutz) verfolgen. Bedeutsam ist schließlich die Kohärenz mit den übrigen Politikbereichen gemäß Art. 21 Abs. 3 EUV. So trägt die GHP im Agrarbereich durchaus protektionistische Züge[53], weil dort die Ziele der gemeinsamen Agrarpolitik (s. Rn 1190 ff) den liberalen Ansatz überlagern (vgl Art. 40 und Art. 43 AEUV).

---

50   Vgl *Khan*, in: Geiger/Khan/Kotzur, Art. 206 AEUV, Rn 1.
51   EuGH, Rs C-150/94, Vereinigtes Königreich/Rat, Slg 1998, I-7278.
52   Vgl generell zu dieser inhaltlichen Akzentverschiebung in den Verträgen Rn 1228.
53   *Mickel/Bergmann*, Handlexikon der Europäischen Union, 5. Aufl. 2015, Stichwort „Protektionismus".

## 2. Der Kompetenzumfang der GHP

### a) Ausschließliche Unionskompetenz

Art. 3 Abs. 1 lit. e AEUV definiert die Unionskompetenz für die GHP nunmehr **ausdrücklich** als ausschließliche Kompetenz. Das gleiche Ergebnis wurde zuvor bereits in der Rechtsprechung des EuGH entwickelt[54]. Der EuGH schloss eine parallele Kompetenz von Mitgliedstaaten und Gemeinschaft im Bereich der GHP ausdrücklich aus, da ansonsten die Gefahr bestünde, dass die Mitgliedstaaten durch „Befriedigung ihrer Eigeninteressen" einen wirksamen Schutz der Gesamtinteressen der Gemeinschaft hintertreiben könnten[55]. Eine eigene Rolle der Mitgliedstaaten ist indes nicht völlig ausgeschlossen. Art. 2 Abs. 1 aE AEUV sieht die Möglichkeit einer Ermächtigung der Mitgliedstaaten zu eigenem Handeln vor[56]. Auf dieser Grundlage ist es zB möglich, die Verlängerung bzw temporäre Fortgeltung heute in den Bereich der GHP fallender Altverträge der Mitgliedstaaten zu gestatten[57].

**1264**

Die Tragweite der ausschließlichen Unionskompetenz wird maßgeblich durch den inhaltlichen Umfang der GHP bestimmt. Denn davon, ob dieser ausreicht, um das Regelungsprogramm moderner und zunehmend komplexer Handelsabkommens abzudecken oder ob parallel dazu andere Kompetenzfelder einschlägig sind, hängt es ab, ob die Union alleine handeln kann oder ob auf ein gemischtes Abkommen zusammen mit den Mitgliedstaaten zurückgegriffen werden muss (vgl speziell zum praktisch bedeutsamsten Fall der Fortentwicklung der WTO Rn 1287).

**1265**

### b) Umfang der GHP

Der AEUV enthält keine präzise Definition dessen, was die GHP umfassen soll. Allerdings findet sich in Art. 207 Abs. 1 S. 1 HS 2 AEUV eine gegenüber dem vorherigen Primärrecht signifikant erweiterte Aufzählung von Sachmaterien, die auf jeden Fall darunter fallen. Es sind der Warenverkehr, der Handel mit Dienstleistungen, die Handelsaspekte des geistigen Eigentums, die ausländischen Direktinvestitionen, die Ausfuhrpolitik sowie die handelspolitischen Schutzmaßnahmen. Diese jetzt ausdrücklich in den Anwendungsbereich der GHP fallenden Gebiete decken die gegenwärtig zentralen Themen des Welthandelsrechts ab, so dass sich für die Praxis die Frage nach den exakten Begriffsgrenzen der Handelspolitik weniger drängend stellt als unter dem EGV[58]. Gleichwohl verbleibt die Frage, ob Art. 207 AEUV nach den ausdrücklichen Erweiterungen jetzt die Handelspolitik abschließend definiert oder ob

**1266**

---

54 EuGH, Gutachten 1/75, Slg 1975, 1355, 1363 f; Rs 41/76, Donckerwolcke, Slg 1976, 1921, Rn 31/37; Gutachten 1/78, Slg 1979, 2871/2910, Rn 39; s. *Streinz*, Europarecht, 8. Aufl. 2008, Fall 30, Rn 798. Ganz hM, vgl *Hahn*, in: Calliess/Ruffert, Art. 207 AEUV, Rn 4 ff mwN.

55 EuGH, Gutachten 1/75, Lokale Kosten, Slg 1975, 1355/1363 f = *PSK*, Fall 61. Bestätigt durch Gutachten 1/94, GATS und TRIPS, Slg 1994, I-5267/5395 ff, Rn 22 ff = *HVL*, S. 521495 ff = *Pechstein* Nr 48. S. dort auch zum Umfang der GHP.

56 Vgl zu dieser Fallgruppe nach altem Recht bereits EuGH, Rs 41/76, Donckerwolcke, Slg 1976, 1921, Rn 31/37.

57 Eine permanente Ermächtigung der Mitgliedstaaten kann hingegen nicht auf Art. 2 Abs. 1 aE AEUV gestützt werden, weil eine solche einer Änderung der Kompetenzverteilung gleichkäme. Vgl *Nettesheim*, in: Grabitz/Hilf/Nettesheim, Art. 2 AEUV, Rn 19.

58 *Weiß*, in: Grabitz/Hilf/Nettesheim, Art. 207 AEUV, Rn 27.

darunter auch künftig ein dynamischer Begriff schritthaltend mit der Entwicklung des multinationalen Wirtschaftsvölkerrechts verstanden werden kann[59].

**1267** Der EuGH vertrat zunächst ein dynamisches Verständnis. So hat er im Gutachten 1/78[60] ausgeführt:

*„Artikel 113 EWG-Vertrag (jetzt Art. 207 AEUV) darf somit nicht in einer Weise ausgelegt werden, die dazu führen würde, die gemeinsame Handelspolitik auf den Gebrauch der Instrumente zu beschränken, deren Wirkung ausschließlich auf die herkömmlichen Aspekte des Außenhandels gerichtet ist, und weiterentwickelte Mechanismen … auszuschließen. Eine so verstandene „Handelspolitik" wäre dazu verurteilt, allmählich bedeutungslos zu werden".*

Diesen Ansatz hat der EuGH dann aber nicht konsequent weiter geführt, sondern mit seinem Gutachten 1/94[61] ein Zurückbleiben des Umfangs der GHP hinter dem Regelungsbereich des Welthandelsrechts im Sinne der WTO statuiert[62].

Auf diese Rechtsprechung haben die Mitgliedstaaten als Vertragsparteien durch die punktuelle Erweiterung der im primärrechtlichen Katalog des Art. 207 AEUV genannten Materien reagiert, ohne die Struktur der Normierung zu verändern. Vor diesem Hintergrund spricht viel dafür, dass für ein dynamisches Begriffsverständnis kein Raum mehr verbleibt, sondern dass der Umfang der GHP sich dauerhaft in den durch die genannten Bereiche ergebenden Konturen erschöpft[63].

**1268** Nach Klärung der umfassten Materien bleibt die Frage offen, wann *Handelsregelungen* in diesem Sinne vorliegen. Dabei geht es um die Abgrenzung zu anderen vertraglichen Ermächtigungsgrundlagen (zB Art. 191 ff AEUV – Umweltschutz), die wegen der unterschiedlichen Konsequenzen (insbesondere Ausschließlichkeit der Unionskompetenz, unterschiedliche Beschlussverfahren) von erheblicher Bedeutung ist. Nach der ua vom Rat vertretenen[64] **„finalen Theorie"** ist dies nur dann der Fall, wenn die betreffende Regelung die Änderung des Handelsvolumens oder des Handelsstroms beabsichtigt und dabei keine anderen Zielsetzungen verfolgt. Demgegenüber ist nach der ua von der Kommission vertretenen[65] **„instrumentalen Theorie"** eine Handelsregelung stets dann gegeben, wenn die Maßnahme als Instrument zur Regelung des internationalen Handels angesehen werden kann. Dies sei bei den in Art. 207 Abs. 1 AEUV erwähnten Maßnahmen stets der Fall, da sie offen und spezifisch den Handel mit Drittstaaten regelten[66]. Der **EuGH** hat beide Ansätze miteinander verbunden und auf „Gegenstand und Zielsetzung" abgestellt[67], ohne allerdings die Streitfrage damit endgültig zu entscheiden. Für ihn ist das maßgebliche Krite-

---

59    Vgl zum Ganzen: *Hahn*, in: Calliess/Ruffert, Art. 207 AEUV, Rn 22 ff; *Nettesheim/Duvigneau*, in: Streinz, Art. 207 AEUV, Rn 4 ff.
60    EuGH, Gutachten 1/78, Internationales Naturkautschuk-Übereinkommen, Slg 1979, 2871, Rn 44 = *HVL*, S. 507 ff.
61    EuGH, Gutachten 1/94, GATS und TRIPS, Slg 1994, I-5267 = *Pechstein* Nr 48 = *HVL*, S. 521.
62    Vgl *Streinz*, Europarecht, 8. Aufl. 2008, Rn 719; außerdem *Krenzler/Pitschas*, in: Herrmann/Krenzler/Streinz, Die Außenwirtschaftspolitik der EU nach dem Verfassungsvertrag, 2006, S. 11 (14).
63    *Hahn*, in: Calliess/Ruffert, Art. 207 AEUV Rn 39.
64    Vgl EuGH, Gutachten 1/78, Internationales Naturkautschuk-Übereinkommen, Slg 1979, 2871/2887 ff = *HVL*, S. 507 ff.
65    Vgl EuGH, Gutachten 1/78, Naturkautschuk-Übereinkommen, Slg 1979, 2871/2884 ff.
66    Vgl auch das Vorbringen der Kommission in EuGH, Rs 45/86, Kommission/Rat („APS"), Slg 1987, 1493/1498 ff = *HVL*, S. 197 f = *PSK*, Fall 2 = *GO* Nr 139.
67    Gutachten 1/78, Slg 1979, 2871/2909, Rn 36.

rium, ob eine der Zielsetzungen oder Komponenten die hauptsächliche oder überwiegende ist. Ausnahmsweise zieht er auch verschiedene einschlägige Rechtsgrundlagen heran, wenn gleichzeitig mehrere Zielsetzungen verfolgt oder mehrere Komponenten umfasst werden, die untrennbar miteinander verbunden sind, ohne dass die eine gegenüber der anderen nur zweitrangig und mittelbar ist[68]. Mit diesen Kriterien sind letztlich die komplexen und subtilen Wege, den Welthandel zu beeinflussen, schematisch kaum zu erfassen, so dass man einen „Schlingerkurs" des EuGH hinsichtlich der Abgrenzung verschiedener Kompetenzen konstatieren muss[69].

Eine Sonderkonstellation der Inanspruchnahme der Kompetenzen der GHP bildete historisch der Erlass von **Handelsembargos** als politische Sanktion gegenüber Drittstaaten[70]. Der Rückgriff auf die GHP war in diesen Situationen umstritten, weil die Zielsetzung eindeutig rein außenpolitischer Natur war. Durch den Vertrag von Lissabon wurde diese Thematik systematisch von der GHP getrennt und mit Art. 215 AEUV in einem eigenen Titel des Teils über das auswärtige Handeln der Union geregelt. S. dazu Rn 1292 ff. **1269**

Ein besonderes Abgrenzungsproblem wirft der mitgliedstaatliche Vorbehalt in Art. 346 AEUV hinsichtlich des Handels mit Waffen und Kriegsmaterial auf, soweit es um sog. **Dual-Use-Güter** geht. Von den Regelungen der GHP ist grundsätzlich die Politik hinsichtlich der Ausfuhr von Waren aus dem gemeinsamen Zollgebiet erfasst. Hinsichtlich der in Art. 346 Abs. 1 lit. b AEUV genannten Waffen, Munition und sonstigem Kriegsmaterial können die Mitgliedstaaten jedoch unter Berufung auf nationale Sicherheitsinteressen Sonderregelungen beibehalten. Da grundsätzlich alle Waren unter die GHP fallen, erstreckt sich Art. 346 Abs. 1 lit. b AEUV nicht auf „Dual-Use-Güter", die sich sowohl zu einer militärischen wie zivilen Verwendung eignen. Sie unterliegen vielmehr uneingeschränkt der GHP[71]. Infolge dieser Klarstellung des EuGH wurde das zuvor auf GASP und GHP aufgespaltene System der Ausfuhrkontrolle durch die auf *Art. 133 EGV* (jetzt Art. 207 AEUV) gestützte Dual-Use-Verordnung[72] ersetzt, die einen unionsrechtlichen Rahmen für die mitgliedstaatliche Ausfuhrpolitik schafft[73]. **1270**

### c) Die Kompetenz(ausübungs)schranke des Art. 207 Abs. 6 AEUV

Die Regelung des Art. 207 Abs. 6 AEUV, wonach die Ausübung der im Bereich der GHP übertragenen Zuständigkeiten keine Auswirkungen auf die Abgrenzung der Zuständigkeiten zwischen der Union und den Mitgliedstaaten hat und nicht zu einer Harmonisierung der Rechtsvorschriften führt, soweit eine solche Harmonisierung in den Verträgen ausgeschlossen wird, wurde durch den Vertrag von Lissabon eingefügt. Sie enthält in ihrem ersten Teil eindeutig die Aussage, dass ein Schluss von einer Außen- auf eine Innenkompetenz der Union, also gleichsam eine Umkehrung der implied-powers-Doktrin, ausgeschlossen ist. Umstritten ist demgegenüber die genaue Tragweite und Bedeutung des Harmonisierungsverbotes im zweiten Halbsatz. Eine Ansicht geht davon aus, die Norm wirke sich nicht auf die umfassende ausschließliche Kompetenz **1271**

---

68  Vgl EuGH, Rs C-94/03, Kommission/Rat (Rotterdamer Übereinkommen), Slg 2006, I-1, Rn 36 mwN.
69  *Herrmann*, EuR-Beilage 2010, 193 (194). Vgl auch EuGH, Gutachten 2/00, Protokoll von Cartagena, Slg 2001, I-9713 = *HVL*, S. 203 ff = *Pechstein* Nr 50 und EuGH, Rs C-281/01, Kommission/Rat (Energy Star), Slg 2002, I-12049.
70  Vgl ausführlich *Streinz*, Europarecht, 8. Aufl. 2008 Rn 723 ff.
71  EuGH, Rs C-70/94, Werner, Slg 1995, I-3189, Rn 8 ff = *HVL*, S. 509 f.
72  VO 428/2009, ABl 2009 L 134/1.
73  Vgl dazu *Nettesheim/Duvigneau*, in: Streinz, Art. 207 AEUV, Rn 86 ff.

der Union zum Abschluss völkerrechtlicher Verträge über die GHP aus, sondern sichere nur die interne (dh die den Erlass von Umsetzungsmaßnahmen betreffende) Zuständigkeitsverteilung ab[74]. Die Gegenauffassung sieht hingegen Art. 207 Abs. 6 AEUV als echte Kompetenzschranke, aufgrund derer die Union keine Harmonisierungspflichten per Handelsabkommen begründen darf und in derartigen Fällen stattdessen auf das Instrument eines gemischten Abkommens gemeinsam mit den Mitgliedstaaten zurückgreifen muss[75]. Während der Wortlaut für die erste Ansicht spricht, führen teleologische Erwägungen zum Verständnis als echte Kompetenzschranke.

1272   Die Sachbereiche, in denen ein Harmonisierungsverbot besteht, weil die Union nur eine Unterstützungs- und Koordinierungskompetenz hat, ergeben sich aus Art. 6 AEUV. Praktische Relevanz könnte die Kompetenzgrenze insofern hinsichtlich Regelungen zum Handel mit Dienstleistungen, die im Gesundheitswesen und im Bildungsbereich erbracht werden, erlangen[76].

### 3.   Instrumente der GHP

#### a)   Überblick

1273   Aus Art. 207 AEUV, der neben den Sachmaterien der GHP exemplarisch auch mögliche Instrumente nennt, ergibt sich, dass zwei Arten von Instrumenten zur Verwirklichung der GHP zu unterscheiden sind[77]. Der Handel mit Drittstaaten kann im Rahmen der GHP durch autonome, dh einseitig gesetzte Maßnahmen und durch vertragliche Vereinbarungen geregelt werden.

#### b)   Autonome Maßnahmen

1274   Neben der Änderung des Gemeinsamen Zolltarifs für den Außenzoll der EU (vgl Rn 900) sind die wichtigsten autonomen Maßnahmen:

1275   **Einfuhrregelungen**: Dadurch kann die EU die Einfuhr aus Drittstaaten in ihr Gebiet beschränken oder erweitern. Einschränkungen sind allerdings nur dann völkerrechtskonform, wenn keine vertraglichen Vereinbarungen über Mindesteinfuhrmengen bestehen oder wenn völkerrechtliche Rechtfertigungsgründe (zB Repressalie) eingreifen. Die VO 518/94 des Rates vom 15.3.1994 über die gemeinsame Einfuhrregelung[78] liberalisierte grundsätzlich sämtliche Einfuhren aus Drittstaaten „mit Marktwirtschaft"[79] bezüglich mengenmäßiger Beschränkungen. Allerdings blieben Schutzmaßnahmen zulässig. Das WTO-Abkommen (vgl Rn 1251) machte die Änderung, dh Weiterentwicklung, der erst am 7.3.1994 beschlossenen liberalen handelspolitischen Neuord-

---

74   *Krajewski*, CMLRev 2005, 91 (116); *Herrmann*, EuZW 2010, 207 (210).
75   *Weiß*, in: Grabitz/Hilf/Nettesheim, Art. 207 AEUV, Rn 76 ff.
76   *Pitschas*, in: Herrmann/Krenzler/Streinz (Hrsg.), Die Außenwirtschaftspolitik der EU nach dem Verfassungsvertrag, 2006, S. 99 (105).
77   *Hahn*, in: Calliess/Ruffert, Art. 207 AEUV, Rn 42; *Weiß*, in: Grabitz/Hilf/Nettesheim, Art. 207 AEUV, Rn 76-85.
78   ABl 1994 L 67/77.
79   Sonderregelung für Staatshandelsländer in VO 519/94, ABl 1994 L 67/89, aktualisiert in HER I A 55/6.2.

nung erforderlich. Die VO 518/94 wurde durch VO 3285/94 vom 22.12.1994[80] ersetzt. Schutzmaßnahmen und sektorale Sonderregelungen wurden angepasst. Die Einfuhren aus einigen (noch) Nicht-WTO-Mitgliedsländern wurden allerdings weiterhin nach der VO 518/94 geregelt. Aus Gründen der Übersichtlichkeit und Klarheit wurden die Einfuhrregelungen schließlich in der VO 260/2009 kodifiziert, jetzt ersetzt durch VO (EU) 2015/478[81]. Für Agrarmarktordnungen gelten zT besondere Vorschriften (vgl Art. 25 VO 2015/478)[82].

**Ausfuhrregelungen:** Die VO 1061/2009[83], die die bis dato gültige VO 2603/69[84] kodifiziert, legt als Gegenstück zur grundsätzlichen Einfuhrfreiheit den Grundsatz der Ausfuhrfreiheit von Waren im Verhältnis zu Drittstaaten fest. Allerdings bestehen auch hier Ausnahmen. Einige Waren sind in einer Negativliste enthalten. Gemäß Art. 346 Abs. 1 lit. b AEUV kann jeder Mitgliedstaat die Maßnahmen ergreifen, die seines Erachtens für die Wahrung seiner wesentlichen Sicherheitsinteressen erforderlich sind, soweit sie die Erzeugung von und den Handel mit Waffen, Munition und Kriegsmaterial betreffen. Zu „Dual-Use-Gütern" s. Rn 1270. **1276**

**Dumping, Subventionen und unlautere Handelsmaßnahmen:** Zum Schutz gegen die Einfuhr gedumpter oder subventionierter Waren aus Drittstaaten sieht die VO 597/2009[85] die Erhebung besonderer Anti-Dumping- oder Ausgleichszölle vor[86]. **1277**

Die dargestellten Schutzinstrumente wirken rein defensiv und schützen den Wettbewerb (bzw die einheimische Industrie vor einem solchen) innerhalb der EU. Daneben verfolgt die EU jedoch auch eine offensive Marktöffnungsstrategie nach amerikanischem Vorbild, zunächst durch das sog. „Neue handelspolitische Instrument" (NHI)[87]. Da die Regelung nur mäßige Erfolge brachte und die im Rahmen der WTO (vgl Rn 1251) vereinbarten Handelsregelungen Anpassungen erforderten, wurde das NHI durch VO 3286/94 des Rates vom 22.12.1994 zur Festlegung der Verfahren der Gemeinschaft im Bereich der gemeinsamen Handelspolitik zur Ausübung der Rechte der Gemeinschaft nach internationalen Handelsregeln, insbesondere der im Rahmen der Welthandelsorganisation vereinbarten Regeln (**„Handelshemmnis-VO"**, „Trade Barriers Regulation"), ersetzt[88]. Dadurch wird ein Verfahren bereitgestellt, um gegen andere unerlaubte Handelspraktiken als Dumping und Subventionen wirksam vorgehen zu können. So erlaubt die Handelshemmnis-VO insbesondere der Kommission die Einleitung von Streitbeilegungsverfahren auch gegen den Willen einer einfachen Mehrheit der Mitgliedstaaten[89]. **1278**

---

80  ABl 1994 L 349/53. Zuletzt geändert durch VO (EG) Nr. 2474/2000, ABl 2000 L 286/1, ber. ABl 2002 L 349/126.
81  ABl 2009 L 84/1; *Bieber/Knapp* Nr V.16.3.
82  Vgl zum Einfuhrregime *Bungenberg*, Autonome Handelspolitik, in: von Arnauld (Hrsg.), Europäische Außenbeziehungen, EnzEuR Bd. 10, 2014, § 12, Rn 21-40.
83  ABl 2009 L 291/1.
84  ABl 1969 L 324/25.
85  ABl 2015 L 83/16.
86  Vgl zu Anti-Dumping-Maßnahmen *Hakenberg*, Rn 473 ff.
87  VO (EWG) 2641/84, ABl 1984 L 252/1.
88  ABl 1994 L 349/71, *Bieber/Knapp* Nr V.16.2. Vgl dazu *Osteneck*, in: Schwarze, Art. 207 AEUV, Rn 122 ff mwN.
89  Vgl hierzu *Nettesheim/Duvigneau*, in: Streinz, Art. 207 AEUV, Rn 140 ff.

## c) Vertragliche Regelungen

**1279** Die EG hat zur Gestaltung ihrer Außenhandelspolitik im Rahmen der GHP eine große Zahl bi- und multilateraler handelspolitischer Abkommen mit Drittstaaten geschlossen[90], in die die EU als ihre Rechtsnachfolgerin eingetreten ist (vgl Art. 1 Abs. 3 S. 3 EUV). Dazu gehören auch die im Rahmen internationaler Organisationen abgeschlossenen Verträge, zB die im Rahmen der WTO getroffenen Vereinbarungen. Die von der EU abgeschlossenen Handelsverträge werden wie andere völkerrechtliche Verträge „integrierende Bestandteile der Unionsrechtsordnung" (vgl Rn 536). Sie binden gemäß Art. 216 Abs. 2 AEUV die Organe der Union und die Mitgliedstaaten. Soweit Normen dieser Abkommen *self-executing* sind, können sich die Bürger der Mitgliedstaaten, gegebenenfalls auch Individuen des Drittstaates, denen dadurch Rechte eingeräumt werden, unmittelbar vor Behörden und Gerichten auf diese berufen (vgl Rn 537 ff). Für das WTO-Recht verneint der EuGH eine solche unmittelbare Wirkung jedoch in st Rspr (s. dazu Rn 539).

## d) Ausfuhrbeihilfen

**1280** Die explizit Ausfuhrbeihilfen betreffende Vorschrift des *Art. 132 Abs. 1 EGV* hat im AEUV keine Entsprechung mehr. Da jedoch auch bisher schon die Maßnahmen betreffend Ausfuhrbeihilfen auf die allgemeine Kompetenz für die GHP (jetzt Art. 207 AEUV) gestützt wurden[91], dürfte die Streichung in der Sache nicht zu Änderungen führen. In Anbetracht der völkerrechtlichen Beschränkungen für Exportsubventionen spielen diese heute hauptsächlich in Gestalt von Exportbeihilfen eine Rolle, wobei die Union sowohl die Angleichung der mitgliedstaatlichen Ausfuhrbeihilfen als auch eine eigene Ausfuhrförderung betreibt. Für die (bislang; vgl Rn 1190 aE) umfangreichen Agrarexportsubventionen (Erstattungen) gelten die speziellen Vorschriften der Art. 38 ff AEUV.

**1281** Problematisch sind die **Rückwirkungen von Exportsubventionen** auf die Stellung des ausführenden Unternehmens innerhalb des Binnenmarktes, da im Prinzip jede Verbesserung der Absatzmöglichkeiten auf Drittlandsmärkten auch zu einer potenziellen Stärkung des Unternehmens gegenüber Konkurrenten auf dem Binnenmarkt führt. Deshalb hat sich zunehmend die Ansicht durchgesetzt, wonach die Beihilfeverbote der Art. 107 ff AEUV auf Ausfuhrbeihilfen anwendbar sind[92]. Auch der EuGH ist seit langem dieser Auffassung, da nicht ausgeschlossen werden könne, dass eine Ausfuhrbeihilfe den Handel zwischen Mitgliedstaaten beeinträchtigt[93]. Dem ist mit der Einschränkung zuzustimmen, dass die Schwelle des Auswirkungsgrades solcher Beihilfen auf den Binnenmarkt nicht zu niedrig angesetzt werden darf, da sich aus Art. 207 Abs. 1 AEUV die Zulässigkeit einer gezielten Ausfuhrpolitik, für die Ausfuhrbeihilfen ein wichtiges Instrument sind, ergibt[94].

---

90  Vgl *Weiß*, in: Grabitz/Hilf/Nettesheim, Art. 207 AEUV Rn 214-288 mN; *Osteneck*, in: Schwarze, Art. 207 AEUV, Rn 213-222 mwN.
91  Vgl EuGH, Gutachten 1/75, Lokale Kosten, Slg 1975, 1355/1361 f = *PSK*, Fall 61.
92  *Cremer*, in: Calliess/Ruffert, Art. 107 AEUV, Rn 73.
93  EuGH, Rs C-142/87, Belgien/Kommission, Slg 1990, I-959, Rn 32.
94  Vgl dazu *Nettesheim/Duvigneau*, in: Streinz, Art. 207 AEUV, Rn 147 mwN.

## 4. Organzuständigkeit und Verfahren

### a) Autonome Maßnahmen

Gemäß Art. 207 Abs. 2 AEUV findet auf den Erlass autonomer Maßnahmen das ordentliche Gesetzgebungsverfahren (Art. 294 AEUV) Anwendung, wodurch im Gegensatz zu bisher das Europäische Parlament an der GHP entscheidend beteiligt wird. Als einschlägiger Rechtsakt ist ausdrücklich die Verordnung genannt, was der bisherigen Praxis entspricht. Ebenfalls neu ist die Formulierung, wonach nur Maßnahmen, mit denen der Rahmen für die Umsetzung der GHP bestimmt wird, erlassen werden können. Dies ist so zu verstehen, dass Art. 207 Abs. 2 AEUV nur eine Rechtsgrundlage für **abstrakt-generelle Grundverordnungen** bietet, nicht dagegen für konkrete, situationsbezogene Einzelmaßnahmen[95]. Mangels einer primärrechtlichen Einzelfallbefugnis führt dies zwangsläufig zu delegierendem Sekundärrecht, das sich der Instrumente der Art. 290 und Art. 291 AEUV bedient und damit die exekutiven Vollzugsaufgaben letztlich der Kommission zuordnet[96]. Konkretisiert wird dies durch die **Komitologie-Verordnung** (VO 181/2011, s. Rn 569 f), gemäß der das Komitologie-Verfahren jetzt auch auf die GHP anwendbar (Art. 2 Abs. 2 lit. iv VO 182/2011) ist. Dadurch wird der Machtverlust der Mitgliedstaaten, der dadurch eingetreten ist, dass – anders als früher – der Rat keine eigenständigen Einzelfallmaßnahmen mehr erlassen kann, teilweise ausgeglichen[97]. Die auf die einzelnen Sachmaterien bezogenen Grundverordnungen müssen jetzt diesem institutionellen Rahmen angepasst werden.

**1282**

### b) Vertragliche Handelspolitik

Für den Abschluss völkerrechtlicher Handelsabkommen enthält Art. 207 AEUV in den Abs. 3 und 4 Sonderregelungen zu der im Übrigen anwendbaren allgemeinen Vorschrift des Art. 218 AEUV (vgl Rn 1241 ff). Demnach obliegt die Aushandlung der Abkommen stets der Kommission. Die Kommission darf die Verhandlungen erst einleiten, wenn sie vom Rat hierzu ermächtigt worden ist, wozu sie selbst Empfehlungen geben kann (Art. 207 Abs. 3 UAbs. 2 AEUV). Sie führt die Verhandlungen im Benehmen mit einem zu ihrer Unterstützung vom Rat bestellten besonderen Ausschuss (**„Sonderausschuss"**) nach Maßgabe der Richtlinien, die ihr der Rat erteilen kann (Art. 207 Abs. 3 UAbs. 3 AEUV). Diese „Empfehlungen" und „Richtlinien" sind keine Rechtsakte iSv Art. 288 AEUV, sondern unionsinterne Organakte. Der Rat darf zwar in die Verhandlungskompetenz der Kommission nicht detailregelnd eingreifen; diese muss aber berücksichtigen, dass ihr Verhandlungsergebnis, um in Kraft treten zu können, vom Rat gebilligt werden muss. Der Sonderausschuss soll diese Rückbindung sicherstellen.

**1283**

---

95   *Streinz/Ohler/Herrmann*, Lissabon, S. 152.

96   Solange bzw wenn es an einem entsprechenden sekundärrechtlichen Rahmen fehlt, erscheint der implied-powers-Gedanke als Notnagel, um die Handlungsfähigkeit der Union zu erhalten. Unklar ist insofern aber, ob Art. 207 Abs. 2 AEUV dann auch für Einzelfallmaßnahmen gelten soll (so *Hahn*, in: Calliess/Ruffert, Art. 207 Rn 92) oder ob dann unmittelbar aus Art. 207 Abs. 1 AEUV eine implizite Kompetenz der Kommission zu entnehmen ist (so *Weiß*, in: Grabitz/Hilf/Nettesheim, Art. 207 AEUV, Rn 115).

97   Zu den Einzelheiten des im Rahmen des Prüfverfahrens bestehenden Veto-Rechts der Mitgliedstaaten: *Scharf*, Das Komitologieverfahren nach dem Vertrag von Lissabon – Neuerungen und Auswirkungen auf die Gemeinsame Handelspolitik, Beiträge zum Transnationalen Wirtschaftsrecht, 2010, Heft 101.

**1284** Eine Beteiligung des **Europäischen Parlaments** fand bis zum Vertrag von Lissabon nur auf informeller Grundlage statt (zur grundlegenden Änderung s. Rn 1245). Zu unterscheiden ist, was im Vertragstext im Rahmen des Zusammenspiels von Art. 207 und 218 AEUV nicht deutlich wird, zwischen der Phase der Vertragsaushandlung und derjenigen des Vertragsabschlusses. Für erstere sieht Art. 207 Abs. 3 UAbs. 3 S. 2 AEUV eine beschränkte Rolle des Parlaments vor, da die Kommission ihm über den Stand der Verhandlungen lediglich berichten muss. Befugnisse des Parlaments, die eine rechtsförmige Einflussnahme auf den Gang der Verhandlungen ermöglichen würden, sind damit, wie der Wortlautvergleich mit Art. 207 Abs. 3 UAbs. 3 S. 1 AEUV zeigt, nicht verbunden[98]. Jedoch eröffnet das Erfordernis seiner Zustimmung (s. Rn 1285) bereits in dieser Phase politischen Einfluss (Beispiel: Verhandlungen über TTIP mit den USA).

**1285** Hinsichtlich der Beschlussfassung über den Abschluss erwähnt Art. 207 AEUV das EP nicht. Jedoch greift insoweit die allgemeine Regelung des Art. 218 Abs. 6 AEUV[99]. Art. 207 Abs. 4 AEUV ist dementsprechend nicht als umfassende Regelung der Beschlussfassung, sondern als bloße Festlegung des für die Abstimmung im Rat geltenden Mehrheitserfordernisses zu verstehen[100]. Die Zustimmung des Parlaments zum Beschluss des Rates über den Abschluss des Abkommens richtet sich damit nach Art. 218 Abs. 6 UAbs. 2 lit. a Abs. v AEUV, da Art. 207 Abs. 2 AEUV für die GHP das ordentliche Gesetzgebungsverfahren anordnet. Umstritten ist, in welchem Umfang dadurch das Zustimmungserfordernis ausgelöst wird. Die Formulierung „Übereinkünfte in Bereichen, für die das ordentliche Gesetzgebungsverfahren gilt", ist so zu verstehen, dass es nicht auf den konkreten Inhalt des Abkommens und damit auf die Frage, ob dieser den Rahmen für die Umsetzung der GHP betrifft, ankommt, sondern dass das Zustimmungserfordernis für den gesamten Bereich der GHP gilt[101].

**1286** Der Abschluss des Vertrages erfolgt somit durch Beschluss des Rats mit Zustimmung des EP. Der Rat beschließt in der Regel mit qualifizierter Mehrheit (Art. 207 Abs. 4 UAbs. 1 AEUV). Art. 207 Abs. 4 UAbs. 2 AEUV sieht Einstimmigkeit hinsichtlich der in Art. 207 Abs. 4 UAbs. 2 und UAbs. 3 AEUV genannten Materien vor. Dies kompensiert aus Sicht der Mitgliedstaaten die Ausweitung des Umfangs der GHP auf die als souveränitätssensibel eingeschätzten Bereiche.

### 5. Aktuelle Probleme der reformierten GHP

#### a) Zukunft der parallelen Mitgliedschaft von Union und Mitgliedstaaten in der WTO

**1287** Gegenwärtig sind die Union und die Mitgliedstaaten parallel Mitglieder in der Welthandelsorganisation (s. Rn 1251). In Anbetracht der Ausweitung des Umfangs der

---

98 *Khan*, in: Geiger/Khan/Kotzur, Art. 207 AEUV, Rn 24.
99 *Krajewski*, Die neue handelspolitische Bedeutung des Europäischen Parlaments, in: Bungenberg/Herrmann (Hrsg.), Die gemeinsame Handelspolitik der Europäischen Union nach Lissabon, 2011, S. 55 (70 f).
100 *Streinz/Ohler/Herrmann*, Lissabon, S. 153 f.
101 *Streinz/Ohler/Herrmann*, ebd.; *Herrmann*, EuR-Beilage 2010, 193 (196); *Hahn*, in: Calliess/Ruffert, Art. 207 AEUV, Rn 105; *Weiß*, in: Grabitz/Hilf/Nettesheim, Art. 207 AEUV, Rn 97; aA: *Krajewski* (Fn 99), S. 71 f.

GHP und ihres nun eindeutigen Charakters als ausschließliche Unionskompetenz wird die Frage kontrovers diskutiert, welche Zukunft diese parallele Mitgliedschaft im Falle neuer WTO-Runden hat[102]. Geht man davon aus, dass die jetzige Fassung des Art. 207 AEUV der Union eine ausschließliche Kompetenz für das gesamte inhaltliche Spektrum der seit 2001 laufenden Doha-Runde gewährt[103], so erscheint es nach der allgemeinen Systematik auf den ersten Blick naheliegend, daraus den Schluss zu ziehen, dass zukünftig kein Raum mehr für den Abschluss als gemischtes Abkommen besteht, sondern dieser alleine durch die Union erfolgt, während sich die Mitgliedstaaten gemäß Art. 351 Abs. 2 AEUV aus der WTO zurückziehen[104]. Diese Ansicht stößt indes aus verschiedenen Gründen auf verbreitete Ablehnung. Einerseits erscheint ihr Ansatzpunkt einer umfassenden ausschließlichen Unionskompetenz für die Inhalte zukünftiger WTO-Runden dann fraglich, wenn man Art. 207 Abs. 6 AEUV als Begrenzung der Vertragsschlusskompetenz für Sachverhalte einer ausgeschlossenen Harmonisierung betrachtet (s. dazu Rn 1271). Denn dann ergibt sich aus Kompetenzgründen weiterhin das Erfordernis eines gemischten Abkommens, so dass es keinen Grund zu strukturellen Veränderungen hinsichtlich der Beteiligung von Union und Mitgliedstaaten an der WTO gibt[105]. Zum anderen erscheint ein Austritt der Mitgliedstaaten auch insofern inopportun, als dadurch die Union nur noch eine Stimme in der WTO hätte, während auf die Mitgliedstaaten gemeinsam gegenwärtig 28 entfallen[106]. Schließlich hat das BVerfG in seiner Lissabon-Entscheidung zu erkennen gegeben, dass es ein „allmähliches Zurücktreten der Rechtssubjektivität der Mitgliedstaaten in den auswärtigen Beziehungen zugunsten einer immer deutlicher staatsanalog auftretenden Europäischen Union"[107] als problematisch empfindet und der parallelen Mitgliedschaft von Mitgliedstaaten und Union in der WTO Leitbildcharakter beimisst[108]. Demgemäß spricht viel dafür, dass die **Doppelmitgliedschaft** – sei es aus juristischen oder aus politischen Gründen – erhalten bleiben wird[109]. Soweit man sie als durch Art. 207 und Art. 351 AEUV ausgeschlossen hält, kommt für die Fortführung die Rückermächtigung gemäß Art. 2 Abs. 1 aE AEUV in Betracht[110].

### b) Investitionsschutz

Eine der größten inhaltlichen Neuerungen des Vertrags von Lissabon ist die Aufnahme der „ausländischen Direktinvestitionen" in den Anwendungsbereich der GHP (Art. 206 und 207 AEUV). Angesprochen ist damit das praktisch überaus bedeutsame Investitionsschutzrecht, das weltweit insbesondere durch zwischenstaatliche Investi-     **1288**

---

102  S. zur Vertiefung die Beiträge von *Hahn, Terhechte* und *Weiß* in: Bungenberg/Herrmann (Hrsg.), Die gemeinsame Handelspolitik der Europäischen Union nach Lissabon, 2011, S. 13 ff, S. 25 ff, S. 35 ff.
103  Zur Einbeziehung des TRIPS vgl EuGH, C-414/11, Daiichi Sankyo, ECLI:EU:C:2013: 520, Rn 49-55.
104  Vgl *Streinz/Ohler/Herrmann*, Lissabon, S. 151.
105  Dazu und zu weiteren Einzelpunkten mit Bezug auf die Berührung von Kompetenzen der Mitgliedstaaten *Weiß*, in: Bungenberg/Herrmann (Fn 102), S. 35 (39).
106  *Bungenberg*, EuR-Beiheft 2009, 195 (206).
107  BVerfGE 123, 267 (420) = *HVL*, S. 59 ff.
108  BVerfGE 123, 267 (418 ff). Äußerst kritisch zu diesem Teil der Entscheidung: *Herrmann*, EuR-Beiheft 2010, 193.
109  Vgl dazu *Herrmann/T. Streinz* (Fn 31), § 11, Rn 181-184.
110  *Streinz/Ohler/Herrmann*, Lissabon, S. 152; *Herrmann/T. Streinz* (Fn 31), § 11, Rn 182.

tionsschutzabkommen (sog. bilateral investment treaties – **BITs**) geprägt wird. Derartige BITs haben auch die Mitgliedstaaten der EU bisher in großer Zahl geschlossen[111].

**1289**   Der Kompetenzübergang im Investitionsschutzrecht hat eine Reihe von Fragen aufgeworfen, die auf juristischem wie politischem Terrain derzeit intensiv diskutiert werden[112]. So ist bereits umstritten, in welchem Maße die neue Unionskompetenz den typischen Inhalt von BITs abdeckt. Deutlich aus dem Wortlaut des Vertrages ergibt sich insofern, dass sich die GHP nur auf Direktinvestitionen bezieht. Diesen stehen nach den allgemein üblichen Begrifflichkeiten sog. Portfolioinvestitionen (dh solche, die eine bloße Kapitalanlage und kein unternehmerisches Engagement darstellen) gegenüber. Die Grenze zwischen beiden Formen ist bei einer Beteiligung von 10% zu ziehen[113]. Da Regelungen zu Portfolioinvestitionen häufig ein wichtiger Bestandteil von Investitionsschutzabkommen sind, stellt sich die Frage, ob sich auch dafür eine Unionskompetenz finden lässt oder ob vielmehr auf gemischte Abkommen zurückgegriffen werden muss. Eine implizite Vertragsschlusskompetenz könnte auf Art. 3 Abs. 2 AEUV iVm den Vorschriften über die Kapitalverkehrsfreiheit (Art. 63 ff AEUV) gestützt werden[114].

**1290**   Fraglich ist das Schicksal der bestehenden BITs der Mitgliedstaaten. Primärrechtlich einschlägig ist insofern die Anpassungspflicht gemäß Art. 351 Abs. 2 AEUV (s. Rn 1235 f). Da eine schnelle Modifikation bestehender BITs wegen des Bedürfnisses von Investoren nach langfristiger Rechtssicherheit zumindest bis zum Aufbau eigener Investitionsschutzabkommen durch die EU politisch inopportun ist, wurde durch die VO (EU) 1219/2012 auf der Grundlage von Art. 207 Abs. 2 AEUV und Art. 2 Abs. 1 aE AEUV (Rückermächtigung der Mitgliedstaaten im Bereich ausschließlicher Unionskompetenz) eine Übergangsregelung für bilaterale Investitionsschutzabkommen zwischen den Mitgliedstaaten und Drittstaaten[115] erlassen, wonach die bestehenden BITs zu notifizieren sind und dann aufrecht erhalten werden können. Außerdem können Abänderungen und sogar der Abschluss neuer Abkommen autorisiert werden.

**Literatur:** *Bings,* S., Neuordnung der Außenhandelskompetenzen der Europäischen Union durch den Reformvertrag von Lissabon, 2013; *Bungenberg, M.,* Außenbeziehungen und Außenhandelspolitik, EuR 2009, 195 ff; *Bungenberg, M./Herrmann, C.* (Hrsg.), Die gemeinsame Handelspolitik der Europäischen Union nach Lissabon, 2011; *Cremer, H.-J.,* Das auswärtige Handeln der Union, in: Niedobitek, Politiken, § 11; *Hermann, C.,* Die gemeinsame Handelspolitik der Europäischen Union im Lissabon-Urteil, EuR 2010, 193; *Hermann, C.,* Die Zukunft der mitgliedstaatlichen Investitionspolitik nach dem Vertrag von Lissabon, EuZW 2010, 207; *Herrmann, C./Simma, B./Streinz, R.* (Hrsg.), Trade Policy between Law, Diplomacy and Scholarship (GS H.G. Krenzler), 2015; *Herrmann, C./Weiß, W./Ohler, C.,* Welthandelsrecht, 2. Aufl. 2007; *Lukas, M.,* Stand und Perspektiven des EG-Antisubventionsrechts, EWS 2000, 203; *Müller, W.,* Stand und Perspektiven des EG-Antidumpingrechts, EWS 2000, 195; *Prieß,*

---

111   Es bestehen ca. 1300 solcher Abkommen zwischen Mitgliedstaaten und Drittstaaten, vgl *Weith,* in: Bungenberg/Herrmann (Fn 102), S. 185 (187).
112   S. eingehend zu den aktuellen Diskussionen die Beiträgen von *Hindelang, Weith, Griebel* und *Ziegler* in: Bungenberg/Herrmann (Fn 102), S. 157 ff, S. 185 ff, S. 193 ff, S. 217 ff.
113   *Terhechte,* EuR 2010, 517 (521).
114   *Herrmann,* EuZW 2010, 207 (209); *Hindelang,* in: Bungenberg/Herrmann (Fn 102), S. 157 (163). Zu den Grenzen dieses Ansatzes vgl *Weiß,* in; Grabitz/Hilf/Nettesheim, Art. 207 AEUV, Rn 46.
115   ABl 2012 L 351/40.

*H.-J./Berrisch, G.* (Hrsg.), WTO-Handbuch, 2003; *Prieß, H.-J./Pitschas, C.*, Die Abwehr sonstiger unlauterer Handelspraktiken, EWS 2000, 185; *Scharf, D.*, Das Komitologieverfahren nach dem Vertrag von Lissabon, Beiträge zum Transnationalen Wirtschaftsrecht, 2010, Heft 101; *Schwarz, K.A.*, Einführung in das Europäische Außenwirtschaftsrecht, JA 2003, 169; *Terhechte, J.*, Art. 351 AEUV, das Loyalitätsgebot und die Zukunft mitgliedstaatlicher Investitionsschutzverträge nach Lissabon, EuR 2010, 517; *Tietje, C.*, Die Außenwirtschaftsverfassung der EU nach dem Vertrag von Lissabon, Beiträge zum Transnationalen Wirtschaftsrecht, 2009. Heft 83; *Tietje, C.*, EU-Investitionsschutz und -förderung zwischen Übergangsregelungen und umfassender europäischer Auslandsinvestitionspolitik, EuZW 2010, 647; *Vedder, C.*, Linkage of the Common Commercial Policy to the General Objectives for the Union's External Action, in: Bungenberg, M./Herrmann, C. (Hrsg.), Common Commercial Policy after Lisbon, 2013, S. 115.

## VI. Restriktive Maßnahmen

**Fall 61:** Der Sicherheitsrat der Vereinten Nationen hat in einer Resolution gemäß Kapitel VII der Satzung der Vereinten Nationen ein Handelsembargo gegen den Staat H beschlossen. Daraufhin beschließt der Rat bei Enthaltung des Mitgliedstaates M, der erklärte, er könne wegen seiner besonderen Beziehungen zu H das Embargo nicht akzeptieren, gemäß den zwingenden Bestimmungen dieser Resolution die wirtschaftlichen Beziehungen zu H einzuschränken und erlässt auf Grund eines gemeinsamen Vorschlags des Hohen Vertreters und der Kommission gegen die Stimmen von M eine Verordnung, die unter Bezug auf diesen Beschluss den Import von Waren des Staates H untersagt. Ist die Verordnung ordnungsgemäß zu Stande gekommen? Ist M an diese Verordnung gebunden? (**Lösung: Rn 1300**)

**1291**

### 1. Struktur und Anwendungsbereich

Das auswärtige Handeln stößt bisweilen an die Grenzen eines kooperativen Ansatzes und es erscheint zur Abwehr von Gefahren nötig, Druck aufzubauen und auszuüben. Ein friedliches und doch wirksames Mittel zu diesem Zweck gegenüber Drittstaaten bieten Handelsembargos. Dementsprechend entstand ein Bedürfnis danach, sich dieses Instruments auch auf der Ebene der EG bzw EU zu bedienen. Infolge der sicherheitspolitischen Verschiebungen, wonach außenpolitische Gefährdungen kaum mehr von Staaten sondern verstärkt von nichtstaatlichen Strukturen wie namentlich Terrorgruppen ausgehen, rückten in den letzten Jahren Maßnahmen gegen Einzelpersonen und nichtstaatliche Gruppierungen in das Zentrum der Diskussion. Für beide Szenarien enthält **Art. 215 AEUV** nunmehr eine Rechtsgrundlage. Art. 215 Abs. 1 AEUV regelt die Verhängung von **Embargomaßnahmen** gegen Drittstaaten, während Art. 215 Abs. 2 AEUV sich den wirtschaftlichen Sanktionen gegen Privatpersonen und Personenvereinigungen (sog. „smart sanctions", „targeted sanctions") widmet. Dabei ist für Maßnahmen nach Art. 215 AEUV ihre Zwitterstellung zwischen der im EUV verbliebenen GASP und den wirtschaftlichen Instrumenten des AEUV charakteristisch. Dies spiegelt sich darin wieder, dass Art. 215 AEUV die Entscheidung über das „Ob" einer restriktiven Maßnahme nicht regelt, sondern voraussetzt. Diese ist zunächst nach den Modalitäten der GASP zu treffen, bevor die Umsetzung in konkrete Maßnahmen im Rahmen des Art. 215 AEUV erfolgen kann.

**1292**

**1293** Hinsichtlich des Kampfes gegen den Terrorismus, der der Hauptanwendungsfall für smart sanctions ist, stellt sich die Frage des Verhältnisses zwischen Art. 215 Abs. 2 AEUV zu **Art. 75 AEUV**. Art. 75 AEUV enthält im Rahmen der Vorschriften über den Raum der Freiheit, der Sicherheit und des Rechts eine Gesetzgebungskompetenz für Maßnahmen gegen Terrorismusfinanzierung. Es spricht zwar viel dafür, Art. 75 AEUV als spezieller Regelung den Vorrang zu geben[116], zumal dort die Beteiligung des Europäischen Parlaments wegen der Einschlägigkeit des ordentlichen Gesetzgebungsverfahrens (Art. 289 Abs. 1, Art. 294 AEUV) stärker ausgeprägt ist. Allerdings ist die am 22.12.2009, also kurz nach Inkrafttreten des Vertrags von Lissabon verabschiedete Verordnung zur Umsetzung des *Kadi-Urteils* des EuGH[117], die das Einfrieren von Vermögen von Al-Qaida nahe stehenden Personen betrifft, auf Art. 215 Abs. 2 AEUV gestützt worden. Grund dafür dürfte die Zuordnung zur „exekutiv geprägten GASP" sein[118].

**1294** Der EuGH hat bestätigt, dass Art. 215 Abs. 2 AEUV die einschlägige Rechtsgrundlage ist, wenn es im Schwerpunkt um auswärtiges Handeln geht, während Art. 75 AEUV sich auf Ziele der inneren Sicherheit beschränkt[119]. Art. 75 AEUV ist danach nicht lex specialis gegenüber Art. 215 Abs. 2 AEUV.

## 2. Verfahren

**1295** Das Verfahren ist, dem Entscheidungsprozess entsprechend, zweistufig. Zunächst fasst der Rat im Rahmen der GASP gemäß Art. 28 EUV einen Beschluss über ein operatives Vorgehen in Anbetracht einer internationalen Situation. Dieser Beschluss bedarf gemäß Art. 31 Abs. 1 UAbs. 1 S. 1 EUV der Einstimmigkeit. Art. 31 Abs. 1 UAbs. 2 EUV eröffnet die Möglichkeit einer qualifizierten Enthaltung, die den Beschluss nicht verhindert, aber von der Bindung an diesen entbindet. In der Praxis gehen derartigen Beschlüssen zumeist Resolutionen des Sicherheitsrates der Vereinten Nationen voraus, die die Union umsetzt[120].

**1296** Die Verwirklichung der restriktiven Maßnahme durch einen bindenden Rechtsakt (in der Regel Verordnung) erfolgt sodann nach Maßgabe des Art. 215 AEUV. Der Übergang von der GASP in die supranationale Systematik des AEUV wird dadurch deutlich, dass der Vorschlag für den Rechtsakt vom Hohen Vertreter und von der Kommission gemeinsam eingebracht wird. Die Beschlussfassung im Rat erfolgt mit qualifizierter Mehrheit. Das Europäische Parlament wird gemäß Art. 215 Abs. 1 S. 2 AEUV lediglich unterrichtet.

---

116  *Kotzur*, in: Geiger/Khan/Kotzur, Art. 75 AEUV, Rn 2. Für Art. 215 Abs. 2 AEUV verbleiben danach Fälle, in denen gezielte Sanktionen sich nicht gegen den Terrorismus richten oder nicht der inneren Sicherheit der Union, sondern rein außenpolitischen Zielen dienen, zB Sanktionen gegen (ehemalige) Diktatoren und ihre Familien, zB VO 101/2011 des Rates vom 4.2.2011 über restriktive Maßnahmen gegen bestimmte Personen, Organisationen und Einrichtungen angesichts der Lage in Tunesien, ABl 2011 L 31/1.

117  VO 1286/2009 des Rates, ABl 2009 L 346/42.

118  Vgl dazu *Röben*, in: Grabitz/Hilf/Nettesheim, Art. 75 AEUV, Rn 48, der de lege ferenda eine Anpassung des Art. 215 Abs. 2 an Art. 75 AEUV fordert.

119  EuGH, C-130/10, EP/Rat, ECLI:EU:C:2012:472, Rn 51 ff, 65 f. Vgl dazu *Schneider/Terhechte*, in: Grabitz/Hilf/Nettesheim, Art. 215 AEUV, Rn 35.

120  Vgl *Kokott*, in: Streinz, Art. 215 AEUV, Rn 15.

## 3. Folgen, insbesondere Rechtsschutz

### a) Handelsembargos

Im Kontext der traditionellen Handelsembargos stellte sich die Frage nach Gewäh- **1297** rung von Primärrechtschutz nicht, weil diesbezügliche subjektive Rechtspositionen allgemein nicht anerkannt werden. Dementsprechend ist davon auszugehen, dass Art. 215 Abs. 3 AEUV für Handelsembargos leer läuft. So bezieht sich die dazu ergangene Rechtsprechung auch auf die Entschädigungsebene (Sekundärrechtsschutz), wo aber eine Entschädigungspflicht für die Vermögensschäden von Wirtschaftsteilnehmern als Folge von Wirtschaftssanktionen gegen Staaten sowohl für die EU[121] als auch für die die Maßnahmen vollziehende Bundesrepublik Deutschland[122] bisher abgelehnt wurde. Prinzipiell ausgeschlossen erscheint eine Entschädigung indes nicht, zumal ganz generell im Bereich der außervertraglichen Haftung der Union gemäß Art. 340 Abs. 2 AEUV mittlerweile eine Art Aufopferungsanspruch als anerkannt gelten kann[123].

### b) Individualbezogene Sanktionen

Hintergrund für die Einfügung von Art. 215 Abs. 3 AEUV ist die Diskussion und **1298** Rechtsprechung zum **defizitären Rechtsschutz** gegen „gezielte" Sanktionen gegen Privatpersonen und private Vereinigungen (vgl dazu Rn 964). Die Problematik ist insofern parallel zu derjenigen bei Art. 75 AEUV (s. dazu Rn 963 ff).

## 4. Mitgliedstaatliche Embargomaßnahmen

Sind besondere mitgliedstaatliche Sicherheitsinteressen betroffen, erlaubt **Art. 347** **1299** **AEUV** den Mitgliedstaaten in bestimmten Situationen ein Abweichen vom Unionsrecht. So kann zB der angegriffene Mitgliedstaat aus den dort genannten Gründen (und nur dann[124]) noch über die Unionsmaßnahmen hinausgehen, was nicht zum Ausschluss der Unionskompetenz, sondern zu einem Nebeneinander von unionaler und mitgliedstaatlicher Kompetenz zur Verhängung von Embargomaßnahmen führt. Bei Vorliegen der Voraussetzungen sind auch rein nationale Embargomaßnahmen möglich, ohne dass ein EU-Embargo beschlossen wird. Soweit diese Maßnahmen die Wettbewerbsbedingungen auf dem Binnenmarkt verfälschen, prüft die Kommission gemeinsam mit dem beteiligten Staat, wie sie den Vorschriften des AEUV angepasst werden können. Ist die Kommission oder ein anderer Mitgliedstaat der Auffassung, dass die in Art. 347 AEUV vorgesehene Befugnis missbraucht wird, können sie in Abweichung von Art. 258 bzw Art. 259 AEUV den EuGH unmittelbar anrufen. Der EuGH entscheidet in diesem Fall unter Ausschluss der Öffentlichkeit (Art. 348 AEUV).

---

121 EuG Rs T-184/95, Dorsch Consult, Slg 1998, II-667; bestätigt durch EuGH Rs C-237/98, Dorsch Consult, Slg 2000, I-4549. Vgl dazu *Streinz*, VVDStRL 61 (2002), S. 300 (335 ff) mwN.

122 Vgl BGHZ 125, 27 (LS c) m. Anm. *Ress*, EuZW 1994, 223 f und *Herdegen*, JZ 1994, 726 ff.

123 Vgl EuG Rs T-69/00, FIAMM, Slg 2005, II-5393 (Anm. *Haack*, EuR 2006, 696); EuGH Rs C-325/06 P, Galileo Company, Slg 2007, I-44.

124 Ansonsten ist die einseitige Verschärfung der von der EU verhängten Sanktionen unzulässig, vgl EuGH, Rs C-124/95, Centro-Com, Slg 1997, I-81.

**Beispiel:** Klage der Kommission gegen Griechenland wegen dessen einseitiger Embargomaßnahmen gegen die ehemalige jugoslawische Republik Makedonien, Rs C-120/94, ABl 1994 C 174/10; der EuGH hat den Erlass einer einstweiligen Anordnung abgelehnt[125]. Die Kommission hat die Klage zurückgenommen.

**1300**   **Lösung Fall 61** (Rn 1291):

### I. Zustandekommen der Verordnung

Rechtsgrundlage für die Verordnung ist Art. 215 Abs. 1 AEUV. Es müssten auch dessen Voraussetzungen vorliegen. Dies ist in sachlicher Hinsicht der Fall, weil das Verbot der Einfuhr von Waren aus dem Staat H eine Einschränkung der Wirtschaftsbeziehungen zu einem Drittstaat ist. Auch der erforderliche GASP-Beschluss über das „Ob" der Maßnahme (vgl Art. 28 EUV) ist gegeben. Dieser wurde gemäß Art. 31 Abs. 1 S. 1 EUV auch einstimmig im Sinne dieser Vorschrift gefasst, weil sich nur M und damit weniger als ein Drittel der Mitgliedstaaten qualifiziert enthalten hat (Art. 31 Abs. 1 UAbs. 2 EUV). Schließlich wurde bei der Abstimmung über die Verordnung trotz der Nein-Stimme von M die qualifizierte Mehrheit erreicht. Damit ist die Verordnung ordnungsgemäß zu Stande gekommen.

### II. Bindung von M

Fraglich ist, wie es sich auswirkt, dass sich M bei dem GASP-Beschluss qualifiziert enthalten hat, dh förmlich erklärt hat, dass es das Embargo für sich nicht akzeptieren kann. Gemäß Art. 31 Abs. 1 UAbs. 2 S. 2 EUV hat eine qualifizierte Enthaltung grundsätzlich zur Folge, dass der betroffene Mitgliedstaat nicht verpflichtet ist, den Beschluss durchzuführen. Fraglich ist, was dies für das vorliegende zweistufige Verfahren mit Blick auf Art. 215 Abs. 1 AEUV bedeutet. Problematisch ist, ob die Freistellungswirkung des Art. 31 Abs. 1 UAbs. 2 S. 2 EUV auch auf die Bindung an die Verordnung durchschlägt, die selbst gemäß Art. 215 Abs. 1 AEUV mit qualifizierter Mehrheit, also auch gegen die Stimme von M, beschlossen werden konnte. **Dafür** spricht, dass andernfalls die qualifizierte Enthaltung wirkungslos wäre, was den opponierenden Staat dazu zwänge, durch sein – mögliches – Veto den GASP-Beschluss überhaupt zu verhindern. **Dagegen** sprechen die Schwierigkeiten, das Embargo differenziert in einem Binnenmarkt als einem Raum ohne Binnengrenzen durchzusetzen (Umgehungsgeschäfte), der Umstand, dass der sich enthaltende Mitgliedstaat die Bindung für die Union akzeptieren muss (Art. 31 Abs. 1 UAbs. 2 S. 2 aE EUV), sowie der Wortlaut des Art. 288 Abs. 2 S. 2 AEUV, wonach Verordnungen „in jedem Mitgliedstaat" gelten. Allerdings besteht insoweit eine *gegenseitige* Rücksichtnahmepflicht aus Art. 31 Abs. 1 UAbs. 2 S. 3 EUV. Soweit das Embargo – wie hier – einen verbindlichen (Art. 25 SVN) Beschluss des Sicherheitsrats der Vereinten Nationen umsetzt, ist der opponierende Staat an diesen gebunden, sodass sich rechtlich das Problem allein im Rahmen von Umsetzungsspielräumen stellt[126]. Zur Lösung der Probleme wäre daran zu denken, M aus dem territorialen Anwendungsbereich der auf Art. 215 Abs. 1 AEUV gestützten Verordnung auszunehmen und Schutzmaßnahmen gegen eine etwaige Handelsumlenkung vorzusehen.

---

125   EuGH, Rs C-120/94 R, Kommission/Griechenland, Slg 1994, I-3037, Rn 38 ff, 102.

126   Dieses Problem wird in der Kommentarliteratur soweit ersichtlich nicht behandelt. Auf die abweichende Haltung Italiens hinsichtlich des noch auf einen Beschluss im Rahmen der EPZ und *Art. 113 EWGV* (= Regelung über die GHP) gestützten Embargos der EG gegen Argentinien im Falkland-Konflikt weist *Bitterlich*, in: Lenz/Borchardt, Art. 31 EUV, Rn 8 hin.

# VII. Die Gemeinsame Außen- und Sicherheitspolitik

## 1. Grundlagen

Die gemeinsame Außen- und Sicherheitspolitik (GASP) erstreckt sich auf „alle Berei- **1301**
che der Außenpolitik sowie auf sämtliche Fragen im Zusammenhang mit der Sicherheit der Union, einschließlich der schrittweisen Festlegung einer gemeinsamen Verteidigungspolitik, die zu einer gemeinsamen Verteidigung führen kann." (Art. 23
Abs. 1 EUV). Gemeint ist damit in Abgrenzung zu den „technischen" Außenpoliti-
ken, die an konkrete Sachmaterien anknüpfen (zB Entwicklungspolitik, internationale
Umweltpolitik, internationale Währungs- und Finanzpolitik, Handelspolitik), die „hohe Politik", die im nationalen Bereich typischerweise von den Außenministerien betrieben wird.

Die GASP ist ungeachtet der Optik einer „einheitlichen" Union das letzte Relikt der **1302**
vormaligen Säulenstruktur der Europäischen Union. Sie ist der einzige im EUV verbliebene Politikbereich und hat im Gegensatz zum im Übrigen nunmehr überall supranationalen Charakter der Union ihre intergouvernementale Prägung behalten. Dies
zeigt sich an ihren Besonderheiten, die **Art. 24 EUV** ausdrücklich hervorhebt: Zentrale Akteure sind der Europäische Rat und der Rat, wobei die diese Organe besetzen-
den Regierungen wegen der Einstimmigkeit als regelmäßigem Abstimmungsmodus
entscheidenden Einfluss behalten. Der EuGH ist grundsätzlich unzuständig (Art. 24
Abs. 1 S. 6 EUV). Die Kommission (die nur über den „Doppelhut" des Hohen Vertreters, vgl Rn 300, eingebunden ist) und das Europäische Parlament (das bloß über ein
allgemeines, nicht maßnahmenbezogenes Anhörungsrecht verfügt – Art. 36 EUV)
spielen keine maßgebliche Rolle im Entscheidungsprozess.

Die Ziele der GASP ergeben sich durch den Verweis des Art. 23 EUV auf die **allge-** **1303**
**meine Zielnorm** für das gesamte auswärtige Handeln in Art. 21 EUV, der wiederum
Art. 3 Abs. 5 EUV konkretisiert. Zusammenfassen lassen sie sich unter den Stichwor-
ten der Förderung von Demokratie, Rechtsstaatlichkeit, Menschenrechten, internationaler Zusammenarbeit und der internationalen Sicherheit. Damit vertritt die Europäische Union nach außen die gleichen Ziele, die ihre eigene Gründung inspiriert haben.
Sie steht damit exemplarisch für eine liberal-institutionalistisch geprägte Sicht der internationalen Beziehungen[127]. Art. 23 EUV ist zugleich im Sinne eines **Kohärenzge-**
**bots** zu verstehen, wonach die GASP und die übrigen Politiken des auswärtigen Handelns miteinander im Einklang stehen müssen[128]. Das einheitliche Zielsystem von
GASP und Sachpolitiken sowie das Erfordernis der Kohärenz zwischen den auswärtigen Politikfeldern begünstigt ein Ausstrahlen des politischen Charakters der GASP
auf die auswärtigen Sachpolitiken (zB die GHP), so dass mit deren fortschreitender
„Politisierung" zu rechnen ist[129].

Die Entwicklung einer wirklich *gemeinsamen* Außen- und Sicherheitspolitik hat sich **1304**
in der Vergangenheit als besonders schwierig erwiesen. Zum einen berührt die Außenpolitik das Herzstück staatlicher Souveränität, zum anderen haben die Mitglied-

---

127  Vgl hierzu *Lemke*, Internationale Beziehungen, 2000, S. 27 ff.
128  *Frenz*, ZaöRV 2010, 487 (490).
129  Hinsichtlich der GHP dazu: *Dederer*, in: Bungenberg/Herrmann (Fn 102), S. 103 (113).

staaten (oder glauben dies zumindest) oftmals unterschiedlich gelagerte Interessen, die sich gerade im Hinblick auf die ehemaligen Kolonialmächte Frankreich und Großbritannien zT aus der Geschichte erklären. Angesichts dessen stellt der in diesem Bereich erreichte Integrationsstand – trotz erheblicher Rückschläge, zB im Zusammenhang mit dem Irak-Krieg 2003, aber auch gegenwärtig hinsichtlich der Anerkennung des Kosovo als Staat oder des Vorgehens in Libyen – einen nicht gering zu achtenden Erfolg der EU dar. Gleichzeitig erweist sich die – notwendige – Fortentwicklung in diesem Bereich als besonders kompliziert.

## 2. Kompetenzabgrenzung

**1305** Die Zuständigkeit der Union für die GASP ergibt sich aus Art. 2 Abs. 4 AEUV im Zusammenspiel mit Art. 24 EUV. Diese Vorschriften verdeutlichen, dass sich die GASP als paralleles Institut zur Außenpolitik der Mitgliedstaaten mit vornehmlich koordinierender Rolle sieht und es damit nicht zu einem Kompetenzübergang kommt[130]. Damit ist es im Verhältnis zu den Mitgliedstaaten unschädlich, dass der Begriff der Außenpolitik iSd Art. 24 Abs. 1 EUV sehr konturenarm ist, weil sich die konkret zu behandelnden Themen ganz nach der jeweiligen Weltlage richten. Die Zuständigkeit der Union für die GASP ist letztlich eine Hülle, die die Mitgliedstaaten ihrem übereinstimmenden Willen entsprechend thematisch ausgestalten können[131].

**1306** Von umso größerer Bedeutung ist in diesem Zusammenhang aber wegen der unterschiedlichen Handlungsformen und Entscheidungswege die Abgrenzung der GASP von den übrigen Unionszuständigkeiten. **Art. 40 EUV** regelt dies im Sinne einer wechselseitigen Unberührtheit. Damit wird aber der entscheidende Punkt, nämlich die Frage welcher von mehreren einschlägigen Regelungskomplexen im Falle von Überschneidungen den Vorrang hat, nicht geklärt. Nach bisherigem Recht[132] galt, dass die der Gemeinschaft zugeordneten Rechtsgrundlagen vorrangig sind und eine Sperrwirkung gegenüber der GASP entfalten, dh in Überschneidungsfällen herangezogen werden müssen[133]. Diese Hierarchie dürfte auch für die Rechtslage nach dem Vertrag von Lissabon zutreffend sein[134]. Dafür sprechen insbesondere Art. 218 Abs. 3 und Abs. 6 AEUV, die für den Abschluss völkerrechtlicher Verträge (der gemäß Art. 37 EUV auch im Bereich der GASP möglich ist) die GASP-spezifischen Modalitäten jeweils nur eingreifen lassen, wenn sich die Maßnahme ausschließlich oder hauptsächlich auf die GASP bezieht. Dieser Ansatz erscheint verallgemeinerungsfähig[135].

**1307** In Anbetracht des zunehmenden Umfangs und der zunehmenden Komplexität der internationalen Kooperation erscheint es indes keineswegs ausgeschlossen, dass eine

---

130  Vgl dazu explizit die Erklärungen Nr 13 und Nr 14 zur Schlussakte von Lissabon, ABl 2012 C 326/345 (Sart. II Nr 152, S. 19 f; Nomos Nr 4, S. 275 f).
131  *Frenz*, ZaöRV 2010, 487 (491).
132  Wo es in Art. 47 aF EUV allerdings nur hieß, dass die GASP die vergemeinschafteten Materien unberührt lässt.
133  EuGH, Rs C-91/05, Kommission/Rat (ECOWAS), Slg 2008, I-3651 = *HVL*, S. 206 f, 285.
134  *Geiger*, in: Geiger/Khan/Kotzur, Art. 40 EUV, Rn 7.
135  AA *Cremer*, in: Calliess/Ruffert, Art. 40 EUV, Rn 12, der davon spricht, Art. 40 EUV sei eine lediglich dem Binnenrecht der Union einbezogene Scheidewand.

Unionsmaßnahme – namentlich ein Abkommen – mehrere selbstständige Teile hat, die in unterschiedliche Bereiche der Unionszuständigkeit fallen. Im Gegensatz zur Zeit vor dem Vertrag von Lissabon, wo bei säulenübergreifenden Verträgen die Frage nach dem nach außen auftretenden Rechtssubjekt virulent war, handelt es sich bei Abkommen mit GASP- und AEUV-Komponenten heute nicht mehr um gemischte Abkommen in dem Sinne, dass mehrere Parteien auf einer Seite beteiligt werden müssen. Relevanz besitzt der bereichsübergreifende, horizontal-gemischte[136] Charakter nur noch für die einschlägige Rechtsgrundlage. Insofern konvergiert das Problem nunmehr wohl mit demjenigen der Kompetenzabgrenzung innerhalb des AEUV[137].

### 3. Institutionelle Ausgestaltung

Von Beginn an prägend für die GASP ist der institutionelle Zuschnitt auf eine zentrale Rolle der Regierungen der Mitgliedstaaten. So sind der Europäische Rat, der die strategischen Interessen und Ziele sowie die allgemeinen Leitlinien der GASP einschließlich der verteidigungspolitischen Bezüge bestimmt (Art. 26 Abs. 1 EUV), und der Rat die Entscheidungsträger (Art. 24 Abs. 1 UAbs. 2 EUV). Das Gewicht jeder einzelnen Regierung als außenpolitischer Akteur wiederum sichert das Entscheidungsverfahren gemäß Art. 31 EUV durch das **Einstimmigkeitsprinzip** und das Instrument der **qualifizierten Enthaltung** (Art. 31 Abs. 1 UAbs. 2 EUV). Damit kann sich ein Land der Bindung an einen Beschluss entziehen, ohne diesen insgesamt zu verhindern, was den stark diplomatischen Charakter der GASP zeigt. **1308**

Koordiniert, vollzogen und nach außen vertreten wird die GASP durch den **Hohen Vertreter** der Union für Außen- und Sicherheitspolitik, dem der durch den Vertrag von Lissabon neu geschaffene Europäische Auswärtige Dienst (EAD) zur Seite steht (Art. 27 EUV). S. dazu Rn 300. **1309**

Schließlich unterliegt die GASP als einzige Politik grundsätzlich nicht der Kontrolle durch den EuGH. Dieser kann gemäß Art. 24 Abs. 1 UAbs. 2 S. 6 HS 2 EUV iVm Art. 275 AEUV lediglich die Kompetenzabgrenzung am Maßstab des Art. 40 EUV kontrollieren und (immerhin) den aus rechtsstaatlichen Gründen erforderlichen Individualrechtschutz gegen restriktive Maßnahmen gewähren. **1310**

### 4. Handlungsinstrumente

Art. 25 und 26 EUV definieren die im Rahmen der GASP zur Verfügung stehenden Handlungsinstrumente. Art. 25 EUV geht von einem „Kaskadenprinzip der Willensbildung"[138] aus, wonach zunächst allgemeine Leitlinien bestimmt und diese dann durch Aktionen und Standpunkte konkretisiert werden. Zur Umsetzung von Standpunkten können Durchführungsbeschlüsse erlassen werden. Aus Art. 28 EUV ergibt sich indes, dass sich daraus kein lähmendes Abhängigkeitsverhältnis ergibt. Vielmehr **1311**

---

136 *Wessel*, Cross-pillar Mixity, in: Mixed Agreements Revisited, 2010, 30 (51), spricht von „horizontal mixity".

137 Vgl EuGH, Rs C-411/06, Kommission/Parlament und Rat, Slg 2009, I-7585. In diese Richtung auch *Wessel* (Fn 136), der darin zu Recht eine Neuakzentuierung im Vergleich zur ECOWAS-Entscheidung (Rs C-91/05, Kommission/Rat, Slg 2008, I-3651 = *HVL*, S. 206 f, 285) sieht.

138 *Frenz*, ZaöRV 2010, 487 (489).

können Aktionen[139] gemäß Art. 28 EUV vom Rat unmittelbar als Antwort auf eine internationale Situation beschlossen werden.

**1312** Was die Form des Handelns angeht, so spricht der Vertrag in der Fassung von Lissabon nunmehr einheitlich von **Beschlüssen**[140]. Damit findet sich jetzt erstmals ein terminologischer (nicht notwendig inhaltlicher) Brückenschlag zu den in Art. 288 AEUV definierten Handlungsformen und es ist davon auszugehen, dass auch den GASP-Beschlüssen (an sich) die in Art. 288 Abs. 4 AEUV vorgesehene **Bindungswirkung** zukommt[141]. Die Bindungswirkung erstreckt sich auf die Unionsorgane und die Mitgliedstaaten. Eine Durchgriffswirkung von GASP-Beschlüssen auf private natürliche oder juristische Personen besteht nicht[142]. Art. 24 Abs. 1 UAbs. 2 S. 3 EUV stellt klar, dass der Erlass von Gesetzgebungsakten (Art. 289 Abs. 3 AEUV) ausgeschlossen ist. Art. 37 EUV ermöglicht den Abschluss **internationaler Übereinkommen** im Bereich der GASP. Hinsichtlich des Verfahrens greift insoweit Art. 218 AEUV.

**1313** Eine herausgehobene Rolle spielt in der Außenpolitik neben dem rechtsförmigen Handeln die Kooperation und die Koordination des Auftretens nach außen. Die **Kohärenz** des Handelns der Mitgliedstaaten findet deshalb in vielen Vorschriften der GASP Anklang. Eine besondere Konkretisierung mit hohem politischem und symbolischem Wert findet sich in Art. 34 Abs. 2 UAbs. 3 EUV, wonach die im UN-Sicherheitsrat vertretenen Mitgliedstaaten dort den Hohen Vertreter als ihren Sprecher zu Tagesordnungspunkten, zu denen die Union einen Standpunkt festgelegt hat, benennen.

## 5.  Gemeinsame Sicherheits- und Verteidigungspolitik

**1314** Die gemeinsame Sicherheits- und Verteidigungspolitik (**GSVP**, Art. 42–46 EUV) ist seit dem Vertrag von Lissabon integraler Bestandteil der GASP und wesentlich umfassender geregelt als zuvor. Markanteste Neuerung ist die in Art. 42 Abs. 7 EUV enthaltene **Beistandsverpflichtung** für die Mitgliedstaaten im Verteidigungsfall[143]. Da diese nunmehr auf Unionsebene realisiert werden konnte, entfiel das Hauptanliegen der ausschließlich aus Mitgliedstaaten der EU bestehenden WEU. Konsequenterweise erklärte diese im März 2010 ihre Auflösung[144].

---

139  Art. 28 EUV nimmt – auch wenn dies im deutschen Wortlaut nicht klar zum Ausdruck kommt – auf Art. 25 lit. b) i) Bezug, vgl *Cremer*, in: Calliess/Ruffert, Art. 28 EUV Rn 1.

140  Hinsichtlich der Leitlinien ergibt sich der Beschlusscharakter aus Art. 26 Abs. 1 S. 2 EUV.

141  *Cremer*, in: Calliess/Ruffert, Art. 25 EUV, Rn 6; aA *Geiger*, in: Geiger/Khan/Kotzur, Art. 26 EUV, Rn 6 mit dem Argument, es sei ein e-contrario-Schluss zu Art. 28 Abs. 2 EUV angebracht, so dass alle Beschlüsse außer Aktionen lediglich „politische" Bindungswirkung hätten. Dies ist insoweit zutreffend, als der „Härtegrad" der Bindungswirkung eines Beschlusses unterschiedlich sein kann und GASP-Beschlüsse häufig speziellen, dh „politischen" Kompromisscharakter mit entsprechend geringer Festlegung haben. Vgl dazu auch *Regelsberger/Kugelmann*, in: Streinz, Art. 25 EUV, Rn 5 ff.

142  *Pechstein*, JZ 2010, 425 (427); *Regelsberger/Kugelmann*, in: Streinz, Art. 25 EUV, Rn 9.

143  Vgl dazu *Kaufmann-Bühler*, in: Grabitz/Hilf/Nettesheim, Art. 42 EUV, Rn 68: dem Wortlaut nach sehr weit gehend, inhaltlich aber unklar und mit differenzierter Verbindlichkeit für die Mitgliedstaaten mit Sonderstellung (sog „irische Klausel", Art. 42 Abs. 7 UAbs. 1 S. 2 EUV). Zu Österreich angesichts dessen „immerwährender Neutralität" vgl *Streinz*, Österreich und die Europäische Union, ZÖR 68 (2013), 319 (327 ff) mwN.

144  Vgl die Erklärung des Präsidenten des ständigen Rates der WEU vom 31.3.2010: http://www.weu.int/Declaration_E.pdf.

Die Art. 42 ff EUV enthalten des Weiteren eine detaillierte Kodifikation der beste-    **1315**
henden Praxis, namentlich hinsichtlich des Beschlusses und der Durchführung von
Missionen (Art. 43 und 44 EUV). Diese können sowohl humanitäre Einsätze und
Rettungsaktionen (Evakuierung von Unionsbürgern aus Krisengebieten) als auch
friedenserhaltende (peace keeping) und friedensschaffende (peace enforcement)
Maßnahmen einschließlich von Kampfeinsätzen bei der Krisenbewältigung zum
Gegenstand haben[145]. Zu nennen sind militärische Operationen ua in der ehemaligen
jugoslawischen Republik Makedonien (2003, Mission CONCORDIA), in der Demokratischen Republik Kongo (2003, Mission ARTEMIS) und in Bosnien-Herzegowina
(2004, „Althea": Übernahme der SFOR der NATO als „Eufor"), außerdem der seit
2008 andauernde Einsatz gegen Piraten vor Somalia (Operation „Atalanta")[146].

Die Union verfügt nicht über eigene operative Verbände, sondern erfüllt die Aufga-    **1316**
ben im Rahmen der GSVP mit Hilfe von durch die Mitgliedstaaten zur Verfügung gestellten Einheiten (Art. 42 Abs. 3 EUV), wobei es sich dabei auch um multinationale
Streitkräfte (namentlich das Eurokorps) handeln kann. Die Effektivität der Streitkräf-
tebereitstellung sichern seit 1999 bestehende und seither immer wieder fortgeschrie-
bene „Headline Goals", die die Leistungsfähigkeit der Schnellen Eingreiftruppe definieren[147]. Zur Unterstützung bei der Entwicklung der Verteidigungsfähigkeit der EU
in den Bereichen Forschung, Beschaffung und Rüstung wurde im Jahr 2004[148] die
**Europäische Verteidigungsagentur** gegründet, deren Aufgaben heute Art. 45 EUV
festlegt (zu den Agenturen vgl Rn 442 ff).

Nach gegenwärtigem Stand gilt für die Beteiligung der Mitgliedstaaten an einem kon-    **1317**
kreten militärischen Einsatz (jenseits des hoffentlich fernliegenden Verteidigungs-
falles[149]) das Freiwilligkeitsprinzip, dh es besteht keine vorherige Rechtspflicht zur
Entsendung von Truppen[150]. Dies entspricht der fortbestehenden Souveränität der
Mitgliedstaaten in Verteidigungsangelegenheiten[151]. Die Schaffung supranational
kommandierter und damit unabhängig von der Mitwirkung der Mitgliedstaaten ein-
setzbarer Streitkräfte wäre die Fortentwicklung der GSVP hin zu einer echten gemeinsamen Verteidigung, wie sie in Art. 42 Abs. 2 EUV in Gestalt einer Klausel zur
Vertragsergänzung angelegt ist. Ein solcher Schritt steht aber unter dem Vorbehalt
der Ratifizierung durch die Mitgliedstaaten[152] (Art. 42 Abs. 2 UAbs. 1 S. 3 EUV), so
dass seine Realisierung sehr fraglich ist[153].

---

145    Dies entspricht den sog. „Petersberg-Aufgaben", wie sie im Rahmen der WEU 1992 auf dem Bonner
       Petersberg erstmalig vereinbart und definiert worden waren.
146    Gemeinsame Aktion 2008/851/GASP des Rates der Europäischen Union, ABl 2008 L 301/33.
147    Zu Einzelheiten s. *Cremer*, in: Calliess/Ruffert, Art. 42 EUV, Rn 21.
148    Beschluss 2004/551/CFSP, ABl 2004 L 245/17.
149    Nach den Terroranschlägen des sog. IS in Paris vom November 2015 hat sich Frankreich allerdings
       auf Art. 42 Abs. 7 EUV berufen.
150    *Cremer*, in: Calliess/Ruffert, Art. 42 EUV, Rn 11.
151    In Deutschland ist namentlich der wehrverfassungsrechtliche Parlamentsvorbehalt zu beachten. Vgl da-
       zu die Lissabon-Entscheidung des BVerfG, BVerfGE 123, 267 (424 ff) = *HVL*, S. 59 ff sowie *Streinz/*
       *Ohler/Herrmann*, Lissabon, S. 147 f. Zu speziellen Zusicherungen an Irland vgl *Streinz*, Rechtliche
       Verankerung der Garantien für Irland und die „Fußnote" für Tschechien, in: Eilmansberger/Griller/Ob-
       wexer (Hrsg.), Rechtsfragen der Implementierung des Vertrags von Lissabon, 2011, S. 23 (30 ff).
152    In Deutschland sieht § 3 Abs. 3 IntVG außerdem schon eine Parlamentsbeteiligung vor der Fassung
       eines entsprechenden Beschlusses vor.
153    So bestehen zB die Vorbehalte Dänemarks, das ua an der Europäischen Rüstungsagentur nicht teilnimmt,
       vgl *Regelsberger/Kugelmann*, in: Streinz, Art. 42 EUV, Rn 6 mwN, sowie Irlands, vgl ebd., Rn 7.

**Literatur:** *von Bogdandy, A./Bast, J./Arndt, F.*, Handlungsformen im Unionsrecht, ZaöRV 62 (2002), 77; *Burghardt, G./Tebbe, G.*, Die Gemeinsame Außen- und Sicherheitspolitik der Europäischen Union, EuR 1995, 1; *Cremer, H.-J.*, Das auswärtige Handeln der Union, in: Niedobitek, Politiken, § 11; *Deighton, A.*, The European Security and Defense Policy, JCMS 2002, 719; *Frenz, W.*, Die neue GASP, ZaöRV 70 (2010), 487; *Gütt, T.M.*, Die GASP und ihre Bedeutung für die EU: Rechtspersönlichkeit und Rechtsnatur der EU, 2003; *Kielmansegg, S. Graf von*, Die Verteidigungspolitik der Europäischen Union, 2005; *Kleine, M.*, Die militärische Komponente der Europäischen Sicherheits- und Verteidigungspolitik, 2005; *Monar, J.*, The European Union's foreign affairs system after the Treaty of Amsterdam: a „strengthened capacity for external action"?, EFARev. 1997, 413; *Pechstein, M.*, Die Intergouvernementalität der GASP nach Lissabon, JZ 2010, 425; *Schulz, M.*, Die Außenpolitik der Europäischen Union im 21. Jahrhundert: Vision, Ambition und Wirklichkeit, Integration 2013, 138; *Thym, D.*, Auswärtige Gewalt, in: von Bogdandy/Bast, Europäisches Verfassungsrecht, 2. Aufl. 2009, 441; *ders.*, GASP und äußere Sicherheit, in: von Arnauld (Hrsg.), Europäische Außenbeziehungen, EnzEUR Bd. 10, 2014, § 16.

# Rechtsprechungsverzeichnis (EuGH und EuG)

Die Angaben beziehen sich auf die Randnummern.

## EuGH

Aalborg Portland ua/Kommission 1055
ABNA ua 723
ACF Chemiefarma/Kommission 804
Achughbabian 1034
Adeneler ua 503, 505 f, 509
Adoui und Cournaille/Belgien 820
Advocaten voor de Wereld 766
Agences de voyages/Kommission 190
Agrargenossenschaft Neuzell/Landrat
   Oder-Spree 1201
Ahlström ua/Kommission („Zellstoff") 119
Ahmed Saeed Flugreisen ua/Zentrale zur
   Bekämpfung unlauteren Wettbewerbs 1082,
   1091
Air Liquide Industries Belgium 891, 1110
Åkerberg Fransson 251, 253
AKZO Chemie/Kommission 406, 1070
Alands Vindkraft 920
Albany 1058
Albore 958
Alcan Deutschland 612
Alfa Vita Vassilopoulos 910, **914**, 920
Algera ua/Gemeinsame Versammlung der
   EGKS 457, 806
Alimanovic 1017
Alliance for Natural Health ua 782, 874
Alpine Investments/Minister van
   Financien **853/954**, 944
Alrosa/Kommission 1071
Altmark Trans GmbH und Regierungs-
   präsidium Magdeburg 1095
AM & S/Kommission 758, **805**
Angonese 875
Antonissen 817
ANA Ltd. ua/Secretary of State for Health
   ua 782
ANETT 859
Apothekerkammer des Saarlandes ua
   (DocMorris II) 261
Aragonesa de Publicidad Exterior und
   Publivia/Departamento de Sanidad y
   Seguridad Social de Cataluna 919 f
Arens/Sikken 859

Ascafor und Asidac 911
Asjes („Nouvelles Frontieres") 1057
Asocarne/Rat 667
Asparuhov Estov 770
A-Punkt Schmuckhandel 912
Atlanta Fruchthandelsgesellschaft ua (I)/
   Bundesamt für Ernährung und Forst-
   wirtschaft 673, 720, 722
Atlanta Fruchthandelsgesellschaft ua (II)/
   Bundesamt für Ernährung und Forst-
   wirtschaft 761
ATRAL/Belgischer Staat 509
Aubertin 845

Baars 958
Bacardi-Martini und Cellier des Dauphins 700
Bachmann/Belgischer Staat 859
Badeck ua 1179
Banchero 909 372, 406
Bank Melli Iran/Rat 964
Barkoci und Malik 816
BASF ua 372, 408
Baumbast und R 1012
Becker **488/500**
Belgien/Kommission (Beihilfen) 1281
Belgien/Spanien („Rioja") 906
Berliner Kindl Brauerei 715
Berlusconi ua 492, 505
BGL/BR Deutschland 797
Bidar 1018, 1022
Bilka/Weber von Hartz 1178
Biret international/Rat 539
Blaizot/Universite de Liege 707
Bluhme („Die braunen Bienen von
   Laeso") 842
Bonnamy/Rat 649
Bonsignore/Oberstadtdirektor der Stadt
   Köln **851/936**, 871, 937
Bordessa 959
Bosman 828/934, 834, 839 f, 868, 875
Bosphorus/Minister for Transport, Energy and
   Communications ua 964
Boucherau 871, 915
Boukhalfa/BR Deutschland 822
Bozkurt/Staatssecretaris van Justitie 542

# Sachverzeichnis

Die Angaben beziehen sich auf die Randnummern.
Halbfett gesetzte Ziffern bezeichnen die Hauptfundstellen.

557

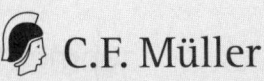

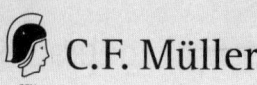